Es war einmal…

Es war einmal ...

Eine Chronik
der Jahre 1872–1975
in Zeitungsmeldungen

Gesammelt von Hanna Feldmann
Herausgegeben von Wolfgang Ronner

Verlag Waldemar Kramer

Im Auftrag des „Vereins für Geschichte und Heimatkunde e. V."
Herausgegeben mit Hilfe der Jutta Offenbach-W. Ronner-Spende.

Bibliografische Information Der Deutschen Bibliothek
Die Deutsche Bibliothek verzeichnet diese Publikation in der Deutschen Nationalbibliografie; detaillierte bibliografische Daten sind im Internet über http://dnb.ddb.de abrufbar.

ISBN 10: 3 7829 0563 6
ISBN 13: 978 3 7829 0563 3
www.frankfurtbuecher.de
Druck: Betz-Druck GmbH, Darmstadt,
Buchbinderische Verarbeitung: Schaumann GmbH, Darmstadt

Dieses Buch widme ich

Jutta Offenbach
1929–2003

Sie war die Letzte dieser angesehenen Kronberger Familie,
war meine Mitarbeiterin und meine Frau

Wolfgang Ronner

Inhalt

Die Chronistin

Hanna Feldmann wurde am 27.10.1923 als Tochter des Kronberger Polsterermeisters Antoni geboren und Johanna Maria getauft. Nach Erlangung der Mittleren Reife und einem Landschuljahr begann sie eine Banklehre und war bei der Kronberger Volksband tätig, bis sie 1947 für zwei Jahre die Stelle der Pfarrsekretärin der evangelischen Johannisgemeinde übernahm. Ihren Mann Albert Feldmann aus dem Kronberger Tal heiratete sie 1950. Als er 1977 starb, waren zwei Söhne herangewachsen, von denen heute einer in Tunesien, der andere in den USA lebt.

Ihre Mutter aber war und blieb Kronbergerin mit Leib und Seele. Nicht bloße Anteilnahme am Geschehen war ihre Sache, ihr ging es um das Anregen und Mitgestalten, das Verwirklichen von Ideen und Schaffen von Neuem. So galt ihre Tätigkeit in zahlreichen Vereinen der Mitwirkung am Leben der Stadt, der Pflege des Brauchtums, der Vertiefung der Kenntnis der örtlichen Geschichte, der Weckung des Interesses an der Mundart und der Bereicherung der kulturellen Szene. Oft hat sie selbst auf der Bühne gestanden oder bei Mundartabenden jene eigenen Gedichte hinreißend vorgetragen, die in den Bändchen „E Jahr dehaam" und „Klaanichkeite vom Flohmarkt" gesammelt sind. Ihre schriftstellerische und szenische Begabung ließ sie mehrere Theaterstücke schreiben, wie „Die zweite Kronberger Schlacht", Grimmsche Märchen für die Bühne bearbeiten und eigene dazu erfinden, an denen nicht nur die Kinder sich in der Weihnachtszeit erfreuten. In der von ihr mitgegründeten „Ersten Kronberger Laienspielschar" (1961) war sie bald die Vorsitzende und blieb es bis ins höhere Alter (1968–1997). Das brachte ihr 1985 den Ehrenbrief des Landes Hessen ein und 1994 die Auszeichnung ihrer Truppe mit dem „Saalburgpreis für Geschichte und Heimatkunde" des Hochtaunuskreises.

Den Preis erhielt zur gleichen Zeit auch Klaus Wagner als Herausgeber des „Usinger Anzeigers" mit seiner Heimatbeilage, für dessen „Kronberger Zeitung" Hanna Feldmann damals als freie Mitarbeiterin schrieb und auch schon mal den Redakteur in seinem Urlaub vertrat. Sie hat über Jahrzehnte das aktuelle Geschehen journalistisch begleitet, wobei sie in tadelnden Kommentaren kein Blatt vor den Mund nahm, doch hat sie ebenso der Vergangenheit ihre Aufmerksamkeit gewidmet. Daß die im Vorstand des Verkehrsvereins tätige Frau, die im Kappen-Klub als Büttenrednerin auftretende „Närrin", deren Einfall die Schaffung der Rittergarde ebenso zu verdanken ist wie die Anregung zur Gründung des Vereinsrings (1991) oder des „Aktionskreises Lebenswerte Altstadt" (1992), daß diese Frau schon im Jubiläumsbuch der Stadt von 1980 („Kronberg im Taunus – Beiträge zur Geschichte, Kultur, Kunst") den Aufsatz über das Vereinsleben zu verfassen hatte, verstand sich von selbst, doch hat sie auch das Kapitel zur Stadtgeschichte von 1930 bis 1945 geliefert und von 1989–1998 den Vorsitz im Geschichtsverein gehabt, wozu die über 700 Stadtführungen gut passen, mit denen sie den verschiedensten Gruppen – von ABC-Schützen bis zu Seniorenfahrten – altersangemessen, anregend und anekdotenreich Kentnisse über Burg und Stadt vermittelte und etwas von ihrer Liebe zu Kronberg an sie weitergab.

Die Stadt hat ihr dafür nicht nur die Ehrenplakette für „Verdienste um die Stadt Kronberg im Taunus" verliehen (1993), sondern sie auf Beschluß der Stadtverordneten vom 1.10.2003 mit der zuvor nur einmal vergebenen Würde einer Ehrenbürgerin ausgezeichnet. Was ihren 80. Geburtstag zu einer festlichen Veranstaltung hätte machen sollen, konnte ihr nur im kleinen Kreis am Krankenbett noch mitgeteilt werden – Hanna Feldmann ist vier Tage vor diesem Geburtstag am 23. 10. 2003 an einer unheilbaren Krankheit gestorben.

Das Nötigste zu diesem Buch

Die Idee

Unter der Überschrift „Es war einmal ..." überraschte die Kronberger Zeitung am 15. April 1977 ihre Leser mit der Mitteilung: „Heute wollen wir mit einer kleinen Serie beginnen, die voraussichtlich vierzehntägig in der Freitagsausgabe erscheinen soll. Unter der Rubrik ‚Es war einmal' wollen wir unseren Lesern – die älteren unter ihnen werden sich ohnehin noch daran erinnern, die jüngeren werden es nicht minder interessant finden – das alte Kronberg etwas näher bringen. Hanna Feldmann blätterte zu diesem Zweck mit der freundlichen Unterstützung der Stadt Kronberg in den alten Archiven des Kronberger Anzeigers und pickte mit dem Gespür des Chronisten so einige interessante, aber auch lustige Begebenheiten heraus, die an dieser Stelle wörtlich zitiert werden sollen. Gewissermaßen als Auflockerung gedacht ist das „Inserat der Woche".

Kein Zweifel, daß es Hanna Feldmanns Idee war, und so sah die Verwirklichung aus: Am 15. April 1977 erfuhr der Leser, was an diesem Tag oder um ihn herum in den Jahren 1877, 1887, 1897, 1907 und so alle zehn Jahre weiter bis 1957 an Wichtigem im „Blättchen" gestanden hatte. Ereignisse des Jahres 1967 waren noch nicht recht historisch, und die von 1977 bildeten den aktuellen Inhalt der Zeitung. So ging es weiter am 29. April, am 13. Mai und durch Monate und Jahre fort, bis die Zeitung am 2. März 1979 sagen konnte: „Heute veröffentlichen wir an dieser Stelle zum genau 50. Male unsere Rubrik ‚Es war einmal' (...) Besondere Freude bereitet immer wieder das Inserat der Woche. Sinn der kleinen historischen Übung ist es, den alten Kronbergern bereits Vergangenes wieder ins Gedächtnis zu rufen und den jüngeren Bürgern zu zeigen, wie das in der guten alten Zeit eigentlich einmal war. Nun denn, auf in die nächsten 50!"

Die waren am 19. 12. 1980 geschafft. Wir lesen: „Die Heimatzeitung feiert heute ein kleines Jubiläum. Zum 100. Mal erscheint heute unsere Rubrik ‚Es war einmal ...'. Streiflichter aus längst vergangenen Tagen, mühsam und mit viel Liebe zur Historie zusammengetragen von unserer Mitarbeiterin Hanna Feldmann. (...) Bei den Beiträgen handelt es sich ausnahmslos um Originalmeldungen und Anzeigen, die sicherlich bisweilen zum Schmunzeln anregen, aber auch deutlich aufzeigen, wie schnell die Zeit vergeht. Wir dürfen unseren Lesern auch bei der zweiten 100 ‚Es war einmal' viel Freude wünschen." Bei diesem zweiten Hundert blieb es nicht.

Aus der „kleinen Serie" von 1977 wurde eine ständige Rubrik, die man nicht mehr zählte. Erst als die Zeitung 15 Jahre später starb, ging auch ‚Es war einmal' zu Ende.

Die Quellen

Wir müssen wenigstens einen kurzen Blick auf die Quellen werfen, die Hanna Feldmann zur Verfügung standen. Eine eigentliche Lokalzeitung, den „Cronberger Anzeiger", gab es erst seit 1888, die seit 1877 erscheinende „Taunus-Zeitung" in Königstein war aber auch für Kronberger Nachrichten gut. Für den Obertaunuskreis stand seit 1859 auch der „Taunusbote" aus Bad Homburg zur Verfügung und noch ältere Nachrichten ließen sich dem Amtsblatt für das Herzogtum Nassau oder dem „Taunus-Wächter" entnehmen, der seit 1850 in Oberursel erschien, sich kurze Zeit „Bürgerfreund" und endlich „Taunus-Anzeiger" nannte.

Die Masse der Nachrichten stammt ohne Zweifel aus dem „Cronberger Anzeiger", der ab 1933 sogar dreimal wöchentlich erschien, wie viele andere Zeitungen im ganzen Reich aber 1943 kriegsbedingt eingestellt werden mußte. Bis zum August 1949 mußte unsere Chronistin auf andere Quellen zurückgreifen, dann stand ihr der wiederbelebte „Kronberger Anzeiger" erneut zur Verfügung. Der wirtschaftliche Aufschwung in der jungen Bundesrepublik kam ihm gewiß zugute, noch mehr profitierten aber die großen Zeitungsverlage davon, die für die Heimatzeitungen eine immer bedrohlichere Konkurrenz wurden. Am 31. 12. 1969 ging der „Kronberger Anzeiger" in der „Taunus-Zeitung" auf, einer Bezirksausgabe der „Frankfurter Neuen Presse", die auch die Taunus-Blätter in Bad Homburg, Oberursel und Königstein schluckte.

Wer die „Frankfurter Rundschau" ihrer linksliberalen Haltung wegen hielt, den Wirtschaftsteil der „Frankfurter Allgemeinen Zeitung" unentbehrlich fand oder ihr Feuilleton nicht missen mochte, der wollte wegen der lokalen Berichterstattung meist keine zweite Tageszeitung abonnieren, andere fanden ihre besonderen lokalen Interessen zu wenig berücksichtigt. Darauf und zu gleichen Teilen auf Heimatliebe und Heimatstolz setzte die Verlagsgruppe des „Gießener Anzeigers", die den verschwundenen „Taunusboten" in Bad Homburg bald durch einen „Taunus-Kurier" ersetzte; ein „Oberurseler Kurier" folgte. Die Kronberger aber konnten schon seit dem 24. 2. 1970 zweimal in der Woche die neue „Kronberger Zeitung" beziehen, die aus dem Haus des „Usinger Anzeigers" kam, der 1966 hundert Jahre alt geworden war. Sein Verleger Klaus Wagner war nicht nur Vorsitzender des Vereins „pro Lokalzeitung", sondern auch Geschäftsführer der Redaktionsgemeinschaft Deutscher Heimatzeitungen und über dreißig Jahre lang im Vorstand des Verbandes Hessischer Zeitungsverleger (VHZV). In Kronberg hatten Rudolf Möller, damals Stadtverordnetenvorsteher und bald Bürgermeister, und der für seine Vaterstadt und ihr Vereinsleben unermüdlich tätige Dr. Heinrich Kuhl die Gründung dieser eigenen Zeitung betrieben. Der kämpferische Trotz der Zeitungsgründer hallt am 21. 2. 1975 in dem Artikel „Gedenkpause für eine Fünfjährige" nach, wenn wir lesen: „Die Kronberger Zeitung ist die Erstgeborene unter den ‚Rebellenkindern', die sich im Vordertaunus gegen die Entwicklung gestemmt haben.

Wir verdanken dem Rebellenkind das „Es war einmal", das manchem Leser die Zeitung besonders wertvoll machte. Ein leichtes Leben hatte sie nicht. Der Konzentrationsprozeß auf dem Zeitungsmarkt ging weiter. Der Versuch, aus dem Lokalblatt bei öfterem Erscheinen mit überregionaler Berichterstattung einen preiswerten und von genügend vielen Lesern angenommenen Ersatz einer Tageszeitung zu machen, mußte scheitern. Im

September 1995 stellten die Rebellenkinder im ganzen Vordertaunus ihr Erscheinen ein. In Kronberg war das zugleich das Ende von „Es war einmal". Nun war es einmal.

Seit Mai 1996 bringt der „Kronberger Bote" als kostenlos verteilte Werbezeitung einmal wöchentlich jene Nachrichten ins Haus, die unverzichtbar sind. Außerdem bringt er viele Leserbriefe und ist ein Forum bürgerlicher Mitsprache und Meinungsvielfalt bei kommunalen Angelegenheiten geworden. Ob er einmal Quelle eines künftigen „Es war einmal" sein wird, ist eine offene Frage.

Die Chronik

blickt, wie oben kurz beschrieben, in 10-Jahres-Sprüngen auf Jahre mit der gleichen Endzahl wie das Erscheinungsjahr zurück. Bei 14tägigem Erscheinen bekommen wir so aus jedem Monat zwei Nachrichten, bis das Jahr herum ist und das Spiel mit der nächsthöheren Endzahl neu beginnt. Erschienen ist die Chronik von 1977 bis 1995, so daß fast alle Endzahlen zweimal vorgekommen sind, jedes Jahr zwei Durchgänge erlebt und die Zahl der monatlichen Nachrichten sich auf vier verdoppelt hat. Nur die 6 als Endzahl des Jahres 1986 kommt nur einmal vor, und deshalb weisen alle 6er-Jahre nur die einfache Zahl an Meldungen auf.

Das Jahr 1876 fehlt sogar ganz, doch hat das einen anderen Grund. Zwar gab es den „Cronberger Anzeiger" als Hauptquelle erst ab 1888, doch ließ sich die Königsteiner „Taunus-Zeitung" bis in das Jahr 1877 nutzen. Spät erst, ab 1992, standen der Chronistin noch ältere Quellen zur Verfügung, weshalb die Jahre 1852–1855, 1862–1865 und 1872–1875 berücksichtigt werden konnten. Und hätte das „Rebellenkind" im Jahr 1996 noch gelebt, dann hätte wenigstens die Lücke von 1876 sich geschlossen. Doch sollen wir nicht beklagen, was uns fehlt, sondern uns dessen freuen, was wir haben. Es hat allemal Seltenheitswert!

Daran ändert die Tatsache nichts, daß manche Nachricht – z.B. die Taufe der Hessenprinzen Richard und Christoph im Juli 1901 – in der Chronik wiederholt erschien – einmal war sie 1981 und noch einmal 1991 hineingekommen, sei's aus Unachtsamkeit, sei's wegen ihrer Bedeutung. Der Zeitungsleser hat sich 1991 sicher nicht an das erinnert, was er vor zehn Jahren schon gelesen hatte, in der chronologischen Zusammenfassung der Meldungen eines Jahres aber hätten Wiederholungen doch gestört. Solche Dubletten waren nicht ganz selten, sie wurden allesamt gestrichen.

Dabei wichen die Daten der Dubletten stets voneinander ab, bei der Prinzentaufe waren es der 21. und der 27.7. Kein Wunder, denn die Daten bei jeder Meldung bezeichnen den Tag, an dem die Chronik von dem Ereignis berichtet hat, nicht den Tag, an dem das Ereignis in der Vergangenheit stattfand. Das gilt durchweg, und das muß der Leser wissen. Wir erfahren also nicht, welches Datum die Taufscheine der Zwillingsprinzen ausweisen, doch muß es um die angegebene Zeit herum gewesen sein. Müssen wir es wirklich genauer wissen? Oft erinnert sich die Familie selbst nur ungefähr, weshalb auffallende Daten wie der 4.4.04 bei Hochzeiten so beliebt sind.

Das vor jeder Nachricht stehende Datum ist, noch einmal sei es gesagt, der Erscheinungstag der Zeitung, in der „Es war einmal" die Nachricht brachte. Das gilt auch, wenn

Wendungen wie „heute“, „vorgestern“ und andere einen unmittelbaren Bezug zum Tag des Ereignisses angeben. Am 23. 9. 1921 gab es bei einer Explosion im BASF-Werk Oppau bei Ludwigshafen 600 Tote, 2500 Verletzte und 400 zerstörte Häuser. In unserer Chronik beginnt die Meldung von dieser größten Industriekatastrophe, die es in Deutschland je gegeben hat, mit den Worten: „Heute morgen war auch bei uns eine heftige Erschütterung zu verspüren.“ Datiert ist die Meldung auf den 21.9., denn am 21. 9. 1981 ist sie im „Es war einmal“ erschienen.

Das „Inserat der Woche“ verzichtet von vornherein darauf, sich auf einen Tag festzulegen. Es war eine großartige Idee Hanna Feldmanns, der Chronik der Ereignisse diese gleichzeitigen Inserate beizugeben. In den Nachrichten aus Politik und Verwaltung, aus Wirtschaft und Technik, Handwerk und Handel, aus Kunst und Kultur, Kirche, Schule, Gesellschaft, Sport und Vereinsleben, aus Krieg und Besatzungszeiten stellt sich die Entwicklung unserer Stadt mit ihren Eigenheiten und zugleich als Teil der deutschen Geschichte von der Mitte des 19. Jahrhunderts bis tief ins 20. Jahrhundert dar. Das Inserat der Woche aber, das selten fehlt, läßt uns am Alltag der Menschen teilhaben, an ihren Sorgen, Wünschen und Bedürfnissen, verrät uns viel von ihrem Denken und ihrer sozialen Lage. Wer Hanna Feldmann kannte, der weiß, wieviel von ihrer Persönlichkeit in der Auswahl dieser Inserate sichtbar wird, ihre offene Anteilnahme an ihrer Umgebung, humorvolle Nachsicht mit menschlichen Schwächen, doch auch ungescheute Kritik an allem Gekünstelten, Unaufrichtigen, Verkehrten.

Das Register

Dieses Buch ist von besonderer Art, also muß es das Register auch sein. Nicht Seitenzahlen zu Stichworten werden genannt, sondern Jahr und Monat der zu einem Stichwort gehörenden Artikel: Sperlinge 08/10 heißt, daß von ihnen im Oktober 1908 die Rede ist.

Da die Jahreszahlen 52–75 im 20. wie im 19. Jahrhundert vorkommen, verweist ein a (alt) auf das ältere Jahr: Jaques Reiß kommt unter a64/12 erstmals vor, und das nicht unter dem Buchstaben R, sondern in der Gruppe der „Ehrenbürger“. Solche Sammelstichworte kommen häufig vor, sie erhöhten die Brauchbarkeit des Buches. Was es über Sperlinge bringt, wird sich kaum einer fragen, wie es früher um den „Umweltschutz“ stand, ist eher von Interesse. Dort wird man auch auf die Sperlinge stoßen. Ebenso findet sich unter „Gesangvereine“ ein Überblick über diesen Teil des kulturellen Lebens, der unter Einzelstichwörtern nicht zu gewinnen wäre, zumal kurzlebige Gründungen und besondere Veranstaltungen kaum in Erinnerung sind und nicht aufgesucht würden. Für das Turnen gilt das ebenso, aber auch für Kirchen, Schulen, die Wasserversorgung und die mit Elektrizität und vieles andere. Der sicher überraschende Sammelbegriff „Projekte“ verweist auf kommunale und private Pläne, denen Verwirklichung versagt blieb, nicht immer bedauerlicherweise.

In den Texten werden rund 300 Kronberger Bürger namentlich genannt, manche mehrfach, und da sind Ärzte, Bürgermeister, Ehrenbürger, Gastwirte, Lehrer, Maler, Pfarrer nicht einmal mitgezählt. Mit all diesen Namen konnte das Register nicht belastet werden, zumal sich bei den zahlreichen Anthes’, Gauffs, Gottschalks, Henrichs, Kriegers, Kunzes oder Weidmanns Irrtümer nicht hätten vermeiden lassen. Nicht einmal die „Stadtverordneten" – so das Stichwort, das die früheren Gemeindevertreter einschließt – konnten einzeln registriert werden, obwohl dabei Männer wie Wilhelm Küchler, Hans Jürgen Schultz, Paul Wittmer u. a. leer ausgehen. Einen Sammelbegriff „Personen" gibt es trotzdem: Hier sind die Kronberger genannt, deren mit einer Kurzbiographie gedacht wird. Letztlich haben also die Quellen von „Es war einmal" diese Auswahl bestimmt.

Auch bei jährlich wiederkehrenden Ereignissen schien abwägende Zurückhaltung geboten. Nicht jede Kappensitzung, reiche Erdbeerernte, fröhliche Kerb und spiegelglatte Rodelbahn hat im Register Platz gefunden, dafür machen die Nachweise das Neue und Besondere leichter auffindbar.

Die 1972 eingemeindeten Orte Oberhöchstadt und Schönberg haben die verdienten eigenen Register erhalten. Für sie gelten die gleichen Grundsätze wie für Kronberg.

Schlußbemerkungen

1.
Bis 1901 schrieb man Theil und Thurm und Landrath. Diese und andere veraltete Schreibweisen, zumal bei Fremdwörtern, sind unverändert geblieben. Der alte Inhalt sollte im alten Gewand erscheinen. Doch auch in viel jüngeren Texten wurden nur grobe Fehler verbessert, wurden manche Schwächen geduldet, so bei der Zusammenschreibung von zweiteiligen Straßennamen oder dem Fehlen des Kommas hinter Appositionen und eingeschobenen Nebensätzen. Selbst grammatische Schnitzer blieben manchmal stehen, auch ein so grober wie: „Die männliche Jugend der Geburtsjahrgänge 1927–1931 werden darauf hingewiesen ..." (45/1), wo der Plural Jahrgänge den Singular der Jugend hat vergessen lassen. Manche Schwächen mögen auf den nicht seltenen Zeitdruck im journalistischen Betrieb zurückzuführen sein, und die sprachlichen Klischees in unseren Texten gehören zu einem allgemein verbreiteten Zeitungsdeutsch. Mancher Kronberger nannte das lokale Blatt wohl mal ein „Käsblättchen", doch tat er's nicht verachtungsvoll – er tat's mit Nachsicht. Mit etwas Nachsicht wollen die Texte auch jetzt gelesen sein, die Oberlehrer mögen es verzeihen.

2.
Gilt das für die Chronistin Hanna Feldmann auch? Sie hat das ausgewählt, was ihr bedeutsam schien, und sie hat gut gewählt. Tatsächlich erfahren wir alles Wesentliche, was in den Chronikjahren hier geschah. Wie wesentlich jedoch sind Kerb und Fassenacht? Für Karnevalsvereine ist Fastnacht der Höhepunkt wenn nicht des Jahres, so doch des Vereinslebens, und Hanna Feldmann war aktiv dabei. Die Texte sind des Lobes voll, und mancher kam wohl aus ihrer Feder einst ins Blatt. Es scheint, daß sie mitunter mehr berichtet als Wort für Wort zitiert, doch nie ist etwas inhaltlich verfälscht, und nie stellt sie sich in den Vordergrund. Wie sehr wir ihr vertrauen können, zeigt sich bei Texten aus dem Dritten Reich. Der am 11. 2. für das Jahr 1933 mitgeteilte Text hat so sicher nicht im Blatt gestanden, und der vom 21. 1. für 1945 auch nicht, doch in der Sache sind sie richtig. Die ausgewählten Texte zeigen keine anklägerische und keine apologetische Ten-

denz, und wo über gelegentliche Distanzierungen vom Parteibetrieb berichtet wird, da werden sie nicht als angeblicher Widerstand herausgestrichen. Doch wird man auch die Namen eifriger Parteigenossen, die es hier wie überall gegeben hat, vergeblich suchen. So, wie es hier erscheint, hat die Masse der Bevölkerung das Dritte Reich erlebt. Auch dafür darf man der Chronistin danken.

3.
Die eingestreuten Werbetexte sind 1977–1995 gleichzeitig mit „Es war einmal…“ erschienen.

4.
Für hilfreiche Mitarbeit am Register habe ich meiner Enkelin Carolin Ronner, Schwalbach, zu danken.

Im Herzogtum Nassau

1852

15. 8. Seine Hoheit, der Herzog von Nassau, haben den Decanatsverwalter Pfarrer Flohr zu Cronberg zum Decan dasselbst zu ernennen geruht.

Inserat der Woche:
Eine große Anzahl Lohrinden wird öffentlich versteigert. Bleichenbach, Bürgermeister.

30. 8. Nach den neuesten Bestimmungen gelten für Getreide und sonstige Feldfrüchte nur noch die Maaße Malter, Halb-, Viertel-, Zehntel-, Zwangzigstel-, Hunderstelmalter, als kleinste Einheit das Mäßchen, das heißt ein halber Liter oder ein Schoppen.

Inserat der Woche:
Bereits 8 Tage ist ein mausfarbiger Hühnerhund zugelaufen. Der Besitzer soll ihn in kürzester Frist entgegennehmen, ansonsten anderweitig über den Hund verfügt wird.

12.9. Die Gemeinde Schönberg will eine Schule bauen. Seit 1850 gehen die Kinder des Dorfes in ihre eigene Schule, bisher mußten sie die Schule in Oberhöchstadt besuchen. Das alte Schulgebäude soll verkauft werden. Im neuen Gebäude soll auch das Gemeindebackhaus untergebracht werden.

Inserat der Woche:
Ein gesitteter Junge kann gegen billiges Lehrgeld die Küferprovision erlernen.

26.9. Die Gemeinden Oberhöchstadt und Schönberg erhielten vom Kreisbezirksrath die Genehmigung, die Hundetaxe herabzusetzen. Sie beläuft sich jetzt auf 30 Kreuzer für das Jahr 1852.

Inserat der Woche:
Die beabsichtigte Auswanderung von Andreas Uhl, Cronberg, mit seiner Familie wird hiermit zur Kenntniß gebracht. Herzogl. Nassauisches Kreisamt.

12.10. Im New Yorker Hafen kommen jede Woche fast 600 deutsche Auswanderer an. Die meisten haben ihre Heimat verlassen, weil sie kein Fortkommen mehr finden. Möge es ihnen drüben in Amerika besser ergehen. (Auch aus Cronberg sind einige Bürger ausgewandert.)

24.10. Auf eine Ministerialverfügung werden im Herzogtum Nassau neue „Oberförstereien" gebildet. Zur Oberförsterei Cronberg gehören jetzt Cronberg, Falkenstein, Mammolshain, Oberhöchstadt, Oberursel, Schönberg, Glashütten, Neuenhain, Stierstadt und Schwalbach.

Inserat der Woche:
Empfehle mich, Auswanderer über Bremen nach Amerika oder Australien zu billigsten Preisen aufs möglichst Beste zu befördern, FCA Römheld in Frankfurt.

10.11. Der Thurm an der Katharinenpforte (Adlergasse) soll niedergelegt werden. Die Vergabe erhält der Wenigstnehmende.

Inserat der Woche:
Eine im besten Zustand befindliche zweispännige Feuerspritze für eine Gemeinde ist billig zu verkaufen. Dieselbe wird auf Probe gegeben.

21.11. Der Gemeinde Schönberg wird gestattet, in Zukunft ihre Kühe zum Cronberger Gemeindebullen zu treiben.

Inserat der Woche:
Altes Kupfer, Messing und Blei kauft das Etablissement für mechanische Constructionen in Frankfurt.

5.12. Die herzogliche Regierung hatte zwei Mädchen in den Schwarzwald geschickt, zwecks Erlernung der Strohflechterei. Dieselben werden nun in den ärmeren Taunus-Gemeinden als Industrielehrerinnen wirken.

Inserat der Woche:
Empfehle meine große Auswahl in allen wollenen und halbseidenen Stoffen.

19.12. Die in der Schweiz sich aufhaltenden Handwerksgehilfen aus dem Kreisamt werden zur Rückkehr aufgefordert.

Inserat der Woche:
Empfehle Braunschweiger und Uelzener Flachs.

1853

2.1. Ein Schusterlehrling aus Eppstein ist seinem Lehrherrn in Oberursel entlaufen. Sobald er außerhalb Oberursels gesehen wird, ist dem Kreisamt Meldung zu machen.

Inserat der Woche:
Für neue Bürger! Ganz wasserdichte Feuereimer, für deren Güte garantiert wird.

4.1. Sollte die strenge Kälte anhalten, werden in allen Gemeinden des Herzogtums Nassau ein öffentliches Local – eventuell durch Anmiethung – zum Aufwärmen zur Verfügung gestellt. Der Mangel an Brennmaterial ist bei der weniger vermögenden Klasse bereits sehr besorgniserregend.

Inserat der Woche:
Auf dem Schafhof werden am Freitag mehrere Stück Vieh, sowie ein Brandweinkessel und vier Brandweinbrennerbütten und anderes Geräth versteigert.

16.1. Herr Gastwirth Philipp Brosius von dahier ist für die Jahre 1853/54 in den Kreibezirksrath gewählt worden.

Inserat der Woche:
Nachricht für Auswanderer nach Amerika! Herr J. Gregori aus Höchst ist ermächtigt, Überfahrtsverträge für Dampf- und Segelboote abzuschließen.

30.1. Aus dem dasigen Garten wurden acht Mirabellenbäumchen entwendet. Wer etwas darüber weiß, der sollte sofort bei der Bürgermeisterei Meldung machen.

Inserat der Woche:
Ab sofort ein vollständiges neues Logis zu vermiethen.

13.2. Die herzogliche Regierung will den Seidenbau fördern und ruft zur vermehrten Anzucht von weißen Maulbeeren auf. Es werden Pflanzen zu einem Gulden und 40 Kreuzern per Hundert abgegeben.

Inserat der Woche:
Für Wiederverkäufer das Pfund Pomade zu 45 Krz.

1.3. Um die passiven Kapitalien der Gemeinde abzutragen, wurde vom Gemeinde-Rath beschlossen, ein Kapital von fünf Prozent bei der Herzoglichen Landesbank aufzunehmen.

Inserat der Woche:
In einem Manufactur-Waaren-Geschäft en detail ist für einen jungen Mann, der eine schöne Hand schreibt, eine Lehrstelle offen.

13.3. Durch die Schelle wurde bekanntgemacht, daß der Rechnungs-Überschlag der Gemeinde den Bürgern vorgelesen wird.

Inserat der Woche:
In Höchst ist eine Parthie Korb- und Schälweiden zu verkaufen.

27.3. Alle Viehbesitzer, welche Kühe oder Ziegen zur Weide treiben, zahlen per Jahr an den Erheber Adam Weigand 20 Kreuzer. Die Viehbesitzer sind gehalten, ihre Kühe vom Hirten zum Bullen treiben zu lassen.

Inserat der Woche:
Ein in gutem Zustand befindliches Clavier mit 5 Octaven billig abzugeben.

10.4. Auf der Festungsruine Königstein darf eine Gartenwirthschaft in Betrieb genommen werden.

Inserat der Woche:
Lotterien von deutschen Fürsten und Edelleuten bieten hohe Gewinne. Nächste Ziehung am 15. Mai.

24.4. Um der Verminderung der Nachtigallen entgegenzuwirken, ist das Einfangen derselben sowie das Zerstören der Nester und Eier bei hoher Strafe verbogen. Wer Nachtigallen im Käfig hält, muß für jeden Vogel sieben Gulden jährlich an den Local-Armenfond entrichten.

Inserat der Woche:
Ein Junge von ordentlichen Eltern kann die Schmiedeprofession erlernen.

8.5. Aus den Ämtern in Höchst und Königstein liegen wieder eine Reihe von Meldungen vor, infolge denen viele Familien nach Amerika auswandern wollen.

Inserat der Woche:
Patent-Maschienen- und Wagenschmiere, per Pfund 12 Kreuzer.

22.5. Am Samstagnachmittag werden Reparaturarbeiten an den Domänengebäuden des hiesigen Recepturbezirks an den Wenigstnehmenden vergeben.

Inserat der Woche:
Alle Sorten Blechmaaße sind vorrätig, ebenso die neuen Gewichte.

9.6. Ein an der Wuthkrankheit dringend verdächtiger Hund hat in Eppstein einen Menschen, mehrere Hunde und andere Thiere gebissen. Deshalb müssen alle Hunde im gesamten Bezirk Königstein (dazu gehörte auch Cronberg) für die Dauer von sechs Wochen an die Kette gelegt werden.

Inserat der Woche:
Es kann ein braver Junge die Korbmacher-Profession gründlich erlernen.

23.6. Der Schneidergeselle Conrad Wilhelmi von Cronberg hat sein Wanderbuch verloren. Vor Mißbrauch des Buches wird gewarnt.

Inserat der Woche:
Gestempelte neue nassauische Gewichte von 1/8–50 Pfund.

5.7. In vielen Gemarkungen ist die Larve des Frostschmetterlings verstärkt aufgetreten und hat, besonders an den Apfelbäumen, große Schäden verursacht. Neuerlich verwendet man dagegen Schutzgürtel um die Bäume. (Diese „Leimringe“ wurden später jahrzehntelang Vorschrift; Anm.).

Inserat der Woche:
Bei Einführung der neuen Maaße und Gewichte empfehle ich mich im Anfertigen neuer Waagen.

17.7. In Wiesbaden wurden Strohflechtschulen eingerichtet. Die Bevölkerung des gesamten Bezirks soll nun specielle Belehrungen über den Anbau und die Bereitung des Geflechtstrohes erhalten.

Inserat der Woche:
Wegen Auswanderung stehen zwei gute Drechslerbänke zu verkaufen.

31.7. Einem in Homburg festgenommenen Mann wurde ein Handtuch „MH 28“, roth gezeichnet, abgenommen. Es besteht der Verdacht, daß dasselbe gestohlen wurde. Der etwaige Eigenthümer möge sich melden.

Inserat der Woche:
2 schwarzbraune Wallachpferde, zu jedem Fuhrwerk eingefahren, stehen aus freier Hand zu verkaufen.

14.8. In Klein-Schwalbach (heute Schwalbach) wird die achtjährige Elisabeth vermißt. Das Kind treibt sich wahrscheinlich seiner Gewohnheit nach bettelnd umher. Im Betretungsfalle ist das Kind festzuhalten.

Inserat der Woche:
In Oberhöchstadt wird eine Parthie Fässer bis 80 Ohm versteigert.

28.8. Das herzogl. nassauische Kreisamt erinnert daran, daß die Kohlenbütten der Gewerbetreibenden, welche sich mit dem Handel mit Stein-, Holzkohlen oder Kalk befassen, geaicht werden müssen.

Inserat der Woche:
Die Gemeinde Soden beabsichtigt die Anschaffung eines Leichenwagens nach dem Muster von Oberursel. Lusstragende wollen für die Vergebung ein Angebot machen.

11.9. Im Amtsbereich Königstein haben die Ernteferien des Gerichts begonnen. Sie endigen am 1. Oktober.

Inserat der Woche:
Ein Webstuhl mit vollständigem Werkzeug ist wegen Auswanderung billig zu verkaufen. Georg Kuhl, Weber in Cronberg.

25.9. Zur Hebung der Seidenzucht werden von der herzoglichen Regierung Maulbeerpflanzen (Büsche und Hochstämme) angeboten. Im Frühjahr können Seidenraupeneier bezogen werden. Auskunft gibt der Verein zur Beförderung der Seidenraupenzucht im Herzogthum Nassau.

Inserat der Woche:
Auf dem Rathhaus in Oberhöchstadt wird die Gemeindejagd auf sechs Jahre neu verpachtet. Der Bürgermeister: Hildmann.

9.10. Auf der Receptur-Stube wird die Berechtigung der herzoglichen Domaine zum Beischlag von 60 Schafen zur Schafherde Neuenhain sowie der Miteintrieb von vier Schweinen in den Waldungen von Soden, Sulzbach und Neuenhain öffentlich verpachtet.

Inserat der Woche:
Ein Regal zur vollständigen Einrichtung eines Spezereigeschäfts billig zu verkaufen.

23.10. Nach dem Gemeindegesetz der herzogl. Regierung muß das Bürger-Antritts- und Bürger-Aufnahmegeld für die nächsten fünf Jahre neu festgesetzt werden.

Inserat der Woche:
Empfehle Dr. Hartungs „Chinarinden-Oehl“ zur Conservierung des Haarwuchses.

6.11. Auf der hiesigen Rathsstube werden Domaenialfrüchte aus der diesjährigen Ernte an den Meistbietenden versteigert. Es handelt sich um Korn, Waitzen, Gerste und Hafer.

Inserat der Woche:
6–8 Stück gut gedörrte Schinken zu verkaufen.

20.11. In Oberhöchstadt wurden einem Manne drei Gänse gestohlen. Auf Anweisung des Herzoglich Nassauischen Kreisamtes in Höchst müssen geeignete Nachforschungen angestellt werden.

4.12. Das gräflich von Schönbornsche Hofgut Gravenbruch bei Frankfurt ist mit Wirthschaftsbetrieb, Brauerei und Branntweinkellerei, mit Waldungen und Weidenrechten zu verpachten.

Inserat der Woche:
Empfehle für Weihnachten meine Orangenpunschessenz.

18.12. Weihnachtsbäume dürfen nur dann verkauft werden, wenn der Händler einen mit dem Gemeindesiegel versehenen Schein besitzt, der ihm den rechtmäßigen Erwerb der Bäume attestiert.

Inserat der Woche:
In Königstein werden ein braunes Stutenpferd und ein Wallach mit Wagen meistbietend auf Credit bis Ostern versteigert.

1854

15.1. Wegen der starken Schneefälle konnte die Sitzung des Kreisbezirksrathes erst am letzten Freitag stattfinden.

Inserat der Woche:
Wir empfehlen uns den Auswanderern, ihre Reisen zu äußerst billigen Preisen zu erledigen.

29.1. Zugunsten des Dombaus zu Speyer wurde von der herzöglichen Regierung eine Kollekte genehmigt.

Inserat der Woche:
Wir empfehlen uns den Auswanderern zu billigen Preisen, ihre Reiseangelegenheiten zu erledigen.

12.2. Das Kreisamt Höchst hat die Bürger-Einkaufsgelder für 1854/58 festgelegt. Danach erhebt Cronberg 3 Gulden Antrittsgeld und 60 Gulden Einkaufsgeld. (Schönberg 2, beziehungsweise 30 fl und Oberhöchstadt 4, beziehungsweise 60 fl). Ein Ausländer hat den doppelten Betrag zu entrichten.

Inserat der Woche:
Die kürzeste und billigste Reise nach Amerika vermittelt unsere Generalagentur.

26.2. Im Laufe des Jahres werden achtzehn weibliche Sträflinge aus dem Correctionshaus Erbach entlassen. Menschenfreunde, die eine der Frauen als Dienstboten aufnehmen wollen, mögen sich bei der Leitung des Correctionshauses melden.

Inserat der Woche:
520 Gulden Vormundschaftsgeld sind gegen gerichtliche Sicherheiten auszuleihen.

12.3. Die herzogliche Regierung macht darauf aufmerksam, daß die Landjäger nunmehr eine allgemeine Visitation durchführen, um festzustellen, ob das Gesetz betreffs Einführung der neuen Maße und Gewichte auch befolgt wird.

Inserat der Woche:
Alle Sorten gestempelter Gewichte und Waagenhemmschrauben stets vorräthig.

28.3. Herr Bürgermeister Bleichenbach wird sich auf eine Reise nach Wiesbaden begeben, um bei der Regierung „in Sachen Eisenbahn" vorstellig zu werden.

Inserat der Woche:
Ich bin zum Amtsprocurator ernannt worden und übernehme die Führung von Rechtsstreitigkeiten bei allen Gerichten. E. Bau, Königstein.

9.4. Für den Dombau zu Speyer wird in allen Gemeinden des Herzogthums Nassau eine Collecte ausgeschrieben.

Inserat der Woche:
Laden mit Cabinett zu vermiethen.

23.4. In Bockenheim wurde ein kleines, anderthalb Jahre altes Mädchen ausgesetzt. Die Bürgermeister der ganzen Umgebung wurden seitens der herzoglichen Regierung beauftragt, Nachforschungen nach der Mutter des Kindes anzustellen.

Inserat der Woche:
Bienenvölker mit oder ohne Wohnung zu verkaufen.

7.5. Der Kreisbezirksrath hat der Gemeinde Cronberg nachträglich genehmigt, die jährlichen Abgaben für das Judenbad auf 3 Gulden statt 5 Gulden festzusetzen.

Inserat der Woche:
Des königlich-preußischen Kreis-Physikus Dr. Kochs „Kräuter-Bonbons" sind von anerkannt trefflicher Wirkung.

21.5. In Schönberg sollen die Bauarbeiten an dem Schulgebäude vergeben werden. Es geht um die Herstellung von zwei Abtritten und einem Schweinestall. Veranschlagt dafür sind 154 Gulden.

Inserat der Woche:
Unter Zusicherung einer prompten und reellen Bedienung übernehmen wir fortwährend Tücher für die Bleiche. G. Rach & Comp. Höchst.

4.6. Der Gastwirth Andreas Krieger übernimmt die Wirthschaft des Philipp Peter Kilb. Er erhielt bereits die Genehmigung des Kreisbezirksrathes. (Anmerkung: Es handelt sich um den „Frankfurter Hof".)

Inserat der Woche:
Am Montag werden auf dem Rathhause die Brunnenleitungsarbeiten vergeben.

18.6. Am Montag wird das Gras von der Breitwiese oberhalb des Schafhofes (44 Morgen) an Ort und Stelle meistbietend versteigert.

Inserat der Woche:
Ein gespielter Flügel von sechs Oktaven billig zu verkaufen.

30.7. Herr Georg Sauer führt den Nassauer Hof in der Streitkirche weiter, nachdem er das Gebäude käuflich erworben hat. Die Erlaubniß des Kreisbezirksrathes liegt vor.

Inserat der Woche:
Verloren wurde ein Fingerhut.

27.8. Derzeit läuft im ganzen Herzogthum Nassau eine Visitation der Maaße, Gewichte und Waagen. Ungeeichte Gegenstände dürfen im Handel nicht benutzt werden.

Inserat der Woche:
Ein wohlerzogener Knabe, der die nöthigen Schulkenntnisse besitzt, kann das Buchbinder- sowie das Portefeuillesgeschäft erlernen.

10.9. Mit dem 1. October tritt das neue nassauische Gemeindegesetz in Wirksamkeit. Dazu müssen – auch in Cronberg – Wahlen für den Bürgerausschuß durchgeführt werden. Die Wahlen werden vom herzoglichen Amt geleitet.

Inserat der Woche:
Ein 7/4 Jahre alter Bulle, Vogelsberger Race, zu verkaufen.

24.9. Bürgermeister Bleichenbach ist in den Amtsbezirksrath Königstein gewählt worden.

Inserat der Woche:
Empfehle das „Magen-Elixir genannt Menschenfreund", von der königl. preuß. Medicinalbehörde approbiert.

24.10. Da es zu mancherlei Unzuträglichkeiten führt, wenn sich die Öffnungszeiten der Recepturen hinziehen, bis Licht angezündet werden muß, so ist vom Amtsbezirksrath beschlossen worden, die Recepturlocale (Büros; Anm. der Red.) nur vormittags zu öffnen.

Inserat der Woche:
Geschmiedetes Nassauer Eisen: 5 Kreuzer per Pfund leichtes Gewicht und 5 5/8 Kreuzer per Pfund schweres Gewicht.

15.11. Drei Kinder, ein Knabe und zwei Mädchen, 8 bis 14 Jahre alt, aus dem Westerwald treiben sich seit Wochen bettelnd umher. Die Polizeibehörden suchen nach ihnen.

Inserat der Woche:
Am Dienstag werden im Dominial-Wald mehrere Klafter Prügelholz und Wellen versteigert. Herzogliche Receptur Cronberg.

26.11. Der Feldschütz Philipp Meister erhält zusätzlich drei Gulden für die Beaufsichtigung der Bleiche. Zur Anschaffung einer „Livree" erhalten er und Weinig 14 Gulden.

Inserat der Woche:
Schnupftabak, nicht parfümirt, aus Carotten von feinen Virginia-Tabaken fabrizirt.

8.12. 1854 hatte der Gemeinderath wieder einige Anträge auf Einbürgerung in Cronberg genehmigt. Den Huldigungseid auf die herzoglich-nassauische Regierung mußten die Neubürger im Januar leisten. Sie taten das gerne, denn so ein Antrag wurde nicht ohne weiteres angenommen. Wer Bürger werden oder gar heiraten wollte, mußte nachweisen, daß er imstande war, eine Familie zu ernähren.

24.12. Dienstleute, Ackerknechte und Viehmägde, welche lange Jahre in einem Hause sich durch Treue, Fleiß und Sittlichkeit ausgezeichnet haben, sollen mit Medaillen und Preisen von 12–25 Gulden belohnt werden.

Inserat der Woche:
Verloren wurde eine Uhrkette mit silbernem Medaillon, welches das Bild eines Frauenzimmers enthält.

1855

6.1. In den nächsten Tagen wird im Herzoglich Nassauischen Amt Königstein von den im Jahr 1854 recipirten Bürgern der Huldigungseid geleistet.

Inserat der Woche:
Wöchentlich regelmäßige Expeditionen nach Amerika und Australien per Dampf- und Segelschiff zu reellsten und billigsten Preisen.

21.1. Für die „Industrieschulen“ wurden von der Gemeinde zwei Lehrerinnen eingestellt. (Darunter versteht man den Handarbeitsunterricht, meist von Lehrersfrauen oder auch geeigneten Hausfrauen erteilt; Anmerkung).

Inserat der Woche:
Ein junger Eber, zur Zucht tauglich, zu verkaufen.

4.2. Herr Decan Flohr ist der Schulinspektor der evangelischen Schule. Im Frühjahr und im Herbst jeden Jahres finden die Schulinspektionen und die Prüfung der Kinder statt.

Inserat der Woche:
Vorzüglicher Flaschenlack in allen Farben.

14.2. Jakob Gundlach wollte die Pappeln an dem Wege nach Oberhöchstadt entfernen. Der Gemeinderath ertheilte ihm nicht die Erlaubnis dazu, da die Bäume von der nassauischen Regierung gepflanzt worden sind.

Inserat der Woche:
Ein junger Mann von 18 Jahren, welcher die Oeconomie praktisch erlernt und zwei Jahre lang eine gute Ackerbauschule besucht hat, sucht eine entsprechende Stelle.

9.3. Der Herr Decan Flohr will im Distrikt Schönbusch ein Badehaus errichten. Die Gemeinde tritt ihm 10 Ruthen Land dafür ab.

Inserat der Woche:
Für Taube und Harthörige! Mein Gehör-Öl heilt binnen kurzer Zeit!

25.3. Der Gemeinderath hat beschlossen, daß der Halter des Gemeindebullen eine Hilfe bekommen soll, für den ein kleines Entgelt bereitgestellt wird. Der Halter darf den Bullen nicht allein aus dem Stall holen.

Inserat der Woche:
Ein mit den nöthigen Kenntnissen versehener Junge kann in der Buchdruckerei des „Amts-Blattes“ in die Lehre treten.

8.4. Der Cronberger Philipp Anthes will nach Amerika auswandern; die Gemeinde gibt ihm 30 Gulden Zuschuß für die Reisekosten.

Inserat der Woche:
Eine Parthie guten Wiesendung zu verkaufen.

25.4. In Oberhöchstadt wurde eine Geiß, 3 Schuh lang, zwei Fuß hoch, grau-schwarz, mit einem Plattkopf entwendet.

Inserat der Woche:
Eine Partie alte Fenster, Mahnen, Körbe und kleine Säcke billig abzugeben.

6.5. Der Gemeinderath hat in seinen letzten Sitzungen mehrere Anträge auf Aufnahme in die hiesige Gemeinde abgelehnt.

Inserat der Woche:
Zugelaufen ist ein großer gelber Ziehhund.

20.5. Der Gemeindediener Christoph Wolf erhält eine neue Uniform. Der Gemeinderath genehmigte ihm dafür eine Vergütung.

Inserat der Woche:
Feiner Kinder-Zwieback als vollständiger Ersatz für Ammen- und Muttermilch.

3.6. Der Feldschütze Philipp Meister erhält für die Beaufsichtigung der Bleiche eine Vergütung von drei Gulden.

Inserat der Woche:
Aechte steyrische Tannenbaum-Sensen, deren Güte garantirt.

17.6. Zum Rechnungsausschuß wurden die Gemeinderäthe Monken, Sauer, Adam Weidmann, Christoph Jamin, Christoph Liebig und Balthasar Becker vorgeschlagen.

Inserat der Woche:
Empfehle Maaß- und Halbmaaß-Apfelweinkrüge.

1.7. August Reep erhielt vom Gemeinderat den Auftrag, das Schanzenfeld noch einmal zu vermessen, wofür derselbe keine Belohnung zu erhalten hat. Er muß die Karten so richtig stellen, daß das herzogliche Amt diese ohne Anstand annimmt.

Inserat der Woche:
Wir vermitteln die kürzesten und billigsten Reisen nach America.

15.7. Andreas Weidmann wurde von dem Gemeinderath zum Spritzenmeister ernannt. Er hat den Schlauch und die Spritze in der Schmiere zu erhalten und bei Bränden die Spritze zu leiten.

Inserat der Woche:
Gefunden wurde am Schirnbrunnen ein Kopftuch.

29.7. Auch nach dem Tod von Dr. Ferdinand Küster geht der Kurbetrieb in Bad Cronthal weiter. Der Sohn des Verstorbenen hat die Aufgaben des Vaters übernommen. In Cronthal herrscht auch in diesem Sommer ein reger Badebetrieb.

Inserat der Woche:
Zwei englische Reitsättel mit Zügeln und Schafdecke zu verkaufen.

12.8. Dem Peter Braun dahier wurden vier Frauenhemden, ein hänfernes Bettlaken mit einem, nach einem Zipfel hin eingesetzten Läppchen, entwendet. Die Polizei ersucht um Mittheilungen über etwa vorhandene Spuren.

Inserat der Woche:
Kunsthefe ist zu jeder Zeit frisch zu haben.

26.8. Die herzogliche Regierung ordnete an, daß die Feldschützen mit aller Strenge zu überwachen sind, damit sie ihren Dienst, besonders während der Erntezeit, fleißig versehen.

Inserat der Woche:
Eine zweischraubige Kelter, 3 Ohm (heute 130 bis 160 Liter; Anmerkung) ausdrückend, ist billig zu verkaufen.

1862

1.8. Im Zoologischen Garten Frankfurt sind neue Tiere angekommen: 1 Beelzebul (Brüllaffe) und andere Affen, 1 Virginia-Hirsch, 2 fliegende Eichhörnchen, 1 Lämmergeier, eine Anzahl Aras und andere Papageien, mehrere hundert ausländische Singvögel, 2 weiße ägyptische Esel und 1 Giraffe.

Inserat der Woche:
Zoologischer Garten in Frankfurt: Am Sonntag verbilligter Eintritt, 6 Kreuzer per Person. Es wird gebeten, keine Spazierstöcke mitzubringen.

15.8. Bei dem großen Schützenfest zu Frankfurt waren Diebe unterwegs, die es auf Uhren abgesehen hatten. Als gestohlen wurden 17 silberne oder goldene Taschenuhren gemeldet. Vor Ankauf wird dringend gewarnt.

Inserat der Woche:
Alle Schlechtschreibende, die in längstens 26 Stunden ihre Handschrift verbessern wollen, sei mein Scheiblehrkursus empfohlen. F. Bertina, Schreibmeister.

30.8. Um falschen Feuerlärm zu verhüten, wird bekannt gemacht, daß in verschiedenen Walddistrikten der Oberförsterei Cronberg durch Abschälen der Bodendecke und Verbrenner der abgeschälten Masse Rauch entstehen wird.

Inserat der Woche:
Wegen Aufhörens der Höchst-Sodener Personenpost werden im Nassauer Hof in Höchst 10 gute, zu allem Dienst brauchbare Pferde gegen Baar versteigert.

12.9. Der neue Cronberger Credit- und Vorschußverein lädt zu seiner ersten Generalversammlung in den Schützenhof ein. Es soll über den Beitritt zum Verband der wirthschaftlichen Genossenschaften am Mittelrhein, sowie über die Errichtung einer Sparkasse berathen werden.

Inserat der Woche:
Ein Junge von braven Eltern wird zu einem Kunstgärtner in die Lehre gesucht. Derselbe erhält Kost, Logis und eine kleine Vergütung.

23.9. Für das herzogliche Jägerbatallion sollen eine Anzahl von Tambour- und Hornistenlehrlingen in Bereitschaft gehalten werden. Wer also Lust dazu trägt, sollte sich bei dem Bürgermeister melden.

Inserat der Woche:
Wegen Beendigung der Kur werden in Soden drei Pferde aus freier Hand verkauft, welche sowohl Luxuspferde als auch gute Dienstpferde sind.

26.9. Um der übermäßigen Vermehrung der Hunde entgegenzuwirken, wird von Seiten der Regierung den Herren Bürgermeistern angerathen, die Taxe zu erhöhen.

Inserat der Woche:
Neues amerikanisches Erdöl (Petroleum), prima Qualität, sowie die dazugehörigen Lampen, Cylinder und Dochte.

12.10. Vom Bergschlag dürfen auch weiterhin Steine abgefahren werden. So wird die Gemeinde Sulzbach sich dort mehrere Fuhren Pflastersteine holen. (Diese Steine vom 2. und 3. Ringwall auf dem Altkönig waren leichter zu beschaffen, als in einem Steinbruch. Anm.)

Inserat der Woche:
Dem hiesigen und auswärtigen Publikum die allgemeine Nachricht, daß ich mich in Höchst als Regen- und Sonnenschirmmacher etablirt habe. Um geneigten Zuspruch bittet Heinrich Plantz.

24.10. Das Gesuch der Gemeinde Cronberg, das Schulgeld herabzusetzen, wurde von dem Kreisbezirksrath abgeschlagen, da die finanzielle Lage der Gemeinde eine Schmälerung der herkömmlichen und gesetzlichen Einnahmen nicht verträgt.

Inserat der Woche:
Goethes und Wielands Werke, vollständig, complet und schön gebunden, billig abzugeben.

10.11. Sämtliche Hebammen des Amtsbezirks werden zur Prüfung aufgerufen. Mitzubringen sind alle Instrumente, Hebammenbücher und Geburtslisten (Kronberg hatte damals zwei Hebammen. Anm.)

Inserat der Woche:
Ein starkes, fehlerfreies Zugpferd zu verkaufen.

21.11. Die herzogliche Regierung weist erneut darauf hin, daß die „Trinkerlisten" in den Gasthäusern an gut sichtbarer Stelle anzubringen sind. An Personen, deren Namen auf der Liste stehen, darf kein Alkohol ausgegeben werden.

Inserat der Woche:
Stearin-Lichter in bester Qualität!

5.12. Der Cronberger Schützengesellschaft soll ein Theil des gemeindeeigenen Kastanienstücks als Schießplatz überlassen werden.

Inserat der Woche:
Ein schönes Zimmer nebst anstoßendem Cabinet zu vermiethen.

19.12. Der neu gegründete Cronberger Turnverein hält regelmäßige Übungsstunden ab.

Inserat der Woche:
Am Sonntag wieder billiger Sonntag im Zoologischen Garten in Frankfurt.

1863

2.1. Die im Laufe 1862 recipirten Bürger sind vom herzogl. nassauischen Amt eingeladen, den Bürgereid abzuleisten.

Inserat der Woche:
Für 1–2 Tische werden noch Russenstein-Former in Höchst angenommen.

4.1. Herr Phil. Peter Brosius scheidet aus dem Amtsbezirksrath aus. Bei der Ersatzwahl waren die Herren Bürgermeister Bleichenbach, Gastwirth Ellenberger, Carl Stein, Adam Zubrod und Jakob Schellenberg anwesend.

Inserat der Woche:
Das Mäntel- und Mantillenmagazin in Bokkenheim empfiehlt seine reiche Auswahl.

16.1. An die Frauen und Jungfrauen unseres Bezirks ergeht der Aufruf, Charpie und Leinwand zu sammeln. Die Spenden gehen zum Kriegsschauplatz nach Amerika.

Inserat der Woche:
Es wird ein solider Bursche gesucht, der sowohl im Fuhrwerk wie in der Chaise fahren kann und die Verpflegung von Pferden gründlich versteht.

30.1. Mit dem Ausputzen der Kastanienbäume auf Gemeindegrund wurden Adam Wehrheim, Philipp Hildmann und Louis und Leonhard Schmidt betraut.

Inserat der Woche:
Nur 1 Gulden kostet das Viertel-Los der Herz. Braunschweigischen-Lüneburger Landes-Regierung. Hauptgewinn sind 100 000 Thaler.

13.2. Der Tanzschule Koch wurde seitens des Gemeinderathes die Genehmigung erteilt, in Cronberg eine Tanzstunde zu errichten.

Inserat der Woche:
Die Taunus-Eisenbahn von Frankfurt nach Wiesbaden verkehrt mit täglich acht Zügen in beiden Richtungen.

1.3. Die Gemeinde Cronberg sucht einen Mann zur Überwachung der Bullen sowie für das Bringen der Kühe und Rinder zu den Bullen.

Inserat der Woche:
Die photographische Anstalt Meier in Frankfurt empfiehlt sich auch den geehrten Bewohnern der Umgebung zur Aufnahme von Portraits.

13.3. Den hiesigen Turnern werden leihweise die Trommeln der Gemeinde überlassen, zunächst für die Dauer eines Jahres.

Inserat der Woche:
Feinstes, wasserhelles pennsylvanisches Petroleum, per Liter 30 Kreuzer.

27.3. Christian Kunz erhält von der Gemeinde 4 Gulden für das Reinigen und die Warthung der Feuerspritze im Jahre 1862.

Inserat der Woche:
Ertheile Unterricht im Kleidermachen, verbunden mit Conversation in französischer Sprache.

10.4. Der Cronberger Schützengesellschaft wird ein Theil des Gemeinde-Kastanienstücks für 12 Jahre überlassen. (Dort baute Herr von Mumm um 1908 seine große Villa, heute „Haus Waldfriede“ der Arbeiterwohlfahrt; Anm.).

Inserat der Woche:
Tüchtige Tabaks-Sortirer und Sortirerinnen gesucht.

24.4. Der Gemeinderath muß sich bei jeder Sitzung mit Anträgen für die Aufnahme als Bürger und die Erlaubniß zur Heirath befassen.

Inserat der Woche:
Zuverlässige Fuhrknechte, die gut mit Güterfuhrwerk umgehen können, finden dauernden Dienst.

8.5. Die Dienstgeschäfte im Medicinalbezirk Königstein sind bis auf weiteres Herrn Dr. Pingler in Königstein übertragen worden.

Inserat der Woche:
Eine Auswahl neuester Gesundheits-Sommer-Bukskinhosen zu haben bei Salomon Fürth in Höchst.

22.5. Am Sonntag bietet der Zoologische Garten in Frankfurt verbilligte Eintrittspreise an. Pro Person kostet es nur 6 Kreuzer. Es wird gebeten, keine Spazierstöcke mitzubringen.

Inserat der Woche:
Eine schöne Wohnung, mit oder ohne Meubel, zu vermiethen.

9.6. Am Dienstag nach Pfingsten fand in Soden wieder das beliebte große Waldfest statt. Auch von Cronberg waren Besucher gekommen.

Inserat der Woche:
Empfehle mein ausgezeichnetes Mittel gegen alle Arten von Ungeziefer wie Ratten, Mäuse, Wanzen.

23.6. Der Schäfereipächter darf wegen der schlechten Witterung den Rothen Hang mit den Schafen beweiden.

Inserat der Woche:
Mehrere solide und tüchtige Arbeiter werden für eine Russensteinfabrik gesucht.

5.7. Cronberg hat 2080 Einwohner mit 543 Haushaltungen in 314 Wohnhäusern.

Inserat der Woche:
Übernehme ab sofort die Besorgung von Rechtsgeschäften im Amt Königstein. J. Krieger, Rechtsanwalt in Königstein.

17.7. Im Herzogtum Nassau wird nun auch zur Bildung eines „Großdeutschen Reformvereines“ aufgerufen.

Inserat der Woche:
Frische Eier in regelmäßiger Lieferung gesucht.

31.7. Das Gras an städtischen Wegen und Schneisen soll versteigert werden. Der Termin wird durch die Schelle bekannt gemacht.

Inserat der Woche:
Eine starke massive Holz-Drehbank für Drechsler billig abzugeben.

14.8. Der Herr General von Breitbach-Bürresheim hat die Nennung der noch lebenden Veteranen, welche 1815 die Schlacht bei Waterloo mitgemacht haben, erbeten. Sie sollen eine Medaille erhalten.

Inserat der Woche:
Im zoologischen Garten in Frankfurt sind neu angekommen: 1 Jaguar, 2 californische Bären, 1 Wombat und mehrere Affen.

28.8. Nachdem die herzogl. Regierung die Erbauung einer Gasfabrik in Höchst abgelehnt hat, wollen die Bürger nunmehr gemeinsam einen Antrag stellen. Sie sehen in der Gasbeleuchtung einen unberechenbaren Vortheil.

Inserat der Woche:
In der Bürstenfabrik im Kronthal können zwei Lehrlinge ohne Lehrgeld aufgenommen werden, sowie einige Gesellen in Arbeit treten.

11.9. In Prag ist eine Maschine gebaut worden, die künstlich Kaffee herstellen kann. Vor diesen Kaffeebohnen wird dringend gewarnt, sie bestehen aus Mehl und ausgelaugtem Kaffeesatz.

Inserat der Woche:
Ein Mädchen in gesetztem Alter und von ordentlichen Eltern wird für einen Laden gesucht.

25.9. Gastwirth Brosius kaufte von der Gemeinde ein Grundstück an der neuen „Königsteiner Straße" (dort entstand wenig später das Gasthaus „Hainlust", dann „Germania" mit Kegelbahn; Anm.).

Inserat der Woche:
Filzhüte werden dauerhaft schön gefärbt und garniert.

9.10. Die diesjährige Hebammenprüfung findet am 23. ds. Mts. auf dem Rathhaus in Königstein statt. Die Prüfung wird von Herrn Medicinalrath Dr. Pingler vorgenommen.

Inserat der Woche:
Eine geschickte Kleidermacherin wird gesucht.

23.10. Anläßlich der 50. Wiederkehr des Tages der Befreiung durch die Völkerschlacht bei Leipzig fanden im ganzen Herzogthum Feiern statt. Auch in Cronberg hatten sich die Vereine daran beteiligt.

Inserat der Woche:
Zur Bepflanzung der Vicinalwege und Landstraßen empfehle ich meinen bedeutenden Vorrath an Obstbäumen. (Der Ertrag dieser Bäume wurde in der Erntezeit an Bewohner versteigert, die über keine eigenen Grundstükke verfügten; Anm.).

6.11. Das Blatt „Der Rheinische Kurier" wurde unter Verbot gestellt. Das Verbreiten desselben ist strafbar.

Inserat der Woche:
Leere Schmalzfässer, bestens geeignet zum Einmachen von Sauerkraut, billig abzugeben.

20.11. Beim Hochheimer Markt ist ein Ochse entkommen. Der Besitzer verspricht dem Wiederbringer eine Belohnung.

Inserat der Woche:
Räume mein Lager in Hosenstoffen, Unterrocks- und Zobelzeuchen.

4.12. Längst haben die Ärzte festgestellt, daß sehr trockene Luft in den Räumen nachteilig für Lungen und Luftröhren ist. Um dem entgegenzuwirken, ist es am besten, wenn reichblättrige Zimmerpflanzen aufgestellt werden.

Inserat der Woche:
Ein Maschinenwärter, der sofort eintreten kann, sucht Stellung.

18.12. Das Petroleum hat man neuerdings zum Conservieren des Holzes benutzt, welches damit imprägniert, eine sehr große Haltbarkeit bekommt.

Inserat der Woche:
Allen denjenigen, die unseren Sohn und Bruder zur letzten Ruhestätte geleiteten, insbesondere den dasigen Jungfrauen, innigsten Dank.

1864

15.1. Unsere deutschen Brüder in Schleswig-Holstein leiden Not. Sie müssen aus der Sklaverei befreit werden, sie müssen dem deutschen Vaterland zugeführt werden. Helft mit Euren Spenden!

Inserat der Woche:
Anständiges Mädchen vom Lande gesucht, welches noch nicht in der Stadt gedient hat.

29.1. Sämtliche im vorigen Jahr gewordenen Bürger legten vor dem herzoglichen Amtmann in Königstein den Huldigungseid ab.

Inserat der Woche:
Tüchtige Haarschneider sowie in diesem Fache geübte Mädchen finden lohnende Beschäftigung in meiner Haarschneiderei.

12.2. Der Lehrgehilfe Wollstädter ist von Kelkheim als Schulvicar nach Schönberg versetzt worden.

Inserat der Woche:
2–3 Jungen können bei mir in die Lehre aufgenommen werden. J. Biebinger in Kronthal.

26.2. Im Distrikt Schönbusch wird gebaut. Herr Jaques Reiss aus Frankfurt hat das Gelände der ehemaligen Kaltwasserheilanstalt aufgekauft und will dort eine großzügige Villa entstehen lassen.

Inserat der Woche:
Emser Pastillen gegen Husten und Heiserkeit werden nur in etiquettierten Schachteln versandt. Herzoglich-Nassauische Brunnen-Verwaltung Bad Ems.

12.3. In unserer Gegend sind wiederholt tollwüthige Hunde angetroffen worden. Die Hundebesitzer sind angehalten, die Hunde an die Leine zu legen und mit einem Maulkorb zu versehen.

Inserat der Woche:
Gestohlen wurde ein graues Sommerkleid von Wollenstoff mit Penseeblümchen.

28.3. Die Wirthe werden darauf aufmerksam gemacht, daß die Polizeistunde um 11 Uhr nachts nicht übertreten werden darf.

Inserat der Woche:
Junge Pinscherhunde (Rattenfänger) sind zu verkaufen.

9.4. In den Schulen des Herzogthums Nassau werden die neuen kalligraphischen Wandtafeln eingeführt.

Inserat der Woche:
Eine neuerbaute Mühle in vortheilhafter Lage unweit Höchst ist sterbehalber zu verkaufen.

7.5. Auf dem hiesigen Rathause wird die Umpflasterung einer Straße versteigert. Im Etat sind dafür 1200 Gulden veranschlagt.

Inserat der Woche:
Zwei Pferde auf Kredit, bis Martini des Jahres zu verkaufen.

21.5. Der Gemeinderath hat beschlossen, den in Königstein angekauften Faselochsen (Bulle) wieder zurückzugeben, da derselbe untauglich ist.

Inserat der Woche:
Eine stille Familie von zwei Personen sucht eine kleine Wohnung nebst Küche.

4.6. Im zoologischen Garten in Frankfurt sind eine bedeutende Anzahl von ausländischen Vögeln eingetroffen, ebenso mehrere Ochsenfrösche. Geboren wurde ein ostindischer Mähnenhirsch.

Inserat der Woche:
Ein schönes japanisches Hündchen zu verkaufen.

18.6. Einem Sattlermeister in Höchst ist es gelungen, nach vielfachen Versuchen einen wasserdichten Stoff für Wagentücher herzustellen.

Inserat der Woche:
100 000 Russen, 2 Sorten, in Parthien auf den Platz zu liefern. (Hier handelt es sich um Backsteine, die man als „Russen" bezeichnete; Anm. d. Red.)

30.7. Die diesjährigen Gerichtsferien beginnen am 1. August. Während dieser Zeit werden nur in solchen Rechtssachen, welche keinen Aufschub erleiden dürfen, Verhandlungen geführt.

Inserat der Woche:
Wegen Aufgabe des Geschäftes wird reiner Neuenhainer Wein des Jahrganges 1858 in größeren Parthien billig abgegeben.

27.8. Die Gemeinde Höchst hat ihre Bürger und Einwohner, welche sich für die Errichtung einer Gasfabrik interessieren, zu einer Versammlung eingeladen.

Inserat der Woche:
Wasche Glacé-Handschuhe, das Paar zu 8 Kreuzer.

10.9. Cronberg bekommt einen neuen Bürgermeister. Aus Rücksicht auf sein schlechtes gesundheitliches Befinden legte Bürgermeister Ludwig Bleichenbach sein Amt nieder. Georg Jamin führt die Geschäfte bis zur Wahl.

Inserat der Woche:
1 Gulden und 30 Kreuzer kosten feine photographische Portraits oder ein Diorama von Frankfurt.

24.9. Die Gemeinde Wörsdorf bei Idstein ist von einem großen und schweren Brandunglück betroffen. Die Bevölkerung des gesamten Herzogtums Nassau ist um Hilfe aufgerufen.

Inserat der Woche:
Ein Junge, der eine schöne Handschrift schreibt und ein gutes Zeugniß besitzt, findet auf einem Bureau Beschäftigung.

24.10. Mit Allerhöchster Genehmigung Seiner Majestät des Königs von Preußen ist dem Dombau-Verein zu Köln die Errichtung einer großartigen Lotterie gestattet worden. Lose werden durch die Haupt-Agentur Moritz Stiebel Söhne, Bank- und Wechselgeschäft in Frankfurt, verkauft.

Inserat der Woche:
Ein noch in gutem Zustand befindlicher Oekonomie-Ofen mit Schiff billig zu verkaufen.

15.11. An die deutschen Singvereine geht der Aufruf, für den Bau einer Herberge auf dem Gipfel des Altkönigs zu werben und zu sammeln. Schon sind 3 000 Gulden für das Vorhaben eingegangen. (Zum Glück wurde aus dem Vorhaben nichts; Anmerkung).

Inserat der Woche:
Zwei Schlitten, ein Kinderbettlädchen mit Schubladen billig abzugeben.

26.11. Der Gemeindeausschuß hat die beiden von Herrn Medicinalrath vorgeschlagenen Hebammen nicht angestellt.

Inserat der Woche:
Ausstechformen für Weinachtsgebäckgegenstände billigst zu haben.

8.12. 1864 kam frohe Botschaft aus Amerika für die Hausfrauen, für die Wäsche wurde Borax empfohlen.

24.12. Der Gemeinderath hat beschlossen, den Herren Jaques Reiss und Johann Adam Osterrieth für ihre Verdienste um die Stadt Cronberg das „Ehrenbürgerrecht“ zu ertheilen. – Am 13. Dezember starb Herr Bürgermeister Georg Ludwig Bleichenbach im Alter von 72 Jahren. 1842 wurde er zum Stadtschultheißen ernannt, 1849 zum Bürgermeister.

Inserat der Woche:
Als Weihnachtsgeschenk empfehle ich mein umfangreiches Lager an katholischen und evangelischen Gebetbüchern.

1865

6.1. Von Dr. Winterfeld wird eine Einlegesohle empfohlen, um die Füße warm und trocken zu halten. Die Sohle ist leicht selbst herzustellen. Einfacher jedoch ist es, Zeitungen zu verwenden.

Inserat der Woche:
Empfehle meine tiefschwarze, sowie veilchenblaue Schreib- und Copirtine.

21.1. Der Verschönerungsverein (Vorläufer unseres heutigen Verkehrsvereins; Anmerkung) will am Hainweg Ruhebänke aufstellen und erhält von der Gemeinde dafür das nöthige Holz.

Inserat der Woche:
Water-Closets, sogenannte englische Abtritte, in vier verschiedenen Farben.

4.2. Die Gemeinde plant, vor dem Frankfurter Thor, auf dem Gelände „Ehrmann'scher Garten" ein Rathhaus zu bauen.

Inserat der Woche:
Dr. Pattisons's Gichtwatte lindert und heilt sofort Gicht und Rheumatismen.

14.2. Der Gemeinderath hat beschlossen, den Bullen bei Reinhard Mauer wegen Boshaftigkeit zu verkaufen. – Stadtdiener Wolf erhält 5 Gulden zur Anschaffung einer Uniform.

Inserat der Woche:
„Gewerbehalle", Illustrirtes Prachtwerk für Kunstgewerbetreibende und Architekten!

4.3. Die Hebamme Caroline Weigand, Ehefrau des Baders Wilhelm Weigand, trägt sich mit dem Gedanken einer Privat-Entbindungs-Anstalt. Der Gemeinderath unterstüzt ihren Antrag beim herzoglichen Amt.

Inserat der Woche:
„Gewerbehalle", Illustriertes Prachtwerk für Kunstgewerbetreibende und Architekten!

25.3. Seit dem Ausbau der Königsteiner- und Frankfurter Straße regt sich die Bautätigkeit außerhalb der Stadtmauern.

Inserat der Woche:
Pelzwaaren werden mit Versicherung gegen Feuersgefahr zur Sommerreservirung angenommen.

8.4. Joseph Müller wurde vom Gemeinderath einstimmig zum Feldschützen gewählt.

Inserat der Woche:
Haarzöpfe, das Stück zu 1 Gulden.

25.4. In Wiesbaden soll ein Denkmal zum 50. Jahrestag der Schlacht von Waterloo errichtet werden. Die Bevölkerung des ganzen Herzogthums ist zu Spenden aufgerufen. Auf dem Schlachtfeld blieben 6 Offiziere und 694 Mann aus Nassau (aus unserem Amt Königstein kamen 20 Mann).

Inserat der Woche:
In der Hutfabrik Jost & Beck in Höchst können mehrere Mädchen das Garniren von Filz- und Seidenhüten erlernen.

6.5. Dem Philipp Schellenberg wird die Versetzung einer Obstdörre gestattet. – An der Chaussee nach Frankfurt wurden 64 Baumpfähle gestohlen.

Inserat der Woche:
Verloren wurde ein Betmantel.

20.5. Pfarrer Christ soll ein Denkmal erhalten, dafür will der Verschönerungsverein sorgen. Vorgeschlagen wurde ein Platz am „Langen Weg" (heute Kronthaler Weg; Anmerkung).

Inserat der Woche:
Dem Wunsch vieler Taunusfreunde entsprechend habe ich das Feldberghaus in Steindruck abbilden lassen. Der Preis ist 12 Kreuzer. Fr. Emminghaus

3.6. Philipp Peter Brosius wollte in seinem Local „Hainlust" eine Kegelbahn bauen. Der Gemeinderath zog seine bereits erteilte Genehmigung wieder zurück.

Inserat der Woche:
Bei Unterzeichnetem können zwei Jungen das Bürstenmacherhandwerk erlernen. J. Biebinger, Bürstenmacher in Cronthal.

17.6. Das Gras auf der städtischen Bleiche wird versteigert.

Inserat der Woche:
Odenwälder Mühlsteine sind in ganz neuer Sendung angekommen.

1.7. Für Pferdehalter: Ein Tuch mit Petersilienöl angespritzt und dem Pferde vor die Nüstern gehalten bewirkt, daß das wildeste Pferd beim Beschlagen stillhält.

Inserat der Woche:
Gutes aus America! Als vorzügliches Reinigungsmittel der Wäsche wird Borax empfohlen.

15.7. Herr Passavant hatte den Antrag gestellt, zur Errichtung eines Brunnens vom Ablauf des Schloßbrunnens (Burg). Der Gemeinderath erteilte ihm nicht die Genehmigung, da der Brunnen des Schlosses kein Wasser entbehren könne.

Inserat der Woche:
Sonnenschirme wegen Aufgabe des Artikels zu halben Preisen.

29.7. Der Maurer und Steinmetz Conrad Meister erhielt den Auftrag, den Brunnen im Thal und den Brandweiher herzurichten.

Inserat der Woche:
Dr. Hartungs-Kräuter-Pomade zur Wiedererweckung und Belebung des Haarwuchses.

12.8. In der Gemarkung Sulzbach wurde ein Hund getötet, welcher die Wuthkrankheit hatte. Es ist daher äußerste Vorsicht geboten. Fälle von Wuthkrankheit sind umgehend zu melden.

Inserat der Woche:
Gegen Zahnschmerzen empfehle ich die berühmten „Thot-Ache-Drops". Binnen weniger Minuten beseitigen sie die heftigsten Zahnschmerzen.

26.8. Im Handel kommen seit kurzem ordinäre Hemden ohne Naht vor. Die Hemden werden derart gewebt, daß Nadelarbeit entbehrlich wird. Sie sind billiger und dauerhafter als die genähten Hemden.

Inserat der Woche:
Ein Hammel ist zugelaufen. Zu erfragen bei der Expedition.

23.9. Vor einigen Tagen starb in Frankfurt der Kunstmaler Ernst Schalk im Alter von 38 Jahren. Er stand der Cronberger Malerkolonie nahe, bekannt ist vor allem sein Bild vom Gastwirth Renker, den er als „Tambourmajor" der Cronberger Bürgergarde malte.

Inserat der Woche:
„Taunus-Bilder" – Geschichten, Sagen und Lieder aus dem Mund älterer und neuerer Dichter, per Stück 48 Kreuzer.

Im Kaiserreich

1872

1.8. Am kommenden Mittwoch wird auf der Bürgermeisterei in Oberhöchstadt die Maurerarbeit zur Überwölbung des Baches in der Ortsstraße daselbst an den Wenigstnehmenden vergeben.

Inserat der Woche:
Ein tüchtiger Friseur, der sowohl in Tischarbeiten wie im Cabinet erfahren ist, wird gegen hohes Salair sofort gesucht.

15.8. Die Schonzeit für Rebhühner, Wachteln und Hasen läuft mit der Beendigung der diesjährigen Ernte am 25. August ab.

Inserat der Woche:
Mehrere junge Dächselhunde, echte Rasse, sind zu verkaufen.

30.8. Immer und überall wird über Beschädigungen der Anlagen und Friedhöfe, über Entwendungen von Pflanzen und Kränzen geklagt. Wer bei solchem Thun erwischt wird, muß bis zu 3 Thalern Strafe zahlen.

Inserat der Woche:
Als Mittel für den Magen empfehle ich meinen Magenbitter „Wahrer Jacob".

12.9. Der seit 1868 rühmlich wirkende Taunusklub scheut keine Kosten, um die Wanderwege zu markiren und Wegweiser aufzustellen. Viele wurden bereits wieder abgerissen. Vielleicht waren es Bauersleute aus den Taunusdörfern, die sich durch Touristen beeinträchtigt fühlen.

Inserat der Woche:
Die Eintrittspreise im Zoologischen Garten in Frankfurt werden am Sonntag auf 12 Kreuzer pro Person ermäßigt.

26.9. Die Stadt hat auf dem Graben ein Haus erworben, dort soll das Arrestlokal untergebracht werden.

Inserat der Woche:
Gefunden wurden ein Gummiball und ein Säckchen mit Geld.

12.10. Um der Weiterverbreitung von Scharlach und Diphteritis endlich Schranken zu setzen, hat die königl. Regierung umfangreiche Vorschriften erlassen. Krankheitsfälle müssen gemeldet werden. Die Wohnungen, in den sich Erkrankte aufhielten, müssen desinfiziert werden. (Doch alle Vorsicht half nicht viel, noch bis in die neunziger Jahre ging der „Würgeengel der Kinder" um. Anm.)

24.10. Die Homburger Turner haben ihren Collegen vom Cronberger Turnverein einen Besuch abgestattet. Die Wanderung erfolgte über Oberursel und die Hohe Mark und auf einem anderen Curs wieder zurück.

Inserat der Woche:
Einige Meste gebrochener Äpfel billig abzugeben. (Hier dürfte es sich um den „Metrischen Zentner" handeln; ein Ausdruck, der früher vielfach für einen Doppelzentner verwendet wurde; Anm.).

10.11. Für das Polizeigericht in Königstein wurden die Herren Georg Jamin (Bürgermeister), Adam Weidmann (Gastwirth) und Philipp Peter Brosius (Gastwirth) aus Cronberg zu Schöffen berufen. Aus Oberhöchstadt wurde Peter Scharfenstein berufen.

Inserat der Woche:
Als Mittel, den Magen in gesunder Kraft zu erhalten, dem Körper Widerstandsfähigkeit gegen alle Krankheiten zu verleihen, empfehle ich meinen preisgekrönten Magenbitter „Wahrer Jacob". Zu haben in vielen Conditoreien und Gasthäusern.

21.11. Zum Zwecke der Erbauung einer neuen evangelischen Kirche in Bottenhan, Kreis Biedenkopf, hat der Herr Oberpräsident eine Hauskollekte (Haussammlung) im gesamten Regierungs-Bezirk Wiesbaden genehmigt.

Inserat der Woche:
Rubin-Pulver, um Rasier-Messer zu schleifen, empfiehlt sich auch zum Reinigen von Silber, Kupfer, Stahl und Diamanten.

5.12. Ab 1. Januar 1873 werden auf den Postämtern Postkarten zum Kauf gestellt, welche gleich mit dem Francostempel von 1/2 Groschen bedruckt sind, sodaß es des Aufklebens einer Freimarke nicht erst bedarf.

Inserat der Woche:
Als Weihnachtsgeschenk empfohlen: Regenschirme, Schirme „en-tous-cas", Fächer, Portefeuilles, Stücke, Meerschaumpfeifen.

19.12. Die Schlossermeister des gesamten Kreises theilen mit, daß sie ihre Preise erhöhen müssen. Schuld daran sei die fortwährende Steigerung der Eisen- und Brennmaterialien.

Inserat der Woche:
Gegen Zahnschmerzen „Anodin" von Fresenius, Wirkung sicher und rasch.

1873

2.1. Große Sensation in Homburg! In einem Laden auf der Louisenstraße ist zu sehen „Kathinka, die schöne Polin". Dieselbe ist erst 18 Jahre alt und hat ein Gewicht von 400 Pfund. Sie besitzt eine große Schönheit und trotz des kolossalen Gewichts das schönste Ebenmaß der Glieder.

Inserat der Woche:
Nur bis Sonntag noch zu sehen zwei „Wunderthiere", der fliegende Hund aus Ostindien und der kleinste Hirsch der Welt (10 Zoll hoch).

16.1. Die kgl. Regierung hat angeordnet, daß jedes Schulzimmer jährlich einmal neu auszuweißen ist. Für die Öfen sind Ofenschirme aufzustellen. Die Fenster müssen in der Schulpause geöffnet werden.

Inserat der Woche:
Meine Frau und ich empfehlen uns als Krankenwärter.

30.1. Die Hundebesitzer sind verpflichtet, ihre Hunde bei der Bürgermeisterei zu melden.

Inserat der Woche:
Maschinenbrod stets zu haben.

13.2. Nach der letzten Viehzählung gibt es in Cronberg 54 Pferde, in Schönberg 2 und in Oberhöchstadt 25 Pferde.

Inserat der Woche:
Empfehle mich im Waschen von Glace-Handschuhen.

1.3. Die Königliche Lehranstalt für Obst- und Weinbau nimmt fortgesetzt Zöglinge auf. Auch den Cronberger Obstanbauern ist diese Anstalt sehr zu empfehlen.

Inserat der Woche:
Gegen Zahnschmerzen hilft „Anodine" von Fr. Fresenius.

13.3. Die Bauarbeiten für den Bahnhof und die Eisenbahnanlage gehen gut voran. Auch der Weg dorthin (erst Eisenbahn-, später Bahnhofstraße) wird verbreitert.

Inserat der Woche:
Roßhaare, gebraucht und neu, werden jetzt wieder gezupft im Versorgungshaus Homburg.

27.3. In der Katholischen Schule werden neue Lesebücher eingeführt. Die Bücher für Kinder aus der armen Bevölkerung zahlt die Gemeinde.

Inserat der Woche:
Als Bonne wird ein bescheidenes, protestantisches Mädchen aus guter Familie gesucht. Vollkommene Kenntniß der deutschen und französischen Sprache Bedingung.

10.4. Der Stadtdiener erhält mehr Lohn. Die Besoldung wurde von 85 Thalern jährlich auf 110 Thaler erhöht.

Inserat der Woche:
Ein Kostkind wird angenommen. Gute Pflege wird garantiert.

24.4. Herr Richard Fresenius erhielt die Baugenehmigung für eine Villa in den Hainäckern (Später wurde dort die Jaminstraße ausgebaut; die Villa Fresenius mußte modernen Eigentumswohnungen Platz machen; Anm.).

Inserat der Woche:
Frisch gewässerter Lapperdau stets vorräthig. (Kabeljau oder Labberdan, Lapperdau gesalzen; Anm.).

8.5. Für Augenkranke interessant: die Dr. Stephansche Augenheilanstalt in Frankfurt nimmt

Kranke auf. Unbemittelte werden zu ermäßigten Preisen behandelt.

Inserat der Woche:
Pariser Damen- und Kinder-Corsetts, sowie Tournüren in großer Auswahl.

22.5. Jetzt braucht man die Grabstätten nicht mehr selbst zu pflegen. In Cronberg bietet sich ein Gärtner dafür an.

Inserat der Woche:
Ein gebrauchter, feuerfester Cassaschrank zu kaufen gesucht.

9.6. Nach der Polizei-Verordnung vom September 1867 sind die Bäcker und Verkäufer von Backwaren verpflichtet, die Preise und das Gewicht ihrer Erzeugnisse sichtbar dem Publikum zur Kenntniß zu bringen. Im Verkaufslocal ist eine Waage aufzustellen.

Inserat der Woche:
Es wird ein anständiges Mädchen zu einer Familie in New York gesucht, welches Liebe zu Kindern hat und gut nähen kann.

23.6. Nachdem im ganzen Königreich Preußen der Turnunterricht eingeführt wurde, sind die Gemeinden angewiesen, einen Turnplatz zu erstellen. In Cronberg turnen die Kinder vorerst in den Klassenräumen.

Inserat der Woche:
1 Velociped wird zu kaufen gesucht.

5.7. Die Militär-Schwimmanstalt in Homburg wird auch in diesem Jahr dem Publikum zur Benutzung anheimgestellt (Nur für Männer und Knaben; Anm.).

Inserat der Woche:
Ein Teller-Gestell ist billig abzugeben.

17.7. Nach der Polizeiverordnung von 1867 ist jeder Hausbesitzer verpflichtet, die vor seiner Wohnung befindliche Straße zweimal wöchentlich und bei außerordentlicher Verschmutzung zu reinigen. Bei trockenem Wetter muß vor dem Kehren gegossen werden.

Inserat der Woche:
Gefunden wurde ein Taschentuch.

31.7. Die Versteigerung der Gemeindekirschen und des Grasnutzens erbrachte 42 Thaler und 10 Kreuzer.

Inserat der Woche:
Fußboden-Glasur ist wieder eingetroffen.

26.8. Es wird allgemein Klage darüber geführt, daß die amtlich eingesetzten Fleischbeschauer ihren Dienst vielfach sehr nachlässig führen. In Zukunft muß in den Gemeinden streng auf die Führung eines Manuals geachtet werden.

Inserat der Woche:
Strohhüte werden gewaschen, gefärbt und in jede gewünschte Facon gebracht.

28.8. Am 1. September finden wieder die Prüfungen für den Einjährig-freiwilligen Militärdienst statt. Mitzubringen sind ein Unbescholtenheitszeugnis für die Zöglinge von höheren -, Realschulen und Gymnasien.

Inserat der Woche:
Geschweifte Gardinenbretter in Gold, 6 Zoll lang, abzugeben.

11.9. Ein schreckliches Brandunglück hat die Gemeinde Seelbach bei Runkel heimgesucht. Die Noth der Leute ist unbeschreiblich groß. Der Landrath des Obertaunuskreises nimmt Geldspenden entgegen.

Inserat der Woche:
Medaillen für Nicht-Kombattanten (Nicht-Kriegsteilnehmer; Anm.) von 70/71, en miniature, empfiehlt P. Müller, Posamentier.

25.9. Der Weg zum geplanten Bahnhof wird verbreitert und erhält den Namen „Eisenbahnstraße“ (heute Bahnhofstraße; Anm.).

Inserat der Woche:
Ein wohlerzogener, junger Mann kann gegen sehr günstiges Lehrgeld gründlich die Conditorei erlernen.

9.10. Seit dem 1. October gibt es in allen Postanstalten Formulare für Postkarten mit bezahlter Rückantwort.

Inserat der Woche:
Ein Mitleser für das „Frankfurter Journal" oder die „Frankfurter Zeitung" gesucht.

23.10. Interessenten an einer Laufbahn eines preußischen Försters erhalten Auskunfth beim Landrat.

Inserat der Woche:
Eine geübte Putzmacherin empfiehlt sich, in und außer dem Hause zu arbeiten.

6.11. Verschiedene Metzger aus dem Obertaunuskreis bieten bestes Rindfleisch an. Sie haben es sich in Schweinfurt besorgt, wo die Fleischpreise weit unter den hiesigen liegen.

Inserat der Woche:
Schöner, starker Zughund nebst Wägelchen und Geschirr zu verkaufen.

20.11. Der Homburger Kurbetrieb bietet die Verabreichung von Mineralwasser während des Winters in der beheizten Galerie des Kurhauses an.

Inserat der Woche:
Empfehle mich dem geehrten Publikum zum Krautschneiden.

4.12. Die Herren Anselm Liedemann, Balthasar Krieger und Kirchenrechner Bleichenbach sind zu Schöffen am Amtsgericht Königstein berufen worden.

Inserat der Woche:
Verloren wurde ein Pelzstauchen.

18.12. Am 1. Januar beginnt wieder ein neues Abonnement bei der „Volks-Zeitung". Sie erscheint sechsmal wöchentlich und wird mit den Abendzügen von Berlin aus versandt.

Inserat der Woche:
Zu Weihnachten die rühmlichst bekannte Nähmaschine von Adam Opel in Rüsselsheim.

1874

4.1. Vom 1. April 1874 an gelten die Goldstücke der deutschen Bundesstaaten nicht mehr als gesetzliche Zahlungsmittel.

Inserat der Woche:
Ein Hundertthalerschein wurde verloren. Der redliche Finder erhält zehn Thaler Belohnung.

15.1. In Homburg steht die neue Dampf-Nudel-Fabrik nunmehr in vollem Betrieb. Sie stellt Nudeln in vielen Preislagen und Formen her. Eine echte Erleichterung für die Hausfrau.

Inserat der Woche:
Ein Canapee zu verkaufen.

29.1. Die diesjährige Aufnahme im Schullehrerseminar in Usingen findet am 20. und 21. Februar statt. Aspiranten, gleichviel, ob sie die Volks-, Mittel- oder Realschule oder ein Gymnasium besucht haben, müssen sich bis zum 8. Februar bewerben.

Inserat der Woche:
Verloren wurde ein gestickter Pantoffel.

12.2. Wieder wird auf die Polizeiverordnung aufmerksam gemacht, daß jeder Hausbwohner mittwochs und samstags die vor seiner Besitzung befindliche Straßenfläche bis zur Mitte der Straße zu reinigen hat.

Inserat der Woche:
Ein grünkariertes Krägelchen wurde verloren.

26.2. Die königlich preußische Regierung hat angeordnet, daß für alle Schulzimer Ofenschirme und Thermometer anzuschaffen sind.

Inserat der Woche:
Kiefernzapfen, per Sack 25 Kreuzer.

12.3. Zum Geburtstag Seiner Majestät des Kaisers am 22. März sind Tanzveranstaltungen erlaubt, wenn der Tag nicht in die Charwoche fällt.

Inserat der Woche:
Eine noch rüstige, kinderlose, arme Witwe wird zur Pflege eines Kindes gesucht.

28.3. Die Polizeistunde ist auf 10 Uhr abends festgesetzt worden. Das königliche Verwaltungsamt theilt mit, daß das Abraupen der Obstbäume schleunigst zu geschehen hat. Säumige werden mit der gesetzlichen Strafe belegt, außerdem wird auf deren Kosten das Abraupen vorgenommen.

Inserat der Woche:
Entlaufen ist mein Hund, Neufundländer-Race, auf den Namen Ruff hörend. Wiederbringer erhält Belohnung. Metzger Gg. Burckhardt, Hauptstraße.

9.4. Seit dem 1. April gelten sämtliche Reichsgoldmünzen von 1871 nicht ferner als gesetzliches Zahlungsmittel.

Inserat der Woche:
Gefunden wurde ein farbiges, baumwollenes Arbeitshemd.

23.4. Kaffeetrinken ist ein teures Vergnügen. Das Pfund kostet 18 Silbergroschen.

Inserat der Woche:
Ein junger Mann wünscht, seine Zeit mit kaufmännischer Buchführung auszufüllen.

7.5. Eine Stilblüte aus einer Polizeiverordnung: „Der Besitzer eines Hundes, der in einer Wildbahn, wo jener nicht jagen darf, jagt oder ohne seinen Herrn herumläuft, wird mit 3 Gulden bestraft.“

Inserat der Woche:
Am Schirnbrunnen blieb ein hölzerner Eimer stehen. Um Rückgabe wird gebeten.

21.5. Der Herr Regierungs-Oberpräsident von Hessen-Nassau hat genehmigt, daß zu dem geplanten Bau einer katholischen Kirche in Cronberg im ganzen Regierungsbezirk bei den katholischen Glaubensgenossen eine Hauscollekte abgehalten wird.

Inserat der Woche:
Ein Dienstmädchen, das mitbei das Kleidermachen erlernen kann, wird besucht.

4.6. Peter Beitz 2 von Oberhöchstadt ist als Feldschütze dieser Gemeinde verpflichtet worden.

Inserat der Woche:
Berühmt, bekannt und beliebt! Der „Deutsche Siegestropfen", bester Kräuterliqueur.

18.6. Die Arbeiten an der Einfriedungsmauer des Todtenhofes in Oberhöchstadt soll vergeben werden.

Inserat der Woche:
Ein braves, tüchtiges Mädchen, welches ein Kind mit Wasser und Milch aufzuziehen versteht, wird nach Frankfurt gesucht.

16.7. Die Herstellungsarbeiten an der katholischen Kirche in Oberhöchstadt werden vergeben. Interessenten können ihr Angebot bei dem königl. Bauingenieur in Homburg einreichen. Ebenso gibt es Arbeit an der katholischen Pfarrhofreithe auf dem Doppes.

Inserat der Woche:
Zu empfehlen „Wanzentinktur" in Flaschen, einfach anzuwenden.

30.7. Mit Rücksicht auf die eben herrschende Hitze und der hierdurch leicht auftretenden ansteckenden Krankheiten ist eine Desinfection der Aborte und Straßenrinnen vom Landrathsamt angeordnet worden.

Inserat der Woche:
Ein Mädchen, das gute Erziehung hat, sucht Stelle bei erwachsenen Kindern.

27.8. Der Schulamtscandidat Zirvas von Würges wurde mit der Lehrvicarstelle in Schönberg beauftragt. – Die Jagd auf Rebhühner, Wachteln und Hasen ist zum 20. dieses Monats freigegeben worden. – An das Amtsgericht in Königstein wurde Herr Amtsrichter Götz aus Nastätten versetzt.

Inserat der Woche:
Gesucht wird eine Badewanne aus Holz oder Metall.

10.9. Die preußische Regierung hat die Einführung der Standesämter angeordnet. Zum Cronberger Standesamtsbezirk gehören Kronthal, Oberhöchstadt und auch Schönberg (die beiden letzteren wurde etwas später zum „eigenen Bezirk"). Standesbeamter ist Herr Bürgermeister Georg Jamin, sein Stellvertreter Herr P. Gottschalk.

Inserat der Woche:
Ein anständiges Mädchen, erfahren im Kleidermachen, sucht Stelle. Am liebsten bei Fremden.

24.9. Der Gemeinderath stimmte auf Antrag des Bürgermeisters Jamin über die Zusammenlegung der beiden Schulen ab. Die Trenung der Confessionen fiele dadurch weg. Fünf von neun Gemeindevertretern stimmten mit ja, die katholischen Vertreter legten Verwahrung gegen den Beschluß ein.

Inserat der Woche:
Gesucht wird ein solider Mann für ein Pferd.

24.10. Zu Schöffen für das Polizeigericht wurden aus Cronberg ernannt: Anselm Liedemann, Balthasar Krieger, Johann Kunz und Kirchenrechner Bleichenbach, aus Schönberg Jakob Jäger I.

Inserat der Woche:
3 000 Gulden liegen gegen hypothek. Sicherheit zum Ausleihen bereit bei Präsenzmeister Bleichenbach (evangelischer Kirchenrechner; Anm. der Red.).

15.11. Der Schlossermeister Adam Küchler aus Cronberg wurde zum Vorsitzenden der Gebäude-Abschätzungs-Comission für den Obertaunuskreis ernannt. Seine Stellvertreter sind Maurer Philipp Ochs und Zimmermann Sauer, beide ebenfalls aus Cronberg.

Inserat der Woche:
Eisgrube zu vermiethen.

8.12. 1874 ist das Kochen leichter geworden. Die Homburger „Dampf-Nudel-Fabrik" lieferte alles zur Zufriedenheit. Nudeln kochen wurde zum Spaß.

24.12. Die Cronberger haben zur Weihnachtszeit gerne die neue Eisenbahn benutzt, um in Frankfurt ihre Einkäufe zu machen. Obwohl es auch in Cronberg alles zu kaufen gibt.

Inserat der Woche:
Zu verkaufen ein zweischläfriges Dienerschaftsbett.

1875

6.1. Der alte Nonnenbau des Klosters Thron bei Wehrheim wird abgerissen. Das Abbruchmaterial ist versteigert worden. Zum 1.1.75 ist bei der Post die Markrechnung eingeführt worden.

Inserat der Woche:
Ein Tellergestell ist billig abzugeben.

21.1. Bei der Gemeinde Cronberg sind beschäftigt: Ein städtischer Dienstmann, ein Stadtdiener, ein Laternenbediener, ein Nachtwächter, ein Maulwurfsfänger. Das Ausschellen der Bekanntmachungen ist Sache des Stadtdieners.

Inserat der Woche:
Eine prachtvolle Erfindung ist das Lygroine oder Petroleum-Gas-Öl, sehr zweckmäßig auch für Chaisenbeleuchtung.

4.2. Friedrich Hucke wurde vom Gemeinderath mit der Besorgung der Straßenlaternen betraut.

Inserat der Woche:
Empfehle mich den Herren Gasthofbesitzern im Schleifen und Aufpolieren der Tafelmesser, etc.

14.2. Die Direction der Cronberger Eisenbahngesellschaft wurde vom Gemeinderath aufgefordert, den Weg vom Bahnhof bis zur Schönberger Gemarkungsgrenze in einen gangbaren Zustand zu versetzen.

Inserat der Woche:
„Shampoeing" (amerikanische Kopfreinigung), warm und kalt.

4.3. Der Schlossermeister Wilhelm Küchler erhielt von der Gemeinde den Auftrag, für 135 Mark neun neue Laternen aufzustellen.

Inserat der Woche:
Gefunden wurde in der Nähe der Eisenbahn ein weißes Rohrkörbchen. Gegen Inserationsgebühr in Empfang zu nehmen.

25.3. Auf dem Doppes gab es Ärger! Der Wagner Hasselbach hatte einen Theil der Straße als Holz-Platz ohne Genehmigung genutzt. Bis auf Widerruf erhielt er nun nachträglich diese Genehmigung.

Inserat der Woche:
Zu verkaufen eine Ziege, welche in den nächsten Wochen drei Lämmer macht. Wo, das sagt die Expedition.

8.4. Die Freiwillige Feuerwehr erhielt vom Gemeinderath 150 Mark zur Beschaffung von Ausrüstungsgegenständen.

Inserat der Woche:
Fliegenfänger, arsenikfreies Fliegenpapier und Fliegenleim.

25.4. Der Gemeinderath genehmigte mehrere Bauanträge für Wohnhäuser, Scheunen und Werkstätten. – Die Gemeinden Schönberg und Oberhöchstadt gehören zum Cronberger Standesamts-Bezirk.

Inserat der Woche:
Ein Tellergestell billig abzugeben. (Die Teller wurden früher nicht im Schrank aufbewahrt. An der Wand hing ein Gestell, in dem die Teller aufrecht stehend und stets griffbereit aufbewahrt wurden; Anmerkung).

6.5. In einer größeren Stadt in unserer Nähe gibt es seit einigen Wochen den Scharlach, derselbe rückt unserem Orte immer näher. Es wird zur Vorsicht ermahnt.

Inserat der Woche:
Empfehle mich zur Pflege von männlichen und weiblichen Kranken aller Art, sowie zum Auskleiden von Verstorbenen.

20.5. Der Gemeinderath hat im „Nassauer Hof" (Streitkirche) zwei Räume angemiethet, dort werden zwei Klassen der katholischen Schule untergebracht.

Inserat der Woche:
Gefunden wurde ein Stück Kordel und ein Stück Schnur.

3.6. Im Zoologischen Garten in Frankfurt ist die warme Jahreszeit eingezogen. Die Tiere durften ihre Behausung verlassen, neu eingetroffen sind ein paar prächtige Hyänen aus Afrika.

Inserat der Woche:
Verloren wurde die zum Abschrauben eingerichtet Hälfte eines schwarzen Sonnenschirmstockes.

17.6. Bei der Cronberger Eisenbahn wurden Jacob Lang und Lorenz Christ als Hilfsschaffner verpflichtet.

Inserat der Woche:
Berühmt, bekannt, beliebt! „Deutsche Siegestropfen", bester Kräuter-Liquer.

1.7. Der Gemeinderath beschließt eine Policeiverordnung zur Regelung des Wasserfüllens in Kronthal.

Inserat der Woche:
Ein junger Mann kann sich als Küfer und Küferkellner ausbilden lassen im Frankfurter Hof, Cronberg.

15.7. Wegen mangelhaften Erscheinens der Gemeinderäthe wurde die letzte Sitzung vertagt.

Inserat der Woche:
Ein Koch, der schon für Militär gekocht hat, wird für eine Arbeiterküche gesucht. Baumwollspinnerei auf der Hohen Mark.

29.7. Rudolf Förster aus Bremen, der auf dem Eichbühel in Schönberg ein großes Grundstück erworben hat, läßt an dasigem Platz jetzt eine Villa nebst Oekonomiegebäude errichten. Ihm wurde erlaubt, einen Brunnen von 42 Fuß Tiefe zu graben.

Inserat der Woche:
Ein nützliches Kochbuch für den bürgerlichen Haushalt: „Supp, Gemüs' und Fleisch".

12.8. In Homburg findet ein Bazar zu Gunsten der Kleinkinder-Bewahranstalt statt. Seit ihrem Bestehen (1835) wurden über 3 000 arme Kinder in Verköstigung und Pflege genommen.

Inserat der Woche:
Pergamentpapier zum Einmachen für auf Töpfe sehr zu empfehlen.

26.8. Die kleine Schönberger Schule wird derzeit von 42 Kindern besucht.

Inserat der Woche:
Eine große Parthie französischer Herrenkragen in Leinen sind wegen Abreise preisgünstig abzugeben.

23.9. Die Eisenbahnverbindung mit Frankfurt wirkt sich auch sehr günstig auf den Cronberger Obstanbau- und -handel aus. Der Absatz hat sich erheblich verbessert.

Inserat der Woche:
Verloren wurde ein Knaben-Paletot.

1877

23.1. Die königlich preußische Regierung hat für den Regierungsbezirk Wiesbaden unter Ausschluß der ehemals Frankfurtischen, Großherzoglich-Hessischen und Hessen-Homburgischen Landestheile eine Polizeiverordnung erlassen. Danach darf an Sonn- und Feiertagen während der üblichen Gottesdienststunden nicht gejagt werden, Treibjagden sind an diesen Tagen ganz untersagt.

Inserat der Woche:
Schuhe mit Holzsohlen! Dauerhafteste, wärmste und billigste, deshalb beste, Fußbekleidung.

6.2. Nach einer Verfügung des Herrn Handelsministers haben sich sämmtliche Eisenbahnbeamten des Königreiches Preußen, welche mit dem Signalwesen zu thun haben, von den Bahnärzten auf „Farbenblindheit" untersuchen zu lassen.

Inserat der Woche:
Universalmittel gegen Zahnschmerzen, Flakon 40 Pfg.

20.2. Zu Fastnacht gibt es wieder viel Gelegenheit zum Tanzen. Die meisten Vereine laden zu ihren bekannten Maskenbällen ein. In Oberursel wird auf dem Marktplatz ein technisches Wunderwerk zu sehen sein. Ein Mainzer stellt sein mechanisches Museum mit zwanzig Gruppen vor.

Inserat der Woche:
Schwarze Schreib- und Copirtinte, prachtvolle Salon-, Aleppo-, Tannin-, Carmin-, Blau- und andre Tinten, stets auf Lager.

6.3. Aus dem Schöffengericht Königstein: ein Mann aus Cronberg erhielt wegen Polizeivergehens durch nächtliche Straßensperre mit Fuhrgeschirr 6 Mark Strafe.

Inserat der Woche:
3–4 Paar gebrauchte Chaisegeschirre zu verkaufen.

20.3. Für die Orte, wo keine Gasbleuchtung ist, hat Herr W. Anthes, dahier, eine Erfindung gemacht. In einer Lampe wird flüchtiger Kohlenwasserstoff als Leuchtmaterial verwendet. Die Füllung der Lampe darf nur bei Tag und nicht in der Nähe von Feuer oder eines Lichtes erfolgen.

Inserat der Woche:
Arabische Gummikugeln. Bekannte von Ärzten empfohlene Brustbonbons.

3.4. Um die Bevölkerung vor Schaden zu bewahren, wird mitgeteilt, daß sich falsche 50- und 20-Pfennigstücke im Umlauf befinden. – Herr Lederhändler Peter Gottschalk, dahier, wurde als Vertreter von Cronberg, Oberhöchstadt und Schönberg in den Amtsbezirksrath gewählt.

Inserat der Woche:
Zu verkaufen schöne Ziege, welche in drei Wochen Lämmer macht.

15.4. Vor dem königl. Amtsgericht Bad Homburg wurde ein junger Mann zu 3 Tagen Gefängnis verurteilt, weil er versucht hatte, mit einem ungültigen Billet von Rödelheim nach Bad Homburg zu fahren. Außerdem wurden ihm die Gerichtskosten in Höhe von 10 Mark auferlegt.

Inserat der Woche:
1 Oekonomiewägelchen für 1 Kuh zu kaufen gesucht.

18.4. Es ist eine Broschüre über die Behandlung Verunglückter bis zur Ankunft des Arztes mit verschiedenen Abbildungen herausgegeben worden. Das königl. Amt macht die Herren Bürgermeister auf dieses Heftchen aufmerksam und empfiehlt eine Gesamtbestellung.

Inserat der Woche:
Plissé-Machinen, womit Fein-Plissé, Messer-Plissé, Schachtel- oder Quetschfalten-Plissé hergestellt werden kann. Die Maschine spart Stoff und Zeit und kann von einem Kinde gehandhabt werden. Preis incl. 1 Dutzend Plissé-Nadeln nur 6 Mark.

29.4. Der Plan, auf dem Gipfel des Altkönigs einen Aussichtsturm zu bauen, mußte aufgegeben werden. August Ravenstein und seine Mitstreiter für dieses Projekt rufen nun zu einer Geldspende für die Errichtung eines Aussichtsturms auf der Altenhöfe auf.

Inserat der Woche:
Ausgezeichneter Speierling in Zapf genommen!

2.5. Im Regierungsbezirk Wiesbaden wurde in mehreren Städten und Ortschaften, auch in Cronberg, der Maulkorbzwang für Hunde eingeführt. Hunde, die an der Leine geführt werden, unterliegen diesem Zwang nicht.

Inserat der Woche:
Epilepsie und alle Nervenkrankheiten heilt brieflich der Spezialarzt Dr. Kilisch in Dresden, bereits über 9000 Behandelte.

13.5. Die vom Frankfurter Taunusclub im Gebirge angebrachten Wegweiser wurden seit geraumer Zeit abgerissen und zerbrochen. Der Forstpolizei ist es gelungen, den Frevler zu ermitteln, der nunmehr seiner demnächstigen Bestrafung entgegensieht.

Inserat der Woche:
Ich empfehle: Shampoeing (Amerikanische Kopfreinigung) warm und kalt!

15.5. Dem Kurort Falkenstein steht heute eine gute Saison bevor. Es sind schon viele Anfragen im Kurhaus eingelaufen. Für Falkenstein ist die Dettweilersche Anstalt von großem Vortheil, der Ort hat schon wesentliche Verschönerungen durch geschmackvolle Neubauten erfahren.

Inserat der Woche:
Ein Zimmer mit oder auch ohne Bett ist zu vermiethen.

29.5. Das kaiserl. Statistische Amt ist gegenwärtig mit der Aufstellung eines Verzeichnisses beschäftigt, welches sämtliche Ortschaften des Deutschen Reiches nebst Einwohnern und Häuserzahl sowie die politische Zugehörigkeit der Ortschaften enthalten soll. Um das Werk noch nutzbringender zu machen, liegt es in der Absicht, noch weitere Angaben, z.B. die Zugehörigkeit zum Standesamtsbezirk, in dasselbe aufzunehmen.

Inserat der Woche:
1 Huhn mit zehn Jungen zu verkaufen.

10.6. Das Feldbergfest wird dieses Jahr am 17. Juni abgehalten. Früher, als es noch am 1. Sonntag des Juli abgehalten wurde, fiel es mit der Cronberger Kirchweihe auf einen Tag. Das furchtbare Gedränge in der Bahn und in den Wirthshäusern Cronbergs hielt manchen von dem Besuch des Feldberges ab. Jetzt jedoch kann man mit weit mehr Muße denselben besteigen!

Inserat der Woche:
Der große Kunstsalon mit dem größten Kunstwerk der Neuzeit: „Die Jungfrau auf der Folterbank" wird dieser Tage auf dem Marktplatz in Oberursel eröffnet. Entrée nur 25 Pfennige.

12.6. Vom Amtsgericht wurde ein Zimmermann mit drei Tagen Gefängnis bestraft. Er hatte versucht, ohne Billett nach Rödelheim zu fahren. Nun muß er auch noch die Gerichtskosten in Höhe von 10 Mark bezahlen. – Das Aquarium des Zoologischen Gartens in Frankfurt ist vollendet. Die Behälter sind gründlich auf ihre Dichtigkeit geprüft worden. In diesen Tagen wird mit der Anfertigung des künstlichen Seewassers begonnen.

Inserat der Woche:
Am Donnerstag läßt die Gemeinde Cronberg im dasigen Rathhaus einen gut genährten, ca. 1 000 Pfund schweren Bullen versteigern. Bürgermeister Jamin

24.6. Das Feldbergfest war vom Wetter so weit begünstigt, daß der Aufenthalt auf dem Berg recht angenehm war. An dem Preisturnen nahmen etwa 240 Turner theil, von denen aber, wie das immer vorkommt, während des Turnens noch ein großer Theil sich zurückzog.

Inserat der Woche:
Jeden Bandwurm entfernt binnen 3–4 Stunden, auch Bleichsucht, Trunksucht, Bettnässen und Flechten und zwar brieflich: Dr. Vogt zu Croppenstedt.

26.6. Bei dem stark besuchten Feldbergfest hat das leidige Schießen wieder ein Opfer gefordert. Ein junger Mann wurde durch einen Schuß lebensgefährlich verwundet. Da gleichzeitig mehrere Personen schossen, so ist der Thäter nicht ermittelt worden.

Inserat der Woche:
Wegen eingelegtem Nachgebot wird der Dung am Oberurseler Bullenstall an Ort und Stelle nochmals versteigert. Aumüller, Bürgermeister.

8.7. Bekanntmachung des kgl. Amtes in Königstein: Die Herren Bürgermeister wollen die Verfügung (§ 7 der Nass. Verordnung vom 12.12.1854) in ortsüblicher Weise bekannt machen lassen, wonach der Fuhrmann, sobald sein Fuhrwerk mit Ochsen oder Kühen bespannt ist, nicht auf dem Wagen oder Karren sitzen darf, selbst wenn er ein doppeltes Leitseil in Händen hat. gez. Scheele

Inserat der Woche:
Gefunden: Ein Sprachrohr mit Gummischlauch. Abzuholen gegen Inserationsgebühr.

10.7. Unter der Leitung des Baumeisters Max Meckel geht die neue katholische Kirche an der Katharinenstraße ihrer Vollendung entgegen. Die Gemeinde hofft, das neue Gotteshaus noch in diesem Herbst feierlich einweihen zu können.

Inserat der Woche:
Das Einhalten der Gänse wird wiederholt bei Strafandrohung in Erinnerung gebracht. Der Bürgermeister

22.7. Das Polizeigericht in Königstein verurtheilte eine Frau aus Kronberg wegen allzugroßer Zungenfertigkeit zu 9 Mark Geldbuße und zur Zahlung der Kosten. Im Unvermögensfalle kann aber auch Quartier in den gastlichen Räumen des Amtsgefängnisses bezogen werden.

Inserat der Woche:
Gehoer-Oel heilt die Taubheit, wenn selbige nicht angeboren, und bekämpft sicher alle mit Harthörigkeit verbundenen Uebel.

24.7. Nachdem im vorigen Jahr mit großem Erfolg ein Pferderennen in Homburg abgehalten worden ist, hat ein neugebildeter Rennvorstand den Beschluß gefaßt, ein solches Rennen auch in diesem Jahr durchzuführen und zu einem festen Bestand zu machen.

Inserat der Woche:
Geheime Krankheiten jeder Art werden durch ein zuverlässiges Heilverfahren unter Discretion beseitigt. Eine kurze schriftliche Beschreibung von Art und Dauer des Leidens genügt bei der Bestellung. Die zur Kur erforderlichen Präparate werden zugeschickt.

5.8. Verflossene Woche wurde auf den Lokomotivführer der Offenbacher Bahn geschossen und derselbe am Arm verwundet. Ein der That verdächtiges Inidividuum wurde einzogen.

Inserat der Woche:
Zu verkaufen: eine schöne Ziege, welche in 3 Wochen Lämmer macht. Wo? Das sagt die Expedition.

7.8. Vom Polizeigericht Königstein wurde ein Oberurseler Metzger wegen Diebstahls-Verdacht zu zwei Tagen Gefängnis und den Kosten verurtheilt. Er soll einen gezeichneten Eimer haben mitgehen lassen.

Inserat der Woche:
Leder-Schuhe und Pantoffeln für Herren und Frauen, mit Holzsohlen ohne Filzfutter zum Gebrauch in Viehställen, Wäschereien, Schlachtereien etc.

19.8. Die Nachprüfung der Hebammen durch den Herrn Kreisphysikus findet am 20. August im Rathaussaal zu Königstein statt. Die Herren Bürgermeister wollen die in ihren Gemeinden wohnenden Hebammen vorladen. Dieselben sind zu bedeuten, daß sie ihre Lehr- und Tagebücher sowie ihre sämtlichen Instrumente in dem Kasten mitzubringen haben. Gez. Kgl. Amt Scheele

Inserat der Woche:
Die heftigsten Zahnschmerzen werden gestillt durch Dr. Gräfs schwedische Zahntropfen!

21.8. Bei dem großen Wettstreit in Homburg, an dem ausschließlich Offiziere theilnahmen, ereignete sich leider eine Reihe schwerer Unfälle. Nicht weniger als drei von den „Sportsmen" gerittenen Pferden mußten noch am gleichen Abend wegen Beinbruchs erschossen werden. Wann wird endlich diesen thierquälerischen Vergnügungen ein Ende gemacht?

Inserat der Woche:
Schwächezustände, geheime Krankheiten jeder Art werden durch ein zuverlässiges Heilverfahren schnell und gründlich unter Discretion beseitigt.

2.9. Bei den hohen Preises des Fleisches klagen unsere Hausfrauen sehr darüber, daß sie, abgesehen von den Knochen, die im Fleische selbst sind, häufig eine große Zugabe von Knochen und Geraib erhalten. Wir machen darauf aufmerksam, daß die Zugabe nur ein Zehntel des Gewichtes vom Fleisch betragen darf.

Inserat der Woche:
Am kommenden Mittwoch läßt die Gemeinde Mammolshain ihren zur Nachzucht untauglich gewordenen Bullen öffentlich versteigern.

11.9. Vom Amtsgericht: Wegen Gotteslästerung wurde ein Arbeiter auf Grund des 166 des Strafgesetzbuches zu einem Monat Gefängniß verurteilt.

Inserat der Woche:
Gesucht werden zwei Mädchen zum Stocklakkieren. Stockfabrik Oberursel

16.9. Die Gefährlichkeit der Schleppe hat bereits die Aufmerksamkeit der deutschen Polizei erregt. Es erging folgende Verordnung: „Alle Personen, welche schleppende oder den Boden schleifende Kleidungsstücke tragen, ist das Betreten der Trottoire, der Spazier- und Fußwege untersagt."

Inserat der Woche:
Zu empfehlen: Schwarze Schreib- und Copiertinte, praktvollste Salon-, Aleppo-, Tannin-, Carmin-, Blaue und andere Tinten.

25.9. Herr Professor Fresenius aus Wiesbaden und Herr Professor Dr. Varrentrapp aus Frankfurt sind in Berlin in die Commission berufen worden, die ein Gesetz gegen die Verfälschung von Nahrungsmitteln vorbereiten wird.

Inserat der Woche:
Zugelaufen ist ein italienisches Huhn mit gelben Beinen.

30.9. In der Nacht vom 21. auf den 22. September sind mittels Einsteigens durch das Küchenfenster im Kurhaus zu Cronthal folgende Gegenstände also: 2 Paar hohe Stiefel, Cigarren im Wert von 90 Mark, eine alte Bügeldecke und 1 Regenschirm gestohlen worden. (Das muß eine kalte regnerische Nacht gewesen sein)

Inserat der Woche:
Eine noch wenig gebrauchte 8–12pferdige liegende Dampfmaschine samt Heizkessel zu verkaufen.

9.10. Die königl. Regierung hat angeordnet, daß auf den Speichern von Wohnhäusern kein Heu und Stroh gelagert werden darf. Die Räumung hat bis spätestens 1. April 1878 zu erfolgen. Wegen der Brandgefahr ist unter allen Umständen sofort Sorge zu tragen, daß etwaige Heu- und Strohvorräte mindestens zwei Meter von den Schonsteinen und Rauchkammern entfernt gelagert werden. Das Betreten der Speicher mit offenem Licht ist verboten.

Inserat der Woche:
Haarfärbemittel, besonders für Damen geeignet, zu empfehlen.

18.10. Es wird hiermit bekannt gemacht, daß der Aufenthalt respektive das Arbeiten in den Garten-Distrikten von morgens 11 Uhr bis mittags 1 Uhr verboten ist. gez. Kgl. Amt, Scheele

Inserat der Woche:
Salicyl-Mundwasser, -Zahnpulver und -Zahnkitt stets auf Lager.

23.10. Ein Schäferknecht von Bommersheim hat sich heimlich von seinem Dienstherrn entfernt und folgende Gegenstände mitgenommen: 1 Spindeluhr, 1 bläulicher Tuchrock mit schwarzer Hose und Weste, 1 weißleinenes Hemd, Schaftstiefel, 1 schwarzer Filzhut, 1 Taschentuch, rot und weiß getuppt. Die Polizeibehörden wurden angewiesen, auf ihn zu fahnden und ihn im Betretungsfalle zu verhaften. Die sich bei demselben vorfindlichen Effecten sind mit Beschlag zu belegen.

Inserat der Woche:
Am Mittwoch mittags 12 Uhr wird auf dem Rathaus zu Oberhöchstadt Zimmerarbeit, veranschlagt auf 135 Mark, an den Wenigstnehmenden versteigert. Der Bürgermeister: Hildmann.

28.10. Gestern abend zogen drei große Haufen Schneegänse über die Stadt der Bergstraße zu.

Inserat der Woche:
Empfehle mich bestens zur Anfertigung der Dienstschilder: „Königl. Preuß. Standesamt".

6.11. Das Königliche Amt in Königstein erinnert die Herren Bürgermeister daran, daß sie noch die Nachweise über die in diesem Jahr vorhandenen (auch gewesenen) Zuchtstiere und Eber zu erbringen haben.

Inserat der Woche:
Eine noch wenig gebrauchte 8–10pferdige, liegende Dampfmaschinen ist sammt Heizkessel zu verkaufen.

11.11. Die Freiwillige Feuerwehr Cronberg beteiligte sich in Königstein an einem Fackelzug zu Ehren des großen Strategen General-Feldmarschall von Moltke. Die Mitglieder zahlten die nöthigen Fackeln aus ihrer Tasche.

Inserat der Woche:
Pfarrer Wahlersche Frostsalbe per Schachtel nur 25 Pfennige.

20.11. Gegenwärtig treiben sich in hiesiger Gegend einige Hausirer umher, die den Leuten unter allerhand Vorspiegelungen, sogar unter thränenden Augen, ihre Waaren (meistens Barchent und Bettzeug) aufzudrängen suchen. Wir warnen unsere Hausfrauen vor dem Ankaufe solcher Waaren, da dieselben alt und verlegen sind.

Inserat der Woche:
Diejenige Person welche vor längerer Zeit ein Clystir von mir geliehen und bis heute noch nicht wieder zurückgebracht hat, fordere ich hiermit auf, dasselbe wieder abzuliefern, widrigenfalls ich deren Namen veröffentliche. Chr.C. Krankenpfleger

25.11. Johann Anton Thoma aus Eppstein ist wegen Unterschlagung einer Hose veranzeigt worden. Da dessen Aufenthaltsort unbekannt ist, ersuche ich sämtliche Polizeibehörden nach demselben zu fahnden. gez. Königl. Amt, Scheele

Inserat der Woche:
Ein mit den nöthigen Schulkenntnissen versehener Junge kann in die Buchdruckerei des Amtsblatts in die Lehre treten.

4.12. Im gesamten Kreisgebiet wurden die Bürgerschaftsgelder festgelegt. So zahlt man in Cronberg für den Antritt des angeborenen Bürgerrechts in Cronberg 15 Mark, in Oberhöchstadt 8.85 Mark und in Schönberg 3.43 Mark. Für die Aufnahme als Bürger in Cronberg 60 Mark, in Oberhöchstadt 85 Mark und in Schönberg 34 Mark.

Inserat der Woche:
Ein silbernes Armband ist gefunden, eine junge Dogge zugelaufen. Eigenthümer können solche gegen Entrichtung des Futtergeldes und Einrückungsgebühr abholen. Der Bürgermeister.

9.12. Durch Erlaß des Herrn Oberpräsidenten sind die Gemeinden Oberhöchstadt und Schönberg von dem Standesamtsbezirk Cronberg abgezweigt worden und bilden nunmehr einen eigenen Standesamtsbezirk. gez. Scheele Kgl. Amt

Inserat der Woche:
Für den Winter: Wollene Bett-, Bügel- und Pferdedecken.

18.12. Der hiesige katholische Kirchenvorstand, bestehend aus den Herren Dekan Ehrlich, Bonn, Gundlach, Sauer, Eberhardt, Müller und Liedemann, wählte Herrn Kaufmann Gundlach zu seinem Präsidenten. Wir wollen hoffen, daß es demselben gelingen möge, die schwierigen Aufgaben, welche ihm entgegentreten, zu lösen.

Inserat der Woche:
Ein tüchtiger Abschreiber findet sofort Beschäftigung.

23.12. Ein Familienvater ist mit Hinterlassung seiner Frau und zweier Kinder unter Mitnahme der Frau eines anderen, die ebenfalls ihre Kinder im Stich ließ, durchgebrannt.

Inserat der Woche:
Petroleumlampen und Lampenteile zu billigsten Preisen.

31.12. Vom Schöffengericht Königstein: Ein Cronberger wurde wegen Verfehlens gegen die Verordnung zur Reinhaltung der Straßen zu 5 Mark Geldbuße verurtheilt.

Inserat der Woche:
3–4 Paar Chaisegeschirre zu verkaufen.

1878

6.1. Christiane Hildmann aus Oberhöchstadt ist als Hebamme dieser Gemeinde eidlich verpflichtet worden.

Inserat der Woche:
Schlitten und Schellengeläute billig zu verkaufen.

15.1. In der Gemeinde Schönberg wurde Georg Wolf als Fleischbeschauer ordentlich verpflichtet.

Inserat der Woche:
Makulaturpapier per Pfund 10 Pfennig in der Exped. des Blattes.

20.1. Der Winter zeigte sich bisher von seiner mildesten Seite. Im Taunus sind bis jetzt noch keine Schneefälle zu verzeichnen.

Inserat der Woche:
20–25 Malter unberegneter Hafer zu verkaufen.

29.1. Aus der Villa Reiß wird gemeldet, daß ein junger Pudel entlaufen ist. Der Finder wird gebeten ihn abzugeben, er erhält eine Belohnung.

Inserat der Woche:
Gesucht wird in Cronberg ein kleines Haus zum Alleinbewohnen.

12.2. Der Dilettantenverein und die Schützengesellschaft laden zu ihren Maskenbällen ein, eine Überraschung dürfte die Durchführung eines Cotilons werden.

Inserat der Woche:
Turn-Tuchröcke, 2,50 Mark das Stück.

17.2. Aus dem Schöffengericht Königstein: Ein Mann aus Cronberg – wie er deutlich zu verstehen gab, Liebhaber von Gänsefleisch – wurde wegen Entwendung einer Gans zu sieben Tagen Arrest bestraft. – Ein Junge aus Cronberg erhielt wegen Diebstahls einen Tag Gefängnis, ein Schuljunge wegen Hehlerei fünf Tage Gefängnis!

Inserat der Woche:
Maskeris Gesundheitsschuhe: Lederschuhe mit Holzsohlen!

26.2. Das prachtvolle Wetter, der warme Sonnenschein haben am Sonntag tausende von Menschen ins Freie gelockt. Das Thermometer zeigte 16 Grad Reaumur (20 Grad Celsius). Die Cronberger Eisenbahn war voll besetzt.

Inserat der Woche:
Für trockene und warme Füße Lederschuhe mit Holzsohlen, Gesundheitspantoffel mit Holznägeln, Holzschuhfabrik Frankfurt, Gelnhäusergasse.

3.3. Vor dem Amtsgericht sind gegenwärtig 40 Ehescheidungen anhängig. Die meisten der Paare gehören dem Tagelöhnerstand an. Ursache der Klage ist fast in allen Fällen, daß es der Mann mit der ehelichen Treue nicht genau nähme.

Inserat der Woche:
Probates Hausmittel bei veraltetem Husten ist der „Mayersche Brustsirup".

11.3. „Nachrichten aus Amerika", diese Zeitung erscheint monatlich und enthält die Namen der Deutschen, welche in Amerika verstorben sind, sowie die Namen der deutschen Soldaten, die im amerikanischen Bürgerkrieg 1861/65 gefallen sind. Die Redaktion hat sich darauf spezialisiert, Verschollene aufzufinden, Todtenscheine zu beschaffen und Auskünfte über Amerika zu erteilen.

Inserat der Woche:
Ein junger Mann mit den nötigen Vorkenntnissen, welcher sich dem Postdienste widmen

will, kann bei dem kaiserl. Postamt in Cronberg sofort eintreten. Haagmann, Postverwalter.

17.3. In Eschersheim wurde gestern der Metzgermeister Wolf aus Oberhöchstadt von einem Oberurseler Metzgerburschen erstochen.

Inserat der Woche:
Unterzeichnete empfiehlt sich als tüchtige Kleidermacherin jeder Art. Rosa Baldes

31.3. Durch die sehr schlechten Fuhrwege der Gemeinden Cronberg und Mammolshain inmitten Kronthal ist der dortige Apollinis-Brunnen unter großen Unkosten gezwungen, seine Güter jenseits des Thales laden zu müssen, da die Fuhrwege mit Lästen nicht mehr passirbar sind.

Inserat der Woche:
Liebig's Kumys-Extract ist ein sicheres Radikal-Nährmittel bei Halsschwindsucht, Lungenleiden, Bleichsucht und allen Schwächezuständen. – Wo alle Mittel erfolglos, mache man vertrauensvoll den letzten Versuch mit „Kumys".

8.4. Ein Mann aus Cronberg wurde wegen unterlassener Fleischbeschauung vom Schöffengericht in Königstein zu 75 Mark und 21 Pfennigen Geldstrafe verurteilt. – Peter Gottschalk zu Cronberg ist als Stellvertreter des Standesbeamten im Standesamt-Bezirk Cronberg ernannt worden.

Inserat der Woche:
Ein- und zweischläfrige Bettücher zu billigen Preisen abzugeben bei Fuhrländer in Frankfurt. Der Laden ist auch sonntags geöffnet.

22.4. Seit Einführung des metrischen Maaß- und Gewichtssystems ist vielfach das Bedürfnis hervorgetreten, auch abgekürzte Bezeichnungen anzuwenden. Die Abkürzungen werden kleingeschrieben, ohne Schlußpunkte. (Es dauerte jedoch noch eine ganze Weile, bis sich die Abkürzungen auch bei den Behörden durchgesetzt hatten. Anm.)

Inserat der Woche:
Spelzenspreu! Per Sack 70 Pfg. Bei Bernhard Zubrod in Cronberg.

28.4. Das Vieh-Sprunggeld vom 1. Januar bis zum 31. März 1878 ist innerhalb von 8 Tagen an den Unterzeichneten zu entrichten. Der Stadtrechner

Inserat der Woche:
Ein weißes Kinder-Chaischen, fast neu, zu verkaufen.

6.5. Die katholische Kirchengemeinde wählte einen neuen Kirchenvorstands-Vorsitzenden an Stelle des von diesem Posten in Folge seiner angegriffenen Gesundheit zurückgetretenen Herrn J. Liedemann. Als Erwählter ging aus der Urne Herr Bäckermeister Kilb hervor, ein tüchtiger, würdiger Nachfolger, der mit fester und starker Hand die Geschicke der Gemeinde lenken wird.

Inserat der Woche:
Buchbinderei F. Fickeisen, Cronberg empfiehlt Ansichten von Cronberg, Falkenstein und Königstein, Einrahmen von Bildern und Brautkränzen, Zeitschriften können bestellt und geliefert werden.

12.5. Aus dem Rathaus: Vom 1. Juni ab sind die Straßen in Cronberg täglich zu reinigen und wird Unterlassung mit 1–3 Mark bestraft.

Inserat der Woche:
Das Büdjet der hiesigen Gemeinde liegt im Rathaus zu Jedermanns Einsicht offen. Der Bürgermeister

20.5. Die vom Taunusclub im Gebirge angebrachten Wegweiser wurden vielfach abgerissen und zerbrochen. Die Forstpolizei konnte einen Frevler in Person eines Einwohners aus Eppenhain ermitteln, der nunmehr seiner demnächstigen Bestrafung entgegensieht. – In Falkenstein wurde ein „Kur-Verein" gegründet.

Inserat der Woche:
Singer Original-Nähmaschinen, wöchentliche Abzahlung 2 Mark an. Dieses System hat schon Tausenden zu einer Nähmaschine verholfen. Vertreter für Königstein und Cronberg Heinrich Kunz, Mechaniker in Cronberg, Tanzhausstr. 11.

26.5. Nachdem in der verflossenen Woche in Wiesbaden ein Lithograph wegen der Fertigung von falschen Banknoten gefänglich eingezogen wurde, ist nun ein Rentner wegen Verdacht der Verbreitung derselben verhaftet worden. Es scheint eine weitverzweigte Verbindung von Falschmünzern zu existieren, da auch in hiesiger Gegend verschiedene Verhaftungen erfolgten.

Inserat der Woche:
Zum Schlachten geeignete Pferde werden zu den höchsten Preisen angekauft.

3.6. Bei der vom 24. bis 26. Mai in Frankfurt stattgefundenen Ausstellung von Jagdhunden befanden sich auch drei Exemplare, welche der herzoglich-nassauische Oberjäger Herr Jösch aus Königstein ausgestellt hat.

Inserat der Woche:
Eine hiesige Beamtenfamilie sucht zum 1. Juli ein Logis, bestehend aus 4 Zimmern mit Zubehör.

9.6. Empfohlenes Sommergetränk für Feldarbeiter! Das beste und gesündeste Getränk in der Hitze ist folgendes: 8 Loth Kaffee (ca. 125 g) werden fein gemahlen und mit 1 Liter Wasser 10 Minuten gekocht. Diesen Extrakt läßt man durch einen Beutel laufen und vermischt ihn mit 5 Liter kaltem Wasser, süßt mit etwas Zucker, setzt 1 Tasse Branntwein oder Rum hinzu, füllt es in einen Krug und gräbt diesen verkorkt in die Erde ein. Dieses kalte Getränk stärkt die Muskeln und vermindert die Transpiration. Es ist daher beim Mähen und Garbenbinden besonders zu empfehlen! (Anzunehmen, daß es auch nach Feierabend schmeckt!)

Inserat der Woche:
Promenaden-Costüme, die neuesten Modelle!

18.6. Im Jahre 1877 wurden in der Heilanstalt in Falkenstein 318 Kranke aufgenommen und behandelt. (Die Heilanstalt war für Lungenkranke eingerichtet worden, es gab Heilungen, jedoch auch fast jeden Monat einige Todesfälle. Dr. Peter Dettweiler führte die Liegekuren im Freien ein und hatte damit beachtliche Erfolge, viele seiner Patienten erholten sich wieder soweit, daß die gefürchtete Krankheit einige Jahre zum Stillstand, ja Heilung kam. Anm.)

Inserat der Woche:
Die Gemeinde Mammolshain läßt am Dienstag ihr gehörende Kirschen auf der Gemeindeweg-Böschung im Kronthal meistbietend versteigern. Bommersheim, Bürgermeister

23.6. Unter guter Beteiligung wurde das 25. Feldbergfest gefeiert. Der Landrath hatte dem Feldbergfest-Ausschuß die Abhaltung des Festes nur unter der Bedingung gestattet, daß nicht mit Trommeln und Fahnen auf den Feldberg gezogen und keine Reden gehalten werden. (Anscheinend hatte man Angst, der Freiheitswille der Turner würde sich im 30. Jahr der Pauslkirchenversammlung allzu unliebsam bemerkbar machen!)

Inserat der Woche:
Weiße Herrenhemden mit glatter Brust preiswert anzubieten!

8.7. Das diesjährige Kirchweihfest ist von guter Witterung begünstigt. Nur hätten die Wirthe bei ihren alten Preisen bleiben sollen, damit die alljährlich wiederkehrenden Klagen endlich verstummen. – Das Erhängen scheint hier auf der Tagesordnung zu stehen, denn vor einigen Tagen wurde im Pfaffenstückgarten ein Mann gefunden, der sich an einem Mirabellenbaum aufgeknüpft hatte. Es ist dies in wenigen Wochen bereits der dritte Fall. (Tatsächlich war die Zahl der Selbstmorde erschreckend hoch, fast in jeder Zeitungsausgabe wird von aufgefundenen Leichen berichtet. Anm.)

Inserat der Woche:
Ein gesitteter Junge kann bei mir sofort in die Lehre treten. Heinrich Krill, Schreiner, Schlußstraße.

21.7. Seit einigen Tagen sieht man, wie Kinder und junge Leute in den Bächen baden und kaum bekleidet über die Wiesen laufen. Wenn die Betreffenden kein Schamgefühl für sich haben, mögen sie wenigstens im Interesse der Kurgäste solchen Unfug unterlassen.

Inserat der Woche:
Trunksucht beseitige ich sicher und zwar sofort, so daß es dem Kranken ohne Wissen völlig zum Ekel wird!

22.7. Das Wetter zeigt sich so gar nicht sommerlich, es ist windig und für die Jahreszeit viel zu kalt. Überall klagen die Bauern über die schlechten Ernteaussichten.

Inserat der Woche:
Kaffeegarten am unteren Ende von Falkenstein! Vorzügliches Bier, Wein, Milch etc. Mittagessen im Abonnement oder auf Vorbestellung.

4.8. Vor dem „Nassauer Hof" (Streitkirche) steht eine Bank, welche jeden Abend von jungen Burschen von 14–17 Jahren belagert ist, die einen furchtbaren Scandal machen. Dieselben haben es auf das weibliche Geschlecht abgesehen und bedienen sich oft sehr unanständiger Ausdrücke gegen dasselbe. Es wäre zu wünschen, daß die Ortspolizei energisch gegen diesen Unfug vorginge.

Inserat der Woche:
Den hiesigen Einwohnern, besonders den leidtragenden Jungfrauen, herzlichen Dank für die Theilnahme bei dem Leichenbegängnis unseres unvergeßlichen Bruders.

5.8. Wohl Tausende haben schon an dem berühmten Brunnen auf der Schirn Wasser geholt, aber wer hat schon bemerkt, daß die Ausflußröhren aus Messing gefertigt sind? Röhren, die voller Grünspan sind und seit Jahren keinen Putzlumpen sahen. Es wäre an der Zeit, die Zierde unserer Schirn einmal gründlich zu reinigen.

Inserat der Woche:
Reunion-Ball im Grandhotel und Kurhaus Soden. Für auswärtige Gäste ist bestens für Logements a 2 1/2 Mark gesorgt.

18.8. Tod durch eine Haarnadel. Eine junge Frau verletzte sich vor 14 Tagen mit einer Haarnadel am Kopfe. Ohne die kleine Wunde anfänglich zu beachten, schwoll der Hals bedenklich an, und nach Verlauf von 2 Stunden war die blühende Frau eine Leiche. Es war Blutvergiftung!

Inserat der Woche:
Am Schirnbrunnen wurde verflossene Nach ein blecherner Eimer stehengelassen. Der Eigenthümer kann solchen auf dem Rathaus gegen Einrückungsgebühren abholen. Der Bürgermeister.

19.8. Die hiesige Freiwillige Feuerwehr feiert in der Hahn'schen Restauration (heute „Kronberger Hof") ihr vierjähriges Stiftungsfest. Es sind Freunde und Gönner des Vereins freundlichst dazu eingeladen.

Inserat der Woche:
Eine hiesige Beamtenfamilie sucht ein Logis, bestehend aus vier Zimmern mit Zubehör.

1.9. Es wäre sehr zu wünschen, wenn an dunklen Abenden, wie es diese Woche der Fall war, mindestens die Hauptstraße von der Eisenbahn bis zur Oberen Höllgasse beleuchtet würde. Was werden nur die Kurfremden denken, wenn man abends Gefahr laufen muß, sich gegenseitig die Köpfe einander einzurennen?

Inserat der Woche:
Alle Jungfrauen Königsteins sind zur Besprechung über die Feier zur Enthüllung des Kriegerdenkmals eingeladen.

2.9. Von zwei Rödelheimer Schutzleuten wurde dahier ein Mann verhaftet, welcher im Verdacht steht, falsche 20 Mark-Scheine ausgegeben zu haben. Eine angestellte Haussuchung war erfolglos.

Inserat der Woche:
Zur Einweihung des Kriegerdenkmals können Fahnen in allen Farben leihweise durch unser Decorations-Comitee bezogen werden. Das Comitee zur Errichtung des Kriegerdenkmals in Königstein.

15.9. In der vergangenen Woche fand in Mammolshain wieder eine Keilerei statt, bei dem die Messer die Hauptrolle spielten.

Inserat der Woche:
Ich ersuche den N. H. mich und meine Familie aus dem Munde zu lassen, da er sonst Unannehmlichkeiten zu erwarten hat. B.W.

16.9. Auf der Kapersburg bei Köppern finden im Auftrag des Historischen Vereins in Darmstadt Ausgrabungen statt. Es sind bereits die Fundament- und Ringmauern dieser ehemals römischen Veste in einer Stärke von über sechs Fuß an verschiedenen Stellen freigelegt. Auch die Thore dürften bald bloßgelegt sein.

Inserat der Woche:
Auf dem Wege zum Fuchstanz wurden ein paar gestrickte Kinderschuhe und ein Taschentuch, gez. HH 12, gefunden. Abzuholen beim königl. Polizeipräsidium in Frankfurt.

29.9. Gestern stürzte sich eine ältliche ledige Frauensperson aus dem Fenster ihres Zimmers und blieb auf der Stelle todt. Dieselbe wollte sich erst vorige Woche ersäufen, wurde aber noch rechtzeitig daran verhindert.

Inserat der Woche:
Diejenige Person, welche vor längerer Zeit ein Clystir von mir geliehen und bis heute noch nicht zurückgebracht hat, fordere ich hiermit auf, dasselbe sofort abzuliefern, andernfalls der Name in diesem Blatt veröffentlicht wird.

30.9. Wie traurig unsere Zeitverhältnisse sind, beweist ein Anschlag an der Gerichtstafel, wonach in den Tagen zwischen dem 10. Oktober und 7. November zwölf Zwangsversteigerungen im Amtsgerichtsbezirk Königstein ausgeschrieben sind.

Inserat der Woche:
1 Herd mit 3 Kröppen, 1 Waschkessel, 1 Kochofen für Holzeinrichtung sind zu verkaufen bei Martin Staudacher in der Katharinenstraße.

13.10. auf der Kapersburg bei Köppern finden im Auftrag des Historischen Vereins Darmstadt Ausgrabungen statt. Unter der bewährten Leitung des in der Bloßlegung von römischen Bauen sehr kundigen Herrn Gustav Dieffenbach aus Friedberg sind die Fundamentmauern an verschiedenen Stellen freigelegt.

Inserat der Woche:
Morgen 9 Uhr wird der Dung vom Bullenstall an Ort und Stelle öffentlich versteigert, der Bürgermeister.

14.10. Der 73jährige Fuhrknecht Georg Berninger wurde durch die Flucht seiner Pferde so gräßlich verwundet, so daß der Tod wenige Stunden später erfolgte. – Im Stall des Bäckers Reinhard Mauer ist die Maul- und Klauenseuche ausgebrochen.

Inserat der Woche:
Am Montag läßt die Privat-Post-Gesellschaft in Reifenberg einen braunen Wallach, 6 Jahre alt, ganz fromm, ausrangierungshalber auf dem Posthofe zu Nieder-Reifenberg freiwillig meistbietend versteigern.

27.10. Gemäß der Polizei-Verordnung von 1867 müssen an jedem Fuhrwerk, das die öffentlichen Wege benutzt – ohne Unterschied der Bespannung, also auch Hundefuhrwerke – an leicht sichtbarer Stelle mit deutlichen und unverwischbaren weißen Buchstaben auf schwarzem Grund der volle Name des Eigenthümers angebracht sein.

Inserat der Woche:
Festprogramm für das in Hofheim stattfindende Fest mit Preisvertheilung für Rindvieh und Schweine des IX. und X. Bez. Vereins nassauische Land- und Forstwirte.

28.10. Herr Oberamtsrichter Götz, welcher seit sechs Jahren am Amtsgericht in Königstein thätig war, ist aus dem Staatsdienst ausgeschieden. Er ist von Seiner Hoheit dem Herzog von Nassau zum Finanzrath ernannt worden.

Inserat der Woche:
Weils Patent – Häckerling-Maschine, schneidet in einer Stunde 600 Pfund Rindviehfutter.

10.11. (Als es noch keine Wasserleitung gab!) Aus einer Polizeiverordnung: Wenn der Wasserstand in der Reservoir auf dem Marktplatz (Schirn) unter das angegebene Zeichen gesunken ist, darf das Wasserholen aus demselben mit großen Fässern nur mit Erlaubnis der unterfertigten Stelle erfolgen. An allen übrigen Brunnen darf das Wasser in Fässern nur mit gleicher Erlaubnis geholt werden. – Wasser zu Bauzwecken darf nur an dem Reservoir in der Grabenstraße geholt werden. – Vieh darf an den Brunnen nicht mehr getränkt werden. – Das Verunreinigen der Brunnen und ihrer Umgebung ist untersagt.

Inserat der Woche:
1 Herd mit 3 Kröppen und 1 Wasserschiff billig zu verkaufen.

11.11. Das Verzeichnis der Wähler III. Klasse zum Zwecke der Vorsteher und Bürger-Ausschuß-Wahlen liegt acht Tage lang zu Jedermanns Einsicht auf der Bürgermeisterei offen. – Ein Cronberger Tagelöhner wurde wegen Beleidigung des Feldschützen Hasselbach zu einer Geldstraße von 5 Mark oder ein Tag Haft verurteilt.

Inserat der Woche:
Remontoir-Uhren – ohne Schlüssel aufzuziehen.

24.11. Um Käse gegen Maden zu schützen, wird empfohlen, Pfeffer zu Mehl zu stampfen, dasselbe mit heißem Wasser aufzubrühen und damit den Käse zu waschen. Mit zwei Waschungen werden die Maden vertilgt.

Inserat der Woche:
Ein tüchtiger Abschreiber findet sofort Beschäftigung.

25.11. In der Gemeinde Oberhöchstadt wurde Peter Rehm zum Feldschützen benannt und verpflichtet. – Die Stelle des verstorbenen Oberförsters Gerstner, dahier, wurde von Herrn Hartmann von Wied-Selsters übernommen.

Inserat der Woche:
Am Mittwoch ist Generalversammlung des Armenvereins.

8.12. Es wurde ein Schneider verhaftet, der ein Geschäft daraus machte, sich ein halbdutzendmal zu verloben und die Bräute um beträchtliche Geldsummen zu erleichtern. – Die Gemeindeverwaltung von Cronberg plant, einen neuen Friedhof anzulegen. Der derzeitige Friedhof (Frankfurter Straße – Hartmuthstraße) ist zu klein geworden. Im Zuge der Aufschließung für Bauland müssen dort neue Straßen angelegt werden.

Inserat der Woche:
Neues Berliner Tagblatt! Reichhaltichste und billichste Zeitung der Residenz.

9.12. Ein ausgezeichnetes Putzmittel für Metallgegenstände! Man stößt etwa Ziegelstein im Mörser zu Pulver und siebt es durch losen Gardinenmull, dann mischt man etwas Essig oder Pellkartoffel-Kochwasser bei. Die Sachen werden damit rasch und prachtvoll blank.

Inserat der Woche:
Zu Weihnachtsgeschenken geeignet Boas, Muffe, Stauchen zu billigsten Preisen. (Stauchen sind Pulswärmer, Anm.)

22.12. Wegen der glücklichen Wiedergenesung von Sr. Majestät des Kaisers findet in der evangelischen Kirche in Cronberg ein Dankgottesdienst statt. – Die Frau Herzogin von Nassau weilt wieder in ihrem Königsteiner Schloß und wird, wie alljährlich eine Christbescherung für arme Kinder veranstaltetn.

Inserat der Woche:
Für Metzger, Wurstler und Händler empfehle ich mein reichhaltiges Lager an gesalzenen und getrockneten Därmen.

23.12. Bei der letzten Schöffengerichtssitzung in diesem Jahr in Königstein wurde ein Schäfer wegen Weidfrevel verurtheilt, ein Mann aus Oberhöchstadt wegen Hasendiebstahles zu einem Tag Gefängniß, trotzdem derselbe noch das Unglück hatte, daß ihm seine Beute bei einem Schläfchen entführt wurde.

Inserat der Woche:
Fertige schöne Zöpfe aus ausgekämmten Haaren an für 1,50 Mark. Vorgefertigte Zöpfe stets vorräthig in allen Haarfarben.

1879

5.1. Zum Gemeindevorsteher von Schönberg wurde Gottfried Port an dem Königl. Amt in Königstein eidlich verpflichtet.

Inserat der Woche:
Das Neueste für den Winter: Heizbare Spazierstöcke! Die Krücke wird mit einer Flüssigkeit gefüllt, die Wärme entwickelt. So erhält man eine bequeme tragbare Wärmeflasche.

6.1. Am 1. Januar wurden bei der Güter-Expedition neue Formulare eingeführt. Diese sogenannten „Frachtbriefe" sind an der Bahnstation zu haben.

Inserat der Woche:
Nerven und Krampfleiden, Epilepsi, Fallsucht werden durch ein naturgemäßes Heilverfahren vollständig für das ganze Leben geheilt.

19.1. Laut Verfügung der königl. Regierung sind die durch den Transport von Bettlern entstehenden Kosten von derjenigen Gemeinde zu tragen, in welcher der Bettler aufgegriffen wird. Die seit dem 1. Oktober 1878 von der unterfertigten Stelle ausgelegten Kosten sind daher von betr. Gemeinden wieder zu erstatten. Sie betragen für Cronberg 30 Mark für Oberhöchstadt 4,50 Mark und für Schönberg 1,50 Mark. (In Cronberg scheint sich Betteln mehr rentiert zu haben!) Für die Folge weise ich die Herren Bürgermeister an, die hierher abzuliefernden Individuen, falls deren Kleidung defect, vorerst ordnungsgemäß kleiden zu lassen, andernfalls dies dahin auf Kosten der Gemeinde geschieht. Kgl. Amt Königstein, v. Schenk

Inserat der Woche:
Oblaten-Abfälle per Pfund 10 Pfennig. Bäckerei Hees, Königstein

2.2. In den Räumen der „Germania" hielten die Mitglieder des Cäcilienvereins am verflossenen Sonntag eine theatralische Abendunterhaltung ab, die sehr zahlreich besucht war. Die Herren Jacob Liedemann, Jean Hartmann, Peter Schellenberger und Georg Liedemann zeigten besonders gute Leistungen.

Inserat der Woche:
Die von mir in der Wirthschaft der Frau Witwe Brosius gegen die Fräulein Adelheid Brand ausgesprochene Verdächtigung nehme ich hiermit zurück. A. K. Lehrer (Diese Anzeige erschien nicht weniger als 5 mal in der Zeitung!!)

16.2. Die Fastnacht geht ihrem Höhepunkt entgegen. In Cronberg finden mehrere Maskenbälle und Kostümfeste statt, die wie immer gut besucht sind. In Königstein findet eine närrische Sitzung statt. – Der Cronberger Dilettantenverein bringt wieder zwei Theateraufführungen. Der Reingewinn ist zur Anschaffung einer Uhr an der neuen katholischen Kirche bestimmt. Das ist umso anerkennenswerter, als die Mehrzahl der Vereinsmitglieder evangelisch sind.

Inserat der Woche:
Eine Kleidermacherin, welche auch im Anfertigen von Knaben-Anzügen geübt ist, nimmt noch Arbeit an.

17.2. In Falkenstein wurde der seitherige Gemeinderechner Herr Mühl zum Bürgermeister gewählt. – Die Bürgermeister des Amtes Königstein wurden aufgefordert, eine Liste der Ortsnamen zu erstellen. – Im Taunus wüteten schwere Schneestürme.

Inserat der Woche:
Bringe meine Prima Stück- und gewaschenen Nußkohlen in Erinnerung Bernh. Zubrod

2.3. Im Taunus wütete ein schwerer Schneesturm. Zwei junge Schloßborner, die in den

Abendstunden noch unterwegs waren, gerieten in hohe Schneeverwehung. Einer der jungen Männer ist erfroren, sein Kamerad konnte sich noch mit letzter Kraft aus dem Schnee retten.

Inserat der Woche:
Demjenigen hiesigen Herrn, welcher sich seit einiger Zeit über die Küche respective das Essen Anderer aufhält, rahte ich, dieses in Zukunft zu unterlassen, da ich sonst genöthigt würde, deutlicher zu werden.

3.3. Zwei Schloßborner Einwohner verirrten sich im Schneesturm, als dieselben von Ehlhalten aus nach Hause wollten. Einer wurde am Morgen erfroren aufgefunden, der andere kam gegen 7 Uhr früh heim und liegt nun schwer erkrankt danieder.

Inserat der Woche:
Bringe hiermit meine aufs Reichhaltigste ausgestattete Schreib- und Zeichen-Materialien-Handlung in empfehlende Erinnerung. Marg. Reeb, Hauptstraße 24, vis-á-vis der Gastwirtschaft des Herrn Sponsel.

16.3. Heute morgen stürzte ein kleiner Junge in das Bassin des Schirnbrunnens. Durch rasche Hilfe wurde derselbe aus dem unfreiwilligen Bad herausgezogen und vom Ertrinken gerettet. Das zeigt wieder einmal, daß der Schirnbrunnen besser gesichert werden muss.

Inserat der Woche:
Alle Jungfrauen Königsteins, die willens sind, an der Verlosung zum Besten des Kriegerdenkmals mitzuwirken, werden gebeten sich am Donnerstag, acht Uhr, einzufinden.

17.3. Vom Gericht: Bei einer Schöffengerichtssitzung in Königstein wurde ein Händler wegen Gewerbesteuerdefraudation zu 24 Mark Geldstrafe verurteilt, ein Oberhöchstädter erhielt wegen Jagdvergehens (Wilddieberei) zwei Tage Haft. Ein Mann wurde wegen Blumenpflückens auf fremden Gräbern zu acht Tagen Gefängnis verurtheilt.

Inserat der Woche:
Oblatenabfälle zum Füttern in der Bäckerei erhältlich.

30.3. Zu Ehren Seiner Majestät Kaiser Wilhelms I. fand auch in Cronberg an seinem Geburtstag am 22. März ein Festessen statt. Herr Direktor Löwe hielt eine deutsch-patriotische Festrede, da Herr Bürgermeister Jamin durch Heiserkeit verhindert war.

Inserat der Woche:
„Kaffee-Ersparniß“, allein fabriziert, das Paquet zu 10 Pfennig.

31.3. Zum Gemeindevorsteher von Schönberg wurde Gottfried Port an dem königl. Amt in Königstein eidlich verpflichtet. – Eine Untersuchungssache gegen einen Bettler von Cronberg endete mit 19 Tagen Haft.

Inserat der Woche:
2 000 Frühjahrs- und Sommerpaletots, das Eleganteste der Saison im „Herren-Kleider-Magazin“ Frankfurt.

14.4. Bei einer heute dahier stattgehabten Versteigerung brach der Fußboden der Stube, in welcher die Versteigerung abgehalten wurde, durch, und die Steigerer samt dem Ausrufer und Mobilien fielen in den Keller. Wie uns mitgetheilt wurde, sollen mehrere Verletzungen vorgekommen sein.

Inserat der Woche:
Gegen hartnäckiges Schlecksen empfiehlt ein französischer Arzt ein Stückchen Zucker, das mit Essig befeuchtet ist, in den Mund zu nehmen.

14.4. Auf Grund der Bestimmungen des Paragraphen 11 der Allerhöchsten Verordnung über die Polizeiverwaltung in Preußen verordnet der Regierungspräsident in Wiesbaden:

Schulpflichtige Kinder dürfen in öffentlichen Wirtschaftslocalitäten zum Aufsetzen der Kegel oder zu sonstigen Bedienungen der Gäste nur nach vorheriger Erlaubniß der Orts-Schulbehörde und nur unter Einhaltung der Schranken der ertheilten Erlaubniß verwendet werden.

Inserat der Woche:
Homburger und Cronberger Eisenbahn-Fahrpläne zu haben in der Druckerei.

27.4. Vom Amt Köngistein sind in der Zeit vom 1. April 1878 bis zum 31. März 1879 235 Bauconzessionen ertheilt worden.

Inserat der Woche:
Ein braves Mädchen vom Land, welches etwas kochen kann, nach Frankfurt gesucht.

11.5. Das Kronthaler Apollinaris-Wasser ist auf der Münchner Ausstellung mit der Goldenen Medaille prämiiert worden.

Inserat der Woche:
Zu bedeutend ermäßigtem Preis „Mayfahrts weltberühmte Dreschmaschine“ mit Handbetrieb.

12.5. In der Marburger Hebammen-Lehranstalt beginnt im Juli wieder ein Cursus. Über die Aufnahme in den Cursus entscheidet die Kgl. Regierung zu Kassel oder Wiesbaden. Die Schülerinnen zerfallen in solche, welche auf Staatskosten oder auf eigene Kosten unterrichtet werden. Die Kosten des Lehrcursus belaufen sich auf cirka 300 Mark für die auf eigene Kosten Lernenden. Das Alter der Schülerinnen muß 20–30 Jahre betragen.

Inserat der Woche:
Probates Hausmittel bei veraltetem Husten, Blutspeien, Asthma und Keuchhusten ist der Mayer'sche weiße Brust-Syrup.

25.5. Die 2. und 3. protestantischen Lehrerstellen sind noch immer unbesetzt, weshalb der erste Lehrer, Herr Offenbach, immer noch an drei Schulen Unterricht ertheilen muß (Die ev. Schule war damals im Gebäude der Gemeinde, Doppesstraße und auf mehrere Gasthaussäle verteilt.)

Inserat der Woche:
Alle in dem Maschinenfach vorkommenden Arbeiten übernimmt Wilhelm Kunz

26.5. Eine Meldung für die Turnlehrerinnen: Die Prüfung, welche gemäß des Reglements im Herbst abzuhalten ist, hat der Herr Minister für Geistliche, Unterrichts- und Medicinal-Angelegenheiten auf den 21. November und die folgenden Tage anberaumt. Meldungen der in einem Lehramt stehenden Bewerberinnen sind bei den vorgesetzten Dienstbehörden anzubringen.

Inserat der Woche:
Gehör-Öl heilt die Taubheit, wenn selbige nicht angeboren ist.

8.6. In den Sommermonaten darf das Wasser im Kronthal nur zu festgesetzten Stunden abgefüllt werden, damit der Kurbetrieb nicht gestört wird.

Inserat der Woche:
Am Sonntag ist Tanzmusik im Kurhaus Kronthal.

9.6. Am nächsten Sonntag ist wieder Feldbergfest. Auch in diesem Jahr soll ein größeres Ordnungs-Comitee gebildet werden. Die einzelnen Turnvereine sollen daher je drei Mann dazu bestimmen, welche sich der Pflicht unterziehen wollen, für die nöthige Ordnung zu sorgen.

Inserat der Woche:
Gefunden wurde auf dem Kirchhof ein Buch.

22.6. Aus dem Gericht: Fünf junge Leute wurden wegen Holzdiebstahls zu je 1 Tag Gefängnis verurteilt. – Das diesjährige Feldbergfest beginnt am Sonntag um 10 Uhr.

Inserat der Woche:
Zu verkaufen 1 Livrée (blau mit gelben Kronenknöpfen).

23.6. Am kommenden Sonntag hält die Freiwillige Feuerwehr in Königstein eine Übung ab, zu welcher sich auch die Feuerwehren von Cronberg, Oberursel und Bockenheim einfinden werden. Es soll nach der Übung noch ein gemütliches Beisammensein stattfinden.

Inserat der Woche:
Gefunden wurde ein weiß-leinenes Taschentuch, gez. EvB.

6.7. Gestern wurde ein Schweizer Hirtenknabe bei seiner Herde im Walddistrict Reichenbach bei Falkenstein diesseitigen Amts von einem Unbekannten seiner Taschenuhr und Taschenmmessers beraubt und unter Drohung mit Todtschlagen in die Sennerhütte eingesperrt.

Inserat der Woche:
Gefunden wurden an einem Seil zwei Maulkörbe für Kühe.

14.7. In Cronberg wird eine Kleinkinderschule eingerichtet. Die evangelische Kirchengemeinde hat sich bereits erklärt, einen Zuschuß zu bezahlen. Die Rechte der Kirche müßten aber in vollem Umfang gewahrt bleiben. Die Kinderschuhe ist für Kinder beider Konfessionen offen. (Diese Klein-Kinderschule war der Vorgänger des evangelischen Kindergartens. Anm.)

Inserat der Woche:
Bei dem Bullenbesteller in Glashütten sind zwei zum Dienste geeignete gelbrote Bullen im Alter von 2 1/2 Jahren aus freier Hand zu verkaufen.

20.7. Um vorgekommene Irrungen zu vermeiden, wird hierdurch mitgetheilt, daß die Feuer-Visitations-Commission befugt ist, bei Rohbauabnahmen dieselbe Gebühr zu erheben, welche ihr für Abhaltung der regelmäßigen Feuervisitationen zusteht.

Inserat der Woche:
Am Montag versteigere ich ein Schlafkanappee mit 6 Stühlen.

28.7. Ein ausgezeichnetes Putzmittel für Metallgegenstände! Man stößt etwas Ziegelstein im Mörser zu Pulver und siebt es durch etwas losen Gardinentüll. Dann mischt man etwas Essig oder Pellkartoffel-Kochwasser bei. Die Sachen werden damit rasch und prachtvoll blank.

Inserat der Woche:
Herren-Schlafröcke aus Modestoffen nur 14 Mark.

3.8. Schlechte Luft im Krankenzimmer zerstört man am einfachsten auf folgende Weise: Zwei, auch drei große Zwiebeln werden auseinandergeschnitten und auf einen Teller gelegt. Diesen stellt man alsdann auf den Fußboden, woselbst er etwa 5–6 Stunden stehen bleibt. Während dieser Zeit saugen nun die Zwiebeln alle in den Zimmern befindlichen Düfte und Dünste vollständig auf.

Inserat der Woche:
Dictionaire mit Worten, die wohlerzogene Kinder nicht aussprechen sollen! Sehr zu empfehlen.

17.8. Ausgezeichnetes Mittel um Motten zu vertreiben! Man gieße warmen Essig auf einen heißen Stein oder Platte und lasse den Dampf an den Wänden der Zimmer, in die Möbel und in die Schränke ziehen. Dieser Dampf ist den Motten so sehr zuwider, daß sie gleich von demselben getödtet werden. Damit kann man sich vor Motten auf immer schützen.

Inserat der Woche:
Abgepaßte Betttücher ohne Naht, 1 und 2schläfig, das St. 2,50 M.

18.8. Am verflossenen Sonntag feierte der Gesang-Verein „Frohsinn“ in Felkenstein das Fest der Fahnenweihe, der Besuch war ein recht zahlreicher. Auch der Cronberger Gesang-Verein hat an dem Fest theilgenommen. – In der Nähe des Friedhofs wurde aus einem einzeln stehenden Stall eine trächtige Kuh entführt. Der Thäter wurde noch nicht ermittelt.

Inserat der Woche:
Mein Lager an Dielen und Sandsteinen bringe ich in beste Erinnerung. Bernhard Zubrod

31.8. Die Herren Bürgermeister des Amtes Königstein werden gebeten, binnen 2 Wochen die vorgeschriebene Nachweisung über die in ihren Gemeinden vorhandenen Zuchtstiere und Eber vorzulegen. Die Nachweisung muß in 2 Colonnen die Anzahl, sowie der nach tierärztlicher Untersuchung für tauglich befundenen Zuchtstiere enthalten.

Inserat der Woche:
Entferne brieflich binnen 3–4 Stunden jeden Bandwurm, ebenso sicher beseitige ich Bleichsucht, Bettnässen und Flechten.

1.9. Immer wieder muß darauf aufmerksam gemacht werden, daß eine Verunreinigung der Brunnen bestraft wird. Auch ist das Wasserholen mit Fässern nur mit besonderer Erlaubniß möglich. – Vom Amtsgericht in Königstein: die Herren Oberamtsrichter Ammann und Thewaldt sind zu Amtsgerichtsräten ernannt worden.

Inserat der Woche:
Ein Kinderüberzieher mit Taschentuch ist gefunden worden.

14.9. Für Oberhöchstadt und Schönberg wurde Landmann Georg Sachs II. zum Schiedsmann gewählt. Sein Stellvertreter ist Cigarrenmacher P. Hildmann, beide aus Oberhöchstadt.

Inserat der Woche:
Die Rechnung des evangelischen Kirchenbaufonds von Königstein pro a. 1878/79 liegt 8 Tage zur Einsicht aus. Assmann, Pfarrer zu Cronberg (Die ev. Kirchengemeinde Königstein hatte damals noch keinen eigenen Pfarrer, sie wurde von Kronberg mitversorgt. Die Kirche ist erst etwa 10 Jahre später erbaut worden).

15.9. Die Stelle des Gerichtsvollziehers am Kgl. Amtsgericht in Königstein wurde zum 1. October Herrn Ginges übertragen. – Neuerdings werden aus der ganzen Gegend Fälle von Kirchenraub gemeldet. Man spricht davon, daß Hehler die gestohlenen Gegenstände in Amerika teuer verkaufen. – Die Ausschellgebühren für Privatsachen werden erhöht.

Inserat der Woche:
Bei dem Bullenbesteller Adam Keller in Glashütten sind 2 zum Dienste geeignete, gelbrothe Bullen im Alter von 2 1/2 und 1 3/4 Jahren aus freier Hand zu verkaufen.

28.9. Eine Injurienklage gegen einen Religionslehrer aus Cronberg wegen Mißhandlung eines Kindes wurde behufs Beweisaufnahme vertagt.

Inserat der Woche:
Den Besitzern von Ziegen gebe ich bekannt, daß ich einen reinen Schweizer Ziegenbock habe, und daß das Sprunggeld nur 20 Pfennige beträgt.

29.9. Mit dem Tage 1. October, an welchem die neue Gerichtsorganisation in Kraft tritt, sind alle bisher an die Gerichts-Receptur in Königstein zahlbaren Gelder an das kgl. Untersteueramt in Cronberg zu entrichten.

Inserat der Woche:
Vor Tagen wurde im Heidelbeerwald am Feldberg ein kleines, goldenes Medaillon gefunden; dasselbe kann vom Eigenthümer auf dem kgl. Polizei-Präsidium in Frankfurt abgeholt werden.

12.10. Die Hirsche schreien und ganz besonders günstig scheint heuer die Schußgelegenheit am Altkönig zu sein. Von Frankfurter Herren wurden bereits drei Kapital-Edelhirsche erlegt. – In Neuenhain hat die Weinlese begonnen.

Inserat der Woche:
Gefunden wurde ein seidenes Schlüpfchen.

13.10. Zehn Bürgermeister von Städten und Gemeinden des Obertaunuskreises wurden zu Schiedsmännern im Landrathsamt gewählt, unter ihnen ist auch unser Herr Bürgermeister Jamin. Den Herren wurde nun vom Kgl. Amt die Genehmigung ertheilt.

Inserat der Woche:
Den Besitzern von Ziegen zeige ich an, daß ich einen reinen Schweizer Ziegenbock habe, und daß das Sprunggeld 20 Pfg. beträgt. J. Scheurich, Königstein

26.10. Die Herren Bürgermeister des Amtsbezirks Königstein werden darauf hingewiesen, daß die Wiesenbegänge rechtzeitig vorgenommen werden müssen. – In Weilburg wird ein landwirtschaftlicher Cursus für Volksschullehrer eröffnet.

Inserat der Woche:
Eine tragbare Ziege zu verkaufen.

27.10. Der Taunusklub, der seit nunmehr 11 Jahren in Frankfurt besteht, dehnt sich auch auf die „richtigen" Taunusstädte aus. In Königstein wurde jetzt eine Section gebildet. Auch in Cronberg gibt es derartige Bestrebungen.

Inserat der Woche:
Ein Landauer und ein schwarz plattirtes Geschirr billig zu verkaufen.

10.11. Der diesjährige Ball des Krieger- und Militärvereins war wieder ein großer Erfolg: man hatte dazu die Spindlersche Capelle aus Frankfurt engagiert. – Die Eisweiher auf der Schmidtröder in Königstein werden an Ort und Stelle für sechs Jahre verpachtet.

Inserat der Woche:
Für nur 6 Mark ein brillantes Geschenk für die ganze Familie: das „Britannia-Silberbesteck".

23.11. Auf dem Weg von Niederreifenberg nach Königstein wurde am Eselseck ein Sack Frucht gefunden und in Cronberg im „Frankfurter Hof" abgeladen. Dort selbst kann er vom Eigenthümer gegen Vergütung des Fuhrlohnes abgeholt werden.

Inserat der Woche:
Auf Weihnachten empfehle ich für den Familiengebrauch mein Lager an Nähmaschinen.

24.11. Als die Königsteiner Post vorgestern nach Soden fuhr, stürzte vor Neuenhain eins von den drei Pferden so unglücklich, daß es sich nicht mehr erheben konnte. Das arme Thier mußte getödtet werden. – Die Not in der Bevölkerung ist sehr groß, überall kommt es zu Zwangsversteigerungen von Hab und Gut.

Inserat der Woche:
Zu vermiethen ist die Parterrewohnung des Hauses Hauptstraße 33. Näheres bei Herrn Stadtdiener Gottschalk. (Das Haus Nr. 33 wurde 1913 abgerissen, dort entstand der Bau der „Neuen drei Ritter". Anm.)

8.12. Der Eisgang auf dem Rhein ist so stark, daß die Schiffahrt zum Theil eingestellt werden mußte. Sogar in Süd-Italien und auf Sicilien ist Schnee gefallen. Aus Paris wird gemeldet, daß auch die Seine Eis führt.

Inserat der Woche:
100 Stück Welschnüsse 30 Pfennig.

21.12. Die starke Kälte hält noch immer an Flüsse und Seen sind zugefroren, so der Ammer- und der Starnberger See. Das Rheineis hat sich gestellt, man kann gefahrlos von Rüdesheim nach Bingen spazieren, der Weg ist gestreut. Auch der Main ist zugefroren, die Frankfurter tummeln sich dort mit ihren Schlittschuhen.

Inserat der Woche:
Für Weihnachten empfehle ich für Familiengebrauch mein Lager an Nähmaschinen.

1880

4.1. Die siebziger Jahre haben sich schlecht verabschiedet. Das Jahr 1879 brachte Überschwemmungen, einen naßkalten Sommer und einen ungewöhnlich frühen Winter, so daß mancherorts die Kartoffel- und Rübenernte nicht mehr rechtzeitig eingebracht werden konnte. Die letzte Nach des Jahrzehnts war die stürmischste seit Jahren. Möge das Jahr 1880 besser verlaufen.

Inserat der Woche:
Eine ältere Bettlade wird zu kaufen gesucht.

12.1. Vor dem Schöffengericht wurde ein junger Mann aus Cronberg zu 3 Mark Geldstrafe oder einem Tag Haft wegen Unterschlagung eines Feuerwehrhelmes verurtheilt. Derselbe hatte letzteren vor der Schleifferschen Wirthschaft (heute „Ratskeller“) gefunden und mit nach Hause genommen.

Inserat der Woche:
Eine größere Parthie Sumac und Haardung zu verkaufen. Lederfabrik Königstein.

18.1. Für unsere in die Fremde gehenden Handwerksgesellen dürfte es nicht uninteressant sein, zu erfahren, daß in Bayern das sogen. „Blauemontagfeiern“ mit Strafe bedroht ist.

Inserat der Woche:
Gesucht wird ein tüchtiger Pferdeknecht, der sowohl im Ackerbau als auch mit Chaisenfahrten gewähren kann.

26.1. Vor einigen Tagen blieb der Zug, welcher Morgens um 7.47 Uhr hier ankommen sollte, infolge eines Rohrbruches in der Nähe des Bahnhofs stehen. Bis eine zweite Maschine angeheizt war, konnte der Zug erst um 10.40 Uhr weiterbefördert werden. Die Passagiere, die nach Cronberg wollten, mußten die kurze Strecke zu Fuß zurücklegen.

Inserat der Woche:
Trunkwahnsinn heile ich unter Garantie, auch ohne Wissen des Patienten.

1.2. Wie verlautet, hat sich dahier eine Gesellschaft gebildet, welche zur Anschaffung einer neuen Stadtwaage in der Nähe der Schleiferschen Brauerei die nötigen Vorbereitungen getroffen hat. (Die Schleifersche Brauerei war der heutige „Ratskeller“, das kleine Haus, das die Stadtwaage beherbergte, wurde erst vor wenigen Jahren abgerissen.)

Inserat der Woche:
„Kaiser-Oel“, nicht explodierendes Petroleum, vollständig wassergeruch- und gefahrlos, auf jeder Lampe zu brennen.

9.2. Eine Tagelöhnerfrau aus Cronberg erhielt fünf Tage Haft, weil sie ihre Kinder zu gewerbsmäßiger Bettelei angehalten hatte. – Von Cronberg nach Frankfurt verkehren jetzt täglich fünf Züge.

Inserat der Woche:
Leicht gesalzenes amerikanisches Ochsenfleisch per Pfund 40 Pfennig.

15.2. Die Fastnachtstage verliefen sehr ruhig. Überall, wo Gelegenheit zum Schlittschuhlauf war, hielt man vergnügliche Eisfeste ab. So auch in Niederhöchstadt. Der hiesige Schlittschuhclub hielt unterhalb des Bleichweihers ein Fest ab mit Musik und Unterhaltung. Die Leistungen im Schlittschuhlaufen waren erstaunlich.

Inserat der Woche:
Im Gemeindezimmer Glashütten werden ca. 12 Wagen Dung öffentlich an den Meistbietenden gegen baare Zahlung versteigert.

23.2. Bei dem hiesigen Schiedsamt wurde eine Klage wegen eines „Kusses“ angestrengt. Es kam jedoch nicht zur Verhandlung, da der Ankläger kurz vor dem Termin seine Klage zurückgezogen hat.

Inserat der Woche:
Spielwerke 4–200 Stücke spielend, Spieldosen 2–16 Stücke spielend zu empfehlen.

28.2. Einem Bürger namens Weidmann wurde unlängst von ruchloser Hand ein Apfelbaum, welcher zum ersten Mal getragen, total ruiniert. Möge es der heiligen Hermandat gelingen, des Frevlers habhaft zu werden.

Inserat der Woche:
Eine Parthie Gräbenaushub wird an Ort und Stelle versteigert.

9.3. In Oberhöchstadt wird auf dem Rathaus die Lieferung von drei neuen Schulsubsellien (Schulbänke, Anm.) öffentlich an den Wenigstnehmenden vergeben. – Beim Amtsgericht in Frankfurt wurden in der verflossenen Woche 124 Bettler und Landstreicher, worunter sich 37 Frauenzimmer befanden, abgeurtheilt. Elf „Unverbesserliche“ wurden des Landes verwiesen. (Wahrscheinlich wurden sie ins „Hessische“ abgeschoben, Anm.)

Inserat der Woche:
Flüssiges Baumwachs zum Pfropfen der Obstbäume.

14.3. Vielfach ist man hier mit dem Veredeln der Obstbäume beschäftigt. Die Veredelung der alten Bäume erstreckt sich fast ausschließlich auf das Pfropfen in den Spalt. Diese Propfart muß früh vorgenommen werden, ehe die Rinde sich löst.

Inserat der Woche:
Ein eisernes Gewächshaus mit kleinen Vermehrungskasten auf Abbruch billig zu verkaufen.

23.3. Vom Gericht: Ein Fuhrknecht aus Cronberg erhielt 3 Mark Strafe, weil er es unterlassen hatte, eine brennende Laterne an sein Fuhrwerk zu hängen.

Inserat der Woche:
Confirmanden-Hüte in großer Auswahl.

28.3. Der Taunus-Club verteilte in den Hochtaunusgemeinden wieder ca. 250 Zentner Lebensmittel an Hilfsbedürftige. Auch die Metzger Frankfurts beteiligten sich an dieser Aktion.

Inserat der Woche:
Ein Mädchen von 14 Jahren, am liebsten Waise, welches gegen Erlernung feiner Handarbeiten die wenigen häuslichen Arbeiten einer kleinen Beamtenfamilie verrichten will, wird gesucht. Auf Verlangen wird im Laufe der Zeit entsprechender Lohn gewährt.

6.4. Die Maulwürfe sind wieder am Werk! Sie leisten der Landwirtschaft außerordentliche Dienste als Insektenfresser – vor allem der Engerlinge –, sind jedoch wegen ihrer Erdauswürfe sehr unbeliebt. Man sollte aber nicht auf ihre Tödtung, sondern auf ihre Vertreibung aus sein. Herr Obergärtner Chmelik schlägt ein erprobtes Mittel vor: man nehme ein halbes Kilo türkischen Weizen oder auch Saubohnen, 12 Deka pulverisirten, ungelöschten Kalk, zwei Deka pulverisirten Grünspan, 1/8 Kilo Spieköl und etwas Flußwasser. Das alles wird zu Kügelchen geformt und in die Maulwurfshaufen gesteckt. Der Geruch dieser Kügelchen vertreibt die Maulwürfe für einige Zeit.

Inserat der Woche:
Für Confirmanden Taschenuhren und Uhrketten zu billigsten Preisen.

20.4. Die Kirschbäume stehen in unserer so schönen Umgebung im prächtigsten Blütenschmuck. Ein Anblick, der jedem Naturfreund das Herz freudig hebt. – Mit Wirkung zum 1. Mai tritt im Königreich Preussen das neue Feld- und Forstpolizeigesetz in Kraft.

Inserat der Woche:
Verloren ging ein Notizbuch. Der redliche Finder wird gebeten, solches in der Exped. dieses Blattes abzugeben.

25.4. Gestern wurde dahier in den Armenbüchsen, welche in den Wirthslokalen angebracht sind, 2265 Mark entleert. Gewiß eine schöne Summe! (Waren die alten Kronberger so eifrige Gasthausbesucher oder war es das schlechte Gewissen? HF)

Inserat der Woche:
Empfehle meine Schönfärberei und Kunstwäscherei.

4.5. Die Stadt wird der neuen Gesellschaft zur Erbauung einer Stadtwaage ein Grundstück in der Katharinenstraße zur Verfügung stellen. (Unterhalb der kleinen Stadtwaage wurde 1889 das Schulgebäude errichtet. Anm.)

Inserat der Woche:
Eine ältere Bettlade zu kaufen gesucht.

18.5. Der Flurschütze von Altenhain wurde von zwei jungen Burschen, welche er beim Diebstahl ertappte, thätlich angegriffen. Er erhielt zwei lebensgefährliche Messerstiche.

Inserat der Woche:
1 000 Mark zahlen wir demjenigen, welcher bei Gebrauch von Goldmanns Kaiserzahnwasser jemals wieder Zahnschmerzen bekommt."

23.5. In Frankfurt beging eine Familie ihren fröhlich begonnenen Waldspaziergang mit Trauer. Sie hatten ihren Säugling im Wägelchen mitgenommen. Als sie heimkehrten, hielten sie ihr Kind für schlafend, bei ihrer Heimkunft entnahmen sie es als Leiche dem Wiegenkorb.

Inserat der Woche:
In Königstein werden 3 Wirthstafeln gegen baare Zahlung versteigert.

5.6. Seit einiger Zeit hat der Turnverein einen neuen Turn-Barren, welcher so gut ist, daß fast Niemand daran turnen will. Der Verfertiger, ein hiesiger Wagner, antwortete auf Reklamationen, er habe sein Geld, der Turnverein könne urtheilen, wie er wolle. Nun müssen die wackeren Turner wieder warten, bis sie einen besseren Turn-Barren haben.

Inserat der Woche:
Ein mit guten Schulkenntnissen versehener Lehrling wird gesucht.

6.6. Gestern trafen Herr Amtmann von Schenck und der Herr Kreisphysikus Dr. Rosenkranz hier ein, um Einsicht von dem Platze betreffs des neu zu errichtenden Friedhofes zu nehmen. (Es handelt sich um den Friedhof Frankfurter Straße, der noch heute benutzt wird.)

Inserat der Woche:
Das Gras von sämtlichen Gemeindewegen und -ufern, sowie der Gemeindebleiche wird auf dem Rathause dahier meistbietend versteigert.

15.6. Am künftigen Sonntag eröffnet unter der Leitung von Herrn Direktor Weber eine Schauspieltruppe einen Cyklus von Veranstaltungen. Der Gesellschaft geht ein guter Ruf voraus.

Inserat der Woche:
Verloren wurde ein ledernes Zündholzetui.

20.6. Die Familie Pfaff ließ das Kurhaus in Bad Kronthal, das in ihrem Besitz ist, neu herrichten. Die schönen Malereien im Saal wurden von den Herren Winter und Friedenberg ausgeführt. Am kommenden Sonntag ist die festliche Wiedereröffnung. Es ist nach der großen Frequenz, deren sich Kronthal erfreute, zu hoffen, daß dieser früher so beliebte Ausflugsort wieder ein Hauptpunkt für Taunuswanderungen werden wird.

Inserat der Woche:
Makulatur per Pfund 12 Pfennig ist zu haben in der Druckerei.

29.6. Übermorgen ist es soweit! Die neuerbaute Stadtwaage in der Katharinenstraße wird endlich eingeweiht. Schon sind die Buden für die Kerb aufgebaut. Cronberg rüstet sich zum Empfang der vielen Gäste, die alljährlich zu unserer „Kirschenkerb" kommen.

Inserat der Woche:
Im Saal des Gasthauses „Zum Adler" findet zum 40jährigen Jubiläum der Schauspielerin Frau Weber die Aufführung von „Muttersegen" oder „Die Perle von Savoyen" statt.

4.7. Hei, das war ein Leben in Cronberg, gerade wie ein Gott in Frankreich! Cronberg feiert seine Kirschenkerb. Eine Menge Fremder, namentlich Turner, waren eingetroffen, und hielten letztere im Garten des Schützenhofes ein Schauturnen ab. An Caroussells und Buden fehlte es nicht, auch nicht an Gelegenheiten zu einem Tänzchen. Am 1. Juli wurde die neuerbaute Stadtwaage gegenüber der Schleiferschen Wirtschaft (heute „Ratskeller") eingeweiht.

Inserat der Woche:
In der Heilanstalt Falkenstein ist ein Bulldogghund zugelaufen, beim Kutscher ist er abzuholen.

13.7. Die seit vier Jahren existierende „Gesangsriege" des Turnvereins hat sich schon einen Namen gemacht. Bei vielen Veranstaltungen konnte sie von ihren Leistungen überzeugen. (Die Gesangsriege bestand bis etwa 1934, dann wurde sie leider aufgelöst. Anm.) – In Schönberg wurde Jacob Jäger zum ehrenamtlichen Bürgermeister gewählt, ihm wurde auch das „Feldgericht" übertragen.

Inserat der Woche:
Gummi-Strumpfbänder, das Paar zu 6 Pfg.

18.7. Einem Bornheimer Droschkenkutscher ging zwischen Kronberg und Falkenstein das Pferd durch, er stürzte vom Wagen herunter, wodurch er sich nicht unerhebliche Verwundungen zuzog und als todt aufgehoben wurde. Von den drei Damen, welche noch in der Kutsche saßen, sprang eine aus dem Wagen, um sich so ihrer verzweifelten Lage zu erledigen. Das Pferd, welches auf einen Haufen zerkleinerter Steine fiel, was stark beschädigt.

Inserat der Woche:
Gefunden wurden 6 hohle Schlüssel, sämtliche an einem Bund.

27.7. Der Amtsbezirksrath hat in seiner letzten Sitzung in Königstein beschlossen, die Gemeinde Oberhöchstadt anzuhalten, die Lehrerwohnung im Schulgebäude in den 1. Stock zu verlegen. Die Wohnung ist nach Angaben von Herrn Lehrer Heinz in einem sehr desolaten Zustand.

Inserat der Woche:
Theater im Adler von Cronberg: „Spielt nicht mit dem Feuer". Es lädt ergebenst ein: die Webersche Schauspielgesellschaft.

1.8. Die Lehrerwohnung in Oberhöchstadt ist ungesund und in einem schlechten Zustand. Der Lehrer hat sich an den Bezirksrat gewandt, weil die Gemeinde eine Renovierung ablehnt. Der Kreisphysikus hat sich für eine Verlegung der Wohnung ausgesprochen.

Inserat der Woche:
Mehr als halb verschenkt! Ein Telephon (Fernsprecher), womit man mit Personen in der Entfernung sprechen kann, Erklärung beiliegend.

10.8. Der Cronberger Turnverein (heute MTV), der seit 18 Jahren besteht, hat nunmehr über 40 Mitglieder. Geübt wird fleißig auf dem Platz im Garten der Gastwirtschaft Weidmann (Zur Post). Am Sonntag hielt der Main-Taunus-Verband der Turner in Cronberg ein Schau- und Preisturnen ab, das von vielem Publikum besucht war.

Inserat der Woche:
Empfehle leicht gesalzenes Ochsenfleisch.

15.8. Ein Mann von Cronberg war angeklagt, über den Acker seines Nachbarn gefahren zu sein. Es erfolgte Freispruch, weil nicht er, sondern sein Knecht über den Acker gefahren war, ohne daß ihm der Angeklagte Auftrag dazu ertheilt hatte.

Inserat der Woche:
Am Montag werden öffentlich an den Meistbietenden gegen bare Zahlung 1 Wurstwiege und 4 Wirthstafeln versteigert.

24.8. Die kleine Schönberger Schule hat wieder einmal keinen Lehrer. Mit dem 1. August wurde Lehrvicar Peter Joseph Bender nach Ransel versetzt. Die 51 Kinder werden nun bis zum 1. Oktober von dem Oberhöchstädter Lehrer unterrichtet, dann tritt Lehrvicar Wilhelm Windisch hier die Stelle an.

Inserat der Woche:
Feinste Pariser Corsetts, die allerneusten Facons, schon von 1,90 Mark an zu haben.

29.8. Dem Apollinis-Brunnen im Kronthal wurden in Sidney zwei Preise zuerkannt und zwar für die Flaschenfüllung den höchsten Preis, für die Krugfüllung den zweiten Preis.

Inserat der Woche:
Feine Pariser Corsetts, neueste Facon, schon von 1,90 DM an.

12.9. Die seit 1876 bestehende Fortbildungsschule in Oberhöchstadt ist eingegangen, da der Ortsvorstand den jährlichen Zuschuß von 100 Mark nicht mehr bewilligt hat. Im Hinblick auf die Masse Bauhandwerker ist die Schließung der Schule recht zu bedauern.

Inserat der Woche:
Ich empfehle den Herren Ziegenbesitzern in Cronberg meinen gesunden, kräftigen Ziegenbock, Vergütung 20 Pfennig.

21.9. Die Telephon-Linie von Königstein nach Niederreifenberg ist fertiggestellt, die Fernsprechversuche sind günstig verlaufen. Im kommenden Frühjahr wird die Verbindung nach dem Feldberg projectiert.

Inserat der Woche:
Restaurant Hahn in Cronberg! Das Etablissement empfiehlt sich durch seine gute Lage, Gute Küche und Keller. Bestellungen von Diners, Supers apart, auch für größere Gesellschaften, werden stets prompt ausgeführt. Hochachtend Philipp Hahn. (Das Restaurant war der Vorläufer des heutigen „Kronberger Hofes". Anm.)

26.9. Berichtigung! In der vergangenen Woche lief durch verschiedene Frankfurter Zeitungen die Nachricht, der regelmäßig zwischen Cronberg und Königstein fahrende Omnibus sei an der Ecke der Falkensteinerstraße umgefallen. Wie uns mitgeteilt wurde, gehörte der bloß eingesunkene Omnibus nicht Herrn Weck, sondern einem Königsteiner Hotel.

Inserat der Woche:
Ich versteigere am Gemeindehaus Cronberg 2 Kühe, 1 Acker Korn und 3 Äcker Kartoffelcreszensen.

5.10. Kreisphysikus und Sanitätsrath, Herr Dr. Rosenkranz, hielt eine Überprüfung der Hebammen ab. Es kam zu einigen Beanstandungen. Die Frauen hatten unvollständige Ausrüstungen. (Dr. Rosenkranz war, noch als Medicinalassistent, von 1863–65 Vorsitzender des Verschönerungsvereins, aus dem unser heutiger Verkehrsverein hervorgegangen ist; Anm.)

Inserat der Woche:
Herbstüberzieher, halbschwer von 12 Mark an.

10.10. Zum ersten Mal wurde am letzten Wochenende im Kronthal ein Kirchweihfest mit Tanzmusik abgehalten, dieselbe erfreute sich sehr guten Besuchs.

Inserat der Woche:
Zeitungspapier zum Einpacken für Kaufleute und Metzger geeignet.

24.10. In den letzten Tagen wurden in der Nähe von Oberhöchstadt einigen Grundbesitzern von Cronberg über 300 Krautköpfe gestohlen.

Inserat der Woche:
Wegen Aufgabe des Artikels verkaufe ich eine große Parthie gestrickter Wämser unter Selbstkostenpreis.

3.11. Vom Gericht: Ein 13jähriger Bursche aus Cronberg war angeklagt und geständig, einem Cronberger Einwohner 30 Mark entwendet zu haben. Das Gericht verurtheilte ihn zu 4 Tagen Gefängniß.

Inserat der Woche:
Gesucht wird ein tüchtiger Pferdeknecht, der sowohl im Ackerbau als mit Chaisenfahren gewähren kann.

7.11. Ein Mann aus Cronberg hatte das Unglück gehabt, mit seinem Wagen, dessen Pferde durchgingen, eine 75jährige Frau aus Mammolshain in Cronberg so zu beschädigen, daß jetzt der Tod eintrat.

Inserat der Woche:
Neu eingetroffen ein großer Posten Bettcoltern und Pferdedecken.

17.11. Ein Mann aus Cronberg wurde wegen Beleidigung des Gerichtsvollziehers zu drei Tagen Gefängniß verurteilt.

Inserat der Woche:
„Theater im Adler“ in Kronberg: „Spielt nicht mit dem Feuer“. Es lädt ergebenst ein die Webersche Schauspielgesellschaft.

21.11. Aus dem Gericht: Ein Mann aus Cronberg wurde wegen Beleidigung des Gerichtsvollziehers zu 3 Tagen Gefängnis verurteilt. – Der Winter ist eingekehrt, an einzelnen Stellen liegt der Schnee 1 1/2–2 Fuß hoch

Inserat der Woche:
Zahnoperateur empfiehlt sich für alle Zahnarbeiten. Honorar mäßig. Ph. Weigand, Bader.

5.12. Der Taunusclub in Frankfurt beabsichtigt, in unserer Gegend, vor allem im Hintertaunus, den Anbau der edlen Flechtweide einzuführen, um die Flechtindustrie zu beleben und der Bevölkerung eine Verdienstmöglichkeit zu schaffen. Es werden 100 000 Stecklinge kostenlos verteilt.

Inserat der Woche:
Ein allerliebstes Buch für junge Mädchen und Frauen. „Diclytra“, ein Blumenmärchen für die Frauenwelt in farbigem Umschlag.

15.12. Die Lehrer aus der Lehrer-Inspection Cronberg hielten eine Gesangskonferenz ab, an welche sich eine gemütliche Unterhaltung anschloß.

Inserat der Woche:
Feinster Tafelhonig, Seimhonig für Bäcker verkauft G. W. Eichenauer, Gärtner in Cronberg.

31.10. Cronberg hat 2401 Seelen, 356 Wohngebäude mit 586 Haushaltungen. Das ergab die Volkszählung am 2. Dezember. In Oberhöchstadt gibt es 132 Wohngebäude mit 193 Haushaltungen, das Dorf hat 853 Einwohner. In Schönberg wurden 45 Wohngebäude mit 61 Haushaltungen bei 251 Einwohnern gezählt. Interessant sind auch die Zahlen von Königstein. Dort gibt es 229 Wohngebäude mit 36 Haushaltungen, unsere Nachbarstadt hat 1582 Einwohner.
Der Taunusclub Frankfurt wird auch in diesem Winter am ersten Sonntag im Januar auf den Feldberg wandern, dort oben wurde 1868 von 21 Frankfurtern der Taunusclub gegründet.

Die Frankfurter Bürger Christian Reichard, Joseph Streng, Albert Mahlau und August Ravenstein hatten zur Gründung eines Touristenvereins aufgerufen. Seither ist die Erschließung des Gebirges Hauptanliegen der Mitglieder. Es wurden Schutzhütten errichtet, Wege markiert. Vor allem aber sorgt der Taunusclub immer wieder für die arme Bevölkerung im Taunus. (Die traditionelle Wanderung Anfang Januar wird noch heute durchgeführt und ist zur liebgewordenen Gewohnheit geworden, Anm.)

Inserat der Woche:
Täglicher Handverkauf von allen Arten Möbeln und Gebrauchsartikeln.

Die Zeitung ist das Pausenbrot für den Kopf.

1881

2.1. Aus der Strafanstalt Dietz wollte ein Häftling einen Fluchtversuch machen, wurde dabei aber erschossen. Er war der frühere Besitzer der Rüdesheimer Villa Brand. Ein anderer Zuchthäusler aus Hochheim wurde aus demselben Grunde schwer verwundet.

Inserat der Woche:
Schraubeisen für die Absätze, bei Glatteis sehr zu empfehlen.

12.1. Die Mitglieder des Taunusklubs in Frankfurt haben wieder ihre Wanderung auf den Feldberg gemacht. Dort oben wurde der Verein am 5. Januar 1868 gegründet. Zwar als Wanderverein, der sich inzwischen aber auch um vieles andere kümmert. So sollen im Hintertaunus Weiden angepflanzt werden, um der Bevölkerung eine Verdienstmöglichkeit zu schaffen. 10000 Stecklinge der edlen Flechtweide wurden kostenlos vertheilt.

Inserat der Woche:
Ein kräftiger Bulle zu verkaufen; Hofgut Hohenwald.

16.1. Die heute früh 7 Uhr in Königstein fällig gewesene Reifenberger Post ist des hohen Schneefalls wegen erst kurz vor 12 Uhr in Königstein eingetroffen.

Inserat der Woche:
Unserem Freunde Gustav ein 3-fach donnerndes Halli-Hallo zum Geburtstag:
So viele Jahre sollst du leben,
als es Wildbret gibt im Wald
und soviel Wochen noch daneben,
als Du schon vorbei gekannt.

26.1. Herr Karg wurde wieder zum Präsidenten des Dilettantenvereins gewählt, Vizepräsident wurde Herr Wilhelm Hennemann.

Inserat der Woche:
Ein in der bürgerlichen Haushaltung durchaus erfahrenes Mädchen wird gesucht.

30.1. Von dem hiesigen evangelischen Kirchen- und Schulvorstand wurde die Einstellung einer weiteren Lehrkraft für die evangelische Schule beschlossen.

Inserat der Woche:
Für 6 Mark versende ich, solange noch der Vorrat reicht, 2 Kölner-Dombau-Lose.

9.2. Beim Eismachen auf dem Bleichweiher sah eine ganze Reihe von Kindern zu. Ein Bürschchen wagte sich zu weit vor und fiel ins Wasser. Ein Arbeiter eilte ihm zu Hülfe, brach dabei ins Eis ein; beide konnten nur mit Mühe aus dem Wasser gezogen werden. Sie liegen jetzt krank darnieder. – Kommenden Freitag wird Herr Dr. Neubronner einen Vortrag über Chemie halten.

Inserat der Woche:
Einen tiefen Blick in die allgemeine Entnerfung (Kein Schreibfehler, Anm. d. Red.) unserer Jugend vermittelt das berühmte Werk „Selbstbewahrung" von Dr. Retau.

13.2. Vom Schöffengericht Königstein: Einem Mann von Schloßborn wurde wegen Beleidigung des Bürgermeisters für 5 Tage eine Gefängniszelle zur Verfügung gestellt, um darüber nachzudenken – welche Achtung er dem Gemeindeoberhaupt schuldig sei.

Inserat der Woche:
Wir empfehlen unsere allerneueste Unkrautsamen-Auslese-Maschine. Aufträge nimmt Herr Kunz in Cronberg entgegen.

26.2. Eine für das flache Land höchst wichtige Entscheidung steht in Aussicht – es sollen etwa 2000 Landbriefträger mehr eingestellt werden, um die Post leichter und schnell an den Mann bringen zu können.

Inserat der Woche:
Passende Gelegenheit für Kurwirthe: ovale, polirte Nußbaum-Tische sind preisgünstig zu verkaufen.

27.2. Der Dilettantenverein hielt wieder einen sehr schönen Maskenball ab. Dieses Mal waren ganz besonders schöne Kostüme zu sehen. – Soeben sind drei junge Leute aus Oberhöchstadt nach Amerika ausgewandert.

Inserat der Woche:
Bestellungen auf conservierte Früchte aus der Conservenfabrik München werden stets angenommen. Jak. Westenberger III.

9.3. Die Jury der Internationalen Ausstellung in Brüssel hat dem Kronthaler Appollinis-Brunnen eine „Goldene Medaille" zuerkannt. Der Brunnen ist im Jahre 1881 fünf mal ausgezeichnet worden.

Inserat der Woche:
2 000 Centner Stroh, nur langes, zum Verpacken von Krugkisten zu kaufen gesucht. Appollinis-Brunnen, Kronthal.

13.3. Gestern zogen Scharen von Auswanderern durch Frankfurt, wie man sie seit 50 Jahren zu sehen nicht gewohnt war. Die Weserbahn beförderte mehrere hundert Leute.

Inserat der Woche:
Neue Matjes – Präsent-Häringe eingetroffen.

27.3. Mit dem 1. April treten die Schulen zu Ober- und Niederreifenberg, Seelenberg und Schmitten aus der Schulinspection Cronberg und werden von diesem Tage an der neugebildeten Schulinspection Pfaffenwiesbach zugeteilt. – Bei dem Festgeläute zur Feier des Kaisergeburtstages ist in Königstein die zweitgrößte Glocke zersprungen.

Inserat der Woche:
Auf einem Gut in der Nähe Frankfurts wird eine feine Köchin gesucht, welche auch Hausarbeit übernimmt.

6.4. Im Frankfurter Stadtwald war die letzte Jagdsaison nicht unergiebig. Geschossen wurden 35 Hirsche, 20 angeschossen (!) und 20 Stück Rehwild erlegt.

Inserat der Woche:
Ein fast neuer, transportabler Herd mit Schiff und Krahnen zu verkaufen. Näheres bei Balthasar Weidmann, Cigarrenladen, in der Hauptstraße.

10.4. Den Besuchern Kronthals ist ein seltener Anblick geboten. Ein Rehbock befindet sich mit einem größeren Jagdhund in ein und demselben Zwinger, und beide verkehren aufs zärtliches miteinander.

Inserat der Woche:
Zahntechnik lehre ich in kürzester Zeit, so daß Schüler nach Beendigung des Cursus schon selbständig praktizieren können. Für Uhrmacher, Goldarbeiter, Optiker, Bandagisten, Barbiere und Chirurgen ein lohnender Nebenverdienst.

20.4. Zur Vorbereitung des 28. Feldbergfestes fand in Frankfurt ein Turntag statt. Die Rechnung wies ein Minus von 6,25 Mark aus. Der Cronberger Turnverein muß einen Mann für das Preisgericht stellen.

Inserat der Woche:
1 000 Mark erhält, wer nach Gebrauch von Goldmanns Kaiser-Zahnwasser jemals wieder Zahnschmerzen bekommt.

24.4. Herr Spenglermeister Jacob Becker von hier wird in der Patent- und Musterschutzausstellung einen von ihm erfundenen, höchst sinnreich construierten Blumenständer zeigen.

Inserat der Woche:
Als Geschenk zur Confirmation ist das nun schon in der 24.Auflage erschienene Buch „Mitgabe für das Leben“, beim Austritt aus der Schule und beim Eintritt in das bürgerliche Leben sehr geeignet.

4.5. Der Lehrgehilfe Kroth an der katholischen Schule wurde versetzt. An seiner Stelle trat Schulkandidat Max Gerstner von hier ein.

Inserat der Woche:
Gut gebundene Schulbücher stets vorrätig.

8.5. Bei der letzten Amtsbezirksrathssitzung wurde das Gesuch eines Oberreifenbergers zum Betriebe einer Schankwirtschaft auf dem Fuchstanz abgelehnt.

Inserat der Woche:
Ein fast noch neuer transportabler Herd mit Schiff und Krahnen ist preiswürdig zu verkaufen.

21.5. Der Schulinspektor teilte mit, daß es für Schulkinder, außer bei Erkrankung, nur in wohlbegründeten Fällen Urlaub gibt. Die Nachsuchung muß schriftlich vorgelegt werden.

Inserat der Woche:
Empfehle täglich frisch gewässerte Stockfische.

22.5. Es wird den Bewohnern des Landpostbestellbezirks Cronberg erfreulich sein, zu erfahren, daß vom 1. Juni ab die Landbriefpost täglich zweimal und sonntags einmal bestellt wird.

Inserat der Woche:
Haarausfall wird sofort gestillt!

1.6. Vom Schöffengericht in Königstein: Ein Bürger von Cronberg wurde wegen Verfehlens gegen die ortspolizeilichen Vorschriften über Reinhaltung der Straßen zu 5 Mark Geldbuße bzw. 1 Tag Haft verurtheilt.

Inserat der Woche:
Universalmittel gegen Zahnschmerzen Flacon 40 Pfg.

5.6. Unsere Freiwillige Feuerwehr hielt am „Nassauer Hof“ (Streitkirche) eine Hauptprobe ab. Über die Leitung unseres jungen Corps können wir uns nur lobend ausdrücken. Alle Anerkennung verdient das eifrige Wirken des Herrn Brandmeister Johann Christian Kunz, die Mannschaft militärisch und für den Dienst praktisch auszubilden.

Inserat der Woche:
Nachdem ich mich ab dem Conservatorium in Frankfurt zur Klavierlehrerin ausgebildet habe, benachrichtige ich die verehrlichen Einwohner von Königstein und Umgebung ergebenst, daß ich zur Ertheilung von Klavierstunden bereit bin.

19.6. Nachdem es über die Pfingstfeiertage schönes Wetter war, ist nun wieder einmal alles anders gekommen. Es regnet, regnet! Und kalt ist es obendrein! Auf dem Feldberg wurden 2 Grad Kälte gemessen.

Inserat der Woche:
Im Kronthal bei Dr. Martin wird ein sauberer Bursche in Dienst gesucht, für Garten- und Feldarbeit.

29.6. Um den hier weilenden Sommergästen eine entsprechende Unterhaltung zu bieten, hat Herr Gastwirth Hahn, Restauration am Bahnhof (heute „Kronberger Hof“), es unternommen, während der Saison wöchentlich ein Conzert zu arrangieren.

Inserat der Woche:
Velocipedes für Kinder zu vermiethen.

3.7. Wie verlautet, wurden einem hiesigen Obstbaumzüchter in der verflossenen Nacht ca. dreißig junge Stämmchen von ruchloser Hand umgeknickt. Möge es gelingen, den Schuldigen dem Gericht überliefern zu könıen. Die Kirchweih steht bevor. Schon sind einige Händler dabei, ihre Buden aufzubauen. Wir hoffen, daß die Witterung besser wird.

Inserat der Woche:
Im Schloß zu Cronberg ist ein solides möbliertes Zimmer zu vermieten. (Hier handelt es sich um die Burg, die in Kronberg „Schloß“ genannt wurde).

27.7. Die Auswanderung ist in diesem Jahr sehr stark, vor allem im Hintertaunus machten sich viele auf, um im fernen Amerika ihr Glück zu versuchen. Aus Niederhöchstadt werden vier Auswanderer gemeldet. Vom Gericht: Zwei junge Leute aus Oberreifenberg wurden wegen Entwendung eines Kruges Branntwein zu je vier Tagen Gefängniß verurtheilt.

Inserat der Woche:
Billige Seifen, Emmenthaler Schweizerkäs, Limburger Käs, sehr speckig, bei G. Westenberger am Marktplatz.

31.7. Die Bauersleute wünschen sich eine bessere Frucht, besonders die Gerste, wächst infolge des ständigen Regens schon aus.

Inserat der Woche:
Augen- und Gehörklinik in Bad Homburg, für Arme Frei, tägliche Pension 1–5 Mark.

10.8. Frühkartoffeln sehr teuer! Der Ausfall der Frühkartoffelernte ist sehr gering, da dieselben kaum halb so dick sind, als man sie gewöhnlich erwartet. Das Frühjahr war einfach zu kalt und regnerisch.

Inserat der Woche:
Gesucht wird ein tüchtiger Schlossergeselle, der im Schloßmachen geübt ist.

14.8. Bei der in Oberursel stattgefundenen Nachprüfung der Hebammen des Obertaunuskreises haben sich erhebliche Mängel ergeben. Bei acht Hebammen fehlte das vorgeschriebene „Lehrbuch für die preußische Hebamme“ von 1878, bei acht fehlte ein zehntheiliges Thermometer nach Celsius, was zur Bestimmung der Temperatur der Wöchnerinnen vorgeschrieben ist. Ferner fehlte bei zwölf Hebammen die vorgeschriebene Büchse mit zwölf Wattekugeln, weiteren acht Hebammen fehlten andere wichtige Theile der Ausrüstung.

Inserat der Woche:
Die amtlich vorgeschriebenen Anzeigenbücher für Feldschützen sind vorräthig in der Druckerei.

24.8. Der Dilettanten-Verein wird im kommenden Winter wieder ein Theaterstück aufführen. Der Reinerlös soll der Feuerwehr überstellt werden als Zuschuß für eine neue Saug- und Druckspritze.

Inserat der Woche:
In Schneidhain ist ein gut erhaltener Ziegenbock zu verkaufen.

28.8. Bad Kronthal geht wieder seinem alten Ruf entgegen. In den Nachmittagsstunden ist die Terrasse des Kurhauses von Gästen aus Nah und Fern stets gut besucht. Die Mineralbäder werden gut genutzt.

Inserat der Woche:
Brustbonbons! Eine nach ärztlicher Vorschrift Vereinigung von Zucker und Kräuterextrakten. Vorräthig in versiegelten Packungen.

7.9. Für die evangelische Schule wird eine weitere Lehrkraft eingestellt. – In der katholischen Schule hielt Schulrath von Finken aus Wiesbaden eine Revision ab.

Inserat der Woche:
Geschäfts-Empfehlung „Manns-Turnröcke“ 1,90 M. das Stück.

11.9. Obstdiebstähle und sonstige Rohheiten seitens eines Theiles der Schuljugend scheinen gegenwärtig sehr in Übung zu kommen. Es dürfte darum eine besondere Wachsamkeit über dieselbe, namentlich an Sonntagen, geboten sein. Die Herren Lehrer würden sich die Gemeinde zu großem Dank verpflichten, wenn sie ihr Augenmerk auch auf das Treiben der Schüler außerhalb der Schule richten wollten.

Inserat der Woche:
In meinem Laden ist ein seidener Regenschirm stehengeblieben. Emanuel Bing in Cronberg.

21.9. Am Sonntag war der Fremdenverkehr dahier ziemlich belangreich. Würden wir in den letzten zwei Monaten günstiges Wetter gehabt haben, dann wäre das Resultat der Saison ein glänzendes geworden, darum hängt unser ganzes Heil stets vom Himmel ab.

Inserat der Woche:
Eine große Parthie feiner Herrenhemden mit leinerner Brust und Manschetten, 3,20 M. das Stück.

25.9. Das hiesige Doppelquartett hat unter Heranziehung einiger Dilettanten für nächsten Sonntag abend im Saale des „Nassauer Hofes" eine musikalische Abendunterhaltung arrangiert, deren Ertrag zur Anschaffung einer neuen Glocke für die hiesige katholische Kirche bestimmt ist.

Inserat der Woche:
Zu empfehlen die neue Kunst- und Sparbutter. Von echter Butter kaum zu unterscheiden.

8.10. Bei Anton Ried, Gasthaus „Zum Taunus", soll ein Raum für die katholische Schule angemiethet werden.

Inserat der Woche:
Quittungen für Militär-Pensionen stets in der Expedition zu haben.

9.10. Die Kartoffel- und Apfelernte fällt trotz des regenreichen Sommers ungewöhlich reichlich aus. Die Apfelweinwirte brauchen keine Äpfel von auswärts zu kaufen.

Inserat der Woche:
Am verflossenen Sonntag wurde mir mein Lapin (Hase, Anmerk. d. Red.) vor meiner Wohnung gestohlen. Wer mir nähere Auskunft geben kann, erhält 5 Mark Belohnung. J. Borsch

19.10. Das Abturnen des hiesigen Turnvereins nahm einen ungestörten Verlauf. Es war eine Lust zuzusehen, mit welchen Feuereifer man sich gegenseitig überbieten wollte.

Inserat der Woche:
Gute Herrenhemden mit leinener Brust, 3,20 Mark solange der Vorrat reicht. Fertige Frauen- und Kinderhemden.

23.10. Herrn Karl Greiff, Schlossermeister und Mechaniker dahier, wurde für eine von ihm erfundene Maschine zum Zählen und Stempelbrennen der Stopfen vom Preisgericht der Patent- und Musterschutz-Ausstellung in Frankfurt zwei bronzene Medaillen zuerkannt.

Inserat der Woche:
Mein Sohn verlor von Mammolshain nach Königstein eine Mechanik. Der Finder wird gebeten, dieselbe abzugeben. Keller, Glashütten.

2.11. Die Gemeinde hat beschlossen, neue Schulbücher anzuschaffen. Die Kosten sollen von den zahlungsfähigen Eltern wieder eingezogen werden.

Inserat der Woche:
Alle gangbaren Farben zum Selbstfärben zu 25 Pfg. mit Gebrauchsanweisung.

6.11. In Frankfurt kommt vor der Civilkammer des Landgerichts ein „Ehescheidungsprozeß" zur Verhandlung, zu welchem fünfzig Zeugen vernommen werden.

Inserat der Woche:
2-schläfrige Bettücher ohne Naht, breite Bett-Barchente im „Billigen Laden" am Alten Markt in Frankfurt.

16.11. Der Bürgermeister von Oberhöchstadt, Georg Sachs II, ist zum Standesbeamten des aus den Gemeinden Oberhöchstadt und Schönberg bestehenden Standesamtsbezirk ernannt und als solcher eidlich verpflichtet worden.

Inserat der Woche:
Ein Stubenschlüssel wurde innerhalb der Stadt verloren.

20.11. Der Andrang weiblicher Dienstboten ist gegenwärtig ein ganz enormer, da viele Familien bei der traurigen Geschäftslage ihre Mädchen entlassen haben und die Arbeiten des Hauses selbst verrichten.

Inserat der Woche:
Privatunterricht erteilt gern und billig Lehrer Firmenich bei Bäckerei Kilb.

30.11. Aus Rödelheim werden mehrere Fälle von Blattern gemeldet. Unter den Patienten, die ins Bockenheimer Krankenhaus eingeliefert wurden, befindet sich ein vierjähriges, ungeimpftes Kind, was für die Verteidiger des Impfzwanges interessant sein dürfte.

Inserat der Woche:
Aus Ehlhalten! Der gut genährte und zu schwer gewordene Gemeindebulle wird auf dem dortigen Rathaus versteigert.

4.12. Seitens des Kronthaler Quelleninhabers Herrn A. Thiermann ist eine neue Mineralquelle erschlossen worden, deren Gehalt in fachmännischen Kreisen zu hohem Interesse Veranlassung gibt. Das neue Wasser soll unter der Bezeichnung „Apollinis-Brunnen Quelle Nr. 2“ zum Versand gehen.

Inserat der Woche:
Alle Arten von Schuhwaren zu billigen Preisen empfiehlt Phil. Wilh. Kraft in Cronberg.

14.12. Die Natur steht Kopf! Am Südhang des Taunus wurden blühende Veilchen entdeckt, auch reife Erdbeeren sind anzutreffen.

Inserat der Woche:
Wer billig lachen will, der bestellen den jeden Sonntag erscheinenden, reich illustrierten, humoristischen „Dorfbarbier“.

18.12. Bei der heute dahier stattgehabten Gemeinderathswahl gingen aus der Wahl hervor, respective wurden wiedergewählt: die Herren Heinrich Chr. Kunz, Philipp Nik. Weidmann und Heinrich Joseph Müller.

Inserat der Woche:
Weidenstecklinge! 17 der besten, von Herrn Hauptmann Becker empfohlenen Sorten, per 1 000 St. 4 Mark. Kronthaler Mineralquellen August Thiemann

30.12. Die im Jahre 1862 geborenen Militärpflichtigen haben sich behufs Eintragung in die Rekrutirungs-Stammrolle zu melden.

Inserat der Woche:
Das zweite Jahres-Suplement zu Meyer's Konservations-Lexikon ist soeben erschienen.

1882

4.1. Herr Göthe, Direktor der königlichen Lehranstalt für Obst- und Weinbau in Geisenheim, wird in Cronberg einen Vortrag über Obstbau halten. Jedermann ist eingeladen. Bei einem Rundgang durch die Cronberger Baumschulen hatte Herr Göthe sehr Vieles zu bemängeln, hatte aber auch sehr gute Vorschläge zur Verbesserung.

Inserat der Woche:
Balthasar Weidmann in Cronberg empfiehlt sein reichliches Sortiment an Cigarren eigener Fabrik.

15.1. Wir werden bald im Besitz eines neuen Friedhofs sein. Derselbe wird unterhalb Cronbergs an der Straße nach Frankfurt angelegt. Die Anschaffung eines Todtenwagens wird dann unumgänglich nothwendig werden.

Inserat der Woche:
Für ein großes Hotel in Frankfurt wird ein Tapezierer gesucht. Fraglicher kann auch verheirathet sein.

18.1. Am nächsten Sonntag findet seitens des Dilettantenvereins eine Theatervorstellung statt, deren Ertrag für die hiesige Freiwillige Feuerwehr zur Anschaffung einer Saug- und Druckspritze bestimmt ist.

Inserat der Woche:
Empfehle conservirte Früchte aller Sorten. Jacob Westenberger, am Markt.

29.1. Vom Schöffengericht Königstein: Eine Untersuchungssache gegen einen 14jährigen Knaben von Cronberg wegen Diebstahls wurde ausgesetzt, weil derselbe nicht erschienen war. Gegen einen Schuhmacher aus Cronberg wurde wegen Hausfriedensbruchs auf 4 Tage Gefängnis erkannt.

Inserat der Woche:
Balthasar Weidmann in der Hauptstraße empfiehlt sein reichhaltiges Lager in allen Sorten Cigarren eigener Fabrik.

1.2. Es wird oft darüber geklagt, daß sich so wenig intelligente Knaben bei ihrem Austritt aus der Schule für ein Handwerk entscheiden.

Inserat der Woche:
„Brautkränze in Wachs von 3 - bis 12 Mark“.

12.2. In Mammolshain sind die Blattern ausgebrochen. (Die Krankheit trat nur leicht auf, eine Weiterschleppung war nicht zu befürchten.)

Inserat der Woche:
Ein gutes Pferd, Doppel-Ponny, zu verkaufen bei Metzger Burkhardt, Eigenstraße.

15.2. Der Cronberger Turnverein darf auf dem Platz am Kriegerdenkmal (heute Jaminstraße-Ecke Merianstraße) eine kleine Hütte bauen.

Inserat der Woche:
12 Stück hochstämmige Mirabellen mit gut geformten Kronen zu verkaufen bei Gärtner G.W. Eichenauer.

26.2. Bei der in den letzten Tagen dahier stattgefundenen Vorstandssitzung des Taunusclubs wurde beschlossen, auf dem Fuchstanz eine Schutzhütte zu errichten.

Inserat der Woche:
Waschhüte! Straußfedern! Zu günstigen Preisen. Das Waschen, Färben und Faconieren der Hüte wird billigst und prompt besorgt.

1.3. Am Sonntag kam es in Oberhöchstadt zu einer blutigen Schlägerei. Dabei wurde ein Cigarrenmacher schwer verletzt.

Inserat der Woche:
Beste türkische Zwetschenlatwerg per Pfund 30 Pfennig.

12.3. Die hiesige Freiwillige Feuerwehr hat dank der Opferwilligkeit der Cronberger Bürger eine neue Saug- und Druckspritze bestellt und wird dieselbe, welche in Heidelberg construirt wurde, zu Anfang April hier eintreffen.

Inserat der Woche:
Dem geehrten Publikum die ergebenste Anzeige, daß ich unter dem heutigen Datum ein neues französisches Billard bester Construction aufgestellt habe. C. Lang, Schützenhof

14.3. Auf dem Tanzhausplatz und entlang der Streitkirche sollen Kugelakazien und vier Linden angepflanzt werden. – Die Auffahrt zur neuen Stadtwaage wird gepflastert.

Inserat der Woche:
Zu Empfehlen die Broschüre „Der Universal-Declamator“ oder „Der allzeit fertige Komiker“.

26.3. Ein junger Mann aus Cronberg wurde vom Schöffengericht Königstein wegen Schießens in der Neujahrsnacht zu 6 Mark Strafe verurteilt. – In Oberhöchstadt brannte eine Scheune, der Witwe Bommersheim gehörig, nieder. Weiterer Schaden wurde nicht verursacht.

Inserat der Woche:
Das Postamt Cronberg sucht einen jungen Mann 17–20 Jahre) als Unterbeamten.

28.3. Die Ausschellgebühren werden vorläufig nicht erhöht. Je Meldung einer „Privatangelegenheit“ erhält der Ortsdiener eine Mark.

Inserat der Woche:
Für Brautpaare! Hochfeine französische Bettstellen samt Matratze von 60 Mark an.

9.4. Reges Leben herrscht in Bad Kronthal. Der Wasserversandt ist bedeutend und erstreckt sich derselbe nach allen Weltteilen.

Inserat der Woche:
Neu auf dem Markt! „Die Lungenschwindsucht, ihr Wesen und sichere Heilbarkeit“. Ein Buch für Hülfsbedürftige aller gebildeten Stände.

11.4. Im Walddistrikt Kalkborn, oberhalb von Mammolshain, entstand ein Brand, der sich bei dem starken Ostwind schnell ausbreitete. Die gut ausgerüstete Freiwillige Feuerwehr von Kronberg wurde zur Hülfe gerufen. Sie konnte das Feuer schnell löschen.

Inserat der Woche:
Regen- oder Sonnenschirme von der feinsten bis zur geringen Art in großer Auswahl.

23.4. Die Gaben des Frühlings beginnen, sich auch auf der Nordseite des Taunus zu mehren. Zu Spinat und Kerbel kommen jetzt auch Schnittlauch, Petersilie, Gras fürs Vieh und frischer Salat.
Am Montag fand dahier die Übergabe der von der Freiw. Feuerwehr beschafften neuen Saug- und Druckspritze statt. Die Einweihung wird im Mai sein, verbunden mit einer Hauptprobe der Feuerwehr.

Inserat der Woche:
Ein junger, kräftiger Mensch hat Lust, die Weißbinderei zu erlernen. Am liebsten bei einem ledigen Meister.

25.4. Am rothen Kreuz wurden von Forstleuten zwei Wildschützen festgenommen. Zuvor hatten dieselben auf die Forstschutzmänner zwei Schüsse abgegeben. Der Walddistrikt am rothen Kreuz ist Eigenthum der Gemeinde Eschbach. So findet denn das Verfahren gegen die Wilddiebe vor einem großherzoglich-hessischen Gericht statt.

Inserat der Woche:
Zwei Knaben aus achtbaren Familien können als Kellner-Lehrlinge sofort in einem feinen Hotel Eintritt finden.

7.5. Bei der Sitzung des Amtsbezirksrathes wurde für die Gemeinde Schönberg ein Kapital von rund 600 Mark bei der königl. Regierung beantragt, behufs Herstellung des Vicinalweges nach Oberhöchstadt.

Inserat der Woche:
Die für das Rechnungsjahr 1881/82 fälligen Gemeindegelder werden hiermit in Erinnerung gebracht, da bis zum 15. Mai das Restantenverzeichniß eingereicht wird. Kunz, Gemeinderechner

9.5. Vom Gericht: Ein Mann aus Oberhöchstadt, welcher ohne Befugnis über einen fremden Acker gefahren war, wurde mit 1 Mark Geldstrafe, eventuell einem Tag Haft bestraft.

Inserat der Woche:
Gute und billige Confirmanden-Anzüge ab 12 Mark bei Emanuel Bing, Eigengasse.

21.5. Der Verwaltungsrat der Cronberger Eisenbahn hat in einer an ihn gerichteten Petition in anerkennenswerther Weise willfahrt und beschlossen, daß auch der Zug um 12 Uhr 20 Minuten vormittags gefahren wird. Dieser Zug bietet für viele Geschäftsleute große Annehmlichkeiten und wäre es zu wünschen, wenn man denselben beibehalten würde.

Inserat der Woche:
Feinste Grasbutter täglich frisch! 4 Kilogramm 8,20 Mark.

23.5. Es wird gemeldet, daß das Nationaldenkmal auf dem Niederwald bei Rüdesheim am Rhein in diesem Jahr noch nicht eingeweiht werden kann.

Inserat der Woche:
„Zahnschön" zum Reinigen der Zähne gibt blendend weißen Glanz.

4.6. In letzter Zeit hat sich hier ein Kurverein gebildet, der sogleich eine Liste der angekommenen Fremden herausgab. Danach weilen 261 Gäste in Cronberg.

Inserat der Woche:
Das schnelle Fahren und Reiten in den hiesigen Straßen ist verboten, Übertretungen werden bestraft. Jamin, Bürgermstr.

6.6. Es ist schon lange geplant und Projectiert: Auf dem Fuchstanz soll eine Schutzhütte für die Wanderer errichtet werden. Nun endlich soll die Sache in Angriff genommen werden.

Inserat der Woche:
Gesucht wird ein zweites Kindermädchen aus achtbarer Familie: Fertigkeiten in Handarbeit sind erforderlich.

18.6. Die beiden Kinder einer in Königstein zur Kur weilenden israelitischen Familie wurden bei einem Spaziergang von zwei Mädchen mit Steinen beworfen und verhöhnt. – Von herrlichstem Wetter begünstigt fand das Feldbergfest statt. Die Züge nach Cronberg waren sehr stark besetzt. Die Passagiere saßen sogar auf den Bremsersitzen und standen auf den Laufbänken.

Inserat der Woche:
Neueste patentierte Dreschmaschine für Zugtiere und Handbetrieb von 135 Mark an. Aufträge nimmt entgegen H.C. Kunz

20.6. Kronthal meldet: Unser Badeort ist durch zweckdienliche Räumlichkeiten des hiesigen Kurhauses gut besucht. Es kommen vor allem größere Gesellschaften und einzelne Kurgäste.

Inserat der Woche:
10 000 Backsteine (Russengröße) zu verkaufen bei Gottfr. Sachs, Oberhöchstadt.

2.7. Zweimal Vollmond in einem Monat bedeutet nach einer alten Bauernregel ein gutes Jahr. Im Juli ist der Mond am 1. und am 31. voll, so darf man also Günstiges erwarten. – Das Kurhaus im Kronthal ist so besetzt, daß die Einrichtung neuer Zimmer erforderlich geworden ist.

Inserat der Woche:
Am nächsten Sonntag abends 9 Uhr findet bei günstigem Wetter großes Feuerwerk statt. Entrée wird nicht erhoben. Bad Kronthal im Taunus.

4.7. Die Erhaltungsarbeiten an den Kellern der Saalburg schreiten voran. Zur Förderung der Ausgrabungen und zur weiteren Herrichtung des Saalburg-Museums gehen erfreulich viele Spenden ein. – Eine Laune der Natur läßt sich bei der Burg sehen. Dort sah man in den letzten Tagen mehrmals eine weiße Drossel.

Inserat der Woche:
Zur Erweiterung des evangelischen Friedhofes in Falkenstein sollen die Maurerarbeiten vergeben werden. Offerten sind zu richten an das evangelische Pfarramt in Cronberg. Assmann, Pfarrer.

16.7. Vor einigen Tagen ging das Etablissement „Schützenhof" für den Preis von 33 000 Mark an Herrn Brasch über. Der neue Besitzer wird das Geschäft bereits am 1. August übernehmen.

Inserat der Woche:
Empfehle Jagd-Leinenjoppen in frostgrün à 2.50 Mark. Emanuel Bing in Cronberg

18.7. Der „Pistolenklub" lädt zu seiner Generalversammlung im Kurhaus Kronthal ein. Auf der Tagesordnung steht die Abstimmung über die Aufnahme eines Mitglieds. Das Vereinsschießen findet vorher statt.

Inserat der Woche:
Zur Erhaltung der Reinlichkeit auf den öffentlichen Straßen, Wegen und Plätzen weisen wir die Bevölkerung auf die diesbezügliche Polizei-Verordnung hin. Der Bürgermeister: Jamin

30.7. Trotz des anhaltenden Regens war der Sommerausflug nach Bad Kronthal ein Erfolg. Es waren etwa 100 Personen anwesend, die im Kurhaussaal einen gemütlichen Nachmittag verbrachten. Der Abmarsch in corpore konnte nicht stattfinden, da der Fußweg nach Cronberg total überschwemmt war.

Inserat der Woche:
Weiße Herrenhemden mit glatter Brust.

1.8. Schwere Unwetter über dem Taunus und dem Maingebiet verursachen überall große Schäden. Das Getreide auf den Feldern wurde durch Wolkenbrüche und Hagel niedergewalzt. – Aus Homburg wird gemeldet, daß Ihre Majestät die Kaiserin Augusta für mehrere Wochen dort zur Kur zu weilen gedenkt.

13.8. In Falkenstein ist der Geburtstag des hochverdienten Leiters der geschätzten Heil-Anstalt Herrn Dr. Dettweiler ein Feiertag. Der Himmel zeigte, wie in diesem Sommer leider nur allzuhäufig, kein sehr freundliches Gesicht. Doch konnten die Feiern, wie vorgesehen, im Walde abgehalten werden. Die Gemeinde Falkenstein verlieh Dr. Dettweiler das Ehrenbürgerrecht. (Nach ihm wurde in Kronberg eine Straße benannt, Dr. Dettweiler hatte in der Hainstraße seinen Wohnsitz. Der Aussichtstempel nahe der Falkensteiner Burg ist seinem Andenken gewidmet. Anm. d. Red.)

Inserat der Woche:
Soeben erschienen und in allen Buchhandlungen zu beziehen: „Repertorium für das Fähnrichs-Examen in der Deutschen Armee", zu 9 Mark, gebunden 10 Mark.

15.8. Wer Oberreifenberg besucht, dem wird auffallen, daß verschiedene Häuser mit rothem Schiefer gedeckt sind. Dieser Stein stammt aus der Schiefergrube „Am rothen Kreuz". Er zeichnet sich durch Glanz, Dauer und Festigkeit aus. Die Grube, die längere Zeit still lag, ist seit Mitte Mai wieder in Betrieb.

Inserat der Woche:
Für Brautpaare! Hochfeine französische Bettstellen sammt Matratze 60 Mark.

27.8. Der hiesige Kurverein veranstaltete ein größeres Feuerwerk. An dem sogen. Vogelkirschbäumchen oberhalb der Villa Reiß ließ der Verein eine Schutzhütte errichten. Der Ort soll den Namen „Paulinenplatz" erhalten.

Inserat der Woche:
Eichenlaubkränze für Turner. Schön und billig.

10.9. Die letzte Kurliste in diesem Jahr führt eine Fremdenfrequenz von 823 Personen an. – Auf Veranlassung des Verschönerungsvereins fand eine bengalische Beleuchtung unserer Burg statt. Recht natürlich war die Belagerung und Verteidigung des Schlosses dargestellt. –

Inserat der Woche:
Am Dienstag wollen in der Villa Nostig, nächst dem Bahnhof, Möbel, Betten und Porzellan versteigert werden.

12.9. Der Nassauische Alterthumsverein hat auf dem Altkönig Nachgrabungen vorgenommen, welche zu bisher ganz unbekannten Ergebnissen geführt haben.

Inserat der Woche:
Bad Kronthal! Kurhaus-Pension, Kronthaler Apollinis-Brunnen, Stahlbrunnen! Aug. Thiemann, Kurhaus Kronthal.

24.9. Ein Kartoffenhändler von Bockenheim traf in Cronberg auf der Straße einen Rivalen und machte seinem Unmuth über die Concurrenz dadurch Luft, daß er mit der Peitsche auf Letzteren losschlug und übermäßig laut schimpfte. Wegen Ruhestörung wurde ihm eine Geldstrafe von 10 DM oder 3 Tage Haft zudiktiert. – Wegen Störung der Sonntagsruhe im Kronthal wurde ein Fabrikant zu einer Geldstraße von 3 Mark verurtheilt.

Inserat der Woche:
Ein gelernter brauner Jagdhund zu verkaufen.

26.9. In Frankfurt wurden sämtliche Wirthschaften mit weiblichem Bedienungspersonal angewiesen, ihre Pforten spätestens um 11 Uhr abends zu schließen.

Inserat der Woche:
Gesucht wird ein Lehrmädchen, das im Winterhalbjahr das Bügeln perfekt erlernen will.

8.10. Vom Schöffengericht in Königstein wurde ein Reservist aus Cronberg wegen Auswanderung ohne Erlaubniß der Militärbehörde zu einer Geldstrafe von 50 Mark, ersatzweise zu 10 Tagen Haft verurtheilt.

Inserat der Woche:
Bei vorkommendem Bedarf empfehle ich mein Lager bebrauchter Möbel aller Art zu billigen Preisen. Gf. Hasselbach in Frankfurt

12.10. Das Saalburg-Museum wurde im Laufe des Sommers von 652 Personen besucht. Es wäre sehr erwünscht, wenn weitere Mittel zu Ausgrabungen beschafft werden könnten.

22.10. Die diesjährige Kartoffelernte ist durch das anhaltende Regenwetter sehr schlecht ausgefallen. Mit unserer Obst- und Kastanienernte ist es noch schlimmer bestellt. Die Gastwirte sahen sich gezwungen, auswärtige Äpfel zu sehr hohen Preisen anzukaufen.

Inserat der Woche:
Empfehle alle Sorten Petroleumlampen zu billigen Preisen.

24.10. Die Eröffnung des Gotthard-Eisenbahntunnels in der Schweiz schafft den süddeutschen Gärtnern eine scharfe Concurrenz. Auch die Cronberger Obstzüchter und Kastanienbesitzer werden dies zu spüren bekommen. Die italienischen Maronen sind schon jetzt billiger auf dem Markt.

Inserat der Woche:
Empfehle Corsetten und Tournuren. (Tournure oder „Cul de Paris" war eine Modeerscheinung; man betonte die untere Rückenpartie bei den Damenkleidern. Im Volksmund nannte man das hier „Cidebarie"; Anm.).

5.11. In Ausführung des § 8, Abs. 3 der Feuerpolizei-Verordnung wird bestimmt, daß im Fall eines Brandes folgende Gemeinden einander Hilfe zu leisten haben: Cronberg, Königstein, Falkenstein, Schönberg, Oberhöchststadt, Niederhöchstadt und Mammolshain. – Der Dilettantenverein wird in diesem Winter wieder mit mehreren Theateraufführungen an die Öffentlichkeit treten. Um mehr Wechslung in das winterliche Einerlei zu bringen, will der Verein alle 14 Tage Familienabende abhalten. Diese Abende sollen jung und alt Gelegenheit geben, sich nach Klavier usw. gehörig abtanzen zu können.

Inserat der Woche:
Ein junger Mann, der in der Oblaten-Branche erfahren ist, wünscht eine Stelle als Commis.

10.11. Die neu erbaute Schutzhütte auf dem Fuchstanz wurde vom Taunusklub beaugenscheinigt und ihrem Zweck entsprechend für gut befunden. Sie bietet 29 Sitz- und 36 Stehpläetze.

Inserat der Woche:
Winter-Paletots und Kaisermäntel, Radmäntel in großer Auswahl.

19.11. Der Unterricht an der hiesigen Fortbildungsschule hat wieder begonnen. Unterricht in Deutsch, Buchführung, Rechnen und Raumlehre wird an vier Abenden in der Woche ertheilt. Die Zahl der Schüler beträgt ca. 30. – Der Metzgermeister Burckhardt in der Eichenstraße hat ein von ihm selbst gemästetes Schwein von 413 Pfund geschlachtet.

Inserat der Woche:
Am Mittwoch wird in Ehlhalten der drei Jahre alte Gemeindebulle wegen Unbrauchbarkeit versteigert.

21.11. Der hiesige Dilettantenverein gründete sogenannte „Familienabende". Man kann in guter Gesellschaft tanzen, lustige Vorträge hören und sich angenehm unterhalten. Eintrittskarten erhalten nur Personen der besseren Stände.

Inserat der Woche:
Eichenlaubkränze für Turner! Schön und billig!

3.12. Mehr denn je scheint die Wilddieberei in hiesiger Gegend betrieben zu werden. So haben in der verflossenen Woche Wilddiebe ein ganzes Revier durchjagt und dabei ein Stück Hochwild erlegt. Trotz aller Nachforschungen und Hausdurchsuchungen konnten die Wilderer noch nicht dingfest gemacht werden. Der hiesige Jagdpächter hat für Anzeigen, die zur Ergreifung der Wilddiebe führen, eine Belohnung von 50 Mark ausgesetzt.

Inserat der Woche:
Weihnachtsausstellung bei Gf. Kreiner in Königstein: Besonders zu empfehlen sind die neuen Puppenköpfe, die unzerbrechlich und waschbar sind.

5.12. Nachdem nun die Straße Oberursel-Schmitten fertiggestellt ist, wünschen sich die Einwohner Schmittens und die der Nachbarorte eine Postwagenverbindung mit Oberursel und Homburg.

Inserat der Woche:
Ein gut erhaltener, von außen heizbarer Kochofen ist billig zu verkaufen.

17.12. Die Verwaltungsstelle der Cronberger Eisenbahn hat 200 Mark Belohnung auf die Ermittlung des ruchlosen Individuums ausgesetzt, welches am letzten Samstag einen 21 Kilogramm schweren Stein auf den Bahnkörper zwischen Eschborn und Rödelheim gewälzt hat.

Inserat der Woche:
Ein paar fehlerfreie starke Arbeitspferde sind zu verkaufen. A. Müller, Schafhof bei Cronberg.

19.12. Die schlechte Apfelernte in diesem Jahr machte es nothwendig, daß die Frankfurter Wirthe Äpfel aus Spanien keltern mußten. Der Apfelwein ist jedoch zu dünn und schmeckt nicht so gut wie der aus heimischer Ernte.

Inserat der Woche:
Alle Sorten Petroleum-Lampen billigst zu verkaufen.

31.12. In London hat sich, wie dortige Blätter melden, eine Actiengesellschaft für den Ankauf und Betrieb des Kur-Etablissements in Kronthal und dessen Mineralquellen gebildet.

Inserat der Woche:
Zwei Knaben aus achtbaren Familien können als Kellner-Lehrlinge sofort in einem feinen Hotel Eintritt finden.

1883

2.1. Rhein und Main führen Hochwasser. In Mannheim sind 29 Menschen ertrunken. In Frankfurt haben sich die aufgeworfenen Dämme bestens bewährt.

Inserat der Woche:
Ein ordentlicher Junge kann das Schneiderhandwerk erlernen bei Phil. Jung, Cronberg.

14.1. Eschborn und Niederhöchstadt haben sich bei der Cronberger Eisenbahn um Verladestellen beworben. Die Gemeinde Eschborn hat sich erboten, 2000 Mark zuzuschießen. – Ein hiesiger Bürger fand unterhalb Cronberg seinen Mann, der erfroren war. Muthmaßlich lag er schon mehrere Tage an dem Orte.

Inserat der Woche:
Entlaufen ein hellgelber Pudel. Abzugeben gegen Belohnung in der Villa Reiß.

16.1. Die Überschwemmungsgebiete an Rhein und Main sind durch die eingesetzte Kälte zu einer großen Eisfläche geworden.

Inserat der Woche:
Ächt französischer Cognac, Flasche 4 Mark.

28.1. Der Kriegerverein Cronberg hat dem kronprinzlichen Paar zum Fest der Silbernen Hochzeit eine Glückwunschadresse übermittelt. (Noch ahnte niemand, daß die Kronprinzessin Viktoria einmal als Kaiserin Friedrich sich Cronberg als Witwensitz wählen würde.)

Inserat der Woche:
Zwei Mädchen für sogleich gesucht. Das Eine muß bürgerlich kochen können, das Andere die Hausarbeit verstehen, Letzteres aber auch mit Kindern umzugehen wissen.

30.1. Zum Besten der Überschwemmten an Rhein und Main hat der Dilettanten-Verein zu einem Unterhaltungsabend eingeladen. Es konnte eine stattliche Summe überwiesen werden.

Inserat der Woche:
Entlaufen ein junger gelber Pudel, abzugeben gegen gute Belohnung in der Villa Reiß.

11.2. An der großen Gewerbe-Ausstellung in Homburg betheiligen sich mehrere Cronberger Geschäftsleute. Es ist dies sehr erfreulich, um so erstaunlicher muthet es an, daß sich kein Königsteiner Geschäftsmann an der Ausstellung interessiert zeigt.

Inserat der Woche:
Bei dem hiesigen evangelischen Kirchenfonds liegen 2000 Mark zum Ausleihen gegen doppelte Sicherheit bereit. Bleichenbach, Kirchenrechner

13.2. Vom Schöffengericht in Königstein wurde ein Schüler der Fortbildungsschule in Mammolshain wegen Ausübung groben Unfugs während des Unterrichts zu 5 Mark Strafe verurtheilt.

Inserat der Woche:
Gesucht wird ein Dienstmädchen, welches gut bürgerlich kochen kann und im Bügeln erfahren ist.

25.2. Der Herr Oberlehrer Lautz aus Wiesbaden hielt am verflossenen Samstag die Prüfung an der hiesigen Gewerbeschule ab. Derselbe sprach sich über die Leistungen der Schüler in sehr zufriedener Weise aus.

Inserat der Woche:
Ermordet ist der Winter bald, / schon grünt es neu in Feld und Wald. / Wenn draußen alles grünt und blüht, / brauch ich ein sommerlich Habit. / Ich hols bei 144 gleich, / den schönsten Anzug wonnereich. – Größtes Herren- und Knaben-Kleidermagazin, Frankfurt, Fahrgasse 144. Auch sonntags bis abends geöffnet.

1.3. Jetzt, nachdem der Karneval zu Ende ist, kommt von einem Geistlichen aus Irland ein gutes Punschrezept: „Man nehme Zucker, etwas Zitrone und gieße eine Flasche Rum darauf. Jeder Tropfen heißes Wasser verdirbt das Getränk".

Inserat der Woche:
In der Gemeindekasse Cronberg liegen 2 000 Mark zum Ausleihen gegen gerichtliche Sicherheit bereit. Der Bürgermeister.

11.3. Infolge sehr starken Schneefalls konnte gestern der sonst um 1 Uhr abgelassene Zug erst um 3 Uhr fahren. Oberhalb Niederhöchstadts ist der Schnee am Bahnkörper so angehäuft, daß Arbeiter requirirt werden mußten, um die Bahn frei zu machen.

Inserat der Woche:
Wasserechte Fahnen zum Geburtstag unseres Allergnädigsten Kaisers von Gottes Gnaden. Preisverzeichnis gratis und franco. Bonner Fahnenfabrik in Bonn am Rhein.

13.3. Herr Philipp Bonn aus Frankfurt erhielt die Genehmigung, an der Katharinenstraße ein Haus zu errichten (die erste Villa Bonn, sie mußte dem Neubau der großen Villa, heute Rathaus, weichen).

Inserat der Woche:
Für Tapezierer und Brautleute! 1 Centner bestes Roßhaar, 6 wollene Koltern und 2 Reisedecken billig abzugeben.

25.3. Frühlingsanfang – und noch liegt der Schnee dicht auf den Fluren. Die Nächte sind noch bitterkalt. Nach alter Sitte wird morgen mittag von 1/2 12–12 Uhr in Frankfurt die Frühjahrsmesse eingeläutet.

Inserat der Woche:
Wir zeigen ergebenst an, daß wir in Cronberg ein Putz-, Mode- und Weißwarengeschäft eröffnen. Geschwister Junker

27.3. Ein Wilderer erschoß im Wald oberhalb der Villa Reiss ein Reh, das zwei Kitze trug. Spaziergänge hatten den Schuß gehört, konnten den Mann jedoch nicht stellen.

Inserat der Woche:
Strohhüte werden in drei Tagen gewaschen, geformt und facioniert.

8.4. Der Hof Röders (Rettershof) bei Fischbach ging inclusive Inventar zum Preise von 44500 Mark in den Besitz von Herrn Marcus aus Wiesbaden über.

Inserat der Woche:
Auf Hof Röders wird ein zuverlässiger und tüchtiger Schäfer, der 10–15 Hämmel als Caution stellen kann, gesucht.

10.4. S.H. Herzog Adolph von Nassau hat sich in Zürich einer Augenoperation unterzogen. In einigen Monaten soll die zweite Operation vorgenommen werden.

Inserat der Woche:
Confirmandenhüte ab 2.50 M. – Mützen ab 1.50 M.

22.4. Die letzten Tage brachten uns wieder sehr rauhe Witterung und Schnee. Die Feldarbeiten erleiden hierdurch eine große Verzögerung, Kartoffeln sind noch sehr wenig gesteckt. – Im Kronthal ist viel zur Verschönerung der Anlagen geschehen. Der Apollinis-Brunnen wird einer gründlichen Renovierung unterzogen und mit reichen Mustern der Mettlacher Fabrik sehr geschmackvoll ausgestattet. Die Ausflußrohre des Brunnens werden mit gut modellierten Löwenköpfen dekoriert. Die bereits eingetroffenen Anmeldungen von Kurgästen lassen auch in diesem Jahr einen regen Verkehr erwarten.

Inserat der Woche:
Kronthaler Apollinis-Wasser (nicht zu verwechseln mit Apollinaris-Wasser) zur Kur emp-

fohlen. Kurhaus-Pension Bad Kronthal, Stahlbrunnen, Mineralbäder mit Dampfheizung.

24.4. Wegen Auftretens der Pocken in verschiedenen Orten des Regierungsbezirks ist angeordnet worden, sofort öffentliche Impfungen durchzuführen.

Inserat der Woche:
Wer reiche Heirath wünscht, bemühe das „Familien-Journal", Berlin. Versand 65 Pf. Damen gratis (Anm.: Ob die Damen gleich mitgeschickt wurden?)

6.5. Lehrer Firmenich hat die Schönberger Schule verlassen. Die Gemeinde sieht den jungen strebsamen Mann sehr ungern scheiden. – In Neuenhain wurde der Viehmarkt abgehalten. Aufgetrieben waren 170 Kühe, 30 Rinder, 10 Ochsen und eine große Anzahl Ferkel. Der Handel war lebhaft, doch war das Wetter sehr ungünstig, sonst hätte sich das bunte Markttreiben gewiß bis zum späten Abend erhalten.

Inserat der Woche:
Texas und Kalifornien bieten dem Auswanderungslustigen herrliches Klima, billiges Land, äußerst hohe Löhne. Genaue Auskunft gratis und franco bei W.G. Kingsbury, London.

8.5. Jetzt wird es langsam Frühling. Bisher hatte uns der Winter noch fest im Griff.

Inserat der Woche:
Eine Wagenladung Moos abzugeben.

20.5. Das Pfingstfest brachte uns das herrlichste Wetter, das man sich nur wünschen kann. Es wimmelte von Ausflüglern. – Unter der bewährten und umsichtigen Leitung des Herrn Oberst von Cohausen zu Wiesbaden finden Nachgrabungen auf dem Altkönig statt, die der Constatirung der inneren Construction seiner Ringwälle dienen.

Inserat der Woche:
3 Paar gebrauchte, aber noch in gutem Zustand sich befindende Chaisengeschirre und 3 gute Canapees sind preiswürdig abzugeben bei Georg Weck, Sattler.

3.6. Die hiesige evangelische Kirchengemeinde-Vertretung hat beschlossen, an Stelle des in sehr defectem Zustand sich befindenden Glokkenstuhls einen neuen herzustellen, sowie verschiedene Glocken umgießen zu lassen, eventuell eine neue anzuschaffen. –

Inserat der Woche:
Alle Sorten Eiswolltücher von 35 Pfennig an. Balthasar Weidmann

9.6. Am Freitag nachmittag sprang ein junges Mädchen aus Falkenstein von der sogenannten Teufelskanzel in die Tiefe; ihr Tod erfolgte sofort.

Inserat der Woche:
Zu 3 Kühen wird ein tüchtiger Kuhknecht gesucht, bei Thiemann im Kronthal.

15.6. Mittel gegen Zimmerhitze! Bei den vielfältigen Klagen über die Hitze in geschlossenen Räumen wird es von Interesse sein, eine einfache Methode der Abkühlung kennenzulernen. Man hänge mit Eis gefüllte Blecheimer möglichst dicht unter die Decke auf. Die an den Eimern abgekühlte Luft wird schwerer als die sie umgebende heiße, sie sinkt also herab, und neue Luftschichten treten an den Eimer heran, um abgekühlt zu werden und niederzusinken. So geht das Spiel ununterbrochen fort, die Räumlichkeiten werden bald genügend abgekühlt. Das Aufstellen von Eisfässern in Tischhöhe nützt so gut wie gar nichts.

Inserat der Woche:
Geruchlos werden Aborte leicht mit wenig Pfennig durch das Verfahren des Apothekers Dr. Werner in Endersbach.

1.7. Der Besuch des Feldberg ist auch an den Wochentagen ein sehr starker. Die Schutzhütte auf dem Fuchstanz soll ein wasserdichtes Dach erhalten. – Der Weißbinder Adam Konradi von Oberhöchstadt wurde als Gemeindevorsteher verpflichtet.

Inserat der Woche:
Gelegentlich der Ankunft von seiner Hoheit Herzog Adolph zu Nassau in Königstein ist in der Bürgerschaft der Wunsch rege geworden, eine Gratulationsadresse anläßlich der glücklichen Augenoperation zu übergeben. Die Liste zur Einzeichnung liegt 8 Tage bei Uhrmacher Wanger offen.

5.7. Die diesjährige Kirschenernte fällt überreichlich aus. Täglich werden große Mengen verladen, die mit der Bahn sogar bis nach England verschickt werden. Gezahlt werden pro Kilo derzeit 15 bis 18 Pfennig.

Inserat der Woche:
Ich liefere Limburger Käse als Postkiste von 9 Pfund, netto 3,20 Mark.

15.7. Die Leute, die sich auf dem Altkönig zum Heidelbeerpflücken begeben hatten, mußten sich wieder auf den Heimweg machen. Der Altkönig war von einer vollständigen Schneedecke überzogen.

Inserat der Woche:
Wer reiche Heirat wünscht, benutze das „Familien-Journal", Berlin. Versand gegen 65 Pfennig, für Damen gratis.

17.7. Die diesjährige Nußernte verspricht außerordentlich gut zu werden.

Inserat der Woche:
Zwei Mädchen aus guter Familie, welche das Maschinen-Nähen verstehen, werden für ein Hotel gesucht.

29.7. Beim diesjährigen Kaisermanöver wird Cronberg mit folgender Einquartierung belegt: Am 1. u. 2. Sept. 24 Offizieren, 580 Mann und 15 Pferde, am 17. 36 Offiziere, 704 Mann und 109 Pferde, am 18. 34 Offiziere, 734 Mann und 14 Pferde.

Inserat der Woche:
Für Auswanderer! Die 6. gemeinsame Reise nach dem Staate Wisconsin in Nordamerika findet von Bremen aus am 3. Oktober statt. Die Überfahrt dauert nur neun Tage. Nähere Auskunft beim norddt. Lloyd in Bremen.

31.7. Dr. Oberziers Wetterprognose: Früh kühl, zunehmend dunstig, bedeckt bis regnerisch, für Juli liegen die Temperaturen zu niedrig.

Inserat der Woche:
Mädchen gesucht, welches einige Erfahrung im Kochen hat. Thiemann, Krohnthal.

12.8. In Homburg fand ein vom Frankfurter Bicycle-Club arrangiertes Velocipedrennen statt. Es war ein zahlreiches Publikum erschienen. Dreizehn Herren rangen um den Siegeslorbeer. Der Sieger legte die Strecke von 2000 Metern in 4 Minuten und 20 Sekunden zurück.

Inserat der Woche:
Verloren wurde in der Hauptstraße eine schwarze Cachemir-Taille. Gegen angemessene Belohnung abzugeben bei der Exped.

14.8. Endlich wieder besseres Wetter! Nach der wochenlangen schlechten Witterung ein wahres Labsal! Die Mirabellenernte ist in vollem Gange. Die Früchte sind trotz des kühlen Wetters von hervorragender Qualität.

Inserat der Woche:
Zu verkaufen ein zweischläfriges Bettgestell aus Eichenholz mit Sprungrahmen.

26.8. Der katholische Seelsorger in Oberhöchstadt, Pfarrer Dr. Münz, feierte sein 25jähriges Priesterjubiläum. Das ganze Dorf nahm regen Anteil und gestaltete einen schönen Festtag. (Ihm ist die kath. Pfarrerchronik Oberhöchstadts zu verdanken, Anm.).

Inserat der Woche:
Staunend billig! Aechte Hamburger Lederhosen! bei Emanuel Bing, Eigengasse 8.

9.9. Ein Landmann aus Mammolshain, welcher beschuldigt war, ein Grundstück durch Wegackern verringert zu haben, wurde freigesprochen, dem Anzeiger dagegen wurden die Kosten auferlegt.

Inserat der Woche:
1 Obstdörre von Dr. Lucas in der Form eines großen Schrankes, an jeden beliebigen Platz stellbar, besonders schnell und schön trocknend, für Obsthändler und größere Landwirthe besonders passend, ist preiswürdig abzugeben bei Gärtner H. Jos. Müller in Cronberg.

11.9. Am Sonntag findet in Cronberg ein Preisturnen statt, veranstaltet von den Turnvereinen von Cronberg, Falkenstein, Königstein und Oberhöchstadt. Cronberg wird im Festschmuck prangen.

Inserat der Woche:
Vom 16. bis 23. September ist im Saal des Schützenhofes eine große Obstausstellung. Die Einnahmen sind bestimmt zur Errichtung eines Denkmals für den Pomologen Christ.

23.9. Der Gemeinde Cronberg wurde durch Erlaß der Regierung in Wiesbaden gestattet, die alte Schloßcapelle auf ihre Kosten wieder herzustellen. In der Capelle darf ein Museum für naturhistorische Gegenstände und Alterthümer hergerichtet werden. Es darf eine Sammelbüchse aufgestellt werden für die Unterhaltung der Capelle. Überschüsse können alljährlich den Armen Cronbergs zugewendet werden. Eintrittsgeld darf nicht erhoben werden.

Inserat der Woche:
Wir erklären hierdurch, daß wir nur von denjenigen Metzgern unseren Fleischbedarf beziehen, welche die Besichtigung des geschlachteten Viehs durch die Fleischbeschauer W. Burkard oder A. Fritz geschehen lassen. Mehrere Königsteiner Bürger.

7.10. Im Saal des Schützenhofs war eine große Obstausstellung zu sehen. 22 Aussteller zeigten 1050 Sorten aller heimischen Obstarten. Es wird auch conserviertes und Dörrobst gezeigt. Paul Wolf zeigt allein 18 Sorten Dörrobst. Die Einnahmen der Ausstellung sind zur Errichtung eines Denkmals für Pfarrer Johann Ludwig Christ bestimmt. In diesem Jahr begehen wir seinen 70. Todestag. Das ausgestellte Obst wurde versteigert. Der Kaiser geruhte 75 Mark zu übermitteln. – Auf dem Feldberg fielen die ersten Schneeflocken.

Inserat der Woche:
Eine junge trächtige Fahrkuh, für deren Güte als Nutzungskuh Garantie geleistet werden könnte, ist zu verkaufen.

9.10. Auf dem Feldberg fielen die ersten Schneeflocken. Es ist schon empfindlich kühl geworden.

Inserat der Woche:
Leere Fässer (1/8–1/4 Ohm) billig abzugeben.

21.10. Auf dem Feldberg lag gestern eine drei Zoll dicke Schneeschicht. – Am Mittwoch findet in Neuenhain die Weinlese statt. Die Trauben sind sehr edel, und verspricht man sich eine gute Qualität. Kauflustige werden darauf aufmerksam gemacht.

Inserat der Woche:
Wichtig für Gastwirthe! Für die durch das mit dem 1. Januar 1884 in Kraft tretende Gesetz nothwendigen Neuanschaffungen empfehlen wir unser reichhaltiges Lager an neu geaichten Schankgefäßen (Gläser, Blechmaße usw.). Umaichungen werden von uns vorgenommen.

Kreiner, Königstein (Mit diesem Gesetz wurden einheitliche Flüssigkeitsmaße eingeführt!)

4.11. Der letztjährige bedeutende Aufschwung im Versandte des Kronthaler Apollinis-Brunnens hat eine wesentliche Vergrößerung der Fülleinrichtungen nothwendig gemacht. Die den Winter durch andauernde Exportfüllungen für den ersten Frühjahrsversandt haben bereits ihren Anfang genommen.

Inserat der Woche:
Ein neuer zweispänniger Kühwagen, mehrere fertige Schlitten stehen preisgünstig bei Ignaz Weck, Wagner.

6.11. Trotz vorgerückter Jahreszeit erfreut sich die Falkensteiner Heilanstalt eines regen Zuspruchs.

Inserat der Woche:
Empfehle mein Lager an Kaisermänteln und Winterpaletots.

18.11. Die 400jährige Geburtstagsfeier Luthers gestaltete sich hierselbst zu einem wahrhaft schönen Feste. Am Samstag morgen fand die Feier hiesigen, der Königsteiner und der Falkensteiner Kinder statt. (Königstein und Falkenstein wurden damals noch vom Kroberger Pfarrer versorgt.) Bei derselben wurde den Kindern von den Lehrern Fehler und Offenbach ein lebendes Bild Luthers vorgeführt. Zum Schlusses wurden sogen. Lutherbrezeln verteilt. Am Nachmittag fand ein lithurgischer Gottesdienst mit der Weihe der beiden neuen Glocken statt. Die große (34 Ztr) erhielt den Namen „Lutherglocke“, die kleinere wurde auf „Hartmutglocke“ getauft. (Beide Glocken wurden im 1. Weltkrieg wieder aus dem Turm geholt.) Am Abend wurde das Bild Luthers an der Kirchenthür bengalisch beleuchtet. Der neugebildete Kirchenchor unter der Leitung von Herrn Lehrer Fehler trug einige Choräle vor.

Inserat der Woche:
Soeben erschienen! Geschichte und Beschreibung des National-Denkmals auf dem Niederwald mit prachtvoller Ansicht. 25 Pfg.

2.12. Der Lehrervein „Vor der Höhe“ hält hierselbst im „Adler“ seine Quartalsversammlung ab. Auf der Tagesordnung steht „Wilhelm Tell“, Referent ist Lehrer Fehler von Cronberg. – Vom Gericht: Ein Schuljunge aus Cronberg wurde wegen Hehlerei zu 5 Tagen Gefängniß verurtheilt.

Inserat der Woche:
Geschwister Junker, Cronberg, empfehlen als passendes Weihnachtsgeschenk Spitzenfichus, Kinderkapuzen, Corsetts, gestickte Hosenträger, gestickte Pantoffeln.

4.12. In Falkenstein ist die weltberühmte Heilanstalt unter der Leitung von Dr. Dettweiler auch im Winter gut frequentiert.

Inserat der Woche:
Staunend billig! Winter-Paletot von 15 Mark an bei E. Bing, Eigengasse 8.

16.12. Bei trübem Himmel und leichtem Regen dominiert seit ein paar Tagen wieder einmal der Schmutz, der größte Feind der Geschäftsleute in der Weihnachtszeit. Von vielen Seiten wird bedenkliches Steigen der Flüsse gemeldet. – Bei einer Treibjagd zwischen Cronberg und Eschborn wurden 300 Hasen geschossen.

Inserat der Woche:
Empfehle in bester Qualität amerikanische Äpfelschnitzen, Zwetschen-Latwerg, Colonial-Syrup und Neapolitanische Haselnüsse.

18.12. So kurz vor Weihnachten liegt wohl in den Gebirgen etwas Schnee, doch in den Niederungen regnet es ununterbrochen. Die Flüsse steigen bedenklich an.

Inserat der Woche:
Als Weihnachtsgeschenk bestens geeignet: „Die Geschichte und Beschreibung des Nationaldenkmals auf dem Niederwald" mit prachtvoller Ansicht, nur 25 Pfennig.

30.12. Im Herrenwald wurde der Königsteiner Arbeiter A. Bommersheim von einem umstürzenden Baum getroffen, daß er todt liegen blieb. Der arme Unglückliche war ein noch junger Mann und äußerst tüchtiger Arbeiter. Er hinterläßt eine trostlose Witwe.

Inserat der Woche:
Günstige Gelegenheit! Engl. Gummi-Regenröcke das Stück 12 Mark werden abgegeben bei Gummiwaarenfabrik Becker, Cronberg, Thalgasse.

Zeitungsleser wissen mehr

1884

4.1. Ein Zeichen der Zeit: in Frankfurt wurden acht Ehescheidungsprozesse verhandelt. In sechs Fällen waren die Anträge von Frauen gestellt worden. – Bei einer Treibjagd zwischen Cronberg und Eschborn wurden dreihundert Hasen geschossen.

Inserat der Woche:
Ein neuer zweispänniger Kühwagen und mehrere fertige Schlitten stehen preisgünstig bei Wagner Ignaz Weck.

13.1. Die Errichtung eines Aussichtsturms auf dem Hardtberg ist von der königlichen Regierung genehmigt worden. Die auf 900 Mark veranschlagten Kosten sollen vom Gesamt-Taunusclub gedeckt werden.

Inserat der Woche:
Empfehle mich zur Beitreibung von Außenständen, Führung von Klagen und Proceßsachen, Anfertigung von Gesuchen aller Art. Kretzer, Rechtsconsulent.

27.1. Der hiesige Cäcilienverein hielt eine Abendunterhaltung ab. Dieselbe war sehr gut besucht und fand ungetheilten Beifall. Besonders gut gefielen die „Lebenden Bilder". Die Gruppierung war vorzüglich, was der Verein der Güte des Malers Emil Rumpf zu verdanken hat.

Inserat der Woche:
Direkt und ohne Zwischenhändler verkauft die Strafanstalt-Schuhwarenfabrik in Frankfurt ihre Fabrikate in der Fahrgasse 111.

10.2. Der Taunusclub macht sich Gedanken, wie man der italienischen Concurrenz in Betreff der zahmen Kastanien begegnen kann und wie das Ausroden dieser herrlichen majestätischen Bäume, dieser charakteristischen Zierde von Cronberg, zu steuern sei. Diese Bäume scheinen auf dem Aussterbe-Etat zu stehen. Dies muß mit allen zu Gebote stehenden Mitteln verhindert werden.

Inserat der Woche:
Sollte es in diesem Winter doch noch Eis geben, kaufe ich solches, doch nur klares zu guten Preisen. G. Schmidt, Hotel de l'Europe, Homburg.

12.2. Auch in diesem Jahr wird der Dilettantenverein seinen Maskenball am Fastnachts-Dienstag abhalten. – An Fastnacht wird es in Cronberg den üblichen Rummel geben. In allen Sälen werden Maskenbälle veranstaltet.

Inserat der Woche:
Masken und Bärte in reicher Auswahl. Wiederverkäufer erhalten hohen Rabatt. Balthasar Weidmann, Hauptstr. 25

24.2. Der Taunusklub in Frankfurt plant eine Wohltätigkeitsveranstaltung zu Gunsten des Weidenanbaus im Taunus. Der Klub hat sich schon große Verdienste darum gemacht. Dem Amte Usingen wurden für die höher gelegenen Orte des Taunus 250 000 Stecklinge zum Anbau zur Verfügung gestellt, dem Amt Königstein 100 000 Stück. Für die Bewohner des Taunus kann der Weidenanbau zum großen Segen werden.

Inserat der Woche:
Masken und Bärte in reicher Auswahl! Wiederverkäufer erhalten hohen Rabatt. Balth. Weidmann

26.2. Die Gemeindevertretung hat für den neuen Todtenhof an der Frankfurterstraße die neue Ordnung ausgearbeitet. Den Todtenwagen wird Frau Andreas Krieger We. übernehmen, eine Fahrt wird mit drei Mark 50 berechnet.

9.3. Wer sich für Rosen interessiert, sollte einmal dem Rosenzüchter Herrn Huttenlehner einen Besuch abstatten. Er hat ein Treibhaus speziell für Maréchal Niel-Rosen errichtet. Täglich werden viele Hundert Exemplare nach Frankfurt versandt. (Diese Gärtnerei befand sich auf dem Gelände wo heute Schloß Friedrichsdorf steht.)

Inserat der Woche:
Durch den Beschluß des unterzeichneten Gerichts wurde ein Metzger aus Niederhöchstadt für einen Verschwender erklärt. Kgl. Amtsgericht: Thewalt

12.3. Aus dem Taunus kamen in den letzten Februartagen noch einige Fuhren Eis nach Frankfurt. Dasselbe war noch fast zwei Zoll dick und es wurden für den Zentner 30 bis 40 Pfennig verlangt.

Inserat der Woche:
Eine sich noch in gutem Zustand befindliche Drehorgel (zehn Stücke spielend) ist billig zu verkaufen.

23.3. Man redet und träumt schon lange von einer „Höheren Schule" in Cronberg. Wie verlautet, beabsichtigt eine Lehrerin aus Rudolstadt dahier eine Privatschule zu gründen. Hoffen wir, daß dieses Ziel erreicht wird.

Inserat der Woche:
„Vom Fels zum Meer" ist die gediegenste und amüsanteste Monatsschrift. Sie ist bestimmt, der gebildeten, deutschen Familie als Mittelpunkt zu dienen.

28.3. In Mammolshain gibt es Ärger! Dem Gemeinderechner und Feldschöffen, dem Gemeindevorsteher sowie einem anderen Gemeinderatsmitglied wurden auf ihren Grundstücken junge Obstbäume abgehauen. Jetzt wird nach dem Baumfrevler gesucht. (Baumfrevel wurde früher hart bestraft, Anm. d. Red.)

Inserat der Woche:
Kaufe Glasscherben auf.

6.4. Die Erbauung des Aussichtsturmes auf dem Hardtberg ist dem Mindestfordernden, Herrn Zimmermeister Nicol aus Bad Soden übertragen worden. Der Thurm muß bis zum 1. Juni fertiggestellt sein.

Inserat der Woche:
Im Cronberger Gemeindewald kommt wieder Gehölz zur Versteigerung. Sammelplatz ist am Vogelbeerbäumchen. Der Bürgermeister.

9.4. In den letzten Tagen haben wir nichts vom Frühling gespürt. Es war sehr kalt, es schneite und der Wind blies uns kalt ins Gesicht. Nur im Palmengarten in Frankfurt ist der Frühling eingezogen.

Inserat der Woche:
Diener gesucht, der serviert und Gartenarbeit übernimmt.

19.4. Heuer ist der Schneeverkauf zu einem Geschäft geworden. Im letzten Winter gab es wenig Eis. Verschiedene Wirthe füllten ihre Keller einfach mit Schnee und ließen ihn jetzt von den Fuhrleuten abtransportieren.

Inserat der Woche:
Am Ostermontag hält die Apollinis-Gewerkschaft ihren jährlichen Festball im Kurhaus Kronthal ab.

23.4. Ab 1. Mai wird zwischen Oberursel und Schmitten täglich in beiden Richtungen ein Postfuhrwerk mit Personenbeförderung eingerichtet.

Inserat der Woche:
Ich warne hiermit jedermann, meinem Manne etwas zu borgen, indem ich für nichts hafte. Frau Wehrheim, Cronberg.

4.5. In Rödelheim wurden durch Geheimschutzleute bei den Sozialdemokraten Haussuchungen durchgeführt. Die königl. Regierung hat eine Verordnung erlassen, wonach von 1887 an das Doppeljoch bei Ochsen- und Kuhgespannen verboten ist. Das ist als Erfolg des Tierschutzvereins anzusehen.

Inserat der Woche:
Wegen Chaussierung des Weges von hier nach Königstein ist das Befahren desselben bei Strafe von 9 Mark verboten. Der Bürgermeister.

7.5. In der königlichen Turnlehrerbildungsanstalt zu Berlin wird zu Anfang Oktober wiederum ein sechsmonatiger Cursus zur Ausbildung von Turnlehrern eröffnet. Anmeldung durch die Herren Schulinspectoren.

Inserat der Woche:
Gesucht wird ein braves, zur Arbeit williges Dienstmädchen, das sich gleichzeitig zur Bedienung von Fremden eignet.

18.5. Der im Jahre 1859 unter der Präsidentschaft von Herrn Adam Weidmann (Adlerwirth) gegründete Krankenunterstützungsverein begeht am Himmelfahrtstag sein 25jähriges Jubiläum. Bei günstiger Witterung soll in dem zwischen der Villa Schönbusch und hier so reizend gelegenen Kastanienhain gefeiert werden.

Inserat der Woche:
Mit 6 Pfennigen täglich kann man eine gründliche Reinigung des Körpers herbeiführen. Wir meinen die Anwendung von Brandt's Schweizerpillen.

1.6. Besucher des Niederwalddenkmals haben es jetzt leicht. Von Rüdesheim aus können sie mit der Zahnradbahn den beschwerlichen Weg zurücklegen. – Ein Taglöhner erhielt wegen Werfens mit Steinen gegen ein fremdes Haus zwei Tage Haft.

Inserat der Woche:
Ein gut erhaltener Landauer und eine Chaise mit Glasverdeck billig zu verkaufen.

4.6. Der Hardtbergthurm, den der Taunusklub errichtet hat, ist fast fertiggestellt. (Anmerkung. Die Einweihung war erst im September.)

Inserat der Woche:
Ein tüchtiger Oekonomieknecht für sofort gesucht.

15.6. Heute nacht brach in den oberen Räumen des Schützenhofes Feuer aus, das durch den heftigen Wind schnell um sich griff. Das ganze Dachwerk wurde ein Raub der Flammen. Der Feuerwehr gelang es, den Brand zu lokalisieren. Von Schönberg, Königstein und Schwalbach war Hilfe herbeigeeilt. (Der Schützenhof erstand wieder neu. Ein Tanzsaal wurde eingebaut. Das Gebäude stand hart an der Straße, ein Wiederaufbau wurde wegen der Baufluchtlinie nicht genehmigt, so mußte der Bau von der Straße weg verlegt werden.)

Inserat der Woche:
Velocipedes für Kinder billig zu vermieten Kreiner, Königstein.

29.6. Das für den 21. Juni geplante Feldbergfest mußte wegen schlechten Wetters auf den 29. Juni verlegt werden. Tausende besuchten wieder den Berg. 140 Mann hatten zum 31. Feldbergfest gemeldet. Anschließend an die Preisverteilung zog die muntere Schar mit Sang und Klang hinunter nach Cronberg auf den Festplatz des Schützenhofes. Unter den alten Kastanienbäumen begann der zweite Theil des Festes.

Inserat der Woche:
Ein tüchtiger Oekonomieknecht für sofort gesucht.

13.7. Vor wenigen Tagen ist der durch seine originellen Dichtungen in ganz Nassau bekannte Philipp Keim aus Diedenbergen im Alter von 80 Jahren verstorben. – Pfarrer Schäfer von Holzappel wurde nach Oberhöchstadt versetzt.

Inserat der Woche:
Vergiftet wurde mir von bübischer Hand ein werthvoller Hund. 20 Mark Belohnung zahle ich Demjenigen, der mir den Thäter behufs gerichtlicher Bestrafung namhaft machen kann. Gg. Burkhardt, Metzgermeister

16.7. Mit Beginn der Ferienzeit ist es an den Kronthaler Quellen wieder recht lebendig geworden. Das Kurhaus ist ein beliebter Aufenthaltsort, auch für Ausflügler; die Mineralbäder werden oft und gern benutzt. Die Cronberger Bevölkerung versorgt sich – vor allem im Sommer – immer reichlich mit Wasser aus dem Kronthal.

Inserat der Woche:
Velocipedes für Kinder billig zu vermiethen.

27.2. Graf Herbert von Bismarck, Sohn unseres großen Reichskanzlers, traf zum Gebrauche einer Kaltwasserkur in Königstein ein. Es sind z. Zt. verschiedene hochklingende Namen dort vertreten.

Inserat der Woche:
Neu! W. Schürmanns Frankfurter Kochbuch für herrschaftliche, Gasthofs- und Privatküchen. Elegant gebunden.

30.7. Schmitten weiht heute seinen Kurgarten ein. Man trägt sich mit dem Gedanken, in absehbarer Zeit ein Kurhaus zu bauen.

Inserat der Woche:
Am Sonntag, 3. August, nachmittags, 5 Uhr, Conzert im Nassauer Hof zum besten der hiesigen katholischen Kirche.

10.8. Am Sonntag hielten die vier verbündeten Vereine von Cronberg, Oberhöchstadt, Königstein und Falkenstein in Oberhöchstadt ihr 2. Preisturnfest ab. Es waren auch Turnvereine aus der Umgegend geladen und sehr zahlreich erschienen. Im Ganzen wurden sechzehn Preise ausgegeben, die ersten drei an Turner aus Cronberg. Kaum hatte sich die riesige Menschenmenge zum Festplatz begeben, einem schönen Kastanienhain, so begann es wolkenbruchartig zu regnen und zu hageln und störte das schöne Fest.

Inserat der Woche:
Öffentliche Versteigerung im Rathaus Oberhöchstadt! 18400 Stück Cigarren in vier diversen Sorten an den Meistbietenden gegen bare Zahlung. Dinges, Königstein.

24.8. Der zweite diesjährige Vieh- und Krammarkt in Neuenhain war sehr gut beschickt. Aufgetrieben waren ca. 200 Stück Rindvieh und 100 Ferkel. Zum größten Teil war das Rindvieh aus den umliegenden Orten angetrieben.

Inserat der Woche:
Für den Sedanstag empfehlen wir Fahnen, wasserächt, aus Martin-Schiffsflaggentuch. Bonner Fahnenfabrik.

27.8. Der hiesige Gemeinderath hielt eine Sitzung ab, bei der es um die hier anzulegende Wasserleitung mit Hochdruck ging. Der Voranschlag beziffert sich auf 65 000 Mark. – Eine „Zeitungsente" meldet, daß der Blitz im Schafhof eingeschlagen und einen Brand verursacht habe.

Inserat der Woche:
Ein Mädchen, welches aus Nähen geht, wird gesucht. (Anmerkung: Damit ist ein Mädchen gemeint, das seine Näharbeit im Haus der Kunden ausübte.)

7.9. Die Stadt Homburg meldet, daß sich in letzter Zeit die Auswanderungslust breit macht. Eine Anzahl junger Leute hat die Stadt verlassen, um „Drüben" über dem Ocean ihr Glück zu versuchen. Auch aus Cronberg und Umgebung wird bekannt, daß sich junge Leute mit dem Gedanken der Auswanderung tragen.

Inserat der Woche:
Für Damen mit Bartanlagen! Depilatorium, neues Enthaarungsmittel v. F. Neter, Frankfurt. Bei persönlichen Besuchen Proben sogleich gratis!

10.9. Der September zeigt sich von seiner schönsten Seite. – In den letzten Monaten hat eine Anzahl junger Leute Cronberg verlassen, um über dem Ocean ihr Glück zu versuchen.

Inserat der Woche:
Allerneueste Wunderuhr für nur 7 Mark.

21.9. Heute fand die feierliche Einweihung des vom Taunusclub errichteten Aussichtsthurmes auf dem Hardtberg statt. Bei herrlichem Wetter und unter starker Betheiligung der Einwohner von Cronberg und Königstein bewegte sich um 3 Uhr der Festzug vom Bahnhof Cronberg zum geschmückten Thurm. Viele Königsteiner begaben sich allerdings direct dorthin, da sie der Meinung waren, der Festzug von Cronberg aus sei nicht ihre Sache. Der Gesangverein 1 sang präcise ein Lied. Herr August Thiermann vom Stammclub aus Frankfurt bestieg als Erster den Thurm. Man zog dann ins Kronthal, wo eine Stunde gerastet wurde, dann weiter nach Cronberg zur Restauration Hahn. Eine gemütliche Zusammenkunft beschloß den Festtag, auf dem die Taunusclub-Section Cronberg mit Stolz zurückblicken kann.

Inserat der Woche:
Gefunden wurde ein Feuerzeugbüchschen, abzuholen auf dem Bürgermeisteramt.

24.9. Am Sonntag findet in der Restauration Hahn eine Wahlversammlung der nationalliberalen Partei statt, in welcher Herr Reichstagskandidat Gregory aus Höchst sein Programm entwickeln wird.

Inserat der Woche:
Makulaturpapier, per Pfund 10 Pfg. in der Expedition zu verkaufen. (Es handelt sich um alte Zeitungen, die gerne zum Einwickeln, aber auch zum Taperzieren als „Makulatur" benutzt wurden. Anm.)

5.10. Einen so schönen September wie in diesem Jahr haben wir lange nicht gehabt. Die Winzer hoffen auf einen vortrefflichen Wein. – Seine Majestät der Kaiser haben allergnädigst geruht, dem Maler Wilhelm Friedenberg zu Cronberg die Führung des Demselben von Seiner Durchlaucht dem Fürsten Reuß ält. Linie verliehenen Titels als Professor mit der Bezeichnung der fremdherrlichen Verleihung zu gestattet.

Inserat der Woche:
Am Montag, 6. Oktober, 12 Uhr nachmittags wird die diesjährige Kastanienernte versteigert.

19.10. In Frankfurt wurde eine Ehe geschieden, die nur vierzehn Tage vom Gatten ertragen worden war. Seine Gattin hatte ihm vor der Trauung verschwiegen, daß sie bereits neun uneheliche Kinder hatte. – Ein Reservist wurde wegen Auswanderns ohne Erlaubniß zu einer Geldstrafe von 50 Mark verurtheilt.

Inserat der Woche:
Den Herren königl. preußischen Standesbeamten des Kreises Homburg empfehle ich mich zur Anfertigung der Dienstschilder: „Königlich Preußisches Standesamt" auf weißer Platte mit schwarzer Schrift, ächt vergoldet für 12 Mark. Schuster, Schildermacher.

24.10. Heute findet in Neuenhain die Weinlese statt. Kaufliebhaber werden darauf aufmerksam gemacht, daß die Qualität sowie Quantität nichts zu wünschen übrig lassen.

Inserat der Woche:
Wahlversammlung in der Gaststätte Hahn. Es lädt ein die deutsch-freisinnige Partei.

2.11. Der beim Maurermeister Ochs in Arbeit stehende Gehilfe Glöckner verunglückte. Er war mit dem Abbrechen einer alten Mauer beschäftigt, als dieselbe zusammenstürzte und ihn begrub. Nach langem Bemühen konnte der schwer an Armen und Beinen Verletzte aus den Trümmern gezogen werden unter Zurücklassung seiner Stiefel und Strümpfe.

Inserat der Woche:
Die Holzfällarbeiten sowie das Abfahren und Zerkleinern des Schulholzes werden auf dem Rathause an den Wenigstnehmenden vergeben.

15.11. Der Feldberg wird sehr oft zum Ziel von Wanderungen ausgesucht. An einem schönen Herbstsonntag wurden über 100 Besucher auf dem Taunusgipfel gezählt.

16.11. Nachdem in diesen Tagen Herr Lindheimer mit dem Abernten seiner Zuckerrübenpflanzungen auf den Höfen Schafhof und Schwalbach zu Ende gekommen ist, feierte er mit sämtlichen Bediensteten ein Erntefest. Das ganze Personal wurde auf seine Kosten regaliert. Eine Abtheilung Militärmusik spielte zum Tanz auf.

Inserat der Woche:
Ein gebrauchter Platt-Ofen wird gesucht.

26.11. Vom Gericht: Ein Krämer aus Cronberg erhielt wegen Beleidigung 30 Mark Geldstrafe. (Beleidigungen mußten in der Regel öffentlich mit voller Namensnennung zurückgenommen werden; Anmerkung).

Inserat der Woche:
Verloren wurde ein Kinderüberzieher.

8.12. 1884 wurde es ernst. Alle Arbeitnehmer mußten ab Dezember einer gesetzlichen Krankenkasse angehören.

14.12. Das Gesetz, wonach jeder Arbeiter einer Krankenkasse anzugehören hat, ist in Kraft getreten. – Seitens der 3. Wählerklasse wurde die Wahl dreier Gemeinderäthe und 18 Bürgerausschußmitglieder vollzogen. Als Gemeinderäthe gingen wiederum die Herren Heinrich Kunz, Philipp Nicolaus Weidmann und Joseph Müller aus der Wahlurne hervor.

Inserat der Woche:
Als Weihnachtsgeschenke empfehlen wir: Spitzen, Cravatten, Negligé-Häubchen, Foulards, leinene Kragen, Capuzen und Glacé-Handschuhe. – Geschwister Junker.

24.12. Aus Leipzig kommt die Nachricht von den Urtheilen über die Niederwald-Attentäter. Gegen drei von ihnen wurde die Todesstrafe verhängt.

Inserat der Woche:
Cotillon-Orden in allen Ausführungen.

28.12. Der Fuhrunternehmer Hammer aus Niederreifenberg hat das Privat-Personen-Fuhrwerk zwischen Niederreifenberg und Cronberg von der Witwe Ungeheuer käuflich erworben.

Inserat der Woche:
Ein Junge kann die Bäckerei erlernen bei Philipp Mauer in Cronberg.

1885

6.1. In Cronberg wurden im Herbst 1884 15 000 kg Kastanien und 500 kg Nüsse geerntet. (Offizielle Zahlen, in Wirklichkeit war die Ernte viel größer.)

Inserat der Woche:
Ein Aufsatzherd mit drei Bratöfen zu verkaufen.

11.1. Der hiesige Turnverein veranstaltet an Weihnachten wieder seine alljährliche Christbaumbescherung im Saal des „Frankfurter Hofes", deren Erträgnis für den bereits bestehenden Baufonds zur Errichtung einer Turnhalle bestimmt ist.

Inserat der Woche:
1400 Mark liegen gegen doppelte Sicherheit in dem evangelischen Kirchenfonds zu Cronberg zum Ausleihen bereit.

21.1. Die Gebühr für die Fahrt einer Leiche im Todtenwagen von oder nach außerhalb wurde vom Gemeinderath auf 20 Mark festgelegt. Hinzu kommt noch der Lohn für den Kutscher.

Inserat der Woche:
Wir haben die Schnitzellieferung verlängert. Die Direction der Zuckerfabrik Groß-Gerau.

25.1. Die Cronberger Pacht wurde an die Herren Freyeisen und Nies aus Frankfurt verpachtet.

Inserat der Woche:
Gesucht wird ein Kindermädchen, das womöglich auch Herrenhemden bügeln kann.

4.2. Bad Kronthal übt augenblicklich wieder eine große Anziehungskraft aus. Der hübsche Weiher des Kurhauses bietet Liebhabern des Schlittschuhlaufens eine geeignete Stätte zur Ausübung ihrer graziösen Kunst. Auf dem Weiher ist eine langgestreckte Tafel arrangiert. In einem Tempelchen am Ufer sitzt eine kleine Kapelle. In Cronberg finden oberhalb des Bahnhofs auf den zugefrorenen Weihern Eisfeste statt.

Inserat der Woche:
Mineralwasserkrüge (nur mit dem Kronthaler Zeichen) werden zurückgenommen, wenn sie unbeschädigt und gereinigt sind.

9.2. Auch in diesem Jahr wird der Dilletantenverein wieder seinen Masken-Ball am Fastnachts-Dienstag abhalten. (Die Fastnacht beschränkte sich damals fast ganz auf die Säle. Die Vereine hielten ihre gut besuchten Maskenbälle ab, bei denen auch hin und wieder ein lustiger Vortrag gehalten wurde.)

Inserat der Woche:
Masken und Bärte in reichster Auswahl bei Balth. Weidmann in Cronberg. Wiederverkäufer erhalten hohen Rabatt.

14.2. Im oberen Theil des „Langen Wegs" (heute Kronthaler Weg; Anmerkung) ist ein Theil der dort angepflanzten Roßkastanienbäume von ruchloser Hand schwer beschädigt worden. Die Bäume wurden vor etwa 20 Jahren vom Gesangverein gestiftet.

Inserat der Woche:
Für Weidenzüchter! Der Taunusklub giebt mehrere 1000 Weidenstecklinge gratis ab.

22.2. In einem kleinen Taunusort fand man im Wald den fast leblosen Körper eines alten Mannes. Die Träger brauchten ihn nur noch als Leiche nach Haus. Man vermuthet, daß der Unglückliche bei einem mißglückten Versuch, sich das Leben zu nehmen, mit dem Kopfe auf einen Stein gefallen ist und sich so den Tod zugezogen hat.

Inserat der Woche:
Eine noch gute Drehorgel – zehn Stück spielend – ist preiswürdig zu verkaufen.

4.3. Nachdem das Pachtrecht der Kronberger Wilhelmsquelle seitens der Gemeinde Cronberg der Direction der übrigen Quellen übergeben wurde, ist der Anspruch des Concursverwalters von Gogel und Brünler beseitigt. Die Wilhelmsquelle wurde offiziell an die „Direction der Kronthaler Mineral-Quellen, August Thiemann", übergeben.

Inserat der Woche:
Unentgeltlich erfolgt brieflich Anweisung zur sofortigen Rettung von Trunksucht ohne Wissen.

8.3. Im Alter von 80 Jahren verstarb vor einigen Tagen der Kunstmaler Herr Eugen Peipers, der lange Jahre der Cronberger Malerkolonie angehörte. – Die Elementarlehrer erhalten nunmehr vom 1.– 5. Dienstjahr ein Jahresgehalt von 1350 Mark.

Inserat der Woche:
Mehrere Partien von Gräbenaushub kommen zur Versteigerung. Der Bürgermeister v. Königstein.

22.3. Laut Polizei-Verordnung ist das Aufblasen des zum Verkauf bestimmten Schlachtfleisches sowohl mit dem Mund als auch mittels Blasebalg untersagt. Übertretungen werden geahndet. Die Orts-Polizei-Behörden sind von der Regierung angewiesen, streng auf die Einhaltung dieses Verbotes zu achten.

Inserat der Woche:
Die Lieferung eines neuen Brunnenseiles, 100 Meter lang, 35 mm dick, 1a Qualität aus reinem, kräftigen Schleißhanf, in 4 Schenkeln à 30 Fäden gedreht, soll in Submission vergeben werden. Bewerbungen sind an das Bürgermeisteramt in Homburg zu richten.

25.3. Cronberg geht mit dem Plan um, eine Wasserleitung zu errichten. Ein namhafter Betrag wurde von dem Gemeinderath für die Entdeckung der nöthigen Quellen bewilligt.

Inserat der Woche:
Ein Arbeiter, der mit Kühen fahren und ackern kann, für sofort gesucht.

6.4. Herr Dr. Ostertag ist für die Gemeinden Cronberg, Schönberg, Niederhöchstadt und Schwalbach zur Durchführung der Schutzpokkenimpfung bestimmt worden. – Eine kleine Osterbetrachtung! Ostern fällt in diesem Jahr auf den 5. April, 1886 auf den 25. April. Das ist der späteste Tag, auf welchen es überhaupt fallen kann. In diesem Jahrhundert hat sich das noch nicht ereignet, das letzte Mal 1734 und wird sich erst im Jahre 1943 wiederholen.

Inserat der Woche:
Elastische Zahngebisse, unzerbrechlich, naturgetreues Aussehen und Brauchbarkeit beim Kauen.

8.4. Der Gemeinderath hat die Anstellung eines Nachtwächters im Cronthal in der Person des Peter Liedemann genehmigt. – Theile der Stein- und der Thalstraße sollen gestückt und mit Schrotel überfahren werden.

Inserat der Woche:
Frühjahrsüberzieher von 20 Mark an.

19.4. Die anhaltende Trockenheit gibt dem Herrn Landrat Veranlassung, auf die Gefahr von Waldbränden hinzuweisen. Bestraft wird, wer mit unverwahrtem Feuer oder Licht den Wald betritt oder sich ihm in gefahrenbringender Weise nähert. Bestraft wird ferner, wer im Wald raucht.

Inserat der Woche:
Strohhüte werden gewaschen, gefärbt und nach neuesten Facons hergerichtet.

25.4. Zur Beachtung für die Herren Gastwirte: Das nochmalige Verwenden der Bierneige beim Füllen eines neuen Glases ist ein Vergehen gegen das Nahrungsmittelgesetz und mithin strafbar.

Inserat der Woche:
Feine Obst-Latwerg, das Pfund zu 40 Pfennig.

3.5. In Cronberg stehen zwölf Briefkästen der Post. Im Jahre 1884 wurden von Cronberg aus 943 Telegramme aufgegeben, 1135 Telegramme kamen hier an. – Das Wetter ist kalt und rauh, auf dem Feldberg liegt Schnee.

Inserat der Woche:
Regenschirm, schwarze Seide, mit weißem Horngriff, abhanden gekommen. Vor Ankauf wird gewarnt.

6.5. Bei dem Weißbindermeister Anton Ried, dahier, wurde vor wenigen Wochen der achte Junge geboren. Seine Majestät Kaiser Wilhelm I. hat sich auf Gesuch hin bereit erklärt, die Patenschaft für den Cronberger zu übernehmen.

Inserat der Woche:
Elastische Zahngebisse, gute Brauchbarkeit beim Kauen.

17.5. Am Himmelfahrtstag war der Feldberg trotz der rauhen Witterung wieder gut besucht. Doch die Frequenz in Königstein und Cronberg litt unter der Ungunst des Wetters ganz bedeutend, eine ungewohnte Leere herrschte in den großen Restaurants.

Inserat der Woche:
Gefunden wurde ein Corsett in einer Droschke.

31.5. Im Alter von 75 Jahren starb gestern der bekannte Maler und Mitbegründer der Cronberger Malerkolonie, Jakob F. Dielmann. Er wird in Frankfurt, seiner Heimatstadt, zur letzten Ruhe gebettet. – Das Pfingstfest brachte nach langen Wochen kühler Witterung endlich Sonnenschein. Aus Frankfurt kamen viele Vergnügungsreisende hier an. Die Cronberger Eisenbahn legte wieder Sonderzüge ein. Jetzt ist es mit dem schönen Wetter schon wieder vorbei.

Inserat der Woche:
Strohhüte werden der ungünstigen Witterung halber zum Einkaufspreis abgegeben.

3.6. In diesem Jahr gibt es außerordentlich viele Kreuzottern, darum ist Vorsicht beim Lagern im Wald und Blumensammeln auf feuchten Wiesen geboten. Auch das Pflücken von Erd-, Him- und Heidelbeeren sollte nicht ohne festes Schuhwerk geschehen.

Inserat der Woche:
3–4 Hühner, welche fleißig legen, zu kaufen gesucht.

14.6. Aus Gesundheitsgründen und, um ein möglichst gleichmäßiges Verfahren herzustellen, bestimmte der königl. Schulinspektor des Obertaunuskreises, daß so oft im Laufe des Sommers die Wärme über 22 Grad Réaumur steht, der Nachmittagsunterricht ausgesetzt werden muß.

Inserat der Woche:
Eine gute Köchin in ein Logierhaus gesucht.

17.6. Zugunsten des geplanten Pfarrer-Christ-Denkmals findet im „Schützenhof" eine musikalische, theatralische Abendunterhaltung statt.

Inserat der Woche:
Für Auswanderer! Von Hamburg nach Amerika, jeden Mittwoch und Samstag mit dem Postdampfschiff nach New York.

28.6. Das diesjährige Feldbergfest, das am letzten Sonntag stattfinden sollte, mußte wegen des schlechten Wetters ausfallen. Es soll im August nachgeholt werden. Dann aber nicht auf dem Feldberg, sondern im Garten der Schleiferschen Wirtschaft in Cronberg. Als die Turner vom Gipfel abmarschierten, hellte sich der Himmel wieder auf. So hielten die Leute in Cronberg eine kleine Nachfeier.

Inserat der Woche:
Tüchtiger Rockarbeiter von Schneidermeister gesucht.

1.7. Die Judengasse und der Judenmarkt sind völlig aus dem Frankfurter Straßenverzeichnis verschwunden. Dieselben heißen jetzt Börnestraße und Börneplatz.

Inserat der Woche:
Gefunden wurde ein goldener Uhrschlüssel.

12.7. Am Sonntag kam wieder der Fall vor, daß ein Zug stecken blieb, diesmal infolge eines Stangenbruchs an der Locomotive. Da die herbeigerufene Hülfsmaschine den ganzen Zug nicht auf einmal fortziehen konnte, so wurde erst die beschädigte schwere Maschine entfernt, worauf die Personenwagen nachgeholt wurden. – Bei einem Geländemarsch, der von einem Theil der Frankfurter Garnison in die Gegend Cronberg – Neuenhain – Klein-Schwalbach unternommen wurde, erlitten eine ganze Reihe von Soldaten einen Hitzschlag; vier starben daran.

Inserat der Woche:
Ein zweiter Scheibenzeiger von Schützengesellschaft gesucht.

15.7. Die Schönberger Schule hat seit dem 1. Juni in Herrn H. Kaltenhäuser wieder einen neuen Lehrer.

Inserat der Woche:
Ein neuer, schwerer Oeconomiewagen zu verkaufen.

26.7. Ab Januar 1887 darf das sogenannte Doppeljoch bei mit Ochsen oder Kühen bespannten Fuhrwerken nicht mehr zur Anwendung gebracht werden. – In Bad Soden wurde ein kleines Mädchen durch eine umfallende landwirthschaftliche Maschine schwer verletzt. Zum Glück war ein Arzt bald zur Stelle, welcher durch Zunähen der Wunden einem größeren Blutverluste entgegentrat.

Inserat der Woche:
Ich ersuche den B... H... mich sowie meine Familie aus dem Munde zu lassen und seine Aufmerksamkeit mehr auf seine Geschäftslocalität in Frankfurt zu richten, damit er abends nach 10 Uhr keine Unannehmlichkeiten zu erwarten hat. Aus Freundschaft!

29.7. Die Zehntscheune wurde wieder auf sechs Jahre verpachtet. Die Hälfte des vorderen Theils an Heinrich Kunz und Friedrich Weidmann, das Gerüst über der Tenne an Johann Jahn.

Inserat der Woche:
Gut erhaltenes Bettwerk, wenig gebraucht, billig abzugeben.

9.8. Das 32. Feldbergfest, das am 21. Juni wegen schlechter Witterung abgebrochen werden mußte, wurde am letzten Sonntag in Cronberg nachgeholt. Die Frankfurter Turnerschaft, der die Veranstaltung oblag, war auch besonders bemüht, dem Publikum an Unterhaltung und Abwechslung so viel wie möglich zu bieten. 162 Turner waren angetreten. Am Nachmittag fanden mannigfache Turn- und Volksspiele für Damen und Herren statt. –

Inserat der Woche:
Neueste Erfindung! Hühneraugenbürste! Mittelst derselben sind Hühneraugen und Hautschwielen binnen einiger Secunden sicher und schmerzlos zu entfernen.

12.8. Polizeistrafen brachten der Stadt im letzten Jahr mehr als 300 Mark ein. (Die Strafen für kleine Vergehen betrugen meist 1,50–3 Mark Anm.) – Die Kastanienernte 1884 ergab eine Summe von 263 Mark. Die Stadt hatte die Ernte ihrer Grundstücke versteigert.

Inserat der Woche:
Magen-Bitter „Wahrer Jacob“, vorzügliches diätisches Genußmittel, seit 1850 erfunden und auf vielen Ausstellungen ausgezeichnet.

23.8. Ludwig Freiherr von Ompteda, derzeit noch am Hofe der Kaiserin von Österreich, hat der Generalintendanz in Berlin ein vieraktiges Lustspiel „Dolores“ eingereicht, welches zur Aufführung angenommen worden ist. (Freiherr von Ompteda wurde Schloßhauptmann von Friedrichshof. Er stand schon vor dem Bau im Dienste der Kaiserin Friedrich. Den Kronbergern ist er vor allem als Verfasser des Werkes „Die von Kronberg und ihr Herrensitz“ bekannt. Dieses Buch schrieb er im Auftrag der Kaiserin Friedrich.)

Inserat der Woche:
Zwei Mädchen zum Stocklackieren finden dauernd Beschäftigung bei Joh. Kappus, Stockfabrik in Oberursel.

26.8. Der Main hat in diesem Jahrhundert noch nie einen so niedrigen Wasserstand gehabt wie in diesem Sommer.

Inserat der Woche:
Derjenige, welcher heute das Oelbild im Vorübergehen mitgenommen hat, wird aufgefordert, dasselbe an den ihm bewußten Eigenthümer oder an die Expedition dieses Blattes zurückzuliefern, ansonst die That als Diebshandlung zur gerichtlichen Anzeige gebracht wird.

6.9. Man trägt sich bei unserer Gemeindeverwaltung nicht nur mit dem Plan einer Wasserleitung, sondern auch mit einem Schulprojekt. Dieser Bau ist sehr nötig, da von den hier befindlichen Schulen sich drei Klassen in Privathäusern befinden. Eine Klasse der katholischen Schule ist in der Burg untergebracht. Die evangelische Schule auf dem Doppes beherbergt zwei Klassen.

Inserat der Woche:
Das neueste hochfeinste Taschentuchparfüm ist „Dornröschen“ von höchst lieblichem, erfrischendem und dauerndem Wohlgeruch.

20.9. Bei der Versammlung des Zweig-Lehrervereins in Königstein waren Mitglieder aus den Inspectionsbezirken Cronberg, Oberursel, Heddernheim und Usingen anwesend. Herr Berer, Schloßborn, hielt einen Vortrag über das Thema: „Wie erreicht und erhält der Lehrer eine gute Schulzucht?“ Das Züchtigungsrecht gibt dem Lehrer die Gewähr, daß die Schüler diszipliniert sind. Blaue Flecke und Striemen gelten nicht als Körperverletzung. Sie müssen als Ergebnis einer Züchtigung angesehen werden. So entschied auch kürzlich ein Gericht.

Inserat der Woche:
Vom 27. September bis zum 4. October findet im Schützenhof-Saal eine große Obstausstellung statt. Der Erlös der Ausstellung ist zur Vollendung des Pfarrer-Christe-Denkmals bestimmt.

23.9. Im Schützenhofsaal findet vom 27. September an eine große Obstausstellung statt. Cronberger Obstzüchter und -gärtner stellen ihre Erzeugnisse aus. Der Erlös dieser Ausstellung ist für das neu errichtete „Christ-Denkmal“ bestimmt.

Inserat der Woche:
Mädchen aus guter Familie können das Putzgeschäft erlernen. (Modistin oder Hutmacherin; Anm. der Red.)

4.10. Die diesjährige Kastanienernte verspricht keine gute zu werden, was umso mehr zu bedauern ist, als die betr. Zucht für unsere Bevölkerung jährlich eine schöne Einnahmequelle ist. Das naßkalte Wetter im Frühling und die lange Trockenheit im Sommer waren für die Kastanienbestände sehr nachtheilig. Leider nehmen die Kastanienbäume in unserer Gemarkung sehr ab. Die meisten sind alt und sterben ab, andere werden ausgemacht, um Raum für neu anzupflanzende Obstbäume zu machen.

Inserat der Woche:
Tricot-Taillen in allen Farben, modernster Facon.

18.10. In einigen Ortschaften am Fuße des Taunus wurde mit der Anpflanzung von Mais für Futterzwecke eine Probe gemacht. Die Oeconomen sind ganz befriedigt. Das Vieh nahm den Mais als Grünfutter gern an. Wie wir hören, werden im nächsten Jahr größere Anlagen von Maisfeldern gemacht.

Inserat der Woche:
Ich suche noch mehrere Knaben für leichte Arbeit in meiner Knopffabrik, Doerr, Homburg.

1.11. Der vor vierzig Jahren auf dem Großen Feldberg errichtete Wachtturm mußte vor einiger Zeit wegen Baufälligkeit niedergelegt werden. Der Taunusclub hat die Absicht, wieder ein solches Wahrzeichen auf dem Feldberg erstehen zu lassen. – Die Abtrittsgruben werden einer genauen Revision unterzogen. Die Besitzer werden ersucht, für die nächste Zeit ihre Abtrittsgrubenüberdeckungen zugänglich zu machen. – Auf dem Feldberg fiel der erste Schnee in diesem Winter.

Inserat der Woche:
Es wird zur allgemeinen Kenntniß gebracht, daß die Besitzer von Hunden, welche vom Forst- und Feldschutzpersonal getroffen werden, daß sie jagdbares Wild jagen, mit der gesetzlichen Strafe belegt werden. Der Bürgermeister

15.11. Jagdfreiheit auch für Lehrer! Seit etwa 30 jahren war es den Volksschullehrern in Preußen verboten, auf die Jagd zu gehen, da „die Betreibung der Jagd bei ernster Auffassung des Berufes eines Volksschullehrers mit diesem wohl nicht vereinbar sei." Jetzt wurde dieses Verbot gelockert, auch Volksschullehrer dürfen auf die Jagd gehen.

Inserat der Woche:
Frischgeschossene Hasen, per Stück 3 Mark.

29.11. Der Gastwirt Adam Weidmann aus Cronberg wurde vom Amtsgericht Königstein zum Schöffen bestellt, sein Stellvertreter ist Wilhelm Neubronner. In die Commission zur Abschätzung von Arznei- und Verbandmittel wurden für das Amt Königstein Dr. Ostertag und Apotheker Neubronner aus Cronberg bestimmt. In diese Commission wurde auch der Kaufmann Eduard Bonn aus Cronberg berufen.

Inserat der Woche:
Ein reinliches Mädchen sucht Stelle zu Kindern oder als Mädchen allein. Zu erfragen: Siebenhäusergasse.

13.12. Ab Donnerstag wird dahier ein Localblatt unter dem Titel „Cronberger Nachrichten" erscheinen. Herausgeber ist E. Schmidt aus Königstein. (Diesem Localblatt war keine lange Lebensdauer beschieden. 1888 wurde der „Cronberger Anzeiger" begründet. Auch er starb zunächst nach „kurzem Leben" wieder, erfuhr dann wieder ein Comeback. Den „Cronberger" gab es bis 1939, dann wieder von 1949–69).

27.12. Der Homburger Taunusclub wird den traditionellen Ausflug auf den Großen Feldberg am ersten Sonntag im Januar eine Woche später unternehmen, um nicht mit dem Frankfurter Taunusclub auf demselben Punkte – dessen Wirtschaftsverhältnisse beschränkt sind – zusammenzutreffen. (Nach späteren Meldungen nahmen an dem Ausflug nur sieben Personen teil, da hätten die beschränkten Verhältnisse wohl nichts ausgemacht.) – Der hiesige Dilettanten-Verein hält am 2. Feiertag eine

Abendunterhaltung ab. Der Militärverein und der Gesangverein I werden an Neujahr Bälle arrangieren. – Bei der Neuwahl des Gemeinderates wurden in der ersten Abteilung die Herren Heinrich Winter, Andreas Weidmann und Eduard Bonn gewählt.

Inserat der Woche:
Vier steinerne Kuhkrippen preisgünstig zu verkaufen.

Die Zeitung ist das einzige Blatt, das man vor den Mund nehmen sollte.

1886

10.1. Beim Landgericht in Frankfurt wurde zum ersten Mal eine Ehe auf Zeit (für zwei Jahre) getrennt. – Die Stadt Cronberg hat den Schützenhofgarten für 16 000 Mark erworben.

Inserat der Woche:
Eingetretener Hindernisse halber fällt im Kurtheater Homburg morgen die Vorstellung aus.

24.1. Der neue Verein in Cronberg, die Carnevalsgesellschaft, ist schon an die Öffentlichkeit getreten und fand damit viel Beifall in der Bevölkerung. – Die letzte Zählung hat ergeben, daß es in Cronberg 2391 gemeldete Personen gibt, sie leben in 410 Wohnungen von 365 Häusern, 19 Häuser sind unbewohnt. Oberhöchstadt zählt 839 Einwohner in 136 Wohnungen, Schönberg 259 Einwohner in 43 Wohnungen.

Inserat der Woche:
Echte Harzer Roller, mit Hohltouren, Klingel, Knarr und Flöte, sind einige Tage zum Verkauf ausgestellt.

7.2. Daß das Project der Fortführung der Cronberger Bahn bis Königstein einen sicheren Hintergrund hat, beweisen die bereits im Zuge sich befindlichen Vorarbeiten. Hiernächst beginnt die Parcellenvermessung und der Grunderwerb. – Auf dem Curhaus-Weiher im Kronthal brach ein Lehrer ein. Einem Collegen gelang es, ihn an der gefährlichen Stelle zu retten.

Inserat der Woche:
Das Strafanstalt Schuh-Magazin in Frankfurt, Fahrgasse 11, hat infolge günstiger Abschlüsse seine Preise reducirt: Für Damen steht ein Separat-Anprobir-Salon zur Disposition.

21.2. Die neuen Glocken für die katholische Kirche sind eingetroffen, nach der Weihe werden sie im Glockenstuhl ihren Platz finden. – Schon wieder kam im Weiher des Kronthals beinahe ein Mensch ums Leben. Beim Eismachen fiel ein junger Mann aus Soden ins Wasser, mit viel Mühen gelangt es, denselben wieder herauszuziehen.

Inserat der Woche:
Rock- und Hosenmacher für dauernde Beschäftigung gesucht.

7.3. Wie von Berlin zu erfahren war, sind im Jahre 1885 106900 Personen ausgewandert, in den letzten fünfzehn Jahren waren es insgesamt 1,5 Millionen, davon sind allein 1349300 nach Nordamerika gereist.

Inserat der Woche:
Soeben erschienen in der 2. Auflage „Kameruner Wachtparade“ von W. Stumpf, f. Klavier 1,– Mark, für Orchester 3,– Mark.

21.3. Vom königl. Landrathsamt wird mitgeteilt, daß die Wiesen vom 1. April an nicht mehr von Schafen beweidet werden dürfen. Sie dürfen auch nicht mehr von Personen betreten werden.

Inserat der Woche:
Empfehle die Boscgardtschen Gesundheits-Unterkleider für Herren und Damen.

4.4. Ab 1. April sind 46 Gemeinden im Bereich des Amtes Usingen und die beiden Gemeinden Ober- und Niederreifenberg vom Amt Königstein zu einem eigenen Landkreis Usingen zusammengeschlossen worden und aus dem Obertaunuskreis ausgeschieden. – Der April fing wenig frühlingshaft an. Die Gipfel des Taunus waren weiß verschneit. Ein heftiger Sturm brachte in den Thälern Regen und Hagel mit.

Inserat der Woche:
Eine Partie hochschnürende Uhrfeder-Corsetts ist eingetroffen.

18.4. Heinrich Beitz aus Oberhöchstadt ist Feldhüter für die dasige Gemarkung durch Wahl geworden und vom Königl. Landrath, Freiherr von der Heydt verpflichtet worden. – Die Nähmaschine hat einen colossalen Siegeszug zur verzeichnen. Eine einzige Fabrik hat schon mehr als 56 000 Stück abgesetzt. In den oberen Räumen des kronprinzlichen Palais in Berlin steht ein halbes Dutzend dieser Nähmamsells.

Inserat der Woche:
Die ersten Maifische, neue Delicatess- und Brathäringe sind eingetroffen.

2.5. Der Cronberger Turnverein hat auf seinem Turnplatz (heute Jaminstr.) seinen Übungsbetrieb wieder aufgenommen.

Inserat der Woche:
Für das Comptoir eines Fabrikgeschäftes wird ein junger Mann mit nöthiger Schulbildung als Lehrling aufgenommen.

16.5. Das Kronthaler Brunnen-Etablissement ist für den Wohlstand der Cronberger Arbeiterbevölkerung von weittragender Bedeutung. Täglich werden dort ca. 15 000 Flaschen abgefüllt, dazu werden viele Hände benöthigt.

Inserat der Woche:
Mehrere Parthien Gräberaushub kommen zur Versteigerung. Der Bürgermeister (hier war der Druckfehlerteufel am Werk, es handelte sich um Gräbenaushub.)

30.5. Die Männer vom „Gesangverein I" haben ihre Frauen zu einer kleinen Feier in den Kastanienhain eingeladen. Es soll ein kleiner Dank sein für die Arbeit und Unterstützung beim 25jährigen Jubiläum im vergangenen Jahr.

Inserat der Woche:
Gebrauchtes Bettwerk preisgünstig zu verkaufen.

13.6. Die Freiwillige Feuerwehr Cronberg nahm im Jahre 1885 257,16 Mark ein, ausgegeben wurden 129,90 Mark. Ein Mitglied wurde neu aufgenommen, nämlich Adlerwirt Adam Weidmann, somit zählt die Feuerwehr jetzt etwa 100 Mitglieder.

Inserat der Woche:
Gefunden wurden ein silberner Theelöffel und zwei Stück Bratofenblech.

27.6. Beim 33. Feldbergfest herrschte auf dem Gipfel des Taunus großer Betrieb. Der Andrang zu den ersten Zügen war sehr stark, kaum konnten die Wagen die vielen Fahrgäste fassen. Bei bedecktem Himmel und frischer Luft war der Aufstieg ins Gebirge eine angenehme Wanderung, wenn auch die Waldwege durch den wochenlang anhaltenden Regen aufgeweicht waren. Das Feldberg-Plateau zeigte dieselbe Physiognomie wie jedes Jahr. Viele Gesellschaften waren per Wagen erschienen. 318 Turner hatten sich gemeldet, tatsächlich nahmen aber nur 200 am Wettkampf teil. Die Schlußfeier fand wieder in Cronberg, im Germania-Kastanienhain (heute Königsteiner Str.) statt, litt aber unter dem Regenwetter.

Inserat der Woche:
Das kleinste Stäubchen von dem neu entdeckten Überseeischen Pulver tötet sicher Wanzen, Flöhe, Schaben usw.

12.7. Der neue „Taunusführer", vom Taunusclub herausgegeben, ist für Wanderer eine große Hülfe. Vierundneunzig Wanderwege, durch bunte Zeichen markiert, laden den Besucher zum Wandern ein.

Inserat der Woche:
Eine Köchin kann sofort placiert werden.

25.7. Aus Anlaß des Geburtstages Sr. Hoheit des Herzogs Adolf war auch in diesem Jahr die Burgruine Königstein bengalisch beleuchtet und bot wieder ein imposantes Bild. Die nicht unerheblichen Kosten für dieses Schauspiel werden alljährlich durch Spenden aus der Bürgerschaft gedeckt. (Herzog Adolf von Nassau ging 1866, als sein Herzogtum von Preußen annektiert wurde, ins Exil. Im Sommer war die herzogliche Familie meist in Königstein. Durch Erbverträge mit der Oranischen Linie des Hauses Nassau gelangte er 1890 auf den Thron des Großherzogtums Luxemburg, 1902 verzichtete Adolf zugunsten seines Sohnes Wilhelm auf den Thron; er starb im Alter von 88 Jahren am 17. 11. 1905. In seinem kleinen Herzogtum Nassau war er hoch verehrt und unvergessen.)

Inserat der Woche:
Zum Besten der hiesigen katholischen Kirche findet am Sonntag nachmittag 3 Uhr im „Nassauer Hof" ein Concert statt. (Der „Nassauer Hof" befand sich in der Streitkirche).

8.8. Der Jacobimarkt auf der Alteburg bei Heftrich war trotz der Ernte stark besucht. 950 Stück Vieh waren aufgetrieben. Auch der Krammarkt war gut beschickt. Der nächste Markt (Bartholomäus) wird am 4. September abgehalten.

Inserat der Woche:
Ein gut erhaltener Landauer und eine Chaise mit Glasverdeck billig zu haben im Hotel Colloseus in Königstein.

22.8. In seinem Hause in der Hainstraße (Nr. 18) starb im Alter von 62 Jahren der Künstler und Mitglied der Cronberger Malerkolonie Peter Burnitz. Ab 1857 lebte er zunächst nur während der Sommermonate in Cronberg, später ließ er sich für ständig mit seiner Familie hier nieder. Er hatte zunächst Rechtswissenschaften studiert und legte auch sein Doktorexamen ab. Später aber zog ihn seine Kunst ganz in den Bann. Vor allem seine Landschaften bewiesen immer wieder, daß Burnitz ein großer Künstler war.

Inserat der Woche:
Ein feineres Hausmädchen, welches das Kleidermachen erlernt hat, bügeln und servieren kann, wird zum sofortigen Eintritt gesucht.

5.9. Zum dritten Mal siegten die Cronberger beim Preisturnen der Turnvereine von Cronberg, Königstein, Falkenstein und Oberhöchstadt. Nach Philipp Sauer und Christoph Brech war dieses Mal Peter Gottschalk der Beste. (Peter Gottschalk war später lange Jahre hindurch Vorsitzender des Turnvereins.)

Inserat der Woche:
Krönungsthaler von 1861 bezahle ich mit 3,50 Mark das Stück.

19.9. Die beiden Cronberger Hebammen führen nach Vorschrift Buch über ihre Tätigkeit. Die Statistik von 1885 zeigt ein interessantes Bild. Danach wurden von Frau Weigand und Frau Hildmann zusammen 88 Geburten registriert. Frau Weigand ist allerdings auch in Mammolshain tätig. Zwillingsgeburten kamen nicht vor. Es waren 41 Mädchen und 47 Buben. Im Jahre 1885 wurden auch keine Todtgeburten verzeichnet.

Inserat der Woche:
Eine noch im guten Zustand befindliche Drehorgel (10 Stücke) ist preisgünstig zu verkaufen.

3.10. Die Klasse des 3. Lehrers der evangelischen Schule ist vom Gasthaus „Taunus" in den „Nassauer Hof" umgezogen. Auch die Klasse des 3. Lehrers der katholischen Schule wird jetzt dort unterrichtet. (Die beiden Schulen in Kronberg mußten öfter auf Wanderschaften. Ein festes Schulhaus hatte nur die evangelische Schule, es war das heutige alte Gemeindehaus in der Doppesstraße, und das reichte nicht aus. Das Gasthaus „Zum Taunus" gehörte der Familie Ried und befand sich in der Schirnstraße/Ecke Am Wallgraben, der „Nassauer Hof" war in der Streitkirche. Anm.)

Inserat der Woche:
Unterzeichneter empfiehlt Nähmaschinen aus der größten deutschen Fabrik sowie landwirtschaftliche Maschinen, Wasserpumpen, transportable Herde. H. C. Kunz, Cronberg.

17.10. Auf dem von der Stadt erworbenen Ellenbergerschen Gelände soll ein Schulhaus erbaut werden. Darin werden dann die evangelische und die katholische Volksschule untergebracht. Bisher hat nur die evangelische Schule ein eigenes Schulgebäude auf dem Doppes, das auch eine Lehrerwohnung enthält, längst aber zu klein für alle Klassen geworden ist. Die Klassen der katholischen Schule sind verschieden untergebracht, unter anderem auch auf dem alten Schloß (Burg). Es wird höchste Zeit, daß die Schulverhältnisse in Cronberg, bezüglich auf die Unterbringung der Klassen verbessert wird.

Inserat der Woche:
Das „Wunderbuch“ (6. und 7. Buch Moses), enthaltend die Geheimnisse früherer Zeiten, sowie auch das vollständig sieben mal versiegelte Buch. franco für 5 Mark.

31.10. Die Cronberger Eisenbahn hat in diesem Jahr bis jetzt schon fast 300 000 Personen befördert, außerdem wurden annähernd 7 000 Tonnen Güter umgeschlagen. Es verkehren täglich acht Züge. – Die Cronberger Schützengesellschaft wird von den Herren Schützenmeistern Daniel Gerlach und Georg Becker geleitet.

Inserat der Woche:
1400 Mark liegen gegen doppelte Sicherheit in dem evangelischen Kirchenfonds Cronberg zum Ausleihen bereit. (Die Kirchenkasse stellte alljährlich einen gewissen Betrag als Darlehen zur Verfügung, oft sehr langfristig.)

14.11. Die Erdbeerzucht hat in Cronberg Fuß gefaßt. Nach den Brüdern Paul und Konrad Wolf hat auch Herr Peter Buchsbaum schon Erfolge auf diesem Gebiet. Klangvolle Namen, wie „Zulukönigin“ und „Noble“ erhalten die Früchte. In der Cronberger Gemarkung sieht man schon viele Felder, die mit Erdbeeren bepflanzt wurden. Die Ernte war auch im letzten Sommer sehr zufriedenstellend, einige andere Cronberger wollen ebenfalls Erdbeeren anbauen.

Inserat der Woche:
Feineres Hausmädchen sucht Stelle in kleinerem Haushalt oder zu einem Kinde. Dasselbe würde auch mit auf Reisen gehen.

28.11. Wenn es kälter wird, geht an unsere Damen wieder eine dringende Warnung vor farbigen Gesichtsschleiern. Der Farbstoff ihres Schleiers drang einer jungen Frau durch ihre aufgesprungenen Lippen ins Blut. Nur durch das Ausbrennen der Wunde konnte ihr Leben gerettet werden.

Inserat der Woche:
Tüchtiger Rockarbeiter gesucht. (Hier handelt es sich um einen Schneider, der auf „Männerjacken bzw. -röcke“ spezialisiert war.)

11.12. Auch in diesem Jahr sollen bei der Post zu Neujahr Hülfskräfte requiriert werden. Im letzten Jahr war der Betrieb so groß, daß die Briefträger allein nicht mehr mit der Flut von Neujahrswünschen fertig werden.

Inserat der Woche:
Als Weihnachtsgeschenk empfehlen wir schwarze Damenschürzen. Geschwister Junker.

30.12. Der Dilettantenverein hat auch dieses Jahr am zweiten Weihnachtstag vor vollbesetztem Saal eine Theateraufführung geboten. Der Reinerlös ist für die Kleinkinderschule, die seit sieben Jahren in Cronberg besteht, bestimmt.

Inserat der Woche:
Ein neuer cremefarbener Satin-Domino zu verkaufen.

1887

9.1. Die Cronberger Eisenbahn beförderte im Jahre 1886 insgesamt 323.993 Personen und 5997 Tonnen Güter. – Neben der Katholischen Kirche wird ein neues Pfarrhaus gebaut. Das alte Pfarrhaus befindet sich auf dem Doppes.

Inserat der Woche:
Ein fleißiges, gewandtes Mädchen in ein Vermietherhaus gesucht.

23.1. Es wäre sehr zu wünschen, wenn darauf gesehen würde, daß das schnelle Fahren durch die hiesigen Straßen unterbliebe. Trotzdem Warnungstafeln an den beiden Enden der Hauptstraße angebracht sind, geschieht dieses leider doch noch viel zu häufig, und wenn einmal ein Unglück geschehen ist, dürfte es zu spät sein.

Inserat der Woche:
Ein neuer, schön ausgeschlagener Einspänner-Schlitten ist preiswürdig zu verkaufen.

6.2. Auf Anregung des Taunusklubs, insbesondere der Sektion Cronberg, wurde beschlossen, im Burgturm eine neue Treppe herrichten zu lassen. Die alte Holztreppe bis zur höchsten Spitze ist sehr baufällig. Der Bergfried lockt zur Sommerzeit zahllose Besucher der schönen Taunus-Gegend an, von der stolzen Höhe herab in das weite Land zu schauen.

Inserat der Woche:
In Königstein ist die Stelle des Feldhüters, verbunden mit der des Maulwurffängers, vacant geworden und beträgt das Jahresgehalt 540 Mark. Anmeldungen werden im Bureau des Bürgermeisters entgegengenommen.

20.2. Die hiesige neue Carnevals-Gesellschaft veranstaltet wieder eine karnevalistische Abendunterhaltung zum Besten der Armen Cronbergs. Am Fastnachtssonntag gibt es einen kleinen Umzug durch die Straßen. Am Abend findet dann im Adler-Saal wieder das beliebte „Krankenbällchen" des Krankenunterstützungsvereins statt.

Inserat der Woche:
Masken, Nasen, Bärte, Narrenkappen, Perükken, Sterne, Schellchen, Münzen, Gold- und Silberlitzen empfiehlt in reicher Auswahl Balthasar Weidmann.

6.3. In unserem malerisch gelegenen Städtchen sind in den letzten Jahren zwei Rosen-Treibgärtnereien entstanden, die durch die Eigenart ihrer Einrichtungen und Erfolge ihres Betriebes die Beachtung der Fachwelt hervorragend in Anspruch nehmen. Es sind dies die Rosen-Treibgärtnereien von J. Huttenlehner (auf dem Gelände des 1890 erbauten Schlosses Friedrichshof Anm.) und von K. Eichenauer & Sohn, deren Maréchal-Niel-Rosen soeben in herrlichstem Blütenschmuck stehen. Herr Huttenlehner hat sieben Treibhäuser, ebenso groß ist die Anlage der Eichenauers.

Inserat der Woche:
In der Villa Huttenlehner wird ein zu jeder Arbeit williges Mädchen gesucht.

20.3. Der Taunusklub geht mit dem Plane um, zur Bezeichnung der Wege im Taunusgebirge das Farbensystem in Anwendung zu bringen. Die Wegweiser-Kommission hat mit den theoretischen Vorarbeiten begonnen.

Inserat der Woche:
Guter Dünger ist im Kurhaus Kronthal abzugeben.

3.4. In den preußischen Provinzen, so auch in Hessen-Nassau, werden Berufsgenossenschaften für die Unfallversicherung landwirtschaftlicher Betriebe gebildet. – Der hiesige Vorschußverein (heute Volksbank) hielt seine diesjährige Generalversammlung ab. Der Vorsitzende Wilhelm Neubronner erwähnte den günstigen Geschäftsgang. Der Verein zählt 309 Mitglieder und besteht seit nunmehr 25 Jahren.

Inserat der Woche:
Die Hundesteuer und das Maulwurfsfanggeld sind innerhalb von 8 Tagen zu entrichten. Kunz, Gemeinderechner.

18.4. Am kommenden Mittwoch, um 11 Uhr wird auf dem Rathaus die diesjährige Loh-Rinde aus dem Stadtwald versteigert. – Der Bau der neuen Wasserleitung schreitet gut voran. Bis zum Frühherbst kann sie in Betrieb genommen werden.

Inserat der Woche:
Verloren ging ein grünes Pappschächtelchen, das eine Schreibfeder mit Tinte gefüllt enthält. Der redliche Finder wird um Rückgabe gebeten.

29.4. In Kronberg wurde eine private höhere Schule gründet, ihr Leiter ist Herr Direktor Balzauweit. (Aus dieser kleinen Privatschule wurde das heutige Altkönig-Gymnasium).

Inserat der Woche:
Das Einhalten der Gänse wird wiederholt bei Strafandrohung in Erinnerung gebracht werden.

2.5. Die Stadt macht wiederholt darauf aufmerksam, daß die Arbeitgeber jede von ihnen eingestellte Person – Gehilfe, Lehrling – innerhalb 3 Tagen zur Ortskrankenkasse anmelden müssen.

Inserat der Woche:
Den Vertrieb der sehr beliebten Normal-Pflanzenfaser-Unterzeuge, welche nicht einlaufen, habe ich für Cronberg, Königstein und Falkenstein übernommen. Gg. Gundlach, Schneidermeister

13.5. Der bekannte Künstler, Mitglied der Cronberger Malerkolonie, Jakob Maurer, ist am 2. Mai hier in Cronberg verstorben. Er wohnte bis zuletzt im „Frankfurter Hof". Seine Freunde ließen ihm auf seine Grabplatte schreiben: Todt ist nicht todt, wer vergessen ist, ist todt! (Diese Grabplatte ist noch heute auf dem Friedhof erhalten).

Inserat der Woche:
Aechter Tokayer-Wein zur Stärkung für schwächliche Kinder!

15.5. Beim Feldbergsturntag in Frankfurt waren 33 Vereine vertreten. Mit Rücksicht auf das bevorstehende Deutsche Schützenfest in Frankfurt wird das Feldbergfest auf den 12. Juni verlegt. Beim Steinstoßen sollen in Zukunft eiserne Würfel verwandt werden, da sich die von Basalt und Granit ungleich abtragen.

Inserat der Woche:
Zur Entgegennahme von Abonnements und Annoncen für die „Cronberger Nachrichten" habe ich Herrn Balthasar Weidmann, Hauptstraße, eine Filiale übertragen. Phil. Kleinböhl, Königstein.

29.5. Der „Nassauer Hof", oder die Streitkirche, wie man dieses Gebäude in Cronberg nennt, ist in den Besitz von Herrn Dr. Julius Neubronner übergegangen. Er will nach dem Umbau seine Wohnung und die Apotheke dorthin verlegen. (Am 20. Juli 1891 zog die Apotheke in das Haus, sie befindet sich noch heute dort.)

Inserat der Woche:
Gut erhaltener Restaurationsherd zu verkaufen.

10.6. Zur Sicherung der Fahrgäste werden in den Eisenbahnwagen Notbremsen eingebaut.

Inserat der Woche:
Velocipedes für Kinder billig zu vermieten.

12.6. Heute fand, begünstigt vom schönsten Wetter, das 34. Feldbergfest statt. Der Extrazug um 5.06 Uhr morgens zählte 30 dicht besetzte Wagen und ebensoviel die folgenden. Trotz Sonnenschein blies aber den ganzen Tag über ein Nordostwind, der eine richtige Feststimmung nicht aufkommen ließ. Der Schluß des Festes fand wieder unter den Kastanien der „Germania" (heute Königsteiner Straße) statt.

Inserat der Woche:
Das Neueste in Damen-Haar-Verzierungen ist eingetroffen.

24.6. Der Bau der Hochdruckwasserleitung in Cronberg geht zügig voran. Der Feuerwehr stehen dann 65 Hydranten zur Verfügung, so daß in Zukunft keine Handpumpen mehr nötig sind.

Inserat der Woche:
3–4 Mädchen, die Haar- und Kleiderbürsten einziehen können oder erlernen wollen, werden eingestellt. H. Reul, Cronberg

26.6. Zur diesjährigen „Kirschenkerb" wird es eine Neuigkeit geben. Herr Kaiser wird mit seinem großen Salon-Etagen-Caroussell erscheinen. Die Stellplätze sind bereits vergeben. Es wird auf der Schirn und im Tanzhaus wieder ein großes Gedränge geben.

Inserat der Woche:
Die Steigerer des Holzes im hiesigen Wald werden hierdurch unter Strafandrohung aufgefordert, ihr Holz unverzüglich abzufahren. Jamin, Bürgermeister.

8.7. Bei der Sitzung des Taunusclubs wurde der Vorstand beauftragt, die nöthigen Schritte zu thun, damit ein Thurm auf dem Feldberg errichtet werde. (1901 war es soweit!)

Inserat der Woche:
Öffentliche Versteigerung in Oberhöchstadt: 18400 Cigarren in 4 Sorten!

10.7. Die katholische Kirchengemeinde plant neben der St. Peter und Paul Kirche ein neues Pfarrhaus zu errichten. Bisher wohnt der Pfarrer immer noch in dem alten Pfarrhaus auf dem Doppes, weit weg von seiner Kirche. Diesem Mißstand soll nun endlich abgeholfen werden.

Inserat der Woche:
Rohseidene Bastkleider (ganz Seide) per Stück 16.80 Mark.

22.7. Fast täglich, namentlich aber an Sonntagen kommen in Bad Kronthal Velociped-Fahrer an, die den Weg von Frankfurt via Soden benutzen. Es ist ratsam, von Soden aus, die Strecke durch den Soderner Wald zurückzulegen, da die Fahrstraße stark mit Steinen überfahren ist.

Inserat der Woche:
Eine junge, leichte Fahrkuh zu verkaufen.

24.7. Die Prüfung zur Befähigung zum Betriebe des Hufbeschlag-Gewerbes werden in Frankfurt und Wiesbaden durchgeführt. Die Meldungen sind an den Kreistierarzt zu richten.

Inserat der Woche:
Zwei Fox-Terrier, hochfeine Exemplare, sind preiswürdig abzugeben.

5.8. Mit Beginn der Ferienzeit ist es an den Kronthaler Mineral-Quellen besonders lebhaft geworden. Das Kronthaler Kurhaus, durch wesentliche Verschönerungen und Wegeanlagen in die Waldreviere des Taunusgebirges bereichert, ist ein beliebter Aufenthaltsort geworden.

Inserat der Woche:
Friedrichsdorfer Kamisole bei Balth. Weidmann in Cronberg.

7.8. In Falkenstein feierten Personal und Patienten mit Dr. Dettweiler dessen Geburtstag.

In der Heilanstalt ist dieser Tag immer ein besonderes Fest.

Inserat der Woche:
Eine Break, passend für Metzger und Flaschenbierhändler, preiswürdig zu verkaufen.

19.8. Gemäß §§ 70–94 des Gemeindegesetzes sind die Bürgerrechtsgelder für die Zeit von 1884–88 durch die Gemeinderäte mit Zustimmung des Amtsbezirksrates in Königstein wie folgt festgesetzt:
Cronberg: 5 Mark Bürgerantrittsgeld, 20 Mark Bürgeraufnahmegebühr.
Oberhöchstadt: 8,85 Mark bzw. 85,71 Mark!
Schönberg: 3,40 Mark bzw. 30 Mark!
(Das Bürgerrecht zu erhalten war zu damaliger Zeit immer noch ein recht teures „Vergnügen").

Inserat der Woche:
Ich warne hiermit jedermann, meinem Mann etwas zu borgen, indem ich für nichts hafte. Frau Ph. W. Cronberg

21.8. der Würgeengel der Kinder, die Diphteritis, breitet sich wieder aus. In Frankfurt sind in einer einzigen Woche neun Kinder der schweren Krankheit zum Opfer gefallen.

Inserat der Woche:
Eine englische Mistgabel ist verloren worden. Der Finder erhält 1 Mark Belohnung.

2.9. Der klerikale „Nassauer Bote" bestätigt, daß wegen der hohen Kirchensteuer in Cronberg 13 Familienväter vor dem Amtsgericht ihren Austritt aus der kath. Kirche erklärt haben.

Inserat der Woche:
Patent-Dreschmaschine liefert Glattstroh und reinigt bei nur 2spännigem Betrieb.

16.9. Bei Bauarbeiten zur neuen Wasserleitung kam der alte Schwammborn, oder wie er wohl richtiger hieß, Schwanger- oder Schwengerborn, an der Ecke der Eichenstraße wieder zum Vorschein. Man hat ihn mit der Leitung umgangen, weil man befürchtet, durch Zuwerfen die anliegenden Hausbesitzer zu schädigen. (Bei Bauarbeiten 1975 an der Friedrich-Ebert-Straße kam dieser Brunnen wiederum zum Vorschein, wurde aber nun endgültig zugemauert.)

Inserat der Woche:
Eine größere Partie Dickwurz wird centnerweise frei ins Haus geliefert.

25.9. Die Bauarbeiten für die neue Wasserleitung sind nahezu beendet. In Kürze schon kann sie in Betrieb genommen werden. Am Rothen Hang wurde ein Wasserbehälter errichtet.

Inserat der Woche:
Durch den am 15. Oktober in Kraft tretenden Winterfahrplan sind 16 Trambahnpferde überzählig geworden. Sie stehen zum sofortigen freihändigen Verkauf. Die Betriebs-Direction der Frankfurter Trambahngesellschaft.

30.9. Die Auswanderungslust im gesamten Obertaunuskreis macht sich wieder stark bemerkbar. Gestern sahen wir wieder eine Anzahl junger Leute von ihren Angehörigen Abschied nehmen, da dieselben die große Reise über den Ocean antraten, um „drüben" ihr Glück zu suchen.

Inserat der Woche:
Neue Haarzöpfe, von 3 Mark an das Stück. Aus ausgekämmten Haaren werden Zöpfe, Chignons und Locken billigst angefertigt.

9.10. Zum ersten Male bewährte sich die neue Wasserleitung bei einem Brande. In der Scheune des Gastwirtes Heinrich Weidmann brach ein Feuer aus, das dieselbe vollständig zerstörte. Dank der schnellen Wasserbeschaffung konnte jedoch das Vieh gerettet werden.

Inserat der Woche:
Normal-Pflanzenfaser-Unterzeuge, welche nicht einlaufen und nicht filzen, zu haben bei Georg Gundlach.

18.10. am 10. Oktober konnte die neugebaute Hochdruckwasserleitung in Betrieb genommen werden. Diese hat vor allen Dingen für die Feuerwehr einen großen Wert. Das konnte man beim letzten Brand im Gasthaus Kegelbahn merken. Die Löscharbeiten wären sehr viel leichter gewesen, wenn die Wasserleitung schon fertig gewesen wäre.

Inserat der Woche:
1 schwarzer Dachshund kann gegen Inserationsgebühr im Feldberghaus beim Hausknecht in Empfang genommen werden.

23.10. Infolge ungünstiger Witterung und vorzeitigem Frost hat die Kastanienernte früh eingesetzt. Sie fällt jedoch nicht gut aus. Seit Eröffnung der St. Gotthard-Bahn wird durch die leichte Ausfuhr aus Italien dem hiesigen Verkauf ein Mitbewerb geboten. So kommt es, daß viele ihre Kastanienhaine, die nicht mehr lohnend sind, mit Äpfel- und Zwetschgenbäume bepflanzen. Auf diese Weise dürften in nicht allzuferner Zeit die hiesigen Kastanienbäume eine Seltenheit werden. Um der Ausrottung vorzubeugen, ist der hiesige Verschönerungsverein bemüht. Es sollen passende Ländereien und Wege neu mit Kastanien bepflanzt werden. Ein Bestreben, welches allgemeine Anerkennung findet.

Inserat der Woche:
Zum Einrahmen passend! „Unsere Hohenhollern", der Kaiser mit seinem ältesten Urenkel im Wagen fahrend, begleitet von Kronprinz Wilhelm zu Pferde. Eine Gratisbeigabe zum Volkskalender „Deutscher Reichsbote" für das Jahr 1888.

28.10. Am kommenden Mittwoch findet in Neuenhain die Weinlese statt. Kaufliebhaber werden darauf aufmerksam gemacht, daß Qualität und Quantität nichts zu wünschen übrig lassen.
(Auch in Kronberg wurde um diese Zeit noch hier und da Wein angebaut. Im Jahre 1907 wurde der letzte Weinberg im Philosophenweg an die Familie Meister verkauft.)

Inserat der Woche:
Arabische Gummikugeln und von den Ärzten empfohlene Brustbonbons beseitigen auch veralteten Husten.

6.11. Vor wenigen Tagen hat es zum ersten Mal geschneit. Auf den Feldern war noch nicht alles abgeerntet, deshalb ist der frühe Frost sehr schlimm. – Das Auswürfeln oder Ausknobeln von Bier ist von den Gerichten als Glücksspiel im Sinne des Strafgesetzbuches erkannt worden, es wird darum bestraft.

Inserat der Woche:
Bei dem Unterzeichnenden liegen 2 000 Mark aus den hiesigen evangelischen Kirchenfonds zum sofortigen Ausleihen gegen doppelte Sicherheit bereit. Bleichenbach, Kirchenrechner

11.11. Aus dem Amtsgericht: Ein Verurtheilter, welcher eine längere Freiheitsstrafe zu verbüßen hatte, sollte auf Bitten seiner Frau auf freien Fuß gesetzt werden. Er bat den Richter, diesem Andringen nicht Gehör geben zu wollen, denn seine Frau quäle ihn sonst zu Tode. Seiner Bitte wurde entsprochen.

Inserat der Woche:
Bestens zu empfehlen: Haarfärbemittel, besonders für Damen geeignet, aber auch für Schnurrbärte.

20.11. Starker Schneefall hat Wald und Flur das Winterkleid gebracht. – In Falkenstein sind die Masern ausgebrochen. In einer Familie sind zwei Kinder daran gestorben. In Cronberg gibt es einige Fälle von Diphteritis.

Inserat der Woche:
„Vom Fels zum Meer", größte deutsche Familien-Monatsschrift. In der nächsten Ausgabe „Jungfrau im Alpenglühen".

25.11. Wie vorsichtig man beim Schneiden von Hühneraugen sein muß, beweist wieder nachstehender Fall: ein junger Mann von hier schnitt sich die Hühneraugen derart, daß es blutete, der Fuß schwoll an, so daß das Schlimmste zu befürchten war. Nur der besten Pflege hat er es zu danken, daß er nach 14 Tagen wieder das Zimmer verlassen konnte.

Inserat der Woche:
1 Pince-nez (Zwicker) mit blauem Glas wurde verloren.

4.12. In Gegenwarth des Herrn Landraths von der Heydt fand in Schönberg die Bürgermeisterwahl statt und wurde an Stelle des bisherigen Bürgermeisters Jäger der Gemeinderechner Peter Müller gewählt.

Inserat der Woche:
Ich führe in meiner Wohnung demnächst einen Unterrichts-Cursus in „weiblichen Handarbeiten im bürgerlichen Haushalt" durch. Ausbessern und stopfen von Weißzeug und Kleidungsstücken, zuschneiden und Fertigung von Herren- und Damenhemden, einfachen Kleidern, Hosen und Jacken.

9.12. Die weltberühmte Falkensteiner Heilanstalt (heute Taunusklinik) ist auch in diesem Winter sehr stark frequentiert und damit wohl der beste Beweis geliefert, wie segensreich solche Winterstationen für Brust- und Lungenleidende wirken.

Inserat der Woche:
Als Weihnachtsgeschenk empfohlen: Schwarze Damenschürzen, Herren- und Kinderkragen, Rüschen, Corsetts usw. Geschw. Junker

18.12. Die Diphteritis-Epidemie greift wieder um sich, schon sind einige Kinder daran gestorben. Um eine weitere Ausbreitung zu verhindern, sind auch in Cronberg alle drei Schulen geschlossen worden.

Inserat der Woche:
Im Hause der Frau Pichler in Cronberg ist ein gußeiserner Herd mit Wasserschiff zu verkaufen.

23.12. Vergangene Woche kam in Eppenhain ein fremder Mensch mit dem Vorgeben, von einem Cronberger Wirth beauftragt zu sein, für dessen Rechnung eine Sau zu kaufen. Der Landmann, dem der genannte Wirth bekannt ist, übergab dem Unbekannten die Sau im Wert von 53 Mark. Der Schwindler versilberte seine Beute in Falkenstein für 30 Mark. Der Eppenhainer Landmann hat das Nachsehen, denn bis jetzt konnte der Gauner nicht ermittelt werden.

Inserat der Woche:
Am 24.Dezember ist das Postlokal von 8 Uhr morgens bis 7 Uhr abends geöffnet.

31.12. Das neue Jahr stellt sich mit starker Kälte ein. Es gab Schneefälle in sehr hohem Maaße. Die Kälte ist beträchtlich. Aus Frankfurt wird gemeldet, daß der Main vollständig zugefroren ist.

Inserat der Woche:
Ein bejahrter, alleinstehender Wittwer mit etwas Landwirtschaft sucht eine ältliche, brave Person zur Führung der Haushaltung, dieselbe muß das Vieh füttern und melken können.

1888

6.1. Der Bürgermeister von Oberhöchstadt war um eine Gehaltserhöhung gekommen. Der Gemeinderath hat sich dagegen ausgesprochen, und so konnte der Amtsbezirksrath diesem Gesuche nicht entsprechen.

Inserat der Woche:
Feinste Brautkränze in Wachs!

15.1. Am Neujahrstag wurde der Feldberg von vier Frankfurter Herren bei prächtigstem Winterwetter bestiegen. Der Aufstieg erfolgte über Cronberg und Königstein bis zum „Rothen Kreuz" auf gebahnter Landstraße. Von hier, wo jede menschliche Spur aufhörte, erforderte die sonst halbstündige Strecke bis zum Gipfel bei mindestens zwei Fuß hohem Schnee den Zeitaufwand von weit mehr als einer Stunde. Unter Benutzung einer Jägerspur erfolgte der Abstieg zur Kanonenstraße nach Oberursel. Der ganze Marsch erforderte mit Rast auf dem Gipfel fast zehn Stunden. Das Feldberghaus war geschlossen, so lebten die Touristen von ihrem mitgeführten Proviant.

Inserat der Woche:
Wand- und Comptoir-Kalender für das Jahr 1888.

20.1. Bei einer Wanderung des Taunusklubs auf den Feldberg wurde mittels „Pedometer" (Schrittmesser) die Entfernung vom Bahnhof Cronberg bis zur Fuchstanzhütte gemessen. Es sind genau 4958 Schritte, von da bis zum Feldberg 2242 Schritte. (Haben Sie Lust, das nachzumessen? Es wäre eine gute Trimm-dich-Gelegenheit!)

Inserat der Woche:
Keine Zahnschmerzen mehr! Wir zahlen 1 000 Mark, wenn Sie nach Gebrauch von Goldmanns Kaiser-Zahnwasser jemals wieder Zahnschmerzen haben!

29.1. Herr Generalsekretär Müller vom Landwirtschaftlichen Verein aus Wiesbaden hielt dahier einen Vortrag über die Anwendung des künstlichen Düngers in unseren Gärten, Wiesen und Feldern, bei Obstbäumen etc. Die Versammlung war sehr zahlreich besucht.

Inserat der Woche:
Die Gicht-Ableitungs-Apparate des wirklich ersten und alleinigen Erfinders haben eine solche Verbreitung erlangt, daß sie einer weiteren Anpreisung nicht mehr bedürfen. Nichtsdestoweniger werden die Leser auf den beiliegenden Prospekt aufmerksam gemacht.

12.2. Der hiesige Carnevalsverein veranstaltet einen närrischen Lampionszug durch die Straßen der Stadt, anschließend will man noch gemütlich beisammen bleiben.

Inserat der Woche:
Der heutigen Ausgabe liegt eine Reihe beglaubigter Dankschreiben von Kunden und Apotheken über Apotheker Brandts Schweizer Pillen bei. (Ein bekanntes Abführmittel, Anm.)

17.2. Cronberger Obst sowie Bäumchen aus Cronberger Baumschulen stehen immer noch im besten Rufe. Im letzten Jahr wurden mehr als 20 000 Stück junge Obstbäume verkauft.

Inserat der Woche:
Demjenigen 10 Mark Belohnung, welcher mir den Frevler, der in der letzten Nacht eine Anzahl Weinreben mittels Säge abgeschnitten hat, behufs gerichtlicher Bestrafung namhaft macht!

26.2. Die Arbeiten zur Erbauung eines Arrest- und Wachlokals für die Stadtgemeinde soll in öffentlicher Submission vergeben werden. (Das alte „Bolles" – so nannte man diese Arrestzellen – war im Schweinehirtenhaus auf dem Graben untergebracht. Wegen Baufälligkeit wurde es niedergelegt. Die Zelle wurde dann im Keller des 1892 erbauten Schulhauses untergebracht.)

Inserat der Woche:
In Villa Huttenlehner wird ein zu allen Arbeiten williges Mädchen gesucht. (Die Villa Flora, wie das Haus auch genannt wurde, stand auf dem Gelände von Schloß Friedrichshof, hinter dem Kaiser-Friedrich-Denkmal, wurde abgetragen und in der Frankfurter Straße 15 wieder aufgebaut. Heute gehört sie der Firma Nauheim, im Erdgeschoß ist die Kreissparkasse untergebracht.)

3.3. Die Eislieferanten, deren es in Cronberg auch einige gibt, haben wieder gute Geschäfte gemacht. Die Hauptabnehmer sind die Bierbrauereien in Sachsenhausen. Dieselben haben bis zu 80 000 Zentner Eis gelagert. Für den Zentner wird gegenwärtig 60 bis 70 Pfennig bezahlt.

Inserat der Woche:
Empfehle Dienstschilder nach Vorschrift für die Herren Bürgermeister: Oben Bürgermeisterei, unten der Name der Gemeinde!

11.3. Der Verschönerungsverein beteiligt sich an den Kosten, die dem Taunusclub durch die Renovation der Treppe im Burgthurm bis zum Rundgang entstanden sind. Der weitere Ausbau der Treppe bis zum Thurmstübchen erfordert noch einmal 5–600 Mark.

Inserat der Woche:
Normal-Pflanzenfaser-Unterzeuge, welche nicht einlaufen und nicht filzen zu haben bei Gg. Gundlach.

17.3. Bekanntmachung: Durch Beschluß des unterzeichneten Gerichts vom heutigen ist der Metzger Conrad A. aus Niederhöchstadt für einen Verschwender erklärt worden. Kgl. Amtsgericht I

Inserat der Woche:
Zur bevorstehenden Confirmation empfehle ich: weiße und farbige Kleiderstoffe, fertige Hemden für Mädchen und Knaben zu billigsten Preisen.

25.3. Die neu erbaute katholische Kirche hat durch die rastlosen Bemühungen des Herrn Dekan Ehrlich und dank der Opferwilligkeit hiesiger und auswärtiger Freunde jetzt auch eine würdige innere Ausstattung erhalten. Der Wunsch zur Erhöhung der Feier an Festtagen einen Kirchenchor zu gründen, fand nun die wärmste Aufnahme und bildete sich ein solcher aus ca. 20 Mitgliedern verschiedener hiesiger Gesangvereine. Am Lichtmeßtag legte der Chor bereits Proben seiner Tätigkeit ab, die jeden überraschen mußten.

Inserat der Woche:
Ganz seidene bestickte Foulars per Meter 1.90.

8.4. In der Stadtgemeinde Cronberg soll eine Accisaufseherstelle (Steuerfachmann) neu besetzt werden. Lusttragende sollen sich unter Vorlage ihrer Atteste und eines selbstgeschriebenen Lebenslaufes mit Angabe der Gehaltsansprüche binnen einer Woche beim Bürgermeister melden.

Inserat der Woche:
Durch den Beschluß des hiesigen Gemeinderathes, die Accistarife anzuheben, sehen wir uns gezwungen, den Preis sämmtlicher Sorten Branntwein um 2 Pfennig per 1/2 Liter zu erhöhen. Eduard Bonn, Ludwig Stein.

22.4. Die Sektion B des Lehrervereins Obertaunus hält am Sonntag seine Frühjahrsversammlung ab. Lehrer Remsberger von hier hält dabei einen Vortrag über das Thema: „Wodurch kann in der Schule die Ruhe erhalten werden?“

Inserat der Woche:
Alten und jungen Männern wird die Schrift „Gestörte Nerven- und Sexual-Systeme" empfohlen.

28.4. Die diesjährige Frühjahrs-Controllversammlung findet kommende Woche in Königstein statt. Zu erscheinen haben alle Reservisten, Landwehrmänner und Dispositions-Urlauber. Das Mitbringen von Schirmen und Stöcken ist streng untersagt.

Inserat der Woche:
Dr. Spanger'sche Magentropfen bewirken schnell und schmerzlos offenen Leib und machen Appetit!

6.5. Mit dem gestrigen Tag verließ Herr Steuereinnehmer Decius nach achtjähriger Wirksamkeit hierselbst unsere Stadt, er wurde an das Steueramt in Ems versetzt. Herr Supernumerar Horz aus Wiesbaden ist mit der vorläufigen Verwaltung des hiesigen Steueramtes beauftragt.

Inserat der Woche:
Verloren ging ein grünes Pappschächtelchen, welches eine Schreibfeder mit Tinte gefüllt enthält. Der redliche Finder erhält eine Belohnung.

12.5. Die Vergnügungszügler, die am vergangenen Wochenende nach Niederhöchstadt und Cronberg fuhren, mußten mittags bei Eschborn mitten im Feld bei einem colosalen Regen liegenbleiben, weil der Locomotive die Feuerbuchse gebrochen war. Die Fahrgäste wollten gerade die Locomotive vorwärts schieben, als es mittels Winde gelang, den Kessel wieder in seine Lage zu bringen, worauf mit Vorsicht weitergedampft wurde.

Inserat der Woche:
Armes, schwaches, verdorbenes und wässeriges Blut in kräftige Flüssigkeit umzuwandeln geschieht angenehm durch den „Parai'schen Klostertrank".

20.5. Aus Berlin kommen beruhigende Nachrichten. Gewiß ist es ein schweres Leiden, mit dem unser verehrter Kaiser Friedrich zu kämpfen hat, doch bleibt ein Hoffnungsstrahl, da der hohe Patient selbst mit aller Energie gegen die Krankheit kämpft. – Die Eisheiligen haben ihrem Namen alle Ehre gemacht, doch trotz der kühlen Witterung war am Himmelfahrtstag ein lebhafter Taunusverkehr.

Inserat der Woche:
Die Eröffnung des Cronberger Schwimmbades in der Nähe des Bahnhofs (der Bach war leicht gestaut) erfolgt am 9. Juni. Badezeiten für Herren morgens von 6–9 Uhr, Damen und Mädchen von 9–12 Uhr, für die Knaben von 12–13 Uhr. Es ladet ein zur gefl. Benutzung, Hermann Ochsler.

26.5. Beim Schullehrer-Seminar in Usingen findet ein vierwöchiger Turnkursus für im Amte stehende Volksschullehrer statt. Diejenigen Lehrer, welche bereit und geneigt sind, an diesem Kursus teilzunehmen, wollen sich gefälligst bei dem Unterzeichneten binnen acht Tagen melden. Königl. Schulinspektor: E. Vömel

Inserat der Woche:
Eine geprüfte Wartefrau sucht sofort Stelle.

3.6. Herr Sanitätsrath Dr. Peter Dettweiler, Dirigent der Heilanstalt in Falkenstein, ist der Charakter als Geheimer Sanitätsrath verliehen worden. – Die Cronberger Eisenbahn beförderte am 1. Pfingsttag mehr als 7 000 Personen. Zwischen Bad Soden und Kronthal rammte ein sogenannter Kremser, der mit 24 Personen besetzt war, einen Abweisstein, wobei zwei Räder brachen und sämtliche Personen auf die Straße geschleudert wurden.

Inserat der Woche:
50 Mark Belohnung demjenigen, der mir den Täther, der am „Langen Weg" (heute Kronthaler Weg Anm.) meine Bäumchen geschält hat, so namhaft macht, daß ich ihn gerichtlich belangen kann. Fritz Krieder, „Neuer Bau"

9.6. Das 1. Bataillon des Infantrie-Regiments Nr. 81 wird in der kommenden Woche am Montag und Dienstag ein gefechtsmäßiges Schießen mit scharfen Patronen auf den Hünerberg-Wiesen abhalten. Das gefährdete Terrain wird mit Posten abgestellt. Die Herren Bürgermeister der benachbarten Gemeinden wollen dies zur allgemeinen Kenntniß bringen. Der königl. Landrath Frhr. v. Heydt

Inserat der Woche:
Sterbemedaillen S. Majestät des Kaisers in allerfeinster Ausführung!

18.6. Die Trauerkunde vom Ableben unseres allverehrten und geliebten Kaisers und Königs Friedrich III. hat auch unsere Stadt tief betroffen. Gestern begann um 1 Uhr das Trauergeläte in beiden Kirchen, sämtliche Schulen wurden sofort geschlossen, von vielen Privathäusern wehen schwarz umflorte Fahnen.

Inserat der Woche:
Die billigste Tageszeitung Deutschlands, die „Berliner Abendpost" erscheint täglich. Abonnement 1 Mark pro Quartal.

23.6. Der Kunstmaler Philipp Rumpf, Mitglied der „Cronberger Malerkolonie" und seit 1875 ständig in Cronberg, erhielt den Professorentitel.

Inserat der Woche:
Violin-Dilettant zu Klavieraccompagnement gesucht.

8.7. Das diesjährige Kirchweihfest erfreut sich nicht der Gunst des Himmels, trübe Wolken bedecken den Himmel und es ist empfindlich kühle. Doch in den Sälen verspürt man nichts von diesem Trübsinn, es wurde fleißig getanzt. – In der gegenwärtigen Kirschenzeit dürfte es am Platze sein, darauf hinzuweisen, wie gefährlich die Unsitte des Mitschluckens von Steinen sein kann. Auf einem Hof n der Nähe liegen zwei Kinder, welche Kirschen und Kerne außen, auf den Tod darnieder.

Inserat der Woche:
Cigarrenspitzen mit Ansicht von Cronberg empfiehlt Balthasar Weidmann

21.7. Am Vorabend des Geburtstages Seiner Hoheit, des Herzogs Adolf von Nassau, wird, wie alljährlich, bei Eintritt der Dunkelheit die Burgruine Königstein bengalisch beleuchtet. (Herzog Adolf von Nassau, geboren am 24. Juli 1817 mußte im September 1866 sein Land verlassen. Er hatte auf österreichischer Seite gegen die Preußen gekämpft. Preußen annektierte das Herzogtum Nassau und Kurhessen. Herzog Adolf kehrte nie mehr wieder nach Wiesbaden zurück. Er lebte lange Jahre in Königstein und Frankfurt. Auf Grund von Erbverträgen wurde er, 73jährig, im Jahre 1890 Großherzog von Luxemburg. Seine nassauischen Landeskinder aber vergaßen ihren Herzog nicht. Sie feierten alljährlich seinen Geburtstag, als sei er noch immer ihr Landesherr. Er starb am 17. November 1905.)

Inserat der Woche:
Unberegnetes Heu in bester Qualität zu verkaufen.

22.7. Das miserable Wetter ärgert seit mehr als zwei Wochen die Menschheit. Es regnet und stürmt, es ist kalt, von Sommer keine Rede. – Das Feldbergfest fällt wegen der schlechten Witterung aus, stattdessen soll am 29. Juli hier im Schleiferschen Garten das Wetturnen stattfinden. – Mit Genehmigung des Kaisers wird die verwitwete Kaiserin und Königin Victoria den Namen Kaiserin und Königin Friedrich führen.

Inserat der Woche:
„Der Kaffee in seinen Beziehungen zum Leben", eine Schrift von Dr. Boehnke-Reich.

4.8. Die Mineralbäder in Kronthal, deren Zubereitung mit Dampf geschieht, erfreuen sich seitens der Kurfremden Kronthals und Cronbergs regen Zuspruchs. Auch von den Königsteiner Gästen werden dieselben täglich frequentiert.

Inserat der Woche:
Geruchslos werden die Aborte leicht mit wenig Pfennig durch das hochmoderne Verfahren, von Herrn Apotheker Dr. Werner entwickelt.

5.8. In der General-Versammlung des Kurvereins wurde beschlossen, dem Taunus-Club, Sektion Cronberg, 100 Mark zum Bau der Treppe im hiesigen Schloßturm (Burg) zu überweisen, ferner sollen sechs neue, schöne und massive Ruhebänke für die auswärtigen Gäste aufgestellt werden.

Inserat der Woche:
Eine gut erhaltene Kelterschraube mit colossalem Eisenwerk preisgünstig abzugeben im „Neuen Bau“ Cronberg.

18.8. Der 11jährige Sohn des Bahnwärters von Griesheim ist seinem Vater entlaufen. Er soll zuletzt in einer Backsteinbrennerei in Niederhöchstadt gearbeitet haben. Die Polizeibehörden werden ersucht, nach dem Knaben zu recherchieren und im Betretungsfalle anzuhalten und dem königl. Amt in Höchst direct zuführen zu lassen.

Inserat der Woche:
Vergiftet wurde mir vor einigen Tagen von bübischer Hand ein werthvoller Hund. 20 Mark Belohnung für denjenigen, der mir den Thäter nennen kann. Gg. Burckhardt, Metzgermeister

19.8. Die zum Kellergeschoß des neuen Schulhauses zu Cronberg erforderlichen Erd-, Maurer- und Steinmetzarbeiten sollen durch schriftliches Angebot vergeben werden. Die Zeichnungen sind bei dem königl. Baurath Holler in Homburg einzusehen.

Inserat der Woche:
Viehversteigerung auf Gut Hohenwald in Oberhöchstadt gegen Baar. Hirt, Gutsbesitzer

1.9. Die Heidelbeerernte ist vorüber. Gar mancher ärmere Bewohner unseres Taunus hatte sich durch sie eine ansehnliche Einnahme verschafft. Auch die Himbeerernte brachte gute Ergebnisse. Der halbe Liter wurde zu 10 Pfennigen verkauft.

Inserat der Woche:
Der Kaiser auf dem Totenbett! Getreu nach der Natur gezeichnet. Ein Friedensfürst und Held der eisernen Pflicht!

2.9. I.M. die Kaiserin Friedrich traf im neuen Centralbahnhof in Frankfurt ein. Nachdem sie dort den Kaffee eingenommen hatte, kam sie mittels Extrapost in strengstem Inkognito nach hier zur Besichtigung der von ihr zu erwerbenden Villa Reiß. Nach eingehender Besichtigung, die ca. zwei Stunden dauerte, wurde die Weiterreise nach Homburg fortgesetzt. Die Kaiserin soll sich sehr günstig über die Lage der Villa ausgesprochen haben.

Inserat der Woche:
Peter Kopp aus Oberhöchstadt hat ein Portemonnaie mit Geld gefunden und ist bereit, dem Eigenthümer dasselbe nach Ausweisung zuzustellen.

15.9. Aus dem Schöffengericht Königstein: Ein Tagelöhner aus Cronberg erhielt wegen Werfens mit Steinen gegen ein fremdes Haus 2 Tage Haft.

Inserat der Woche:
Neueste Erfindung! Hühneraugenbürste, mittelst derselben sind Hühneraugen binnen weniger Stunden völlig schmerzlos zu entfernen!

16.9. Die Jäger klagen sehr über das spärliche Vorkommen von Feldhühnern, die vielfach durch das nasse Wetter und die kalte Witterung schon in der Brut eingingen. Auch die gestern aufgegangene Hasenjagd verspricht wenig, indem der erste Satz Hasen durch den späten Schnee zugrunde gerichtet wurde.

Inserat der Woche:
Morgen Vormittag 11 Uhr werden auf dem hiesigen Rathhaus eine Partie alter steinerner Brunnensärge, sowie das auf dem Schirnplatz stehende Wasserbassin – welches durch die neue Wasserleitung überflüssig ist – öffentlich versteigert. Der Bürgermeister: Jamin.

29.9. Mehr denn je scheint die Wilddieberei in hiesiger Gegend betrieben zu werden. Trotz aller Nachforschungen und Haussuchungen auch in den umliegenden Gemeinden, konnten die Wilderer bisher nicht gefaßt werden.

Inserat der Woche:
Zu verkaufen gut erhaltener Ziegenbock.

30.9. Der Kauf der Villa Reiß durch die Kaiserin Friedrich ist perfekt. Anläßlich dieses frohen Ereignisses haben viele Bürger unseres Städtchens ihre Häuser beflaggt. Seit der Kauf bekannt ist, kommen viele Gäste nach Cronberg, um die Villa Reiß anzusehen, besonders viele Engländer sind unter den interessierten Besuchern.

Inserat der Woche:
Elegantes Palisander-Piano zu verkaufen Hotel Deutscher Kaiser, Kronberg. (Es stand an der Ecke Königsteiner Straße/Merianstraße)

13.10. Cronberg prangt im Flaggenschmuck. Nach längeren Verhandlungen hat sich die Kaiserin Friedrich entschlossen, die Villa Reiß und ein großes Parkgelände zu erwerben. Sie wird dort ihren Witwensitz errichten lassen. Um ihrer Freude darüber Ausdruck zu geben, hat die Bevölkerung von unserem Städtchen ihre Häuser mit Fahnen geschmückt.

14.10. Der Oktober hat sich nicht schön eingeführt. Er brachte frühen Frost, Stürme und im Gebirge den ersten Schnee. Und das zu einer Zeit, in der die Obsternte im Gange ist und die meisten Kartoffeln noch im Felde stecken.

Inserat der Woche:
„Deutsche Bomben-Karte", eine neue Skatkarte, die eine Vereinigung des französischen und des Deutschen Systems ist und auf eine pakkende, vaterländische Idee basiert. Auf feinstem Papier mit vergoldeten Ecken je Stück 1 Mark.

28.10. Zur Arrondirung ihres neuen Besitztums hat Ihre Majestät die Kaiserin Friedrich die Villa Flora des Herrn Huttenlehner und seine Rosenzüchterei gekauft. (Das Haus wurde abgerissen und an der Frankfurterstraße wieder aufgebaut, heute befindet sich dort die Filiale der Kreissparkasse Anm.) – Am Samstag vormittag gelangen auf der hiesigen Bürgermeisterei die Beträge für die durch Vermittlung des Herrn B. Strauss an Ihre Majestät verkauften Grundstücke zur Auszahlung.

Inserat der Woche:
Der Philosophenweg ist wegen Legung einer Wasserleitung gesperrt. Jamin, Bürgermstr.

10.11. Die ärztliche Erfahrung, daß es sehr nachtheilig ist, wenn bei Benutzung von eisigkalten Betten dem Körper Wärme entzogen wird, hat der deutschen Industrie zur Herstellung eines geeigneten Apparates den Antrieb gegeben. Eine Firma in Köln erfand einen Rohr-Bettwärmer, der patentiert wurde.

11.11. Die Herren Johann Heinrich Weidmann, Wirth, Heinrich Haas, Tüncher, Heinrich Kunz, Schlosser, Heinrich Fischer, Schuhmacher, Heinrich Johann Müller, Gärtner wurden für das Jahr 1889 als Schöffen am Amtsgericht Königstein ausgelost. – Von einem Weiher in Oberrad wurde bereits 1 1/2 Zoll dickes Eis eingebracht und zu 12–15 Pfennig per Zentner verkauft.

Inserat der Woche:
Die Lieferung und Herstellung von zwei Schlauchwagen für die Stadtgemeinde Cronberg sollen öffentlich vergeben werden. Inter-

essenten erfahren Näheres auf dem hiesigen Rathaus. Jamin, Bürgermeister

24.11. Die Lehrvicarstelle in Schönberg ist in eine regelrechte Lehrerstelle umgewandelt worden. Der zweite Lehrer erhält eine jährliche Besoldung von 900 Mark.

Inserat der Woche:
Frauen und Mädchen, welche eröffnende Mittel anwenden, sollen nicht versäumen, mit Brandts Schweizer Pillen einen Versuch zu machen.

25.11. Neben den „Cronberger Nachrichten", die in Königstein gedruckt wurden, hat nun hier Herr Adam Andrée ebenfalls eine Zeitung gegründet, die sich „Cronberger Anzeiger" nennt. (Nach anfänglichen Schwierigkeiten und auch einer Einstellung des Druckes für etwa zwei Jahre, florierte diese neue kleine Zeitung und wurde in den folgenden Jahrzehnten von den Kronbergern nur „des Blättche" oder auch – weniger schmeichelhaft – als „Keesblatt" bezeichnet. Anm.)

Inserat der Woche:
Festgeschenke für junge Damen „Im Mai des Lebens", eine frische, spannende und geistig veredelnde Lektüre für erwachsene Mädchen.

8.12. Der Taunusclub hat in den letzten Jahren in den ärmeren Orten des Hintertaunus Weidenpflanzungen angelegt, um der bedürftigen Bevölkerung dieser Dörfer einen neuen Erwerbszweig zu bieten. – Durch die Schaffung von Aussichtstürmen, neuen Wanderwegen und Wegweisern bietet der Taunusclub den Wanderern einen Anreiz. Der Fremdenverkehr ist merklich angestiegen.

Inserat der Woche:
Als Weihnachtsgeschenke zu empfehlen: Rüschen, Bänder, Cravatten, Negligé-Häubchen, Corsetts, Hosenträger etc.

9.12. SM Kaiser Wilhelm II. haben allergnädigst zu genehmigen geruht, daß einem Wunsch IM Kaiserin Friedrich entsprechend die von Allerhöchst derselben vor kurzem käuflich erworbene Villa Schönbusch den Namen „Friedrichshof" erhält.

Inserat der Woche:
Dem geehrten Publikum theile ich die Eröffnung meiner „Weihnachtsausstellung" mit. Balth. Weidmann, Hauptstraße 25.

22.12. Der hiesige Turnverein veranstaltet am 2. Weihnachtsfeiertag seine diesjährige Christbescheerung. Der Dilettantenverein lädt ein zu einer Theateraufführung.

Inserat der Woche:
Am 29. 12. wird das Spülicht und Knochen auf dem hinteren Kasernenhof in Homburg an den Meistbietenden vergeben. Die Menage-Commission 3. Bataill. Reg. 80.

23.12. Mit dem Neubau einen Schul- und Rathhauses scheint es nun ernst zu werden. Die Arbeiten sind ausgeschrieben, der Bauplatz steht fest. Nach der Katharinenstraße zu wird das Rathhaus in drei Räumen untergebracht, im Souterrain die Wachlokalitäten und zwei Gefängnisse. In den ersten Stock kommt ein großer Gemeindesaal, der gleichzeitig von der Schule als Aula genutzt werden kann. Der Bau wird so errichtet, daß die in dem städtischen Garten befindlichen Kastanien stehenbleiben können. Nach der Frankfurter Straße zu werden die Anlagen gärtnerisch verschönert.

Inserat der Woche:
Malz-Präparat „Huste nicht" zu haben bei Carl Gerstner, Cronberg.

1889

5.1. Alle im Jahre 1869 dahier geborenen Mannspersonen oder die bei hiesigen Einwohnern in Dienst Stehenden, werden hiermit aufgefordert, sich behufs Eintragung in die Stammrolle auf der Bürgermeisterei zu melden.

Inserat der Woche:
Eine Ziege mit 5 Hörnern ist zu verkaufen!

19.1. Fast sämtliche hiesige Vereine, deren Zahl eine beträchtliche ist, perieren in pekuniärer Hinsicht sehr vorteilhaft, denn fast alle hatten am Schlusse des letzten Jahres Überschüsse zu verzeichnen. Dasselbe günstige Resultat hat auch der vor 8 Jahren hier gegründete, nun 122 Mitglieder zählende „Verein für Gesundheitspflege“ zu verzeichnen. Vereinsarzt ist Dr. Tacke

Inserat der Woche:
Gesucht wird ein Kindermädchen, das Herrenhemden bügeln kann.

20.1. Von dem ehemaligen „Taunusbahnhof“ in Frankfurt ist jede Spur verschwunden, die Bepflasterung der Kaiserstraße bis zum Hauptbahnhof ist nunmehr fertiggestellt.

Inserat der Woche:
Weißleinene Taschentücher mit waschächten Bordüren das Dutzend 5 Mark.

2.2. Der Bau der Wasserleitung in Cronberg ist abgeschlossen. Nun werden auch die zahlreichen Brunnen in Cronberg nicht mehr so dringend benöthigt. Die Stadtverwaltung von Cronberg hat deshalb beschlossen, trotz einiger Gegenstimmen, den Brunnen auf der Schirn niederzulegen. (Spätere Generationen bedauerten es. Anläßlich des 575jährigen Jubiläums der Cronberger Schützengesellschaft 1973 wurde auf der Schirn, trotz heftiger Gegenwehr einzelner Anlieger, wieder ein Brunnen errichtet.)

Inserat der Woche:
1400 Mark liegen gegen doppelte Sicherheit in dem evangelischen Kirchenfonds zu Cronberg zum Ausleihen bereit.

3.2. Der Dilettantenverein spielt Theater, der Reinerlös ist für die Ausschmückung der Schloßkapelle bestimmt.

16.2. Der Schlittschuh-Club Cronberg beabsichtigt, auf seiner neuen, neben dem Bahnhof gelegenen 3000 Quadratmeter großen Eisfläche ein Eisfest abzuhalten. Für festliche Illumination, Musik, Speisen und Getränke ist gesorgt. Am Fastnachtssonntag wird Prinz Carneval von seiner Prinzengarde am Bahnhof abgeholt. Am Dienstag wird in Cronberg ein großer Fastnachtszug durch die Straßen ziehen.

Inserat der Woche:
Wegen des Zuges wird die Bevölkerung gebeten, den in den Straßen liegenden Schnee zu entfernen oder die Haufen einzuebnen, damit die Pferde ohne Schwierigkeiten durchkommen.

17.2. Es ist beabsichtigt, auch in Cronberg ein Krankenhaus zu errichten. Um diesen Plan näher zu begründen wird zunächst zu einer Besprechung eingeladen.

Inserat der Woche:
„Dentila“ hilft augenblicklich bei Zahnschmerzen und rheumatischen Leiden.

2.3. Mit dem Neubau eines Schul- und Rathauses wird es nun endlich Ernst. Die Bauart mit Blendsteinen wird etwa so, wie das evangelische Pfarrhaus. Der Bau entsteht an der Katharinenstraße. Zu dieser Straße hin kommt der Eingang zu den Rathausräumen. Im Souterain werden 3 Gefängnisse eingerichtet. Der vordere Theil des Geländes an der Frankfurter Straße wird mit einer Anlage verschönert. (Für diese Anlage fand man dann keinen besseren Namen als „Schulgarten").

Inserat der Woche:
Die vierte Rate der Gemeinde-Steuer, sowie das Maulwurfsgeld werden erhoben. Kunz, Gemeinderechner.

3.3. Im vorigen Jahr wurden im Höchster Hafen 30 000 Kisten à 50 Krüge Kronthaler Wasser eingeladen und nach allen Richtungen gesendet.

Inserat der Woche:
Für Colonialwarengeschäft wird ein Junge als Laufbursche gesucht.

16.3. In Oberhöchstadt wurde Johann Lorenz zum Bürgermeister-Stellvertreter gewählt. – Der Gemeinderechner von Cronberg macht darauf aufmerksam, daß das Viehsprunggeld für das 2. Semester 1889 und die Hundetaxe zu entrichten sind.

Inserat der Woche:
Empfehle zum Skatspielen die patriotische „Deutsche Bombenkarte".

17.3. Die Villa Reiß – „Schlößchen Schönbusch" wird abgerissen. Die Pläne zum Bau des neuen Schlosses „Friedrichshof" werden von dem Architekten Herrn Ernst Eberhardt von Ihne erstellt. Die Villa Reiß wurde von Herrn Kommerzienrat Jacques Reiß 1863–65 erbaut, an ihrer Stelle stand zuvor ein weiträumiges Haus, das als „Kaltwasserheilanstalt" errichtet wurde, aber als sich kein Erfolg einstellen wollte, zur Wein- und Semmelkuranstalt umgewandelt werden sollte. Dem Erbauer gingen vorzeitig die Geldmittel aus, so konnte Herr Reiß Haus und Gründstück relativ günstig erstehen. Nachdem nun die Villa einige Jahre leerstand, wurde sie von I. M. Kaiserin Friedrich erworben.

Inserat der Woche:
Rosenbergs Traubengeist, ärztlich empfohlen für Reconvaleszenten und Zuckerkranke.

30.3. In Mammolshain brannte die Scheune von Bürgermeister Bommersheim ab. Die Cronberger Feuerwehr eilte mit 2 Spritzen zu Hülfe.

Inserat der Woche:
Empfehle meinen „Elephanten-Kaffee" wegen seiner Güte und Billigkeit.

31.3. Am Samstag vormittags 9 Uhr findet in den Räumen der Höheren Privatschule Cronberg eine öffentliche Prüfung mit Deklamationen und Gesangsvorträgen statt. Der Leiter, Herr Balzauweit ladet dazu ergebenst ein. (Die Privatschule des Herrn Balzauweit, Vorläuferin des heutigen Altkönig-Gymnasiums, wurde 10. Oktober 1887 eröffnet. Der Unterricht wurde in einem Raum des „Nassauer Hofes", der Streitkirche, später im Gasthaus „Zum Adler" erteilt. Mit Fertigstellung des neuen Schulgebäudes – heute Grundschule – konnte auch die Privatschule dort einige Klassenräume anmieten. Anm.)

Inserat der Woche:
Barbierlehrling gesucht.

14.4. Sicherem Vernehmen nach wird in Schönberg ein berittener Gendarm stationiert, der später auf Schloß Friedrichshof Dienstwohnung beziehen soll. Die Osterfeiertage waren durch schönes Wetter ausgezeichnet. Der Ausflugsverkehr in den Taunus war recht lebhaft. Am Karfreitag gab es am Altkönig einen Waldbrand, der aber schnell gelöscht werden konnte.

Inserat der Woche:
Alle lebenden Einfriedungen sind binnen drei Tagen auf die Höhe von 1 Meter und 5 Centimeter zu schneiden. Nichtbefolgung wird mit Geldbuße oder Haft bestraft.

14.4. Im letzten Jahr wurden von der Cronberger Eisenbahn 342160 Personen befördert. Ein Zeichen, daß vor allem die Frankfurter an schönen Sonntagen und Ferientagen nach Cronberg kommen.

Inserat der Woche:
Die staatliche concessionierte Privatschule Cronberg beginnt ihr Sommersemester. Knaben und Mädchen in getrennten Klassen.

27.4. Heute ist die Atlasstatue, welche den Frankfurter Hauptbahnhof krönen wird, von Braunschweig eingetroffen. Gegenwärtig ist man mit dem Aufziehen der einzelnen Theile an ihren Standort beschäftigt.

Inserat der Woche:
Alle, die an dickem Blut leiden, sollten nicht versäumen, mit meinen Schweizer Pillen eine Frühjahrs-Reinigungskur zu machen.

28.4. Das auf dem Doppes gelegene katholische Pfarrhaus soll an den Meistbietenden versteigert werden. – Der Gemeinderath von Cronberg hat die Lehrergehälter erhöht.

Inserat der Woche:
Die Lederfabrik in Königstein nimmt laufend reinen Hundekot an und zahlt gut.

11.5. Ihre Majestät Kaiserin Friedrich hat das Protectorat für den hiesigen Verschönerungsverein übernommen. Die Kaiserin weilt zur Zeit in Bad Homburg und überzeugt sich fast täglich von dem Fortgang der Arbeiten an Schloß Friedrichshof. (Der Verschönerungsverein war der Vorläufer des heutigen Verkehrsvereins. Einige Jahre nach dem 1. Weltkrieg übernahm der Taunusclub die Funktionen des Vereins und führte auch den Namen Taunusclub und Verschönerungsverein. Anfang der dreißiger Jahre bildete sich in Kronberg der Kur- und Verkehrsverein, der die Aufgaben des Verschönerungsvereins wieder übernahm. Durch den 2. Weltkrieg kam der Verein zum Erliegen und bildete sich 1949 wieder neu als Verkehrsverein, unter dessen Regie in den letzten Jahren in Kronberg viele schöne Konzerte im Stadtpark, die Floh- und Weihnachtsmärkte veranstaltet werden.)

Inserat der Woche:
Empfehle unser Brausebonbon zur Herstellung von „Champagner-Imitation".

12.5. In Frankfurt verstarb ein junges Mädchen an den Folgen einer Darmverschlingung, die es sich beim Tanzen zugezogen hat.

Inserat der Woche:
Schöne Zähne verjüngen! Lassen Sie sich künstliche Zähne einsetzen. Schon von 2.50 Mark an sind sie erhältlich, ein ganzes Gebiß erhalten Sie schon für 50 Mark.

25.5. Die Direction der Kronthaler Quellen warnt jeden, das Wasser von den Mineralquellen von Privatpersonen zu kaufen. Solches ist in letzter Zeit vornehmlich in Königstein geschehen.

Inserat der Woche:
Das Gras auf dem Todtenhof in Königstein kommt am Montag an Ort und Stelle zur Versteigerung.

26.5. Das Cronberger Schwimmbad ist Ende voriger Woche eröffnet worden und bereits verschiedenfach benutzt worden. Die Gäste fühlten sich ganz wohl auf das Bad. (Das Bad befand sich in der heutigen Ludwig-Sauerstraße und war nichts anderes als eine Erweiterung und ein primitiver Ausbau des Baches. Als die Straße ausgebaut wurde, mußte es niedergelegt werden, einen Ersatz gab es kurze Zeit später – 1893 – in der Wiesenau in Schönberg. Der erste Bademeister des Schönberger Bades war Friedrich Lorenz, den man seitdem nur noch „Schwimmer" nannte. Anm.)

Inserat der Woche:
Doppelt gereinigter Eisenlebertran zu empfehlen.

8.6. Das auf dem Doppes gelegene katholische Pfarrhaus wurde versteigert. Auf das letzte Gebot kam noch ein Nachgebot, so daß das Haus an Herrn Peter Schellenberg ging.

Inserat der Woche:
Geo Dötzers aromatisches Mundwasser und Zahnpulver sind die einzigen Mittel, welche den Zähnen ein schönes Aussehen verleihen.

9.6. In Cronberg hat die neue Zeit Einzug gehalten. Weil wir nun eine Wasserleitung haben, sind die Brunnen nicht mehr nothwendig. Der „Wasserspender" auf der Schirn ist deshalb niedergelegt worden. – Die Cronberger Kinder werden bald ein schönes großes Schulgebäude haben. Die Arbeiten für die Schule an der Katharinenstraße haben begonnen.

Inserat der Woche:
Buxkin und Kammgarne für Herren- und Knabenkleider.

22.6. Herr Gläßner, Lehrer an der katholischen Schule, ist seit 25 Jahren in Cronberg tätig. Ihm zu Ehren veranstalteten die hiesigen Einwohner einen Fackelzug nach dem Schlosse, wo sich die erste katholische Schule und die Lehrerwohnung befinden.

Inserat der Woche:
Gefunden wurde 1 englische Mistgabel.

23.6. Morgen findet das diesjährige Feldbergfest statt. Die Bockenheimer Turner werden, wie jedes Jahr, in Cronberg übernachten und dann in aller Frühe zum Feldberg marschieren. Das Wetter ist bisher noch gut, es besteht die Hoffnung, daß es auch morgen so bleiben wird.

Inserat der Woche:
Jeder Zweifel ausgeschlossen! Hochstehende Persönlichkeiten attestiren die Heilkraft von Warners Safe Cure.

5.7. Nach anfänglichem Regen wurde das Kerbewetter doch noch schön. In den Straßen und Lokalen war reger Betrieb. Der Kaiser war wieder mit seinem Salon-Etagen-Carussell in Cronberg.

Inserat der Woche:
Auch an Nachkirchweih ist in meinem Saal eine gut besetzte Tanzmusik.

14.7. Der hiesige Obst- und Gartenbauverein plant – wenn es eine gute Obsternte gibt – eine große Ausstellung im Saal des Schützenhofes.

Inserat der Woche:
Ein guter Knecht, mit Chaisenfuhrwerk vertraut, kann bei hohem Lohn sofort eintreten.

20.7. Der seit Jahren jeden Sommer in Cronberg weilende Herr Ph. B. Bonn aus Frankfurt (Der Besitzer der Villa Bonn, später das Rathaus von Kronberg), hat am Kugelberg 2 Grundstücke erworben, auf denen im Andenken an seine verstorbenen Eltern ein Versorgungshaus für Alte, Kranke und Sieche errichtet werden soll. Die Familie stiftete für die Unterhaltung dieses Hauses einen Betrag von 100 000 Mark. (In den 30er Jahren zogen die Verbände der NSDAP in dieses Haus. Im Volksmund nannte man das Gebäude fortan „das braune Haus". Im Krieg errichtete die NSV dort einen Kindergarten, den nach Kriegsende die Katholische Kirchengemeinde übernahm. Nach Auszug des Kindergartens war zeitweilig das Rote Kreuz mit seiner Jugendgruppe dort untergebracht. Heute ist in diesen Räumen ein Kommunikationszentrum für unsere Gastarbeiter eingerichtet.)

Inserat der Woche:
Reiner Hundekoth wird angenommen und gut bezahlt. Lederfabrik Königstein

28.7. Ihre Majestät die Kaiserin Friedrich hat veranlaßt, daß in kurzer Zeit zwei Ordensschwestern zur Gemeinde-Krankenpflege nach

Cronberg kommen. – In Schönberg ist mit dem Ausbau der „Königsteiner Hohl“ begonnen worden, es soll eine Zufahrt zu Schloß Friedrichshof werden. (Friedrichstraße) Die Kaiserin kommt fast täglich von Homburg nach Cronberg, um sich von dem Fortschritt der Bauarbeiten zu überzeugen.

Inserat der Woche:
„Dentila“ hilft augenblick bei Zahnschmerzen und rheumatischen Leiden.

3.8. Der hiesige Gemeinderath beschloß in seiner letzten Sitzung, von der Boden- und Communalcreditbank für Elsaß-Lothringen ein Kapital von 300 000,– Mark aufzunehmen, behufs Convertierung älterer Schulden und zur Ausführung verschiedener Gemeindebauten. Der Zinsfuß beträgt 3 3/4 p. Ct. Der diesjährige Sommer bringt uns sehr viele Unwetter mit viel Regen.

Inserat der Woche:
Medicinal-Bier, von den Aertzten als bestes Nahrungsmittel für Blutarmut, Wöchnerinnen, Kinder usw. als Ersatz für teure Medicinalweine empfohlen.

17.8. Es wird noch einmal nachdrücklich darauf hingewiesen, daß die Metzger ihre Metzgerhunde nicht auf den Straßen umherlaufen lassen dürfen. Zur Nachtzeit dürfen Hunde überhaupt nicht auf die Straße. Auch müssen die Besitzer dafür Sorge tragen, daß durch Bellen oder Heulen ihrer Hunde die Ruhe nicht gestört wird.

Inserat der Woche:
Ernte-Arbeiter im Akkord gesucht. pro Morgen 6 Mark.

18.8. Auf der Königsteiner Kerb herrschte lebhafter Betrieb. Es gibt auch das herrlichste Sommerwetter, was in diesem Jahr durchaus nicht selbstverständlich ist. Dieser Sommer war bisher sehr nass und unfreundlich und von vielen Unwettern begleitet.

Inserat der Woche:
Anmeldungen zum Abonnement und Annoncen für die „Cronberger Nachrichten“ des Herrn Kleinböhl in Königstein nimmt entgegen Balth. Weidmann.

31.8. Die „Konigsteiner Hohl“ in Schönberg, die direkt zum Eingang des Schloßparks führt, wird zu einer bequemen Straße ausgebaut. Die Gemeinde Schönberg stellt das Gelände zur Verfügung. Alle Kosten, wie Straßenbau, Wasserableitung und Bepflanzung werden von der Schloßverwaltung übernommen. Zwei Häuser im Ortskern mußten niedergelegt werden. Die Bewohner erhielten ein neues Haus an anderer Stelle. Die neue Straße erhielt den Namen „Friedrichstraße“.

Inserat der Woche:
Empfehle die haltbaren „Germania“ Biscuits.

1.9. Cronberg bekommt Einquartierung! Die 21. Division kommt mit 30 Offizieren, 600 Mannschaften und 100 Pferden nach Cronberg. Schönberg erhält 5 Offiziere, 100 Mannschaften und 20 Pferde beordert. – Ihre Majestät Kaiserin Friedrich hat veranlaßt, daß in kurzer Zeit zwei Ordensschwestern zur Krankenpflege nach Cronberg kommen. (Es handelt sich um „Viktoriaschwestern““ aus Berlin, die später im neuen Krankenhaus mit Unterstützung weiterer drei Schwestern, die Pflege übernahmen. Anm.)

Inserat der Woche:
Drei gepolsterte Vortüren zu verkaufen.

14.9. In der Zeit vom 16.–30. September wird in Rod an der Weil praktischer Unterricht zur Ausbildung von Wiesenwärtern ertheilt. Für bedürftige Bewerber wird freie Wohnung und Verköstigung gewährt.

Inserat der Woche:
Tüchtige Rock- und Paletoarbeiter für feune Confektion gesucht.

15.9. Herr Bürgermeister Georg Jamin feiert morgen sein 25jähriges Amtsjubiläum als Bürgermeister von Cronberg. Am Abend wird dem Jubilar ein Fackelzug dargebracht, an dem sich alle Vereine Cronbergs betheiligen. Im „Kaiser Friedrich" findet am Dienstag ein großes Festessen statt.

Inserat der Woche:
Zur Kronthaler Kirchweih! Tanzbelustigung im Kurhaus. Es ladet ein Gottfr. Pfaff Wwe.

28.9. Das königliche Oberbergamt in Bonn hat dem Königl. Schloßhauptmann und Kammerherrn Freiherrn von Ompteda auf Grund älterer Mutungen das Bergwerkseigentum an zwei in den Gemeinden Cronberg, Oberhöchstadt und Falkenstein gelegenen Feldern zur Gewinnung der dort vorkommenden Eisenerze verliehen. Die Frankfurter Apfelweinproduzenten sind mit dem Schoppen Heurigen von 10 auf 12 Pfennige aufgeschlagen.

Inserat der Woche:
Mein lieber Mitbürger, der sich vor einiger Zeit ohne mein Wissen meine Egge ausgeliehen hat, wird freundlichst gebeten, dieselbe zurückzugeben, daß keine Besitzverwechslung entstehen kann.

29.9. Der Neubau der Schule an der Katharinenstraße geht seiner Vollendung entgegen. Zunächst wird der obere Theil fertiggestellt, dort ziehen die Kinder der evangelischen Schule im nächsten Jahr ein. Nach Fertigstellung des unteren Baus werden auch die Klassen der katholischen Schule, die jetzt noch im alten Schloß (Burg) unterrichtet werden, dort einziehen können.

Inserat der Woche:
Billig zu verkaufen: eine Rübenschneid-Maschine im Gasthaus „Zur Krone", Cronberg. (Das Gasthaus befand sich in den Gebäude, in dem heute die „Brillen-Ecke" ist. Anm.)

13.10. Die Schönberger Schule bekommt einen neuen Lehrer, Herr Ludwig Sauer wurde von Königstein hierher versetzt. (Ludwig Sauer wurde zum Segen der kleinen Schule. Er war eine stadtbekannte Persönlichkeit und auf musikalischem Gebiet besonders begabt. In Schönberg avancierte er zum „Hofmusiker" der Kaiserin Friedrich. Er war erfolgreicher Dirigent des katholischen Kirchenchores in Kronberg, vieler Gesangvereine der näheren und weiteren Umgebung und ein hervorragender Organist. Ihm verdankt Kronberg seine „Nationalhymne", das Lied „Du mein Taunus, meine Heimat". Anm.)

Inserat der Woche:
Die Höhere Privatschule eröffnet ihr Wintersemester Dr. Balzauweit.

26.10. In Frankfurt wurde das erste transparente Firmenschild mit elektrischer Beleuchtung in Gebrauch genommen.

Inserat der Woche:
Ein Junge aus achtbarer Familie vom Lande als Lehrling für eine Frankfurter Teefirma gesucht.

27.10. Die Edelkastanienernte in Cronberg ist in diesem Jahr sehr gut gerathen. Der Versand ist in vollem Gange. Das Pfund wird bis zu 20 Pf. verkauft. In Neuenhain wird Wein gelesen. Dort gibt es noch einige Weinberge, auch in Cronberg kann man, allerdings nur sehr vereinzelt, noch Weingärten sehen. Aber die Traubenernte ist in diesem Jahr befriedigend.

Inserat der Woche:
Ein Waggon Einfriedungs- und Dachlatten ist angekommen und werden solche billigst abgegeben bei Ph. Jac. Sauer in Cronberg.

9.11. Bei der zur Zeit anhaltenden Kälte ist es in den nächsten Tagen möglich, in den Schmidtröder Wiesen das erste Eis zu brechen.

Inserat der Woche:
Die Straßen sind täglich zu reinigen und hat dies bis längsten morgens 9 Uhr zu geschehen. Nichtbefolgung wird bestraft. gez. Jamin, Bürgermeister

10.11. In Frankfurt wurde die neue Trambahnstrecke Opernplatz–Rödelheim mit einer Festfahrt eröffnet.

Inserat der Woche:
Bruchleiden aller Art werden durch briefliche Behandlung geheilt.

23.11. Der hohe Geburtstag der Kaiserin Friedrich am 21. November wurde hier festlich begangen. Bei dieser Gelegenheit überreichte Freiherr von Ompteda das Ritter-Hartmuth-Standbild an unsere Stadt. An der Feier betheiligten sich Behörde, Vereine und die Schulen. Die Schulkinder wurden seitens der Gemeinde mit Brezeln regaliert. (Die Statue des Ritters Hartmuth stand am Schlößchen Schönbusch, das von der Kaiserin erworben wurde. An dieser Stelle wurde ihr Witwensitz „Schloß Friedrichshof" errichtet.)

Inserat der Woche:
Am Dienstag beginne ich wieder mit meinem Tanz- und Anstandskursus. Interessenten sind behufs Besprechung eingeladen.

24.11. Der Geburtstag Ihrer Majestät Kaiserin Friedrich wurde festlich begangen. In ihrem Auftrag wird von Frankfurt nach Schloß Friedrichshof eine Telephonleitung gelegt.

Inserat der Woche:
Die 4. Rate der Gemeindesteuer und das Maulwurfsgeld sind fällig.

7.12. Für Skatfreunde auf Reisen ist neuerdings bestens gesorgt. Ein erfindungsreicher Fabrikant hat einen Regenschirm in den Handel gebracht, der zugleich als Skattisch dienen kann.

Inserat der Woche:
Verloren wurde der Hemmarm einer Chaise.

8.12. Bei der am Samstag stattgehabten Neuwahl eines Bürgermeisters in Oberhöchstadt wurde Jacob Hildmann wiedergewählt.

Inserat der Woche:
Die Eröffnung meiner reichhaltigen Weihnachtsausstellung beehre ich mich anzuzeigen. Balthasar Weidmann in der Hauptstraße.

21.12. Kurz vor den Feiertagen haben die Bäcker mit einem kräftigen Brodaufschlag überrascht. Ein Vierpfünder-Brot kostet 4–8 Pfennige mehr. Das wird manchem Familienvater das Herz schwer machen und manchem Kind das Weihnachtsgeschenk schmälern.

Inserat der Woche:
Die erste Frankfurter mechanische Arbeitskleiderfabrik empfiehlt ihre Waren.

22.12. Der Neubau der Schönberger Schule ist nun unter Dach. Das Haus erhält im 1.Stock ein Klassenzimmer, im Erdgeschoß gibt es eine Lehrerwohnung.

Inserat der Woche:
Kalender für 1890 für 5 Pfg. in großer Auswahl.

1890

4.1. Das leidige Neujahrsschießen, vor dem schon oft gewarnt, und das mit harten Strafen bedroht wurde, hat wieder Unheil angerichtet. Ein junger Mann hat sich bedeutend verletzt.

Inserat der Woche:
Ein neuer zweispänniger Oeconomie-Schlitten zu verkaufen.

12.1. Ihre Majestät, die Kaiserinwitwe Auguste (Witwe Kaiser Wilhelms I.) ist im Alter von 79 Jahren verstorben. Kaiser Wilhelm II. hat die sechswöchige Landestrauer, die aber nur für die Beamtenschaft gilt, angeordnet. Nach den Beisetzungsfeierlichkeiten sind öffentliche Lustbarkeiten wieder gestattet.

Inserat der Woche:
Ein Kuhwagen preiswert zu verkaufen.

18.1. Ein kleiner Knabe spielte in einem Taunusweiher auf einem Floß, welches Arbeiter beim Hauen von Eis benutzen. Plötzlich kippte das Floß um, der Knabe fiel ins Wasser und konnte nur als Leiche wieder herausgeholt werden.

Inserat der Woche:
Empfehle mich dem hiesigen Publikum als Barbier und Friseur, im Anfertigen sämtlicher Haarteile, ferner in allen chirurgischen Verrichtungen.

26.1. Die neugegründete „Turngesellschaft" will noch in diesem Frühjahr zu einer Abendunterhaltung einladen. Der Reinerlös ist für die Anschaffung von Turngeräten bestimmt. (Die Turngesellschaft hat sich etwa 1906 mit dem Turnverein zusammengeschlossen unter dem Namen MTV Cronberg. Anm.)

Inserat der Woche:
Ältere steinerne Kuhkrippe zu verkaufen.

1.2. Mit ganz besonderem Glanz wollten wir dieses mal den Geburtstag des Kaisers feiern, in den letzten Jahren war dieser Tag stets von Trauer umschattet. Nun schlug das Schicksal wieder zu, die Kaiserin Augusta, die hochselige Großmutter S.M. wurde in die Ewigkeit abberufen. Nun klingt der Jubelton gedämpfter bis zu des Thrones Stufen!

Inserat der Woche:
1 guter Zughund zu verkaufen.

15.2. Der seit gut einem Jahr hier erschienenen „Cornberger Anzeiger" hat sein Erscheinen b.a.w. eingestellt, da dem Blatte „von maßgebenden Kreisen nicht diejenige Unterstützung" geworden, auf welche man bei der Gründung gehofft hatte. – Für die diesjährige Fastnacht sind in Kronberg große Festlichkeiten geplant. Alle Vereine betheiligen sich daran. Vorgesehen sind die Ausfüllung der Nußschale (ein zum Teil erhaltener Turm der Stadtbefestigung) sowie die feierliche närrische Beisetzung des dahingeschiedenen „Cronberger Anzeigers", Probefahrt der neuen Straßenkehrmaschine, welche dann den ganzen Plunder wegfegt.

Inserat der Woche:
Ich empfehle mich mit meiner Straußenfedern-Färberei und Wäscherei.

28.2. Eine Berliner Gesellschaft hat die Absicht, von Königstein aus eine Eisenbahn auf den Großen Feldberg zu bauen. Die Gemeinden Ober- und Niederreifenberg hoffen, durch eine Haltestelle am Roten Kreuz aus ihrer Abgeschlossenheit erlöst zu werden. Es gibt auch Meinungen darüber, daß es sich empfehle, die Bahn durch das Reichenbachtal auf dem kürzesten Weg direkt zum Feldberg zu führen. (Ein Glück, daß diese Pläne nicht verwirklicht wurden. Wie würde es heute dort aussehen?)

Inserat der Woche:
Stoffe für einen guten Gehrock von 5,50 Mark an.

9.3. Der Winter ist noch einmal mit ganzer Macht zurückgekehrt. Die Flüsse führen Treibeis, die Schiffahrt mußte eingestellt werden. Der Februar, der sich die meiste Zeit mit mildem und freundlichem Wetter beliebt machte, verabschiedete sich sehr unfreundlich.

Inserat der Woche:
Ein gut erhaltener, schwerer Kuhwagen zu verkaufen.

14.3. Sämtliches Getäfel der Fürstenzimmer des „Russischen Hofes" in Frankfurt, sowie die schönen Marmorkamine sollen für die Kaiserin-Friedrich erworben worden sein. (Der „Russische Hof" stand an der Zeil, wo sich heute das Hauptpostamt befindet.) Der Verkauf von Immobilien an Auswärtige nimmt hier immer größere Verhältnisse an. Auch die Hofverwaltung von Schloß Friedrichshof hat neuerdings wieder eine 54 a große Wiese gekauft.

Inserat der Woche:
Damen- und Kinderkleider, vom einfachsten bis zum elegantesten Genre werden angefertigt.

23.3. Unser Vorschuß- und Creditverein (Vorläufer der heutigen Volksbank, Anm.) hält seine Hauptversammlung ab. Der Reingewinn von 1889 beträgt 1803 Mark. Die Vereinsmitglieder erhalten 6 % Dividende, 300 Mark wurden dem Sicherheitsstock überwiesen; der Vereinsdiener erhält 20 Mark Gratification.

Inserat der Woche:
Der Rechnungsüberschlag der Stadt Cronberg liegt acht Tage zu Jedermanns Einsicht auf dem Rathaus offen. Der Magistrat.

28.3. Ab 1. April wird die hiesige kaiserl. Postanstalt um einen Rang erhöht, seither 3. Klasse, nunmehr 2. Klasse. Infolgedessen übernahm Herr Postsekretär Hoppe aus Frankfurt die Verwaltung des Postamtes. (Zu welcher „Klasse" gehört unser Postamt heute??)

Inserat der Woche:
Wir theilen unseren verehrten Kunden mit, daß wir wegen Aufschlags der Preise für Rohmaterialien eine entsprechende Preiserhöhung haben eintreten lassen. Die Schmiedemeister Cronbergs: Heinrich Antoni, Ludwig Scheller und August Heil.

6.4. Der neue Bürgermeister von Oberhöchstadt, Herr Jacob Hildmann, wird zum Standesbeamten für Oberhöchstadt und Schönberg bestellt.

Inserat der Woche:
Als Bade-Masseur empfehle ich mich auch im Ausziehen und Plombiren von Zähnen.

20.4. Seit dem Ankauf des Schlößchens Schönbusch durch die Kaiserin Friedrich und den nunmehrigen großzügigen Neubau von Schloß Friedrichshof haben immer mehr Auswärtige Interesse an Grundstücken in unserem Stadtbereich. Ob es für die Bevölkerung von Vorteil ist, bleibt abzuwarten.

Inserat der Woche:
Empfehle mich für tabellarische Arbeiten aller Art.

25.4. Unser neues Schulhaus im neu erworbenen städtischen Garten, dessen Anlagen soeben in Ausführung sind, geht seiner Vollendung entgegen. Mit Ende Mai wird dasselbe von 3 Klassen der evangelischen und der katholischen Schule und von der Bürgermeisterei bezogen. Zu bedauern bleibt nur, daß unsere eigenartigen Schulverhältnisse es nicht gestatten, sämtliche Klassen in das neue Gebäude zu verlagern.

Inserat der Woche:
Seit längerer Zeit hat mir meine Frau gedroht, mich ausschreiben zu lassen. Ich komme ihr zuvor und warne Jedermann, mir etwas zu borgen. A.K.

4.5. Die Kaiserin Friedrich traf in Begleitung von Prinz Heinrich und Gemahlin, Prinzessin Irene, von Homburg kommend in Cronberg ein, um sich vom Fortschritt des Schloßbaues zu überzeugen. Am Parkeingang pflanzte Prinz Heinrich eine Larix Kempfers. (Es wurde Sitte, daß alle hohen Gäste der Kaiserin einen Baum im Schloßpark pflanzten. Der russische Zar schenkte sogar mehrere Bäume. Der Park, der heute noch wegen seiner Schönheit gerühmt wird, war fast fertig angelegt, als die Kaiserin 1894 ihren Einzug im Schlosse hielt. (Anm.)

Inserat der Woche:
Doppelt gereinigter Medicinal-Leberthran.

9.5. Am vergangenen Sonntag sollte in Oberhöchstadt eine Volksversammlung stattfinden, in welcher der sozialdemokratische Abgeordnete Brün über die 8-stündige Arbeitszeit und über den 1. Mai sprechen wollte. Die Versammlung wurde vom Landrath verboten.

Inserat der Woche:
Ein Haufen Dung ist zu verkaufen.

18.5. Die Kaiserin Friedrich hat in Schönberg ausgedehnte Ländereien erworben, dort werden zwei Gärtnerhäuser, vier Treibhäuser mit ganz moderner Dampfheizung und eine Orangerie erbaut. Auch zahlreiche Mistbeete sollen angelegt werden.

Inserat der Woche:
Ein schwarzer Spitzenhund ist zugelaufen; derselbe kann gegen Ersatz der Einrückungsgebühr und der Futterkosten abgeholt werden.

23.5. Vom 20. Mai ab ist eine Botenpost für Briefe und kleinere Pakete zwischen Königstein und Cronberg eingerichtet worden. Die Post hat Anschluß an den Zug um 1 Uhr von Cronberg nach Frankfurt.

Inserat der Woche:
Ein Bienenschwarm ist entflogen. Wiederbringer erhält Belohnung.

5.6. Sehr feierlich wurde die katholische Kirche St. Peter und Paul nun auch von dem Bischof geweiht.

Inserat der Woche:
Elegante Ballschuhe von 3,50 Mark an.

6.6. Die Chaussee nach Falkenstein sollte mit Bäumen bepflanzt werden. Aber leider lehnten die Falkensteiner ab. Sie sind der Meinung, die Straße sei von den Kurgästen zu wenig begangen.

Inserat der Woche:
Empfehle das beste entölte, lösliche Cacao-Pulver, aromatischer und billiger als wie jeder holländische Cacao.

15.6. Seine Bischöfliche Gnaden Bischof Dr. Klein von Limburg wurde von Kaiserin Friedrich zum Thee gebeten. Er ist Zur Zeit Gast im Pfarrhaus zu Königstein, um dort und auch in Cronberg vielen Kindern das Sakrament der Firmung zu spenden.

Inserat der Woche:
Obst- und Gartenbauverein für Königstein und Umgebung: Am kommenden Mittwoch Vortrag über Zucht und Cultur der Maiblumen und sonstigen Vereinsangelegenheiten.

20.6. Der Elisabeth Klein, welche seit 40 Jahren ununterbrochen bei Herrn Präsenzmeister (Kirchenrechner) Philipp Bleichenbach hier dient, ist von Ihrer Majestät Kaiserin Auguste Viktoria das Goldene Verdienstkreuz verliehen worden.

Inserat der Woche:
kaufe gute Holzkohlenasche, per Metze 20 Pfennige.

29.6. Ein bedauerlicher Unfall ereignete sich bei dem verregneten Feldbergfest. Frau Scherzberg, die Frau des hiesigen Gendarmen, hatte ihren Mann, der Dienst auf dem Feldberg hatte, besucht. Auf dem Heimweg wurden die Pferde der Kutsche scheu. Frau Scherzberg wurde aus dem Wagen geschleudert und wurde so schwer verletzt, daß der Tod auf der Stelle eintrat. Die übrigen Passagiere und der Kutscher kamen mit dem Schrecken davon.

Inserat der Woche:
Zur Kirchweih! Strohhüte! Damen- und Kinderhüte! Hüte werden zum Waschen und Faconieren angenommen. Geschwister Junker, Hauptstraße 25

4.7. Die Cronberger Kerb steht vor der Tür. Die Frauen sind schon eifrig mit der Bereitung des obligatorischen Kerbekuchens beschäftigt. Traditionsgemäß wird Kirsch- und Streußelkuchen gebacken, man erwartet allenthalben viel Besuch von außerhalb.

Inserat der Woche:
Eine Partie Grundarbeiter zum sofortigen Eintritt gesucht.

13.7. Den jüdischen Religionslehrer Wormser von Höchst rührte gestern nachmittag beim Vorbeten in der Synagoge der Schlag, worauf derselbe nach kurzer Zeit verschied. – Anläßlich ihres Besuches auf dem Baugelände von Schloß Friedrichshof pflanzten schon viele hohe Gäste im künftigen Park einen Baum. Auch Prinz Heinrich hat jetzt dasselbe getan, am Eingang des Parkes steht ein von ihm gepflanztes seltenes Exemplar. Seine Gemahlin, Prinzessin Irene pflanzte eine Tanne. (Auf diese nette Art von Gastgeschenken, von der Kaiserin erwünscht, hatte der Park bereits bei ihrem Einzug 1894 sein „besonderes Gesicht", die ausgesucht schönen und seltenen Bäume. Sie sind bis heute das Besondere am Schloßpark geblieben. Anm.)

Inserat der Woche:
Empfehle das Neueste in Damen-Haarverzierungen.

18.7. Der kurz vor 2 Uhr in Frankfurt ankommende Cronberger Personenzug fuhr vorgestern mit solcher Schnelligkeit im Hauptbahnhof ein, daß er einen Prellbock zertrümmerte und das Vorderteil der Maschine sich in die Höhe schnellte.
Seit Wochen herrscht unbeständiges, kühle und regnerisches Wetter, die Sonne läßt sich kaum noch sehen.

Inserat der Woche:
Ein Barbier- und Friseurlehrling gesucht, demselben wird Gelegenheit geboten, sich auch in der Chirurgie auszubilden.

27.7. Die Orgel in der katholischen Kirche zu Schönberg war in einem so schlechten Zustand, daß eine vollständige Renovierung unvermeidlich geworden war. Die Kosten wurden auf nahezu 1400 Mark berechnet. Ihre Majestät Kaiserin Friedrich spendeten einen Betrag, die Kirchengemeinde legte 600 Mark dazu, der Rest soll nun auf dem Wege der Wohlthätigkeit zusammengebracht werden. Unter Mitwirkung des Domchores von Frankfurt mit seinem Dirigenten, Herrn Gg. Krug findet ein großes Kirchenkonzert statt, an der Orgel wirkt Herr Lehrer Ludwig Sauer von Schönberg.

Inserat der Woche:
Eine Parthie neue Kochöfen, für Zimmerfeuerung eingerichtet, preiswert zu verkaufen. Wilhelm Küchler, Schlossermstr.

1.8. Das königl. Landrathamt bringt den Herren Bürgermeistern und Lehrern folgendes zur Kenntnis: Die Schulzimmer sind jährlich einmal auszuweißen, täglich 2x reinzukehren und

am Ende der Woche aufzuwaschen. Die Lehrer haben darauf zu achten, daß die Kinder nicht auf den Boden oder ins Taschentuch spucken. Zu diesem Zwecke sind hohe Spucknäpfe aufzustellen, die täglich zu reinigen sind.
Nach vielen verregneten Sonntagen und Wochen schien über dem Taunus endlich einmal wieder die Sonne!!

Inserat der Woche:
Für Touristen! Salicyl-Talg ist ein ausgezeichnetes Mittel gegen das Schwitzen der Füße.

10.8. Am Sonntag soll nun endlich das Feldbergfest stattfinden, das im Juni wegen schlechten Wetters abgesagt werden mußte. (Bei großer Hitze konnte das 37. Feldbergfest gefeiert werden, gemeldet hatten sich über 300 Turner, gekommen waren 287. Sie maßen ihre Kräfte im Hoch-, Weit- und Stabhochsprung sowie im Steinstoßen. In der Teilnehmer- und Siegerliste steht kein einziger Kronberger Name. Anm.)

Inserat der Woche:
Das beste entölte Cacao-Pulver, aromatischer und billiger als wie jeder holländische Cacao. Zu haben bei Carl Gerstner.

15.8. Die Räume im 1. Stock des Gasthauses „Zum Grünen Wald", in welchen sich seit Jahren die Bürgermeisterei und eine Schulklasse der katholischen Schule befanden, werden, nachdem sie durch den Bau des neuen Rats- und Schulhauses frei wurden, neu renoviert und wieder ihrer früheren Bestimmung als Tanzsaal übergeben.

Inserat der Woche:
Bei mir eingetroffen „das Neueste in Damen-Haar-Verzierungen".

24.8. Verheerende Unwetter tobten über dem Taunus und dem Frankfurter Gebiet. In vielen Ortschaften wurde die Obsternte total vernichtet. – Das wegen schlechten Wetters im Juni auf den 17. August verlegte Feldbergfest war nicht ganz so gut besucht, wie man das eigentlich gewohnt ist. Es herrschte große Hitze.

Inserat der Woche:
Haben Sie hohle Zähne? Dann benutzen Sie „Dentilia", Sie werden von der Wirkung überrascht sein.

29.8. Die Parkanlagen von Schloß Friedrichshof sind vollendet, und man hofft, das Schloß selbst noch im Herbst unter Dach zu bringen.

Inserat der Woche:
Halte für die Damen stets Frisier-Haarwolle, Stirnnetze, Brenneisen usw. vorrätig.

11.9. Die Villa Huttenlehner, die sich auf dem Schloßgelände befindet und von Ihrer Majestät Kaiserin Friedrich angekauft wurde, wird derzeit hergerichtet. Die Kaiserin will Anfang Oktober dort kurz wohnen, sie will in Schönberg die neue Schule, die ihren Namen erhalten soll, persönlich einweihen. (Die „Villa Huttenlehner", auch „Villa Flora" genannt, wurde als Gästehaus der Kaltwasserheilanstalt gebaut. Diese Anstalt ging pleite, Jaques Reiß ließ dann die Anstalt abreißen, die Villa Flora blieb stehen, auch als das Schlößchen Schönbusch erbaut wurde. Als die Kaiserin dann Villa und Gelände erwarb, wurde die Villa Flora wenig später von einem Kronberger erworben und in der Frankfurterstraße 15 wieder aufgebaut, dort steht sie noch heute. Anm.)

21.9. Unsere Kur ist zu Ende. Die letzte Kurliste schließt mit einem Fremdenbestand von 865 Personen gegen 1105 im Vorjahr. (Diese Listen waren ein wenig irreführend, denn sie wurden stets auch von den Villenbesitzern, die nur im Sommer in Kronberg wohnten, angeführt, auch die Bewohner von Schloß Friedrichshof wurden in der Folge immer genannt. Anm.)

Inserat der Woche:
Gebrannte Kaffees, reinschmeckend, rohe Kaffees für Selbstbrenner. bei Carl Gerstner

26.9. Der Herr Fußgensdarm Scherzberg tritt heute seinen Urlaub an. Die Dienstgeschäfte sind auf die Gensdarmen Knoblauch in Schönberg und Bauer in Königstein vertheilt worden.

Inserat der Woche:
Cigarrenspitzen mit Ansicht von Cronberg vorrätig.

5.10. Die Kaiserin trifft übermorgen hier ein, sie hat sich jeden offiziellen Empfang verbeten, so können die Cronberger nur durch Schmücken und Beflaggen der Häuser ihrer Freude über den hohen Besuch Ausdruck geben. Ihre Majestät wird in der Villa Huttenlehner wohnen, sie will bei der Einweihung der neuen „Viktoriaschule“ in Schönberg anwesend sein. – Vor einigen Tagen starb im Alter von 72 Jahren Lederhändler Peter Gottschalk, seit 1840 wohnte er in Cronberg. Er war jahrelang 2. Bürgermeister und fungierte auch als 2. Standesbeamter. Seine freie Zeit gehörte vor allem dem Turnverein, zu dessen Gründern er zählt.

Inserat der Woche:
Wollene Kopfhüllen, Mützen, Tücher, Handschuhe bei Geschwister Junker in der Hauptstraße.

10.10. Nach einer Bauzeit von wenig mehr als einem Jahr wurde die neue Schönberger Schule eingeweiht. Sie erhielt den Namen „Viktoriaschule“ nach ihrer hohen Gönnerin, der Kaiserin Friedrich. Die Kaiserin selbst nahm an der Einweihungsfeier, die sehr erhebend war, teil. Abends wurde die Cronberger Berg bengalisch beleuchtet.

Inserat der Woche:
Holländ. Sparkaffee! Geschmack und anregende Wirkung wie beim Bohnenkaffee, das halbe Pfund nur 50 Pfennig.

20.10. Die Herren Peter Buchsbaum (Gärtner), Georg Weck (Sattler), Norbert Schrödl (Maler), Heinrich Phil.Weidmann (Schlosser), Jakob Hermann (Bäcker) wurden für das Jahr 1891 zu Schöffen für das Amtsgericht in Königstein ernannt.

Inserat der Woche:
Friedrichsdorfer Camisole in jeder Farbe und Größe bei Balthasar Weidmann, Hauptstraße.

24.10. In Königstein wurde ein „Edison-Phonograph“ gezeigt, mittelst welchem man die menschliche Stimme aufnehmen und wiedergeben kann.

Inserat der Woche:
Sicherheitsöl ist das beste aller bis jetzt existierenden Leuchtöle.

3.11. Ein Cronberger Bursche hat einem vor dem „Neuen Bau“ angebundenen Pferd die Schweifhaare abgeschnitten und an einen hiesigen Bürstenbinder verkauft. Der Gendarm konnte den Burschen ermitteln und die Haare beschlagnahmen. Der Bürstenbinder hatte 35 Pfennig dafür gezahlt.

Inserat der Woche:
Wollene Kopfhüllen, Mützen, Tücher, Handschuhe bei Geschwister Junker.

7.11. Die große Schafherde, welche bisher in Cronberg gehalten wurde, soll abgeschafft werden. Durch die Erbauung von Schloß Friedrichshof geht ein wesentlicher Teil von den Futterstätten verloren.

Inserat der Woche:
Im Palmengarten täglich Vorstellung von „Buffalo Bills Wildwest“.

17.11. Zur Feier des Geburtstages Ihrer Majestät der Kaiserin Friedrich am 21. November findet am Vorabend ein Festessen im „Schützenhof“ statt.

Inserat der Woche:
Hohle Zähne? Dann ist „Dentilia“ von überraschender Wirkung.

21.11. Im Neubau von Schloß Friedrichshof stürzte der Maurer Wolf aus Falkenstein vom 2. Stockwerk herab und zog sich schwere Verwundungen an Armen und Beinen zu. Der erste Notverband wurde ihm von Barbier Philipp Weigand angelegt, sodann wurde der Verwundete in seine Wohnung geschafft.

Inserat der Woche:
Anregend für Herz und Gemüth ist die Lectüre von Bachem's Novellen Sammlung.

5.12. Da Herr Pfarrer und Dekan Ehrlich dahier mit einem Fußleiden behaftet ist, so wurde demselben von der bischöflichen Behörde in der Person des Neopresbyters Stemmler von Dehrn ein Kaplan beigegeben.

Inserat der Woche:
Ein schönes Weihnachtsgeschenk sind meine Polzmüffe und -mützen.

19.12. Am 15.Dezember wurde in Oberhöchstadt eine Posthülfstelle eingerichtet, dieselbe wird von Herrn Gottfried Sachs 4. verwaltet.

Inserat der Woche:
Wollene Kopfhüllen zu Weihnachtsgeschenken passend, in reicher Auswahl.

31.12. Die Einwohnerzahl von Cronberg hat sich in den letzten zehn Jahren nicht erhöht; aus der Volkszählung vom 2. Dezember ergab sich die Zahl von 2377 Seelen. In den vergangenen Jahren sind eine ganze Reihe von Cronbergern weggezogen oder ausgewandert. In Oberhöchstadt wurden 851 Einwohner und in Schönberg 259 Einwohner gezählt. In Königstein hat die Zahl der Bürger zugenommen, dort wurden 1814 Seelen gezählt.

1891

2.1. Unter Bezugnahme auf die bestehende Polizeiverordnung wird den Hausbesitzern oder deren Stellvertretern wiederholt zur Kenntnis gebracht, daß das Ablassen jedweder Flüssigkeit auf die Straße bei Frost verboten ist. Der Bürgermeister: Jamin

Inserat der Woche:
Ein Mopshund ist zugelaufen und gegen Insertationsgebühr abzuholen.

12.1. Die hiesige Freiwillige Feuerwehr hat beschlossen, wegen mehrerer Todesfälle in den Familien einiger Mitglieder den Vereinsball nicht abzuhalten.

Inserat der Woche:
Empfehle meine Medicinal- und Frühstücksweine, griechische Weine. C. Gerstner.

16.1. Der Gesangverein I (heute MGV 1869) veranstaltet eine Abendunterhaltung mit Ball. Der Reinertrag ist für den Verschönerungsverein bestimmt.

Inserat der Woche:
Großen Preisabschlag bringt mein reich sortiertes Hut- und Kappenlager.

26.1. Die hiesige Carnevalsgesellschaft gestaltet in diesem Jahr einen Fastnachtszug.

Inserat der Woche:
Die Beleidigung, welche ich in der Nacht zum Montag gegen den Nachtwächter Nikolaus Becker in Falkenstein äußerte, nehme ich wieder zurück. J.F.

30.1. Ein reuiger Sünder hat dieser Tage sein Gewissen von einer schweren Last befreit. Der Pächter der Oberhöchstädter Jagd, ein hiesiger Herr, fand nämlich eines Morgens im Briefkasten 5 Mark in Papier eingewickelt, welches die Worte trug: „Für 2 geknappte Hasen". (Knapper nannte man die Wilddiebe) Jedenfalls hat dem Wilddieb der Feiertagsbraten schwer im Magen gelegen.

Inserat der Woche:
Einladung zur theatralischen Abendunterhaltung. „Sieben Mädchen in Uniform". Es spielen die Jungfrauen Königsteins.

9.2. Zum Localbeobachter für den Weinbaubezirk Soden wurde Herr Gärtner Georg Batz zu Neuenhain ernannt. (In Neuenhain wurde bis kurz vor dem Ersten Weltkrieg noch viel Wein angebaut und auch jedes Jahr versteigert, Anm.)

Inserat der Woche:
Farbige, seidene Balltaillen zu verkaufen. (Taillen waren ein Teil der Frauenbekleidung wie etwa Mieder und Leibchen; man trug sie auch als Unterwäsche, sogenannte Untertaillen; Anm.).

13.2. Der Oberpräsident teilt mit, daß Herr Lehrer Max Gerstner in Cronberg zum Sachverständigen behufs Untersuchung von Anlagen, aus denen Pflanzen zur Ausfuhr gelangen sollen, an Stelle des Herrn Gartenbesitzers Eichenauer in Cronberg ernannt worden ist.

Inserat der Woche:
Vorbereitungs-Anstalt für die Postgehülfenprüfung nimmt noch Schüler auf.

26.2. Auf Schloß Friedrichshof wird ein Verwaltungs-Direktor eingestellt. Der königliche Hofgärtner Walter zu Charlottenburg wurde nach Cronberg beordert.

27.2. Die hiesige Carnevalsgesellschaft veranstaltete am Dienstag einen hübsch arrangierten Carnevalszug. Auf den Straßen herrschte den ganzen Tag lebhaftes Treiben.

Inserat der Woche:
Traum-, Koch- und Gesangbücher zu empfehlen.

9.3. Infolge des prächtigen Frühlingswetters beginnt auch auf dem Feldberg allmählich wieder ein reger Verkehr. Am letzten Sonntag waren mindestens 70 (!) Personen dort oben. Die Gastwirtschaften sind wieder an Sonntagen geöffnet.

Inserat der Woche:
In ca. zwei Wochen wird eine gesunde Schenkamme gesucht.

13.3. Ihre Majestät, die Kaiserin Frierich, welche unsere Stadt schon öfters mit ihrer Fürsorge und Huld bedacht hat, hat dies neuerdings wieder bestätigt. Jüngst wurde auf allerhöchst ihre Veranlassung eine Samariter-Sektion gebildet. 25 junge Leute von hier und Schönberg erhalten wöchentlich einmal von Herrn Dr. Rödinger Unterricht über die erste Hülfe bei Unglücksfällen.

27.3. Der Taunusclub Frankfurt hat den Plan, auf dem Altkönig ein Haus mit Aussichtsturm zu errichten, wieder aufgenommen und nimmt Zeichnungen auf 12 Jahre bei 1 % Zinsen entgegen.

Inserat der Woche:
Zum Schulwechsel empfehlen wir alle gangbaren Bücher, Wiesbadener Schreibhefte u.s.w.

6.4. Frankfurt trauert um einen prominenten Bürger. Nach langem, schweren Leiden verstarb im Alter von 74 Jahren Friedrich Stoltze, in seiner Heimatstadt hochverehrt. Am 21. November 1816 erblickte er im elterlichen Gasthaus „Zum Rebstock" in der Altstadt das Licht der Welt. Er genoß eine ausgezeichnete Erziehung, sein wichtigster Lehrer war Dr. Textor, ein Vetter Goethes. Am Ostersonntag (28. März) schloß er für immer die Augen. Die Frankfurter betrauern seinen Tod, war er doch einer der Ihren, ein Dichter, der sich gerne seiner „heimischen Mundart bediente, sein Werk wird ihn noch lange überdauern.

Inserat der Woche:
Damen- und Kindercorsetts in jeder Preislage bei Geschwister Junker, Cronberg.

10.4. Im Alter von 78 Jahren verschied der Landwirt Philipp Bleichenbach. Derselbe war 30 Jahre lang Rechner der evangelischen Kirchengemeinde und Verwalter des Spitalfonds. Philipp Bleichenbach, der letzte Namensträger, war unverheiratet. Sein Begräbnis muß eine große Angelegenheit gewesen sein, denn in Familienbesitz befinden sich noch Rechnungen, wonach für seine „Leichenfeier" nicht weniger als 102 Pfund Mehl zu Kuchen verbakken wurden!

Inserat der Woche:
Menescher Ausbruch (rother Ungarwein) für Bleichsüchtige empfohlen, in Original-Flaschen zu haben bei Ludwig Leidenbach.

24.4. Das südlich unserer Stadt gelegene Versorgungshaus (heute Wilh. Bonnstr. 28), das durch eine Stiftung der Frankfurter Bankiersfamilie Bonn entsteht, geht seiner Vollendung entgegen. Hier sollen altersschwache und pflegebedürftige Personen ein Asyl finden.

Inserat der Woche:
Ein Gummibeutel mit Schwämmen verloren gegangen.

4.5. Die Gemeinde Schönberg, die bisher nur einen Brunnen besaß, hat einen zweiten vor dem Haus des Heinrich Jäger angelegt.

Inserat der Woche:
Empfehle mich, den Lehrmädchen das Kleidermachen und Weißzeugnähen anzulernen bis zur Selbständigkeit.

8.5. Für die erledigte Arztstelle, die vom Verein für Gesundheitspflege behufs anderweitiger Besetzung öffentlich ausgeschrieben wurde, haben sich 53 Bewerber gemeldet. Ausgewählt zum Vereinsarzt wurde Dr. Friedrich Spielhagen. Er hat in Berlin und Heidelberg studiert. In den ersten Tagen des Monats Juli wird er seine Praxis hier beginnen.

Inserat der Woche:
Empfehlen Damen- und Kinder-Corsetts jeder Preislage. Geschwister Junker, Cronberg.

21.5. Die Oberhöchstädter Sozialdemokraten rächen sich an den Wirthen. Die Saalinhaber wollten die Feier zum 1. Mai nicht im Hause haben. Die Mitglieder der Partei wollen nun die Wirthe in Acht und Bann tun.

Inserat der Woche:
Herzlichen Dank für die bewiesene Theilnahme bei dem Ableben meiner Schwägerin.

1.6. Die Gattin des Lehrers Wilhelm Fehler von der evangelischen Schule übernimmt den Industrieunterricht (Handarbeitsunterricht der Mädchen. Anm.)

Inserat der Woche:
Ein starker Wagnerlehrling gesucht.

5.6. Ihre Majestät die Kaiserin Friedrich trifft fast täglich mit der Prinzessin Margarethe (die spätere Landgräfin von Hessen), ihrer jüngsten Tochter auf Schloß Friedrichshof ein und ergeht sich in den Parkanlagen oder trifft ihre Anordnungen.

17.6. In unserer Gemeinde werden einige Neuerungen eingeführt. Es soll ein Vollziehungsbeamter eingestellt werden. Um den Staub auf unseren Straßen im Sommer nicht zu lästig werden zu lassen, wird ein Gießfaß angeschafft.

Inserat der Woche:
Gefunden wurde eine Fuhrmannslaterne! Abzuholen gegen Einrückungsgebühr.

19.6. In Anwesenheit des Herrn Regierungspräsidenten von Tepper-Laski, des Freiherrn von Ompteda und von Direktor Walter von Schloß Friedrichshof fand eine Gemeinderatssitzung statt. Die Verhandlung betraf die Verpachtung des ca. achtzig Morgen großen Theiles des Gemeindewaldes (Rothenhang) an die kaiserliche Schloßverwaltung.

Inserat der Woche:
Ein gesetztes Mädchen, welches bürgerlich kochen kann, gesucht.

29.6. Die Gemeinde Stierstadt wollte den Brunnentrog aus der Steingasse erwerben, doch die Stadt Cronberg macht selbst noch Gebrauch davon und lehnte das Kaufgesuch ab.

Inserat der Woche:
3–4 Mädchen, die Haar- und Kleiderbürsten einziehen können oder erlernen wollen, gesucht bei Heinrich Reul in Cronberg.

3.7. In dem vorgestern eröffneten, von der Frankfurter Familie Bonn der hiesigen Gemeinde geschenkten Versorgungshaus wurden bereits sechs Personen aufgenommen. Aus diesem Anlaß brachte die Gemeinde der Familie Bonn einen Fackelzug dar, an welchem sich sämtliche Vereine betheiligten. Bei dieser Feier wurde den Herren Gebrüder Bonn die Ehrenbürgerrechte verliehen. Auf Einladung der Familie Bonn vereinigten sich die Theilnehmer des Fackelzuges zu einem gemütlichen Beisammensein in der Restauration Schleifer (heute Ratskeller).

Inserat der Woche:
200 Sommerhosen zu 2,50 Mark.

13.7. Die vor einigen Tagen erschiene zweite Kur- und Fremdenliste weist einen Fremdenstadt von 375 Personen auf.

Inserat der Woche:
Für meine Liegenschaft in Königstein suche ich einen gut empfohlenen Mann mit kleiner Familie.

21.7. Die arme Gebirgsbevölkerung im hohen Taunus, für welche das Beerensammeln in den umliegenden Wäldern sonst eine gute Einnahmequelle gewesen, ist diesmal in ihren Hoffnungen bitter enttäuscht worden. Gerade in Waldungen, in denen die Beeren in Mengen zu finden wären, ist das Pflücken plötzlich von der Forstbehörde untersagt worden.

Inserat der Woche:
Dampfbäder, Douchen, Wannenbäder bei Dr. Amelung in Königstein.

27.7. In Schönberg fand eine Bürgerversammlung statt, in welcher der Herr Bürgermeister Peter Müller die Mittheilung machte, daß die kaiserliche Schloßverwaltung den Buchrain-Wald zu pachten wünsche.

31.7. Der Juli endet kalt und regnerisch, so wie der ganze Monat war. Aus der Schweiz kommt die Meldung, daß der Kurort St. Moritz total eingeschneit ist.

Inserat der Woche:
Perfekte sehr reinliche Köchin gesucht.

10.8. Herzog Adolf von Nassau, nunmehr Großherzog von Luxemburg hielt seinen Einzug in seinem neuen Land. In Luxemburg gab es große Feierlichkeiten, auch eine Delegation von Königstein, mit dem die herzogliche Familie sehr verbunden ist, nahm daran teil. Immerhin kam die Familie, wenn sie in Nassau war, nur nach Königstein. Schloß Biebrich hat Herzog Adolf seit 1866 nicht mehr betreten. Der Großherzog versprach, solange er leben werde, werde er die Unabhängigkeit und die freiheitlichen Einrichtungen des Landes Luxemburg zu verteidigen wissen. Gleich nach Abschluß der Feierlichkeiten, die auf seinen 74. Geburtstag verlegt worden waren, begab sich Großherzog Adolf nach Bayern auf die Jagd.

Inserat der Woche:
Den geehrten Bewohnern von Königstein und Umgebung die ergebene Mittheilung, daß am Montag, 17. August die Apotheke in Cronberg im Umbau des „Nassauer Hofes", Hauptstraße, eröffnet wird. Hochachtungsvoll, Dr. Jul. Neubronner. (Die Apotheke befand sich bis 1891 im Hause Doppelsstraße 4, die Kronberger nennen noch heute das Gebäude „die ald Apethek". Die Familie Neubronner ist also seit 100 Jahren in der Streitkirche mit der Apotheke ansässig, in früheren Jahren wohnte die Familie auch in dem Haus. Anm. d. Red.)

14.8. Von verschiedenen Sommergästen und anderen Personen ist es mißfällig bemerkt worden, daß auf mehreren Spazierwegen, namentlich im Falkensteiner Hain, vielfach Steine auf diesen herumliegen und um die Ruhebänke herum eine Masse Papierfetzen liegen. Es macht dies einen widerlichen Eindruck.

Inserat der Woche:
Am Samstag ist im Kurhaus Königstein „Großes Frosch-Rennen" mit Hindernissen.

24.8. Der Dilettanten-Verein hatte mit seiner Theateraufführung „Dorf und Stadt" einen großen Erfolg. Der Reinerlös wird dem Kriegerdenkmals-Fonds zugeleitet.

Inserat der Woche:
25 Erdarbeiter beim Bau der Rothschildchen Villa in Königstein gesucht.

28.8. Die Kaiserin Friedrich soll, nach dem „Daily Telegraph" zufolge, die Absicht haben, ihre sämtlichen Kunstschätze aus Berlin auf das hiesige Schloß bringen lassen, um so aus ihrem Taunusheim unter Heranziehung von Künstlern und Gelehrten ein „modernes Weimar" zu schaffen.

Inserat der Woche:
25 Erdarbeiter sofort gesucht. Rothschild'sche Villa Königstein.

7.9. Große Feiern gab es zur Wiederkehr des Sedan-Tages. Der Krieger- und Militärverein veranstaltete im Schützenhof ein Festessen, das sehr gut besucht war.

Inserat der Woche:
In meinem Hause werden Dampfbäder, Douchen, Wannenbäder, Einpackungen etc. verabreicht. Dr. Amelung, prakt. Arzt in Königstein.

11.9. Die hiesige Sektion des Taunusclubs hat beschlossen, gegen die Errichtung eines Thurmes auf dem Altkönig Einspruch zu erheben und nur den Bau eines Hauses an nicht sichtbarer Stelle zu befürworten.

Inserat der Woche:
Das Mistjauchefahren ist ab sofort wieder den ganzen Tag gestattet. Die Fässer sind gut zu verschließen. Der Bürgermeister von Königstein.

21.9. Über unserer Gegend bewegte sich wieder ein Luftballon. Es war der „Rheingold" des Herrn Lattermann, der im Kurgarten von Wiesbaden aufgestiegen war. Er landete um 1/2 7 Uhr abends auf dem Großen Feldberg.

Inserat der Woche:
Unmoderne Hüte werden nach den neuesten Formen und in kürzester Zeit umgeändert bei Geschwister Junker in Cronberg.

25.9. Das frühere Huttenlehner'sche Haus, jetzt Besitztum der Kaiserin wurde an Herrn Jacob Weidmann, hier, für den Preis von 4 000 DM auf den Abbruch verkauft. Bis zum 1. Februar muß dasselbe vollständig weggeräumt sein. (Anm. Das Haus wurde in der Frankfurterstraße von dem Käufer wieder aufgebaut. Jetzt befindet es sich im Eigentum der Familie Nauheim und beherbergt die Kreissparkasse und die Barmer Ersatzkasse.)

Inserat der Woche:
14 Hühner und 1 Hahn wegen Platzmangel zu verkaufen.

8.10. Seine Majestät Kaiser Wilhelm traf mit seiner erlauchten Mutter, der Kaiserin Friedrich und Gefolge auf Schloß Friedrichshof ein. Er überzeugte sich vom Fortgang der Bauarbeiten und pflanzte im Park eigenhändig eine Wellingtonie gigantea.

Inserat der Woche:
Ein Elfenbeinring von meinem Regenschirm ging verloren. Ich bitte um gefäll. Rückgabe.

9.10. Bekanntlich ist die Fahrgelegenheit zwischen Königstein und Cronberg eine mangelhafte, da die Privatomnibusse nur bei genügender Betheiligung fahren. Der Omnibus des Herrn Christoph Gottschalk von Cronberg wird bei Bedarf den Verkehr zwischen Bahnhof Cronberg und Hotel Pfaff, Königstein, unterhalten.

Inserat der Woche:
Deutsche Anti-Sklaverei-Geldlotterie! 1. Ziehung im November.

19.10. Seine Majestät Kaiser Wilhelm II. hat vom preußischen Staat die Cronberger Burg erworben und seiner Mutter, der Kaiserin Friedrich zum Geschenk gemacht. Wie verlautet, beabsichtigt die Kaiserin, die Burg nach Auszug der katholischen Schule, großzügig restaurieren zu lassen.

Inserat der Woche:
120 Zentner Kohlraben, Weißerüben, zum Einmachen billig abzugeben.

23.10. Bei der Bezirksversammlung des Taunusclubs in Bad Sonden konnte sich der Kronberger Vorsitzende Herr Dr. Ostertag nicht durchsetzen. Die Cronberger hatten gefordert, auf die Errichtung eines Turmes auf dem Altkönig zu verzichten und statt dessen ein Haus an nicht sichtbarer Stelle zu bauen.

Inserat der Woche:
Chenillen-Kopfhüllen in großer Auswahl. Geschwister Junker in Kronberg.

2.11. Im „Adlersälchen" fand ein Stiftungsball der Freiwilligen Feuerwehr statt.

Inserat der Woche:
Zwei Wasserräder, wenig gebraucht, ca. 4,30 Meter hoch, preiswürdig abzugeben.

6.11. Im Reifenberger Wald wurde eine männliche Leiche gefunden. Spuren eines Verbrechens waren nicht zu erkennen. Allem Vernehmen nach scheint die Leiche ein Opfer der Verwahrlosung und der hier herrschenden Kälte geworden zu sein.

Inserat der Woche:
Neu und empfehlenswert ist der patentierte Wecker „Raus", der das Wecken 5mal besorgt, so daß ein Wiedereinschlafen unmöglich ist. Heinrich Lohmann.

16.11. Die Omnibusverbindung vom Bahnhof Cronberg nach Königstein ist nunmehr erheblich verbessert worden. Herr Christoph Gottschalk aus Cronberg unterhält eine eigene Linie, die nach Fahrplan und nach Bedarf fährt. (Es handelte sich hier um „Pferdeomnibusse", Kutschen für 4 bis 8 Personen, jeweils mit 2 oder 4 Pferden bespannt. Anm.)

Inserat der Woche:
Für Modistinnen! Eine Brüsseler Fabrik verkauft, um Retourfracht und Zoll zu sparen, eine große Parthie Straußfedern, Flügel und Bouquets für Winterhüte und Ball.

20.11. Eine vollständig orchestrale Aufführung wird bei einem am Montag im Saale des „Schützenhofs" stattfindenden Conzert geboten.

Inserat der Woche:
Das Viehsprunggeld vom 1. Oct. 1890 bis 1. Oct. 1891 per Stück 1 Mark 10 Pfg. ist innerhalb 8 Tagen an die Gemeindekasse zu entrichten.

30.11. Der Gemeinderath beschloß, betreffs der Annahme der preußischen Städteordnung vorerst Informationen einzuholen, ob dieselbe für uns vorteilhaft ist.

Inserat der Woche:
Das Hainbad in Königstein, bestehend aus 9 bis 16 Zimmern, ganz oder stockweise zu vermiethen.

4.12. In der letzten Gemeinderatssitzung kam u. a. die Eingabe einer Firma wegen Einführung der elektrischen Beleuchtung zur Berathung und wurde der Gemeinderath dahin schlüssig, daß derselbe im Prinzip mit dem Anerbieten einverstanden, jedoch nicht in der Lage ist, schon jetzt bindend darauf einzugehen.

Inserat der Woche:
Nach jedem Schneefall muß der Schnee auf die Fahrstraße gekehrt werden, damit derselbe nicht auf den Trottoirs festgetreten und dadurch dessen spätere Entfernung erschwert wird. Der Bürgermeister

14.12. Das alte Schloß (Burg), das nunmehr im Besitze der Kaiserin Friedrich ist – SM Kaiser Wilhelm hat es seiner Mutter zum Geschenk gemacht, – soll baldigst großzügig restauriert werden. Noch befindet sich die katholische Schule mit zwei Klassen im Gebäude, sie wird in spätestens 2–3 Jahren ausziehen, wenn der zweite Bauabschnitt des Schulneubaus an der Katharinenstraße vollendet sein wird.

Inserat der Woche:
Empfehle mein Kaffee-Lager in ganz reiner, prima Waare. Jakob Westenberger III am Marktplatz in Cronberg.

18.12. Das stürmische und regnerische Wetter hält noch immer an, nachdem am Samstag vorübergehend Frost eingetreten war. Von überall werden schwere Unfälle mit Menschenverlusten gemeldet.

Inserat der Woche:
Die Besitzer von Grundstücken an Vicinalwegen werden zur Be- respective Nachpflanzung ihres Geländes mit jungen Obstbäumen aufgefordert. Unterlassung wird mit 3 Mark bestraft. Der Bürgermeister

30.12. Die Weihnachts-Bescherung, welche alljährlich von der Familie Bonn hiesigen armen Kindern bereitet wird, fand Sonntag Nachmittag im „Frankfurter Hof" statt. Es waren 93 Kindern geladen, die mit schönen Kleidungsstücken, Schul- und Spielsachen, sowie mit Kaffee, Kuchen und Confect beschenkt wurden.

Inserat der Woche:
Neu – neu – neu! Singpiston! Neues Musik-Instrument zur Begleitung eines jeden Instruments. In 10 Minuten zu erlernen.

1892

4.1. Im Jahre 1891 wurden beim Cronberger Standesamt registriert: 71 Geburten, 54 Sterbefälle und 19 Eheschließungen.

Inserat der Woche:
Ein Barbierlehrling gesucht von Fritz Weigand in der Hauptstraße (Auf gut Kronbergerisch heißt das „Balwierer", ein Ausdruck, der schon fast vergessen ist. Vor 50 Jahren war er noch viel im Gebrauch. Anm.)

15.1. Bei der Wahl eines Bürgermeister-Stellvertreters wurde Herr Eduard Bonn als solcher wiedergewählt. – Herr Fuhrunternehmer Braun hat ein dem Herrn Dreher Hirtes gehörendes, hinter dem alten Friedhof gelegenes, Grundstück – ca. 14 Ruthen – für den Preis von 1500 Mark angekauft.

Inserat der Woche:
Empfehle Paletots und Anzüge nach Maß, gute Arbeit, elegante Ausstattung. J. Phil. Henrich, Doppesstraße 10.

18.1. Die von der Firma Siemens und Halske in Berlin installirte Anlage im Kronthal ist in Betrieb genommen worden.

Inserat der Woche:
Ein schöner, neuer Herrschaftsschlitten mit Kutscherbock zu verkaufen.

28.1. Am Sonntag fand im Saale des „Grünen Wald" eine Versammlung statt zwecks Gründung eines Consumvereins. Zum Vorsitzenden wurde Herr Sebastian Ochs, zum Kassierer Herr Balthasar Weidmann, zum Lagerhalter Fritz Weigand gewählt. Der Verein zählt bereits 80 Mitglieder aus Cronberg, Schönberg, Kronthal und dem Schafhof.

Inserat der Woche:
Am kommenden Montag wird im Königsteiner Posthof ein ausgemusterter Personenpostschlitten öffentlich meistbietend gegen Barzahlung versteigert.

29.1. Wie viele Zeitungen melden, sollen die silbernen 20-Pfennig-Stücke aus dem Verkehr gezogen werden.

Inserat der Woche:
Gefunden wurde eine Crawatte mit Nadel.

1.2. Kaisers Geburtstag war wieder Anlaß zu schönen Feiern. Tags zuvor setzte von 4–5 Uhr nachmittags Glockengeläute von beiden hiesigen Kirchen ein. Im „Frankfurter Hof" fand ein Festkommers statt, an dem sich die Vereine betheiligten.

Inserat der Woche:
Heinrich Lohmann in Cronberg empfiehlt sich als Niederlage der deutsch-amerikanischen optischen Fabrik in Brillen und Pinznes für jedes Auge passend.

12.2. die Ausmauerung des Stollens für die Wasserleitung zum Schloß Friedrichshof ist vollendet. Es wird jetzt mit der Anlegung einer Rinne begonnen.

Inserat der Woche:
Stollwerks-Herz-Cacao. Größter Nährwert, höchster Eiweiß- und Theobromingehalt.

15.2. Starke und fortwährende Schneefälle machen den Fuhrleuten Schwierigkeiten. Viele Arbeiter und die Bahnschlitten sind ständig unterwegs.

Inserat der Woche:
Philipp Henrich, Herrenschneidergeschäft auf dem Doppes empfiehlt nach Maaß gefertigte Paletots und Anzüge.

26.2. Zu Anfang März wird dahier in der Eigenstraße 15 bei dem Kaufmann Carl Wiederspahn eine amtliche Postwertzeichenverkaufsstelle eingerichtet.

Inserat der Woche:
Zwei starke Fuhrleute werden gesucht, um den Brodabschlag von Höchst nach Königstein zu fahren.

1.3. Die Jagd auf dem Altkönig, der hessischen Gemeinde Steinbach zugehörig, wurde wieder an Herrn Kurz aus Frankfurt verpachtet.

Inserat der Woche:
Masken und Bärte in reicher Auswahl empfiehlt Balthasar Weidmann, Hauptstraße 25.

12.3. Auf dem hiesigen Rathause fanden heute mehrere Sitzungen wegen Anlage der elektrischen Beleuchtung statt. Dem Gemeinderath liegen zwei Offerten vor. –

Inserat der Woche:
In Oberhöchstadt ist die Bildung einer freiwilligen Feuerwehr geplant. Anmeldungen hierfür werden noch entgegen genommen.

14.3. Die Falkensteiner Lungenheilanstalt beabsichtigt, ein Volkssanatorium zu errichten, um auch weniger bemittelten Kranken eine Kur zu ermöglichen.

Inserat der Woche:
Ein zur Zucht tauglicher, schön gebauter Bulle und eine trachtbare Fahrkuh zu verkaufen in der Falkensteiner Mühle.

26.3. Das Gauturnfest des Obertaunusgaues wird in diesem Jahr in Oberhöchstadt abgehalten. Der Tag wird von dem festgebenden Verein bestimmt.

Inserat der Woche:
Kalk- und Haarmist, Senkgrubenmist, vollständig verfaulter Schmak abzugeben. Lederfabrik Königstein

28.3. Die neue Lok, die bei der Eisenbahn in Betrieb genommen wurde, ist auf den Namen „Jaques Reiß" getauft worden. Damit soll der Mitbegründer und Hauptinitiator der Cronberger Eisenbahngesellschaft geehrt werden.

Inserat der Woche:
Atelier für künstliche Zähne! Alle Zahnarbeiten durch Philipp Weigand, Zahntechniker, Eigenstraße 5, 1. Stock.

9.4. Der Verschönerungsverein hielt seine Jahreshauptversammlung ab. Der Vorsitzende, Herr Dr. Ostertag berichtete, daß für die Verschönerung des Viktoriaparks erhebliche Summen aufgewendet wurden. Der Verein zählt derzeit 110 Mitglieder.

Inserat der Woche:
Höhere Privatschule Cronberg. Beginn des neuen Schuljahres am 25. April. Rechtzeitige Anmeldung erbittet der Schulvorsteher Dr. Balzauweit.

11.4. In den nächsten Tagen trifft Ihre Majestät, die Kaiserin Friedrich, in Homburg ein. Von dort aus wird sie, wie auch im vergangenen Jahr, öfter nach Cronberg kommen, um sich von dem Fortgang des Baues von Schloß Friedrichshof und der Gestaltung des Parks zu überzeugen.

Inserat der Woche:
Frauen und Mädchen, welche gesonnen sind, an dem in Wiesbaden stattfindenden Cursus zur Ausbildung von Handarbeitslehrerinnen an Volksschulen teilzunehmen, werden ersucht, sich beim Bürgermeister zu melden.

23.4. Da vom Kgl. Landrathsamt dem sozialdemokratischen Verein für Cronberg und Umgebung die Genehmigung zur Abhaltung eines Volksfestes im Freien versagt wurde, hat genannter Verein beschlossen, am 1. Mai im Saal des Herrn Ungeheuer in Mammolshain eine öffentliche Versammlung abzuhalten, in welcher ein Redner über die Maifeier und ihre Bedeutung sprechen wird. Danach findet Unterhaltung mit Tanzmusik statt.

Inserat der Woche:
Geschwister Junker in Cronberg empfehlen ihr reichhaltiges Lager in Damen- und Kinderhüten und Zubehör, wie Federn, Blumen, Agraffen und Perlverzierungen.

25.4. Die Osterfeiertage waren vom Wetter nicht begünstigt. Die Nachtfröste schadeten der Obstbaumblüte erheblich. – Am Sonntag hält die hiesige Feuerwehr eine Spritzenprobe ab, zu welcher die neu gegründete Feuerwehr zu Oberhöchstadt zugesagt hat. Übungsplatz ist die Gemeindescheuer hinterm Tanzhaus.

Inserat der Woche:
Liefere gestrickte Bettdecken zu billigen Preisen.

7.5. Am Sonntag findet die Nachkirchweih in Falkenstein statt, die fast ebenso wie die Vorkirchweih auf Frankfurter wie auf die Einwohner der näheren Umgebung starke Anziehung auszuüben pflegt.

Inserat der Woche:
Mädchen, welche gesonnen sind, das Kleidermachen zu erlernen, werden sofort angenommen.

9.5. Zehn katholische und fünfundzwanzig evangelische Kinder wurden in den beiden Schulen aufgenommen. – Der Wonnemonat Mai hat sich sehr schlecht eingeführt mit Regen und Schnee, Feldberg und Altkönig haben eine weiße Kappe.

Inserat der Woche:
3 bis 4 Mann können gute Schlafstelle mit und ohne Kost haben.

21.5. In der letzten Sitzung des Bürgerausschusses wurde der mit der Firma Siemens & Halske abgeschlossene Vertrag über die Einführung der elektrischen Straßenbeleuchtung und Abgabe von Strom an Private einstimmig angenommen.

Inserat der Woche:
Für Kutscher und Fuhrleute zur gefl. Nachricht, daß in der „Alten Post", Gr. Friedbergerstr. 32 in Frankfurt eingestellt werden kann.

23.5. Herr Leonhard Hirsch von hier wurde als Fleischbeschauer für den hiesigen Gemeindebezirk vom königlichen Landratsamt bestellt und vereidigt.

Inserat der Woche:
Für Kutscher und Fuhrleute aus der Umgebung Frankfurts zur gefälligen Kenntniß, daß in der „Alten Post", Große Friedberger Gasse 32 in Frankfurt eingestellt werden kann. (Das bedeutet, daß auswärtige Kutscher dort ihre Pferde kurzfristig in den Stall stellen konnten, dort erhielten die Tiere dann Wasser und Futter. Anm.)

4.6. Im Auftrag der hiesigen Section des Taunusclubs ist der Gärtner Herr Heinrich Müller soeben damit beschäftigt, die Baureste der Rudhartiskapelle freizulegen und die Umgebung zu verschönern. – Im Kronthal wurden die ersten Arbeiten zur Anlage des Elektrizitätswerkes begonnen. Ein Theil der Maschinen trifft in wenigen Tagen ein. Am 1. August soll Schloß Friedrichshof bereits elektrisch beleuchtet sein.

Inserat der Woche:
Gefunden wurde auf der Königsteiner Chaussee der Thürgriff einer Chaise. Gegen Erstattung der Insertationsgebühren abzuholen in der Expedition.

6.6. Am Pfingstsonntag wurde ein zweiter Omnibus für die Fahrten vom Bahnhof Cronberg nach Königstein in Dienst gestellt. Derselbe fällt durch seine elegante Ausführung auf. (Es handelte sich selbstverständlich um einen „Pferde-Omnibus". Diese Wagen waren oft mit bis zu vier Pferden bespannt. In Richtung Königstein durften sie später nur über die Viktoriastraße fahren; Anm.)

Inserat der Woche:
Regelmäßige Omnibusverbindung zwischen Station Cronberg und Hotel Pfaff in Königstein. Christoph Gottschalk II, in Cronberg.

18.6. Den Pächtern der Wohnungen und Werkstätten im alten Schloß dahier ist dieser Tage durch das Kgl. Domänenamt zu Höchst gekündigt worden. Dieselben haben bis zum 1. Oktober ds. Jahres zu räumen.

Inserat der Woche:
Wegen Aufgabe einer Brautschaft sind die neuen Möbel spottbillig zu verkaufen. Näheres bei der Exped. ds. Blattes.

20.6. Im Hotel „Schützenhof" wurde die Fernsprechstelle Nr. 14 eingerichtet. Gegen eine Vergütung von 50 Pfennig können die Gäste das Telephon benutzen.

Inserat der Woche:
Zu verkaufen drei Pferde schweren Schlages und ein Fohlen. Direction der Kronthaler Mineral-Quellen in Bad Kronthal.

2.7. Der Anfang der Canalisierung Cronbergs wurde dieser Tage durch Legen von großen Tonröhren in der Eisenbahnstraße (heute Bahnhofstraße) gemacht. Die Röhren werden vorerst bis zum Nußbaum Ecke Frankfurterstraße weitergelegt.

Inserat der Woche:
Die Obermühle zu Weißkirchen verkauft zwei fast neue Wasserräder, 4 m hoch, sowie ein gußeisernes Kammrad mit Trieb.

16.7. Vor einigen Tagen verstarb einer unserer ältesten Einwohner, der seit dem 1. Juli 1869 pensionierte und hier bei seinem Sohn lebende Lehrer Herr Josef Bonn im hohen Alter von 88 Jahren. Am 11. Juli 1804 zu Rentershausen geboren, wirkte er von 1821–24 als Lehrgehilfe in Görgeshausen, bis 1826 als Lehrer zu Salz und von 1836–69 als Lehrer an der oberen Knabenschule zu Oberlahnstein.

Inserat der Woche:
Ein kräftiger junger Mann wird zur Aushülfe des Feldschutzes während der Nachtzeit gesucht.

18.7. Am Sonntag kam auf dem alten Schloß (Burg) beim Verlassen des Freiturms ein Steinmetz durch Blitzschlag ums Leben. Der Mann war beim Bau von Schloß Friedrichshof beschäftigt. Drei andere Leute wurden betäubt; der Schreiner Philipp Müller, dessen Ziegenstall sich neben dem Freiturm befindet, wurde lebensbedrohend verletzt.

Inserat der Woche:
Maulwurfs-Falle, höchst zweckmäßig und empfehlenswert für Gärtner und Landwirte. Wiederverkäufer gesucht. Alters Patent – Königstein.

30.7. Am letzten Donnerstag fand, ermöglicht durch das liebenswürdige Entgegenkommen des Herrn Direktor Martin im Füllhause der Kronthaler Mineralquellen eine Probebeleuchtung mit electrischem Licht statt, wozu seitens des Taunus-Electrizitätswerkes der Gemeindevorstand, der Bürgerausschuß, sowie alle Interessenten eingeladen waren.

Inserat der Woche:
Zu verkaufen 1 Gickel mit roten Federn ohne Schwanz. Gastwirt Messer, Königstein.

1.8. Herr Heinrich Lohmann kaufte das dem Herrn Georg Weck gehörende Haus an der Schirn (In diesem Haus befand sich zeitweise die Post). – Die neue Kurliste weist einen Fremdenbestand von 833 Personen nach.

Inserat der Woche:
Sachsenhäuser und Wormser Einmachgurken pro 100 Stück 1,40–1,70 Mark.

13.8. Wie wir vernehmen, beabsichtigt das kgl. Kur-Kommissariat zu Bad Soden am Mittwoch bei günstigem Wetter auf der Kurhaus-Terrasse zu Bad Kronthal ein Militärkonzert zu veranstalten. Bei einbrechender Dunkelheit wird das Thal bengalisch beleuchtet. Daß zum Schlusse auch getanzt wird, erscheint uns selbstverständlich. Der schöne Saal im Kurhaus ist zu diesem Zwecke neu hergerichtet und gedielt worden.

Inserat der Woche:
Am Samstag wird die Creszenz mehrerer Äkker an Ort und Stelle versteigert. Zusammenkunft um 3 Uhr nachmittags hinterm Tanzhaus. Der Bürgermeister: Jamin

15.8. Das 30jährige Stiftungsfest des hiesigen Turnvereins (heute MTV) wurde gestern festlich begangen. Im „Grünen Wald" fand ein Biercommers statt. 120 Turner waren zum Preisturnen angetreten, sie kamen von insgesamt 20 auswärtigen Vereinen.

Inserat der Woche:
Ein Kindersitzwagen preiswürdig zu verkaufen.

27.8. Die Ausgrabungen am Limes-Pfahlgraben am Castell „Feldberg" nehmen einen günstigen Verlauf, indem Gegenstände, welche aus der Römerzeit stammen, massenhaft ausgegraben werden. – Im Kreisblatt für den Obertaunuskreis werden heute die Tabellen zur Umwandlung der hunderttheiligen Thermometerscala (Celsius) in Grade Réaumur veröffentlicht.

Inserat der Woche:
Vom 1. September bis Ende Oktober ist das Feld zur Nachtzeit geschlossen. Übertretungen werden mit bis zu 10 Mark bestraft. Der Bürgermeister.

30.8. Einen tragischen Abschluß nahm der erste Kirchweihtag in Niederhöchstadt. In einer Wirtschaft kamen zwei Knechte in Streit, bei dem ein Knecht aus dem Bayrischen seinen Rivalen erstach. Der Cronberger Fußgendarm Scherzberg lieferte den Thäter in das Gerichtsgefängnis Königstein ein.

Inserat der Woche:
Drei Pferde schweren Schlags und ein Fohlen (2 1/2 Jahre) verkauft die Direction der Kronthaler Mineral-Quellen.

10.7. Auf der landwirtschaftlichen Ausstellung in Oberursel wurde für die hiesige Gemeinde ein dortselbst prämierter Zuchtbulle für den Preis von 350 Mark angekauft. – Der Landrath des Obertaunuskreises gab eine Bekanntmachung heraus, wonach vor Aufnahme von Personen, die aus Hamburg und Umgebung anreisen, gewarnt wird. Es geschieht dies, um eine Einschleppung der Cholera zu vermeiden. (In Hamburg wurden bisher mehr als 6000 Todesfälle registriert). Im ganzen Regierungs-Bezirk Wiesbaden sind vorläufig alle Kirchweihen, Tanzmusiken usw. untersagt.

Inserat der Woche:
Am Donnerstag soll vor dem hiesigen Posthause, Schirnplatz, ein ausgemusterter Packethandwagen öffentlich meistbietend versteigert werden. Kaiserl. Postamt Cronberg

12.9. Die Kaiserin Friedrich besuchte heute von Homburg aus ihren Schloßbau, um sich von dem guten Fortgang der Arbeiten zu überzeugen.

Inserat der Woche:
Für alle Königsteiner und die Bürger der Umgebung! Ich richte eine Annahmestelle für eine Färberei und Chemische Waschanstalt ein.

24.9. Alle aus dem Hamburgischen Staatsgebiet ankommenden Personen haben sich sofort bei der Ortspolizeibehörde zu melden. Jede von dort ankommende Postsendung muß ebenfalls gemeldet werden. Die Not in Hamburg ist unvorstellbar, überall werden Sammlungen veranstaltet. An einem einzigen Tag wurden fast 400 Todesfälle registriert. – Dekan Ehrlich, der Seelsorger der hiesigen katholischen Kirchengemeinde ist heute früh an den Folgen eines Lungenschlages gestorben. Er war seit dem 1. October 1868 in Cronberg tätig und stand im 70. Lebensjahr.

Inserat der Woche:
Alle zum Nachlasse des verlebten Herrn Medicinalrathes Dr. Georg Pingler in Königstein gehörigen ausstehenden und fälligen Forderungsbeträge wolle man umgehend einreichen. Der Bevollmächtigte.

26.9. Der Kaiser kam dem Wunsche seiner Mutter, die Burg zu erwerben, zuvor und legte ihr die Schenkungsurkunde auf den Weihnachtstisch. Die eigentliche Übergabe fand erst jetzt statt. Die Stadt Cronberg erhält eine Abfindungssumme, da in den Räumlichkeiten noch eine Klasse der katholischen Schule untergebracht ist.

Inserat der Woche:
Ein kräftiger junger Mann zur Aushülfe beim Feldschutz gesucht.

8.10. Die Obstbaumbesitzer werden darauf aufmerksam gemacht, daß jetzt die günstigste Zeit zur Beschützung der Obstbäume vor dem Frostnachtspinner durch Anlegung von Kleberingen herannaht. – Kommerzienrat Max von Guaita hat in den Klingelwiesen 12 ha Land angekauft. Hier soll eine prachtvolle Villa errichtet werden. (Diese Villa wurde einige Jahre nach dem zweiten Weltkrieg abgerissen. Die Guaitastraße ist alles, was davon übrigblieb.)

Inserat der Woche:
Hiermit wird Jedermann gewarnt, das Gestänge der electrischen Leitung zu beschädigen, sowie die Leitung zu berühren, da Letzteres mit Lebensgefahr verbunden ist. Der Bürgermeister

12.10. Die Hainstraße sollte nach Vorstellungen der Schloßverwaltung verlegt werden. Zwischen Viktoria- und Friedrichstraße sollte die Trasse durch Feld und Wiesen (heute vor allem Stadtpark. Anm.) weit ab von Schloß Friedrichshof geführt werden. Der Gemeinderath von Cronberg lehnte ab.

Inserat der Woche:
Die „Modewelt", illustrirte Zeitung für Toilette und Handarbeit, jährlich 12 farbige Modenbilder.

22.10. Der Kaiser hat die Burg Cronberg vom kgl. preußischen Fiskus erworben und seiner Mutter zum Geschenk gemacht. Durch Vertrag wurde festgesetzt, daß die Stadt Cronberg eine einmalige Abfindungssumme erhält, um die erste katholische Schule, die bislang in den wohlerhaltenen Räumen der Ruine ihr Lokal hatte, anderswo unterbringen zu können.

Inserat der Woche:
Die Fischerei im Schwalbacher Bach vom sogenannten Schafhof bis zur Nidda ist auf 6 Jahre zu verpachten. Am Freitag vormittag um 11 Uhr in der Wirtschaft Messer in Königstein.

24.10. Laut Amtsblatt des Bistums Limburg wurde Herr Frühmesser Dr. Faust als Seelsorger von Rauenthal nach Cronberg versetzt.

5.11. Heute kam für die hiesige Freiwillige Feuerwehr eine von der Firma J. G. Lieb in Biberach am Riß gefertigte Ausziehleiter hier an. Dieselbe ist äußerst sauber gearbeitet und höchst praktisch.

Inserat der Woche:
Das Abladen von Steinkohlen auf öffentlichen Straßen ist verboten.

10.11. An der Stadtwaage wird ein Transformator aufgestellt, der vorläufig dieVersorgung der Stadt mit Licht und Kraft übernehmen wird.

Inserat der Woche:
Totalausverkauf wegen Wegzug! Herren-Anzüge, Überzieher, Damen-Regen- und Wintermäntel. Alles 15–20 Prozent billiger. Bei Ema-

nuel Bing, Eigengasse 8. (Dort zog wenig später die Firma Schade und Füllgrabe ein. Anm.)

19.11. Von der Centrale Kronthal aus wird heute das kaiserliche Schloß Friedrichshof zum ersten Mal mit electrischem Licht beleuchtet, wodurch die Arbeiten im Schloßbau sehr gefördert werden.

Inserat der Woche:
Hiermit zur öffentlichen Kenntniß, daß ich seit dem 10. ds. Mts. zwischen Königstein und Cronberg einen Omnibus fahren lasse. Der Fahrpreis beträgt pro Person 50 Pfennige. J. Büttner, Cronberg (Anm. Das war ein teures Vergnügen! Selbstverständlich handelte es sich bei diesem „Omnibus" um eine große Kutsche, von Pferden gezogen.)

21.11. Die bekannte Firma Siemens & Halske projektirt die Anlage einer elektrischen Bahn von Frankfurt über Bockenheim aus über Hausen, Rödelheim, Cronberg und Hohe Mark in den Taunus. Mit den Vermessungsarbeiten wurde bereits begonnen.

Inserat der Woche:
Engros-Haus vergibt Arbeit auf Filet-Handschuhe, Seide wird dazu gestellt. (Anm.: Eine sehr schlecht bezahlte und mühselige Heimarbeit, die vor allem von Frauen und Mädchen im Hintertaunus ausgeübt wurde. Schon Kinder wurden dazu angeleitet).

3.12. Mit dem Anbringen des Straßenbeleuchtungsnetzes wurde jetzt begonnen. Die Hausbesitzer haben bereitwillig das Spannen der Drähte an ihren Häusern gestattet, nur wenige haben Schwierigkeiten gemacht. In der Steingasse haben sich einige Grundbesitzer geweigert, doch ist dort so viel Gemeindeeigenthum disponibel, daß auch hier die Arbeiten ungehindert ihren Fortgang nehmen können.

5.12. Der hiesige Gemeinde-Vorstand hat sich in seinen letzten Sitzungen intensiv mit dem weiteren Ausbau des Schulhauses beschäftigt. In den Anbau soll die katholische Schule, die bisher noch im alten Schloß ist, einziehen.

Inserat der Woche:
Ein Schlitten mit hohem Bock, passend für Herrschaften, zu verkaufen.

17.12. Der allgemeine Wunsch, dem verstorbenen Herrn Decan Ehrlich ein würdiges Grabdenkmal zu setzen, hat den katholischen Kirchenvorstand beschäftigt. Es wurde beschlossen, eine allgemeine Versammlung in die Restauration Schleiffer (heue „Ratskeller") zur Berathung über dieses Werk der Pietät gegen den Verblichenen zu berufen.

Inserat der Woche:
Keine gute Hausfrau versäume den Versuch mit Margarine-Butter zu machen.

19.12. Der Dilettanten-Verein bringt am 2. Weihnachtsfeiertag zwei Theaterstücke zur Vorführung. Der Reinerlös ist zum Besten der Kleinkinderschule (heute evangelischer Kindergarten. Anm.) bestimmt.

Inserat der Woche:
Für meine mit Neujahr ins Leben tretende Hemdenfabrikation en gros suche ich tüchtige Näherinnen.

31.12. Der Gemeindevorstand hat sich in seinen letzten Sitzungen wiederholt mit dem weiteren Ausbau des neuen Schulhauses beschäftigt. Den vom Staat zu leistenden 30 000 Mark hat die evangelische Kirchengemeinde 15 000 Mark als Ablösesumme hinzugefügt. Wir werden schon in Bälde die Vergrößerung unseres Schulhauses erwarten dürfen.

Inserat der Woche:
Totalausverkauf wegen Wegzug! Herren- und Knaben-Anzüge, Jaquets, Kleiderstoffe etc. alles unter seitherigen Preisen. Geschw. Binh. Cronberg

1893

2.1. Im Jahre 1892 meldete das Standesamt Cronberg 79 Geburten, 20 Eheschließungen und 65 Sterbefälle.

Inserat der Woche:
Die Ortspolizei macht zum wiederholten Male darauf aufmerksam, daß das Abladen von Kohlen auf öffentlichen Straßen verboten ist.

4.1. Im Hause des Herrn W. Dietz in Schönberg wird eine Posthülfsstelle eingerichtet, welche sich mit dem Verkauf von Postwertzeichen und mit der Annahme von gewöhnlichen Brief- und Paketsendungen befassen wird. (Nach 100 Jahren gibt es jetzt in Schönberg keine Post mehr. Anm.)

Inserat der Woche:
Gesucht wird ein Dienstmädchen, das sich der Hausarbeit willig unterzieht.

14.1. Die für das Taunus-Electrizitätswerk angeschaffte neue Dampfmaschine wird in Betrieb genommen. Dieselbe ist in Magdeburg erbaut worden und hat 150 Pferdekräfte. Heute vormittag wurde mit dem Aufstellen der Straßenkandelaber für die electrische Beleuchtung begonnen.

Inserat der Woche:
Loose für die Ruhmeshallen-Lotterie und für die Errichtung des Kaiser-Friedrich-Mueums in Görlitz.

16.1. Der neue Friedhof an der unteren Frankfurter Straße ist schon zu klein. Die Stadt erwägt die Erweiterung. Wahrscheinlich wird der Friedhof nach der Bahnlinie hin vergrößert.

Inserat der Woche:
Entlaufen 1 Gickel mit roten Federn und ein schwarzes Huhn.

30.1. Schönbergs Kanalisation macht gute Fortschritte. Der Ortskern und einige Villen sind schon angeschlossen. Noch fehlt eine Wasserleitung.

Inserat der Woche:
Wäsche zum Waschen und Bügeln wird schön und billig besorgt.

11.2. Herr Pfarrer Hermann Eikerling aus Caub ist zum Seelsorger der hiesigen katholischen Gemeinde ernannt worden. Er wird sein Amt im nächsten Monat antreten. – Das Kurhaus in Bad Kronthal ist geschlossen. Mit dem 1.4. wird dort ein Mädchen-Institut (Viktoria-Pensionat) seinen Einzug halten. Diese Anstalt steht unter dem Protektorat der Kaiserin Friedrich.

Inserat der Woche:
Von Montag bis Mittwoch steht das Gartenmöbel, Porzellan und Glas, sowie die Wirtschaftsutensilien im Kurhaus Kronthal zum Verkauf.

13.2. Dank der Bemühungen der hiesigen Carnevalsgesellschaft ist die Fastnacht in Cronberg gut verlaufen. Auf den Straßen war reger Betrieb, am Dienstag zog ein närrischer Umzug durch die Stadt.

Inserat der Woche:
Ein wahrer Schatz gegen die unglücklichen Opfer heimlicher Ausschweifungen ist Dr. Retans Werk „Selbstbewahrung“.

25.2. Das electrische Licht hat bei uns Einzug gehalten. Der Saal des „Frankfurter Hofs“ ist bereits durch drei Bogenlampen mit magischem Glanz erfüllt. Die Straßenbeleuchtung beginnt in wenigen Tagen.

Inserat der Woche:
Programme und Ballkarten werden geschmackvoll angefertigt.

1.3. Die Hauptleitung der Schönberger Abwässeranlage war an mehreren Stellen zugefroren.

Inserat der Woche:
Ein junger Mann wird als Hotel-Hausbursche bei gutem Salair sofort gesucht.

11.3. Am letzten Samstag Nachmittag fand im „Frankfurter Hof" zu Frankfurt eine Versammlung von Interessenten zur Errichtung eines Krankenhauses in Cronberg statt.

Inserat der Woche:
Wer ertheilt Unterricht in Buchführung und Rundschrift?

13.3. Die Schloßverwaltung läßt auf der Wiese neben der Meierei eine für jedermann zugängliche Badeanstalt erbauen.

Inserat der Woche:
Ein erfahrener, unverheirateter, fleißiger Kutscher wird gesucht.

25.3. Der Vorschußverein (heute Volksbank!) hielt am Sonntag seine diesjährige Hauptversammlung ab. Mit Befriedigung kann derselbe auf das abgelaufene Jahr zurückblicken.

Inserat der Woche:
Zur Herstellung eines Dachkändels an dem Oekonomiegebäude der Falkensteiner Schule sollen die Arbeiten auf Submissionsweg vergeben werden. Lusttragende wollen ihre Offerten auf der Bürgermeisterei einreichen.

27.3. Die Schüler Steier, Friedenberg und Schleifer der hiesigen privaten höheren Schule haben das Zeugnis der mittleren Reife erhalten; sie sind die Ersten dieser Schule. Mit dem Zeugnis können sie den „Einjährigen-freiwilligen Dienst" ableisten.

Inserat der Woche:
Lofoten – Dorsch – Lebertran, ohne Beigeschmack, gerade frisch eingetroffen.

8.4. Herr Christian Gottschalk 2. aus Cronberg, Unternehmer der Privatpost Cronberg-Königstein, hat für den Betrieb wieder einen Omnibus bauen lassen. Dieser bietet für 15 Personen Raum und bestand vor einigen Tagen seine Probefahrt.

Inserat der Woche:
Viel Geld liegt begraben im alten Thurn & Taxis-Couverts mit eingeprägten Marken. Ich zahle dafür Höchstpreise.

10.4. Dr. Ostertag wurde als Impfarzt für Cronberg, Schönberg, Niederhöchstadt und Schwalbach eingesetzt.

Inserat der Woche:
Sie husten nicht mehr beim Gebrauche von Oscar Tietzes Zwiebelbonbons.

22.4. Am Bahnhof Cronberg wird für die Kaiserin Friedrich, die voraussichtlich im nächsten Frühjahr ganz nach Schloß Friedrichshof kommt, ein Pavillon aufgeschlagen. Der Weg von der Haltestelle zum Bahnhofsgebäude wurde vergrößert und verschönert. Der neue Salonwagen für die Kaiserin wurde zur Probefahrt abgelassen. Der Wagen entspricht im Bau und Einrichtung allen Anforderungen und ist mit in- und ausländischen Bremsvorrichtungen versehen. – Der neue Seelsorger der katholischen Gemeinde, Pfarrer Eickerling, wurde in feierlicher Prozession vom Bahnhof zum Pfarrhaus geleitet. – Seit 21. März hat es keinen Tropfen geregnet. Die Trockenheit wird bedenklich.

24.4. Wer einen Hund zum Ziehen eines Fuhrwerks verwenden will, braucht dazu ein Attest des Kreistierarztes.

Inserat der Woche:
Das Parfüm der eleganten Welt ist Orangenblüthen-Duft.

6.5. Empfindlich kalt ist es noch immer, sogar Schnee gab es in den letzten Tagen. – Der evangelische Kirchenvorstand verhandelte wegen einer selbständigen Pfarrgemeinde in Königstein und hat seitens der hiesigen Gemeinde eine einmalige Beisteuer von 3500 Mark bewilligt. Dann wird die neue Gemeinde in Königstein wohl einen eigenen Pfarrer einstellen.

Inserat der Woche:
Ein fast neuer Braut-Anzug billig zu verkaufen.

8.5. Das Hotel „Schützenhof“ ist nun an das Taunus-Elektrizitätswerk angeschlossen mit 19 Lampen zu 16 Kerzen. Auch Herr Metzgermeister Burkhardt hat nun Elektrizität.

Inserat der Woche:
Aus dem Kurhaus im Kronthal werden Gartenmöbel, Porzellan, Glas sowie diverse Wirtschaftsutensilien verkauft.

20.5. Der Wassermangel in unseren städtischen Wasserleitungen macht sich in diesem Jahr recht früh fühlbar. In den letzten Tagen mußte die Zuleitung zeitweilig abgestellt werden. Empfindlich war dies für den neuen Besitzer der hiesigen Badeanstalt, Herrn Theodor Grün, bei dem sich eine Masse badewilliger Gäste eingefunden hatte, welche alle wieder umdrehen mußten.

Inserat der Woche:
Die Einwohner Königseins werden zwecks Beschlußfassung über Seiner Kgl. Hoheit dem Erbgroßherzog von Luxemburg aus Anlaß höchstseiner Vermählung darzubringendes Geschenk auf Montag abend um 8 1/2 Uhr in dem Saal Procasky ergebenst eingeladen. Das provis. Comité

22.5. Die evangelischen Christen in Königstein wollen eine selbständige Kirchengemeinde bilden. Derzeit werden sie noch immer vom hiesigen Pfarrer seelsorgerisch betreut. Seit dem Bau der Immanuelkirche gibt es Verhandlungen des Kirchenvorstands; die hiesige Gemeinde hat einen Zuschuß von 3500 Mark bewilligt.

Inserat der Woche:
Das Gras auf dem Königsteiner Todtenhof wird versteigert.

3.6. Die Kaiserin machte der Gemeinde Schönberg ein großherziges Geschenk. In der Schloßkapelle befanden sich noch eine Anzahl kirchlicher Gegenstände, darunter ein Mutter-Gottes-Altar von 1674, welche Ihre Majestät der katholischen Kirche zu Schönberg überwiesen hat. Die bisher ziemlich schmucklose Kirche erhielt damit eine neue Zierde.

Inserat der Woche:
Ein junges, williges Mädchen gesucht bei Philipp Weigand, Barbier.

9.6. Der hiesige Verschönerungsverein sowie der Kurverein bitten alle Haus- und Wohnungsbesitzer um Meldung, was an Wohnraum für die Kurfremden zur Miete zur Verfügung steht.

Inserat der Woche:
Zu beziehen in allen Buchhandlungen ist die preisgekrönte Schrift über „Das gestörte Verhältnis im Nerven- und Sexualsystem“.

15.6. Die evangelische Filialgemeinde Königstein scheidet aus dem Pfarrverband Cronberg aus und bildet fortan eine eigene Gemeinde. Zu diesem Behufe wurde eine Errichtungsurkunde entworfen, die für jedermann offen ausliegt.

Inserat der Woche:
Die köngl. Oberförster sind angewiesen, Anträgen auf Überlassung von Gras und Laub aus Staatswaldungen weitgehend zu entsprechen.

1.7. Alle Interessenten, besonders die Mitglieder des pomologischen Vereins, werden auf die Obsttrocknerei von Rudolf Möller, die vor kurzem den Betrieb eröffnet hat, deren Besuch sich sehr empfiehlt, aufmerksam gemacht. Herr Möller gestattet die Besichtigung in entgegenkommendster Weise.

Inserat der Woche:
Es wird zur öffentlichen Kenntnis gebracht, daß das freie Umherlaufen von Hunden ohne vorschriftsmäßige Maulkörbe, sowie das freie Umherlaufen während der Nachtzeit verboten ist. Nichtbeachtung wird bis 9 Mark ent. mit entsprechender Haft bestraft. Der Bürgermeister

15.7. Die Stadt wird in diesem Sommer in den Distrikten Rudartshain und Hauswaldshütte Neuschürfungen nach Wasser ausführen. – Um den Fortbestand der Kleinkinderschule zu sichern, wird am Samstag und Sonntag ein Gartenfest mit Verkaufsständen, Buffett und Musik im Schützenhof stattfinden. (Die Kleinkinderschule wurde 1879 als überkonfessioneller Kindergarten gegründet, sie gilt als der Vorläufer des evangelischen Kindergartens. Jahrzehntelang war die Kinderschule die einzige ihrer Art in Kronberg. Bis in die Jahre nach dem 2. Weltkrieg hielt sich der Ausdruck „Kinnerschul" bei den Kronbergern.)

Inserat der Woche:
Freie Wohnung gegen kleine häusliche Verrichtung finden brave, gut empfohlene kinderlose Leute mit einem höchstens zwei erwachsenen Kindern.

29.7. In diesem Sommer kommt ein neuer Scherzartikel auf den Markt: Die Papierschlange! Sie ist kein Spielzeug, sondern ein Wurfgeschoß. Ein schmaler, ca. 1–2 cm breiter Papierstreifen von 50–60 Meter Länge wird zusammengerollt. Wird das Geschoß mit einem tüchtigen Schwunge in die Luft geworfen, so rollt sich das Papier auf und in mächtigen, hobelspanartigen Windungen steigt eine Papierschlange empor. Der Effekt ist ein sehr schöner und überraschender. Ein geschickter Werfer kann die Schlage zu einer imposanten Höhe treiben.

Inserat der Woche:
Ich warne Jedermann, mir Pfähle zum Einfriedigen auf mein Eigenthum zu setzen, indem ich sie sonst herausreiße J. S.

31.7. Seit Tagen fällt ziemlich kalter Regen! Das Wetter gefährdet die Ernte.

Inserat der Woche:
Hausfrauen können Geld sparen bei Verwendung von Malzkaffee.

12.8. Seit Tagen ist es kalt und regnerisch, das Wetter gefährdet die Ernte. – Allein Feldbergbesteigern können wir die erfreuliche Mittheilung machen, daß der Taunusklub soeben einen gut begehbaren Fußweg an der „Schardter Hohl" herrichten läßt. Dieser Weg zwischen dem Falkensteiner Turnplatz und der Fuchstanzhütte (vorbei an der „Rübezahleiche") war bisher außergewöhnlich steinig und bildete stets den Schrecken der Taunuswanderr.

Inserat der Woche:
Das Parfüm der eleganten Welt ist Orangenblüthen-Duft.

14.8. Es dürfte für die vielen Freunde des Kronthaler Wassers von Interesse sein, daß dieses vorzügliche, erfrischende Getränk soeben auf der Hygiene-Ausstellung in Brüssel mit einer goldenen Medaille gekrönt wurde.

Inserat der Woche:
Ein Zweispännerwagen, fast neu, zu verkaufen bei Uhl, Schmiedemeister zu Cronberg.

26.8. Die hiesige Stelle des Oberförsters wurde vom 1. Oktober ab dem königl. Forstmeister Herrn Lade zu Selters anstelle des pensionierten Forstmeisters Herrn Hatzfeld übertragen.

Inserat der Woche:
Zur Einweihung der neu erbauten Restaurationshalle auf dem Feldberg findet am Sonntag ein Conzert mit anschließender Tanzmusik statt. Es ladet freundlichst ein: Johann Ungeheuer.

9.9. Im Alter von 78 Jahren verschied dahier der Herr Geheime Sanitätsrat Dr. Passavant. Seit 1861 wohnte er in den Sommermonaten in Cronberg in der Nachbarschaft des alten Schlosses, wo er sich seine Villa erbauen ließ. Er gehörte zu den Allerersten, die erkannten, daß Cronberg zum Luftkurort geeignet sei.

Inserat der Woche:
Eine Kelter mit Jalousieeinrichtung zu verkaufen bei Chr. Sauer in Neuenhain.

11.9. Das neue Schulhaus in Cronberg soll vergrößert werden, damit endlich auch die katholische Schule aus der Burg dort einziehen kann. Die Arbeiten werden demnächst vergeben. Kostenanschlag und Bedingungen sind in der Rathsstube zu erfahren.

Inserat der Woche:
Kaufe fortwährend gebrauchte Briefmarken.

23.9. Die Versteigerung der diesjährigen Gemeinde-Kastanienernte, die in der vergangenen Woche vorgenommen wurde, erbrachte einen Erlös von nahezu 400 Mark.

Inserat der Woche:
Ich führe die Niederlage der deutsch-amerikanischen optischen Fabrik in Brillen und Pincenés, für jedes Auge passend. Heinrich Lohmann, Cronberg.

25.9. Die städtischen Wasserleitungsquellen wurden unter Betheiligung von Bürgermeister Jamin und den Herren Philipp Hahn und Heinrich Kunz gemessen.

Inserat der Woche:
Niederlage von Kneippschem Leinen, Turner-Tricots. M. Fischer, Königstein

7.10. Schuhsohlen aus Stahl sind die neueste Erfindung eines Ingenieurs, der bereits Patente erworben und eine Fabrik zur Herstellung errichtet hat. Die Stahlsohlen sollen trotz des festen Materials sehr leicht und bequem zu tragen sein.

Inserat der Woche:
Ein tüchtiger Pferdeknecht, welcher mit Chaisenfuhrwerk vertraut ist, per sofort gesucht.

9.10. Nach der Pol. Verordnung vom 15.6.1887 sind alle abwelkenden Obstbäume oder Äste derselben zu entfernen und zu verbrennen. Der Flurschütz ist angewiesen, streng darauf zu achten. Zuwiderhandelnde werden bestraft.

Inserat der Woche:
Wer hustet, kaufe sich die echten Zwiebelbonbons.

21.10. Der seitherige Stadtdiener, Herr Chr. Wolf, scheidet mit dem 1. November aus seinem Dienst. Der hiesige Gemeinderath hat beschlossen, Herrn Philipp Weidmann als Ortspolizeidiener anzustellen.

Inserat der Woche:
Der Winterfahrplan der Privatpost Gottschalk in Cronberg sieht täglich vier Fahrten von und nach Königstein vor. Abfahrt am Bahnhof und in der Hainstraße Nr. 1.

23.10. Die Herren Andreas Jakob Weidmann und Fuhrmann Nikolaus Weck wurden in die Kommission zur Vormusterung und Abschätzung der Mobilmachungspferde gewählt.

Inserat der Woche:
Zu beziehen in jeder Buchhandlung: „Dr. Müllers Schrift über das gestörte Nerven- und Sexualsystem“. Preis 1 Mark.

4.11. Im District Seelborn und Meisel wurden die Grundrisse von Glashütten entdeckt. Es ist nun schon die fünfte Stelle im Taunus, wo nachgewiesen werden kann, daß dort früher Glas geschmolzen wurde. – Während ein aus Berlin kommender Herr gestern in einer Frankfurter Klinik einer Operation unterzogen wurde, gerieht seine ihn begleitende Frau in eine solche Aufregung, daß sie vom Herzschlag gerührt wurde und sofort eine Leiche war.

Inserat der Woche:
Das zum Nachlasse des verlebten Herrn Medicinalrathes Dr. Pingler in Königstein gehörige vorzügliche, gebrochene Obst ist preiswürdig gegen Barzahlung durch den Unterzeichneten zu verkaufen. Ramb, Bevollmächtigter

20.11. Das „Victoria-Pensionat" hatte gestern zu einem Wohltätigkeitsbasar eingeladen.

Inserat der Woche:
Margarinebutter ist für die Weihnachtsbäckerei sehr zu empfehlen.

2.12. In Antwerpen starb Herr Ernst Osterrieht im 67. Lebensjahr. Der Verstorbene war der Besitzer der gleichnamigen Villa an der Königsteinerstraße, die seit 1867 in seinem Besitz ist. (Das Haus Osterrieht ist heut im Besitz von Frau H. Hembus)

Inserat der Woche:
Ein Oculiermesser ist am Mittwoch auf dem Todtenhofe liegengeblieben. Der Finder wird gebeten, dasselbe in der Expedition abzugeben.

4.12. Recht neblig und kalt ist es. Für die herrschenden Influenza recht förderlich. Von überall werden Erkrankungen gemeldet.

Inserat der Woche:
Für billige Preise werden Zähne gut passend eingesetzt.

16.12. Der hiesige Gemeinderath hat in seiner Samstags-Sitzung einstimmig beschlossen, die preußische Städteordnung für Cronberg einzuführen. (Damit gab es auch in Kronberg einen Magistrat und eine Stadtverordneten-Versammlung) natürlich nach entsprechender Wahl. – Bei der in Schönberg stattgehabten Bürgermeisterwahl wurde an Stelle des seitherigen Bürgermeisters Müller der Maurermeister Herr Andreas Kopp mit 10 von 11 Stimmen gewählt.

Inserat der Woche:
Für Weihnachten schönstes Christbaum-Confect in reicher Auswahl.

18.12. Die neue Villa Guaita ist unter Dach gebracht und geht nun ihrer Vollendung entgegen.

Inserat der Woche:
Drehbarer Christbaumständer mit Musik bei Heinrich Lohmann, Cronberg, Hauptstraße.

30.12. Die noch im alten Schloß befindliche katholische Volksschule wird mit dem 3. Januar 1894 ihr altes, seit langem innegehabtes Lokal räumen und im neuen Schulhaus untergebracht werden. Auch die Lehrerwohnungen sollen bis zum 1. Februar geräumt werden.

Inserat der Woche:
Zu Neujahr empfiehlt als originelle Neuheit Postkarten nach Photographien (Porträts) Photographisches Atelier Schilling.

1894

13.1. Drei Gemeinderaths- und achtzehn Bürgerausschußmitglieder wurden gewählt. Als Gemeinderathsmänner wurden wiedergewählt: Heinrich Kunz, Unternehmer, Heinrich Joseph Müller, Gärtner, und Adam Küchler, Schlosser.

Inserat der Woche:
Zu Ehren des von der hiesigen evangelischen Gemeinde scheidenden Pfarrers Assmann aus Cronberg findet im Hotel Pfaff eine Feier verbunden mit einem Abschiedsessen statt (das trockene Couvert 2,50 Mark). Die Einwohner Königsteins sind herzlich eingeladen. Das Committée. (Die evangelische Gemeinde Königstein wurde bis zu diesem Zeitpunkt vom Cronberger Pfarrer seelsorgerisch betreut, dann wurde sie selbständig.)

15.1. Die evangelische Gemeinde Königstein hat Herrn Pfarrer Aßmann aus Cronberg eine Abschiedsfeier gestaltet. Ihm ist der Bau der Immanuel-Kirche und die Gründung der nun selbständigen Kirchengemeinde zu verdanken.

Inserat der Woche:
Gut erhaltenes Tafelclavier, für Wirte passend, günstig zu verkaufen.

27.1. Ein Leichenzug, wie ihn das Dorf noch nicht gesehen hat, bewegte sich durch Oberhöchstadt. Es galt, die irdischen Überreste des ersten Lehrers, Herrn Heinz, dem Schoße der Erde zu übergeben. Lehrer Heinz wirkte zwanzig Jahre in Oberhöchstadt und erfreute sich hoher Achtung.

Inserat der Woche:
Zu den billigsten Preisen werden Zähne unter Garantie für gut passend vollkommen schmerzlos eingesetzt. Unbemittelte werden berücksichtigt.

29.1. Die sich noch im alten Schloß (Burg; Anmerkung) befindliche Grundschule zieht um. Im neuen Schulhaus muß noch ein wenig zusammengerückt werden, bis der zweite Bauabschnitt fertig ist. Die Lehrerwohnungen sollen bis zum 2. Februar geräumt werden.

Inserat der Woche:
Hunde sind binnen drei Tagen zur Besteuerung bei der Bürgermeisterei zu melden. Jamin, Bürgermeister.

10.2. Die 1. katholische Schule ist nun endgültig in das neue Schulhaus eingezogen. Auch der Lehrer verläßt sein altes Heim und miethet sich eine Privat-Wohnung. Das alte Schloß ist nunmehr gänzlich geräumt. – Der seitherige Gemeinderechner von Schönberg, Paul Phildius, wurde auf weitere sechs Jahre wiedergewählt.

Inserat der Woche:
Gut erhaltenes Tafelclavier, für Wirthe wie vor Clavierschüler passend, preiswürdig zu verkaufen.

12.2. An Fastnacht wird es in Cronberg ruhiger zugehen. Ein Umzug ist nicht geplant, jedoch sind in allen Sälen Maskenkränzchen und -bälle. Die Carnevalsgesellschaft plant eine närrische Sitzung.

Inserat der Woche:
Solinger Messer und Scheren bei Balth. Weidmann, Hauptstraße 25

24.2. Die Witterung ist von schweren Stürmen wieder zu empfindlicher Kälte übergegangen. Seit gestern liegt im Taunus wieder ein wenig Schnee. – In Königstein ist die Bürgermeisterstelle mit einem Jahresgehalt von 2500 Mark ausgeschrieben worden. – Die Fastnachtstage verliefen ruhig, einige Vereine hielten Maskenkränzchen ab.

Inserat der Woche:
Den geehrte Consumenten unseres Kronthaler Wassers hierdurch die Mittheilung, daß wir Herrn Joseph Häger von Cronberg den Verkauf desselben übertragen haben. Die Direction der Kronthaler Mineral-Quellen.

26.2. Auf dem hiesigen Friedhof wurde die Leiche des verschiedenen Herrn Apothekers Wilhelm Neubronner zur Ruhe bestattet. In unserer Stadt war der Verstorbene bekannt und beliebt. Im Jahre 1867 gehörte er als Mitglied dem ersten norddeutschen Reichstag an.

Inserat der Woche:
Die Bürgermeisterstelle der Stadt Königstein ist neu zu besetzen. Bewerber wollen bitte ihre Unterlagen einreichen.

9.3. Seine Königl. Hoheit, der Großherzog von Luxemburg (der ehemal. Herzog Adolf von Nassau!) haben dem seitherigen in Königstein die Seelsorge ausübenden evangelischen Geistlichen, dem Pfarrer Herrn Friedrich Assmann von Cronberg, in Anerkennung seiner Wirksamkeit dortselbst das Ritterkreuz des Militär- und Verdienstordens Adolfs von Nassau zu verleihen geruht. – Der Pfarramtskandidat Wilhelm Assmann von hier ist vom 1. April ab zum Pfarrvikar mit dem Dienstcharakter eines Pfarrers in Grenzhausen ernannt worden. (Wilhelm Assmann trat im Mai 1903 in Cronberg, nach einstimmiger Wahl durch den Kirchenvorstand, die Nachfolge seines Vaters an.)

Inserat der Woche:
Gesucht wird ein Dienstmädchen, das sich der Hausarbeit willig unterzieht.

12.3. Der Herr Kunstmaler Norbert Schrödl ist von Seiner Majestät zum Professor ernannt worden. Herr Schrödl wohnt mit seiner Gattin seit 1887 in Cronberg im ehemaligen Anwesen Burnitz, das von ihm großzügig um- und angebaut wurde.

Inserat der Woche:
Zu billigsten Preisen werden Zähne von mir schmerzlos eingesetzt.

23.3. Schloß Friedrichshof hat eine eigene Telegraphenleitung erhalten. Dieselbe soll ermöglichen, daß Telegramme direkt im Schloß abgenommen und aufgegeben werden können, ohne das hiesige Postamt passieren zu müssen. – I. M. die Kaiserin Friedrich wird am 28. März in Kronberg eintreffen, um ihren Sommeraufenthalt zum ersten Mal auf Schloß Friedrichshof zu nehmen. – Die hiesige Gemeinde hat in ihrer letzten Sitzung beschlossen, das Trottoir in der Frankfurterstraße vom Frankfurter Hof bis zum Nußbaum pflastern zu lassen.

Inserat der Woche:
Auf dem hiesigen Bahnhof ist eine Gußstahlsäule eingetroffen, die als Fahnenmast für Schloß Friedrichshof bestimmt ist. Sie wird rechtzeitig zum Einzug ihrer Majestät aufgestellt. Neben der großen Freitreppe findet der 26 Meter lange Mast seinen Platz.

Inserat der Woche:
Das Sommersemester der hiesigen höheren Schule beginnt am 2. April. Der Schulvorsteher.

6.4. Die Kaiserin Friedrich traf in Schloß Friedrichshof ein, um zum ersten Mal hier ihren Sommeraufenthalt zu nehmen. Von Ovationen seitens der Bürgerschaft wurde auf Bitten ihrer Majestät abgesehen. In Schönberg jedoch hatte jedes Haus Festschmuck angelegt. Die Cronberger holen das nach, wenn Ende des Monats der Kaiser hier zu einem Besuch seiner erlauchten Mutter eintrifft.

Inserat der Woche:
Für die bevorstehenden Feiertage empfehle ich mein Hut- und Kappenlager zu sehr billigen Preisen.

9.4. An Stelle des verstorbenen Lehrers Heinz ist der Lehrer Alzen zum Stellvertreter des Standesbeamten für das Standesamt Oberhöchstadt-Schönberg ernannt worden.

Inserat der Woche:
Ein braver Junge kann Metzger in allen Branchen lernen, bei einem Meister allein.

20.4. In Niederhöchstadt fand eine stark besuchte Versammlung von Arbeitern statt, welche die Strecke Cronberg–Frankfurt befahren. Es wurde eine Resolution angenommen, in der die Direction der Bahn ersucht wird, die Arbeiterzüge beizubehalten, sowie um eine solide Behandlung von Seiten der Unterbeamten. Auch sollten die Arbeiterfahrkarten für jeden Zug gelten. Der Resolution der Arbeiter wurde von der Direction nur zum Theil willfahrt. Dem Vorschlag, die Arbeiterfahrkarten für jeden Zug gelten zu lassen, wurde nicht stattgegeben. Dem Ersuchen, die Unterbeamten zu einer zuvorkommeneren Behandlung des Publikums anzuhalten, wurde bereitwillig zugestimmt. Gleichzeitig aber darum ersucht, dafür Sorge zu tragen, daß – namentlich die jüngeren – Arbeiter sich anständig benehmen.

Inserat der Woche:
Zum Weißen Sonntag empfehle ich mich in der Herstellung der so bliebt gewordenen Erstcommunicanten-Bilder als schönste und dauernde Erinnerung. Franz Schilling.

23.4. Der Cronberger Friedrich Weigand erhielt auf seinen Antrag die Genehmigung, in seinem Gebäude an der Wilhelmsquelle im Kronthal einen Wirthschaftsbetrieb einzurichten.

Inserat der Woche:
Von jetzt ab komme ich wieder jeden Tag mit frischem Gemüse. L. Mohr, Gärtner in Rödelheim.

4.5. Seine Majestät Kaiser Wilhelm besuchte vor einigen Tagen zum ersten Mal seine erlauchte Mutter auf Schloß Friedrichshof. Die Bürger von Cronberg kamen der Bitte der Stadt gerne nach. Sie schmückten Häuser und Straßen festlich zum Empfang des hohen Gastes. Mehrer Regimentsmusikkorps waren in Cronberg. 101 Kanonenschüsse kündigten die Ankunft an. Alle Glocken läuteten. Der Kaiser reiste mit kleinem Gefolge (17 Personen) an. In Oberhöchstadt wurde ein Junge von 17 Jahren beim Abschießen der Mörser durch Platzen derselben an der Hand so schwer verletzt, daß er wohl für immer verstümmelt bleiben wird. Die Kaiserin Friedrich wird den ganzen Sommer über auf Schloß Friedrichshof bleiben. Im Park wurden 12 Nachtigallen, welche von auswärts kamen, ausgesetzt.

Inserat der Woche:
Viel Geld liegt begraben in alten Briefen mit Marken.

7.5. Ein früher hier ansässig gewesener Kutscher, welcher anläßlich des Kaiserbesuchs mit seinem Wagen nach Cronberg kam, wurde wegen verschiedener Unterschlagungen vom Bock weg verhaftet.

Inserat der Woche:
Zum Schulwechsel empfehle ich mich mit sämtlichen Schul- und Gesangbüchern.

18.5. Professor Krönlein von Zürich hat auf die Gefahren beim Tragen von künstlichen Gebissen aufmerksam gemacht. Er hat einige Fälle beobachtet von Verschlucken des Gebisses im Schlafe, einer der Fälle endete tödlich. Er rät dringend, die Gebisse beim Schlafen abzulegen.

Inserat der Woche:
Warnung! Die erkannte Person, welche am Sonntag in der katholischen Kirche einen Schirm mit weißem Griff entwendete, wird ersucht, denselben wieder hinzustellen, andernfalls Anzeige erfolgt.

21.5. Am 24. Mai feiert Ihre Majestät, die Königin von England, ihren 75. Geburtstag. Aus diesem Anlaß wird auch auf Schloß Friedrichshof groß gefeiert und hohe Gäste sind eingeladen.

Inserat der Woche:
Saatmais empfiehlt Rudolf Möller, Cronberg, Frankfurter Straße 3.

1.6. Für den sogenannten Wonnemonat Mai war es Zeit, daß er sich verabschiedete. Er machte seinem Namen keine Ehre, bis zum Schluß war er kalt und unfreundlich, auf den Kämmen des Taunus schneite es.

Inserat der Woche:
Die beiden Nachtwächterstellen in Königstein mit einem nicht pensionsberechtigten Einkommen von 300 Mark jährlich sind neu zu besetzen. Bewerber wollen sich schriftlich melden.

4.6. Herr von Guaita wurde an die Verbindungsstelle Königstein des Bezirks-Fernsprechnetzes angeschlossen. (Anmerkung: Seine große Villa in Kronberg war gerade fertig geworden.)

Inserat der Woche:
Uhrenfahrplan! Der Fahrplan der Cronberger Eisenbahn in Taschenuhren unterzubringen bei Heinrich Lohmann, Hauptstraße 14.

15.6. Der Chef des Hofmarschallamtes Ihrer Majestät Kaiserin Friedrich, Herr Baron von Reischach, ist mit seiner Familie in Cronberg eingetroffen. Derselbe bezieht das eigens erbaute Hofmarschallgebäude.

Inserat der Woche:
Junge Eichhörnchen werden gekauft. Villa Eichkron Bad Soden

18.6. Das Gehölz und die Kränze, die beim Empfang von Seiner Majestät Kaiser Wilhelm als Festschmuck gebraucht wurden, brachten durch Verkauf 74 Mark ein. Die Stadt erhielt auch Spenden, so daß sich die Auslagen von 2061,70 auf 1529,10 Mark reducierten. (Trotzdem ein beachtlicher Betrag für den Empfang; Anm. d. Red.)

Inserat der Woche:
Verloren wurde ein silberner Bleistift mit Messer. Gegen Belohnung abzugeben bei der Druckerei.

29.6. Es herrscht schönes sommerliches Wetter. Am Sonntag beginnt die Cronberger „Kerschekerb“. Es wird wieder viel Besuch erwartet. – Die Heuernte war ausgezeichnet, die Obsternte wird als gut bis mittel erwartet.

Inserat der Woche:
Es wird öffentlich zur Kenntnis gebracht, daß das Mistjauchefahren durch die Straßen bis zum 15. September zwischen 7 Uhr morgens und 7 Uhr abends verboten ist. Der Bürgermeister v. Königstein.

16.7. Das Hofgut Hohenwald hat einen neuen Besitzer. Herr Baron Albert von Gigins erwarb das ganze für 75 000 Mark. Der genannte Herr hat auch die Wald- und Feldjagd der Oberhöchstädter und Schönberger Gemarkung übernommen.

Inserat der Woche:
Gefunden wurde eine Botanisierbüchse.

27.7. Die hiesigen Volksschulen besuchten mit ihren Lehrern den Zoologischen Garten in Frankfurt. –

Inserat der Woche:
Bewährtes diätisches Getränk bei Darmkrankheiten und Verdauungsstörungen „Dr. Michaelis’ Eichelcacao“!

30.7. Ihre Majestät, die Kaiserin Friedrich, besuchte die Heilstätte Falkenstein. Sie verweilte 15 Minuten in der Anstalt und erkundige sich eingehend nach den Patienten. Die Kaiserin in

Begleitung einer Hofdame begab sich hierauf zu Fuß nach Schloß Friedrichshof zurück.

Inserat der Woche:
Suche Villa, Gut oder Wohnhaus in guter Luftlage zu kaufen.

10.8. Mittels Sonderzug traf Ihre Majestät Kaiserin Auguste Viktoria auf dem hiesigen Bahnhof ein, wo sie von ihrer hohen Schwiegermutter, Ihrer Majestät Kaiserin Friedrich begrüßt wurde. Der hohe Besuch reiste am Nachmittag nach Wilhelmsmühle weiter.

Inserat der Woche:
Der Weg durch den Hattsteiner Schlag zum Fuchstanz ist wegen Neubau gesperrt.

24.8. Der Gemeinderath von Oberhöchstadt hat über die Einwohner, welche ihre Gemeindeumlagen nicht entrichten oder aus öffentlichen Mitteln unterstützt werden, den Bann in Gestalt einer Polizei-Verordnung verhängt. Dieselbe untersagt den betreffenden Personen den Besuch der Wirthschaften und droht den Wirthen, welche an solche Personen, die ihnen von der Behörde namhaft gemacht werden, Getränke verabreichen, mit einer Geldstraße von 9 Mark. – Die Kegelbahn in Oberhöchstadt darf nur an Sonn- und Feiertagen von nachmittags drei Uhr bis zum Eintritt der Dunkelheit benutzt werden.

Inserat der Woche:
Möbelgeschäft von Carl Weidmann, Frankfurterstraße, empfiehlt sein reichhaltiges Lager selbstbearbeiteter solider Möbel.

27.8. Die Kaiserin Auguste Viktoria besuchte für einige Stunden ihre hohe Schwiegermutter auf Schloß Friedrichshof. Die Kaiserin Friedrich holte ihren Gast am Bahnhof ab und verabschiedete sich dort auch von ihr. – Das schlechte Wetter hält an. Das Getreide liegt seit über einer Woche im Regen.

Inserat der Woche:
Künstliche Zähne, Nervtödten und schmerzloses Zahnziehen.

7.9. Für die Lustbarkeitssteuer traf der Cronberger Gemeinderath ein neues Regulativ. So müssen für Tanzbelustigungen 3 Mark, für Kunstreitervorstellungen 3 Mark und für Concert-Theater oder Gesangvorträge 1 Mark bezahlt werden. Vorträge auf einem Klavier, mechanischen oder anderen Musikinstrumenten in Gastwirthschaften oder Vorstellungen von Gymnastikern, Seiltänzern, Taschenspielern, Zauberkünstlern, Bauchrednern etc. kosten 1 Mark. Für das Halten eines Caroussells müssen pro Tag 30 Mark, für eine Würfelbude 2 Mark, Schießbude 10 Mark, Glückshafen 5 Markt entrichtet werden. Ebenfalls für Musikbande 1 Mark, für Drehorgel, Harmonika 50 Pfennig, für Marionettentheater, Wachsfigurencabinett, Museum etc. 2 Mark.

Inserat der Woche:
Zur jetzt beginnenden Ernte erlaube ich mir, auf meine seit Jahren betriebene Kundenmühle aufmerksam zu machen. Villmer, Königstein.

10.9. Am 15. September wird das Taunus-Elektrizitätswerk in Bad Soden in Betrieb genommen. Die Cronberger bekommen ihren Strom nicht mehr aus dem Kronthal. Kraft oder Licht wird während des ganzen Tages, mit einer Mittagspause, geliefert.

Inserat der Woche:
Möbelgeschäft von Carl Weidmann empfiehlt sein reichhaltiges Lager.

21.9. In Frankfurt starb im Alter von 85 Jahren an den Folgen eines Schlaganfalls der Frankfurter Arzt Dr. Heinrich Hoffmann. Er ist der Verfasser des „Struwwelpeter“ und als solcher weltberühmt geworden. Dr. Hoffmann war gerade erst aus der Sommerfrische zurückgekehrt.

Inserat der Woche:
Ochsen- und Frühstückszungen in Dosen.

24.9. Der erste Schnee! Feldberg und Altkönig trugen eine weiße Kappe! – Die Kaiserin Friedrich setzte einen jährlichen Zuschuß von 500 Mark für die höhere Schule aus.

Inserat der Woche:
Ein tüchtiger Bursche wird gesucht, welcher mit Pferden umgehen kann, am liebsten gedienter Kavallerist.

5.10. Die Besitzer von Grundstücken an Vicinalwegen werden aufgefordert, die Bebzw. Nachpflanzung ihres Geländes mit Obstbäumen zu übernehmen. Es wird vom Landrathsamt ausdrücklich darauf hingewiesen, daß italienische Pappeln nicht verwendet werden dürfen. – Am Sonntag trifft Seine Majestät der Kaiser mittelst Sonderzug in Cronberg ein, er wird von Ihrer Majestät der Kaiserin Friedrich zu Besuch erwartet.

Inserat der Woche:
Mache meinen Bekannten und Gönnern in Königstein die ergebenste Mittheilung, daß ich für das Kohlengeschäft I. A. Kunz in Cronberg Bestellungen entgegennehme. Ph. Kress, früher Postillon

19.10. Auf Schloß Rumpenheim brachte Ihre königl. Hoheit Prinzessin Margarethe von Hessen einen Sohn zur Welt. Ihre Majestät Kaiserin Friedrich hat sich mittels Wagen nach Rumpenheim begeben. – Vor zwei Tagen fiel der erste Schnee in diesem Jahr. Sämtliche Taunusgipfel tragen eine weiße Haube.

Inserat der Woche:
Neuheit! Der patentierte Wecker „Raus", der das Wecken nach festgesetzter Zeit 5 mal wiederholt, sodaß ein Wiedereinschlafen unmöglich ist. Heinrich Lohmann.

24.10. Für die Herstellung einer directen Fahrstraße nach Kronthal bewilligt der Magistrat vorläufig keine weiteren Mittel.

Inserat der Woche:
Vorzügliche Speisekartoffeln, das Malter (100 Kilogramm) zu 3 Mark wird ab Hof verkauft bei Lindheimer in Klein-Schwalbach (heute Schwalbach; Anm. der Red.).

2.11. Unser verehrter Mitbürger und Mitbegründer der Maler-Kolonie, Herr Maler Anton Burger, ist von der Münchner Akademie zum Ehrenmitglied ernannt worden. – In den kommenden Tagen werden die beiden oberen Volksschulklassen im Schulneubau bezogen. Dann befinden sich die evangelische und die katholische Schule mit allen Klassen in dem stattlichen Neubau.

Inserat der Woche:
25–30 tüchtige Grundarbeiter für den Rothschildschen Park gesucht.

15.11. Übermorgen feiert Herr Anton Burger seinen 75. Geburtstag. Die Stadt Cronberg verleiht ihm die Ehrenbürgerschaft, der Gesangverein I will einen Lampionzug veranstalten.

Inserat der Woche:
Ein gut erhaltener Landauer, ein- und zweispännig zu fahren, sofort zu verkaufen.

16.11. Durch Vermittlung des Sensals (veralt. f. Makler d. Red.) Herrn B. Strauss ging die Villa nebst Garten des Herrn Gg. Schiele aus Frankfurt in der Eisenbahnstraße (Bahnhofstraße) gelegen, an Herrn Carl Vogel, Ingenieur aus Berlin, über.

Inserat der Woche:
Gute frische Nüsse, das Hundert zu 35 Pfennig.

26.11. Auf Anfrage der königl. preußischen Regierung stimmte der hiesige Gemeinderath zu, die Städteordnung schon ab 1. April 1895 in Cronberg einzuführen. (Von da an haben wir den Magistrat und die Stadtverordnetenversammlung statt des Gemeinderathes und der Gemeindevertretung; Anmerkung)

Inserat der Woche:
Nach der Polizei-Verordnung des Kgl. Landrathes ist es untersagt, an Trunkenbolde und Angetrunkene geistige Getränke zu verabreichen. Der Wirth macht sich strafbar. Um strenge Beachtung der Polizei-Verordnung wird ersucht. Die Polizei-Verwaltung.

8.12. 1894 war herrliches Winterwetter schon in der Vorweihnachtszeit. Mehr und mehr benutzt man die Eisenbahn, um in Frankfurt einzukaufen. Die Cronberger Kaufleute sind nicht müßig. Balthasar Weidmann, Hauptstraße 25, bot seine Ware in einer großen Weihnachtsausstellung an.

14.12. An dem Distanzritt von Bockenheim nach Fulda, den der Lieutenant Graf Strackwitz vom Bockenheimer Husarenregiment unternahm, hat auch ein Cronberger, der Husar Andreas Henrich, teilgenommen. Der Ritt ging über 133 Kilometer und dauerte neun Stunden.

Inserat der Woche:
Einfach möblirtes Zimmer mit Kaffee für einige Wochen gesucht.

24.12. Das Läuten in der Neujahrsnacht ist seit altersher in vielen Städten Brauch. Der Vorstand der evangelischen Kirchengemeinde hat beschlossen, diesen Brauch auch in Cronberg einzuführen. In der ersten halben Stunde des neuen Jahres wird mit allen Glocken der Johanniskirche geläutet.

Inserat der Woche:
Trockenes, kleingemachtes Buchenholz abzugeben.

28.12. Bei der Versteigerung der zur Concursmasse des Metzgers Gg. Burkhardt gehörenden Gebäude in der Hauptstraße (Geschäftshaus) ging das Haus an Metzgermeister Gg. Gottschalk über. Das Nebenhaus erwarb Bader Philipp Weigand. Für das Wohnhaus in Schönberg mit Scheune und Stallung erhielt den Zuschlag Johann Ochs von dort. – Einen elektrisch beleuchteten Christbaum hat man Gelegenheit zu sehen im Erkerfenster des Herrn Rudolf Möller.

Inserat der Woche:
Außergewöhnlich starke Apfelbäume der besten Sorten aus der Baumschule des verstorbenen Herrn Hirth aus Oberhöchstadt sind billigst abzugeben bei Paul Wolf in Cronberg.

1895

6.1. Die jetzt bestehende prachtvolle Schlittenbahn und das schöne Winterwetter machen sich nicht wenige Ausflügler zu Nutzen. Am Neujahrstage nahm das fröhliche Schellengeläute kein Ende.

Inserat der Woche:
Künstliche Zähne werden preiswert gereinigt. Philipp Weigand, Zahntechniker, Hauptstraße 9.

11.1. Herr Philipp Weigand, Bader, verkaufte sein Haus in der Eigengasse Nr. 5 an Herrn Schuhmacher Adam Brech. – Das Bau-Bureau zu Schloß Friedrichshof ist, nachdem nunmehr alle Änderungen beendet sind, in der vorigen Woche aufgelöst worden. Der leitende Baumeister, Herr Deubner, ist wieder nach Berlin abgereist.

Inserat der Woche:
Gefunden wurden zwei Pferdedecken. Abzuholen auf der Bürgermeisterei.

21.1. Vor einigen Tagen verschied dahier plötzlich der in weiten Kreisen bekannte Adlerwirth J.A. Weidmann. Der beinahe 79jährige bewahrte sich bis in seine letzte Stunde seinen Humor. Der „Adler" stand unter ihm auf beachtlicher Höhe und war auch bei den Nobilitäten des Landes beliebt. Weidmann bekleidete viele Ehrenämter. Er war im Gemeinderath, Feldgerichtsschöffe, evangelischer Kirchenvorsteher und seit 35 Jahren Vorsitzender des segensreichen Krankenunterstützungsvereins.

Inserat der Woche:
Elephanten-Kaffee! Vorzüglich und kräftig.

25.1. Unser nächster Nachbarort Schönberg wird demnächst auch in electrischer Beleuchtung erstrahlen. Es wurde bereits damit begonnen in den Ortsstraßen zwölf Glühlampen zu installieren. – Nach dem Tauwetter ist nun wieder Kälte mit Schnee eingekehrt. Durch schwere Stürme kam es zu meterhohen Schneeverwehungen. Im Taunus wird in diesem Winter eine ganze Anzahl von „Schneeschuh-Läufern" beobachtet.

Inserat der Woche:
Suche ein Häuschen oder Villa mit 9–10 Zimmern für mehrere Jahre zu miethen.

4.2. Es ist sehr kalt. Rhein und Main sind zugefroren. Im Gebirge liegt hoher Schnee. – In seiner nächsten Sitzung wird der Gemeinderath sich mit einer Vorlage und Entwürfen zur projektierten Canalisation befassen.

Inserat der Woche:
Hühnerhund – völlig hasenrein – zu verkaufen.

9.2. Die Kälte nimmt bedenklich zu, in der letzten Nacht zeigte das Thermomenter – 16 Grad Réaumur. – Der Förster Möhringer verkaufte sein Haus in der Eigenstraße an Herrn Schneidermeister Henrich.

Inserat der Woche:
Künstliche Zähne! Plombiren! Reinigen! von 2 Mark an. Philipp Weigand, Zahntechniker und Bader.

22.2. Das neue Elektrische in Schönberg beleuchtet mit elf Glühlampen die Ortsstraßen vollständig. Um 12 Uhr nachts werden die Lampen ausgeschaltet. Auch in einigen Privathäusern gelangt das elektrische Licht zur Einführung.

Inserat der Woche:
Sofort gesucht wird ein kleiner Kochofen gegen Umtausch eines Bügelofens.

4.3. Das Frankensteiner Stadttheater-Ensemble bringt in Cronberg eine Reihe von Vorstellungen. Die Schauspieler sind zu loben und es ist sehr zu empfehlen, das Theater zu besuchen.

Inserat der Woche:
Für sofort suchen wir ein Kuhmädchen. Dr. Amelung, Königstein.

8.3. Das Landrathsamt Homburg fragte bei der hiesigen Gemeinde an, weshalb Cronberg nicht mit K geschrieben würde. Der Gemeinderath, der sich in seiner letzten Sitzung mit dieser Frage beschäftigte, bestätigte, daß allerdings K richtiger wäre, aber die Schreibweise mit C nachweislich bis ins 14. Jahrhundert zurückzuführen und deshalb auch beizubehalten sei. – Das Krankenhaus auf dem Minnholz wird aller Wahrscheinlichkeit noch dieses Jahr zur Ausführung kommen. (Das Krankenhaus wurde 1896 begonnen und 99 eingeweiht. Allerdings nicht auf dem Minnholz!)

Inserat der Woche:
Das Viehsprunggeld für das 2. Halbjahr 1894 ist unverzüglich an den Stadtrechner zu entrichten.

22.3. Der landwirtschaftliche Wanderlehrer für den Regierungsbezirk Wiesbaden, Herr Robert Müller, wird am Sonntag in Cronberg einen Vortrag über den Werth der zahmen Kastanien für den Ertrag und die landschaftliche Schönheit halten.

Inserat der Woche:
Möbliertes Zimmer sucht ein hier in Stellung getretener junger Mann dauernd zu miethen.

25.3. Auf dem Feldberg liegt zwar noch Schnee, doch will man mit den Arbeiten am Bau des zweiten Feldberghauses beginnen; es soll schon im Sommer nutzbar sein.

Inserat der Woche:
Für die Kommunion empfehlen wir Kerzen und Kopfkränze von 70 Pfennig an.

6.4. Die Konfirmation findet in diesem Jahr zum ersten Mal zu Ostern und nicht wie früher erst zu Pfingsten statt. Dem Herrn Pfarrer und dem Kirchenvorstand wird man für diesen Fortschritt allseitigen Dank wissen.

Inserat der Woche:
Im Monat April werden die Arbeiten zur Herstellung neuer Anschlüsse an das Fernsprechnetz wieder aufgenommen. Diejenigen Personen, welche im laufenden Jahr einen Anschluß zu erhalten wünschen, werden ersucht, ihre Anmeldung recht bald an die Kaiserliche Oberpost-Direktion in Frankfurt einzusenden.

19.4. Dem Vernehmen nach ist der Osteriethsche Park für 27500 Mark in den Besitz von Frau Meister von Homburg, der Mutter des Landraths übergegangen. (In diesem Park wurde die spätere Villa Meister, Wohnsitz der Familie vom Rath, errichtet, vor einigen Jahren wurde die Villa abgerissen. Der Park befindet sich im Besitz von Frau Kirchner-von Opel).

Inserat der Woche:
Das Fahren des Todtenwagens in der Zeit bis 1898 wird öffentlich wenigstnehmend versteigert.

25.4. Die Privatschule des Dr. Balzauweit (Vorläuferin des Altkönig-Gymnasiums) hat regen Zuspruch. Derzeit werden 73 Kinder unterrichtet, 48 aus Cronberg, 15 aus Königstein, 4 aus Falkenstein und 6 aus Niederhöchstadt.

Inserat der Woche:
Prima rindslederne Arbeitsschuhe per Paar 6 Mark. Adam Lenz, Schuhmacher in Kronberg.

3.5. Hoher Besuch auf Schloß Friedrichshof! Mit einem Sonderzug traf Ihre Majestät die Königin von England auf dem hiesigen Bahnhof ein. Ihre Majestät Kaiserin Friedrich begrüßte ihre Mutter im Salonwagen. Unter Beihilfe eines indischen Dieners in Nationaltracht, der die Königin auf ihren Reisen begleitet, verließ sie den Zug und schritt dem bereitstehenden Hofwagen zu. Die Auffahrt zu Schloß Friedrichshof erfolgte über Cronberg. Die Stadt war reich beflaggt. Die Königin besichtigte sofort die Parkanlagen. Die hohen Herrschaften fuhren mit ihren Equipagen durch den Wald nach Homburg. Hier war in Ritter's Parkhotel der Thee bestellt. Die Königin reiste sodann mit ihrem Sonderzug nach Darmstadt zurück, wo sie sich einige Tage aufhielt. – Der Oberhofmarschall Ihrer Majestät der Kaiserin Friedrich Excellenz von Seckendorff richtete im Auftrage der Kaiserin ein Dankschreiben an Herrn Bürgermeister Jamin für die gelegentlich der Anwesenheit Ihrer Majestät der Königin von England stattgehabte Schmückung der Straßen.

Inserat der Woche:
Mein Atelier für künstliche Zähne und Zahnoperationen befindet sich jetzt Hauptstraße 9. Phil. A. Weigand.

6.5. Frevlerhände haben an der Landstraße zwischen Oberursel und Königstein bei Schloß Friedrichshof elf junge Bäumchen abgebrochen. Die Schloßverwaltung hatte sie erst im vorigen Jahr gepflanzt.

Inserat der Woche:
Tausende Pfarrer, Lehrer, Beamte, etc. loben unseren „Holländischen Tabak".

17.5. Das schöne warme Maiwetter hat sich gewendet. Sturm, Regen und Schnee wechseln einander ab. Die Berge sind mit Schnee bedeckt. – Wie aus unterrichteten Kreisen verlautet, wird SM der Kaiser in den ersten Tagen des Juni zu Besuch bei Höchststeiner Mutter der Kaiserin Friedrich erwartet.

Inserat der Woche:
Gebrauchte Lohe zum Belegen der Beete und Wege in den Gärten, sowie zum Düngen geeignet, kann täglich unentgeltlich abgefahren werden. Lederfabrik Königstein.

20.5. Die gefürchteten Eisheiligen waren sehr wohlwollend, dafür kamen sie verspätet. Auf dem Feldberg liegt eine geschlossene Schneedecke von mindestens 10 cm. Es herrschen Sturm und Regen.

Inserat der Woche:
Führe alle Schulartikel, auch Bücher der Realschule. Christian Lohmann, Hauptstraße 7.

31.5. Die deutsche Postkarte feiert ihr 25jähriges Jubiläum. Vom 6. Juni 1870 datiert die „Verordnung betr. die Einführung der Korrespondenzkarte" des Kanzlers des Norddeutschen Bundes, Graf Otto von Bismarck.

Inserat der Woche:
Für sofort wird ein Kuhmädchen gesucht.

3.6. In Königstein wurde vor einigen Tagen Herr Sigismund Kohnspeyer zu Grabe getragen. Er machte sich um Königstein sehr verdient, aber auch die Cronberger haben ihm einiges zu verdanken. Er betheiligte sich an der Cronberger Eisenbahn und gehörte deren Verwaltungsrath an.

Inserat der Woche:
Schmackdünger und Haarmist ist wieder zu haben in der Lederfabrik Königstein.

14.6. Der bekannte Geschichtsforscher Dr. Grotefend aus Schwerin, der lange Jahr dem Frankfurter Stadtarchiv vorstand und in dieser Zeit Abhandlungen über die Geschichte der Cronberger Burg veröffentlichte, wurde von der Kaiserin Friedrich empfangen und zum Frühstück befohlen. Er erstattete der Kaiserin einen längeren Bericht. Die Arbeiten im Inneren des alten Schlosses sind wieder aufgenommen worden, doch werden diese bis zur endgültigen Fertigstellung noch längere Zeit in Anspruch nehmen. (Die Kaiserin erlebte das nicht mehr, ihre Erben, Prinz und Prinzessin von Hessen, setzten das Werk fort, an Pfingsten 1912 konnte die Burg zur Besichtigung freigegeben werden.)

Inserat der Woche:
Hühnerhund, völlig hasenrein, zu kaufen gesucht.

17.6. Zur Zeit ist man lebhaft mit der Renovirung des alten Schlosses der Herren von Cronberg beschäftigt. Der alte Pallas ist völlig eingerüstet, die seit mehr als 100 Jahren zugemauerten Fenster sind aufgebrochen worden. Viele Cronberger Handwerksmeister sind am Werk.

Inserat der Woche:
Auf der Bleiche sind zwei Bettücher abhanden gekommen. Wiederbringer erhält Belohnung.

28.6. Am letzten Sonntag wurde das diesjährige Feldbergfest (das 42. im 51. Jahr seines Bestehens) abgehalten. Zu den seitherigen Übungen beim Wettturnen Freihoch-, Freiweit-, Stabhochsprung und Steinstoßen ist jetzt noch das Gewichtheben mit zwei Armen getreten.

Inserat der Woche:
Von jetzt ab kostet ein einfaches Billett der Privatpost Cronberg–Königstein 60 Pfennige für Erwachsene und 60 Pfennige für Kinder. Chr. Gottschalk II Cronberg

1.7. Gestern wurde der vom Taunusclub erbaute Aussichtsturm auf dem Pferdskopf bei Treisberg eingeweiht.

Inserat der Woche:
Die Ernte von einer großen Parthie Klosterbeerstücken (Stachelbeeren, Anmerkung) ist zu verkaufen.

12.7. Zur Zeit ist man lebhaft mit der Renovierung des alten Schlosses beschäftigt. Der alte Pallas mit seinen Rittersälen ist völlig eingerüstet. Die katholische Schule hat schon im vorigen Jahre ihre Räume verlassen, auch die Lehrerwohnung ist jetzt leer. – Wegen der schon am 30.6. beginnenden Kirchweih (Der Tag „St. Peter und Paul" fiel in diesem Jahr auf einen Samstag) wurde der Beginn der Sommerferien vorverlegt, sie dauern bis zum 30. Juli. Am Kirchweihsonntag und ebenso am Nachkirchweihsontag legte die Cronberger Eisenbahn am frühen Nachmittag einen Sonderzug ein. Der Besuch war gut.

Inserat der Woche:
Ein Transportirherd und ein Waldkarren zu verkaufen.

26.7. Für 4500.– Mark ist der Garten der Scharf'schen Erben an der Ecke Wilhelm- und Katharinenstraße in den Besitz des Herrn Heinrich Winter übergegangen. Hiervon hat Herr Winter gleich wieder den oberen Theil an der Katharinenstraße zur Erbauung eines Postgebäudes an den Postmeister Hoppe verkauft. (Das Postgebäude wurde wegen des Widerspruchs von Kaiserin Friedrich, die die schönen alten Kastanienbäume erhalten sehen wollte, dann in der Hainstraße errichtet. Das Grundstück erwarb die evangelische Kirchengemeinde, die 1959 dort den Kindergarten mit Gemeindesaal bauen ließ.)

Inserat der Woche:
Haar-Mist (Haar und Kalk) wird per Wagen – Vierspänner – zu 16 Mark abgegeben. Lederfabrik Königstein.

29.7. Cronberg wird jetzt nach preußischem Muster verwaltet. Dazu muß nun die Stadtverordneten-Versammlung gewählt werden. In jeder Abteilung (es galt das Drei-Klassen-Wahlrecht) muß die Hälfte der zu wählenden Personen Hausbesitzer sein. Besoldete Gemeindebeamte, Geistliche, Kirchendiener, Elementarlehrer, richterliche Beamte und Polizeibeamte können nicht Mitglied der Stadtverordneten-Versammlung werden.

Inserat der Woche:
Mein Dampf-Sägewerk halte ich hiermit bestens empfohlen. Jean Kunz, Schmied.

9.8. Das Schöffengericht in Königstein verurtheilte zwei Burschen, welche eine dem Verschönerungsverein Cronberg gehörende Bank demoliert hatten, zu je fünf Tagen Gefängnis. Eine harte, aber gerechte Strafe!

Inserat der Woche:
Salmiak-Terpentin-Teig-Seife! Per Pfund 30 Pfennig. Die Wäsche wird blendend weiß und rein, ohne daß das Gewebe schaden leidet. Verkauf bei Carl Gerstner.

12.8. Seit 1. August haben wir einen neuen Landrath. Am 1. April trat der bisherige Landrath von der Heydt in den Ruhestand. Von Höchst aus wurde unser Kreis von Herrn Dr. Meister kommissarisch verwaltet. Jetzt wurde Herr Dr. Meister zum Landrath des Obertaunuskreises ernannt.

23.8. Die durch Versetzung des zum königl. Förster ernannten Herrn Möhringer freigewordene Försterstelle in Cronberg ist dem Communalförster Herrn Prillwitz aus Hillscheid übertragen worden. – Nach dem Beschluß des Feldgerichts sind die Wiesen ab 26. August für die Grummeternte geöffnet. – Die letzte Kurliste, die in diesem Sommer erschien, verzeichnete 1194 Fremde in Cronberg.

Inserat der Woche:
Echt schwedisches Feuerzeug, 10 Schachteln nur 10 Pfennig bei Rudolf Möller.

26.8. Zum Besuch Ihrer Majestät der Kaiserin Friedrich traf gestern das Kaiserpaar ein. Eine große Menschenmenge säumte die Straßen bis zum Schloß. Fortgesetztes „Hurra" empfing den Monarchen.

Inserat der Woche:
Ein kräftiger Tagelöhner zum Mörteltragen gesucht.

6.9. Der langjährige hiesige Arzt Herr Dr. Ostertag ist in Folge einer Blutvergiftung im Alter von 54 Jahren gestorben. Die Weiterentwicklung Cronbergs lag ihm sehr am Herzen, das beweisen die vielen Ehrenämter, die er in der Gemeinde inne hatte. Er war Stadtverordneter, Mitglied beim Kriegerverein, beim Gewerbeverein und lange Jahre Vorsitzender des Verschönerungsvereins, außerdem zählten noch viele andere Cronberger Vereine ihn zu ihren Mitgliedern und durften immer auf seine Unterstützung hoffen. – Gestern traf Seine Königliche Hoheit Prinz of Wales zu Besuch auf Schloß Friedrichshof ein. Der hohe Gast aus England weilte zu Besuch bei seiner Schwester, Ihrer Majestät Kaiserin Friedrich.

20.9. In der ersten Sitzung der nach der neuen Städteordnung gebildeten Stadtverordneten-Versammlung wurde Bürgermeister Jamin (zum 4. Mal) einstimmig wiedergewählt. Zu seinem Stellvertreter wurde Schlossermeister Adam Küchler bestimmt. In den Magistrat wurden berufen: Geheimer Sanitätsrat Dr. Märklin, Heinrich Christoph Jung und Heinrich Josef Müller. Zum Vorsitzenden der Stadtverordneten-Versammlung wurde der Direktor der Cronberger Eisenbahn, Herr J. Karg, gewählt. – Die Landratsämter Wiesbaden, Hanau und Homburg und der Königl. Polizeipräsident von Frankfurt haben vereinbart, daß die von ihnen ausgestellten Velociped-Fahrerkarten und Nummernplatten auch in den andere Bezirken ihre Gültigkeit haben. Ohne diese Erlaubnisscheine dürfen die Velocipede nicht benutzt werden.

Inserat der Woche:
Die Hundetaxe, das Viehsprunggeld und sonstige rückständige Gemeindegelder sind binnen acht Tagen, bei Meidung der Execution, zu entrichten. Der Stadtrechner

23.9. Seine kaiserliche Hoheit Prinz Heinrich von Preußen weilt zu einem dreitägigen Besuch auf Schloß Friedrichshof. Während dieser Zeit erlernt er das Radfahren.

Inserat der Woche:
Ein schwarzer Damenkragen wurde verloren.

4.10. Herr Lehrer Fehler von der hiesigen evangelischen Schule wurde von der königl. Regierung zum Hauptlehrer ernannt. – Prinz Heinrich von Preußen hat während seines dreitägigen Besuchs auf Schloß Friedrichshof das Radfahren erlernt. – An Stelle des verstorbenen Herrn Dr. Ostertag ist der practische Arzt Herr Dr. Spielhagen als Impfarzt für den Bezirk Cronberg, Niederhöchstadt, Schönberg und Schwalbach ernannt worden.

Inserat der Woche:
Am kommenden Mittwoch soll ein gut erhaltener Closet-Wagen auf der Oberförterei in Königstein meistbietend versteigert werden.

18.10. Die Kaiserin Friedrich ist nach mehr als sechsmonatigem Aufenthalt auf Schloß Friedrichshof nach Straßburg abgereist. Dort wird sie nach kurzem Besuch in ihren Winteraufenthalt in Italien weiterreisen. Am Bahnhof waren die Honoratioren von Cronberg zum Abschied erscheinen. Als Ihre Majestät die Empfangshalle betrat, ließ sie den Herrn Eisenbahn-Direktor Karg zu sich bescheiden und überreichte demselben eine Brillantnadel. Sie versicherte, daß sie sich in Cronberg sehr wohlgefühlt habe.

Inserat der Woche:
Ein Barbier- und Friseurlehrling gesucht. Demselben ist Gelegenheit gegeben, sich gründlich auch in der Chirurgie auszubilden.

1.11. Am Sonntag wurde die vom Taunusclub neu erbaute Schutzhütte auf dem Altkönig eingeweiht. Sie erhielt in Erinnerung an den Mitbegründer des Clubs, Johann Streng, den Manen „Streng-Hütte". Sie soll den Touristen bei plötzlichen Unwettern als Schutz dienen. Mit Musik, Gesang und Reden wurde die Einweihung vollzogen. Ein bunter Lampionzug bis zum Bahnhof Cronberg beschloß den schönen Nachmittag. – Unter dem Vorsitz des Herrn Landrathes Dr. Meister fand im hiesigen Rathhaus eine Sitzung des Comitees für Errichtung eines Krankenhauses statt. Der Bau soll im Frühjahr begonnen werden.

Inserat der Woche:
Christian Veit, Pferdstraße 2, empfiehlt sein reichhaltiges Lager in Bürsten und Pinseln.

15.11. In Niederhöchstadt wurde eine Treibjagd durchgeführt. Sie ergab eine Strecke von 567 Hasen. – In Bockenheim verstarb Herr Architekt Moritz. Er war lange Jahre bei der Firma Holtzmann beschäftigt und leitete den Bau von Schloß Friedrichshof.

Inserat der Woche:
Führe auch die Bücher der Realschule. Christ. Lohmann

29.11. Die grauen Militärmäntel werden jetzt auch bei den Gendarmen eingeführt. Die neu eintretenden Gendarmen erhalten diese Mäntel sofort. Die im Gebrauch befindlichen aber müssen von den älteren Gendarmen aufgetragen werden. Ebenso gelangen z. Zt. die Helme nach neuestem Muster zur Austheilung. – Ein Wettersturz vollzog sich vor einigen Tagen. Das Thermometer zeigte auf -4 Grad, es fiel Schnee, der bei diesen Temperaturen auch liegen bleiben dürfte. – Viele Cronberger nahmen den Weg nach Königstein auf sich, um sich den Vortrag des Herrn Ingenieur Brockmann aus Offenbach über „Elektrisches Heizen und Kochen" anzuhören. Die Wärme, die der elektrische Strom beim Fließen durch die Leitung erzeugt, kann fürs Kochen und Heizen ausgenutzt werden. Die ersten Versuche unternahm man in Amerika. Dem Publikum wurden elektrisch erwärmte Würstchen mit Sauerkraut serviert, die mit größtem Behagen verspeist wurden.

Inserat der Woche:
Großer Feldberg im Taunus! Das „Neue Feldberghaus“ ist auch während des Winters täglich geöffnet.

13.12. Die am 2. Dezember vorgenommene Volkszählung ergab für unsere Stadt 2566 ortsanwesende Personen. – Im Victoria-Pensionat zu Kronthal findet eine Weihnachtsbescherung für armc Kinder aus Mammolshain, Schönberg und Cronberg statt.

Inserat der Woche:
Für Sonntag sind die Geschäftsstunden des Rechners der Allgemeinen Ortskrankenkasse von 8–1/2 10 Uhr vormittags festgesetzt.

27.12. Herr Lindheimer vom Schafhof veranstaltete im Schwalbacher Wäldchen eine Treibjagd, dabei kamen 67 Hasen und 5 Fasanen zur Strecke. – Die hiesige Eisenbahnverwaltung hat nunmehr die Genehmigung zum Vollbahnberieb erhalten. Der Güterbahnhof und die Reparaturwerkstätte sollen an die Niederhöchstädterchaussee (heute Frankfurter Straße) verlegt werden, was für den Fuhrverkehr eine große Erleichterung sein wird.

Inserat der Woche:
Nur 17 Pfennig kostet die schönste, allerneuste Neujahrs-Karte und nur 6 Pfennig die nicht weniger schöne billigste Glückwunschkarte bei der Druckerei.

1896

10.1. Der Hofmarschall der Kaiserin Friedrich, Baron von Reischach, theilt mit, daß er mit dem 1. Januar die obere Leitung von Schloß Friedrichshof übernommen habe und bittet, in irgendwelchen diesbezüglichen Angelegenheiten mit ihm in Verbindung zu treten.

Inserat der Woche:
Heilanstalt Falkenstein! Klärbecken-Kompost abzugeben. Per Fuhre von 3,50 Mark an.

24.1. Im Alter von 76 Jahren starb in Frankfurt Professor Philipp Rumpf. Er war in Frankfurt geboren und gilt in Cronberg als Mitbegründer der Malerkolonie. Noch vor wenigen Monaten, im November 1895, konnte er mit seiner Gattin seine Goldene Hochzeit feiern. – Die Wiederkehr des Deutschen Reiches am 18. Januar vor 25 Jahren wurde auch in Cronberg auf die würdigste Weise begangen. Am Vorabend wiesen Böllerschüsse und Glockengeläut der beiden Kirchen auf die Feier des Tages hin.

Inserat der Woche:
Trockenes, kleingemachtes Buchen- und Tannenholz abzugeben.

7.2. In Sindlingen wurden alte Frankengräber gefunden. Neben gut erhaltenen Lanzen und einer Streitaxt wurden Perlen, Kämme, Schnallen und Spindeln entdeckt. Drei Gräber wurden bisher freigelegt. – Es besteht die Absicht, in Cronberg eine Ortsgruppe der Deutschen Friedensgesellschaft zu gründen. Zu diesem Zweck wird in den ersten Tagen des März eine öffentliche Versammlung veranstaltet.

Inserat der Woche:
Am Samstag Nachmittag 3 Uhr wird auf der Bezirksstraße Cronberg–Königstein, am Cronberger Stock, eine Parthie Straßenkot an Ort und Stelle an den Meistbietenden versteigert. Die Straßenmeisterei.

21.2. Auf dem Rathaus fand eine Zusammenkunft der seitherigen Aktionäre der Waage statt, in welcher beschlossen wurde, dieselbe am 1. Juli dieses Jahres in städtische Verwaltung übergehen zu lassen. (Die städtische Waage, auf der vor allem Fuhrwerke und später auch Lkws, leer und beladen, gewogen wurden, befand sich in der Katharinenstraße oberhalb des Schulhofes und wurde erst vor wenigen Jahren entfernt.)

Inserat der Woche:
Gefunden wurde ein grüner Knabenhut.

7.3. Vorgestern abend wurde hier ein junger Mann erstochen. Er war zur Rekrutenaushebung in Königstein. Zwischen den jungen Leuten aus Cronberg bestehen seit einiger Zeit Streitigkeiten. Sie gingen daher in zwei Gruppen nach Königstein und wieder zurück. Beide Gruppen hatten eine Musikgesellschaft engagiert und zogen mit großem Hallo durch Cronberg. Beim Gasthaus „Zum Ratskeller" in der Adlerstraße stießen sie aufeinander, wobei dem 21 Jahre alten Gärtner Andreas Gernhardt ein Stich zwischen die zweite und dritte Rippe beigebracht wurde, der in wenigen Sekunden den Tod herbeiführte. Die der Tat verdächtigen beiden Verhafteten haben bisher keinerlei Eingeständnisse gemacht.

Inserat der Woche:
Glühlampen in 5, 8, 10, 16, 20 und 25 Kerzen zu empfehlen.

21.3. Infolge der energischen Bemühungen des Schönberger Bürgermeisters Kopp ist das Glockenprojekt nunmehr gesichert. Die Schönberger Kirche erhält statt der zwei kleinen drei größere neue Glocken. Die Lieferung st dem bewährten Glockengießer Herrn Rincker zu Sinn übertragen worden.

Inserat der Woche:
Accord-Zithern, auf welchen Jedermann sofort ohne vorherige Uebung jedes Stück spielen kann, empfiehlt Heinrich Lohmann.

4.4. Wie verlautet, ist der Herr Verwaltungsdirektor Walther zu Schloß Friedrichshof von Cronberg zum Generaldirektor der königl. Gärten mit dem Verwaltungssitz in Potsdam ernannt worden. – Vom 1. Mai an ist der königl. Fußgendarm Scherzberg von Cronberg nach Eppstein, die Fußgendarmen Grüttner von Eppstein nach Höchst und Bienert von Höchst nach Cronberg versetzt worden.

Inserat der Woche:
Köchin gesucht für einen hiesigen Platz. Dieselbe muß bürgerlich kochen können und sich sämtlicher häuslichen Arbeiten unterziehen.

18.4. In Oberhöchstadt wurde Bürgermeister Jacob Hildmann I auf weitere sechs Jahre gewählt. Von demselben werden auch die Geschäfte des Standesbeamten für den Bezirk Oberhöchstadt-Schönberg weiter versehen. – Klärchen Henrich, das sogenannte „Brunnen-Klärchen" ist im Alter von 68 Jahren verstorben. Seit ihrer frühesten Jugend saß die Jungfer an den Quellen im Kronthal und hat den Durstigen manch Gläschen Sauerwasser kredenzt.

Inserat der Woche:
Durch den Tod von Klara Henrich ist die von ihr innegehabte Stelle als Wasserjungfer an den Kronthaler Brunnen neu zu besetzen. Näheres ist bei der Direction im Kronthal zu erfahren.

2.5. Wegen der Vornahme baulicher Veränderungen in der hiesigen evangelischen Kirche findet für die nächsten Monate der Gottesdienst in der alten Schloßkirche statt, deren Benutzung die Kaiserin Friedrich in Gnaden gewährt hat.

Inserat der Woche:
Am nächsten Sonntag werden zu den drei letzten von Frankfurt in Cronberg ankommenden Zügen Extrawagen in Dienst gestellt. (In Frankfurt wurde die 25. Wiederkehr des Friedens zu Frankfurt gefeiert, an diesem Fest nahm auch Kaiser Wilhelm II. teil.)

16.5. Die Actiengesellschaft, welche auf dem Großen Feldberg ein Kurhaus zu errichten beabsichtigt und eine Eisenbahn nach dem Gipfel desselben anlegen will, steht mit der Gemeinde Nieder-Reifenberg wegen Ankaufs von Gelände in Unterhandlung. – Die Eisheiligen zeigten sich in diesem Jahr nicht grimmig, sondern sorgten für das schönste Maiwetter, das man sich denken kann.

Inserat der Woche:
Am 2. Pfingstfeiertag ab 3 Uhr nachmittags findet die Einweihung meines neuerbauten großen Saales mit einer Tanzbodenbelustigung statt. Es ladet ergebenst ein: Johann Heckenmüller, „Nassauer Hof" Mammolshain.

30.5. Am Fronleichnamstag wird nachmittags auf dem prächtigen Kastanienstück am Thaltor das übliche Fest abgehalten. Es sind hierzu auch die Schönberger und Mammolshainer Pfarrkinder eingeladen. – Die am 1. Pfingsttag erschienene erste Fremdenliste dieses Jahres weist einen Fremdenstand von 360 Personen auf.

Inserat der Woche:
Am Freitag 11 Uhr wird das Gehölz der Fronleichnams-Decorationen versteigert. Der Anfang wird am Rathaus gemacht. Der Bürgermeister von Königstein.

13.6. In der Hofhaltung der Kaiserin Friedrich auf Schloß Friedrichshof unterstehen dem Haushofmeister: 1 Kammerdiener, 1 Silberverwalter, 1 Hoflakai, 1 Bettfrau, 1 Garderobefrau, 3 Kammerlakaien, 1 Kellerdiener, 1 Silberdiener, 1 Portier, 2 Hausdiener, 1 Chefkoch, 1 Mundkoch, 2 Hülfsköche, 1 Conditor, 1 Küchendiener, 4 Küchenfrauen, 2 Kaffeeköchinnen, 1 Beschliesserin, 12 Putzfrauen, 1 Castellan, 7 Heizer und Maschinenpersonal. Im Marstall sind 1 Sattelmeister, 5 Kutscher, 2 Pferdeknechte und 1 Wagenhälter beschäftigt. 10 Wagen- und 7 Reitpferde sind zu versorgen. In der Cottage, die der Herr Hofmarschall bewohnt, arbeiten 1 Kammerdiener, 1 Jungfer, 2 Kinderfrauen, 2 Hausmädchen und 1 Koch. In Gärtnerei, Meierei und Wäscherei sind 1 Obergärtner, 5 Gärtner, 32 Arbeiter, 1 Meier, 1 Meierin, 1 Kutscher und 7 Waschfrauen angestellt. Insgesamt umfaßt die Hofhaltung 111 Personen.

Inserat der Woche:
Morgen, von 9 Uhr ab, läßt die Verwaltung des kaiserl. Schlosses Friedrichshof ca. 80 Morgen Heugras versteigern.

27.6. Für den zur neu erbauten Villa Meister gehörenden Garten wird eine neue Wasserleitung gebaut. Das Wasser wird mittels einer Pumpe von einer Sammelstelle am Rentbach zum Reservoir im Garten gehoben. – In der katholischen Kirche zu Schönberg fand die feierliche Weihe der neuen Glocken statt.

Inserat der Woche:
Gesucht wird ein junger Mann, der täglich zweimal auf einem Dreirad von Königstein nach Cronberg fahren kann. Zu melden in der Apotheke in Cronberg.

12.7. In der hiesigen evangelischen Kirche wurde die Freilegung des Chores bewerkstelligt. Die im Jahre 1804 von den Gebr. Stumme erbaute Orgel wurde abgelegt. Sie wird an der Turmseite, auf der Männerbühne, neu aufgebaut. (Die „Männerbühne" ist die heutige Empore, auf der bis etwa zum Ersten Weltkrieg auch die Konfirmanden während des sonntäglichen Gottesdienstes saßen. Eine große Zahl von eingeschnitzten Monogrammen belegt das. Obwohl stets ein Mitglied des Kirchenvorstandes bei den Buben saß, geschnitzt wurde trotzdem! Anm. d. Red.)

Inserat der Woche:
Wegen Anlage einer Wasserleitung ist die Straße durch Nieder-Reifenberg gesperrt. Fuhrwerke, die ins Weiltal wollen, können nur die sogenannte Hühnerstraße über das Rote Kreuz benutzen.

25.7. Der Ortsausschuß zur Schaffung eines Kaiser-Friedrich-Denkmals hat die Arbeit aufgenommen. Die Schriftführung hat Hauptlehrer Wilhelm Fehler von der evangelischen Volksschule in Händen. Das Denkmal soll in einem würdigen Park aufgestellt werden. Die Kaiserin Friedrich hat bereits ein Gelände in der Nachbarschaft ihres Schloßparkes zur Verfügung gestellt. Schirmherr des Ausschusses ist der Großherzog von Baden.

Inserat der Woche:
Hasen-Stutzen zum Füllen von Betten werden gegen Nachnahme (das Pfund zu 20 Pfg.) verschickt.

8.8. Am kommenden Sonntag wird der neue Aussichtstempel auf der Teufelskanzel in Falkenstein eingeweiht. Er ist dem Leiter der Lungenheilanstalt, Geh. Sanitätsrat Dr. Peter Dettweiler gewidmet. Dr. Dettweiler ist seit nunmehr zwanzig Jahren in Falkenstein und durch seine segensreiche Tätigkeit sehr beliebt. Deshalb haben sich die Falkensteiner entschlossen, ihm zu Lebzeiten ein „Denkmal" zu setzen. Schlossermeister Zubrod aus Kronberg schuf den achteckigen Tempel.

Inserat der Woche:
Verloren wurde eine goldene Damenuhr mit Emaille und Uhrschlüssel an der Schleife.

22.8. Der Taunus-Klub Frankfurt hat um die Erlaubnis zur Errichtung einer fliegenden Wirtschaft an der Strenghütte auf dem Altkönig nachgesucht. Dann würde auch die Hütte unter Aufsicht gestellt, was angesichts der Rücksichtslosigkeit mancher Ausflügler dringend nothwendig wäre. Das Gesuch wurde genehmigt. – In der hiesigen evangelischen Kirche wird die Deckenmalerei neu hergerichtet. Unter dem Verputz hat man, durch das ganze Haus gehend, alte, theilweise wundervoll erhaltene Malereien gefunden. – An der Baustelle des neuen Güterbahnhofes, wo mächtige Felsen gesprengt werden müssen, wurden zwei Arbeiter durch zu frühes Losgehen eines Dynamitschusses schwer verletzt. Man befürchtet, daß sie das Augenlicht verlieren werden.

Inserat der Woche:
Benders Omnibus fährt sieben mal am Tage von Königstein (Hotel Bender) nach Bahnhof Cronberg.

5.9. Die Stadtverordneten-Versammlung genehmigte die Aufnahme eines Darlehens von 200 000 Mark zur Bestreitung der Canalisation. Zunächst werden die Hauptstraße, der Doppes, die Höllgasse, die Eigenstraße, der Römerberg, die Mauer- und Siebenhäusergasse (heute Vogelgesanggasse), Pferdsgasse, Graben- und Hainstraße und das Tanzhaus angeschlossen. Die Nachbewilligung von 630 Mark für die Renovation des alten Hospitals wurde abgelehnt. – Die neue mechanische Leiter für die hiesige Freiwillige Feuerwehr von der Firma Braun in Nürnberg ist eingetroffen und zur vollen Zufriedenheit ausgefallen. Sie ist bis zur Höhe von 15 Metern ausziehbar und zeichnet sich durch ihren einfachen Mechanismus aus. Der Anschaffungspreis beträgt 950 Mark und sind die Mittel größtentheils freiwillig aufgebracht worden.

Inserat der Woche:
Zu dem am 13., 14. und 20. September stattfindenden Preisschießen, an welchem sich auch Nichtmitglieder betheiligen können, steht eine gut eingeschossene Büchse den Gästen zur Verfügung (per Patrone 5 Pfg.). Mit Schützengruß ladet herzlich ein: der Schützenvorstand Paul Wolf, Cronberg.

19.9. Das Kultusministerium in Berlin hat einen höheren Betrag als Zuschuß für die Kosten bei der Renovation der hiesigen evangelischen Kirche in Aussicht gestellt. – An Stelle des aus dem Amt scheidenden Gemeinderechners von Schönberg, Paul Phildius, ist der Maurermeister Georg Wolf gewählt worden. Er wurde vom Kgl. Landrath vereidigt.

Inserat der Woche:
Wüstems! Oberems! An vorstehenden Plätzen habe ich noch Brodniederlagen zu vergeben. Bewerber wollen sich direct an mich wenden. Taunus-Brodfabrik Weißkirchen.

3.10. In Anwesenheit Ihrer Majestät Kaiser Friedrich wurde bei schönstem Kaiserwetter feierlich der Grundstein für das neue Krankenhaus Cronberg-Schönberg-Königstein gelegt. Die Kaiserin hatte diesen Tag (29. September) ausgewählt, weil es ihr Verlobungstag ist und zugleich der Konfirmationstag ihres hochseligen Gatten, des Kaisers Friedrich.

Inserat der Woche:
Privat-Realschule Cronberg! Das Wintersemester beginnt am 5. Oktober, vormittags 9 Uhr. Der Schulvorsteher: Dr. Balzauweit.

17.10. Besuch auf Schloß Friedrichshof. Das russische Kaiserpaar mit Gefolge und in Begleitung des Prinzen Friedrich Karl von Hessen (der spätere Landgraf) weilte für einige Stunden bei der Kaiserin Friedrich. Nach der Tafel pflanzte der Zar zum Andenken an seinen ersten Besuch im Park des Schlosses eine Wellingtonia gigantia pendula, die Zarin eine Cedrus deodoro glauca. (Fast alle Gäste der Kaiserin brachten solche Gastgeschenke mit und pflanzten im Park einen Baum.)

Inserat der Woche:
1a Rahmkäse, in Stanniol verpackt, deshalb lange haltbar.

31.10. Die hiesige Polizei hat das Fahren mit Fahrrädern in folgenden Straßen verboten: 1. in der Hauptstraße vom Schützenhof bis zur Königsteinerstraße. 2. für den Zugangsweg und Platz am Bahnhof (heutige Bleichstraße Anm.) und 3. vom Stationsgebäude bis zur Umbiegung in die Bahnhofstraße. – An Stelle des zum Schönberger Gemeinderechners ernannten Maurermeisters Georg Wolf ist der Gärtnereibesitzer Anton Rumpf zum Gemeindevorsteher ernannt und vereidigt worden.

Inserat der Woche:
Empfehle für Allerseelen: Künstliche Blätterkränze, Perlenkränze, Wachs und Wachsstöcke.

14.11. Die Prinzessin Friedrich Karl von Hessen wurde von zwei Söhnen entbunden, die die Namen Philipp und Wolfgang erhalten sollen. Die hohe Wöchnerin und die Kinder befinden sich wohl. Ihre Majestät Kaiserin Friedrich hat auf Schloß Rumpenheim ihre Tochter und die neugeborenen Enkel besucht. – Am vergangenen Sonntag fand die Fahnenweihe des hiesigen „Cäcilienvereins" (der heutige katholische Kirchenchor) statt.

Inserat der Woche:
Ich eröffne in Frankfurt mein Damen-Zahn-Atelier. Reparaturen 1/2 Stunden, Plombieren sofort, Zahn ziehen schmerzlos. Minna Stein.

28.11. Zum Geburtstag der Kaiserin Friedrich am 21. November war die Stadt reich beflaggt. – Der hiesigen evangelischen Kirchengemeinde wurden zur Verwendung der Kirchenrenovation mehr als 8 000 Mark geschenkt. Die Kaiserin spendete 1 000 Mark, Geheimrat von Guaita 1 000 Mark, Herr de Ridder aus Schönberg ebenfalls 1 000 Mark. – Herr Schlossermeister Andreas Krieger erwarb das dem Baumaterialienhändler Jean Kunz gehörige, in der Wilhelmstraße (heute Heinrich-Winter-Straße) gelegene Besitztum.

Inserat der Woche:
Ein kräftiger Zughund, gut eingefahren, ist zu verkaufen.

11.12. Auf Anregung IM Kaiserin Friedrich wird auch in diesem Winter wieder ein Kursus zur Ausbildung junger Leute zur ersten Hilfe Verunglückter abgehalten. Bei den Vereinen sind bereits Anfragen geschehen, wieviel Mitglieder sich eventuell betheiligen. Von der Freiwilligen Feuerwehr haben sich sofort sechs Mann gemeldet.

Inserat der Woche:
Der Güterbahnhof ist fertiggestellt, ab sofort wird der gesamte Güterverkehr der Station Cronberg nach dem neuen Güterbahnhof verlegt. Der Verkehr von Leichen, Fahrzeugen und lebenden Thieren wird bis auf Weiteres noch auf dem Personenbahnhof Cronberg belassen. Die Direction: Karg

30.12. Eine Geleise-Verbindung des hiesigen Güterbahnhofes mit den Kronthaler-Quellen, die von beiden Seiten schon seit vielen Jahren angestrebt wird, scheint nun endlich zur Verwirklichung kommen zu sollen. Die Direction der Quellen ist mit der Eisenbahnverwaltung in Unterhandlung getreten.

Inserat der Woche:
Eis-Sporen sind wieder eingetroffen.

1897

9.1. In der gestern stattgefundenen Stadtverordnetensitzung wurde mit 15 zu 2 Stimmen die Genehmigung zum Erwerb von Gelände der Hainstraße zum Durchbruch der Straße zum Tanzhaus ertheilt, respective die Bewilligung von 11 000 Mark hierzu. Hiermit hat auch die Frage des geeigneten Postplatzes ihre Erledigung gefunden. Der Gastwirt Philipp Peter Henrich hat das Haus seines Bruders in der Pferdstraße neben dem „Grünen Wald" gekauft. (Dieses kleine Haus wurde 1971 abgerissen, ein stilgerechter Neubau fügt sich seitdem harmonisch ins Bild der Straße ein. (Anm. d. Red.).

Inserat der Woche:
Gut erhaltener, fast neuer 2spänniger Frachtschlitten zu verkaufen.

23.1. Die dem Heinrich Mauer gehörige, an der Frankfurter Straße belegene Villa ging durch Kauf für den Preis von 40 000 Mark in den Besitz von Dr. Spielhagen über. (Es handelt sich um das Haus hinter den MKW) - Infolge eines Schlaganfalls verstarb vor einigen Tagen der Bürgermeister der Gemeinde Oberhöchstadt, Jakob Hildmann. Er hatte sein Amt seit 13 Jahren inne.

Inserat der Woche:
Gut erhaltener, fast neuer Zweispänner-Frachtschlitten zu verkaufen.

6.2. In den Cronberger Sängerkreisen beschäftigt man sich mit dem Gedanken, eine Gesangsvereinigung zu schaffen, sodaß es ermöglicht wird in gegebenen Fällen in Corpore auftreten zu können. – Der viele Schnee im Taunus brachte lebhaften Schlittenverkehr. Bis in den späten Abend hinein bimmelten die Schlittenglöckchen munter durch die Straßen. Schlitten aller Gattungen mit Pferden waren zu sehen. Die Dörfer im Hintertaunus werden sich über den Betrieb gefreut haben.

Inserat der Woche:
Ein Drechsler-Lehrling kann sofort oder zu Ostern eintreten. Phil. Jac. Liedemann, Eichengasse 42.

20.2. Vorgestern früh verschied unser Ehrenbürger Herr Philipp Bernhard Bonn. Cronberg verliert mit ihm einen Mann, der ein warmes Herz für die Armen und reges Interesse für die Gemeinde hatte. Er war erst 55 Jahre alt. In Frankfurt gehörte er der Stadtverordneten-Versammlung an, dem Börsenvorstand und der Handelskammer, er war im Aufsichtsrat der Cronberger Eisenbahn-Gesellschaft. Philipp Bonn wird in Frankfurt beigesetzt. In seiner letztwilligen Verfügung hat er 1 000 Mark zur Vertheilung an die hiesigen Armen bestimmt.

Inserat der Woche:
Für den Bureaudienst suche ich einen jungen Mann mit schöner Handschrift. Ritter, Gerichtsvollzieher.

6.3. Die Sängervereinigung (Zusammenarbeit der Cronberger Gesangvereine) ist zur Wirklichkeit geworden. Es fand bereits die erste gemeinsame Chorprobe statt. So wird es in Zukunft möglich sein, daß bei besonderen Anlässen die Chöre gemeinsam auftreten können.

Inserat der Woche:
Damen, nicht unter 16 Jahren, welche den am 100jährigen Geburtstag weiland Seiner Majestät des Kaisers Wilhelm I. zu veranstaltenden Festzug in Königstein als Festjungfrauen zu verherrlichen willens sind, können sich melden.

20.3. Bürgermeister Herr Johann Scherer, Weißbinder, wurde mit 18 von 24 Stimmen in Oberhöchstadt wiedergewählt. - Zur 100. Wiederkehr des Geburtstages der hochseligen Majestät Wilhelm I. fand im Frankfurter Hof eine erhebende Feierstunde statt. Die festliche Stunde wurde von den Glocken beider Kirchen eingeläutet. Zu Gast war der Oberhofmeister der Kaiserin Friedrich, Graf von Sekkendorff. Die Cronberger hatten ihre Häuser festlich geschmückt. – Das Comitée für das Kaiser-Freidrich-Denkmal kaufte von Herr Paul Wolf ein Grundstück an der Winkel- und Schönberger Bach für 16 000 Mark.

Inserat der Woche:
Triumph der Backkunst! Matheus selbstlokkerndes Backmehl mit Kuchengewürz. (Unsere heutigen fertigen „Backmischungen" sind gar nicht so neu, wie man es uns weismachen wollte!)

3.4. Wie bestimmt verlautet, wird das Ihrer Majestät Kaiserin Friedrich gehörende alte Schloß Gemeingut bleiben. Die Kaiserin beabsichtigt, in demselben ein historisches Museum zu gründen. – Die Stadt hat dem Komitee zur Erbauung eines Kaiser-Friedrich-Denkmals ein Gelände im Werthe von 116 000 Mark unentgeltlich zur Verfügung gestellt. Von Herrn Prof. Schreyer erwarb das Komitee ein Wiesengelände längs der Hainstraße für 50 000 Mark.

Inserat der Woche:
Die Pferdebesitzer werden nochmals aufgefordert, sich bei der Pferdemusterung einzufinden. Die Pferde sind mit den ausgegebenen Nummern vorzuführen.

18.4. Im „Neuen Bau" fand eine Sitzung des Ortsausschusses für Errichtung eines Kaiser-Friedrich-Denkmals statt. Der Vorsitzende, Herr Landrat Dr. Meister, erteilte Bericht über den Stand der Sache. Aus allen Theilen des Reiches sind hohe Persönlichkeiten beigetreten, so Reichskanzler Fürst Hohenlohe, Fürst Bismarck, die Präsidenten des Reichstages und eine große Zahl von Abgeordneten. Herr Bischof Dr. Klein in Limburg ist ebenfalls dem Commitée beigetreten.

Inserat der Woche:
Die Gutsverwaltung von Rettershof sucht für sofort zwei tüchtige Pferdeknechte und einen sauberen Milchburschen.

29.4. Der Weg vor dem Kaiserin-Friedrich-Krankenhaus wird ausgebaut und den Namen „Krankenhausstraße" erhalten.

Inserat der Woche:
Reparaturen an Filzhüten jeder Art werden billigst ausgeführt.

2.5. Um die Nachtigallen, die eben ihren Einzug halten, zu schützen, zahlen viele Gemeinden eine Prämie an die Personen, die einen Nachtigallenfänger zur Anzeige bringen. – In Anwesenheit Ihrer Majestät Kaiserin Friedrich wurde der vom Verschönerungsverein am Bürgelkopf errichtet „Viktoriatempel" eingeweiht. Der Tempel erhielt den Namen der Schirmherrin des Verschönerungsvereins. Ein kleines Fest im Frankfurter Hof war der schöne Abschluß der Einweihungsfeier.

Inserat der Woche:
Landaufenthalt für eine Dame mit zwei Kindern und Dienstmädchen im Taunus gesucht. Die Kinder haben Keuchhusten und bedürfen der Luftveränderung.

13.5. In der Hainstraße wurde mit dem Bau des neuen Postamtes begonnen.

Inserat der Woche:
1 Schläferbett billigst zu verkaufen!

15.5. Die Stadtfernsprecheinrichtung ist fertig gestellt und dem Verkehr übergeben worden. – Viele Schulen kommen eben täglich mit der Bahn nach Cronberg, um weiter in das Taunusgebirge zu wandern. Gestern beförderte die Bahn 1350 Kinder.

Inserat der Woche:
Damenhemden in 45 verschiednen auserwählten Facons, Negligé-Jacken, Damen-Hosen aus allen möglichen Stoffen.

29.5. Das schon lange geplante Projekt eines Aussichtsturmes auf dem Großen Feldberg scheint sich auch in diesem Jahr noch nicht verwirklichen zu wollen. Der Taunusklub beabsichtigt, demnächst ein Preisausschreiben zu erlassen und die drei schönsten Entwürfe zu prämieren.

Inserat der Woche:
Vogelsberger Süßrahm-Weidebutter, besonders wohlschmeckend und fetthaltig.

10.6. Die Cronberger Eisenbahn-Gesellschaft gibt bekannt, daß im Jahre 1896 insgesamt 671256 Personen und 28022 Tonnen Güter befördert wurden.

Inserat der Woche:
Ein tüchtiger Oekonomieknecht sofort gesucht!

12.6. Ihre Majestät ließ den Herrn Commerzienrath Walter aus Ludwigsburg, den Erbauer der Orgel in der evangelischen Kirche, befehlen, um von ihm eine Probe des neuen Musikwerkes zu hören.

Inserat der Woche:
Cassaschrank, kaum gebraucht, weil überzählig, billig abzugeben.

24.6. Die seit mehr als zehn Jahren hier angebauten Erdbeeren erfreuen sich auf dem Markt in Frankfurt großer Beliebtheit. Mehr und mehr verlegen sich die Cronberger auf die Erdbeerzucht.

Inserat der Woche:
Frauen zum Erdbeerpflücken gesucht.

26.6. Die Gattin des Herrn Landrathes Dr. von Meister erlitt in ihrer Villa vor einigen Tagen einen schweren Unfall, dem sie jetzt unter großen Schmerzen erlag. Durch ein Spirituslämpchen hatten ihre Kleider Feuer gefangen. Obgleich Hilfe zur Stelle war, wurde Frau von Meister so schwer verletzt, daß nunmehr der Tod eintrat. Sie war erst 25 Jahre alt. – Am Tag des Feldbergfestes wurden von dort 4 000 Postkarten mit Ansicht und 138 Telegramme abgeschickt.

Inserat der Woche:
Die Decoratsbäume und Reiser vom Fronleichnamstag werden an Ort und Stelle meistbietend versteigert. Der Königsteiner Magistrat.

8.7. Wie seit 10 Jahren bin ich auch diesmal wieder mit meinem „Salon-Etagen-Karussell" hier eingetroffen und lade zu freundlichem Besuch ergebenst ein. August Kaiser aus Griesheim.

Inserat der Woche:
Ia Ochsenfleisch für die Kirchweih per Pfund 75 Pfg. Ferner abgekochten ff Schinken und Cervelatwurst.

10.7. Ein neuer Wegweiser, der einzig in seiner Art und in Deutschland bisher noch nicht zur Aufstellung gelangt ist, wurde gestern am Feldbergweg, (Ecke Königsteiner Straße) aufgestellt. Derselbe ist mit Draht und Gips hergestellt, der Fabrikant hat diesen Wegweiser dem Taunusklub zum Geschenk gemacht. – Die hiesige Krankenkasse hat jetzt auch den dritten Arzt in Cronberg, Herrn Dr. L. Hoeber, als Kassenarzt zugelassen. Bekanntlich haben die Kassen-Mitglieder freie Arztwahl, jedoch müssen sich dieselben alljährlich schriftlich ihren Arzt für das ganze Jahr wählen.

Inserat der Woche:
Auskunft über den Verbleib einiger Stücke Frauenwäsche, welche von der Bleiche verschwunden sind, wird in der Exped. gegen Belohnung erbeten.

22.7. Die Kirchweih mit all ihren Freuden ist vorüber und Ruhe folgt ihrem Fuße! – Endlich! Wird mancher sagen, dem zuviel Gelegenheit geboten war, sie zu kosten und der Säckel erleichtert ward.

Inserat der Woche:
Zu verkaufen: ein gut erhaltener Ziegenblock.

24.7. Herr Dr. Friedrich Stiebel aus Frankfurt kaufte die neben seiner Besitzung in der Hainstraße gelegene Villa „Teutonia" dem Herrn Peter Haub für 50 000 Mark ab. – Die Herstellung eines bequemen Fahrweges vom „Rothen Kreuz" zum Gipfel des Großen Feldberges, wozu die Gemeinden der Umgegend Beisteuern geleistet haben, ist so weit vorgeschritten, daß die Arbeiten in wenigen Wochen vollendet sein werden. Die neue Fahrstraße dürfte jedenfalls dazu beitragen, daß sich noch erheblich mehr Besucher auf dem höchsten Punkt unseres schönen Taunus einfinden, um Auge und Herz an der prachtvollen Aussicht zu laben.

Inserat der Woche:
50 Mark Belohnung erhält derjenige, welcher über die Personen, die in letzter Zeit durch Beschädigung der Lichtleitungen Störungen im Betrieb verursacht haben, derartige Angaben machen kann, daß gerichtliche Bestrafung erfolgt. Taunus-Elektrizitätswerke Soden.

5.8. Cronberg erhält ein neues Bahnhofsgebäude. Das alte Stationsgebäude wird den modernen Erfordernissen nicht mehr gerecht. Spätestens 1898 soll der neue Bahnhof in Betrieb genommen werden.

Inserat der Woche:
Für Brautpaare! Hochfeine französische Bettstellen mit Matratze 60.– Mark.

7.8. Unter dem Namen „Victoria" hat sich ein Radfahrer-Verein gebildet. (Der Verein existierte bis in die dreißiger Jahre. Die aktiven Sportler konnten manchen beachtlichen Erfolg verbuchen. Anm.) – Die Kronthaler Mineralquellen, im Besitze des Barons von Eckardstein, sind durch Kauf an eine englische Gesellschaft übergegangen, die den Versandt des Wassers noch bedeutend steigern will.

Inserat der Woche:
Durstlöschende Tabletten, vorzügliches Erfrischungsmittel bei Wassermangel für die Sommerreise und Manöverzeit.

19.8. Die private höhere Schule des Dr. Balzauweit hat bereits 79 Schüler. Ihre Majestät, die Kaiserin Friedrich hat der Schule eine jährliche Spende von 500 Mark ausgesetzt.

Inserat der Woche:
Zu empfehlen: Amerikanische Heu- und Dunggabeln. Grünebaum und Söhne

21.8. Die Canalisierungsarbeiten sind jetzt so weit vorgeschritten, daß die Legung des Rohrnetzes mit Ablauf dieser Woche als beendet betrachtet werden kann. In der nächsten Woche wird dann damit begonnen, die Privat-Grundstücke einzuführen. – Gegenwärtig wird eine directe Fernsprech-Verbindung mit dem Gasthaus Sturm auf dem Großen Feldberg und dem Fernsprechnetz Königstein hergestellt.

Inserat der Woche:
Von jetzt ab besorgt Omnibuskutscher Philipp Giess die Recepte von Königstein für die hiesige Apotheke. Dieselben bitte abzugeben bei Kaufmann Jacob Müller neben dem Gasthaus zum Hirsch. Dr. Neubronner, Apotheker in Cronberg.

2.9. Verurteilt wurde ein Cronberger Ehepaar, weil es seine Kinder nicht vom Betteln abgehalten hat, zu drei Tagen Haft.

Inserat der Woche:
Aecht persisches Insektenpulver, sowie Fliegenleim, Fliegenpapier und Fliegenholz in bester Qualität.

11.9. Am Donnerstag Abend war das italienische Königspaar, das wegen der Kaisermanöver derzeit in Homburg weilt, Gast auf Schloß Friedrichshof. Für die Rückfahrt der hohen Herrschaften um 9 Uhr war eine große Ovation in Form eines Fackelspaliers geplant. Von Cronberg aus sollten die Vereine Aufstellung nehmen, so weit bis der Anschluß an die Oberurseler Vereine erreicht werde. Alle Beteiligten am Spalier sollten brennende Fackeln tragen. Leider machte das Wetter den schönen Plan zunichte. Da es sehr stark regnete, fuhren die hohen Gäste mit dem Zuge über Rödelheim wieder zurück nach Homburg.

Inserat der Woche:
Junge Mädchen und Knaben finden dauernde und lohnende Beschäftigung in der Sodener Pastillenfabrik.

16.9. Die alte Handelsstraße von Frankfurt nach Köln, die in geradester Linie die beiden Handelsmetropolen verbindet und dabei den Taunus und den „Goldenen Grund" durchschneidet, ist jetzt 90 Jahre alt. Sie wurde auf Befehl Napoleons I. 1807 erbaut. Die Bewohner der umliegenden Ortschaften mußten noch dafür fronen und Hand- und Gespanndienste leisten.

Inserat der Woche:
Dr. Wendler, Frankfurt, amerikanischer Dentist, empfiehlt sich zur Anfertigung von naturgetreuen, brauchbaren Zähnen!

25.9. Im Anwesen des Gasthauses „Deutscher Kaiser" (heute Königsteiner Straße, Ecke Merianstraße) brach ein bisher unerklärliches Feuer aus. Außer dem Wohnhaus, das stark beschädigt wurde, brannte alles nieder. An Stelle des Peter Mang ist Friedrich Weigand zum Feldhüter für die Gemarkung Cronberg bestellt und verpflichtet worden.

Inserat der Woche:
Eß-Bücklinge, pro Stück acht Pfennige

30.9. Am 1. Oktober wird die Hasenjagd eröffnet. Sie scheint schlechter auszufallen als erwartet. Billiger werden die Hasen keinesfalls!

Inserat der Woche:
Vertilgung von sämtlichem Ungeziefer nach der neuen Methode.

9.10. Die hiesige Private Höhere Schule besteht seit nunmehr zehn Jahren. Unter der umsichtigen Leitung des Herrn Rector Balzauweit hat sich diese kleine Anstalt von Stufe zu Stufe gut weiterentwickelt.

Inserat der Woche:
Ia Medicinal-Dampf-Lebertran, weiß, ganz hell, angenehmer Geschmack, zu empfehlen.

18.10. Die Kastanienernte der Stadt Cronberg wird am kommenden Mittwoch versteigert. Die Zusammenkunft ist an der Thalmühle.

Inserat der Woche:
Wärmeflaschen und Leibwärmer verschiedener Arten empfiehlt. Gg. Maschke

23.10. Prinz Heinrich, derzeit auf Besuch bei seiner Mutter auf Schloß Friedrichshof, unternahm zu Rad eine Fahrt nach Frankfurt, um dort seine Schwester, Prinzessin Viktoria zu Schaumburg-Lippe bei ihrer Durchreise auf dem Hauptbahnhof überraschend zu begrüßen. – Gelegentlich der Abreise der kaiserlichen Gäste von Schloß Friedrichshof wird der hiesige Bahnhof wieder durch den elektrischen Beleuchtungswagen der Hauptwerkstätte in Frankfurt beleuchtet werden.

Inserat der Woche:
Gr. Feldberg im Taunus, neues Feldberghaus auch während des Winters täglich geöffnet. Inhaber Friedr. Sturm.

28.10. Schönberg feiert sein Kirchweihfest. Auch das Kaiser-Karussell wird wieder da sein.

Auch ist wieder Gelegenheit zum Tanz gegeben.

Inserat der Woche:
Amerikanische Apfelschnitzen, Zwetschen-Latwerg, Colonial-Sirup in bester Qualität.

6.11. Der Eisenbahnminister hat die Eisenbahn-Directionen beauftragt, dahin zu wirken, daß in den Warteräumen 3. und 4. Klasse neben dem Kaffee zu höheren Preisen noch ein billigerer Kaffee geführt wird, von dem eine Tasse mit Milch und Zucker 15 Pfennige, ohne 10 Pfennige kosten soll. Die Inspektions- und Stationsvorstände haben darauf zu achten, daß diese Anordnung befolgt wird, vor allem zu den Frühzügen muß der billige Kaffee vorräthig gehalten werden.

Inserat der Woche:
Empfehle mich zum Vorzeichnen von Monogrammen, Stickereien usw. für Weihnachtsgeschenke.

11.11. Das Künstler-Ehepaar Norbert Schrödel hat das Burnitzsche Anwesen in der Hainstraße (Nr. 18) erworben. Nach einem größeren Umbau wird das Ehepaar die Villa zum dauernden Wohnsitz beziehen.

Inserat der Woche:
Therschwefelseife, bedeutend wirksamer als Therseife.

20.11. Für den Bezirk Oberhöchstadt und Schönberg wurde Kaufmann Peter Scharfenstein zu Oberhöchstadt zum Schiedsmann gewählt, als Stellvertreter Kaufmann Gottfried Sachs, ebenfalls zu Oberhöchstadt. – Herr Bürgermeister Jamin wurde für den Wahlverband der Städte für sechs Jahre in den Kreistag gewählt.

Inserat der Woche:
Gebrannte Cafes! Per Pfund 1–1.80 Mark, Specialitäten, fein im Geschmack.

25.11. In Mammolshain wurde vergangene Woche eine größere Partie Obst, Kastanien, Nüsse usw. auf dem Bürgermeisteramt versteigert, welche in letzter Zeit Felddieben abgenommen wurden.

Inserat der Woche:
Eichenlaubkränze für Turner! Schön und billig!

4.12. Von der Stadtverordneten-Versammlung wurden die sechs Mitglieder ausgelost, die in diesem Jahr ausscheiden müssen. Es sind dies die Herren Heinrich Zubrod und Leonhard Hirsch in der 3. Klasse, Bernhard Strauß und Wilhelm Mauer aus der 2. Klasse, die Herren Bernhard Martin und Johann Huttenlehner aus der 1. Klasse.

Inserat der Woche:
Beleuchtungskörper für elektrisches Licht aller Art.

9.12. Die Weihnachtszeit naht! Die hiesigen Geschäftsleute machen alle Anstrengungen, den Anforderungen des Publikums gerecht zu werden. Durch den Einkauf am Platz werden die Geschäftsleute in ihrer Steuerkraft gestärkt, und damit tragen die Einwohner selbst zur Hebung unserer Stadt bei!

Inserat der Woche:
Schlitten und Schellengeläute billig zu verkaufen.

18.12. Ein sehr bedauerlicher Unglücksfall ereignete sich jetzt. Der 61 Jahre alte Landwirth und Schlosser Heinrich Weidmann war im Begriff, ein Schwein zu schlachten und wollte einen Strick vom Gerüst der Scheune holen. Er stürzte dabei so unglücklich von der Scheunentenne auf den Kopf, daß der Tod sofort eintrat.

Inserat der Woche:
Klares Eis wird fortwährend angenommen. Filiale der Bindingschen Brauerei in Soden.

23.12. Der Cäcilienverein bereitet eine Abendunterhaltung mit lebenden Bildern vor. Die Gruppierung der Bilder hat Herr Maler Emil Rumpf übernommen.

Inserat der Woche:
Für Weihnachten zu empfehlen: Eine neue Art von Puppenköpfen, unzerbrechlich und waschbar.

31.12. Herrn Bürgermeister Jamin ist der St. Stanislaus-Orden 3. Classe und dem hiesigen Fußgendarm Umbreit die silberne Medaille am Bande des Stanislausordens von SM dem Kaiser von Rußland verliehen worden. – Die elektrische Beleuchtung der Heilanstalt in Falkenstein ist jetzt vollendet und funktioniert seit einigen Tagen. Auch der Anschluß des Ortes wird in Kürze geschehen sein.

Inserat der Woche:
Prima Bratenfett, zu 60 Pfg. das Pfund abzugeben im Hotel Colloseus in Bad Soden.

1898

6.1. Vor genau 30 Jahren wurde durch August Ravenstein, Johannes Streng und 18 anderen wanderbegeisterten Frankfurter Männern der Taunusclub gegründet. Aus diesem Anlaß unternahmen die genannten Männer eine Wanderung auf den Feldberg. Der Taunusclub hat sich in den 30 Jahren seines Bestehens sehr verdient um die Schaffung und Markierung der Wanderwege im Taunus gemacht. – Er gilt als der älteste Touristenverein in Deutschland.

Inserat der Woche:
Feinstes Mehl in 1/8 Centnersäckchen, das Pfund zu 24 Pfennig.

15.1. Im Jahre 1897 wurden im Civilstandesregister 88 Geburten, 25 Trauungen und 33 Sterbefälle eingetragen. – Die Freiwillige Feuerwehr hatte am Montag sämtliche Hydranten der Wasserleitung geöffnet und probiert. Erfreulicherweise wurde alles vollständig in Ordnung befunden.

Inserat der Woche:
Klagen Sie nicht über die geringe Haltbarkeit Ihrer Schuhe, sondern schmieren sie dieselben mit Krebs-Fett, denn solches macht das Leder dauerhaft und geschmeidig.

20.1. Die Cronberger Schützengesellschaft feiert in diesem Jahr ihr 500jähriges Jubiläum. Zu diesem Behufe wird der Schießplatz am Kellergrundweg vollständig renoviert. Es entstehen 7 Schießstände (175 Meter) und eine Festhalle.

Inserat der Woche:
Gefunden: 1 Schlüssel, 1 Peitsche, 1 Damenhemd und 1 Schürze. Die beiden letztgenannten rühren offenbar von einem Diebstahl her (!). Die Polizeiverwaltung

29.1. Die Kaiser-Bretzeln am Geburtstag seiner Majestät gab es nun doch für die Schüler der hiesigen Volksschulen. Da der Magistrat es abgelehnt hatte, die Kosten auf den Stadtsäkkel zu übernehmen, ist es durch freiwillige Beiträge ermöglicht worden, den Kindern diese kleine Freude zu bieten.

Inserat der Woche:
Eine Schenkamme für ein 3 Monate altes Kind gesucht.

12.2. Das ehemalige Gasthaus zur „Germania", Besitzthum der Frau Georg Brosius Wittwe, ist durch Kauf in den Besitz von Herrn Carl Schulte zum Preise von 65 000 Mark übergegangen. (Die „Germania" stand in der Königsteiner Straße).

Inserat der Woche:
Um die Ausgiebigkeit der vorhandenen Fleischbrühe außerordentlich zu vergrößern, gibt man ein wenig Maggis Suppenwürze und Wasser zu.

17.2. Eine stolze Bilanz der Cronberger Eisenbahn: Im Jahre 1897 wurden insgesamt 728339 Personen befördert!

Inserat der Woche:
Gesucht ein Kindermädchen, welches möglichst auch Herrenhemden bügeln kann.

26.2. Der Bau eines Hauses auf dem Altkönig ist neuerdings wieder in Anregung gebracht worden. Zwar ist es diesmal kein Thurm, der entstehen soll, aber die Errichtung eines Unterkunftshauses mit Wirthschaft. (Welch ein Segen, daß aus diesen Plänen nichts geworden ist …)

Inserat der Woche:
Kinder werden oft krank durch nasse Füße. Daher kann den Müttern nicht genug geraten werden, bei Regen und Schneewetter die Schuhe der Kinder mit Krebsfett gut zu schmieren.

3.3. Cronberg erhält eine neue Straße! Die Stadtmauer an der Zehntscheune wird durchgebrochen und der Fußweg zur Straße erweitert. Dieser neue Verkehrsweg erhält den Namen „Tanzhausstraße".

Inserat der Woche:
Closettpapier erhältlich bei der Druckerei.

11.3. Im Gasthaus „Zum Grünen Wald" ist seit einigen Tagen ein Ventilator, welcher zum Absaugen der schlechten Luft, Rauch und zum Zuführen von frischer Luft dient. Der Ventilator wird mit Wasser betrieben und soll das beste sein, was bis jetzt auf diesem Gebiet erreicht ist. Diese Neuerung ist für viele Wirthe nachahmenswert, da in den meisten Lokalen die Gäste unter dem Rauch zu leiden haben.

Inserat der Woche:
Arbeiter und Arbeiterinnen gesucht bei den Kronthaler Mineral-Quellen.

17.3. Eine neue Zufahrt zum Bahnhof entsteht. Der Weg zum Bleichweiher wird als Straße ausgebaut, die gleichzeitig auch die Verbindung nach Schönberg verbessert. Sie wird „Bleichstraße" benannt.

Inserat der Woche:
Abzugeben zwei Gruben größtenteils Stalljauche.

25.3. Die Bogenlampen sind aus unserer dekorativen Straßenbeleuchtung wieder verschwunden. Man hat seit Bestehen der hiesigen elektrischen Anlage vergeblich versucht, ein constantes Licht zu erhalten. Die fortgesetzten Reparaturen und das ofte Verlöschen haben das Werk veranlaßt, die Bogenlampen in Glühbirnen umzuwandeln. Um einem längst gefühlten Bedürfnis abzuhelfen, erhält unsere Nachbargemeinde Schönberg nun auch ein Hotel. Der Neubau soll einen Saal mit Nebenzimmer, eine größere Zahl von Logierzimmern und eine Kegelbahn erhalten. Auch Stallungen sind vorgesehen. (Es handelt sich um den ehemaligen „Kaiserhof", der Name kommt wohl daher, daß die Kaiserin Friedrich im Schloß wohnte, Ihr Sohn, Kaiser Wilhelm kam öfter nach Kronberg, so fühlte man sich „kaiserlich". Anm.)

Inserat der Woche:
Private Realschule in Cronberg. Schluß des Schuljahres, verbunden mit einer öffentlichen Prüfung am 1. April um 9 Uhr. Der Schulvorsteher Balzauweit.

31.3. Aus dem Gericht: In Königstein wurde ein Oberhöchstädter zu 6 Monaten Gefängnis verurteilt. Er hatte mehreren Gastwirten im Herbst Kelteräpfel angeboten, sich Vorschüsse geben lassen, aber keine Äpfel geliefert.

Inserat der Woche:
Schweinetrog zu kaufen gesucht.

8.4. Der Verwaltungsbericht des Magistrates für 1897/98 ist umfangreich. Es wurden die Wilhelm- (heute Heinrich-Winter-Str.) und Jaminstraße, sowie die Hauptstraße ausgebaut, der Bürgersteig in der Hainstraße angelegt. In der Tanzhaustraße erfolgte der Durchbruch zur Hainstraße, neu gepflastert wurde der Graben. Die Canalisation ist fast fertiggestellt. Nach der vollständigen Einführung in die Gebäude wird unsere Stadt bald ein vorteilhafteres Aussehen erhalten.

Inserat der Woche:
Wegen Verpflasterung der Frankfurterstraße ist dieselbe für den Fuhrwerksverkehr vollständig gesperrt. Der Magistrat

22.4. Von dem Amte eines Waisenrathes für die hiesige Gemeinde ist wegen vorgerückten Alters Herr Adam Geisel nach langjähriger Verwaltung zurückgetreten. An seiner Stelle ist Herr Lederhändler Peter Gottschalk gewählt worden. – In der hiesigen evangelischen Volksschule wurden 39 Kinder aufgenommen, in der katholischen Schule waren es 24 Kinder.

Inserat der Woche:
1 Barren, freistehend, transportabel, in gutem Zustand, billig abzugeben.

28.4. Die diesjährige Besichtigung der Hundefuhrwerke, zu welcher die Zughunde mit eigenem Geschirr an dem zugehörigen Fuhrwerk angespannt, vorzuführen sind, findet vom 15. bis 30. April durch den Königl. Kreisthierarzt in der landwirtschaftlichen Halle in Frankfurt statt. Die dortigen Kreiseingesessenen, die mit Hundefuhrwerken nach hier kommen, sind darauf hinzuweisen, daß nach hiesigen Bestimmungen jeder, der im hiesigen Bezirk einen Hund zum Anspannen und Ziehen verwenden will, eine kreisthierärztliche Bescheinigung vorzuweisen hat.

Inserat der Woche:
Bei Catarren zu empfehlen: Zwiebel-Bonbons, echt mit der Zwiebel-Schutzmarke.

6.5. Bei den Kontrollversammlungen (Musterungen) tritt das militärische Interesse am Radfahrwesen wieder zutage. Radfahrer, die geneigt sind, bei einer etwaigen Mobilmachung als Radsoldaten einzutreten, werden aufgefordert, sich zu melden und ihre Räder von einer Kommission untersuchen zu lassen.

Inserat der Woche:
Ein wahrer Schatz für alle jugendlichen durch Verirrungen Erkrankte ist das berühmte Werk Dr. Retans: „Selbstbewahrung“.

12.5. Es wird zur öffentlichen Kenntnis gebracht, daß an Gebühr für Ausstellung einer „Radfahrkarte“ und Ertheilung einer Nummernplatte (§ 7 der Pol. Verord. v. 11.2.96) nunmehr nur eine Mark und 80 Pfennige erhoben werden. gez. Königl. Landrath v. Meister

Inserat der Woche:
Viele Freude haben alle Mädchen an der Krebs-Wichse, denn sie gibt rasch schönsten Glanz.

20.5. Vom Bahnhof ab über die Wiesen nach der Victoriastraße sind nunmehr zwei Promenadenwege hergestellt. Dieselben erfolgen durch das Commitée für Errichtung eines Kaiser-Friedrich-Denkmals, das die Kosten aus dem Denkmals-Fonds bestritt. Die Wege sind im Plane für die Denkmal-Anlagen vorgesehen und schon jetzt zur Ausführung gekommen.

Inserat der Woche:
Ein 10-sitziger Break ist preiswürdig zu verkaufen. (Eine große offene Kutsche. Anm.)

26.5. Die evangelische St. Johanniskirche wird auf Anregung und mit finanzieller Unterstützung Ihrer Majestät der Kaiserin Friedrich renoviert. Dabei werden die herrlichen Malereien freigelegt, so daß der Innenraum wieder in seinem ursprünglichen Zustand ersteht.

Inserat der Woche:
Ein junger Mann mit schöner Handschrift empfiehlt sich zum Beischreiben von Büchern.

3.6. Die allgemeinen Sammlungen im Reiche für das hiesige Kaiserin-Friedrich-Denkmal, welche wegen anderer Collecten sistiert werden mußten, sollen wieder aufgenommen werden. Bis jetzt sind ca. 150 000 Mark eingegangen.

Inserat der Woche:
Achtung! Mir ist ein neues Bettuch von der Bleiche abhanden gekommen. Ich werde die betreffende Person der Staatsanwaltschaft zur Anzeige bringen, wenn das Tuch nicht sofort zurückgebracht wird.

9.6. Nach der Feuerpolizei-Verordnung von 1882 sollen die Löschgeräte im Jahr mehrmals, wenigstens im Frühling und Herbst sowie nach jedem Brand, genau besichtigt und probiert werden.

Inserat der Woche:
Zu beziehen durch jede Buchhandlung! Med. Rath Dr. Müllers Schrift über das gestörte Nerven- und Sexualsystem.

18.6. Für die Ausrüstung der kaiserlichen Yacht „Hohenzollern" zur Nordlandfahrt des Kaisers sind dieser Tage 2500 Flaschen Kronthaler Wasser geliefert worden. Gewiß ein Zeichen, daß sich dieses vorzügliche Wasser immer mehr Bahn bricht.

Inserat der Woche:
Bade-Einrichtung! Heißwasser-Strom-Apparat, in 10 Minuten ein warmes Bad.

23.6. Das Feldbergfest wird wegen des schlechten Wetters abgesagt.

Inserat der Woche:
Wanzen mit Brut vertilgt schnell A. Kerstners Wanzentinktur!

8.7. Die Post ist in ihr neues Haus in der Hainstraße gezogen. – Die Erdbeerernte geht zu Ende, durch das große Angebot hielten sich die Preise niedrig, sodaß die Züchter nicht ganz zufrieden sind. Täglich wurden über 60 Zentner Erdbeeren nach Frankfurt gebracht. – Allenthalben wird über das anhaltende kühle und regnerische Wetter geklagt, die Besitzer von Gartenwirtschaften sind übel dran.

Inserat der Woche:
Kannenbier stets zu haben bei Söhngen, „Frankfurter Hof" in Königstein.

21.7. Seine Majestät der Kaiser und König haben zu bestimmen geruht, daß in den Fahnen der Kriegervereine, wenn solche mit dem Reichsadler geschmückt werden sollen, dieser in Zukunft nur mit Ordenskette zugelassen ist. Der königl. Landrath v. Marx

Inserat der Woche:
Filz- und Strohhüte werden in 3 Tagen gewaschen, gefärbt und faconniert.

22.7. Eine Hauptsehenswürdigkeit Königsteins, der Wasserfall im Billthal ist durch den regnerischen Vorsommer jetzt in vollster gigantischer Pracht zu bewundern.

Inserat der Woche:
Tabak in vierzig Sorten, rauchen Sie Imhoffs Gesundheitspfeife.

4.8. Cronberg steht Kopf! Seit dem 31. Juli feiern wir das 500jährige Bestehen unserer Cronberger Schützengesellschaft. Nach dem großen Festkommers am Samstag abend, erfolgte am Sonntag morgen um 6 Uhr der Weckruf der Turnvereine. Am Nachmittag ging dann der große historische Festzug durch unser Städtchen. Eine unübersehbare Menschenmenge säumte die Straßen. Es war ein herrliches Bild, all die vielen Menschen in den historischen Kostümen. Der Zug und seine Wagen und Gruppen wurde von Cronberger Künstlern entworfen. Für Ihre Majestät, die Kaiserin Friedrich und ihr Gefolge war ein Pavillon errichtet worden. Leider aber konnte sie dort nicht Platz nehmen. In den frühen Morgenstunden des 30. Juli erreichte sie die Kunde vom Ableben des Reichskanzlers Fürst Otto von Bismarck. Der deshalb vom Kaiser angeordneten Hoftrauer mußte sich auch die Kaiserin Friedrich beugen. (Wenn auch, wie sie selbst einmal sagte, Fürst B. nicht zu ihren Freunden zählte!) Die hohe Frau wohnte an einer anderen Stelle des Festzugweges incognito dem Festgeschehen bei. – Alle Vereine Cronbergs nahmen activ an dem Festzug theil. Viele junge Damen nahmen schon wochenlang vorher Reitstunden, um stolz als Ritterfräuleins im Sattel sitzen zu können. – Nach dem Festzug fand auf dem Festplatz ein großes Festbanquett mit Tafelmusik statt, anschließend wurde das Jubiläumsschießen eröffnet. Es stehen viele schöne und werthvolle Preise zur Verfügung, und man darf gespannt sein, wem der große Juliläumsschuß gelingen wird. – Wir sind noch mittendrin in den Feierlichkeiten. Cronberg steht noch ganz unter dem Zeichen des Festes. Auch das Wetter ist großartig. Am Sonntag, den 7. August, findet zum Abschluß ein großer Festball statt. – Wir werden auch darüber noch berichten.

5.8. Das große Schützenfest zum 500jährigen Jubiläum der hiesigen Schützengesellschaft ist in vollem Gang. Täglich ist auf dem Festplatz unter den Kastanien der Königsteinerstraße reger Betrieb. Es herrscht ein ständiges Kommen und Gehen.

Inserat der Woche:
Abend-Conzert im Hotel Pfaff in Königstein mit Italienischer Nacht. Die Kurgäste haben freien Eintritt.

18.8. Das große Schützenfest ist zu Ende! Acht Tage lang stand unser Städtchen ganz im Zeichen des großen Festes. Das Wetter war fast bis zur letzten Stunde herrlich. Am Abend des 7. August ging ein starkes Gewitter nieder und beendete schlagartig die Feierlichkeiten auf dem Schießplatz. Der große Festball war ein gesellschaftliches Ereignis und dürfte noch lange in der Erinnerung der Theilnehmer wach bleiben. – Eine kleine Anekdote am Rande des großen Festes: Bei so großen Veranstaltungen, wie es das Schützenfest in Cronberg war, ist der Vereinskassierer einer der wichtigsten Persönlichkeiten. Anno 1898 war der Lederhändler Gottschalk der Schatzmeister und somit der Verwalter der Festeinnahmen. Er wohnte in der damaligen Hauptstraße auf der Schirn. (Heute ist in diesem Hause eine Bank untergebracht.) Jeden Abend trug er gewissenhaft das eingenommene Geld, das in einem großen Lederbeutel – wie konnte es auch anders sein – aufbewahrt wurde, nach Hause. Eines Abends, es war besonders viel Geld in dem Beutel, war es reichlich spät geworden. Er stellte das Geld auf die Treppenstufe vor seiner Haustür, um mit dem Riesenhausschlüssel die Tür zu öffnen. Er schloß sorgfältig seine Tür von innen wieder zu und ging zu Bett. Am Morgen suchte er lange nach dem Beutel – vergeblich! Doch als er die Haustür öffnete, fand er den vermißten Reichtum. Es war keinem Menschen aufgefallen. Vielleicht lag es doch an der „guten alten Zeit“, daß der Beutel noch unangetastet da stand?? Wer weiß!

19.8. Herr Joseph Schmidt, Lehrer an der Volksschule in Schönberg ist nach dem Westerwald versetzt worden. Die Schüler verlieren in ihm einen wohlwollenden, besorgten Lehrer, Herr Lehrer Sauer einen treuen Gehülfen.

Inserat der Woche:
Zum Einkochen von Obst! Hutzucker! Grieszucker! Abfallzucker!

1.9. Der Cronberger Krankenhausverein hat den Grafen von Seckendorff, Haushofmeister Ihrer Majestät der Kaiserin Friedrich, in den Vorstand gewählt. Er tritt an die Stelle des Freiherrn von Ompteda. – (Der Cronberger Krankenhausverein wurde am 14. Febr. 1896 im Saale der Handelskammer in Frankfurt offiziell gegründet. Die Kaiserin Friedrich spendete für den Ankauf eines geeigneten Grundstückes einen namhaften Betrag, so konnte bereits am 29. Sept. 1896 in Gegenwart Ihrer Majestät der Grundstein zum Bau des Krankenhauses gelegt werden. Das Krankenhaus wurde am 29. Sept. 1899 feierlich eingeweiht.)

Inserat der Woche:
Die Nadelholz-Zapfenernte (Kiefer, Fichte, Lärche) im Stadtwald wird versteigert.

2.9. Das auf den letzten Sonntag verlegte Feldbergfest konnte wegen des schlechten Wetters wieder nicht abgehalten werden. Der Feldbergausschuß beschloß nun, dieses Jahr das Turnfest ausfallen zu lassen, da die Jahreszeit zu weit vorgerückt sei.

Inserat der Woche:
Hundewagen! Pritsche, vierrädrig, gut erhalten, billig zu verkaufen.

15.9. Vergangene Woche erlitt Ihre Majestät Kaiserin Friedrich einen Reitunfall. Bei einem Ausritt mit ihrer Tochter, der Prinzessin von Hessen und ihrer Hofdame scheute ihr Reitpferd vor einer neumodischen Dampfdreschmaschine in der Nähe des Schafhofes. Es gelang ihr nicht, das Pferd zu beruhigen. Sie wurde abgeworfen. Nur ihr Reitkleid, das am Sattelhorn hängenblieb, milderte die Wucht des Falles. Sie verletzte sich an Hand und Rükken. Ihre Majestät konnte ein Teil des Rückweges zu Fuß zurücklegen.

Inserat der Woche:
Ein möbliertes Zimmer mit Cabinet und 2 Betten nebst Kost gesucht.

16.9. Die Obsternte fällt in diesem Jahr infolge ungünstiger Witterung sehr dürftig aus. Die Apfelweinproduzenten sind genöthigt, ihren Bedarf von auswärts zu holen. Die Kaiserin Friedrich hat vor ihrer Abreise von Cronberg das neue Krankenhaus, das im Frühjahr eröffnet werden soll, besichtigt. Der Bau schreitet zügig voran. Es ist vor allem der hohen Frau zu verdanken, daß die Pläne für ein Krankenhaus in Cronberg nun endlich verwirklicht werden können.

Inserat der Woche:
Ein Baum 1A Latwerg-Birnen zu verkaufen.

29.9. Die Michelskerb ist da! In mehr als 30 Ortschaften des ehemaligen Herzogtums Nassau wird die Kerbe nach St. Michael gefeiert. Auch die Mammolshainer und die Oberhöchstädter feiern ihre Kerb zu diesem Zeitpunkt, sie laden ganz besonders dazu ein. Die Hausfrauen und Wirte haben sich schon darauf vorbereitet. „Quetschekuche un Süsse" stehen für die Gäste bereit.

Inserat der Woche:
Ia Cronberger Wein, per Flasche 50 Pfennig.

13.10. Brod, welches aus Mehl von neuem Getreide bereitet wurde, hat öfters zu Krankheitserscheinungen Anlaß gegeben. Es rührt dies daher, daß das verwendete Getreide noch nicht genügend trocken war. Man sorge also dafür, daß das zu vermahlende Getreide durch öfteres Umschaufeln gut getrocknet wird.

Inserat der Woche:
Ganz frische Hof-Eier zum Sieden und Rohessen!

14.10. Gestern brannte die Scheune, der angrenzende Stall und ein Schuppen eines Bäkkers in Niederhöchstadt ab. Die Feuerwehren von Cronberg, Klein-Schwalbach, Steinbach und Oberhöchstadt waren mit ihren Spritzen zur Stelle. (Wenig später wurde ein Tagelöhner aus Oberhöchstadt wegen Verdachtes auf Brandstiftung festgenommen.)

Inserat der Woche:
Herrschaften und Fuhrwerksbesitzern empfehle ich meine best eingerichtete Wagenlackirwerkstatt Jakob Hembus, Maler und Lackirer zu Cronberg.

27.10. Der bekannte Kunstmaler Hans Thoma hat in Cronberg ein Anwesen erworben, er will es als Sommersitz benutzen. (Das Haus in der Jaminstraße 3 steht heute noch).

Inserat der Woche:
Junger Kaufmann mit besten Zeugnissen sucht Stellung in einem christlichen Weingeschäft.

28.10. Die Besitzungen des nach Australien verzogenen Herrn Heinrich Kothe gingen für 38 000 Mark an Herrn Professor Hans Thoma in Frankfurt über. – Wie man vernimmt, hat die Kaisserin Friedrich für das Fortbestehen der hiesigen höheren Privatschule eine jährliche Subvention von 500 Mark zuzusagen geruht. Der Magistrat genehmigte einen jährlichen Zuschuss von 2 000 Mark für die Schule.

Inserat der Woche:
Feinstes Speise-Öl, zu haben in der Apotheke.

10.11. Neue Verbindung von Frankfurt zum Taunus geplant. Im kommenden Jahr soll eine neue Gebirgsbahn von Oberursel zur Hohemark gebaut werden. Dadurch wird den Frankfurtern die Fahrt zum Taunus wieder etwas leichter gemacht.

Inserat der Woche:
Die reine gemahlene Chrysanthemenblüte ist das beste Insektenvertilgungsmittel.

11.11. Bei der Cronberger Eisenbahn sind neue Waggons eingetroffen. Alle Wagen haben Dampfheizung, Gaslicht und sind mit Bremsen versehen. Reichlich eingebrachte Glasscheiben gestatten einen guten Ausblick. – Die Dienst- und Empfangsräume im neuen Bahnhofsgebäude wurden ihrer Bestimmung übergeben. Sie zeichnen sich durch ihre hübsche Ausstattung und Einrichtung vorteilhaft aus und bilden eine schöne Zierde.

Inserat der Woche:
Ein gut erhaltenes Bügelöfchen mir Rohr billig abzugeben.

24.11. Die Post bittet, die Weihnachtspakete rechtzeitig und gewissenhaft verpackt auf den Weg zu bringen.

Inserat der Woche:
Ganz frische Hof-Eier, zum Sieden und Rohessen.

25.11. Am 27. November soll am Kriegerdenkmal eine Gedächtnisfeir für den verstorbenen Altreichskanzler, Fürst Otto von Bismarck stattfinden. Zu den vor zehn Jahren gepflanzten „Kaiser-Eichen“ zur Erinnerung an die Kaiser Wilhelm I. und Friedrich III. soll nun auch eine „Bismarckeiche“ kommen.

Inserat der Woche:
Zu einem Lehrkurs für Holz- und Marmormalerei werden noch Teilnehmer angenommen. Albert Schreiber, Cbg. Wilhelmstr. 8 (so hieß früher die Heinrich-Winter-Straße. Anm.)

8.12. Die Großbasare und Kaufhäuser bemühen sich eifrig, den noch selbständigen kleinen Gewerbetreibenden und Handwerkern das Lebenslicht auszublasen. Mit der einseitigen Interessenvertretung der Fabrikarbeiter ist da nichts geholfen. Zum Schutz des kleinen Kaufmanns ist die Einführung einer progressiven Umsatzsteuer für Warenhäuser ein unaufschiebbares Gebot der Gerechtigkeit.

Inserat der Woche:
Haben Sie Husten? Rheumatismus? Brust-, Rücken-, Leib- oder Zahnschmerzen? So kaufen Sie die imprägnierte „Ideal-Wollbinde“! Sie finden sofort Linderung.

9.12. Ein auswärthiger Gastwirth hat für die Errichtung einer Restauration im neuen Bahnhof 3 000 Mark geboten. Die Direktion hat das Anerbieten abgelehnt, da ein Bedürfnis vorläufig nicht vorliege. – Der Bau einer Wasserleitung in Schönberg ist nunmehr von der Gemeindevertretung genehmigt und soll in kürzester Zeit in Angriff genommen werden. – Herr Heinrich Pichler aus Frankfurt hat in hiesiger Gemarkung am Hardtwald einige Äcker aufgekauft, er will dortselbst eine Silberader erschließen.

Inserat der Woche:
Zuggeschirr für großen Hund, gut erhalten, zu kaufen gesucht.

22.12. Der Bau des Cronberger Krankenhauses geht sehr gut voran. Die Grundsteinlegung fand im September 1896 statt. Man hofft, bereits im Herbst 1899 die ersten Patienten aufnehmen zu können. Der Vorstand des Krankenhausvereins besteht aus folgenden Herren: Graf von Seckendorf, Geheimrath Dr. Märklin, Bürgermeister Jamin, Landrath von Meister, Carl Stiebel, C. von Grunelius und Herrn von Neufville, der der Schatzmeister des Vereins ist.

Inserat der Woche:
Für Weihnachten empfehle ich „Eine ganze Christbescheerung“, 16 Spielsachen für nur 10 Mark.

23.12. Das von Freiherrn von Ompteda verfaßte Werk „Die von Cronberg und Ihr Herrensitz“ ist soeben im Verlag Keller in Frankfurt erschienen. Mit zahlreichen Illustrationen, Textabbildungen und Radierungen umfaßt es 647 Seiten. Im eleganten Leinwandumschlag kostet es 38 Mark. Das Werk ist auf huldreiche Anregung Ihrer Majestät Kaiserin Friedrich entstanden. (Die Hoflieferanten waren gezwungen, mindestens ein Exemplar des teuren Buches zu erstehen. Hätten sie allerdings geahnt, wie hoch der Preis einmal klettern würde, sie hätten den hohen Betrag von 38 Mark eher verschmerzt. Anm.)

Inserat der Woche:
Hanauer Weizen-Malz-Kaffee, bester Ersatz für den Bohnenkaffee, von gutem Geschmack und bedeutender Ersparniß.

1899

5.1. Die Cronberger Eisenbahn beförderte im Jahre 1898 insgesamt 803434 Personen. (Im Jahre 1888 waren es noch 342160). Mithin hat sich der Personenverkehr mehr als verdoppelt.

Inserat der Woche:
Ballblumen aus Porzellan! Prachtvolle Ausführung und sehr billig!

6.1. Das neuerbaute Hotel „Kaiserhof" in Schönberg wurde seiner Bestimmung übergeben. Das Haus ist Eigenthum des Herrn Bürgermeisters Kopp und wird von Herrn Herdejost verwaltet. Es verfügt über neun Fremdenzimmer. Ein Saal steht ebenfalls zur Verfügung. – Im Jahr 1898 wurden beim Standesamt Cronberg 73 Geburten, 44 Aufgebote, 33 Trauungen und 34 Todesfälle registriert.

Inserat der Woche:
Zahnreparaturen binnen zwei Stunden. Phil. Weidmann, Hauptstraße 9

19.1. Die Theatervorstellung des Dilettenvereins war wieder sehr gut besucht. Der Reingewinn wurde wieder für wohltätige Zwecke zur Verfügung gestellt.

Inserat der Woche:
Ein neuer zweispänniger Kühwagen, sowie mehrere fertige Schlitten zu verkaufen. b. I. Weck

20.1. In der Gemarkung Cronberg wurden die Obstbäume gezählt und die Summe von 36.304 Stück festgestellt. Es sind 15.530 Äpfel, 5.663 Birnen, 2.971 Kirschen, 6.614 Pflaumen, Reineclauden und Mirabellen, 53 Aprikosen, 392 Pfirsiche, 367 Walnußbäume. Weiter wurden 4.638 Kastanienbäume, 44 Speierlings- und 32 Maulbeerbäume gezählt. Ebenso 1.991 Birnen- und Pfirsich-Formbäume.

Inserat der Woche:
Fox-Terrier, schönes Tier, gegen Hasen zu vertauschen.

2.2. Beim Böllerschießen anläßlich des Geburtstages von Seiner Majestät am 27. Januar verunglückte der junge Mammolshainer Chr. Fuchs tödtlich. (Seine Kameraden setzten ihm später an der Unglücksstätte oberhalb des Steinbruchs einen Gedenkstein.)

Inserat der Woche:
Empfehle Trauringe ohne Löthfuge.

16.2. Die Carnevals-Gesellschaft Cronberg hat dieses Jahr den Fastnachtszug abgesagt. In allen Sälen finden wieder Maskenbälle statt, die wohl wieder sehr gut besucht sein werden. – Zum Besten der Fonds zur Errichtung eines Kaiser-Friedrich-Denkmals wird am kommenden Dienstag im Frankfurter Opernhaus eine Festaufführung stattfinden. Die Vorstellung ist außer Abonnement und zu höheren Preisen.

Inserat der Woche:
„Krebs-Fett", empfehlenswert als gutes Schuhfett.

17.2. Die Interessenten für das elektrische Licht werden zu einer Versammlung eingeladen.

Inserat der Woche:
Frisch gewässerter Stockfisch zu empfehlen.

2.3. Der Taunusclub beabsichtigt, auf dem Großen Feldberg einen Aussichtsturm zu errichten. Die Skizze des Entwurf ist in Frankfurt bei Prestel ausgestellt.

Inserat der Woche:
Die 9. Komp. des Füselier-Regiments 80 in Bad Homburg wünscht einen Schneider als 2jährig-Freiwilligen anzunehmen.

3.3. Der hiesige Local-Gewerbeverein (heute Handwerker- und Gewerbeverein) hielt seine diesjährige Hauptversammlung ab. Herr Zimmermeister Philipp J. Sauer wurde zum neuen Präsidenten gewählt. Die gewerbliche Fortbildungsschule, deren Unterricht von Oktober bis März erfolgt, obwohl ihr Besuch nicht obligatorisch ist, ist gut im Stande. Sie wurde von 68 Schülern besucht.

Inserat der Woche:
Für den Frühjahrsputz Salmiakseifenpulver, Waschpulver und Fettlaugenmilch.

16.3. Wegen Inangriffnahme der Rohrgraben für die Wasserleitung in Schönberg ist der Verkehr mit Fuhrwerken in der Gemeinde gesperrt. – Das Frankfurter Katharinen- und Weißfrienstift hat den Schafhof für 220 000 Mark angekauft.

Inserat der Woche:
Am Dienstag werden in Neuenhain mehrere Fässer Roth- und Weißweine aus eigener Ernte versteigert.

17.3. Die Herren Gasthofbesitzer und Logisvermiether werden vom Landarathsamt ersucht, die bei ihnen einkehrenden, radfahrenden Fremden darüber rechtzeitig belehren zu wollen, daß sie, sofern sie sich länger als eine Woche im Reg. Bezirk Wiesbaden aufhalten wollen, einer Nummerplatte und einer Radfahrkarte bedürfen, welche sie bei dem Königl. Landrathsamt beantragen können. Nummernplatte und Radfahrkarte sind kostenlos.

30.3. Die Volksschulen im Reg. Bezirk Wiesbaden sollen noch in diesem Sommer die gleichen Ferien erhalten wie die höheren Lehranstalten.

Inserat der Woche:
Schmack und gebrauchte Lohe, zum Düngen geeignet wird abgegeben. Lederfabrik Königstein

31.3. Die Wohltätigkeitscommission des Taunusclubs in Frankfurt hat in der Zeit vom 1. Oktober 1898 bis dato an Bedürftige im Taunus verabreicht: 1510 Laibe Brot, 210 Pfund Kornkaffee, 270 Pfund Erbsen, 270 Pfund Linsen, 345 Pfund Reis, 350 Pfund Gerste, 325 Pfund Fett, 40 Zentner Kartoffeln und 500 Mark in baar. Außerdem noch diverse Kleidungsstücke.

Inserat der Woche:
Communion-Stiefel ab 5.50 Mark.

14.4. Abgehauen von roher ruchloser Hand wurde auf der Königsteiner Chaussee eine Reihe noch junger Alleebäume.
Der Frühling wird immer ungemütlicher! Erst viel Regen, dann Schnee, erst Wind, dann Sturm. Soviel Schnee gab es den ganzen Winter nicht!

Inserat der Woche:
Junggeselle, Anfang 40, will mit Landwirthin, gereifterer Jungfrau oder kinderlosen Witwe ein glückliches Heim gründen.

24.4. Herr Direktor Seligmüller von Schloß Friedrichshof ist als Preisrichter zur Internationalen Gartenbau-Ausstellung nach Petersburg berufen worden.

Inserat der Woche:
Ein guter Zughund zu verkaufen.

27.4. Durch polizeiliche Verfügung ist die Auffahrt der neu erbauten Bleichstraße verboten. Es dürfen also Fuhrwerke nur nach dem Bahnhof die Straße benutzen und ist hierbei auch eine wesentliche Beschränkung zu verzeichnen, weil Last- und Oekonomie-Fuhrwerke das Bahnhofsterrain nicht befahren dürfen.

Inserat der Woche:
Ein gelerntes Rind mit Kalb zu verkaufen.

28.4. Die Postomnibusse fahren täglich 7mal nach Königstein und zurück. Haltestelle ist der Cronberger Bahnhof.

Inserat der Woche:
Gefunden wurde ein Schirmüberzug.

11.5. Der Verschönerungsverein hatte seine Hauptversammlung. Die Thätigkeit des Vereins besteht hauptsächlich in der Instandhaltung der Wege und der Beschaffung von Ruhebänken. Im vergangenen Jahr wurde vor allem der alte Friedhof und der Viktoriapark (heute das Gelände um die Taunusstraße) verschönert. Das Fahren von Fahrrädern ist in der Gemeinde Cronberg verboten in der Hauptstraße vom Schützenhof bis an die Königsteiner Bezirksstraße (heute Friedrich-Ebert- und Königsteiner Straße) auf dem Zugangsweg zum Bahnhof und vor dem Stationsgebäude.

Inserat der Woche:
Als Teigmacher wird ein kräftiger Mann gesucht.

12.5. Derzeit wird die Hainstraße instandgesetzt. Sie wird neu überschüttet und gewalzt. – Einige Kutscher wurden verwarnt, weil sie, trotz Verbot bei der Durchfahrt durch die Hauptstraße laut mit ihrer Peitsche knallten.

Inserat der Woche:
Tüchtige Mädchen finden lohnende und dauernde Beschäftigung in der Sodener Pastillenfabrik.

25.5. Die Chaussierung der Frankfurter Chaussee vom alten bis zum neuen Friedhof wird in dieser Woche beendet sein. Sodann wird mit der Hainstraße begonnen werden können. – Durch die „Schelle" wurde bekannt gemacht, daß die städtische Wasserleitung nur von 6–9 Uhr abends in Betrieb ist. Für die übrige Zeit wird dieselbe abgestellt.

Inserat der Woche:
Die nur mit Wasser gekochten Suppen werden schmackhafter mit einigen Tropfen der neuen Suppenwürze.

26.5. Die Schönberger Wasserleitung kann bald in Betrieb genommen werden. Bürgermeister Andreas Kopp setzte sich voll für die Planung und den Bau ein. Im Schönberger Wald wird ein Hochreservoir errichtet.

Inserat der Woche:
Zu verkaufen 20 Ctr. Heu und ein Haufen Mist.

8.6. Die Stadtverwaltung Cronberg hat von der Gemeinde Kalbach das Schürfungsrecht für Wasser aus dem am Altkönig gelegenen Wald erworben. Es wird dafür als einmalige Zahlung der respektable Preis von 15 000 Mark geleistet. Das Neuüberschütten und Walzen der Hainstraße ist nun auch fertig geworden und hat diese Straße wieder ein sehr hübsches Aussehen.

Inserat der Woche:
Die Jungfrauen Königsteins, welche beabsichtigen, am Festzug bei dem großen Gesangswettstreit teilzunehmen, werden gebeten, sich zu melden.

9.6. Außergewöhnlich früh ist dieses Jahr das Feldbergfest angesetzt. Am kommenden Sonntag ist es soweit. Der Wettergott verspricht gute Bedingungen. Gemeldet sind mehr als 500 Preisturner, sogar aus Düsseldorf, Berlin und Crefeld.

Inserat der Woche:
Eine Parthie Birkenstangen, für Wagner geeignet, abzugeben in der Heil-Anstalt Falkenstein.

22.6. Die Budenplätze für die diesjährige Kirchweih erzielten mit dem Caroussellplatz 904 Mark. – Das diesjährige Feldbergfest war von bestem Wetter begünstigt. Es hatten sich über 500 Preisturner gemeldet, sogar aus Berlin, Düsseldorf und Crefeld. Die Samariterabteilung hatte 16 Fälle zu behandeln.

Inserat der Woche:
Ein Mädchen kann das Kleidermachen gründlich erlernen.

23.6. Bei Ihrer Majestät der Kaiserin-Friedrich war am Sonntag Mittag der König von Dänemark, höchstwelcher eben in Wiesbaden zur Kur weilt, auf Schloß Friedrichshof zu Besuch eingetroffen. Er weilte einige Stunden in Kronberg. – Dieser Sommer zeigt sich von seiner besten Seite, auch beim Feldbergfest. 500 Turner hatten sich zum Wettkampf gemeldet.

Inserat der Woche:
Eine prima Fahrkuh mit 3. Kalb zu verkaufen.

6.7. Die Quellwasserleitung für Schönberg geht ihrer Vollendung entgegen. Das Hochreservoir kann noch diese Woche in Gebrauch genommen werden. Das Hauptverdienst gilt dem ruhrigen Bürgermeister Andreas Kopp. – Die Cronberger Kerb war total verregnet. Darum war auch der Durst nicht sehr groß. Die Wirte hoffen, daß auf Nachkirchweih die Sonne scheint.

Inserat der Woche:
Künstliche Zähne, Nervtödten und schmerzlose Zahnoperationen, Zähne von 2 Mark an. Phil. Weigand, Hauptstraße 9

14.7. Das Trompeterkorps der Totenkopfhusaren aus Posen, das eben in Frankfurt conzertirt, brachte Ihrer Majestät der Kaiserin Friedrich, die Chef des Regimentes ist, ein Ständchen auf Schloß Friedrichshof. – Die Stadtverwaltung macht wiederholt darauf aufmerksam, daß die Hauptstraße, der Zugangsweg zum Bahnhof und das Stationsgelände nicht mit Fahrrädern befahren werden darf.

Inserat der Woche:
Einen starken Kinderwagen zu kaufen gesucht.

28.7. In den nächsten Wochen gibt es viele Feiern! In Königstein wird zum 1. Bundesfest des „Main-Taunus-Sängerbundes" eingeladen. Die Cronberger Gesangvereine werden wohl auch daran teilnehmen. – Die Renovierungsarbeiten im alten Schloß gehen zügig voran. Derzeit wird der große Rittersaal neu ausgemalt. Die Ausführung ist dem hiesigen Maler Jacob Hembus, der die noch vorhandenen Wappen und Gemälde copiert hatte, und dem Maler Gräb aus Frankfurt, der die hiesige Stadtkirche gemalt hat, übertragen wurden.

Inserat der Woche:
Kinderhemden für jedes Alter, passend für Knaben und Mädchen. Bei Abnahme von einem halben Dutzend 5 % Rabatt.

3.8. Am 29. Juli verstarb im Alter von 71 Jahren Prof. Adolf Schreyer. Er war ein weithin bekannter Künstler, Mitglieder der Cronberger Malerkolonie. Geboren am 9. Juli 1828 in Frankfurt, er studierte in Frankfurt am Städel, an der Düsseldorfer Kunst-Akademie und kurze Zeit in München. Berühmt wurde er vor allem durch seine „Pferdegemälde", deshalb wurde er oft als „Pferdemaler" bezeichnet. Seit etwa 1857 lebte er, vor allem im Sommer, in Cronberg. In der Hainstraße kaufte er sich ein Haus, das er im deutsch-französischen Kriege 1870/71 als Offizierslazarett einrichtete. (Dieses Lazarett wurde auch von der damaligen Kronprinzessin Viktoria besucht. Es gefiel ihr in Cronberg so gut, daß sie sich später ihren Witwensitz Schloß Friedrichsdorf hier erbauen ließ). Adolf Schreyer erhielt 1880 den Professorentitel. Viele seiner Bilder erhielten bei großen Ausstellungen Goldmedaillen. An seinem 70. Geburtstag im vergangenen Jahr wurden Professor Schreyer viele Ehrungen zuteil. Seine letzte Ruhestätte wird er hier in Cronberg finden.

Inserat der Woche:
Zur bevorstehenden Einmachzeit empfehle ich Hutzucker in prima Qualität.

17.8. Am kommenden Samstag und Sonntag feiert die Cronberger Feuerwehr die 25. Wiederkehr ihres Gründungstages. Das Festprogramm ist sehr umfangreich. Am Samstag, abends 9 Uhr ist Commers mit Gesangs- und Musikvorträgen. Am Sonntag ab acht Uhr Empfang der auswärtigen Gäste. Um 11 Uhr Probe am Schulhaus, hiernach Probe an einem, vom ältesten Feuerwehr-Commandanten zu bestimmenden Gebäude. Um 12 Uhr gemeinsames Mittagsmahl (Hanauer Ulanen-Musik) Am Mittag um 2 Uhr großer Festzug. Anschließend Volksfest auf dem Festplatz in den Kastanienstücken. (heute „Haus Waldfriede", ehemalige Villa Mumm).

Inserat der Woche:
Empfehle meine Privatklinik für Frauen- und chirurgische Krankheiten.

18.8. Der Ausschuß für ein hier zu errichtendes Kaiser-Friedrich-Denkmal hat ein neues Mitglied bekommen. Herr Karl Kannegießer aus Wiesbaden wurde neu gewählt. Er hat sich um die Vorarbeiten und um die Beschaffung der Grundstücke und der benötigten Geldsumme sehr verdient gemacht. (Er selbst stiftete insgesamt 20 000 Mark. 1901 wurde er zum Ehrenbürger Cronbergs ernannt, der kleine Tempel oberhalb des Minigolfplatzes im Stadtpark erhielt seinen Namen).

Inserat der Woche:
Einen starken Kinderwagen zu kaufen gesucht.

31.8. Auf Grund des § 67 der Straßen- und Polizeiverordnung ist das Peitschenknallen in den Straßen untersagt, sofern es nicht zu dem Zwecke geschieht, ein nothwendiges Warnungszeichen zu geben. Desgleichen macht sich derjenige strafbar, welcher Vorbeigehende mit der Peitsche trifft oder nach fremden Pferden oder anderen Zugtieren schlägt.

Inserat der Woche:
Im Jahre 1900 waschen sich alle mit der echten Radebeuler Lilienmilchseife!

1.9. Der „Höllhof", seither im Besitz von Hauswalds-Erben, ist in das alleinige Eigenthum von Herrn Paul Wolf übergegangen. Herr Wolf beabsichtigt, dort einen Wirthschaftsbetrieb zu errichten. – Das neue Krankenhaus soll noch in diesem Monat in einem Festakt übergeben werden. Ihre Majestät Kaiserin Friedrich hat gebeten, daß die Übergabe am 29. September stattfinden soll. Auch die Grundsteinlegung 1896 war an diesem Tag. Für IM ist dieser Tag so wichtig, weil sie sich am 29. September 1855 mit Prinz Friedrich Wilhelm von Preußen, unserem späteren Kaiser Friedrich III. verlobte.

Inserat der Woche:
Wichtig für sparsame Hausfrauen ist Müllers Kernseifenpulver.

14.9. Laut reichsgerichtlicher Entscheidung ist es gestattet, daß ein Radfahrer, dessen Laterne nicht brennt, von zwei anderen Radfahrern, die mit hellleuchtender Laterne versehen sind, in die Mitte genommen werden kann. – Der baufällig gewordene Holzturm auf dem Hardtberg (errichtet 1884) soll durch einen eisernen Turm ersetzt werden.

Inserat der Woche:
Eine große Partie Heublumen billig abzugeben.

15.9. Wie aus Schloß Friedrichshof zu erfahren ist, wird Hofarzt Dr. Spielhagen IM Kaiserin Friedrich auf ihrer Reise nach Südtirol begleiten. Im neuen Krankenhaus, das am 29. September eröffnet werden soll, wird Her Dr. Spielhagen als Anstaltsarzt wirken. Während seiner Abwesenheit wird er von einem Collegen vertreten.

Inserat der Woche:
Frisch eingetroffen: fromage de Brie, bei Gerstner

28.9. Morgen findet die feierliche Eröffnung des neu erbauten Krankenhauses statt, in Anwesenheit von Ihrer Majestät der Kaiserin Friedrich, deren Name das Haus erhält. Protektor ist der Krankenhausverein, dessen Vorsitz Landrath Dr. v. Meister innehat. Es stehen 10 Betten für Erwachsene und 3 Betten für Kinder bereit, später sollen es mehr werden. Die Krankenpflege übernehmen die beiden Viktoria-Schwestern aus Berlin Gabriele und Käthe, die noch Verstärkung erhalten.

Inserat der Woche:
Verloren 1 Kabinet-Photographie.

29.9. In Anwesenheit der Kaiserin Friedrich wird heute das neue Cronberger Krankhaus festlich eingeweiht. In dem kommenden Tagen wird das Haus, das vorerst über 10 Betten für Erwachsene und 3 Betten für Kinder verfügt, in Betrieb genommen. Die Pflege übernehmen die „Viktoria-Schwestern". Sie sind in Cronberg längst bekannt, da sie seit Jahren schon den Gemeindedienst versehen. Die Kaiserin sorgte auch dafür, daß die zwei Schwestern nunmehr aus Berlin Verstärkung bekamen. Im Haus werden vier Schwestern die Krankenpflege übernehmen, eine Schwester ist auch weiterhin in der Gemeinde thätig.

Inserat der Woche:
Gefunden wurde ein Taschenmesser; abzuholen auf dem Rathaus.

12.10. In diesen Tagen sind Straßenschilder an den Straßenecken angebracht worden, dieselben helfen einem längst gefühlten Bedürfnis ab. Auch haben einige bisher namenlose Gassen die Taufe erhalten, so die „Vogelgesangsgasse" und die „Synagogenstraße" (heute kleine Mauerstraße)

Inserat der Woche:
Wegen Maul- und Klauenseuche ist das Durchfahren der Hauptstraße mit Rindvieh untersagt.

13.10. Ihre Majestät Kaiserin Friedrich geruhte, den Mitgliedern des hiesigen Obst- und Gartenbauvereins die Besichtigung des Schloßgartens zu gestatten. Sie findet am Sonntag statt.

Inserat der Woche:
Wichtig für sparsame Hausfrauen ist Müllers Kernseifenpulver.

26.10. am 2. November feiert die Cronberger Eisenbahn ihr 25jähriges Jubiläum. Von Beginn an sind noch sieben Beamte thätig. Stationsvorsteher Dietz, Bahnmeister Wilhelm, Lokführer Zubrod und Seibel, sowie die Herren Scheer, Stockhardt und Feldmann.

Inserat der Woche:
Ein gut erhaltender Kinderwagen mit Gummireifen zu verkaufen.

27.10. Bei schönstem und warmem Herbstwetter war der Feldberg am Sonntag wieder Ziel vieler Touristen. Herr Heinrich von Opel fuhr sogar mit einem Motorwagen auf den Gipfel. In Cronbeg herrschte großer Betrieb. Die Eisenbahn brachte viele Frankfurter hierher.

Inserat der Woche:
Verloren auf dem Weg nach Königstein ein seidener Schirm.

9.11. Infolge außerordentlich vielfachen Klagen über die Hüte der Damen hat die Frankfurter Theaterleitung die Einrichtung getroffen, daß im Parkett überhaupt keine Hüte mehr gestattet sind.

Inserat der Woche:
Ein gutes Piano für die Wintermonate zu mieten gesucht.

23.11. Nach der jüngsten Personenstandsaufnahme zählt Cronberg 2724 Einwohner mit 540 Haushaltungen.

Inserat der Woche:
Die Apotheke empfiehlt feinstes Speiseöl.

24.11. Im neuen Krankenhaus wurden bisher über 20 Patienten aufgenommen und behandelt. Eine Sammlung unter Cronberger Bürgern für das Haus brachte bisher einen Betrag von 1033 Mark ein, die Stadt Cronberg hat außer den 5 000 Mark für das Grundstück nun noch einmal 200 Mark gespendet.

Inserat der Woche:
Empfehle mich im Vorzeichnen von Stickereien jeder Art.

7.12. Schulräte und alle Behörden weisen darauf hin, daß in allen Lehr- und Erziehungsanstalten am letzten Schultag vor den Weihnachtsferien in einem festlichen Akt an die bevorstehende Jahrhundertwende zu erinnern ist.

Inserat der Woche:
Ballroben-Seide per Meter 10,50 Mark.

21.12. Im Alter von 45 Jahren starb der Direktor der Cronberger Eisenbahn Herr Karg. Er war in Cronberg einige Jahre Stadtverordneten-Vorsteher, war Vorsitzender des Verschönerungsverein (heute der Verkehrsverein) Mitglied im Dilettantenverein und im Ausschuß für das Kaiser-Friedrich-Denkmal. Herr Karg wurde 1893 zum Direktor der Eisenbahn ernannt.

Inserat der Woche:
Praktisches Weihnachtsgeschenk „Die praktische Hülfe bei plötzlichen Unglücksfällen".

22.12. Im ganzen Deutschen Reich herrscht große Kälte. – Die Abendschule ist wieder in Betrieb. An vier Abenden in der Woche gibt Herr Lehrer Fehler Unterricht in Rechnen und Geometrie, Herr Lehrer Gerstner lehrt Deutsch. Der Zeichenunterricht erstreckt sich auf das ganze Jahr. (Diese Abendschule war der Vorläufer der heutigen Berufsschule. Lehrlinge waren verpflichtet, diese Schule zu besuchen. Anm.)

Inserat der Woche:
Die Eisbahn am Bahnhof Cronberg ist geöffnet.

1900

4.1. Die Silvesternacht wurde auch in Cronberg laut und fröhlich gefeiert. Überall begrüßte man das neue Jahrhundert mit modernem Feuerwerk. Auf den Straßen war lebhafter Betrieb.

Inserat der Woche:
Eine große steinerne Kuhkrippe zu verkaufen.

12.1. Die Jahrhundertwende ging laut und fröhlich vonstatten. Überall gab es ausgelassene Feiern. Es wurden aber auch bedauerliche Unglücksfälle gemeldet, die durch falschen Umgang mit Feuerwerk geschahen.

Inserat der Woche:
Die Gemeindesteuer-Restanten werden zum letzten Mal angemahnt.

18.1. Die Cronberger Eisenbahn beförderte im vergangenen Jahr mehr als 800 000 Menschen. Vor zwanzig Jahren waren es noch 261000, die Passagierzahl hat sich also mehr als verdreifacht.

Inserat der Woche:
Älteres ganz frommes Ponny oder kleines Doppelponny mit Halbverdeck-Chaisen zu kaufen gesucht.

26.1. Die Kasinogesellschaft (ihr gehörten die Künstler der Malerkolonie und die „besseren" Einwohner an. Anm.) wird auch an der diesjährigen Fastnacht einen großen Ball im Saal des Frankfurter Hofes abhalten.

Inserat der Woche:
Perfekte, sehr reinliche Köchin gesucht.

1.2. Nach der letzten Volkszählung gibt es in Cronberg 4 Männer und 11 Frauen über 80 Jahre. Die älteste Einwohnerin ist 84 Jahre alt.

Inserat der Woche:
Mit Delicia-Rattenkuchen sind 25–30 tote Ratten pro Tag keine Seltenheit.

9.2. Die Fastnacht in Cronberg wird in diesem Jahr nicht sehr laut. Sie beschränkt sich auf einige Maskenbälle und interne Vereinsfeiern, die Kasinogesellschaft hält ihr Winterfest im Frankfurter Hof ab.

Inserat der Woche:
11 Stück Ferkel abzugeben.

28.2. Der hiesige Gewerbeverein lädt ein zu einem Vortrag des Werkmeisters Dornauf über die „Elektro-Technik im Dienste des Handwerks".

Inserat der Woche:
2 Zentner Koch-Birnen zu verkaufen.

9.3. Der Taunusklub sammelt für den neuen Turm auf dem Feldberg. Bis jetzt sind fast 50 000 Mark eingegangen. Der Turm wird auf dem zur Oberförsterei Homburg gehörenden Gelände errichtet werden.

14.3. Seit dem vergangenen Jahr erhält die hiesige höhere Privatschule des Dr. Balzauweit alljährlich einen Zuschuß von 2 000 Mark mit dem Recht, vier Freischüler einzustellen.

Inserat der Woche:
Jeder Fall von Schwindsucht ist binnen drei Tagen bei der Ortspolizeibehörde anzuzeigen.

23.3. Der Kriegsverein will bei patriotischen Anlässen das Böllerschießen wieder aufnehmen. Der Magistrat ist jedoch anderer Meinung, da in letzter Zeit zuviele Unfälle – sogar mit tödtlichem Ausgang – zu verzeichnen sind. Er schlägt vor, auf das Schießen ganz zu verzichten, wenigstens so lange, bis es Geschütze und Geschosse gibt.

Inserat der Woche:
Die Beleidigungen gegen die Familie Gottschalk nehme ich mit dem Ausdruck des Bedauerns zurück. Chr.G. (Solche Anzeigen waren meist die Auflage des Schiedsgerichtes. Bei einem Sühnetermin wurde vom Schiedsmann der Stadt auf die Parteien eingewirkt, kleinere Beleidigungen wurden mit öffentlicher Entschuldigung aus der Welt geschafft. Es muß trotzdem für die „Beleidiger" sehr blamabel gewesen sein; Anm.)

28.3. Die Zahl der im neuerrichteten Kaiserin-Friedrich-Krankenhaus behandelten Kranken betrug seit der Einweihung im September 1899 bis 31. Dezember 1899 schon 11 Männer und zehn Frauen. 17 wurden als geheilt entlassen.

Inserat der Woche:
Ein Cognac-Fläschchen in silbernem Etui ging verloren.

6.4. Der Magistrat genehmigte dem Bullenhalter Weidmann, beide Bullen wegen Untauglichkeit zu verkaufen. Sie werden an den Meistbietenden bei einer Versteigerung abgegeben. Gleichzeitig soll der Bullenhalter beauftragt werden, zwei neue Bullen einzukaufen.

Inserat der Woche:
Habe im Ausverkauf schwarze und Halbtrauerstoffe.

20.4. Der Verschönerungsverein, der seit einem Jahr unter dem Vorsitz von Herrn Hauptlehrer Wilhelm Fehler steht, hegt große Pläne. Man will einige Ruhebänke für die Sommergäste schaffen. Die Cronberger Bevölkerung wird darauf hingewiesen, daß diese Bänke in erster Linie für die Kurfremden sind, sie sollen für die Gäste freigehalten werden.

Inserat der Woche:
Empfehle beste Wurst (Winterware) zu billigsten Tagespreisen.

4.5. Herr Geheimer Sanitätsrat Dr. Peter Dettweiler wurde zum Stellvertreter des Ortsausschusses für die Errichtung eines Kaiser-Friedrich-Denkmals gewählt. Herr Kaufmann Carl Stein wurde anstelle des verstorbenen Herrn Peter Gottschalk vom Magistrat in den Waisenrat gewählt.

9.5. Mit einer gewissen Ungeduld beobachten unsere Taunuswirthe alljährlich die Entwicklung der Apfelblüthe. Hängt doch davon weitgehend die Preisbildung des Hohenastheimers ab.

Inserat der Woche:
Fahrrad, nur einige Male benutzt, wegen Aufgabe des Fahrens zu verkaufen.

18.5. Herr Apotheker Dr. Julius Neubronner wurde in seiner Eigenschaft als Mitglied des Magistrates in das Kuratorium der höheren Schule gewählt. – Auf dem Schulhof wird Theater gespielt. Der Schauspieler Franz Neumann gastiert mit seiner Truppe auch in Cronberg.

Inserat der Woche:
Makulatur – alte Zeitungen, per Pfund 12 Pfennige, abzuholen bei der Druckerei.

5.6. In Cronberg zieht die neue Zeit ein. Immer mehr Hausbesitzer stellen den Antrag auf Einführung des elektrischen Lichtes in ihren Gebäuden.

Inserat der Woche:
Wegzugshalber billig zu verkaufen ist ein Erker mit Rolladen, fast neu.

6.6. Am Sonntag vor Pfingsten war eine Verlängerung der Beschäftigungszeit in allen Zweigen des Handelsgewerbes in den Stunden von 3–6 Uhr nachmittags zugelassen. Die Gewerbetreibenden waren mit dem Betrieb zufrieden.

Inserat der Woche:
Erste Schweizer Milch-Kuranstalt in Cronberg. Die Milch kommt von gesunden Schweizer Kühen.

15.6. Das Wassergeld wurde neu festgesetzt. Vom 1. Mai bis 15. Oktober einschließlich sollen 30 Pfennig; bis April 15 Pfennig erhoben werden. – Die Buden- und Karussellplätze für die diesjährige Kirchweih wurden in einer Versteigerung für insgesamt 795 Mark vergeben.

Inserat der Woche:
Zwei Schläfer werden gegen wenig Entgelt zu Kost und Logis aufgenommen.

20.6. Das Wurstfärben ist als Nahrungsmittelverfälschung erklärt worden, die Geschäftsinhaber und Metzger werden gut daran tun, künftig keine gefärbte Wurst zu führen, da Strafe darauf steht.

Inserat der Woche:
Zu verkaufen 1 gebrauchter Latrinenwagen mit Handpumpe.

29.6. Im hinteren Tanzhaus soll gebaut werden. Der Schmied Louis Scheller plant eine Vergrößerung seines Anwesens durch den Bau einer Halle und einer Abortanlage.

Inserat der Woche:
Gesucht wird sogleich ein braves Mädchen zu einem Kind.

4.7. Die Renovierungsarbeiten an der Burg Cronberg gehen zügig voran. Ihre Majestät Kaiserin Friedrich überzeugt sich regelmäßig vom Fortgang der Arbeiten.

Inserat der Woche:
Wegzugshalber 1 Frack-Anzug und einige Gehröcke zu verkaufen.

13.7. Der bisherige Todtengräber Philipp Kieser will sein Amt niederlegen. Die Stelle soll nun ausgeschrieben werden. (Die Ausschreibung blieb jedoch fruchtlos. Philipp Kieser wurde als Leichenbitter und Todtengräber belassen. Für Bestellungen bei Beerdigungen waren ihm 50 Pfennige zu zahlen. Anm.)

Inserat der Woche:
Nach wie vor unübertroffen ist der „Staufer-Kitt", mehrfach prämiiert, empfehle ich Ihnen in Tuben und Gläsern.

18.7. Infolge der kühlen Witterung sind in diesem Jahre die Heidelbeeren nicht sehr gut geraten. Die Sammlung, die sich dieses Jahr sehr mühselig gestaltet, hat bereits begonnen, vor allem in den Wäldern des Hintertaunus, wo die Bevölkerung auf diesen Verdienst stark angewiesen ist.

Inserat der Woche:
Gefunden wurde eine schwarze Taille.

27.7. Die Freiwillige Feuerwehr von Oberhöchstadt, die seit nunmehr neun Jahren besteht, hat schon sehr dafür gesorgt, daß die Wehrmänner gut ausgebildet werden. Schon gibt es zwei Spritzenrotten und ein Steigertrupp. Brandmeister Philipp Burk hat einen bewährten Vorstand zur Seite. Zum Dank für ihr schnelles Eingreifen beim Waldbrand an der „Hauswaldshütte" im Mai erhielt sie Anerkennung und einen Betrag von 10 Mark von der Stadt Cronberg.

Inserat der Woche:
Gefunden wurde ein schwarzseidener Sonnenschirm.

1.8. Die Pausen in den Schulen sollen verlängert werden. Mit einem entsprechenden kaiserlichen Erlaß kann schon im nächsten Jahr gerechnet werden.

Inserat der Woche:
Neu! Heißwasser-Strom-Apparat! In 10 Minuten 1 heißes Bad.

10.8. Auch in unserer Nachbargemeinde Schönberg ist die neue Zeit eingezogen. Nachdem Herr Geheimrath Spieß sich dort eine Villa erbaut hat, wird jetzt die Straße bis zu seinem Grundstück ausgebaut, sie erhält die Benennung „Im Brühl". Der Ausbau ist mit 20 000 Mark veranschlagt, Herr Dr. Spieß zahlt 6 000 Straßenbeitrag, den Rest von 14 000 Mark stellt er der Gemeinde als Darlehen zur Verfügung. (Die Gemeinde konnte diese Anleihe bereits 1906 vollständig tilgen. Anm.)

Inserat der Woche:
Ein Mädchen vom Lande für Hausarbeiten und Ausgänge gesucht.

15.8. In Oberhöchstadt soll ein Kriegerdenkmal errichtet werden. Man hofft, daß im nächsten Frühjahr die feierliche Enthüllung stattfinden kann. – Der im vergangenen Jahr vom Taunusclub neu errichtete Hardtbergturm erfreut sich bei den Ausflüglern großer Beliebtheit.

Inserat der Woche:
Verloren wurden zwei beschriebene Postkarten.

24.8. Die Gemeinde Schönberg plant weitere Wasserschürfungen neben dem Hochbehälter. – Die „Villa Hohenwald" in Oberhöchstadt soll verkauft werden. Baron Albert de Gingins will das Haus und die Ländereien an das Hospital zum Heiligen Geist in Frankfurt abgegeben.

Inserat der Woche:
Gebe Kost und Logis an zwei anständige Schläfer.

29.8. Hochbehälter und Wasserleitung in Schönberg, die für 65000,– DM erbaut wurden, konnten in Betrieb genommen werden.

Inserat der Woche:
Erdarbeiten werden angenommen.

11.9. Cronberg soll wieder neue Straßen erhalten. Vorgesehen ist der Ausbau der Straße von der Hain- bis zur Altkönigstraße, der steile Weg soll breiter werden (das war die heutige Jaminstraße). Auch die Katharinenstraße wird ausgebaut.

Inserat der Woche:
Eine Neuigkeit! Verkaufe die tollen „Heiß-Wasser-Stromapparate". In 10 Minuten haben Sie ein heißes Bad!

12.9. Ein betrügerischer Kellner wurde beim Umtauschen eines falschen Zwanzigmarkstükkes ertappt.

Inserat der Woche:
Ein braver Junge, der die Metzgerei erlernen will, wird in gute Stelle gesucht.

21.9. Die letzte Kurliste ist erschienen, im Laufe des Sommers wohnten über 1800 Personen hier. – Die kleine Viktoriaschule in Schönberg hat 40 Schüler, die von einem Lehrer unterrichtet werden. Alle Kinder sind katholisch, die wenigen evangelischen Kinder besuchen die evangelische Schule in Cronberg.

Inserat der Woche:
Ein gut erhaltener schwerer Kuhwagen zu verkaufen.

5.10. Cronberg hat einen neuen Schützenkönig. Auf dem wegen des großen Jubiläums vor zwei Jahren gut hergerichteten Platz konnte Herr Rudolf Pethge Sieger und damit König der Cronberger Schützengesellschaft werden.

Inserat der Woche:
Brautseide, in schwarz, weiß und ecrue von 65 Pfg. an.

10.10. Bei der Jahresausstellung des Frankfurter Kunstvereins wird auch die Cronberger Künstlergesellschaft mit einigen hervorragenden Werken vertreten sein.

Inserat der Woche:
Empfehle meine Rohess-Bücklinge.

24.10. Morgen kann Bürgermeister Jamin seinen 75. Geburtstag feiern. Er ist ein gebürtiger Cronberger, seine Vorfahren stammen aus Oberursel. Georg Jamin studierte in Heidelberg Jura. 1864, noch in nassauischer Zeit wurde er Bürgermeister unserer Stadt und ist es bis heute noch.

Inserat der Woche:
Im Amtsgericht Königstein ist ein Stock stehengeblieben.

3.11. Die Cronberger Nachtwächter hatten in einer Eingabe gebeten, ihre Uniformen nach Ablauf der Tragzeit zu erneuern. Der Magistrat entsprach dieser Bitte.

Inserat der Woche:
8 Paar Tauben und eine Partie Taubendung zu verkaufen.

7.11. Bei der Cronberger Eisenbahn trat Herr Hennenhofer sein Amt als Nachfolger des Betriebsdirektor Karg an.

Inserat der Woche:
20 Ctr. Heu und ein Haufen Mist zu verkaufen.

17.11. Frau Caroline Weigand, unsere alte Hebamme, geht in den wohlverdienten Ruhestand. Die Stadt bewilligt ihr in Anbetracht ihrer 37jährigen Tätigkeit eine jährliche Pension von 100 Mark.

Inserat der Woche:
Buchenes und tannenes, kleingemachtes Brennholz abzugeben.

21.11. Morgen feiert Ihre Majestät Kaiserin Friedrich auf Schloß Friedrichshof ihren 60. Geburtstag. Die hohen Gäste sind schon eingetroffen. Die Stadt Kronberg wird Ihrer Majestät mit einer Gruß-Adresse ihre Glückwünsche übermitteln.

Inserat der Woche:
Klärbecken-Kompost billig abzugeben. Heilanstalt Falkenstein.

5.12. Die Provinz Hessen-Nassau zählt 1274 Ärzte. Der ist nach der Hauptstadt Berlin der höchste Stand unter allen preußischen Provinzen.

Inserat der Woche:
Gemeindesteuern-Restanten werden hiermit zum letzten Mal gemahnt.

15.12. Nach Besichtigung der landwirtschaftlichen Commission soll der untauglich gewordene Gemeindebulle verkauft werden.

Inserat der Woche:
Deutsche Landleute! Helft die Not des tapferen Volkes der Buren, vor allem der Frauen und Kindern in den Concentrationslagern zu mildern.

19.12. Die Vereinsfestlichkeiten in diesem Winter haben die gewohnte Reihenfolge wie seit einigen Jahren. Gesangverein 1 hält sein Stiftungsfest im Restaurant Hahn, am 2. Weihnachtstag die Turngesellschaft ihren Ball, der Militärverein seinen Neujahrsball und der Turnverein eine Abendunterhaltung.

Inserat der Woche:
Tüchtiger Fahrbursche sofort gesucht.

31.12. Die Renovierungsarbeiten im alten Schloß (Burg) gehen gut voran, der Rittersaal ist fast fertiggestellt. Mit den Arbeiten ist der Maler Jacob Hembus von hier und Maler Gräb aus Frankfurt betraut worden.
In dem neuen Krankenhaus wurden in diesem Jahr 19 Operationen durchgeführt; in drei Fällen wurde Operateur Dr. Demmler aus Frankfurt hinzugezogen. (Den Namen „Kaiserin-Friedrich-Krankenhaus“ erhielt die Klinik erst

nach dem Tode der Kaiserin; Anm.)
Auch zu diesem Weihnachtsfest hatte die Familie Bonn vielen Cronberger Kindern eine große Bescherung bereitet. Im „Frankfurter Hof" wurden über hundert Kinder mit Kakao und Kuchen bewirtet. Jedes der Kinder, die aus bedürftigen Familien stammen, wurde mit warmer Kleidung, Schuhwerk und Spielsachen beschenkt. (Die Weihnachtsbescherungen bei „Bonns" waren in Cronberg schon Tradition, die Kinder rissen sich um die Einladungen. Kein Wunder, denn die Bonns wußten, was den Kindern fehlte. Vor allen Dingen waren es die Spielsachen, die bei allen Familien nicht gerade reichlich vorhanden waren; Anm.)

Inserat der Woche:
Die Beleidigung gegen die Erben Gottschalk nehme ich hiermit zurück. Chr. G.

1901

2.1. Das alte Jahr ging mit dem schlechtesten Wetter, das man sich denken kann, zu Ende. Viele Wünsche hat das sehr bewegte Jahr 1900 unerfüllt gelassen. – Das Magistratsbüro ist noch bis morgen wegen Steuerveranlagung für 1901 geschlossen.

Inserat der Woche:
Ein Cognacfläschchen in silbernem Etui ging verloren.

12.1. Im Jahre 1900 wurden vor dem Standesamt Cronberg 27 Ehen geschlossen. – In der hinteren Eichenstraße wird gebaut; dort will Gärtner Buchsbaum ein Wohnhaus errichten.

Inserat der Woche:
Die Polizeiverwaltung macht erneut darauf aufmerksam, daß das Rodeln in den Straßen der Stadt bei Strafe verboten ist.

16.1. Die Kaiserin Friedrich, die in diesem Winter nicht abgereist, sondern auf Schloß Friedrichshof geblieben ist, befindet sich wohl und macht täglich Ausfahrten.

Inserat der Woche:
Empfehle mich zum Fenstermachen.

26.1. Der Todtengräber Zubrod erhält nun für das Grabmachen 5 Mark; bisher wurden ihm 4 Mark gezahlt.

Inserat der Woche:
Puddelpumpe und ein Mistbeetfenster zu verkaufen.

30.1. Herr Bürstenfabrikant Chr. Veit hat sein Haus in der Eichenstraße 2 an Herrn Barbier Jakob Krill verkauft. – Der Sponsel'sche Hausanteil mit der Wirtschaft „Zu den drei Rittern" ist in den Besitz von Herrn Pflasterermeister Adolf Buhlmann übergegangen.

Inserat der Woche:
Zerwirke und verpfunde nächsten Mittwoch einen Hirsch Förster Flamminger.

9.2. Die strenge Kälte hält an. In der letzten Nacht wurden 15 Grad minus gemessen. – Die hiesige Kasinogesellschaft feiert im Frankfurter Hof Karneval in Form eines großen Märchenfestes.

Inserat der Woche:
Buchen- und tannenes, kleingemachtes Brennholz zu verkaufen.

13.2. Auf Anregung des Herrn Landrathes von Meister fand in Cronberg eine Versammlung von Teilnehmern aus den Gemeinden Cronberg, Königstein, Schwalbach und Eppstein statt zur Prüfung der Frage: „Ist in den betr. Orten ein Bedürfnis für den Bau kleiner und billiger Wohnungen vorhanden?"

Inserat der Woche:
Das Rodeln in den Straßen unserer Stadt ist bei Strafe verboten.

26.2. König Eduard von England trifft übermorgen in Frankfurt ein, der englische Botschafter reist von Berlin an, um Seine Majestät zu begrüßen. Der König fährt weiter zu seiner allerhöchst desselben Schwester Ihre Majestät Kaiserin Friedrich auf Schloß Friedrichshof in Cronberg.

Inserat der Woche:
Eine Parthie graue Mahnen, brauchbar als Kartoffelkörbe, ist abzugeben.

27.2. Die Fastnacht in Cronberg wird heuer still verlaufen. Von öffentlichen Veranstaltungen ist bis jetzt noch nichts vorbereitet, so beschränkt sich unser Carneval auf die Maskenbälle des Dillettantenvereins und der Käwwern am Dienstag.

Inserat der Woche:
Eine Kalbskeule mit Zugabe wurde gefunden und kann gegen Insertationsgebühr abgeholt werden.

9.3. In der Schönberger Kirche wurde die neue Orgel eingeweiht. Das Gotteshaus war zu dieser Feierstunde voll besetzt, auch der kaiserliche Hof war vertreten. Lehrer Ludwig Sauer, auf dessen Initiative die Beschaffung der neuen Orgel zurückgeht, gab ein viel bewundertes Konzert auf dem neuen Instrument.

13.3. Im August v. Jahres war der Luftballon der Luftschifferin Kätchen Paulus auf einem Grundstück des Riedhof-Pächters niedergegangen. Von dem neugierigen Publikum war für 100 Mark Gras und für 60 Mark Hafer zertreten worden. Ein Frankfurter Gericht verurteilte Fräulein Paulus zur Zahlung dieser 170 Mark an den Gutspächter.

Inserat der Woche:
Gefunden wurde ein Geldstück und ein Schleier. Abzuholen auf dem Rathaus.

27.3. Das Kaiser-Friedrich-Denkmal vor dem Schlosse ist eines der Projekte, mit denen sich die Kaiserin Friedrich selbst in den schwersten Stunden ihrer Krankheit angelegentlich beschäftigt. Vor dem Witwensitz soll sich das Denkmal erheben, in seiner Nachbarschaft wird nach ihrem stillen Wunsche dereinst auch ihr eigenes Marmorbild prangen.

Inserat der Woche:
Ein starkes Mädchen nimmt Arbeit im Waschen und Putzen an.

6.4. In Königstein wurde ein großer Festkommers abgehalten. Anlaß dazu war die endlich ertheilte Conzession zum Bau der Bahnlinie nach Höchst. Der Einladung waren auch Vertreter der Ortschaften im Liederbachtal gefolgt.

Inserat der Woche:
Für das Bureau der Bauleitung der Kleinbahn Höchst–Königstein wird ein junger Mann als Bureaudiener gesucht.

10.4. In den Gewächshäusern von Schloß Friedrichshof wurden heute die ersten reifen Erdbeeren gepflückt und bei der Frühstückstafel serviert.

Inserat der Woche:
In der nächsten Woche findet in Neuenhain eine Weinversteigerung statt. Angeboten werden Roth- und Weißweine aus eigenem Gewächs in Fässern von 15 Litern an.

20.4. Die evangelische Kirchengemeinde von Königstein stellt derzeit ein Geschenk aus, das das Großherzogliche Paar zur Goldenen Hochzeit erhalten soll. Es ist ein Ölgemälde des Herrn Kinsley von Cronberg, die evangelische Kirche im Winter darstellend. – Das Wetter gibt zu Klagen Anlaß, es ist kalt, es herrscht Sturm und Schneetreiben.

Inserat der Woche:
Die Gemeinde Falkenstein ist gesonnen, im Gemeindewald am Dingesberg einen Steinbruch anzulegen. Interessenten mögen ihr Angebot bei der Bürgermeisterei abgeben.

24.4. Im Schützenhof fand eine Versammlung von Kreis-Eingesessenen wegen Gründung einer Baugenossenschaft statt, an deren Spitze Herr Landrath von Meister stehen wird.

Inserat der Woche:
Krebs-Fett erhält die Schuhe und macht sie wasserdicht.

4.5. Im Rathaussaal fand unter Vorsitz von Herrn Landrath Dr. von Meister die Gründungsversammlung für die (Gemeinnützige) Baugenossenschaft statt. Zur weiteren Constituierung wurde eine Kommission gewählt.

Inserat der Woche:
Zahnreparaturen binnen 2 Stunden. Philipp Weigand, Zahntechniker, Hauptstraße 9.

8.5. Am Sonntag fand die formelle Gründung der Baugenossenschaft statt, zu welcher sich unter Vorsitz des Herrn Landrathes von Meister 36 Einwohner von Cronberg und Schönberg eingefunden hatten. Die Zahl der Einzeichnungen in die Mitgliederliste beträgt bis jetzt 50. Der Zweck der Genossenschaft ist ausschließlich darauf gerichtet, unbemittelten Familien gesunde und zweckmäßige Wohnungen in eigens erbauten oder angekauften Häusern zu billigen Preisen zu verschaffen.

Inserat der Woche:
Fallrohre, Sitze und verschiedene Fässer für Abort-Anlage billig abzugeben.

21.5. Zu Beginn des neuen Schuljahres kam Lehrer Blum an die hiesige evangelische Schule. (Herr Blum unterrichtete bis zu seinem Tode im August 1930 an der Volksschule; Anm. d. Red.)

Inserat der Woche:
Eine fehlerfreie Fahrkuh zu verkaufen.

22.5. Wie jetzt bekannt wird, ist kürzlich seitens des Landrathsamtes Usingen der Bauschein für die Erbauung des Feldbergturmes ertheilt worden. Nun steht der Errichtung dieses schönen Bauwerkes nichts mehr im Wege. (Der Feldbergturm wurde 1902 eingeweiht!)

Inserat der Woche:
Fahrrad, nur einige Male benutzt, wegen Aufgabe des Fahrens sehr preiswert zu verkaufen.

1.6. Der Pionier Philipp Merz aus Schönberg, der beim Casteler Pionierbataillon eintrat und freiwillig mit nach China (wegen des Boxeraufstandes) ausrückte, wurde bei einem Gefecht an der großen Mauer leicht verwundet.

Inserat der Woche:
Am Tage nach Fronleichnam werden die Dekorationsbäume auf dem Rathhaus in Königstein versteigert.

5.6. Im Hotel „Kaiserhof" in Schönberg ist eine öffentliche Fernsprechstelle eröffnet worden. Die Gebühr für ein Dreiminuten-Gespräch beträgt 10 Pfennig. (250 gr. Kaffee kosteten 60–80 Pfennig)

Inserat der Woche:
Abzugeben 1 gebrauchter Latrinenwagen mit Handpumpe. Heilanstalt Falkenstein.

17.6. Im Distrikt Neunmorgen soll das Bachbett verlegt werden. – Der Stadt Königstein soll der Todtenwagen bei Bedarf leihweise zur Verfügung gestellt werden. – Georg Kunz wird als Maulwurfsfänger angestellt. Die Kutscher sind angewiesen, am hiesigen Krankenhaus nur im Schritt vorüberzufahren.

Inserat der Woche:
Wegen Wegzuges verkaufe ich meinen Garten, geeignet zum Bauplatz einer herrschaftlichen Villa oder auch zu mehreren.

19.6. Dem Fußgendarm Bienert, dahier, ist das Allgemeine Ehrenabzeichen durch Allerhöchste Cabinetsordre verliehen worden.

Inserat der Woche:
Die Dekorationsbäume vom Fronleichnamstage werden morgen vormittag 11 1/2 Uhr auf dem Rathaus Königstein versteigert.

29.6. Auf Schloß Friedrichshof trifft täglich Besuch ein. Die schwere Krankheit der Kaiserin gibt Anlaß zur Besorgnis. Derzeit weilt das Kronprinzenpaar auf Schloß Friedrichshof. Zur Konsultation ist Professor Renvers aus Berlin angereist.

Inserat der Woche:
Messer und Scheren, Solinger Qualität bei Balthasar Weidmann, Cronberg, Hauptstraße 25.

3.7. Der Leibarzt der Kaiserin Friedrich erhielt aus der Hand Ihrer Majestät das Kommandeurkreuz des Viktoriaordens. Die hiesigen Polizeibeamten erhielten Geldgeschenke.

Inserat der Woche:
Verschönerungs-Steine zu verkaufen.

13.7. Stadttechniker Heinrich Kunz feierte sein 25jähriges Jubiläum. Er war maßgeblich am Bau der Wasserleitung und der Kanalisation beteiligt. (Anm.: Auf seine Anregung hin wurde an der Hainstraße ein kleiner Aussichtsplatz mit Ruhebänken geschaffen. Von dort hat man einen schönen Blick über den Stadtpark. 1929 wurde der erste Lindenbaum gepflanzt, der Platz erhielt den Namen seines „Erfinders", in Kronberg heißt er „Kunze-Plätzje".)

Inserat der Woche:
Schirmreparaturen werden prompt und billig ausgeführt.

21.7. Im Homburger Schloß fand die Taufe der Zwillingssöhne des hessischen Prinzen Friedrich Carl und dessen Gemahlin Margarethe geborene Prinzession von Preußen statt. Die Kinder erhielten die Namen Richard Wilhelm Leopold und Christoph Ernst August. Wegen der schweren Krankheit der Kaiserin (sie ist die Großmutter der Zwillingen) wurde die Taufe nur im allerengsten Familienkreis gefeiert.

Inserat der Woche:
Wir fühlen uns veranlaßt, dem verehrlichen Gesangverein „Germania" Königstein für die uns in so reichem Maße erwiesene Aufmerksamkeit öffentlich unseren Dank auszusprechen. Die Festjungfrauen

31.7. Auf Schloß Friedrichshof weilen ständig hohe Herrschaften aus dem Familienkreis der Kaiserin Friedrich zu Besuch, um sich von dem Gesundheitszustand Ihrer Majestät zu überzeugen. Das Befinden der hohen Patientin gibt zur Sorge Anlaß.

Inserat der Woche:
Bei Paul Wolf, Cronbergs schönstem Aussichtspunkt, ist eine 6-Zimmer-Wohnung, ganz und auch getheilt zu vermieten.

10.8. Kronberg in Trauer! Am Montag, 5. August, starb in den Nachmittagsstunden Ihre Majestät Kaiserin Friedrich auf Schloß Friedrichshof, sie wurde von ihrem schweren Leiden, das mit großen Schmerzen verbunden war, erlöst. An ihrem Totenbett sind ihre sechs Kinder versammelt. In den letzten Tagen kam Militär nach Cronberg und sperrte Schloß Friedrichshof hermetisch ab. Am Montagabend kündeten die Glocken der Johanniskirche von dem schweren Verlust, den auch unsere Stadt, unsere Bevölkerung erlitten hat. War doch die Kaiserin sehr beliebt, sie hatte für alles, was in Cronberg geschah, Interesse, für viele Nöte ein offenes Ohr und auch eine offene Hand. Ihrem Wunsche entsprechend wurde die hochselige Kaiserin nicht in ihrem Schloß, sondern in der Johaniskirche aufgebahrt. Heute abend hält Herr Pfarrer Friedrich Aßmann im engsten Familienkreis eine kurze Andacht. Die Trauerfeier findet morgen, am Sonntag, nachmittags statt. Die Predigt hält Dr. Dr. Vander aus Berlin, der Domchor von der Reichshauptstadt wird singen. Anwesend sein werden viele Gäste aus dem Hochadel von ganz Europa. Die Hauptstraße entlang werden einige Kompagnien Soldaten Spalier stehen. Am Montag hat die Bevölkerung von Cronberg Gelegenheit, in der Kirche von der hohen und verehrten Gönnerin Abschied zu nehmen. Am Abend dann wird der Sarg feierlich zum Bahnhof geleitet und mit einem Sonderzug nach Berlin überführt, wo die Kaiserin neben ihrem Gemahl Friedrich ihre letzte Ruhestätte finden wird. Für den Hof wurden drei Monate Trauer angeordnet, zugleich eine Landestrauer von sechs Wochen. Vom

Sterbetag an gerechnet werden zwei Wochen lang jeden Mittag von 12 bis 1 Uhr die Glokken aller Kirchen läuten.
Alle Straße, durch die der Trauerzug vom Schloß zur Kirche und bis zum Bahnhof kommt, sind mit Fahnen, die Trauerflor tragen und Girlanden geschmückt. Die Cronberger sind tief betroffen, sie werden „ihrer" Kaiserin ein ehrendes Andenken bewahren.

14.8. König Edward von England traf gestern nachmittag mittels Automobils auf Schloß Friedrichshof ein und kehrte nach dem Thee nach Homburg zurück. Die Fahrt ging über die Chaussee durch den Wald, wobei das Gefährt starke Steigungen zu überwinden hatte.

Inserat der Woche:
Künstliche Zähne! Plombieren! Reinigen! Unbemittelte werden berücksichtigt. Phil. Weigand, Zahntechniker, Hauptstr. 9

24.8. Zur Schaffung einer bleibenden Erinnerung an die Hochselige Kaiserin Friedrich in Cronberg wurde eine Bürgerversammlung einberufen. Es wurde ein Comite gewählt, das über ein Denkmal beraten soll.

Inserat der Woche:
Das Bureau der Ortskrankenkasse bleibt am Sonntag geschlossen.

28.8. Die Getreideernte ist allenthalben im Gange. Ihr Ergebnis befriedigt nicht. Hafer und Gerste haben sich schlecht entwickelt, der Strohertrag ist schlecht.

Inserat der Woche:
Gute Ziege zu verkaufen, daselbst. Wo, sagt Ihnen die Expedition.

7.9. Die Fahnenweihe der hiesigen Turngesellschaft hatte sich guter Beteiligung zu erfreuen. – Im Denkmalspark gehen die Arbeiten am Unterbau für die Statue des Kaisers Friedrich III. zügig voran. Im kommenden Sommer soll die feierliche Enthüllung stattfinden.

Inserat der Woche:
Unentbehrlich für Apfelweinconsumenten! Beeren- und Obstpressen, Alleinvertretung der Firma Duchscher Paul Wolf, Zur Kronenburg.

11.9. Prinz und Prinzessin Friedrich Karl von Hessen haben Schloß Friedrichshof geerbt. Mit Genehmigung sämtlicher Erben der hochseligen Kaiserin Friedrich ist ihnen das Besitztum noch vor Eröffnung des Testaments überwiesen worden. Auch Burg Cronberg gehört nunmehr der hessischen Familie. Die Renovationsarbeiten sind noch nicht abgeschlossen, werden aber im Sinne der Kaiserin weiter fortgeführt.

Inserat der Woche:
Gefunden wurde eine schwarze Taille. Abzuholen auf dem Rathaus.

21.9. Im Alter von 82 Jahren verstarb vor wenigen Tagen Herr Dr. Märklin. Er war in Crefeld geboren und wirkte dort 32 Jahre lang als Arzt. Seit 1885 wohnte er in Cronberg und war am bürgerlichen Leben sehr interessiert.

Inserat der Woche:
Saarkohle aus prima Zeche, allerbeste Bäckerkohle, ab Bahnhof Cronberg, empfiehlt H. Haub, Schönberg.

25.9. In der letzten Stadtverordneten-Sitzung wurde auf Antrag des Magistrates Herr Kommerzienrat Kannengießer aus Wiesbaden in Anbetracht seiner großen Verdienste um die Errichtung des Kaiser-Friedrich-Denkmals zum Ehrenbürger der Stadt Cronberg ernannt. (Anm. Der kleine Tempel oberhalb des Kleingolfplatzes trägt seinen Namen.)

Inserat der Woche:
Gefunden wurde eine schwarze Taille, abzuholen im Rathaus.

8.10. Der Kaiser hat dem Hofprediger des Königs von England, Domherrn Teigermouth-Sore der auf allerhöchsten Wunsch am Sterbebett der Kaiserin Friedrich weilte, und die Familienandacht abhielt, den Kronenorden 2. Klasse verliehen.

Inserat der Woche:
Eine Witwe die kochen kann, sucht Stelle in einer kleinen evangelischen Familie.

9.10. Die Hofhaltung von Friedrichshof ist nunmehr vollständig aufgelöst. Das Personal trifft zum größten Theil schon morgen in Berlin ein. Hofmarschall von Reischach hat Cronberg bereits verlassen. Die neue Herrschaft, die Familie des Prinzen von Hessen, wird im Mai nächsten Jahres ihr neues Heim beziehen.

Inserat der Woche:
Mädchen für feines Haus, das etwas kochen kann, gesucht.

19.10. Ins alte Schloß (Burg) wurde ein Möbelwagen voll Mobilien gebracht, die aus dem Palais der Kaiserin Friedrich in Berlin stammen. Es handelt sich um Einrichtungsgegenstände altertümlichen Charakters und alte Waffen.

Inserat der Woche:
Zugelaufen ist ein russischer Windhund.

23.10. Hier wird die Gründung einer freiwilligen Sanitätskolonne beabsichtigt. Eine dahingehende Versammlung ist auf heute Abend einberufen.

Inserat der Woche:
Für Allerheiligen! Blumen- und Perlkränze, der dauerhafteste Grabschmuck.

2.11. Die Arbeiten an dem Aussichtsturm auf dem Großen Feldberg gehen gut voran. Die Grundsteinlegung für diesen monumentalen Turmbau als Hochwarte des Vordertaunus hatte am 7. Juli stattgefunden. Man hofft, im kommenden Sommer den Turm einweihen zu können. Unter der Leitung von Herrn Adolf Haenle baut die Firma Holzmann aus Frankfurt den festen Turm.

6.11. Der Plan, der hochseligen Kaiserin Friedrich ein Denkmal im neuen Kaiser-Friedrich-Denkmal-Park zu errichten, ist nunmehr endgültig aufgegeben worden. Es soll ein kunstvoll ausgearbeitetes Gedenkrelief an der Stadtkirche angebracht werden.

Inserat der Woche:
Bei vorkommenden Sterbefällen Todtenbilder mit und ohne Aufdrucke liefern wir billigst. Druckerei Kleinböhl

16.11. Eine bleibende Erinnerung an die Aufbahrung ihrer hochseligen Majestät Kaiserin Friedrich in der hiesigen evangelische Kirche schuf der Kunstmaler Herr Professor Brütt. Das Kunstwerk ist vollendet und soll in den nächsten Tagen SM Kaiser Wilhelm vorgestellt werden.

Inserat der Woche:
Eine Untertaille verloren. (Ein Wäschestück, das heut in Form von Mini-Hemdchen wieder auflebt, allerdings sind die heutigen Wäschestücke wesentlich „pflegeleichter“. Anm.)

20.11. Die Arbeiten am Feldbergturm sind für dieses Jahr beendet. Die Wege sind im Winter kaum befahrbar. Der Turm, dessen Höhe 35 Meter betragen soll, ist z. Zt. bis zur Höhe von 21 Meter gediehen. Er ragt schon jetzt keck über die Feldberghäuser empor. Im August nächsten Jahres soll er vollendet sein.

Inserat der Woche:
Dr. Fulda aus Frankfurt hält einen Vortrag über „Die Wundbehandlung sonst und jetzt, im Frieden und im Kriege“.

30.11. Herr Forstmeister Lade erhält aus dem Nachlaß der Kaiserin Friedrich einen kostbaren Blumenständer.

Inserat der Woche:
Für Magenleidende zu empfehlen! Der weltbekannte Hubert Ullrich'sche Kräuterwein!

4.12. Kunstmaler Prof. Brütt hat sich nach Berlin begeben, um dem Kaiser sein Gemälde von der Einsegnung der Leiche I. M. der Kaiserin Friedrich in der hiesigen Kirche zu zeigen. Die meisten der Dargestellten Theilnehmer am Trauergottesdienst sind portraitähnlich gemalt.

Inserat der Woche:
Ein anscheinend russischer Windhund ist zugelaufen. Wo, das sagt die Expedition.

14.12. Bei der Stadtverordnetenwahl der 3. Wählerklasse wurden die Herren Philipp Sauer, Zimmermeister, und Adam Gottfried Weidmann, Wirt im Gasthaus zum „Adler" wiedergewählt. Weiter erhielten Stimmen die Herren Gg. Grundlach, Schneidermeister, Georg Mertz, Felix Weidmann, Philipp Schott und Heinrich Lohmann, Uhrmachermeister.

Inserat der Woche:
Das Wunderbuch (6. u. 7. Mosis) enthält Geheimnisse früherer Zeiten. Für nur 5 Mark wird es versandt.

18.12. Drei Knaben, die sich auf die dünne Eisdecke des Bleichweihers gewagt hatten, brachen ein und verschwanden in der Tiefe. Zwei konnten sich selbst herausschaffen, für den dritten, Adam Frank, wurde es zum Verhängnis. Die beiden hiesigen Ärzte machten Widerbelebungsversuche, aber alles war umsonst.

Inserat der Woche:
Die Radfahrkarten für 1902 werden von jetzt ab gegen die Erstattung der Auslagen, welche auf 10 Pfennig festgesetzt sind, ausgestellt. Der Bürgermeister

30.12. Die Equipagen der hochseligen Kaiserin Friedrich sind am Bahnhof verladen worden. Sie werden nach Berlin verbracht. Es waren neun Waggons nothwendig.

Inserat der Woche:
Empfehle meine große Auswahl in Schultornistern. Gg. Weck, Sattler

1902

4.1. Vielfachen Wünschen entsprechend hat Dr. Neubronner, dahier, eine Serie seiner Stereoskop-Bilder dem Besitzer des „Kaiser-Panoramas“ in der Bibergasse in Frankfurt zur Ausstellung leihweise überlassen.

Inserat der Woche:
Geschäftseröffnung und Empfehlung: „Zur Billtalhöhe“, Hotel und Restaurant von Jakob Kroth.

15.1. Die Sammlung freiwilliger Gaben für die Errichtung einer bleibenden Erinnerung an die hochselige Kaiserin Friedrich hat bis jetzt ca. 1 000 Mark eingebracht.

Inserat der Woche:
Zur Desinfection von Zimmern usw. empfehle ich meinen Desinfectionsapparat. L. Hasselbach, Desinfecteur in Falkenstein.

18.1. In Frankfurt findet heute eine Besprechung über die neu zu erbauende Bäderbahn Nauheim–Homburg–Cronberg–Soden–Wiesbaden statt.

Inserat der Woche:
Die Gemeinde Falkenstein sucht sofort einen zuchttauglichen Ziegenbock zu kaufen. Offerten sind an die Gemeindebehörde zu richten.

29.1. Die Frankfurter Kinder-Ferien-Kolonie kaufte in der Gemarkung „Haide“ zu Schönberg 3 Morgen Land zur Errichtung eines Anwesens. (Dieser Verein für Ferien-Kolonien armer und kränklicher Schulkinder wurde vom Bankier Wilhelm Bonn ins Leben gerufen. Auf dem Schönberger Grundstück wurde 1903 die sogen. Waldschule errichtet. Nach der Inflation, die diesem Verein das Vermögen kostete, übernahm die Stadt Frankfurt dessen Aufgaben. Unter der Leitung eines Lehrers fanden dort Frankfurter Kinder Aufnahme und Erholung. Sie wurden vom Hofgut Hohenwald verpflegt. 1933 übernahm das Lehrer-Ehepaar Dr. Michels das Haus und unterhielt eine private Schule. In den Nachkriegsjahren war die „Waldschule“ ein Schülerheim des Altkönig-Gymnasiums.)

Inserat der Woche:
Tuch-, Loden-, Leder-, Leinen- und Segeltuch-Gamaschen stets vorrätig. Kolb, Königstein

1.2. Endlich ist der Winter eingekehrt, getreu nach dem alten Bauernspruch: Wenn die Tage langen, kommt der Winter erst gegangen! – Dem Königlichen Leibarzt Dr. Spielhagen ist vom Großherzog von Baden ein hoher Orden verliehen worden.

Inserat der Woche:
„Lohnender Nebenverdienst: Großbrauerei sucht für den Vertrieb und Kleinhandel ihrer vorzüglichen Flaschenbiere tüchtige, strebsame Leute“.

12.2. Der Magistrat hat in seiner gestrigen Sitzung beschlossen, um die Arbeitslosigkeit zu steuern, das Schürfen der Kalbacher Quelle und das Einführen derselben in das städtische Reservoir jetzt sofort ausführen zu lassen.

Inserat der Woche:
Am 20. Februar wird die Kleinbahn nach Höchst eingeweiht. Die Bürgerschaft Königsteins wird gebeten, die Häuser festlich zu schmücken und zu beflaggen.

15.2. Der „Tanusclub“ hat nunmehr 31 Zweigvereine (in Cronberg seit 1884), in Esch und auf der Tenne gibt es jetzt zwei neue. – In den nächsten Tagen wird in Königstein die festliche Einweihung der Kleinbahnstrecke nach Höchst begangen.

Inserat der Woche:
Vaterländische Lebensversicherung empfiehlt Abschluß von Lebens-, Militärdienst-, Aussteuer und Haftpflichtversicherungen.

26.2. Am Sonntagnachmittag um 2 Uhr findet im „Grünen Wald" in Cronberg eine Versammlung der Bauhandwerker von Cronberg, Königstein und Umgegend statt zwecks Besprechung über Befähigungsnachweis und andere wichtige Gegenstände. Zahlreiche Betheiligung erwünscht.

Inserat der Woche:
Die richtige Ernährung der Kinder lohnt sich später tausendfach! Geben Sie Ihren Kindern zum Frühstück Kathreiner Malzkaffee mit Milch.

1.3. Aus Kelkheim wird gemeldet, daß ein Metzger das erste Stück Schlachtvieh an der dortigen neuen Bahnstation auslud. Das Rindvieh wurde geschmückt mit Kränzen und Sträußen durch den Ort geführt, nachher wurde es durch Abschlachten seiner Freude beraubt.

Inserat der Woche:
Für Automobilisten empfohlen: das „Automobil-Reisehandbuch für Deutschland".

12.3. Von der städtischen Kommission für Kur- und Gesundheitspflege wurde festgestellt, daß die Abwässer von Falkenstein der Ursprungsquelle des Eichenborns zufließen und neben Schädigung der angrenzenden Wiesen die Quelle gefährden.

Inserat der Woche:
Gefunden wurde ein Hörrohr, Abzuholen auf dem Rathaus.

14.3. Der Frankfurter-Cronberger Künstlerbund (Altheim, Burger, Brütt, Gudden, Hoffmann, Rossmann, Roederstein, Trübner, Klimsch und andere) veranstaltet vom 1. bis 31. März die jährliche Ausstellung mit den neuesten Werken im Kunstsalon Hermes in Frankfurt.

26.3. Der Fremdenzuzug ist in den letzten Tagen ein ganz lebhafter. Es wurden sowohl hier wie in Schönberg mehrere Häuser bezogen. – Vom Frühjahrsanfang, der vor wenigen Tagen war, ist nichts zu spüren. Es fallen kalte Regenschauer und für die nächsten Tage sind Schneefälle vorausgesagt.

Inserat der Woche:
Weinberg-, Garten- und Grundarbeit übernehmen zwei tüchtige Neuenhainer.

28.3. Herr Beigeordneter Adam Küchler schied aus gesundheitlichen Gründen aus seinem Amt als Beigeordneter aus. Seine zunehmende Schwerhörigkeit veranlaßte ihn, auf eine Wiederwahl zu verzichten.

Inserat der Woche:
2 000 Armee-Pferdedecken sollen direct, zum Spottpreis von 4,50 Mark, verkauft werden. Versandt gegen Nachnahme ab Hamburg.

9.4. Seit 1859 brannte es zum ersten Mal wieder in Schönberg. Die Scheune des Maurermeisters Paul wurde ein Raub der Flammen. Das Feuer soll durch die Unvorsichtigkeit eines Jungen zum Ausbruch gekommen sein.

Inserat der Woche:
1 Glocken-Musik-Automat mit 12 Platten preiswürdig zu verkaufen.

11.4. Ein Bubenstreich ist in der Nacht vom 1. zum 2. Osterfeiertag in der Kaffeehütte am Fuchstanz verübt worden, indem dort sämtliche Tische und Stühle demoliert und die Trümmer im Wald verteilt wurden. Hoffentlich gelingt es, die böswilligen Burschen zu erwischen, damit ihnen die gebührende Bestrafung zuteil wird. – Bei einer Bilderauktion in New York erzielte das Werk „Araber, einen Strom passierend" des verstorbenen Professors und Ehrenbürger Cronbergs, Adolf Schreyer, die Summe von 13 000 Dollars.

Inserat der Woche:
Ein Bäckerlehrling, bei Zufriedenheit eventuell gegen kleine Vergütung, gesucht.

23.4. Ein empfindliches Mißgeschick ist heute früh einem Eierhändler aus Schmitten passiert. Er verfehlte in einer Villa in der Hainstraße den Treppentritt und warf infolgedessen seine Mahne mit ca. 300 Eiern in den Gang, so daß keins ganz blieb.

Inserat der Woche:
Waschmahnen in grau und weiß, in jeder Größe stets vorrätig. Gg. Maschke

25.4. Am Weißen Sonntag wurden in Cronberg 32 Kinder konfirmiert; 11 Kinder gingen zur ersten Heiligen Kommunion. – Der Verschönerungsverein (heute Verkehrsverein) hielt seine Jahreshauptversammlung ab. Im letzten Jahr wurden erhebliche Mittel für die Unterhaltung des Viktoriaparks, für die Anlage eines Weges durch die Schülerwiesen, für Subventionen für die Fremdenliste und Conzerte, für die Reparatur und die Neuanschaffung von Bänken, für die Unterhaltung des alten Friedhofs und für die Unterhaltung der kleinen Anlage am Dreieck der Viktoria- und Altkönigstraße ausgegeben (Diese Anlage erhielt später den Namen „Fehler-Ruhe"; Anm.). Wilhelm Fehler wurde wieder zum Vorsitzenden gewählt.

Inserat der Woche:
Dem verehrten Publikum von Cronberg und Umgebung die ergebene Mitteilung, daß ich am Donnerstag, den 2. Mai, eine Gartenwirtschaft eröffne. Um geneigten Zuspruch bittet Jean Müller, Cronberg, Talstr. 17.

9.5. Seit dem 1. Januar ist die Stadtbibliothek, 1896 von Dr. Dettweiler mit Unterstützung weiland Ihrer Majestät, der Kaiserin Friedrich gegründet, nunmehr in die Hände der Stadt übergegangen. Bisher wurde die Bibliothek von einem Kuratorium unter dem Vorsitz Dr. Dettweilers verwaltet, so soll es in den nächsten drei Jahren noch bleiben. Derzeit hat die Bibliothek einen Bestand von 3 000 Büchern, die Entleihung ist kostenlos. Seit Beginn wurde über 42 000 Mal ein Buch ausgeliehen. – Sehr unfreundlich hat der Monat Mai begonnen.

Inserat der Woche:
Perfekte Büglerin hat noch einige Tage frei.

21.5. Im Neuenhainer Wald wurde ein 2jähriges Kind aufgefunden und beim Bürgermeister in Pflege gegeben. – Endlich besseres Wetter! Nach wochenlanger Kälte ist nun erst richtig Frühling geworden. Die Blüten des Steinobstes sind ein Opfer der kühlen Witterung geworden. Jetzt herrscht, fast übergangslos, sommerliche Hitze!

Inserat der Woche:
Stellen finden sofort Stützen etc. (besseres weibliches Personal) durch die Zeitung „Heimchen am Herd".

23.5. Der Verschönerungsverein baut im Viktoria-Park eine Schutzhütte, achteckig, auf drei Seiten verschalt, mit einem Flächendurchmesser von 6 m und einer Stockhöhe von 3,75 m, mit massivem Unterbau. (Der Bau erhielt den Namen „Margarethen-Tempel" und stand dort, wo sich heute die Taunus-Straße befindet. Er wurde nach der Landgräfin von Hessen genannt. Anm.)

Inserat der Woche:
Das Wasser zum Begießen der Gräber wird bis auf weiteres jeden Mittwoch und Samstag nachmittag von 5 bis 8 Uhr unentgeltlich abgegeben. Der Magistrat der Stadt Cronberg.

4.6. Die Prinzession Friedrich Karl von Hessen (die spätere Landgräfin) hat das Protectorat über das Cronberger Krankenhaus übernommen. Dem Krankenhaus selbst ist mit Genehmigung des Kaisers der Name „Kaiserin-Friedrich-Krankenhaus“ zum dauernden Gedächtnis an die hohe Frau beigelegt worden. Die erste Probe der Gesangvereine des „Main-Taunus-Sängerbundes“ fand gestern hier in Cronberg statt. Die Chöre von Königstein, Falkenstein, Oberhöchstadt, Neuenhain, Kelkheim und Cronberg, mehr als 200 Sänger, werden bei der Enthüllungsfeier vom Kaiser-Friedrich-Denkmal auftreten.

Inserat der Woche:
Tüchtiger Dirigent übernimmt noch zwei Gesangvereine für monatlich 15 Mark.

6.6. Vom Gericht: Ein Knecht aus Niederhöchstadt hatte seinen Dienst ohne Kündigung verlassen. Da er es aus guten Gründen gethan hat, wurde er vom Schöffengericht in Königstein freigesprochen.

Inserat der Woche:
Eine fahrbare trächtige Kuh zu verkaufen.

18.6. Das 2. Bataillon der 81er in Frankfurt macht einen Ausflug auf den Feldberg. Der Hermarsch und Aufstieg erfolgt ganz zu Fuß unter Theilnahme der Regimentskapelle. Oben vertheilen sich die Mannschaften (ca. 450 Mann) in die drei Wirtschaften zur Atzung. Der Rückmarsch erfolgt zu Fuß nach Cronberg, von da mit der Bahn nach Frankfurt.

Inserat der Woche:
Verloren wurde 1 Taschentuch. Abzugeben auf dem Rathaus.

20.6. Auf dem Schönberger Feld wurden von Herrn Hochstrasser zwei Grundstücke angekauft. – Entgegen aller Klage, die Erdbeerblüten seien erfroren, ist die Ernte nun in vollem Gang und sehr befriedigend. Täglich kommen etwa 10 Zentner nach Frankfurt.

Inserat der Woche:
Fräulein aus besserer Familie, das perfekt schneidern und frisieren kann und sich auch der Hausarbeit unterzieht, sucht Stelle in feinem Hause.

2.7. In diesen Tagen wurde im Chor der hiesigen evangelischen Kirche ein von der hochseligen Kaiserin Friedrich gestifteter Wandteppich angebracht. Derselbe wurde nach Angabe Ihrer Majestät nach alten Mustern und unter Mithilfe von Allerhöchst ihren Töchtern und anderen hohen Anverwandten gearbeitet. (Der Wandteppich befindet sich, zwar geteilt, heute noch in der Kirche.)

Inserat der Woche:
Freunde des Caroussell-Vergnügens lade ich zur Benutzung meines neu ausgestatteten Salon-Caroussells während der Kirchweihtage „Am Tanzhaus“ in Cronberg ergebenst ein. August Kaiser aus Griesheim.

4.7. Die Budenplätze zur Kirchweih bringen dieses Jahr ca 900 Mark ein. Hierbei ist das Carussell mit 500 Mark beteiligt.

Inserat der Woche:
Zwei möblierte Zimmer an bessere Arbeiter zu vermieten.

16.7. Die Arbeiten am Aussichtsturm auf dem Großen Feldberg gehen ihrer Vollendung entgegen. In dieser Woche ist die Spitze des Turmes, der Frankfurter Adler (sitzend) aufgesetzt worden.

Inserat der Woche:
Gesucht wird ein braves, fleißiges Mädchen von 14–16 Jahren zur Beihilfe in einem Villenhaushalt.

18.7. Ein Schadensfeuer zerstörte den Dachstock vom Anwesen des Herrn Hugo Kraft in der Bleichstraße, sowie die Scheuer und einen Teil der Lagerhalle des Consumvereins im Hause Leidenbach, Frankfurter Straße 3. –

Schloß Friedrichshof wurde an das öffentliche Fernsprechnetz angeschlossen.

Inserat der Woche:
Kräftiger Mann in Königstein gesucht, um einen Herrn im Rollstuhl auszufahren.

30. 7. Die Stadtverordneten haben einstimmig beschlossen, die höhere Schule des Dr. Balzauweit in eine städtische Schule umzuwandeln und zwar mit 4 Klassen und einer Vorschule mit 3 Klassen. Der Lehrplan wird der preußischen lateinlosen Realschule angepaßt.

Inserat der Woche:
Das Taunus-Electrizitätswerk sucht zuverlässige Persönlichkeiten zur Bedienung der Straßenbeleuchtung in Königstein gegen entsprechende Vergütung.

1.8. Am letzten Sonntag starb der in weiten Kreisen bekannte und beliebte Lokführer der Cronberger Eisenbahn, Philipp Zubrod. Über 36 Jahre lang war er in Diensten der Bahn. Er war auch bei einigen Cronberger Vereinen Mitglied und Mitbegründer des Turnvereins.

Inserat der Woche:
Gefunden wurden fünf Kragen. Abzuholen auf der Bürgermeisterei.

13.8. Die Enthüllungs-Feier des Kaiser-Friedrich-Denkmals findet am 20. August vormittags 11 Uhr statt. Rechts und links des Denkmals werden Tribünen errichtet. Dort nimmt der 200 Mann starke Sängerchor, die 81er – Regimentskapelle, 20 Fanfarenbläser der 13er Husaren und etwa 120 geladene Gäste Platz. Dem Denkmal gegenüber wird das Kaiserzelt stehen. Die Majestäten treffen um 11 Uhr ein. Alle Gäste müssen eine halbe Stunde vorher ihre Plätze eingenommen haben. Der Maintaunus-Sängerbund hat an die Theilnehmer gedruckte Verhaltensmaßregeln gesandt. Strohhüte sind verboten.

Inserat der Woche:
Kochlehrmädchen ohne gegenseitige Vergütung gesucht.

15.8. Der Feldbergturm geht seiner Vollendung entgegen. Überraschend schnell konnte der Taunusklub die erforderliche Bausumme von 60 000 Mark aufbringen, es gingen reichlich Spenden ein. – Am hiesigen Bahnhof wird von Herrn Phil. Hahn eine Restauration eröffnet.

Inserat der Woche:
In Königstein findet ein Obst- und Gemüseverwertungskurs für Damen statt.

27.8. „Kaiserwetter" herrschte bei der Enthüllung des Kaiser-Friedrich-Denkmals. Alle Häuser waren festlich geschmückt. Es gab großen Andrang in allen Straßen. Seit der Einweihung ist der Fremdenverkehr in unserer Stadt ein äußerst lebhafter.

Inserat der Woche:
Wind-Putzmühle in gutem Zustand zu verkaufen.

10.9. Wegen Beleidigung eines Gendarmen wurde ein Gärtner aus Cronberg zu einer Gefängnisstrafe von einer Woche verurteilt. Dem Beleidigten wurde das Publikationsrecht zugestanden. – Der neue Schutz- und Aussichtstempel im Viktoriapark wurde festlich eingeweiht. Er erhielt den Namen „Margaretentempel" nach der Prinzessin Margarete von Hessen, der jüngsten Tochter der hochseligen Kaiserin Friedrich. Die Festrede hielt der Vorsitzende des Verschönerugnsvereins, Hauptleher Fehler.

Inserat der Woche:
Gefunden wurde eine Manschette mit Knopf. Abzuholen auf dem Rathaus.

12.9. Mit dem heutigen Tag fährt die Reifenberger Post zum letzten Mal nach Cronberg.

Sie verkehrt jetzt nur noch zwischen Reifenberg und Königstein.

Inserat der Woche:
Kochlehrmädchen ohne gegenseitige Vergütung gesucht.

24.9. Zum Wärter des neuen Feldbergturms wurde Herr Schlosser Ludwig Müller aus Oberreifenberg ernannt. Im Winter wird er in Oberreifenberg wohnen bleiben, während er im Frühjahr in den Turm ziehen wird. – Die Einweihung des Kaiser-Friedrich-Denkmals hat die Stadt für Dekorationen etc. den Betrag von 1800 Mark gekostet. Hierfür gehen eine Menge Masten und Fahnen in städtischen Besitz, die später noch Verwendung finden können.

Inserat der Woche:
Platzagent, der bei der feinen Detailkundschaft gut eingeführt ist, für durchschlagende Neuheiten in Damenstrümpfen gesucht.

8.10. Die Witwe Heinrich Schmidt hat ihr in der Talstraße gelegenes Wohnhaus an Herrn Wilhelm Bonn verkauft, unter der Bedingung des lebenslänglichen Insitzes.

Inserat der Woche:
An Stelle von Kuhbutter verwende man die appetitliche und reine Pflanzenbutter Palmin.

12.10. Die kleine Schönberger Schule zählt etwa 35 Kinder. Es wären wohl noch mehr Schüler, wenn nicht die in den letzten Jahren zugezogenen evangelischen Familien ihre Kinder in die evangelische Schule in Cronberg schicken würden.

22.10. Unter großer Menschenansammlung hat am Samstag das Taunus-Elektrikwerk einer Anzahl hiesiger Einwohner die Lichtleitung abschneiden lassen. Der Magistrat hat das Werk aufgefordert, den alten Status wieder herzustellen, da die Handlungsweise dem Vertrag zuwiderlaufe.

Inserat der Woche:
Gefunden wurden fünf Kragen. Abzuholen auf dem Rathaus.

24.10. Für Apfelwein-Produzenten wird es von Interesse sein, daß nach der neuesten Bestimmung auch die Fruchtweine unter das Weingesetz fallen.

5.11. Die Stadtverordneten-Versammlung hat durch einstimmigen Beschluß den scheidenden Landrath Dr. v. Meister in Anerkennung seiner Verdienste um die Stadt Cronberg zum Ehrenbürger ernannt.

Inserat der Woche:
Sehr schöne Dickwurzmühle (Lotteriegewinn) sehr preiswert zu verkaufen.

10.11. Im Frankfurter Hof fand eine Zusammenkunft der Bürgermeister und Kreisabgeordneten statt, zu der vierzig Herren erschienen waren. Zum Abschluß wurde am Kaiser-Friedrich-Denkmal ein Gruppenbild aufgenommen.

Inserat der Woche:
Puppenperücken, sowie alle anderen Haararbeiten werden billigst angefertigt.

19.11. Das Schulkuratorium der neuen Realschule hat Herrn Heinrich Schilgen aus Hachenburg zum Rektor gewählt. Er wird am 1. Januar seine Stelle antreten.

Inserat der Woche:
Gefunden wurde eine Lockenschere und ein Kamm, abzuholen bei der Polizei.

21.11. Übermorgen eröffnet Konditormeister Carl Zibold im Hause Frankfurter Straße 3 ein Cafe. Er empfiehlt auch seine Pralinen und Torten.

Inserat der Woche:
Wohnungsdesinfektion durch „Formaldehyd" von Prof. Flügge!

3.12. Herr Geheimrath von Guaita teilte der Stadt mit, daß er sich entschlossen habe, von jetzt an seine Steuern sämtlich in Cronberg zu bezahlen. Ein schönes Weihnachtsgeschenk!

Inserat der Woche:
Klärbecken-Kompost billig abzugeben. Heilstätte Falkenstein.

17.12. In der Villa „Altkönig" wurde mittelst Einsteigens eine goldene Uhr gestohlen. Der Zimmer-Inhaber war erwacht, hat jedoch dem Spitzbuben in der Überraschung Zeit zum Entfliehen gelassen. -

Inserat der Woche:
Rheumatismus - und Gichtkranken theile ich aus Dankbarkeit mit, was meiner lieben Mutter nach jahrelangen Schmerzen sofort Linderung brachte.

19.12. In vielen Orten des Taunus wird über Wassermangel geklagt. Im Jahre 1902 fiel nur die Hälfte des Regens von 1901. Kein Wunder, wenn die Wasserleitungen streiken.

Inserat der Woche:
Zu Weihnachten! Kaiser-Sekt Fl. 3,50 Mark. Hochfeine Tafel-Liköre. Schade und Füllgrabe. Eichenstr. 8.

31.12. Die Eheleute Paul Wolf wollten ihre beiden Wirtschaften „Zur Kronenburg" (das eine davon war der Hellhof) öffentlich zum Verkauf anbieten. Die Versteigerung verlief resultatlos.

Inserat der Woche:
Monatsfrau für einige Stunden täglich gesucht.

1903

2.1. Der beim Taunus-Elektrizitätswerk beschäftigte 24jährige Schlosser Schneider kam bei Arbeiten am Mast vor der Villa Stiebel in der Hainstraße mit der Leitung in Berührung, sodaß der Strom durch seinen Körper ging. Er stürzte vom Mast und erlitt einen Schädelbruch. Auf dem Transport ins Krankenhaus starb er.

4.1. Die Eismänner und die Bierbrauer kommen bei diesem kalten Wetter zu einem vollen Eiskeller. Alle Weiher sind zugefroren. Das Eis ist dick genug, um in großen Blöcken in die Keller zu wandern (Dort wurde das Eis mit Stroh verpackt, im Sommer block- oder pfundweise verkauft. Durch die Technik wurde das „Eismachen" dann wesentlich erleichtert. Doch noch nach dem letzten Krieg wurde das „Stangeneis" verkauft. Anm.). Das Denkmal zur Erinnerung an die Kaiserin Friedrich ist hier eingetroffen. Es wird an der äußeren Westseite des Turmes der evangelischen Kirche angebracht. Es ist ein 4 m hohes und 2 m breites Kunstwerk aus feinem Muschelkalk, das in seinem oberen Teil ein Reliefbild der Kaiserin und im unteren Teil eine Grablegung Christi zeigt. Das Kunstwerk wurde von Professor Hildebrand geschaffen. Er war von der Kaiserin immer besonders geschätzt worden. Die feierliche Enthüllung soll im Frühsommer in Anwesenheit des Kaisers geschehen.

Inserat der Woche:
Zehnfache Lichtverstärkung und 50 Prozent Ölersparnis haben Sie durch die Benützung des Glühlichtbrenner.

16.1. Im Jahre 1902 wurden mit der Cronberger Eisenbahn 963 000 Personen und 36842 Tonnen Güter befördert. Die Bahn arbeitete mit ca. 55 000 Mark Überschuß.

Inserat der Woche:
60 Zentner handgedroschenes Kornstroh zu verkaufen.

28.1. Vor wenigen Tagen starb in Monaco der bekannte Cronberger Künstler Richard Fresenius. Der Verstorbene hatte sich 1872 in Cronberg ein Haus erbauen lassen (Jaminstr. 11, es wurde vor etwa 15 Jahren abgerissen). Fresenius wurde 1844 in Frankfurt geboren, seine Malstudien betrieb er in München und Karlsruhe. An den Geselligkeiten der Cronberger Künstler nahm er stets gerne teil, er wird in diesen Kreisen sehr vermißt.

Inserat der Woche:
Zum Schulwechsel sämtliche Schulbedürfnisse empfiehlt Buchbinderei Wick in Königstein.

30.1. Dem Kreisarzt Dr. Ziege ist von SM dem Kaiser und König der Character als Medizinalrat allergnädigst verliehen worden.

Inserat der Woche:
Empfehle Roh- und Eßbücklinge.

11.2. Zwei Einwohner von hier wurden von Gendarme Baumann als Wilddiebe ermittelt.

Inserat der Woche:
Täglich frische Trinkeier aus eigener Zucht.

13.2. Laut Polizei-Verordnung des Herrn Regierungs-Präsidenten sind die dürren Äste und Aststumpfen noch nicht abgestorbener Obstbäume in Gärten und Feldern bis spätestens 1. März zu entfernen.

Inserat der Woche:
3 noch ganz wenig gebrauchte Schuhmacher-Nähmaschinen von Opel zu verkaufen.

25.2. Der Kaiser-Friedrich-Park in seiner Gesamtgröße von 16,37 ha ist in den Besitz der Stadt übergegangen.

Inserat der Woche:
Gesucht wird eine kräftige Person für tagsüber zum Ausfahren eines kräftigen Jungen.

1.3. Die evangelische Kirchengemeinde bekommt einen neuen Pfarrer. Fast einstimmig wählten die Gemeindevertreter den Sohn des alten Pfarrers. Wilhelm Aßmann wird sein Amt im Mai antreten.

Inserat der Woche:
Geh nicht ohne gewichste Schuhe aus!

11.3. Der Verein für Ferienkolonien armer und kränklicher Schulkinder in Frankfurt, gegründet von dem Bankier Wilhelm Bonn, wird auf der Heide in Schönberg ein Gebäude errichten. (Das war die sog. „Waldschule:, das Haus steht heute noch.)

Inserat der Woche:
Frische Trinkeier eigener Zucht empfiehlt J. Beck in Königstein.

25.3. Der langjährige Seelsorger der Cronberger evangelischen Gemeinde, Pfarrer Friedrich Assmann geht mit dem 1. April in den wohlverdienten Ruhestand.

Inserat der Woche:
Im Herrwald wurde eine Regendecke verloren.

27.3. Zwecks Erzielung besserer Ausbildung der Feldschützen, der berufendsten Beobachter der Obstbäume, sollen im Obertaunuskreis practische Unterweisungen durch den Kreiswandergärtner Hotop stattfinden.

Inserat der Woche:
Symphonion-Musik-Automat mit 100 Tönen, mit 5 Pfg.-Einwurf, billig abzugeben.

8.4. Auch in Cronberg wurde ein Zweigverein des Vaterländischen Frauenvereins gegründet. Zur Vorsitzenden wurde Frau Dr. Neubronner gewählt. Schriftführer wurde Herr Verwaltungsdirektor Seligmüller von Schloß Friedrichshof, Schatzmeister Herr Forstmeister Lade – Mit dem 1. April wurde in Oberhöchstadt eine Postagentur eröffnet. Posthalter ist Herr Gottfried Sachs 4. Eine tägliche zweimalige Paketpost von und nach dem Postamt Cronberg wird von dem Fuhrhalter Nicolaus Weck vermittelt.

Inserat der Woche:
In der höheren Knabenschule in Königstein ist eine Freistelle zu vergeben. Voraussetzung ist, daß der aufzunehmende Schüler hier wohnt und die Eltern unbemittelt sind. Schriftliche Anträge und Zeugnisse sind beim Magistrat in Königstein abzugeben.

10.4. Für das Gauturnfest, das der hiesige Turnverein im August ausrichtet, wird die Stadt keine Lustbarkeitssteuer erheben.

Inserat der Woche:
In meinem Cafe dürfen ab sofort auch Spirituosen und feine Liköre verabreicht werden. C. Zibold.

22.4. Der Schneider Heinrich Jung wurde vom Magistrat als Polizeisergeant gewählt. – Der „Frankfurter Hof“ ist an Herrn Aumüller von Oberursel verpachtet. Herr Otto Hieronymi, der bisherige Wirt übernimmt ein Hotel in Homburg. Die Gastwirtschaft „Zum Feldberg“ übernimmt Herr Friedrich Mösinger, die Gastwirtschaft „Zur Krone“ wird von Herrn Philipp Weinig übernommen. Der „Kaiserhof“ in Schönberg wird von Herrn Ullrich aus Dierdorf bewirtschaftet. (Die Gastwirtschaft „Zur Krone“ befand sich in dem Hause, wo heute das „Brilleneck“ ist, nach dem ersten Weltkrieg zog dort die Vereins- spätere Volksbank ein.)

Inserat der Woche:
Garnierte und ungarnierte Damen- und Kinderhüte zum Weißen Sonntag.

24.4. Das schnelle Fahren der Automobile durch die Stadt soll unterbunden werden. Vor allem in der Hauptstraße ist es den Anwohnern nicht zuzumuten.

Inserat der Woche:
Reizende Neuheiten in Cravatten, große Auswahl.

6.5. Das jetzt leer stehende Kurhaus in Kronthal wurde von Herrn Reinecker aus Frankfurt übernommen und soll voraussichtlich Pfingsten wieder eröffnet werden.

Inserat der Woche:
Für Konfirmanden und Kommunikanten Kragen 25 Pfg., fertige Hemden ab 2,50 Mark, Kränze, Kerzen, Taschentücher bei Ph. J. Liedemann, Ecke Doppes-Schloßstraße.

8.5. An der Wilhelmstraße (heute Heinrich-Winter-Straße), wird gebaut. Herr Peter Haub wird dort ein großes dreigeschossiges Doppelhaus errichten.

Inserat der Woche:
Dachshund feinster Rasse, 12 Wochen alt, zu verkaufen.

20.5. Der neue evangelische Pfarrer in Cronberg, Wilhelm Assmann wurde feierlich in sein Amt eingeführt. Sein Vater, der in den Ruhestand getretene Pfarrer Friedrich Assmann erhielt von den Gemeinden Cronberg und Falkenstein einen kunstvoll gearbeiteten Ruhesessel, der in der großen Gewerbeschau zu sehen sein wird.

Inserat der Woche:
Auf Sonntag wichsen die meisten Mädchen die Schuhe nur mit Krebs-Wichse, weil sie den schönsten Glanz giebt.

3.6. Die große Gewerbeausstellung im Garten des „Frankfurter Hofs" wurde von dem hohen Protektor, Prinz Friedrich Carl von Hessen und dessen Gemahlin feierlich eröffnet. Zu dieser Ausstellung hatte der hiesige Handwerker- und Gewerbeverein eigens eine Ausstellungshalle errichtet. Die Aussteller, fast sämtliche Cronberger Handwerker, Geschäftsleute und Künstler, hoffen auf einen regen Besuch.

Inserat der Woche:
Besten Dank für das trostspendende Gedicht, das mir von ungenannter Seite nach dem Tode meiner geliebten Braut zugesandt wurde. Der trauernde Bräutigam.

9.6. Die Herren des Magistrats lehnen eine Anstellung eines vom kgl. Landratsamt geforderten obligatorischen Leichenbeschauers ab. Sie befürchten, daß der unbemittelten Bevölkerung zu hohe Kosten auferlegt werden.

Inserat der Woche:
Übernehme das Reparieren und Beziehen von Regenschirmen.

15.6. Vom Gericht: In der Tanzstunde zu Oberhöchstadt hatten einige junge Leute Streit bekommen. Mit Rücksicht auf ihr junges Alter und darauf, daß die Körperverletzungen nur leichte waren, wurden die drei Angeklagten nur zu einer Geldstrafe von 10 Mark verurteilt.

Inserat der Woche:
Philipp Liedemann, Ecke- Schloß- Doppesstraße empfiehlt aus seinem reichen Sortiment Kinderhüte, Damenhüte, Spitzen und Handschuhe, Strohhüte für Herren und Knaben, Kragen und reinleinene Hemden für Jünglinge.

1.7. Morgen findet die feierliche Eröffnung des Frankfurter Kinderheimes, das im Distrikt „Obere Haide" in Schönberg errichtet wurde, statt. Anwesend werden der Frankfurter Bürgermeister Dr. Varrentrapp und der Stifter und Erbauer des Hauses, Herr Wilhelm Bonn, sein. Das Haus soll schwächlichen Frankfurter Schulkindern zum Sommeraufenthalt dienen.

Inserat der Woche:
Die Lieferung neuer Vorhänge für den Leichenwagen ist im Submissionsweg zu vergeben. Offerten sind im Rathaus einzureichen.

5.7. Das Hospital in der Talstaße hat eine Hausordnung erhalten. Gedruckt und unterschrieben vom evangelischen Kirchenvorstand und genehmigt von der Stadt, wurde sie an die Bewohner verteilt.

Inserat der Woche:
Eine Anzahl Einlegeschweine zu verkaufen. Heilstätte Ruppertshain.

15.7. Das Dach des Burgturmes wird neu eingedeckt. Dachdeckermeister Hahn und seine fünf Gesellen haben diese Arbeit übernommen.

Inserat der Woche:
Gefunden wurde eine Manschette mit Knopf.

29.7. Unter den wohltätigen Anstalten, welche die Kaiserin Friedrich hier ins Leben gerufen hat, ist vor allem die hiesige Volksbücherei zu nennen. Die Zahl der Bände ist auf 3200 gestiegen. Die Bibliothek ist jetzt Eigentum der Stadt. (Unsere Stadtbücherei ist also schon eine „alte Damen" von mehr als 80 Jahren!)

Inserat der Woche:
Suche einige Rehböcke gegen hohes Schußgeld abzuschießen.

31.7. Ein Lichtvertrag zwischen dem Taunus-Elektrizitätswerkes in Soden und der Stadt Cronberg wird vorbereitet. Eine Kilowattstunden wird in Zukunft 50 Pfennige kosten.

Inserat der Woche:
Zwei möblierte Zimmer mit Pension an bessere Arbeiter zu vermieten.

12.8. An dem großen Turnfest, das der Main-Taunus-Gau hier in Cronberg abhielt, hatten sich mehr als 500 Teilnehmer gemeldet. In der großen Ausstellungshalle hinter dem „Frankfurter Hof" fand der Festkommers statt. Die Halle, die 750 Personen Platz bietet, war vollständig besetzt. Im Kastanienhain (heute steht dort das Haus Waldfriede, ehemal. Villa Mumm) fand ein großes Volksfest statt.

Inserat der Woche:
Gefunden wurde ein Autorock, abzuholen auf dem Rathaus.

26.8. Das Betreten der städtischen Bleiche durch schulpflichtige Kinder ohne Aufsicht und jede Verunreinigung durch dieselben, sowie Beschädigung des Bleichhauses werden bestraft. Die Eltern sind für ihre Kinder haftbar.

Inserat der Woche:
Die Dekorationsbäume und Reisig vom Feuerwehrfest werden am Donnerstag um 11 Uhr an Ort und Stelle versteigert. Der Magistrat von Königstein

28.8. Durch die wochenlang anhaltende Trockenheit herrscht große Futternot. Die Ortsbehörden des Obertaunuskreises wurden vom Landrat aufgefordert, den Futterbedarf für die Gesamtgemeinde zu beschaffen, um den kleinen Landwirten damit Kosten zu ersparen.

Inserat der Woche:
Ein fast neues Vis-á-vis (kleine Kutsche) mit doppeltem Verdeck zu verkaufen.

9.9. Die Schulamtsbewerberin Fräulein Maria Gerhard aus Holzappel wurde mit Versehung der Schule in Oberhöchstadt beauftragt. – Die Unkrautpflanzen sind binnen vier Wochen auf den Grundstücken auszurotten bei Vermeidung von Strafe. Das teilte die Polizei-Verwaltung mit.

Inserat der Woche:
Immer wieder wird von nicht zugelassenen Personen an den Hausinstallationen herumge-

arbeitet. Die Störungen in den Lichtleitungen sind meist darauf zurückzuführen. Wir hoffen, daß in Zukunft unsere Leute für Arbeiten an den Hausinstallationen gerufen werden. Taunus-Elektrizitätswerk

11.9. Im benachbarten Schönberg hat sich in den letzten Tagen unter dem Vorsitz von Herrn Bürgermeister Kopp ein Kur- und Verschönerungsverein gebildet, dem jetzt schon eine große Anzahl von Mitgliedern angehört.

Inserat der Woche:
Zacherlin ist das bestgerühmte Mittel gegen Ungeziefer aller Art. Zu haben bei Eduard Bonn.

23.9. Auf dem Rathause wird das Niederlegen einer Terrasse öffentlich vergeben. Es handelt sich hier um ein Zwangsverfahren, das gegen einen Hausbesitzer in der Bahnstraße (heute Bahnhofstraße) ausgeübt wird, weil derselbe gegen die Bauvorschriften verstoßen hat.

Inserat der Woche:
Wichtig für Wirte! Die Polizeiverordnung betr. das Verabfolgen alkoholischer Getränke, fertig zum Aufhängen, zu haben in der Expedition.

25.9. Der Nachtwächter Zubrod wurde nach einer vierteljährlichen Probezeit vom Magistrat in seinem Amt bestätigt.

Inserat der Woche:
Zum israelischen Neujahrsfest werden Glückwunschkarten hergestellt.

7.10. Das Haus des Herrn Postmeisters Hoppe in der Steinstraße ging durch den Kauf in den Besitz der Frau Dr. Neubronner über, welche dasselbe als Heim für die Kleinkinderschule einrichtet und dem Verein vermietet.
(Jahrzehnte hindurch – bis zum 5. Juli 1959 – war das Haus die Heimstätte der „Kinnerschul". Die evangelische Kirchengemeinde übernahm diesen Kindergarten, ganze Generationen zogen im Vorschulalter in die Steinstraße. Viele liebe Erinnerungen birgt dieses Haus. 1959 wurden die Räume im neuen Haus der Kirchengemeinde bezogen. An der Katharinenstraße befindet sich der Kindergarten heute noch.)

Inserat der Woche:
Die im Kampfe ums Dasein schwer ringenden Thüringer Handwerker bitten um Arbeit. Dieselben bieten Tischtücher, Bettzeuge, Leinen usw. an. Muster und Preisverzeichnis wolle man beim Thüringer Weberverein in Gotha anfordern.

9.10. In diesem Jahr sind die Äpfel rar und teuer. Für Kelterobst werden 14 bis 16 Mark je Zentner gezahlt, Tafelobst kostet entsprechend mehr. (Preisvergleich: Ein Facharbeiter hatte höchstens 35 Pfennig Stundenlohn).

Inserat der Woche:
In meinem Cafe dürfen nun auch Spirituosen und Liköre ausgeschenkt werden. Es lädt ergebendst ein Carl Zibold, Frankf. Str. 3.

21.10. Der vor sechs Jahren ins Leben gerufene Erziehungsverein für verwahrloste Kinder im Dekanat Cronberg hat innerhalb dieser Zeit 58 Kinder in Pflege genommen, 15 davon sind selbständig geworden, 43 müssen weiter erhalten werden und zwar mit einem Kostenaufwand von 3 000 Mark. Der größte Teil der Unterhaltskosten muß durch Liebesgaben aufgebracht werden.

Inserat der Woche:
Achtung Wirthe! Musik-Automat mit Geldeinwurf und 17 Stahlplatten, fast neu, für 220 M. zu verkaufen.

23.10. Vor einigen Tagen trat der Kreis-Krieger-Verband Höchst in Stärke von 600 Mann zur Huldigungsfeier am Kaiser-Friedrich-Denkmal an. Es war dies am Geburtstag des hochseligen Kaisers Friedrich III.. Die Cronberger Gesangvereine hatten Aufstellung genommen. Hauptlehrer Fehler hielt die Festansprache.

Inserat der Woche:
Es wird davor gewarnt, ungeübte Personen an den Hausinstallationen herumarbeiten zu lasen. Es kommt dadurch immer wieder zu Störungen in der Lichtleitung. Taunus-Elektrizitätswerk

4.11. Auf der Kirchweih in Oberhöchstadt war es zu einer Prügelei gekommen. Die Beteiligten standen jetzt vor Gericht. Drei der Angeklagten wurden zu je 10 Mark, einer, weil er ein gefährliches Werkzeug gebraucht hatte, zu 20 Mark Geldstrafe verurteilt. Einem Fünften konnte nichts nachgewiesen werden, es erfolgte deshalb Freispruch.

Inserat der Woche:
Für Holzdreher! Vier schöne Zwetschenbaumstämme zu verkaufen.

6.11. Vom Gericht: Wegen verbotenen Fischens wurde ein Kronberger zu einer Geldstrafe von 5 Mark verurteilt.

Inserat der Woche:
In Fischbach steht eine fehlerfreie Kuh zu verkaufen.

20.11. Der Kunstsalon Hermes in Frankfurt zeigt in einer Ausstellung derzeit 60 Gemälde von Anton Burger.

Inserat der Woche:
Junger, gedienter Kavallerist mit vorzüglichen Zeugnissen sucht Stelle als Herrschaftskutscher.

2.12. Ein Zug der Königsteiner Bahn überfuhr bei Oberliederbach eine Schafherde und tötete 30 Stück. Der Schäfer hatte es sich in einer nahegelegenen Gaststätte bequem gemacht und die Herde sich selbst überlassen.

Inserat der Woche:
Gefunden wurde ein Meterstab. Abzuholen im Rathaus.

4.12. Der im vorigen Jahr gegründete vaterländische Frauenverein, der schon 74 Mitglieder zählt, lädt zu seiner Jahreshauptversammlung ein. In der kurzen Zeit seines Bestehens hat der Verein schon eine recht segensreiche Tätigkeit entfaltet.

Inserat der Woche:
Riesiger Erfolg: Die beliebteste 7-Pfennig-Zigarre „Königin Luise".

16.12. In seiner hiesigen Villa verstarb Geheimer Kommerzienrat Max von Guaita. Durch seinen Tod entsteht in unserem Städtchen eine empfindliche Lücke. Er war lange Jahre Präsident der Frankfurter Handelskammer, Vorsitzender der Cronberger Eisenbahn und hatte viele Ehrenämter inne. In den letzten Jahren hatte er sich fast ganz aus der Öffentlichkeit zurückgezogen.

Inserat der Woche:
Für den 23. und 24. Dezember ist der Ladenschluß auf 10 Uhr abends festgesetzt.

18.12. Cronberg trauert um Commerzienrat Max von Guaita. Er konnte sich nicht lange an seiner schönen großen Villa erfreuen. Herr von Guaita war viele Jahre hindurch Präsident der Frankfurter Handelskammer und Vorsitzender der Cronberger Eisenbahn.

30.12. Herr Heinrich Rühl hat sein Haus in der Hauptstraße gegenüber der Hofapotheke (heute Fr.-Ebert-Str. 25) an Herrn Phil. Jac. Liedemann verkauft. Derselbe wird sein Geschäft, Mode- und Galanteriewaren, vom Doppes in die Hauptstraße verlegen.

Inserat der Woche:
Ganz neu! Badezimmereinrichtungen mit Heißwasser-Apparat.

1904

13.1. Die scharfe Kälte hält an und bereitet der Jugend schöne Eisbahnen. Auch die Bierbrauer kommen bei diesem Wetter zu einem vollen Eiskeller. – Vom Gericht: Weil sie zu einem anderen als vom Bürgermeister von Mammolshain bestimmten Zeitpunkt Äpfel gelesen hatten, wurden ein Landwirt nebst Frau und Tochter mit je 1 Mark Strafe belegt.

Inserat der Woche:
Junger Mann, gedienter Kavallerist, mit vorzüglichen Zeugnissen, sucht Stelle aus Herrschaftskutscher.

14.1. Das Jahr 1902 war ein schlechtes Jahr! Nahezu vier Jahrzehnte (1864) muß man in den Wetteraufzeichnungen zurückgehen, um ein Jahr zu finden, in welchem es acht Monate hintereinander so kalt war.

Inserat der Woche:
Gut erhaltenes Damenfahrrad zu verkaufen. 100 Mark.

15.1. Für das Gordon-Bennett-Rennen in diesem Sommer wird auch in Cronberg ein Komitee gebildet, das für die Beschaffung von Wohnungen sorgt.

Inserat der Woche:
Einladung zum Festessen anläßlich des Geburtstags seiner Majestät, (trockenes Gedeck 2,50 Mark), Restauration Hahn.

27.1. Eine schmerzliche Trauerkunde durcheilte Falkenstein und Cronberg. Herr Geheimer Sanitätsrat Dr. Peter Dettweiler, der langjährige Leiter der Falkensteiner Heilanstalt, ist in Folge eines Herzschlages in seiner Cronberger Villa verstorben. Herr Dr. Dettweiler war 66 Jahre alt. Er hat in der Lungenheilanstalt mustergültige und vorbildliche Einrichtungen getroffen. Ihm ist es zu verdanken, daß auch Kranke aus dem Volke die Möglichkeiten haben, hier Heilung zu finden. Der Name Dettweiler wird unvergessen bleiben.

Inserat der Woche:
Der Eppsteiner Milchhof empfiehlt bei nur Trockenfütterung Vollmilch (Kindermilch) per Liter 20 Pfennig frei ins Haus.

10.2. Das Modell des Bismarck-Turmes auf dem Herzberg wurde vom Taunusklub vorgestellt. Der Turm soll höher als der auf dem Großen Feldberg werden. – Die Lieferung von Edelreisern an Obstzüchter geschieht vom Landratsamt in Bad Homburg kostenlos, wenn die betr. Obstbaumzüchter jetzt schon ihren Bedarf beim Kreis-Wandergärtner Hotop anmelden.

Inserat der Woche:
Ein Zweispänner-Chaisengeschirr zu verkaufen.

24.2. Da in einigen Nachbarorten Fastnachtszüge abgehalten werden, sehen die Cronberger in diesem Jahr von einem großen Zug ab. Es findet nur ein kleiner Umzug durch Cronberg statt, abends ist „Narretei" in allen Gaststätten.

Inserat der Woche:
Zur Anfertigung von Kostümaufnahmen halte ich meine Anstalt bestens empfohlen. Franz Schilling, Großherzogl.luxemburg. Hofphotograph.

26.2. Das Wetter vollführt absonderliche Sprünge. Hat es vorgestern noch geschneit, man freute sich auf eine gute Rodelbahn, da war es heute schon wieder aus mit der Herrlichkeit. Es taut!.

Inserat der Woche:
Ein noch gut erhaltener Transportierherd zu verkaufen.

9.3. Im hiesigen Stadtwald, unweit des Wasser-Resservoirs, wurde ein Mann aus Bockenheim als Leiche gefunden. Derselbe hatte sich durch einen Revolverschuß getötet. – Fräulein Fanny Kaufmann verkaufte ihr Haus in der Hauptstraße an Herrn Eduard Bonn.

Inserat der Woche:
Frische Füchse, Marder, Illtisse usw. verkauft zu höchsten Preisen Pelzbasar Studer in Höchst.

12.3. Die neue Bleichstraße wird jetzt mit Beleuchtung, vorläufig noch mit Petroleum versehen.

Inserat der Woche:
Frische Trink- und Siedeeier billig abzugeben

23.3. Ein Händler mußte sich vor Gericht verantworten, weil er in seinem Laden die Waage mit einem 60 gr schweren Papier belastet hatte. Die Anklage lautete auf Betrug. Der Angeklagte konnte nachweisen, daß er bereits vor 14 Tagen einem Wagner den Auftrag zur Reparatur dieser Waage erteilt hatte. Das Gericht sprach den Angeklagten frei.

Inserat der Woche:
Lehrling, der die Bäckerei gründlich erlernen will, in eine kleine, aber bessere Bäckerei gesucht. Verwendung in der Landwirtschaft oder Nebenbetrieben ist ausgeschlossen.

28.3. Am „Weißen Berg“ verunglückte ein Automobil mit vier Insassen. Der Wagen stürzte um. Mehr als zehn Mann waren nötig, um ihn wieder auf die Räder zu stellen. Auf die Frage, ob jemand verletzt sei, kam die Antwort: „Bassiert is wieder nix, nur aaner hat e Ripp gebrochen, die drei annern kenne jetz schon in Meenz sei.“

Inserat der Woche:
Am Ostersamstag ist der Ladenschluß auf 10 Uhr abends festgesetzt. Der Bürgermeister.

6.4. Die Stadtverordneten-Versammlung genehmigte die Erhöhung der Grundgehälter der hiesigen Lehrer von 1200 auf 1300 Mark jährlich.

Inserat der Woche:
Von jedem, der Gemeindebullen zur Deckung vorgeführten und trächtig gewordenen Stück Rindvieh hat der Besitzer desselben eine Gebühr an die Gemeindekasse zu entrichten. Der Gemeindevorstand von Falkenstein.

9.4. Das Osterwetter war wenig zufriedenstellend. Es war kalt und regnerisch, am zweiten Feiertag gab es Schnee.

Inserat der Woche:
Ein guter Zughund unter Garantie zu verkaufen.

20.4. Das neue Heim der Kleinkinderschule, welches von Frau Neubronner erworben und den Anforderungen der Neuzeit entsprechend schön und zweckmäßig ausgestattet worden ist, wurde in Gegenwart zahlreicher Freunde und Gönner der Anstalt dem Gebrauch übergeben. Die Kinder eröffneten die Feier mit einem Gesang, worauf Herr Pfarrer Assmann die Weiherede hielt. (Die Kleinkinderschule ist der Vorläufer unseres evangelischen Kindergartens und war bis 1959 in diesem Hause Steinstr. 5 untergebracht. Als der Neubau an der Katharinenstraße entstand, ging die Aera „Kinderschul“ – wie sie von den Kronbergern liebevoll genannt wurde – zu Ende.)

Inserat der Woche:
Heu und Kornstroh (Flegeldrusch) zu verkaufen.

23.4. Mit dem ersten Mai wird im Feldbergturm eine Postagentur eröffnet. Postagent wird der vom Taunusklub angestellte Turmwärter Müller.

Inserat der Woche:
Gefunden wurde ein Haarpfeil. Abzuholen auf dem Rathaus.

4.5. Herr Dr. Spielhagen hat die ehemals dem Herrn Baron Küster in Wiesbaden gehörende „Villa Viktoria“ an der Bahnstraße käuflich erworben. (heute Frankfurter Str. 17). Der Platz hinter dem „Frankfurter Hof“, auf dem im letzten Jahr die große Gewerbeausstellung stattfand, wurde durch Herrn Aumüller zu einem Tennisplatz ausgebaut.

Inserat der Woche:
Ein kräftiger, gewandter Bursche, der mit Pferden umgehen kann, wird als Haus- und Fahrbursche gesucht. Hoflieferant K. Gerstner, Cronberg.

7.5. Vor einigen Tagen brach in der zur Behausung des Flaschenbierhändlers Lorenz in Schönberg gehörenden Scheune Feuer aus. Dank dem energischen Eingreifen der Ortspflicht-Feuerwehr und der Freiwilligen Feuerwehr Cronberg, besonders der vortrefflichen neuen Wasserleitung, war der Brand schon nach zwanzig Minuten gelöscht.

Inserat der Woche:
Selbständige, streng solide Buchhalterin, welche bereits in einem Fabrikgeschäft war, gesucht.

18.5. Der Vaterländische Frauenverein hat Dienstboten und Arbeiter geehrt. Aus der Hand von Frau Prinzessin von Schaumburg-Lippe, die höchstpersönlich die Ehrungen übernommen hatte, nahmen auch einige Cronberger die Auszeichnung entgegen. 54 Jahre ist Elisabeth Klein im Dienste des Kirchenrechners Weidmann. Sie erhielt schon vor 14 Jahren eine Auszeichnung durch die Kaiserin. 60 Jahre treu gedient hat Susanne Wehrheim bei Frau Henneberg in Cronberg. Ein silbernes Kreuz erhielten Jakob Steinmetz bei Kutscher Gottschalk und Andreas Franz bei Gastwirt Gottfried Weidmann.

Inserat der Woche:
Philipp Jacob Liedemann, Hauptstraße, vis-à-vis der Apotheke empfiehlt seine reiche Auswahl von garnierten Damen- und Kinderhüten, große Auswahl in Damenunterröcken aller Farben.

21.5. Ab 1. Juni werden im Obertaunuskreis bei den Postanstalten die Wettervorhersagen durch Anschlag mitgeteilt.

Inserat der Woche:
Gut erhaltene Bühne hat billig zu verkaufen Gesangverein Concordia, Königstein.

1.6. Die Gemeinde Oberhöchstadt beabsichtigt die Errichtung eines Wasserwerks. Die Ausschreibung der Arbeiten erfolgt in Kürze. – In Oberhöchstadt wird in Verbindung mit der bereits seit Jahresfrist bestehenden Postagentur eine Telegraphenbetriebsstelle und eine öffentliche Fernsprechstelle dem Verkehr übergeben. Die öffentliche Fernsprechstelle ist zum Sprechverkehr mit allen Orten zugelassen, die mit Cronberg in Gesprächsverbindung stehen.

Inserat der Woche:
Ein guten Zughund unter Garantie zu verkaufen.

4.6. Herr Mittelschullehrer Philipp Kern aus Lütgendortmund ist mit dem 1. August zum Lehrer an der hiesigen höheren Schule ernannt worden.

Inserat der Woche:
Eine Zierde ist ein Gesicht ohne Hautunreinheiten. Daher gebrauchen Sie Teerschwefel-Seife!

15.6. Am 18. Juni mittag 12 Uhr findet in Anwesenheit des Kaiserpaares die feierliche Enthüllung des Denkmals für die Kaiserin Friedrich an der Johanneskirche statt. Anwesend werden außerdem sein: Prinz Heinrich und Gemahlin, Prinz Adolf zu Schaumburg-Lippe und Gemahlin, sowie der preußische Minister des Innern neben vielen geladenen Gästen. Die Straßen in Cronberg werden für den Verkehr gesperrt.

Inserat der Woche:
Zum Gordon-Bennet-Rennen wird an der Billtalhöhe eine Zuschauertribüne errichtet. Platzbestellungen sind an Jakob Kroth, Billtalhöhe, zu richten.

18.6. Laut der Fremdenliste des Verschönerungsvereins halten sich derzeit etwa 90 Sommergäste in Cronberg auf.

Inserat der Woche:
Gehülfen sofort gesucht. Bierhalle Pfaff in Königstein.

29.6. Am Gordon-Bennet-Rennen nahmen 19 Wagen teil, 12 haben die Runden durchfahren und das Ziel erreicht. Die Strecke betrug 141 km und mußte viermal durchfahren werden. Sieger wurde ein Franzose mit der respektablen Zeit von 5 Stunden, 5 Minuten und 3 Sekunden. Das Rennen forderte drei Todesopfer. In London wurde das Rennen durch Kinematograph schon einen Tag danach vorgeführt. Der Filmstreifen war 500 Meter lang und enthielt 2500 einzelne Photographien.

Inserat der Woche:
Es ist untersagt, von den Trottoirs aus den Rinnen den Sand zu entfernen. Die Pol. Verw.

13.7. Ein Weißbinder aus Cronberg wurde wegen Mißhandlung der Ehefrau des Postschaffners J. zu 1 Mark Geldstrafe verurteilt.

Inserat der Woche:
Halte mich den geehrten Kurgästen und den Einwohnern von Königstein und Cronberg für Ständchen und Morgenmusik bestens empfohlen. Stiehl, Dirigent der Königsteiner Kurkapelle.

30.7. Lehrer Wilhelm Fehler, an der evangelischen Schule, feiert heute seine 25jährige Dienstzeit in Cronberg. Seit 1879 unterrichtet er in unserm Städtchen. Seine Chöre, der Cronberger Männergesangverein und der evangelische Kirchenchor, ehrten ihren Dirigenten mit einem Ständchen.

Inserat der Woche:
Waschmädchen, welches bügeln kann, sucht für sofort das Krankenhaus in Cronberg.

10.8. Die auf Veranlassung der Kaiserin Friedrich ins Leben gerufene Volksbibliothek hat auch im letzten Jahr eine rege Tätigkeit entfaltet. Die Zahl der Bände konnte auf 3500 erhöht werden.

Inserat der Woche:
Ein ordentlicher Junge von 14 Jahren kann als Kellnerlehrling sofort eintreten.

24.8. Nach 40jähriger Tätigkeit geht Bürgermeister Georg Jamin in den Ruhestand. Die Bürgermeisterstelle in der Stadt Cronberg wurde öffentlich ausgeschrieben. Bis jetzt haben sich 116 Bewerber gemeldet. Briefliche Anerbietungen sind an den Beigeordneten, Herrn Fritz Schulte, zu richten. Gesucht wird ein tüchtiger, mit dem Verwaltungsfache erfahrener Herr. Unter den bis jetzt eingegangenen Bewerbungen sind alle Stände vertreten, am meisten aber Bürgermeister- oder Magistratssekretäre.

Inserat der Woche:
Zugelaufen sind ein Hahn und ein Huhn. Wo, sagt die Expedition dieses Blattes.

27.8. Die Stadt erinnert daran, daß die Bäche sauber zu halten sind. Jede Verunreinigung, das Einwerfen von Steinen, Schutt, Unrat, Bäumen, Ästen usw. wird bestraft. Auch das Anstauen ist nicht erlaubt. – Die Frauen und Mädchen von Oberhöchstadt haben Gelegenheit, einen Kursus über Obst- und Gemüseverwertung zu besuchen.

Inserat der Woche:
Das Betreten der städtischen Bleiche durch schulpflichtige Kinder ist verboten. Der Bürgermeister.

7.9. Bei der vorgestern stattgehabten Bürgermeisterwahl wurde Herr Eugen Pitsch, derzeit Bürgermeister zu Caub am Rhein, einstimmig zum neuen Stadtoberhaupt gewählt. Herr Eugen Pitsch wurde am 23. November 1869 als Sohn des Hauptlehrers Pitsch in Höhscheid-Solingen geboren. Seit 1898 ist er in Caub Bürgermeister. Er ist Leutnant der Reserve bei dem Füsilier-Regiment von Gersdorf Nr. 80, dessen Chef die Schloßherrin von Friedrichshof, Prinzessin Margarethe von Hessen ist. Der Neugewählte wird sein Amt voraussichtlich am 1. Dezember antreten.

Inserat der Woche:
Gefunden wurde eine weiße Mädchen-Unterhose und ein Kinder-Strohhut. Abzuholen auf dem Rathaus.

21.9. Frau Christoph Gottschalk Witwe hat ihr Kohlengeschäft nebst Kutscherei sammt Lagerplatz am Friedhof und sämtliche lebenden und beweglichen Inventarien an Herrn Jean Kunz, Kohlenhändler, verkauft. – Herr Josef Henrich hat sein Haus in Schönberg mit Stallung an Herrn Heinrich Bender, Milchkur-Anstalt, verkauft.

Inserat der Woche:
Zu verkaufen ein gut erhaltenes Halbverdeck, vis-à-vis, viersitzig.

24.9. Herr Hauptlehrer Fehler, Zeichenlehrer Jakob Liedemann und Jean Hartmann erhielten für ihre 25jährige erfolgreiche Tätigkeit an der hiesigen Fortbildungsschule je ein Diplom. (Die Fortbildungsschule war Vorläuferin der heutigen Berufsschulen. Anm.)

Inserat der Woche:
Somatose, das Fleisch-Eiweiß – hervorragendes Mittel zur Kräftigung, erhältlich an Apotheken und Drogerien.

5.10. Das in den Besitz des Herrn Eduard Bonn übergegangene Haus der Familie Bär in der Hauptstraße wird von der Bildfläche verschwinden. Es soll über 200 Jahre alt sein und einem Neubau Platz machen, der mit dem derzeitigen Geschäftshaus in Verbindung stehen wird. – Bei Ausgrabungen am Feldbergkastell wurden wieder römische Münzen, Töpfe usw. gefunden. Besonderes Interesse erregte die Freilegung einer römischen Wasserleitung, deren Holzröhre noch gut erhaltene Stücke zeigte. Das freigelegte Gemäuer wird 1 Meter über der Erde mit Rasen belegt, um es möglichst vor mutwilliger Zerstörung zu bewahren.

Inserat der Woche:
Schönstes und billigstes Licht durch den Acetylen-Apparat „Aristo". Gegen Kälte unempfindlich. Billiger wie Petroleum.

19.10. In der Johanniskirche tagte die Kreissynode des Dekanats Cronberg, der 50 Mitglieder beiwohnten. Dekan Mencke, Eschborn, berichtete über die Verhandlungen der Bezirkssynode. Pfarrer Schmidt, Höchst, hielt einen Vortrag über das Thema „Konfessionelle Ein- und Umschulung der Kinder".

Inserat der Woche:
Ein kräftiger Zughund, auch sehr wachsam, zwei Jahre alt, zu verkaufen.

2.11. Cronberg hat einen zweiten Radfahrer-Verein. Neben der „Viktoria" (seit 1897) haben einige junge Cronberger Leute die „Germania" gegründet.

Inserat der Woche:
Strohverkauf im Schafhof! Auswärtige wollen ihre Wagen in Cronberg, Soden oder Neuenhain wiegen lassen.

15.11. Der Bau der Hochdruck-Wasserleitung mit Hausanschlüssen in Oberhöchstadt geht gut voran.

Inserat der Woche:
Auf dem Posthof wird ein ausgemusterter Landbriefträgerwagen meistbietend versteigert.

16.11. Vorgestern feierte Professor Anton Burger seinen 80. Geburtstag. Leider ist es ihm nicht mehr vergönnt, seine Kunst auszuüben. Zu dem großen Tag fanden sich auch viele Freunde aus Frankfurt bei Meister Burger ein. Die Stadt Cronberg gratulierte ihrem Ehrenbürger. Diesen Titel erhielt Herr Burger vor zehn Jahren zu seinem 70. Geburtstag.

Inserat der Woche:
Die Gemeinde Neuenhain sucht einen Ziegenbock zu Zuchtzwecken.

26.11. In Schönberg wurden zwei neue Straßen angelegt. (Es handelt sich um die heutigen Margarethen- und Parkstraße; Anmerkung).

Inserat der Woche:
Ein gut erhaltenes Halbverdeck, via-a-vis-sitzig, für vier Personen zu verkaufen.

30.11. Für die bevorstehende Schwurgerichtssession in Wiesbaden wurde Maler Schrödl aus Cronberg ausgelost. – Nach der letzten Bestandsaufnahme betr. der Bevölkerungszahl in Cronberg hat unsere Stadt 2897 Einwohner, 82 mehr als im Vorjahr.

Inserat der Woche:
Dem verehrlichen Publikum von Cronberg, Königstein, Falkenstein und Umgebung beehre ich mich, die ergebene Mitteilung zu machen, daß ich im Hause Hauptstraße 3 in Cronberg eine Verkaufsstelle von Blumen, Pflanzen, Obst und Gemüse, sowie Eier und Butter eröffnet habe. Kommissionen nach Königstein und Falkenstein werden durch Fuhrunternehmer Flesch täglich prompt erledigt. Christian Eichenauer, Cronberg.

8.12. 1904 bittet die Post wieder, wie schon 50 Jahre zuvor, um rechtzeitige Aufgabe der Weihnachtspakete.

14.12. Der im 80. Lebensjahr stehende Herr Georg Jamin scheidet aus seinem Amt als Bürgermeister aus. Zugleich tritt sein Nachfolger, Herr Karl Eugen Pitsch, sein Amt an. Die hiesige Einwohnerschaft veranstaltet heute abend zu Ehren des scheidenden Bürgermeisters einen großen Fackelzug, an dem sich sämtliche Cronberger Vereine beteiligen. Herr Jamin wird morgen in einer Feierstunde zum Ehrenbürger ernannt.

Inserat der Woche:
Als passendes Weihnachtsgeschenk sind Schultornister und Gummi-Hosenträger zu empfehlen.

28.12. In Gegenwart des Magistrates und der Stadtverordneten wurde unser neuer Bürgermeister Herr Carl Eugen Pitsch, durch den Landratsamts-Stellvertreter, Oberbürgermeister von Marx aus Homburg in sein Amt eingeführt. Abends vereinigten sich die städtischen Körperschaften und viele Bürger der Stadt zu einem Festessen in der Restauration Hahn.

Inserat der Woche:
Auf dem Posthof wird ein ausgedienter Landbriefträgerwagen meistbietend versteigert. Kaiserl. Postamt in Königstein.

1905

6.1. Die Radfahrer werden darauf aufmerksam gemacht, daß die Radfahrkarten für 1905 zu erneuern sind. Sie müssen für gewöhnliche Fahrräder wie für Motorräder gelöst und stets mitgeführt werden.

Inserat der Woche:
Auf den öffentlichen Wegen ist das Schlittschuhlaufen und Rodeln verboten. Die Polizeiverwaltung.

21.1. Das internationale Skirennen auf dem Feldberg war, weil man dem Wetter nicht recht traute, schlecht besucht. Es gab nur 10 Meldungen: 9 aus Frankfurt, 1 aus Stuttgart. Gewonnen hat ein Frankfurter.

Inserat der Woche:
Sicheren Tod bringt „Delicia" allen Ratten.

25.1. Etwa vierzig hiesigen Geschäftsleuten resp. Arbeitgebern sind in den letzten Tagen von der Ortskrankenkasse Zahlungsaufforderungen über hinterzogene Krankenkassenbeiträge zugegangen. Heute abend soll eine Zusammenkunft der Beteiligten stattfinden.

Inserat der Woche:
Für Tapezierer! Ein größerer Posten alter Zeitungen billig abzugeben.

4.2. Der Kronberger Fußgendarm Bienert war mit anderen Kollegen aus dem Obertaunuskreis in das Streikgebiet Rhein-Ruhr abkommandiert worden.

Inserat der Woche:
Empfehle mich im Zahnziehen, vollständig schmerzlos, im Anfertigen von ganzen, naturgetreuen Gebissen, bei billigsten Preisen.

9.2. Die Carnevalsgesellschaft beschloß in ihrer, auch von alten Mitgliedern gut besuchten Versammlung, in diesem Jahr einen Fastnachts-Dienstag-Zug zu veranstalten.

Inserat der Woche:
Kinder- Sport- und Chaisenwagen in einfachster bis zur feinsten Ausführung.

14.2. Zur Fastnacht gibt es dieses Jahr einen großen Umzug, an dem sich alle Cronberger Vereine beteiligen. Es gibt einen prunkvollen Prinzenwagen, den die Prinzengarde begleitet. Die Garde wird von den Mitgliedern des „Cronberger Turnvereins" gestellt.

Inserat der Woche:
Zu verkaufen eine gute Nahrungs- und Fahrkuh.

22.2. Im Wald an der Kaiserin-Friedrich-Chaussee verunglückte ein Eschborner Holzfuhrwerk dadurch, daß der geladene Wagen ins Rutschen kam und die Pferde in den Straßengraben warf. Eines der Pferde war so schwer verletzt, daß es auf der Stelle getötet werden mußte. Der Fuhrmann lud sein Holz wieder ab und das tote Pferd auf, um es nach Hause zu fahren.

Inserat der Woche:
Ein armes Dienstmädchen verlor ihr Portemonnaie mit 14,30 Mark. Der ehrliche Finder wird um Rückgabe gebeten.

4.3. Am Falkensteiner Stock will ein Mann aus Königstein eine Bude errichten und hat dafür um Ausschanklizenz für alkoholfreie Getränke ersucht. Der Magistrat lehnte den Antrag ab: Es gibt Befürchtungen, daß die landschaftliche Schönheit darunter leiden könnte. (Zwischen den beiden Weltkriegen gab es dann aber doch ein „Erfrischungshäuschen", wie man diese Einrichtungen nannte, am Falkensteiner Stock. Um 1943 von einer Bombe zerstört, wurde es dann ganz beseitigt; Anmerkung).

Inserat der Woche:
Ein kräftiger Junge, Sohn achtbarer Eltern, kann in einem größeren Geschäft die Metzgerei und Wurstmacherei erlernen.

8.3. Ein bedauernswerter Fall, dem ein junges Menschenleben zum Opfer fiel, ereignete sich in Oberhöchstadt. Mehrere Knaben sahen dem Fällen eines Baumes zu und verließen trotz Warnung nicht die Stelle. Der zwölfjährige Konradi wurde so unglücklich von einem Ast am Kopf getroffen, daß der Tod alsbald eintrat. – Die Stadtverordneten-Versammlung beschloß, dem aus dem Amt zurückgetretenen Herrn Bürgermeister Jamin in Anerkennung seiner über 40jährigen Verdienste als Stadtoberhaupt, den Ehrenbürgerbrief auszustellen.

Inserat der Woche:
Zu verkaufen eine gute Nahrungs- und Fahrkuh, frisch-melkend.

22.3. Der Verschönerungsverein hielt gestern seine Hauptversammlung ab. Laut gemachter Mitteilungen besteht die Aussicht, daß die Freigabe des alten Schlosses an bestimmten Tagen in nicht allzu ferner Zeit zu erwarten ist. (Das dauerte dann doch noch bis Pfingsten 1912). Auf Ausführungen des Herrn Bürgermeister Pitsch beschließt der Verein, die Aufgaben eines „Verkehrsvereins" aufzunehmen und dem Rheinischen Verein beizutreten.

6.4. Vom Königl. Schöffenbericht in Königstein: Ein Maurer aus Oberhöchstadt erhielt 10 Mark Strafe, weil er bei einer Schlägerei eine dem K. gehörende Laterne zertrümmert hat. Zu einer Geldstrafe von 10 Mark wurde ein Landwirt aus Oberhöchstadt verurteilt, weil er dem I.K. einen Ochsenziemer über den Kopf geschlagen hat. Ein Knecht aus Schönberg hat eines Abends aus Rache mit seinem Stock gegen das Fenster des Wirtes D. geschlagen. Wegen groben Unfugs muß er eine Mark Strafe zahlen.

Inserat der Woche:
1 Zeisig und 1 Stockfink zu verkaufen.

8.4. Der Kreisausschuß befaßte sich in seiner letzten Sitzung wieder mit einer Reihe von Anträgen auf Ausschank-Konzession. U. a. versagte er seine Zustimmung zum Bierausschank in der Kaffeewirtschaft in der Schutzhütte am Fuchstanz.

Inserat der Woche:
Drei gut erhaltene Schreiner-Öfen zu verkaufen.

19.4. Herr Professor Leinhaas hat seine Villa in der Hainstraße an Herrn Gustav Quilling aus Frankfurt zum Preise von 80 000 Mark verkauft. (Die Villa stand an der Ecke Hain-Viktoriastraße, später ging sie in den Besitz der Familie Oppenheim über. Heute steht an ihrer Stelle ein modernes Mehrfamilienhaus). – Die Schere des Elektrizitätswerkes hat nun auch in Schönberg funktioniert. Man hat dort alle Pauschalabnehmer abgetrennt, welche sich weigern, das Licht nach Zähler zu nehmen. Natürlich hat das auch wieder einen Rattenschwarz von Prozessen im Gefolge.

Inserat der Woche:
Ein Juwel ist ein zartes, reines Gesicht, rosiges, jugendliches Aussehen und ein weißer Teint. Das wird erreicht durch unsere Lilienmilchseife.

25.4. Der Turm auf dem Großen Feldberg wurde im vergangenen Jahr von fast 17 000 Personen besucht. Seit dem 1. Oktober ist auf dem Turm eine amtliche metereologische Station 2. Ordnung des staatlichen Wetterdienstes errichtet worden, deren Beobachtungen täglich in den Frankfurter Blättern veröffentlicht werden.

Inserat der Woche:
Rasiermesser! 30 Tage zur Probe.

3.5. Die Orte Ober- und Niederhöchstadt und Schwalbach erhalten jetzt auch Licht vom Taunus-Elektrizitätswerk in Soden. Die Kilowattstunde wird 50 Pfennig kosten. – In Cronberg wird demnächst die direkte Straßenverbindung nach Schönberg verwirklicht. Die Straße wird oberhalb des alten Stationsgebäudes abzweigen (Sie erhielt den Namen „Schillerstraße"). Anläßlich des 100. Todestages des großen deutschen Dichters Friedrich von Schiller findet auch in Cronberg eine Feier statt. Festredner ist Prof. Dr. Grützmacher. Die Feier wird vom Cronberger Männergesangverein musikalisch umrahmt.

Inserat der Woche:
Empfehle meine große Auswahl in Konfirmandenstiefeln.

6.5. Der Magistrat lehnte ein Gesuch des Selterswasserfabrikanten Seitz aus Höchst ab. Dieser Herr wollte an der Ecke des Schulgartens eine Selterswasserbude aufstellen. Die Cronberger haben ihren Sauerborn im Kronthal!

Inserat der Woche:
Karussell-Belustigung! Mein neuerbautes Etagen-Karussell steht am 7. und 8. Mai auf der Bleiche in Königstein.

17.5. Die Rohbauarbeiten zum Neubau eines vierklassigen Schulhauses, Umbau des alten Gebäudes, sowie Erweiterungs- und Umbau des Abort- und Stallgebäudes in Oberhöchstadt werden in fünf Lose verdungen.

Inserat der Woche:
Das Betreten der städtischen Bleiche durch schulpflichtige Kinder und jede Verunreinigung ist bei Strafe verboten.

20.5. Morgen wird der neu restaurierte und vergrößerte Saal im „Schützenhof" seiner Bestimmung übergeben. Derselbe hat die staatliche Länge von 25 m.

Inserat der Woche:
Neckarsulmer Motorräder, Fahrräder erstklassiger Marken bei Wilhelm Küchler Söhne, Cronberg, Frankfurter Straße 13.

31.5. Die Stadtverordneten-Versammlung genehmigte den Beschluß des Magistrates, einen weiteren Sekretär mit einem Anfangs-Jahresgehalt von 1500 Mark und von drei zu drei Jahren um je 200 Mark steigend, einzustellen. – Die vier neuen Straßen, die jetzt ausgebaut und angelegt wurden, erhielten die Namen: Schiller-, Burger-, Schreyer- und Dielmannstraße.

3.6. Der Wonnemonat Mai verabschiedete sich mit dem miserabelsten Wetter, das man sich vorstellen kann. Kälte, Hagel und Regen in ganz Deutschland.

Inserat der Woche:
Waschblousen für Damen, Mädchen und Knaben, von den billigsten bis zu den besten Genres. Bei Chr. Lohmann.

14.6. Im „Frankfurter Hof" fand die Generalversammlung der Cronberger Eisenbahn-Gesellschaft statt. Die Einnahmen im Personenverkehr betrugen im Jahre 1904 184616 Mark, das sind 13 000 Mark mehr als im Vorjahr. Befördert wurden 1071487 Personen.

Inserat der Woche:
Das Ablagern von Schutt usw. auf den Gemeindewegen und Hohlen ist nur nach vorheriger Anmeldung und Anweisung gestattet. Zuwiderhandlungen werden strengstens bestraft. Die Ortspolizei.

17.6. Die Erdbeerernte ist in vollem Gange. Täglich werden auf der Schirn mehrere Wagen für den Markt in Frankfurt beladen. Heute kostet das Pfund 1. Sorte 45 Pfennig. (Das war durchaus nicht billig. Der Zucker kostete im Kilo 50 Pfennig. Ein gelernter Maurer oder

Zimmermann erhielt kaum einen Stundenlohn von 45 Pfennig; Anmerkung).

Inserat der Woche:
Adler-Fahrräder und Motorräder bei Josef Keil in Cronberg, Hauptstraße 4.

28.6. Anläßlich des Feldbergfestes wurde am Sonntag die Hilfe der Frankfurter Freiwilligen Sanitätskolonne in 32 Fällen in Anspruch genommen. Ein Niederräder Turner erlitt einen komplizierten Unterschenkelbruch. Da er über die holprigen Wege nicht gefahren werden konnte, wurde er mittels Tragbahre bis Cronberg gebracht.

Inserat der Woche:
Den Strohhut (Panama), welcher vergangene Woche zwischen Königstein und Cronberg vom Wagen verloren ging, wolle man sofort an die Polizeiverwaltung in Cronberg abgeben, alsdann erfolgt Belohnung.

1.7. Der Magistratsgehilfe Kurt Gräfe wird als Sekretär von der Stadt Cronberg angestellt. Der definitiven Anstellung geht eine sechsmonatige Probezeit voraus.

Inserat der Woche:
Tüchtige Bauschreiner, welche auf Fenster arbeiten, gesucht.

12.7. Im Alter von 80 Jahren starb der Altmeister der Cronberger Malerkolonie Anton Burger. Sein Begräbnis gestaltete sich fast zu einer Wallfahrt. Viele seiner Bilder zeigen als Motiv immer wieder sein geliebtes Cronberg, das ihm seit Jahrzehnten zum ständigen Wohnsitz, zu seiner wahren Heimat wurde. Bezeichnete er die Cronberger Bevölkerung auch gerne als „Kaffern", so hat ihm die Stadt doch viel zu verdanken. – Einige Kurverwaltungen haben jetzt eine Polizeiverordnung erlassen, wonach das „Schleppen" der Kleider auf den Kurpromenaden zur Verhütung von Gesundheitsgefahren und Belästigung durch Staubentwicklung verboten ist.

Inserat der Woche:
Zuverlässiges Mädchen zum Spazierenführen kleiner Kinder gesucht.

26.7. Die Stadtwaage besteht seit nunmehr 25 Jahren. Am 1. Juli 1880 wurde sie dem Verkehr übergeben. (Sie befand sich an der Schule, Katharinenstraße, und wurde vor einigen Jahren niedergelegt.) – Bürgermeister Scherer aus Oberhöchstadt stand vor Gericht, weil er eine minderjährige Person getraut hatte. Der Gerichtshof kam zu einem Freispruch, weil die Schuld nicht Scherer, sondern der unklaren Abfassung der betr. Paragraphen des BGB zuzuschreiben sei. – Das Sägewerk des Herrn Kunz in der Hartmuthstraße wird zur Freude der Nachbarschaft eingestellt. Herr Kunz wird sich jetzt vorwiegend dem Wagenbau widmen. – Herr Josef Jäger aus Schönberg wurde zum Kreisbaumwärter für Cronberg, Schönberg und Oberhöchstadt ernannt.

Inserat der Woche:
Verlaufen hat sich eine Henne. Es wird gebeten, Nachricht über sie an die Expedition dieses Blattes gelangen zu lassen.

29.7. Es wird wiederholt darauf aufmerksam gemacht, daß Hundefuhrwerke in den Sommermonaten mit Trinkgefäßen versehen sein müssen. Die Erschießung wildernder Hunde ist unzulässig. Der Jagdherr hat nur Anspruch auf Schadenersatz.

Inserat der Woche:
Milchkuranstalt Johann Wetter in Cronberg. Kur- und Kindermilch.

9.8. Der Magistrat der Stadt Cronberg vergibt die Erbauung der Schillerstraße. – Der bisherige Gemeinderechner von Oberhöchstadt, Gottfried Sachs III wurde auf weitere sechs Jahre verpflichtet.

Inserat der Woche:
Gefunden wurde eine Knaben-Mantel-Schürze. Abzuholen auf der Bürgermeisterei.

12.8. Im Eschborner Wald an der Kaiserin-Friedrich-Chaussee entstand ein Waldbrand, bei dem ca. zwei Morgen junger Eichenschlag vernichtet wurde. – Der Todestag der Kaiserin Friedrich jährte sich am 5. August. Von Prinz und Prinzessin Friedrich Carl von Hessen, der Stadt und der evangelischen Gemeinde wurden Kränze am Denkmal an der Johanniskirche niedergelegt.

Inserat der Woche:
Blitzsauber ist ein Gesicht ohne Hautunreinheiten. Daher gebrauchen Sie nur „Carbol-Teerschwefel-Seife!"

23.8. Das rasche Fahren von Automobilen, das bekanntlich hier in unseren Straßen schon oft Anlaß zu Klagen gegeben hat, wird in jüngster Zeit stark eingedämmt. Mehrere Fahrer sind in den letzten Tagen festgestellt und mit je 30 Mark Strafe belegt worden. Dem Publikum wird es zur Pflicht gemacht, die Nummern derjenigen Autos, welche zu rasch fahren, zur Anzeige zu bringen.

Inserat der Woche:
Empfehle die neuesten Badezimmereinrichtungen. In 10 Minuten ein warmes Bad!

26.8. Vom Gericht: Ein Cronberger Steinmetz hatte seine Leute länger als neun Stunden am Tag beschäftigt. Obwohl er behauptete, seine Arbeiter hätten es selbst gewollt, verurteilte ihn das Gericht nun zu einer Geldstrafe von drei Mark.

Inserat der Woche:
Zum israelitischen Neujahr empfehle ich mich zur Anfertigung von Gratulationskarten.

6.9. Ein Römerkastell am Feldberg wurde unter Professor Dr. Jacobi ausgegraben. Es bildet ein großes Rechteck. Die Wallmauer hat eine Dicke von 1,55 Meter und ist noch vortrefflich erhalten. Alle vier Tore sind von Steintürmen eingefaßt. Die Ausgrabungen, die erst einen Teil der ganzen Lageranlage aufgedeckt haben, werden fortgesetzt.

Inserat der Woche:
Prima selbstgekelterter Apfelwein, 3/10 Liter 8 Pfg.

20.9. Die Villa „Teutonia", den Erben des Herrn Fritz Stiebel gehörig, wurde an Herrn Louis Stein, dahier, verkauft. – Seit zwei Jahren funktioniert die Brieftauben-Rezeptpost zwischen der hiesigen Apotheke und der Heilanstalt in Falkenstein. In dieser Zeit ging nur eine Brieftaube verloren. Durch die Tauben kann der Apotheker das Rezept herstellen, bis der Bote von Falkenstein, der das Original-Rezept als Kontrolle mitbringt, eintrifft, ist die Medizin fertig. So werden wertvolle Minuten eingespart.

Inserat der Woche:
Gefunden wurde ein Pincenez (Kneifer) mit Etius. Abzuholen auf dem Rathaus.

23.9. Im hohen Alter von 88 Jahren verstarb die Witwe des Frankfurter Kunstmalers Professor Becker. Um sie trauern ihre Töchter Marie Meister und Maximiliane Lucius. Herr Regierungspräsident und früherer Landrat des Obertaunuskreises ist der Enkel der Verstorbenen.

Inserat der Woche:
Eingefangen wurde ein Papagei. Näheres bei der Polizei.

4.10. Der Hotelier Arnold Hahn verunglückte auf der Jagd. Beim Besteigen eines Hochsitzes fiel sein Gewehr herab, dabei löste sich ein Schuß. Die Kugel durchschlug den rechten Oberarm und trat an der Achsel wieder heraus, der Arm mußte amputiert werden. – Der Vaterländische Frauenverein hielt unter dem Vorsitz von Frau Charlotte Neubronner seine Jahreshauptversammlung ab. Der Cronberger Zweigverein zählt 62 Mitglieder. Von ihm werden vor allem Wöchnerinnen und kranke Frauen und Kinder unterstützt.

Inserat der Woche:
Ein starker, großer Esel, zum Ziehen und Reiten geeignet, zu verkaufen.

18.10. Für Eltern und deren Kinder! Mehrfache Unglücksfälle, die durch unvorsichtiges und leichtfertiges Überschreiten der Wege und Straßen beim Herannahen von Kraftfahrzeugen in letzter Zeit herbeigeführt worden sind, lassen es angezeigt sein, die Kinder dringlichst darauf aufmerksam zu machen, daß es eine törichte und lebensgefährliche Spielerei ist, kurz vor einem solchen Fahrzeug noch einmal schnell die Straße kreuzen zu wollen.

1.11. Vom Wetter ist nichts Gutes zu berichten. Die Nacht gab es starken Frost. Im Gebirge liegen mindestens 15 cm Schnee. Der frühe Winter ist der Landwirtschaft sehr zum Schaden, noch stecken die Rüben und viele Kartoffeln in den Feldern. – Vom Gericht: Ein Lehrling aus Oberhöchstadt wurde wegen Entwendung von Erdbeeren mit einer Geldstrafe von 5 Mark bedacht. (Bei dem sehr geringen Lohn für Lehrlinge war das ein horrender Betrag!)

Inserat der Woche:
Ein wenig gebrauchter Kaiserofen billig zu verkaufen.

15.11. Vom Gericht: Ein Knecht aus Oberhöchstadt wurde wegen Mißhandlung seiner Pferde zu vier Wochen Haft und außerdem wegen Bedrohung zu weiteren zwei Wochen Gefängnis verurteilt. – Die Stadtverordneten-Versammlung genehmigte nach dem Vorschlag des Magistrates den Ankauf des Sauer'schen Grundstücks neben dem Schulhause. (Dort steht heute die Stadthalle.)

Inserat der Woche:
Fleißiges Küchenmädchen mit Gelegenheit zum Kochenlernen gesucht.

29.11. Am 18. November verstarb auf Schloß Hohenburg der letzte Herzog von Nassau, Großherzog Adolph von Luxemburg. Großherzog Adolph wurde am 27. Juli 1817 als Sohn des Herzogs Wilhelm von Nassau und dessen Gemahlin Luise von Sachsen geboren. Nach dem Tode seines Vaters bestieg er am 21. August 1838 den Thron. In erster Ehe war er vermählt mit der Großfürstin Elisabeth von Rußland. Sie wurde ihm schon nach einem Jahr bei der Geburt ihres Kindes entrissen. Im April 1851 heiratete Herzog Adolph Prinzessin Adelheid von Anhalt-Dessau, sie schenkte ihm einen Sohn und eine Tochter. Im Kriege 1866 verlor er, da er mit Österreich, Hannover und Kurhessen gegen Preußen verbündet war, sein kleines Herzogtum an das siegreiche Preußen. Er mußte sein land verlassen, verbrachte aber die Sommermonate mit seiner Familie meist auf seinem Schloß in Königstein. Aufgrund von Erbverträgen wurde er im Alter von 73 Jahren auf den großherzoglichen Thron in Luxemburg erhoben. 1901 feierte er mit seiner Gemahlin das Fest der Goldenen Hochzeit. Er wird in der Gruft auf seinem Schloß Hohenburg beigesetzt. (1953 wurde das Schloß verkauft, der Sarkophag des Herzogs wurde in die Schloßkirche zu Weilburg überführt.)

Inserat der Woche:
Fort mit den Glas-Christbaum-Spitzen! Bestellen Sie das Engel-geläute mit dem Stern von Bethlehem.

13.12. Die Stadtverordneten-Versammlung genehmigte den Vertrag mit der Cronberger Eisenbahn wegen Wasserentnahme aus dem Bleichweiher und Gelände-Abtretung für die Schillerstraße. Die Bahn gibt ca. 13 Ar zum Bau dieser Straße ab.

Inserat der Woche:
Ein gut genährtes Pferd, zugfest und treu, zu verkaufen.

27.12. Die Stadtverordneten-Versammlung genehmigte die Errichtung einer fünften Lehrerstelle an der hiesigen evangelischen Volksschule. Der Beginn der Sitzung ist winters und sommers auf 8 Uhr abends festgelegt worden. – Vorbei sind die Weihnachtsfeiertage, die uns schönes Winterwetter brachten.

Inserat der Woche:
Ia Cronberger Wein per Flasche 60 Pfennig. Heinrich Küchler, zum „Neuen Bau".

Der lokalen Nachrichten wegen - ‚Kronberger Zeitung'

1906

10.1. Während der Beerdigung eines Mitgliedes der Oberhöchstädter Freiwilligen Feuerwehr, der auch der Kommandant Burk derselben beiwohnte, wurde dessen 17 Jahre alter Sohn zu Hause von einem Herzschlag betroffen und blieb sofort tot.

Inserat der Woche:
Winterschuhe in allen Größen, Holzschuhe, Filz- und Köhlersohlen bei Dienstmann Müller.

24.1. Am Sonntag fand in der Halle der „Kronenburg" eine Versammlung statt. Es wurde zum Protest gegen das preußische Dreiklassen-Wahlrecht aufgerufen. – Die Teilnehmerliste für das in der Restauration Hahn stattfindende Kaiseressen am Geburtstag Seiner Majestät weist bis jetzt 80 Einzeichnungen auf.

Inserat der Woche:
Wurstfett empfiehlt Gg. Grundlach, Hauptstraße 33.

7.2. Das Dekanat Cronberg ist jetzt dem Herrn Pfarrer Karl Anthes in Okriftel übertragen worden. – Der Friedensverein hält am Mittwoch im Neuen Bau eine Generalversammlung ab. – Das Fahren von Handschlitten, was abends eben stark getrieben wird, hat in Königstein ein Opfer gekostet. Ein junger Mann wurde von einem mit zwei Pferden bespannten Wagen überfahren und mußte in ärztliche Behandlung genommen werden. – In unserem Bericht über das Concert zum Gedächtnis Mozarts hat der Druckfehlerteufel arg sein Unwesen getrieben. Die Fehler sind aber derart, daß der aufmerksame Leser wohl selbst die Korrektur übernehmen konnte. – Als Sachverständige für die Abwehr und Unterdrükkung von Viehseuchen sind für 1906 ernannt worden: Landwirt Leonhard Hirsch zu Cronberg, Gastwirt Phil. Peter Heinrich zu Cronberg, Bäcker Jakob Jäger II zu Schönberg und Landwirt Ferdinand Hildmann I zu Oberhöchstadt.

Inserat der Woche:
Lebende Ratten in der Falle oder sicherem Behälter abgeliefert, werden mit 5 Pfennig per Stück bezahlt. Abzugeben bei Jakob Kauth, Wilhelmstr. 2. (heute Heinrich-Winter-Str.)

21.2. Bei der stattgehabten öffentlichen Versteigerung des der Stadt gehörenden Bauplatzes an der Ecke Hain- und Tanzhausstraße blieb Buchdrucker Adam Andreé mit seinem Gebot von 9150 Mark Letztbietender. – Die Fischerei im Westerbach ist neu verpachtet worden. Herr Dr. Neubronner erwarb sie für 240 Mark.

Inserat der Woche:
Rübengelee, Apfelgelee, Mirabellenmarmelade, Birnenlatwerge, Gg. Gundlach, Hauptstr. 33

7.3. Der hiesige Verschönerungs- und Verkehrsverein hält am nächsten Dienstag im Saale „Zum Grünen Wald" seine Generalversammlung ab. In derselben wird nicht nur der Jahresbericht von 1905 erstattet, sondern auch der Arbeitsplan für die neue Saison beraten. Außerdem kommen auch die Reklamen zur Sprache, welche evtl. im neuen Geschäftsjahr gemacht werden sollen, weshalb die Versammlung für jeden Geschäftstreibenden von größter Wichtigkeit ist.

Inserat der Woche:
Confirmanden-Corsets von 1,50 Mark an. Geschw. Junker.

21.3. Auf dem Römerberg ist gestern Abend ein Teil der alten Stadtmauer eingestürzt. Etwa eine Rute des der Witwe Franz Schütz gehörenden Hofes hat sich losgelöst und bildet einen Schutthaufen. Die arme 75jährige Frau, welche ihren Unterhalt mit Botendiensten nach Frankfurt verdient, ist durch das Ereignis schwer geschädigt.

Inserat der Woche:
Auf dem Wege nach dem Bahnhof ein Gebiß, bestehend aus zwei Zähnen und einer Manschette verloren.

4.4. Der Friedensverein hält nächsten Mittwoch im Neuen Bau für diesen Winter seinen letzten Diskussionsabend. – In den hiesigen Volksschulen wurden diese Woche die A-B-C-Schützen eingestellt. In der evangelischen waren es 34 und in der katholischen Schule 18 Kinder. Die Aufnahme in die städtische höhere Schule erfolgt am 23. April. – Die Wiedereröffnung der Burg Cronberg war in diesem Sommer fest in Aussicht gestellt. Nun kommt die Mitteilung, daß der Freiturm dringend einer Reparatur bedarf. So wird auch in diesem Sommer die Burg nicht zur Besichtigung freigegeben werden. (Es sollte noch bis Pfingsten 1912 dauern, bis die Burg wieder öffentlich zugängig war.)

Inserat der Woche:
Bügelstähle in allen Größen empfiehlt Eduard Born.

18.4. Die Natur entwickelt sich mit Riesenschritten. Teilweise blühen schon die Kirschen. Die ersten reifen Treibhauserdbeeren hat bereits in der vorigen Woche Herr Johann Wolf in Schönberg auf den Markt gebracht. Das Pfund wurde mit 8 Mark bezahlt. – Vorgestern brach in der Scheune der „Ziegelhütte" in Kronthal ein Feuer aus. Von den nächsten Nachbarn wurde erste Hilfe geleistet. Die Ortsspritze von Mammolshain und die hiesige Feuerwehr waren schnell zur Stelle. Es gelang rasch, des Feuers Herr zu werden.

Inserat der Woche:
Oeffentlichen Dank sagen wir allen, welche uns bei dem uns vorgestern betroffenen Brande so hilfreich unterstützten. Besonders danken wir dem früheren Direktor Herrn Bernhard Martin, der Ortswehr zu Mammolshain und der Freiwilligen Feuerwehr zu Cronberg. Die Direktion der Kronthaler Mineral-Quellen Betriebsgesellschaft.

2.5. Dem Vernehmen nach besteht die Absicht, die Kuranstalt Falkenstein für die Stadt zu erwerben. (Es war dann zwar nicht die ganze Kuranstalt, sondern nur das Kasino, das von der Stadt Kronberg erworben wurde. Das Gebäude wurde mit wenigen Änderungen in Kronberg als Turnhalle wieder aufgebaut und 1908 eingeweiht. Es handelt sich um unsere „Stadthalle" am Berliner Platz.)

Inserat der Woche:
Herren-Strohhüte von 1 Mark an bis zu den feinsten Manila-Hüten zu haben bei Ph. J. Liedemann, Hauptstraße vis-á-vis der Apotheke.

16.5. An Stelle von Philipp Zubrod wurde Schneider Wilhelm Pauli zum Nachtwächter und zum Leichenbitter bestellt. Das wurde in der letzten Stadtverordneten-Sitzung bestimmt. Ferner wurde beschlossen, auf der städtischen Bleiche Pfähle zum Wäschetrocknen aufzustellen. – Die Firmung der Kinder von Cronberg, Ober- und Niederhöchstadt, Schwalbach und Mammolshain findet am Freitag vormittag in Schwalbach statt. Der 8.23 Uhr Schnellzug wird an diesem Tage ausnahmsweise in Niederhöchstadt zum Aussteigen halten.

Inserat der Woche:
Zur Firmung empfehle ich Kreuze und Kettchen von 2 Mark an. Heinrich Lohmann, Urmacher.

30.5. Die Pfingsttage sind bei denkbar ungünstigem Wetter vorübergegangen. Es gab kaum Gäste aus Frankfurt. Der Mai verabschiedete sich mit schweren Gewittern. Viele Bäume wurden beschädigt, einige sogar entwurzelt.

Inserat der Woche:
Zurückgesetzte Herren-Strohhüte per Stück 50 Pfennige bei Gg. Gundlach, Hauptstraße 33.

13.6. Der Schlossermeister Johann Herrmann ist seit 25 Jahren Mieter einer Wohnung „Zum Grünen Wald". Das ist gewiß ein heute selten vorkommender Fall von Einverständnis zwischen Mieter und Hausherr. (Das kleine Haus in der Pferdstraße wurde 1971 abgerissen, an seiner Stelle steht ein Neubau, der sich harmonisch mit seinem Fachwerk in der Altstadt einfügt.)

Inserat der Woche:
3 junge Füchse zu verkaufen. Andreas Krieger, Jagdaufseher, Thalweg.

27.6. Die Kirchweih-Vorbereitungen sind im vollen Gange. Nicht nur in Haus und Familie arbeiten alle Hände drauf los, sondern auch im Stadtbild ändert sich die Situation. Caroussell, Kauf- und Schaubuden und der Kinematograph werden aufgebaut. Die Automobil-Omnibusse, welche seit kurzem durch die Hauptstraße nach Königstein fahren, werden an den Kirchweihtagen des zu erwartenden starken Verkehrs wegen wieder hintenrum, d.h. über die Viktoriastraße ihren Weg nehmen. – Die Kasseler Schulverwaltung hat den Schülerinnen der Mädchenschulen im Interesse der körperlichen Entwicklung das Tragen von Korsetts verboten. Das Turnen im Korsett wirkt nachteilig auf den Körper ein und macht die richtige Ausführung vieler turnerischen Übungen unmöglich.

Inserat der Woche:
Garbenbänder (farbig, sogen. Erntestricke) billigst zu haben bei Eduard Bonn.

12.7. In der letzten Stadtverordneten-Versammlung wurden die Gebühren für den Desinfector festgesetzt. Der Posten ist derzeit dem Feldhüter übertragen, welcher gleichzeitig auch für die Orte Schönberg, Ober- und Niederhöchstadt, Mammolshain und Schwalbach angestellt ist. Aus der Mitte der Versammlung wurde der Antrag gestellt, den Feldhüter auf seinem Posten zu belassen und ihn nicht mit Nebenämtern zu beschäftigen. Vor allem wurde gefordert, ihn nicht auch noch auswärts durch Desinfection zu beschäftigen. Dementsprechend wurden dann die Gebühren festgesetzt: 3 Mark für jede Desinfection, 10 Pfennig pro cmb Raum.

Inserat der Woche:
Schweizer Milch-Kur-Anstalt! Heinrich Bender in Cronberg-Schönberg empfiehlt Kur- und Kindermilch, Vollmilch, Magermilch, Dickmilch in Töpfen und Schalen, auch gekochte Milch! Bestellungen werden auch bei Bäcker Mauer in der Hauptstraße in Cronberg angenommen.

25.7. Im „Neuen Bau" fand eine außerordentliche Versammlung der Gemeinnützigen Bau-Genossenschaft statt, in welcher ohne Widerspruch beschlossen wurde, 2 neue Häuser resp. ein Doppelhaus mit vier 3-Zimmer-Wohnungen und je einer 2-Zimmerwohnung im Dachgeschoß zu erbauen. Als Architekt soll der Erbauer der ersten Häuser Herr Alfred Günther berufen werden. (Es handelt sich um die Häuser Schreyersteraße 59 und 61.)

Inserat der Woche:
Meiner geehrten Kundschaft, sowie Einwohnern von Cronberg und Umgegend hiermit zur gefl. Kenntnisnahme, daß ich ein Lager aller Arten Schuhwaren in meinem Haus Römerberg 7 errichtet habe. Einem geneigten Zuspruch entgegensehend hochachtungsvoll Carl Henrich, Schumachermeister.

8.8. Um die hiesige neu zu besetzende Stadtsekretärstelle sind bis jetzt 130 Bewerbungen eingegangen. – Die anhaltende Hitze macht auch dem Vieh zu schaffen. Unter den Schweinen, die am Frankfurter Schlachthof per Bahn eintrafen, befanden sich 500 tote Tiere, sie waren unterwegs ohne einen Tropfen Wasser geblieben.

Inserat der Woche:
Durchaus properes Mädchen oder Frau mit guten Empfehlungen stundenweise zur Bedienung sofort gesucht. Frankfurterstr. 25 II.

22.8. Großer Kaiserbesuch in Cronberg. Se. Majestät Kaiser Wilhelm II. traf von Homburg kommend mit dem Automobil auf Schloß Friedrichshof ein. Das hiesige Männerquartett trug nach aufgehobener Tafel einige Lieder vor. Mittels Extrazuges traf dann wenige Tage später Se. Majestät der König von England auf dem hiesigen Bahnhof ein, woselbst sich die auf Schloß Friedrichshof weilenden hohen Herrschaften zum Empfang eingefunden hatten. Der Raum auf dem Bahnhofsvorplatz war durch Militär abgesperrt. Die Stadt wurde reich beflaggt. – Nach der Abreise des Königs sprach der Kaiser noch mit unserem Bürgermeister Pitsch, erkundigte sich über die städtische Finanzlage und empfahl dem Bürgermeister dringend, für die Erhaltung und Fortpflanzung der schönen Edelkastanien zu wirken.

Inserat der Woche:
„Die Geschichte Cronbergs“ und eingehende Beschreibung der Sehenswürdigkeiten enthält die mit zehn verschiedenen Ansichten versehene interessante Führerkarte. Sehr geeignet als Andenken! Preis 20 Pfg. Ph. Liedemann, Hauptstr. 25.

5.9. Am Montag ertönte in der Nacht Feueralarm. In dem Stallgebäude der Gottfried Weigand'schen Eheleute an der Verbindung Katharinen-Steinstraße, war Feuer ausgebrochen. Die Gebäude sind an den Kutscher See verpachtet. Der Feuerlärm war recht ausgiebig. Wenigstens in der Hauptstraße war er so, daß selbst ein Tauber wach werden mußte. In anderen Straßen dagegen will man gar nichts gehört haben. Zu allem Überfluß hatte der Glöckner der evangelischen Kirche die Glocke gezogen, die sonst nur bei großen Bränden zum Rufen der benachbarten Wehren dienen sollte. Die Feuerwehr war im Handumdrehen am Platz. Auch die Schönberger Wehr rückte an. Mit viel Wasser war man in wenigen Minuten Herr über die Sache. Die in Cronberg einquartierte 11. Kompagnie des Homburger Bataillons leistete erfolgreiche Dienste und war besonders bei der Absperrung behülflich.

Inserat der Woche:
Der diesjährige Strohverkauf auf dem Schafhof beginnt. Zum Verkauf kommt Roggen-, Weizen- und Haferstroh, der Centner von 1,50 Mark ab Hof gegen Barzahlung.

19.9. Zu Beginn ihrer letzten Sitzung besichtigten die Stadtverordneten die neuen Rathausräume im „Haus Rosenthal“. Die Beamten haben nun getrennte Arbeitsräume, so daß die verschiedenen Zweige der Verwaltung in ihrer Arbeit nicht gestört werden. Im letzten Zimmer links sitzt der Stadtsekretär, der neben seinen sonstigen Funktionen die Arbeiten des Standesamtes und der Steuersache ausführt. Gegenüber befindet sich das Zimmer des Bürgermeisters. An der Tür hängt ein Schild, wonach die Sprechstunden täglich von 9–12 Uhr angesetzt sind. In der übrigen Zeit wünscht das sehr beschäftigte Stadtoberhaupt nur in sehr dringenden Fällen besucht zu werden. Dem Publikum kann nur dringend empfohlen werden, diese Maßnahmen zu beachten, denn es gibt beim Bürgermeister genug Arbeiten, die eine Störung nicht gut vertragen können. Auch das Baubuereau hat nun einen eigenen Raum. Früher schenkte man diesem Zweig der städtischen Verwaltung wenig Beachtung, inzwischen hat sich das Buereau jedoch als äußerst wichtige Stelle herausgebildet. (Haus Rosenthal stand in der Frankfurter Straße und wurde 1934 zugunsten des großen Parkplatzes abgerissen. Von 1906 bis 1922 waren in den unteren Räumen die Büros der Stadtverwaltung untergebracht, dann wurde das heutige Rathaus Katharinenstraße 7 bezogen. Anm.)

Inserat der Woche:
Zum bevorstehenden Gestellungstermin empfehle ich nach Vorschrift gearbeitete Militärstiefel für Einjährige und Rekruten von 7,50–20. M. Carl Henrich, Römerberg 7.

3.10. Die Automobil-Verbindung Cronberg-Königstein wird am 14. Oktober abends den Betrieb bis zum nächsten Sommerfahrplan einstellen. Anstelle des Auto-Omnibusses tritt während des Winters wieder der Pferde-Omnibus. Kutscher Braun hat sich vertraglich verpflichtet, zu Zügen von und nach Königstein zu fahren. – Die beiden hiesigen Turnvereine hielten eine Generalversammlung ab, in welcher die Vereinigung beschlossen wurden. Beide Vereine werden ihre bisherigen Namen fallen lassen und die Vereinigung „Männerturnverein" titulieren. (Es waren die beiden Vereine „Turnverein Cronberg" von 1862 und die „Turngesellschaft", gegründet 1889.)

Inserat der Woche:
Kirchweih in Oberhöchstadt! Gasthaus zum Hohen Wald, große Tanzbelustigung. Verabreicht wird Bier, Wein und Äpfelwein. Es ladet höflichst ein Peter Hirt.

17.10. Zum dritten Mal in diesem Jahr weilte der Kaiser einige Stunden zu Besuch auf Schloß Friedrichshof. Um 7 Uhr abends traf der kaiserliche Sonderzug auf dem Bahnhof ein, das Prinzenpaar Friedrich Karl von Hessen hatte sich zum Empfang eingefunden. Nach der Abendtafel fuhr der Kaiser gegen 1/2 2 wieder zum Bahnhof und begab sich im Hofzug, der auf ein totes Geleise gefahren wurde, zur Ruhe. Morgens um 5.30 Uhr verließ der Zug fast ohne Geräusche den Bahnhof. – Der Turnverein hat an der hiesigen Schreyerstraße ein Gelände von ca. 80 Ruten erworben, dort wird ein Turnplatz eingerichtet, es ist beabsichtigt, dort baldmöglichst eine Turnhalle zu errichten. (Die Turnhalle wurde durch den Bau der heutigen Stadthalle 1908 nicht mehr benötigt, der Platz wurde vom MTV noch bis nach dem Zweiten Weltkrieg genutzt, bis an den Schülerwiesen der große Sportplatz entstand. Anm.)

Inserat der Woche:
Mansarde an zwei reinliche Arbeiter zu vermieten. Pferdstr. 13.

31.10. Der Magistrat wollte gestern abend einen Rundgang durch die Straßen der Stadt unternehmen, um festzustellen, wo es an Licht fehlt. Das ganze Beleuchtungsnetz bedarf einer gründlichen Erweiterung. Ein hiesiger Villenbesitzer, der gerne auch im Winter in Cronberg geblieben wäre, hat den bezeichnenden Ausspruch getan: „Cronberg ist noch nicht so weit, daß man auch im Winter hier wohnen kann." Der beabsichtigte Rundgang wurde auf eine spätere Zeit verschoben wegen des jetzt vorhandenen Mondscheins.

Inserat der Woche:
Bekanntmachung! Trester dürfen nur auf dem Schuttplatz im Distrikt „Latthöhlchen" abgeladen werden. Jede Verbringung auf Wege oder städtische Grundstücke, außer obigem Platz, wird bestraft. Die Polizeiverwaltung.

14.11. Die Firma Louis Stein, Kolonial- und Eisenwarenhandlung hat in der Eigenstraße Nr. 3 dahier einen neu eingerichteten Verkaufsladen in modernem Styl eröffnet. Die Gesamtwirkung ist eine sehr gediegene und solide ohne Überlastung. Das ganze macht einen vornehmen Eindruck. (Die Fa. Stein besteht heute nicht mehr, sie war in früheren Zeiten einer der „Hauptläden" in Kronberg. Die Bezeichnung „Eigenstraße" hielt sich trotz der „Eichenstraße" als amtliche Bezeichnung noch lange, denn der Name war eigentlich der richtige. Jahrhundertelang gab es in Kronberg nur die „Eigengasse", die mundartliche Bezeichnung „Aijegass" ist darauf bezogen. Mit den Laubbäumen hat die Straße nichts zu tun, das ist lediglich ein fälschlich ins Hochdeutsch übersetzter Name. Anm.)

Inserat der Woche:
Pepsin-Magen-Bitter aus Kiel ist das feinste diätische Genußmittel, vielfach prämiiert mit ersten Preisen und ärztlich empfohlen. Unübertroffen auf dem Gebiet der Hygiene. Philipp Weinig, Restaurant in Cronberg. (Das Gasthaus „Krone" befand sich im Hause Friedrich-Ebert-Straße 4)

28.11. In der letzten Stadtverordneten-Versammlung wurde beschlossen, in den Cronberger Straßen bessere Beleuchtung anzubringen. Ein Rundgang des Magistrats hat ergeben, daß es an der Zeit ist, hellere Lampen anzuschaffen. Die vorgesehenen Änderungen erfordern einen Kostenaufwand von etwas über 1 000 Mark. Die Herstellung des unteren Bleichweihers (Schillerweiher) erfordert 300 Mark Kosten. Zum Dichten des Dammes zwischen den Weihern, der noch Wasser durchsickern läßt, ist weiteres Material nötig.

Inserat der Woche:
Puppenperücken in echtem Haar in großer Auswahl, Haarketten mit Goldbeschlag von 10 Mark an, große Auswahl in den neuesten Mustern, Garantie für Verwendung der gegebenen Haare. Bitte um Beachtung der Ausstellung. Philipp Weigand, Hoffriseur, Hauptstraße 9.

11.12. Die letzte Viehzählung hat in Cronberg folgende Zahlen ergeben: In 139 von 463 Häusern bzw. Gehöften sind 146 viehhaltende Haushaltungen. In Cronberg gibt es 87 Pferde, 216 Rinder, 6 Schafe und 185 Schweine. (Die Ziegen, oder besser „Gaaße" sind nicht aufgeführt.)

Inserat der Woche:
Medicinal-Lebertran in Flaschen zu 50 und 80 Pfennig empfiehlt Carl Gestner, Hoflieferant, Tel. Nr. 21.

30.12. Vorbei sind die Weihnachtstage, die uns diesmal im gewünschten Kleide beschert wurden. Kälte und fußhoher Schnee, just das richtige Feiertagswetter. Es ist schon lange her, daß wir weiße Weihnacht hatten. Die Eisenbahn hat gute Tage, sie rechnet jetzt mit vollen Winterzügen. Die Schlittschuhbahn auf dem Schillerdamm ist gesperrt. Wegen Mangel an Wasser ist die Eisdecke eingebrochen. (Heute ist an diesem Platz der Schillerweiher angelegt 1907)

Inserat der Woche:
Magnesium-Wunderkerzen, Stück 5 Pfennig, effektvollste Christbaumbeleuchtung, geruch- und gefahrloser Sylvesterscherz. Zu haben bei Ph. Liedemann, vis à vis der Apotheke.

9.1. Zur Reichstagswahl kann jeder deutsche männlichen Geschlechts, welcher am 25. Januar 1907 das 25. Lebensjahr zurückgelegt hat, teilnehmen. Nicht zugelassen sind Personen des Soldatenstandes, Personen, die unter Vormundschaft stehen, Personen, deren Vermögen unter Konkurs steht, auf die Dauer des Konkursverfahrens, die Armenunterstützung beziehen und Personen, denen die staatsbürgerlichen Rechte entzogen wurden. – Der neugegründete Rodel-Club „Taunus“ in Frankfurt hat den schwarz markierten Altkönigweg, der am hiesigen Wasser-Reservoir vorbeiführt, als Rodelbahn herrichten lassen. Die Stadt hat die Bahn im Victoriapark (heute Victoriastraße) durch Auftragen von Schnee ebenfalls herrichten lassen. Die hiesige Feldjagd wurde an Herrn Direktor Offenbach, Kronthal, verpachtet.

Inserat der Woche:
In unserer Neujahrsausgabe war versehentlich der Glückwunsch des Herrn Heinrich Küchler im neuen Bau weggeblieben, was wir zu beachten bitten. Die Expedition des Cronberger Anzeigers.

23.1. In der Stadtverordneten-Sitzung wurde beschlossen, den Kugelbergweg zu Ehren der Stifter des Versorgungshauses in „Bonnstraße“ umzubenennen. (Das galt für die Straße ab „Kronthaler Weg“, der damals noch „Langer Weg“ hieß. Die heutige Wilhelm-Bonn-Straße hieß bis zu diesem Punkt noch „Kronthaler Straße“). Die Reichstagswahl am 25. Januar beginnt laut heutiger Bekanntmachung vormittags um 10 Uhr und wird abends um 7 Uhr beschlossen. Die Bürger wählen im Sitzungssaal des Rathauses.

Inserat der Woche:
Rheumatismus- und Gicht-Kranken teile ich unentgeltlich mit, was meiner lieben Mutter nach jahrelangen gräßlichen Schmerzen sofort Linderung und in kurzer Zeit vollständige Heilung brachte.

6.2. Anstelle des aus dem Gemeindeamt ausgeschiedenen Stadtsekretärs Herrn Reinehr ist der Stadtsekretär Herr Paul Heinrich zum Standesbeamten-Stellvertreter für den Bezirk Cronberg bestellt worden. – Die Rodelbahn hat in den letzten Tagen eine ungezählte Menschenmenge angelockt. Die Viktoriastraße und die Oberurseler Chaussee waren voll besetzt und auch der Feldbergweg, wie überhaupt die Wege zum Feldberg und Altkönig wurden von Rodlern viel besucht. Der Verkehr von Fremden war ein ganz enormer.

Inserat der Woche:
Rodelbahn Viktoriastraße morgen Sonntag: Heißen Grock, Kaffee und Kreppeln.

20.2. Die Heilanstalt in Falkenstein wird in aller Kürze geschlossen, fast alle Kranken sind bereits entlassen. Die Anstalt soll in Zukunft als Erholungsheim für Offiziere dienen, dazu sind noch umfangreiche Renovierungen und Umbauten notwendig. Das Erholungsheim, das 50 bis 60 Offizieren Unterkunft bieten soll, wird dem Kriegsministerium unterstellt. Die Kläranlage, die den Falkensteiner und den vielen Touristen oft Anlaß zu Klagen gegeben hat, soll nach den neusten Systemen ausgebaut werden. – Am Fastnachtssonntag geht es auf den Straßen Cronbergs wieder hoch her. Zwar gibt es keinen großen Umzug, doch das bunte Treiben wird wieder viel Amüsement bringen. Die Käwwern geben auf der Rodelbahn einen großen Empfang.

Inserat der Woche:
Tägliche frische Eier sowie zwei junge Hähne gibt es ab Geflügelhof Geisler, Oberhöchstadt.

6.3. Die Tatsache, daß in der letzten Woche im Hauptbahnhof Frankfurt eine Lokomotive abermals einen Prellbock überfuhr, hat die Eisenbahnverwaltung erneut veranlaßt, die Frage zu prüfen, wie solche Vorkommnisse in Zukunft vermieden werden können. – Auf telegrafischen Befehl des Kaisers ist die angesagte Mobilien-Versteigerung der Heilanstalt Falkenstein untersagt worden. Es wird eine Gefahr darin erblickt, wenn das Inventar, namentlich die Polstermöbel und die Bibliothek unter die Bevölkerung kommen.

20.3. Frühlingsanfang! 3 Grad unter Null, im Taunus eine geschlossene Schneedecke, Wintersportmöglichkeiten! Ein Frankfurter verunglückte zwischen Feldberg und rotem Kreuz mit seinem Rodel. Die hiesige Sanitätskolonne holte ihn mit einem Jagdwagen und brachte ihn zur Bahn. Die weiblichen Handarbeiten der hiesigen Volksschulen und der Realschule sind zur Besichtigung ausgestellt.

Inserat der Woche:
Kennen Sie schon das Veilchenseifepulver? Marke KAMINFEGER! mit den prächtigen Geschenken in jedem Paket. Je Stück 15 Pf. bei Hoflieferant Carl Gerstner.

3.4. Im hiesigen Bahnhof ist seit einigen Tagen eine Buchhandlung auf dem Bahnsteig etabliert. Es gibt dort die neuesten Tageszeitungen zu kaufen, ferner illustrierte Zeitungen und eine große Auswahl sonstiger Reiselektüre. Der Inhaber des neuen Geschäftes ist Herr Ritz. –

Inserat der Woche:
200–250 tüchtige Arbeiter sowie Schlosser und Schreiner per 8. April am Abbruch der Heilanstalt Falkenstein gesucht.

18.4. Im Saale des „Frankfurter Hofes" fand ein vom hiesigen Raucherklub „Taunusblüte" veranstaltetes Wettrauchen statt. Die Beteiligung war eine sehr gute. Im Vereins-Dauerrauchen erhielt der Oberreifenberger Verein „Edelweiß" den ersten Preis. Von den 19 Einzel-Preisen fielen dem hiesigen Verein 4 zu. – Am Sonntag veranstaltet der Kappen-Klub in Kronthal wie alljährlich ein Tanzvergnügen, bei welchen die allbekannte Hauskapelle konzertieren wird und jedermann freien Zutritt hat.

Inserat der Woche:
Josef Keil, Hauptstr. 4, empfiehlt die Knochs Ideal-Dampfwaschmaschine, welche die Wäsche gleichzeitig kocht, dämpft, desinfiziert und reinigt. Wring-Maschinen, bedeutend trockeneres Wringen als bisher.

29.4. Der Weg, der von der Burgerstraße abzweigt, wird ausgebaut und erhält den Namen „Rumpfstraße".

Inserat der Woche:
Ein besseres Mädchen mit guten Zeugnissen gesucht.

2.5. Die Stadt hat für die Talbewohner die Wiese des Zentralstudienfonds an der Talmühle als Bleiche gepachtet. – Die Automobil-Omnibus-Verbindung Cronberg-Königstein ist seit gestern wieder in Betrieb. Der Fahrpreis beträgt jetzt 80 Pfg. pro Person. (Preisvergleich: ein Bauarbeiter erhielt ca. 40 Pfg. Stundenlohn!) Die Kronthaler Mineralquellen-Betriebsgesellschaft erhielt wieder zwei seltene Prämiierungen auf Fachausstellungen. – Die für heute abend angesetzte Übung der Pflichtfeuerwehr findet schlechten Wetters halber nicht statt. Dieselbe wird auf Freitag verschoben.

Inserat der Woche:
Achtung! Ausschneiden! Jeden Mittwoch werden chemisch-mikroskopische Urinuntersuchungen im „Frankfurter Hof" in Cronberg gewissenhaft ausgeführt. Glänzende Erfolge! Lipp, Rödelheim.

13.5. Schießt das Raubzeug ab!!! Das Bürgermeisteramt zahlt für das Einliefern von Raubzeug wie Falken, Habichte und Sperber 0,75 Mark Schußgeld! (Heute stehen diese Greifvögel fast alle unter Schutz)

Inserat der Woche:
2–3 reinliche Arbeiter können Kost und Wohnung haben.

15.5. Die Kronthaler Mineralquellen-Betriebsgesellschaft hat in diesem Jahr ihre Füllanlage vollständig neu ausgestattet und mit allen Maschinen versehen, die zu einem modernen Mineralwassergeschäft erdacht werden können. – Anstelle der nunmehr fast ganz niedergelegten Heilanstalt in Falkenstein sollen fünf Villen in englischem Gartenvillenstil aufgeführt werden und als Offiziers-Genesungs heim dienen. Die Grundsteinlegung soll in Gegenwart Seiner Majestät stattfinden.

Inserat der Woche:
Prima Rindfleisch, Pfund 70 Pfg., Flaschenbier 20 Pfg, 1/2 Flasche 10 Pfg. Wilhelm Lempp Eichenstraße.

29.5. Enttäuscht waren am Sonntag früh viele Leute, die von 4 Uhr an auf die Probefahrer zum Kaiserpreis-Automobil-Rennen (am 13./14. Juni) warteten. Die Probefahrten sind wegen verschiedener baulicher Änderungen auf der Rennstrecke einstweilen ausgesetzt. Mit einer neu konstruierten Maschine wurde die Teerung der Rennstrecke begonnen. Die Maschine ist im Stande, an einem Tag bis zu 20 000 Quadratmeter zu teeren. Dem interessanten Vorgange wohnten viele Schaulustige bei.

Inserat der Woche:
Flotter Mäher für Park und Wiesen gesucht. Schloßverwaltung Friedrichshof.

10.6. Am 5. Juni verstarb der evangelische Pfarrer Friedrich Aßmann. Er wurde am 11. Dezember 1824 in Wiesbaden geboren, studierte in Tübingen und Bonn und wurde am 23. August 1874 in Cronberg in sein Amt eingeführt. Im Juli 1898 konnte er noch sein 50jähriges Amtsjubiläum feiern. Seit 1903 im Ruhestand, ihm war sein Sohn Wilhelm im Amt nachgefolgt. Pfarrer Friedrich Aßmann fand unter großer Anteilnahme seines ganzen Kirchspiels auf dem Cronberger Friedhof an der Frankfurter Straße seine letzte Ruhestätte.

Inserat der Woche:
Neue schottische Voll-Heringe, 2 Stück 11 Pfg.

12.6. Unter großer Anteilnahme der Cronberger Bevölkerung wurde Pfarrer Friedrich Aßmann zur letzten Ruhe geleitet. Fast dreißig Jahre lang, von 1874–1903 war der Verstorbene der Seelsorger der evangelischen Gemeinde. – Beim Kaiser-Preis-Rennen verunglückte heute unweit von Schloß Friedrichshof ein belgischer Tourenwagen, der am Kilometerstein 1,8 total zerschellte. Der Fahrer brach sich den linken Oberarm, die beiden anderen Insassen erlitten schwere innere Verletzungen.

Inserat der Woche:
Unter den schattigen Kastanien des Schießplatzes sind noch Zuschauerplätze für das Automobil-Rennen frei. Res. Sitzplätze 2 M. 1 Tisch mit Sitzplätzen 5 M. Vorverkauf bei Christian Lohmann. (Der Schießplatz befand sich an der B 455 auf dem Gelände der Villa Mumm – erbaut etwa zehn Jahre später – heute im Besitz der Arbeiterwohlfahrt.) Anm.

24.6. Die Erdbeerernte hat begonnen! Täglich werden bis zu 300 Zentner verladen. Wer sich die Riesenmenge ansehen will, der gehe abends auf den hiesigen Marktplatz (Schirn), der ganz voll von Wagen, Kasten und Körben steht. Die Cronberger Fuhrgeschäfte können die Menge kaum bewältigen, die täglich auf den Großmarkt nach Frankfurt transportiert werden muß. Sogar von Königstein mußte ein Fuhrwerk requiriert werden.

Inserat der Woche:
Erdbeerpflücker: reinliches und schonendstes Pflücken der Früchte, ohne dieselben zu drükken, zu haben bei Gg. Maschke.

26.6. In Kronberg fand der Nassauische Städtetag statt. Von 34 Städten waren 72 Vertreter anwesend, den Vorsitz hatte Herr Oberbürgermeister Dr. von Ibell aus Wiesbaden. Bürgermeister Jamin zeigte den Gästen die Sehenswürdigkeiten von Cronberg, die Johanniskirche und das alte Schloß. Die Burg ist noch nicht allen zugänglich, doch die Herren durften sie betreten. Im Schützenhof fand ein Festessen statt, das zwei Stunden in Anspruch nahm und nach allgemeinem Urteil das Prädikat „sehr gut" erhielt. Das Kaiserhoch brachte Herr Oberbürgermeister Vogt aus Biebrich aus. In gehobener Stimmung kamen die Herren um 1/2 9 Uhr zum Garten-Konzert im Frankfurter Hof, woselbst die 81er wacker aufspielten. Am zweiten Tag wurde ein Spaziergang ins Kronthal unternommen, dabei führte Herr Dr. Neubronner seine Rezept-Brieftauben-Post vor. Auch eine kleine Erdbeer-Ausstellung war arrangiert worden. Die Herren sahen dem Verladen der Fürchte auf der Schirn zu.

Inserat der Woche:
Baumstützen, Bohnenstangen, Rosenstäbe, empfiehlt preiswürdig Johann Kuhl, Hintergasse.

8.7. Am 16. Juli kann der bekannte Kunstmaler Professor Norbert Schrödl seinen 65. Geburtstag begehen. Schrödl, der in Wien geboren wurde, lebt seit 1887 in Cronberg.

Inserat der Woche:
Zahnatelier eröffnet! Anfertigung von künstlichen Zähnen, Gebisse in Kautschuk! Zahnziehen schmerzlos! Nervtöten!

10.7. Eine ernste Totenliste veröffentlichte der „Autosport". Danach sind am 5. bis 23. Juni nicht weniger als 28 Menschen zu Tode gefahren und weitere 58 verwundet worden. Dazu bemerkt das Blatt, daß dies nur die ihm bekannten Fälle, aber wohl nur ein kleiner Bruchteil seien. Die Opfer des Geschwindigkeitsteufels!

Inserat der Woche:
Meiner werten Kundschaft beehre ich mich mitzuteilen, daß ich unter der Nummer 109 an das Telefon angeschlossen bin. Hochachtungsvoll Heinrich Kunz, Installateur, Wilhelmstr. 1 (heute Heinrich-Winterstraße)

22.7. Am 17. Juli verstarb Johann Christian Kunz, der 30 Jahre Leiter der Freiwilligen Feuerwehr war. Er bekleidete lange Jahre das Amt des Stadtrechners. Die Cronberger Bürger mußten ihre Steuern und Abgaben bei ihm, in seiner Wohnung in der Grabenstraße, begleichen.

Inserat der Woche:
Hutnadeln! Letzte Neuheit! Hutnadeln mit galvanisierten Rosen, versilbert und vergoldet! (Es begann die Zeit der gefährlichen Hutnadeln, man dachte ernsthaft an ein Gesetz zur Sicherung der Bevölkerung vor allzulangen Hutnadeln, namentlich bei Benutzung öffentlicher Verkehrsmittel).

24.7. Ein Ehrenpreis der Kronprinzessin für Eier-Wettlegen. Dem Verein für Nutzvieh und Geflügelzucht ging die Mitteilung zu, daß die Kronprinzessin Cäcilie, in Würdigung der großen Bedeutung einer Vermehrung der Eierproduktion für die Volkswirtschaft, bestimmt hat, daß dem Sieger aus dem 1. Deutschen Wettlegen ein Ehrenpreis zuerkannt werden soll. – Die Cronberger Schützengesellschaft lädt zu ihrem großen Königsschießen mit Konzert und Tanz am kommenden Sonntag ein. Die Schützen werden, wie es in früheren Zeiten üblich war, durch Trommelschlag zusammengerufen und um 3 Uhr unter Vorantritt der Cronberger Musik-Kapelle vom Gästehaus zum Adler nach dem Schießplatz (heute Haus Waldfriede) marschieren. Das Schießen beginnt um 4 Uhr, es sind drei schöne Ehrenpreise gestiftet worden.

Inserat der Woche:
Vom Henrich'schen Grundstück „im Bellersheim" ist mir eine Leiter entwendet worden und ersuche ich hiermit, dieselbe wieder unbeschädigt zur Stelle zu schaffen. M. Müller

5.8. Die Farben und das Wappen der Stadt Cronberg sind auf Veranlassung des Staatsarchivs in Wiesbaden neu festgelegt worden. Das Stadtwappen wurde von dem Wappenmaler Prof. Hildebrandt in Berlin neu angefertigt. Ein altes Stadtsiegel von 1681, das im Staatsarchiv noch vorhanden ist, wurde dabei zugrunde gelegt. Die Stadtfarben sind Blau-Weiß-Rot.

Inserat der Woche:
In Oberhöchstadt ist ein Bügelofen und ein Halb-Sitzbad wegen Platzmangel zu verkaufen.

7.8. Der Radfahr-Verein „Victoria" veranstaltet nächsten Sonntag aus Anlaß seines zehnjährigen Bestehens ein Jugendfahren für junge Leute von 15 bis 18 Jahren. – Für den Turnhallen-Neubau, der mit Benutzung des niedergelegten Speisesaales der ehemaligen Heilanstalt in Falkenstein hier in Frage steht, sind jetzt drei neue Projekte zur Vorlage gebracht worden, die in der Sitzung der Bau-Kommission debattiert werden. Bekanntlich haben der Magistrat und die Baukommission drei Projekte, die schon vor Wochen eingebracht wurden, einstimmig abgelehnt, weil die Baukosten zu hoch waren. Die heutigen Entwürfe repräsentieren nur die Hälfte der ersten Vorschläge und werden über 35 000 Mark nicht hinausgehen. (Die endgültigen Kosten beliefen sich jedoch auf über 60 000 Mark. Anm.).

Inserat der Woche:
Für Hasenliebhaber! Zwei belgische Riesen mit Jungen nebst drei Hänse, ein Satz zu verkaufen bei Dienstmann Müller, Hintergasse 7.

19.8. In der hiesigen Schule wird in den Kellerräumen ein Brausebad geschaffen. Die Räume werden mit Mettlacher Plättchen getäfelt, so daß man wohl glauben kann, in eine Bade-Cabine der besten Wiesbadener Kurhäuser zu treten. – Die Mütter Jung-Cronbergs werden es dem Bürgermeister Dank wissen, daß er ihnen eine mühevolle Arbeit abnimmt!

Inserat der Woche:
Dampfwaschmaschine „Schneewittchen"! Überall verwendbar. Gebe dieselbe 14 Tage auf Probe. Gg. Maschke

21.8. Das große Jugend-Automobilrennen nahm einen großartigen Verlauf. Die letzten Tage wurden zum Trainieren genutzt. Zahlreiche Ehrengaben waren eingegangen. Die Startliste hatte 31 Meldungen aus allen Schichten der Bevölkerung. Dicht gedrängt standen die Zuschauer an der Rennstrecke. Der Wagen mit den Prinzen Philipp und Wolfgang von Hessen landete im Chauseegraben. Sieger wurde Prinz Friedrich von Hessen, zweiter Friedel Eichenauer. – Was kostet die Schillerstraße? Diese Frage hatte in der letzten Stadtverordneten-Versammlung Herr Philipp Henrich aufgeworfen. Man hörte in der Bevölkerung Summen nennen, die weit über den Voranschlag hinausgehen. Der Herr Bürgermeister konnte darauf erwidern, daß nicht 80 000 sondern 30 000 Mark veranschlagt sind. Soviel etwa wird die Schillerstraße kosten.

Inserat der Woche:
Das Verscharren verendeter Tiere auf dem städtischen Wasenplatz darf nur nach erfolgter Platzanweisung durch den Feldhüter in dessen Gegenwart erfolgen. Bei Zuwiderhandlungen erfolgt Bestrafung. Die Po.Verw. Pitsch, Bürgerm.

2.9. Großes Autorennen in Cronberg! Mit selbstgebastelten Autos (heute sagt man „Seifenkisten“ dazu) gingen am vergangenen Sonntag vier Söhne des Prinzen Friedrich Carl von Hessen und viele Cronberger Buben auf der Kaiserin-Friedrich-Chaussee (heute ist dort der Fußballplatz) an den Start. Mit der Bestzeit von 1,20 Min. für die 1,1 km lange Strecke siegte Prinz Friedrich von Hessen mit seinem Beifahrer Richard Melzer. Die Prinzen Richard und Wolfgang landeten leider im Chausseegraben, kamen aber unverletzt davon. Das Rennen wurde von Hunderten von Zuschauern beobachtet.

Inserat der Woche:
Gelesene Mirabellen zu verkaufen.

11.9. Der Frankfurter Hof hier ist zum Preise von 135 000 Mark an Herrn Leo Becker, Restaurateur zur Hohen Mark verkauft worden. – Im dichten Gebüsch des Viktoriaparks wurde von Straßenarbeitern ein Mann erhängt aufgefunden. Der Aufgefundene gehörte anscheinend dem Arbeiterstand an und dürfte schon vor mehreren Wochen seinem Leben ein Ende gesetzt haben. (Der Viktoriapark befand sich auf dem Gelände der heutigen Taunusstraße und Fuchstanzweg. Dort stand auch der Margarethentempel. In diesem Park, rund um den Tempel, geschah es noch mehrere Male, daß ein Selbstmörder aufgefunden wurde. Den Einheimischen war es deshalb nicht so ganz geheuer in diesem kleinen Wald. Anm.)

Inserat der Woche:
Neue Linsen in schöner großer Ware empfiehlt Carl Gerstner, Hoflieferant.

16.9. Die älteste Einwohnerin Cronbergs, Frau Ursula Schmidt geb. Hauswald, Talstraße 1, feiert am 21. September ihren 90. Geburtstag. Sie ist körperlich und geistig noch erstaunlich frisch. Mit ihr feiern 4 Töchter, 26 Enkel und 30 Urenkel. (Sie starb 1909. Insgesamt hatte sie fast 50 Urenkel. Eine „Stammmutter“ im wahrsten Sinne des Wortes. Sie vermietete lange Jahre an Mitglieder der Cronberger Malerkolonie. Ihr bekanntester Untermieter war Prof. Philipp Frank. Mancher prominente Kronberger zählt Großmutter Schmidt zu seinen Ahnen, so der Heimatdichter Wilhelm Jung, die Familie Andrée und der Stadtverordnetenvorsteher Wilhelm Küchler.)

Inserat der Woche:
Ärztliche Winke für Eheleute, illustriert, gegen 50-Pfennig-Marken erhältlich

25.9. Auf Schloß Friedrichshof waren zur heutigen Mittagstafel geladen: Herr und Frau Bürgermeister Pitsch, Herr und Frau Forstmeister Lade, Herr und Frau Professor Brütt und Herr Prälat Eickerling. – In Frankfurt starb gestern früh der Ehrenbürger der Stadt Cronberg, Herr Moritz Bonn, im Alter von 69 Jahren. Der Verstorbene war lange Jahre Mitglied der hiesigen Schützengesellschaft und eine sehr beliebte Persönlichkeit.

Inserat der Woche:
Garantiert reiner Bienenhonig, per Pfund 1,20 Mark ohne Glas, zu haben bei Bienenzüchter H. Blum, Frankfurter Straße 14 (Heinrich Blum war lange Lehrer an der Volksschule).

30.9. Am kommenden Sonntag findet die Einweihung des neuen Bürgelturmes statt. Der Turm wurde durch den Taunusclub auf dem Bürgelkopf errichtet. Die Plattform hat eine Fläche von 5,5 qm und bietet einen prächtigen Ausblick über Cronberg und das Maintal.

Inserat der Woche:
Neue Bücklinge treffen von jetzt ab wöchentlich bei mir ein. Gerstner, Hofflieferant

9.10. Unter Beteiligung der hiesigen Sektion des Taunusklubs fand die Einweihungsfeier des Aussichtsturmes auf der Bürgelplatte statt. Der neue Turm besteht aus einem eisernen Aufbau auf den bisherigen Felsentreppen, er ragt kaum über die Baumwipfel hinweg. Die

Plattform hat eine Fläche von etwa 5 qm und bietet einen prächtigen Ausblick über die Mainebene und die Höhenzüge des Taunus. (Die „Bürgelplatte“ mit ihrem Aussichtsturm war immer ein beliebtes Ziel für den Sonntagsspaziergang. Leider hatte der „Zahn der Zeit“ so kräftig an der eisernen Konstruktion genagt, daß der Turm nach dem Zweiten Weltkrieg niedergelegt wurde. Nur die alten Felsenstufen künden noch von seinem Dasein. Anm.)

Inserat der Woche:
„Oliver“ Schreibmaschinen zu haben bei Christian Lohmann, Hauptstraße.

18.10. Die Stadt Cronberg hat den Casino-Bau der ehemaligen Lungenheilanstalt in Falkenstein gekauft. Der Bau wird abgetragen und Stein für Stein hier in der Wilhelmstraße (heute Heinrich-Winter-Straße) wieder aufgebaut. Er soll als Turnhalle Verwendung finden.

Inserat der Woche:
Bei Heinrich Antoni, Katharinenstraße 8, wird morgen vormittag von 10 Uhr ab 1 Kuh ausgehauen. Das Pfund zu 65 Pfennigen.

23.10. Den neuen Weiher an der Schillerstraße zieren seit heute zwei Schwäne. Sie sind ein Geschenk zweier hiesiger Bürger. – Die Schönberger Kerb, welche am Sonntag beginnt, wird allem Anschein nach wieder mit allem Pomp in Scene gehen. Der Kaiserhof-Wirt lädt zum Tanz ein, die beiden anderen Wirte bieten an Küche und Keller alles das, was man zu einer Gründung der guten Kerbestimmung nötig hat. Die Buden sind zahlreich angefahren, Kaisers Carousell steht wieder an seinem alten Platz. – Die Zentralheizung im Schulhaus ist fast fertiggestellt. Die Schule hat dadurch eine sehr wichtige Verbesserung erhalten, da der lästige Kohlendunst und Staub ganz fortfällt.

Inserat der Woche:
Kirchweih in Schönberg! Am Sonntag und Montag große Tanzbelustigung im Saale „Zum Kaiserhof“. Zu zahlreichen Besuche ladet freundlichst ein Georg Weizel.

28.10. In der Zeit vom 1. Oktober 1906 bis 30. September 1907 wurden in Deutschland bei Autounfällen 2564 Personen verletzt oder getötet. Angesichts dieser Tatsache ist ein Haftpflichtgesetz unaufschiebbar.

Inserat der Woche:
Am Dienstag beginnt der diesjährige Tanzkursus. Auch für ältere Damen und Herren ungeniertes Lernen! Heinrich Heist, Tanzlehrer.

6.11. Polizei-Sergeant Heinrich Jung, dahier, wird auf Verfügung des Herrn Regierungspräsidenten vom 4. November an einen vierwöchigen Cursus an der Schutzmannschule in Wiesbaden mitmachen. – Der Frankfurter Hof hat mit dem 1. November seinen Besitzer und Inhaber gewechselt. Herr Leo Becker, seit langem als Wirt der Hohe-Mark-Restauration wohlbekannt, hat die Hieronymische Besitzung käuflich erworben und will das Renommee des alten Hauses in jeder Weise rechtfertigen.

Inserat der Woche:
Meiner verehrten Kundschaft teile ich, daß ich das von meinem sel. Mann geführte Spengler- und Installationsgeschäft in der Hauptstraße mit dem 1. November an die Herren Heinrich Henrich und Philipp Weinig übertragen habe. Jacob Becker Wwe.

11.11. Im Taunus soll eine Automobil-Rennbahn gebaut werden! Sie soll von Lenzhahn zur Saalburg führen. Sämtliche betroffenen Ortschaften haben dagegen Einspruch erhoben. So ist zu hoffen, daß davon Abstand genommen wird. Ein zweites Projekt sieht die Errichtung einer Rennbahn in der Eifel vor.

Inserat der Woche:
Kennen Sie schon das „Veilchen-Seifenpulver?“ Machen Sie eine Probe. Paket 15 Pfg.

20.11. Einige junge Burschen von hier haben in der letzten Nacht eine artige Messerstecherei verübt. Aus geringfügigem Anlaß wurden zwei Brüder, die hier als Gärtner beschäftigt sind, von diesen mit dem Messer gestochen und erhielt einer der Brüder eine schwere Verletzung am Kopf, die ihm mit dem Schlagring beigefügt wurde. Beide Brüder mußten in das Kaiserin-Friedrich-Krankenhaus eingeliefert werden. Die vier Burschen wurden verhaftet und dem Amtsgericht in Königstein zugeführt.

Inserat der Woche:
Von jetzt ab führe ich auch Rindfleisch, nur prima Qualität, morgens und abends warme Fleischwurst. F. J. Altlay. Metzgerei, Eichenstraße 25.

25.11. In Schönberg fand die Wahl des Bürgermeisters statt. Der bisherige Bürgermeister Andreas Kopp wurde mit 6 Stimmen, 1 Gegenstimme und 2 Enthaltungen wiedergewählt.

Inserat der Woche:
Backpulver; Eigene Marke! Mit vorzüglicher Vorschrift empfiehlt C. Gerstner, Hoflieferer.

4.12. Die Weihnachtszeit naht heran. Die hiesigen Geschäftsleute machen alle Anstrengungen, den Anforderungen des Publikums gerecht zu werden. Die Schaufenster und Lager zeigen eine Fülle von Neuem, Schönem, Gutem, Preiswertem. Es liegt im Interesse aller hiesigen Einwohner, ihren Bedarf am Platze zu decken. Durch den Einkauf am Platz werden die Geschäfte in ihrer Steuerkraft gestärkt, damit tragen die Einwohner selbst zur Hebung unserer Stadt bei. Also – Kauft am Platze!

Inserat der Woche:
Mit Gegenwärtigem gestatte ich mir höfl. Mitteilung, daß ich meine seit 5 Jahren in der Frankfurterstr. 3 betriebene Conditorei und Cafe‘ nach der Bleichstr. Nr. 2 verlegt habe. In dem ich mich für das mir bis jetzt in so reichem Maße geschenkte Wohlwollen bestens bedanke, bitte ich, mir dasselbe auch fernerhin in meinem neuen Lokale bewahren zu wollen. Karl Zibold

9.12. Die Motorradfahrer Josef Keil und Konrad Feldmann von hier waren vom Schöffengericht Homburg wegen raschen Fahrens verurtheilt worden. Auf ihre Berufung hat das Landgericht Frankfurt einen Freispruch erlassen. (Siehe nebenstehenden Artikel).

Inserat der Woche:
Rodel-Sweaters, Mützen und Handschuhe empfohlen: Ph. J. Liedemann

18.12. Die am 2. ds. Mts. durchgeführte Viehzählung hatte folgendes Ergebnis: Unter den vorhandenen 479 Hausgrundstücken waren 207 mit 214 viehhaltenden Haushaltungen. Es wurden gezählt: 91 Pferde, 1 Maulesel, 1 Maultier, 1 Esel, 219 Stück Rindvieh, einschl. der Kälber, 4 Schafe, 211 Schweine, 143 Ziegen, 999 Stück Federvieh und 118 Bienenvölker. – Bei den gemeldeten Hausschlachtungen ist festgestellt worden, daß im letzten Jahr 52 Ziegen geschlachtet wurden. (Die Cronberger Gaaß war bestimmt nicht dabei!!)

Inserat der Woche:
Als Weihnachtsgeschenk zu empfehlen: Spitzen, Cravatten, Negligé-Häubchen, leinene Kragen und dergl.

31.12. Bei der letzten Stadtverordneten-Sitzung in diesem Jahr wurde beschlossen, den Ausbau der Schreyerstraße vorerst noch zurückzustellen. Der Magistrat berichtete, daß er alles versucht habe, die Besitzer zur Herausgabe des erforderlichen Geländes zu veranlassen. Die dafür veranschlagten 25 000 Mark werden nun für neue Wasserschürfungen verwendet. – An Stelle des von seinem Amt zurückgetretenen Herrn Martin Staudacher ist dessen Enkel, Herr Martin Schauer, als städtischer Wiegemeister bestallt worden.

1908

6.1. Der Neujahrstag brachte einen starken Zuzug von Auswärtigen, die hier dem Rodelsport huldigten. Im Cronberger Bahnhof liefen bis 1 Uhr mittags 90 Wagen voll besetzt mit Frankfurtern ein. – Die Rodelbahn am Schwarzen Weg ist mit Aufgebot von Fuhrwerk und 12 Mann mit Schnee neu überdeckt worden. Sie ist tadellos im Schuß. – Der Rodelclub bittet darum, daß den Bahnwärtern unbedingt Folge geleistet wird.

Inserat der Woche:
Bester Schutz für Kälte und Schmutz: Gamaschen aller Art! Heinrich Weidmann, am Bahnhof

15.1. Am Sylvesterabend starb in einer Frankfurter Klinik Herr Emil Armbrüster. Der Dahingeschiedene war mit Leib und Seele Cronberger und nahm regen Anteil am Geschick der Stadt. In den letzten Jahren gehörte er der Stadtverordneten-Versammlung an. In die neue Villa, die sich die Familie in der Jaminstraße erbauen ließ, konnte er nicht mehr einziehen. Herr Armbrüster wurde mit allen Ehren auf dem Cronberger Friedhof beigesetzt.

Inserat der Woche:
Die Weihnachtskasse „Zu den 3 Rittern“ ist wieder geöffnet. Es können wieder Einzahlungen geleistet werden.

20.1. Am Sonntag, dem 21. Januar, findet das bereits angesagte große Rodel-Preisrennen statt. Bisher sind über 150 Meldungen eingegangen. (Meldung vom 21. Januar: Das Rennen mußte in letzter Minute wegen Tauwetter abgesagt werden.)

Inserat der Woche:
Junge Burschen, nicht unter 12 Jahren, können sich sofort zum Verkauf von Rodel-Startlisten melden!

29.1. Die Schlittschuhbahn auf dem Weiher an der Schillerstraße ist eröffnet worden. Die Wartung und Aufsicht hat Herr Franz Gottschalk, er ist von der Stadt beauftragt, die Eintrittsgelder zu kassieren.

Inserat der Woche:
Rodel-Sweaters, Gamaschen und Handschuhe empfiehlt Phil. Liedemann, Hauptstraße 25.

12.2. In Schönberg wurde im „Goldenen Stern“ (Dornauf) eine humoristische Musikgesellschaft gegründet unter dem Namen „Die guten Kinner“. An jedem Dienstag werden Mitglieder aufgenommen. Vorstand ist Herr Jakob Ried. – Das Preisrennen des Rodelklubs Taunus mußte abermals wegen Tauwetters und wenig Schnee verschoben werden. (Es wurde – man staune – am 17. März nachgeholt, es herrschten ideale Schneeverhältnisse. Anm.)

Inserat der Woche:
Meiner verehrten Kundschaft zur Kenntnis, daß das Brot der Mehl- und Brotfabrik Hausen wöchentlich zweimal bei mir frisch eintrifft. Hochachtungsvoll Georg Gundlach, Bäckerei, Hauptstr. 33.

17.2. Der Oberschulrat hat neuerdings das Tragen von Korsetts während des Turnunterrichts an Mittelschulen verboten. Bestimmte Turnkleider von bestimmter Farbe dürfen nicht verlangt werden. Es ist nur darauf zu achten, daß die während des Turnunterrichtes zu tragenden Kleider den Anforderungen der Gesundheit entsprechen.

Inserat der Woche:
Für den Zeichenunterricht an der hiesigen Fortbildungsschule (Heute sind das die Berufsschulen) wird passende Lehrkraft gesucht. Der Unterricht findet nur sonntags statt! Der Vorstand des Lokal-Gewerbevereins

26.2. Die historischen Pappelbäume an der Chaussee nach Bad Soden werden gefällt, an ihrer Stelle sollen Kirschbäume gepflanzt werden. (Das geschah auch, so erhielt die Straße schnell ihren Namen „Kirschenallee“, oder besser in heimischer Art „Kerscheallee. Den Namen führt sie bei den älteren Bürgern noch heute, obwohl auch die Kirschbäume inzwischen verschwunden sind.)

Inserat der Woche:
Während der Fastnacht täglich warmes Solber und Hausmacher beim Gretche uff de Schern (Zum Grünen Wald)

3.3. Die Saalburg wird als Ausflugsziel immer beliebter! Im letzten Sommer wurde sie von zahlreichen Fürstlichkeiten und von 165161 anderen Personen besucht.

Inserat der Woche:
1 Schäferbett zu verkaufen.

11.3. Der Kronthalerstraße ist die Bezeichnung „Wilhelm-Bonnstraße“ beigelegt worden, sodaß nun der ganze Straßenzug ab Katharinenstraße diesen Namen trägt. – Für den Unterricht im Fachzeichnen an der hiesigen Fortbildungsschule wird eine passende Lehrkraft gesucht. Der Unterricht findet nur sonntags statt. Anträge müssen schriftlich beim Lokal-Gewerbe-Verein (heute Handwerker- und Gewerbeverein Anm.), Vorsitzender Herr Philipp B. Kunz, eingereicht werden.

Inserat der Woche:
Einem geehrten Publikum in Cronberg und Umgebung beehre ich mich anzuzeigen, daß ich im Hause Frankfurterstraße 3 ein Zahnatelier eröffnet habe. Ich empfehle mich im Anfertigen von künstlichen Zähnen, Gebissen aus Kautschuk und Gold, Stiftzähne, Plomben, Zahnziehen schmerzlos! Nervtöten! Auf Wunsch Behandlung im Hause. A. Sass, Zahntechniker

17.3. Im Kaiser-Friedrich-Park entstand ein neuer Weiher. Unterhalb des Bleichweihers wurde ein schöner neuer Teich angelegt, der Afluß des Baches aus dem Bleichweiher geht durch den neuen „Schillerweiher“. Auf der Mitte des Gewässers wird ein Häuschen errichtet, das Wildenten oder Schwäne beherbergen soll. Die Bepflanzung des neuen Weihers soll mit den Frühjahrsarbeiten abgeschlossen werden.

Inserat der Woche:
Deutscher Cognac! Ärztlich empfohlen! Niederlage C. Gerstner, Hoflieferant.

25.3. Der Verschönerungs-Verein – (heute Verkehrsverein) – hielt seine Jahresversammlung ab. Für dieses Jahr werden erhebliche Gelder für die Verschönerung in den Anlagen und im Cronberger Wald bereitgestellt. Z.B. soll der Viktoriapark instandgesetzt werden, es sollen Subventionen für die Kurliste gezahlt werden, neue junge Edelkastanien angepflanzt werden, für die neue Rodelbahn wird ein Zuschuß geleistet, die Paulinenruhe soll erneuert werden.

Inserat der Woche:
Wollblusenstoffe, Hemdenbarchent, Plüschcapes, Blaudruck-Schürzenstoffe bei Philipp Liedemann, Hauptstr. gegenüber der Apotheke.

31.3. In vielen Städten und Gemeinden ist ein Verein zum Schutze der Tiere gegründet worden. Vor allem will er die Besitzer von Hundefuhrwerk, die ihre Hunde durch Esel ersetzen wollen, unterstützen.

Inserat der Woche:
Neuheiten im Damen-Mieder, Reformschürzen, Zierschürzen und Corsett-Stangen!

8.4. Die Arbeiten für die elektrische Beleuchtungs- und Schellenanlage in der städtischen Turnhalle sollen vergeben werden. Die Pläne sollen bei dem Bauleiter, Herrn Architekten

Friedenberg, eingesehen werden. – Der neue Weiher der den Namen Schillerweiher erhalten soll, ist abgelassen, weil noch einige Arbeiten nötig sind. Unter den Bäumen wird noch Grund angefahren, die Böschung mit Rasen eingesät.

Inserat der Woche:
Wegen Aufgabe der Schnautzer-Zucht werden keine Ratten mehr angenommen. Kauth, Wilhelmstraße 2.

22.4. Am 1. April übernahm Herr Alfred Becker von hier das Hotel „Kaiserhof“ in Schönberg. Er hat sich vor kurzem mit der Tochter des Herrn Bürgermeister Kopp vermählt. Den jungen Leuten wird ein flottes Geschäft gewünscht.

Inserat der Woche:
Zur Vervollständigung der Dekoration soll die Lieferung der in der Hain- und Frankfurterstraße noch fehlenden Fahnenstangen (31 Stück) öffentlich vergeben werden. Angebote sind in geschlossenem Umschlag an den Magistrat zu richten. Pitsch, BM.

28.4. Die Berliner Gesellschaft für Hygiene und Naturheilkunde erkannte dem Kronthaler Wasser eine goldene Medaille zu.

Inserat der Woche:
In unserem neuerbauten Doppelhaus in der Schreyerstraße (heute Nr. 33 und 35) sind noch 3 Wohnungen á 3 Zimmer mit Bad, Mansarde und elektrisch Licht zu vermieten. Gemeinnütz. Baugenossenschaft.

6.5. Seit dem 1. Mai hat die Post wieder vollen Tagesdienst. Sie ist von morgens 7 Uhr bis abends 8 Uhr ununterbrochen geöffnet. Telegraph und Telefon werden bis abends 9 Uhr bedient. – Morgen feiern die Eheleute Bürgermeister Andreas Kopp in Schönberg das Fest der Silbernen Hochzeit. – Die israelitische Kultusgemeinde Cronberg ist mit Wirkung vom 1. Mai an mit Genehmigung des Königl. Regierungspräsidenten zu Wiesbaden aufgelöst und mit der israelitischen Kultusgemeinde Königstein vereinigt worden.

Inserat der Woche:
Photographische Artikel zu haben bei Eduard Bonn. Dunkelkammer zur freien Benutzung!

12.5. Aus Frankfurt wird gemeldet: Gestern nachmittag ereignete sich im hiesigen Telefonamt ein Unfall. Ein Fräulein, das schon in Anspruch genommen war, bekam, als ein Theilnehmer zum zweiten Mal heftig läutete, einen Nervenschock und verlor plötzlich das Gehör. Sie mußte von der Rettungswache in ihre Wohnung gebracht werden.

Inserat der Woche:
Bayrisch Bier! Selbst abgefüllt! Per Flasche 18 Pfennige.

20.5. Im Schaufenster von Herrn Weck auf dem Marktplatz ist seit einigen Tagen ein von Herrn Schreinermeister Anton Hartmann angefertigter Glasschrank ausgestellt, der dem Cronberger Männergesangverein von einem Gönner zur Aufbewahrung seiner errungenen Preise geschenkt wurde.

Inserat der Woche:
Sanitäts-Colonne Cronberg! Sonntag nachmittags 1.45 Uhr Übung im Aptieren (veralt. Ausdr. für herrichten. Anm.) eines Leiterwagens zum Verwundeten-Transport. Zusammenkunft in Uniform am Schulhaus.

26.5. Im Saalbau des Frankfurter Hofes findet eine kinomatographische Theatervorstellung statt. Vorführung lebender Photographien in höchster Vollendung.

Inserat der Woche:
Zurückgesetzte Strohhüte für Herren pro Stück 50 Pfennige.

3.6. Die Stadt hat auch in diesem Jahr wieder Freistellen für die höhere Schuld gewährt. In

Frage kamen nur völlig gesunde Schüler, denen es bei erhöhter Leistung nicht an gesunder Ernährung fehlt. – Die Kronprinzessin hat für hervorragende Leistungen beim Eierlegen dem Züchter des besten Stammes einen Ehrenpreis gestiftet.

Inserat der Woche:
Privat-Mittags- und Abendtisch zu haben. Talweg 8.

9.6. Das Brausebad im Kellergeschoß der Schule wurde gestern zum ersten Mal in Betrieb genommen. Die evangelische Volksschule hatte das Vergnügen, die Probe zu machen. Die Knaben badeten unter Aufsicht ihrer Lehrer und die Mädchen überwachten die Frauen der Lehrer. Wie uns versichert wird, hatten die Kinder, obwohl anfangs sehr ängstlich, schließlich große Freude an dem warmen Bade. Sie freuen sich schon alle auf das nächste Mal.

Inserat der Woche:
Frisch gepflückte Chamillen kauft jedes Quantum: Drogerie Bonn.

18.6. Zu Pfingsten eröffnete Herr Ludwig Gernhard im Kastanienhain am Talweg ein Gartenrestaurant mit Kegelbahn, das sich während der Feiertage eines regen Besuches erfreute. Es nennt sich „Zum kühlen Grund".

Inserat der Woche:
Es wird bekannt gemacht, daß die Entleerung der Abtritts- und Jauchegruben vom 15. Juni bis zum 1. September nur bis 11 Uhr vormittags erfolgen darf. Pitsch. Bürgermeister

23.6. Der hiesige Männerturnverein hat zum 55. Feldbergfest vier Preisturner angemeldet. – Das Cronberger Stadtwappen als Busennadel! Ein Cronberger hat diese Neuheit eingeführt. Die goldene siebenzackige Krone über dem weißen Emailschild, der die drei Eisenhüte trägt, bildet die Verbindung zum Federbusch. Wir machen auf diese geschmackvolle Neuheit aufmerksam.

Inserat der Woche:
Schlosser oder Schmied zum Heizerdienst gesucht! Bahnhof Cronberg

8.7. Die Erdbeerernte ist fast vorbei. Täglich sind wieder fast 300 Zentner angeliefert worden. Wer sich die Riesenmenge ansehen wollte, hatte abends auf der Schirn die beste Gelegenheit dazu. Große Wagen, Kasten und Körbe stehen dort und warten aufs Verladen. Während der Haupternte mußte öfter ein Fuhrwerk aus Königstein geholt werden, damit auch alles transportiert werden konnte.

Inserat der Woche:
Neuheiten in Damengürtel, Turnergürtel, Radfahrergürtel und Gamaschen bei Philipp Liedemann, gegenüber der Apotheke.

21.7. Der Touristenstrom, der jeden Sonntag mit den Zügen bei uns ankommt, blieb aus. Stattdessen fuhren die Cronberger am Sonntag nach Frankfurt zum großen Deutschen Turnfest, um sich den Festzug anzusehen. Mehr als 50 000 Turner nahmen am Turnfest teil

Inserat der Woche:
Gefunden Gerhart Hauptmanns „Einsame Menschen"!

22.7. In Oberhöchstadt fand die Kreiskonferenz des Reichstagswahlkreises Höchst–Usingen–Homburg statt, die von 84 Delegierten besucht war. Bei den letztjährigen Gemeinderatswahlen konnten 8 Stadtverordneten-Mandate und 17 Gemeinde-Vertretersitze von den Sozialdemokraten neu gewonnen werden.

Inserat der Woche:
Der Vorstand des Vereins der Reconvalescenten-Anstalten zu Frankfurt am Main beabsichtigt, die Kastanien-Creszenz im Distrikt Schwarzwald, hiesiger Gemarkung, auf mehre-

re Jahre zu verpachten. Pachtangebote nimmt Buchdrucker Adam Andrée entgegen.

4.8. Eine Carambolage, wie sie schlimmer nicht sein konnte, erfuhr am Dienstag abend eine Equipage aus Königstein. Ein Frankfurter Lastfuhrwerk, natürlich ohne Bremse, kam von der Königsteiner Straße herunter, in ziemlich eiligem Tempo, und fuhr das Personengefährt so an, daß es etwa 15 Meter weit zurückgeschleift wurde und zerbrach. Die Insassin, eine Dame, konnte sich nur durch eiliges Verlassen desselben und durch die Flucht in das Fenster des Herrn Georg Maschke retten. – Das ist wieder einmal ein drastischer Beweis, wie nöthig dort die Straßenerweiterung ist. (Die auch nur wenige Jahre später erfolgte!)

Inserat der Woche:
Prof. Dr. v. Esmarchs Getränk! Alkoholfreies Tafelgetränk Seiner Majestät des Deutschen Kaisers, nun auch in Cronberg zu haben!

5.8. Cronberg steht wieder hoher Besuch bevor. Am 11. August werden sich drei Majestäten auf Schloß Friedrichshof treffen: König Edward VII. von England, Zar Nikolaus von Rußland und Kaiser Wilhelm II. Unsere Stadt wird wieder in festlichem Fahnenschmuck prangen. Die hohen Besucher treffen auf dem Bahnhof mit einem Sonderzug ein und werden von Kaiser Wilhelm begrüßt.

Inserat der Woche:
Eismaschinen und -formen bei Bg. Maschke, Hauptstraße 22.

18.8. Großer Besuch in Cronberg! Die Majestäten Kaiser Wilhelm II. und König Edward weilten in Kronberg zu Besuch. Unser Städtchen war im Festschmuck, um seine hohen Gäste begrüßen zu können.
Das Luftschiff des Grafen Zeppelin war am 4. August früh 6 Uhr zur großen 24stündigen Fernfahrt von Friedrichshafen nach Mainz gestartet. Bei der Drucklegung unserer Ausgabe vom 6. August hätte das Luftschiff schon längst in Mainz sein müssen. Wir konnten aber, trotz wiederholter Anrufe bei verschiedenen Stellen keine Antwort erhalten. – Inzwischen aber war das Luftschiff das Opfer einer Sturmböe geworden und ist in Echterdingen bei Stuttgart an einem Berg total zerstört worden. – Es wurde jetzt zu einer Sammlung aufgerufen, um Graf Zeppelin die Weiterführung seines großen Werkes zu ermöglichen.

Inserat der Woche:
Kinderfahnen aus Stoff mit Kaiserbild, Reichsadler und Sprüchen von 10 Pfennig an. – Magnesiumkerzen für die Fensterbeleuchtung – Ph. J. Liedemann, gegenüber der Apotheke.

19.8. Um vielfachen Wünschen zu entsprechen, erschien im Verlag des „Cronberger Anzeigers“ ein Verzeichnis der Teilnehmer am Fernsprechnetz in Cronberg in Plakatform. Hierdurch wird das Nachblättern, was sehr zeitraubend und lästig ist, vermieden.

Inserat der Woche:
Führer durch Cronberg und Umgebung, 20 Pfennig, nur bei Ph. J. Liedemann, Hauptstr. 25.

1.9. Die Wetterlaune zeigt sich in diesem Sommer, der eigentlich gar kein Sommer ist, außerordentlich verdrießlich!!! Kaum glaubt man einige warme Tage zu erleben, schon tritt wieder der empfindlichste Wettersturz ein. Die Kühle ist schon recht herbstlich und es ist keine Wendung zum Besseren abzusehen. Wegen des täglich wiederkehrenden Regens ist es nicht möglich, die Getreideernte einzufahren. Für viele Landwirte scheint die Ernte verloren.

Inserat der Woche:
Vom 1. September ab ist der Ladenschluß an Samstagen statt auf 10 Uhr nunmehr auf 9 Uhr festgelegt. Der Bürgermeister

2.9. Zur Feier seines 25jährigen Bestehens veranstaltete der evangelische Kirchenchor ein

Jubiläumskonzert unter der Leitung von Herrn Hauptlehrer Fehler. Derselbe kann stolz auf die Leistungen seines Chors sein. Unterstützend wirkten die Herren Konzertmeister Ludwig Becker und Konzertorganist Ludwig Sauer, sowie stud. Joseph Sauer mit. Der Ertrag des Konzertes ist für das Kaiserin-Friedrich-Haus bestimmt. – Von den katholischen Bischöfen wurden Bittgottesdienste um besseres Wetter angeordnet, ein solcher fand auch in der hiesigen katholischen Kirche statt.

Inserat der Woche:
Garantiert diebessichere Alarm-Ladenkasse mit dauerndem Geheim-Rassel-Läutewerk bei Heinrich Lohmann, Uhrmacher, Cronberg.

15.9. Vergangene Woche wurde ein fremder Schlosser auf frischer Tat ertappt, als er mitten in der Nacht in ein hiesiges Restaurant einstieg und sämtliche Schubladen erbrach. Der Einbrecher wurde im Amtsgericht Königstein in Arrest gesetzt und entkam unbehelligt. Er hatte in seiner Zelle den Ofen aus der Wand gebrochen und durch das entstandene Loch gelangte er ins Freie.

Inserat der Woche:
Der Versand von Frankfurter Würstchen in frischer Ware hat wieder begonnen und bringe ich solche meiner werthen Kundschaft in Empfehlung. Gerstner, Hoflief.

16.9. In der letzten Nacht wurde die Einwohnerschaft durch Feueralarm aus dem Schlafe geweckt. Im Hause des Adam Henrich in der Thalstraße ist im Keller eine Korkstopfenfabrik etabliert, von deren Existenz den Cronbergern kaum etwas bekannt war. Dort lagernder Kork war auf unerklärliche Weise in Brand geraten. Der starke Rauch und Qualm machte der Feuerwehr schwer zu schaffen. Am Gebäude entstand kein Schaden.

Inserat der Woche:
Andenken an Cronberg! Stamm-Gläser, Vasen, Cigarrenspitzen, Fingerhuthalter, Stocknägel usw. billigst bei Phil. Jac. Liedemann, Hauptstraße 25.

29.9. Aus einer Stadtverordneten-Versammlung: Die Beschaffenheit der Pferdstraße und des Marktplatzes (Schirn) wurde von verschiedenen Stadtverordneten moniert, worauf der Bürgermeister erwiderte, daß diese Arbeiten in den nächsten Haushaltsplan aufgenommen würden. (Es ist tatsächlich kein Druckfehler, es war 1908 und nicht 1978!)

Inserat der Woche:
Zur Kirchweih in Oberhöchstadt wieder da! L. Schaus hochfeines Etagen-Caroussell mit hochfeiner Pferdedekoration und feenhafter Gasbeleuchtung!

30.9. Der Waldweg durch den Kocherfels von der Falkensteiner Chaussee bis zum Offiziersgenesungsheim ist fertiggestellt, ist aber nur für Fußgänger gestattet und zur Abfahrt von Holz aus diesem Distrikt. (Der neu ausgebaute Weg erhielt schnell seinen Namen „Offizierbahn", denn er wurde besonders gern von den Rodlern benutzt. Anm.)

Inserat der Woche:
Cronberger Schützengesellschaft! Am Mittwoch und Sonntag Preisschießen um die Zeppelinscheibe.

13.10. Vom 9. bis 11. Oktober fand in der neu errichteten städt. Turnhalle eine große Ausstellung von hiesigem Obst und Gemüse statt. Die Cronberger Obstzüchter und Herrschaftsgärtner hatten sich alle daran betheiligt. Ausgestellt waren 220 Sorten Äpfel und 150 Sorten Birnen, eine schöner und besser als die andere. Hauptlehrer Fehler hielt bei der Eröffnung die Festansprache. Er betonte, daß die Obstbaumpflege in Cronberg schon sehr alt sei. Dem vor 100 Jahren in Cronberg amtierenden Oberpfarrer Joh. Ludwig Christ aber sei es zu verdanken, daß der Obstanbau in Cronberg einen großen Aufschwung genommen habe. Den Preisrichtern fiel die Entscheidung schwer. Es zeigte sich, daß die Cronberger Obstanbauer den herrschaftlichen Obergärtnern der Villen in nichts nachstehen.

Inserat der Woche:
Da ich überfüllt bin mit Äpfeln, bezahle ich bis auf weiteres per Malter 4 Mark. Clausen, Jagdaufseher

14.10. Wegen Überhandnahme der Sperlinge hat der Kreisausschuß eine Prämie von 2 Pfennigen für jeden abgelieferten Sperling ausgesetzt. – Während der Wintermonate ist der Ladenschluß an Samstagen auf 9 Uhr abends festgesetzt. (Das erklärt, warum vor dem Kriege Bälle usw. fast ausschließlich sonntags abends stattfanden. Anm.)

Inserat der Woche:
Kinderwagen! Fast Neu! Zu verkaufen, eventuell sind die Räder für Jugendauto zu benutzen. Hauptstr. 15.

27.10. Die Polizei gibt bekannt: Von jungen Leuten, welche die Tanzstunde besuchen, ist in letzter Zeit in den Straßen großer Unfug und ruhestörender Lärm erregt worden. Die Tanzschüler haben sich nach Schluß der Tanzstunde ruhig nach Hause zu begeben. Übertretungen werden wir auf das Strengste bestrafen. Die Pol. Verwaltung: Pitsch, Bürgermeister

28.10. Mit einem Festkommers fand die offizielle Einweihung der städtischen Turnhalle statt, nachdem der Obst- und Gartenbauverein vorher eine große Obstausstellung dort gezeigt hatte. Bei seiner Festansprache betonte Bürgermeister Pitsch, die neue Turnhalle stehe den Schulen, der Turnerschaft Cronbergs und der gesamten Bürgerschaft für Feiern und Veranstaltungen zur Verfügung. Der Bau macht einen stattlichen Eindruck, der Saal hat eine imponierende Höhe und ist durch die halbhohe Holzverkleidung und die großzügige Holzdekke, sowie durch die Spiegel über den Konsolen an der linken Seitenwand sehr schön und lädt zum Feiern ein. (Die Kronberger allerdings zogen die Säle der Gasthäuser vor, denn die Heizung der Halle war nicht gut. Außerdem mangelt es stets an einer guten Bestuhlung usw. Anm.)

Inserat der Woche:
Für Allerheiligen Kränze von 70 Pfennig an zu haben.

10.11. Morgen findet die feierliche Einweihung des Anton-Burger-Denkmales am Schillerweiher statt. – Als am 6. Juli 1905 der beliebte Altmeister der Cronberger Malerkolonie für immer seine Augen schloß, erwachte schon der Gedanke, ihm in Cronberg ein bleibendes Denkmal zu setzen. Morgen, an seinem Geburtstag wird es Wirklichkeit: die Enthüllung seines Denkmals. Erwartet werden viele Ehrengäste, anwesend bei der Feier werden auch die beiden Töchter Burgers sein. – Seine in Erz gegossene Büste, geschaffen von Prof. Sand, steht über einem Brunnen, Rehe lagern an seinen Seiten, mit dem Blick auf Burg Cronberg. (Diese Rehe bildeten einen großen Anziehungspunkt für Familienfotos. Es gibt wohl kaum einen Kronberger, der nicht aus seiner Kinderzeit ein Bild mit den Rehen hätte. Leider wurden die Rehe ein Opfer des Zweiten Weltkrieges, sie wurden eingeschmolzen. Die Büste Burgers überstand den Krieg und die „Buntmetallzeit“, als alles, was aus wertvollem Metall war, gestohlen wurde. Nach einigen Jahren „Hausarrest“ steht Burgers Büste nun wieder auf ihrem alten Platz am Schillerweiher).

Inserat der Woche:
Kastanienlaub aus dem Schwarzwald, billig zu haben.

24.11. Der Verschönerungsverein (Vorläufer des heutigen Verkehrsvereins Anm.) beschloß, das Geschenk von Frau Meister, ein Pavillon oberhalb der Hasenwiesen aufzustellen und ihm den Namen „Wilhelm-Meister-Hütte" zu geben. Ursprünglich sollte dieser neue Tempel an die Stelle der baufälligen Paulinenruhe, die jedoch, laut fachmännischer Beurteilung, bestimmt noch weitere zehn Jahre der Witterung trotzen kann. (Der Tempel stand bis in die Nachkriegsjahre 1947/48, dann ging er allmählich in Herden und Öfen in Flammen auf. Es war die Zeit, in der Brennmaterial sehr knapp war. Wilhelm Meister, ein Mitbegründer der Höchster Farbwerke und Erbauer der Villa Meister, später vom Rath. Die Villa wurde vor einigen Jahren abgerissen. Auf dem Gelände wurde 1974 die Gartenparty der FIFA zum Auftakt der Fußball-Weltmeisterschaft gefeiert).

Inserat der Woche:
Puppen-Bälge, Köpfe, Arme, Schuhe und Hüte. Kompletter Balg mit schönem Kopf 37 cm nur 50 Pfennig.

25.11. Von der feierlichen Einweihung des Burgerdenkmals hat Herr Hofphotograph Schilling acht verschiedene Aufnahmen gemacht. Dieselben sind in Postkarten-Ausführung erschienen und im Geschäft von Peter Liedemann, Hauptstr. 25 zu haben.

Inserat der Woche:
Berg- und Touren-Stiefel, hohe Schnür-Rodel-Stiefel nach Maß bei Philipp W. Kraft, Schuhmachermeister, Lindenstruth.

8.12. Die neue Rodelbahn durch den Kellergrundweg wurde durch eine Bahn-Kommission gutachtlich abgenommen. Die Bahn hat eine Länge von 800 Metern. 400 Meter kann man oberhalb noch auf der alten Bahn rodeln, so daß eine Gesamtlänge von 1200 Metern befahrbar sein wird. Die Rodelsportler freuen sich schon auf den Schnee.

Inserat der Woche:
Zuschneideapparat für Damen-Taillen billig zu verkaufen.

22.12. Bei der letzten diesjährigen Stadtverordnetensitzung wurde ein Betrag von 2400 Mark zur Beschaffung von Tischen und Stühlen für die neue städtische Turnhalle bewilligt. Tische und Stühle werden von einer Cronberger Schreinerwerkstatt hergestellt.

Inserat der Woche:
Ein schönes Weihnachtsgeschenk für jung und alt ist „Eine Sprechmaschine", erhältlich schon ab 12 Mark.

23.12. Im Kaiserin-Friedrich-Krankenhaus fand eine Weihnachtsbescherung für die Patienten statt. Derzeit ist das Haus mit 22 Patienten belegt. Die Feier verlief harmonisch unter der Anwesenheit der Prinzessin Friedrich Carl von Hessen und vielen Mitgliedern des Krankenhausvereins. Die in Cronberg allseitig bekannte und beliebte Viktoria-Schwester Anna hatte aber auch eine Weihnachtsbescherung von 50 hilfsbedürftigen Familien im Städtchen vorbereitet. – Der Turnbetrieb in der neuen Halle ist angelaufen. Am Mittwoch ist die erste Übungsstunde der neu eingerichteten Altersriege des MTV.

Inserat der Woche:
Neu, Neu, Neu! Blumentische zugleich als Christbaumständer zu benutzen, aus massivem Eichenholz, das Stück nur 6 Mark, bei Paul Wolf

5.1. Die Eisbahn auf dem Schillerweiher ist in den letzten Tagen sehr gut besucht. Die Stadt hat diesmal die Bahn in eigene Regie genommen und erhebt von Erwachsenen 20 Pfennig, von Kindern 10 Pfennig.

Inserat der Woche:
Alle Ladeninhaber, welche gegen den 8 Uhr Ladenschluß sind, treffen sich am 6. 1. zu einer Versammlung. Bei den schweren Schädigungen, welche eine solche Verkürzung der Verkaufszeit für den kleinen Geschäftsmann bringen muß, ist vollzähliges Erscheinen erwünscht. (Die Läden waren damals bis abends 9 Uhr geöffnet).

6.1. Das Standesamt Cronberg hat im Jahre 1908 26 Paare getraut, 71 Geburten und 43 Todesfälle registriert. – Schnee! Endlich Schnee! Das haben sich viele Leute heute früh gesagt, als sie das Winterbild sahen. Leider ist die Menge des über Nacht gefallenen und sehnlichst erwarteten Schnees nicht genügend, um den Rodelbetrieb einzuläuten. Das Rennen kann vorläufig nicht stattfinden. Die Bemühungen des Rodelklubs um Schnee von auswärts scheiterten wegen Mangels an Waggons.

Inserat der Woche:
Am nächsten Mittwoch wird bei Heinrich Ellenberger das Armenbrod ausgegeben. (Dieses „Armenbrod" geht auf eine Stiftung zurück. Anm. d. Red.)

19.1. Endlich ist genug Schnee gefallen! Der Betrieb an der neuen Rodelbahn kann beginnen. Man hatte schon vor, Schnee aus dem Schwarzwald zu beziehen, leider gab es keine Waggons dafür. Aber nun ist dieses Problem gelöst. – Am vergangenen Sonntag war schon Hochbetrieb. Die Cronberger Eisenbahn beförderte mehr als 20 000 Menschen.

Inserat der Woche:
Diejenigen, welche den Balgtreterdienst in der katholischen Kirche während Hochamt und Nachmittagsgottesdienst an Sonn- und Feiertagen übernehmen wollen, werden aufgefordert, schriftlich Offerten im Pfarrhaus einzureichen.

20.1. Die katholische Kirchengemeinde feiert in diesem Jahr ihr 200jähriges Jubiläum. Seit 1709 ist sie nach langer Unterbrechung wieder eine Gemeinde mit eigenem Pfarrer. Bis 1877 mußte der Gottesdienst in der Burgkapelle abgehalten werden, betreut wurden die Gläubigen durch einen Geistlichen aus Königstein. Es sind mehrere Feiern vorgesehen.

Inserat der Woche:
Eis- und Rodelsporen, (Patent Kunz), in allen Größen zu haben bei Drogerie Bonn.

2.2. Der 50. Geburtstag Seiner Majestät wurde in Cronberg in altherkömmlicher Weise gefeiert. In der städt. Turnhalle fand ein großer Festcommers statt, an dem sich alle Ortsvereine und -verbände mit ihren Fahnen betheiligten. Die Festrede hielt Herr Lehrer Strauch. – Die in Cronberg wohnenden Altersgenossen unseres Kaisers sandten eine von Herrn Hofmaler Jakob Hembus künstlerisch ausgeführte Glückwunschadresse ab, die von 14 Unterschriften bedeckt war.

Inserat der Woche:
Im Schalterraum des Postamts ist ein Arbeitsbeutel mit Strickstrumpf liegengeblieben.

16.2. Fastnacht auch in Cronberg! Wohl ist es ein wenig ruhiger geworden. Die Kapelle der Carnevals-Gesellschaft veranstaltet am Fastnachtssonntag einen Umzug durch die Cronberger Straßen. Bei dem Maskenball der Turner kann man in diesem Jahr sogar mit dem Zeppelin eine Rundfahrt machen. Die Vereinsmitglieder haben mit viel Fleiß das Luftschiff Z 1 gebaut, mit dem jeweils 8 Personen im Saale des „Schützenhof" eine Rundfahrt machen können. Das wird wohl die Attraktion der diesjährigen Fastnacht.

Inserat der Woche:
„Waschbütten" (halbe Petroleumfässer) zu verkaufen. Gerstner, Hoflief.

17.2. Im Alter von 84 Jahren verstarb am 7.2. der frühere Bürgermeister Georg Jamin. In Anbetracht seiner hohen Verdienste, er war von 1864–1904 Bürgermeister, hatte ihm die Stadt vor einigen Jahren die Ehrenbürgerschaft verliehen. Sein Begräbnis zeigte noch einmal die große Verehrung, die er in der Cronberger Bevölkerung genoß.

Inserat der Woche:
Suche sofort eine alleinstehende ältere Person zur Unterstützung der Hausfrau, selbige muß zwei Kühe melken.

2.3. Bei der letzten Stadtverordneten-Versammlung stand der Verwaltungsbericht über das Jahr 1908 auf der Tagesordnung, ebenso die Abrechnung des Turnhallenbaues. Die Bausumme beläuft sich auf 54 935,69 Mark, ein höhere Betrag als der Kostenvoranschlag aufweist. Zur Kostendeckung fehlen noch 15 000 Mark.

Inserat der Woche:
Vertreter gesucht für meine kalt abwaschbare Dauerleinen-Wäsche.

3.3. In der letzten Stadtverordnetensitzung wurde über einen Ortsstatus gegen die Verunstaltung der Stadt beraten. Es soll verhindert werden, daß das Gesamtbild zerstört wird. (Die Debatte verhinderte nicht, daß trotzdem mehrere Bausünden begangen wurden, vor allem in der heutigen Friedrich-Ebert-Straße. Anm.) – Herr Wilhelm Hasselbach, Lithograph zu Falkenstein, ist als Bürgermeister der Gemeinde bestätigt und von Herrn Landrat Ritter von Marx vereidigt worden.

Inserat der Woche:
Rekrutenversammlung im Gasthaus „Zum kühlen Grund", Talstraße.

16.3. Am vergangenen Sonntag kam es auf der Schwarzwegbahn zu einem bedauerlichen Rodelunfall, bei dem eine junge Dame aus Frankfurt einen Schädelbruch erlitt. Der Rodler hatte den Ruf „Bahnfrei" nicht respectiert. Er wurde von einem anderen Rodler überholt und verlor dabei die Herrschaft über seinen Rodel. Dieser Unfall zeigt deutlich, wie notwendig die Beaufsichtigung der Rodelbahn ist. Die Bahnbenutzung ist nur den Mitgliedern des Rodelclubs gestattet. So geschieht es immer wieder, daß andere Rodler, um den Kontrollen am Start zu entgehen, die Bahn unterwegs betreten und herunterrodeln, dadurch geraten sie in die Bahn der legalen Rodler.

Inserat der Woche:
Prima Kuhmist zu verkaufen!

17.3. In Monte Carlo verschied der Pächter der Cronberger Waldjagd, Herr Heinrich Lotichius. Er befand sich auf einer Erholungsreise. Im oberen Bergschlag hatte sich der Verstorbene ein Haus erbaut, das ihm auf seinen Jagdausflügen als Aufenthalt dienen sollte. (Die „Jagdhäuser" – so werden sie von den Kronbergern genannt – stehen heute noch. Lange Jahre waren sie im Besitz der „Opels", jetzt gehören sie dem Sohne des verstorbenen Jagdpächters Zickler. Anm.)

Inserat der Woche:
Empfehle für Confirmanden Kleiderstoffe, Taschentücher, Knabenhemden, Cravatten, Beinkleider, Filzhüte, Handschuhe. Phil. Liedemann, Hauptstraße 25.

30.3. Der fahrbare Brieftaubenschlag des Herrn Dr. Neubronner ist nach Dresden versandt worden. Herr Dr. Neubronner bringt dort die von ihm erfundene „Brieftauben-Photographie“ auf der Internationalen Photographischen Ausstellung zur Vorführung.

Inserat der Woche:
Akademisch gebildete Schneiderin sucht Kundschaft.

31.3. Bei der General-Versammlung des Vorschußvereins (heute Volksbank) wurde die Dividende von den Anteilen auf 5 Prozent festgesetzt. Auf Vorschlag wurde das Gehalt des Vereinsdieners erhöht. Im Jahre 1908 erzielte der Verein einen Reingewinn von 3603,83 Mark. Insgesamt verzeichnet die Bilanz in Aktiva und Passiva eine Summe von 231410,54 Mark. 30518,64 Mark wurden auf Sparkonten eingezahlt. – Die hiesige Karnevalsgesellschaft veranstaltet im Gasthaus „Zum Kühlen Grund“, Talstraße, einen gemütlichen Abend, als Gäste waren die Alte Sachsenhäuser Karnevalsgesellschaft und der hiesige Kappenklub zugegen.

Inserat der Woche:
Das zur Erbmasse der verstorbenen Eheleute Hildmann gehörige Wohnhaus, Schirnstraße 6, ist nebst Hofraum und Stallung zu verkaufen.

1.4. Heute findet im Frankfurter Hof ein patriotisches Konzert statt. Dabei werden 80 Kriegsgemälde von 1870/71 dargestellt und von Rezitationen begleitet. Diese Aufführung ist überwältigend und ohne Konkurrenz. Osterfeiertage: Sonntag warm und sonnig, Nachtfrost, Montag kühl und unfreundlich, der Altkönig hatte eine weiße Mütze auf.

Inserat der Woche:
Am 3. Osterfeiertag gibt es kein frisches Gebäck, weil den Bäckergesellen ein 24stündiger freier Tag gewährt werden muß.

14.4. Die Strohumhüllungen der Obstbäume, sowie das in Feldern und Gärten lagernde Holz sind bis spätestens 5. Mai zu entfernen. Andernfalls ist mit Bestrafung zu rechnen.

Inserat der Woche:
Schwarze Damen-Reformschürzen, sowie seidene Halstücher für Herren und Knaben, zu empfehlen bei Ph. J. Liedemann, Hauptstraße 25, vis-à-vis der Apotheke.

27.4. Die ehemalige Wirtin vom „Weinberg“, Frau Henriette Krieger geb. Renker ist im Alter von 80 Jahren gestorben. Sie hinterläßt neun Kinder, 42 Enkel und Urenkel. (Sie stammte aus Rüsselsheim und heiratete den Gastwirt Andreas Krieger, dessen Vater auch Gastwirt war.)

Inserat der Woche:
Billig zu verkaufen eine zerlegbare Gartenhütte, praktisch für Erdbeerzüchter.

28.4. In der letzten Stadtverordneten-Versammlung wurde beschlossen, neben dem Wasserreservoir am Schäferfeld ein Forsthaus zu errichten. – Für städtische Zwecke soll ein Fahrrad angeschafft werden.

Inserat der Woche:
Gemäß der Polizei-Verordnung von 1884 sind vom 1. Mai an die Straßen und Trottoirs wieder täglich zu reinigen. Die Straßenanlieger werden ersucht, im Interesse der Reinlichkeit unserer Stadt dieser Bestimmung pünktlichst bis 9 Uhr vormittags nachzukommen. Die Pol.Verw. Pitsch, Bürgermeister

11.5. In der Stadthalle findet am Himmelfahrtstag die Gesangprobe für das diesjährige Feldbergfest statt. Es erscheinen hierzu die Gesangsriegen der Turnvereine vom Main-Taunus-Gau in Stärke von etwa 300 Sängern.

Inserat der Woche:
Ein großer starker Damenzopf wurde am Sonntag auf dem Wege zur Hohemark gefunden. Derselbe ist vom Finder entgegenzunehmen.

12.5. Die Stadt Königstein hat eine interessante Zählung vorgenommen. Am letzten Freitag wurden 501 Fahrzeuge aller Art und 27 Atomobile notiert, die die Hauptstraße passierten. Sie dürfen jetzt nur noch die Adelheid-, Kloster- und Limburger Straße benutzen.

Inserat der Woche:
In Villa Spieß, Schönberg sind zwei bunte Zierenten entlaufen. Wiederbringer erhält Belohnung.

25.5. Am nächsten Samstag erscheint die erste Nummer der diesjährigen Kurliste. Sie wird dem Cronberger Anzeiger beigelegt. Mitglieder des Verschönerungsvereins erhalten sie jedesmal zugestellt. Der Verschönerungsverein steht unter dem hohen Protectorat der Frau Prinzessin Friedrich Carl von Hessen. Der Verein erhebt einen Jahresbeitrag von 3 Mark.

Inserat der Woche:
Für die Knochenbildung und Entwicklung des Gehirns sind Phosphorsalze nöthig. Diese befinden sich in meinem Markenpudding.

26.5. Der Krankenunterstützungsverein feiert im nächsten Monat sein 50jähriges Jubiläum. Am 1. April 1859 traten 86 Männer zusammen und gründeten die segensreiche Einrichtung. Vier von ihnen sind noch am Leben.

Inserat der Woche:
Neuheit! Lüster-Reform-Schürzen.

8.6. Der Gesangverein I (heute Männergesangverein von 1860) nahm sein 50. Mitglied auf. Der Verein wird im nächsten Jahr sein 50jähriges Jubiläum feiern. Die Versteigerung der Kram- und Budenplätze für die diesjährige Kirchweih fand vergangene Woche an Ort und Stelle statt.

Inserat der Woche:
Institut Boltz in Ilmenau: Einjährigen-, Fähnrich- und Abitur-Examen schnell und sicher!

9.6. Die Fortführung der Königsteiner Eisenbahn bis Schmitten ist nunmehr sehr fraglich geworden. Die Kosten wären für das Projekt viel zu hoch und kaum zu finanzieren. Nun will man an neue Pläne herangehen. – Die Polizeiverwaltung macht noch einmal dringend darauf aufmerksam, daß seit dem 1. Mai die Straßen und Trottoirs von den Anliegern täglich bis vormittags 9 Uhr zu reinigen sind, andernfalls ist mit Geldstrafe zu rechnen.

Inserat der Woche:
Hosenträger in Leder, Peitschen und Ohrenkappen in großer Auswahl bei Wilhelm Hennemann, Sattler, Tanzhausstraße. (Die Ohrenkappen waren selbstverständlich für die Pferde. In den Sommermonaten war das ein unentbehrlicher Fliegenschutz. Anm.)

22.6. Herr Lehrer Kaltenhäuser von der katholischen Schule ist im Alter von nur 45 Jahren an einem Schlaganfall gestorben. 1885 kam er als Junggeselle nach Schönberg, seit 1888 war er in Cronberg tätig.

Inserat der Woche:
Bütte, passend für Gärtner, zu verkaufen.

23.6. Die Cronberger Eisenbahn beförderte im vergangenen Jahr wieder mehr Personen als vorher. Insgesamt waren es 1 386 000 Fahrgäste, die Güterbeförderung war geringer als 1907. Bei der Gesellschaft allerdings muß man sich mit dem Problem befassen, daß die Cronberger Eisenbahn eventuell an den preußischen Staat verkauft werden muß. Die Erweiterung des Rödelheimer Bahnhofes sollte von der Cronberger Eisenbahn mit einem Aufwand von 350 000 Mark mitgetragen werden.

Inserat der Woche:
Akademisch gebildete Schneiderin sucht Kundschaft.

6.7. Die Vorkerb hatte einen vorzüglichen Verlauf, Wetter, wie es nicht schöner sein konnte. Am Mittwoch ist im Frankfurter Hof

Kasino-Kerb, d.h. ein Ball für bessere Leute. Die Cronberger finden aber in allen Sälen genug Tanzgelegenheiten. Die Kirschbäume an der Chaussee nach Neuenhain und Soden brachten bei der Versteigerung der Ernte 283 Mark ein.

Inserat der Woche:
Während der Kerbe erhalten sie beim Einkauf je 1 Mark ein Freibillett für das Kaiserkarussell. Phil. Liedemann

14.7. Die heutige Nummer der Kur- und Fremdenliste zählt 1182 bis jetzt angekommene Gäste auf. – Die älteste Einwohnerin Cronbergs, Frau Ursula Schmidt geborene Hauswald, ist im Alter von 92 Jahren verstorben. Sie hat vier Töchter, 26 Enkel und eine ganze Reihe von Urenkeln. Ihr Häuschen im Tal (Talstr. 1) gehört der Familie Bonn, Frau Schmidt genoß in den letzen Jahren das Insitzrecht. Vor wenigen Jahren verkaufte sie ihr Anwesen an den Nachbarn. Die Familie Bonn hat an der Katharinenstraße eine großzügige Villa erbaut.

Inserat der Woche:
Rucksäcke und Botanisierbüchsen bei Phil. Jakob Liedemann, Hauptstr. 25.

20.7. Bei allen Brandfällen soll denjenigen Pferdebesitzern, welche mit ihren Pferden an erster und zweiter Stelle am Spritzenhaus eintreffen, eine Vergütung von je 10 Mark gezahlt werden. Im Falle, daß die Pferde nicht gebraucht werden, erhalten die Pferdebesitzer je 5 Mark.

Inserat der Woche:
Rottannene Baumstützen 3–5 Meter zu verkaufen.

28.7. Herr Hauptlehrer Fehler von der evangelischen Schule kann ein Jubiläum feiern: seit 30 Jahren ist er in Cronberg tätig.

3.8. Das Anwesen zum „Ratskeller", seit 36 Jahren von der Familie Schleifer betrieben, einstmals auch als Brauerei, wird ab 1. August von Herrn Georg Weitzel übernommen. Die Bäckerei von Wilhelm Mauer in der Hauptstraße 12 geht ab 3. August in die Hände von Heinrich Jahn über. Heinrich Jahn war 13 Jahre als Gehilfe bei Bäcker Mauer beschäftigt. („De Bäcker Jahn" betrieb diese Bäckerei über Jahrzehnte hier in Kronberg und wurde zu einem Begriff.)

Inserat der Woche:
Neue Salzgurken! Frisch eingetroffen.

17.8. In diesen Wochen ist in Frankfurt die ILA (intern. Luftfahrt-Ausstellung). In den Tageszeitungen kommen ständig Meldungen von dieser Ausstellung. Der Kaiser weilt einige Tage auf Schloß Friedrichshof. Aus diesem Anlaß sollte das Luftschiff „Parseval" von Frankfurt aus einen Besuch in Cronberg abstatten und auch hier landen. SM. Kaiser Wilhelm wollte an Bord gehen und eine kurze Fahrt mitmachen. Das Luftschiff verunglückte in Frankfurt und wurde beschädigt. Seinen Insassen war nichts passiert. Aber der Besuch in Kronberg mußte ausfallen. – Aus Anlaß des Besuches S. Majestät in Schloß Friedrichshof wurde die 8. Komp. des Infanterie-Regiments Nr. 81 Kurhessen mit 3 Offizieren, 9 Unteroffizieren und 100 Mannschaften als Schloßwache in Cronberg einquartiert. – Die Bevölkerung wird gegeben, wegen des hohen Besuchs, ihre Häuser zu beflaggen.

Inserat der Woche:
Günstige Gelegenheit zum Einkauf von weißen Taschentüchern.

18.8. Ein Preis von 2000 Mark wurde gestiftet von Cronberger Einwohnern. Er ist bestimmt für ein Motor-Luft-Schiff, das von der ILA aus (Internationale Luftfahrtausstellung in Frankfurt) auf seinen Fahrten Cronberg am häufigsten berührt und mindestens zweimal landet. – Die Cronberger werden gebeten, ihre Häuser zu beflaggen. Aus Anlaß der ILA in Frankfurt weilt das Kaiserpaar auf Schloß Friedrichsdorf zu Besuch. Das Infanterie-Regiment Nr. 81 mit 3 Offizieren, 9 Unteroffizieren und 100 Mann werden als Schloßwache in Cronberg einquartiert.

Inserat der Woche:
1–2 Arbeiter zum Waggon-Ausladen gesucht.

31.8. Während der Anwesenheit der Majestäten auf Schloß Friedrichshof wurde wiederholt von einem Besuch derselben auf der Ila in Frankfurt (Luftfahrtausstellung) gesprochen, aber es blieb keine Zeit übrig. (SM und Gemahlin waren voll ausgelastet mit privaten Besuchen bei Verwandten in der näheren Umgebung. Kaiser Wilhelm war wohl mehr für die Marine!) Das neueröffnete Offiziersheim „Taunus“ in Falkenstein wird morgen die ersten Patienten in seinen gastlichen Räumen aufnehmen.

Inserat der Woche:
„Obsthacken“! Bequemes Hilfsmittel zum Ernten jeden Obstes, um die Hände frei zu haben.

1.9. In Anwesenheit des Kaiserpaares wurde das neue Offiziers-Genesungsheim in Falkenstein eingeweiht. Unter Glockengeläut übernahm der Kaiser aus der Hand des Militär-Inspektors aus dem Kriegsministerium den Schlüssel. Nach eingehender Besichtigung der Gebäude nahm der Kaiser den Vorbeimarsch der Ehrenkompanie ab. Nachdem die fürstlichen Damen das Anstaltsgelände verlassen hatten, fand eine Frühstückstafel statt.

Inserat der Woche:
Erntestricke empfiehlt Eduard Bonn.

14.9. Das Luftschiff Cloth wird in Cronberg erwartet. Es startet auf dem ILA-Gelände in Frankfurt. (Die internationale Luftfahrtausstelling in Frankfurt war ein großer Anziehungspunkt für mehrere Wochen. Freiballons und Luftschiffe konnte man täglich am Himmel schweben sehen. Aufsehen erregte die Fallschirmspringerin Käthe Paulus.) Die freiwillige Feuerwehr Kronberg ist für Absperrungsdienste angefordert. Sie rückt in Uniform aus. Infolge eines Motorschadens mußte das Luftschiff in Groß-Gerau nothlanden, der Besuch in Kronberg konnte nicht stattfinden.

Inserat der Woche:
Von unserem Zimmerplatz aus sind Hauspläne laufend abzugeben.

15.9. Ganz Cronberg wartet auf die Sensation. In unserem Denkmalspark soll ein Zeppelin landen. Von einem Cronberger wurde ein Preis für den Luftschiffer eingesetzt, der es fertigbringt, ein paarmal in unserem Park zu landen. Wird es der „Cloth“ oder der „Parseval“ sein?

Inserat der Woche:
Schöne Kuchen-Zwetschen, das Pfund zu 8 Pfg.

28.9. Das Gemeindekastanienstück (Schießplatz der Schützengesellschaft) wurde an Herrn Fritz von Mumm verkauft. Der Preis ist so respektabel (37 000 Mark), daß der Zuschlag sofort erfolgte. Die Cronberger Schützen werden am Sonntag zum letzten Mal auf dem Kastanienstück schießen. Seit 1862 haben sie dort manche schöne Stunde verbracht, vor allem bei der 500-Jahr-Feier im vorigen Jahr. Der Platz war erst 1891 umgebaut und mit größeren Vorsichtsmaßregeln versehen worden. (Die dort errichtete Villa Mumm war in den dreißiger Jahren Gauschulungsburg der NSDAP, dann Lazarett und nach dem Kriege Erholungs- und Müttergenesungsheim der Arbeiterwohlfahrt.)

Inserat der Woche:
Astholz von gefällten Kastanien auf dem Schießplatz kann unentgeltlich abgeholt werden. Infolge eingegangener Beschwerden der

Pächter wird das Betreten der Wiesen im Kaiser-Friedrich-Park zum Steigenlassen von Drachen bis zum 1. Oktober untersagt.

29.9. Herr Bürgermeister Pitsch ist aus den Manövern zurückgekehrt, an denen er als Reserveoffizier teilnahm. – Ab 1. Oktober tritt die Steuer für Glühlampen in Kraft, damit werden die Glühlampen bis zu 40 Pfg. teurer.

Inserat der Woche:
Der verehrlichen Bürgerschaft von Cronberg zur gefl. Kenntnisnahme, daß ich das Hotel-Restaurant „Zum Schützenhof" von Herrn Georg Lorenz übernommen habe. Hochachtungsvoll Julius Wester, langjähriger Küchenmeister.

12.10. Am nächsten Wochenende findet in der städtischen Turnhalle eine großer Obstmarkt statt. Die Standgebühren betragen per lauf. Meter 60 Pfennig. Für Mitglieder des Obst- und Gartenbauvereins 40 Pfennig.

Inserat der Woche:
Zwei Fräulein können das Schneidern erlernen.

13.10. Der Cronberger Kunstmaler Emil Rumpf stellte ein Gemälde zur Verfügung, das verlost werden soll. Der Erlös ist zur Anschaffung eines Fensters für die Schönberger Kirche bestimmt. Spätere Meldung: Aus der Verlosung wird nichts, da die Besteuerung zu hoch wäre.

Inserat der Woche:
Neu! Neu! Fliegende Puppe für 60 Pfg. oder 1 Mark. Bei Phil. J. Liedemann, Hauptstr. 25 vis-a-vis der Apotheke.

9.11. Die Stadtverordneten-Versammlung faßt einen Beschluß gegen die Verunstaltung von Straßen und Plätzen in Cronberg. Das Anbringen von Reklameschildern usw. bedarf jetzt der Genehmigung der Baupolizei.

Inserat der Woche:
Ia Obst-Essig, eigener Herstellung, Liter 20 Pfennig.

10.11. Herr Förster Prillwitz ist mit seiner Familie in das neu erbaute Haus am Schwarzen Weg gezogen. Die Stadt Cronberg hat dieses Haus als Wohnsitz für den jeweiligen Kommunalförster errichten lassen. – In der neuen Turnhalle wird von dem Gärtnerverein Wellingtonia eine große Chrysanthemen-Schau ausgerichtet.

Inserat der Woche:
Äußerst praktisch ist das neue freistehende Bügelbrett, geeignet als Weihnachtsgeschenk für die Hausfrau.

24.11. Die Chrysanthemen-Ausstellung in der städtischen Turnhalle war ein großer Erfolg, auf den der Ausrichter, Gärtnerverein „Wellingtonia", mit Recht stolz sein kann. Eine ganze Reihe von Preisen konnten vergeben werden.

Inserat der Woche:
1a Sauerkraut, per Pfund 7 Pfennig bei Eduard Bonn.

7.12. Bei der am 1. Dezember stattgehabten Viehzählung gab es folgendes Ergebnis in Cronberg: 93 Pferde, 229 Rindvieh und 206 Schweine. (Zwei Wochen später waren es wohl erheblich weniger, da waren die meisten Schweine wohl schon längst zu Wurst geworden.)

Inserat der Woche:
Ich empfehle mein großes Lager an Puppen-Perücken.

8.12. Kaufmann Gerstner setzt in seinem Haus in der Hauptstraße 23 neue große Schaufenster ein. Sein Gesuch wurde von der Stadtverordneten-Versammlung genehmigt. Damit wird die Schirn ein modernes Gesicht erhalten.

Inserat der Woche:
Empfehle mich in allen Ersatzteilen für Puppen sowie mein großes Lager an Puppenperücken.

22.12. Gestern fand die Weihnachtsbescherung der Familie Bonn statt. Im Saal des „Frankfurter Hofes“ wurden 92 Kinder beschert. Sie erhielten warme Kleider, Schuhe und schönes Spielzeug, vor der Bescherung gab es Kakao und Kuchen. (Diese Bescherungen fanden jedes Jahr statt, man drängte sich dazu, denn es gab eine spürbare Unterstützung. Warme Kleidung und Schuhe waren teuer. Die Kinder freuten sich schon lange vorher auf die Weihnachtsfeier bei den „Bonns“. Anm.)

Inserat der Woche:
Kochofen für 7 Mark abzugeben.

Der starken
Lokalseiten wegen
»Kronberger Zeitung«

1910

4.1. Das für den kommenden Sonntag auf dem Feldberg vorgesehene Wettrodeln muß wegen ungünstiger Witterung verschoben werden. – Ein mysteriöser Fund auf dem Damen-Klosett des Bad Sodener Bahnhofs: 1 Herren-Gehrock und eine Herrenhose!

Inserat der Woche:
Junges Mädchen, das schon allein gedient hat, nach Frankfurt gesucht.

12.1. Endlich hat es geschneit. Nun kann das schon für den letzten Sonntag geplante Rodelrennen stattfinden. Auf der neuen Schwarzwegbahn wird es wieder Hochbetrieb geben.

Inserat der Woche:
Eis- und Rodelsporen (Patent Kunz) in allen Größen zu haben.

18.1. Seit einiger Zeit verwendet man hier und da Kochsalz zum Entfernen von Schnee und Eis. Dieses verderbliche Mittel ist überall verboten, denn es ruiniert Schuhsolen und Pferdehufe. Die Schuhsohlen, die die Salzlösung aufsaugen, werden nie mehr trocken, und die dadurch entstehenden kalten Füße erzeugen Krankheiten. Die Schuhnähte faulen und gehen auf, und das Oberleder wird brüchig. Die Hufnägel rosten, die Pferde verlieren ihre Eisen, und die armen Hunde gekommen wunde Pfoten. Den Salzlack bringt man schließlich in die Zimmer und Läden, woselbst unauslöschbare Flecken entstehen. Also Gründe genug, um das Salzen der Straßen zu unterlassen.

Inserat der Woche:
Brief- und Brötchenkasten „Annita". Ein Wegstehlen der Brötchen ist unmöglich, da durch Verschieben eines Riegels seitens des Bäckerjungen der Kasten fest verschlossen ist.

26.1. Der seitherige Stadtverordnetenvorsteher, Herr Dr. Friedrich Spielhagen, wurde wiedergewählt.

Inserat der Woche:
Taunus-Rodel für die ganze Woche zu verleihen.

1.2. Das Bürgermeisteramt hat vom Rodelclub „Taunus" Frei-Karten zur Benützung der Schwarzwegbahn für die Einwohner Cronbergs erhalten. Gegen eine Haftpflicht-Versicherungs-Gebühr von 75 Pfennigen werden die Karten abgegeben. – Es ist untersagt, die Rodelschlitten mit mehr als 2 Personen zu besetzen, das Aneinanderkuppeln mehrerer Rodel ist ebenfalls verboten.

Inserat der Woche:
Heute versteigere ich in Oberhöchstadt 1 Sprechmaschine.

9.2. Der Rodler- und Schneeschuhläuferverkehr im Taunus war außerordentlich. Die Cronberger Eisenbahn mußte wieder einige Sonderzüge einlegen.

15.2. In diesem Jahr fungiert Herr Louis Stein, Eisenwarenhändler als Prinz Karneval. Er führt den Namen Prinz Louis von Eisen und Stein. Der Fastnachtszug war der schönste, der je in Cronberg geboten wurde, leider regnete es in Strömen, doch Zuschauer und Zugteilnehmer ließen sich nicht abschrecken. Die Stimmung war ausgezeichnet.

Inserat der Woche:
Als Fastenspeise zu empfehlen „Knorr Soss und Hahn-Maccaroni".

23.2. Der Haushaltsplan für 1910 wurde von der Stadtverordnetenversammlung genehmigt. Die Hundesteuer wurde von 6 auf 10 Mark erhöht.

Inserat der Woche:
25–30 tote Ratten! Das schafft der Delicia-Rattenkuchen.

28.2. Die Renovierungsarbeiten am alten Schloß gehen gut voran. Man darf bald mit der Öffnung der Burg für das Publikum rechnen. (Die Burg Kronberg wurde im Mai 1912 zur Besichtigung freigegeben.)

Inserat der Woche:
Kakes sind leichter zu backen als man glaubt, sie sollten in keinem Hause fehlen.

9.3. Der Leiter der hiesigen höheren Schule, Herr Rektor Schilgen, hofft, daß die Schülerzahl bald auf 100 ansteigt. – Der Plan, von Königstein nach Schmitten eine Kleinbahn einzurichten, ist gescheitert.

14.3. Im Jahre 1909 wurden im Deutschen Reich 2945 Menschen durch Kraftfahrzeuge verletzt, 194 Personen wurden getötet. Und das, trotzdem die Polizeivorschriften gegen das Rasen der Automobile durchweg verschärft worden sind.

Inserat der Woche:
Kochlernende kann eintreten.

23.3. Prinz Friedrich Carl von Hessen (der spätere Landgraf, Anm.) wird Anfang April auf Schloß Friedrichshof Wohnung nehmen. Seine Familie wird erst im Mai nach Cronberg übersiedeln.

28.3. Die Handwerks- und Gewerbekammern des Deutschen Reiches haben beim Reichskanzler um eine Festlegung des Osterfestes auf einen bestimmten Sonntag ersucht. Durch die Schwankungen des Osterfestes entstehen Mißstände, die im Schulwesen, in Industrie, Handel und Verkehr, in der Landwirtschaft und beim Wohnungs- und Gesindewechsel empfunden werden.

Inserat der Woche:
Zugelaufen ist ein brauner Affenpinscher.

6.4. Im Jahre 1909 wurden in Cronberg auf dem Standesamt 82 Geburten, 26 Trauungen und 55 Sterbefälle registriert. – Bei der Kleinkinderschule (heute evangelischer Kindergarten Anm.) beginnt am 15. April das Sommerhalbjahr.

Inserat der Woche:
In der Talmühle wird eine junge Kuh ausgehauen.

20.4. Vom Gericht: Ein Metzger aus Cronberg hatte seinem Ziehhund keinen Maulkorb angelegt. Er muß 1 Mark Strafe zahlen. – Der Rodelklub Taunus trägt sich mit dem Gedanken, im nächsten Winter eine Skiabteilung zu gründen.

Inserat der Woche:
Verloren wurde ein Schirmknopf von einem Damenschirm. Wiederbringer erhält Belohnung.

25.4. Zum 1. Mai beginnen in unserer Nachbarstadt Königstein wieder die beliebten Kurkonzerte. In diesem Jahr stehen sie unter Leitung von Herrn Kapellmeister Hiege. (Herr Hiege war auch in Kronberg kein Unbekannter. Er war lange Jahre Chorleiter vom MGV 1860 und vom evangelischen Kirchenchor. Auch die Gesangsriege des MTV, die bis Anfang der dreißiger Jahre bestand, sang unter seiner Stabführung.)

Inserat der Woche:
Wer bis zum Kirchweihfest noch schnell und gründlich tanzen lernen will, benutze mein Tanzinstitut. Täglich Unterricht!

4.5. Infolge des starken Autoverkehrs auf der Straße von Cronberg nach Oberursel hat sich ein Interesse der Fußgänger für die Herstellung eines Weges der Straße entlang als dringend erforderlich erwiesen. Die Gemeinden Schönberg und Oberursel haben bereits ein Stück des Weges ausgebaut. Die Gemeinde Oberhöchstadt hat zwar die Anlegung des Weges genehmigt, ist aber nicht bereit, die Kosten zu übernehmen, so wird nun wohl die Gemeinde Cronberg die Kosten und auch die weiteren Ausbauarbeiten übernehmen müssen.

Inserat der Woche:
Landaufenthalt für 2–3 Kinder im Taunus gesucht.

9.5. Am Ortseingang von Nieder-Reifenberg prangt seit längerer Zeit folgende Polizeiverordnung: „Achtung! Radfahrer und Automobile Schritt fahren bei 9 Mark Strafe verboten!"

Inserat der Woche:
Wer hat von der veredelten schwarzen Maulbeere Büsche oder Bäume abzugeben? (Jungpflanzen von dieser Maulbeere sind bis heute nicht aufzutreiben. Anm. d. Red.)

18.5. Der Bureaugehilfe Albert Kraft hat seine dreijährige Lehrzeit in der Stadtverwaltung beendet und wurde als Kommunalbeamter eingestellt. (Albert Kraft war später lange Jahre hindurch der Standesbeamte der Stadt Kronberg, von 1934 bis 1945 war er Geschäftsführer des Kur- und Verkehrsvereins – heute Verkehrsverein. Anm.)

Inserat der Woche:
Heumacher gesucht.

23.5. Unsere Erde dreht sich noch! Nach angezweifelten astronomischen Berechnungen sollte die Nacht zum 19. Mai die letzte unseres Planeten sein. Der Halleysche Komet sollte die Erde erreichen und unsere Welt zum Untergang bringen. Die Bevölkerung reagierte unterschiedlich. Bei vielen Menschen herrschte tatsächlich Untergangsstimmung. Auf dem Großen Feldberg trafen Ströme von Frankfurtern mit Picknickkörben und Kind und Kegel ein. Man trank „Kometen-Wein" und erwartete den Weltuntergang. Aber – nichts geschah. Zufrieden zog man wieder seiner Heimat entgegen.

Inserat der Woche:
Brütlustige Hennen gesucht.

5.6. Auf dem Gelände der Villa Mumm werden ein Pförtnerhaus, ein Haus mit Automobilraum und Gärtnerwohnung und Stallungen errichtet (nur das Pförtnerhaus ist noch erhalten, das Gärtnerhaus ist vor wenigen Jahren abgerissen worden. Anm.), der Besitzer plant auch den Bau eines kleinen Teehauses im Park. – Die städtischen Arbeiter, die bisher am Tage für 9 1/2 Stunden beschäftigt waren, sollen nunmehr 10 Stunden arbeiten.

Inserat der Woche:
Ein Kutscher, der auch etwas Feldarbeit versteht, bei gutem Lohn gesucht.

6.6. Cronberg hat einen neuen Verein! Drei junge Cronberger, die sich dem neuen Volkssport „Fußball" verschrieben haben, gründeten mit weiteren Kameraden den „Ersten Fußballclub Cronberg". Auf dem Platz hinter der Turnhalle findet der Spielbetrieb statt.

Inserat der Woche:
Empfehle Brennscheren, Kartoffelbohrer, Apfelstecher, Kuchenwender, Tisch- und Korridorglocken.

15.6. Ein fühlbarer Temperatursturz trat infolge der schweren Gewitter ein. Dichte Nebel machen sich bemerkbar; es ist empfindlich kühl geworden. – Rund 1 000 Sänger haben sich zum großen Wettstreit anläßlich des 50jährigen Bestehens des Männergesangvereins Cronberg eingefunden. Alle Cronberger Gesangvereine und Kirchenchöre, die Gesangsriege des Turnvereins und vier Solisten vereinigten sich beim Festkommers zu einem Chor. Herr Ludwig Sauer dirigierte das von ihm geschaffene Werk „Heil Hohenzollern".

In dem großen Festzelt an der Burgerstraße gab es dafür großen Beifall.

Inserat der Woche:
Die Pflege der Gemeindeobstbäume in Königstein soll einem sachverständigen Baumwärter übertragen werden. Reflektanten wollen sich bitte im Rathaus melden.

20.6. Am kommenden Sonntag findet das diesjährige Feldbergfest statt. Angemeldet sind weit über 1200 Turner. Geübt werden Stabhochsprung, Weithochsprung, Steinstoß und Lauf über 100 Meter. – Die Cronberger Schützengesellschaft wird bis zur Erledigung der Schießplatzfrage ihre Schießübungen auf den bürgerlichen Schießständen in Frankfurt abhalten.

Inserat der Woche:
2 tüchtige Möbelschreiner auf Möbel und Betten gesucht.

29.6. In den letzten Tagen trat ein sehr fühlbarer Temperatursturz infolge der schweren Gewitter ein. Dichte Nebel, für die Jahreszeit ganz ungewöhnlich, machen sich breit. Für die Heuernte ist der anhaltende Regen sehr ungünstig.

Inserat der Woche:
Ein Mann oder eine Frau zum Drücken eines Fahrstuhls für täglich 2 Stunden gesucht.

4.7. Am Sonntag ist wieder Cronberger Kerb, die mehr und mehr unter dem Zeichen der Erdbeerernte steht. Der Kaiser mit seinem „Salon-Etagen-Karussell" ist wieder eingetroffen, von den Kindern begrüßt und sehnlichst erwartet. Viele von ihnen liefen ihm schon bis Niederhöchstadt entgegen. Am Sonntag nachmittag um 3 Uhr geht's los!

Inserat der Woche:
Heumacher gesucht.

13.7. Vom kgl. Schöffengericht in Königstein: Ein Berliner Weinreisender wurde wegen betrügerischer Absicht zu 100 Mark Geldstrafe verurteilt. Er hatte einem Cronberger Flaschenbierhändler unter falschen Angaben „Palästinawein" verkauft.

Inserat der Woche:
Der Maulkorbzwang der Hunde wird in Erinnerung gebracht. Übertretungen werden unnachsichtlich bestraft. Die Polizei-Verwaltung.

18.7. Eine Familie aus Wiesbaden kam am Sandplacken an und beschäftigte sich während des ganzen Tages mit Heidelbeerpflücken. Es wäre besser, wenn automobilbesitzende Familien ihren Bedarf an Heidelbeeren auf dem Markt kaufen und der armen Taunusbevölkerung ihr bißchen Verdienst nicht auf solche Weise schmälern würden.

Inserat der Woche:
Ein gut erhaltener Kochofen, 2-etagisch, billig abzugeben.

27.7. Zum Andenken an die Königin Luise will man überall Linden oder Eichen pflanzen. Die Regierungspräsidenten im ganzen Königreich Preußen haben einen Staatszuschuß zur Umgitterung solcher Gedenkstätten zugesagt. (Ein schöner Brauch, Denkmäler in Form eines Baumes zu setzen. Anm.)

Inserat der Woche:
Champagner-Flaschen zum Einmachen von Beerenobst, billig abzugeben.

1.8. Der alte Herzberg-Turm wurde niedergelegt. Der neue Turm soll in diesem Herbst schon im Rohbau fertig werden. – Der Frankfurter Konsumverein wird auf dem Grundstück des Herrn Leo Becker ein Geschäftshaus errichten. (heute Hainstraße 6)

Inserat der Woche:
Müllgrubeninhalt gratis abzugeben.

10.8. Der Ortsdiener Knecht in Schönberg wird nach 30jähriger Dienstzeit in den Ruhestand versetzt. An seiner Stelle ist der Weißbinder Matthias Kopp zum Ortsdiener verpflichtet worden. – Die große und langanhaltende Hitze und Trockenheit wurde durch schwere Unwetter abgelöst.

Inserat der Woche:
Erntestricke 170 cm in allen Farben vorrätig. Ed. Bonn.

15.8. In Falkenstein haben der japanische Militär-Attaché und drei japanische Generalstabsärzte das Offiziers-Genesungsheim besichtigt.

Inserat der Woche:
Mann oder Frau zum Drücken eines Fahrstuhls gesucht.

24.8. Lehrer und Schüler in der Schönberger Schule hätten es gerne gesehen, wenn an den Fenstern Blumenkästen wären. Der Gemeinderat lehnte aber die Bezahlung ab, man war der Meinung, die Fenster seien dazu da, um frische Luft hereinzulassen und nicht, um mit Blumen verziert zu werden.

Inserat der Woche:
Bringe mein reichhaltiges Lager an Radfahrer-Gamaschen, Leder-Manschetten, Schultornister und Pferde-Regendecken in empfehlende Erinnerung.

29.8. Schlechtes Erntewetter! Es ist so naß, daß die Mähmaschinen und Garbenbinder auf den Feldern einsinken. – Aus Anlaß der 40jährigen Gedenkfeiern für den Feldzug 1870/71 wurden in vielen Städten und Gemeinden Ehrungen der Veteranen durch Steuernachlässe und Unterstützungen vorgenommen. In Cronberg wurden diese Ehrungen schon vor Jahren zum Ausdruck gebracht: Veteranen mit einem Einkommen unter 1500,– DM (im Jahr) bleiben steuerfrei.

Inserat der Woche:
Gesetztes Mädchen mit Kochkenntnissen gesucht.

11.9. Am Montag in Königstein wird das neue Denkmal für Herzog Adolph feierlich enthüllt. Anwesend wird die hohe Gemahlin Herzog Adolphs, Großherzogin Adelheid von Luxemburg, deren Tochter, die Großherzogin Hilda von Baden und die luxemburgischen Prinzessinnen Charlotte, Hilda, Antonia, Elisabeth und Sophie sein. Für die Ehrengäste wird eigens eine Tribüne erbaut. Ganz Königstein wird in festlichem Flaggen- und Blumenschmuck prangen. Mit Sicherheit werden auch viele Cronberger Bürger an der Festlichkeit teilnehmen.

Inserat der Woche:
Gründlicher Musik-Unterricht (Violine, Cello, Klavier und Blasinstrumente) erteilt Kapellmeister Hiege, Königstein. (Herr Hiege war auch in Kronberg kein Unbekannter. Er leitete lange Jahre hindurch den evangelischen Kirchenchor und den MGV 1860; Anm.).

12.9. Gestern besuchte die gesamte Zarenfamilie, die bei höchstderen Verwandten, der großherzoglichen Familie von Hessen in Darmstadt weilt, den Großen Feldberg. Sie bestiegen den Brunhildisfelsen und den Aussichtsturm.

Inserat der Woche:
Rock- und Paletotschneider gesucht.

21.9. Die Magistratsmitglieder, Herr Kunstmaler Heinrich Winter und Herr Sensal Bernhard Strauss, scheiden aus, an ihrer Stelle wurden die Herren Justizrat Francke und Schlossermeister Phil. B. Kunz gewählt. (Sensal war die heute veraltete Bezeichnung für Immobilienmakler. Anm.)

Inserat der Woche:
Künstliche Zähne in Kautschuk und Gold, billigste Preise. Mallebre, Zahnarzt in Königstein.

26.9. Vergangenen Sonntag veranstaltete der Gesangverein 1 eine Nachfeier zu seinem 50jährigen Jubiläum. Eingeladen waren der Chor und alle, die sich um das Gelingen des Jubelfestes verdient gemacht hatten. Es konzertierte die Kurkapelle unter der Leitung von Kapellmeister Hiege.

Inserat der Woche:
Am nächsten Samstag wird auf dem Rathaus ein Korb Falläpfel versteigert.

5.10. Der Verschönerungsverein in Schönberg hat im Gemeindewald herrliche Spazierwege angelegt und eine Aufenthaltshütte am Buchrain erbaut. Diese Hütte wurde „Mertonshütte" genannt, will die Baukosten von dem Vermächtnis der verstorbenen Witwe Merton gedeckt wurden. – Die Straße von der Hintergasse (heute Klosterstraße) bis zur Friedrichstraße wurde ausgebaut. (Sie erhielt später den Namen Margarethenstraße nach der Erbin von Friedrichshof Landgräfin Margarethe von Hessen. Anm.)

Inserat der Woche:
Schöne Brechäpfel abzugeben.

10.10. Auf der Landes-Obst und Gartenbau-Ausstellung erzielten einige Cronberger Gärtner mit ausgestelltem Obst und Chrysanthemen-Gruppen beachtliche Preise. Die meisten Auszeichnungen für das Taunusgebiet kamen nach Cronberg.

Inserat der Woche:
Zwei tüchtige Möbelschreiner, einer auf Schränke und einer auf Garnituren, sofort gesucht.

20.10. Der Halleysche Komet, der für so viel Aufregung sorgte, gelangte jetzt wieder an den Morgenhimmel. Er befindet sich im Sternbild des Corvus (Rabe) an der Grenze zum Sternbild Crater (Becher).

Inserat der Woche:
Öffentliche Volksversammlung für Frauen und Männer: Die maßlos fortwährend steigenden Fleischpreise.

24.10. Ehrenbürger Wilhelm Bonn ist gestorben. Seine Familie hatte die Villa Bonn in der Katharinenstraße errichtet (1922 wurde die Villa zum Kronberger Rathaus und ist es heute noch, Anmerk.) – Das Haus Bonn ist für seine Gastlichkeit bekannt. Alljährlich werden in Cronberg viele Kinder zu Weihnachten von „den Bonns" reich beschenkt. Die Baruch- und Betty-Bonn-Stiftung, ein Versorgungshaus für alte und gebrechliche Bürger unserer Stadt, besteht schon viele Jahre. Die Stadt Cronberg wird ihren Ehrenbürger dankbar in Erinnerung behalten. Da Wilhelm Bonn nicht in Cronberg bestattet wird, geben ihm seine Mitbürger das Ehrengeleit bis zur Stadtgrenze.

Inserat der Woche:
Gefunden wurde ein Kästchen Schrauben.

3.11. Nach 26 Dienstjahren tritt Herr Bahnhofsvorsteher Wilhelm Dietz zum 1. Dezember in den wohlverdienten Ruhesand. – SM Kaiser Wilhelm II. stiftete für die Saalburg eine Büste des verstorbenen Geheimen Baurates Louis Jacobi als Dank für seine Verdienste um den Wiederaufbau der Saalburg.

Inserat der Woche:
Ein eleganter Schlitten mit modernem Kutscherbock abzugeben.

7.11. Bei der 2. Internationalen Ausstellung für Luftschiffahrt in Paris wurde Herr Apotheker Neubronner für Photographien aus der Vogelschau, aufgenommen von Brieftauben im Fluge, die goldene Medaille zuerkannt.

Inserat der Woche:
Ein noch neuer Ofen für Holzheizung und Kochabteilung billig zu verkaufen.

17.11. Die Nachbildung eines siamesischen Tempels, ein Geschenk des Königs von Siam an die Stadt Bad Homburg, ist in 60 mächtige Kisten verpackt auf dem Hauptzollamt in Frankfurt eingetroffen. Er soll im Kurpark aufgestellt werden.

Inserat der Woche:
Brillen und Pincenez, Reparaturen rasch und billig. (Pincenez war die Bezeichnung für einen Zwicker oder Kneifer, Anm.).

21.11. Die preußischen Eisenbahndirektionen haben dem gesamten Arbeiter- und Beamtenpersonal das Halten und Lesen der sozialdemokratischen Zeitung „Das neue Eisenbahnerblatt" bei Strafe der Entlassung verboten. – Der erste Schnee im Taunus ist beständig. Bei einigen Graden unter Null haben die Winterfreunde Gelegenheit zu ihrem Sport.

Inserat der Woche:
Melkschemel, kräftig und dauerhaft, das Stück zu 90 Pfennig.

1.12. Das Gasthaus „Zum Neuen Bau" ist zum Preise von 50 000 Mark in den Besitz der Kaufleute Carl und Louis Stein übergegangen.

Inserat der Woche:
Sportartikel aller Art für Hunde.

5.12. An Stelle der ausscheidenden Lehrerin Nothnagel an der evangelischen Schule wurde die Lehrerin Margarethe Freytag eingestellt. (Fräulein Freytag war fast 30 Jahre in Kronberg und unterrichtete ganze Generationen. Als 1920 die Simultanschule auch in Kronberg eingeführt wurde, hatte sie auch katholische Schüler. Sie war eine beliebte Lehrerin.)

Inserat der Woche:
Empfehle als passendes Weihnachtsgeschenk Ledergamaschen und Hosenträger.

15.12. In der Gemeindevertreter-Versammlung in Oberhöchstadt wurde beschlossen, eine fünfte Lehrerstelle zu errichten und mit einem evangelischen Lehrer zu besetzen. Oberhöchstadt hat zur Zeit 300 Schulkinder.

Inserat der Woche:
Meine wasserdichten Stiefel Marke „Fußwolken" ersetzen den Gummistiefel.

19.12. Die Bahnen des Rodelclub Taunus werden in diesem Winter gegen Tageskarte zu 1 Mark auch für Nichtmitglieder offen sein. Die Schwarze-Weg- und die Kellergrundbahn in Cronberg sind neu hergerichtet. Der kürzlich hier verstorbene Ehrenbürger der Stadt Cronberg Herr Wilhelm Bonn hat dem Cronberger Versorgungsfonds testamentarisch 75 000 Mark vermacht.

Inserat der Woche:
Als schönes Weihnachtsgeschenk empfehle ich Projektionslaternen für Lichtbilder.

31.12. Schnee! Schnee! Schnee! Das neue Jahr kommt im dicken weißen Kleid. Auf dem Feldberg liegt der Schnee einen halben Meter hoch, viel Obstbäume, vor allem die dicht beästeten Mirabellenbäume wurden durch die Schneelast schwer geschädigt! In den ersten Januartagen des neuen Jahres finden die ersten Rodelrennen statt. Die Schwarzweg- und die Kellergrundbahn sind neu hergerichtet. In diesem Winter dürfen die Bahnen nur mit Tageskarten zu 1 Mark benutzt werden. Mitgliedern des Rodelklubs stehen die Bahnen unentgeltlich zur Verfügung. Der Wagner Jacob Henrich hat für die Sanitätskolonne des Roten Kreuzes einen Krankentransportschlitten gebaut, der mit einfachen Handgriffen so gestellt werden kann, daß der Kranke, auch auf abschüssigem Terrain, in waagerechter Stellung liegt.

Inserat der Woche:
Schülern der Sexta, Quinta und Quarta, gleich welcher Religion, erteilt Geistlicher Nachhilfeunterricht in Latein und Französisch.

1911

2.1. Die letzten Tage des alten Jahres brachten Schneefall und zwar gleich in solcher Menge, daß Verkehrsstörungen unvermeidbar sind. Im Taunus liegt der Schnee einen halben Meter hoch. Durch die Schneelast sind viele Obstbäume vernichtet worden, vor allem die dichtbeästeten Mirabellenbäume erlitten große Schäden.

Inserat der Woche:
Ein gut erhaltener Spazierschlitten zu verkaufen.

12.1. Zu den Rodelrennen am Sonntag sind die Nennungen sehr zahlreich eingegangen. Die Startliste bleibt bis eine halbe Stunde vor dem Start offen. – Es ist untersagt, die Rodel mit mehr als zwei Personen zu besetzen. Diese Vorschrift sollte besonders jetzt, da die Rodelbahnen stark vereist sind, befolgt werden.

Inserat der Woche:
Frisch geschossene Hasen, tadellose Größe, abzugeben, solange der Vorrat reicht. Restauration Hahn.

16.1. Der letzte Sonntag war wieder einmal ein richtiger Wintersporttag. Die Eisenbahn mußte einige Züge einlegen. Die Rodelbahnen waren sehr gut in Ordnung, stellenweise vereist, wodurch einige Unfälle entstanden. Ein Herr und eine Dame wurden durch Anfahren einer Telegraphenstange verletzt, auf der Mammolshainer Bahn erlitten ein Herr und eine Dame schwere Verletzungen durch Brechen des Rodels, in einem anderen Falle fiel sich ein junges Mädchen die Zähne ein.

Inserat der Woche:
Ganze Gebisse, 24 Zähne, von 60 Mark an.

26.1. Die Feier des Geburtstages seiner Majestät des Kaisers wird in üblicher Weise in der Turnhalle begangen. Aus Anlaß der 40jährigen Wiederkehr der Kaiserproklamation am 18. Januar werden die Veteranen des 70/71er Krieges geehrt.

Inserat der Woche:
Kreppelausstecher in verschiedenen Ausführungen.

30.1. Bei der letzten Stadtverordnetensitzung brachte Stadtverordneter Braubach einige Anträge ein. Er bemängelte das Fehlen eines Abortes auf dem Güterbahnhof und die dadurch entstehende Verunreinigung der Umgebung. Er ersuchte den Magistrat, der Eisenbahn-Verwaltung entsprechende Auflagen zu machen.

Inserat der Woche:
„Im Schützenhof findet am Mittwoch abends der fortrag des naturmenschen gustaf nagel über sein natürliches leben und schreibart eintritt erwagsene 30 kinder 15 fennig."

9.2. Das Standesamts-Register Oberhöchstadt-Schönberg verzeichnete im Jahre 1910 60 Geburten und 29 Sterbefälle. – An Stelle des verstorbenen Herrn Wilhelm Bonn wurde Herr von Mumm in den Vorstand des Krankenhausvereins berufen.

Inserat der Woche:
Herren- und Damen-Maskenperücken zu verleihen. F. Weigand.

13.2. Im Schalterraum des hiesigen Postamtes sind folgende Sachen als gefunden angezeigt: 1 Wollhandschuh, 1 Taschenmesser, ein 1-Pfennig-Stück. Falls die Sachen nicht abgeholt werden, werden dieselben nach 6 Wochen beim Postamt 1 in Frankfurt versteigert.

Inserat der Woche:
Gesucht wird jemand zuverlässiges zum Heizen des Zimmers bei einem kranken Mann.

26.2. Von der letzten Stadtverordneten-Sitzung: Man will die Herstellung eines zweiten Rohrstranges aus dem Hochbehälter nach der Stadt vorantreiben. Bewilligt wurden 10 Mark als Jahresbeitrag für den „Verein zur Bekämpfung der Säuglingssterblichkeit".

Inserat der Woche:
Ein sauberer Schläfer kann Stube mieten.

27.2. Die Fastnacht geht ihrem Höhepunkt entgegen. Dieses Jahr erscheinen sogar zwei Kreppelzeitungen. Der Dilettantenverein lädt ein zu „einer Nacht in Venedig" im Schützenhof an der „Via Catharina". Wer will, kann sogar eine Gondelfahrt mitmachen. Der Turnverein feiert seinen Maskenball 2 Tage später in der gleichen Dekoration. Die Käwwern veranstalten am Sonntag einen Fackelzug mit anschließender Herrensitzung im Ratskeller.

Inserat der Woche:
An Fastnacht zwei 50-Pfennig-Tage im Gasthaus „Zur Krone". (heute Brillenecke)

9.3. Im Alter von 65 Jahren verstarb Professor Wilhelm Friedenberg. Der gebürtige Frankfurter erhielt eine gründliche Ausbildung als Kunstmaler durch seine intensiven Studien am Städelschen Institut. Seit 1869 wohnte er in Cronberg. 1884 erhielt er den Professorentitel. Am öffentlichen Leben Cronbergs nahm er regen Anteil, er war lange Jahre hindurch Stadtverordneter. Die Gründung der „Höheren Schule" war ihm besonders wichtig. Er wird seine letzte Ruhestätte auf dem hiesigen Friedhof finden.

Inserat der Woche:
Ein zwölf- bis 13jähriger Junge zu Gängen an Nachmittagen gesucht.

13.3. Aus der letzten Stadtverordneten-Sitzung: Der Bürgermeister teilt auf Anfrage mit, daß die Petroleumlampen in der Frankfurter Straße vorerst nicht durch elektrisches Licht ersetzt werden können. Die Post habe auf der einen Seite Telegraphen- und auf der anderen Seite Telefonleitungen. Man müsse sich so lange gedulden, bis die Post eine der Leitungen in Kabel gelegt habe. Stadtverordn. Weigand schlug vor, dem städt. Maulwurfsfänger neben einem bestimmten Gehalt eine Fangprämie auszusetzen, damit er mehr Interesse am Fangen habe. Stadtverordn. Weigand schlug vor, eine Verordnung zu schaffen, die den Automobil-Omnibussen auferlegt, in der Hauptstraße Schrittempo zu fahren. Die Gefahr sei groß und bei nassem Wetter würden die Häuser beschmutzt. Der Bürgermeister war der Meinung, die Tage der Auto-Omnibusse seien gezählt. Man arbeite an einer elektrischen Verbindung, dann kämen sie sowieso in Wegfall.

Inserat der Woche:
Den verehrten Einwohnern von Cronberg zur Kenntnis, daß ich die Bade-Anstalt von Herrn Th. Grün übernommen habe. Rekruten erhalten Preisermäßigung. Carl Lang, Römerberg 5.

27.3. Das Kinematographen-Theater unseres Landsmannes Adam Henrich in Frankfurt erfreut sich des besten Besuches. Die Bilder sind durchweg erstklassig, teilweise sogar coloriert, das Programm hochinteressant und dabei äußerst dezent.

Inserat der Woche:
Morgen vormittag 9 Uhr wird im Erdgeschoß des Schulhauses eine prima Kuh von der Viehversicherungs-Gesellschaft das Pfund zu 50 Pfg. ausgehauen.

6.4. Ein schweres Gewitter mit heftigem Regen entlud sich am Donnerstag abend über unserer Gegend. Mehrere Male krachte der Donner über unserer Stadt, doch ist bis jetzt noch nicht bekannt, wo es einschlug.

Inserat der Woche:
Ein Sofa-Gestell wegen Platzmangel zu verkaufen.

10.4. Der Verschönerungsverein Schönberg hielt seine diesjährige Generalversammlung ab. Es wurde beschlossen, für weitere Ruhebänke zu sorgen, sowie die Spazierwege zu unterhalten.

Inserat der Woche:
Dem verehrlichen Publikum von Schönberg und Cronberg und der Umgebung hierdurch die ergebene Mitteilung, daß ich das von meiner Schwiegermutter betriebene Gasthaus „Zum Friedrichshof" am 13. April neu eröffnen werde. Hch. Zensen.

20.4. Bürgermeister Pitsch gab bei der letzten Stadtverordnetensitzung bekannt, daß die Mäusevertilgung 1225,24 Mark gekostet hat, also das ganze Jagdpachtgeld drauf gegangen ist.

Inserat der Woche:
Zwei kräftige Spülmädchen gesucht.

24.4. In einigen Städten erließ die Polizeibehörde die Anordnung, daß Damen, deren Hutnadeln keine Sicherung haben, das Besteigen von Straßenbahnwagen nicht mehr gestattet wird. – Der Schwan auf dem Schillerweiher wurde gestern von einem Hunde attackiert und trotz heftiger Gegenwehr mehrmals gebissen. Erst als Frau Schwan ihr Nest verließ und dem bedrohten Gemahl zu Hülfe kam, ließ der Hund von ihm ab und suchte das Weite.

Inserat der Woche:
Für Confirmandinen zu empfehlen: Stickerei- und Anstands-Röcke, Corsetts, Untertaillen, Hosen, Hemden und Strümpfe. Geschw. Weigand, Adlerstraße.

4.5. Das Haus Nr. 17 in der Schönberger Hintergasse steht zum Verkauf. Die Gemeinde will es erwerben und in der zugehörigen Scheune ein Spritzenhaus einrichten.

Inserat der Woche:
Amtl. Bekanntmachung: Der Graswuchs der fiskalischen Breitwiese in der Gemarkung Cronberg wird parzellenweise versteigert. Königl. Domänen-Rentamt Höchst.

8.5. Die letzte Stadtverordneten-Sitzung mußte in der Turnhalle abgehalten werden, weil der seitherige Sitzungssaal durch das plötzliche Steigen der Schülerzahl für die höhere Schule eingeräumt worden ist. Wie man sich später helfe, müsse die Zeit lehren, war vom Herrn Bürgermeister zu erfahren.

Inserat der Woche:
Weiche und steife Knabenhüte zur Konfirmation. Chr. Lohmann

21.5. Herr Bürgermeiter Pitsch, als Vorsitzender der Schuldeputation, führte den neuen Lehrer, Herrn Philipp Bermbach, an der hiesigen katholischen Schule in sein Amt ein. (Philipp Bermbach wurde 1932 pensioniert. In seiner Wohnung in der Schreyerstraße verlebte er seinen Lebensabend. Er starb kurz nach dem Kriege; Anm. d. Red.)

Inserat der Woche:
Ein starkes Mädchen von 15 Jahren sucht Stelle, am liebsten bei Kindern.

22.5. Der hiesige Verschönerungsverein (heute Verkehrsverein) hielt seine Jahreshauptversammlung ab. Der Vorsitzende, Herr Hauptlehrer Fehler berichtete über die Tätigkeiten des Vereins. Im wesentlichen bleibt das Arbeitsgebiet auf die Unterhaltung der Anlagen im Viktoriapark (heute Taunus- und Guatiastraße) beschränkt, sowie auf die Reinhaltung der Wege und Bänke. Die Mitgliederzahl ist von 107 auf 99 zurückgegangen.

Inserat der Woche:
Zur Frühjahrs-Saison Neuheiten in Besatz und Ausputz, Corsetts in großer Auswahl. Chr. Lohmann

1.6. Die 1. Klasse der katholischen Schule erhält neue Bänke, nach den Ferien soll auch die 3. Klasse neue Schulmöbel erhalten.

Inserat der Woche:
Wer Interesse hat an wirklich kunstvollem Zinn, dem kann ich eine günstige Gelegenheit verraten. A. Andree, Buchdruck.

5.6. Ein sonderbarer Kauz läuft seit gestern in eigenartigem Aufzug in Cronberg herum. Blanke Beine in Sandalen, über dem Oberkörper ein braunes weit offenes Hemd, das ist die ganze Kleidung. Andreas Schneider, Gesundheitsprediger aus Weimar tritt seit zehn Jahren in diesem Kostüm auf und fühlt sich wohl dabei. Heute abend 8 Uhr wird er auf dem Platze hinter der Turnhalle seine Theorie über das Naturleben jedermänniglich offen verkünden.

Inserat der Woche:
Für Reconvaleszenten empfehle ich „Medicinal-Blutwein", Marke „Rettender Engel" Weindepot Baumann

17.6. Das Grundstück der israelitischen Kultusgemeinde an der Ecke Mauer-Synagogenstraße (Synagoge und zwei kleine Wohnhäuser) stehen zur Versteigerung frei. – Der neue Fußballklub erhält oberhalb des gemeindlichen Steinbruchs eine Wiese für Übungszwekke zu einer jährlichen Pacht von 10 Mark.

Inserat der Woche:
Fantasie-Theater (Kinematograph) einzig in seiner Art in Frankfurt, Kaiserstraße 54, zu einem Besuch lädt ein der Besitzer Adam Heinrich, Cronberg.

19.6. Eins der jungen Schwänchen auf dem Schillerweiher, die der ganze Stolz der Cronberger sind, ist leider eingegangen. Frau Schwan darf sich lebhafter Anteilnahme bei ihrem Verlust versichert sein. Letzte Meldung: Der kleine Schwan ist nicht tot, er erholte sich schnell wieder und ist munter und fidel.

Inserat der Woche:
Schlosser oder Schmied als Heizer gesucht. Bahnhof Cronberg

29.6. Der Verschönerungsverein (Vorläufer unseres heutigen Verkehrsvereins) will die Mieter und Hausbesitzer, die den schönsten Blumenschmuck an Fenstern, Balkonen und in Vorgärten haben, auszeichnen. Die Stadt unterstützt dieses Vorhaben.

Inserat der Woche:
Frankfurter Würstchen in 6er-Packung jede Woche zweimal frisch bei Gerstner, Hoflieferant.

3.7. Die Kerb ist wieder da. Einige Wagen sind schon aufgestellt und der Kaiser mit seinem Caroussell schon unterwegs. In allen Sälen wird zum Tanz aufgespielt. Nur das Wetter dürfte besser sein. (die große Hitze kam noch!)

Inserat der Woche:
Zucker-Schmidt zur Kirchweih wieder in Cronberg. Am Frankfurter Tor und Stadtgarten-Eck!

13.7. Die Schulen sind für die Sommerferien geschlossen, bis zum 5. August haben die Kinder frei. Derzeit herrscht eine große Hitze, das Wasser wird knapp.

Inserat der Woche:
Die Stadt zahlt 1,25 Tagelohn für das Einsammeln von Dung auf den Straßen.

21.7. Heute abend findet eine Versammlung der Schützen statt. In derselben wird den Mitgliedern ein neuer abschlägiger Bescheid wegen Errichtung eines Schießplatzes in der sogenannten Taubenlach bekannt gegeben werden.

Inserat der Woche:
Die Holzschneidemaschine ist im Laufe dieser Woche wieder in Cronberg. Anmeldungen im „Adler" oder in der „Krone". A. Kirchner, Eschborn

27.7. Gastwirt Hahn will auf seinem Grundstück an der Bleichstraße einen Musikpavillon errichten. – Der Wettergott meint es nur allzu gut mit uns. Seit vielen Tagen ist es unerträglich heiß, Regen wäre dringend nötig.

Inserat der Woche:
Die erste Sendung neuer Vollheringe ist eingetroffen. Carl Gerstner.

31.7. Die Hitze steigert sich bis zur Unerträglichkeit. Am Samstag und Sonntag stieg das Thermometer bis zu 42 Grad Reaumur. Der Wasserverbrauch ist gewaltig. Noch kann die städtische Wasserleitung den Bedarf decken. Sollte aber die Hitze noch länger anhalten, ist es geraten, mit dem kostbaren Naß sehr sparsam umzugehen.

Inserat der Woche:
Shakespeare englischer Hamlet im Wald am Liebespfad gefunden. Abzuholen in Schönberg, Hinterstr. 15.

10.8. Die Hitze wird unerträglich, seit Wochen ist kein Tropfen Regen gefallen. Infolge der langen Trockenheit ist der Pilzbestand in den Taunuswäldern stark zurückgegangen. Die Forstleute achten streng darauf, daß Pilzsucher Messer benutzen und die Pilze nicht mit den Wurzeln herausreißen.

Inserat der Woche:
Für Kurwirte die Mietordnung, fertig zum Aufhängen zu haben in der Druckerei.

14.8. Kinder brachten die alarmierende Nachricht, ein Stromer habe im Hardtwald ein Mädchen aufgehängt. Die Polizei eilte schnell an die bezeichnete Stelle, fand aber nur eine Strohpuppe am Baum hängen. Der Schweiß der Beamten war umsonst, wie der Lärm der Weiber und Kinder.

Inserat der Woche:
Empfehle mich zum Fruchtabmachen G. Dornauf

24.8. Die unerträgliche Hitze hält immer noch an, man wartet überall sehnlichst auf Regen! – Vom Gericht: Ein Fuhrmann und ein Tagelöhner aus Frankfurt wurden vom Schöffengericht in Königstein wegen Beleidigung des Cronberger Bahnhofvorstehers zu je zehn Mark Geldstrafe oder ersatzweise zwei Tage Gefängnis verurteilt.

Inserat der Woche:
Gefärbte Erntestricke, 100 Stück 1,50 Mark, bei Eduard Bonn.

28.8. Das von der Stadt angekaufte frühere Reinhard Hirsch'sche Haus in der Pferdstraße ist niedergelegt worden. Es war etwa 300 Jahre alt. An seiner Stelle entsteht ein zweistöckiger Neubau.

Inserat der Woche:
Neue Vollheringe! Erste Sendung heute eingetroffen. Carl Gerstner

7.9. Herr Postmeister Rechnungsrat Hoppe geht am 1. Oktober in den wohlverdienten Ruhestand. Sein Nachfolger wird der Postmeister Pressler aus Treisa, der bereits seit 1898 Postmeister und 1852 geboren ist.

Inserat der Woche:
Verloren wurde ein Schülerherbergsbuch. (Um 1883 wurde ein Verein gegründet, der sogenannte Schüler- und Studentenherbergen einrichtete. Es gab solche Häuser in ganz Deutschland, um dort billig übernachten zu können, brauchte man ein Herbergsbuch. Im Jahr 1906 verzeichnete man immerhin 20500 Besucher. Anm.)

11.9. Endlich werden in Cronberg die Straßen geteert! Mit der Frankfurterstraße wurde der Anfang gemacht, Hain- und Königsteinerstraße sollen folgen. Für die Anlieger dieser Straßen ist die Teerung eine Erlösung von der Staubplage, die namentlich bei dieser wochenlangen Hitze und Trockenheit fast unerträglich geworden ist. – Die Teermaschine mußte für kurze Zeit ihre Arbeit einstellen, da der Teer ausgegangen war.

Inserat der Woche:
Weck's Frischhalteapparate und Gläser sind unübertroffen.

21.9. Seit 1. September ist die Meldestelle der Allgemeinen Ortskrankenkasse in die Hartmuthstraße verlegt worden. Herr Stadtsekretär i. R. S. Reinehr hat das Amt von dem bisherigen Verwalter Polizeisergeant Jung übernommen und ist für die Gemeinden Cronberg, Kronthal, Oberhöchstadt und Schönberg verantwortlich.

Inserat der Woche:
Verloren wurde ein grauer Autoschleier.

25.9. Ein hiesiger Einwohner, der im 68. Lebensjahr steht, hatte vor einigen Tagen das Glück, die Geburt seines 33. Kindes beim Standesamt zu melden. Es leben nur noch 12, von denen das älteste 36 Jahre zählt. Allerdings hat der tüchtige Mann die 3. Frau.

Inserat der Woche:
Jeden Donnerstag Kaffee und Waffeln, Sonntags frischer Kuchen, Pension Wiehe, Talweg

8.10. Die hiesige Eienbahngesellschaft hat bei der Eisenbahndirektion in Frankfurt den Antrag auf Verstaatlichung gestellt. – Die freiwillige Sanitätskolonne Cronberg feiert in diesem Jahr ihr zehnjähriges Bestehen. Aus diesem Anlaß fand eine große Übung im Kaiser-Friedrich-Denkmalspark statt, bei der zahlreiche Cronberger anwesend waren.

Inserat der Woche:
Gerauer Kraut trifft im Laufe der Woche ein. Nehme schon jetzt Bestellungen entgegen.

9.10. Die Stadtverordneten-Versammlung genehmigte den Ankauf von 2 Quadratmetern Gelände von Herrn Wucherer an der Burger- und Rumpfstraße zur Abrundung der Straßenecke. Ein Stadtverordneter knüpfte daran die Bemerkung, daß auch die drei anderen Eckbesitzer das Gleiche tun möchten.

Inserat der Woche:
Gut empfohlenes Fräulein sucht Stelle als Stütze.

19.10. Herr Dr. Seligmüller ist von seinem Posten als Vorsteher der Schloßgärtnerei zurückgetreten. Er wird sein Amt am 1. Januar 1912 an seinen Nachfolger übergeben.

Inserat der Woche:
Die Kronthaler Mineralquellen-Gesellschaft sucht Arbeiter und Arbeiterinnen.

23.10. Die Höchster Gas-Gesellschaft läßt Erhebungen machen, wer in Cronberg sich an die Gasleitung umsonst anschließen will. Während alle Villenbesitzer und Geschäftstreibende gerne zugreifen, verhalten sich die sogenannten kleinen Leute fast durchweg ablehnend, obwohl gerade ihnen die Sache leicht gemacht werden soll.

Inserat der Woche:
Damen-Filz-Schnallenstiefel ab 2.75 Mark.

2.11. In Mammolshain wurde der Anbau von zwei neuen Schulsälen fertiggestellt. Der frühere Lehrsaal wurde zur Wohnung für den zweiten Lehrer umgebaut. Die Schule wird von 100 Kindern besucht, erstmals wurde für die Gemeinde eine zweite Lehrerstelle bewilligt.

Inserat der Woche:
Hausschlachtungen übernimmt Heinrich Schott, Tanzhausstr. 5.

6.11. Die Wassermesser werden in diesen Tagen abgelesen, d.h. die Winterberechnung nimmt ihren Anfang. Der Kubikmeter Wasser kostet im Winter nur 15 Pfennig. Im Sommer dagegen 30 Pfennig.

Inserat der Woche:
Oberlehrer Gagelmann aus Frankfurt hält am Samstag einen Vortrag mit Lichtbildern. Thema: „Aus der Zeit des großen Sees zwischen Taunus und Odenwald.“ Es ladet hierzu ergebenst ein: Das Kuratorium der Volksbildungsbibliothek.

16.11. In der verflossenen Nacht starb einer unserer prominentesten Mitbürger, Herr Kunstmaler Heinrich Winter, im Alter von 69 Jahren. Herr Winter gehörte lange Jahre der Stadtverordnetenversammlung an. (Zur Erinnerung an ihn wurde die Wilhelmstraße einige Jahre später in „Heinrich-Winter-Straße“ umbenannt. Dort hatte er seinen Wohnsitz, das „Haus Winter“, lange Jahre als Schulgebäude genutzt. Anm.)

Inserat der Woche:
Strümpfe werden auf der Maschine angestrickt.

20.11. Der neueste Verein in Cronberg ist der Geschichtsverein, der sich gestern abend im „Grünen Wald“ konstituiert hat. Es sind jetzt schon mehr als 50 Mitglieder beigetreten. Der Vorstand wurde gewählt. Erster Vorsitzender ist Dr. Bräuner, sein Stellvertreter Pfarrer Assmann, Stadtrechner Kunz ist Kassenwart. Beisitzer sind für ein Jahr Bürgermeister Pitsch, Forstmeister Lade, Dr. Julius Neubronner, Kunstmaler Graul, Hofdekorationsmaler Jakob Hembus, Carl Gerstner und Philipp Jakob Sauer. (Der damals gegründete Geschichtsverein bestand nur wenige Jahre, nach dem ersten Weltkrieg kamen seine Aktivitäten wieder zum Erliegen.)

Inserat der Woche:
Puppenklinik Weigand, Hauptstraße 9. Reparaturen werden gut und billig ausgeführt. Bitte, die Patienten recht bald einliefern zu wollen.

27.11.1981 Druckfehler nach 70 Jahren berichtigt. In der Rubrik „Es war einmal...“ vom 20. November wird unter „1911“ von der Gründung eines Geschichtsvereins berichtet. Zum Vorsitzenden wurde ein Dr. Bräuner gewählt. Ein aufmerksamer Leser – der Vater unseres Bürgermeisters – teilte uns mit, daß es sich dabei um einen Druckfehler handeln müsse. Der Vorsitzende dieses Vereins hieß „Dr. Breuer“. Wilhelm Möller berichtet weiter, daß Dr. Breuer im Hause Möller in der Frankfurterstraße wohnte, beim Frankfurter Stadtarchiv beschäftigt war und sich für das Kronberger Geschichtsleben sehr interessierte.

30.11. Für die ausscheidenden Stadtverordneten Heinrich Fischer und Ernst Henrich rükken in der 3. Wählerklasse Philipp Leonhard Kunz und Herr Grundlach nach.

Inserat der Woche:
Haarketten mit Goldbeschlag unter garantierter Verwendung der gelieferten Haare, ein schönes Weihnachtsgeschenk. Es empfiehlt sich Ph. A. Weigand, Cronberg, Hauptstraße 9.

4.12. Die Ungezogenheit der Jugend und besonders der eben schulentlassenen Bürschchen ist wieder so arg, daß sich die Polizeiverwaltung veranlaßt sieht, einzuschreiten. Das Herumstehen an den Straßenecken und auf dem Marktplatz wird nicht mehr geduldet. Frauen und Mädchen fühlen sich belästigt.

Inserat der Woche:
Vor mehreren Wochen wurde bei uns ein eiserner Schubkarren entliehen, bis heute aber noch nicht zurückgebracht. Wir ersuchen dringend um Rückgabe. Baugesch. Borsch.

14.12. Die Viehzählung am 2. des Monats ergab Folgendes: In 132 Haushaltungen gibt es in Cronberg 95 Pferde, 209 Rinder, 3 Schafe und 186 Schweine. (Wenig später wird die Zahl der Schweine erheblich zurückgegangen sein, denn die Zeit der Hausschlachtungen begann immer kurz vor Weihnachten. Erstaunlich ist die geringe Zahl der Schafe, in Kronberg gab es früher meist einen großen Schafbestand. Anm.)

Inserat der Woche:
Puppenklinik Weigand in der Hauptstraße 9 bittet darum, die Patienten noch schnell einzuliefern, da sonst die Reparaturen nicht rechtzeitig zum Weihnachtsfest fertig werden.

18.12. Gestern abend fand eine Stadtverordneten-Sitzung statt. Die Stadt Cronberg hat mit der Höchster Gas-Beleuchtungsgesellschaft wegen der Einführung von Gas in Cronberg einen auf 30 Jahre befristeten Vertrag abgeschlossen. Ferner wurde die Neufassung des Pfingstbrunnen beschlossen. Ein künstlerisch ausgeführter Stein, der von Fräulein Ostertag geschaffen wurde, soll die Neuanlage krönen.

Inserat der Woche:
Meine reichhaltige Puppen- und Spielwaarenausstellung befindet sich in der Hauptstraße 25, 1. Stock. Phil. J. Liedemann

30.12. Zu Beginn des neuen Jahres wird mit dem Abbruch der von der Stadt erworbenen Häuser in der Hauptstraße (31–35) begonnen. Um das Straßenbild zu bewahren, wurden vom Magistrat photographische Aufnahmen bestellt. Die Abbrucharbeiten hat David Gernhard übernommen.

Inserat der Woche:
Wir führen „Kieler Knaben-Anzüge“ in Bleyle. Die praktischste, gesündeste und vortheilhafteste Kleidung der Gegenwart. Kolb, Königstein

1912

4.1. Der Verein für Gesundheitspflege lädt zu seiner Generalversammlung ein. Der Verein bezweckt bekanntlich die ärztliche Hilfe gegen eine Jahrespauschale. Er zählt derzeit 88 Mitglieder. 1. Vorsitzender ist Herr Ludwig Anthes. Vereinsarzt der kgl. Leibarzt Dr. Spielhagen.

Inserat der Woche:
Alle Reparaturen an Musikapparaten und Nähmaschinen werden schnell und billigst ausgeführt. Johann Kieser, Tanzhausstraße 1.

15.1. In Oberhöchstadt verunglückte bei der Silvesterschießerei ein junger Mann. Er stürzte mit einer geladenen Pistole in der Hand, wobei sich ein Schuß löste und denselben an der Hand verletzte. – Seit vielen Tagen regnet es fast ununterbrochen, obwohl auf dem Kalender „Winter" steht.

Inserat der Woche:
Der Cäcilienverein Cronberg lädt ein zur Theatralischen Abendunterhaltung. Zur Vorführung gelangt das Trauerspiel „Romeo und Julia" von W. Shakespeare. Nach der Vorstellung Tanz, wozu nur Inhaber von Theaterkarten berechtigt sind.

18.1. Bei der stadtgehabten Wahl zum deutschen Reichstag gaben in Cronberg von 772 Wahlberechtigten Bürgern 707 ihre Stimme ab, das sind 91,5 Prozent.

Inserat der Woche:
Margarol-Bodenöl, staubbindend, in allen Farben, zu verkaufen bei I.A. Kunz.

29.1. Mit dem Abbruch der Häuser Hauptstraße 31–35 wurde heute begonnen. – Das Wettspiel des 1. Cronberger Fußballclubs in Falkenstein gegen die dortige Mannschaft endete mit 3:0, einem vollständigen Sieg der Cronberger. Die Falkensteiner mochten ihre Schwäche einsehen und brachen 8 Minuten vor Schluß das Spiel ab.

Inserat der Woche:
„Taunus-Rodel Cronberg" – nur echt mit der Marke „Taunitia". Ein Posten Rodel mit kleinen Schönheitsfehlern unter Preis! Jean Kunz, Hofwagenfabrik

1.2. Das Taunus-Elektrizitätswerk ist an die Main-Kraftwerke übergegangen. – Der hiesige Männerturnverein hat die Absicht, eine Damenriege zu gründen.

Inserat der Woche:
„Die 1. Rekrutenversammlung findet am Montag, abends 9 Uhr, im „Ratskeller" statt.

12.2. Jetzt wird's hell in Cronberg. Das Main-Kraftwerk hat die Straßenbeleuchtung schon bedeutend verbessert und überall 25-kerzige Glühbirnen einsetzen lassen. – Die Fastnacht in diesem Jahr ist eine ganz große Angelegenheit. In allen Sälen Cronbergs finden Maskenbälle statt. Einige Wirte bieten an den drei tollen Tagen ein besonderes „Frühstück" an. Lebhaftes Treiben wird auch auf den Straßen erwartet, vor allem auf der Schirn. Am Fastnachtsdienstag gibt es eine „Reveille" mit dem Ausschellen der neuesten närrischen Nachrichten.

Inserat der Woche:
Am kommenden Montag wird auf der Oberförsterei die fiskalische Fischerei im Westerbach mit ca. 10 Kilometer Länge auf 6 Jahre verpachtet.

15.2. Jakob Wissmann eröffnet in der Wilhelmstraße (Heinrich-Winter-Straße) ein Installationsgeschäft. Auch die Gas-Installationen auf Kosten der Höchster Beleuchtungsgesellschaft werden übernommen.

Inserat der Woche:
Jeden Samstag frischen Radankuchen bei Bäkkerei Hermann, Eichenstraße.

26.2. Die Burgwirtschaft im alten Schloß ist ab 1. April dem Herrn Adam Gottfried Weidmann (z. Post) übertragen worden.

Inserat der Woche:
1 Tüchtiger Fuhrmann per sofort bei Hof-Maurermeister Kopp in Schönberg gesucht.

1.3. Der Gärtnerverein „Wellingtonia" feierte sein 25jähriges Jubiläum in eindrucksvoller Weise. – Vor wenigen Tagen verschied in seiner Villa in der Hainstraße der bekannte Kunstmaler Professor Norbert Schrödl im 70. Lebensjahr.

Inserat der Woche:
Alle Masken-Artikel vorrätig. Ausstellung und Verkauf im 1. Stock bei Phil. J. Liedemann, vis-a-vis der Apotheke (früher Balthasar Weidmann).

12.3. Das neue Frankfurter Luftschiff „Viktoria Luise" ist in Frankfurt gelandet. Von daselbst aus werden täglich Rundfahrten veranstaltet. Die Fahrt kostet pro Person 200 Mark. Die Cronberger werden öfter das Vergnügen haben, das Luftschiff zu sehen.

Inserat der Woche:
Zwecks Gründung einer Damenriege werden die Damen-Interessenten zu einer Besprechung am Freitag, abends 9 Uhr im Gasthaus „Zum grünen Wald" höflichst eingeladen. Um zahlreiches und pünktliches Erscheinen ersucht der Vorstand des Männer-Turnvereins.

14.3. In Oberhöchstadt werden nunmehr die Arbeiten für den Neubau des geplanten Leichenhauses vergeben.

Inserat der Woche:
Saubere Leute erhalten Schlafstellen bei Fr. Haas, Gasthaus „Zum Weinberg".

26.3. Im Gasthaus „Zum grünen Wald" fand die Jahreshauptversammlung des Verschönerungsvereins statt. Vorsitzender, Herr Hauptlehrer Fehler, betonte, daß sich die Tätigkeit des Vereins vor allem auf die Erhaltung und Schaffung von Ruheplätzen und Bänken erstreckt.

Inserat der Woche:
Der Verschönerungsverein Schönberg lädt zu seiner Jahreshauptversammlung im „Kaiserhof" ein.

28.3. Das Umherstehen junger Burschen in der Hauptstraße fällt wieder einmal auf und veranlaßt die Polizei zu wiederholter Warnung. Gegen Zuwiderhandlungen will sie jetzt streng vorgehen und hat die Polizeibeamten mit entsprechenden Anweisungen versehen.

Inserat der Woche:
Bei meinem Scheiden von Cronberg rufe ich allen Freunden und Bekannten, den Hofbeamten und Arbeitern der Hofhaltung und der Schloßverwalung Friedrichshof ein herzliches Lebewohl zu. Eugen Seligmüller, Verwaltungsdirektor weiland Ihrer Majestät der Kaiserin Friedrich in Pension.

9.4. Es sei darauf aufmerksam gemacht, daß die Bäcker in der Nacht vom 2. Osterfeiertag nicht backen, es also am Dienstag keine frischen Brötchen und kein Brot gibt.

Inserat der Woche:
Im Garten des Gasthauses „Zur Post" steht über Ostern meine große Schiffschaukel. Um regen Besuch bittet Frank Gottschalk.

11.4. Das Osterwetter war gut, man konnte sich kein besseres wünschen. Heute aber ist wieder närrisches Aprilwetter. Schnee, Regen, Kiesel, alle halbe Stunde etwas anderes. Der Altkönig hat sich eine weiße Mütze aufgesetzt, sie ist weit heruntergezogen.

Inserat der Woche:
Das frühere „Ducca-sche“ Haus, Wilhelmstraße 4, soll auf Abbruch verkauft werden . Angebote an B. Winter, Wilhelmstraße 2. (Die Wilhelmstraße wurde einige Jahre später in Heinrich-Winter-Straße umbenannt. Anm.)

22.4. Seit Beginn des neuen Schuljahres wirken an der hiesigen höheren Schule zwei neue Lehrer. Es sind dies Herr Dr. Karl Schmoll aus Offenbach und Herr Mittelschullehrer Alois Diete aus Castrop. (Beide wurden 1936 pensioniert und werden ihren vielen Schülern noch recht gut in Erinnerung sein.) Am 1. Mai früh 11 Uhr wird der Hospitalverwalter Adam Weidmann in seiner Behausung in der Adlerstraße das Brot der Reinhardi'schen Siftung verteilen. Die Stiftung wurde von Philipp Jacob Reinhardi am 14. Januar 1762 mit 3 Malter Brot ausgesetzt, welche alljährlich an seinem Namenstag verteilt werden sollen.

Inserat der Woche:
Weiße Mädchen- und Damenbeinkleider. Ph. Liedemann, Hauptstr. 25.

25.4. Der Vorschußverein (heute Volksbank; Anm.) feiert sein 50jähriges Jubiläum. Anläßlich dieses Tages findet in Cronberg die Tagung des Verbandes der Erwerbs- und Wirtschaftsgenossenschaften am Mittelrhein statt. Ein Fest-Commers unter Mitwirkung der hiesigen Vereine ist vorgesehen. Die Bevölkerung wird gebeten, die Häuser zu beflaggen.

Inserat der Woche:
Peitschen neuester Art und zu allen Preisen eingetroffen. Sattler W. Hennemann.

7.5. Der Fahrdamm vom alten Friedhof bis zum Mühlholzweg wird demnächst in Kleinpflaster angelegt. – Die erste Nachtigall wurde im Garten der Villa Bonn gehört. (Eine ihrer Nachfolgerinnen wurde sogar weit über Kronbergs Grenzen hinaus bekannt. Ihre Schluchzer wurden im Radio übertragen.)

Inserat der Woche:
Tennisplatz eröffnet. Hotel Frankfurter Hof.

9.5. Die Arbeit an den Rohrnetzen in Kronberg ist so weit gediehen, daß in der nächsten Woche die Frankfurter Straße unter Gas gesetzt werden kann. Im Neubau Küchler, Frankfurter Straße 13, wird die Höchster Gasbeleuchtungsgesellschaft eine Ausstellung einrichten.

Inserat der Woche:
Empfehle mein Musterlager an Gas-Back, -Brat-, Koch-, Bade- und Heizapparaten. Ludwig Wesp, Hauptstr. 17.

21.5. Die Volksschulen von Cronberg haben heute ihre Maiausflüge gemacht. Die oberen Klassen sind nach der Frankfurter Luftschiffhalle und in den Zoologischen Garten und die unteren in den Wald.

Inserat der Woche:
Während der Sommersaison jeden Donnerstag abend „Konzert“ ausgeführt von der Kurkapelle Königstein unter der Leitung von Herrn Kapellmeister Hiege Restaurant Hahn, Cronberg.

4.6. Nach 17jähriger Renovierung wurde am Pfingstsamstag die Burg Cronberg, oder wie die Einheimischen sie nennen „das Alte Schloß“ der Öffentlichkeit zur Besichtigung freigegeben. Auch die Burgkapelle wurde feierlich eingeweiht. Dort fand am Vormittag die Konfirmation der Zwillingsprinzen Philipp und Wolfgang von Hessen statt. Pfarrer Wilhelm Aßmann hielt die Weiherede. Die Burg wird künftig ein großer Anziehungspunkt für die Fremden sein. Zugleich wurde auch die Burgschänke in Betrieb genommen. Sie wird von dem Besitzer des Gasthauses „Zur Post“, Herrn Gottfried Weidmann bewirtschaftet.

Inserat der Woche:
Die Automobil-Omnibus-Verbindung Cronberg–Königstein ist eröffnet.

6.6. Die Tarife der Höchster-Gasgesellschaft wurden festgelegt. Privatleute zahlen pro cbm = 1 000 Liter Gas 15 Pfennige (wird Gas nur für Leuchtzwecke gebraucht, kostet der cbm 18 Pfg.) Bei größeren Verbräuchen wird Rabatt gewährt. (Preisvergleich: Ein Facharbeiter hatte einen Stundenlohn von etwa 50 Pfennig; Anm.)

Inserat der Woche:
Dobermann-Pinscher und große Conzertzither zu verkaufen.

18.6. In unserem Städtchen wurde eine scheußliche Mordtat verübt. Die 83jährige Frau Margarethe Zimmermann im Kronthalerweg war ermordet aufgefunden worden. Sie war mit einer Wäscheleine verschnürt. Ihr Kopf wies schwere Verletzungen durch ein stumpfes Instrument auf. Vom Täter fehlt noch jede Spur. Da es in der Nacht stark geregnet hatte, sind fast alle Spuren verwischt. Die Untersuchungen der Kriminalpolizei haben bis jetzt noch zu keinem Resultat geführt. Von mehr als 50 Personen wurden bisher Fingerabdrücke genommen. (Der Mord wurde nie aufgeklärt!!)

Inserat der Woche:
Meiner verehrten Kundschaft die ergebene Mittheilung, daß ich lt. polizeilicher Verordnung vom nächsten Sonntag an auf dem Platz hinter der Turnhalle während der Erdbeerernte meine Wagen zum Verladen aufstelle. Hochachtungsvoll Johann Reul. Fuhrunternehmer.

20.6. Der schreckliche Mord an Frau Zimmermann im Kronthaler Weg ist noch immer nicht aufgeklärt. Viele Verdächtige mußte die Kriminalpolizei wieder laufen lassen.

Inserat der Woche:
Diejenigen Leute, welche mir die Erdbeeren gestohlen haben und erkannt worden sind, werden um sofortige Entschuldigung ersucht, andernfalls ich die Sache zur Anzeige bringen werde. A. Krieger, Talweg.

2.7. An das Gasnetz sind jetzt auch die Hain- und Tanzhausstraße, sowie die Jamin- und Altkönigstraße angeschlossen. Die Haupt- und ihre Nebenstraßen sind eben an der Reihe, worauf das Tal erfolgt. Auch in Schönberg werden Vorbereitungen für den Gasanschluß getroffen. – Die Nachtverbindung am Telefon mit Frankfurt ist jetzt mit der Nr. 19 „Frankfurter Hof“ hergestellt. Herr Leo Becker vermittelt in liebenswürdiger Weise die zur Nachtzeit nötig werdenden Gespräche.

Inserat der Woche:
Selbstgefertigte Tische für Gasherde billig abzugeben. Schlosserei Joh. Hermann, Adlerstraße

4.7. Zum 50jährigen Jubiläum des MTV ist die Lieferung von Tannen- und Eichenkränzen zur Schmückung der Eingänge Cronbergs und des Festplatzes Herrn Adolf Westenberger übertragen worden. Derselbe nimmt auch Bestellungen seitens der Bürgerschaft von Girlanden für die Häuser entgegen.

Inserat der Woche:
Offizielle Turnerkrawatten sind ab nächste Woche bei Geschwister Weigand, Philipp J. Liedemann, Heinrich Lohmann und Christian Lohmann zu haben. Der Festausschuß des MTV.

16.7. Die Kerb ist einigermaßen gut vorübergegangen. Jedoch waren zur Nachkerb viele Buden nicht mehr da. Auch das Kaiserkarussell stand nicht mehr, es wurde beim Schützenfest in Frankfurt gebraucht, ebenfalls nach Frankfurt waren der Kintopp, der Zuckerschmitt und der lange Rehm vorzeitig von Cronberg weggezogen. Einzig und allein auf den Tanzböden gab es zur Nachkerb Gelegenheit, sich zu amüsieren.

Inserat der Woche:
Nordhäuser zum Ansetzen, sowie 1a Obst-Essig zum Einmachen empfiehlt Philipp Peter Henrich, Gasthaus „Zum Grünen Wald".

18.7. Trotz der vielen Strafen wegen schnellen Fahrens der Automobile durch Cronberg hat das Durchjagen nicht nachgelassen. Einzelne Wagenführer sausen nach wie vor in ganz ungehöriger Weise durch den Ort. Nun hat die hiesige Polizei eine Stoppuhr angeschafft, um die Geschwindigkeit genauer feststellen zu können. – Übermorgen beginnt das große Turnerfest anläßlich des 50jährigen Jubiläums des Turnvereins. Nach der akademischen Feier in der Turnhalle findet ein Fackelzug durch die Straßen Cronbergs statt, an dem sich alle Vereine unserer Stadt beteiligen. Das Gauturnfest wird am Sonntag abgehalten.

Inserat der Woche:
Selbstgefertigte Tische für die Gaskocher billig abzugeben. Johann Herrmann, Schlosserei, Adlerstraße.

30.7. Zum 50jährigen Jubiläum des MTV und dem damit verbundenen Gauturnfest hatten sich 60 Vereine mit über 500 Preisturnern gemeldet. Das Fest begann am Samstag mit der Akademischen Feier und anschließendem großen Fackelzug zum Festplatz.

Inserat der Woche:
Ca. 6 gut erhaltene Kasten- und Federrollwagen preiswert abzugeben. Kronthaler Mineralquellen-Betriebsgesellschaft.

1.8. Die Bauzeit für die Herstellung von Rohrleitungen in Cronberg läuft ab. Hauseinrichtungen sowie Gaszuführungen, welche bis jetzt nicht im Geschäftslocal der Höchster Gasbeleuchtungsgesellschaft, Frankfurter Straße 13, angemeldet sind, werden nicht mehr kostenlos hergestellt.

Inserat der Woche:
Sonnenschirme 25 Prozent unter Preis bei Ph. J. Liedemann in der Hauptstraße 25 (Der Sommer 1912 war ziemlich kühl – man brauchte eher den Regen- als den Sonnenschirm; Anm. der Red.).

15.8. In der Papierfabrik an der Hohen Mark explodierte ein Lackofen. Durch den Luftdruck und den durch die Explosion entstandenen Brand entstand großer Schaden. Das Personal konnte sich rechtzeitig in Sicherheit bringen.

Inserat der Woche:
Am Samstag, abends 1/2 8 Uhr werden auf dem Festplatz Stangen, Einzäunungen von unserem 50jährigen Jubiläumsfest versteigert. Der Finanzausschuß des MTV Cronberg.

27.8. Anläßlich des Kaiserbesuches auf Schloß Friedrichshof brachte die Stadt eine Ovation in Form einer Beleuchtung der Stadt, der Burg und des Denkmalsparks. Die Burg wurde nicht bengalisch, sondern mit elektrischen Scheinwerfern beleuchtet. Der Schillerweiher war prächtig anzusehen. Recht ausgiebig waren besonders die Schönberger Villen illuminiert.

Inserat der Woche:
Süddeutsches Novitäten-Ensemble bringt im Schützenhofsaal das moderne Lustspiel „Der dunkle Punkt" zur Aufführung. Wir bitten hfl. um geneigte Unterstützung. Hedw. Kappenmacher

30.8. Anhaltender Regen und starke Temperaturrückgänge haben zur Folge, daß viele Fremde vorzeitig packen und abreisen.

Inserat der Woche:
Nehme einige junge Mädchen an, welche Flikken, Weißnähen, Schneidern und Zuschneiden, sowie das Anprobieren erlernen wollen. Frau Sippel, Eichenstraße 43.

10.9. Das Haus der Frau L. A. Schmidt in der Königsteinerstraße kaufte für den Preis von 28 000 Mark Georg Liedemann. H. Schüler erstand das Haus des Gg. Liedemann auf dem Doppes für 11 000 Mark und Josef Bind kaufte das Haus des Konrad Wolf auf dem Doppes für 6200 Mark. – Der Feldberg soll auch elektrisiert werden. Die Mainkraftwerke wollen jetzt die kostspielige Anlage ausführen. Gleichzeitig soll die neue Erdbebenstation auf dem Kleinen Feldberg mit Elektrizität versorgt werden. Eine vom Taunusclub projizierte Wasserleitung auf dem Feldberg wird dann ein Pumpwerk mit elektrischem Betrieb erhalten.

Inserat der Woche:
Dem geehrten Publikum zur gefl. Mitteilung, daß ich eine Eierhandlung eröffnet habe. Um geneigten Zuspruch bittet Frau H. Leidenbach, Obere Höllgasse.

12.9. Der Taunusklub lädt seine Mitglieder und ihre Familien zu einem Ausflug nach der Luftschiffhalle in Rödelheim ein.

Inserat der Woche:
Frankfurter Würstchen, in 6er Packung wieder zweimal die Woche frisch. Carl Gerstner, Hoflieferant.

24.9. Nachdem nunmehr die Versorgung unserer Stadt mit Gas abgeschlossen ist, ist auch die Nachfrage nach Apparaten und Beleuchtungskörpern seltener geworden. Das Gaswerk wird jetzt sein Verkehrslokal nur an einigen Stunden des Tages offen haben. Der Beamte verwendet die übrige Zeit mit Besuchen und Revisionen.

Inserat der Woche:
Die Gasküche steht unter dem Zeichen des einarmigen Doppelsparbrenners. Vorführung im Ausstellungslokal der Höchster Gasbeleuchtungsgesellschaft in Cronberg, Frankfurterstr. 13.

26.9. Übermorgen wird zum ersten Mal auf dem neuen Schießplatz in der Lindenstruth geschossen, nachdem der Kreisbauinspektor den Platz abgenommen hat.

Inserat der Woche:
Frische Kur- und Kindermilch! Von nur ersten Schweizer Kühen gewonnen, feinste Süßrahmbutter, bei der Milch-Kur-Anstalt Ferdinand Tobler, Wilhelmstraße 12 (heute heißt die Straße Heinrich-Winter-Straße. Anmerkung).

8.10. In Cronberg kommt ein neues Unternehmen in Betrieb. Der Oberchauffeur der Autoverbindung Cronberg–Königstein eröffnet hier einen Droschkenbetrieb mit Fahrten überallhin zu mäßigen Preisen. –

Inserat der Woche:
Quittenpaste kocht in und außer dem Hause Frau Lina Schrodt, Talstraße.

12.10. Der ehemalige Hofmarschall Ihrer Majestät der Kaiserin Friedrich, Oberstallmeister des Kaisers, Exzellenz Freiherr Hugo von Reischach, feierte mit seiner Gemahlin, einer geborenen Prinzessin von Ratibor und Cowey, das Fest der Silbernen Hochzeit.

Inserat der Woche:
Mehrere junge, starke Speierlingsbäume hat abzugeben Philipp Jäger.

22.10. Morgen ist Schönberger Kerb. Das Kaiser-Caroussell und das übliche Drum und Dran ist wieder vertreten. Im Kaiserhof ist Tanzbelustigung.

Inserat der Woche:
Wohne von jetzt ab Tanzhausstraße 1. Peter Schrodt, Dienstmann.

24.10. Nach den Plänen des Architekten Harth aus Frankfurt wurde schon im vorigen Jahr mit dem Bau einer Erdbebenwarte auf dem Kleinen Feldberg begonnen. Seit Ende August ist sie in Betrieb. Das erste Erdbeben, das sie am 14. September feststellen konnte, war das Beben an der Küste des Marmarameeres.

Inserat der Woche:
Schellfisch, kopflos, im Ausschnitt 30 Pfg per Pfund. Gg. Hertenstein.

5.11. Am Sonntag fand in Falkenstein die feierliche Grundsteinlegung zur neuen evangelischen Kirche statt. Ihre königl. Hoheit Frau Prinzessin Margarethe von Hessen mit den beiden jüngsten Prinzen, der Herr Regierungspräsident, der Herr Landrat und zahlreiche Freunde der Gemeinde nahmen daran theil. In den Grundstein legte Pfarrer Wilhelm Assmann eine Bibel, ein Gesangbuch und eine Broschüre über die Kirchengeschichte Falkensteins.

Inserat der Woche:
Gasglühlicht schont die Augen! Jede Petroleum-Hängelampe kann mit Leichtigkeit für Gasglühlicht eingerichtet werden. Ausstellungslokal der Gasfabrik, Cronberg, Frankfurterstr. 13.

10.11. Ein Kellner wurde beschuldigt, in einer hiesigen Gastwirtschaft für jedes Glas Münchner Bier 25 Pfennig berechnet zu haben, obwohl er wußte, daß er nur 20 Pfennig zu fordern hatte. Wegen Betrugs wurde er zu 3 Tagen Gefängnis verurteilt.

Inserat der Woche:
Für die langen Nächte zu empfehlen: Wecker aller Art. Uhrenhaus Heinrich Lohmann.

19.11. Aus der letzten Stadtverordneten-Sitzung: Für das Magistratsbureau soll eine Maschinenschreiberin eingestellt werden. Dieselbe ist nothwendig geworden durch den Abgang eines Lehrlings zum Militär. Der neue Lehrling ist noch nicht so weit vorgebildet, daß er die Schreibarbeit an der Maschine bewältigen kann. Stadtverordneter Braubach ist gegen die Lehrlingszüchterei, will aber auch die Zahl der Beamten nicht erhöht sehen.

Inserat der Woche:
Wer wascht gegen Entgelt wöchentlich einmal gutmütigen Hund?

21.11. Ein bemerkenswertes Jubiläum feiert dieser Tage der bekannte Taunide Heinrich Striebel aus Frankfurt, der in 25 Jahren nicht weniger als 1800 mal den Feldberg bestiegen hat!

Inserat der Woche:
Für die schlechte Wäschetrockenzeit empfehle ich Wringmaschinen. Geg. Maschke, Hauptstr.

3.12. Die Rodelbahnen am Schwarzen Weg und der Viktoriastraße sind gut im Stande. Als neueste Attraktion wird das Mainkraftwerk die Viktoriastraße versuchsweise elektrisch beleuchten, so daß man auch abends noch gefahrlos rodeln kann. Am Wochenende wird starker Verkehr und lebhaftes Treiben auf den Rodelbahnen erwartet.

Inserat der Woche:
Wohnung in der 1. Etage vermietet Jacob Weidmann, Villa Flora, Frankfurterstr. 15.

5.12. Gestern hielt Herr Dr. Schlosser aus Frankfurt auf Einladung des hiesigen Geschichtsvereins einen hochinteressanten Vortrag über die „Ringwälle am Altkönig“.

Inserat der Woche:
Taunusrodel Cronberg, nur echt mit der Marke „Taunitia“, von Jean Kunz, Hofwagenfabrik.

17.12. Die Witterung an den Weihnachtsfeiertagen wird hoffentlich gut werden. Der Wetterbericht prophezeit, daß es kälter und trokken wird. – Am 3. Feiertag wird es kein frisches Backwerk geben. Die Arbeiter in den Bäckereien haben ihren freien Tag.

Inserat der Woche:
Empfehle für Weihnachten: Kinderleiterwagen in allen Größen, Schaukelstühle, Pferde auf Brettern, Schaukelpferde, Tragjoche, Stell-Leitern. Heinrich Kinkel, Steinstr. 11.

19.12. In Dillenburg starb im 90. Lebensjahr der älteste Cronberger Schreinermeister Philipp Reeb. Er lebte dort bei seiner Tochter. (Reeb war ein Cronberger „Original", um den sich einige Anekdoten rankten. Anm.)

Inserat der Woche:
Haarketten, mit und ohne Geldbeschlag. Nehme ausgekämmte Haare für alle Haararbeiten an. Ph. Weigand, Hoffriseur, Hauptstr. 9.

31.12. Cronberg war 21 Stunden ohne Licht. Die unliebsamen Vorkommnisse sind auf die schlechte Beschaffenheit der Fernleitung des ehemaligen Taunus-Elektrizitätswerkes in Bad Soden zurückzuführen. Nun soll endlich mit der Verlegung einer Kabelleitung begonnen werden. – Die Händler von Feuerwerkskörpern seien auch an dieser Stelle darauf aufmerksam gemacht, daß der Verkauf an Personen unter 16 Jahren strafbar ist.

Inserat der Woche:
Neuheiten! Velour-, Flausch- und Plüschhüte, Mützen und Turnkappen! billigst bei Christian Lohmann.

1913

2.1. Der Local-Gewerbe-Verein hatte zu einem interessanten Lichtbildervortrag in die Turnhalle eingeladen. Es sprach Herr Zivil-Ingenieur Lensch aus Wiesbaden über „Krupp und sein Werk“.

4.1. An Weihnachten gab es in Cronberg viel Theater! Der Kappenklub, der Dilettantenverein, der katholische Männer- und Jünglingsverein, sie alle boten Theateraufführungen an und hatten auch alle ein volles Haus. Am 2. Feiertag lud der Radfahrerverein „Germania“ zu seinem Ball ein. In Schönberg veranstaltete die „Liedertafel“ im „Kaiserhof“ eine Abendunterhaltung mit Tanz. So war für reichlich Unterhaltung gesorgt.

Inserat der Woche:
Das Neuste auf dem Markt! Tango-Platten, 7 Stück in einem geschmackvollen Album bei Heinrich Lohmann.

14.1. Bürgermeister Pitsch weilt in Berlin und hatte wegen Verstaatlichung der Cronberger Eisenbahn eine Audienz beim Finanzminister von Wertmuth. In seiner Begleitung befand sich der Landtagsabgeordnete Herr von Bülow aus Bad Homburg.

Inserat der Woche:
John Volldampf- und Holzwaschmaschinen für Hand- und Kraftbetrieb empfiehlt Josef Keil, Hauptstr. 4.

16.1. Das Standesamt verzeichnete 1912 61 Geburten, 34 Trauungen und 45 Sterbefälle. – Das Rodelrenen, das für Sonntag vorgesehen war, mußte mangels Schnee abgesagt werden. (Der Schnee kam verspätet dann am Sonntagmorgen).

Inserat der Woche:
Vogelkäfige in großer Auswahl mit Patent-Sitzstangen. Gg. Maschke.

28.1. Aus der letzten Stadtverordneten-Sitzung. Die Beschaffenheit der Schleusen in den Neunmorgen erfordert Reparaturen, weil sie undicht und unterspült waren. – Der Polizei-Sergant Liedermann wird nach abgelaufener Probezeit fest angestellt.

Inserat der Woche:
Beehre mich, den geehrten Einwohnern von Cronberg und Umgebung bekannt zu geben, daß ich den Betrieb in dem bekannten „Hotel zum Schützenhof“ übernommen habe. Neu renovierter großer Saal, mit Bühne, für Vereine besonders geeignet. Philipp Hölz

30.1. Königin Wilhelmine von Holland ist in Königstein im Grand-Hotel eingetroffen. Ihr Gemahl, Prinz Heinrich, hält sich im Sanatorium des Dr. Friedländer auf der Hohen Mark auf. Die Königin will mit ihm täglich Automobilfahrten in den Taunus unternehmen.

Inserat der Woche:
Teilnehmer-Verzeichnis zum Fernsprechnetz zu haben in der Druckerei.

11.2. Das Schlußfinale des Karnevals klang in Cronberg in zwei Bällen aus. Auf den Straßen herrschte lebhaftes Maskentreiben, als wenn man irgendwo am Rhein wäre. – Das Wetter ist unbeständig, es herrschen Frühjahrstemperaturen.

Inserat der Woche:
Am Sonntag großes orientalisches Blütenfest im Serail des Frankfurter Hofes. Es ladet ein der Bey von Marokko samt Gefolge vom MTV.

13.2. Am hiesigen Bahnhof ereignete sich ein schrecklicher Unfall. Bürgermeister Weil von Schwalbach wollte auf den anfahrenden Zug aufspringen und geriet zwischen die beiden letzten Wagen; dabei wurden ihm beide Beine abgefahren. Trotzdem sofort ärztliche Hilfe zur Stelle war und er nach der Einlieferung ins Krankenhaus operiert wurde, erlag der Unglückliche seinen schweren Verletzungen.

Inserat der Woche:
Wenig gebrauchtes Halbverdeck zu verkaufen (Hier handelt es sich um eine leichte Kutsche).

25.2. Die von der Frankfurter Lokalbahn-Aktiengesellschaft geplante vollspurige elektrische Bahn von Niederursel über Cronberg nach Königstein ist als Kleinbahn zugelassen worden. Über die Kreuzung der Cronberger Eisenbahn soll später entschieden werden.

Inserat der Woche:
Durch Flugschnee gelittene Stiften sind billig zu verkaufen. Eduard Bonn

1.3. Ein Hirsch, der im Cronberger Wald angeschossen wurde, ist in den Schloßpark gesprungen. Förster Claussen gab ihm den Fangschuß. Der auf neutralem Gebiet verendete Hirsch wurde von der Stadt abtransportiert und veräußert.

Inserat der Woche:
„Julienne" – getrocknetes Gemüse als hochfeine Suppeneinlage bei Gerstner.

11.3. Mit Eintritt der Sommersaison wird Cronberg einen Fortschritt zu verzeichnen haben in Form einer Autodroschke. Herr Josef Metz, Lohnkutscherei, in der Hainstraße 1, hat einen neuen viersitzigen Adlerwagen gekauft und wird denselben Mitte April in Dienst stellen.

Inserat der Woche:
Das Teilnehmer-Verzeichnis zum Fernsprechnetz ist zu 20 Pfennig in der Exped. zu haben.

13.3. Zur 100. Wiederkehr von Preußens und Deutschlands Wiedergeburt sind auch in Cronberg große Feierlichkeiten abgehalten worden.

Inserat der Woche:
Villa mit Garten, im Preis bis zu 50 Millionen Mark, zu kaufen gesucht.

25.3. Aus der letzten Stadtverordneten-Sitzung: Die Stadtverwaltung trägt sich mit der Absicht, eine Friedhofshalle zu erbauen, um dem längst gefühlten Mangel abzuhelfen. – Die Wilhelmstraße wird in Heinrich-Winter-Straße umbenannt. Der verstorbene Heinrich Winter hat sich um die Stadt Cronberg verdient gemacht, sein Andenken soll geehrt werden. – (Die Friedhofshalle blieb ein Wunschtraum bis einige Jahre nach dem zweiten Weltkrieg, erst dann konnten die Pläne verwirklicht werden, fast 70 Jahre nach Anlegung des Friedhofes! Bis 1938 wurden die Beerdigungen vom Trauerhaus aus durchgeführt, dann wurden die Särge im Geräteschuppen des Friedhofes „abgestellt", ein unwürdiger Platz, und doch dauerte dieser Mangel noch weitere 15 Jahre!)

Inserat der Woche:
Am Mittwoch wird das Gemeindehaus in Schönberg zum Abbruch an den Meistbietenden versteigert.

27.3. Unser Landsmann Adam Henrich veranstaltet im „Schützenhof" eine kinematografische Vorstellung mit neuem Programm.

Inserat der Woche:
Die neuesten Aufnahmen von Grammophon und Zenophon sind eingetroffen. Zu haben bei Hch. Lohmann, Uhrmacher.

8.4. Dem Flurschützen in Schönberg ist ein guter Fang geglückt. Es gelang ihm, zwei Vogelsteller zu fassen. Die Männer hatten fünf Schlagnetze ausgestellt. Beide sind Frankfurter. Falls ihnen nachzuweisen ist, daß sie den Vogelfang gewerbsmäßig betrieben, ist ihnen eine Gefängnisstrafe sicher.

Inserat der Woche:
Braves, ehrliches Mädchen, welches Lust zur Küche hat, bei hohem Lohn gesucht.

10.4. Dem Andenken an Herrn Heinrich Winter wird „seine" Straße gewidmet. Die Wilhelmstraße, wo sein schönes Haus steht, wird in Heinrich-Winter-Straße umbenannt.

Inserat der Woche:
Ich mache darauf aufmerksam, daß das Eis-Abonnement am 1. Mai beginnt. F.J. Schleifer, Natureisfabrik.

22.4. Für dieses Jahr hat die Stadt folgende Bauarbeiten vorgesehen: Neupflasterung des Eingangs vom Kleinen Römerberg, Neupflasterung der Rinne von der Gasse am „Weinberg" vorbei, Teerung des Schulhofes. – Seit dem 1. April ist im Souterrain der Turnhalle der vom Frauenverein eingerichtete Kochkurs in Betrieb. 17 Schülerinnen nehmen daran teil. Sie werden nicht nur kochen lernen, sondern auch rechnen. Denn es ist heutzutage notwendig, daß man sich nach der Decke streckt und nicht mehr Geld verkocht, als die Haushaltung verträgt.

Inserat der Woche:
Der verehrten Einwohnerschaft von Kronberg beehre ich mich anzuzeigen, daß ich in der Mauerstraße 12 ein Maler- und Weißbindergechäft eröffnet habe. Ich bitte um geschätztes Wohlwollen. Karl Wehrheim.

24.4. Die Wassermesser werden abgelesen. Jetzt ist bis zum 1. November Schluß mit der billigen Zeit. Von jetzt ab kostet der cbm Wasser 30 Pfennige.

Inserat der Woche:
Sämtliche Schulbücher zu haben bei P. Ritz, Frankfurter Straße 7. (Das Haus steht jetzt nicht mehr, Ecke Bleichstraße; Anm.).

6.5. Der Verschönerungsverein Schönberg, der seit ca. 10 Jahren besteht, unternahm einen Rundgang durch die Anlagen im Wald am weißen Berg, um an Ort und Stelle noch einmal zu beschließen, wie man die Spazierwege verbessern könnte. – Am letzten Mittwoch, 30. April, wurde beim Hospitalmeister Weidmann in der Adlerstraße wie alljährlich das Armenbrot aus der Reinhardi'schen Stiftung verteilt.

Inserat der Woche:
Bei günstigem Wetter wird der Musikverein am Pfingstmontag im Garten des Jean Müller, Talstraße, einen Familien-Abend abhalten, wozu Mitglieder, Freunde und Gönner herzlich eingeladen sind.

8.5. In Limburg wurde Domkapitular Dr. August Kilian zum neuen Bischof gewählt.

Inserat der Woche:
Stopferin für feine Wäsche gesucht.

20.5. Zum ersten Mal waren die Glocken der neuen evangelischen Kirche in Falkenstein zu hören. Die erste Glocke wurde gestiftet von Frau Pfarrer Assmann in Cronberg, die zweite vom evangelischen Männerverein und den evangelischen Jungfrauen in Falkenstein, die dritte von der Familie des Maurermeiters Feger daselbst.

Inserat der Woche:
Die verehrlichen Einwohner von Cronberg werden gebeten, zur Ehrung der Gäste und Teilnehmer an der Fahnenweihe des katholischen Gesellenvereins am Sonntag ihre Häuser festlich zu schmücken. Der festgebende Ausschuß

3.6. Der Hochtaunus wurde von einem schweren Unwetter heimgesucht. Bei dem Sturm wurden ca. 4000 Bäume entwurzelt. In einigen Dörfern hinter dem Feldberg wurden die Dächer abgedeckt, Schornsteine stürzten ein, in Seelenberg wurde die Turnhalle zertrümmert. In Heftrich, wo gerade ein Sängerfest stattfand, zerstörte der Sturm die Festhalle. Die Lanzenmühle geriet durch Blitzschlag in Brand. Bei Glashütten wurden die Leichen zweier junger Männer gefunden. Die Beiden befanden sich wohl auf dem Heimweg vom

Feldberg. Sie wurden von umstürzenden Bäumen erschlagen. Die Gemeinden des ganzen Taunusgebietes sind um Unterstützung der Unwettergeschädigten gebeten worden.

Inserat der Woche:
Ein Federpritschenwagen mit Gestell, für Erdbeertransport sehr geeignet, billigst abzugeben.

9.6. Der Fremdenverkehr war an den beiden Pfingsttagen ganz enorm, alle Rekorde wurden geschlagen. Die Cronberger Bahn beförderte an den beiden Feiertagen nahezu 30 000 Personen.

Inserat der Woche:
Empfehle mich zum Aufstellen und Prüfen von Blitzableitern. Jos.Keil, Cbg.

15.6. Ein seltenes Familienglück ist dem Gärtner des Offiziersgenesungsheimes in Falkenstein, Rudolf Herrmann, in der Sonntagnacht zuteil geworden. Seine Frau Elise geb. Dornauf beschenkte ihn mit Drillingen, Knaben, die alle gesund und munter sind. Die glücklichen Eheleute sind beide geborene Camberger.

Inserat der Woche:
Küken-Futter. lose oder in 10-Pfennig-Packungen empfiehlt C. Gerstner, Hoflieferant.

23.6. Zur Feier des 25jährigen Regierungsjubiläums SM des Kaisers findet auch in Cronberg ein Festzug statt.

Inserat der Woche:
Junges Mädchen, welches zu Hause schlafen kann, für sofort gesucht.

1.7. Zur Feier des 25jährigen Regierungsjubiläums S.M. des Kaisers fand auch in Cronberg ein großer Festzug statt, an dem sich alle Vereine beteiligen. Auf dem Festplatz an der Frankfurter Chaussee fanden turnerische Vorführungen und Liedvorträge der Gesangvereine statt. Die Festrede hielt Bürgermeister Pitsch, die mit dem Kaiser-Hoch ausklang. Die Schuljugend erhielt Stollen, die mit einem Fuhrwerk herbeigeschafft wurden.

Inserat der Woche:
Das Teilnehmerverzeichnis zum Fernsprechnetz ist zu 20 Pfennig in der Expedition zu haben.

5.7. Der Kaiser hat gelegentlich seines 25jährigen Thronjubiläums u. a. dem Herrn Walter vom Rath den erblichen Adel verliehen.

Inserat der Woche:
Die neuesten Aufnahmen von Grammophon und Phonophon zu haben bei Heinrich Lohmann.

15.7. Die Frankfurter Brauereien haben beschlossen, das Bierflaschenpfand einzuführen. Es wird nunmehr Flaschenbier nur abgegeben, wenn entweder eine leere Flasche zurückgegeben wird oder 10 Pfennig Pfand geleistet wird.

Inserat der Woche:
Ausschreibung! 300 Grenzsteine aus wetterfester Basaltlava sind zu liefern. Angebote sind im Rathaus einzureichen. Pitsch, Bürgermeister.

17.7. Die Stadtverordnetenversammlung hat beschlossen, für das städtische Büro eine Rechenmaschine anzuschaffen. – Der Sommer will seinem Namen keine Ehre machen! So auffallend kühl war es seit 60 Jahren nicht mehr; es gibt keinen Tag ohne Regen.

Inserat der Woche:
In unserem Haus in der Schreyerstraße sind zwei Wohnungen zu vermieten. Gemeinnütz. Baugenossenschaft Cronberg.

29.7. Ein Automobillenker, der zu schnell durch Cronberg gefahren war, wurde vom Schöffengericht in Königstein zu einer Geldstrafe von 30 Mark verurteilt. Er hatte von der

Cronberger Polizei ein Strafmandat in dieser Höhe erhalten, aber dagegen Einspruch erhoben. Derselbe nützt ihm nichts.

Inserat der Woche:
Fliegenfänger in Draht- und Leimvorrichtung empfiehlt Gg. Maschke

31.7. Das Kurhaus in Kronthal geht zum 1. Januar 194 in Pacht des Herrn Philipp Hölz über.

12.8. Prälat Eickerling, seit 20 Jahren Seelsorger der katholischen Kirchengemeinde in Cronberg, feierte seinen 60. Geburtstag. – In Mammolshain hat man die unangenehme Entdeckung gemacht, daß der seit etwa zwei Jahren nicht geleerte Opferstock in der Kirche seines Inhalts beraubt wurde. Die Aufregung im Ort ist groß. Von den Dieben fehlt jede Spur.

Inserat der Woche:
Nützliche und Luxus-Gegenstände für Vereins- und Familiengeschenke empfiehlt Heinrich Lohmann, Hofuhrmacher.

14.8. An der Spitze des Schloßparks (heute ist dort der Hainknoten"; Anm. d. Red.) ereignete sich wieder ein Automobil-Unfall. Es sei zum wiederholten Mal darauf hingewiesen, daß eine Abrundung wünschenswert wäre!

Inserat der Woche:
Nützliche und Luxusgegenstände für Vereine und Familien bei Heinrich Lohmann.

26.8. Die Bautätigkeit in Cronberg ist immer noch lebhaft. In den letzten zehn Jahren wurden hier 125 Neubauten errichtet, die Bevölkerung hat um rund 500 Personen zugenommen. Die Nachfrage nach größeren Wohnungen hat zugenommen. Man sieht hieraus den Wunsch vermögender Leute nach einem Wohnsitz in Cronberg (!!!)

Inserat der Woche:
Die Landwirte werden ersucht, die nach dem Abmähen der Feldfrüchte verbliebenen Disteln und distelähnlichen Gewächse sofort zu verbrennen. Die Feldhüter sind angewiesen, diejenigen, die diese Anordnung nicht befolgen, zur Anzeige zu bringen. Die Polizeiverwaltung

28.8. Der Magistrat hat zur Minderung der Staubplage die Bürgersteige in der Hainstraße und die Katharinenstraße mit Solodin besprengen lassen.

Inserat der Woche:
Falläpfel werden gekauft in der Apotheke.

9.9. Das Pfarrer-Christ-Denkmal soll einen anderen Platz erhalten. Der Obst- und Gartenbauverein hat einen Antrag gestellt, daß das Denkmal im Schulgarten aufgestellt werden könnte. Man kam aber nun überein, das Denkmal auf seinem alten Platz zu belassen und es nur in günstiges Licht zu drehen.

Inserat der Woche:
1a Obst-Essig empfiehlt Friedrich Haas, Weinberg

11.9. Herr Pfarrer Peter Schäfer, der 17 Jahre Seelsorger in Oberhöchstadt war, ist im Alter von 78 Jahren in Filsen am Rhein verstorben.

Inserat der Woche:
Der Frauenstimmrechtsverein lädt zu einer Zusammenkunft am Montag, 4 1/2 Uhr nachmittags in den Frankfurter Hof ein. Gäste sind sehr willkommen. Der Vorstand.

23.9. Vor der letzten Stadtverordneten-Sitzung: Es wurde die Anschaffung eines Handteerwagens zu 655 Mark beschlossen. – Die Gemeindebauplätze an der Abbruchstelle in der Hauptstraße (Haus Nr. 33–37), die zum Verkauf ausstehen, wurden von der Tagesordnung abgesetzt, weil neue Reflektanten aufgetaucht sind. Für diesen Fall schreibt das Gesetz öffentliche Versteigerung vor. – Der Bürgermeister machte Mitteilung über den Stand der Untersuchungen wegen des Kastanienbaum-Sterbens. Recht betrübliche Nachrichten liegen aus vielen Städten vor. Herr L. von Guaita hat zur Förderung dieser Untersuchungen den Betrag von 1 000 Mark zur Verfügung gestellt.

Inserat der Woche:
Seit 14 Tagen vermisse ich meinen Schiebekarren. Jedenfalls ist er in einem Hause stehengeblieben. Wer mir darüber Auskunft geben kann, bitte ich, sich bei mir zu melden. H. K. Frankfurterstr. 5

25.9. Zur Erinnerung an Pfarrer Christ, dessen Todestag sich im November zum 100. Mal jährt, hat der Obst- und Gartenbauverein ein kleines Buch herausgegeben. Der Verein bittet darum, am Sonntag anläßlich der Gedenkfeier die Häuser zu beflaggen.

Inserat der Woche:
Das Obst des Gundlachschen Baumstückes am Denkmalspark ist zu verkaufen. Reflektanten wollen sich am Donnerstag um fünf Uhr nachmittags im „Grünen Wald“ einfinden.

7.10. Einem Käufer, der von der Stadt einen Bauplatz in der Jaminstraße erstanden hatte, wurden 2500 Mark zurückvergütet. Derselbe ist bei den Ausschachtungsarbeiten in den aufgefüllen alten Steinbruch gestoßen und hatte dadurch erhebliche Mehrkosten.

Inserat der Woche:
Derjenige, der das Leiterchen aus meinem Hofe mitgenommen hat, wird ersucht, dasselbe zurückzubringen, da derselbe erkannt ist. Andernfalls erfolgt Anzeige. Gg. Liedemann, Königsteinerstr. 6.

9.10. Konditormeister Adam Zimmermann hat das Cafe Zibold in der Frankfurter Straße übernommen. Die Firma Zibold befindet sich seit 1907 in der Bleichstraße. Von da an führte Herr Barthes das alte Cafe weiter.

Inserat der Woche:
Frau empfiehlt sich im Nähen und Flicken, Strümpfe werden angestrickt.

21.10. In Sossenheim hat die Polizei noch rasch vor der Kerb mitgeteilt, daß sie sich der Gefahr der Konzessionsentziehung aussetzen, sofern sie Wackel- oder Schiebetänze in ihren Lokalen gestatten.

Inserat der Woche:
Die Mainkraftwerke geben öffentlich bekannt, daß das Bekleben der Leitungsmasten mit Reklameschildern und Plakaten strengstens verboten ist.

23.10. Beim Umbau des alten Hauses in der Doppesstraße 16 wurden zwei Wandzeichnungen gefunden, die direkt auf die Lehmwand gemalt waren. Sie stammen aus der Erbauung des Hauses.

Inserat der Woche:
Auf Wunsch beginnt am Mittwoch ein Privat-Tanzkurs, an dem sich noch wenige Damen und Herren beteiligen können. Hch. Heist, Tanzlehrer

4.11. Im Alter von 60 Jahren verschied Hauptlehrer Wilhelm Fehler. Er kam 1879 nach Kronberg an die evangelische Volksschule, der er lange Jahre als Leiter vorstand. Herr Fehler erfreute sich in Cronberg großer Wertschätzung. In vielen Vereinen arbeitete er im Vorstand mit, so im Verschönerungsverein, im Männergesangverein. Auch der evangelische Kirchenchor sang unter seiner Leitung. – Auch Cronberg hat sein Dornröschen! Die Anlagen vor der Schule (Schulgarten) stellen sich als eine glückliche Schöpfung dar. Es ist aber bedauerlich, daß sie als Versteck für ein Kunstwerk dienen müssen. Abseits der Hauptwege, zwischen überhöhten Tannen, von den wenigsten Besuchern bemerkt, träumt dort ein neues Dornröschen. Es ist die Figur des Ritters Hartmuth, geschaffen von dem berühmten Bildhauer von der Launitz. Der Ritter zierte einst das Reiss'sche Schlößchen. Nach dessen Abbruch schenkte die Kaiserin Friedrich dieses Standbild der Stadt. (Es hat sich nichts geändert!!)

Inserat der Woche:
Der MTV veranstaltet einen öffentlichen Filmabend in der Turnhalle. Zur Aufführung gelangt das Filmwerk „Quo vadis". Eintrittspreis 50 Pfg. Dieses sensationelle Drama sollte sich niemand entgehen lassen!

18.11. Tango in Cronberg! Am letzten Sonntag war im „Frankfurter Hof" eine Gesellschaft aus Frankfurt zu Gast, die bei Herrn Ferretty einen Tanzkurs mitmachte. Es wurde viel getanzt, dabei auch modern, wie z. B. „Tango". Wie die jungen Leute diesen Tanz ausführten, das konnte jedermann nur erfreuen.

Inserat der Woche:
Puppen-Bälge in Leder und Stoff zu äußerst billigen Preisen. Bäbis in Celluloid und Porzellan. Christian Lohmann

20.11. Am Buß- und Bettag, sowie am darauffolgenden Totensonntag dürfen weder öffentliche noch private Lustbarkeiten abgehalten werden.

Inserat der Woche:
Die Be- und Entwässerungsgräben sind bis zum 15. Dezember auszuhauen. Die Feldhüter sind angewiesen, Zuwiderhandelnde zur Anzeige zu bringen. Der Bürgermeister Pitsch.

2.12. Die Viktoriaschule in Schönberg erhält einen zweiten Klassenraum. Der Spielplatz erfuhr eine willkommene Vergrößerung.

Inserat der Woche:
30 Mark zahle ich Demjenigen, welcher mir die Person angiebt, die das Gespräch verbreitet, Steinholz-Böden seien minderwertig und in städtischen Schulen wieder entfernt worden. J. B.

4.12. Die Verstaatlichung der Cronberger Eisenbahn steht nunmehr vor dem Abschluß. Die Aktionäre wurden zu einer außerordentlichen Generalversammlung einberufen.

Inserat der Woche:
Bäbis in Celluloid und Porzellan bei Chr. Lohmann, Hauptstr.

16.12. Im Kaiser-Friedrich-Park wurde die neue Schlittschuhbahn in Angriff genommen. Die Dämme sind schon errichtet. – Am dritten Weihnachtsfeiertag früh backen die Bäcker nicht, weil die Gesellen nicht beschäftigt werden dürfen.

Inserat der Woche:
Eine Partie Taunus-Rodel mit Schönheitsfehlern räumungshalber abzugeben.

18.12. In diesem Jahr finden wieder viele Weihnachtsbescherungen statt: Im Kaiser-Friedrich-Krankenhaus, bei der Kleinkinderschule in der Turnhalle. Die Familie Bonn hat 100 Kinder eingeladen. Wir haben weiße Weihnachten, nur müßte es etwa kälter sein.

Inserat der Woche:
Es ist nun höchste Zeit, daß Sie ihre Geschenke einkaufen. Bei mir finden Sie Damenhüte, Rodelmützen, Socken, Tücher und Shawls. Paula Wehrheim, Tanzhausstraße 17.

30.12. Die Lustbarkeiten an den Weihnachtsfeiertagen waren gut besucht. Der Kappenklub und der Dilettantenverein spielten Theater, Der Gesangverein Liedertafel von Schönberg hatte zu einer Abendunterhaltung eingeladen, Der Radfahrerverein Germania hielt seinen Ball ab. – Wegen des heftigen Schneefalls war die elektrische Stromleitung 24 Stunden außer Betrieb.

1914

13.1. Die Cronberger Freiwillige Feuerwehr kann in diesem Jahr ihr 40jähriges Bestehen feiern. Vier der ehemaligen Gründer, die Herren Stadtältester Wehrheim, Schuhmachermeister Heinrich Fischer, Leonhard Hirsch und Jakob Westenberger sind noch aktiv.

Inserat der Woche:
Ein Frachtschlitten zu verkaufen bei Kinkel, Wagner in Cronberg.

27.1. Der Kultusminister hat nach monatelanger Verhandlung der Niederlassung von zwei Schwestern der „Armen Dienstmägde Christi" in Cronberg endgültig zugestimmt. Im September waren die beiden hier mit großem Segen wirkenden Schwestern Goswina und Bianka zurückgerufen worden, da man in ihrer Anwesenheit eine ungesetzliche Niederlassung erblicken wollte. Der katholische Kirchenvorstand ergriff sofort die nötigen Maßnahmen, die nun von Erfolg gekrönt wurden.

Inserat der Woche:
Gefunden wurde ein Bettpolster (Rot-rosa gestreift) abzuholen im Rathaus.

29.1. In der letzten Stadtverordnetenversammlung wurde der Ausbau der Bürgermeisterei erwogen. Damit soll der notwendige Rathausneubau um einige Jahre hinausgeschoben werden. (Die Bürgermeisterei befand sich in dem Haus Frankfurterstraße 2, das 1934 abgerissen wurde. Anm. d. Red.)

Inserat der Woche:
Bei der Turnerabendunterhaltung am letzten Sonntag wurde gefunden: Ein goldenes Herz mit Stein und ein goldener Manschettenknopf. Abzuholen bei Karl Lang, Römerberg 5.

10.2. Der Schafhof wurde an ein Konsortium verkauft, welches dort eine rationelle Kleintierzucht betreiben wird.

Inserat der Woche:
Herrschaftswäsche, gute Behandlung, im Sommer-Rasenbleiche, wird angenommen.

12.2. Auch in Cronberg ist der 8-Uhr-Ladenschluß eingeführt worden. – Auf der Nordbahn des Großen Feldbergs veranstaltete der Rodelklub „Taunus" ein Rennen. Die Cronberger Teilnehmer schnitten alle sehr gut ab.

Inserat der Woche:
Nützliche und Luxusgegenstände für Vereins- und Familiengeschenke bei Heinrich Lohmann, Hofuhrmacher.

24.2. Die Stadtverordneten-Versammlung sprach sich in einer Resolution für die Umwandlung der hiesigen konfessionellen Schulen in eine Simultanschule aus. (Es sollte aber noch einige Jahre dauern, bis diese Umwandlung restlos geschehen konnte.) – Die Fastnachtstage waren in Cronberg recht lebhaft. Überall war Maskenball oder -kränzchen. In allen Lokalen war Betrieb. Auch die Kinder lärmten auf den Straßen.

Inserat der Woche:
Straußenfedern werden gereinigt und gekräuselt.

26.2. Es gibt neue Straßenplanungen: Man denkt über eine Verbindung des Thalweges mit der Hartmuthstraße nach, das Rentbachtal soll überbrückt werden.

Inserat der Woche:
Auf dem Maskenball des Dilettantenvereines wurde gefunden: Ein silbernes und ein vergoldetes Armband, ein Manschettenknopf und ein Kamm. Abzuholen bei Uhrmacher Lohmann.

9.3. Einen erfreulichen Fortschritt in der Ausgestaltung eines schönes Stadtbildes hat Cronberg insofern gemacht, als aus seinen Straßen sämtliche Leitungsmasten und Hochspannungsdrähte entfernt und durch unterirdische Kabel ersetzt wurden.

Inserat der Woche:
Gefunden wurde eine Klingelkordel. Näheres im Rathaus.

12.3. Ein Chauffeur der wegen zu schnellen Fahrens durch die Hauptstraße von der hiesigen Polizei 30 Mark Geldstrafe erhielt, erhob gegen dieselbe Einspruch. Das Gericht bestätigte jedoch diese Strafe und legt ihm auch noch die Gerichtskosten auf. Immer wieder versuchen einige Fahrer, die Hauptstraße als Rennstrecke zu benutzen.

23.3. Die Pläne für den Bau eines Festhauses auf dem Großen Feldberg sind so weit gediehen, daß sie in den nächsten Wochen der Öffentlichkeit vorgestellt werden können. (Der Ausbruch des Weltkrieges machte diese Pläne zunichte, zum Glück wurden sie nicht wieder aufgegriffen!)

Inserat der Woche:
Ein tüchtiger Schreiner auf Bettstellen sofort gesucht.

28.3. Das Gasthaus „Zur Kronenburg" wird am 1. April von dem Flaschenbierhändler Georg Hertenstein in Pacht genommen.

Inserat der Woche:
Der MTV lädt zum Filmabend in die Turnhalle ein. Vorgeführt werden unter anderem „1000 Meter Leipziger Deutsches Turnfest" und „Die Felsenschlucht von Schöllenen".

6.4. Im Alter von 76 Jahren verstarb der Kirchendiener an der Johanniskirche, Herr Jean Becker. Seit 46 Jahren hatte er seinen Dienst versehen.

Inserat der Woche:
Verloren wurde ein Gummischuh. Abzugeben gegen Belohnung auf dem Rathaus.

9.4. Die vom Verschönerungsverein geschaffene kleine Anlage zwischen Altkönigstraße (heute Merianstraße; Anm.) und Viktoriastraße soll den Namen „Fehler-Ruhe" erhalten, zu Ehren des im vorigen Jahr verstorbenen langjährigen Vorsitzenden Wilhelm Fehler.

Inserat der Woche:
Zu vermieten eine Schlafstelle für zwei saubere Leute. Näheres bei P. Wolf, Königsteinerstraße 2.

20.4. Herr Hauptlehrer Wirbelauer feiert sein 25jähriges Dienstjubiläum, so lange wirkt er nun schon an der hiesigen evangelischen Volksschule. Seit kurzem ist er zum Nachfolger des Herrn Hauptlehrer Fehler, der im November 1913 verstarb, ernannt worden.

Inserat der Woche:
Der Frauenstimmrechtverein ladet zu einer Zusammenkunft am Montag in den Frankfurter Hof ein. Beginn 4 1/2 Uhr. Gäste sind sehr willkommen. Der Vorstand

23.4. Die Orgel in der Johanniskirche, die seither noch des Balgtretens bedurfte, wird in der nächsten Woche zum elektrischen Motorbetrieb eingerichtet.

Inserat der Woche:
Mittwoch, von 9 Uhr an werden zwei Schweine ausgehauen, das Pfund zu 80 Pfennig. Karl Wehrheim, Eichenstraße 13. (Bei Schlachtungen durfte der Viehhalter – auf Antrag und nach Zahlung bestimmter Gebühren – das Fleisch verkaufen. Davon wurde gern Gebrauch gemacht, denn man kaufte dort etwas billiger als im Metzgerladen; Anm. d. Red.).

4.5. Dieser Tage fand hier eine Beratung der Bürgermeister jener Gemeinden statt, die an dem Bau einer elektrischen Bahn von Frankfurt über Nieder-Ursel, Cronberg nach Königstein interessiert sind. Man einigte sich über die geplante Linienführung. Die Gemeinde Schönberg verlangt, daß die Bahn durch den Ort geführt wird, was aber den geäußerten Wünschen der Cronberger widersprach. (Es fanden sich aber auch erbitterte Gegner dieses Projektes. Einige Leserbriefe zeugen davon. Wie so vieles, fielen auch diese Pläne dem Ersten Weltkrieg zum Opfer!)

Inserat der Woche:
Neu eingetroffen: Schwarze Damen-Turnstiefel bei Carl Henrich, Hauptstr. 3

7.5. Das Warenhaus „Grand-Basar" in Frankfurt wurde wegen unlauteren Wettbewerbs verurteilt. Die Firma hatte im Juni 1913 „Cronberger Erdbeeren" angeboten, die aber aus Weisenheim stammten.

Inserat der Woche:
Feuchtes Stroh zum Unterlegen der Erdbeeren, billig abzugeben.

18.5. Gestern starteten die Teilnehmer am Prinz-Heinrich-Flug in Darmstadt zu ihrer 1. Etappe. Wegen dieses Fluges wurde eigens auf dem Gr. Feldberg ein großes Blinkfeuer angelegt. (Auf der Flugstrecke kam es zu mehreren tödlichen Abstürzen. Einige Flugzeuge mußten notlanden.)

Inserat der Woche:
Obernzenner in Frankfurt empfiehlt Schweizer Sommermäntel aus Voile, Alpacca und Mohair von 12,50 Mark an.

21.5. Der Kaiser besucht in Hofjagduniform und mit kleinem Gefolge in fünf Automobilen die Saalburg. Unter der Führung von Herrn Baurat Heinrich Jacobi besichtigte Seine Majestät eingehend die Anlagen und das Museum.

Inserat der Woche:
Straußenfedern werden gekräuselt und gereinigt.

1.6. Schnee im Taunus! Ein jäher Wettersturz brachte wieder einen Kälteeinbruch mit Schneetreiben. – Am letzten Sonntag wurde in Falkenstein die neu erbaute evangelische Kirche geweiht. Die erhielt den Namen „Martin-Luther-Kirche". Als Gäste in Vertretung des Kaisers waren Prinz Friedrich Carl von Hessen und Gemahlin anwesend.

Inserat der Woche:
Gebildete junge Dame gesucht, die vormittags 1 Stunde mit zwei englischen Kindern spazieren geht und deutsch spricht.

4.6. Der Mai hat sich verabschiedet. Wir weinen ihm nicht nach, hat er doch noch in seinen letzten Tagen sehr kühles Wetter mitgebracht, auf den Taunushöhen ließ er es gar schneien.

Inserat der Woche:
Elektrische Taschenlampen und Zubehör bei Jos. Keil, Hauptstraße 4.

15.6. Die beiden Kaffeehütten auf dem Fuchstanz der Frau Rudolph und des Mathias Müller sind in der vorletzten Nacht vollständig niedergebrannt. Der Brand wurde wegen des herrschenden Nebels nicht wahrgenommen. Die Brandursache wurde noch nicht festgestellt.

Inserat der Woche:
Mehrere Mädchen vom Lande (nicht unter 16 Jahren) zum Erdbeerpflücken gegen guten Lohn gesucht.

18.6. Auf Schloß Friedrichshof feierte Königin Sofie von Griechenland ihren 44. Geburtstag.

Inserat der Woche:
Zur Sommersaison empfehle ich Stoffe und Ausputz, Sonnen- und Regenschirme, Neuheiten in Schürzen. Christian Lohmann, Hauptstraße.

29.6. Die Cronberger Eisenbahn ging in staatlichen Besitz über. Nach verfassungsgemäßer Genehmigung des abgeschlossenen Vertrages ging das Cronberger Eisenbahnunternehmen an den Preußischen Staat über. Die Aktien werden zum gleichen Nennwert umgetauscht. Die Beamten treten in den Dienst der Staatseisenbahnverwaltung.

Inserat der Woche:
Bin wieder auf der Cronberger Kerb mit meinem „Salon-Etagen-Karussell". Kaiser

13.7. Vom Schöffengericht in Königstein: Ein Schlosser aus Cronberg wurde wegen Abschießens nützlicher Vögel zu 30 Mark Geldstrafe, evtl. 6 Tage Gefängnis verurteilt.

Inserat der Woche:
Bratenfett abzugeben! Grand-Hotel Königstein

16.7. Es wird immer wieder darüber geklagt, daß viele Radfahrer sehr rücksichtslos sind. Sie geben kaum Zeichen ihres Herannahens, fahren auf Wegen, die nur den Fußgängern vorbehalten sind, oft genug sogar auf den Bürgersteigen (Wie vertraut das klingt; Anm. der Red.).

Inserat der Woche:
Frisch geschleuderter Bienenhonig bei Lehrer Becker, Frankfurter Str. 37.

27.7. Die Weltlage spitzt sich zu, auch in Cronberg macht man sich Sorgen, ob es zum Kriege kommt. Wenn ja, so steht das Deutsche Volk wie ein Mann hinter seinem Kaiser!

Inserat der Woche:
Zur Prüfung und Anfertigung von Blitzableiter-Anlagen empfiehlt sich Josef Keil

30.7. Seine Majestät, der Kaiser, hat heute die allgemeine Mobilmachung befohlen! – Das Feldbergfest mußte am letzten Sonntag wegen Regen und Sturm abgebrochen werden.

Inserat der Woche:
Morgen wird die Birnen- und Nußernte des Kaiser-Friedrich-Parks versteigert. Treffpunkt am Haus Hochstrasser.

10.8. Mehr als hundert Männer mußten aus Cronberg einrücken, aus Oberhöchstadt wurden sechzig Männer zu den Waffen gerufen. Die Cronberger, Oberhöchstadter und Schönberger mußten auch eine ganze Anzahl von Pferden in den Dienst des Heeres stellen. Unsere tapferen Soldaten haben in Belgien und Frankreich schon die ersten Siege errungen.

Inserat der Woche:
Obstbrecher in verschiedenen Systemen, Obsthacken empfiehlt Georg Maschke.

24.8. Von den Söhnen des Prinzenpaares Friedrich Carl von Hessen stehen nunmehr vier im Heere, nämlich die Prinzen Friedrich Wilhelm, Max, Philipp und Wolfgang. Der Vater, Prinz Friedrich Carl, befehligt bekanntlich das 81. Infanterie-Regiment. (Die beiden Ältesten, Prinz Friedrich-Wilhelm und Prinz Max fielen an der Front) – Auf einer außerordentlichen Generalversammlung des Männergesangsvereins wurde beschlossen, den im Felde stehenden Mitgliedern 10 Mark zu übersenden.

Inserat der Woche:
Die Landwirte, die Hilfe zur Ernte nötig haben und deren Hilfskräfte einberufen wurden, sollen sich auf dem Rathaus melden.

27.8. Aus Cronberg stehen schon 175 Männer im Feld. Zwei Cronberger, die bei der

Schlacht bei Neufchateau verwundet wurden, sind bei ihren Familien eingetroffen. – Die Einwohner von Neuenhain haben dem Roten Kreuz 20 Zentner Obst zum Einkochen für unsere Soldaten zur Verfügung gestellt.

Inserat der Woche:
Aufruf! Alle Diejenigen, welche bereit sind, bei der Freiwilligen Sanitätskolonne Hilfe zu leisten, werden gebeten, sich bei mir zu melden. A. Wirbelauer, Hauptlehrer.

7.9. Die Bevölkerung befindet sich in begreiflicher Aufregung bei der Besorgung von Lebensmitteln. Es ist dringend nötig, daß Jeder Ruhe bewahrt und keine Hamsterkäufe tätigt. Die einsichtige Hausfrau dient nicht nur sich selbst, sondern der Allgemeinheit, wenn sie mit ihren Einkäufen zurückhaltender ist. – Seit einigen Tagen wird in vielen Geschäften die Annahme von Papiergeld verweigert. Es wird darauf aufmerksam gemacht, daß dies unzulässig ist. Die Zahlungskraft der Scheine ist dem Golde gleich.

Inserat der Woche:
(Eine Anzeige unter vielen gleichen) Wegen Einberufung meines Mannes bleibt unser Geschäft geschlossen!

10.9. Der Bau des geplanten Leichenhauses auf dem Friedhof muß vorerst zurückgestellt werden. (Die Friedhofskapelle wurde erst 1950 realisiert; Anmerkung).

Inserat der Woche:
Die amtliche Verlustliste liegt auf dem Rathause zu jedermanns Einsicht offen. Der Magistrat.

21.9. Auch Bürgermeister Pitsch folgte dem Ruf zu den Waffen. In seiner Abschiedsrede betonte er, daß ihm Cronberg in den fast zehn Jahren seiner Amtsführung zur zweiten Heimat geworden sei. – Die rasche Folge der großen Siege hat das Publikum schon so verwöhnt, daß es ungeduldig wird, wenn ein Tag ohne Meldung bleibt. Nach einer neuen Aufstellung stehen etwa 180 Männer aus Cronberg im Felde. Seit Kriegsbeginn starben fünf Cronberger den Heldentod, drei gelten als vermißt. – Prinz Friedrich Carl von Hessen und sein Sohn Prinz Friedrich Wilhelm wurden bei einem Gefecht in Frankreich verwundet.

Inserat der Woche:
Der Hilfsausschuß für Kriegsfürsorge bittet alle, die Überfluß an Obst aller Sorten, auch Fallobst und Bohnen haben, dieselben uns zum Dörren zur Verfügung zu stellen. Die Schulkinder haben sich bereit erklärt, die Spenden in der Sommerküche des Frankfurter Hofes abzugeben.

24.9. Sucht warme Sachen hervor! Für unsere Soldaten und für die armen obdachlosen Ostpreußen wird warme Kleidung benötigt.

Inserat der Woche:
Derjenige, welcher die Leiter vom Weißbindergerüst Hainstr. 1 weggenommen hat, wird ersucht, dieselbe sofort zurückzubringen, wenn er keine Unannehmlichkeiten haben will.

5.10. Einige Cronberger Vereine haben beschlossen, ihr Vereinsvermögen für die Notleidenden in Ostpreußen zur Verfügung zu stellen. – Die Ursache des Kastaniensterbens in unseren Hainen ist bekanntlich seit zwei Jahren von Gelehrten und Fachleuten eingehend ergründet worden. Man hat sich die erdenklichste Mühe gegeben, das Übel festzustellen. Anfangs nahm man das Auftreten einer Seuche an, doch die Majorität der Gutachten gibt als Ursache den frühen kalten Herbst 1910 und den sehr trockenen Sommer 1911 an.

Inserat der Woche:
Eisenschmuck mit Inschrift zur Erinnerung an den Weltkrieg 1914 empfiehlt Heinrich Lohmann.

19.10. Der Aufruf zu Spenden für die Ostpreußen-Flüchtlinge hatte in Cronberg ein erfreuliches Ergebnis. 27 große Ballen und 11 Kisten wurden abgesandt. Der Inhalt: Kleider, Wäsche und Strümpfe, Schuhe usw. – Von den Kronberger Frauen wurden 800 Gläser gespendetes Obst eingemacht, das den Lazaretten zugute kommen soll. – In Hohenwald in Oberhöchstadt, das zu einem Lazarett eingerichtet wurde, boten einheimische Künstler eine musikalische Unterhaltung.

Inserat der Woche:
Zur dauernden Erinnerung an teure Angehörige empfehle ich „Echte Feuer-Email-Portraits und Semibilder". Heinrich Lohmann.

24.10. Die Damenriege des MTV trifft sich zu einer Besprechung im Vereinslokal „Zum Grünen Wald". Tagesordnung: 1. Anfertigung von Strickwaren für unsere im Felde stehenden Turner und 2. die Weiterführung der Turnstunden.

Inserat der Woche:
Eisenschmuck zur Erinnerung an den Weltkrieg 1914 zu haben bei Heinrich Lohmann.

2.11. Der zweite Sohn unserer Schloßherrschaft, Prinz Maximilian von Hessen, dessen Gefangennahme vorige Woche von den Engländern gemeldet worden war, ist gefallen. Er wurde gemeinsam mit vier englischen Offizieren in der Nähe eines Klosters nordöstlich von Habebrouck begraben.

Inserat der Woche:
Um den Müttern, deren Männer in den Krieg mußten, Gelegenheit zu geben, sich durch Feld- oder andere Arbeit Erwerb zu verschaffen, wird, wenn sich eine genügende Anzahl von Kindern (auch Säuglinge) findet, eine Krippe eröffnet. Junge Mädchen mögen sich zur Hilfe bei der Vorsitzenden des Vaterländischen Frauenvereins, Frau Charlotte Neubronner, melden.

15.11. Eine neue Erfindung, die unseren Soldaten im Feld zustatten kommt, ist der wasserdichte Tabaksbeutel. Mit dem Eisernern Kreuz II wurden bisher schon zwölf Cronberger ausgezeichnet.

Inserat der Woche:
Armee-Packung für die kalte Jahreszeit. Versandfertig mit Inhalt: Deutscher Cognac, Landgräflicher Magen, je Flasche 80 Pfg.

16.11. Die Freiwillige Feuerwehr rückte am Sonntag zu einer Übung aus. Bis jetzt wurden 28 Aktive zu den Fahnen gerufen. Noch stehen etwa 50 Aktive bei Einsätzen zur Verfügung, so daß vorerst von einer Pflichtfeuerwehr im Sinne der landrätlichen Verfügung abgesehen werden kann. – Im Alter von 60 Jahren verstarb vor wenigen Tagen der Kaufmann und Hoflieferant weiland I. M. Kaiserin Friedrich, Herr Carl Gerstner. Seit nahezu 30 Jahren betrieb er hier ein flottes Kolonialwaren- und Delikatessengeschäft. Im bürgerlichen Leben stand er ebenfalls seinen Mann. Er war Mitglied in vielen Vereinen. Besonders die Schützengesellschaft hatte in ihm ein rühriges Mitglied. Sein großer Einsatz beim großen Schützenfest 1898 ist in Cronberg unvergessen.

Inserat der Woche:
50–100 Mark Belohnung erhalten Personen, die die Besitzer von zu Spionagezwecken eingesetzten Brieftauben nennen können.

26.11. Herr Lehrer Ludwig Sauer feiert sein 25jähriges Jubiläum an der Schönberger Schule. Auf Anregung IM (Ihrer Majestät; Anmerkung) Kaiserin Friedrich kam er nach Schönberg. Zu dem denkwürdigen Tag wurden ihm viele Glückwünsche entgegengebracht.

Inserat der Woche:
Elektrische Taschenlampen, bes. für Militär geeignet. Auf Wunsch feldpostmäßige Verpakkung und Versand.

30.11. Unser Bürgermeister Pitsch, der als Hauptmann im Felde steht, erhielt das Eiserne

Kreuz. – Spart Brotgetreide! Das Verfüttern von mahlfähigem Roggen und Weizen ist ab sofort verboten. Der Reichskanzler bestimmt den Zeitpunkt, wann dieses Gesetz wieder außer Kraft tritt.

Inserat der Woche:
Wasserdichte Tabakbeutel für unsere Soldaten! Vorrätig bei: Phil. Liedemann, Hauptstr., Peter Ritz, Frankfurterstr., Hch. Weidmann, Am Bahnhof, Phil. Weigand, Hauptstr.

8.12. 1914 war die erste Kriegsweihnacht. Alles ist darauf ausgerichtet, den Soldaten eine Freude zu bereiten. Die seltsamsten Dinge werden angeboten: Taschenwärmer, wasserdichter Tabaksbeutel.

14.12. Derzeit stehen 288 Cronberger Bürger unter Waffen. 160 erhalten jetzt zu Weihnachten von der Kriegsfürsorge ein Paket. Der größte Teil der Gaben wurde gestiftet. – Hofapotheker Dr. Julius Neubronner sieht sich gezwungen, wegen Einberufung seines Mitarbeiters, die Apotheke in der Mittagszeit von 1–2 Uhr zu schließen. In Eilfällen ist die Hausglocke zu benutzen.

Inserat der Woche:
Für unsere Lieben im Feld ein erfreuliches Weihnachtsgeschenk ist eine nachts leuchtende Taschenuhr. – Heinrich Lohmann

28.12. Das übliche Sylvester-Schießen und Abfeuern von Raketen ist in diesem Jahr verboten. Die Zeiten sind für solch unnützes Tun zu ernst.

Inserat der Woche:
Spiritusbrenner, Bester Ersatz für das mangelnde Petroleum (auf Petroleum-Lampen aufschraubbar), zu haben bei Gg. Maschke.

1915

6.1. Brotgetreide darf nicht verfüttert werden. Wer es dennoch tut, versündigt sich am Vaterlande und macht sich strafbar.

Inserat der Woche:
In den Kasernen und in den Schützengräben ist stets begehrt eine Mutzpfeife. Zu haben die Phil. Liedemann, Hauptstraße gegenüber der Hofapotheke.

11.1. Herr Hof-Apotheker Neubronner hat seine Brieftauben der Militär-Verwaltung zur Verfügung gestellt. Diese genießen daher den Schutz des Gesetzes, wie die Polizeiverwaltung mitteilt. – Die Cronberger Vereinsvorstände sind überein gekommen, daß dieses Jahr am Kaiser-Geburtstag kein Festessen veranstaltet werden soll, es soll eine akademische Feier geben, die mit patriotischen Liedern ihren Abschluß finden soll.

Inserat der Woche:
Elektrische Taschenlampen, besonders für das Militär geeignet. Können im Festpostpaket verschickt werden. Jos. Keil

21.1. Eine Trauerbotschaft durcheilt Cronberg: Unser verehrter Bürgermeister, Herr Karl Eugen Pitsch, ist bei Pont à Mousson auf dem Felde der Ehre gefallen. Diese Nachricht hat uns alle betroffen gemacht. Cronberg hat seit seinem Amtsantritt vor zehn Jahren einen großen Aufschwung erlebt. Durch seine ausgleichende Art erwarb er sich das Vertrauen der Bevölkerung.

Inserat der Woche:
Am Sonntag ist Generalversammlung des Begräbnisvereins.

25.1. Bereitet eure Acker und Gärten für die Kartoffelzucht vor! Die Wichtigkeit dieses Nahrungsmittels verlangt es, daß man in diesem Frühjahr sehr bedacht auf ihre Anpflanzung ist. Jeder Grundbesitzer pflanze, wo es immer geht, Kartoffeln an. Der Ruf geht auch an die Erdbeerzüchter. Die Erdbeere ist kein Volksnahrungsmittel, sie sollte in schweren Zeiten durch die Kartoffel ersetzt werden. Auch Blumenbeete sind jetzt überflüssig.

Inserat der Woche:
Brot- und Feinbäckerei Hermann empfiehlt Kriegsbrot!

4.2. Die Bäckereien werden darauf aufmerksam gemacht, daß Roggenbrot das Datum der Herstellung tragen muß und nicht vor Ablauf von 24 Stunden verkauft werden darf.

Inserat der Woche:
Bäckerei Hermann, Eichenstraße 9, empfiehlt „Kriegsbrot“.

22.2. In der letzten Stadtverordneten-Sitzung wurde beschlossen, die durch den Soldatentod Bürgermeister Pitschs freigewordene Stelle ausschreiben zu lassen. (Auf diese Ausschreibung meldeten sich 186 Bewerber). – Im Alter von 61 Jahren verstarb nach kurzer Krankheit der Seelsorger der katholischen Gemeinde, Herr Prälat Pfarrer Eickerling. Fast 22 Jahre lang wirkte er in Cronberg segensreich. Er gründete den Kirchenchor und den Gesellen- und Jünglingsverein. Sein Begräbnis gestaltete sich zu einer imposanten Trauerfeier.

Inserat der Woche:
Die offiziellen Verlustlisten können während der Geschäftsstunden in der Expedition des Cronberger Anzeigers eingesehen werden.

4.3. In einer Klasse der hiesigen katholischen Schule wurde in dieser Woche festgestellt, daß acht Kinder ohne Kaffee (gemeint ist das Frühstück; Anmerkung) zur Schule kamen. Meist betrifft das Familien, deren Väter im Felde stehen. Sollten solche unerfreulichen Fälle wieder vorkommen, so werden die Namen dieser „gewissenhaften Mütter" veröffentlicht.

Inserat der Woche:
Der Obst- und Gartenbauverein lädt zu einem öffentlichen Vortrag über „Kriegs-Gemüse" ein.

8.3. Im Geschäftszimmer des Hilfsausschusses im Rathaus sind Kriegskochbücher und Nahrungsmittel-Kriegs-Kathechismen zu haben. – Die oberste Heeresleitung hat das Verschicken von Osterkarten ins Feld untersagt.

Inserat der Woche:
Die Bedienung des Orgelbalges in der katholischen Kirche während des Haupt- und Nachmittagsgottesdienstes an Sonn- und Feiertagen soll vom 1. April an weiter vergeben werden. Meldungen mit Angaben der Forderungen soll vom 1. April an weiter vergeben werden. Meldungen mit Angaben der Forderungen sollen schriftlich in verschlossenem Umschlag eingereicht werden. Der Kirchenvorstand St. Peter und Paul, Ph. J. Liedemann, Kirchenrechner.

22.3. Die Bäcker haben infolge der eingeführten Brotmarken das Austragen der Backwaren eingestellt. – Die Kartoffelvorräte werden aufgenommen. Jeder, der mehr als 100 Pfund im Keller hat, muß es anzeigen. Jedem Haushalt geht ein Formular zu, das ausgefüllt werden muß. – Alle männlichen Personen der Jahrgänge 1870–90, die in diesem Jahr zum Feuerwehrdienst verpflichtet sind, können die im Rathaus ausliegende Liste einsehen. Anträge auf Befreiung vom Feuerwehrdienst gegen Zahlung der festgesetzten Taxe sind ebenfalls dort einzureichen.

Inserat der Woche:
Zur Sicherung der Ernährung unseres Volkes darf in diesem Jahr kein Land ungenutzt liegenbleiben. Die Stadt wird allen, die selbst kein Land zur Verfügung haben, geeignetes Gelände im Schäferfeld zur Heranzüchtung von Gartenfrüchten und Kartoffeln zur Verfügung stellen. Der Magistrat: gez. Schulte

25.3. Der Gesangverein I (heute Männergesangverein 1860; Anmerkung) veranstaltete einen Liederabend unter gütiger Mitwirkung der Opernsängerin Frau Keller-Weber. Der Ertrag ist bestimmt zur Unterstützung der im Felde stehenden und Familien gefallener Mitglieder des Vereins.

Inserat der Woche:
Diejenigen, welche an den Nachlaß des verstorbenen Monsignore Eikerling Ansprüche zu erheben haben, wollen ihre Rechnungsauszüge umgehend an mich einsenden. Alfons Bonn, Testamentsvollstrecker.

6.4. Unter den 186 eingegangenen Bewerbungen um die freigewordene Bürgermeisterstelle von Cronberg wurden von der Wahlkommission der Stadtverordneten und des Magistrates vier Personen in die engere Wahl gezogen. – Am nächsten Sonntag vollendet der hier in Cronberg sehr bekannte August Lips, Vorstandsmitglied des Taunusklubs, sein 80. Lebensjahr. Er hat sich um die Wegebezeichnung im Taunus, um die Sammlung der Burgenbeschreibungen und römischen Niederlassungen in unserem Gebiet große Verdienste erworben. Vom Taunusklub wurde er dadurch geehrt, daß der Aussichtsturm oberhalb Falkenstein seinen Namen erhielt. (Der „Lips-Tempel" stand oberhalb des Falkensteiner Steinbruchs auf dem Wege zur Rübezahleiche und dem Fuchstanz. Nach dem Zweiten Weltkrieg ging er, da er aus Holz bestand, den Gang alles Irdischen. Er zerfiel immer mehr. Holzsammler machten sich das zunutze. Heute ist nichts mehr von diesem Aussichtsturm, von dem man einen herrlichen Blick in die Mainebene genoß, vorhanden).

Inserat der Woche:
Das sonst zu Ostern üblich gewesene Kuchenbacken darf in diesem Jahre, auch in den

Haushalten, nicht stattfinden. Zuwiderhandelnde werden bestraft. Die Pol.Verw. Schulte

8.4. Sammelt Knochen und Eierschalen! Der Krieg macht es jedem Deutschen zur Pflicht, dazu beizutragen, daß nichts verkommt. Die Aushungerungspolitik unserer Feinde muß zuschanden gemacht werden.

Inserat der Woche:
Kochkisten – Töpfe! Beste Ausnützung der Hitze in Emaille, empfiehlt Gg. Maschke.

19.4. Magistrat und Stadtverordnete hatten sich zur Wahl eines Bürgermeisters zu einer Sitzung vereinigt. Von den 186 Bewerbern wurden vier in Betracht gezogen. Die Wahl fiel schließlich zugunsten von Adolf Müller-Mittler aus Saarbrücken aus. Herr Müller-Mittler ist in Riga geboren, studierte die Rechte und trat nach bestandener Prüfung 1902 in den württembergischen höheren Justizdienst ein. Nach informatorischer Beschäftigung bei der Frankfurter und Duisburger Stadtverwaltung wurde er 1912 als Assessor der Stadtgemeinde in Saarbrücken eingestellt. Er ist 39 Jahre alt, verheiratet und Vater eines Sohnes. Herr Müller-Mittler wurde einstimmig gewählt. Wann er sein Amt antritt, ist noch nicht bestimmt.

Inserat der Woche:
Feldkocher für unsere Soldaten! Mit Hartspiritus! Versandbüchsen in verschiedenen Größen. Gg. Maschke, Hauptstraße 22.

25.4. Herr Pfarrverwalter Jung, der seit dem Ableben des Herrn Pfarrers Eickerling die katholische Gemeinde betreute, verläßt Cronberg. Kaplan Menges verwaltet nun die Pfarrstelle.

Inserat der Woche:
Alle Hausfrauen sind zu dem interessanten Vortrag „Wie koche ich in der Kochkiste?" eingeladen.

3.5. Zugezogene Leute, die Impflinge aus dem Jahr 1914 besitzen oder Kinder aus früheren Jahren, die noch nicht geimpft sind, müssen diese sofort auf dem hiesigen Bürgermeisteramt melden. – Die Bäcker müssen bei Mangel an Kartoffelmehl frische Kartoffeln zur Beimengung in den Brotteig verwenden. – Die von der Gemeinde den Sportvereinen überlassenen Spielplätze am Galgenfeld dürfen in diesem Jahr nicht benutzt werden. Das Gras soll zu Futterzwecken dienen. Das Betreten der Spielplätze ist polizeilich verboten. – Die Berggipfel im Taunus sind schneebedeckt.

Inserat der Woche:
Versandbüchsen fürs Feld, vorschriftsmäßig zum Verlöten sowie zum Stecken empfiehlt Georg Maschke.

6.5. Der Gemeinde-Ziegenbock steht jetzt bei Fuhrhalter Flesch in der Talstraße. – Die Stadt macht darauf aufmerksam, daß Wiesen und andere Grasflächen nicht betreten werden dürfen. Das Gras wird für Futterzwecke dringend benötigt.

Inserat der Woche:
Empfehle für die Kochkiste zur besseren Ausnützung der Hitze Geschirre aus Emaille. Gg. Maschke, Hauptstraße 22.

17.5. Der Verschönerungsverein zu Schönberg hielt in diesem Jahr statt einer Generalversammlung nur eine Vorstandssitzung ab. – Die Verstaatlichung der Cronberger Eisenbahn hat jetzt auch die Bahnsteigsperre zur Folge. Die Fahrgäste müssen nun alle durch das Stationsgebäude. Da heißt es, wegen des längeren Weges pünktlicher sein!

Inserat der Woche:
Der Tennisplatz „Frankfurter Hof" ist wieder geöffnet.

20.5. Die preußische Schulbehörde ordnete an, daß die Kinder der letzten vier Schulklassen bei Bedarf für die Feldbestellung zu beurlauben sind.

Inserat der Woche:
100–200 tüchtige Zimmerleute, Schreiner und Einschaler für Nordfrankreich gesucht. Jeder Mann muß Werkzeug mitbringen.

31.5. Das Bischöfliche Ordinariat in Limburg ersucht die Diözesanen, am diesmaligen Fronleichnamstag das Bestreuen der Straßen mit Gras zu unterlassen, da der Ernst der Zeit es erfordere, mit dem Futtermittel sparsamer umzugehen. – Die durch den Tod des Herrn Pfarrer Eickerling freigewordene Pfarrstelle in der hiesigen katholischen Gemeinde ist dem Herrn Dekan Schaller übertragen worden.

Inserat der Woche:
Die Küsterstelle an der hiesigen katholischen Kirche ist ab 1. Juli neu zu besetzen. Schriftliche Angebote sind an das Pfarramt zu richten.

3.6. Unser neuer Bürgermeister, Herr Müller-Mittler, ist mit seiner Familie in Cronberg eingetroffen und hat im Hause Frankfurter Straße 8 die mittlere Etage bezogen.

Inserat der Woche:
Feldkocher mit Hartspiritus für unsere Soldaten zu haben bei Gg. Maschke, Hauptstraße 22.

14.6. Im Sitzungszimmer der Stadtverordneten fand die feierliche Amtseinführung des neugewählten Bürgermeisters Herrn Adolf Müller-Mittler statt. Herr Regierungspräsident Dr. Meister, der frühere Landrat des Obertaunuskreises und mit Cronberg sehr verbunden, nahm die Einführung persönlich vor. – Die Stadtverordneten-Versammlung hat beschlossen, Bürgermeister Müller-Mittler das Bürgerrecht zu verleihen.

Inserat der Woche:
Die diesjährige Grasnutzung des Golfplatzes wird am Mittwoch, 9 Uhr, durch das unterzeichnete Ortsgericht an Ort und Stelle versteigert. Zusammenkunft an der Meierei. Das Ortsgericht: J. A. Wehrheim

17.6. Ansichtspostkarten dürfen nicht mehr ins Ausland geschickt werden. Man will vermeiden, daß feindliche Spione aus den Photographien Schlüsse ziehen könnten.

Inserat der Woche:
Versandbüchsen fürs Feld, vorschriftsmäßig zum Verlöten oder Stecken, empfiehlt Georg Weck, Hauptstraße 22.

28.6. Auch in Cronberg wurde eine Sammelstelle für entbehrliche Gold- und Silbergegenstände eingerichtet zu Gunsten der Nationalstiftung für die Hinterbliebenen der im Krieg Gefallenen.

Inserat der Woche:
Ein Mäher sucht noch Bestellungen. Näheres bei Wwe. Henrich in der Eichenstraße 8.

1.7. Mehr als in den früheren Jahren müssen wir darauf achten, mit dem Beerenobst haushälterisch umzugehen. Ist es doch geeignet, als Brotaufstrich zum Einsparen von Fetten beizutragen.

Inserat der Woche:
Fruchtabmachen übernimmt Peter Wehrheim, Obrhöchstadt: Bestellungen können in der Krone gemacht werden. (Das Gasthaus zur „Krone" befand sich in Kronberg in der heutigen Friedrich-Ebert-Straße 4; dort befindet sich heute das Geschäft „Brillen-Ecke"; lange Jahre hindurch war dort die Volksbank untergebracht; Anmerkung).

12.7. Das gegenwärtig sehr unbeständige Wetter zwingt den Landwirt, jede geeignete Stunde mit Sonnenschein zum Einbringen der Ernte zu verwenden. Die kriegsgefangenen Franzosen dürfen auch an Sonntagen für diese Arbeiten verwendet werden und in solchen dringenden Fällen ohne vorherige Anmeldung vom Lager abgeholt werden.

Inserat der Woche:
Alle Uhren, welche sich für das Feld eignen, mit und ohne leuchtendes Zifferblatt, sind von mir zu Originalpreisen erhältlich. Unsere Soldaten freuen sich über ein solches Geschenk. Hofuhrmacher Heinrich Lohmann.

15.7. Gebt die entbehrlichen Gold- und Silbergegenstände ab zugunsten der Nationalstiftung für die Hinterbliebenen der im Kriege Gefallenen.

Inserat der Woche:
Citronenlimonadewürfel geben durch einfaches Auflösen in Wasser eine erquickende Limonade. Zum Versand ins Feld sehr geeignet.

26.7. Die Scheune des Landwirtes Wilhelm Weidmann, Hauptstraße 5, brannte lichterloh. Zum Glück ist diese Scheune von so hohen Brandmauern umgeben, so konnte das Feuer nicht um sich greifen. Die Feuerwehr fuhr mit Hilfe einiger gefangenen Franzosen das in der Scheune lagernde Heu und die neue Fruchternte heraus. Über das Entstehen des Brandes läßt sich noch nichts feststellen. – Im Laufe des ersten Kriegsjahres sind 29 unserer Mitbürger und vier aus Schönberg auf dem Felde der Ehre gefallen. Ruhen sie auch in fremder Erde, unsere Liebe und Dankbarkeit folgt ihnen über das Grab hinaus.

Inserat der Woche:
Am kommenden Donnerstag, den 29. Juli, um 1 Uhr mittags wird am katholischen Pfarrhaus, dahier, die abgebrochene Veranda an den Meistbietenden öffentlich gegen Barzahlung versteigert. Der kath. Kirchenvorstand.

29.7. Am Sonntag, den 1. August wird der neuernannte katholische Pfarrer, Dekan Schaller, durch den Geistlichen Rat Krohmann, Rödelheim, in sein Amt eingeführt.

Inserat der Woche:
Am Montag, 2. August, nachmittags von 4–5 Uhr, werden neue Brotkarten ausgegeben.

9.8. Der Bürgermeister Müller-Mittler, dessen Bestellung als Standesbeamter für Cronberg vor einer Woche erfolgte, hat am letzten Samstag die erste Trauung vollzogen. Es war eine Kriegstrauung des Gärtners Christian Lenz von hier mit Wilhelmine Hees aus Eppelsheim bei Worms. – Baumlaub bildet im frischen und getrockneten Zustande ein sehr wertvolles Futtermittel. Schulkinder werden zur Beschaffung dieses Laubes jetzt eingesetzt. – Feierlichen Einzug in seine neue Pfarrei hielt der Seelsorger der katholischen Kirchengemeinde, Herr Dekan Schaller.

Inserat der Woche:
Derjenige, welcher vom Sonntag auf Montag das Leiterchen aus meinem verschlossenen Garten entwendet hat, ist erkannt und wird ersucht, es sofort zurückzuerstatten, andernfalls Anzeige erfolgt. Georg Liedemann.

12.8. Die Schulkinder werden zu Beschaffung von Baumlaub eingesetzt. Dasselbe bildet in frischem und getrockneten Zustand ein sehr wertvolles Futtermittel.

Inserat der Woche:
Cronberger Schützengesellschaft von 1398: Am Sonntag ab 4 Uhr nachmittags wieder Schießen. Es ist Gelegenheit, mit Militär-Gewehren zu üben.

23.8. Es gibt keine Kaffeebrötchen mehr! Die Budgetkommission des Reichstages hat einen von Vertretern aller Parteien gestellten Antrag, das Verbot der Nachtarbeit in den Bäckereien auch nach dem Kriege weiterbestehen zu lassen, mit großer Mehrheit angenommen. – Auch in diesem Jahr ist das Aufsteigenlassen von Ballons und Drachen jeder Art verboten.

Inserat der Woche:
Am kommenden Mittwoch werden von 3–5 nachmittags in der städtischen Turnhalle Gegenstände aus Kupfer, Messing usw. entgegengenommen. Der Magistrat

6.9. Im „Schützenhof" findet ein Vortrag mit kinomatographischen Kriegsbildern statt. Die ausgezeichneten Aufnahmen von den Kriegsschauplätzen werden das lebhafte Interesse aller Besucher, besonders der Jugend, erwecken. – Im Garten des „Frankfurter Hofes" fand ein Konzert der Kriegskapelle des 71. Landwehr-Infanterie-Regimentes statt. Der Kapelle geht ein guter Ruf voraus, und besonders die Schlachtenmusik, welche sie zur Aufführung bringt, fand überall gute Aufnahme.

Inserat der Woche:
Die Auskunftsstelle „Kochkiste" hat freitags von 4–6 Uhr Sprechzeit in der Kriegsfürsorge.

20.9. Die Stadt Cronberg ist mit einem guten Beispiel vorangegangen und hat 37 000 Mark als 3. Kriegsanleihe gezeichnet. Das Geld wird mit 5% verzinst, ist also ein gutes Geschäft. (Bis zum bitteren Ende des Krieges, dann waren die „Aktien" wertlos.)

Inserat der Woche:
Guter Zug- und Hofhund wegen Futtermangel billig abzugeben.

23.9. Wer hat das Formular über den Besitz von Gegenständen aus Kupfer, Messing, Reinnickel usw. noch nicht abgegeben? Er sollte es ganz schnell nachholen, denn für Nichtabgabe gibt es empfindliche Strafen.

Inserat der Woche:
„Jugendwehr", heute abend 8 Uhr und Sonntag vormittag, 7 Uhr, Antreten mit Schanzzeug.

4.10. Jede Ausfuhr von Wiesenheu, Kleeheu und Heu-Hächsel ist aus vielen Kreisen – so auch aus dem Obertaunuskreis – verboten. – Die Stadt erinnert daran, daß die ausgefüllten Formulare über den Besitz von Gegenständen aus Kupfer, Messing, Reinnickel usw. abgegeben werden müssen. Zuwiderhandlungen werden streng bestraft.

Inserat der Woche:
Ersatz für Kupfer! Waschkessel in Emaille und verzinkt zu haben bei Gg. Maschke.

18.10. Als Geburtstagsgeschenk für die Kaiserin wird von den deutschen Frauen eine große Sammlung von eingekochten Früchten, Gemüse und Obstsäften für unsere Truppen im Felde und die Verwundeten in den Lazaretten durchgeführt. Da wird keine deutsche Frau zurückstehen wollen! Jede Geberin erhält eine Bescheinigung, daß sie ihre Spende dargebracht hat.

Inserat der Woche:
Soeben erschienen! Plakate zur Einschränkung des Fleisch- und Fettverbrauchs, fertig zum Aufhängen. Diese Plakate müssen in allen Hotels, Restaurationen usw. zum Aushang gelangen.

1.11. Aus Anlaß des 500jährigen Hohenzollernjubiläums fand in der hiesigen evangelischen Kirche ein Festgottesdienst statt unter Mitwirkung des Kirchenchores. In den Schulen wurden Feierstunden abgehalten. – Aus dem Rathaus: In der letzten Stadtverordneten-Sitzung wurden 900 Mark für die Errichtung einer Klosettanlage für Lehrer im Schulgebäude und für die Erweiterung der Pissoire für die Schüler bewilligt. Das Ernten von Laub wurde vom Stadtverordneten Weigand zur Sprache gebracht. Forstmeister Lade teilte mit, daß die Regierung die Anregung gegeben habe, den Laubgewinn möglich zu machen. Die Landwirtschaftliche Kommission soll den Bedarf in Cronberg ermitteln.

Inserat der Woche:
Die Empfänger von Kartoffeln werden ersucht, mit der Zahlung zu beginnen. Die Stadtkasse

15.11. Die Wiesen des Kaiser-Friedrich-Parkes wurden an Ort und Stelle auf zwölf Jahre verpachtet. Der Vaterländische Frauenverein und der Verein für Kriegsfürsorge hat 785 Mark für deutsche Kriegsgefangene in Rußland gesammelt. – Im engsten Familienkreis wurde auf Schloß Friedrichshof die Silberhochzeit des Prinzenpaares Adolf und Viktoria von Schaumburg-Lippe gefeiert. Prinzessin Viktoria ist die zweitjüngste Tochter der Kaiserin Friedrich.

Inserat der Woche:
Ich verweise nochmals auf meine Bekanntmachung! Wenn die fortgesetzten Belästigungen durch Hunde nicht aufhören, werde ich zu schärferen Maßnahmen greifen. Müller-Mittler, Polizei-Verwaltung.

29.11. In Schönberg wurde der bisherige Bürgermeister Andreas Kopp einstimmig wiedergewählt. – Der Winter hat sich eingestellt. Viel früher als sonst kam er mit Eis, Schnee und großer Kälte. Dabei müssen wir doppelt derer gedenken, die im Felde stehen. Sendet, was Ihr entbehren könnt, doch schickt es gleich, Weihnachten steht vor der Tür.

Inserat der Woche:
Für die Weihnachtsbäckerei empfehlen wir Eipulver als Ersatz für ein frisches Ei.

13.12. Die Stadt hat eine größere Menge Butter bezogen, die gewünschte Menge konnte jedoch nicht beschafft werden, so konnten die schlangestehenden Interessenten nur ein halbes Pfund bekommen. Der Vorrat reichte trotz dieser Beschränkung nicht aus. Zu Weihnachten wird es in vielen Familien keine Butter aufs Brot geben. In den Gaststätten darf Butter nicht mehr verabreicht werden. Auf bestrichene Brote und als Fischtunke ist sie verboten.

Inserat der Woche:
Tromsäge, vor etwa drei Jahren verliehen, ist bis heute noch nicht zurückgegeben worden. Ich bitte um gefällige Rückgabe. P. Wolf

27.12. Am Sonntag waren von der Familie Bonn wieder 92 Kinder zur Weihnachtsbescherung eingeladen. Sie erhielten warme Kleidung und Spielzeug. – Die seit langen Jahren im Hause Ecke Haupt- und Doppesstraße geführte Gastwirtschaft „Zu den drei Rittern“ ist mit dem 23. Dezember in den Neubau gegenüber verlegt worden. Gastwirt Adolf Buhlmann hat sein neues Lokal äußerst modern und geschmackvoll gestaltet. – Die Bäcker dürfen für Obstkuchen Schwarzbrotteig gegen Brotkarten verabreichen. Weiße Bohnen, die in jüngster Zeit knapp wurden, sind von der Stadt in größeren Mengen bezogen worden und in den Spezereiwarenhandlungen zu haben.

10.1. Der MTV hat wie kein zweiter Verein in Cronberg durch den Krieg zu leiden. Weit über 100 Mitglieder stehen im Felde, der Vorstand ist zusammengeschmolzen bis auf die beiden Sprechwarte und den erst 19jährigen Turnwart Wilhelm Antoni, mit dessen Einberufung täglich zu rechnen ist. (W.A. fiel im November 1918 in Frankreich.) Um die Vereinsarbeit aufrecht zu erhalten, werden die alten Mitglieder wieder aktiv. Die Herren Johann Gebhardt und Christian Veit werden die Turnstunden leiten. Mehr als die Hälfte der aktiven Mitglieder von der Freiwilligen Feuerwehr stehen unter Waffen. In letzter Zeit wurden junge Einwohner (18–19jährige) herangezogen und werden dieselben an den Geräten ausgebildet.

Inserat der Woche:
Frisch eingetroffen! Bester Ersatz für reinen Bohnenkaffee ist der Malzkaffee, per Pfund 48 Pfennig. Zu haben bei der Fa. Schade & Füllgrabe.

24.1. Die Kaiser-Geburtstagsfeier, die sonst immer mit einem großen Essen begangen wurde, beschränkte sich auf Allerhöchsten Wunsch nur auf rein kirchlichen Charakter. Millionen deutscher Herzen grüßen beim Glockenklang am 27. Januar in stiller Verehrung und Liebe den Kaiser, der inmitten seiner Truppen im Feld seinen 58. Geburtstag begeht.

Inserat der Woche:
In der Verteilerstelle des Frankfurter Konsumvereins, Hainstr. 6, werden auf jede grüne Butterkarte 110 gr. zum Preise von 60 Pfennig abgegeben. Die Karten haben nur noch bis Montag 12 Uhr Gültigkeit.

7.2. Die von der Stadt bezogenen 15000 Eier wurden gestern nachmittag abgesetzt. Auch 50 Zentner Schweineschmalz hat die Stadt gekauft, die als Ersatz für die fast nicht mehr zu erlangende Butter verkauft werden. – Bei einem Preisausschreiben der Zeitschrift „Daheim“ für Kriegergedenktafeln ist ein Entwurf von Fritz Best mit einem Preise ausgezeichnet worden.

Inserat der Woche:
Holländische Vollheringe zu 20 Pfennig je Stück, sowie dänische Kondensierte Milch zu 1,02 Mark je Dose sind bei folgenden Firmen zu haben: Konsum-Verein, Hainstr. 6 und Louis Stein, Eichenstr. 1. Der Magistrat: Müller-Mittler BM

21.2. Die Versorgung der Einwohnerschaft mit Lebensmitteln ist in umfassender Weise organisiert. Die Abgabe von Butter und Schmalz hat vorerst allen fühlbaren Mangel behoben. Die Abgabe von Eiern wird ebenso freudig quittiert werden, wie die Nachricht, daß demnächst auch Fleisch in größeren Mengen zu erwarten ist.

Inserat der Woche:
Um die Zuwendung von Liebesgaben an unsere Feldgrauen zu erleichtern, gewähre ich auf Zigaretten bei Entnahme von 100 Stück 10 Prozent Rabatt. Besonders preiswert: 2 1/2 Pfg. Zigaretten. Hochachtungsvoll Ph. P. Liedemann, Hauptstraße, gegenüber der Apotheke.

7.3. Im Schwalbacher Wald wurde bei einer Treibjagd durch einen unglücklichen Zufall der Maurer Philipp Schalk aus Falkenstein, der als Treiber die Jagd mitmachte, erschossen. Der so jäh ums Leben gekommene Mann ist als braver Mensch sehr geachtet. Zwei Söhne von ihm stehen im Feld, ein dritter hat demnächst seine Einberufung zu erwarten. In Cronberg war der Verunglückte sehr wohl bekannt, seit langen Jahren arbeitete er bei Meister Philipp Ochs.

Inserat der Woche:
Gedürrtes Heidekraut als Ersatz für Stroh und zum Decken von Erdbeerfeldern abzugeben.

21.3. Mit Rücksicht darauf, daß es als eine patriotische Pflicht für Jedermann zu betrachten ist, sich an der Zeichnung auf die 4. Kriegsanleihe zu beteiligen, haben die Banken und Sparkassen Einrichtungen getroffen, welche die Beteiligung erleichtern sollen. Der Magistrat der Stadt Cronberg hat beschlossen, weitere 17 000 Mark zu zeichnen, so daß nun insgesamt 110 000 gegeben wurden (Verlorenes Geld, wie sich später herausstellte. Auch viele Vereine büßten auf diese Weise hohe Beträge ein.)

Inserat der Woche:
Am Mittwoch bis einschließlich Donnerstag wird für die Inhaber von gelben Butterkarten bei Kaufmann Ludwig Anthes, Pferdstr. 3, Butter verausgabt. Der Magistrat: Müller-Mittler.

4.4. Die Stadt hat 50 Einlegeschweine gekauft. Mit dem im Felde stehenden Maurermeister Borsch wurde ein Mietvertrag abgeschlossen zur Unterbringung der Schweine in dessen Stallungen. Sie werden von einem städtischen Arbeiter verpflegt. Wer von den Einwohnern noch Schweine einlegen will, muß sich beim Bürgermeister melden. – Die Polizei-Verwaltung hat in löblicher Würdigung der obwaltenden Umstände gestattet, daß Feld- und Gartenarbeiten auch sonntags verrichtet werden dürfen. Die Zeit des Hauptgottesdienstes (9–11 Uhr vormittags) ist ausgenommen. Am Karfreitag und Ostersonntag ist das Arbeiten völlig verboten.

Inserat der Woche:
Wichtig! Die Cronberger Geschäftsinhaber haben beschlossen, auch für das Sommerhalbjahr den 8-Uhr-Ladenschluß beizubehalten.

18.4. Im Alter von 78 Jahren verstarb der Schuhmachermeister Heinrich Fischer. Der gebürtige Königsteiner kam 1859 nach Cronberg und wurde ein tüchtiger Förderer des Gemeinwesens. Er war Mitbegründer der Feuerwehr und lange Jahre hindurch 2. Brandmeister. Außerdem war er im Aufsichtsrat des Vorschußvereins (heute Volksbank), im Vorstand des Verschönerungsvereins und im ehemaligen Kurverein. Von 1895–1911 gehörte er der Stadtverordneten-Versammlung am- – Zur Deckung des künftigen Kartoffelbedarfs ruft die Stadt die Erdbeerzüchter auf, ihre Felder zum Kartoffelanbau zur Verfügung zu stellen. Die Besitzer von Erdbeeräckern werden künftig von dem Bezugsanspruch auf Kartoffeln von der Gemeinde ausgeschlossen.

Inserat der Woche:
Willkommen in der Kaserne und im Schützengraben ist die Mutzpfeife und Feinschnittabak. Die Feldpostpackung zu 10 Pfennig. Philipp Jak. Liedemann, Hauptstr. 20.

2.5. Am 30. April trat die Sommerzeit in Wirkung. Durch das Vorrücken der Uhren um eine Stunde hofft man, Strom zu sparen.

Inserat der Woche:
Keine Fettnot mehr! Grille den Braten auf dem Gasrost und du brauchst kein Fett.

16.5. Dieses Jahr ist ein „Maikäferjahr" und wird in den nächsten Tagen eine gewaltige Menge dieser Käfer bringen. Damit bietet die Natur ein hervorragendes Geflügelfuttermittel, das nicht ungenützt bleiben darf. Kann man doch damit das knappe Körnerfutter einsparen. Sachgemäß abgetötet und getrocknet halten sich die Käfer in luftdichten Gefäßen lange Zeit.

Inserat der Woche:
Eingetroffen sind in unserer Zentrale drei Waggons Rhabarber, das Pfund zu 15 Pfennig. Schade & Füllgrabe, Hauptstr. 3.

30.5. Bei der letzten Stadtverordneten-Sitzung hat Herr Philipp Henrich bei der Beratung über die Hundesteuer-Vorlage den sehr beifällig aufgenommenen Vorschlag gemacht, man möge bemüht sein, einen Sammler für den lästigen Hundekot zu installieren. Mit der Beseitigung des auf allen Wegen und Straßen liegenden Dreckes sei ein besonderer Grund für die Feinde der Hunde entkräftet, nebenbei biete er einen guten Nebenverdienst, da der Stoff bei allen Gerbereien gesucht sei.

Inserat der Woche:
Der Ziegenzuchtverein Cronberg beabsichtigt, ein Gesuch an den Kgl. Landrat zu richten, zwecks Erlangung der entzogenen Butterkarten. Um recht viele Unterschriften zu erhalten, werden auch die Ziegenbesitzer, die Nichtmitglieder sind, gebeten, ebenfalls zu unterzeichnen. Der stellvertr. Vorsitzende Johann Schmitt.

13.6. Der Frankfurter Landwirtschaftliche Verein bietet eine günstige Gelegenheit zum Ankauf von Milchziegen. Die Ziegen sind sehr gut geeignet, dem großen Milchmangel abzuhelfen. – Wegen des Krieges und des damit verbundenen Gummimangels ist das Radfahren zum Sport oder Vergnügen verboten worden. Wer einen Holzreifen auflegt, darf weiter fahren.

Inserat der Woche:
Herrschaftshaus sucht zur Pflege seines Viehbestandes ein sauberes Landmädchen.

27.6. Morgen werden in den Metzgergeschäften Dauber, Gauff und Hembus auf Abschnitt D pro Person 100 gr. Fleisch ausgegeben. Die Ausgabezeiten müssen pünktlich eingehalten werden. Die Läden dürfen nur von den Personen betreten werden, die an der Reihe sind. Die Metzger dürfen kein Fleisch zurücklegen. Zur gleichen Zeit wird im Laden der Witwe Dingeldein, Eichenstr. 21, Butter auf Abschnitt A verabfolgt. Auch hier sind die Ausgabezeiten genau einzuhalten.

Inserat der Woche:
Die neue Kriegsanleihe steht im Zeichen Hindenburgs. Jede gezeichnete Mark arbeitet für den Sieg – jede verweigerte Mark stärkt den Feind!

12.7. Zum ersten Mal seit dem Bau von Schloß Friedrichshof ist dem Publikum Gelegenheit geboten, den Park zu besichtigen. Für viele Cronberger war dies allerdings schon möglich, doch jetzt sind die Tore zum besten der Volksspende für die deutschen Kriegs- und Zivilgefangenen in Feindesland geöffnet.

Inserat der Woche:
Sammelt Obstkerne für die Ölgewinnung! Kriegs-Fürsorge Cronberg-Schönberg.

25.7. Das Sommertheater des Dr. Kappenmacher spielt wieder im „Schützenhof“. Am Sonntag steht die Operettenposse „Der Stabstrompeter“ auf dem Spielplan. – Cronberg erhielt als Zuteilung 2 Rinder, 2 Kälber und 1 Schwein, so daß die Fleischversorgung vorerst gesichert ist.

Inserat der Woche:
Die Stadt hat Milchkakao-Pulver in Pfundpaketen zu 3,60 M bezogen und sind solche käuflich in dem Geschäftslokal des Konsum-Vereins, Hainstraße 6. Der Magistrat. (Der Anreiz war groß, doch 3,60 Mark waren eine große Summe, viele konnten sich daher diesen „Luxus“ gar nicht leisten.)

8.8. Die Polizeiverwaltung macht wiederholt darauf aufmerksam, daß Dung- und Jauchegruben nur morgens bis 8 Uhr geleert werden dürfen.

Inserat der Woche:
Jugendwehr! Am Donnerstag abend 8.30 Uhr Antreten an der Turnhalle mit Schanzzeug und Trommeln zu Schanzarbeiten am Schützengraben.

22.8. Ein trauriger Unglücksfall ereignete sich am Sonntag nachmittag. Der siebenjährige Jakob Eichenauer und der elfjährige Oskar Kraft waren auf einem Spaziergang an die mit Wasser gefüllte Kiesgrube im Mammolshainer Feld gekommen und fanden darin schwimmend eine Ladepritsche. Es ist anzunehmen, daß die beiden Buben versucht haben, auf diesem Brett im Wasser herumzupaddeln. Als die Kinder nicht zum Essen heimkamen, machten sich die Mütter auf die Suche. Von einem Soldaten war inzwischen eine Mütze im Wasser entdeckt worden. Die Feuerwehr wurde geholt. Ein junger Mann aus Rödelheim ging ins Wasser und fand die beiden Kinder, die bereits seit Stunden tot waren. Den schwer getroffenen Eltern gilt große Anteilnahme.

Inserat der Woche:
Eicheln und Roßkastanien unterliegen der gesetzlichen Beschlagnahme. Alle eingesammelten Früchte müssen an die bestellten Aufkäufer abgeliefert werden.

5.9. Die deutschen Hausfrauen, die ihr blankes Messing und Kupfer dem Vaterland opferten, erhalten zum Dank eiserne Ringe oder Kriegsbratpfannen. Der Stiel der Pfanne zeigt figürlichen Schmuck, einen Soldaten und eine Frau, der Rand trägt den Spruch: „Der deutschen Hausfrau Opfersinn gab Kupfer für das Eisen hin." Zum Preis von 3,75 Mark ist die Pfanne zu erwerben. Der Reinerlös ist für deutsche Kriegsgefangene in Feindesland bestimmt. – Aus Sparsamkeitsgründen und um Papierverschwendung zu vermeiden, bitten die Metzger ihre Kunden, bei Einkäufen Gefäße mitzubringen.

Inserat der Woche:
Ein Kinder-Klapp-Sitz-Liegewagen, fast neu zu verkaufen.

19.9. Der Heeresbericht meldete den Heldentod von Prinz Friedrich, dem ältesten Sohn des Prinzenpaares Friedrich Karl von Hessen, unserer Schloßherrschaft. Prinz Friedrich war Leutnant bei den 6er Ulanen. Schon am Anfang des Krieges wurde er in Frankreich verwundet, nach seiner Wiedergenesung kam er an die Ostfront. Inniges Mitgefühl gilt den schwergeprüften Eltern, die nun ihren zweiten Sohn dem Vaterlande opfern mußten. Prinz Friedrich wird in der Burgkapelle beigesetzt, die Trauerfeier findet in der hiesigen evangelischen Kirche statt.

Inserat der Woche:
Einsatzkessel! Ersatz für die Kupferkessel, die abgeliefert werden müssen, aus Stahlblech lieferbar. Wilhelm Küchler Söhne.

3.10. Bierglasdeckel aus Zinn und andere Gegenstände müssen gemeldet werden, sie sind beschlagnahmt. – Hindenburg ruft die deutschen Bauern auf, dem Boden alles abzugewinnen, was – selbst in mühseliger Arbeit – möglich ist. Die Bauern wissen, daß das ganze deutsche Volk auf sie vertraut und sind bereit, freudig jedes Opfer zu bringen.

Inserat der Woche:
150 Arbeiter, Zimmerleute, Maurer, Betonarbeiter, Schreiner und Schlosser werden nach Frankreich in besetztes Gebiet gesucht. Anmeldungen bei Rechnungs-Führer Lorenz in Schönberg.

17.10. Die Ernte der Edelkastanien hat begonnen. Zu dem hohen Preise von 40 Pfg. pro Pfund werden sie gehandelt. In der allgemeinen Lebensmittelknappheit finden sie reißenden Absatz. – Das Kriegsministerium fordert von den Landwirten schnellste Einbringung der Kartoffelernte vor Frosteintritt. Alle Arbeitskräfte müssen auf das Energischste eingespannt werden.

Inserat der Woche:
Feldpostartikel, Pappe und Blech, Hartspiritus bei Georg Maschke. Empfehle Sohlenschoner aus Metall.

31.10. Der Stellvertretende Landrat des Obertaunuskreises hat sein Amt niedergelegt, seine Stelle übernimmt Landrat a.D. von Brüning. – Die Stadt weist noch einmal nachdrücklich darauf hin, daß Erdbeeräcker, soweit sie nicht schon bestellt sind, zur Anpflanzung von Kartoffeln benutzt werden müssen. Das Ortsgericht wird eine Feldbesichtigung vornehmen.

Inserat der Woche:
Zur gefl. Kenntnis! Der geehrten Kundschaft, wie einem verehrlichen Publikum, die ergebene Mitteilung, daß ich wegen Einberufung meines Mannes das Fuhrwerk einstellen muß. Hochachtungsvoll Frau Johann Reul.

14.11. Der 30jährige Anton Henrich verunglückte bei der Bedienung der Dreschmaschine. Er wollte eine steckengebliebene Garbe nachschieben und trat mit dem Fuß danach. Dabei erwischte ihn die Trommel und riß im das linke Bein unterhalb des Knies ab. Er wurde in das hiesige Kaiser-Friedrich-Krankenhaus gebracht.

Inserat der Woche:
5 Mark in einer Blechdose von dem Jungen einer Kriegerfrau verloren. Wiederbringer erhält Belohnung.

28.11. Die Stadt hat mit der Schlachtung der Schweine aus eigenem Stall begonnen. Das Fleisch wird eingesalzen, ein Teil verwurstet. Die Abgabe erfolgt dann an Tagen, an denen die Zuweisung von Fleisch sehr knapp ist. Die Schweinemästerei hat sich somit doch gelohnt.

Inserat der Woche:
Die Kriegsfürsorge gibt wieder Militär-Flickwäsche und Strickwolle aus. Noch rückständige Socken bitte sofort abliefern. (Mit dem kleinen Lohn, der für diese Arbeiten gezahlt wurden, verdienten sich viele Soldatenfrauen und Kriegerwitwen ihren kargen Lebensunterhalt.)

11.12. Die Stadt hat den Verkauf von Süßstoff den hiesigen Geschäften übertragen, auf dem Bürgermeisteramt findet keine Abgabe mehr statt.

Inserat der Woche:
Meine Weihnachtsausstellung ist am 24. Dezember bis 6 Uhr abend geöffnet. Phil. Liedemann, Hauptstr. 25.

30.12. Die dritte Kriegsweihnacht ohne den gewohnten Festbraten, Stollen, Kuchen und Plätzchen ist vorüber. Alles ist knapp, die Hauptmahlzeiten sind Kartoffeln und Rüben. – Die Ausstellung der Kleiderbezugsscheine erfolgt an jedem Wochentag von 10–12 Uhr vormittags im Sitzungszimmer des Rathauses (Frankfurter Str. 4), es empfiehlt sich, die Kleider und Stoffe noch im Ausstellungsmonat zu kaufen.

Inserat der Woche:
In den Geschäften von D. Gernhard Wwe, Louis Stein und Konsum-Verein sind Rollmöpse, je Stück 40 Pfennig, erhältlich. Der Magistrat.

1917

9.1. Wer seine Fahrradbereifung vor dem 15. Januar freiwillig abgibt, erhält eine wesentlich höhere Entschädigung dafür. Nach diesem Termin werden die Bereifungen zwangsweise eingezogen, die Entschädigungen sind niedriger bemessen. – Das preußische Landesgetreideamt hat bestimmt, daß im Brot künftig keine Trockenkartoffelerzeugnisse sondern Gerstenmehr verbacken wird. Auf Anregung des Generalkommandos sollen die Schulferien wegen Kohle- und Lichtersparnis zum 16. Januar verlängert werden.

Inserat der Woche:
Papier darf nicht weggeworfen werden. Weil die Hauptrohstoffe immer knapper werden, ist es vaterländische Pflicht, Altpapier sorgfältig zu sammeln. Die Schulkinder holen es ab.

23.1. Der letzte Sonntag brachte Massenverkehr nach Cronberg. Der Schnee lag mehr als 40 Zentimeter hoch, auf den Rodelbahnen herrschte Hochbetrieb. Die Eisenbahn beförderte über 7 000 Personen von Frankfurt nach Cronberg und wieder zurück. – Die 10-Uhr-Feierabendstunde hat sich durchgesetzt. Wirte und Gäste haben sich daran gewöhnt.

Inserat der Woche:
Junges Mädchen zum Alleindienen für sofort gesucht. Zu melden am Sonntag zwischen 10 und 12 in der Frankfurter Straße 25.

6.2. So lange die strenge Kälte anhält, bleibt die städtische Turnhalle wegen Kohlenmangel geschlossen. (Der Turnverein hielt trotzdem seine Turnstunden ab, nur die Schulen hatten keinen Sportunterricht.) Aus Ersparnisgründen wird die Straßenbeleuchtung stark eingeschränkt. Die Ausfuhr von Heu aus dem Gemeindebezirk Cronberg ist verboten. – Die Firmen Konditorei Zimmermann, Konsum-Verein, Schade & Füllgrabe, Ludwig Anthes und Louis Stein haben Kerzen zum Verkauf erhalten.

Inserat der Woche:
Beteiligung an Ziegenmilch bei Abfallabgabe gesucht.

20.2. Weißdornfrüchte als Kaffee-Ersatz! Von amtlicher Stelle wird darauf hingewiesen, daß auch in diesem Jahr die Früchte des Weißdorns für Zwecke der Volksernährung zu verwerten sind. Sie eignen sich vorzüglich als Kaffee-Ersatz. Um eine möglichst große Ernte zu erzielen, ist es dringend erforderlich, daß im kommenden Frühjahr die Weißdornhecken nicht beschnitten werden. Die sogenannten Mehlbeeren sollen gesammelt werden. – Erfrorene Kohlrüben müssen mehrere Stunden in kaltes Wasser, dann sind sie wieder genußfähig.

Inserat der Woche:
Landwirte, welche für ihre demnächst beginnende Feldarbeit Kriegsgefangene benötigen, werden ersucht, sich sofort auf Zimmer 10 des Bürgermeisteramtes zu melden. Der Wirtschaftsausschuß F. Schulte.

6.3. Im Alter von 56 Jahren verstarb die wirtschaftliche Leiterin des Baruch- und Betty-Bonnschen Versorgungshauses, Fräulein Katharine Ludovika Steffen. Die Verstorbene war seit 1890 in Cronberg, zunächst als Gemeindeschwester, dann arbeitete sie im Krankenhaus, bis sie die Leitung im Versorgungshaus übernahm.

Inserat der Woche:
Schuhschoner in verschiedenen Ausführungen. Wiederverkäufer erhalten Rabatt. Gg. Maschke

20.3. Zeichnet die 6. Kriegsanleihe! Die kaiserliche Großmut hat angeregt, mit dieser

Zeichnung die Opfer für alle Völker abzukürzen. Was das deutsche Volk bisher in kraftbewußter Darbietung der Kriegsgelder vollbrachte, war eine Großtat. Und wieder wird einträchtig Stadt und Land, Arm und Reich Geld zu Geld, und damit Kraft zu Kraft fügen. (Die Kriegsanleihen wurden mit 4 1/2 bis 5% verzinst, rückzahlbar waren sie frühestens zum 1. Oktober 1924, durch die Niederlage Deutschlands und die Nachkriegswirren waren die Gelder für alle Zeichner verloren. Anm.)

Inserat der Woche:
Dasjenige, welches am Samstag nachmittag im Laden des Herrn Gauff, Pferdstraße, eine Geldbörse mit wenig Mark Inhalt wegnahm, wird, da es erkannt ist, um sofortige Rückgabe bei der Geschäftsstelle ersucht.

3.4. Nach einer Kreisverfügung darf Weißbrot nur noch bei einem Bäcker und zwar bei Meister Kilb hergestellt und nur auf ärztliches Attest abgegeben werden. Übrigens ist auch Schwarzbrot für Magenleidende gut verträglich, wenn man es leicht anröstet. – Infolge der ungewöhnlich langen Dauer des Winters, wird die Frühjahrsbestellung verzögert. – Die Stadt Cronberg hat zur 6. Kriegsanleihe den Betrag von 41 000 Mark gezeichnet. Mit den früheren Zeichnungen ist das ein Gesamtbetrag von 188 500 Mark.

Inserat der Woche:
Verwandelt Euer Geld in U-Boote, in Stacheldraht, in MGs und Patronen. Leihe jeder so viel er kann dem Vaterlande. Auf zur Zeichnung der 6. Kriegsanleihe!

15.4. Die Stadtkasse Kronberg hat zur 6. Kriegsanleihe den Betrag von 41 900 Mark gezeichnet. Insgesamt sind es bis jetzt 188 500 Mark. Da die Witterung immer noch sehr winterlich ist, muß die Volksbibliothek wegen Kohlemangel vorläufig geschlossen werden.

Inserat der Woche:
Herd – Dörr – Apparate zu verkaufen.

18.4. die Eisenbahnen dienen gegenwärtig in erster Linie der Kriegsführung. Auch zu Ostern wird es keine Erhöhung des Personenwaggons geben. Für jeden, der nicht reisen muß, ist es vaterländische Pflicht, hierauf zu verzichten. Die beiden letzten Abendzüge von und nach Frankfurt fallen seit Beginn des Monats aus, somit verbleiben uns nur noch drei Früh- und drei Nachmittags-Züge in beiden Richtungen. – Edelkastanien dürfen laut Erlaß des Generalkommandeurs des 18. Armeekorps gefällt werden.

Inserat der Woche:
Der Entleiher meines Flaschenzuges wird um sofortige Rückgabe gebeten. Phil. B. Kunz, Grabenstr. 12.

29.4. In der evang. Schule, 1. Tür rechts, (Klasse von Frl. Freytag) werden die Fleischkarten für die Sonderzuteilung ausgegeben.

Inserat der Woche:
1 Huhn zugelaufen.

2.5. Nach einem Erlaß des Ministers für Handel und Gewerbe werden Kurse für Handwerkerfrauen und -töchter eingerichtet. Sie sollen in den Stand gesetzt werden, geschäftliche Anforderungen zu erfüllen, damit sie die an der Front stehenden Männer ersetzen können. – Silber- und Nickelmünzen werden jetzt außer Kurs gesetzt, es wird nur noch Geld aus Zink geprägt.

Inserat der Woche:
F. J. Schleiffer liefert vormittags ins Haus: Eis vom besten Gebirgs-Quellwasser.

13.5. Es wird in Erinnerung gebracht, daß laut Polizeiverordnung vom 1. Mai an Fahrdamm und Bürgersteige von den Haus- und Grundstücksbesitzern täglich zu reinigen sind. Unterlassung zieht Anzeige und Bestrafung nach sich.

Inserat der Woche:
Verloren: Samstag in der Steinstraße 7 Mark! Gegen Belohnung abzugeben in der Geschäftsstelle.

15.5. Im Geschäftslokal von Herrn Louis Stein, Eichenstraße, wird Pflaumen-Marmelade verkauft. Die Ausweiskarten sind zwecks Abstempelung mitzubringen, die Ausgabe erfolgt straßenweise, in der Bekanntmachung ist die Uhrzeit angegeben. Gefäße zum Einfüllen sind mitzubringen, auf eine Person entfällt ein halbes Pfund. – Unsere Schloßherrin, Frau Prinzessin Friedrich Carl von Hessen, besuchte den neu eingerichteten Kinderhort, dessen Protektorin sie ist. Sie verweilte bei den Kindern und deren Aufsichtsdamen nahezu eine Stunde und sprach sich sehr befriedigt über diese Einrichtung aus.

Inserat der Woche:
Lichtspieltheater in Oberhöchstadt. Es kommt zur Aufführung das sensationelle Drama in fünf Abteilungen „Wenn Menschen reif zur Liebe werden".

29.5. Im Obertaunuskreis finden verschärfte Kontrollen des Fremdenverkehrs statt. Es wird Jedermann, der Reisen unternimmt, zur Vermeidung von Unanehmlichkeiten geraten, einen polizeilichen Ausweis über seine Person mit sich zu führen.

Inserat der Woche:
Die Grundstücksbesitzer werden hiermit aufgefordert, überhängende Zweige zu beseitigen und insbesondere Rosen-Sträucher, welche den Verkehr auf den Bürgersteigen gefährden, zu entfernen. Die Pol. Verw. Müller-Mittler.

10.6. In großen Mengen wachsen jetzt in Wald und Feld zahlreiche Pflanzen, die ebenso gut wie unser Gartengemüse zur menschlichen Ernährung verwandt werden können. In den nächsten Wochen können gesammelt werden: Feigwurz, Taubnessel, Brennessel, Vogelmiere, Disteln, Löwenzahn und Sauerampfer. Die Blütenknospen der Sumpfdotterblume, einige Stunden in Salzwasser gelegt, dann in Essig aufbewahrt, sind ein guter Ersatz für die ausländischen Kapern.

Inserat der Woche:
Derjenige, der gestern mittag im Neuen Bergweg die mir vom Wagen gefallene Mistgabel an sich genommen hat, ist erkannt! Sofortige Rückgabe, oder andernfalls Anzeige!

12.6. Die Pfingstfeiertage sind dahingegangen. Das Wetter war gut, der Touristenverkehr ziemlich lebhaft. Der Betrieb in den Wirtschaften war trotz Mangels an Getränken flott. Am größten war der Lauf dahin, wo Äpfelwein gezapft wurde, der aber mit Kronthaler Wasser stark verdünnt war. – Die Kriegsfürsorge Cronberg-Schönberg nimmt noch Anmeldungen zum Schuhkursus entgegen. Im Laden von Eduard Bonn sind Stiefel und Schuhe ausgestellt, die in den hiesigen Kursen angefertigt wurden.

Inserat der Woche:
Die Pflicht zur restlosen Ausnutzung aller Bodenflächen für die Volksernährung verlangt eine unbedingte Schonung aller Äcker und Wiesen. Das Betreten solcher Anlagen ist daher auf das allerstrengste verboten. Die Poliz. Verw. Müller-Mittler, Bürgermeister.

24.6. Heute ertönte zum letzten Mal das Geläut der Glocken in der Schönberger Kirche. Sie werden im Turm zerschlagen und dann zur Sammelstelle gebracht. Aus der Johanniskirche von Cronberg werden abgeliefert: die große Lutherglocke (1689 kg) und die Hartmuthglocke (214 kg).

26.6. In der evangelischen Kirche wurde ein Abschiedsgottesdienst gehalten, zwei Glocken wurden vom Turm geholt, sie müssen abgegeben werden, um dem Vaterlande in der Rüstung zu dienen. Auch die Glocken der katholischen Kirche wurden aus dem Turm geholt. Sogar die kleinste, die noch aus der Schloßkapelle stammt, zurück bleibt die Josefsglocke aus dem Jahr 1886.

8.7. Die Cronberger Kerb ist wieder da und läuft zum 3. mal ohne Sang und Klang ab. Ohne Kirschkuchen, Kirchweihbraten und frisch gekochten Hausmacher Schinken. – Ganz hervorragend wäre sie in diesem Jahr geworden, weil die Erdbeeren und Kirschen gut ausgefallen sind.

Inserat der Woche:
Täglich 1/2 l Ziegenmilch gesucht, gegen Bezahlung und Küchenabfälle!

10.7. Gas muß gespart werden. So wird es keine Straßenbeleuchtung mit Gas mehr geben, auch das Heizen mit Gas ist verboten. – Die Reichskommission für bürgerliche Kleidung hat an die deutschen Kultusministerien das nachfolgende Schreiben gerichtet: „Nach dem schlechten Ergebnis der Bestandsaufnahme über das Schuhwerk ist es dringend geboten, den Bedarf an Schuhwaren einzuschränken. Deshalb ist es erwünscht, wenn die Schulinspektionen auf die bisher von ihnen gewünschte Schuhbekleidung der Schüler während des Sommers Verzicht leisten und die Schüler zu sparsamem Verbrauch des Schuhzeuges angehalten werden. (Im Klartext: Die Schüler können und dürfen auch barfuß zur Schule kommen.)

Inserat der Woche:
Regenschirm in der katholischen Kirche vertauscht. Bitte umtauschen im Ratskeller.

22.7. Die Stadt vergütet für 2 Stück getötete Kohlweißlinge 1 Pfennig. Die Abgabe hat zu erfolgen bei der Kriegsfürsorgestelle, Heinrich-Winter-Straße 5. Beim Einfangen dürfen Flurbeschädigungen keineswegs stattfinden.

Inserat der Woche:
Orientalische Gesichtsemaille! Ein wahres Wunder! Phiole 4 Mark.

24.7. Von nun an werden die Namen der Personen, die bei Felddiebstählen ertappt werden, öffentlich durch die Presse bekanntgegeben. Felddiebstahl zieht harte Strafen nach sich. – Die Stadt hat Speisezwiebeln bezogen, das Pfund zu 32 Pfg. Die Ausgabe erfolgt, soweit der Vorrat reicht, bei der Firma Chr. Eichenauer, Hauptstr. 2.

Inserat der Woche:
Am Samstag habe ich im Cronberger Zug einen Carton mit Jünglingsanzug liegengelassen. Finder erhält Belohnung.

5.8. Sammelt Obstkerne für die Oelgewinnung! Die Ortssammelstelle zahlt für das Kilo unverdorbener und vorschriftsmäßig abgelieferter Kerne des Steinobstes 10 Pfennig, für Kürbiskerne 15 Pfennige. – Aus 1 000 Kilo Kernen lassen sich 50 Kilo Oel gewinnen. Jeder Kern ist wichtig! Keiner darf verloren gehen! Jeder sammle im vaterländischen und im eigenen Interesse und trage so zur Verminderung der Oel- und Fettknappheit bei.

Inserat der Woche:
Schuhschoner in verschiedener Ausführung. Wiederverkäufer erhalten Rabatt!

7.8. Zum Schutze der Ernte ist der Aufenthalt im Felde auch den Grundstücksbesitzern zwischen 10 Uhr abends und 4 Uhr morgens verboten. In der übrigen Zeit bleibt der Zugang zu den Feldwegen für Unbefugte gesperrt. – Anläßlich des zweijährigen Bestehens des Teil-Lazaretts im Kurhaus Kronthal findet eine Gedenkfeier statt. Freunde und Gönner sind herzlich eingeladen.

Inserat der Woche:
Landmädchen oder Frau gesucht für dauernde Stellung zur Unterstützung einer männlichen

Kraft bei Versorgung des Viehbestandes, der Garten- und Feldarbeit. Näheres Jaminstr. 11.

19.8. Die Kriegsfürsorge Cronberg-Schönberg gibt bekannt: Die Dörre ist in Betrieb genommen. Anmeldungen von Privaten zum Dörren von Obst und Gemüse werden vormittags von 11–12 Uhr in der Küche der Turnhalle entgegengenommen.

Inserat der Woche:
Die Stadt hat Dörrgemüse bezogen und ist solches bei Kaufmann Dingeldein zu haben.

21.8. Im Kellergeschoß der Turnhalle werden von der Stadt Eier ausgegeben. Auf den Kopf entfällt ein Ei. Die Ausweiskarten sind vorzulegen. – In der Zehntscheune werden Weißerüben ausgegeben. Der Ausgabetermin wird nach Straßen geregelt. Auf den Kopf entfällt ein Pfund, Preis 10 Pfennige. Es wird ersucht, Kleingeld bereit zu halten.

Inserat der Woche:
Die Kriegs-Fürsorge sammelt Herrenkragen, die zertrennt einen Ersatz für Mullbinden ergeben. Abzuliefern Heinrich-Winterstr. 5.

2.9. Am Mittwoch werden in der Zehntenscheune Wasserrüben ausgegeben. Die Ausgabe erfolgt nach Straßen. Auf den Kopf entfällt 1 Pfund Rüben. Preis je Pfund 10 Pfennige. Ausweiskarten sind zwecks Abstempelung mitzubringen.

Inserat der Woche:
Lichtspieltheater in Oberhöchstadt: Zur Aufführung kommt das sensationelle Drama: „Wenn Menschen reif zur Liebe werden!“ mit reichhaltigem Beiprogramm.

11.9. Von der Polizeiverwaltung wurden elf Personen (hier folgen die Namen) wegen Felddiebstahls rechtskräftig mit Geldstrafen bzw. mit Haft belegt, darunter sind vier Schüler. – Das Silbergeld wird eingezogen. Ab 1.1.1918 gilt das 2-Mark-Stück nicht mehr als gesetzliches Zahlungsmittel.

16.9. Die Felddiebstähle nehmen ständig zu! Wer dabei erwischt wird, wird unnachsichtig bestraft, außerdem werden die Namen in der Presse veröffentlicht!

Inserat der Woche:
Unseren Kunden zur gefälligen Kenntnis: Unser Arbeitslohn pro Tag beträgt jetzt 3,80 M mit Kost, ohne Kost 5,– M. Die Waschfrauen von Cronberg!

25.9. Die Polizeiverwaltung teilt mit, daß von nun an streng auf die Einhaltung der Vorschriften über die Abblendung von Lichtquellen zum Schutze gegen etwaige Fliegerangriffe geachtet wird. – Die Schulkinder haben mit dem Einsammeln von gebrauchten Konservendosen aus Weißblech begonnen. Die Sammlung ist für die Zwecke der Heeresverwaltung bestimmt. Es darf wohl erwartet werden, daß man die Kinder nicht mit leeren Händen fortschickt.

Inserat der Woche:
Ich weise wiederholt auf die Vorschrift hin, wonach Kriegsgefangene nur in Begleitung Erwachsener vom Gefangenenlager abgeholt und wieder zurückgebracht werden dürfen. Unterlassungen haben sofortige Entziehung des Kriegsgefangenen zur Folge. Die Polizeiverwaltung, Müller-Mittler, Bürgermeister.

30.9. Am 1. Oktober jährt sich der Todestag von Dekan Ehrlich zum 25. Male. Er hat sich um den Neubau der nunmehr 40 Jahre alten Kirche St. Peter und Paul große Verdienste erworben.

Inserat der Woche:
An verschiedenen Orten wird eine geeignete Persönlichkeit gesucht, die das Sammeln von Platanen-Blättern übernimmt.

9.10. Die neue Kriegsanleihe muß ein Erfolg werden. Nach dem Fall von Riga, nach der an allen Fronten abgeschlagenen Offensive bleibt unseren Gegnern nur noch ein Hoffnungsschimmer, daß wir wirtschaftlich am Ende unserer Kräfte stehen. Ein schlechtes Ergebnis der Kriegsanleihe verlängert den Krieg ins Unabsehbare, weil die Feinde dann neue Vernichtungspläne schmieden.

Inserat der Woche:
Der Vaterländische Frauenverein nimmt auch weiter die gesammelten und gereinigten Obstkerne entgegen. Auf Wunsch werden pro Kilo 20 Pfennige vergütet. Annahme bei der Krieger-Fürsorge, Heinrich-Winterstr. 5.

18.10. Ein feindlicher Flieger hat vergangenen Dienstag abend über Schonberg vier Bomben abgeworfen, die in die Wiesen fielen und zum Glück keinen Schaden anrichteten.

Inserat der Woche:
Die Stadt hat Handkäse bezogen und gelangt solcher am kommenden Mittwoch zur Ausgabe bei der Firma Schade & Füllgrabe.

23.10. Die Stadt hat Sauerkraut bezogen. In den Geschäften von Ludwig Anthes, Eduard Bonn, A. Dingeldein Wwe., Karl Gerstner, KonsumVerein, Schade & Füllgrabe und Louis Stein ist solches erhältlich. Gefäße zum Einfüllen sind mitzubringen. – Bewohner von Cronberg! Öffnet Truhen und Schränke! Es gilt, die minderbemittelte Bevölkerung und ihre heimkehrenden Krieger mit Kleidungsstükken zu versehen. Für die Kleidungsstücke gibt es auf Wunsch Entgelt oder Bezugsscheine.

Inserat der Woche:
Friedenslack, Leinöl und Terpentin kauft zu höchsten Preisen Jakob Hembus, Hofdekorationsmaler.

28.10. Die Kriegsfürsorge fertigt auf Bestellung warme Hausschuhe an, wenn das Material dazu gestellt wird. Frauen, die das Anfertigen solcher Schuhe in unseren Kursen gelernt haben und solche als Heimarbeit anfertigen möchten, können sich melden.

Inserat der Woche:
Demjenigen unseren Dank, der die zweite Butterausgabe bewirkt hat.

6.11. Jeder weiß, wie sehr unsere Feldgrauen in der langweiligen Erholungszeit nach Verwundung oder Krankheit in der Unterhaltung oder in Büchern Zerstreuung finden. Das Reserve-Teillazarett Kronthal wäre für Lesestoff jeder Art sehr dankbar. Wer entbehrliche Bücher und Zeitschriften hat, wird gebeten, dieselben in der Expedition dieses Blattes abgeben zu wollen. Größere Sendungen werden auf Wunsch abgeholt. – Wieder wurden mehrere Personen wegen Feldfrevels bestraft, dieses Mal waren es vor allem Kastaniendiebe. Die Namen werden veröffentlicht.

11.11. Aus dem Rathaus: Anordnung zur Bereitung des Brotes! Zur Bereitung des Brotes sind dem Roggen- und Weizenmehl Frischkartoffeln zuzusetzen. Für 6 große Laib Brot sind zu verwenden: 1750 gr. Weizenmehl, 3290 Gr. Roggenmehl und 1680 gr. Frischkartoffeln. Das Brot darf nur in Backsteinform in zwei Größen hergestellt werden. gez. Brüning, Kreisausschuß, Müller-Mittler, Bürgermeister

Inserat der Woche:
Friedenslacke, Leinöl, Terpentin kauft zu höchsten Tagespreisen Jakob Hembus

20.11. In dieser Woche kommt nach langer Zeit wieder Schweinefleisch zur Verteilung, die Stadt konnte zwei Schweine einkaufen. Die Wahl der Metzgerei steht jedem frei, Ausweiskarten und Einwickelpapier sind mitzubringen. – Das 25jährige Dienstjubiläum als Torhüter von Schloß Friedrichshof konnte Herr Friedrich Henneberger begehen.

Inserat der Woche:
Die Stadt hat Suppenwürfel bezogen, es sind diese bei der Fa. Bonn erhältlich. Müller-Mittler, Bürgerm.

25.11. Das billigste Kälteschutzmittel! Ältere Leute haben sich früher – sie werden dies wahrscheinlich heute wieder tun – gegen die Kälte dadurch geschützt, daß sie 2 Lagen Zeitungspapier auf Brust und Rücken legten. Prof. Dr. Buntz aus Berlin weist in der „Medizin. Wochenschrift" darauf hin, daß dies das beste Schutzmittel gegen Kälte sei.

Inserat der Woche:
Abgespielte und zerbrochene Sprechmaschinenplatten werden angekauft.

4.12. Die von der katholischen Gemeinde so lange angestrebte Niederlassung barmherziger Schwestern von der Gemeinschaft der „Armen Dienstmägde Christi" hat endlich die ministerielle Genehmigung gefunden. – Wegen Einsparung von Heizmaterial werden bis auf weiteres die Brotkarten nachmittags in den Klassenräumen aller Schulen ausgegeben. Durch Bekanntmachung in diesem Blatt wird die Bevölkerung von der Einteilung nach Straßen unterrichtet, es wird gebeten, sich streng danach zu richten. Das Mitbringen von Hunden bei der Kartenausgabe ist verboten.

Inserat der Woche:
Beim Konsum-Verein werden Kunsthonig und Heringe verkauft. Für letztere sind die Lebensmittelbezugscheine Abschnitt L 1241–1640 aufgerufen. Der Magistrat.

9.12. Die Schlittschuhbahn im Kaiser-Friedrich-Park ist eröffnet. (Heute der Weiher am Denkmal). Das Eis ist, wenn auch nicht spiegelglatt, doch sehr schön und wird unserer Jugend Gelegenheit geben, sich dem schönen und gesunden Wintersport zu widmen.

Inserat der Woche:
Die Kriegsfürsorge sammelt Herrenkragen! Zertrennt ergeben sie einen Ersatz für Mullbinden. Abzuliefern Heinrich-Winter-Straße 5.

18.12. Die Kriegsfürsorge fertigt auf Bestellung warme Hausschuhe an, wenn das Material dazu gestellt wird. Geeignet sind alle festen Stoffreste. Der Verkauf von Holzsohlen findet jetzt nur noch mittwochs von 4–6 Uhr nachmittags statt.

Inserat der Woche:
Damenschneiderin nimmt ein Fräulein zum Lernen an.

23.12. Sammelt Frauenhaar!!! Es dient zur Herstellung von Treibriemen, Filzplatten, Isoliermaterial, insbesondere für die Dichtungsringe feiner Maschinenteile der U-Boote. Die hiesige Ortsgruppe des Vaterländischen Frauenvereins, unter Vorsitz von Frau Müller-Mittler nimmt jede Menge gern entgegen.

Inserat der Woche:
Als besondere Weihnachtsgabe kommen 210 Gramm Mehl pro Kopf zur Verteilung.

31.12. Sammelt Zeitungspapier, es ist der billigste Schutz gegen Kälte! Schon unsere Väter und Großväter haben das gewußt. 2–3 Lagen Zeitungspapier unter das Hemd auf Brust und Rücken gelegt, das hält die Kälte ab und spart Wolle und Stoffe.

Inserat der Woche:
Es wird wieder an die Ablieferungspflicht von Blitzableitern und Dachkupfer erinnert.

1918

6.1. Wie wir von unserer Polizeiverwaltung hören, sind in der letzten Zeit mehrfach empfindliche Strafen an jugendliche Personen wegen verbotenen Rauchens verhängt worden. Hoffentlich wirkt dieses Vorgehen abschrekkend und macht diesem Unfug bald ein Ende.

Inserat der Woche:
Kuhmist gegen Dickwurz zu tauschen gesucht.

15.1. Das Weißbrot für Kranke wird von der Bäckerei Gottschalk, (Hauptstraße), gebacken und abgegeben. – Als ein guter Ersatz der Ledersohlen hat sich die Birkenholzsohle bewährt. Die Stadtverwaltung beabsichtigt, diese Ersatzsohle zu beschaffen. Bestellungen nehmen die hiesigen Schuhmacher an.

Inserat der Woche:
Das Schlittenfahren und Schlittschuhlaufen auf sämtlichen Straßen und Bürgersteigen des Ortskernes wird hiermit strengstens untersagt. Nur die Viktoria ist für das allgemeine Rodeln, die Harthmutstraße für die Kinder freigegeben. Die Polizei-Verw.

20.1. Das städtische Lebensmittelbureau gibt bekannt, daß von Homburg eine Sendung von Butter, Marmelade und Heringen angekündigt worden ist. Mit der Ausgabe an die Bevölkerung kann zu Beginn der kommenden Woche gerechnet werden.

Inserat der Woche:
Wer gibt Influenza-Kranken Kohlen oder Briketts?

29.1. Alle Kaffee-Ersatzmittel werden rationiert, d.h. nur noch auf Bezugsscheine abgegeben, es wird Jedermann empfohlen, sich vorher noch einzudecken.

Inserat der Woche:
Tüll-Betthimmel über zwei Betten zu verkaufen.

12.2. Sammelt Apfel- und Birnenschalen! Sie können zu einem wohlschmeckenden Tee verarbeitet werden, wenn sie sachgemäß getrocknet werden. Die Schulkinder nehmen gerne die Schalen entgegen, sie erhalten dafür die beliebten Sammelmarken.

Inserat der Woche:
Der Entleiher des städtischen Pfluges wird um sofortige Rückgabe ersucht. Der Magistrat: Müller-Mittler, Bürgermeister

26.2. Auf den Abschnitt E des Lebensmittelbezugsscheins wird bei der Fa Louis Stein, Eichenstraße 3, Rübensauerkraut abgegeben. Auf einen Abschnitt entfallen 200 gr. Im Konsumverein in der Hainstraße 6 wird Käse verkauft. Zunächst an die Einwohner der Adler- bis Eichenstraße, einschließlich Nr. 13. Die Ausweiskarten sind mitzubringen.

Inserat der Woche:
Metalle heraus! Habt Ihr noch Tafelgerät? Gebt es ab, das Vaterland braucht es!

3.3. Die Stadt hat Senfgurken und Pfeffergurken in kleinen Fäßchen bezogen und sind solche, soweit der Vorrat reicht, bei Bonn und bei Gerstner erhältlich.

Inserat der Woche:
Verloren in der Heinrich-Winter-Straße: Zwei Taschentücher. Gegen Belohnung abzugeben in der Druckerei.

11.3. Die Ausgabe von Fleisch an den Samstag-Vormittagen in den hiesigen Metzgergeschäften ist um eine Stunde gekürzt worden und dauert jetzt von 8–11 Uhr. Die Metzger sind angewiesen, die Stunden und Straßeneinteilung strengstens einzuhalten.

Inserat der Woche:
In den Cronberger Lichtspielen läuft das historische Drama in 5 Akten „Hoch klingt das

Lied vom braven U-Bootsmann" und 4 Kurzfilme.

17.3. Alle Besitzer von Blitzableitern und Dachkupfer werden darauf aufmerksam gemacht, daß die Frist zur freiwilligen Abgabe am 30.4. abläuft. Nach diesem Zeitpunkt erfolgt unverzüglich die Zwangsvollstreckung.

Inserat der Woche:
Ich bitte dringend denjenigen, der von meinem Sohn den Wagen gekauft hat, denselben mir zurückzugeben.

25.3. Die Stadt hat Dörrgemüse bezogen und ist solches in den Geschäften von A. Dingeldein Wwe., Eichenstraße, Schade & Füllgrabe und im Konsumverein erhältlich. – Bei den Firmen Ed. Bonn und Carl Gerstner gibt es Senf- und Pfeffergurken ebenfalls von der Stadt bezogen. – Am Montag wird auf dem hiesigen Büro die fiskalische Fischerei im Westerbach auf 6 Jahre verpachtet. Königl. Oberförsterei. (In der Receptur, Anm.)

Inserat der Woche:
Eine Partie Blumenscherben nebst Untersätzen und sontige Gegenstände billig zu verkaufen. (Die Blumentöpfe aus Ton nannte man in Kronberg früher „Scherben", und das, ehe sie zu wirklichen Scherben wurden. Anm.)

8.4. Wie Bürgermeister Müller-Mittler mitteilt, nehmen die Anträge auf Ersatz von abhanden gekommenen Lebensmittelkarten in der letzten Zeit einen derartigen Umfang an, daß sich die Stadt genötigt sieht, die Bürgerschaft zu ermahnen, die Karten sorgfältig aufzubewahren. Namentlich wird davor gewarnt, Kindern Karten mitzugeben. Verlorengegangene Karten können unter keinen Umständen ersetzt werden.

Inserat der Woche:
Leichte Anleitung zum Anbau, Verarbeitung und Beizen der Tabakpflanze zu Rauchtabak, nur 70 Pfennig, Samen Prise 1 Mark.

22.4. Der Überwachungsausschuß der Seifenindustrie wird mit Genehmigung des Reichskanzlers eine zusätzliche Menge von 50 gr. Kernseife pro Person zur Verteilung bringen.

Inserat der Woche:
Erfolge der Kriegsanleihe heißt Erfolg der Waffen! – Erfolg der Waffen heißt – Frieden! Darum zeichnet!!!

28.4. Am Montag wird von 10–12 Uhr an der Zehntenscheune Heidekraut verausgabt. Die leeren Wagen sind vor der Abholung des Heidekrautes auf der Stadtwaage zu verwiegen. Der Magistrat: gez. Müller-Mittler

Inserat der Woche:
Wer 100 tote Schnegel (schwarz und braun) im Haus Meister abliefert, erhält 50 Pfennige.

6.5. In dieser Woche werden in der städtischen Turnhalle Hühnereier ausgegeben. Die Stadt macht auf ihre Bekanntmachung aufmerksam, aus denen hervorgeht, wann die Bewohner der einzelnen Straßen aufgerufen sind. Auf den Kopf entfällt ein Ei. – Beim heutigen städtischen Fleischverkauf blieb kein Rest übrig. Eine Belieferung der Gastwirtschaften, Pensionen und Hotels war deshalb nicht möglich.

Inserat der Woche:
Wildgemüsemarkt! Dienstags und freitags von 4–5 Uhr nachmittags an der städtischen Turnhalle.

12.5. Ein unerhört frecher Diebstahl wurde heute nacht verübt. Im Kaiserin-Friedrich-Krankenhaus wurden 9 Hühner und 1 Hahn aus dem Stall gestohlen. Blutspuren lassen darauf schließen, daß der Dieb den Tieren die Hälse abgeschnitten hat.

Inserat der Woche:
Die Bezugscheine für Nähgarn werden im Rathaus auf Zimmer 8 ausgegeben.

20.5. An alle Besitzer von Schäfer- und Dobermannhunden, Rottweilern, Neufundländern, Bernhardinern und Doggen ergeht der Aufruf, ihre Tiere in den Dienst des Vaterlandes zu stellen. Die Meldehunde an der Front leisten unseren Soldaten unschätzbare Dienste.

Inserat der Woche:
Zwei tüchtige Gartenmädchen bei guter Bezahlung gesucht. Villa Schuster

26.5. Es gelangen demnächst 6 Pfund Einmachzucker auf den Kopf der Bevölkerung zur Verteilung. Die Hühnerhalter erhalten den Zucker nur dann, wenn sie mindestens 20% ihrer Ablieferungspflicht für Eier erfüllt haben. Am Mittwoch wird das Armenbrod aus der Reinhard'schen Stiftung in der Turnhalle verteilt.

3.6. Deutsche, sammelt Brennesseln! Zur Versorgung des Heeres mit Unterkleidung muß die Gewinnung von Nesselfasern im größten Maßstab erfolgen. Für 100 kg völlig trockene und entblätterte Stengel zahlt die Nessel-Anbaugesellschaft in Berlin 28,– Mark. Die Erntezeit ist etwa Anfang Juli vor der Samenzeit.

Inserat der Woche:
Wer 100 rote Schnegel, schwarz und braun, im Hause Meister abliefert, erhält 50 Pfennig. („Schnegel" bezeichnet man hier die Nacktschnecken ohne Häuser, Anm.)

9.6. Die Meldeformulare über Türklinken, Gewichte, Hohlmaße, Brauseköpfe usw. aus Messing, Bronce, Neusilber, Kupfer oder Zinn müssen unverzüglich auf dem Rathaus abgegeben werden.

Inserat der Woche:
Bekanntmachung aus dem Rathaus. Die Wiesen werden ab Montag für die Heuernte freigegeben.

18.6. Die Ortspolizei macht darauf aufmerksam, daß sie alle ihr zu Gebote stehenden Mittel anwenden wird, wenn jemand bei der Beschädigung von Gräbern angetroffen wird. Fortgesetzt wird Klage darüber geführt, daß Gräber beschädigt, Blumen entwendet oder zerstört werden. Auch kommt es immer öfter vor, daß der Friedhof zum Kinderspielplatz wird. Das ist mit der Würde der Anlage nicht zu vereinbaren. Kindern unter 12 Jahren ist das Betreten des Friedhofes ohne Begleitung Erwachsener nicht erlaubt.

Inserat der Woche:
Heute abend Verkauf von Spargeln in der städtischen Turnhalle, je Pfund kosten sie 1,15 Mark.

23.6. Das älteste Mitglied der „Cronberger Malerkolonie", Fräulein Ida Braubach starb im Alter von 88 Jahren. Sie lebte von 1875 bis 1905, also fast 3 Jahrzehnte, hier in Cronberg.

Inserat der Woche:
Anleitung zur Verarbeitung von Blättern und Blüten zu Tabakersatz! Zu haben in allen einschlägigen Geschäften.

8.7. Es wird darauf hingewiesen, daß viele Meldungen über Türgriffe, Fenstergriffe, Gewichte usw. aus Messing, Kupfer und Neusilber ausstehen. Der Meldepflicht muß umgehend nachgekommen werden, da sonst mit Bestrafung gerechnet werden muß.

Inserat der Woche:
Der Vaterländische Frauenverein bittet um Wäsche für bedürftige Wöchnerinnen.

21.7. „Windelwoche"! Der Vaterländische Frauenverein ruft zu einer Sammlung von alten Leinen- und Baumwollsachen auf. Jedes noch so alte Stück Stoff, woraus man Windeln und Unterlagen machen kann, ist willkommen, Cronberger – helft Euren kleinsten Mitbürgern Kleidung zu schaffen!

Inserat der Woche:
Kohlenkasse Cronberg! Die Mitglieder werden gebeten, ihren Einzahlungen pünktlich nachzukommen. Rückständler erhalten keine Kohle! Der Vorstand!

22.7. An die Hausfrauen ergeht der Aufruf, Obstkerne zu sammeln. Das Obstkernöl ist wertvoll und wird zur Erzeugung von Margarine verwendet. Jeder Kern enthält ein Tropfen kostbaren Öles, darum muß jeder Kern zur Sammelstelle getragen werden. Für ein Kilo trockener Obstkerne vergüten die Sammelstellen 10 Pfennige. – Die Sommerferien haben vor einigen Tagen begonnen, die Schulkinder müssen jedoch an festgesetzten Tagen Laubheu sammeln, bis das geforderte Quantum erreicht ist.

Inserat der Woche:
Schont und sammelt Brennesseln! Für je 10 kg getrockneter Nesselstengel gibt es 2,80 Mark und Nähfaden.

4.8. Die Heimatfront wankt nicht! Wenn alle kriegswichtigen Betriebe, Landwirtschaft und Eisenbahn mit Volldampf arbeiten können. Helft durch Abgabe von getragenen Anzügen, daß sie arbeitsfähig bleiben!

Inserat der Woche:
Verloren 1 Holzschuh! Gegen Belohnung abzugeben in der Gesch. Stelle.

5.8. Im Alter von 83 Jahren verstarb in Frankfurt Herr August Lips, der sich um den Taunus-Klub sehr verdient gemacht hat. Er war vor allem an der Wegemarkierung beteiligt. Der Aussichtsturm an der Schadterhohl im Falkensteiner Wald (auf dem Wege zum Fuchstanz) erhielt darum seinen Namen. (Der Lips-Tempel, wie er im Volksmund hieß, war aus Holz gebaut und wurde im Zweiten Weltkrieg wegen seiner Baufälligkeit ein Opfer vor allem der Holzsammler. Er mußte abgerissen werden. Vor wenigen Jahren wurde der kleine Aussichtsturm wieder aufgebaut. Anm.)

Inserat der Woche:
Alter Sessel für eine Kranke zu leihen gesucht.

18.8. Aus dem Rathaus gibt es folgende Bekanntmachungen: Am Mittwoch werden im Kellergeschoß der städtischen Turnhalle „Oberirdische Kohlraben“ verkauft. – Am Donnerstag gibt es bei der Fa. Louis Stein kochfertige Suppen und Suppenwürfel gegen Abgabe des neuen Lebensmittelbezugscheines.

Inserat der Woche:
Kastanienbäume (kranke und abhängige) kauft M. Burckard, Oberursel. Einkäufer der Kriegsleder AG für das Taunusgebiet.

19.8. Fliegeralarm über Frankfurt! Von zwölf feindlichen Fliegern wurden sechsundzwanzig Bomben abgeworfen. Es gab zwölf Tote und eine Anzahl von Verletzten.

Inserat der Woche:
Die Ausführung von Heu aus dem Gemeindebezirk Cronberg wird hiermit verboten. Die Polizei-Verwalt. Müller-Mittler

1.9. Um dem Mangel an Leibwäsche für die bürgerliche Bevölkerung abzuhelfen, hat die Reichsbekleidungsstelle angeordnet, aus öffentlichen Gebäuden alle Markisen, Planen, Überdachungen, Theaterkulissen, Gardinen, Stores und Roulleaux zu beschlagnahmen. Die beschlagnahmten Gegenstände unterliegen einer Meldepflicht.

Inserat der Woche:
Kaufe jedes Quantum Rhabarberblätter ohne Stiel, den Zentner zu 3 Mark. Michalovic, Gastwirt

2.9. Von der zuständigen Reichsstelle ist das Keltern von Äpfeln in diesem Jahr völlig verboten, weil das vorhandene Obst insgesamt für die Ernährung der Bevölkerung, vor allem für Brotaufstrich, erfaßt werden soll. Das war eigentlich ein überflüssiges Verbot, denn die wenigen Äpfel, die noch an den Bäumen hängen, werden einen Preis erreichen, daß das Keltern sowieso unmöglich wird.

Inserat der Woche:
Sohlenschoner aus Leder, soweit der Vorrat reicht, Paket 50 Pfennig, bei Georg Maschke, Hauptstraße 35.

15.9. Der Landtag der finnischen Regierung hat Prinz Friedrich Karl von Hessen (der Schwiegersohn der Kaiserin Friedrich, später Landgraf von Hessen) die Königskrone Finnlands angeboten. Der Prinz erbat sich zunächst Bedenkzeit, gab aber kurze Zeit später sein Jawort. Die Wahl soll am 26. September stattfinden. (Prinz Friedrich Karl von Hessen verzichtete jedoch am 31. Dezember 1918 endgültig auf die Königswürde).

Inserat der Woche:
Tabakblätter, pfundweise, in jeder Menge zu verkaufen.

16.9. Das Lazarett in Kronthal besteht nunmehr seit drei Jahren. Aus diesem Anlaß wurde mit den Patienten eine Rheinfahrt unternommen. Cronberger Bürger haben durch Spenden diesen Ausflug ermöglicht.

Inserat der Woche:
Die Heimatfront wankt nicht, wenn alle kriegswichtigen Betriebe, Landwirtschaft und Eisenbahn mit Volldampf arbeiten können. Helft durch Abgabe von getragenen Anzügen, daß sie arbeitsfähig bleiben.

29.9. Eine neue Einheitswurst, die im städtischen Schlachthaus von Homburg gemacht wurde, kommt auch in Cronberg bei den Metzgern zum Verkauf. Sie ist wesentlich besser als die sogen. Blutwurst, fast weiß und wird am besten warm verzehrt.

Inserat der Woche:
Gesucht wird gesunde Amme zu Kind von 2 Monaten. Hoher Lohn, beste Ernährung und Behandlung werden zugesichert.

30.9. Wegen Feldfrevels (sie hatten allesamt Äpfel entwendet) wurden zehn Personen aus Frankfurt polizeilich bestraft. (Ihre Namen wurden in der Presse und an Aushängen veröffentlicht) – Der überall, vor allem in Niederwaldungen und kargen Gegenden, verbreitete Ginster wird z.Zt. für die Heeresverwaltung abgeerntet, um zu Webstoff verarbeitet zu werden. Für den Zentner getrockneten Ginsters (2–3jährige) werden 3 Mark gezahlt.

Inserat der Woche:
50 Mark Belohnung erhält, wer mir den Dieb nennen kann, der meinen Garten im Eichen ausgeplündert hat. Gestohlen wurden Bohnen, Zwiebeln, rote Rüben und fünf große Tabakpflanzen. Jos. Zirfass.

13.10. Die spanische Grippe wütet unter der Bevölkerung. Es vergeht keine Woche, in der nicht wieder ein Opfer zu Grabe getragen werden muß. Besonders betroffen sind Kinder und junge Menschen. In einer Cronberger Familie sind binnen weniger Tage zwei Kinder an der Grippe verstorben.

Inserat der Woche:
Gießkanne vor 14 Tagen auf der Bleiche stehen geblieben. Um Abgabe wird gebeten.

14.10. Am kommenden Samstag gibt es kein Fleisch, als Ersatz wird für Erwachsene 120 gr. und für Kinder 80 gr. Mehl ausgegeben. – Eicheln und Roßkastanien, die der gesetzlichen Beschlagnahme unterliegen, sollen für die Volksernährung und Kriegswirtschaft nutzbar gemacht werden. Sammelstellen befinden sich in allen Schulen.

Inserat der Woche:
In der Schuhflickstube, Bahnhofstr. 2, (Hinterhaus) wird Anleitung zur Reparatur von Le-

derschuhen und Anfertigung von Sandalen gegeben. Die Unterweisung wird nur Erwachsenen erteilt.

27.10. Einquartierung in Cronberg! Zum ersten Mal in diesem Krieg werden Kronberger Bürger für die Unterkunft des deutschen Heeres in Anspruch genommen. Wegen zahlreicher Grippefälle wird der Zugverkehr stark eingeschränkt. Die Waggons sind wegen Kohlenmangels nicht geheizt. – Im September erfolgten 41 Luftangriffe auf deutsches Heimatgebiet.

Inserat der Woche:
Gummibesohlungsanstalt nimmt wieder Aufträge an.

28.10. Bedenklich viele neue Fälle von Grippe werden gemeldet. Es vergeht keine Woche, in der nicht eines ihrer Opfer zu Grabe getragen wird. Durch die schlechte Ernährung sind die Menschen nicht mehr widerstandsfähig genug und erliegen der Krankheit umso schneller. Besonders betroffen sind immer wieder Kinder und junge Menschen.

Inserat der Woche:
5 Mark Belohnung demjenigen, der mir nachweist, wer meine drei leeren Gemüsekörbe am Abladeplatz im Tanzhaus weggenommen hat. L.J.

10.11. Der Krieg ist zu Ende! Der Kaiser hat abgedankt! – Überall wurden Arbeiter- und Soldatenräte gebildet. So auch in Cronberg. Die Leitung der städtischen Dienstgeschäfte jedoch ruht fest in der Hand des Bürgermeisters Müller-Mittler. Die Polizeisergeanten sind angewiesen, den Anordnungen des Arbeiter- und Soldatenrates Folge zu leisten. – Heute Abend findet im Frankfurter Hof eine öffentliche Versammlung statt, bei denen die Funktionen des Arbeiter und Soldatenrates näher dargelegt werden sollen. – (Ab sofort heißt es: Bürger-, Arbeiter- und Soldatenrat.)

Inserat der Woche:
Sämtliche sich in Cronberg und Schönberg aufhaltenden Soldaten haben sich unverzüglich auf dem Geschäftszimmer des Bürger-, Arbeiter- und Soldatenrates im Bürgermeisteramt Cronberg zu melden. gez. Schott, Soldatenrat

11.11. Der Kaiser hat vor zwei Tagen abgedankt. In den Städten hat der Soldatenrat die Herrschaft übernommen. Bei uns in Cronberg liegt die Leitung der Dienstgeschäfte fest in der Hand des Bürgermeisters. In der städtischen Turnhalle findet morgen abend eine öffentliche Versammlung statt, wo die Funktionen des Arbeiter- und Soldatenrates dargelegt werden, auch soll dabei ein Bürger- und Arbeiterrat gebildet werden. – Die ältere Schuljugend verübt seit einiger Zeit auf dem Marktplatz und in den angrenzenden Straßen und Gassen ruhestörenden Lärm, der schon mit Rücksicht auf die vielen Grippekranken auf das schärfste zu verurteilen ist.

Inserat der Woche:
Bei den Firmen Liedemann, Lohmann und Geschwister Weigand stehen Männer-Sonntags-Anzüge (Reichsware) gegen Bezugsscheine zum Verkauf. Bekleidungsstelle Cronberg.

24.11. Der Vaterländische Frauenverein bittet die Cronberger Bevölkerung um Unterstützung bei der Verpflegung durchziehender Truppen. – In der städtischen Turnhalle werden Kartoffeln an Arbeiter und heimgekehrte Soldaten ausgegeben. – Die politischen Parteien rufen zu Frauenversammlungen auf. – Der Bürger-, Arbeiter- und Soldatenrat hält ständig Sitzungen ab.

Inserat der Woche:
Festung mit Soldaten zu verkaufen.

25.11. Cronberg hat Willkommensschmuck angelegt. Es erwartet seine tapferen, heimkehrenden Soldaten. Der Aufforderung zum

Schmücken wurde in reichem Maße nachgekommen.

Inserat der Woche:
Tabak-Blätter, pfundweise zu verkaufen, Peter Buchsbaum, Eichenstr. 45.

8.12. Aus dem Rathaus ergeht folgender Aufruf an die Bevölkerung Cronbergs: Mitbürger! Mitbürgerinnen! In wenigen Tagen ist mit der feindlichen Besetzung Cronbergs zu rechnen. Tut nichts, was Euch die Feindseligkeit der fremden Soldaten zuziehen kann. Bedenkt, daß darunter nicht nur Ihr, sondern auch Eure Angehörigen und Eure Vaterstadt schwer leiden würden. Seid höflich und zurückhaltend! Übt Selbstbeherrschung und Klugheit! Wer anders handelt, versündigt sich an dem Andenken unserer Gefallenen. Möge ein gütiges Geschick über unsere Stadt Cronberg walten! Der Bürgermeister: Müller-Mittler

Inserat der Woche:
Französische Sprache wird rasch und gründlich gelehrt!

9.12. Cronberg ist besetzt, die ersten französischen Truppen sind eingetroffen. Im Rathaus gibt es eine Auskunftsstelle, ab sofort sind alle Uniformen verboten. Nach abends 8 Uhr darf sich niemand mehr auf der Straße befinden. Die Sperrstunden gelten bis morgens 6 Uhr.

Inserat der Woche:
Festung mit Soldaten, gut erhalten, als Weihnachtsgeschenk geeignet, billig zu verkaufen.

22.12. Die ersten Besatzungstruppen sind eingetroffen. Im Rathaus wurde eine Auskunftsstelle eingerichtet. – Ab sofort dürfen nur noch die Polizisten Uniform tragen. – Die Besatzungsmacht hat eine Polizeiverordnung mit 29 Artikeln herausgegeben. – Sperrstunden sind von abends 8 Uhr bis morgens 6 Uhr, es wurde die französische Zeit eingeführt. Niemand darf aus dem Weichbild von Cronberg heraus.

Inserat der Woche:
Ich empfehle für Ihre Schuhe verstellbare Metallschutzkappen für Spitze und Absatz.

23.12. Durch Entlassung der Soldaten wurde der Bürger-, Arbeiter- und Soldatenrat in Bürger-, Arbeiter- und Bauernrat umbenannt. Die Landwirtschaft und das alteingesessene Cronberger Element ist durch Zuwahl von Fritz Henrich, Phil. Fr. Weidmann, Georg Weinig und J. Zirfaß verstärkt worden. Je zwei Mitglieder des BABR werden im Magistrat, in der Stadtverordnetenversammlung und in sämtlichen Commissionen vertreten sein. – Alle männlichen Personen zwischen 17 und 48 Jahren, welche nicht zum Heeresdienst einberufen waren, werden zur Aufstellung einer Liste für den Herrn Kommandanten der Besatzungsarmee erfaßt und haben sich umgehend auf der Bürgermeisterei zu melden. – An beiden Weihnachtsfeiertagen sind die Büros des Bürgermeisteramtes nur an den Vormittagen von 9 bis 12 Uhr geöffnet.

Inserat der Woche:
Ein Paar kleine Militärstiefel gegen größere zu tauschen gesucht.

Weimarer Republik

1919

5.1. Jeder Einwohner über 12 Jahre muß eine Legitimationskarte besitzen und dieselbe stets bei sich tragen. Letzter Termin zum Ausstellen dieser Karte ist der 10. Januar. Diese Karte gilt nur innerhalb des Weichbildes von Cronberg. Kleine Passierscheine für die nähere Umgebung gelten nur für 14 Tage und müssen beantragt werden. Dauerpassierscheine werden nur an Personen ausgestellt, die ihren Arbeitsplatz außerhalb Cronbergs haben.

Inserat der Woche:
Stillende Mütter erhalten Bezugsscheine für Knochenbrüh-Extrakt. Der Magistrat

6.1. Zum 25jährigen Amtsjubiläum von Bürgermeister Kopp in Schönberg fand im „Kaiserhof" eine Feierstunde statt. Herr Lehrer sorgte mit seinem Chor aus Schulkindern und Schulentlassenen für die musikalische Umrahmung, die ein Quartett aus Schönberger und Cronberger Herren mit Streichmusik abrundete.

Inserat der Woche:
Erteile Französischunterricht, Übersetzungen ins Französische werden schnellstens gefertigt.

19.1. Nach den nicht besetzten deutschen Gebieten und den neutralen Ländern sind nur Correspondenzen erlaubt, bei denen Adressat und Absender durch den Kommandierenden General zugelassen sind. – Am Sonntag finden Wahlen zur verfassungsgebenden deutschen Nationalversammlung statt. Erstmals dürfen auch die Frauen wählen.

Inserat der Woche:
Am Montag werden in der Turnhalle Auslandseier ausgegeben.

20.1. Der hiesige Fleischkartenverteiler vom städtischen Lebensmittelamt hat denjenigen, die ihre Fleischkarten nicht in den festgelegten Stunden abgeholt haben, sie für diese Woche vorenthalten, mit dem Bemerken, sie müßten sich an Ordnung gewöhnen. Ein krasser Bürokrat! Bei solcher Knappheit auch noch Lebensmittel zu entziehen, das ist unbegreiflich!

Inserat der Woche:
Übersetzungen von Passgesuchen werden gewissenhaft und billig ausgeführt.

2.2. Es wird darauf hingewiesen, daß abgelaufene Sauf-Conduits (Passierscheine für Personen, die außerhalb ihres Wohnsitzes ihren Arbeitsplatz haben) im Paßbureau abgegeben werden müssen. Den Anweisungen der französischen Militärverwaltung ist strikt Folge zu leisten. Es wurden schon wiederholt empfindliche Geld- und Freiheitsstrafen verhängt.

Inserat der Woche:
Stiefel-Wichse, lose gewogen, wird abgegeben. Gefäße sind mitzubringen. Wem die Wichse nicht zusagt, kann sie anstandslos zurückgeben. Wolf, Königsteiner Straße 2

3.2. Fassenacht! Doch kaum jemandem steht der Kopf danach. Die Bestimmungen der Besatzungmacht sind hart. Die Abhaltung von Versammlungen aller Art, so auch Vereinszusammenkünfte, muß von der Militärbehörde genehmigt werden. Außerdem können solche Veranstaltungen wegen der Sperrstunden nur an Nachmittagen abgehalten werden. Die Kohlennot sorgt ebenfalls dafür, daß man weitgehends auf Versammlungen verzichtet.

Inserat der Woche:
Am vergangenen Sonntag sind uns zwei schwarze Hühner entlaufen. Wiederbringer erhält Belohnung. Jaminstraße 1. (Ob diese Hühner wirklich „entlaufen" waren? Sie werden wohl eher in irgendeinem Suppentopf gelandet sein, denn die Lebensmittelknappheit war groß. Anm.)

16.2. Die Abhaltung von Versammlungen jeder Art, so auch Vereinszusammenkünfte und Vorstandssitzungen, muß von der Militärbehörde genehmigt werden. (Vorstandssitzungen hielt man vorwiegend „privat“ ab.) Es herrscht auch Tanzverbot. An Fastnachtsfeiern ist nicht zu denken.

Inserat der Woche:
Am Freitag wird im Kellergeschoß der städt. Turnhalle „Freibank-Kuhfleisch“ gegen Vorlage der Ausweiskarte verkauft.

17.2. Dem Magistrat der Stadt Cronberg ist Stroh, und zwar Erbsen- und Rapsstroh, angeboten worden. Es wird gebündelt geliefert. Bestellungen können auf dem Lebensmittelbüro gemacht werden.

Inserat der Woche:
Kartoffelmehlmaschine zur Selbstbereitung von Kartoffelmehl empfiehlt Georg Maschke.

2.3. Der französische Militärgerichtshof, der auch für Cronberg zuständig ist, verurteilte bei seiner ersten Sitzung 7 Personen zu empfindlichen Geldstrafen, weil sie ohne gültigen Durchlaß-Schein angetroffen wurden. Ein Wirt aus Schwalbach zu 500 Mark Geldstrafe, weil sein Lokal nach 10 Uhr abends noch offen war und einen Postschaffner aus Eppstein, weil er einen Offizier nicht gegrüßt hatte, zu 50 Mark Geldstrafe. – Das Französische Besatzungskommando gibt bekannt, daß beim Appell um 10 Uhr morgens auf dem Marktplatz (Schirn) das Heraussehen und Stehen an den umliegenden Fenstern strengstens untersagt ist.

Inserat der Woche:
Kornfrank-Kaffee (Kaffee-Ersatz) wird in den Geschäften von Bonn, Gerstner und Schade freihändig verkauft. Müller-Mittler, Bürgermeister (Freihändig bedeutete wohl bezugsscheinfrei!)

3.3. Ein Neuenhainer Gastwirt muß 300 Mark zahlen, weil er trotz Tanzverbot einen öffentlichen Ball in seinem Lokal geduldet hatte. – Der Weltkurs der Mark beträgt derzeit 45 Pfennige.

Inserat der Woche:
Begleitlisten zur Einreichung der Sauf-conduits (darunter verstand man die Erlaubnisscheine zur Passierung der Grenze zum unbesetzten Gebiet) in der Druckerei erhältlich.

16.3. Auf Verfügung der französischen Militärverwaltung sind die Straßen täglich zu reinigen und stets in tadellosem Zustand zu erhalten. Vom Militärgerichtshof in Königstein wurden mehrere Personen zu empfindlichen Geld- und Haftstrafen verurteilt, weil sie auf unerlaubte Weise Briefe befördert haben (Briefe ins unbesetzte Deutschland dürfen nicht verschlossen sein und müssen zur Kontrolle zunächst dem Landratsamt in Königstein vorgelegt werden).

Inserat der Woche:
Bei unserem Wegzug aus dem lieben Cronberg sagen wir allen Cronbergern herzlich Lebewohl. Frau E. Pitsch und Tochter (Es handelt sich hier um die Familie des Bürgermeisters Pitsch, der 1904 das Amt von Georg Jamin übernahm. Er fiel im Jahre 1915 an der Westfront).

17.3. In den nächsten Tagen wird mit der Ausgabe der neuen Legitimationskarten begonnen. Jede Karte muß mit einer Photographie (4x4 cm) versehen sein. Es ist natürlich leicht, eine größere Photographie auf dieses Maß zurechtzuschneiden, dagegen wird allen denen, die nur kleinere Photographien besitzen, geraten, sich zeitig mit der richtigen Größe zu versehen.

Inserat der Woche:
Celluloid-Hülsen, durchsichtig, für den neuen Personalausweis.

30.3. Zum neuen Stadtrechner wurde unter mehreren Bewerbern Herr Otto Herrboldt gewählt. (Herr Herrboldt hatte dieses Amt bis nach dem 2. Weltkrieg inne). Vom städtischen Lebensmittelbüro erfahren wird, daß ein Waggon Spinat eingetroffen ist und ein weiterer folgen wird. Am Montag werden Kartoffeln ausgegeben, außerdem gibt es Kartoffel-Weißmehl. Gerstenmehl und Margarine. Heringe sind in größerer Menge bestellt worden.

Inserat der Woche:
Ein paar getragene Infantrie-Langschäfter stehen zum freihändigen Verkauf bei Schuhmacherei A. Brech in der Eichenstraße. Müller-Mittler, Bürgermeister

31.3. Cronbergs Erdbeerzüchter machen sich Sorgen. Die strengen Zollbestimmungen und das Ausfuhrverbot ins unbesetzte Gebiet läßt befürchten, daß in diesem Jahr die Erdbeerernte nicht in Frankfurt abgesetzt werden kann. – Die Stadt gibt bekannt, daß gerade 450 Dosen Leberpastete eingetroffen sind. Sie stehen in allen Läden zum freihändigen Verkauf zur Verfügung.

Inserat der Woche:
Das neue Semester in dem St. Anna-Lyzeum der Ursulinen in Königstein beginnt am 24. April. In den unteren Schulklassen finden auch Knaben Aufnahme.

14.4. Das Gaswerk Höchst teilt mit, daß ab sofort die Lieferung von Gas eingestellt wird. Die Kohlenvorräte sind erschöpft und der Bergarbeiterstreik macht weitere Zufuhren unmöglich, sodaß die Belieferung mit Gas aufhören muß

Inserat der Woche:
Soeben erschienen! „Sie sprechen sofort französisch“, Preis 1 Mark, Buchhandlung P. Ritz, Frankfurterstr. 7. (Das Haus steht nicht mehr, es lag Ecke Bleichstraße und wurde vor etwa 15 Jahren abgerissen. Anm.)

27.4. Wiesbadener, Höchster und Frankfurter Notgeldscheine werden hier nicht mehr angenommen. – Die Forstkasse. In Mammolshain wurde ein Arbeiter festgenommen, weil er bolschewistische Flugblätter an die französischen Soldaten verteilte.

Inserat der Woche:
Die Grasnutzung des Turnplatzes der Freien Turner soll für dieses Jahr verpachtet werden. Für Schaden bei Ausübung des Sportes haftet der Verein nicht.

28.4. Im Kurhaus Kronthal werden mehrere komplette Schlafzimmereinrichtungen versteigert, dazu eine ganze Reihe von Einzelmöbelstücken, Teppichen, Sofas, Vorhängen und Küchenschränken.

Inserat der Woche:
Wiesbadener, Höchster und Frankfurter Notgeldscheine werden hier zur Zahlung nicht mehr angenommen. Forstkasse Königstein.

11.5. Die Stromlieferung der Main-Kraftwerke ist tagsüber eingestellt. Nur die Bäcker und die Druckerei erhalten Strom. Alle anderen Stromabnehmer können nur von 7 Uhr abends bis 7 Uhr morgens Strom erhalten.

Inserat der Woche:
Brief (noch verschlossen) verloren. Der Finder wird gebeten, ihn in den nächsten Briefkasten zu werfen.

12.5. Im derzeitigen Haushaltsjahr hat die Stadt einen Betrag von mehr als 200 000 Mark einsetzen müssen für die Kosten, die von der französischen Besatzung verursacht werden.

Inserat der Woche:
Die Putz-, Wasch- und Bügelfrauen Cronbergs haben die zu leistenden Vergütungen auf 80 Pfg. pro Stunde ohne Kost und auf 60 Pfg. mit Kost festgesetzt.

25.5. Der Militärgerichtshof in Königstein verurteilte einen Cronberger zu 200 Mark Geldstrafe wegen Unhöflichkeit einem französischen Posten gegenüber. – Die Militärverwaltung hat erlaubt, daß theatralische und kinematographische Vorführungen, sportliche Versammlungen, Konzerte, Bälle und Tanzstunden unter Zustimmung des Ortskommandanten der französischen Besatzungsbehörde genehmigt werden können.

Inserat der Woche:
Ich habe mich in Cronberg als prakt. Arzt (spez. f. innere und Nervenkrankheiten) niedergelassen. Dr. A. Kramer (Dr. Kramer praktizierte in Kronberg bis zu seinem Tod im Februar 1953, in der Hainstraße, an der Ecke Tanzhausstraße und später im eigenen Haus Frankfurter Straße 12. Lange Jahre fungierte er als Schularzt und als Impfarzt. Er war schon früh motorisiert, wenn er gerufen wurde, war er oft nach ganz kurzer Zeit zur Stelle, er wußte, daß es dann auch bestimmt notwendig war. Seine Patienten mochten ihn gern, er war ein Hausarzt von altem Schrot und Korn. Der Tod ereilte ihn bei einem Patientenbesuch.)

26.5. Der MTV lädt zu seiner ersten Mitgliederversammlung nach dem Kriege ein. Dazu hat er die Genehmigung der Militärregierung erhalten. Aus den Reihen des Turnvereins waren 200 Männer eingezogen, 33 sind gefallen, 5 sind noch nicht aus der Gefangenschaft zurückgekehrt.

Inserat der Woche:
Schöner, bequemer Sportwagen für 1–2 Kinder, wie neu, Friedensware, mit Gummireifen zu verkaufen.

8.6. Das Pfingstfest war von herrlichem Wetter begünstigt, jedoch war der Ausflugsverkehr infolge der schlechten Zeiten und des Fahrverbotes sehr gering. Apfelwein wurde nicht gezapft. Das Bier ist um 5 Pfennig teurer geworden. Bis jetzt hat die französische Militärbehörde die Ausfuhr der Erdbeerernte noch nicht genehmigt. Die Erdbeeranbauer von Cronberg und Umgebung bangen um ihren Verdienst. Denn es erscheint unmöglich, die gesamte Ernte hier absetzen zu können. (Die Erdbeerernte fiel sehr schlecht aus, was abgesetzt werden konnte, wurde zum größten Teil über die Grenze geschmuggelt.)

Inserat der Woche:
Prima Fohlenfleisch am Samstag ab 8 Uhr zu haben bei Metzgerei Lempp

9.6. Im Alter von 62 Jahren verstarb in Frankfurt Carl August Fachinger, der in den letzten 20 Jahren seinen Wohnsitz in Cronberg hatte. Er war hier sehr beliebt und an den Geschehnissen in den Vereinen sehr interessiert. Kaum eine Feier, bei der er mit seinen unerschöpflichen Einfällen nicht mitwirkte. Als „Carl August der Einzige" fungierte er 1905 bei der hiesigen Carnevalsgesellschaft als Faschingsprinz. Der Verstorbene wird in Cronberg beigesetzt.

Inserat der Woche:
Ohne Marken! Süßrahmbutter, das halbe Pfund zu 8,25 Mark bei Ferdinand Diel, Hauptstraße 7 (heute Blumen-Steeb)

22.6. Schwester Anna Krüger vom Viktoriastift in Berlin hat nach 18-jähriger Tätigkeit Cronberg verlassen. In all den Jahren war sie eingesetzt für die Krankenpflege in der Gemeinde. Wir wünschen ihr für ihren Lebensabend alles Gute.

Inserat der Woche:
Empfehle mich zum Abputzen, Abreiben und Waschen von Parkettböden.

23.6. Zur Warnung für unsere Jugend mag ein Unglücksfall dienen, der sich in Oberhöchstadt zugetragen hat. Kinder fuhren auf einem Handwägelchen – wie es auch in Cronberg oft geschieht – die abschüssige Ortsstraße hinab. Dabei wird mit den Füßen die Deichsel gelenkt. Sie verloren die Herrschaft über ihr

Gefährt und prallten gegen eine Hausmauer. Einem 12jährigen Mädchen drang die Deichsel in den Leib, das Kind wurde in hoffnungslosem Zustand ins Krankenhaus gebracht.

Inserat der Woche:
Drell-Anzüge und feldgraue Hosen billig abzugeben. Mauerstraße 7.

6.7. Kerb – und kein Karussell. Franz Gottschalk (bei den Cronbergern als „Schaukel-Franz" bekannt) hat seine Schiffschaukel in Niederhöchstadt aufgestellt. Die französische Militärkapelle brachte am Sonntag ein Konzert. In der Turnhalle gab es für die Jugend Cronbergs endlich Gelegenheit zum Tanzen.

Inserat der Woche:
Eislieferung frei Haus, von bestem Gebirgsquellwasser.

14.7. Der bekannte Kunstmaler Herr Professor Ferdinand Brütt beging seinen 70. Geburtstag. – Pakete nach dem unbesetzten Teil Deutschlands sind wieder zugelassen.

Inserat der Woche:
Gut erhaltener Schulranzen und zwei Herren-Strohhüte zu verkaufen.

20.7. Das von der französischen Besatzungsbehörde für die Armee benötigte Heu muß von den Gemeinden aufgebracht werden. Auf die Gemeinde Cronberg entfällt eine Abgabe von 55450 Kilo. Ein Drittel dieser Menge muß sofort aufgebracht werden. Die Stadtverwaltung hat deshalb verfügt, daß die Ausfuhr von Heu aus dem Stadtbezirk Cronberg strafbar ist. (Die erste Rate Heu wurde von der Stadtverwaltung in neutralem Gebiet aufgekauft, wodurch die Cronberger Fuhrhalter und Landwirte vorläufig von ihrer Abgabepflicht entbunden sind.)

Inserat der Woche:
Belgische Riesen, 8 junge und 2 alte zu verkaufen.

28.7. Die Stadt weist darauf hin, daß es nochmals städtischen Reis gibt. Am Montag nachmittag werden im Keller der Turnhalle die Rationen ausgegeben. Das Pfund zu 2 Mark. – In Schönberg will der Athletenklub „Viktoria" sein 30jähriges Bestehen feiern. – Das diesjährige Feldbergfest kann durchgeführt werden, jedoch nicht auf dem gewohnten Platz. Die Turner treffen sich auf dem Exerzierplatz in Bad Homburg.

Inserat der Woche:
Neues Fahrrad ohne Bereifung für 150 Mark zu verkaufen.

3.8. Anordnung der Ortspolizeibehörde: Die Pflicht einer restlosen Ausnutzung aller zur Volksernährung heranreifender Früchte verlangt eine unbedingte Schonung der Fluren und Gärten. Das Betreten der Felder und Feldwege ist daher vom Eintritt der Dunkelheit an bis 6 Uhr früh für jedermann strengstens untersagt. Nichteinhaltung der Bestimmungen wird bestraft. Die Namen der zur Bestrafung gelangten Personen werden öffentlich bekannt gegeben.

Inserat der Woche:
Kaiser-Otto-Gersten-Grütze steht in 3 Geschäften zum freihändigen Verkauf.

17.8. Die städtischen Kartoffeln wurden vorgestern am Feiertag der Katholiken im Einverständnis mit dem Herrn Dekan nur deshalb ausgegeben, weil der Waggon 5 Tage unterwegs war, und die Hitze es nicht zuließ, die Kartoffeln noch einen Tag länger im Waggon zu lassen.

Inserat der Woche:
20,– Mark und einige Lebensmittelmarken von einem Kind verloren. Wiederbringer erhält Belohnung. Konrad Feldmann

18.8. Auch in diesem Jahr findet wieder das Feldbergfest statt. Allerdings darf es nicht auf seinem angestammten Platz abgehalten werden. Der Gipfel des Gr. Feldberg ist für die Zivilbevölkerung gesperrt. So wird das turnerische Fest auf dem Exerzierplatz in Bad Homburg gefeiert. Allerdings in einem kleineren Rahmen. Viele Turner kehrten nicht mehr in die Heimat zurück, sie sind auf dem Felde der Ehre gefallen, die Grenze zum unbesetzten Land läßt es ebenfalls nicht zu, daß alle Turnbrüder zum sportlichen Wettkampf antreten können. – Die französische Militärregierung macht wiederholt darauf aufmerksam, daß die Anlieger täglich die Straßen zu reinigen haben.

Inserat der Woche:
Kräuterheringe stehen zum freihändigen Verkauf bei Fa. Ludwig Anthes, Pferdstr. 3. (Freihändiger Verkauf war nichts anderes als „bezugsschein- oder markenfreie" Abgabe von Waren, Anm.)

31.8. Durch die Gemeindeschwester ist an jemanden in Cronberg oder Schönberg vor langer Zeit eine Sitzbadewanne verliehen worden. Es wird um Rückgabe an das Krankenhaus gebeten.

Inserat der Woche:
Angehende Taillenarbeiterin gesucht.

1.9. Man streitet sich immer noch darum, ob die alte Judenschule in der Mauerstraße zu Kleinwohnungen umgebaut werden soll. – In Rödelheim wurde ein Schüler festgenommen, der sechs Zentner Schinken ins freie Gebiet bringen wollte. – Die Bewirtschaftung des Sauerkrautes wird aufgehoben.

Inserat der Woche:
Am Montag wird auf Abschnitt U in allen Metzgereien Speck ausgegeben.

14.9. Am 5. Oktober werden im französisch besetzten Gebiet die Uhren wieder um eine Stunde zurückgestellt. Der beste Rat für Reiselustige lautet: Bleibt zu Hause! Bei der z. Z. herrschenden Kohleknappheit ist mit starken Einschränkungen im Personenverkehr zu rechnen.

Inserat der Woche:
Kaiser-Otto-Gersten-Grütze steht in drei Geschäften zum freihändigen Verkauf.

15.9. Am östlichen Hang des Altkönigs, im Harheimer Wald, brach ein Waldbrand aus. Die Brandbekämpfung gestaltete sich sehr schwierig, aber es konnte doch ein größerer Schaden vermieden werden. – Am letzten Sonntag wurde am hiesigen Bahnhof durch französische Gendarmen eine Paßkontrolle durchgeführt. Eine große Anzahl Reisender wurden zur Bestrafung notiert, da sie nicht im Besitz der nötigen Ausweispapiere waren. Es wird dringend davor gewarnt, eine Fahrt ohne die vorgeschriebenen Pässe anzutreten.

Inserat der Woche:
1 Liter gute Ziegenmilch gesucht von Frau M. Hahn.

28.9. Die Viktoria-Schwestern verlassen Cronberg und das Kaiserin-Friedrich-Krankenhaus, um ins Mutterhaus in Berlin zurückzukehren. Viktoria-Schwestern kamen schon 1890 nach Cronberg zur Gemeindekrankenpflege. Die ersten Schwestern waren Gabriele und Käthe. Die Pflege der Patienten im Krankenhaus übernehmen nunmehr Schwestern des Roten Kreuzes von Bad Homburg.

Inserat der Woche:
Auf allgemeinen Wunsch kommt am Wochenende der 2298 Meter lange Film „Die letzten Tage von Pompeji" in der städt. Turnhalle zur Aufführung.

29.9. Der Herr Administrator Militaire erinnert daran, daß sämtliche Versammlungen mindestens 48 Stunden vorher dem Landratsamt in Königstein zu melden sind. Politische und sportliche Versammlungen bedürfen der schriftlichen Genehmigung. – Graupen, Reis und Kaffee-Ersatz werden, so lange der Vorrat reicht, bei der Firma Gerstner verkauft. Bohnen und Gerstengrütze im Konsumverein.

Inserat der Woche:
Neues Fahrrad ohne Bereifung für 150 Mark zu verkaufen.

12.10. Die Wiederherstellung des Schulhauses ist noch nicht beendet, die Schulen müssen deshalb ihre Aushilfslokale aufsuchen. Morgen beginnt dort der Unterricht wieder. – Der Dollarkurs ist auf 25 Mark gestiegen.

Inserat der Woche:
Ein Baum Kappesbirnen gesucht.

13.10. Die Schüler der höheren Schule müssen noch einige Zeit in der „Pension Wiehe", Talweg (Haus Hirsch Anm.) unterrichtet werden, da das Schulhaus immer noch nicht ganz zur Verfügung steht. – Morgen findet die Versteigerung der städtischen Kastanienernte statt.

Inserat der Woche:
Strumpfnot hat ein Ende! Bringen Sie uns Ihre alten Strümpfe und guten Längen in gewaschenem Zustand und Sie erhalten dieselben wieder repariert zurück. Seiden- und Florstrümpfe werden ebenfalls repariert, ohne Bezugsschein. Annahmestelle der Strumpfklinik bei Hch. Lohmann, Uhrmacher.

26.10. Am vergangenen Sonntag fanden Kommunalwahlen statt. In Cronberg kam es zu folgendem Ergebnis: SPD 515 Stimmen 6 Sitze, Dt. Volkspartei 417 Stimmen = 5 Sitze, Zentrum 269 Stimmen = 3 Sitze, Demokr.-Part. 265 Stimmen = 3 Sitze, Beamten- und Arbeitervereinig. 154 Stimmen = 1 Sitz. Von 2023 wahlberechtigten Bürgern haben 1630 ihre Stimme abgegeben.

Inserat der Woche:
1 Kappe für Eisenbahner zu verkaufen.

27.10. Die städtische Kartoffelversorgung stößt auf Schwierigkeiten. Ausgegeben werden in dieser Woche Graupen, soweit der Vorrat reicht. Hohenlohsche Kindernahrung und amerikanisches Schmalz. Der Dollarkurs ist auf 25 M. gestiegen.

Inserat der Woche:
Im Cronberger Kino gibt es den Detektiv-Schlager „Das verrückte Hotelzimmer", und den Film in 4 Akten „Der Todestraum".

9.11. Besucher des alten Friedhofs an der Hartmuthstraße müssen den Schlüssel auf dem Rathaus abholen. Wegen Lichtersparnis müssen die Geschäfte bereits um 6 Uhr abends schließen. Die Polizeistunde ist auf 8 1/2 Uhr abends festgesetzt, wegen der Kohlennot. Aus diesem Grunde findet der Turnerball schon um 3.30 Uhr nachmittags statt.

Inserat der Woche:
1 feldgrauer Rock (umgearbeitet) sowie eine Militärhose zu verkaufen.

10.11. Die Geschäfte Cronbergs müssen im Winter wegen Lichtersparnis bereits um 6 Uhr abends schließen. – Der Magistrat hofft, daß sich nach einer Besprechung mit dem Landrat in Königstein die Kohleversorgung bei uns bessert. – Bei der Fa. Anthes in der Pferdstraße gibt es Margarine auf Abschnitt A und Marmelade auf Abschnitt V.

Inserat der Woche:
Im Tal wird Pferdefleisch abgegeben.

23.11. Obwohl die Jagd offen ist, finden keine Hasenjagden statt. Es gibt so wenig Hasen, daß der Bestand erhalten werden muß. Auch das Reh ist in den Wäldern des Taunus eine seltene Erscheinung geworden. – Am Buß- und Bettag verkehren im besetzten Gebiet die Züge wie an Sonntagen.

Inserat der Woche:
Die Ladengeschäfte haben wegen Lichtersparnis abends um 6 Uhr zu schließen. Die Rasierstuben dürfen bis 8 Uhr offen halten. gez. Der Bürgermeister.

24.11. Bei der letzten Stadtverordneten-Versammlung wurden die Herren Hofmann, von Alten, Stein und Schulte zu Magistratsschöffen gewählt, Herr Küchler zum Beigeordneten.

Inserat der Woche:
Drei gebrauchte Bettücher zu verkaufen.

7.12. Das Benehmen der jungen Burschen, welche abends auf dem Marktplatz Lärm machen und Unfug treiben, wird von der Polizei-Verwaltung scharf kontrolliert werden. Es ist endlich an der Zeit, daß die Verrohung der Jugend eingedämmt wird.

Inserat der Woche:
Weißes Crépe-de-Chine-Kleid zu verkaufen, daselbst ein Puppenbett.

8.12. Bei der kürzlich stattgehabten Bürgermeisterwahl in Schönberg wurde der frühere Gemeinderechner Wolf zum neuen Bürgermeister gewählt. – Für die Weihnachtsfeiertage gibt es als Sonderzuteilung pro Kopf 250 gr Zucker und 500 gr Mehl.

Inserat der Woche:
Vier gut gefütterte Gänse zu verkaufen.

21.12. Es wird darauf aufmerksam gemacht, daß jegliche Ausfuhr von Lebensmitteln ins unbesetzte Gebiet verboten ist. – In verschiedenen Geschäften wird freihändig verkauft: Nährhefe, Malzsuppen-Extrakt, Grütze, Maismehl, Knochenbrüh-Extrakt, Weihnachtskerzen in Friedensqualität.

Inserat der Woche:
Grammophon mit 40 cm-Trichter zu verkaufen.

22.12. Der Frauenchor der Johanniskirche veranstaltete zugunsten der Kleinkinderschule (heute ev. Kindergarten) ein Weihnachskonzert. – Trotz schwerer Zeit gibt es an den Weihnachtsfeiertagen viel Gelegenheit zum Ausgehen. Der Dilettantenverein spielt Theater, der Radfahrerverein „Germania" lädt zum Ball ein, der MTV zur Familienfeier. – Am 24. Dezember werden in allen Metzgereien die Fleischrationen für die Zeit vom 21.–28. Dezember ausgegeben. Haushalte von drei und mehr Personen sind verpflichtet, auf einen Teil der Fleischkarten Wurst abzunehmen.

Inserat der Woche:
Ein passendes Weihnachtsgeschenk ist ein neuer oder gebrauchter Taunus-Rodel. Erhältlich im „Gasthof Hahn" (Kronberger Hof).

1920

4.1. Das Lebensmittelamt teilt mit, daß der hiesigen Gemeinde in dieser Woche kein Fleisch zugewiesen wird. Es gibt nur Corned-Beef und Wurst.

Inserat der Woche:
Wegen hoher Futterkosten wurde folgender Stundenlohn festgelegt: Für 1 Gespann Pferde pro Stunde 12 Mark, für Einspänner 8 Mark. Die Fuhrwerksbesitzer Cronbergs.

12.1. Mit Rücksicht auf den Ernst der Zeit, hat die Kreisverwaltung alle öffentlichen Maskenbälle verboten. (In Cronberg feierte man trotzdem Karneval, den Umständen angemessen, meist als geschlossene Gesellschaften getarnt. Für nicht allzuvieles Feiern sorgte schon der aktuelle Geldmangel. Anm.)

Inserat der Woche:
Jeder decke sich ein, nur noch diese Woche gibt es Stearinkerzen.

18.1. Bei der letzten Stadtverordneten-Versammlung wurden die Verhandlungen zum ersten Mal stenografisch aufgenommen.

Inserat der Woche:
Ein neues französisches Bett zu verkaufen, sehr geeignet für Eheleute.

26.1. Das Gasthaus „Zur Kronenburg“ ist in den Besitz des seitherigen Pächters Georg Hertenstein übergegangen. – Heute ist mit der Auszahlung des Quartiergeldes der französischen Einquartierung begonnen worden.

Inserat der Woche:
Neuer Ulster für Jünglinge zu verkaufen.

1.2. Aus dem Rathaus: Ich schärfe dem Publikum und den Gastwirten zum letzten Mal ein, daß auf strenge Verordnung der französischen Militärbehörde die Polizeistunde abends und ohne jede Ausnahme einzuhalten ist. Zuwiderhandlungen ziehen schwerste Strafen nach sich. Anträge auf Verlängerung der Polizeistunde sind völlig zwecklos. gez. Müller-Mittler, Bürgermeister.

Inserat der Woche:
Wir suchen für kauflustige Kapitalisten Häuser jeder Art!

9.2. In der Nacht vom 14. auf den 15. Februar wird bei den Eisenbahnen die Mitteleuropäische Zeit (MEZ) eingeführt. – Wegen der Sperrstunden hält der Kappenklub am nächsten Sonntagnachmittag eine närrische Sitzung ab, als Ministerpräsident fungiert Jakob Hembus.

Inserat der Woche:
Gaskronleuchter mit 6 Glas-Glocken und 1 hölzerne Waschmaschine zu verkaufen.

15.2. Nachdem die Abhaltung von Maskenbällen aufs strengste untersagt war, wurden die Vorschriften nun gelockert. Närrische Tanzlustbarkeiten dürfen nunmehr abgehalten werden, die Polizeistunde, die auf 9 Uhr abends festgesetzt wurde, ist genauestens einzuhalten. Die meisten Veranstaltungen beginnen deshalb schon in den frühen Nachmittagsstunden.

Inserat der Woche:
Strohschuhe in allen Größen ab Montag zu haben.

23.2. Im Lebensmittelgeschäft Henrich in der Eichenstraße wurden gegen Vorzeigen der Ausweiskarte 125 gr. Graupen ausgegeben. Die neuen Brotmarken werden jetzt auf dem Rathaus verteilt.

Inserat der Woche:
Neue, weißlederne Ballschuhe zu verkaufen.

28.2. Bei der letzten Stadtverordneten-Sitzung wurde dem Antrag des Magistrats, die Kosten für die Ziegenbockhaltung auf 2 000 Mark jährlich zu erhöhen, zugestimmt. Der Bockhalter soll verpflichtet werden, das ganze Jahr über zwei Böcke und in der Zeit vom 1. 8.–31. 12. einen dritten zu halten. – Auf eine Anfrage eines Stadtverordneten erklärt Beigeordneter Küchler, daß die verschiedenen Preisbemessungen für den bei der städtischen Kuhhaltung entfallenden Mist aus sozialen Gründen geschehen sei. (Der städtische „Kuhmist“ wurde verkauft.)

Inserat der Woche:
Die Dame, welcher ich einen Schirm geliehen habe, wird um Rückgabe gebeten.

9.3. In der verflossenen Nacht wurden zwei eiserne Kanaldeckel gestohlen und im Kaiser-Friedrich-Park ein Durchlaßrohr. Ferner sind mehrere Stallhasen entwendet worden. – Der Magistrat legte in der Stadtverordnetensitzung einen Entwurf zur Erhöhung der Lustbarkeitssteuer vor, dem stattgegeben wurde.

Inserat der Woche:
„Bei unserer Übersiedlung nach Bergen bei Celle sagen wir allen lieben Freunden und Bekannten in Cronberg ein herzliches Lebewohl!“ Prof. Brütt und Familie

14.3. Der letzte Postillion der zwischen Königstein und Cronberg verkehrenden Post, Wilhelm Boller, ist in Königstein gestorben. Er war Veteran von 1866, 1870/71 und mußte seine Tätigkeit als Postillion aufgeben, als Anfang unseres Jahrhunderts die Königsteiner Eisenbahn eröffnet wurde.

Inserat der Woche:
Wegen baldiger Abreise bitte ausstehende Rechnungen an mich zu senden. Prof. Brütt

23.3. Die Theatersaison rückt näher. Der Cäcilienverein (katholischer Kirchenchor) spielt am Ostermontag ein Lustspiel. Der Kappenklub steckt in den Proben zum „Bachstelzchen“, einem Volksstück mit Musik und Gesang.

Inserat der Woche:
Wegen veränderter Zeitlage beginnen die Kino-Vorstellungen wieder früher. Für Kinder um 2 Uhr nachmittags, für Erwachsene 1/2 7 Uhr abends. Ein auserlesenes Programm mit der berühmten Fern Andra kommt zum Spiel.

28.3. Auf der Tagesordnung der letzten Stadtverordneten-Sitzung stand nur ein Punkt: Abbau der Vorschule (die Elementarstufe der Höheren Schule). Da der preußische Kultusminister verfügt hat, daß bis spätestens 1924 die Vorschulen abzubauen sind und die einheitlichen Volksschulen eingeführt werden müssen, stellt sich dieses Problem auch in Cronberg. Nach Abstimmung ergab sich, daß der sofortige Abbau gutgeheißen wurde. Somit wird also in Cronberg die allgemeine Volksschule eingeführt, die alle Kinder, ohne Unterschied der Religion und der Herkunft zu besuchen haben.

Inserat der Woche:
Der Dieb, der mir zwischen dem 7. und 8. März vier Hasen gestohlen hat, wird aufgefordert, sich auch noch den Rest am Güterbahnhof abzuholen.

6.4. Für die an die Main-Kraftwerke angeschlossenen Betriebe gilt folgende Arbeitszeit: Motorbetriebe müssen von 7 Uhr abends bis 9 Uhr morgens ruhen, Ausnahmen sind Mühlen, Gas- und Wasserwerke und Krankenhäuser. Der Stromverbrauch darf die Höhe des Vorjahres nicht übersteigen. – Bei den Lebensmittelgeschäften gelangen Speck und Cornedbeef zur Ausgabe.

Inserat der Woche:
Handleiterwagen in großer Auswahl und bester Ausfertigung empfehlen Heinrich Weidmann, am Bahnhof und Adam Dingeldein, Hauptstraße 5.

20.4. Am kommenden Montag werden gegen Vorzeigen der Lebensmittelausweise bei Herrn Ferdinand Diehl, Hauptstraße, Erbsen und Bohnenmehl ausgegeben. Düten und Gefäße sind mitzubringen, sonst kostet die Düte 10 Pfg. – Die städtische Waldjagd wurde auf 12 Jahre an Herrn Scheuer aus Mainz verpachtet. Der neue Pächter hat sich verpflichtet, die Instandhaltung der beiden Jagdhäuser sowie der Wege zu übernehmen.

25.4. Die Gastwirte des Kreises Königstein haben den Apfelweinpreis auf 1 Mark pro Glas festgesetzt.

Inserat der Woche:
Reinliches, fleissiges Dienstmädchen für 3 Personen gesucht.

4.5. Die Vorstellung des fröhlichen Singspiels „Bachstelzchen" brachte dem Kappenklub ein volles Haus. Eine Wiederholung ist vorgesehen. Alle Spieler brachten ihren Part gut heraus, das begleitende kleine Orchester stand unter der Leitung des bewährten Heinrich Heist.

9.5. Der Belagerungszustand für den Kreis Königstein wird wieder aufgehoben. – Morgen findet in Schönberg die Weihe der neuen Glocken statt. (Die alten Glocken wurden 1917 für Rüstungszwecke eingeschmolzen.)

Inserat der Woche:
Küchenhängelampe und ein Kohlenkrobben zu verkaufen.

18.5. Die Stadt hatte – wie gemeldet – zehn bis fünfzehn Milchkühe eingestellt, um dem schlimmen Milchmangel abzuhelfen. Die Kosten sind jedoch so hoch, daß der Betrieb wieder eingestellt werden muß. – Mit Genehmigung der zuständigen Regierungsstellen wird ab 20. Mai der Verkauf von Marmelade freigegeben.

Inserat der Woche:
Gut erhaltenes Oberkummet zu verkaufen.

23.5. Der Himmelfahrt-Tag brachte einen Großbetrieb, wie es seit Kriegsbeginn nicht mehr üblich war. Die Frühzüge entleerten einen Menschenstrom der alle guten Tage in Friedenszeiten in den Schatten stellt. Der ganze Taunus war gefüllt mit Ausflüglern.

Inserat der Woche:
Fleischkonserven mit Zusatz von Bohnen und Kartoffeln stehen in sämtlichen Metzgereien zum freihändigen Verkauf.

5.6. Noch immer ist die gute alte Kochkiste die beste Helferin der Hausfrau. Sie spart Gas, Holz und Kohle, die rar sind. Einmal angekocht, bleiben die Speisen heiß und werden in der Kiste gar. Nichts brennt an, alles bleibt herrlich warm. Seit dem Krieg steht in fast jeder Küche die unentbehrliche Kiste. (Während des Ersten Weltkrieges wurde sogar richtiger Unterricht in der Handhabung einer Kochkiste erteilt. Als es wieder aufwärts ging, geriet die „gute Kiste" in Vergessenheit. Vielfach wurde sie zur Spielzeug- oder gar Holzkiste degradiert. Doch in den letzten Jahren des Zweiten großen Krieges und in der Notzeit danach kam sie wieder hoch in Kurs. Wieder einmal zeigte sie, was sie kann: Heizkosten sparen! Anm.)

Inserat der Woche:
Ente entlaufen! Wiederbringer erhält Belohnung.

6.6. Durch die maßlose Teuerung sieht sich die Hebammenschaft des Obertaunuskreises gezwungen, die Gebührensätze zu erhöhen. Der Mindestsatz für eine Entbindung von 12 Stunden und 10 Wochenbesuchen beträgt nun 150 Mark. Dieser Satz erhöht sich entsprechend der Vermögenslage des Zahlungspflichtigen, sowie der Zeitdauer und der Schwierigkeit der Leistungen.

Inserat der Woche:
Städtisches Corned-Beef steht in sämtlichen Metzgereien zum freihändigen Verkauf.

15.6. Bei den Reichstagswahlen am Sonntag gab es in Cronberg folgendes Ergebnis: Es erhielten die Zentrumspartei 343, die Demokraten 350, die Deutsch-Nationalen 82, die Unabhängigen 93, die Deutsche Volkspartei 479 und die Sozialdemokraten 529 Stimmen. – Ab 1. Juli werden die Telefongebühren um 100 Prozent erhöht.

20.6. Aus der letzten Stadtverordneten Sitzung: Den Lehrern an der Höheren Schule wurde ein Vorschuß von 1200 Mark auf das neue Gehalt bewilligt. Das Wassergeld wurde für den Sommerabschnitt auf 70 Pfg., für den Winterabschnitt auf 40 Pfg. je cbm festgesetzt. Es wurde ein Antrag auf Einführung einer Müllabfuhr-Gebühr eingebracht.

Inserat der Woche:
Tausche Kartoffel gegen Brennholz.

29.6. Zur Kirchweih wird pro Kopf ein Pfund Weißmehl ausgegeben. – In sämtlichen Metzgereien steht städtisches Corned-beef zu freiem Verkauf. – Dörrzwiebeln werden bei Firma L. Stein, Kaffee-Ersatz bei Firma Gerstner, städtische Bohnen beim Konsumverein ausgegeben. (Man kann sich kaum vorstellen, welche Zeit die Hausfrauen für die Beschaffung der lebensnotwendigsten Nahrungsmittel aufwenden mußten. Hier wurden meist die Kinder eingespannt. Schlangestehen war man ja schon seit Jahren gewohnt. (Anm.)

Inserat der Woche:
Fünfflammiger Lüster für elektrisches Licht preiswert abzugeben.

4.7. Zum ersten Mal seit Kriegsausbruch, und das sind immerhin schon 6 Jahre, feiern wir wieder unsere Cronberger Kerb. Zwar ist die Knappheit an wichtigen Lebensmitteln noch immer groß, doch sind wir froh, daß wir überhaupt wieder Kerb feiern dürfen. Der „Kaiser" steht auf seinem gewohnten Platz, die Gäule sind geputzt, der neue elektrische Antrieb funktioniert. Am Frankfurter Tor steht als erster unser Mitbürger Karl Kornbrust, der die Welt nun nicht mehr so sauer anguckt wie in den Jahren des Krieges, wo ihn das Geschick von einer Front zur anderen warf.

Inserat der Woche:
Das Lebensmittelamt gibt bekannt, daß für die Kirchweih Weißmehl ausgegeben wird. Pro Kopf ein Pfund zu 5 Mark.

13.7. Das städtische Gefrierfleisch wird schon morgen nach Kundenlisten in allen Metzgereien ausgegeben. Infolge der warmen Witterung ist es nicht möglich, das Fleisch über die festgesetzte Verkaufszeit hinaus aufzubewahren. Nicht abgeholtes Fleisch wird nach 12 Uhr frei verkauft. Einwickelpapier ist mitzubringen. – Herr Förster Friedrich Prillwitz feierte seinen 60. Geburtstag, gleichzeitig kann er auf eine 25jährige Tätigkeit als Kommunalförster in Cronberg zurückblicken.

Inserat der Woche:
Privat-Leichenfrau hält sich empfohlen. B. Heckenmüller.

18.7. Die Polizei teilt mit, daß die Überhänge von Bäumen, Sträuchern und Hecken an Straßenzäunen binnen einer Woche so zu entfernen sind, daß der Bürgersteig wieder frei wird. Die Polizeibeamten sind angewiesen, Unterlassungen zur Anzeige zu bringen.

Inserat der Woche:
In einer Stunde vertilgen Sie unter Garantie jede Läuseplage, auch Flöhe bei Menschen und Tieren.

27.7. Die Cronberger und Schönberger Hausfrauen haben eine Versammlung abgehalten, um sich über das jetzt in Kraft getretene Steuergesetz für Hausangestellte zu beraten. Die

Frauen haben nun das Stimmrecht und somit auch die Verpflichtung, ihr Teil am Wiederaufbau des Reiches zu tragen. Rechte verlangen Pflichten!! Die Hausfrauen, auch die aller Nachbarstädte, sind zu dem Entschluß gekommen, daß die neue Steuer von den Hausangestellten selbst zu tragen sei. Es soll ein Markensystem eingeführt werden.

Inserat der Woche:
Ich fahre von nächster Woche an nur noch dienstags, mittwochs, freitags und samstags nach Frankfurt. Joh. Reul, Fuhrunternehmer, Cronberg. (Fuhrunternehmer konnte man in Anspruch nehmen für sogen. Kommissionen. War etwas nach Frankfurt (das vorrangige Ziel) zu bringen oder von dort zu holen, so genügte ein Auftrag, und alles wurde prompt erledigt. Ob Umzug, geschäftliche Einkäufe usw. alles war bei unseren Fuhrunternehmern in besten Händen. Früher geschah alles mit dem „Hafermotor“, den Pferdegespannen, dann, in den späten zwanziger Jahren, setzten sich nach und nach die Lastwagen durch. Johann Reul war in Kronberg bekannt und beliebt. Anm.)

1.8. Es wird immer wieder darauf hingewiesen, daß der rote Paß der Militär-Verwaltung ständig mitgeführt werden muß. Zuwiderhandelnde haben mit hohen Geldstrafen zu rechnen. (Die Namen der Straffälligen wurden in der Zeitung öffentlich bekanntgegeben, was aber die Betroffenen keineswegs störte, eher war das Gegenteil der Fall: Man war insgeheim stolz darauf, daß man den Besatzungssoldaten mal wieder Paroli geboten hatte!)

Inserat der Woche:
Halte mich empfohlen als Privat-Leichenfrau.

10.8. Die Interalliierte Rheinlandkommission hat das für den 22. August geplante Turnfest auf dem Feldberg verboten. (Es wurde dann aber doch abgehalten, allerdings nicht auf dem Feldberg, sondern auf dem früheren Truppenübungsplatz in Bad Homburg. Anm.) – Die Frist zur Bewerbung um die freigewordene Bürgermeisterstelle in Cronberg ist abgelaufen. Insgesamt sind 140 Bewerbungsschreiben eingegangen.

Inserat der Woche:
Zwei Gänse, 7 Monate alt, für 300 Mark abzugeben.

15.8. Von den 143 Bewerbern um die freie Bürgermeisterstelle in Cronberg waren 6 in die engere Wahl gezogen worden. Die Stadtverordneten-Versammlung entschied sich für Herrn Wilhelm Schwinn, der in wenigen Wochen sein Amt antreten wird. (Herr Schwinn amtierte bis 1933 in Cronberg)

Inserat der Woche:
Der Dieb, welcher mir meinen Kürbis gestohlen hat, kann sich den Einmachzucker bei mir abholen.

24.8. Jetzt ist es gewiß: Der neue Bürgermeister in Cronberg ist gewählt, er heißt Wilhelm Schwinn, er wird am 10. September in sein Amt eingeführt. (Wilhelm Schwinn blieb bis Ende 1932. Man sah ihn oft durch die Straßen gehen, denn ein Auto für den Verwaltungschef gab es nicht. Er war groß und sehr schlank. In Kronberg bürgerte sich schnell ein Spruch ein: „Zwei Meter lang, ein Meter dünn, das ist der Bürgermeister Schwinn.“ Er hatte kein leichtes Amt, dazu waren die Zeiten sehr schwer. Doch viele alte Kronberger erinnern sich noch gut an ihn. Anm.)

Inserat der Woche:
In 1 Stunde vertilgen Sie unter Garantie jede Läuseplage, auch Flöhe samt Brut. Alleinverkauf bei Hoffriseur Weigand. Hauptstraße 9.

29.8. Die Gaststätte Hahn ist von Herrn Possig käuflich erworben worden und wird unter dem Namen „Cronberger Hof“ weiterbetrieben.

Inserat der Woche:
Gartenmädchen oder -frau bei Tariflohn gesucht.

11.9. Auch ein Zeichen der Zeit! Über dem Schreibpult im Schaltervorraum des hiesigen Postamtes hängt seit einigen Tagen ein Zettel mit folgender Aufschrift: „Federhalter und Feder sind gegen eine Pfandgebühr von 1 Mark am Schalter zu leihen!“

Inserat der Woche:
Fest glasierte Einmachtöpfe, 10, 20, 30, 40, 50 und 60 Liter fassend, zu haben bei I. A. Kunz, Frankfurterstr. 11.

12.9. Die diesjährige Apfelernte wird sehr reichlich ausfallen. Man darf daher ein Fallen der Obstpreise erwarten, was viele Mitbürger freudig begrüßen würden.

Inserat der Woche:
Eiserne Bettstelle mit gesteppten Strohsack zu verkaufen.

21.9. Die Polizeibehörde weist wieder einmal darauf hin, daß nach wie vor um 10 Uhr Polizeistunde ist. Die Vereine sollten deshalb ihre Veranstaltungen dementsprechend früh und pünktlich beginnen.

Inserat der Woche:
Schafwolle wird ausgekämmt.

26.9. Der neugewählte Bürgermeister Schwinn wurde in sein Amt eingeführt. Stadtverordneten-Vorsteher Hauptlehrer Wirbelauer schloß seine Rede mit den Worten: „Auch Ihnen, Herr Schwinn, wird in ihrer neuen Stellung Lob und Tadel zuteil werden. Werden Sie durch Lob nicht hochmütig und durch Tadel nicht kleinmütig. Suchen Sie jeden Bürger gerecht zu behandeln und schauen Sie nicht nach rechts und nicht nach links“.

Inserat der Woche:
Fräulein vom Land will in besserer Familie das Kochen und Führen eines Haushaltes erlernen.

10.10. Auch in diesem Winter werden die Eisenbahnwagen im Nahverkehr nicht geheizt sein. Den Fahrgästen wird empfohlen, sich mit Winterkleidung und Decken vor Kälte zu schützen. Auch bei den Fernzügen wird die Heizung nicht immer ausreichend sein.

Inserat der Woche:
In den Haushalt eines einzelnen Herrn wird ein zweites Mädchen gesucht, das sich willig jeder Arbeit unterzieht.

20.10. Unsere Vorstädter, die Schönberger, feiern am Sonntag ihr Kirchweihfest. Der Wirt zum „Kaiserhof“ lädt zum Tanz ein. Die Polizeistunde wurde von der Militärbehörde auf 10 Uhr abends festgelegt.

Inserat der Woche:
Zahngebiß gefunden! Gegen Einrückungsgebühr in der Geschäftsstelle abzuholen.

24.10. Die Schönberger „Kerbeborsche“ streikten! Die Musik hatte für das Tanzbändchen einen zu hohen Preis verlangt, die jungen Leute traten nicht zum Tanzen an, man streikte. Nach einigen Verhandlungen fand sich die Tanzmusik bereit, den Preis herabzusetzen, die Tanzerei konnte losgehen. Die „Streikzeit“ wurde eifrig nachgeholt!

Inserat der Woche:
Fertige erstklassige starke Arbeitshosen an.

3.11. Die französische Militärbehörde gibt wiederholt bekannt, daß alle Gegenstände in den Schaufenstern mit deutlich lesbaren Preisschildern zu versehen sind.

Inserat der Woche:
Für Säuglinge und Kleinkinder, die 1919 geboren sind, gibt es in den Konditoreien Zibold

und Zimmermann je 2 Pakete Zwieback. Die Bezugsscheine sind vormittags auf dem Lebensmittelamt abzuholen.

7.11. Auf Grund einer Verordnung des Demobilmachungskommissars, wonach Personen, die außer ihrer Hauptbeschäftigung noch einem Nebenerwerb nachgehen, diesen sofort aufgeben müssen, um dadurch für Erwerbslose Platz zu schaffen, finden in den Betrieben Razzien statt.

Inserat der Woche:
Die neuen Abschnitte der Brotkarten Nr. 1 für Kochmehl müssen sämtlich bis morgen früh 12 Uhr bei den Firmen Bonn und Anthes eingeliefert werden, da Nachkömmlinge nicht mehr beliefert werden können.

17.11. Auf Grund einer Verordnung von 1917 müssen bei der Bereitung von Brot und Kleingebäck 90 Prozent Weizen-, Roggen- oder Gerstenmehl verwendet werden. Die zehn Prozent Streckungsmittel dürfen nur Mais- oder Hafermehl enthalten; Kartoffeln sind nur auf Antrag zugelassen. Das Brot darf frühestens am Tag nach dem Backen verkauft werden.

Inserat der Woche:
Kastanienlaub zu verkaufen.

21.11. Am morgigen Sonntag findet um 3 Uhr nachmittags die Einweihung des Kriegerdenkmals auf dem Friedhof statt. Prof. von Loehr und der heimische Bildhauer Fritz Best haben die schöne Gedenkstätte geschaffen.

Inserat der Woche:
In den Lichtspielen kommt das Künstlerdrama „Morphium" zur Vorführung. Der Titel sagt schon genug. Wer starke Nerven hat, versäume nicht, sich diesen Film anzusehen.

1.12. Das Lebensmittelamt teilt mit, daß bei der Firma Bonn 80 Dosen Schweizer Kindermehl zum freihändigen Verkauf stehen.

Inserat der Woche:
Ein fast neuer dunkelbrauner Hut zu verkaufen.

5.12. Die Regierung in Wiesbaden hat Herrn Hauptlehrer Wirbelauer zum Rektor der hier neu errichteten Simultanschule ernannt.

Inserat der Woche:
In den Cronberger Lichtspielen kommt der Film „Der Rattenfänger von Hameln" mit Paul Wegener, 1 Vorspiel und 4 Akte, zur Vorführung. Gut besetztes Orchester.

15.12. Das Lebensmittelamt teilt mit, daß der Kartenzucker eingetroffen ist und in den einschlägigen Geschäften abgeholt werden kann.

Inserat der Woche:
Ein junges Mädchen empfiehlt sich zum Flikken außer dem Hause; daselbst ist auch ein guter Kinder-Filzhut zu verkaufen.

19.12. Bei der letzten Stadtverordneten-Versammlung wurde beschlossen, die Erwerbslosen-Unterstützungssätze zu erhöhen. Desgleichen werden die Stundenlöhne der städtischen Arbeiter, nicht aber die der Notstandsarbeiter, angehoben. Die Cronberger Bahnzüge werden seit gestern aus Rücksicht auf den großen Arbeiter- und Angestelltenverkehr geheizt.

31.12. Mit Rücksicht auf den großen Arbeiter- und Angestelltenverkehr werden die Züge zwischen Cronberg und Frankfurt beheizt. – Die Weihnachtsfeiertage waren in Cronberg dunkel, weil durch einen Defekt die Stromzufuhr drei Tage unterbrochen war. Rechtzeitig zum Beginn des Balles vom Radfahrerverein „Germania" konnte der Schaden behoben werden. Der Dilettantenverein führte am zweiten Weihnachtstag den Schwank „Der Raub der Sabinerinnen" auf; des großen Erfolges wegen wird die Vorstellung am 7. Januar wiederholt. – Die Bahnhofsgaststätte hat einen neuen Wirt, Fritz Eichenauer hat den Betrieb übernommen. – In Cronberg wurden im vergangenen Jahr 67 Kinder geboren, 41 Ehen geschlossen und 39 Sterbefälle registriert. – Zu Beginn des neuen Jahres eröffnen die Barmherzigen Schwestern in ihrem Haus in der Rumpfstraße eine Handarbeitsschule für junge Mädchen, die – ohne Unterschied der Konfession – unterrichtet werden. (Viele Kronbergerinnen haben im Laufe der vielen Jahre bei den Schwestern vor allem Nähen gelernt; Anm.)

Inserat der Woche:
Suche Monatsstelle für den ganzen Tag oder auch nur mehrere Stunden.

Die Zeitung ist das einzige Blatt, das man vor den Mund nehmen sollte.

1921

2.1. Dunkle Weihnachtstage waren uns durch das Ausbleiben des elektrischen Stromes beschert. Am Donnerstag versagte plötzlich das Licht. Man erfuhr, daß ein Kabeldefekt entstanden sei. Erst am Nachmittag des 2. Feiertages gab es wieder Strom. Unsere letzte Nummer vor Weihnachten, die am Donnerstag druckfertig in der Maschine lag, konnte erst am Sonntag gedruckt und ausgegeben werden. Der größte Teil des Inhalts war bereits überholt, und die Verlobungsanzeigen kamen erst verspätet in die Öffentlichkeit. (Wir hoffen, daß dies dem Glück der Brautleute keinen Abbruch tat.)

Inserat der Woche:
Läuse werden durch „Wina" in 5 Minuten vernichtet. Zu haben bei Hoffriseur Weigand, Hauptstr. 9.

12.1. Nach der letzten Personenstandsaufnahme im November vorigen Jahres hat Cronberg jetzt 3441 Einwohner.

Inserat der Woche:
Gut erhaltener Anzug für Burschen (16 bis 20 Jahre) billig abzugeben.

16.1. Am kommenden Dienstag wird im Hause der hiesigen Barmherzigen Schwestern eine Handarbeitsschule für junge Mädchen ohne Unterschied der Konfession eingerichtet.

Inserat der Woche:
Wer besorgt die Wäsche eines Junggesellen?

26.1. Die Vereine veranstalten in diesem Jahr nur Kostümfest, da die Maskenbälle verboten sind. Alle Veranstaltungen beginnen wegen der Sperrstunden schon am frühen Nachmittag. – Der Krankenhausverein tritt in Verhandlungen mit der Reichsversicherungsanstalt zwecks Überweisung von Rekonvaleszenten an das hiesige Krankenhaus zum Tagessatz von 30 Mark.

Inserat der Woche:
Besseres Fräulein sucht Stelle als Stütze der Hausfrau.

30.1. Bei der letzten Stadtverordnetensitzung wurde beschlossen, die Vergütung für die Leichenträger auf 12 Mark pro Beerdigung festzusetzen.

Inserat der Woche:
In den nächsten Tagen trifft ein Waggon rheinhessischer Dickwurz ein.

9.2. Cronberg hat einen dritten Karnevalsverein! Neben der Karnevalsgesellschaft und dem Kappen-Klub wurde nun der Käwwern-Verein „Narhalla" gegründet. Er lädt zum Maskenball ins Adlersälchen ein. (Diesem Verein war kein langes Leben beschieden; er verschwand ziemlich schnell wieder aus der Vereinspalette in Kronberg; Anm.).

Inserat der Woche:
Amtliche Bekanntmachung: Ab Montag, 14. Februar, kostet das Pfund Zucker 3 Mark.

13.2. Die Stadt fordert die Fuhrleute auf, Angebote für das Fahren von Holz aus dem Gemeindewald bis zum Montag einzureichen.

Inserat der Woche:
Die Deutschnationale Volkspartei lädt zu ihrer öffentlichen Wählerversammlung ein. Thema des Vortrages: „Der Kampf der Preußen".

26.2. Es gibt wieder Kinovorstellungen im Schützenhof. Nach längerer Pause beginnt die Lichtspiel-Saison wieder. Wegen der Sperrstunden beginnt das Programm pünktlich um 8 Uhr.

Inserat der Woche:
Das Eckhaus in der Hauptstraße 2 ist wegzugshalber zu verkaufen. Näheres bei Philipp Weinig „Gasthaus zur Krone“, Hauptstraße 4.

27.2. Da Maskenbälle in diesem Jahr verboten sind, müssen sich die Vereine zu Fastnacht etwas anderes einfallen lassen. Die Käwwern veranstalten ein bayrisches Trachtenfest, der Kappenklub ein Kostümfest. Wegen der frühen Polizeistunde beginnen alle Veranstaltungen schon am Nachmittag. Eine Kreppelzeitung ist wegen der ernsten Zeit nicht vorgesehen.

Inserat der Woche:
In den Lebensmittelgeschäften Dingeldein Wwe. und Karl Wiederspahn wird Weizengrieß und Kunsthonig ausgegeben. Der Bezugsschein ist auf dem Lebensmittelamt abzuholen.

9.3. Die Kronberger Künstler veranstalten derzeit eine Ausstellung ihrer Werke im Gasthaus „Zu den drei Rittern“. Der Arbeiter Heinrich Reuter, dahier, feiert sein 25jähriges Jubiläum im Dienste des Baugeschäftes Phil. P. Ochs.

Inserat der Woche:
Schellfisch und Cabliau, kopflos, treffen am Donnerstag ein. Gg. Hertenstein

13.3. Die Ausgabezeiten für Milch bei der städt. Ausgabestelle werden nunmehr wie folgt festgelegt: 9–10 Uhr für Kinder und werdende Mütter, 10–10.30 Uhr für nur äußerst schwer Kranke mit Attest. Infolge der Milchknappheit ist es ganz ausgeschlossen, daß alle Attestler berücksichtigt werden können. Es ist daher zwecklos, daß sich sämtliche Attestler bei der Ausgabestelle einfinden.

Inserat der Woche:
Die verehrlichen Dienstherrschaften werden freundlichst gebeten, ihrem katholischen Dienstpersonal während der Missionstage Gelegenheit zu geben zum Anhören der Predigten und zur Teilnahme an den religiösen Übungen. Das kath. Pfarramt.

27.3. Die Zollgrenze in Rödelheim! Wie die „Frankfurter Nachrichten“ in Erfahrung bringen, ist der Beamte der Entente, der die Zollerhebung zu bewerkstelligen hat, in Rödelheim eingetroffen. Über den Zeitpunkt, an welchem mit der Zollerhebung begonnen werden soll, ist noch nichts bekannt, doch dürfte in Kürze damit der Anfang gemacht werden.

Inserat der Woche:
2schläfrige Sprungrahmen gegen 1 1/2schläfrige zu vertauschen.

6.4. Nach 50jähriger Berufstätigkeit ging Albert Plog, Lehrer an der hiesigen höheren Schule in den wohlverdienten Ruhestand.

Inserat der Woche:
Zu Pflanzarbeiten am Bergschlag und Bürgel, sowie bei der Paulinenruhe werden sofort 10 rüstige Arbeiterinnen gesucht. Stundenlohn 2 Mark. Meldung bei Herrn Förster Prillwitz.

10.4. Aus Mangel an Mitteln können auf der Saalburg schon lange Jahre keine Ausgrabungen gemacht werden. Dennoch stieg die Besucherzahl im Jahre 1920 auf 44000.

Inserat der Woche:
Kleines Haus (10–12 Zimmer!) mit Garten für feines Pensionat zu mieten gesucht.

20.4. Schwester Bianca von den „Armen Dienstmägden Christi“ verläßt Cronberg nach 14 Jahren aufopferungsvoller Tätigkeit. Sie wird nun in Eltville ihr segensreiches Werk fortsetzen.

Inserat der Woche:
Vor einiger Zeit wurden aus meinem Hofe ein Schubkarren und eine Pickelhacke abgeholt. Es wird um Rückgabe oder Meldung gebeten. Wilhelm Borsch.

24.4. Die Postagentur in Oberhöchstadt wird zum 30. April aufgehoben. An ihrer Stelle wird eine Posthilfsstelle mit Telegraphenbetrieb bei Herrn Johann Ried in der Sodenerstraße eingerichtet.

Inserat der Woche:
2 Enten und 1 gebrauchter Kinderwagen wegen Platzmangel zu verkaufen.

4.5. In der letzten Zeit sind in Gärten Schlingen für Wild festgestellt worden. Die Pächter der Cronberger Feldjagd werden in Zukunft solche Fälle der Staatsanwaltschaft zur Anzeige bringen.

Inserat der Woche:
Leidensgefährtinnen teile ich unentgeltlich mit, wie ich meine Sommersprossen gänzlich beseitige.

8.5. Wie verlautet haben die städtischen Körperschaften ein langjähriges Projekt betr. den Ankauf des ehemaligen Hotels „Kaiser Friedrich“ (Frankfurterstr. 8) jetzt wieder aufgegriffen und sind handelseinig geworden. Man soll beabsichtigen, das Bürgermeisteramt dorthin zu verlegen.

Inserat der Woche:
Mit der Lieferung von Eis vom besten Gebirgs-Quellwasser kann jederzeit begonnen werden. Das Eis wird vormittags ins Haus gebracht, Sonntags keine Lieferung. Fr. I. Schleiffer Wwe.

22.5. Das Fischen und Baden im Schillerweiher wird in Zukunft, wie die Polizei-Verwaltung mitteilt, empfindlich bestraft werden. Die Eltern sind für ihre Kinder verantwortlich.

Inserat der Woche:
Zwei festsitzende Glucken abzugeben.

1.6. In Falkenstein wurde das ehemalige Offiziersgenesungsheim als Heilstätte für Kriegsbeschädigte vom Roten Kreuz in Betrieb genommen.

Inserat der Woche:
Bei der Firma Louis Stein, Eichenstraße, stehen Teigwaren solange der Vorrat reicht zum freien Verkauf, per Pfund 7 M.

5.6. Der Magistrat hat in seiner letzten Sitzung beschlossen, Eheleuten, bei denen der Ehegatte unter 25 Jahre alt ist, einen Anspruch auf Zuweisung einer Wohnung von jetzt ab nicht mehr zuzugestehen.

Inserat der Woche:
Vergnügungsverein „Fidelitas“ unternimmt am kommenden Sonntag Ausflug mit Damen. Vollzählige Beteiligung erbittet der Vorstand.

17.6. Rohe Hände haben wiederholt die Bänke auf dem Kunz-Plätzchen beschädigt, herausgerissen und in die Wiesen geworfen. Jetzt müssen die Bänke durch neue ersetzt werden, weil sie nicht mehr zu reparieren sind. Für diese Bürschchen wäre der Kasernenhofdrill angebracht!

Inserat der Woche:
Das Gras des Schießplatzes soll verkauft werden. Kaufgebote werden noch bis morgen bei Schützenmeister Friedrich Hahn angenommen.

19.6. Von den Pächtern des Kaiser-Friedrich-Parks wird sehr darüber geklagt, daß Enten und Gänse die Wiesen stark beschädigen. Die Stadtverwaltung ist gezwungen, in Zukunft die Besitzer unnachgiebig zu bestrafen, wenn sie ihre Enten und Gänse weiter in den Park gehen lassen.

Inserat der Woche:
Empfehle mich in Neuanfertigung und Wenden von Herrenkleidung im Hause.

29.6. Infolge anhaltender Trockenheit ist die Versorgung mit Trinkwasser gefährdet. Die Wasserleitung wird während der Nacht gesperrt. Das Spritzen mit Schläuchen und das Wasserfahren ins Feld ist strengstens verboten.

Inserat der Woche:
Sommersprossen? Das wundervolle Geheimnis ihres Verschwindens teilt Ihnen eine Leidensgenossin mit.

3.7. Die Kerb ist wieder da! Sie soll dieses Jahr außerordentlich schön werden. Das Kuchenbacken ist schon sehr viel leichter als in den vergangenen Jahren. Die Kirschenernte ist gut und bringt Geld ins Haus.

Inserat der Woche:
Bei Einkauf von je 10 Mark Waren gebe ich gratis je ein Karussell-Freifahrtschein, welcher über die ganze Kirchweih gültig ist. Ferd. Diehl, Hauptstr.

13.7. Die Hitze hält an! Seit Wochen hat es nicht geregnet. Die Wasserleitung muß deshalb an den Nachmittagen abgestellt bleiben.

Inserat der Woche:
Goldene Lorgnette verloren.

21.7. Die Trockenheit und große Hitze halten an. Die städtische Wasserleitung wird nunmehr schon um 1 Uhr mittags abgestellt. Unser Schillerweiher hat sich in den heißen Tagen zu einem regelrechten Strandbad ausgewachsen. Es war ein edler Zug des Magistrats, daß er unsere Jugend nicht an ihrem Badevergnügen hinderte. Doch jetzt ist Schluß! Ab sofort ist, sehr zum Mißvergnügen der Schwimmer, das Baden in den beiden Weihern verboten. (Der Wein des Jahrgangs 1921 wuchs sich zu einem Jahrhundertwein aus!)

Inserat der Woche:
Fast weißes Schmalz, das Pfund nur 10,50 Mark. Ferd. Diehl

27.7. Die Hitze wurde endlich nach Wochen von einem wohltuenden Regen unterbrochen. Aber nur kurz war die Erholung, es ist wieder heiß, die Wasserleitung bleibt auch weiter nachmittags abgestellt.

Inserat der Woche:
Das Betreten der Felder und der Feldwege ist während der Dunkelheit strengstens untersagt. Die Polizei-Verw., Schwinn.

31.7. Die evangelische Kirchengemeinde erbittet Spenden zur Beschaffung neuer Glokken. 1917 mußten zwei Glocken für Kriegszwecke abgegeben werden, nun möchte die Gemeinde ihr schönes Geläute wieder vervollständigen.

Inserat der Woche:
Empfehle mich in Neuanfertigungen und Wenden von Herrenkleidung im Hause.

10.8. Der Radfahrerverein „Germania" veranstaltet ein Radrennen auf der Strecke Cronberg-Oberursel-Praunheim-Rödelheim-Cronberg. Anschließend ist ein Preisfahren für junge Leute von 14 bis 16 Jahren auf der Strecke Cronberg-Niederhöchstadt-Cronberg. Start und Ziel am Friedhof. Meldungen bei Josef Keil, Hauptstraße 4.

Inserat der Woche:
Heu suchen wir für unsere Mitglieder und erbitten Angebote an Meixner, Margarethenstraße 16. Ziegenzuchtverein Schönberg.

14.8. Durch die Zollkontrolle am Bahnhof Rödelheim ist bei den Zügen ein Aufenthalt von 20 Minuten notwendig.

Inserat der Woche:
Gartenarbeiter gesucht, der alle Tage schafft, hat zwei Tage in der Woche frei.

24.8. Nach vielen Schwierigkeiten scheint die Gründung eines Schafzuchtverbandes in Cronberg doch Tatsache zu werden. Am Samstag findet im Saal des „Grünen Waldes" eine öffentliche Versammlung statt.

Inserat der Woche:
Wir geben wieder auf 5 1/2 Pfd. Raps ein Liter klares gutes Öl, Öl und Kuchen können direkt

umgetauscht werden. Wir kaufen Raps in jeder Menge. Ölmühle Oberursel.

28.8. Wie man zu einem Loch im Kopf kommen kann, mußte heute früh ein junger Mann aus Oberhöchstadt erfahren, der auf der Bank im Schulgarten gegenüber vom Frankfurter Hof saß. Ein Auto flitzte um die Ecke, ein Stein flog unter den Rädern heraus und wie geschossen purzelte der Mensch von der Bank. Mit einer klaffenden Wunde an der Stirn stand er wieder auf und ging zum Doktor.

Inserat der Woche:
Eine Anzahl Steh-Umlegekragen Gr. 44 gegen Sportkragen Gr. 38 zu tauschen.

7.9. Infolge der lang anhaltenden Hitze und Trockenheit ist die Schiffahrt auf dem Obermain gänzlich zum Erliegen gekommen. – Die erste Goldmilliarde wurde an die Reparationskommission gezahlt. Das war die wichtigste Voraussetzung, die der Oberste Rat der Siegermächte für die Beseitigung der wirtschaftlichen Sanktionen im Rheinland gestellt hatte. – Mit dem 1. September ist Herr Zugführer Christoph Dornauf in den wohlverdienten Ruhestand getreten.

Inserat der Woche:
Gut erhaltener Kindersitzliegewagen zu verkaufen.

11.9. Auf einem Grundstück in der Mauerstraße brach aus noch nicht geklärten Gründen ein Feuer aus. Die Feuerwehr war schnell zur Stelle, in wenigen Minuten tat die Wasserleitung ihre Schuldigkeit.

Inserat der Woche:
Wir geben auf 5 1/2 Pfund Raps 1 Liter klares gutes Oel. Oelmühle Oberursel.

21.9. Heute morgen war auch bei uns eine heftige Erschütterung zu verspüren. Die furchtbare Explosion in Oppau zerstörte nicht nur das Werk, sondern auch ganze Straßenzüge in Ludwigshafen. Man spricht von über 100 Toten.

Inserat der Woche:
Derjenige, der mir an meinem Pferd den Strick entwendete, ist gesehen worden und wird gebeten, denselben unverzüglich zurückzugeben, andernfalls erfolgt Anzeige. Fried. Hirtes

25.9. Der Feldhüter Haas ertappte zwei Apfeldiebe aus Oberhöchstadt auf Cronberger Feld auf frischer Tat. Mit einigen Zentnern frischgeschüttelter Äpfel wollten sie sich aus dem Staube machen, doch das gelang ihnen nicht.

Inserat der Woche:
Krankenbrot auf Karten wird in dieser Woche nur in der Bäckerei Hermann, Eichenstraße, gebacken.

8.10. Cronberg sammelt für die Betroffenen des Explosionsunglücks in Ludwigshafen-Oppau. Die Vereine haben die Haussammlung übernommen und bitten darum, die Sammler nicht abzuweisen.

Inserat der Woche:
Ein neuer und ein gebrauchter gußeiserner Wasserstein mit hoher Rückwand zu verkaufen. Kraft, Lindenstruth.

9.10. Die Schönberger Kerb, die ja auch als „Cronberger Herbstkerb“ gilt, wird am nächsten Sonntag gefeiert. Bis 1834 wurde die Schönberger Kerb, deren Schutzpatron St. Albanus ist, acht Tage vor der Cronberger Kerb gehalten, dann aber mit Genehmigung der Kirchenbehörden auf den Herbst verlegt.

Inserat der Woche:
Einige Zentner Latwergbirnen zu kaufen gesucht.

19.10. Zu Gunsten der Errichtung einer Erinnerungstafel für die Gefallenen von Schönberg wird in der hiesigen Turnhalle ein Konzert veranstaltet. Unter der Leitung von Ludwig Sauer wirken die Männerchöre aus Bad Homburg, Falkenstein und Kronberg mit.

Inserat der Woche:
Zur Schönberger Kirchweih „große Caroussell-Belustigung" mit meinem hocheleganten Salon-Doppel-Caroussell. Es lädt höflichst ein L. Schad aus Kelsterbach.

23.10. Bei der letzten Stadtverordneten-Sitzung wurde auf Antrag des St. VO. Müller beschlossen, für die Betroffenen des Explosions-Unglücks in Oppau eine Haussammlung in Cronberg zu veranstalten. Die Sammlung will man durch die Vereinsvorstände vornehmen lassen.

Inserat der Woche:
Waschfrau außer dem Hause gesucht!

2.11. Die Eigentümer und Pächter von Wiesen werden von der Stadtverwaltung aufgefordert, die Be- und Entwässerungsgräben, sowie die Scheidegräben bis zum 1.12. aufzuräumen. Die Feldhüter sind angewiesen, Säumige zur Anzeige zu bringen.

Inserat der Woche:
Kaufe Wurzeln und Strünke alter Erdbeerpflanzen, per Zentner zu 30 Mark. Leonhard Schrodt, Höllgasse.

6.11. Die Postschaffner Karl Huttenlehner, Wilhelm Krieger und Wolfgang Wilhelmi wurden zu Oberpostschaffnern befördert.

Inserat der Woche:
Für 13jähriges Mädchen wird nachmittags Beschäftigung gesucht.

16.11. Für die Wiederbesetzung der Bautechnikerstelle fiel die Wahl auf Herrn Zemke, der alsbald seinen Posten antreten wird. – Die Reisespesen und Tagegelder der Stadtverordneten wurden neu festgelegt, die Vergütung für den Kassenboten Anderheit wurde erhöht.

Inserat der Woche:
Ein Junge von 13–14 Jahren für Haus- und Gartenarbeiten gesucht.

30.11. Der Direktor des Observatoriums auf dem Kleinen Feldberg hält in der Turnhalle einen Vortrag über „Erdbeben und Vulkane" und wird die Arbeit der Stern- und Erdbebenwarte erläutern. Der MGV und zwei Solisten umrahmen den Vortrag musikalisch, der Reinerlös des Abends ist für die Arbeit des Taunusobservatoriums bestimmt.

Inserat der Woche:
Filet-Strickerinnen in dauernder Beschäftigung gesucht.

4.12. Zum Besten des Fonds für die Beschaffung neuer Glocken findet am Sonntag nachmittag um 5 Uhr in der Johanniskirche ein Konzert des Kirchenchors unter Mitwirkung bewährter Musikfreunde statt. Hierzu sei noch gesagt, daß dasselbe pünktlich beginnt und die Kirche gut geheizt ist.

Inserat der Woche:
Die verehrlichen Vereine bitte ich bei meinem Wegzug von Cronberg, mich aus ihren Vereinsregistern zu streichen. A. Possig

14.12. Die Landwirte haben beschlossen, den Milchpreis pro Liter auf 4 Mark anzuheben.

Inserat der Woche:
Herrenhüte werden zu billigsten Preisen nach den neuesten Formen umgepreßt. Annahmestelle Doppesstr. 22

18.12. Übermorgen kommen die neuen Glocken für die Johanniskirche hier in Cronberg an. In feierlichem Zug, der Wagen mit vier Pferden bespannt, werden die Glocken am Bahnhof eingeholt, vom Kirchenvorstand, der Gemeindevertretung und der Schuljugend begleitet. Die feierliche Glockenweihe findet am 24. Dezember statt. Die Glocken wurden in der bekannten Glockengießerei Gebr. Rinker in Sinn hergestellt. Das Geläute ist auf des, f, as und b abgestimmt.

Inserat der Woche:
In der Woche vor Weihnachten dürfen alle Geschäfte bis 9 Uhr abends geöffnet sein.

30.12. Die Wassermesser und Rohrleitungen sind vor Frost zu schützen. Die durch etwaiges Einfrieren entstehenden Instandsetzungskosten sind von den Abnehmern zu tragen.

Inserat der Woche:
Von heute ab kostet kartenfreies Weißbrot 7,75 Mark, Schwarzbrot 7,25 Mark (3 Pfund) und 1 Brötchen 60 Pfennig. Die Bäckermeister von Cronberg.

1922

4.1. Das Kochmehl für den Monat November ist nun endlich eingetroffen. Es wird in den Geschäften Anthes, Bonn, Konsumverein, Wiederspahn und Stein ausgegeben. (Keines dieser Lebensmittelgeschäfte – es war nur ein Teil in Kronberg – ist heute noch vorhanden. In Kronberg gibt es nur noch Supermärkte. Anm.)

Inserat der Woche:
Der „Athletenklub" in Schönberg lädt zu einer Abendunterhaltung in den „Kaiserhof" ein (Der Athletenklub ist der Vorläufer der heutigen TSG Schönberg. Anm.)

15.1. Das Rodeln ist in sämtlichen Straßen innerhalb der Stadt verboten. Besonders wird noch darauf hingewiesen, daß die Bürgersteige zu keinerlei Schleifen benutzt werden dürfen. Die Polizei hat Anweisung, jede Person, die sie bei einer solchen Übertretung antrifft, anzuzeigen. (Schleifen, oder vielmehr auf gut Kronbergerisch „Schlaafe" waren in früheren Jahren sehr beliebt. Da waren auf Bürgersteigen lange Eisbahnen, auf denen man herrlich entlangrutschen, eben „schlaafen" konnte. Mit den Schuhen, die in früheren Jahren mit Nägeln beschlagen waren, ging das besonders gut. Sobald es Frost gab, gab es auch „Schlaafe", zur Not wurde nachgeholfen. Ein Eimer Wasser tat da Wunder. Auf dem Schulhof war das „Schlaafe" eine beliebte Pausenbeschäftigung. Allerdings war das hauptsächlich den Buben aus den oberen Klassen vorbehalten, die Kleinen mußten mehrere Jahre zuschauen, bis auch sie würdig befunden wurden, auf der „Schulschlaaf" mitzumachen.)

Inserat der Woche:
Zwei ordentliche Mädchen für Perldreherei gesucht. Gebhardt, Burgerstraße.

18.1. Keine Ferkel mehr in der vierten Wagenklasse! Vom 1. Februar ab sind diese kleinen Tierchen nicht mehr „salonfähig" und dürfen nicht mehr in die Abteile, sondern müssen als Gepäck befördert werden. – Im Alter von 48 Jahren starb der Schuldiener Georg Ochs. Er versah lange Jahre hindurch seinen Dient im Schulgebäude.

Inserat der Woche:
Nächste Woche trifft ein Waggon Erbsenstroh auf dem hiesigen Bahnhof ein. Bestellungen bei Georg Hertenstein.

29.1. Aus der letzten Stadtverordneten-Sitzung: Die Erhöhung des Kleidergeldes für die Polizei-Beamten wurde bewilligt, ebenso für den Feldhüter. Außerdem wurde die Erhöhung der Erwerbslosen-Unterstützung beschlossen.

Inserat der Woche:
Infolge der hohen Futtermittelpreise haben die Milchproduzenten in Cronberg beschlossen, den Milchpreis ab sofort auf 5 Mark für das Liter zu erhöhten.

1.2. Wie aus Frankfurt berichtet wird, ist in Kriegervereinskreisen seit Wochen der Plan aufgetaucht, auf dem Altkönig ein Nationaldenkmal für die Gefallenen Deutschlands in Form einer Walhalla zu errichten.

Inserat der Woche:
Eine Gans zugelaufen. Gegen Einrückungsgebühr abzuholen, Doppesstraße 8.

12.2. Auf der Schwarzweg-Bahn ereignete sich am Sonntag ein gräßliches Unglück. Der Rodelverkehr war gering. Cronberger Rodler hatten vor der Benutzung der vereisten Bahn gewarnt. Zwei Frankfurter Herren und eine Dame fuhren trotzdem mit ihrem völlig ungeeigneten Rodel zu Tal. Sie kamen ins Rutschen, die Dame wurde gegen einen Baum geschleudert und erlitt einen Schädelbruch, an dessen Folgen sie starb. Wenig später erlitt auf der gleichen Bahn ein junger Mann aus Frankfurt einen Oberschenkelbruch. Es muß immer wieder gesagt werden, daß gerade die Frankfurter die Warnungen der Cronberger Rodler in den Wind schlagen. Sie meinen, mit ihren oft schlechten Rodeln, könnten sie gefahrlos die gefährliche Bahn benutzen.

Inserat der Woche:
Sämtliche ausländischen landwirtschaftlichen und gewerblichen Arbeiter und niedere Hausangestellte haben sich sofort mit ihren Legetimationskarten auf dem hiesigen Polizeibüro zu melden. Schwinn, BM.

15.2. In Höchst kam das Maineis zum Stehen. Das Wasser staute sich über einen Meter hoch auf.

Inserat der Woche:
Allgemeine Kohlenkasse Cronberg! Mitglieder, welche Koks und Holz benötigen, wollen sofort ihren Bedarf bei Herrn Chr. Veit anmelden.

26.2. Der Ankauf der Besitzungen der Familie Bonn in der Katharinenstraße zum Preise von 750 000 Mark ist rechtskräftig geworden. Das Haus beginnt bereits seiner Bestimmung als Rathaus zugänglich zu werden. Das städtische Bauamt ist bereits eingezogen. Auch der städtische Fuhrpark ist in die Stallungen übergesiedelt.

Inserat der Woche:
Eine Gans ist zugelaufen. Gegen Einrückungsgebühr abzuholen Doppesstraße 8.

1.3. Trotz der schweren Zeit war die Fassenacht ein voller Erfolg. Es gab Sitzungen und Maskenbälle, bei denen recht gute Stimmung herrschte.

Inserat der Woche:
Flaschen aller Art kauft zu höchsten Preisen, F. J. Schleifer.

12.3. Aus der letzten Stadtverordneten-Sitzung: Den Leichenträgern wurde auf Antrag eine Vergütung von 5 Mark pro Beerdigung für Kleiderabnutzung bewilligt.

Inserat der Woche:
Wer gibt Ziegenhalter mit kinderreicher Familie 1/2 Ztr. Heu oder 1 Ztr. Dickwurz ab?

14.3. Herr Hauptlehrer Grünewald von der evangelischen Volksschule ab 1. April in den Ruhestand versetzt. – Die angekaufte Villa Bonn wird als Rathaus genutzt; der Umzug soll in aller Kürze erfolgen.

Inserat der Woche:
Dauerfederhalter – der beste Ersatz für teure Füllfedern. Preis nur 30 Mark. Zu haben im Druckereiladen, Tanzhausstraße.

26.3. Die Freiwillige Feuerwehr hielt ihre Jahreshauptversammlung ab, zu der auch Bürgermeister Schwinn erschienen war. Im vergangenen Jahr wurde die Wehr dreimal alarmiert. In allen Fällen konnte größerer Schaden vermieden werden.

Inserat der Woche:
Neuer steifer Konfirmandenhut (Gr. 53) zu verkaufen, daselbst ein Wagen Mist abzugeben.

28.3. Der Krankenhaus-Verein und die Verwaltung des Kaiserin-Friedrich-Krankenhauses haben große finanzielle Sorgen. Obwohl auch im Jahre 1921 viele Spenden eingingen, so sorgt doch die steigende Inflation dafür, daß immer weniger mit dem Geld anzufangen ist. Chefarzt Dr. Spielhagen will sich bemühen, über die Reichsversicherungsanstalt Patienten zur Kur nach Cronberg zu bekommen.

Inserat der Woche:
Für schulentlassene Mädchen 1 weißer Seidenhut zu verkaufen.

9.4. Endlich hat der Frühling über den Winter gesiegt. Mit herrlichem Sonnenschein ging der Karfreitag ins Land. Die Kirschbäume beginnen bereits zu blühen. (An den Feiertagen war allerdings kein gutes Wetter. Es war rauh und unfreundlich. Die Obstbaumblüte hatte schweren Schaden gelitten.)

Inserat der Woche:
Armer Knabe verlor sein aus Zeltplane hergestelltes graues Röckchen. Der ehrliche Finger wird gebeten, es auf der Geschäftsstelle abzugeben.

11.4. Die Osterfeiertage bescherten uns kein schönes Frühlingswetter, es war rauh und unfreundlich, die Kirschblüte hat Schaden genommen. – Gottschalks Elektro-Karussell steht auch am Weißen Sonntag noch vor seinem Hause in der Hainstraße.

Inserat der Woche:
Unzerbrechliche Schultafeln, zu haben in der Druckerei.

23.4. Das Gasthaus „Zum Löwen“ ist in den letzten Tagen in den Besitz des bisherigen Pächters übergegangen, der das alte Renommée des Hauses wieder zu neuer Blüte brachte. (Der „Löwe“ bestand schon zur Zeit des Dreißigjährigen Krieges. Um die Jahrhundertwende war die Familie Hembus Eigentümer des Hauses. Die Witwe des Metzgers Paul Hembus vererbte das Anwesen ihrer Tochter, die die Gaststätte zusammen mit ihrem Mann bewirtschaftete.)

Inserat der Woche:
Glucke zu verleihen!

25.4. Das seit zwei Jahren verwaiste und interimistisch verwaltete hiesige Postamt bekommt jetzt wieder einen Postmeister. Herr Heymann wird am 1. Mai sein Amt übernehmen. – Immer wieder wird von dem Plan gesprochen, auf dem Altkönig ein Kriegerdenkmal zu errichten. Es soll – ähnlich wie Walhall – ein Nationaldenkmal sein. Die Waldbesitzer, die Gemeinden und die Vereine wehren sich heftig gegen diesen Plan.

Inserat der Woche:
Etwas für Damen! Beyers Modenführer für Haar- und Schönheitspflege, soeben erschienen. Zu haben in der Buchhandlung Ritz, Hauptstr. 3.

7.5. Am Ufer des Hardtweihers wurde, in einer großen Konservenbüchse verwahrt, die Leiche eines Kindes, männlichen Geschlechts, aufgefunden. Die Polizei bittet um sachdienliche Hinweise.

Inserat der Woche:
Kind verlor geliehenen Damenschirm. Der ehrliche Finder wird gebeten, denselben auf der Geschäftsstelle abzugeben.

9.5. Noch immer hält die feuchtkalte Witterung an, der Wonnemond zeigt sich von keiner freundlichen Seite. – Die drei Feldberghäuser sind in den Besitz einer Gesellschaft übergegangen, ein Hotelier aus Nauheim hat die Leitung übernommen. Wie es heißt, beabsichtigt die Gesellschaft Automobilfahrten von Frankfurt aus auf den Feldberg.

Inserat der Woche:
Gärtner sucht noch Gärten zur Unterhaltung.

21.5. In der letzten Stadtverordnetensitzung wurde die Erhöhung der Hundesteuer, des Wassergeldes und der Kanalgebühren beschlossen. – Das Baden im Schillerweiher ist verboten. Die Polizeiverwaltung nimmt von jetzt ab jeden, der betroffen wird, in eine Strafe von 50 Mark.

23.5. Die gewaltige Preissteigerung auf dem Rohtabakmarkt hat bewirkt, daß die Raucher nunmehr für eine Zigarette 1 Mark ausgeben müssen. – Die Stadtverwaltung teilt mit, daß die bestellten Kartoffeln in den nächsten Tagen ausgegeben werden. Genauerer Termin wird bekanntgegeben.

Inserat der Woche:
Kaufe Ziegen-, Zickel-, Kalb-, Hasen-, Katzen- und Maulwurfsfelle zu Höchstpreisen.

4.6. In der am Sonntag stattgefundenen Generalversammlung des hiesigen Vorschuß-Vereins wurde der Antrag gestellt, den unzeitgemäßen Namen zu ändern. Es wurden verschiedene Vorschläge gemacht, die in der nächsten Versammlung zur Wahl gestellt werden sollen. (Man einigte sich später auf „Vereinsbank", in den späten 30er Jahren wurde dann die Bezeichnung „Volksbank" eingeführt.)

Inserat der Woche:
Butterbrot- und Closettpapier vorrätig im Druckereiladen.

6.6. Der Schönberger „Athleten-Club Viktoria" lädt zu einem großen Athletenwettstreit ein. Am Sonntag finden Wettbewerbe im Stemmen und Ringen in allen 10 Gewichtsklassen statt. Am Nachmittag gibt es einen Festzug zum Festplatz, dort warten Vorführungen und Tanzmusik auf die Gäste. Der Schönberger Club ist Mitglied des Arbeiter-Athletenclubs Deutschland.

Inserat der Woche:
Schrankspitzen! Weiß und farbig bei der Druckerei.

18.6. Der Umzug des Bürgermeisteramtes in das Haus Bonn ist fast abgeschlossen. Als erste Amtshandlung im neuen Rathaus wurde der Antrag eines 18jährigen Mädchens zum standesamtlichen Aufgebot angenommen.

Inserat der Woche:
Die Budenplätze für die diesjährige Kirchweih werden am Donnerstag an Ort und Stelle versteigert. Der Magistrat Schwinn, Bürgermeister.

20.6. Wegen Umzuges in das neue Rathaus sind die Amtsstuben geschlossen. – Die Schloßgärtnerei von Friedrichsdorf versteigert den Ertrag der an der Friedrichstraße stehenden Nußbäume.

Inserat der Woche:
Holzkontor Cronberg, Doppesstraße 5! Bretter, Balken, Fußbodenriemen, Schalterbäume, Latten, Brennholz. (Die Firma verlegte in den zwanziger Jahren ihren Sitz in die untere Frankfurter Straße. Anmerkung).

2.7. Am kommenden Sonntag feiern wir wieder unsere beliebte Kirchweih. Gelegenheit zum Tanzen gibt es im Cronberger Hof, im Frankfurter Hof, im Schützenhof, im Gasthaus zum Adler, in der Kronenburg und im Gasthaus zum Grünen Wald. Das Kaiser-Karussell ist schon aufgebaut.

Inserat der Woche:
Hochfeine Lackstiefel Gr. 42–43 zu verkaufen.

4.7. Der Dollar, der Gradmesser unseres Wirtschaftslebens, steigt weiter. An der Börse wurden gestern 418 Mark dafür bezahlt. Die knappe Lage des Geldmarktes bleibt unvermindert.

Inserat der Woche:
Tagesangebot der Firma Schade & Füllgrabe: 1/2 Pfund besten Bohnenkaffees kostet 55 bis 65 Mark. Kaffeeersatz pro 1/2 Pfund 16 Mark.

16.7. Im neuen Rathaus fand die erste Stadtverordneten-Sitzung statt. Beschlossen wurde die Einführung einer Herberg-Steuer, die Erhöhung der Vergütung für die Verpflegung der Ziegenböcke und die Übernahme einer Bürgschaft für die laufenden Schulden des Kaiserin-Friedrich-Krankenhauses.

Inserat der Woche:
Die Deutsche Demokratische Partei lädt zur Kundgebung wegen des Mordes an Minister Rathenau im Saal des Schützenhofes ein.

18.7. Vor einigen Tagen starb der Stadtälteste Herr Johann Adam Wehrheim. Er gehörte seit 1885 dem Bürgerausschuß an; im Oktober 1895 wurde er Mitglied der Stadtverordnetenversammlung. Von 1900 bis 1918 war er im Magistrat vertreten; er war Mitbegründer der Freiwilligen Feuerwehr und lange Jahre als Ortsgerichtsvorsteher tätig.

Inserat der Woche:
Wer ist gewillt, gegen gute Bezahlung – eventuell Erstattung durch landwirtschaftliche Erzeugnisse – den Schnitt von vier Morgen Getreide ausführen?

30.7. Bei der Bürgermeisterwahl in Oberhöchstadt erhielt im 1. Wahlgang der bürgerliche Kandidat Landwirt Bruno Hildmann 6, der sozialdemokratische Maurer Carl Jüngst 5 und dessen Parteigenosse Friedrich Ungeheuer 3 Stimmen. Bei der Stichwahl wurde sodann Jüngst mit 7 gegen Hildmann mit 6 Stimmen gewählt.

Inserat der Woche:
Siegellack in allen Farben zum Flaschenverschließen in der Druckerei zu haben.

1.8. Auf dem Nassauischen Feuerwehrtag haben sich die Männer beklagt, daß sie keine Uniformen tragen dürfen. – In Folge eines unglücklichen Zufalles wurde Wilhelm Pfaff aus Falkenstein auf seiner Arbeitsstätte auf dem Schießplatz der Besatzungstruppen in der Nähe des Falkensteiner Friedhofs ein Opfer seines Berufs. Sich loslösendes Gestein erdrückte ihn; sein Kollege Klohmann aus Schloßborn mußte schwer verletzt ins Krankenhaus gebracht werden.

Inserat der Woche:
Reine Arzneigläser werden zu hohen Preisen angekauft. In der Apotheke in Cronberg.

13.8. Der Radfahrverein „Viktoria" feiert sein 26jähriges Bestehen. Das Fest begann mit einer akademischen Feier. Sieben junge Leute gründeten 1897 den Verein, der rasch neue Mitglieder fand, drei Gründer können noch das Jubiläum mitfeiern, es sind dies Heinrich Küchler, Wilhelm Studer und Josef Jäger.

Inserat der Woche:
Maulbeeren zu verkaufen, Eichenstr. 15.

15.8. Die neugegründete Arbeitsgemeinschaft Königstein ladet zu einer Versammlung aller Hand- und Kopfarbeiter in den „Nassauer Hof" ein.

Inserat der Woche:
Geübte Arbeiterin für Hohlsaum gesucht.

27.8. Bei schönem Sonnenschein fand die Weihe der vier neuen Glocken für die katholische Kirche statt. Im Kriege wurden, wie überall, 1917 auch die Glocken in Cronberg für Rüstungszwecke vom Turm geholt.

Inserat der Woche:
Maulbeeren zu verkaufen, Eichenstr. 15.

10.9. Das Haus Schirnstraße 12 der Frau Witwe Louise Zubrod ist in den Besitz von Peter Schrodt jr. übergegangen. – Die Zwetschenernte des Gartens beim neuen Rathaus (Villa Bonn) soll in kleinen Mengen an die Bevölkerung abgegeben werden. Der Preis beträgt 4 Mark je Pfund. Der Herr Stadtgärtner Tille nimmt Meldungen entgegen.

Inserat der Woche:
Eichene Waschbütte gut erhalten, für 800 Mark zu verkaufen.

12.9. Die Städte Höchst und Frankfurt werden wieder Notgeld ausgeben. Zur Bekämpfung der Bargeldnot sind in vielen Provinzstädten die Druckereien zum Notendruck herangezogen worden.

Inserat der Woche:
Zeitungspapier in jeder Menge kauft die Schloßgärtnerei Friedrichshof.

24.9. In dieser Woche werden für ein Zehnmarkstück in Gold noch 2500 Mark, für ein Zwanzigmarkstück 5 000 Mark gezahlt. Deutsches Silbergeld wird mit dem hundertfachen des Nennwertes bezahlt.

Inserat der Woche:
Bitte den Schalter von Handwagen, welcher auf der Frankfurterstr. gefunden wurde, in der Eichenstr. 31 abzugeben.

8.10. Aus dem Rathaus: Die letzte Stadtverordneten-Sitzung umfaßte 17 Tagesordnungspunkte, die sämtlich Erhöhungen der städtischen Leistungen betrafen. Es wurde erhöht: der Zuschuß für die Kleinkinderschule, der Vorsitzende des Mieteinigungsamtes, Rechtsanwalt Dr. Oppenheimer, erhält nunmehr eine Vergütung von 600 Mark, der Betrag zur Lernmittelbeschaffung in den städtischen Schulen, Mittelschullehrer Strauch erhält für den Lateinunterricht statt bisher 20 Mark jetzt 50 Mark pro Stunde, das Schulgeld für die höhere Schule, das Wassergeld auf 8 Mark pro cbm. – Im Alter von 78 Jahren verstarb in Cronberg Philipp Schott, der letzte Kammacher in unserer Stadt.

Inserat der Woche:
Zum Kartoffelausmachen 3–4 Leute gesucht. Lohn 1 1/2 Zentner Kartoffeln.

12.10. Ein schwerer Unfall ereignete sich am hiesigen Güterbahnhof. Dort wurden Äpfel verladen. Der neunjährige Karl Grund wollte heruntergefallene Äpfel auflesen, als plötzlich die Wagen in Bewegung gerieten. Das Kind wurde am Kopf getroffen und war auf der Stelle tot.

Inserat der Woche:
Wegen Papiermangel ersuchen wir unsere Kunden, beim Einkauf Papier oder Teller mitzubringen, da wir andernfalls 50 Pfg. für die Verpackung in Anrechnung bringen müssen. Die Metzgermeister von Cronberg.

22.10. Cronberg erhebt eine Wohnungsluxussteuer. Alle Wohnräume, die den Mindestbedarf eines Haushaltes übersteigen, unterliegen dieser neuen Steuer.

Inserat der Woche:
Wir richten Ihnen eine kleine Seifenfabrik im Hause ein. Besondere Räume und Berufsaufgabe nicht nötig. Sichere Existenz.

24.10. Der Umbau der Stadtwaage ist beendet. Nunmehr können Mengen bis 250 Kilogramm gewogen werden. Lastwagen können die Wiegefläche befahren.

Inserat der Woche:
Zwei Arbeiter zum Keltern gesucht. Weidmann, Gasthaus „Zur Post“.

5.11. Der hiesige Vorschuß-Verein wird demnächst seinen Namen ändern. Bei der letzten Halbjahresversammlung wurde der Beschluß gefaßt, in Zukunft die Bezeichnung „Vereinsbank“ zu führen. (Kurz vor dem 2. Weltkrieg wurde der Name in „Volksbank Kronberg“ umgeändert.

Inserat der Woche:
Der Brotpreis beträgt ab sofort 95 Mark je Laib. Der Magistrat

10.11. Die Umlauffristen für Notgeld sind bis zum 15. Dezember verlängert worden. Zur Hebung der Zahlungsmittelnot werden demnächst die 500- und 1000-Markscheine stark vermehrt. Es sollen 11–12 Milliarden Mark neues Papiergeld in Umlauf gebracht werden.

Inserat der Woche:
Sprechstunden samstags von 4–7 Uhr nachmittags, sonntags von 9–1 Uhr vormittags. Aug. Sass, Dentist.

19.11. In der letzten Stadtverordneten-Sitzung wurde beschlossen, das Pflegegeld für die Haltung der Bullen auf täglich 137 Mark festzusetzen. Dr. Kramer wurde als Schularzt angestellt. – Die neuen Postgebühren wurden festgesetzt. Danach kostet ein Brief bis zu 20 gr. im Ortsverkehr 4 Mark, im Fernverkehr 12 Mark. (Diese Gebühren waren schon einen Monat später veraltet, sie wurden schnell erhöht. Von da an ging das so schnell, daß man nicht mehr mitkam!)

Inserat der Woche:
Im Keller der Schule wird am Freitag Weißkraut ausgegeben. Per Zentner 1100 Mark. Heinrich Zubrod, Landesprodukte

21.11. Wegen zweitägigem Stromausfall konnte die Donnerstagsausgabe unserer Zeitung nicht erscheinen. Wer auf elektrisches Licht angewiesen war, hatte Schwierigkeiten, sich mit Petroleum, Lampen, Dochten oder Kerzen zu versehen.

Inserat der Woche:
Im Gärtnerhaus der Villa Schuster (Königsteiner Straße) wird eine prima Kuh ausgehauen. Preis pro Pfund 250 Mark.

3.12. Schnee! Die Jugend hat die Rodel herausgeholt. Die Autos kommen ins Rutschen, am Frankfurter Tor kam es heute morgen zum Stillstand eines ganzen Wagentrosses. – Da der Personenverkehr zwischen Cronberg und Königstein erheblich zurückgegangen ist, die beteiligten Gemeinden aber nicht bereit sind, die Zuschüsse zu erhöhen, wird der Kraftpostbetrieb am 11. Dezember bis auf weiteres eingestellt.

Inserat der Woche:
1 000 Mark (in Worten tausend) Belohnung für die Wiederbringung meines schwarzen Huhnes, das ich seit einigen Tagen vermisse. Haub, Burgerstr. 2.

5.12. Die Stadtverordneten-Versammlung beschloß, dem Besitzer des Krillschen Hauses (Pferdstraße) einen höheren Zuschuß für die Renovierung zu gewähren. Das Haus steht unter Denkmalschutz. Die ständig steigenden Preise machen die Erhöhung des Zuschusses notwendig.

Inserat der Woche:
Ich vermisse seit Tagen ein schwarzes Huhn. 1 000 Mark Belohnung dem Wiederbringer oder dem, der Angaben über den Verbleib des Huhnes machen kann. Carl Haub, Burgerstraße 2.

17.12. Der Brotpreis ist wieder gewaltig gestiegen. Ein Laib zu 1725 gr. kostet jetzt 225 Mark. – Der neue Posttarif, der am 15. Januar in Kraft tritt, sieht eine Verdoppelung der jetzigen Gebühren vor.

Inserat der Woche:
Damenhut (Sammet) fast neu, zu verkaufen für 900 Mark, Neuerbergweg 5.

19.12. Der Kappenklub führte mit großem Erfolg das Volksstück mit Gesang „Bachstelzchen“ auf. Der Reinerlös ist für notleidende Bürger unserer Stadt bestimmt.

Inserat der Woche:
Lebkuchenherzen, das Viertelpfund nur 85 Mark! Bei Ferd. Diehl, Hauptstr. 7.

31.12. Die Polizei macht darauf aufmerksam, daß der Verkauf und das Abbrennen von Feuerwerkskörpern verboten ist. Zuwiderhandelnde werden angezeigt.

1923

2.1. Im „Frankfurter Hof“ findet eine Wohltätigkeitsveranstaltung statt zum Besten der Kleinkinderschule (heute evangelischer Kindergarten. Anm.) Bekannte Kronberger Künstler und Vereine beteiligen sich daran.

4.1. Es ist schon lange her, daß wir einmal wieder weiße Weihnachten hatten. In den Straßen von Cronberg liegt der Schnee 50 cm hoch, im Gebirge sogar über einen Meter. Eine herrliche Winterlandschaft, die in früheren Jahren eine Menge Leute hierhergeführt hätte. Jetzt aber sind es nur wenige Touristen aus den Nachbarorten, denn die Frankfurter können nicht in den Taunus.

Inserat der Woche:
Beehre mich, die ergebendste Mitteilung zu machen, daß ich das Gasthaus „Zum Löwen“ käuflich erworben habe und bestrebt sein werde, den guten Betrieb, dessen sich das Haus früher erfreute, wieder aufzurichten. Hochachtungsvoll Jakob Schrodt.

14.1. Das Fundbüro im Rathaus meldet: 1 gestrickter Handschuh, 1 Pelz, 1 Zahnbürste, 1 Tourenkarte und Block, 1 Portemonnaie mit Inhalt, 1 Feuerzeug.

Inserat der Woche:
Kaufe leere Essig-Essenzflaschen für 20 Mark per Stück. Carl Dauber, Tanzhausstraße.

16.1. Das Standesamt verzeichnete im Jahre 1922 54 Geburten, 36 Trauungen und 42 Sterbefälle. – Der Schwere der Zeit entsprechend soll die Fassenacht in diesem Jahr weniger laut gefeiert werden.

Inserat der Woche:
Schönes Ziegenlamm gegen Futtergetreide zu verkaufen.

28.1. Aus der letzten Stadtverordneten-Sitzung. Die SPD stellte den Antrag, für Gemeindeangehörige das Holz zu Särgen aus dem Stadtwald zur Verfügung zu stellen. Der Magistrat teilt dazu mit, daß Bretter auf Lager gehalten würden. Ein Sarg kostet die Stadt jetzt 52000 Mark. – Die Arbeitslosen sollen mit Steineklopfen beschäftigt werden.

Inserat der Woche:
Ich verlege heute mein Hauptgeschäft nach Hauptstraße 3 (früher Ritz’sche Buchhandlung) Julius Grünebaum, Baumwollwaren, Kurzwaren, Damen-, Herrn- und Kinderwäsche, Strumpfwaren.

30.1. Die Schneider-Zwangsinnung Königstein setzte für ihre weiblichen Mitglieder einen Stundenlohn von 60 Mark inklusive Verköstigung fest, wen sie im Hause arbeiten.

Inserat der Woche:
Ein Haufen Mist zu verkaufen. Der Dollarkurs: 9500 Mark.

11.2. Durch Verfügung des Regierungs-Präsidenten ist der öffentliche Karneval in diesem Jahr verboten worden. (Trotzdem wurde Fastnacht gefeiert, die Vereine paßten sich den schlechten Zeiten an und deklarierten ihre Feste als „Geschlossene Gesellschaften“ – Ein Tausendmarkschein hat nur noch den Wert von wenigen Pfennigen.)

Inserat der Woche:
Zahle für Maulwurfsfelle bis zu 2800 Mark. Andreas Schrodt, Talstraße

13.2. Das Reichsfinanzministerium hat dem Reichsrat die Prägung von 200-Markstücken in Alu vorgeschlagen. 1 Mark (Silber) steht jetzt auf 2900 Mark. Dollarkurs: 23000 Mark.

Inserat der Woche:
Zahle für Maulwurfsfelle bis zu 2800 Mark. Andreas Schrodt, Talstraße.

25.2. Aus der letzten Stadtverordneten-Sitzung: Die Bewirtschaftung des Gartens der Familie Bonn rings um das Rathaus soll aufgegeben werden. Der Garten wird parzellenweise verpachtet. Die Glasfenster und sonstige entbehrliche Materialien sollen verkauft werden. – Eine Eheschließung kostet jetzt 1 000 Mark Gebühr. Dollarkurs: 23 500 Mark.

Inserat der Woche:
Herzliche Einladung zur Mitglieder-Versammlung. Referat: „Kann die arbeitende Bevölkerung die drohende Weltkatastrophe verhindern?" Geeinte Sozial-Demokratische Partei.

1.3. Der Rodelklub „Taunus" hielt auf der Nordbahn des Feldbergs ein Rennen ab. Die Cronberger Teilnehmer waren alle auf den vordersten Plätzen zu finden.

Inserat der Woche:
Der Milchpreis beträgt 500 Mark pro Liter. Die Kreisbauernschaft.

13.3. Vom Landratsamt in Königstein traf die betrübliche Mitteilung ein, daß ein Brotlaib vom kommenden Montag an 750 Mark kostet. – Der Ankauf von Gold und Silber für das Reich erfolgt b.a.w. unverändert. Für ein 20-Mark-Stück werden 85 000 Mark gezahlt, Silbermünzen werden zum 1500fachen Wert angekauft.

Inserat der Woche:
In den Cronberger Lichtspielen läuft der Monumental-Film „Das indische Grabmal". Die Eintrittspreise betragen für den Sperrsitz 455 Mark + 145 Steuer, für den 1. Platz 385 Mark + 115 Steuer und für den 2. Platz 308 Mark + 92 Mark Steuer. Der Saal ist geheizt.

25.3. Die Restauration Hahn, oder der „Cronberger Hof", wie sie zuletzt hieß, wird ihre Pforten schließen. Die Frankfurter Conservenfabrik M. Haasen & Co wird demnächst umbauen und ein großes Obstverwertungs-Etablissement entstehen lassen.

Inserat der Woche:
200 Ztr. Dung gegen Heu neuer Ernte zu tauschen gesucht. J. Weidmann, Frankfurterstraße 15

27.3. Der Inhaber der Stadtrentneistelle (Leiter der Stadtkasse; Anm.) führt künftig den Titel „Stadtrentmeister".

Inserat der Woche:
5 000 Mark dem zur Belohnung, der mir den Täter benennt, der am Sonntag meine Legegans getötet hat. (Dollarkurs damals 22 000 Mark).

8.4. Der Reichshaushalt weist einen Fehlbetrag von 2 Billionen Mark auf. Ganz richtig „Billionen", eine Zahl mit 12 Nullen! In den nächsten Tagen werden Reichsbanknoten zu 100 000 Mark in den Verkehr gebracht.

Inserat der Woche:
Volksbibliothek Cronberg! Infolge der außerordentlich hohen Buchpreise und Unterhaltungskosten muß die Leihgebühr auf 100 Mark erhöht werden. (Preisvergleiche: Eine Putzfrau erhielt einen Stundenlohn von 400 Mark, 1 Pfund Schmalz kostete 4 000 Mark, 125 gr. Kaffee 750 Mark!)

10.4. Die Freiwillige Feuerwehr beschloß in ihrer Generalversammlung, vorläufig davon abzusehen, die verstorbenen Mitglieder mit einer Kranzniederlegung am Grabe zu ehren. Die Kosten sind zu hoch. Dafür erhält die Familie einen kleinen Beitrag zur Unterstützung.

Inserat der Woche:
Vergebe Laubsägearbeit als Heimarbeit. Elfenbein-Industrie Cronberg, Aug. Ochs.

22.4. Jungen Burschen aus Oberhöchstadt gefiel es, die Besatzungstruppen zu verhöhnen. Im Verfolge dieser Straftat wurden zehn Burschen abgeführt, von denen drei noch in Haft sind. Zur Warnung mag das dienen.

Inserat der Woche:
Der Milchpreis beträgt ab sofort 700 Mark je Liter, die Kreisbauernschaft.

24.4. Das schöne Kronthal ist untergegangen. Das Kurhaus abgerissen, die Fabrik zerstört, die Kupferleitungen entfernt, der Wald gefällt. Nur die Platanen stehen noch. Ob es jemals dort wieder so schön wie einst sein wird?

Inserat der Woche:
Kaufe alle Metalle, Lumpen, Knochen, Flaschen usw. zu höchsten Tagespreisen. Ernst Wehrheim, Grabenstraße 7. Der Dollarkurs 1923: 26 000 Mark!

6.5. Die Schafherde steht vor der Schur. Am Mittwoch nachmittag 5 Uhr werden die Schafe am Spritzenhaus im Tanzhaus an die Besitzer zurückgegeben, damit sie gewaschen werden. Am Freitag wird die Herde wieder zusammengetrieben und dann beginnt das Scheeren an einem noch bekanntzugebenden Platz.

Inserat der Woche:
Junger Mann sucht Zimmer. Es ist im Notfall nur ein Bett nötig, Wäsche kann gestellt werden.

8.5. Der Goldankaufpreis wurde auf das 6250fache des Nennwertes angehoben. Ein 20 Mark-Stück wurde auf den Preis von 125 000 Mark erhöht. Der Dollarkurs: 36 000 Mark

Inserat der Woche:
Der Betrieb unserer Mühlenanlage zum Mahlen von Mehl, Grieß u. a. auch Schroten, ist eröffnet. Holzcontor Cronberg, Frankfurter Straße 38.

20.5. In Übereinstimmung mit dem Magistratsantrag vom 30. April wurde die Vergütung für das Fahren des Leichenwagens auf 20 000 Mark je Beerdigung festgesetzt. – Invaliden, Kleinrentner, Kinder und ältere Leute finden einen lohnenden Verdienst durch Einsammeln von Heilpflanzen. Z. Zt. werden hier in der Burgerstraße 14 die Blätter von Brombeeren, Himbeeren, Walderdbeeren, die Blüten der weißen Taubnessel, Ackerstiefmütterchen u. a. angenommen. Pro Kilo (!) werden gezahlt: Für Brombeeren 250 Mark, für Camillen 400 Mark, für Spitzwegerich 150 Mark. (Vergl. 1 Liter Milch kostete 900 Mark). Dollarkurs 52 000 Mark.

Inserat der Woche:
Sämtliche Feiland-Erdbeerzüchter Cronbergs und Schönbergs werden auf Mittwoch 30. Mai abends 8 1/2 Uhr im „Grünen Wald" zu einer Aussprache über den Erdbeerpreis gebeten. Der Einberufer

22.5. Der MTV hat eine Handballabteilung gegründet, die am 1. Pfingstfeiertag gegen die 1. Mannschaft des Wöhler-Gymnasiums in Frankfurt antritt. Das Spiel beginnt um 1 1/2 Uhr auf dem Sportplatz an der Niederhöchstädter Chaussee.

Inserat der Woche:
Wir nehmen ständig kleine und größere Mengen Obst ab. Conservenfabrik Haasen, am Bahnhof (früher „Kronberger Hof"). Dollarkurs: 52 000 Mark.

3.6. Der Mai ist seinem Ruf als Wonnemonat nicht gerecht geworden. Kalt und sehr naß hat er sich präsentiert. Die Sonne ließ sich kaum blicken. – Die Frankfurter Conservenfabrik Haasen, die bekanntlich hier im ehemaligen „Cronberger Hof" eine neue Obst-Verwertungsstelle gegründet hat, kann mit dem Eintritt der Erdbeerernte ihren Betrieb aufnehmen. Aufkäufer sind hier Franz Gottschalk und Max Zubrod. – Dollarkurs. 85 000 Mark

Inserat der Woche:
Der ehrliche Finder eines Spankorbes an der Bleiche wird um Rückgabe gebeten. Pferdstr. 1

15.6. Das Gasthaus „Zur Krone" (heute Brilleneck) hat seine Pforten geschlossen und wird vom 1. Juli an als Geschäftslokal der Vereinsbank (Volksbank) dienen. Die Wirtschaft wurde 1870 von Herrn Weinig gegründet, davor war in diesem Hause eine Bäckerei, Anfang des 19. Jahrhunderts schon einmal eine Wirtschaft.

Inserat der Woche:
Für Cronberger und Umgebung ist der Gaspreis auf 856,53 Mark festgesetzt worden. Hess. Nass. Gas Ag. Dollarkurs: 104 000 Mark.

23.6. Die Cronberger Lehrerin Fräulein Freytag wurde aus dem besetzten Gebiet ausgewiesen. (Sie kehrte aber bald wieder zurück und nahm den Unterricht wieder auf.)

Inserat der Woche:
Unser Stundenlohn beträgt ab heute 1200 Mark mit Kost und 2 000 Mark ohne Kost. Die Cronberger Wasch- und Putzfrauen. (Zum Vergleich: ein Liter Milch kostete 2 000 Mark; Dollarkurs 158 000 Mark!).

1.7. Seit Wochen haben wir kühles und regnerisches Wetter, das ist für die Erdbeerernten äußerst ungünstig. – Von der Reichsbank wurden 500 Mark-Stücke ausgegeben. Mit der Ausgabe von 500 000 Mark-Scheinen ist zu rechnen. Banknoten zu 1 000 000 Mark sind bereits geplant. Dollarkurs: 130 000 Mark.

Inserat der Woche:
Neu eingetroffen Damen-Gummihüte für 28 000 Mark. J. Grünebaum, Hauptstr. 3.

5.7. Die Besprechung der Erdbeerzüchter mit dem Conservenfabrikanten Haasen hat kein Resultat erbracht. (Die Fabrik befand sich im heutigen „Kronberger Hof"; Anm.).

Inserat der Woche:
Unser Stundenlohn beträgt, wie bei den Wasch- und Putzfrauen, 2 000 Mark. Die Erdbeerpflücker. Zum Vergleich: Ein Brötchen kostet 500 Mark! Dollarkurs 160 000 Mark.

15.7. Bei regenfreier Witterung verlief die Kerb einigermaßen befriedigend. Eine sehr unangenehme Überraschung brachte die Meldung, daß die Grenzen ab 12 Uhr nachts total gesperrt würden. Fluchtartig verließen die Leute, die in Frankfurt ihr Brot verdienen, den Ort. Versehen mit Wegzehrung und den notwendigsten Wäschestücken versuchten sie, noch über Oberursel weiter zu gelangen, da von Cronberg aus kein Zug nach Frankfurt abgelassen wurde. Am Montag blieben die Lebensmittelgeschäfte geschlossen, um zu verhindern, daß einzelne Leute die Vorräte aufkaufen würden. Doch schon am Nachmittag wurde die Einfuhr von Lebensmitteln und das Antreiben von Schlachtvieh aus dem freien Gebiet wieder gestattet. Dollarkurs 280 000 Mark (1 Schoppen Äppelwei kostet 2 000 Mark)

Inserat der Woche:
In der vorigen Woche hat ein älterer Mann, eine Sense tragend, in der Hainstraße einen Lack-Gürtel aufgehoben um dessen Rückgabe nunmehr ernstlich ersucht wird. Näheres Gesch. Stelle.

17.7. Die derzeitigen Preise: 1 Brötchen 600 Mark; 1 Pfund Fleisch 30 – 40 000 Mark; 1/2 Pfund Butter 24 000 Mark. Der Dollarkurs: 280 000 Mark.

Inserat der Woche:
Der Bub, der am Samstag die beiden grauen Enten bei der Meierei weggetrieben hat, ist erkannt, und wenn dieselben nicht wiedergebracht werden, erfolgt Anzeige. Die Schloßverwaltung.

29.7. Wegen der verschärften Grenzbedingungen fährt noch immer kein Zug nach Frankfurt. Um ins unbesetzte Gebiet zu gelangen, muß man schon einen Fußmarsch nach Oberursel auf sich nehmen, von dort aus kann man dann weitergelangen. Wer in Frankfurt arbeitet, muß täglich in aller Frühe aufstehen, um pünktlich am Arbeitsplatz zu sein. Dollarkurs: 760 000 Mark. Preise: 1 Ei 12500 Mark, 1 Brötchen 3 000 Mark, 1 Pfund Butter 200 000 Mark. Der Stundenlohn einer Waschund Putzfrau beträgt 30 000 Mark! Die Krankenkassen rechnen täglich ab, Löhne werden täglich ausgezahlt.

Inserat der Woche:
Partie gute weißleinene Herrenkragen (42) zu verkaufen.

12.8. In Höchst wurde die erste Leiche in einem Gipssarg beerdigt. Die Kosten für einen solchen Sarg betragen kaum die Hälfte eines Holzsarges, der kaum noch zu erschwingen ist. Dollarkurs 2 800 000 Mark

Inserat der Woche:
Die Milch in der städtischen Ausgabestelle kostet ab sofort 40 000 Mark der Liter. (Schon einen Tag später war dieser Preis überholt.)

14.8. Grenzbewohner des Kreises Königstein, welche ihre Felder und Gärten abernten wollen, erhalten auf Gesuch für diese Arbeiten einen Passierschein.

Inserat der Woche:
Wir kaufen jedes Quantum Pfifferlinge und Steinpilze. Conservenfabrik Haasen, Cronberg. Dollarkurs: 3 000 000 Mark. Der Schoppen kostet 35 000 Mark!

26.8. Bad Kronthal mit seinen Quellen liegt noch immer vereinsamt da. Tausende von Litern des edlen Getränkes fließen täglich nutzlos fort. Allerdings sieht man bei der Hitze Scharen von Wasserholern, die sich einen billigen Trunk verschaffen. Auch aus der Maingegend kommen sie, ein Zeichen dafür, daß man kaum noch den hohen Wirtshauspreisen gewachsen ist. – Wir sind zu Millionären geworden. Dollarkurs 5 Millionen. – Für die Mirabellen werden pro Pfund 100 000 Mark verlangt. Ein Kubikmeter Gas kostet 285 000 Mark, für ein Laib Brot muß man 185 000 Mark zahlen. (Diese Zahlen waren nur kurzfristig gültig. Schon wenige Tage später war der Dollarkurs weiter in schwindelnde Höhen gestiegen)

28.8. Das Wassergeld wird auf 5 000 M je cbm erhöht. Das Schulgeld für die höhere Schule wird neu geregelt, die Erhöhung der Lehrergehälter eingespart.

Inserat der Woche:
Inserat der Woche: Die Ölmühle in Oberursel tauscht 6 Pfd. Raps gegen 1 Liter Öl ein. Dollarkurs 10 000 000 Mark.

9.9. Die Beschwerden über die Beschaffenheit des Brotes wollen nicht verstummen. Die Bäkker-Zwangsinnung im Kreis Königstein weist auf die Beschwerden mit Hinweisen auf das schlechte Mehl zurück. – Die Reichsbankanstalten zahlen bis auf weiteres für Silbermünzen den 2 400 000fachen Betrag des Nennwertes. Dollarkurs 60 Millionen. Preise: 1 Brot 580 000 Mark, 1 Brötchen 150 000 Mark, 1 Ei 500 000 Mark, 1 Schoppen Äppelwei 200 000 Mark. Der Stundenlohn der Putzfrau beträgt 400 000 Mark. (Das hieß fast 1 1/2 Stunden Arbeit für einen Laib Brot!)

Inserat der Woche:
Wir tauschen für 6 Pfund Raps 1 Liter Öl ein. Gebr. Menges, Ölmühle Oberursel

11.9. Im September gibt es pro Kopf nur 1 000 gr. Zucker.

Inserat der Woche:
Hemmstange vom Wagen verloren. Wiederbringer erhält Lebensmittel als Belohnung. Dollarkurs: 65 000 000 Mark.

23.9. Die absolute Grenzsperre endet heute um Mitternacht. Die alten roten Pässe kommen wieder zur Gültigkeit. Die Verhandlungen betr. Wiedereröffnung der Cronberger Eisenbahn sind bis jetzt zu keinem Abschluß gelangt. Der Umrechnungskurs steht auf 33 Millionen Mark für eine Goldmark. 1 Laib Brot kostet 10 Millionen Mark. Die Steigerung der Lebensmittelpreise geht so rapide voran, daß die Löhne hoffnungslos hinterherhinken. Wer heute für einen Laib Brot fast zwei Stunden arbeiten muß, bekommt morgen vielleicht einen halben Laib Brot für dieselbe Arbeitszeit.

25.9. Einzahlungen mit Zahlkarten nimmt die Post nur noch auf volle 1 000 Mark an.

Inserat der Woche:
Junger Mann sucht Schlafstelle in Villa, in der er die Gartenarbeit nebenbei besorgen kann. Die Putzfrauen fordern 80 000 000 Mark Stundenlohn.

7.10. Der Bahnbetrieb zwischen Cronberg und Frankfurt ist jetzt schon mehr als drei Monate eingestellt. Die Angestellten, Arbeiter und Geschäftsleute, welche ihren Erwerb in Frankfurt finden, sind dadurch schwer betroffen. Eine große Anzahl mußte in Frankfurt Wohnung nehmen. Einige Herren wollen nun bei der alliierten Rheinland-Commission persönlich vorsprechen und um Inbetriebnahme der Strecke bitten. – Die Stadtverordneten-Versammlung hat beschlossen, von den Gaswerken zu fordern, daß das Gas abgelesen wird, wenn der neue Preis festgesetzt ist. Den Einwohnern muß bei der raschen Geldentwertung Gelegenheit gegeben werden, das Gas im Voraus zu kaufen. Preise: Strom per Kilowattstunde 64 Millionen, ein Schoppen Apfelwein 50 Millionen. Der Stundenlohn der Putz- und Waschfrauen beträgt 60 Millionen Mark.

9.10. Das Geld wird immer weniger wert. Der Dollarkurs steht bereits auf 6–7 Milliarden Mark. Der Kubikmeter Gas wird in dieser Woche mit 22 400 000 Mark berechnet. – Die städtische Kastanienernte wird öffentlich versteigert.

Inserat der Woche:
Wer tauscht Kelterobst gegen Bettwäsche?

21.10. Die Feierabendstunde ist auf 11 Uhr festgelegt worden, an Samstagen und Sonntagen wird sie bis 12 Uhr verlängert. Das wird bei dem heutigen Preis von 100 Millionen für den Schoppen wohl nicht mehr nötig sein. Wer jetzt noch bis in die Nacht hinein zechen kann, muß zur Familie Raffke oder Neureich gehören. Preise: 1 Laib Brot 600 Millionen, 1 Streichholz kostet heute 3 Millionen Mark! Der Stundenlohn einer Waschfrau beträgt 200 Millionen.

Inserat der Woche:
Ein schwarzer Konfirmandenanzug aus gutem Hause gegen Kartoffeln zu tauschen gesucht.

23.10. Die Inflation geht mit solchen Riesenschritten weiter, daß viele mit dem Rechnen nicht mehr mitkommen. Schon geht es um „Billionen", eine Zahl mit zwölf Nullen.

Inserat der Woche:
In der Nacht zum Mittwoch sind von meinem Acker im „Schwarzwald" 10–12 Ztr. Kartoffeln gestohlen worden. Wer mir den Dieb nennen kann, erhält 3 Milliarden zur Belohnung. (Als das Inserat erschien, waren die drei Milliarden schon wieder viel weniger wert; Anm.).

4.11. Die Buntscheckigkeit der Zahlungsmittel bringt Tag für Tag den Geschäftsleuten wie den Käufern viele Unannehmlichkeiten. Die Geldentwertung hat uns auch den Billionbegriff entwertet. Wir sind alle Billionäre und ärmer als je zuvor. Welche ungeheure Summe die Billion aber in Wirklichkeit darstellt, mag folgendes Beispiel zeigen: 32 000 Jahre müssen vorübergehen, ehe eine Billion Sekunden vergangen sind! Es kosten: 1 L. Milch 20–25 Milliarden, 1 Laib Brot 150, 1 Brötchen 8, 1 Pfund Margarine 180 und 1 Schoppen Apfelwein 25 Milliarden Mark. Eine Putz- und Waschfrau erhält einen Stundenlohn von 50 Milliarden.

Inserat der Woche:
Gebrauchter Puppenwagen gegen Kartoffeln zu vertauschen oder wertbeständig zu verkaufen.

6.11. Der „Spuk der Nullen" geht seinem Ende entgegen. Der „Cronberger Anzeiger" konnte, wie viele andere Zeitungen, für zwei Wochen nicht erscheinen.

Inserat der Woche:
Am Samstag früh wird bei Josef Buchsbaum in der Eichenstraße ein Pferd ausgehauen.

18.11. Die Obstbäume müssen mit Stroh umwickelt werden. So verlangt es die Stadt von ihren Grundstückspächtern. Wenn es die übrigen Besitzer von jungen Bäumen auch tun, so schützen sie ihre Bäume vor Hasenfraß. Kurs: 1 Goldmark sind 600 Milliarden Papiermark.

Inserat der Woche:
Die Belohnung für das Ermitteln des uns gestohlenen Treibriemens und der Einbrecher wird auf 20 Billionen erhöht und in dieser Höhe auch für später wertbeständig erhalten. Holzkontor Cronberg.

20.11. Der Winter ist da. Über Nacht hat es geschneit. Feldberg und Altkönig haben weiße Kappen.

Inserat der Woche:
Vereinigung der Reichs- und Communalbeamten! Mehlausgabe am Montag. Zu beliefernde Mitglieder werden einzeln bestellt!

2.12. Am Montag wird der Betrieb der städtischen Suppenküche im Raum an unteren Ende der Schule eröffnet. An dieser Einrichtung können sich auch Einwohner beteiligen, die das Essen ganz oder teilweise bezahlen können, aber aus einer Notlage heraus kein Essen zubereiten können. Obwohl durch vielfache Spenden und Erträgnisse von Wohltätigkeitsveranstaltungen Mittel eingingen, reicht das nicht aus, die Küche den ganzen Winter über offen zu halten. Es wird dringend um Spenden gebeten.

Inserat der Woche:
Um meiner werten Kundschaft die Einkäufe zu erleichtern, lege ich gewählte Waren bis Weihnachten zurück. Die gemachte Anzahlung wird wertbeständig gutgeschrieben. Jul. Grünebaum, Hauptstr. 3.

4.12. Die Notstandsküche ist wieder in Betrieb. Da es aber an finanzieller Unterstützung fehlt, ist es noch ungewiß, ob sie den ganzen Winter über geöffnet bleiben kann.

Inserat der Woche:
Unser Stundenlohn beträgt 25 Goldpfennig, ohne Kost 30 Goldpfennig. Die Cronberger Arbeits-, Wasch-, Putz-, und Bügelfrauen. (Zum Vergleich: Ein Pfund gutes Schweinefleisch kostete 2,40 Mark. Anm. d. Red.)

16.12. Der Kappenklub hat mit seiner Aufführung „Winzerliesel" einen vollen Erfolg zum Besten der Suppenküche erzielt. Es wird weiter um Spenden gebeten, damit diese Einrichtung den Winter über in Betrieb gehalten werden kann.

Inserat der Woche:
Unser Stundenlohn beträgt mit Kost 25 Goldpfennig, ohne Kost 30 Goldpfennig. Mädchen unter 18 Jahren die Hälfte. Die Arbeits-, Wasch-, Putz- und Bügelfrauen von Cronberg. (1 Pfund Schmalz kostete 3 Mark, 1 Pfund Schweinefleisch 2,40, für einen Zentner Kartoffeln wurden 4,50 Mark verlangt. Das nur zum Vergleich!)

18.12. In diesem Jahr ist das Angebot an Christbäumen sehr gering. Der Kappenklub hatte mit seiner Aufführung der Operette „Winzerliesel“ einen großen Erfolg. Er konnte für die Notstandsküche 617900 Billionen Mark spenden. Beim Bühnenaufbau hatten Cronberger Handwerker unentgeltlich mitgeholfen.

Inserat der Woche:
Cronberger Lichtspiele im Schützenhof bringen den schönsten Film der Gegenwart: „Die Frau mit den Millionen“.

30.12. Heute werden im Keller der Schule Kartoffeln ausgegeben. Der Zentner kostet 1 1/2 Goldmark. Auf jeden Haushalt entfallen höchstens 2 Zentner. (Eine Putzfrau bekam in der Stunde 30 Pfennig Lohn!!!) – Es ist schon lange Jahre her, daß wir wieder einmal weiße Weihnachten hatten.

Inserat der Woche:
Beschlagnahmefreie 4-Zimmerwohnung gesucht.

1924

13.1. Im Jahr 1923 wurden in Cronberg 59 Kinder geboren (24 Buben und 35 Mädchen), getraut wurden 29 Paare und 35 Einwohner wurden zu Grabe getragen. – Die strenge Kälte hält noch an. Die Hartnäckigkeit des Winters wird unangenehm, es fehlt überall an Heizmaterial, die Verdienstmöglichkeiten schwinden.

Inserat der Woche:
Küchenschrank zu kaufen gesucht oder auch gegen Brennholz zu vertauschen.

15.1. Der Winter ist sehr hartnäckig, seit Wochen hält die strenge Kälte an.

Inserat der Woche:
Die Stadt sucht jungen, sprungfähigen Ziegenbock.

27.1. Prinz Wolfgang von Hessen, der Sohn unserer Schloßherrschaft, hat sich mit der Prinzessin Maria Alexandra von Baden, der Tochter des Prinzen Max von Baden, verlobt. Die Braut ist 22 Jahre, der Bräutigam 27 Jahre lat.

Inserat der Woche:
Wir teilen unseren Genossen und Geschäftsfreunden mit, daß wir unsere Sparkonten auf Rentenmark umgestellt haben. Vereinsbank Cronberg e.G.m.b.H.

29.1. Der „Rodelclub Cronberg" wurde gegründet. Er wird eng mit dem „Rodelclub Taunus" zusammenarbeiten. Schon am Sonntag wird der Betrieb auf der Schwarzwegbahn aufgenommen.

Inserat der Woche:
Jeden Samstag Klubabend des Kappenklubs im Vereinslokal.

10.2. Auf der Rodelbahn Viktoriastraße ereignete sich ein bedauerliches Unglück, bei dem der 18jährige Otto Schütz und die Frau Strauß Wwe. von hier schwere Verletzungen davontrugen. Otto Schütz ist im Krankenhaus an den Folgen des Unglücks verstorben.

Inserat der Woche:
Am Freitag vormittag werden von 8–12 Uhr im Keller der Turnhalle Kartoffeln ausgegeben. Preis per Ctr. 4,50 M. gez. Schwinn, Bürgermeister.

12.2. Das Konzert in der Turnhalle, dessen Reinerlös für die Suppenküche bestimmt war, kann als großer Erfolg bezeichnet werden. Mitwirkende waren: Der Falkensteiner, der Königsteiner und der Cronberger Männergesangverein unter der Leitung von Ludwig Sauer, einige Solisten sowie die Cronberger-Schönberger Streichorchester-Vereinigung.

Inserat der Woche:
Der Herr, der auf der Rodelbahn am Schwarzen Weg meinen Wanderhut aufgehoben hat, wird gebeten, denselben zurückzugeben.

24.2. Das Abhalten von Maskenbällen ist für die Zeit vor Fastnacht verboten. Das soll auf die 4 Tage beschränkt bleiben. Trotz Geldknappheit und großer Not waren die Veranstaltungen der Cronberger Vereine gut besucht. Man wollte wohl einmal den trüben Alltag vergessen. Auf den Straßen ist das Maskentreiben verboten. Zuwiderhandlungen sollen streng bestraft werden. – Seit Wochen hält die Kälte unvermindert an, es gab auch wieder Schnee. Noch ist kein Ende des Winters abzusehen. In unserer Hauptstraße ist der Schnee allerdings nur noch ein Haufen Dreck.

26.2. Die kleinste Einzeit im Zahlverkehr mit der Post beträgt zehn Milliarden Papiermark. Die Wertangabe bei Wertbriefen und -paketen muß in Rentenmark erfolgen.

Inserat der Woche:
Ein Jünglings-Paletot, wie neu, zu verkaufen.

9.3. Der vergangene Winter war der schneereichste seit 50 Jahren. 48 Tage lang lag hier eine geschlossene Schneedecke von mehr als 15 cm, 64 Tage lang herrschte Frost.

Inserat der Woche:
Was ist Radio? Eine Erfindung, die es ermöglicht, jedem Cronberger zuzurufen: Wer gut und billig kaufen will, der gehe zu Julius Grünebaum, Hauptstr. 3.

12.3. Die Stadtverordnetenversammlung hat in ihrer letzten Sitzung beschlossen, das Bonnsche Versorgungshaus in den Besitz der Stadt übergehen zu lassen.

Inserat der Woche:
Kaffee Messer im Reichenbachtal. Täglich frische Milch, Kaffee, Tee, Cacao und Kuchen. Angenehmer Aufenthalt auch im Freien. (Das Cafe Messer war ein beliebtes Ausflugsziel der Spaziergänger und Taunuswanderer. Nach dem 2. Weltkrieg wurde es geschlossen. Vor kurzem ist das Haus abgebrannt; Anm. de. Red.)

23.3. Die Stadt weist darauf hin, daß die Ladenschlußzeit 7 Uhr abends (mit Ausnahme der Apotheke) unbedingt eingehalten werden muß.

Inserat der Woche:
Das Sparen hat wieder Zweck! Die Vereinsbank Cronberg nimmt Spareinlagen auf wertbeständer Dollarbasis von 1 Goldmark an entgegen. Zinsfuß 8–12%!

28.3. Während der Frankfurter Frühjahrsmesse findet vom 6. bis zum 12. April der „Radio-Tag“ statt. Bei dieser Gelegenheit können die Sendeanlagen besichtigt werden.

Inserat der Woche:
„Cronberger Lichtspiele“ bringen: „Spiel mit dem Weibe“, ein Schauspiel in 5 Akten.

6.4. Der vergangene Sonntag war für den Fußballclub von großer Bedeutung, denn die 1. Mannschaft trug in Höchst das Entscheidungsspiel um die Gaumeisterschaft aus. Sie gewannen das Spiel 3:1 und wurden Gaumeister. Den Spielern war am Samstag abend der Besuch von Wirtschaften unter Strafe verboten worden.

9.4. Verabschiedet aus dem Schuldienst an der hiesigen Volksschule wurde Rektor Becker, der in den wohlverdienten Ruhestand geht. – Die Osterfeiertage sind außerordentlich ruhig verlaufen. Der Bahnverkehr war mäßig, das Wetter miserabel, kalt und regnerisch.

Inserat der Woche:
Ein silbergraues Huhn entlaufen. Bäckerei Herrmann, Eichenstraße.

20.4. Nach einer Mitteilung der Kreisdelegation in Königstein ist ab sofort die Straße Oberhöchstadt-Oberursel für den Verkehr in das unbesetzte Gebiet bzw. ins besetzte Gebiet gesperrt. Dagegen wurde die Straße Königstein–Oberursel freigegeben. – An den Osterfeiertagen lag auf dem Feldberg eine geschlossene Schneedecke von 10 cm.

Inserat der Woche:
Zum Osterkuchenbacken! Den verehrlichen Kunden zur Kenntnis, daß bei der Kuchenbäckerei genau wie in der Vorkriegszeit das Mehl wieder vom Bäcker gestellt wird. Wir sind in der Lage, mit allerfeinsten Auszugmehlen zu dienen. Die Bäcker von Cronberg

23.4. Am Sonntag Vormittag wird von 8.30 Uhr bis um 10 Uhr in der städtischen Milchausgabestelle Milch an die Einwohner ausgegeben, solange der Vorrat reicht, per Liter 32 Pfennige.

Inserat der Woche:
Eine Glucke mit acht Küken zu verkaufen.

4.5. Von jetzt ab wird der Müll wieder regelmäßig jeden Samstag abgefahren. Die Stadt bittet, die Müllgefäße rechtzeitig bereitzustellen. – Den bevorstehenden Wahlen geht wie immer ein heftiger Wahlkampf voraus. Der treibt manchmal seltene Blüten. So konnte man jetzt lesen: Warum regnet es in unserer Gegend so viel? Weil die Deutschnationalen das Blaue vom Himmel herunter versprechen. Wählen Sie die Deutsche Volkspartei, sie sorgt wieder für schönes Wetter in Deutschland!

Inserat der Woche:
Als Konfirmations- und Kommunionsgeschenke empfehlen wir Scheibgarnituren aus Galalith.

7.5. Bei der Gemeindewahl erzielte die bürgerliche Einheitsliste den größten Erfolg, an zweiter Stelle steht die Mieter- und Arbeitgeberliste, gefolgt von den Sozialdemokraten. – Am 10. Mai feiert der Kunstmaler Fritz Wucherer mit seiner Gattin Kleo, geborene Zwerger, das Fest der silbernen Hochzeit.

Inserat der Woche:
Wir machen darauf aufmerksam, daß die Straßen zwischen dem ersten Mai und dem 30. September täglich zu reinigen sind. Zuwiderhandlungen werden bestraft. Die Polizeiverwaltung. Schwinn, Bürgermeister.

18.5. Die Wahl brachte folgendes Ergebnis: Zu Stadtverordneten wurden gewählt Feldhüter Georg Haas, Kontrolleur Emil Zubrod, Schuhmacher Joh. Hofmann, Postinspektor Georg Hembus, Stadtrentmeister Otto Herrboldt, Bürstenmachermeister Christian Veit, Tiefbauunternehmer Heinrich Küchler, Landwirt Philipp L. Kunz, Hofdekorationsmaler Jakob Hembus, Sanitätsrat Dr. Spielhagen, Bankprokurist Hans Jürgen Schultz, Kaufmann Heinrich Mayer und Ingenieur August Hinkel.

Inserat der Woche:
Mädchen zum Milchtragen gesucht.

21.5. Der Müll wird wieder regelmäßig jeden Samstag abgeholt. Die Müllgefäße müssen morgens um 7 Uhr an der Straße zum Entleeren bereitstehen.

Inserat der Woche:
Gespannarbeit zur Feldbestellung übernimmt Holzkontor Cronberg.

1.6. Nach kurzer Krankheit verschied der langjährige Flurschütz Philipp Nikolaus Weidmann. Tag und Nacht war er auf dem Posten, besonders in der Erntezeit gönnte er sich keine Ruhe. – Die Freiwillige Feuerwehr von Cronberg feiert ihr 50jähriges Bestehen und ganz Cronberg feiert mit. Zwar gibt es keinen Fahnenschmuck, doch der Festkommers und die Schauübung wird viele Zuschauer anziehen.

Inserat der Woche:
Geschickte Hutnäherin für Bordenhüte in Heimarbeit gesucht.

4.6. In Cronberg wurde gefeiert, die Freiwillige Feuerwehr hatte 50jähriges Jubiläum. Aus diesem Anlaß wurde eine große Photographie, auf der alle Feuerwehrmänner abgebildet sind, hergestellt.

Inserat der Woche:
Lehrerin für rhytmische Gymnastik erteilt Ferienkurse.

15.6. Trotz der Einreiseerleichterungen der Besatzungsbehörden sind die letzten Sonntage, vor allem das Pfingstfest, sehr ruhig verlaufen. Es ließen sich wenig Fremde hier sehen. Der Verschönerungsverein und die Gastwirte müssen sich etwas einfallen lassen.

Inserat der Woche:
1 gebrauchten Erdbeerkasten für 6 Steigen Inhalt zu kaufen gesucht. (Diese Kästen ähnelten den Hasenställen. Sie dienten dem Transport der empfindlichen Früchte und zu gleicher Zeit auf dem Markt als Verkaufsstand, sie

konnten gut transportiert werden, an den Seiten waren Griffe angebracht).

18.6. Das Pflegeamt des Hospitals zum Heiligen Geist vergibt die diesjährige Kirschenernte vom Hofgut Hohenwald. Schriftliche Angebote nimmt das Büro in Frankfurt entgegen.

Inserat der Woche:
Kinderliegewagen, noch sehr gut erhalten, zu verkaufen.

29.6. Die Vorbereitungen zur Kerb sind in vollem Gange. Kaiser's Etagen-Karussell bezieht wieder den gewohnten Platz am Tanzhaus. Kornbrust's Konditorei und die Schießbude werden am Schulgarten aufgebaut. Die Raubritter, welche mit Würfel und Roulette den Kindern die Pfennige abnehmen, läßt der Magistrat nicht zu. Der wahre Jakob hat sein Erscheinen angekündigt. Die Täler bestehen auf ihre eigene Kerb am Mittwoch. Es wird wieder ein Borjemaaster gewählt, der für recht viel volle Bembel zu sorgen hat. Er wird jedes Jahr neu gewählt, damit man ihn auch schnell wieder absetzen kann. Im Tal hält man nichts von einer zwölfjährigen Amtszeit.

Inserat der Woche:
Mache hiermit der geehrten Einwohnerschaft von Cronberg und Umgebung bekannt, daß ich eine Küferei eröffnet habe. Neuanfertigungen, Reparaturen und Kellerarbeiten werden prompt ausgeführt. F.J. Schleiffer

13.7. Die Stadtverordneten-Versammlung hat die neue Friedhofsordnung festgelegt. So kostet jetzt ein Kaufgrab 100 Goldmark. Die Gebühr für ein Kaufgrab an der Mauer zwischen dem oberen und unteren Teil des Friedhofes oder an einem bevorzugten Platz beträgt jetzt 150 Goldmark. Die Lustbarkeitssteuer-Ordnung wurde verlängert und auf unbeschränkte Zeit ausgedehnt.

Inserat der Woche:
Bellachini kommt! 2 Gastspiele in Cronberg! Ein Spiel mit dem Tode! Das Zersägen einer lebenden Dame in zwei Teile auf freier Bühne.

16.7. Die Besitzung Kronthal – 78 Morgen und sämtliche Gebäude und Quellen (außer der Wilhelmsquelle) gingen für 85 000 Mark in das Eigentum der Stadt Frankfurt über. Die Stadt Cronberg konnte bei diesem Gebot nicht mithalten. So ist Cronberg wieder ein Objekt verlorengegangen, das für die weitere Entwicklung unserer Stadt von größter Bedeutung wäre.

Inserat der Woche:
Verheirateter, nüchterner Mann, der mit Pferden umgehen kann, für Kohlengeschäft gesucht. Näheres Hainstr. 1.

27.7. Feldhüter Haas paßt mit seinem Polizeihund auf! Immer wieder werden Kirschendiebe erwischt. Vor einigen Tagen erst stellte Haas zwei Männer, die in der Lindenstruth mehr als einen halben Zentner Kirschen entwendet hatten.

Inserat der Woche:
Tanz im Gasthaus „Zum Hohenwald" in Oberhöchstadt. Es ladet ein Peter Hirt.

30.7. Zwei von der Besatzungsbehörde ausgewiesene Cronberger Forstbeamte dürfen wieder ins besetzte Gebiet und somit an ihren Wohnsitz zurückkehren.

Inserat der Woche:
Gespannarbeit bei der Ernte übernimmt Holzkontor Cronberg.

10.8. Der Katholische Gesellenverein hat einen Mandolinenklub gegründet. Derselbe soll zur Förderung des kulturellen und geselligen Lebens in Cronberg beitragen. – Chormeister Ludwig Sauer, Lehrer in Schönberg, übernimmt die Leitung des Katholischen Kirchenchores „St. Cäcilia".

Inserat der Woche:
Neue Sendung von Butterbrot- und Toilettenpapier eingetroffen. Zu haben im Druckereiladen A. Andrée.

24.8. Von der letzten Stadtverordneten-Sitzung: Es wurde beschlossen, die städtische Milchausgabe zu schließen. Sie ist durch steigende Stabilisierung der wirtschaftlichen Situation überflüssig geworden. Es wurde auf Antrag der Stadtverordneten Semmler, Haas und Kiebler, sowie auf Zusatzantrag von Dr. Spielhagen beschlossen, in Not geratene Bürger mit Verabfolgung von Brot zu unterstützen. – Die Dreschmaschine steht auf dem Turnhallenplatz zur Verfügung. Die Dreschgebühr beträgt 8,50 Mark für die Stunde. Angefangene Viertelstunden werden voll berechnet.

Inserat der Woche:
Der verehrlichen Einwohnerschaft von Cronberg bringe ich den An- und Abtransport von Gepäck von und nach der Bahn in empfehlende Erinnerung. Besorge auch sonstige Commissionen zu billigen Preisen. Gustav Martin, Dienstmann, Tel. 19.

7.9. Seit fast acht Wochen hat es geregnet und noch ist kein Ende abzusehen. Die Getreideernte ist in großer Gefahr. Die Kartoffeln beginnen zu faulen. In den letzten Tagen führten der Rhein und seine Nebenflüsse Hochwasser. – Die Zollgrenze fällt! Alle Bewohner der Grenzzone des besetzten Gebietes atmen bei dieser Nachricht auf. Frei, ohne Zollasten und Formalitäten, jedoch nicht ohne Paß, werden wir wieder in Frankfurt einkaufen können. Das wird sich auch auf das wirtschaftliche Leben in Cronberg auswirken. Der Ausflugsverkehr im Sommer und Winter war durch die Beschränkungen stark zurückgegangen. Doch läßt die Zugverbindung mit Frankfurt noch sehr zu wünschen übrig.

Inserat der Woche:
Die Versteigerung der diesjährigen Nußernte an der Viktoriastraße findet am Dienstag nachmittags 1 1/2 Uhr an Ort und Stelle statt. Der Magistrat.

21.9. Schon spürt man die Auswirkungen vom Fallen der Zollschranken. Am vergangenen Sonntag herrschte ein ungeheurer Ausflugsverkehr. 6–7 000 Besucher aus Frankfurt mußte die Bahn befördern. Man schätzt, daß etwa 1 000 Automobile unser Städtchen passierten, dazwischen viele knatternde Motorräder. Die Schlange riß nicht ab und machte unsere Hauptstraße fast zu einer Großstadtstraße.

Inserat der Woche:
Knochenmühle in sehr gutem Zustand billig zu verkaufen.

24.9. Vom 1. November an ist das Feld von 6 Uhr abends bis 7 Uhr morgens gesperrt. Die Feldschützen sind angewiesen, Zuwiderhandlungen zu melden. Polizeistunde ist um 11 Uhr abends, an Samstagen und Sonntagen um 12 Uhr.

Inserat der Woche:
Latwerge-Birnen billigst abzugeben auf Schloß Friedrichshof.

19.10. Am vergangenen Sonntag fand auf der Kanonen-Chaussee ein großes Auto- und Motorradrennen statt. Trotz des schlechten Wetters hatte sich eine große Zuschauermenge eingefunden. Der schnellste Motorradfahrer legte die Strecke bis zum Gr. Feldberg in 6,9 Minuten zurück. Der beste Autofahrer (Tourenwagen Adler) brauchte 6,3:4 Minuten.

Inserat der Woche:
Unser Stundenlohn beträgt von heute ab mit Kost 40 Pfennig, ohne Kost 50 Pfennig. Die Wasch-, Putz- und Bügelfrauen von Cronberg. (Preisvergleich: es kostet ein Pfund Mehl 22 Pfg., ein Pfund Margarine 75 Pfg., 250 gr. Butter 1,30 Mark, 125 gr Bohnenkaffee nicht un-

ter 90 Pfg. Ein Paar woll. Kinderstrümpfe sind nicht unter 1,50 Mark zu haben!)

24.10. Die evangelische Frauenhilfe beabsichtigt, einen Nähkurs einzurichten (Nähen, Flikken, Stopfen, Zuschneiden, usw.) unter der Leitung von Frau Margarethe Jahn Wwe. Frauen und Mädchen aller Stände werden gebeten, sich umgehend zu melden.

Inserat der Woche:
Beginn der Nähstunden am Montag, 3. Nov., um 3 Uhr nachmittags in der alten Schule auf dem Doppes. Evangel. Frauenhilfe Cronberg.

2.11. Der evangelische Kirchenchor veranstaltet unter der Leitung von Ernst Putscher ein Wohltätigkeitskonzert zugunsten der evangelischen Gemeindeschwesternstation.

Inserat der Woche:
Latwerg-Birnen billigst abzugeben. Schloß Friedrichshof.

15.11. Wolfgang Prinz von Hessen ist mit seiner jungen Frau, Prinzessin Alexandra von Baden, von der Hochzeitsreise zu seinen Eltern auf Schloß Friedrichshof zurückgekehrt.

Inserat der Woche:
Die verehrlichen Herrschaften von Cronberg werden gebeten, ihrem katholischen Dienstpersonal Gelegenheit zu geben, an den am Freitag um 8 1/4 Uhr beginnenden Standesexercitien teilzunehmen. Das katholische Pfarramt.

16.11. In Karlsruhe verstarb im Alter von 85 Jahren der Kunstmaler Prof. Hans Thoma. Er ist auch in Cronberg eine wohlbekannte Person. 1897 kaufte er die ehemalige Villa Kothe in der Jaminstraße und ließ sie umbauen. Er bewohnte sie aber nur wenige Jahre. Auf dem Frankfurter Hauptfriedhof soll er seine letzte Ruhestätte finden. – Aus Anlaß des 100. Geburtstages unseres Ehrenbürgers Prof. Anton Burger fand an seinem Denkmal am Schillerweiher eine kleine Gedenkfeier statt, zu der sich viele Cronberger eingefunden hatten. Bürgermeister Schwinn hielt eine kurze Ansprache und legte einen Kranz nieder.

26.11. Der Rodelklub Taunus in Cronberg beabsichtigt, zur besseren Pflege des Rodelsports eine neue Rodelbahn am Barthmannsweg – Kaiserin Friedrich-Chaussee anzulegen. Sie birgt weniger Gefahren als die Schwarzwegbahn und ist auch für ungeübtere Rodler geeignet.

Inserat der Woche:
Wieder eingetroffen die weltbekannten „Gritzner-Nähmaschinen" bei Karl Weidmann, Hainstraße 7a.

30.11. Die Kaufmannsjugend veranstaltet einen Lichtbilderabend unter dem Thema „Das Deutschtum in Siebenbürgen".

Inserat der Woche:
Für 6,40 Mark liefern wir einen eleganten Kneifer mit Gläsern, der eigens für Nasen- und Gesichtsbildung hergerichtet wird. Orthozentr. Kneifergesellschaft, Frankfurt, Opernplatz.

14.12. Die Beteiligung der Cronberger an der Reichstagswahl am letzten Sonntag war die gleiche wie im Mai. Die meisten Stimmen in Cronberg erhielt die Deutsche Volkspartei. – Die Firma Johann Kunz Söhne zieht nach Osterode im Harz um. Herr Kunz siedelt mit seiner ganzen Familie dorthin um und verabschiedet sich von den Cronbergern.

Inserat der Woche:
Im Park der Villa Guaita werden 15 Kastanienbäume als Nutz- und Brennholz versteigert. – Rasmussen

24.12. Die „Cronberger Lichtspiele" bringen an den Feiertagen einen Raubtier-Sensationsfilm in sieben Abteilungen: „Allein im Urwald". – Zum Tanzen ist Gelegenheit beim Radfahrerball im „Frankfurter Hof".

Inserat der Woche:
Eine Serie der beliebten „Taunusrodel“ ist in diesen Tagen fertiggeworden. Holzkontor Cronberg

28.12. Die Firma Brand, jetzige Inhaber die Gebrüder Brand, in der Katharinenstraße feiert ihr 80jähriges Geschäftsjubiläum. Es dürfte das älteste Weißbindergeschäft in Cronberg sein.

Inserat der Woche:
Am 1. Januar werden wir in unseren Räumen Bleichstraße 8 unter dem Namen „Kaffee Weidmann“ ein Kaffee mit Konditoreiwaren eröffnen. Weidmann am Bahnhof.

1925

11.1. Januar warm – daß Gott erbarm! So lautet eine alte Bauernregel. Wir sind nun schon fast in der Mitte des Monats angekommen, doch von Winter ist nichts zu sehen. Das Thermometer klettert am Tage bis zu 15 Grad hoch. – Im Jahre 1924 wurden in Cronberg 53 Kinder geboren. (Diese Zahl entspricht dem tatsächlichen Bestand, damals wurden die Kinder fast alle noch in ihrem Elternhaus zur Welt gebracht.)

Inserat der Woche:
Tüchtige Waschfrau nimmt noch einige Kunden an.

21.1. Blühende Veilchen und duftender Goldlack aus einem Garten am Schloßberg wurden gestern in die Redaktion gebracht. Der Januar mutet uns wie ein Frühlingsmonat an.

Inserat der Woche:
Ich ersuche Denjenigen, der mir vor einiger Zeit einen Schubkarren abgeholt hat, um gefl. Rückgabe. Wilh. Borsch, Baugeschäft.

25.1. In Neuenhain schlachtete kürzlich ein Landwirt ein selbstgezogenes Schwein mit dem stolzen Gewicht von 388 Pfund. Das „Wutzi" gab nicht weniger als 50 Pfund Schmalz.
4.2. Der Rodelklub Taunus beteiligt sich mit vier Herren an den deutschen Rodelmeisterschaften in Titisee im Schwarzwald.

Inserat der Woche:
Heute großes Schlachtfest im „Löwen" bei humoristischer Tafelmusik. Es ladet freundlichst ein Jak. Schrodt.

9.2. Der Bienenzuchtverein für den Regierungsbezirk Wiesbaden will sein 60jähriges Jubiläum in Cronberg begehen. Mit der Feier soll eine Ausstellung verbunden werden. Cronberg ist mit der Geschichte der Imkerei eng verbunden. Noch heute werden die Bienenkörbe nach Vorschlag von Pfarrer Johann Ludwig Christ verwendet.

Inserat der Woche:
Gewächshäuser und Frühbeetfenster, mit und ohne Glas, liefert prompt und billigst A. Küchler Sohn, Cronberg.

14.2. Cronberg bekommt ein drittes Café. Gerade rechtzeitig zu Fastnacht eröffnet die Bäckerei Jahn ihr neues „Kaffee Jahn" in der Hauptstraße. Die überbaute Toreinfahrt wurde zu einem schmucken Lokal.

Inserat der Woche:
Während der Maskenbälle sind unsere Cafés bis nach Mitternacht geöffnet. Zibold und Zimmermann. (Es war einst eine beliebte Gewohnheit, nach der Demaskierung um Mitternacht in einem Café zum Kräppelessen einzukehren; Anmerkung).

22.2. Gerade noch rechtzeitig vor dem Fastnachts-Geschäft kam die Eröffnung des neuen „Kaffee Jahn" in der Hauptstraße. Aus der überbauten Toreinfahrt zwischen Eduard Bonn und der Bäckerei Jahn, die durch allerlei Plakate ständig verunziert war, ist ein hübsches schmuckes Lokal geworden. Mit einer modernen Kaffee-Maschine ausgerüstet, ist der neue Betrieb mit seinen immer frischen Backwaren imstande, seine Gäste gut zu bedienen.

Inserat der Woche:
Während der Maskenbälle ist mein Café abends geöffnet. – Conditorei Zimmermann

4.3. Endlich gibt es Schnee zum Rodeln! Nachdem im Januar schon die Veilchen blühten, ist jetzt noch einmal der Winter zurückgekehrt. Alle Rodelbahnen sind in Betrieb. Auf dem Feldberg wurden minus fünf Grad gemessen; es liegen dort 20 Zentimeter Neuschnee.

Inserat der Woche:
Gasthaus „Zum Hardtberg“ (einst Talstraße 27; Anmerkung) jeden Freitag, Samstag und Sonntag Rippchen, Cottlets, Rumsteaks und Wurst zu jeder Tageszeit. Wirt Lempp.

8.3. Am Sonntag Reminiszere wird zum ersten Mal für die Gefallenen des Weltkrieges ein Volkstrauertag gehalten. In der städtischen Turnhalle findet eine Feierstunde statt. In den Gottesdiensten beider Konfessionen wird der Toten gedacht. Von 1–1.15 Uhr mittags läuten im ganzen Reich die Glocken. – Mit dem 1. März wurde der Kreis Königstein aufgelöst, er wird dem Kreis Höchst angegliedert.

Inserat der Woche:
Mehrere Zentner weiße Bohnen zu verkaufen. Gesucht werden gebrauchte Spiegel. Kaiserin-Friedrich-Krankenhaus.

22.3. Der Dilettanten-Verein führte das Lustspiel „Der Herr Senator“ von Schönthan und Kadelburg auf. Der Erlös ist für die Anschaffung eines Röntgenapparates für das Kaiserin-Friedrich-Krankenhaus bestimmt. Die Aufführung war ein großer Erfolg. Es zeigte sich aber auch, daß in Cronberg dringend eine richtige Theaterbühne gebraucht wird. Das ist Cronberg seinem kulturellen Ruf schuldig!!

Inserat der Woche:
Der geehrten Einwohnerschaft von Cronberg zur gefl. Kenntnis, daß ich wie in früheren Jahren Automobilfahrten unternehme und bitte um gefl. Inanspruchnahme. Josef Metz

6.4. Die Schützengesellschaft hatte die Vorstände der Cronberger Vereine zu einer Aussprache eingeladen. Ziel der Vereinszusammenarbeit ist ein gemeinsamer Sport-, Spiel-, Schützen- und Volksfestplatz. Es wurden beachtliche Vorschläge gemacht. Am kommenden Samstag sollten die in Frage kommenden Plätze besichtigt werden.

Inserat der Woche:
Evangelische Kleinkinderschule! Wegen Erkrankung der Lehrerin fällt der Unterricht bis auf weiteres aus. Der Vorstand i.A. Schultz

8.4. Endlich Frühling! Noch in den letzten Tagen des März konnten wir rodeln. Jetzt steht uns ein herrliches Osterfest bevor.

Inserat der Woche:
Closet-Papier! Vorrätig im Druckereiladen.

19.4. Der bisherige Stadtverordneten-Vorsteher Schultz legte aus beruflichen Gründen sein Amt nieder. Zu seinem Nachfolger wurde Heinrich Mayer einstimmig gewählt.

Inserat der Woche:
Kohlenkasse Kieser lädt alle Mitglieder zu einer außerordentlichen Versammlung ein.

25.4. In der evangelischen Kirche wurden am letzten Sonntag 55 Kinder (29 Mädchen und 26 Buben) konfirmiert. – In der katholischen Kirche gingen 24 Kinder zur Ersten Heiligen Kommunion.

Inserat der Woche:
Wegen Geschäftsaufgabe: Qualitätsschuhe zu stark reduzierten Preisen bei Julius Grünebaum, Hauptstraße 3.

3.5. Die frühere Königin von Griechenland, Sofie geborene Prinzessin von Preußen trifft mit ihrem jüngsten Sohn Paul zu einem Besuch auf Schloß Friedrichshof ein. (Königin Sofie von Griechenland ist die Schwester von Landgräfin Margarethe von Hessen, beide sind Töchter der Kaiserin Friedrich.) – Der Gedanke, daß für die Mädchen auch eine gründliche Ausbildung notwendig ist, bricht sich immer mehr Bahn. Die Anzahl der Schülerinnen, die in eine Handelsschule übergehen, nimmt ständig zu. Auch für die nicht im Erwerbsleben stehende Frau ist eine gründliche Ausbildung notwendig, auch Töchter aus gut gestellten Familien müssen sich für den Lebenskampf vorbereiten.

Inserat der Woche:
Einfaches älteres Mädchen, auch im Nähen erfahren, als Stütze der Hausfrau gesucht.

6.5. Der neue deutsche Reichspräsident heißt Paul von Hindenburg. Auch die Cronberger haben ihn gewählt.

Inserat der Woche:
Zu dem Propagandaspiel auf dem Großen Feldberg am Sonntag ist am Samstagabend um 7.30 Uhr Abmarsch vom Vereinslokal. EFC Cronberg.

17.5. Der vergangene Sonntag war wieder einmal ein Verkehrstag erster Ordnung. Ein Zug am Morgen brachte allein 1100 Personen mit. In Cronberg wimmelte es von Ausflüglern. – Die Ernte der Kastenerdbeeren ist bereits im vollen Gang. Mit den ersten Freilanderdbeeren ist in den nächsten Tagen zu rechnen.

Inserat der Woche:
Achtung! Achtung! Am 2. Pfingstfeiertag machen wir einen großen Tanzausflug nach Eschborn. Jeder ist dazu herzlich eingeladen. Jazz-Kapelle Heist-Brech.

20.5. Herr Forstmeister Valentin feierte mit seiner Gattin das Fest der silbernen Hochzeit.

Inserat der Woche:
Wiedereröffnung der Kegelbahn! Für Gesellschaften noch Abende frei. Gottfr. Adam Weidmann.

31.5. Bei der Generalversammlung der Vereinsbank Cronberg wurde die Umwandlung in eine Genossenschaft mit beschränkter Haftung beschlossen. Die Umwandlung wird zum 30. Juni wirksam. – Die Reichspräsidentenwahl ergab in Cronberg 905 Stimmen für Hindenburg, 945 für Marx, 46 für Thälmann.

Inserat der Woche:
Wir machen darauf aufmerksam, daß bis zum 30. September die Straßen täglich bis 9 Uhr morgens gereinigt sein müssen. Zuwiderhandlungen werden bestraft. Die Pol.-Verw.

14.6. „Bad Kronthal GmbH", so heißt die in Frankfurt neu gegründete Firma, die das zusammengerissene, geplünderte Werk wieder aufbauen und die Quellen ausnutzen will. So wird das zum Schandfleck herabgewürdigte Kronthal hoffentlich bald wieder neu erblühen. – Die beiden Cronberger Hebammen, Frau Lehr und Frau Weigand konnten ihr 25-jähriges Berufsjubiläum feiern. Beide haben in dieser langen Zeit weit über tausend Kindern geholfen, das Licht der Welt unbeschadet zu erblicken. Beiden gelten unsere Glückwünsche.

Inserat der Woche:
Die angemeldeten Credite sind genehmigt und können bei unserem Schriftführer Josef Keil abgeholt werden. Handwerker und Gewerbeverein.

17.6. Die Erdbeerernte ist in vollem Gang und fällt sehr befriedigend aus. Die Vereine nützen die Gelegenheit und laden ihre Mitglieder zu einer Erdbeerbowle ein. – Die Vereinsbank (heute Frankfurter Volksbank; Anmerkung) wird in eine Genossenschaft umgewandelt.

Inserat der Woche:
Halbwüchsige schwarze Katze zugelaufen.

28.6. An der Deutschen Bergmeisterschaft der Radfahrer auf dem Drachenfels beteiligte sich auch August Flesch, Mitglied des Radfahrvereins „Victoria 1897" Cronberg. Er konnte als 5. durch das Rennen gehen. (August Flesch ist vielen Kronbergern noch gut bekannt. Das Fahrrad war nicht nur sein Hobby, es war sein

Beruf. Er betrieb in der Pferdstraße einen Fahrradhandel und eine Reparaturwerkstätte. Er hatte alle Hände voll zu tun. Nach seinem Tod führte seine Frau das Geschäft noch einige Zeit weiter. Wer Ärger mit seinem Fahrrad hatte, der ging zum „Flesche August", der reparierte auch die schwersten Fälle und die schlimmsten „Achter".)

Inserat der Woche:
Conservenfabrik Max Haasen AG, Bleichstr. 12 sucht noch Arbeiterinnen ab 14 Jahre.

1.7. Das diesjährige Feldbergfest wurde auf dem Truppenübungsplatz in Bad Homburg (an der Hardertsmühle) abgehalten.

Inserat der Woche:
Währen der Kirchweihtage: Andreas Schrodt – Spielwaren, Haushaltswaren. Beim Einkauf von 5 Mark ein Ballon gratis.

12.7. Trotz des regnerischen Wetters während der Kerb war der Besuch ein guter. Es ist aber ein Wunder, daß in der Hauptstraße nichts passierte. Durch die dicke Menschenmenge fuhren Autos und Motorräder hin und her. An den drei Haupttagen sollte die Hauptstraße für diese Vehikel gesperrt werden.

Inserat der Woche:
In den Cronberger Lichtspielen läuft der große Abenteurerfilm in sechs Akten „Der Reiter ohne Kopf" mit Harry Piel.

26.7. An der hiesigen Höheren Schule wird eine Konrektorstelle eingerichtet, welche dem wissenschaftlichen Lehrer Dr. Karl Schmoll übertragen werden soll. – Um den Wasserbedarf für den Hausverbrauch zu sichern, ist die Stadt wieder gezwungen, die Wasserleitung ab sofort bis auf Weiteres von abends 9 Uhr bis morgens 6 Uhr täglich abzustellen. – „Hände weg von unsrem Altkönig!" Auf dem Gipfel des Altkönigs soll ein Nationaldenkmal zur Erinnerung an die Gefallenen des Weltkrieges entstehen. Gegen diesen Plan wehren sich weite Kreise. Auch die Forstbehörden haben scharfen Widerspruch erhoben. Geschlossen haben die Wandervereine ein Veto eingelegt. Der Cronberger Handwerker- und Gewerbeverein sähe diesen Bau gerne, da man sich eine Belebung der heimischen Wirtschaft davon verspricht. (Zum Glück aber wurde der Widerspruch so massiv, daß von dem Plan Abstand genommen wurde, zuletzt waren es die Finanzen, an denen dann das ganze Projekt scheiterte.)

Inserat der Woche:
Adam's echter amerikanischer Kaugummi! Erfrischend und gesund. Zu haben in der Drogerie Bonn.

29.7. Das Wasser wird knapp! Die Stadt teilt mit, daß die Wasserleitung bis auf Widerruf ab sofort von abends 9 Uhr bis morgens 6 Uhr abgestellt wird.

Inserat der Woche:
Zuckerbirnen abzugeben. (Zuckerbirnen werden immer seltener. Sie waren früher sehr begehrt und wurden von Hausfrauen gerne eingemacht. Anm.)

9.8. Die Feldberghäuser sind in den Besitz des Hoteliers Carl August Hahn aus Cronberg übergegangen. Das alte Feldberghaus soll als Übernachtungshaus für Gäste mit höheren Ansprüchen eingerichtet werden. Die „Walküre" dagegen wird ein Touristenhaus. – Cronberg plant den Bau eines Luft- und Wasserbades. Auf einem 5 000 qm großen Grundstück an der Frankfurterstraße soll ein Schwimmbekken von 30 x 10 m entstehen. 25 Badekabinen für Herren und Damen sollen errichtet werden. (Wenig später wurde dieser Plan – zum Glück – aufgegeben. Ein so kleines Schwimmbecken wäre von Anfang an zu klein gewesen. Zwei Jahre später wurden neue Pläne gemacht, die dann in den Hasenwiesen auch verwirklicht wurden.)

Inserat der Woche:
Breitdreschmaschine mit Reinigung zu verkaufen oder gegen eine Kuh zu tauschen.

23.8. Der Radfahr-Verein „Viktoria 1897“ Cronberg errang bei dem großen Preiskorso des 42. Bundesfestes der Deutschen Radfahrer in Stettin in der Abteilung 4 den 1. Ehrenpreis mit 11.746 Punkten.

Inserat der Woche:
Wasch- und Lüsterjoppen zu enorm herabgesetzten Preisen. 6,50–8,50 Mark.

26.8. In der letzten Stadtverordnetensitzung wurde über die Bebauungspläne des Rathausgartens beraten. Auf halber Höhe soll als Verbindung zur Wilhelm-Bonn-Straße eine neue Straße entstehen. Sie wäre auch eine Entlastung für die Talstraße. (Aus den Plänen wurde nichts. Der Rathausgarten wurde parzelliert und als Kleingärten an Kronberger Bürger verpachtet, die über keinen Garten verfügten; Anmerkung).

Inserat der Woche:
Wir nehmen Bestellungen auf Gerauer Weißkraut an: Zirfaß, Mang, Engel. (Gerauer Weißkraut war zur Herstellung von Sauerkraut sehr beliebt; Anmerkung).

20.9. Die Polizeibehörde macht darauf aufmerksam, daß mit Eintritt der Dunkelheit Fahrräder und Fuhrwerke zu beleuchten sind. Dies trifft auch für alle auf öffentlichem Verkehrsgrund stehenden Fahrzeuge zu. Die Schutzmannschaft ist angewiesen, Zuwiderhandelnde anzuzeigen.

Inserat der Woche:
Falläpfel kauft jede Posten die Cronberger Konservenfabrik. Eventuell werden dieselben mit Auto abgeholt.

23.9. Der „Denkmalgedanke“, auf dem Gipfel des Altkönigs eine Gedenkstätte für die Gefallenen des Krieges zu errichten, ist zum Glück für immer begraben. Es gab heftigen Widerstand, genau wie gegen den Plan einer Straßenverbindung durch den Rathausgarten sowie dessen Bebauung.

Inserat der Woche:
Fässer jeder Größe, Obstpressen, fortwährend zu haben bei F.J. Schleiffer, Küferei.

4.10. Der Senior unserer Lehrerschaft, Herr Albert Plog, ist im Alter von 76 Jahren verstorben. Er kam 1887 als Lehrkraft an der privaten höheren Schule des Herrn Rektor Balzauweit nach Kronberg, auch als die Schule 1902 von der Stadt übernommen wurde, blieb er hier und schied erst im April 1921 aus dem Dienst. – Das Abturnen des MTV mußte der schlechten Witterung wegen in die Turnhalle verlegt werden.

Inserat der Woche:
Der moderne Damen-Hut! Elsbeth Krieger-Lesser empfiehlt fertig garnierte Filz-, Samt- und Moskin-Hüte.

18.10. Auch im Regierungsbezirk Wiesbaden verbreitet sich das Interesse für die Erhaltung von alten Fachwerkhäusern. Die Bezirkskommission zur Erforschung und Erhaltung der Denkmäler teilt mit, daß der Landesausschuß Mittel bereitgestellt hat, um bei der Renovierung von Fachwerkhäusern Zuschüsse gewähren zu können.

Inserat der Woche:
Betr. der schlechten Beschaffenheit der Landstraße zwischen Frankfurt und Cronberg werden alle Auto- und Fuhrwerksbesitzer und sonstigen Interessenten dringend gebeten, am Samstag abend um 8 1/2 Uhr im „Frankfurter Hof“ in Cronberg zu erscheinen.

1.11. Die evangelische Frauenhilfe führt auch in diesem Winter einen Nähkurs durch. Anmeldungen werden noch in der alten Schule auf dem Doppes entgegengenommen. – Die Neufassung der Kronthaler Quellen schreitet fort. Der Weiher vor dem Kurhaus wurde trokkengelegt. Die Stadt Cronberg wird mit 25 000 Mark in die Gesellschaft aufgenommen. – Der neue Wasserstollen an der Paulinen-Ruhe hat in kurzer Zeit mehr als 200 cbm Wasser gefördert. Die Stadt baut den Stollen in eigener Regie und hat so einigen Erwerbslosen Verdienst schaffen können.

Inserat der Woche:
Unser Stundenlohn für Waschen und Putzen beträgt 50 Pfennig mit Kost, ohne Kost 60 Pfennig. Die Cronberger Wasch- und Putzfrauen.

15.11. Der erste Schnee im Taunus! Viele Frankfurter Ausflügler kamen am Wochenende am Bahnhof Cronberg an. Rodeln und Skilaufen ist zwar nur am Nordhang des Feldberges möglich, doch macht auch das Wandern durch die Winterlandschaft großen Spaß. – Die in Weimar herausgegebene Zeitschrift „Der Nationalsozialist“ und die Illustrierte „Die Jugend“ dürfen im besetzten Gebiet in den nächsten drei Monaten nicht verkauft werden.

Inserat der Woche:
Hasen frisch eingetroffen. Friedr. Lorenz, Schönberg

29.11. Ein richtiger Rodelfesttag war der heutige Sonntag, nachdem bis gestern früh fast 30 cm Schnee gefallen war, setzte schon am Nachmittag ein reger Zuzug von Frankfurter Wintersportlern ein. – Die Beteiligung an der Kreis- und Kommunalwahl war sehr gering. In Cronberg erhielt die Deutsche Volkspartei die meisten Stimmen.

Inserat der Woche:
Ein Wagen Schafsmist zu verkaufen, daselbst ein junger Hund zu vergeben.

13.12. Ein Bataillon des englischen Regiments „Manchester“, das anstelle der bisherigen französischen Besatzung in Königstein in Garnison kommt, ist eingetroffen und hat seine Quartiere bezogen. – Am Sonntag wird in der katholischen Kirche das von der Cronberger Bildhauerin Hedwig Ostertag entworfene Grabdenkmal für die im Weltkrieg gefallenen Gemeindemitglieder eingeweiht.

Inserat der Woche:
Cronberger Lichtspiele! Wir zeigen den großen Film „Der Glöckner von Notre Dame“, in 8 Kapiteln. Jugendliche haben keinen Zutritt.

27.12. Ein paar Tage vor Weihnachten brach gegen 9 Uhr abends in der Eichenstraße bei Karl Herrmann ein Feuer aus. Im Stall war Heu in Brand geraten. Durch rechtzeitiges Eingreifen der Freiwilligen Feuerwehr war die Gefahr bald beseitigt. Der 2. Brandmeister, Philipp B. Kunz, der die Leitung der Löscharbeiten übernommen hatte, wurde plötzlich vom Schlag getroffen und verschied alsbald. Der so jäh aus dem Leben gerissene, allseits beliebte Mann war ein Muster treuer Pflichterfüllung. Er stand im 57. Lebensjahr. Viele Cronberger trauern mit seiner Familie um ihn. In den Reihen der Feuerwehr hinterläßt er eine große Lücke.

Inserat der Woche:
Zehnmarkschein verloren, Wiederbringer darf die Hälfte als Finderlohn behalten.

1926

10.1. Auch in diesem Jahr hat der preußische Minister des Innern alle karnevalistischen Umzüge und Veranstaltungen unter freiem Himmel verboten. Öffentliche karnevalistische Aufführungen jeder Art sind nur in geschlossenen Räumen zulässig.

Inserat der Woche:
Rodelklub Taunus! Bei günstigem Wetter finden am Sonntag die Rennen in den Klassen 2 und 3 und für Neulinge am Rothen Hang statt.

24.1. Der vergangene Sonntag brachte etwa 8 000 Frankfurter nach Cronberg, die im Taunus Wintersport treiben wollten. Leider waren die Schneeverhältnisse nicht besonders günstig. Das Rodelrennen um die süddeutsche Bezirksmeisterschaft mußte abgesagt werden. Das Geschäft der Wirte soll gut gewesen sein. – Das Rodelrennen soll am nächsten Sonntag auf der Nordbahn des Feldberges stattfinden.

Inserat der Woche:
Alle Frauen, die mit ihren Gasgeräten Unbequemlichkeiten haben, sollten die kostenlose Beratung des Gaswerkes in Anspruch nehmen.

7.2. Bei den südwestdeutschen Bezirks-Rodelmeisterschaften auf dem Feldberg waren die Cronberger sehr erfolgreich. Im Herren-Einzel gewannen Walter Kadel, Ernst Adam und Willy Möller die drei ersten Preise. Auch im Damen-Einzel wurden die drei ersten Plätze von Cronberg belegt. Siegerin wurde Fräulein Anna Lempp, auf die beiden nächsten Plätze kamen Fräulein Hilde Hahn und Käthi Eichenauer.

Inserat der Woche:
Klein-Auto (Hanomag) fast neu! 8 000 km gefahren, für 1600 Mark zu verkaufen.

21.2. Das Fortbestehen des Kreises Königstein, der wegen der durch ihn verlaufenden Grenze des besetzten Gebietes neu geschaffen wurde, ist nur noch eine Frage weniger Wochen. Da die englische Besatzungsbehörde kein Interesse an dieser Verwaltungs-Entwicklung des Obertaunuskreises hat, muß unsere Regierung dieser Angelegenheit selbst nähertreten.

Inserat der Woche:
Cronberger Lichtspiele zeigen: „Arabella“, der Roman eines Pferdes in 5 Akten.

7.3. Das Hotel „Schützenhof“, in früheren Jahren gut bewährt und besucht, ist mit Inventar von Herrn Hans Henrich, Sohn des Gastwirtes vom „Grünen Wald“, Philipp Peter Henrich, angekauft worden. – Der Velozipedklub in Frankfurt hat in seiner letzten Sitzung Herrn Fritz von Opel wiederum zum Trainer seiner Rennmannschaft ernannt.

Inserat der Woche:
Empfehle 1a Amerikanisches Fußbodenöl, per Bohnerwachs, Schuhfett, beste Qualitäten. Oskar Zerbst, Gr. Hinterstr. 6.

21.3. Die Schürfungsarbeiten am neuen Wasserstollen „Am Rothenhang“ haben einen erfreulichen Erfolg gezeitigt. Etwa 100 Meter unter der Oberfläche hat man einen ergiebigen Zulauf erschlossen. – Die Freiwillige Sanitätskolonne feierte ihr 25jähriges Jubiläum mit einem Unterhaltungsabend.

Inserat der Woche:
Der geehrten Einwohnerschaft von Cronberg zur gefäll. Mitteilung, daß mein Damensalon mit zwei, der Neuzeit entsprechenden Cabinen wieder eröffnet ist. Ich empfehle mich in Damenfrisieren, Schamponieren, Ondulieren, Manikür, Politur, Schönheitspflege, Schneiden

und Formen des modernsten Bubikopfes, Fritz Weigand, Hauptstr. 9

4.4. Der Oberkommandierende der Rheinarmee hat entschieden, daß die Benutzung von Verstärkerröhren mit einem Gitterstrom von über 0,02 Amp. im besetzten Gebiet nicht zulässig ist. – Der Frauenchor Cronberg unter der Leitung von Ernst Putscher wird zum ersten Mal mit einem Konzert an die Öffentlichkeit treten. (Dieser Chor bestand nur wenige Jahre. Er war dem Männergesangverein Cronberg angeschlossen, die Nachfolge des zweiten Männerchores in Kronberg hat der heutige „Taunuschor" übernommen. Anm.)

Inserat der Woche:
Vortrag für die Hausfrauen: „Der elektrische Strom im Haushalt als Mädchen für Alles". Es laden ein die Main-Kraftwerke Höchst.

18.4. Der Frankfurter Magistrat beschloß, seine Liegenschaften im Kronthal (Villa Waldau) zunächst dem Wohlfahrtsamt zur Verfügung zu stellen. Dort soll eine Siechenanstalt eingerichtet werden. – Nach dem vom Preußischen Landtag beschlossenen Gesetz wird die Hauszinssteuer (Preuß. Steuer-Notverordnung) mit Wirkung vom 1. April auf den neunfachen Betrag der staatlichen, vorläufigen Steuer vom Grundvermögen erhöht. (Die Hauszinssteuer wurde im Zweiten Weltkrieg abgeschafft. Allerdings mußten die Hausbesitzer hohe Ablösesummen zahlen.)

Inserat der Woche:
Landwäscherei mit Rasenbleiche! Empfehlen billigste und saubere Ausführung. Wäsche wird abgeholt. Förster, Niederhöchstadt.

2.5. Der Haushaltsplan der Stadt Cronberg für 1926 schließt mit einer Gesamtsumme von rund 1 Million ab, für 3666 Einwohner eine anständige Summe. Der größte Posten ist der Titel „Schulen".

Inserat der Woche:
Fleißiger, tüchtiger Gehilfe für Topfpflanzen und Gemüse gesucht. Obergärtner Hormel, vom Rathsche Gärtnerei.

16.5. Die englische Besatzungsbehörde gibt bekannt, daß ab 1. Juni bis auf weiteres auf dem Falkensteiner Schießplatz täglich Schießübungen stattfinden. Wegen der Gefahr ist es nicht erlaubt, die betr. Wege zu betreten, wenn neben den Wegweisern rote Fahnen angebracht sind.

Inserat der Woche:
Am 3. Pfingstfeiertag findet wieder der „Cronberger Wäldchestag" unter Mitwirkung des Muskvereins im Gasthaus „Zur Post" statt. Von vormittags 10 Uhr ab „Hammelkegeln". Es ladet ein Gottfried Ad. Weidmann.

30.5. Am nächsten Wochenende feiert der Cronberger Männergesangverein sein 50jähriges Jubiläum. Auf dem Festplatz im Winterschen Garten werden Vorkehrungen getroffen, um Sitzplätze zu schaffen. Das Schmücken der Häuser mit schwarzweißroten Fahnen war zunächst nicht erwünscht, inzwischen wurde dieses „Gebot" aufgehoben. Es darf also geflaggt werden.

Inserat der Woche:
Empfehle für Samstag und Sonntag Rehbraten und Rehragout. Jakob Schrodt, Gasthaus „Zum Löwen".

13.6. Die Einweihung der neugefaßten Quellen im Kronthal war eine große Sache. Viele Zuschauer aus Kronberg, Königstein und Frankfurt hatten sich eingefunden. Der neugeschaffene Platz macht einen sehr guten und gepflegten Eindruck. Nun ist es der Bevölkerung wieder möglich, unbeschadet ihr Wasser im Kronthal holen zu können, ein uraltes Recht, von dem die Kronberger gerne Gebrauch machen. Ehrengast bei der Einweihungsfeier war Frau Dina Weidmann, die lange Jahre hindurch im Kronthal als „Brunnenmädchen“ wirkte.

Inserat der Woche:
Corsett verloren. Abzugeben Eichenstr. 4.

27.6. Im Frankfurter Hof haben sich eine Dame und zwanzig Herren zusammengefunden zur Gründung eines Verkehrsvereins. (Die Aufgaben eines Verkehrsvereins wurden bis zum Ausbruch des Krieges vom Verschönerungsverein wahrgenommen, nach dem Krieg übernahm der Taunusklub diese Aufgaben, er führt seit dieser Zeit zusätzlich den Namen „Verschönerungsverein“.) Der neue Verein will den Kur- und Fremdenverkehr fördern.

Inserat der Woche:
Brause- und Wannenbäder zu jeder Tageszeit empfiehlt Jakob Krill, Eichenstr. 2.

12.7. Die Besatzungsbehörde teilt mit, daß das Durchqueren von Truppen-Kolonnen der Besatzungsmächte durch Zivilpersonen verboten ist und streng bestraft wird. Der neu gegründete Verkehrsverein zählt schon 60 Mitglieder, zum Vorsitzenden wurde Dr. Spielhagen gewählt. Der Verschönerungsverein und Taunusklub will mitarbeiten. (Die beiden Vereine arbeiteten Hand in Hand, der Verschönerungsverein war jedoch stärker etabliert, der neue Verkehrsverein machte nicht allzuviel von sich reden. Für den heutigen Verkehrsverein gilt der Verschönerungsverein als Ursprung. 1862 gegründet, kümmerte sich dieser Verein um die Gestaltung von Anlagen, um die Errichtung von Ruhebänken, um die Erstellung von Fremdenlisten, um die Werbung für Kronberg, kurz um alles, was dem heutigen Verkehrsverein auch noch obliegt. Anm.)

Inserat der Woche:
Graf Zeppelin spricht: „Ich hab es begonnen, Ihr sollt es vollenden!“ Graf Zeppelins Erbe zu erhalten ist Werk und Tat der deutschen Volksgemeinschaft. Tragt zur „Zeppelin-Eckener-Spende“ bei!

25.7. Zu einer Eifersuchtstragödie kam es in einem Hause in er Hainstraße. Ein Angehöriger der französischen Besatzungstruppe aus Algerien erschoß eine junge Frau, die seit kurzem wieder bei ihren Eltern in Cronberg wohnt. Sie lebte in Scheidung von ihrem Mann und Vater ihres dreijährigen Kindes. Der Algerier wollte auch seinem Leben ein Ende setzen. Schwer verletzt wurde er in ein Krankenhaus eingeliefert, wo er nach kurzer Zeit verschied.

Inserat der Woche:
Graue Kuhdecke verloren, abzugeben Steingasse 23.

8.8. Das auf dem Friedhof errichtete Ehrenmal ist fertiggestellt. Auf einer großen Metallplatte stehen die Namen von 112 Cronberger Söhnen, die für ihr Vaterland starben. Noch fehlt aber für die Kosten ein großer Betrag, die Bürgerschaft wird um Spenden gebeten. Der Musikverein stellt sich in den Dienst der guten Sache und veranstaltet im Schulgarten ein Konzert, um der Sammlung zu einem vollen Erfolg zu verhelfen.

Inserat der Woche:
Der moderne Bubikopf findet bei mir fachgemäße Behandlung, Heinrich Weigand, Eichenstr. 22.

22.8. Seit die Kronthaler Quellen wieder in Betrieb sind, hat auch das Begehren nach dem Wasser außerordentlich zugenommen. Man holt wieder seinen Haustrunk am Brunnen.

Inserat der Woche:
Handgesticktes Korbdeckchen verloren.

5.9. Die lang andauernde Trockenheit hat es mit sich gebracht, daß unsere alte Wasserleitung nicht mehr genügt. Seit längerer Zeit wird das Wasser des neuen Bürgelstollens dem Hochbehälter während der Nacht zugeführt. Die Zeiten des Wassermangels in trockenen Sommer- und Herbstzeiten sind nach menschlichem Ermessen vorbei. (Bis 1947, da herrschte so große Knappheit, daß das Wasser tagsüber gesperrt war. Anm.)

Inserat der Woche:
Aus meinem Garten am Bellersheim hat jemand vor Wochen eine 25sprossige Leiter entliehen. Wer mir sagt, wo sie liegt, erhält eine gute Belohnung. A.A.

19.9. Der neugegründete Verkehrsverein hat alle Vermieter von Zimmern zu einer Besprechung eingeladen. Dr. Spielhagen, der Vorsitzende des Vereins, zeigte sich enttäuscht über das geringe Interesse. – Am kommenden Sonntag feiert der Sanitätszug des Roten Kreuzes sein 25jähriges Jubiläum.

Inserat der Woche:
Brause- und Wannenbäder zu jeder Tageszeit empfiehlt Jakob Krill, Friseur, Eichenstr. 2.

3.10. Herr Carl Pross, der mehrere Jahre das Gasthaus „Zum Neuen Bau" mit gutem Erfolg betrieb, verläßt Cronberg. An seiner Stelle wird Herr Wilhelm Schulz aus Mainz die Bewirtschaftung übernehmen.

Inserat der Woche:
Täglich frisch geschossene Hasen empfiehlt Friedrich Lorenz, Schönberg.

17.10. Herr und Frau Heinrich Heist von hier in der Adlerstraße haben in der Tanzschule des Herrn Ballettmeisters Max Feretty zu Frankfurt die Tanzlehrer-Prüfung mit gutem Erfolg bestanden.

Inserat der Woche:
Ich eröffne heute die Kur-Pension „Haus am Nußbaum", Jaminstraße 8. Vornehmer Familien-Aufenthalt, Winterkurhaus – Zentralheizung, Besitzerin Frau L. Sänger.

31.10. Die sterblichen Überreste von Prinz Max von Hessen, der 1916 ein Opfer des Weltkrieges wurde, sind nach Cronberg überführt worden. Der Prinz war in Belgien bestattet worden, jetzt wird er in der Burgkapelle neben seinem Bruder Friedrich, der ebenfalls im Krieg fiel, beigesetzt.

Inserat der Woche:
Wärmflaschen und Leibwärmer, vernickelt und in Kupfer, von 6,20 Mark an. Gg. Maschke

14.11. Infolge Nebels und Motorschadens mußte in der Nähe der Weissen Maurer ein Überführungsflugzeug notlanden, wobei dasselbe erheblich beschädigt wurde. Personen waren nicht an Bord, der Pilot blieb unverletzt. Das Flugzeug wurde abmontiert und mit der Bahn nach Frankfurt geschafft.

Inserat der Woche:
Tüchtige Flickerin für feine weiße Wäsche sofort gesucht.

28.11. Der Dilettantenverein spielt wieder Theater. Auf dem Programm steht der Schwank „Familie Kulicke". Nach der Vorstellung wird getanzt. Während der Vorstellung ist das Rauchen höflich verbeten.

Inserat der Woche:
Zur „Weihnachts-Schau" sind Damen- und Kinderhüte ausgestellt bei Frau Diehl, Hauptstraße 11, Marg. Müller, Putzgeschäft, Doppesstraße 22.

11.12. 50jähriges Geschäftsjubiläum feierte das Haus Ludwig Anthes in der Pferdstr. 3. Das Kolonialwarengeschäft genießt in Cronberg einen guten Ruf. Obwohl von einer öffentlichen Feier Abstand genommen wurde, hatte sich doch eine große Zahl von Kunden und Freunden des Hauses zur Beglückwünschung eingefunden. (Das „Kolonialwarengeschäft Anthes" ist bei vielen Kronbergern noch in guter Erinnerung. Sein letzter Besitzer, Jakob Anthes, war auch im öffentlichen Leben sehr engagiert. In vielen Vereinen war er Mitglied, er wirkte im Vorstand der evangelischen

Kirchengemeinde mit, er war Mitglied des Aufsichtsrates der Volksbank. Kinder kauften besonders gern bei ihm ein, gab es doch immer ein paar „Gutsjer". Jakob Anthes setzte auch eine Familientradition fort, er röstete den Bohnenkaffee selbst. Anm.)

Inserat der Woche:
Schneider geht ins Haus arbeiten auf Herren-, Damen- und Kinderbekleidung, pro Tag 4 Mark.

30.12. Seine bischöfliche Gnaden haben dem Jubelpriester, Herrn Pfarrer Franz Schaller zu Cronberg, den Titel und Rang eines Geistlichen Rates verliehen.

Inserat der Woche:
Café und Restaurant Messer im Reichenbachtal ladet zum Schlachtfest ein. Für gemütliche Unterhaltung ist gesorgt. (Das Café Reichenbachtal war in den früheren Jahrzehnten ein gern besuchtes Ausflugslokal.)

LIES DEINE LOKALZEITUNG

1927

9.1. Die Stadt hat die Vergnügungssteuer für Maskenbälle und karnevalistische Veranstaltungen erhöht. Die Vereine müssen 40% des Eintrittspreises an die Stadt abführen. Schon erwägen die Käwwern, ihre sämtlichen Veranstaltungen in den Kaiserhof in Schönberg zu verlegen, da es dort keine Steuererhöhung gibt. Nach heftigem Protest der Vereine gab die Stadt nach und erhebt nun Pauschalbeträge. Auf diese Weise entfällt die unbequeme Beaufsichtigung der Kartenausgabe durch einen Polizeibeamten. Bei den Pauschalbeträgen werden die Zahlen aus dem Vorjahr zugrunde gelegt.

Inserat der Woche:
Das Lied „Ich hab mein Herz in Heidelberg verloren..." ist in Noten und in Platten für Sprechapparate zu haben.

23.1. Die Freiwillige Feuerwehr hielt ihre Jahresversammlung ab. Von 85 aktiven Mitgliedern waren 74 anwesend. Der Jahresbericht zeigte, daß im Jahre 1926 die Wehr nicht ein einziges Mal alarmiert wurde. Es gab keinen Brand zu bekämpfen. Eine erfreuliche Tatsache.

Inserat der Woche:
Kinder-Lodenkapuze verloren. Der Finder wird um Rückgabe gebeten.

6.2. Im Jahre 1926 wurden 46 Geburten registriert, 29 Sterbefälle und 34 Trauungen. Es wird nach und nach immer mehr von Entbindungen in einer Klinik Gebrauch gemacht. So kommt es, daß die Geburtenzahl nicht ganz stimmt, denn in Kronberg gibt es nur im Kaiserin-Friedrich-Krankenhaus eine Entbindungsstation, so gehen immer mehr Mütter nach Frankfurt oder Bad Homburg.

Inserat der Woche:
Sägemehl zum Streuen preiswert abzugeben.

20.2. Der Taunusklub und Verschönerungsverein hielt seine Jahreshauptversammlung ab. Dabei zeigte sich wieder die gute Zusammenarbeit beider Vereine, die seit 1920 fusioniert sind. Vor allem ist man bestrebt, den Fremdenverkehr in Cronberg zu fördern. – Zu Fastnacht werden in Cronberg acht Maskenbälle veranstaltet und zwar in den Sälen des Frankfurter Hofs, des Schützenhofs, im Adler, Grünen Wald und im Kaiserhof zu Schönberg.

Inserat der Woche:
Während der Maskenbälle am Sonntag und Dienstag nacht ist mein Café geöffnet. (Es war eine liebe Gewohnheit, nach der Demaskierung – oder auch schon vorher – im benachbarten Café zu Kaffee und Kreppel einzukehren. Anm.)

6.3. Die Wasserschürfungs- und Bauarbeiten am neuen Stollen im Rothen Hang können als abgeschlossen betrachtet werden. Der 730 m lange Gang in den Berg ist durch eine Staubtüre abgedichtet und füllt sich mit Wasser. Es entstand dadurch ein Reservoir, das bedeutende Wassermengen enthält und den Bedarf von Cronberg und weit darüber hinaus versorgt. (Doch schon während des zweiten Weltkrieges und die ersten Jahre danach hatten die Kronberger unter empfindlichem Wassermangel zu leiden, zeitweilig mußte die Leitung abgestellt werden. Anm.)

20.3. Das in Schönberg gelegene Heim des Frankfurter Vereins für Ferienkolonien wird versuchsweise als „Waldschule" genutzt. Ab 1. April werden 120 Kinder je drei Monate lang dort untergebracht, die Schule wird auch im Winter genutzt. (Wenige Jahre später übernahm Dr. Wilhelm Michels das Haus, er unterhielt dort ebenfalls eine Schule, im Kriege wurde diese Schule als Schülerheim des Kronberger Gymnasiums genutzt. Der Name

„Waldschule" ist bis heute geblieben, obwohl sich dort seit langer Zeit keine Schüler mehr aufhalten. Anm.)

Inserat der Woche:
Einladung zur Teilnahme an meinen Photo-Unterrichtskursen. Adolf Neubronner, Hauptstr. 16.

3.4. Die Stadt macht darauf aufmerksam, daß in den Sommermonaten die Friseurgeschäfte an Sonntagen nur von 8–11 Uhr offengehalten werden dürfen. Alle Personen, die nach 11 Uhr kommen, dürfen nicht mehr bedient werden. – Die Gastwirtschaft „Zum Weinberg" wird von Fritz Haas weiter bewirtschaftet. Die Familie Krieger hatte bisher die Wirtschaft inne, Fritz Haas ist ein Nachkomme. Der alte Wirt Krieger wurde bei den Cronbergern auch gern „Schlabberwerd" genannt, wahrscheinlich trug er stets Hausschuhe oder Schlabber.

Inserat der Woche:
Vieh-Lebertran für Ferkel zu haben bei Oskar Zerbst, Gr. Hinterstr. 6 (heute an der Stadtmauer).

15.4. Der Wetterbericht meldet für das bevorstehende Osterfest (16. und 17. April) Schneefälle und Nachfröste.

Inserat der Woche:
Es wird darauf aufmerksam gemacht, daß in den Königsteiner Lichtspielen der größte Film der Welt, „Die Wolgaschiffer", läuft. Ein Schauspiel in elf spannenden Akten, unter gütiger Mitwirkung eines Quartetts des Männergesangvereins Concordia.

18.4. Die Cronberger haben sich längst wieder daran gewöhnt, daß sie ihren „Haustrunk" seit einem Jahr wieder bequem beschaffen können. Schon im vergangenen Sommer konnte man, vor allem in den Abendstunden, ganze Familien ins Kronthal wandern sehen, bewaffnet mit vielen Flaschen und Krügen. Auch mit Handwagen fuhr man vor. Die Quellenanlage ist wieder für den Sommer gerüstet, die Anlage und Beete sind gut gepflegt. Es wird noch einmal ausdrücklich darauf hingewiesen, daß das Abfüllen in Original-Kronthalerwasser-Flaschen nicht erlaubt ist. Zuwiderhandlung wird bestraft. Die Flaschenkorken müssen gut befestigt werden, sie fliegen wegen der Kohlensäure nur allzu schnell davon.

Inserat der Woche:
Bin zur Frankfurter AOK zugelassen. Karl Fried, Dentist.

29.4. Die Stadt Kronberg gibt einen „Führer von Cronberg" heraus. Die Polizeibeamten sind mit dem Einsammeln der Anzeigen-Manuskripte beauftragt.

Inserat der Woche:
200 Ztr. Kuhmist zu verkaufen!

2.5. Fräulein Dina Weidmann, das langjährige Brunnenmädchen im Kronthal ist im Alter von 67 Jahre gestorben. – Der Versuch, Ortsgespräche zugunsten von Ferngesprächen nicht mehr zu trennen, hat sich nicht bewährt. Beim Vorliegen einer Fernverbindung wird also wieder, wie früher, jedes Ortsgespräch getrennt. (Es tönte dann in den Hörer: Bitte unterbrechen Sie Ihr Gespräch, Sie werden von auswärts verlangt!)

Inserat der Woche:
Schaufärben! Am Dienstag und Mittwoch wird in meinem Geschäft das Färben von Stoffen und Kleidungsstücken vorgeführt. Drogerie Eduard Bonn

13.5. Ab 15. Mai gehen die Uhren der Reichsbahn nach der neuen Vierundzwangzigstundenzeit.

Inserat der Woche:
Lassen Sie sofort Ihr Zifferblatt umändern! Preis 1 Mark. Uhrenhaus Lohmann

15.5. Das Uhren- und Goldwarengeschäft von Heinrich Lohmann (heute Fehn) ist in die Hände seines Sohnes Wilhelm Lohmann übergegangen. Zu gleicher Zeit wurde das Kurz-, Weiß- und Wollwarengeschäft im selben Hause aufgegeben. In diesen Räumen hat Wilhelm Lohmann ein Zigarren-Spezialgeschäft eröffnet. (Heute wird das Geschäft von Frau Quandt betrieben.)

Inserat der Woche:
Der Sommer-Fahrplan ist nach der neuen 24-Stundenzeit eingerichtet. Lassen Sie sich von mir für 1,– Mark Ihr Zifferblatt umändern. Wilh. Lohmann

29.5. Auf der Süddeutschen Hotel- und Gaststätten-Ausstellung mit Kochkunst in Würzburg wurde das Kronthaler Wasser mit einer Goldmedaille ausgezeichnet.

Inserat der Woche:
Gritzner- und andere Markenfahrräder Karl Weidmann, Hainstraße 7a.

10.6. Am 5. Juni war die feierliche Eröffnung des Waldcafés am neuerbauten Bürgelstollen. Der Pächter ist Gf. Eichenauer. Bei schönem Wetter wird diese neue Ausflugsgaststätte sicher ein lohnendes Ziel für die Taunuswanderer.

Inserat der Woche:
Bohnenstangen, gebündelt, 10 Stück 95 Pfg.

12.6. Das Pfingstfest machte seinem Namen als „Liebliches Fest“ wenig Ehre. Die Feiertage waren kühl und verregnet. – Am Sonntag feiert der Oberhöchstädter Turnverein sein 50jähriges Bestehen, verbunden mit dem Gau-Sport-Fest. Es wurde ein neuer Sportplatz mit Rundbahn geschaffen. Der hiesige MTV wird sich an der Feier und den Wettkämpfen beteiligen.

Inserat der Woche:
Der beste Gehilfe der Hausfrau bleibt das Gas.

24.6. Die Erdbeerernte ist in vollem Gange. Jetzt werden vor allem die späten Sorten geerntet. Unter anderen vor allem die dickfleischige „Madame Mouto“, von den Cronbergern „Korbfüller“ genannt, weil sie so dick sind und infolgedessen die Körbchen schnell gefüllt sind.

Inserat der Woche:
Erdbeerpapier in jeder Dicke und Preislage.

26.6. Der Radfahrer-Verein „Victoria“ feiert sein 30jähriges Bestehen. Aus Anlaß dieses Jubiläums wurde dem Verein die Austragung der diesjährigen Bergmeisterschaft des Gaues Frankfurt übertragen. Zugleich fand eine Sternfahrt nach Cronberg statt.

Inserat der Woche:
Zum Volks-Photo-Tag am 26. Juni: Photographische Aufnahmen aller Art zu mäßigen Preisen. Adolf Neubronner

8.7. Ab 1. Juli wurde in Oberhöchstadt eine Postagentur mit einfacherem Betrieb eingerichtet.

Inserat der Woche:
Elektrischer Schellen-Druckknopf verloren!

10.7. Die regelmäßig wöchentlichen Vergnügungsfahrten mit dem Automobilbus, die im vorigen Jahr vom Verkehrsverein veranstaltet wurden, sollen wieder beginnen. Seither war die Witterung noch ungeeignet. Anmeldungen werden am Büffet des Frankfurter Hofes entgegengenommen. Das Ziel jeder Fahrt wird im „Cronberger Anzeiger“ bekanntgegeben. – Wer gemütlich tanzen wollte, der ging am Kerbemittwoch aus, denn dann sind die Cronberger immer unter sich. Im Tal ging es auch wieder hoch her, dort feierten die Täler ihre eigene Kerb, ebenfalls ganz unter sich. Mit dem Erdbeergeld läßt es sich gut feiern.

Inserat der Woche:
Auch zur Nachkirchweih empfehle ich mein reichliches Lager an Strümpfen. Susanne Sauer, Doppesstraße 11.

22.7. Am 12. Juli wurde die neu eingerichtete Landeskinderheilstätte Mammolshain feierlich eröffnet. Anwesend waren Vertreter des Ministeriums, der Reichsregierung, der Regierungspräsident und sämtliche Landräte der Provinz Hessen-Nassau. (Die Heilstätte entstand durch den Umbau der Villa May, sie ist bestimmt als Klinik für tuberkulosekranke Kinder, sie kann 80 Kinder und Jugendliche aufnehmen).

Inserat der Woche:
Original Kieler-Anzug für 15jährigen Knaben abzugeben.

24.7. Bis jetzt hatten wir zwar kein ideales Sommerwetter, waren jedoch von schweren Wettern verschont geblieben. Doch jetzt ging ein schweres Gewitter mit Hagelschlag nieder, die Schäden sind sehr groß, vor allem bei dem Getreide und an den Obstbäumen. – Die Cronberger Konservenfabrik, das frühere Restaurant Hahn (Kronberger Hof), das in den letzten Jahren öfter den Besitzer wechselte, ist jetzt an Herrn Carl Junghans aus Heidelberg übergegangen. Er will das Anwesen als Kurhaus-Restaurant herrichten und damit einen feinen Kino-Betrieb und eine Kunstfeuerwerkerei verbinden.

Inserat der Woche:
Lastkraftwagen, Obstkelter mit Motor, billig zu verkaufen. Cronberger Konservenfabrik.

5.8. Cronberg hat ein Kurhaus! Der Pächter der bekannten Gastwirtschaft Hahn (heute der „Kronberger Hof") läßt das Gebäude als Kurhaus-Restaurant herrichten, mit Kino-Betrieb, Kurkonzerten usw. Anläßlich der Eröffnung am 13.8. soll ein großes „Metall-Feuerwerk" nach italienischer Schule stattfinden.

Inserat der Woche:
Annahme von Herrenstärkewäsche: Großwäscherei Frauenlob!

7.8. Bisher warne die Fahrten des Verkehrsvereins immer gut besetzt, die letzte Fahrt konnte jedoch wegen geringer Beteiligung nicht durchgeführt werden. Deshalb sollen in Zukunft nur noch Automobilomnibustouren veranstaltet werden, wenn sich Gruppen in genügender Anzahl rechtzeitig melden.

Inserat der Woche:
Kurhaus Cronberg! Einige sehr intelligente junge Leute als Kellervolontäre gesucht.

19.8. Backwaren dürfen nicht vor 7 Uhr morgens ausgetragen werden. Das gilt auch für Zwischenhändler. Die Polizei ist angewiesen, streng auf die Einhaltung der Bestimmung zu achten.

Inserat der Woche:
Kleines kariertes Kinderhöschen in der Tanzhausstraße verloren.

21.8. In der Nacht zum 15. August brannte das an der Landstraße Königstein-Reifenberg gelegene bekannte Restaurant „Rotes Kreuz" vollständig nieder. Als Brandursache wird Blitzstrahl vermutet. Da eine ausreichende Wasserleitung nicht vorhanden ist, mußte das Wasser mühsam herbeigetragen werden. So konnte man das völlige Abbrennen des Gebäudes nicht verhindern.

Inserat der Woche:
Die Schüler der Berufsschule werden hierdurch letztmalig aufgefordert, den Unterricht pünktlich zu besuchen. Dauerndes Zuspätkommen sowie Versäumnis ohne genügende Entschuldigung wird polizeilich bestraft. Der Magistrat Küchler. (Der Berufsschulunterricht fand in den frühen Abendstunden statt, so nannte man die Absolventen auch „Abendschüler".)

2.9. Bei dem Gau-Wertungssingen des Main-Taunusgaues erhielt die Gesangsriege des MTV in der Klasse bis zu 40 Sängern die Note „Sehr gut". Die Gesangsriege steht unter der Leitung von Kapellmeister Hiege. (Im Jahre 1933/34 gab die Gesangsriege ihre Arbeit auf. In der Geschichte des Männerturnvereins war die musikalische Riege bei Abendunterhaltungen und Theateraufführungen bei Schauturnen und bei Gedächtnisfeiern immer maßgeblich beteiligt.)

Inserat der Woche:
Gut erhaltenes Sofa, auch zum Schlafen preiswert!

11.9. Am „Kunz-Plätzchen" fand ein Promenadenkonzert statt, das von der Kapelle der ehemaligen 81er in Frankfurt unter Leitung des Herrn Jacob Brech veranstaltet wurde. Damit wurde der 86jährige Stadtechniker und Erbauer des Platzes, Heinrich Christian Kunz geehrt. – Die Mirabellenernte ist zu Ende, sie hat große Hoffnungen enttäuscht. Der andauernde Regen ließ die Früchte nicht zur Reife kommen, der Preis war sehr gering, für das Pfund wurden nur 15 Pfennige gezahlt.

Inserat der Woche:
Lohn-Trocknung von feuchtem Getreide übernimmt das Kornhaus Hanau.

16.9. Bei einem gut besuchten Heimatabend las der bekannte und beliebte nassauische Heimatdichter Rudolf Dietz aus seinen Werken. Seine Dichtungen sind Gedanken reinen Volkstums und verdienen große Beachtung.

Inserat der Woche:
Die kluge Hausfrau nimmt das „Reichseinkochglas"!

25.9. Der Kappenklub beginnt sein 25jähriges Jubiläum mit einem Fackelzug durch Cronberg, an dem sich die hiesigen Vereine beteiligten. – Eine besondere Filmvorführung gab es im neuen Kurhaus (Kronberger Hof) es wurde „Der Jäger von Fall" gezeigt. Anschließend tanzte Mia Caloni im Feuerregen.

Inserat der Woche:
Radfahrer-Verein „Germania 1904": heute abend Saalfahren im Schützenhof.

30.9. Der Margaretentempel im Viktoriapark wird 25 Jahre alt. In enger Zusammenarbeit mit dem Taunusclub und dem Verschönerungsverein wurde der Tempel feierlich seiner Bestimmung übergeben. Zum Margaretentempel: Es war einer von vielen in Kronberg und stand im Viktoriapark, da wo heute die Taunusstraße verläuft. Der Margaretentempel hat seinen Namen nach der verstorbenen Landgräfin von Hessen, die bekanntlich eine Tochter der Kaiserin Friedrich war. Die Kronberger Tempel waren eine schöne Sache. Vor allem an den Sonntagen pilgerten die Familien zu irgendeinem der Tempel. Ganz gleich, welchen man ansteuerte, sie waren alle gleich beliebt. Da gab es zunächst den „Kannegießer-Tempel" im Kaiser-Friedrich-Park. Er steht im Gerüst heute noch, oberhalb des Minigolf-Platzes. Wer etwas weiter spazierengehen wollte, besuchte den Margaretentempel. Er war auch bei den Kindern beliebt, denn es gab einen großen Platz zum Spielen, während die Eltern gemüglich auf den Bänken ringsum ein Schwätzchen hielten. Ein wenig weiter hinauf, auf dem Weg zum Bürgelstollen, stand rechts im Wald der „Meister-Tempel", benannt nach einem der Mitbegründer der Farbwerke Hoechst. (Er war der Urgroßvater von Walther Leisler-Kiep). Ganz oben im Wald gab es den Viktoria-Tempel, benannt natürlich nach der Kaiserin Friedrich. Er ist der einzige Tempel, der übrig blieb und dank der Schmiedeberger wieder ein Schmuckstück Kronbergs wurde. Von dort oben hat man einen herrlichen Blick über Kronberg und den Vortaunus. Zu erwähnen wäre noch die Mertonhütte in Schönberg, die, wie alle Holztempel, nach dem Kriege nach und nach in die Öfen der frierenden Anwohner wanderten. Hauptsächlich wichtig aber waren die Tempel für die jungen Leute, vor allem für jungverliebte Paare. Es gab eine allgemeine Ansicht: Anfänger gingen zum Kannegießer-Tempel, ganz Verliebte liefen bis zum Meister- oder Viktoria-Tempel. Sicher ist eines: Wenn sie alle erzählen könnten! Wieviel Liebeschwüre mögen sie wohl belauscht haben? Ängstliche Mädchen gingen in den letzten Jahren nicht besonders gern zum Margaretentempel. Er war ein beliebter Platz für Selbstmörder geworden. (HF)

9.10. Der Athleten-Klub Schönberg (Vorläufer der heutigen TSG) veranstaltet am Sonntag mit einigen auswärtigen Vereinen Wettkämpfe im Ringen, Boxen, Stemmen und Turnen. Anschließend ist Gelegenheit zum Tanzen.

Inserat der Woche:
Der Gesangverein „Liederkranz" lädt zur Aufführung des Bühnenwerkes „Preciosa" von Wolff-Weber ein.

18.10. Wie in Königstein durch Anschlag bekanntgegeben, erfolgt die Besatzungs-Verminderung zu Beginn des November. Es wird das dort garnisonierende Manchester-Regiment abtransportiert und durch Schottländer ersetzt. Das Schottländer Regiment wird um ein Drittel geringer sein als die bisherige Besatzung.

Inserat der Woche:
Viehlebertran für Ferkel zu haben bei Oskar Zerbst, Gr. Hinterstr. 6.

23.10. Ein Opfer seines Berufes wurde der 36jährige Feldpolizeibeamte Georg Haas. Er kam mit drei englischen Soldaten in Konflikt, die über ein Privatgrundstück zum Talweg gekommen waren. Haas wollte die Personalien der Engländer feststellen und erhielt dabei von einem der Soldaten einen Stoß gegen die Brust, sodaß er rückwärts zur Erde fiel. In bewußtlosem Zusand wurde er ins Krankenhaus gebracht, wo er noch in der Nacht verschied. Die Engländer entfernten sich und konnten erst am nächsten Morgen ermittelt werden. Die Obduktion ergab, daß Haas an den Folgen eines Schädelbruches starb. Haas war Stadtverordneter, Mitglied der SPD, des Gesangvereins „Liederkranz" und der Freien Turngemeinde.

Inserat der Woche:
Empfehle mein Lager an Polyphon- und Grammophon-Apparaten, erstklassige Marken-Sprechmaschinen. Eine große Auswahl von Platten. Wilhelm Lohmann

28.10. Aus dem Rathaus: Cronberg soll ein Schwimmbad erhalten! Man ist bereits mit den Vorarbeiten beschäftigt, um auf den Hasenwiesen eine Badeanlage zu schaffen!

Inserat der Woche:
Zughund für 5 Mark zu verkaufen in Oberhöchstadt.

6.11. Die beiden englischen Besatzungssoldaten, die von Feldhüter Haas beim Betreten eines Privatgrundstücks angetroffen wurden und demselben dabei einen Stoß versetzten, standen vor dem englischen Kriegsgericht in Wiesbaden. Das Gericht erkannte auf Freispruch. Die Soldaten hätten sich von Haas bedroht gefühlt und deshalb in Notwehr gehandelt. Als Todesursache bei Georg Haas hat der Arzt festgestellt, daß dieser durch den Stoß in den Leib ohnmächtig wurde und die tödliche Schädelverletzung erst beim Fall erlitt.

Inserat der Woche:
Zu kaufen gesucht ein gebrauchter Werkstattofen.

11.11. Aus dem Rathaus: Wir machen darauf aufmerksam, daß das Feld in der Zeit vom 1. November 1927 bis 28. Februar 1928 von 6 Uhr abends bis 7 Uhr morgens geschlossen ist und nicht betreten werden darf. gez. Schwinn, Bürgermeister

Inserat der Woche:
Ehrlicher Junge oder Mädchen zum Milchaustragen gesucht.

20.11. Der neue Verkehrsverein hat einen hübschen Reklame-Prospekt herausgegeben, der auf sechs Seiten Bilder mit Text von Cronberg in kleinem, handlichen Format bringt. Er steht allen Cronberger Einwohnern, die an Fremde vermieten, zur Verfügung. Die Vereinsbank (spätere Volksbank) gibt diese Druckschrift heraus.

Inserat der Woche:
Wer noch Erdbeeren zu graben hat, wende sich an Lotter, Eichenstr. 17.

25.11. Am morgigen Samstag, 26. November, eröffnet der Wirt vom Gasthaus „Zur Post", (bei den Cronbergern allgemein als „Keechelbahn-Friedel" bekannt), seinen neuerrichteten Saalbau mit einem großen Ball. (Dieser Saal wurde bis Anfang der sechziger Jahre von den Kronberger Vereinen zu ihren geselligen Veranstaltungen viel genutzt. Leider steht er heute nicht mehr zur Verfügung.)

Inserat der Woche:
Weiße Gans entflogen! Wiederbringer erhält Belohnung.

4.12. Vor einigen Tagen feierte das Ehepaar Heinrich Christian Kunz das Fest der Diamantenen Hochzeit. Kunz war lange Jahre hindurch Stadttechniker in Cronberg und machte sich vor allem um den Bau der Kanalisation verdient. Er errichtete auch den kleinen Aussichtsplatz am Rand des Kaiser-Friedrich-Parks an der Hainstraße. Dieser kleine Platz erhielt nun durch Magistratsbeschluß den Namen „Kunz-Platz", (den die Cronberger schnell in „Kunze Plätzche" umbenannten.)

Inserat der Woche:
Das Neueste: Raumheizung mit Gas!

9.12. Es wird daran erinnert, daß in der Adventszeit die Veranstaltung öffentlicher Tanzlustbarkeiten verboten ist. Das Verbot erstreckt sich auch auf Vereine und geschlossene Gesellschaften! (So streng waren damals die Bräuche!)

Inserat der Woche:
Die Eisbahn am Kaiser-Friedrich-Denkmal ist eröffnet. Bahngeld 25 Pfg. Kinder und Erwerbslose 10 Pfg. Der Verkehrsverein

18.12. Der Winter ist da! Der Weiher am Kaiser-Friedrich-Denkmal ist wieder als Schlittschuhbahn freigegeben worden. Das Bahngeld beträgt für Erwachsene 25 Pfg. für Kinder 10 Pfg. – Wagnermeister Jakob Henrich baut derzeit für die Sanitätskolonne des Roten Kreuzes einen Transportschlitten, der den gleichzeitigen Transport von zwei Verletzten ermöglicht. Dieser Schlitten soll im Winterdienst auf dem Fuchstanz eingesetzt werden.

23.12. Schlechte Weihnachtsfeiertage kommen auf uns zu! Überall herrscht Tauwetter, es ist regnerisch und trüb und wird noch einige Tage so bleiben, so daß der Ausflugsverkehr in den Taunus wohl darunter leiden wird.

Inserat der Woche:
Für Neujahr zu empfehlen: Die beliebten Stutzwecken. Zu haben in sämtlichen Cronberger Bäckereien.

31.12. Schlechte Weihnachtsfeiertage liegen hinter uns. Es war trüb und regnerisch, der Touristenverkehr war gleich null. Leider liegt auch zum Jahreswechsel kein Schnee.

Inserat der Woche:
Frischer Pferdemist, per Zentner 60 Pfg. (Pferdemist war in Kronberg früher sehr gesucht, vor allem im Frühjahr, war er doch die „Grundlage" des Erdbeeranbaus, denn er eignet sich am besten, die jungen Pflanzen und später die heranreifenden Früchte vor Bodenfrost und Nässe zu schützen.)

1928

6.1. Der Neujahrstag hat sich mit sonnigem Wetter eingeführt. Leider bot der Taunus mangels Schnee keinerlei Sportmöglichkeiten.

Inserat der Woche:
Junger Mann, der das Kellnerieren erlernen will, für sonntags gesucht.

15.1. Im Jahre 1927 wurden auf dem Standesamt 41 Geburten, 31 Trauungen und 35 Todesfälle registriert.

Inserat der Woche:
Sparkasse des Katholischen Gesellenvereins, erste Einzahlung am Samstag.

20.1. Die Bäume an der Landstraße nach Königstein sind in Gefahr! Sollten diese Bäume wirklich gefällt werden, dann würde das Landschaftsbild erheblich zerstört werden. Es muß daher energisch dagegen Einspruch erhoben werden. (Das geschah damals auch mit Erfolg, aber 1968 fielen die Bäume dennoch der Straßenerweiterung zum Opfer. Jedenfalls war der Widerspruch damals ein Zeichen dafür, daß man in punkto „Umweltschutz" auch vor 50 Jahren nicht geschlafen hat!)

Inserat der Woche:
Knochenmühle zu kaufen gesucht!

29.1. Die Leiche des Arbeiters P. Müller aus Oberhöchstadt, der am 27. November 1927 seine Braut im Felde (Trieser Heide) ermordete, ist bei Niederrad aus dem Main geländet worden. Anhand seiner Kleidungsstücke konnte die Leiche erkannt werden.

Inserat der Woche:
Deutsche! Trinkt deutschen Wein!

12.2. Die Vereine laden zu ihren Maskenbällen ein, im Frankfurter Hof, im Schützenhof, in der Post und im Adler ist an allen drei Tagen Betrieb. Der MTV lädt zu „Modenschau im Orient" ein, der MGV 1860 veranstaltet eine „Studentenfeier in Heidelberg", die Käwwern veranstalten ein „Leben und Treiben im städtischen Schwimmbad", die Kappen tanzen zwischen „Nord- und Südpol". Fassenachtsveranstaltungen gibt es auch im Grünen Wald und im Neuen Bau. Die Cafes Jahn, Zimmermann und Zibold haben an den drei Tagen bis in die frühen Morgenstunden geöffnet. Auf zur Fassenacht, in Cronberg wird viel geboten!

Inserat der Woche:
Nach dem Maskenball zum Frühschoppen! In allen Gastwirtschaften gibt es frischen Solber und Hausmacher Wurst.

17.2. Am 14. Februar verschied im hohen Alter von fast 86 Jahren der langjährige Förderer unserer Gemeindeangelegenheiten Heinrich Chr. Kunz. Er war jahrzehntelang Stadtbautechniker und maßgeblich beteiligt am Bau der ersten Wasserleitung, an den Schürfungen im Kellergrund und dem Bau der Kanalisation. Er schuf auch den kleinen Aussichtsplatz gegenüber der Villa Schreyer in der Hainstraße. Dieser kleine Platz erhält zu seinem Andenken den Namen „Kunz-Platz". (Die einheimischen Kronbergs machten schnell „E Kunze-Plätzi" daraus und erkoren es zu einem beliebten Treffpunkt junger Liebespaare.)

Inserat der Woche:
Der allgemeine Stundenlohn für Feld- und Gartenarbeit mit Kost beträgt 0,50 Mark. Die Arbeitsfrauen von Cronberg.

26.2. Der Radfahrerverein „Viktoria 1897" hielt seine Jahreshauptversammlung ab. In diesem Jahr wird der Cronberger Verein die Gaumeisterschaft austragen und wird solche im Juni stattfinden.

Inserat der Woche:
Schumann-Theater Frankfurt. Ab Samstag Anna Pawlowa mit ihrem Ballettensemble von über 50 Tänzern und Tänzerinnen.

3.3. Herr Ernst Putscher, ein in Sängerkreisen bekannter Dirigent und Leiter des hiesigen evangelischen Kirchenchores, hat den ehrenvollen Ruf als Professor für Musikwesen an die Universität Kogoschima in Japan erhalten, Herr Putscher wird in Kürze mit seiner Familie die deutsche Heimat verlassen.

Inserat der Woche:
Der moderne „Bubikopf" findet eine sachgemäße Behandlung.

11.3. Am Sonntag wird der Marienverein das im November mit großem Erfolg aufgeführte indische Drama „Anouda – Die Braut des Maharadscha" in Neueinstudierung auf die Bühne bringen. Der Reinertrag ist für die Krankenpflegestation der Barmherzigen Schwestern bestimmt.

Inserat der Woche:
Frisch von der See! Cabliau, Schellfisch, Goldbarsch, grüne Heringen und Bücklinge bei Louis Stein, Eichenstraße.

17.3. Die Rheinlandkommission hat den Film „Der Fahnenträger von Sedan" für die besetzten Gebiete verboten, weil er geeignet sei, die öffentliche Ordnung zu stören und die Sicherheit der Besatzungstruppen zu beeinträchtigen. Desgleichen wurde ein Verbot für das Theaterstück „Der Heldentod Schills und seiner Offiziere" ausgesprochen.

Inserat der Woche:
Wir bitten alle unsere Sparkunden,die in Händen habenden Sparmarken auf unser Büro zu bringen, zwecks Ausstellung eines Sparkassenbuches.

25.3. In der letzten Stadtverordnetensitzung wurde beschlossen, in Cronberg mehrere Straßen neu bepflastern zu lassen. Für das geplante Schwimmbad wurden 6 Angebote eingereicht. (Den Zuschlag erhielt Philipp Kraft. Anm.)

Inserat der Woche:
Frischer Pferdemist per Zentner 60 Pfennig. (Pferdemist war in Kronberg gesucht, war er doch das beste „Deckmittel" für die Erdbeeren. Er wurde im zeitigen Frühjahr ausgelegt, bis zu Ernte war er so ausgewaschen, daß die Früchte praktisch nur noch im Stroh lagen. Der Mist schützte die Erdbeeren weitgehend vor Fäulnis und Kälte. Anm.)

31.3. Beachtet die Verkehrsvorschriften! Die Verkehrsunfälle mehren sich ständig! Das läßt sich durchaus nicht mit der Zunahme der Automobile allein erklären. Häufig trifft die Nichtbeachtung der Verkehrsvorschriften die Schuld. Eine größere Verkehrsdisziplin wäre dringend erforderlich!

Inserat der Woche:
Es wird darauf aufmerksam gemacht, daß eine Rundfunkanlage nur nach vorheriger Genehmigung der Post errichtet werden darf.

8.4. Im Haushaltsplan der Stadt Cronberg sind umfangreiche Arbeiten vorgesehen. 75 000 Mark wurden dazu veranschlagt, vor allem für den Bau des Schwimmbades, die Bahnhofstraße und der Minnholzweg sollen instandgesetzt werden, die Aborte im Schulgebäude werden umgebaut. – Am Kammergericht in Frankfurt wurde erstmals eine Frau als Rechtsanwältin zugelassen.

Inserat der Woche:
Geschickte weibliche Kräfte zum Weben sofort gesucht. Bastwerkstätte Treibmann-Hess.

22.4. Der Polizei-Hauptwachtmeister Heinrich Jung konnte sein 25-jähriges Jubiläum als Polizeibeamter in Cronberg feiern. – Es soll in Cronberg ein Verein für Tennisspieler gegründet werden. Die Tennisplätze sollen im Kaiser-

Friedrich-Park bei den Eisweihern angelegt werden. Da die Eisweiher verloren gehen, wird der neue Verein im Winter den Platz überspritzen und damit Ersatz für die Schlittschuhläufer schaffen. Diese Auflage machte die Stadt, um die Eislaufmöglichkeiten zu erhalten.

Inserat der Woche:
Braver Lehrling verlor im Schulgarten seine Uhr.

28.4. Am vergangenen Wochenende ist die neue, vom Kreis Königstein gestiftete Motor-Feuerlöschmaschine in das Inventar der hiesigen Feuerwehr aufgenommen worden. Sie vereinigt Saugapparat und Spritze, so daß beide zugleich funktionieren. Die Motorspritze kostet 6000 Mark und ist aus Ersparnissen des Hilfskreises Königstein bezahlt worden.

Inserat der Woche:
Ein zugfestes Russenpferd zu verkaufen.

6.5. Im Kronthal wird gebaut! Drei Stauweiher sollen, vom Hollerbach gefüllt, angelegt werden. Rundum wird es schöne Spazierwege geben. (Diese Weiher existierten bis nach dem Zweiten Weltkrieg. In den letzten Jahren boten sie keinen schönen Anblick. Im Anfang waren sie nicht nur Ziel der Spaziergänger, sondern auch in den Sommermonaten von Schwimmern. Das klare Wasser lud zum Baden ein. Die Fischlein nahmen es nicht krumm. Anm.)

Inserat der Woche:
Für die Schulanfänger die A-B-C-Stiefel, die bekannten und beliebten Nietenstiefel! Zu haben bei Sally Strauß.

12.5. Herr Pfarrer Wilhelm Assmann feiert die 25. Wiederkehr seiner Amtsübernahme der evangelischen Kirchengemeinde in Cronberg. Am Himmelfahrtstag findet ein festlicher Gottesdienst mit anschließendem Festakt statt. Pfarrer Wilhelm Assmann wurde am 17. Mai 1903 in sein Amt eingeführt, er wurde der Nachfolger seines Vaters, der lange Jahre Seelsorger in Cronberg war und 1897 sein 50jähriges Amtsjubiläum feiern konnte.

Inserat der Woche:
Empfehle mich im Bügeln von Herren-Stärkewäsche.

26.5. Im Park wurde mit dem Bau von drei öffentlichen Tennisplätzen begonnen. Die Stadt hat das Gelände dem neugegründeten Tennis- und Eislaufverein Cronberg-Schönberg überlassen. Die Plätze sollen im Winter zum Schlittschuhlaufen zur Verfügung stehen.

Inserat der Woche:
Motorrad: englische Triumpf mit elektrischem Licht zu verkaufen.

3.6. Die volksparteilichen Flieger im Wahlkampf! Am nächsten Freitag wird ein Flieger auf geringer Höhe über unserer Stadt kreisen und besondere Fliegerabwurfzettel herabwerfen. Die Wahlkampfparole der Deutschen Volkspartei heißt: „Für Stresemann in Stadt und Land".

Inserat der Woche:
Wählt für Reichstag und Landtag eine Partei der Verantwortung.

9.6. Am kommenden Sonntag nachmittag 3 Uhr findet auf dem Fuchstanz die Einweihung der Sanitätsblockhütte statt. Die Feier wird eingeleitet durch eine Waldübung der Sanitätskolonne Cronberg. Die Hütte wurde durch tatkräftigen und uneigennützigen Einsatz der Cronberger Sanitäter errichtet und ist vorwiegend für den Rettungsdienst im Winter gedacht. Sie erhält den Namen „Joseph-Jäger-Hütte". (Die Rotkreuzhütte, heute den modernen Anforderungen angepaßt, ist also nun genau 50 Jahre alt!)

Inserat der Woche:
Rechnungen für die Stadt Cronberg nach amtlichem Muster vorrätig.

18.6. Gestern fand der erste Erdbeermarkt hinter der Turnhalle in Cronberg statt. Zweifellos wird diese Einrichtung auch bei den Privatleuten großen Anklang finden. Leider war die Anlieferung durch die kühle Witterung nicht allzugroß, so waren die angebotenen Früchte in kürzester Zeit vergriffen. Der Markt soll täglich, außer samstags, stattfinden und soll eventuell schon um 17 Uhr statt 18 Uhr beginnen. Vor allem sonnstags versprechen sich die Erdbeerbauer durch den Touristenstrom gute Geschäfte.

Inserat der Woche:
Erdbeerpapier in jedem beliebigen Format liefert die Druckerei des „Cronberger Anzeigers".

23.6. Magistrat und Stadtverordnetenversammlung haben die Gründung eines Obstmarktes in Cronberg beschlossen, damit auch die kleinen Obstzüchter ihre Erzeugnisse zu günstigen Bedingungen absetzen können. – (Der erste Markt fand am 17. Juni statt. Angeboten wurden etwa 120 Zentner Erdbeeren. Infolge des schlechten Wetters konnte die Ware leider nicht abgesetzt werden. – Das waren Anfangsschwierigkeiten, die Sache pendelte sich ein, und der „Cronberger Erdbeermarkt" wurde ein Begriff. Trotzdem er während der ganzen Obstsaison abgehalten wurde, also auch Kirschen, Mirabellen usw. angeboten wurden, behielt er den Namen Erdbeermarkt. Leider wurde er in der Mitte der dreißiger Jahre abgeschafft.)

Inserat der Woche:
Großes weißes, schlotterkämmiges Huhn entlaufen.

8.7. Die neu erbaute Schutzhütte der Sanitätskolonne am Fuchstanz wird von den vorbeikommenden Wanderern immer wieder bestaunt. Nach den Plänen von Forstmeister Valentin wurde sie von Cronberger Handwerkern errichtet. Vor wenigen Wochen wurde sie feierlich eingeweiht. Der enorm gestiegene Touristenverkehr, vor allem im Winter, hat den Bau notwendig gemacht. Hier kann schneller erste Hilfe bei Unfällen geleistet werden. Der Sanitätsschlitten wird dabei mit Sicherheit ebenfalls von großem Nutzen sein. (Die Hütte erhielt den Namen „Josef-Jäger-Hütte", sie heißt nach einem Mitbegründer der Sanitätskolonne.)

Inserat der Woche:
Junge Tiere, die nicht gedeihen, kräftigen sich mit Lebertran.

22.7. Der Cronberger Erdbeermarkt ist gut eingeschlagen. Das Angebot war meist gut und schon in der ersten Stunde ausverkauft. Nach Beendigung der Erdbeerernte wird der Markt mit anderem Obst beschickt, findet aber nicht mehr täglich statt. – Am nächsten Wochenende feiert der Gesangverein „Liederkranz" sein 25jähriges Jubiläum. (Dieser Gesangverein wurde in Kronberg gern als „Arbeiter-Gesangverein" bezeichnet, in der Zeit des Dritten Reiches wurde jede Vereinstätigkeit verboten. Nach dem Krieg erstand der „Liederkranz" mit dem „Cronberger Männergesangverein" im „Volkschor" wieder. Heute führt der „Taunuschor" auch die Tradition des Liederkranzes weiter. Anm.)

Inserat der Woche:
Bestellungen auf Girlanden für das Sängerfest des „Liederkranzes" werden im Kaufhaus Julius Grünebaum, Hauptstraße 3, entgegengenommen.

4.8. Am vergangenen Wochenende wurde in Cronberg wieder einmal gefeiert! Der Gesangverein „Liederkranz" beging sein silbernes Jubiläum. Unser Städtchen stand in großem Festschmuck und begrüßte seine vielen auswärtigen Gäste. (Der Gesangverein „Liederkranz" ging nach dem Kriege im „Volkschor" und im jetzigen „Taunuschor" auf.)

Inserat der Woche:
Für die Badesaison Badeschuhe und Pyramidenschlüpfer!

5.8. Die Vertreter der SPD haben in der letzten Stadtverordnetensitzung den Antrag gestellt, Bleich- und Schillerweiher zum Baden freizugeben. Der Antrag wurde abgelehnt, da beide Weiher zur Fischzucht verpachtet sind. Die Stadt bemüht sich jedoch, noch in diesem Herbst mit dem Bau des geplanten Schwimmbades in den Hasenwiesen zu beginnen.

Inserat der Woche:
Kräftiger Junge als Pflastererlehrling gesucht.

18.8. Aus Anlaß der 150. Wiederkehr des Geburtstages von „Turnvater" Friedrich Ludwig Jahn fand im Kaiser-Friedrich-Park eine Gedenkfeier mit Gedenksteinweihe statt. Die Festansprache hielt Herr Dr. Ernst Schmalz, Lehrer an der hiesigen Realschule. Die Gesangsriege des MTV Cronberg trug „Die Himmel rühmen" vor unter Begleitung des Cronberger Musikvereins, ein weiterer Chor war eingestreut, und wurde sehr gut vorgetragen. Zum Abschluß wurde gemeinsam das Turnerlied gesungen.

Inserat der Woche:
Gesucht wird schulentlassenes Mädchen tagsüber.

19.8. Wie gemeldet wird, macht in Friedrichshafen die Fertigstellung des Luftschiffes „Graf Zeppelin" LZ 127, gute Fortschritte. Die deutsche Bevölkerung wartet voller Spannung auf seine erste Fahrt. (Das Luftschiff kam erst 1930, nach Abzug der französischen Besatzung im Rheinland nach Westdeutschland und landete in Frankfurt auf dem alten Flugplatz Rebstock. 1940 wurde es auf dem Rhein-Main-Flughafen, zusammen mit seinem „Kollegen" LZ 130, „Graf Zeppelin II" gesprengt.)

Inserat der Woche:
Fräulein, für Zahnarzt-Praxis geeignet, gesucht.

1.9. Den Motorradfahrern, die mit ihrem Geknatter überall den Menschen schwer auf die Nerven gehen, geht es jetzt endlich an den Kragen. Jedes überlaute Knattern wird mit 20 Mark im ersten Falle bestraft. Bei Wiederholung erhöht sich die Strafe empfindlich. – Recht so! – Jeder Fuhrmann, der mit der Peitsche knallt, wird zur Rechenschaft gezogen. Der Motorradfahrer ist nichts Besseres! Rücksichtslosigkeit muß bestraft werden.

Inserat der Woche:
Zur Gurkenzeit Dill, sowie Fuchsienhochstämme abzugeben.

2.9. Kurz vor der Auflösung des Kreises Königstein fand zum letzten Mal das Kreisjugendfest statt. Auf dem Turnplatz in Oberhöchstadt gab es Wettkämpfe und Sportvorführungen. Der Arbeiter-Radfahrverein Oberhöchstadt zeigte einen Vierer-Damenreigen, der Radfahrverein „Viktoria" Cronberg führte einen Jugendreigen vor. Bei den einzelnen Wettkämpfen gab es gute Leistungen.

Inserat der Woche:
Die Südwestdeutsche Bühne lädt zu einer Aufführung der „Minna von Barnhelm" von G.E. Lessing in den Saal des Frankfurter Hofes ein.

15.9. Der Kreis Königstein, der 1919 wegen der französischen Besatzungszone für den westlichen Obertaunuskreis geschaffen wurde, wird mit Wirkung zum 1. Oktober wieder aufgehoben. Für Verwaltungsangelegenheiten ist nunmehr wieder das Landratsamt Bad Homburg zuständig. In Königstein bleibt nur ein Kommissär für die Verbindung zu den Besatzungstruppen. Der Landrat des Kreises Königstein, Herr Jacobs, wird in die Regierung nach Wiesbaden versetzt.

Inserat der Woche:
Danksagung! Jedem der an Rheumatismus, Ischias und Gicht leidet, teile ich gegen 15 Pfennig Rückporte gern mit, was meine Frau schnell und billig kurierte.

16.9. Die Schloßverwaltung Friedrichshof hat sich bereit erklärt, entlang der Hainstraße bis zum Oberurseler Eck einen Geländestreifen als Fußweg zur Verfügung zu stellen. Dadurch wird ein sicherer Spazierweg bis zum Wald ermöglicht.

Inserat der Woche:
Steinzeug, Einmachtöpfe in verschiedenen Größen sind eingetroffen bei F. Schulte jr.

29.9. Am kommenden Wochenende bringen die Cronberger Lichtspiele einen interessanten „Singfilm". Erste Frankfurter Kräfte haben ihre Mitwirkung bei der Vorführung zugesagt. Film, Musik und Gesang werden in genauer Übereinstimmung dargeboten. Der großartige Film „Der Geigerkönig" ist auch für unsere Jugend zugelassen.

Inserat der Woche:
Salatgurken ist das beste und billigste, was in dieser Zeit zu haben ist.

30.9. Der Turm der evangelischen Kirche ist eingerüstet worden, er soll verputzt und neu getüncht werden. Schon wird Unfug damit getrieben. Mitten in der Nacht besteigen übermütige junge Leute das Gerüst, um ihren Spaß zu treiben. Ziel ist immer wieder die große Kirchenuhr und ihre Zeiger.

Inserat der Woche:
1 fast neuer Jünglingsmantel preiswert zu verkaufen.

13.10. Aus dem Rathaus: Bei der am Samstag stattgehabten Stadtverordneten-Versammlung wurde wieder über den im Frühjahr beschlossenen Bau eines Schwimmbades debattiert. Man führte Opposition gegen den Plan, die Hasenwiese unterhalb des Bürgelstollens dafür zur Verfügung zu stellen. Von einer Fraktion wurde der Antrag eingebracht, das Schwimmbad im Kaiser-Friedrich-Park, neben den Tennisanlagen anzulegen. Bei der Abstimmung entschieden 10 zu 6 Stadtverordnete gegen diesen Antrag und für den ursprünglichen Plan. Mit dem Bau soll baldmöglichst begonnen werden.

Inserat der Woche:
Radfahrverein „Germania 04" am Samstag um 8 1/2 Uhr Mitgliederversammlung. Dringendes Erscheinen ist erforderlich.

14.10. In unserer Nachbargemeinde Schönberg regt sich der Wunsch auf Gründung einer Freiwilligen Feuerwehr. Die Bürger sind aufgerufen, sich daran zu beteiligen.

Inserat der Woche:
Wegen der schlechten Witterung ist am Sonntag keine Übung. Freiwillige Feuerwehr Cronberg.

27.10. Der Dilettantenverein feiert sein 50-jähriges Bestehen! 20 Herren gründeten ihn im Dezember 1878. Ziel und Zweck des Vereins war in der Hauptsache das Theaterspiel für wohltätige Maßnahmen. Der erste Präsident war der Direktor der Cronberger Eisenbahn, Herr Karg, bald schlossen sich auch hier ansässige Künstler dem Verein an, allen voran Emil Rumpf. Die Mitgliederzahl stieg stetig. Von dem Erlös der ersten Aufführung vor 50 Jahren, einem Betrag von 71 Mark, ließ man Brot backen und an bedürftige Familien verteilen. Im darauffolgenden Jahr überwies man dem Taunusclub einen etwas größeren Betrag zur Ausbesserung der Burgkapelle, die, weil baufällig, abgerissen werden sollte. Die Kleinkinderschule (heute der evang. Kindergarten), die Freiwillige Feuerwehr und viele andere wurden tatkräftig von den „Dilettanten" unterstützt. Auch zur Errichtung des Pfarrer-Christ-Denkmals steuerte man einen namhaften Betrag bei. Von den Gründungsmitgliedern sind heute noch drei Herrn im Verein: Jakob Schott, Heinrich Antoni und Emil Rumpf. Sie wurden im Festkommers besonders geehrt. Nach Kommers und Festball schließen die Jubiläumsfeierlichkeiten dann mit einer Theateraufführung des Lustspiels „Ehefrau wider Willen“ ab. (Der Dilettantenverein gehörte nicht nur zu den ältesten, sondern auch zu den renommiertesten Vereine Kronbergs. Leider wurden in den dreißiger Jahren die Aktivitäten immer geringer, kurz vor dem Kriege wurde der Dilettantenverein aufgelöst.)

Inserat der Woche:
Kirchweih in Schönberg! Große Tanzbelustigung mit gut besetztem Salonorchester!

28.10. Die Cronberger Jugend hofft auf einen kalten Winter. Dann nämlich steht ihnen auf dem Platz des Tennis- und Eislaufvereins im Park eine herrliche Eisbahn zur Verfügung. Der Verein wird dann, gemäß den Auflagen der Stadt Cronberg, den Platz spritzen.

Inserat der Woche:
Platz gesucht zum Unterstellen eines Motorrades mit Beiwagen.

10.11. Auf der Tagesordnung der nächsten Stadtverordnetenversammlung steht eine Beratung über den Bau einer Friedhofshalle. – Jedem Besucher unseres schönen Städtchens muß es auffallen: Es fehlt eine Leichenhalle, in der nicht nur die Toten aufgebahrt, sondern auch Trauerfeiern abgehalten werden können, obwohl die Mehrzahl der Beerdigungen vom Trauerhaus aus stattfinden. (Das hörte 1938 auf, die Beerdigungen fanden vom Portal des Friedhofes aus statt, die Trauerfeiern unter freiem Himmel waren nicht sehr würdig. Die geforderte Trauerhalle aber wurde erst Anfang der 50er Jahre gebaut und erwies sich von Anfang an als zu klein.)

Inserat der Woche:
Die Cronberger Lichtspiele bringen: Wochenendzauber in 7 Akten!

11.11. An den nächsten Sonntagen wird der Flugtechnische Verein von 1909, Frankfurt, in der Nähe des Königsteiner Bahnhofes Segelflüge vorführen. – Die Jaminstraße hat eine neue Decke erhalten, die Walze hat ihr endlich ein hübsches Aussehen verschafft. Wenn jetzt die Gehwege zu beiden Seiten repariert sind, kann sie wieder als feine Straße gelten.

Inserat der Woche:
Der MTV lädt zu seinem 66. Stiftungsball im „Schützenhof“ ein. Eintritt 1 Mark, Tanzen frei.

24.11. Zum Gedächtnis des 100. Todestages von Franz Schubert veranstaltete der Männergesangverein von 1860 in der städtischen Turnhalle ein Konzert, das unter der Leitung von Kapellmeister Hiege von hohem Niveau war. Der Festredner war Herr Dr. Schmoll. – Anfang dieser Woche wurde mit den ersten Spatenstichen zu unserem städtischen Schwimmbad in den Hasenwiesen begonnen. Die Ausführung wurde an Philipp Kraft übertragen.

Inserat der Woche:
Die junge Dame, die am Sonntag abend um 8 Uhr den Autobus Königstein–Cronberg benutzte und am Frankfurter Hof ausstieg, wird gebeten, sich zu melden.

25.11. Die ersten Spatenstiche für das neue Schwimmbad in den Hasenwiesen haben begonnen. Die Bauausführungen werden dem Architekten Philipp Kraft aus Cronberg übertragen. Beschäftigt werden ausschließlich Cronberger Bürger, vor allem Erwerbslose. (Infolge des früh eintretenden Frostes mußten die Bauarbeiten für längere Zeit eingestellt werden, das Schwimmbad konnte jedoch programmgemäß im Juni 1929 eingeweiht werden. Anm.)

Inserat der Woche:
Aluminium-Schüssel verloren von der Gartenstraße bis zum Bahnhof. Gegen Belohnung in der Geschäftsstelle abzugeben.

8.12. Aus dem Rathaus: Bei der nächsten Stadtverordneten-Sitzung soll ein Ausschuß gewählt werden, der sich mit den Vorbereitungen zum 600jährigen Stadtjubiläum 1930 befassen wird. (Die Sitzung erbrachte bei den Stadtvätern nicht viel Sympathie für eine großangelegte Feier.)

Inserat der Woche:
Raucherzähne? Unsere neugestaltete Zahnbürste macht damit endgültig Schluß!

9.12. Wenn die Witterung anhält, wird die Spritzeisbahn auf dem Tennisplatz im Kaiser-Friedrich-Park eröffnet. – Der im vorigen Jahr von den Sanitätskolonnen Cronberg und Königstein eingerichtete Winterrettungsdienst hat sich bestens bewährt und wird auch in diesem Winter wieder durchgeführt.

Inserat der Woche:
Schenkt zum Weihnachtsfest ein Eislaufabonnement für die Eisbahn im Park. Zu haben beim Tennis- und Eislaufverein Cronberg. Hauptstr. 16.

22.12. Der letzte Sonntag war ein richtiger Wintersporttag. Alle abfallenden Straßen waren mit Rodlern besetzt. – Der neugegründete Tennis- und Eislaufverein hat den Beweis erbracht, daß eine Nacht starker Frost genügt, um eine herrliche Eisbahn herzurichten. Die Arbeiten wurden durch Schneefall sogar noch erschwert. Bei günstiger Witterung finden an den Feiertagen Rodelwettbewerbe des Rodelclubs Taunus statt. Die Rennen werden auf der neuen Rothehang-Bahn ausgetragen. Anschließend ist im Kaffee Zibold Preisverteilung. (Leider fielen diese Wettbewerbe ins Wasser – an den Weihnachtsfeiertagen regnete es!)

Die umfassende Information über alle Lokal-Ereignisse in der

Kronberger Zeitung

dem amtlichen Verkündigungsorgan der Stadt Kronberg mit ihren Stadtteilen Schönberg und Oberhöchstadt.

In der **Kronberger Zeitung** lesen Sie

- Berichte über alle lokalen Veranstaltungen
- den ausführlichen Lokalsport
- aller Terminhinweise auf Vereinsveranstaltungen
- Familienanzeigen
- Immobilienanzeigen
- jeden Freitag den Kleinanzeigenmarkt „von privat an privat"
- zum Wochenende den umfangreichen Stellenmarkt
- und einmal wöchentlich kostenlos die bunte Radio- und Fernsehbeilage

Bestellen Sie noch heute die Kronberger Lokal-Zeitung, die **KRONBERGER ZEITUNG**

1929

5.1. Bei einer Eifersuchtstragödie vor dem Kaffee Zollhaus in Oberstedten wurde der junge siebzehnjährige Heinrich Schott aus Cronberg erschossen. Der junge Mann war mit einem Freund und zwei Mädchen aus Oberhöchstadt in Oberursel im Kino. Auf dem Heimweg lauerte ihnen ein ehemaliger Freund von einem der beiden Mädchen auf. Er wollte sich auf seine Freundin stürzen. Bei dem Handgemenge traf ein Schuß den jungen Cronberger. Er war auf der Stelle tot.

Inserat der Woche:
Anmeldungen zur städtischen höheren Schule werden entgegengenommen.

6.1. Der Rodelklub Taunus veranstaltet ein Neulingsrennen auf der Nordbahn am Großen Feldberg. – Die Temperaturen sinken, es ist empfindlich kalt. Seit Jahren wurden nicht mehr so tiefe Temperaturen gemessen.

Inserat der Woche:
Gebrauchter „Weck-Rodel" zu kaufen gesucht. (Der Rodel war neben dem Taunusrodel ebenfalls eine Erfindung eines Kronbergers. Sie unterschieden sich in der Bauart. Der Taunusrodel ist breit, mit rundem Vorderteil und U-förmigen Kufen. Der Weckrodel ist schlank, mit spitzem Vorderteil und sehr schmalen Kufen. Geübte Rodler benutzten dazu noch die Rodelsporen, die bei Eis von großem Vorteil waren. Anm. d. Red.)

19.1. Kalt! Kalt! Kalt! 50–60 cm Schnee! Seit Jahren ist nicht mehr so viel Schnee gefallen. Die Wintersportverhältnisse sind erstklassig (siehe nachstehenden Artikel)
Der kalte Winter 1929!
Den Älteren unter uns ist er noch recht gut in Erinnerung. Denn damals waren in unserer Stadt die Wohnverhältnisse noch nicht so günstig wie heute. Lange Wochen hindurch zeigte das Thermometer Minusgrade bis unter 25°. Auch bei Tage kletterte die Quecksilbersäule kaum über -12 Grad. Anfangs freudig begrüßt, wurde der Schnee nach mehr als zwei Monaten zur Last. Man sehnte sich nach milderem Wetter. An Fastnacht wurden fast überall die Umzüge wegen der Kälte abgesagt. Frankfurt sagte nicht ab, in eisiger Kälte zog man durch die Straßen. Die Karnevalsprinzessin auf ihrem Festwagen fror jämmerlich, sie starb einige Tage später an den Folgen der Unterkühlung. Ende Februar platze bei der Hohemark die Fabrikswasserleitung, die damals in großen Rohren noch über der Erde verlief. Durch den Wasserdruck entstand eine meterhohe Fontäne, die sofort in der eisigen Kälte gefror. Man nannte es das „Eiswunder von der Hohemark". Trotz Frost und Schnee pilgerten Tausende von allen Richtungen zu diesem Eiswunder. Geschäftstüchtige Fotografen machten sich das zu Nutze. Auch unsere Familie machte damals eine Wanderung zur Hohemark. (Erinnerungen von Hanna Feldmann)

Inserat der Woche:
Gebrauchter Weck-Rodel zu kaufen gesucht.

20.1. 50–60 cm Schnee! Es ist seit vielen Jahren nicht so viel Schnee gefallen. Die Wintersportverhältnisse sind erstklassig. Der Winter entwickelte Rekorde für viele Jahre. Nachweislich war es seit 1891 nicht mehr so kalt.

Inserat der Woche:
3 Paar Schlittschuhe (Gr. 42) und ein Davos-Rodel zu verkaufen.

2.2. Auf der Eisbahn im Kaiser-Friedrich-Park herrscht reger Betrieb. Nach dem Eislaufen wird als Neuheit eifrig das Eisschießen geübt. MTV, Radfahrerverein Viktoria, der Motorsportklub (den gab es also schon einmal), der Rodelklub und der Tennis- und Eislaufverein haben mehrere Mannschaften gebildet, die die Stadtmeisterschaften austragen wollen.

Inserat der Woche:
Beginn neuer Kurse in Körperbildung, Rhythmik und Tanz im „Neuen Bau!“

16.2. Fastnacht und die strenge Kälte! Fast überall werden die Fastnachtszüge abgesagt. Die Fastnacht wird aber trotzdem in allen Sälen kräftig gefeiert. Der Tennis- und Eislaufverein nützt das Winterwetter. Er veranstaltete auf seinem Platz im Park ein gut besuchtes Eis-Kostümfest. Die Maskenbälle der Cronberger Vereine sind alle sehr gut besucht, sie stehen alle unter einem besonderen Motto. Der Männergesangverein von 1860 feiert ein „Winzerfest am Rhein“, die Dilettanten eine „Südseenacht im städt. Schwimmbad“, der Kappenklub „einen Abend im Schlaraffenland“, der Männerturnverein veranstaltet einen „Filmball“, mit großer Atelierdekoration. Viele Filmgrößen, wie Charlie Chaplin, Harry Piel, Asta Nielsen usw. haben ihr „Erscheinen zugesagt“. Das gibt sicher wieder ein großes Vergnügen. Die Cronberger haben also wieder einmal eine Riesenauswahl. Auch im „Königreich Schimmerich“ wird es wieder hoch hergehen.

Inserat der Woche:
Kaffee Zimmermann ist am Fastnachtssonntag, -montag und -dienstag nachts geöffnet.

17.2. Um das Besitzrecht der beiden Gasthäuser „Sturm“ und „Walküre“ auf dem Großen Feldberg brennt vor Gericht ein erbitterter Streit. Beide Häuser gehören der Gemeinde Nieder-Reifenberg. – Der Winter hält uns immer noch fest in der Zange. Trotz der außerordentlich guten Bedingungen für den Wintersport hat der Betrieb erheblich nachgelassen. Der Ausflugsverkehr wird immer mäßiger. In vielen Haushaltungen ist seit Wochen die Wasserleitung eingefroren, so ist man oft gezwungen, das Wasser weit herzuholen. Alle sehnen den Frühling herbei. Doch gibt es für eine Frostmilderung noch keine Aussichten.

Inserat der Woche:
20 gut erhaltene Erdbeerfenster für Mischbeete zu verkaufen.

2.3. Der Rodelclub teilt mit, daß die Rodelbahn am Rothen Hang in allerbester Verfassung ist.

Inserat der Woche:
Die Glatze droht. Müllern Sie Ihr Haar!

3.3. Die Stadt weist darauf hin, daß die aus den Ausläufen der Kronthaler Quellen entströmenden Kohlensäuregase bei dunstigem und nebligem Wetter sich auf dem Erdboden ablagern und dort vor allem Kindern gefährlich werden können. Es ist daher zu empfehlen, die Kinder bei nebligem Wetter nicht zum Abfüllen von Wasser an die Quellen zu schicken.

Inserat der Woche:
Vereinsbank Cronberg! (heute Volksbank) Wir machen unsere älteren Mitglieder darauf aufmerksam, daß die Frist zur Anwartschaft auf 200 Mark Sterbegeld abläuft.

16.3. Die Kraftverkehrsgesellschaft Hessen richtet demnächst die lange geplanten Wochenendfahrten Frankfurt–Höchst–Bad Soden–Cronberg ein. Seither konnte der Plan wegen der schwierigen Spitzkehre am Schafhof nicht verwirklicht werden. Nun ist es der Gesellschaft gelungen, ein entsprechendes Fahrzeug zu beschaffen, mit dem die Schwierigkeiten des Verkehrs an der Spitzkehre überwunden werden können.

Inserat der Woche:
Große Revue „Sie werden lachen“ im Schumann-Theater.

17.3. Zum dritten Mal, seit seinem Bestehen, wurde in das Erfrischungshäuschen am Falkensteiner Stock eingebrochen. Die Diebe wurden jedoch von einer Patrouille der englischen Besatzung gestört. (Der Kiosk wurde in den zwanziger Jahren errichtet und stand auf einer kleinen Verkehrsinsel am Stock, bis nach dem Krieg konnte man sich dort mit Zigaretten oder kleinen Naschereien eindecken. Anm.) – Die Arbeit am neuen Schwimmbad wurden gleich nach Beendigung der kalten Jahreszeit wieder aufgenommen. Es ist beabsichtigt, das Schwimmbad noch vor der Cronberger Kerb einzuweihen.

30.3. Durch Erlaß des Finanzministers ist das Katasteramt Königstein aufgehoben und den Katasterämtern Bad Homburg und Höchst zugeteilt worden. – Leseranfrage an den Magistrat: Kommen die Bänke in den Anlagen noch hinaus?

Inserat der Woche:
Haus Waldfrieden, Jaminstraße 2, sucht 2 Frauen zum Laubrechen.

31.3. Die Osterfeiertage gab es nur kaltes und unfreundliches Wetter. Der Tennis- und Eislaufverein konnte seinen Plan, an den Feiertagen den Tennisbetrieb wieder aufzunehmen, nicht wahrmachen. Es kamen auch sehr wenig Ausflügler in den Taunus. – Die ersten Treibhaus-Erdbeeren sind da, sie wurden nach Frankfurt verkauft. – Die Redaktion erlaubt sich eine Anfrage an die Stadt. Wann kommen die Bänke wieder in die Anlagen?

14.4. Der Krankenunterstützungsverein feiert sein 70jähriges Jubiläum (Der Verein wurde 1859 gegründet zu dem Zweck, die damals noch nicht sozial abgesicherten Arbeiter und Kleinbürger in Krankheitsfällen zu unterstützen. Mit den Beiträgen wurde die Sache finanziert. Aber auch durch Veranstaltungen, wie alljährlich einen Maskenball im Adler-Saal, bei den Kronbergern das „Krankebällche" genannt. Erst in den dreißiger Jahren wurde der Verein aufgelöst). – An den Ostertagen war das Wetter kalt und unfreundlich, die Sonne ließ sich nur selten blicken.

Inserat der Woche:
Für Ostern empfehle ich meine „Damen- und Backfischhüte".

15.4. Mit dem Einsetzen der wärmeren Jahreszeit eilen täglich Hunderte aus nah und Fern ins Kronthal, das köstliche Wasser zu holen. Es wird wiederholt darauf aufmerksam gemacht, daß das Abfüllen in Originalflaschen der Kronthaler Brunnen-Gesellschaft streng verboten ist.

Inserat der Woche:
Dienstag und Mittwoch findet in unserem Laden ein „Schau- und Probefärben" mit kostenloser Beratung statt. Drogerie Bonn.

27.4. Aus der Stadtverordneten-Versammlung: Kurzer Bericht über das Jahr 1928. Cronberg hat 3730 Einwohner bei 982 Haushaltungen. Die letzte Viehzählung ergab 67 Pferde, 4 Esel, 180 Stück Rindvieh, 144 Schafe, 230 Schweine, 139 Ziegen. – Das Kaiserin-Friedrich-Krankenhaus nahm 330 Kranke auf. 98 wurden geheilt, 190 gebessert, 16 ungeheilt entlassen, 3 starben. – Der Wasserverbrauch betrug infolge des warmen Sommers 82102 cbm. Der Wasserpreis beträgt 50 Pfennig pro cbm. – Gedeckt wurden 115 Kühe, darunter 15 aus Schönberg. Die Gemeinde Schönberg zahlt 250 RM Deckgelder.

Inserat der Woche:
Eier wieder billiger. 10 Magnet-Eier nur 1,38 RM.

28.4. Aus dem Jahresbericht des Bürgermeisters: Die Höhere Schule wurde zu Beginn des Jahres 1929 von 71 Schülern (42 Knaben, 29 Mädchen) besucht. Das Schulgeld beträgt für das 1. Kind 150,–. das 2. Kind 120,–, das 3. Kind 90,– Mark jährlich. Die Volksschule zählt derzeit 331 Schüler (170 Knaben, 161 Mädchen). An 42 bedürftige Kinder wurde in den Wintermonaten täglich in den Pausen 1/2 L Milch und 1 Brötchen verabreicht.

Inserat der Woche:
Auf vielfachen Wunsch beginnt am Donnerstag abends 9 Uhr in der Restauration „Zur Post“ (Kegelbahn) der diesjährige Tanzkurs. Einer regen Beteiligung entgegensehend zeichnet hochachtungsvoll Heinrich Heist, staatl. gepr. Tanzlehrer.

11.5. Der Bau des Schwimmbades geht gut voran. Es gibt eine Abteilung für Kinder, für Erwachsene und für Schwimmer. Gut hundert Personen können zu gleicher Zeit baden (heute sind es zeitweilig bedeutend mehr!) Inzwischen werden Vorbereitungen für eine würdige Einweihungsfeier getroffen.

Inserat der Woche:
Neu! Photographische Postkarten von Cronberg!

12.5. An den Pfingstfeiertagen findet auf dem neuen Tennisplatz im Kaiser-Friedrich-Park zum ersten Mal das „Taunus-Bäder-Tennis-Turnier“ statt. – In der hiesigen evangelischen Johanniskirche wurde der gewaltigste Großfilm Deutschlands „Luther“ vorgeführt.

Inserat der Woche:
Vom 3. Juni ab wird im katholischen Schwesternheim, Rumpfstr. 3, ein unentgeltlicher, abendlicher Nähkurs für schulentlassene Mädchen abgehalten. Anmeldungen im Schwesternheim.

25.5. Aus einer Stadtverordneten-Sitzung: Die Baukosten für das neue Schwimmbad in den Hasenwiesen sind auf 45 000 Mark veranschlagt. Davon werden 15 620 Mark aus Zuschüssen des Wohlfahrtsministeriums, des Sozialamtes in Kassel, des Landeshauptmannes in Wiesbaden, des Obertaunuskreises und der wertschaffenden Erwerbslosenfürsorge gedeckt. Der Rest wird mit Darlehen finanziert. Man hofft, daß bis etwa Mitte Juni die Arbeiten soweit vorangeschritten sind, daß das Wasser eingelassen werden kann. – Als Bademeister wurde Herr Friedrich Lorenz, für die Kasse Herr Ferdinand Heß beordert. Für die etwa 60 Leute, die beim Bau beschäftigt sind, soll im Stollenkaffee ein Richtfest stattfinden.

Inserat der Woche:
Garantiert reinen Taubenkot abzugeben.

26.5. Der Schafzuchtverband hielt am Oberhöchstädter Stock eine Schaf-Schau ab. Prämiiert wurden Zuchtböcke und -schafe in drei Altersklassen. – Die Cronberger warten gespannt auf das neue Schwimmbad. Die Eröffnung wird voraussichtlich Ende Juni stattfinden können.

Inserat der Woche:
Zur Erdbeerernte werden noch einige Frauen oder Mädchen gesucht.

8.6. Die Arbeiten am neuen Schwimmbad sind so weit fortgeschritten, daß man nun das Becken mit Wasser füllen konnte. Man ist jetzt nur noch mit dem Montieren der Aufwärmeanlage beschäftigt. (Diese Anlage erwies sich schnell als überflüssig und zu umständlich. In den späten dreißiger Jahren wurde sie wieder entfernt.)

Inserat der Woche:
Für Fronleichnam empfehle ich Kinderkränzchen und Lilien.

9.6. Durch die günstige Witterung hat die Erdbeerernte früher als sonst eingesetzt, deshalb wird der Erdbeermarkt nicht – wie vorgesehen – erst am 23. sondern schon am Freitag, 15. Juni eröffnet. – Die Erdbeerzüchter werden immer wieder darauf aufmerksam gemacht, daß falsche Sparsamkeit beim Papier sich nicht auszahlt. Es sollte grundsätzlich nur Pergamentpapier verwendet werden, das auch bei größerer Feuchtigkeit nicht reißt. – Nach Übernahme des zweiten Ladens im Haus (früher Grünebaum) und großzügigem Umbau eröffnet die Firma Schade und Füllgrabe wieder ihr Lebensmittelgeschäft in der Hauptstraße 3.

Inserat der Woche:
Zu einem großen Ball anläßlich seines 40jährigen Jubiläums lädt der Arbeiter-Athleten-Club Schönberg in den Kaiserhof ein.

22.6. Heute fand unter großer Beteiligung von Zuschauern (1371 zahlende Gäste wurden gezählt), die feierliche Eröffnung des neuen Schwimmbades statt. Stadtverordneten-Vorsteher Heinrich Mayer betrat als Erster das Sprungbrett und stürzte mit Kopfsprung in die Fluten. Kurz nach 4 Uhr setzte heftiger Regen ein, so daß die Feierlichkeiten ein vorzeitiges Ende fanden.

Inserat der Woche:
Offeriere 150 Zentner Pferdemist!

23.6. Das Schwimmbad ist eröffnet! Beim Bau wurden zeitweise bis zu 60 Erwerbslose aus Cronberg beschäftigt. Im Regen fand die Einweihungsfeier statt. Als erster sprang Stadtverordnetenvorsteher Heinrich Mayer mit einem Kopfsprung vom kleinen Sprungbrett ins Wasser, dessen Temperatur 21 Grad betrug. – Völlig überraschend für die Anlieger der Tanzhausstraße wurden die Ahornbäume entlang der Apotheke gefällt. Die Anwohner erhoben heftigen Widerspruch. Es sollen eventuell neue Bäume gepflanzt werden.

Inserat der Woche:
Drei Mädchen zum Verkauf von Zuckerwaren auf der hiesigen Kirchweihe gesucht. Adam Henrich, Cronberg, Eichenstraße 7.

6.7. Der Erdbeermarkt ist noch in vollem Gang. Es werden schon Kirschen in großen Mengen angeboten. Die Kerb brachte bei schönstem Wetter wieder Tausende von Gästen nach Cronberg. Am Mittwoch war in den beiden Gastwirtschaften des Tals wieder großer Kerberummel.

Inserat der Woche:
Erdbeerpapiere, sie sie sein sollen und müssen, in allen Größen zugeschnitten zu haben in der Druckerei. (Erdbeerpapiere nannte man die Pergamentbogen, mit denen die Erdbeerkörbe ausgelegt werden mußten. Ohne Papierauslage durften die Erdbeeren nicht verkauft werden.)

14.7. Das neue Schwimmbad hatte in den ersten 14 Tagen einen regen Besuch. Am Sonntag waren 2500 Badegäste gekommen. Auf dem Dach der Duschanlage wird eine große Uhr eingebaut.

Inserat der Woche:
Den werten Einwohnern von Cronberg zur Kenntnis, daß ich das Geschäft von Frau Henrich, Eichenstraße, übernommen habe. Ich bitte die werte Kundschaft, das Vertrauen auf mich zu übertragen. Hochachtungsvoll Jean Krehmer.

20.7. Am letzten Sonntag waren in unserem neuen Schwimmbad 2500 Badegäste. Auf dem Dach der Duschanlage wurde eine große Uhr angebracht, daß man auch noch ganz oben auf der Liegewiese weiß, wenn man heimzugehen hat. – Im „Frankfurter Hof" gastierte der Berliner Mozart-Chor mit 67 Mädchen und 33 Knaben. (Um den Auftritt dieses Chores gab es einige Querelen, viele eingesandte Leserbriefe und gegenseitige Beleidigungen. Im Grunde ging es nur um die Ehre, wer nun eigentlich diesen Chor nach Cronberg holte. Der Bevölkerung war das ziemlich gleichgültig. Das Konzert jedenfalls war ausgezeichnet und sehr gut besucht.)

Inserat der Woche:
1 Acker Korn auf dem Stand zu verkaufen.

28.7. Das Schwimmbad wird derzeit entleert und dann wieder frisch gefüllt. Ab Mittwohl kann wieder gebadet, aber nicht geschwommen werden. (War das Becken leer und gereinigt, so floß das neue Wasser zu. Da das nicht so schnell ging, hatten die Besucher den Spaß, sich wie in einem Planschbecken zu tummeln. Vor allem die Kinder hatten daran ihr Vergnügen. War das große Becken dann restlos gefüllt, war die Wassertemperatur, wenn nicht gerade eine große Hitze herrschte, immerhin nicht höher als 16–18 Grad. Oft erreichte es das gar nicht. Da war das Schwimmen eine sehr kühle Angelegenheit. Erst 1969 gab es dann eine Beheizungsanlage. Anm.)

Inserat der Woche:
Herrschaftlicher Chauffeur, der auch Gartenarbeit übernimmt, gesucht.

3.8. Am Sonntag findet auf der Strecke Cronberg–Falkenstein die diesjährige Bergmeisterschaft im Radfahren des Gaues 71 statt. Am Start sind 60 Teilnehmer, darunter 5 Cronberger. Am Nachmittag veranstaltet der Cronberger Radfahrverein „Viktoria" die Bezirksmeisterschaften Main-Taunus im Kunst-Fahren in der Turnhalle.

Inserat der Woche:
Amerikanisches Stauböl „Germania", seit über 30 Jahren bewährt.

17.8. Dienstmann Gustav Martin und Frau Mathilde feiern das Fest der silbernen Hochzeit. – Wer kannte ihn nicht, den Gustav, wie er in Kronberg allgemein genannt wurde. Der Ausdruck „Dienstmann" umreißt schon die Art seiner Tätigkeit. Ständig war er mit seinem Handwagen unterwegs. Gings bergab, so setzte er sich kurzerhand in sein Wägelchen und lenkte mit den Füßen. Es war in Kronberg schon ein alltägliches Bild. Mit zunehmendem Alter aber wurde seine Sehkraft immer schwächer, sodaß er in den letzten Jahren nicht mehr arbeiten konnte. Er war ein großer Freund von guten Zigarren, die er aber in den meisten Fällen nicht hatte, so rauchte er, was anfiel. „De Gustav" war in Kronberg zu einem Original geworden. Viele Anekdoten werden über ihn erzählt. So sollte er im Krieg, 1942, als das Kupfergeld eingezogen wurde, einmal einen Geldkoffer der Volksbank an die Bahn transportieren. Es war ein kleines Köfferchen, aber die Kupfermünzen im Wert von 120 RM waren so schwer, daß man den Gustav zur Hilfe rief. Als er das kleine Köfferchen sah, glaubte er, man wolle ihn verulken und wollte ärgerlich wieder weggehen. Erst nachdem er freundlich aufgefordert wurde, das „klaane Ding" doch einmal hochzuheben, was ihm sehr schwer fiel, ließ er sich überzeugen und fuhr die „Klaanichkeit" an den Bahnhof und half der Bankangestellten, die mit dem Geld nach Frankfurt mußte, sogar noch ins Abteil. Den Gustav werden die Kronberger nicht vergessen. Schade, es gibt wohl kein Bild von ihm, wie er mit seinem Wagen die Bleichstraße hinabfährt?

Inserat der Woche:
Schneiderin sucht Beschäftigung in und außer dem Hause. In Knabensachen sehr bewandert.

18.8. Große Vorbereitungen werden in der Kleinkinderschule getroffen. Im September soll der 50. Geburtstag des evangelischen Kindergartens gefeiert werden. Schwester Elfriede und ihre Schützlinge sind fleißig am Üben, denn die Kinder wollen den Gästen ein fröhliches Programm bieten. Zu dem großen Fest, das in der städtischen Turnhalle stattfinden soll, ist ganz Cronberg eingeladen. Fast 60 Kinder besuchen derzeit die Kleinkinderschule in der Steinstraße. Zum Jubiläum gibt es neue Tische und Stühle, die Kinder freuen sich darauf, denn das alte Mobilar ist schon sehr verbraucht. Eine Überraschung ist auch geplant, ein kleines Karussell soll den Kindern geschenkt werden.

Inserat der Woche:
Vorschriftsmäßige Versandzettel für frisches Obst zu haben in der Druckerei. (Obst wurde früher gern verschickt. Die Expreßgut-Beförderung der Bahn garantierte schnellste Zustellung. Maximal 24 Stunden waren die Körbe

unterwegs, so konnten die Verwandten und Bekannten rasch mit frischem Obst versorgt werden. Anm.)

31.8. Am kommenden Wochenende feiert der Radfahrverein „Germania" sein 25jähriges Jubiläum. Am Samstag abend findet ein großer Fackelzug statt, an dem sich die Cronberger Vereine beteiligen. Anschließend ist Festkommers. Am Sonntag mittag gibt es ein großes Gartenfest. (Fackelzüge waren früher sehr beliebt und wurden fast zu jeder größeren Feier durchgeführt.)

Inserat der Woche:
In der Zeit vom 1.9. bis 31.10. ist das Feld von abends 8 Uhr bis früh um 4 Uhr geschlossen. Polizei-Verw.

1.9. Wegen Wassermangel muß die Leitung von abends 8 bis morgens 9 Uhr gesperrt werden. Die Bevölkerung ist aufgerufen, sehr sparsam mit dem Wasser umzugehen. – Der Kreisverbandstag der Feuerwehren findet in Cronberg statt. Nachmittags gibt es eine Paradeaufstellung der Wehren mit sämtlichen Geräten in der Hainstraße. Anschließend ist ein Angriff auf ein Brandobjekt, das vom Kreisbrandmeister bestimmt wird. (Die Übung fand an der Streitkirche statt. Anm.)

14.9. Auf der steilen Bleichstraße passierte eine Kollision zweier Radfahrer, wobei ein 26jähriger Arbeiter aus Mammolshain stürzte. Er kam glücklicherweise mit einigen Hautabschürfungen davon, die er sich durch Rutschen auf der Erde am Kopfe zuzog. Die Sanitätskolonne schaffte ihn nach dem Kaiserin-Friedrich-Krankenhaus.

Inserat der Woche:
Plakate „Süßer Apfelwein", „Rauscher Apfelwein" in der Druckerei zu haben.

15.9. Das Projekt einer elektrischen Bahn von Frankfurt über Heddernheim nach Cronberg bis Königstein ist – vor allem aus finanziellen Gründen – zu den Akten gelegt worden. Der Verkehr soll mit Kraftomnibussen geregelt werden. – Die neuen Häuser der Gemeinnützigen Baugenossenschaft in der Schreyerstraße (heute Burnitz- und Dielmannstraße) werden bezogen. Es sind 18 Wohnungen, 12 mit 3 Zimmern und 6 mit 2 Zimmern. Zu jeder Wohnung gehört ein Bad, Speicher, Trockenraum und etwas Gartenland.

Inserat der Woche:
50Jahrfeier der hiesigen Kleinkinderschule am Sonntag, 22. September. Um 1/2 10 Uhr Gottesdienst in der evangelischen Kirche, am Nachmittags 3 Uhr Feier in der städtischen Turnhalle. Alle früheren Schüler und Schülerinnen, alle Freunde und Gönner und die Angehörigen der jetzigen Schüler sind herzlich eingeladen.

26.9. Die Auflösung des englischen Besatzungslagers in Königstein hat sich gestern in aller Ruhe vollzogen. Die 300 Soldaten wurden unter Trommelklang zum Bahnhof gebracht. Die geräumten Häuser sind in vorbildlichem Zustand verlassen worden. Beim Abschied am Bahnhof sah man keine Tränen fließen, sie müßten sonst gut verdrückt worden sein. Good bey!!!

Inserat der Woche:
Öffentliche Versammlung der Nationalsozial. Arbeiterpartei Deutschlands. Thema des Vortragenden: „Was will Hitler?"

29.9. In Königstein wurde das englische Besatzungslager aufgelöst. Die Bevölkerung nahm daran wenig Anteil, dafür war eine ganze Reihe von englischen Pressephotographen angereist, um für Film und Illustrierte Bilder zu machen. Die 300 Mann starke Besetzung verließ Königstein mit dem Zug. Die Engländer haben die geräumten Wohnungen und die Kaserne in tadellosem Zustand verlassen. Königstein – und somit auch unser Gebiet – ist nun vollständig von der Besatzung geräumt.

Inserat der Woche:
Ortsbeuernschaft Cronberg: Der Milchpreis beträgt ab 2. Oktober abgeholt pro Liter 34 Pfg, ins Haus geliefert 36 Pfg.

12.10. Die Gastwirtschaft „Zum Adler", bisher von Herrn Wilhelm Weidmann bewirtschaftet, wird von Herrn Johann Menges, Restaurateur und Weingutsbesitzer weitergeführt. (Herr Menges übernahm später den „Kronberger Hof", heute führt seine Enkelin mit ihrem Mann dort den Betrieb. Herr Menges hatte ein Herz für die Jugend und wurde deshalb von allen „de Babbe" genannt.)

Inserat der Woche:
Neuheit! Neuheit! Wäschetrockner, am Ofenrohr zu befestigen.

13.10. In der Pferdstraße Nr. 8 wurde ein neues Geschäft eröffnet. Der Schönberger Friedrich Lorenz betreibt dort eine Fisch-, Wildpret- und Geflügelhandlung. Freitags und samstags bietet er als Spezialität gebackenen Fisch an. – Bei der Firma Schade & Füllgrabe gibt es nunmehr Rabattmarken in Höhe von 5% des Einkaufes. Ist ein Büchlein vollgeklebt, gibt es 3 RM in bar. Eine kleine Sparbüchse für die Hausfrau.

Inserat der Woche:
Ein Hirschkalb wird heute ausgehauen. Friedr. Lorenz, Pferdstr. 8

26.10. Unsere Nachbargemeinde Schönberg feiert am Sonntag ihre Kirchweih. Das Salon-Etagenkarusell vom Kaiser ist schon aufgebaut. Die Küche ist auf Wild eingestimmt. Die Cronberger werden ihren traditionellen Sonntagsspaziergang nach Schönberg lenken.

Inserat der Woche:
Unser Stundenlohn beträgt von jetzt ab 60 Pfennig. Die Cronberger Wasch- und Putzfrauen.

27.10. Die drei Cronberger Gesangvereine und das Männerquartett der Cronberger Musikfreunde beteiligten sich an der Trauerfeier für den verstorbenen Reichsaußenminister Gustav Stresemann. – Am morgigen Sonntag veranstalten der Cronberger Männergesangverein, der MGV Falkenstein und der Cäcilienverein unter der Stabführung von Herrn Ludwig Sauer ein großes Konzert.

Inserat der Woche:
„Cronberger Hof", neu hergerichtet, Fremdenzimmer, gute Speisen und Getränke, Kolleg und Saal, den Vereinen bestens empfohlen. Leo Bätzel.

9.11. Die Feldberghäuser „Sturm und Walküre", die auf Niederreifenberger Boden stehen, müssen abgerissen werden.

Inserat der Woche:
Zum Einpacken von Chrysanthemen empfehlen wir wasserdichtes Papier. Zu haben in der Druckerei.

10.11. Am kommenden Sonntag finden die Wahlen zu unserem Stadtparlament statt. – In der Schloßkapelle findet nur mit geladenen Gästen die Trauerfeier für Frau Prinzessin Viktoria von Preußen (v. Schaumburg-Lippe) statt.

Inserat der Woche:
Frack auf Seide billig abzugeben.

23.11. In der Schloßkapelle zu Cronberg fand die Trauerfeier für die verstorbene Frau Prinzessin Viktoria von Preußen (eine Schwester Ihrer kgl. Hoheit Landgräfin Marg. von Hessen) statt. Zutritt haben nur geladene Gäste.

Inserat der Woche:
Gut erhaltenes Kinderbett mit Strohsack billig zu kaufen.

24.11. Die Wahlen für die Stadtverordneten-Versammlung hatten in Cronberg folgendes Ergebnis: SPD 470 St. (3 Sitze), Zentrumspartei 381 (3 S.), Kommunisten 115 (–), Cronberger Einheitsliste 719 (6 S.), Vereinigte Mittelstandsliste Cronberg 362 (4 S.) – Der hiesige Handwerker- und Gewerbeverein veranstaltet am 1. Adventssonntag wieder eine große Werbeschau.

Inserat der Woche:
Ein Kinder-Pferdestall zu verkaufen. (Ein Pferdestall mit richtigen Gespannen, Wagen zum Aus- und Einspannen war der Wunschtraum jedes richtigen Buben. Doch die Eisenbahnen setzten sich mehr und mehr durch. Anm.)

7.12. Viehzählung in Cronberg: 61 Pferde, 178 Rindvieh und 198 Schweine!

Inserat der Woche:
In 3 Tagen Nichtraucher! Auskunft kostenlos!

8.12. Die neugewählte Stadtverordneten-Versammlung trat zum ersten Mal zu einer Sitzung zusammen. Zum Stadtverordneten-Vorsteher wurde Heinrich Mayer wiedergewählt.

Inserat der Woche:
Kaffee per Pfund 2,80–4,60 RM. (Eine Putzfrau erhielt einen Stundenlohn von 60 Pf., mußte also für ein Pfund Kaffee mindestens 5 Stunden hart arbeiten. Anm.)

21.12. Der Bürgermeister von Falkenstein, Herr Wilhelm Hasselbach, ist heute morgen im Alter von 62 Jahren plötzlich verstorben. Er war zwanzig Jahre das Gemeindeoberhaupt von Falkenstein, heute abend stand seine Wiederwahl bevor.

Inserat der Woche:
Koffer-Sprechapparat für nur 35 Mark.

22.12. Die letzte Viehzählung in Cronberg hat ergeben, daß die Zahl der Pferde ziemlich konstant ist, zugenommen hat die Haltung von Kleinvieh, wie Hühner, Enten und Gänse. Nach wie vor ist die „Kuh des kleinen Mannes“, die Ziege, ein viel gehaltenes Haustier. In Kronberg nennt man die genügsamen Milchlieferanten aber nur „Gaaße“.

Inserat der Woche:
Dampfmaschine billig abzugeben.

1930

4.1. Im Jahre 1929 wurden in Cronberg 35 Kinder geboren, 32 Paare getraut und 45 Sterbefälle verzeichnet.

Inserat der Woche:
Öffentlicher Lichtbildervortrag „Des deutschen Waldes Freud und Leid". Eintritt 30 Pfennig. Vortragender Forstmeister Valentin.

12.1. Die Firma Neubronner, Fabrik für trokken- und feuchtklebende Papiere, feiert demnächst ihr 25jähriges Bestehen.

Inserat der Woche:
Junges kinderliebes Mädchen mit höherer Schulbildung für die Nachmittagsstunden gesucht.

18.1. Hinter der Turnhalle steht der Wohnwagen des berühmten wissenschaftlichen Handlesers und Liniendeuters Dr. Peschke. Der Wissenschaftler hält in den nächsten Tagen Sprechstunde ab.

Inserat der Woche:
In den Cronberger Lichtspielen läuft am Samstag der große Film „Diane" mit Olga Tschechowa in der Hauptrolle in 7 Akten. Das Schicksal einer Pariserin im Feldquartier. Jugendliche haben keinen Zutritt.

26.1. Der Fußballklub hat sich zur Feier seines 20jährigen Bestehens etwas ganz Besonderes für die Fastnacht ausgedacht. Sein Maskenball steht unter dem Motto „Täler Kerb", deshalb wird es auch nach Jahren wieder einmal einen Täler Borjemaaster geben.

Inserat der Woche:
Großes Sopha mit geschnitztem Umbau zu verkaufen.

1.2. In Königstein fand eine Protestversammlung gegen die in der Justizreform geplante Zuteilung des Amtsgerichtsbezirks Königstein zum Landgericht Frankfurt statt. Die Verlegung der Berufungsinstanz nach Frankfurt hingegen sieht man allgemein als eine Verbesserung an.

Inserat der Woche:
Eine hochträchtige Erstlingsziege zu verkaufen.

9.2. In den Lichtspielen läuft der große Film „Die Frau auf der Folter", in 7 Akten. Jugendliche haben keinen Zutritt. – Die seit Jahren geplante Straßenbahn von Ffm.-Heddernheim über Cronberg nach Königstein hat nunmehr die Genehmigung des Verkehrsministeriums erhalten. Mit dem Bau soll noch in diesem Sommer begonnen werden. (Die große Weltwirtschaftskrise machten den Plänen den Garaus. Anm.)

Inserat der Woche:
Kastanien-Einfriedungspfosten zu verkaufen.

15.2. Heute ist im Alter von 67 Jahren der langjährige Leiter der hiesigen Volksschule Rektor August Wirbelauer gestorben. Er trat am 1. Mai 1898 die 2. Lehrerstelle an der hiesigen evangelischen Schule an. Als im November 1913 Hauptlehrer Wilhelm Fehler starb, übernahm Herr Wirbelauer dessen Amt, 1920 wurde er Rektor der Simultanschule. Von 1919–1923 bekleidete Herr Wirbelauer das Amt des Stadtverordnetenvorstehers, auch war er Mitglied in vielen Cronberger Vereinen.

Inserat der Woche:
Gut empfohlene Frau sucht Beschäftigung.

23.2. Vor einigen Tagen wurde Leo Becker, Besitzer des Hotels „Frankfurter Hof" zu Grabe getragen. Er stand im 60. Lebensjahr. Sein Haus und Betrieb hatte bei den Gästen den besten Ruf, auch war der Verstorbene stets um die Hebung des Fremdenverkehrs bemüht. In vielen Vereinen war er förderndes Mitglied. Seinem Sarge folgte ein großer Trauerzug.

Inserat der Woche:
Gebrauchte, sehr gut erhaltene Salon-Einrichtung zu verkaufen.

28.2. Jubiläum im Hause Neubronner. Herr Karl Lehr feiert als unentbehrliches Faktotum im Hause Neubronner sein 35jähriges Berufsjubiläum. Er erlebte die Anfänge der Brieftaubenphotographie ebenso mit wie den Beginn der Klebstreifenfabrik.

Inserat der Woche:
Junge Frau sucht Waschplätze.

9.3. Die seit Jahren projektierte Straßenbahn von Frankfurt-Heddernheim nach Cronberg und Königstein hat nun die Genehmigung des Verkehrsministers bekommen. Mit dem Bau soll noch in diesem Sommer begonnen werden. (Es waren wohl vor allem finanzielle Probleme in der Zeit der großen Wirtschaftskrise, die den Plan dann doch – zu unserem Glück – scheitern ließen. Anm.)

23.3. Das Gelände Schäferfeld wird verkauft, eine Frankfurter Firma zeigte reges Interesse daran. Dort sollen insgesamt 54 Einfamilienhäuser entstehen. Bis 1941 soll die Bebauung abgeschlossen sein. (An der heutigen Dettweilerstraße wurden vor dem Kriege eine ganze Reihe von Eigenheimen gebaut, der Krieg machte den Plänen ein vorläufiges Ende, Anm.)

Inserat der Woche:
Schreibmaschine mit Normal-Tastatur zu verkaufen.

28.3. Rektor Schilgen geht in den Ruhestand. Er leitete 27 Jahre lang die hiesige Höhere Schule. Am 1. April findet deshalb in der Turnhalle eine Feierstunde statt.

Inserat der Woche:
Fast neuer Kommunikanten-Hut zu verkaufen.

6.4. Auf dem Feldberg tut sich was! Die Gemeinde Niederreifenberg hat das alte und bekannte Gasthaus Sturm erworben, zur Zeit wird es neuzeitlich umgestaltet. Rechtzeitig zum Feldbergfest im Juni soll das neugestaltete Haus wieder eingeweiht werden.

Inserat der Woche:
Acker zu pachten gesucht.

20.4. Die Osterfeiertage sind gerade vorüber, sie waren verregnet und naßkalt. Es herrschte ausgesprochen mieses Aprilwetter. – Am 25. April jährt sich der Tag der Stadtrechtsverleihung zum 600. Male. Wegen der schweren, belastenden Zeiten wird von großen Feiern abgesehen. Eine Festschrift über die Geschichte unserer Stadt soll herausgegeben werden.

Inserat der Woche:
Cafe Schönblick in Falkenstein! 1a Kuchen und Kaffee, Weine, Apfelwein, Bier und Spirituosen. Um geneigten Zuspruch bittet Philipp Hasselbach. (Hasselbachs Cafe Schönblick war zu allen Jahreszeiten ein beliebtes Ausflugsziel. Im Sommer saß man gerne draußen und genoß den schönen Blick auf Burg Falkenstein. Im Winter war es oft Endstation einer Rodeltour in den Taunus, auch am späten Abend noch, dann ging es – wenn es die Schneeverhältnisse zuließen – noch einmal in flotter Fahrt hinunter nach Kronberg. Anm.)

25.4. Die Osterfeiertage waren total verregnet, naßkalt und ungemütlich. Am wohlsten fühlte man sich in den eigenen 4 Wänden. Der MGV 1860 verzichtet wegen der schweren Zeiten auf größere Festlichkeiten anläßlich seines 70jährigen Bestehens. Lediglich ein großes Konzert im Herbst steht auf dem Programm.

Inserat der Woche:
Zweischläfriges Bett und sonstige Küchensachen zu verkaufen.

4.5. Die ersten Erdbeeren aus den Fensterkästen wurden auf den Markt in Frankfurt gebracht. – Im Hotel „Schützenhof" findet ein Vortrag über „Die neue Heilbehandlung durch Radium-Heilstrahlen im eigenen Heim" statt. Vorgeführt wird von dem Redner das Wunder der „Neon-Stab-Diagnose".

Inserat der Woche:
Auf zur Falkensteiner Kerb! Meine Salon-Schiffschaukel steht wieder auf dem Platz an der Schule. Wilh. Ernst

9.5. Bei der letzten Stadtverordneten-Sitzung entstand eine Debatte über die geplante Errichtung eines Schankraumes im Schwimmbad. Der Magistrat schlägt vor, einen Raum mit Keller in die Böschung zu bauen. Nach längerer Aussprache wurde dieser Vorschlag angenommen.

Inserat der Woche:
Suche für meinen Sohn (Gärtner) ausbildende Tätigkeit in Erdbeeren und Gemüse.

18.5. Der Erste Fußballclub Cronberg feiert heute sein 20jähriges Stiftungsfest mit Freundschaftsspielen und einem Ball. – Der Vorschlag des Magistrats, die Hainstraße in Stresemannstraße umzubenennen, wurde von den Stadtverordneten mit 8 gegen 7 Stimmen abgelehnt. (1933 wurde die Hainstraße doch umbenannt, man gab ihr den Namen des Reichspräsidenten Hindenburg, 1945 erhielt die Straße dann wieder ihren alten gewohnten Namen. Den hat sie bei den Kronbergern kaum verloren, für sie war und blieb sie die Hainstraße. Anm.)

Inserat der Woche:
Tabakstaub, vergällt, das beste Mittel gegen alle Schädlingen im Garten.

23.5. In dem Wasserhäuschen am Falkensteiner Stock (es stand noch bis nach dem 2. Weltkrieg) wurde wieder einmal eingebrochen. Es konnte aber nichts gestohlen werden, da der Besitzer, gewitzt durch die vielen „Besuche", die Waren jeden Abend in Sicherheit bringt.

Inserat der Woche:
Klosettpapier kauft man gut und billig in der Druckerei

5.6. Am letzten Samstag hatte der Magistrat die Vereinsvorstände zu einer Besprechung ins Rathaus eingeladen. Beraten wurde die Gestaltung der Befreiungsfeier am 30. Juni. Vorgesehen ist ein großer Fackelzug durch Cronberg zum Schillerweiher. Jeder 3. Mann im Zug soll eine Fackel tragen, in der Mitte sollen die Schulkinder mit Fähnchen gehen. Am Vormittag soll jedes Schulkind eine Brezel erhalten. (Die Fähnchen waren aus Stoff rot-weiß mit Aufschrift „30. Juni 1930 usf. Diese Fähnchen wurden fortan in unserer Familie aufbewahrt und dann in der folgenden „glorreichen" Zeit sehr oft zum Schmücken des Hauses mitverwandt. Tannengrün und Fahnen waren von 1933–39 bekanntlich sehr gefragt und „gefordert". Anm.)

Inserat der Woche:
Adrettes Fräulein sucht Stelle in Herrschaftshaus.

6.6. Am kommenden Donnerstag wird der diesjährige Erdbeermarkt eröffnet. Die Qualität der Früchte ist durch das günstige Wetter hervorragend. Die Sache jedes Erdbeerzüchters ist es nun, den Ruf der Cronberger Erdbeeren durch einwandfreies Angebot zu wahren.

Inserat der Woche:
Erdbeerpflückerin für morgens gesucht.

15.6. Die Eröffnung des Erdbeermarktes fand um einige Tage zu spät statt; durch die günstige Witterung waren die Früchte früher reif geworden. Der erste Markt wurde durch ein heraufziehendes Gewitter beeinträchtigt. Kurz vor Beginn mußte der Marktmeister den Umzug unter Dach anordnen. Die Züchter packten schnell ihre Kasten und Körbe auf, um in die Turnhalle (Stadthalle) umzuziehen.

Inserat der Woche:
Empfehle meinen patentierten Waschkesseldeckel; Rostflecken in der Wäsche sind unmöglich. O. Weber, Wagnerstr., Cbg.

Inserat der Woche:
Lorgnon mit Kette verloren.

20.6. Ab 1. Juli sind die besetzten Rheinlande, zu denen auch unser Cronberg gehört, wieder frei. Um Mitternacht läuten im ganzen Lande die Glocken. Auch in Cronberg wird diese Stunde festlich begangen. Um 23 Uhr bewegt sich ein großer Fackelzug, an dem sich alle Vereine, Verbände und Schulen beteiligen werden, zur Wiese am Schillerweiher. Nach dem gemeinsam gesungenen Lied: „Großer Gott, wir loben Dich" werden die Fackeln zu einem großen Freudenfeuer zusammengeworfen. Die Festansprache hält Herr Bürgermeister Schwinn. Nach zwölfjähriger Besetzung dürfen wir uns nun endlich wieder als freie Deutsche fühlen. Deshalb heißt es wieder: schmückt eure Häuser und heraus mit den Fahnen! Neben der schwarz-rot-goldenen Fahne der Republik darf selbstverständich auch frei und ungehindert das alte traditionelle schwarz-weiß-rot wehen.

Inserat der Woche:
Fräulein, perfekt in Schreibmaschine, gesucht.

29.6. Der zunehmende Lärm, der durch Motorräder verursacht wird, hat die Polizei zu einschneidenden Abwehrmaßnahmen veranlaßt. – Die höhere Schule hält ihre Feier anläßlich der Rheinlandbefreiung im Burghof ab, die Festrede hält Konrektor Dr. Karl Schmoll.

Inserat der Woche:
Stärkewäsche zum Bügeln, sowie Fremdenwäsche zum Waschen und Bügeln wird angenommen.

4.7. Cronberg ist von schwerem Unheil verschont geblieben. Einem Betriebsstoffwagen mit Anhänger versagten bei der Fahrt über die Königsteiner Chaussee zur Cronberger Innenstadt die Bremen. In großem Tempo, laute Hupsignale gebend, sauste der schwere Wagen durch die Hauptstraße. Das Straßenpublikum konnte sich rechtzeitig in die Hauseingänge flüchten. Ein schwerer Randstein wurde umgerissen, 3 Motorräder und 1 Fahrrad, die vor dem Keil'schen Tank standen, wurden zu Schrott zerquetscht. Unterhalb des Friedhofes konnte der Fahrer den Wagen zum Stehen bringen. Wie ein Wunder ist es, daß keine Menschen verletzt wurden.

Inserat der Woche:
Empfehle meine patentierten Waschkesseldeckel. Vollkommen metallfrei, keine Rostflecken mehr in der Wäsche.

13.7. Bei unserer Post bereiten sich Neuerungen vor. Zunächst wird das Gebäude nach der Südseite hin angebaut. Die neugewonnenen Räume sind für den Paketverkehr, den Telegraphen und das Fernsprechamt vorgesehen. – Das Wetter ist nicht sommerlich. Kühl und regnerisch, so präsentiert sich uns der Juli. Auch an Kerb gab es Regenschauer.

Inserat der Woche:
Plakate „Möbliertes Zimmer" zu haben in der Druckerei. (Solche Aushängeschilder fand man oft, meist an Fenstern angebracht. Möblierte Zimmer, Wohnungen gab es in reicher Auswahl. Das Geld war knapp, man zog nicht um, wenn es sich nicht unbedingt vermeiden ließ, schon gar nicht in eine bessere Wohnung. Anm.)

27.7. In der letzten Stadtverordneten-Versammlung wurde die Beschotterung der Hainstraße bewilligt und ein Betrag von 12000 Mark vorgesehen. Ein Stadtverordneter sprach die Bitte aus, im Hinblick auf die immer mehr zunehmende Arbeitslosigkeit dafür nur Cronberger zu beschäftigen.

Inserat der Woche:
Junges Mädchen, 16 Jahre alt, aus guter Familie sucht Stellung in katholischem Haus.

1.8. Der Juli, der nur Regen und kalte Witterung brachte und uns allen deshalb sehr zuwider war, ist zu Ende. Hoffen wir, daß der August uns dafür entschädigt! (Das tat der August nicht, bis Ende dieses Monats hielt die naßkalte Witterung an. Von sommerlichen Temperaturen konnte keine Rede sein.)

Inserat der Woche:
Kuh- und Pferdedung gesucht. Möglichst abgelagertes, nicht nasses Material.

10.8. Zum ersten Mal konnten wir über Cronberg das Luftschiff „Graf Zeppelin" bewundern. Es überflog unser Städtchen, alles, was Beine hatte, war auf der Straße, um dieses seltene Schauspiel zu genießen. Seit die Rheinlande befreit sind, darf das Luftschiff wieder in Frankfurt landen. (Als einige Jahre später der zweite „Zeppelin", um vieles größer als der bisherige, „Hindenburg" getauft, durch die großen Hallen seinen Heimathafen in Frankfurt hatte, konnten die Kronberger öfter einen Zeppelin begrüßen. Bei gutem Wetter konnte man die Luftschiffe sogar auf Rhein-Main landen sehen. Anm.)
Empfehle aus meinem Lager Eismaschinen und Messerputzmaschinen. Georg Maschke.Inserat der Woche:

15.8. Bis jetzt ist der August genau so kalt gewesen, wie es der Juli war. Ja, sogar noch regnerischer. Allenthalben spürt man schon den nahenden Herbst, der uns hoffentlich ein bißchen mehr Sonnenschein bringt, als es der Sommer vermochte. – Im Gehölz am Königsteiner Sportplatz wurden 3 Menschen an Bäumen hängend vorgefunden. Sie waren schon 5–6 Stunden tot. Man vermutet Selbstmord wegen wirtschaftlicher Schwierigkeiten.

Inserat der Woche:
Offiziers-Ehepaar, kinderlos, sucht geräumige 2-Zimmerwohnung, Wohngelegenheit in herrschaftlicher Villa bevorzugt.

24.8. Die Polizeiverwaltung macht wieder einmal darauf aufmerksam, daß zur vorgeschriebenen Reinigung der Straßen und Wege auch die Beseitigung von Gras und Unkraut gehört. Außerdem wird dringend darauf hingewiesen, daß überhängende Äste an Zäunen und Mauern gestutzt werden müssen. Die Bürgersteige müssen unbehindert passiert werden können. Zuwiderhandelnde werden bestraft.

Inserat der Woche:
Plakate „Möbliertes Zimmer zu vermieten" in der Druckerei zu haben (Es gab viele Zimmer, die Mieter suchten; Anm.)

29.8. Im Alter von 59 Jahren verstarb der hiesige Volks- und Berufsschullehrer Heinrich Blum. Fast 3 Jahrzehnte wirkte er in Cronberg. Als er in unser Städtchen kam, gab es bei uns noch die beiden konfessionellen Schulen. Erst nach dem Krieg wurde die Simultanschule eingerichtet. Herr Blum unterrichtete auch lange Jahre hindurch an der Berufsschule, zwei Jahre lang war er Leiter derselben. Seine Schüler, und das ist eine stattliche Anzahl, werden ihren Lehrer so schnell nicht vergessen.

Inserat der Woche:
Auf Schloß Friedrichshof wird die diesjährige Grummeternte verpachtet.

11.9. Wilhelm Küchler, der Mitinhaber der Firma W. Küchler Söhne, ist im Alter von nur 57 Jahren plötzlich verstorben. Als geborener Kronberger nahm er immer regen Anteil am öffentlichen Leben seiner Vaterstadt. Er war der Vorsitzende des Aufsichtsrates der Vereinsbank (heute Volksbank) und Mitglied vieler Cronberger Vereine.

Inserat der Woche:
Speise-Kürbisse abzugeben.

12.9. Am kommenden Sonntag findet wieder einmal eine Reichstagswahl statt. Der Wahlkampf hat harte Formen angenommen.

Inserat der Woche:
Anmeldungen zum Stahlhelm nehmen wir gern entgegen.

21.9. Die Reichstagswahl am vergangenen Sonntag erbrachte folgende Ergebnisse: Kronberg/Schönberg SPD 456/56, Deutschnationale 129/10, Zentrum 370/87, KPD 196/40, Dt. Volkspartei 391/72, Dt. Staatspartei 202/24, NSDAP 292/36 (die NSDAP hatte 1928 noch 11 Stimmen). 89% der Wahlberechtigten haben ihre Stimme abgegeben. Mit 107 Mandaten ist die NSDAP nach den Sozialdemokraten zweitstärkste Fraktion im Reichstag geworden.

Inserat der Woche:
Am kommenden Montag versteigert die Stadt Kronberg die diesjährige Edelkastanienernte.

26.9. Am 28. September findet um 11 Uhr in der Turnhalle eine Feierstunde zur 600. Wiederkehr der Stadtrechtsverleihung statt. Fahnen heraus! Cronberg feiert! Der Raum in der Turnhalle ist leider sehr beschränkt. Man hat, abgesehen von den vorgesetzten Behörden, keine Einladungen an Privatpersonen ergehen lassen, da es sich um eine Feier handelt, bei der die gesamte Einwohnerschaft teilnehmen sollte! Da die Feierstunde im Radio übertragen wird und auch über Lautsprecher auf dem Platz hinter der Turnhalle zu hören ist, kann ganz Cronberg dieser Feier beiwohnen.

Inserat der Woche:
Die Geschichte der Stadt Cronberg von cand. phil. Fritz Eckert ist zum Preise von 2 RM erhältlich.

10.10. Mit der Aufführung des Singspiels „Am fröhlichen Rhein“, das als Beitrag zum 600jährigen Stadtjubiläum gedacht war, hatte der Cäcilienverein einen vollen Erfolg. Die Musik dazu hatte Ludwig Sauer geschrieben. Das Stück wird als Gegenstück zu dem „Fröhlichen Weinberg“ von Carl Zuckmayer angesehen, das von vielen wegen seiner primitiven Ausdrücke abgelehnt wird.

Inserat der Woche:
Ein etwas dressierter Hund gesucht.

20.10. Die Stadt hat im Bezirk Kellergrund eine Grundstücksparzelle an Ewald Rohlmann aus Blankenburg verkauft, der dort ein Sanatorium errichten will. (Auf dem Gelände befindet sich heute das Ausbildungszentrum der Deutschen Bank. Anm.)

Inserat der Woche:
Wer kommt zu uns? Der „Stahlhelm“ nimmt gerne Anmeldungen entgegen.

24.10. In unserer Stadt werden große Pläne geschmiedet. Die Katharinenstraße entlang des Schulgartens soll bebaut werden. Dort und an der Nordseite des Platzes hinter der Turnhalle (heute Berliner Platz) sollen 20 Läden entstehen. Man plant einen Architektenwettbewerb.

Inserat der Woche:
Die Cronberger Lichtspiele bringen „Der Weltkrieg“ in 6 Akten.

3.11. Ein schwerer Schlag für die Landeskinderheilstätte Mammolshöhe. Der Chefarzt, seit der Eröffnung im Sommer 1927 tätig, ist plötzlich verstorben. Dr. Hans Hauff erfreute sich bei den kleinen Patienten großer Beliebtheit.

Inserat der Woche:
Für Buß- und Bettag empfehle ich frischen Schellfisch ohne Kopf per Pfund 25 Pfennig.

7.11. Die Reichsregierung und die Preußische Staatsregierung haben auf die Einschränkung der Festlichkeiten in den kommenden Wintermonaten hingewiesen. Der Ernst der Zeit und die große Not vieler Mitbürger zwingen zum Nachdenken. Es geht vor allem an die Vereine die dringende Bitte, die üblichen Winterfeste und Tanzveranstaltungen erheblich einzuschränken.

Inserat der Woche:
4/16 Opel, gut erhalten, offen, billig zu verkaufen.

17.11. Schützt die Wasserleitungen! Es treten bereits Nachtfröste auf. Um sich vor Schaden zu bewahren, sollte man schleunigst die Kellerlöcher schließen, die freien Wasserleitungsrohre umwickeln, Sommerleitungen abstellen und entleeren.

Inserat der Woche:
Dampfmaschine (Weihnachtsgeschenk) billig zu verkaufen.

21.11. Wegen eines elektrischen Bügeleisens mußte die Feuerwehr ausrücken. Die Büglerin hatte vergessen, den Strom abzuschalten. Dichter Qualm veranlaßte die Nachbarschaft, die Feuerwehr zu alarmieren. Man nahm alles, was angebrannt war, warf es zum Fenster hinaus und schon dar die Gefahr vorbei. Das mag wieder eine Warnung sein.

Inserat der Woche:
Für Buß- und Bettag frisch von der See: Schellfische ohne Kopf, per Pfund 25 Pfennig.

1.12. Der Schwere der Zeit angemessen, hat die Regierung darauf hingewiesen, in diesem Winter das Abhalten von großen Bällen und Vereinsfesten einzuschränken.

Inserat der Woche:
Wer hat eine Dampfmaschine billig abzugeben?

5.12. Am letzten Sonntag wurde das Blockhaus auf dem Fuchstanz, das die Freiwillige Sanitätskolonne des Roten Kreuzes errichtet hat, feierlich eingeweiht.

Inserat der Woche:
Vergessen Sie nicht, vor dem Fest Ihr Klavier stimmen zu lassen.

15.12. Eine schöne Bescherung haben die Steuerzahler in Cronberg zu erwarten. Ausgerechnet am Tage vor Weihnachten wollen die Stadtverordneten die Neufestsetzung der Steuern beschließen.

Inserat der Woche:
Die Kleinkinderschule lädt zu ihrer Weihnachtsfeier am Donnerstag in die städtische Turnhalle ein; Beginn 5 Uhr.

19.12. Hochzeit auf Schloß Friedrichshof! Prinz Christoph von Hessen und Prinzessin Sofie von Griechenland feierten auf Schloß Friedrichshof ihre Hochzeit. Die standesamtliche Trauung vollzog Bürgermeister Schwinn. Für die Bürgerschaft Cronbergs gab es im Schloß einen Empfang. Auf der Terrasse gab die Kapelle der 81er von Frankfurt ein Konzert. (Prinz Christoph, ein Sohn des Landgrafen Friedrich Carl von Hessen und Landgräfin Margarethe, der jüngsten Tochter der Kaiserin Friedrich, fiel im zweiten Weltkrieg. Prinzessin Sofie ist eine Schwester des Herzog von Edinburgh.)

Inserat der Woche:
Fast neuer weißemaillierter Herd mit Gas-Anhang zu verkaufen.

31.12. In vielen Familien gab es dieses Jahr kein fröhliches Weihnachtsfest. Die Zahl der Erwerbslosen steigt ständig. – Vor zwei Wochen wurde auf Schloß Friedrichshof Hochzeit gefeiert. Prinz Christoph von Hessen vermählte sich mit Prinzessin Sophie von Griechenland. Die Trauung fand in der Johanniskirche statt. Für die Bürger Cronbergs war Gelegenheit, bei einem Empfand dem Paar zu gratulieren. (Prinz Christoph und sein Zwillingsbruder Richard waren die jüngsten Söhne des Landgrafen Friedrich Carl von Hessen und dessen Gemahlin Margarethe, geborene Prinzessin von Preußen, der jüngsten Tochter der Kaiserin Friedrich. Prinz Christoph fiel im zweiten Weltkrieg; Anm.) – Im Jahre 1930 wurden beim Standesamt Cronberg 36 Geburten, 23 Eheschließungen und 53 Sterbefälle registriert. Das neue Jahr kommt mit gutem Winterwetter, die Eisbahn im Kaiser-Friedrich-Park ist geöffnet. Bei guter Beleuchtung kann sie auch in den Abendstunden bis 23 Uhr genutzt werden.

Inserat der Woche:
Am kommenden Samstag wird bei Henrizi in Oberhöchstadt ein prima Rindvieh ausgehauen, per Pfund 70 Pfennig.

1931

2.1. Wir haben herrliches Winterwetter. Die Eisbahn im Kaiser-Friedrich-Park ist geöffnet und kann täglich bis 23 Uhr benutzt werden. – Die Stadtverordneten-Versammlung hat in ihrer letzten Sitzung des alten Jahres den Bürgern eine „Weihnachtsbescherung" bereitet. Die kommunalen Steuern wurden drastisch erhöht. Neu eingeführt wurde die Biersteuer. Da kann man nur sagen: Prost Neujahr!

12.1. Die Eisbahn ist geöffnet; die Rodelbahnen sind gut in Schuß; doch schon ist Tauwetter angesagt. Der gestrige Sonntag war noch von herrlichem Winterwetter geprägt. Die Eisenbahn hat fünf Sonderzüge nach Cronberg eingesetzt, so groß war der Andrang der Wintersportler.

Inserat der Woche:
Gut erhaltene, tadellos nähende Nähmaschine zu verkaufen.

16.1. Der vergangene Sonntag war ein herrlicher Wintersporttag. jetzt ist schon wieder Tauwetter eingetreten. – In Kürze wird der erste Termin zur Versteigerung der Receptur angesetzt. Die Stadt bot 24800,– RM, der Krankenhausverein 25000,– RM. Der Verein trägt sich mit der Absicht, dort ein Krankenhaus einzurichten.

Inserat der Woche:
Zweischläfriges Bett und sonstige Küchensachen zu verkaufen.

26.1. Der Winterspaß auf der Eisbahn hat nicht lange gedauert, es ist wieder Tauwetter eingetreten. Doch die Wetterfrösche prophezeien uns wieder Schnee.

Inserat der Woche:
Bei Henritzi in Oberhöchstadt wird ein prima Rindvieh ausgehauen. (Viele Landwirte und Viehhalter erhielten die Genehmigung zum „Aushauen", beim Hausschlachten durfte Fleisch verkauft werden, da es erheblich billiger als beim Metzger war, nutzte man gerne solche Gelegenheiten; Anm.)

30.1. Der Not der Zeit gehorchend, beschloß die Ortsbauernschaft, in diesem Jahr von einem Maskenball abzusehen.

Inserat der Woche:
Empfehle mich für Stimmungen von Flügeln und Pianos.

9.2. „Wenn die Tage langen, kommt der Winter erst gegangen!" Dieses Sprichwort bewahrheitet sich auch dieses Jahr wieder. Der Februar zog mit strenger Kälte und Schnee ein. Im Taunus herrschen sehr gute Wintersportverhältnisse. Die Eisenbahn legt am Wochenende wieder Sonderzüge ein.

Inserat der Woche:
Neuer Taunusrodel zu verkaufen!

13.2. Der Tennis- und Eislaufverein Cronberg veranstaltete eine Schulmeisterschaft. Beim Eislauf gewann die Höhere Schule, das Eisschießen die Schönberger Volksschule. Die Cronberger Volksschule stellte den schnellsten Mann auf dem Eis. – Am kommenden Sonntag findet auf der Schwarzwegbahn wieder ein Rodelrennen statt. 54 Rodler und Rodlerinnen sind am Start, es geht um die südwestdeutsche Bezirksmeisterschaft.

26.2. Im Alter von 62 Jahren starb der Cronberger Pflastermeister Wilhelm Buhlmann. Der Verstorbene war Mitglied in vielen Cronberger Vereinen, vor allem bei der Feuerwehr und der Schützengesellschaft.

Inserat der Woche:
Achtung! Preisabbau! Bubikopf-Nachschneiden 70 Pfg., Ondulieren 75 Pfg., Kopfwaschen

75 Pfg., Herren-Haarschneiden 50 Pfg., Rasieren 15 Pfg., Schäfer, Ecke Doppesstraße.

27.2. Öffentliches Karnevalstreiben ist wegen der schweren Zeiten verboten. In Cronberg dehnte man dieses Verbot sogar auf die Kinder aus. Das finden die Cronberger, alt und jung, unverständlich, und alle hoffen, daß die Polizei hier beide Augen zudrückt. (Sie hat!!!) – Das Geld ist knapp, das merkt man allein schon an den Ankündigungen für die Maskenbälle. Bei den meisten fehlt das Motto, das ja auch eine spezielle und teuere Dekoration erfordert.

Inserat der Woche:
Milchkuh vom 2. Kalb zu verkaufen.

9.3. Es herrschen immer noch gute bis sehr gute Wintersportbedingungen, und das seit Wochen! Aber der Winter ist jetzt unbeliebt, die Zahl der Ausflügler ist erheblich zurückgegangen.

Inserat der Woche:
Cronberger Lichtspiele: Willy Fritsch und Dita Parlo in „Melodie des Herzens".

13.3. Von der letzten Stadtverordneten-Versammlung: Die 7 Punkte der Tagesordnung waren in 18 Minuten erledigt. Das Schulgeld für die Höhere Schule wurde um 25 RM erhöht. Die Biersteuer wurde verdoppelt.

Inserat der Woche:
Unteres Gebiß verloren. Wiederbringer erhält Belohnung.

27.3. Der Magistratsbote Adam Schrodt tritt mit dem 1. April in den wohlverdienten Ruhestand. 42 Jahre war er im Dienst der Stadt Cronberg, zuerst als Nachtwächter, dann als Gemeindearbeiter und zuletzt 9 Jahre als Kassenbote.

Inserat der Woche:
Suche noch 2 Waschstellen.

6.4. In der Johanniskirche werden 27 Kinder konfirmiert. Die Volksschule nimmt 51 ABC-Schützen auf.

Inserat der Woche:
Noch eine Fuhre Runkel abzugeben.

10.4. Die spitze Kurve im Kronthal, die Ursache für einige Unfälle war, wird beseitigt. Die Arbeiten gehen rüstig vorwärts. Große Erdbewegungen sind dazu nötig.

Inserat der Woche:
Der Waschtag ist jetzt nur noch ein Freudentag mit unserer neuesten Erfindung. keine Wachsmaschine, kein Glockenstampfer! Vorführung in Cronberg! Bitte schmutzige Wäsche mitbringen. In 5 Minuten sauber zurück!

20.4. Am kommenden Sonntag veranstaltet der katholische Gesellenverein (Kolping) wieder einen seiner beliebten Familienabende. Sein neues Mandolinenorchester wird dabei zum ersten Mal an die Öffentlichkeit treten.

Inserat der Woche:
Kapelle H. Heist spielt am Sonntag ab 5 Uhr im „Cronberger Hof" zum Tanz.

24.4. Am 30. April feiern die Eheleute Adam Weidmann und Frau Elisabeth, Adlerstraße 1, ihre Goldene Hochzeit. Gleichzeitig kann Herr Weidmann sein 50jähriges Jubiläum als Spitalmeister feiern. (Dieses Amt hatte Adam Weidmann von seinem Vater übernommen, sein Sohn Gottfried Weidmann hatte ebenfalls dieses Amt einige Jahrzehnte lang inne. Die Bezeichnung „Spitalmeister", oder vielmehr auf gut kronbergerisch „Spidalmaaster" wird heute noch für die Weidmanns in der Adlerstraße benutzt, obwohl es schon lange kein solches Amt mehr gibt. Das Spital wird von der Kirchenbehörde verwaltet.)

Inserat der Woche:
Liefere billigst Holzwolle für Erdbeeren.

4.5. Der Musikverein feierte im kleinen Rahmen sein 25jähriges Jubiläum. Unter der Stabführung von Kapellmeister Jakob Brech gab es mit Unterstützung der Freunde vom ehemaligen 81er Musikorps in Frankfurt ein Konzert. Die Frauen des Vereins stifteten eine Tischstandarte.

Inserat der Woche:
Erdbeerkörbe zu 4 und 6 Pfund zu haben in der Hainstraße 1.

8.5. Am 2. Mai verstarb Sanitätsrat Dr. Spielhagen. Er war Leibarzt der Kaiserin Friedrich und von Anbeginn Chefarzt des Kaiserin-Friedrich-Krankenhauses. Er gehörte lange Jahre der Stadtverordneten-Versammlung an und fungierte als Stadtverordnetenvorsteher. (Dr. Spielhagen wird den alten Kronbergern noch in recht guter Erinnerung sein. Schon seine äußere Erscheinung war unvergeßlich. Im schwarzen Havelock, einen Spazierstock in der Hand, eilte er zu seinen Patienten. Da er Leibarzt der Kaiserin war, wurde er auch gar zu gern von der wohlhabenden Bevölkerung Kronbergs konsultiert. Er vergaß aber nie, daß er einstmals zum Vereinsarzt des um die Jahrhundertwende bestehenden Vereins für Gesundheitspflege nach Kronberg gerufen wurde. Als Leibarzt und als späterer Sanitätsrat konnte er es sich leisten, bei den minderbemittelten Patienten eine Berechnung seiner Bemühungen einfach zu vergessen. Er war stets zu erreichen, selbst wenn die Kaiserin ihn rief, vernachlässigte er nicht seine bürgerlichen Patienten. Das machte ihn in Kronberg sehr beliebt, obwohl er auch sehr unbequem werden konnte, wenn man es in Bezug auf die Hygiene nicht so genau nahm.)

Inserat der Woche:
Tüchtiges Küchenmädchen für das Schwimmbad gesucht.

21.5. Vor einigen Tagen tobte über Cronberg ein schweres Gewitter mit wolkenbruchartigen Regenfällen. Das Wasser lief durch die Eichenstraße und riß auf dem Römerberg das Pflaster auf. (Am Vorabend des Himmelfahrttages 1958 wiederholte sich das alles, der Römerberg war ein einziger „Wasserfall“; Anm. d. Red.)

Inserat der Woche:
Ausziehtisch zu kaufen gesucht.

1.6. Die ersten Erdbeeren kommen jetzt auf den Markt, am 7. ds. Mts. wird der Erdbeermarkt wieder eröffnet. Mit Preisen von 60–90 Pfg. je Pfund ist zu rechnen. (Vergleich ein Brot kostete 50 Pfennige. Anm.)

Inserat der Woche:
4 Schlachthühner zu verkaufen.

5.6. Das 25jährige Jubiläum des Musikvereins verlief sehr harmonisch. Zum Auftrakt war am Samstag ein Kommers, bei dem die drei hiesigen Gesangvereine und die Gesangsriege des MTV mitwirkten. Am Sonntagmittag war dann im Schulgarten ein Promenadenkonzert. Als Abschluß am Abend ein Festkonzert unter der Leitung von Jakob Brech, der am Samstag zum Ehrenmitglied ernannt worden war.

Inserat der Woche:
Der Obst- und Gartenbauverein Cronberg hat einen Höchststundenlohn für das Pflücken von Erdbeeren festgelegt. (Preisvergleich: 1 Ei = 12–15 Pf., 250 gr. Hausmacher Wurst 50 Pf., ein Paar Kinderschuhe 5–10 Mark)

17.6. Auf dem Erdbeermarkt wurden am Wochenende 270 Zentner Früchte umgesetzt. (Samstags war der Markt allerdings geschlossen. Anm.) Das Feldbergfest war vom schönsten Wetter begünstigt. Das Kraftauto der Rödelheimer Turner hatte am Eselsheck einen Unfall, bei dem drei Männer leicht verletzt wurden.

Inserat der Woche:
Fruchtpressen zu verleihen.

19.6. Der Südwestdeutsche Eissportverband plant, auf dem Großen Feldberg eine Eisbahn einzurichten. Diese Bahn soll den Namen „Brunhildis-Bahn“ erhalten und wird wahrscheinlich in Eissportkreisen einmal eine große Rolle spielen.

Inserat der Woche:
Kaufe ab morgen abgezupfte Fasserdbeeren per Zentner 18 Mark.

29.6. Geistlicher Rat Schaller feiert in den nächsten Tagen seinen 80. Geburtstag. Seit 16 Jahren ist er Pfarrer in der hiesigen katholischen Gemeinde.

Inserat der Woche:
Sommersprossen beseitigt garantiert unser Gesichtswasser Venus!

3.7. Die Kronberger Kirschenkerb ist im Anmarsch. Auch Kaisers Karussel wird wieder aufgebaut. Die Geschäfte dürfen an den beiden Kerbesonntagen von 7–9 Uhr und von 12–18 Uhr geöffnet sein. (Das war besonders an heißen Tagen sehr wichtig, denn wer hatte schon einen Kühlschrank. Die Metzger boten gerne an den Sonntagen ihre Würste an. Bratwurst und Kartoffelsalat war an Kerb das Nationalgericht der Kronberger. Ein derartiges Abendessen stand fast auf jedem Kronberger Tisch.) – Bei der letzten Stadtverordneten-Sitzung wurde der Haushaltsplan für 1931 verabschiedet. Er schloß mit 750 000 Mark ab. Die Wohlfahrtsausgaben waren auf 137 000 Mark angestiegen.

Inserat der Woche:
Gasthaus „Zum Hardtberg“ im Tal lädt ein zur Thäler Kerb.

13.7. An alle Wanderer geht die dringende Bitte, die sinnlose Zerstörung der Ringwälle auf dem Altkönig zu unterlassen. Immer wieder wurde festgestellt, daß die Steine als Wurfgeschosse ins Tal benutzt werden, auch die Strenghütte wurde wiederholt beschädigt.

Inserat der Woche:
Unteres Gebiß verloren. Abzugeben gegen Belohnung Schreyerstr. 22.

21.7. Eine total verregnete Woche liegt hinter uns. Der Erdbeermarkt ist fast völlig verschwunden. Da das Schwimmbad kaum Betrieb hatte, wurde die kühle Witterung zur Reinigung des Beckens benutzt. Mit Wurzelbürsten und Schrubbern wurden die Wände bearbeitet. Die neue Füllung ist noch recht kalt: 13 Grad, trotzdem kamen einige Gäste. Drei Backfische puddelten und schwammen vergnügt umher.

Inserat der Woche:
Mädchen, 16 Jahre, aus guter Familie, sucht Stellung in katholischem Haus.

27.7. Seit Tagen regnet es fast ununterbrochen, es ist sehr kühl. Ob der Himmel über die vielen „Bankkrache“ weint? – Auf der Weide des Schafhofs wurde in der Nacht eine Kuh geschlachtet. Die Diebe verschwanden spurlos mit dem Auto, sie hatten die besten Fleischstücke ausgesucht.

Inserat der Woche:
Wäsche-Glocken! Bestes Hilfsmittel beim Erledigen der Wäsche bei Georg Maschke, Hauptstraße 35.

31.7. Morgen finden unter dem Arrangement des Radfahrervereins „Viktoria“ die Bergmeisterschaften des Gaues Frankfurt auf der Strekke Cronberg–Falkenstein statt.

Inserat der Woche:
Vom allgemeinen Abbau genötigt, geben wir den Wasch- und Putzfrauen von jetzt an Verköstigung und 40 Pfennig Stundenlohn. Die Hausfrauen Cronbergs

10.8. Die Wahlbeteiligung am Volksentscheid über die Auflösung des preußischen Landtages war sehr gering. Nicht ganz 40 Prozent der Wahlberechtigten hat sich daran beteiligt. Da zur Auflösung des Landtages aber eine Mehrheit von mindestens 51 Prozent erforderlich ist, kann man den Volksentscheid als gescheitert betrachten.

Inserat der Woche:
In der nächsten Woche wird die Apfelernte auf dem Sportplatz am Galgenfeld verkauft. Der Magistrat. (An diesen Bäumen war in jedem Jahr nicht viel zu ernten, junge Sportler haben immer Appetit auf Obst. Bis die Äpfel wirklich reif zur Ernte waren, gab es kaum noch welche. Anm. d. Red.)

14.8. Andauernde schlechte Witterung und Tiefstand des Barometers bringt vorzeitiges Schließen der Bäder mit sich. Das Strandbad Höchst hat seine Pforten bereits geschlossen.

Inserat der Woche:
Gebrauchter kleiner Speisezimmer-Lüster zu kaufen gesucht.

24.8. Spätestens am 1. Oktober soll in unserer Stadt eine Notküche in Betrieb genommen werden. Davon sollen vor allem die ständig an Zahl zunehmenden Erwerbslosen unterstützt werden.

Inserat der Woche:
Vom allgemeinen Abbau genötigt, geben wir den Wasch- und Putzfrauen von jetzt an Verköstigung und 40 Pfg. Stundenlohn. Die Hausfrauen Kronbergs. (Dazu ein Preisvergleich: Ein halbes Pfund Butter kostete 90 Pfennige, ein Drei-Pfund-Brot 50 Pfennige, ein Pfund Mehl 28 Pfennige. Die Red.)

28.8. Alle Freunde der Amateur-Kinematographie werden von Herrn Adolf Neubronner zu einem bei ihm stattfindenden Filmabend eingeladen. – Die Regenmenge im August erreichte eine Höhe, wie seit vielen Jahren nicht mehr. Der nasse August bescherte uns durchschnittlich 232,2 Liter Wasser auf den Quadratmeter.

Inserat der Woche:
Lebend frische Karpfen sind heute nachmittag am Schillerweiher zu haben.

7.9. Die Sanitätskolonne Cronberg begeht ihr 30jähriges Jubiläum. Aus diesem Anlaß findet eine große Alarmübung sämtlicher Kolonnen des Obertaunuskreises statt.

11.9. In Cronberg und Königstein wurden die neuen Selbstanschlußämter in Betrieb genommen. Die Teilnehmer können nur noch einen Sprechapparat mit Nummernscheibe benutzen. Innerhalb der beiden Orte kann man nun ohne Vermittlung, durch Selbstwählen, telephonieren.

Inserat der Woche:
Der Obstmarkt wird ab 15. ds. Mts. aufgehoben.

21.9. An der Kasse der Cronberger Lichtspiele wurden Stimmzettel ausgegeben. Die Besucher wurden gebeten, sich für die Beibehaltung von Stummfilmen oder für die Vorführungen von Tonfilmen zu entscheiden. Mehr als 60% der Besucher stimmten für die Tonfilme. (Der erste Tonfilm lief in Cronberg am 17. Oktober 1931, es war der Film „Die drei von der Tankstelle“. Anm.)

Inserat der Woche:
Fettes Schwein zum Schlachten gesucht.

25.9. 500 Cronberger erhalten Arbeitslosenunterstützung, 201 Personen Wohlfahrtsunterstützung. Das bedeutet, daß 17,5% der Gesamtbevölkerung Cronbergs auf öffentliche Hilfe angewiesen sind. Ab sofort wird in der Schule eine Notstandsküche eingerichtet, wo für bedürftige Einwohner Cronbergs schmackhafte Suppen ausgegeben werden, per Liter zu 70 Pfennig.

Inserat der Woche:
Die Friseurgeschäfte dürfen im Winterhalbjahr an Sonn- und Feiertagen von 9–12 Uhr geöffnet sein. Der Bürgermeister Schwinn

8.10. Sattelmeister Andreas Eckhardt ist seit 25 Jahren auf Schloß Friedrichshof. In Reiterkreisen und auch bei der Bevölkerung Cronbergs ist er recht gut bekannt, vor allem durch seine zahlreichen Turniersiege. – Kirchweih in Mammolshain, Oberhöchstadt und Schwalbach! Die Wirte werben mit Tanzmusik und gutem Essen um die auswärtigen Gäste.

Inserat der Woche:
Schwalbacher Kirchweih! Bekannt durch Has im Topf, Gänsebraten, Rehkeule. Bei Mutter Kraus!

9.10. Heute gab es in der Notküche, die am ersten Tag schon 106 Essensportionen ausgab, breite Nudelsuppe mit Rindfleisch, sehr fein und wohlschmeckend gekocht. Die Küche wird von der Cronberger Einwohnerschaft und den Villenbesitzern gut fundiert.

Inserat der Woche:
Gebrauchtes kleines Bügelöfchen zu kaufen gesucht.

19.10. Die Stadt beabsichtigt, Gelände zu Kleingartenzwecken an Erwerbslose zu verpachten. Interessenten können sich im Rathaus, Zimmer 12, melden.

Inserat der Woche:
Der 1. Tonfilm auch in Cronberg! Es läuft „Die 3 von der Tankstelle“ mit Lilian Harvey und Willi Fritsch.

23.10. Unsere Nachbargemeinde Schönberg feierte am Sonntag Kirchweih. Alles, was in Cronberg einigermaßen auf den Beinen war, stattete der Residenz einen Besuch ab. Der Sonntag trat mit hellem Sonnenschein an den Tag und brachte viel Verkehr. Die Taunusläufer hatten einen guten Weg. Der Abgang am Abend war enorm.

Inserat der Woche:
Nehme Bestellungen auf Weißkraut zum Einschneiden entgegen.

2.11. Sind die Rundfunkwellen schädlich? Angestellte Versuche geben nun Beruhigung über diese Frage. Durch die Radiowellen wurde sogar das Personal der großen Sendestationen gesundheitlich in keiner Weise geschädigt.

Inserat der Woche:
Chrysanthemen-Papier kauft man in der Drukkerei.

6.11. Passiven Widerstand gegen die Erhebung erhöhter Getränkesteuer haben die Cronberger Wirte beschlossen. Zunächst wird ein Gesuch eingereicht werden. Bei Nichterfolg sollen die Gaststätten geschlossen werden, bis ein Gegenbeschluß des Magistrats die Steuererhöhung rückgängig macht.

Inserat der Woche:
Ich folge der Notverordnung und verkaufe ab sofort alles 20% billiger. Ochsenfleisch das Pfund 65 Pfg., Koteletts das Pfund 80 Pfg.

16.11. Bis auf weiteres dürfen auch in Eilzügen Wintersportgeräte mitgeführt werden, allerdings nur in der 3. Klasse.

Inserat der Woche:
Junges Mädchen zum Austragen von Milch gesucht.

20.11. Das preußische Innenministerium hat auf Grund der Notverordnung des Reichspräsidenten zur Erhaltung der öffentlichen Ruhe und Ordnung alle Umzüge und Versammlungen unter freiem Himmel verboten.

Inserat der Woche:
Gut erhaltener Brennabor-Liegewagen zu verkaufen.

30.11. Der Cronberger Handwerker- und Gewerbeverein veranstaltet in der Turnhalle eine Weihnachtswerbeschau. Die Notküche in der Schule ist für Cronberg ein wahrer Segen. Täglich werden an mehr als 230 Personen Essen gegen einen ganz geringen Preis ausgegeben. So kommen viele Erwerbslose wenigstens zu einer richtigen warmen Mahlzeit. Die Küche wird durch Spenden finanziert.

Inserat der Woche:
Edelkastanien per Pfund 10 Pfennig zu verkaufen.

4.12. Am letzten Sonntag im November wollte der südwestdeutsche Eissportverband die Brunhildis-Eisbahn auf dem Gr. Feldberg einweihen. Wegen Frostmangel muß diese Veranstaltung auf den kommenden Sonntag verschoben werden. Im Kunstlauf startet der Deutsche Meister 1930 Maier-Labergo vom Berliner Schlittschuhklub. Das Paarlaufen wird von dem Meisterpaar Schwendtbauer-Aichinger vorgeführt. Auch die Jugend wird beim Eröffnungsprogramm stark vertreten sein. Es wird eine Eisstaffette von 4 x 100 m ausgetragen, bei der die Cronberger Schulen vertreten sind. (Auch der zweite Termin fiel ins Wasser, es war nicht kalt genug)

Inserat der Woche:
5 weiße Reichs-Hühner mit Hahn umzugshalber zu verkaufen.

14.12. Das am Sonntag stattgefundene Jubiläumskonzert zum 70. Geburtstag des Herrn Musikdirektors Ludwig Sauer war überaus gut besucht. Der Cronberger Männergesangverein hatte für das Programm dem Chorleiter zu Ehren nur Kompositionen des Jubilars einstudiert.

Inserat der Woche:
Freude im Heim! Das schönste Weihnachtsgeschenk ist ein Kanarien-Hahn.

18.12. Heute findet die letzte diesjährige Stadtverordneten-Sitzung statt. Es wird über eine Sonderbeihilfe an Erwerbslose beraten. – In der Notküche werden täglich 230 Portionen warmes Essen verausgabt. – Die Gemeinde Oberhöchstadt zählt 230 Arbeitslose, in der dortigen Notküche werden täglich mehr als 70 Portionen Essen zum Preis von 10 Pfennigen ausgegeben.

Inserat der Woche:
Am heiligen Abend dürfen die Läden bis 5 Uhr geöffnet bleiben, Lebensmittel- und Blumengeschäfte bis 6 Uhr, Friseurläden bis 7 Uhr.

30.12. Zahlen, die für sich sprechen: Bei der Ausschüttung der Weihnachtskassen kamen in diesem Jahr nur 6000 RM zusammen. Vor einigen Jahren noch waren es stets mehr als 20000 RM, ein Zeichen dafür, daß bei vielen Familien von Sparen überhaupt keine Rede mehr sein kann. Die Erwerbslosen-Unterstützung reicht kaum zum Lebensunterhalt.

Inserat der Woche:
2 junge, diesjährige Hühner gesucht.

1932

4.1. Der MTV feiert in diesem Jahr sein 70jähriges Jubiläum. Aus diesem Anlaß findet ein großes Bühnen- und Schauturnen der Schüler und Schülerinnenabteilung im Saal des Frankfurter Hofes statt.

Inserat der Woche:
In den Cronberger Lichtspielen läuft der Richard-Tauber-Großfilm „Das Land des Lächelns".

15.1. Vorgestern Abend ist die Königin Sophie von Griechenland im Alter von 61 Jahren gestorben. Sie wurde am 14. Juni 1870 als dritte Tochter der Kaiserin Friedrich geboren. Ihre Leiche ist auf Schloß Friedrichshof aufgebahrt. Am Sonntag morgen von 10–12 Uhr ist der Bevölkerung Gelegenheit gegeben, Kränze niederzulegen, dann wird sie nach Florenz übergeführt, um an der Seite ihres Gatten, des Königs Konstantin, der 1923 verstarb, beigesetzt zu werden.

Inserat der Woche:
Die Eisbahn im Park ist in bester Verfassung.

18.1. Das Standesamt meldete 1931 27 Geburten (12 Knaben, 15 Mädchen). – Die Eisbahn auf dem Tennisplatz im Kaiser-Friedrich-Park ist in bester Verfassung. Täglich herrscht dort reger Betrieb.

Inserat der Woche:
Saubere Schlafstelle, pro Woche 2,50 RM, zu vermieten.

29.1. Doppeljubiläum bei der Feuerwehr! Oberbrandmeister Heinrich Küchler ist seit 35 Jahren Mitglied der freiwilligen Feuerwehr. Seit 25 Jahren bekleidet er das Amt des Ersten Brandmeisters. Durch seinen Beruf mit Geräten und der Wasserleitung eng vertraut, ist er ein besonders guter Wehrführer. (1934 mußte er, und mit ihm die gesamte Führungsspitze, wegen eines neuen Feuerwehrgesetzes, das aktive Tätigkeit bei der Wehr nur bis zum 60. Lebensjahr erlaubte, zurücktreten. Heinrich Küchler starb 1936).

Inserat der Woche:
Wohnungen werden laufend zu den günstigsten Preisen angeboten!

1.2. Am 6. Februar feiert ein prominenter Cronberger seinen 80. Geburtstag. Herr Dr. Julius Neubronner, Apotheker, passionierter Fotograf und Erfinder. Lange Jahre hindurch gehörte er der Stadtverordnetenversammlung an.

Inserat der Woche:
„Preisabschlag für Petroleum, per Liter nur noch 38 Pfennige".

12.2. Wegen der schlechten wirtschaftlichen Lage wollen die Vereine in diesem Jahr die Fastnachtstage in einfacher Weise begehen. Der MTV verzichtet auf den Maskenball.

Inserat der Woche:
Die Notküche in Cronberg sucht laufend Kochäpfel.

15.2. Wohnungen gibt es in Kronberg mehr als genug. Angebot und Nachfrage sind gut ausgewogen, Cronberg ist als Wohnort sehr beliebt, vor allem bei den Frankfurter Pensionären. Es fällt nicht schwer, geeignete Wohnungen zu finden.

Inserat der Woche:
Übernehme Näh- und Flickarbeiten im Hause, Tag zwei Mark.

26.2. Die ersten 4-Pfennig-Stücke sind im Umlauf. – Die Omnibusfahrt nach Königstein kostet nunmehr 40 Pf. – Das alte Rathaus in Falkenstein brannte. Das Glockentürmchen und die schöne Uhr sind vernichtet.

Inserat der Woche:
Anständige Büglerin für Leibwäsche und Glattes (keine Herrenwäsche) gesucht.

1.3. Auf der Brunhildis-Eisbahn auf dem Großen Feldberg wurden die südwestdeutschen Meisterschaften im Eisschießen ausgetragen. Die Mannschaft von Herrn W. Neubronner konnte den 2. Platz belegen.

Inserat der Woche:
Musikalische ältere Dame, gute Pianistin, empfiehlt sich für Klavierbegleitung und Zusammenspiel gegen bescheidene Vergütung.

12.3. Nach 43jähriger Dienstzeit geht Konrektor Philipp Bermbach in den wohlverdienten Ruhestand. Er kam vor 22 Jahren nach Cronberg, als noch die konfessionellen Schulen bestanden, und wirkte als Lehrer an der katholischen Schule. Oft spielte er in der katholischen Kirche bei den Gottesdiensten die Orgel. Sein charakteristisches Merkmal und fast ständiger Begleiter in der Schule war seine Geige, denn er war auch für den Gesangsunterricht zuständig. Seinen Geigenbogen benutzte er auch öfter an Stelle des Rohrstocks. Seine liebste Freizeitbeschäftigung aber sind seine Bienenvölker, die in seinem Garten in der Schreyerstraße stehen.

Inserat der Woche:
Empfehle mich für Weißzeug und Damenkonfektion in und außer dem Hause.

14.3. Die Reichspräsidentenwahl hatte in Cronberg folgendes Ergebnis: 2727 Wahlberechtigte, 2519 abgegebene Stimmen. 96 für Düsterberg, 1484 für Hindenburg, 696 für Hitler, 222 für Thälmann. Im Gesamtergebnis für Deutschland entfielen 49,6 Prozent aller Stimmen auf Hindenburg, 30 Prozent auf Hitler, 13,3 Prozent auf Thälmann und 6,8 Prozent auf Düsterberg.

Inserat der Woche:
Milch ist dauernd zu haben und wird auf Wunsch ins Haus gebracht.

26.3. Unterhalb des Friedhofes werden von der Gagfah drei Doppel-Einfamilienhäuser errichtet. Um die Vergabe der Arbeiten gab es heiße Debatten, da für die Bauarbeiten eine auswärtige Firma verpflichtet wurde.

Inserat der Woche:
Der Weg zum Erfolg geht durch die Druckerschwärze.

28.3. Das Besitztum der Familie de Ridder in Schönberg soll in Parzellen aufgeteilt werden; dort können 72 Bauplätze ausgewiesen werden.

Inserat der Woche:
Bügel-Lehrmädchen wird angenommen.

9.4. Geistlicher Rat Franz Schaller geht in den Ruhestand! Der Seelsorger der katholischen Gemeinde in Kronberg wurde 1851 in Hadamar geboren und kam im August 1915 als Nachfolger von Pfarrer Eikerling nach Kronberg. (Er starb im Oktober 1937 und wurde auf dem Kronberger Friedhof zur letzten Ruhe gebettet. Sein Nachfolger im Amt war Pfarrer Johannes Gersbach).

Inserat der Woche:
Sommer- und Übergangshüte aus verschiedenen Materialien – Treibmann-Heß

11.4. Jubiläum im Rathaus! Albert Kraft ist seit 25 Jahren im Dienst der Stadt. (Er war im Steueramt tätig, später war er Standesbeamter. Anm.) – In der hiesigen Volksschule wurden 59 Kinder aufgenommen. In die Sexta der höheren Schule traten 22 neue Schüler und Schülerinnen ein.

Inserat der Woche:
Wer mäht zwei Wiesen in Privatgarten gegen Überlassung des Futters.

23.4. Im Alter von 80 Jahren starb der bekannte und beliebte Cronberger Dr. Julius Neubronner, Besitzer der Apotheke. Er wurde am 8. Februar 1852 in Cronberg geboren. Sein Vater betrieb die Apotheke, die sich damals noch in der Doppesstraße 4 befand. Dr. Julius Neubronner erwarb 1891 die Streitkirche und verlegte die Apotheke und seinen Wohnsitz in das historische Gebäude. Schon in seiner Schulzeit war er so etwas wie ein „Erfindergenie". Er befaßte sich besonders gern mit der Photographie, auf diesem Gebiet gelangen ihm erstaunliche Tricks. Er entwickelte die Luftaufnahmen per Brieftaube zur Perfektion. Diese Bilder wurden hergerichtet für Projektionsvorführungen. Dabei geschah es immer wieder, daß die Einfaßstreifen nicht hielten. Das veranlaßte Dr. Neubronner zu neuen Experimenten. Er erfand den „Klebstreifen", der sogar patentiert wurde. Aus kleinen Anfängen entstand eine neue Firma. Dr. Neubronner gehörte dem Ehrenrat Deutscher Apotheker an, er erhielt aus der Hand Oskar von Millers bei den Eröffnungsfeierlichkeiten des Deutschen Museums in München die Ehrenplakette. (In Kronberg wurde eine Straße nach ihm benannt.) Dr. Neubronner hinterläßt im kulturellen und gesellschaftlichen Leben eine große Lücke.

Inserat der Woche:
Pfefferminz! Der deutsche Familientee per Pfund 60 Pfg.

25.4. Die katholische Kirchengemeinde bekommt am 1. Mai einen neuen Pfarrer. Johannes Gersbach wird dann feierlich in sein Amt eingeführt. Pfarrer Gersbach war zuletzt Seelsorger in Weilbach und St. Goarshausen. Am Weltkrieg hat er als Divisionspfarrer teilgenommen und wurde zum Schluß noch schwer verwundet. (Pfarrer Gersbach war bis zu seinem Tode am 6. Juli 1945 im Amt und in Kronberg sehr beliebt; Anm.).

Inserat der Woche:
Bügel-Lehrmädchen wird angenommen.

7.5. Das städtische Schwimmbad wird an Pfingsten eröffnet. Hoffentlich mit mehr Wärme als in Bad Soden am Himmelfahrtstag, wo es Gänsehaut in Massen gab. Bademeister ist Robert Maschke.

Inserat der Woche:
1 Ziege und ein Brennabor-Kinderwagen zu verkaufen.

9.5. Herr Fritz Albersheim, Mitinhaber der bekannten Frankfurter Parfümeriefabrik gleichen Namens ist an den Folgen seines schweren Leidens verstorben. Den Cronbergern ist er recht gut bekannt, die Villa Albersheim an der Ecke der Jaminstraße mit ihrem schönen Park gehört zu unserem Stadtbild. (Die Villa ging in den 30iger Jahren in anderen Besitz über, nach 1945 befand sich einige Zeit dort die CIC der amerikanischen Besatzungsmacht, in den 60iger Jahren mußte die Villa einem großzügigen Wohnblock weichen. Einige schöne Bäume stehen noch. Anm.)

Inserat der Woche:
Wir richten Ihnen eine Seifen- und Schuhcremefabrikation in Ihrem Hause ein. Dauernde und sichere Existenz. Besondere Räume sind nicht nötig.

21.5. Vor einigen Tagen wurde auf dem Bürgermeisteramt ein Postpaket abgeliefert, auf dem als Absender das Krematorium in Frankfurt stand. Es enthielt die Asche eines in Frankfurt verstorbenen Cronbergers mit der Aufforderung, sie auf dem hiesigen Friedhof beizusetzen. Wirklich ganz einfach!

Inserat der Woche:
Rosenpfähle! Sauber gehobelt! Zu haben bei der Wagnerei Weber.

23.5. Oberpostschaffner Karl Huttenlehner feiert sein 40jähriges Dienstjubiläum. Schon sein Vater Balthasar war lange Jahre hindurch in Cronberg als Briefträger tätig.

Inserat der Woche:
Sommer- und Übergangshüte und Sonderanfertigungen, Handtaschen und Gürtel bei Bastwerkstätte Treibmann-Hess, Heinrich-Winter-Straße.

4.6. Das diesjährige Feldbergfest, das älteste Bergfest der Deutschen Turner, findet am 19. Juni statt. Das alte Feldberghaus, das bei der Konkursversteigerung in das Eigentum der hiesigen Vereinsbank überging, wurde an die Gemeinde Niederreifenberg weiterverkauft.

Inserat der Woche:
Tüchtiger Verlader für Erdbeeren und Kirschen gesucht.

6.6. Immer wieder wird festgestellt, daß die Getreidefelder mutwillig betreten werden. Hier einige Sprüche für Unbelehrbare: „Willst du erregen keinen Zorn, geh auf dem Weg, nicht durch das Korn! So kann man leicht und ohne Müh dich unterscheiden von dem Vieh!" „Hier wächst Korn, du Ochsenhorn! Und willst du es genießen, so tritt es nicht mit Füßen!"

Inserat der Woche:
Nagut – die Sparkasse der Geflügelhalter.

18.6. Vorgestern wurde der Erdbeermarkt eröffnet. – Die Stadt hat dem Männerturnverein und der Freien Turngemeinde ein Gelände im Galgenfeld zur Verfügung gestellt, auf dem die beiden Vereine in gemeinsamer Arbeit einen Platz für ihre Handballspiele geschaffen haben. Am Sonntag wird er eingeweiht.

Inserat der Woche:
Ferienspiele für Klein- und Schulkinder. Die Stunde 20 Pfg., 1 Woche 2,50 Mark, die ganzen Ferien 10 Mark. Hildegard Kuhn.

20.6. Bei den süddeutschen Studentenmeisterschaften wurde Fritz Schilgen aus Cronberg wieder Meister über 1500 m. (Fritz Schilgen war 1936 bei den Olympischen Spielen in Berlin der letzte Fackelläufer und zündete das Olympische Feuer an. Die Kronberger waren ungeheuer stolz darauf, daß einer der ihren, einer vom MTV, so ins Blickfeld der Öffentlichkeit rückte. Anmerkung)

Inserat der Woche:
Ziege gegen Hasen zu vertauschen.

2.7. Die Kerb ist da! Ob es wohl zur rechten Stimmung kommt? Denn „kaan Mensch hat Geld". Man hört nur von Notverordnungen, Gehaltsabzügen, Fleischverteuerungen und Steuerterminen. Trotzdem: In allen Sälen ist Tanzmusik! – Der Cronberger Erdbeermarkt wurde auf Schallplatte aufgenommen. Während des täglichen Marktes, bei dem mehrere hundert Zentner Früchte umgesetzt werden, kommt es öfter zu vergnüglichen Szenen. Im Frankfurter Rundfunk wird die Aufnahme zu hören sein.

Inserat der Woche:
Erdbeerpapier in verschiedenen Qualitäten zu haben in der Druckerei.

4.7. In der letzten Stadtverordneten-Sitzung wurde heftig über das Eintrittsgeld für das Schwimmbad diskutiert. Es wurde beschlossen, für Erwachsene 25 Pfg., für Erwerbslose und Kinder 10 Pfg. zu kassieren. Den Inhabern von Vergünstigungskarten (Dauer-, Wochen- und Monatskarten) soll jetzt auch sonntags der Zutritt gestattet sein.

Inserat der Woche:
Für die Feldarbeit empfehle ich doppelsohlige Rindsleder-Herrenstiefel, ohne Naht, mit kräftigem Beschlag. S. Strauß, Hauptstraße.

16.7. Die Strecke Frankfurt–Köln wurde zum ersten Mal nachts beflogen. Deshalb wurde auf dem Turm des Kleinen Feldberges ein

Blinkfeuer errichtet. Es hat ausgezeichnet funktioniert, so daß die Strecke nun offiziell eröffnet wird.

Inserat der Woche:
Führe alle Schuhreparaturen zu Sommer-Preisen aus.

18.7. Der Erwerbslosen-Ausschuß teilt mit, daß alle Sozial-Kleinrentner, Wohlfahrtsempfänger und Erwerbslosen sich im Rathaus melden sollen. Es handelt sich um Erlangung von verbilligtem Fleisch und Brot. Verhandlungen mit den Herren Metzger- und Bäckermeistern haben bereits stattgefunden.

Inserat der Woche:
Ferienspiele für Klein- und Schulkinder; Stunde 20 Pfg., bei Hildegard Kuhn, Hainstraße 1 (Privatkindergarten).

30.7. Die Spitze vom Feldbergturm, ein mächtiger Adler, ist abgetragen worden. Auf der dadurch gewonnenen Plattform wird ein Blinkfeuer für den Nachtflugverkehr errichtet. Das provisorische Blinkfeuer auf der Wetterstation des Kleinen Feldbergs wird wieder entfernt.

Inserat der Woche:
Für den Arbeitsdienst finden Sie bei mir 1a Fettrinderlederstiefel Sally Strauß.

1.8. Bei der Wahl zum Deutschen Reichstag konnte die NSDAP auch in Cronberg ihren Stimmenanteil verdoppeln; alle anderen Parteien mußten schwere Stimmverluste hinnehmen.

Inserat der Woche:
Wer Hitler wählt, wählt zum letzten Mal! Im Dritten Reich gibt's keine Wahl!

13.8. Die Reichstagswahl erbrachte in Cronberg folgendes Ergebnis: SPD 458, NSDAP 830, KPD 236, Zentrum 480, Dt. Nationale 180, Dt. Volkspartei 239, Sonstige 97 Stimmen.

Inserat der Woche:
Neuheit! Chinesisches Gemüse! Pflanzen abzugeben bei Gärtnerei Lang.

15.8. Der Freiwillige Arbeitsdienst wird demnächst auch in Cronberg eingeführt. Zunächst sollen Straßen und Wege verbessert werden.

Inserat der Woche:
Sommersprossen werden unter Garantie durch Venusstärke beseitigt. Zu haben bei der Drogerie Bonn.

27.8. Bei der letzten Stadtverordneten-Sitzung wurde mit 8:7 Stimmen beschlossen, die Bürgermeisterstelle neu auszuschreiben. Die Amtszeit von Bürgermeister Schwinn läuft nach jetzt 12 Jahren aus.

Inserat der Woche:
Liefere Weinhefen zur Hausweinbereitung.

30.8. Am kommenden Sonntag findet das große Jugendsportfest aller sporttreibenden Vereine in Cronberg statt. Dabei sollen die Stadtsieger ermittelt werden. Zum Abschluß findet in der städtischen Turnhalle die Preisverleihung statt.

Inserat der Woche:
Mirabellen, hartgelbe Ware, kauft in jeder Menge Christ. Veit, Tanzhausstraße 1.

10.9. Aus der letzten Stadtverordneten-Sitzung: Der Haushaltsplan für 1932 schließt im ordentlichen Teil mit 578 968,– Mark und im außerordentlichen Teil mit 435 500,– Mark ab. Stadtverordneter Hayner beanstandete, daß in den Ausschreibungen von Bewerbern um den vakanten Bürgermeisterposten verlangt würde, daß sie ihr politisches Bekenntnis angeben. Das sei unerhört und eines Beamten unwürdig. (Bisher sind 160 Bewerbungen eingegangen)

Inserat der Woche:
Drei gut erhaltene Gehröcke preiswert zu verkaufen.

12.9. Usingen ist keine Kreisstadt mehr, seit 1. August gehören Stadt und Gemeinden zum Obertaunuskreis. (Das hörte aber schon am 1. Oktober 1933 wieder auf, der Kreis Usingen wurde erneut geschaffen. Seit 1972 wurde dann endgültig aus den Kreisen Usingen und Obertaunus der Hochtaunuskreis. Anm.)

Inserat der Woche:
Kochen Sie ein, was der Geldbeutel Ihnen erlaubt! Weckgläser sind billiger geworden. Georg Weck, Hauptstraße.

24.9. Am vergangenen Sonntag fand in Düsseldorf ein Leichtathletik-Länderkampf zwischen Deutschland und Frankreich statt. Der Cronberger Fritz Schilgen wurde beim 1500 m-Lauf überlegener Sieger. - Zum Rektor der hiesigen höheren Schule und Nachfolger von Rektor Schilgen wurde Dr. Karl Schmoll ernannt.

Inserat der Woche:
Herrenschirm in der Merton-Hütte liegengelassen.

26.9. Unser Mitbürger Herr Dr. Walther vom Rath feierte seinen 75. Geburtstag. (Anläßlich seines 80. Geburtstages wurde er zum Ehrenbürger der Stadt Kronberg ernannt. Anmerkung).

Inserat der Woche:
Auch Sie können jetzt hessische Markenmilch (zum Rohtrinken) kaufen. Gleichzeitig empfehle ich Vollmilch-Joghurt. Frau P. Kromber, Heinrich-Winter-Straße 8. (Frau Kromber brachte lange Jahre hindurch auch die Milch ins Haus. Anmerkung).

8.10. Es darf als sicher gelten, daß in kurzer Zeit auf dem Gipfel des Großen Feldbergs durch den freiwilligen Arbeitsdienst ein Parkplatz für Autos errichtet wird. – Im Alter von 64 Jahren starb in Frankfurt Philipp Röbig, langjähriges Mitglied des Feldbergfest-Ausschusses. (Nach ihm ist der Sportplatz auf dem Großen Feldberg benannt.)

Inserat der Woche:
Bestellungen auf Gerauer Weißkraut werden angenommen. (Dieses Kraut war bei uns beliebt zur Sauerkrautherstellung, denn so große „Krautköpfe“ wuchsen auf den Kronberger Feldern nur sehr selten.)

12.10. Herr Dr. Karl Schmoll, der 2 1/2 Jahre die Leitung vertretungsweise wahrnahm, ist zum 1. Oktober endgültig zum Rektor ernannt worden. In Gegenwart des Kollegiums und aller Schüler überreichte Herr Bürgermeister Schwinn ihm die Bestätigungsurkunde.

Inserat der Woche:
Arbeiter sucht Schlafstelle.

22.10. Aus der letzten Stadtverordneten-Sitzung: Die Bürgersteuer wird erhöht, für Propaganda für unser Cronberg wurden 240,– RM bewilligt. Die Cronberger Waldjagd wurde für 12 Jahre an Georg v. Opel in Rüsselsheim verpachtet.

Inserat der Woche:
Hübsche Maniküre (Typ Käthe von Nagy) von erstklass. Friseursalon gesucht.

24.10. In Falkenstein wurde das neue Ehrenmal für die Opfer des Weltkriegs 1914/18 eingeweiht. Der Schöpfer und Erbauer des schönen Denkmals ist Architekt Philipp Feger aus Falkenstein.

Inserat der Woche:
Echte Karotten von Nantes; das Pfund 6 Pfennig.

5.11. Der Landrat des Obertaunuskreises hat an die Vorstände aller politischen Parteien appelliert, den Wahlkampf zur Reichstagswahl in anständiger Form zu führen. Er ersucht ferner, keine Wahlparolen auf Häuserwände, Mauern und Straßen zu schreiben.

Inserat der Woche:
Gut aussehender Kellner (Typ Willi Fritsch) gesucht.

10.11. Bei der gestern stattgefundenen Reichstagswahl erhielten die Nationalsozialisten in Kronberg 682 Stimmen, die SPD 393, die KPD 243, das Zentrum 363, Dt. Nationale 231, die dt. Volkspartei 342 und sonstige 93 Stimmen. Die Wahlbeteiligung hat erheblich abgenommen.

Inserat der Woche:
1a Fettrinderlederstiefel, bestens für den Arbeitsdienst geeignet. Zu haben bei Sally Strauß.

19.11. Bei Ausschachtungsarbeiten zum Bau eines Geschäftshauses auf dem Gelände der Receptur fand man ein altes Gewölbe mit Brandschutt. – Die Suppenküche ist wieder eröffnet und gibt täglich 330 Portionen aus. Das sind 125 mehr als im letzten Winter und zeigt, daß die Erwerbslosenzahl auch in Kronberg erheblich angestiegen ist.

Inserat der Woche:
Für Dezember neu hinzutretende Abonnenten erhalten den „Cronberger Anzeiger“ schon ab der nächsten Ausgabe.

21.11. Cronberg hat einen neuen Zahnarzt! Im Hause Frankfurterstraße eröffnete Dr. Helmut Rolffs seine Praxis.

Inserat der Woche:
Aus Anlaß meines Wegzuges nach Bad Homburg sagen wir allen Freunden in Cronberg ein herzliches Lebewohl! Bürgermeister a.D. Schwinn u. Frau.

3.12. Der Bahnübergang am Sodener Stock erhält Warnblinklichter. Die Schranken werden abgeschafft. Die Reichsbahn hat festgestellt, daß Blinklichter ein vollwertiger Ersatz für Schranken sind und als sehr sicher gelten. (In den folgenden Jahren ereigneten sich am Bahnübergang mehrere schwere Unfälle, die Menschenleben forderten.)

Inserat der Woche:
Gehrockanzug, kaum getragen, preiswert zu verkaufen.

5.12. Die Schüler der höheren Schule haben eine Weihnachtsbescherung für Kinder von Erwerbslosen Cronbergern vorbereitet. Am 21.Dezember findet ein Abend mit Musik und Aufführungen statt, der Erlös ist für die Cronberger Winterhilfe bestimmt. (Immerhin konnten 40 Familien mit je 2 Zentner Kohlen bedacht werden).

Inserat der Woche:
Die Freie Turngemeinde lädt zu einer Weihnachtsfeier für das Jungvolk ein. (So nannten die Turner damals ihre Jugendabteilung. Der Ausdruck hat mit der HJ nichts zu tun. Anm.)

17.12. Die allgemeine Not macht sich überall bemerkbar. Bei den Weihnachtskassen in den Gastwirtschaften wurden in diesem Jahr nur 6000 Mark angespart. In früheren Jahren waren es stets um 20000 Mark.

Inserat der Woche:
Am Heiligen Abend müssen die Geschäfte um 18 Uhr geschlossen sein.

19.12. Morgen findet die Weihnachtsfeier und Bescherung der Kleinkinderschule in der Turnhalle statt.

Inserat der Woche:
Empfehle „nichttropfende“ Christbaumkerzen.

31.12. Die Weihnachtsfeiertage verliefen sehr ruhig. Es gab keine Wintersportmöglichkeiten, im Taunus herrschte Nebel. – Die Viehzählung brachte in Cronberg folgendes Ergebnis: 53 Pferde, 2 Maulesel, 1 Esel, 198 Stück Rindvieh, 133 Schafe, 287 Schweine und 85 Ziegen.

Inserat der Woche:
Kanarienhähne, Tag- und Lichtsänger! Meine Vögel ersangen sich die höchsten Auszeichnungen. Doppesstr. 5

Der starken Lokalseiten wegen »Kronberger Zeitung«

Drittes Reich und Folgezeit

1933

2.1. Der Radfahrerverein „Germania 04" betreibt nunmehr seit 25 Jahren Saalsport, d.h. Reigenfahren und Radball. An Weihnachten 1907 fand die erste Veranstaltung dieser Art in Cronberg statt. (Radfahrverein „Germania" und sein Bruder „Viktoria 1896" bestehen seit dem Kriege nicht mehr. Anm.)

4.1. In der Eichenstraße brach kurz vor Weihnachten im Dachstuhl des Hauses am Eichentor ein Feuer aus. Die Feuerwehr wurde zum Glück schnell Herr der Lage, sodaß der Schaden nicht allzu groß wurde. – Wegen des schönen Winterwetters wird die Bahn zu Neujahr wieder einige Sonderzüge nach Cronberg einlegen. Auf dem Feldberg ist schon jetzt Hochbetrieb.

Inserat der Woche:
Schönes Nußbaum-Vertikow zu verkaufen.

14.1. Mit acht Stimmen wurde Herr Friedrich Lock aus Bad Neustadt zum Bürgermeister auf zwölf Jahre gewählt. Vier Stimmen entfielen auf Herrn Kappus aus Oberursel, drei Stimmen auf Herrn Albert Kraft aus Kronberg. – Das Geschäft für Manufaktur-, Weiß- und Wollwaren Ignaz Weck Wwe. in der Tanzhausstraße hat nach mehr als 50jährigem Bestehen geschlossen.

Inserat der Woche:
Die Cronberger Ortsgruppe des „Bundes Königin Luise" beabsichtigt, eine Jungmädchen-Gruppe zu gründen. Meldungen bei Frau Hayner, Frankfurter Straße. (Auch diese Absicht wurde von dem neuen „Wind" in Deutschland weggeweht).

28.1. Aus der letzten Stadtverordneten-Sitzung: Es wurde ein Antrag gestellt, der höheren Schule eine Untersekunda anzugliedern. Außerdem soll die Schule weiter ausgebaut werden.

Inserat der Woche:
Heute frischer Kabeliau, kopflos, Pfund 23 Pfg.

30.1. Zwar liegt kein Schnee, doch die Eissportfreunde kommen voll auf ihre Kosten. Auf dem Eisplatz im Kaiser-Friedrich-Park wurde ein Klubwettbewerb im Eisschießen ausgetragen.

Inserat der Woche:
Saubere Schlafstelle, event. unmöbliert, zu vermieten.

11.2. Die „Machtübernahmezeit" verlief auch in Cronberg nicht ganz reibungslos. Es kam zu einzelnen Schlägereien, Verunglimpfungen in der Presse und schweren persönlichen Beleidigungen. Im Obertaunuskreis wurde die Hilfspolizei einberufen, um die öffentliche Ruhe zu gewährleisten.

Inserat der Woche:
Drei-Röhren-Radio-Apparat billig abzugeben.

13.2. Die tollen Tage rücken immer näher. Doch trotz der Krisenzeit haben sich die Vereine entschlossen, ihre Maskenbälle abzuhalten.

Inserat der Woche:
Kleine Wohnung an kinderlose Leute zu vermieten.

25.2. Polizeiwachtmeister Heinrich Jung geht demnächst in den Ruhestand. Er war dreißig Jahre in Cronberg. Ebenfalls in Ruhestand nach fünfundzwanzigjähriger Dienstzeit in Cronberg geht Polizeiwachtmeister Adolf Wehrheim. Ihren Dienst werden vertretungsweise einige SA-Leute übernehmen.

Inserat der Woche:
5-Zimmer-Villa mit Zubehör zu vermieten.

1.3. Die hiesige höhere Schule veranstaltete eine Trauerfeier für die Opfer des Explosionsunglücks in Neunkirchen an der Saar.

Inserat der Woche:
Heute nationale Wahlkundgebung. Es lädt ein die Deutsche Volkspartei (DVP).

11.3. Die Stadtverordneten-Versammlung setzt sich nach den Wahlen nunmehr wie folgt zusammen: 5 Sitze für die NSDAP, SPD 3 Sitze, KPD 1 Sitz, Zentrum 2 Sitze, Kampffront Schwarzweißrot 1 Sitz, DVP 2 Sitze und die Deutsche Staatspartei 1 Sitz. – Ab sofort gelten als Reichsflaggen nur noch die schwarz-weiß-rote Fahne und die Hakenkreuzfahne. – Der im Januar gewählte Bürgermeister tritt seine Dienstgeschäfte nicht an. Seine Wahl wurde vom Regierungspräsident nicht bestätigt, da er Linksparteien nahestehe.

Inserat der Woche:
Grammophon mit 14 Platten zu verkaufen.

13.3. Bei den Kommunalwahlen wurden in Cronberg 847 Stimmen für die NSDAP abgegeben, damit wurde sie zur stärksten Fraktion.

Inserat der Woche:
Zehn Cronberger Vereine laden zum Fackelzug am „Tag von Potsdam“ ein.

25.3. Der Regierungspräsident hat mit sofortiger Wirkung den Kreisausschuß-Obersekretär Wilhelm Schaub zum kommissarischen Bürgermeister von Cronberg ernannt.

Inserat der Woche:
Elegante Damen-Reithose mit abknöpfbarem Leibchen zu verkaufen.

8.4. Die erste Stadtverordneten-Sitzung nach den Wahlen wurde in der Turnhalle abgehalten. SA-Leute standen Spalier, als die 5 Stadtverordneten der NSDAP hinter dem neuen Bürgermeister Schaub einmarschierten. Nach der Rede des Bürgermeisters verließen die Abgeordneten der SPD den Saal. Als erstes wurde ein neuer Stadtverordneten-Vorsteher gewählt, sodann wurden folgende Straßen umbenannt: Die Hauptstraße in Adolf-Hitler-Straße, die Hainstraße in Hindenburgstraße, die Katharinenstraße in Hermann-Göring-Straße und die Bleichstraße in Horst-Wessel-Straße – In einer Feierstunde wurde die neu an die höhere Schule angegliederte Untersekunda eingeweiht. Dr. Wilhelm Michels übernimmt die Klasse als Ordinarius. Die Schule erhält den Namen Adolf-Hitler-Realschule.

Inserat der Woche:
Die Bevölkerung wird gebeten: am 20. April, dem Geburtstag Adolf Hitlers, ihre Häuser zu beflaggen. (In den folgenden Jahren wurde nicht mehr „gebeten“, da war es zur Vorschrift geworden, bei Nichtbefolgung konnte es unangenehm werden).

10.4. Cronberg erhält zu Ostern Besuch. 300 Hitlerjungen, vorwiegend aus Frankfurt, sind auf Fahrt und werden in unserer Stadt einquartiert.

Inserat der Woche:
Das Wichtigste beim Kaffeekochen ist die „Kaffeewürze“.

22.4. Zum Feiertag der „Nationalen Arbeit“ findet auf dem Turnhallenplatz eine Feier mit Übertragung der Rede des Führers statt. Am Vormittag sind Gottesdienste in beiden Kirchen, an denen die Formationen der NSDAP und die Vereine geschlossen teilnehmen. Die Bevölkerung wird gebeten, ihre Häuser festlich zu schmücken. Auf dem Turnhallenplatz wird das erforderliche Grünzeug zum Ausschmükken bereitgestellt.

Inserat der Woche:
Die Cronberger Vereine, 16 an der Zahl, fordern ihre Mitglieder zur Teilnahme an der Fei-

er des 1. Mai auf. (Jeder Verein mit einer eigenen Anzeige.)

24.4. Die Erdbeeren (aus dem Treibhaus) sind auf dem Markt; sie kosten noch 8 Mark das Pfund. (Preisvergleich: 1 Laib Brot 55 Pfennige).

Inserat der Woche:
2–3 Wagen Heizungs-Schlackenasche abzugeben.

6.5. Die Steinbank am Kronthalerweg, die von einem Lastwagen umgefahren worden war, hat man kurzerhand ganz beseitigt. Schade! Es war ein Stück Alt-Kronberg. Lange, lange Jahre stand sie am steilen Hang, um Stützpunkt zu sein für die, die schwere Lasten bergauf schleppen mußten. (Man trug die Lasten meist auf dem Kopf, deshalb waren diese Bänke so hoch gebaut. Es waren keineswegs Sitzbänke. In den Fluren, vor allem an der Straße nach Frankfurt, standen in alten Zeiten mehrere solcher Abstellbänke, sie sind alle längst verschwunden. Die Bank am Kronthalerweg war die letzte ihrer Art. Es ist wirklich schade, daß nicht ein einziges Exemplar mehr existiert.)

Inserat der Woche:
Hähnchen, 3 Wochen alt, Stück 20 Pfg. zu verkaufen.

8.5. Bei der 50 Kilometer-Bezirksmeisterschaft der Radfahrer konnte Heinrich Borsch aus Cronberg seinen Meistertitel verteidigen.

Inserat der Woche:
Gärtner-Bast, außerordentlich billig abzugeben.

20.5. Bei einer Elternversammlung wurde beschlossen, die hiesige Volksschule in „Hermann-Göring-Schule" umzubenennen. – Der Nachtflugverkehr Frankfurt–Köln wurde wieder eröffnet und das Blinkfeuer auf dem Großen Feldberg wieder in Tätigkeit gesetzt.

Inserat der Woche:
Drei-Röhren-Radio-Apparat billig abzugeben.

22.5. Prinz Philipp von Hessen wurde zum Oberpräsident des Regierungsbezirks Hessen-Nassau ernannt.

Inserat der Woche:
Gesucht wird vom TEVC ein schulentlassener Junge als Balljunge.

3.6. Frau Else Schrödl, die Gattin des bekannten Künstlers Prof. Norbert Schrödl, ist im Alter von 78 Jahren in Frankfurt im Cronstetten-Stift, in das sie vor einigen Jahren übergesiedelt war, verstorben. – Am 8. Juni wird auf dem Turnhallenplatz der diesjährige Erdbeermarkt eröffnet.

Inserat der Woche:
Frau empfiehlt sich zum Erdbeerpflücken.

15.6. Das 80. Feldbergfest, das am letzten Wochenende stattfinden sollte, mußte wegen anhaltenden Regens verschoben werden. Nur der Kampf ums Völsungenhorn am Samstag konnte ausgetragen werden. Zum erstenmal seit 1914 machte das Wetter einen Strich durch die Rechnung. – Ein neuer Kur- und Verkehrsverein wurde aus der Taufe gehoben. Er hat bereits 50 Mitglieder und wird die Aufgaben des alten Verschönerungsvereins mitübernehmen.

Inserat der Woche:
Erdbeerpapier, das seinen Zweck erfüllen soll, muß von guter Qualität sein. Der Käufer bevorzugt vorschriftsmäßig und sauber verpackte Ware.

1.7. Im Alter von 65 Jahren verstarb Ehrenbürger Fritz Schulte. Von 1899–1921 war er Mitglied der Stadtverordnetenversammlung, während des Krieges, als Bürgermeister Pitsch ins Feld zog und gefallen war, amtierte Fritz Schulte als Bürgermeister.

Inserat der Woche:
Zu empfehlen ist die bewährte Vorschrift zur Herstellung von Erdbeerwein.

5.7. Am Jahrestag des Schandvertrages von Versailles wurden im ganzen Reichsgebiet die Fahnen auf Halbmast gesetzt.

Inserat der Woche:
Zur Täler Kerb geht's ins Gasthaus „Zum Hardtberg". Fleisch und Wurstwaren aus eigener Schlachtung.

15.7. In der Hainstraße geschah ein entsetzlicher Verkehrsunfall. Der siebenjährige Erich Vetter wurde von einem Postomnibus erfaßt und tödlich verletzt.

Inserat der Woche:
Bügel-Lehrmädchen wird angenommen.

17.7. Die Cronberger Volksschule erhielt in einer Feierstunde den Namen „Hermann-Göring-Schule". – Unser Mitbürger, Kunstmaler Nelson Kinsley, feierte seinen 70. Geburtstag.

Inserat der Woche:
Hähnchen, 3 Wochen alt, Stück 20 Pfg.

29.7. Bei der letzten Stadtverordneten-Versammlung wurde Wilhelm Schaub zum Bürgermeister gewählt. Bisher war er als kommissarischer Verwaltungschef eingesetzt.

Inserat der Woche:
Der neue Volksempfänger ist eingetroffen. Er ist in den einschlägigen Geschäften zu erhalten.

31.7. Der kommissarische Bürgermeister von Kronberg, Wilhelm Schaub, wurde in seinem Amt bestätigt und eingesetzt.

Inserat der Woche:
Halbverdeck oder ähnliches zu kaufen gesucht.

12.8. Unsere Heimatstadt schreibt sich jetzt mit „K". Was vor über 25 Jahren schon einmal Mittelpunkt der Debatte bei den Stadtverordneten war, jetzt war das keine Frage mehr. Einstimmig beschlossen unsere „Stadtväter", für unsere Stadt die deutsche Schreibweise einzuführen. Das doch etwas „artfremde" und im Deutschen wenig übliche C soll nun verschwinden. Ein großer Schritt in die neue Zeit.

Inserat der Woche:
Die Fahnen heraus! Der Bezirk Main-Taunus veranstaltet in unserem Waldschwimmbad ein großes Schwimmfest.

14.8. Die Fahnen heraus! In unserem Schwimmbad findet das Schwimmfest des Bezirks Main-Taunus statt.

Inserat der Woche:
Pfirsiche, auch angestoßene, billig abzugeben.

26.8. Der Landrat des Obertaunuskreises, Herr von Erkelenz wurde beurlaubt. Zu seinem kommissarischen Nachfolger wurde Prinz Wolfgang von Hessen ernannt. – Der Oberpräsident von Hessen-Nassau stattete seiner Heimatstadt einen Besuch ab. Prinz Philipp von Hessen kam in Begleitung des Regierungspräsidenten und des Landrats Wolfgang von Hessen. Im Sitzungssaal des Rathauses wurden die Herren begrüßt. – In den Schulen wurde der Deutsche Gruß eingeführt.

Inserat der Woche:
Die Kronberger Bäckermeister geben bekannt, daß sie der Einfachheit und der Unkosten halber von jetzt an den Teig für die Kuchen zum Auflegen stellen.

9.9. Die Gemeindevertretung in Schönberg berät über die Zusammenlegung mit Kronberg. Da man sich nicht einigen konnte, wurde die Beratung vertagt. – Mit Wirkung vom 1. September wurden sämtliche Radfahrvereine aufgelöst, die sportlichen Aufgaben gehen auf den Deutschen Radfahrer-Verband über. Der

Haushaltsplan für 1933 ist ausgeglichen. Es mußten viele dringende Aufgaben zurückgestellt werden.

Inserat der Woche:
Für die Sammelstelle der Milchabsatzgenossenschaft in Kronberg wird eine zuverlässige Kraft gesucht.

11.9. Seit einigen Tagen ist unser Freiturm von Scheinwerfern angestrahlt. Weithin kann man das Wahrzeichen unserer Stadt nun auch bei Nacht sehen. Die Beleuchtung wurde vom Kur- und Verkehrsverein eingerichtet.

Inserat der Woche:
Wer gibt SA-Mann Militärmantel oder anderes Stück zum Dienst?

23.9. Eine wegebauliche Verbesserung hat der Freiwillige Arbeitsdienst geleistet. Die steile Treppe von der Bahnhofstraße zum Bahnhof wurde beseitigt und ein bequemer Weg mit einigen Stufen zieht sich jetzt dem Hang entlang. – Die Kronberger Lichtspiele teilen mit, daß am nächsten Wochenende keine Filmvorführungen stattfinden, da das Lokal durch Tanzbelustigung am Erntedankfest besetzt ist.

Inserat der Woche:
Am Samstag kann zur Ausschmückung der Häuser zum Erntedankfest an der Turnhalle Tannengrün unentgeltlich abgeholt werden.

7.10. Als Rektor an die hiesige Hermann-Göring-Schule (Volksschule) wurde Herr Quint aus Wiesbaden verpflichtet. (Herr Quint ist den Kronbergern noch in recht guter Erinnerung. Bis 1946 leitete er den evangelischen Kirchenchor.)

Inserat der Woche:
Ein SA-Mann verlor auf Obststreife ein Messer. Finder erhält Belohnung.

9.10. Ein großer anhaltender Sternschnuppenfall hat letzte Nacht die Menschen überrascht. Stundenlang war das Schauspiel, wie es seit Menschengedenken nicht vorkam, zu beobachten. Hunderte von Sternschnuppen fielen zur gleichen Zeit. Noch gibt es von der Wissenschaft keine Erklärung dafür.

Inserat der Woche:
Nehme noch Herrenstärkewäsche an. Kragen 8 Pfg., Hemd 18 Pfg.

21.10. Der Minister des Innern hat bestätigt, daß die Schreibweise Kronberg mit „K“ rechtens ist. – Am Sonntag fand in Kronberg anläßlich der Reichshandwerkswoche ein großer Festzug statt. – In der Adolf-Hitlerstr. Nr. 6 wurde von Metzgermeister Ernst Schmidt aus Oberhöchstadt ein Geschäftshaus errichtet.

Inserat der Woche:
Kastanien an den Bäumen zu verkaufen. (Hier handelt es sich selbstverständlich um Edelkastanien.)

23.10. Anläßlich des 50jährigen Bestehens des Obst- und Gartenbauvereins fand in der städtischen Turnhalle eine Gartenbau-Ausstellung statt.

Inserat der Woche:
Der MTV zeigt am Mittwoch in den Kronberger Lichtspielen den Tonfilm vom Stuttgarter Turnfest. Der Erlös ist für die NS-Volkswohlfahrt bestimmt.

4.11. Reichstagswahlen in Deutschland. Zu wählen ist nur eine Partei: die NSDAP. Die Propaganda ist entsprechend. Abgestimmt wird nur mit Ja oder Nein. Ein „Ja“ für den Führer wird als selbstverständlich angesehen.

Inserat der Woche:
Nehme noch Herrenstärkewäsche an. Kragen 8 Pf. Hemd 18 Pf.

6.11. Zugunsten des Winterhilfswerks finden einmal monatlich sogenannte „Eintopf-Sonntage“ statt. An diesen Tagen wird die Bevölkerung aufgefordert, nur Eintopfgerichte auf den Tisch zu bringen. Das eingesparte Geld soll dem Winterhilfswerk zugute kommen. Auch Gastwirtschaften und Speiselokale sind angewiesen, an diesen Tagen nur Eintopfgerichte anzubieten, ohne Vor- oder Nachspeisen.

Inserat der Woche:
Sparen ist nationale Pflicht!

18.11. Die Neinstimmer und Nichtwähler bei der letzten Wahl kann man nur als Schufte bezeichnen. Diese Lumpen schämen sich nicht, unserem Führer das Vertrauen vorzuenthalten! – Demnächst beginnt der Unterricht im „Luftschutz". Als erstes werden geeignete Personen zu „Hauswarten" bestimmt.

Inserat der Woche:
Die deutsche Familie trinkt keinen Bohnenkaffee sondern Kathreiner.

20.11. In der städtischen Turnhalle findet vom 9. bis 19. Dezember ein Weihnachtsmarkt statt.

Inserat der Woche:
Die deutsche Familie trinkt Malzkaffee.

2.12. Der Männergesangverein von 1860 veranstaltet unter Mitwirkung des evangelischen Kirchenchors ein Konzert zugunsten des Winterhilfswerkes. – Die Schüler der Adolf-Hitler-Realschule und der Waldschule in Schönberg führen am kommenden Samstag und Sonntag im „Frankfurter Hof" ein Theaterstück auf, betitelt „Die Kronberger". Verfasser ist Dr. Wilhelm Michels. Es führt dem Publikum die 1389 stattgefundene Schlacht bei Eschborn, ihre Vorgeschichte und Nachwirkungen vor Augen.

Inserat der Woche:
Besucht den gut beschickten Kronberger Weihnachtsmarkt!

4.12. Die Eisbahn auf dem Tennisplatz im Kaiser-Friedrich-Park ist in Betrieb. Am Sonntag finden Wettkämpfe statt. Eine Attraktion ist das Eiskegeln.

Inserat der Woche:
Bei Ludwig Best, Kleiner Römerberg, wird eine junge, fette Kuh ausgehauen. Preis per Pfund 40 Pfennige.

16.12. Der Weihnachtsmarkt in der Turnhalle findet noch bis zum 19. Dezember satt. – Am 26. Dezember findet in der Turnhalle eine Weihnachtsfeier der Ortsgruppe der NSDAP statt, an der sich alle Vereine und Organisationen beteiligen wollen. Alle anderen Weihnachtsfeiern müssen unterbleiben.

Inserat der Woche:
Bitte die bei uns geliehene Zement-Walze zurückgeben.

30.12. Zum letzten Mal fand eine Stadtverordneten-Sitzung statt. Nun tritt das Gemeinde-Verfassungsgesetz vom 15. September 1933 in Kraft. Danach trägt der Bürgermeister die volle und ausschließliche Verantwortung. An Stelle von Magistrat und Stadtverordneten gibt es jetzt nur noch Gemeinderäte (Ratsherren), die vom Bürgermeister berufen werden. Die Beratungen sind nicht mehr öffentlich, auch finden keine Abstimmungen mehr statt. (Das war das absolute Ende der Demokratie!)

Inserat der Woche:
Luftschutz ist nationale Pflicht! Werdet Mitglied im Reichsluftschutzbund!

1934

13.1. Eine hiesige Familie wurde von einem Verwandten aus Rio de Janeiro angerufen. Die Verständigung war sehr gut. – Die NSDAP-Ortsgruppe Kronberg hält am Samstag in der Turnhalle einen öffentlichen Schulungsabend ab. Es ist Pflicht jedes Kronberger und Schönberger Erwachsenen, daran teilzunehmen. Die Vereinsabende fallen aus, statt dessen nehmen die Mitglieder am Schulungsabend teil.

Inserat der Woche:
Am Donnerstag ist eine Werbeveranstaltung für den Reichsluftschutzbund.

15.1. Nach einem vom Reichskabinett verabschiedeten Gesetz liegt die oberste Leitung des Fremdenverkehrs in der Hand des Reichsministers für Volksaufklärung und Propaganda. Dadurch wird die Zersplitterung in der Werbung beseitigt.

27.1. Der NS-Kampfbund für deutsche Kultur hat in Kronberg eine Ortsgruppe gebildet. Aus diesem Anlaß findet eine Vortragsreihe statt. Erster Vortrag: „Kunst als Grundlage der Weltanschauung".

Inserat der Woche:
Denke an den Eintopfsonntag. Jedes Eintopfgericht macht zwei Familien satt!

29.1. Der Werberat für die deutsche Wirtschaft brachte neue Vorschriften heraus. Danach dürfen im Textteil einer Zeitung keine Hinweise auf irgendwelche Veranstaltungen von Vereinen erscheinen. Werbungen dürfen nur noch durch Anzeigen im Inseratenteil geschehen.

Inserat der Woche:
Zwanzig Jahre jünger fühlen Sie sich bei Einnahme unseres Knoblauchsaftes.

10.2. Bei der Polizeistunden-Controlle am vergangenen Samstag wurden 38 Personen von dem diensttuenden Beamten aufgeschrieben. Verschiedene Bürger können sich noch immer nicht daran gewöhnen, daß in unserem national-sozialistischen Staat Wert auf Ordnung und Disziplin gelegt wird.

Inserat der Woche:
Einige Fuhren Hühnermist zu verkaufen.

12.2. Nach zweijähriger Unterbrechung veranstaltet der MTV wieder seinen beliebten Turnermaskenball. Der Erlös ist für die NS-Volkswohlfahrt bestimmt. Am Fassenachtssonntag lädt der MGV zum Maskenball ein. Der Reinerlös geht ans Winterhilfswerk.

Inserat der Woche:
Denke an den Eintopfsonntag. Jedes Eintopfgericht macht zwei Familien satt.

24.2. Zum ersten Mal seit Jahren herrschte auf den Straßen wieder lebhaftes Fastnachtstreiben. In allen Sälen fanden Maskenbälle statt, die alle recht gut besucht waren. Am Fastnachtssamstag veranstaltet der MGV 1860 seinen Maskenball, der Erlös ist für das WHW bestimmt.

Inserat der Woche:
Jetzt ist es Zeit, die Bäume mit Müllers neuer Bandagenstahlbaumbürste zu reinigen.

26.2. Das Steueraufkommen der Stadt Kronberg ist seit 1928 um fast 30 000 Mark zurückgegangen. – Der Taunusklub und Verschönerungsverein führt jetzt den Namen „Taunusbund".

Inserat der Woche:
Kaufe Schlacht- und Zuchtziegen.

9.3. Am Samstag Abend findet in der städtischen Turnhalle eine öffentliche Versammlung der NSDAP statt. Die gesamte Einwohnerschaft von Kronberg und Schönberg ist aufgefordert, daran teilzunehmen. An sämtliche Vereine ergeht die Aufforderung, am Sonnabend keine Vereinsabende anzusetzen und die Mitglieder anzuhalten, die NSDAP-Versammlung vollzählig zu besuchen. Sollten Vereinsabende angesetzt sein, so werden die Vorstände gebeten, diese Abende auf einen anderen Zeitpunkt zu verlegen.

Inserat der Woche:
Kampfbund für Deutsche Kultur, Ortsgruppe Kronberg, heute öffentlicher Schulungs-Abend!

12.3. Der letzte Eintopfsonntag war ein schöner Erfolg, er brachte in Kronberg und Schönberg 820 Mark ein.

Inserat der Woche:
Wollen Sie schöne Mirabellen ernten, dann fegen Sie die Schildläuse mit Müllers Baumbürste von den Bäumen. Es geht schnell und sicher. Zu haben bei P. Müller, Doppesstraße.

23.3. In der Adolf-Hitler-Realschule fand die Abschlußprüfung des ersten Jahrgangs der neu errichteten Untersekunda statt. Die mündliche Prüfung wurde an der Herderschule in Frankfurt abgelegt. Sämtliche Schülerinnen (es waren 5, die Red.) haben die Prüfung bestanden und sich somit das Reifezeugnis für die Obersekunda an anderen höheren Schulen erworben.

Inserat der Woche:
Der Schmuck der deutschen Frau ist Bernstein! Zur Unterstützung der ostpreußischen Bevölkerung!

6.4. Das städtische Gebäude in der Frankfurter Straße 2, in dem sich auch einmal einige Jahre die Stadtverwaltung befand, soll abgerissen werden. Das Haus wurde früher „zum Rosenthal" genannt, nach der Flurbezeichnung des Standplatzes.

Inserat der Woche:
Zum Fest unser guter Bohnenkaffee per 1/3 Pfund nur 68 Pfennige.

9.4. Zum neuen Leiter der städtischen Freiwilligen Feuerwehr wurde Hans Kunz gewählt. – Die Stadt Kronberg hat eine neue Vergnügungssteuer-Ordnung erlassen.

Inserat der Woche:
Verkaufe einige Fuhren Hühnermist.

20.4. Aus dem Rathaus: Das Steueraufkommen der Gemeinde Kronberg ist seit 1928 um ca. 30 000,– RM zurückgegangen. – In der Volksschule wurden 51 ABC-Schützen aufgenommen. – Zum neuen Leiter der Freiwilligen Feuerwehr Kronberg wurde Hauptbrandmeister Hans Kunz ernannt.

Inserat der Woche:
Zum 1. Mai! Festanzüge der Deutschen Arbeitsfront. Stück RM 65,–

23.4. Die Bevölkerung ist aufgerufen, am 1. Mai, dem Tag der Arbeit, ihre Häuser festlich zu schmücken. Das nötige Grünzeug wird am Vortag auf dem Turnhallenplatz verteilt.

Inserat der Woche:
Zum 1. Mai, Festanzüge der Deutschen Arbeitsfront für 65 Mark bei Kolb, Königstein.

4.5. Bei der großen Feier zum „Tag der Arbeit" hatte die Sanitätskolonne infolge der großen Hitze viel zu tun. In mehr als 20 Fällen mußte sie Hilfe leisten. Ein Festteilnehmer auf dem großen Platz an der Turnhalle mußte wegen eines Hitzschlages ins Krankenhaus gebracht werden.

Inserat der Woche:
Das Wichtigste beim Kaffeekochen ist die Würze „Pfeifer und Dillers" gibt dem Kaffee erst das richtige Aroma.

7.5. Zu Ehren der deutschen Mütter veranstaltet die Hermann-Göring-Schule (Volksschule, Anm. d. Red.) eine kleine Feierstunde.

Inserat der Woche:
Bürger, schmückt eure Häuser mit Blumen, richtet die Vorgärten her! Kronberg muß schöner werden! Der Kultur- und Verkehrsverein Kronberg.

18.5. Pfarrer Deißmann aus Sulzbach wurde zum Dekan des Dekanats Kronberg ernannt. – Für die Zeit der Erdbeer- und Kirschernte verkehrt wieder ein besonderer Schnellgüterzug nach Leipzig, Berlin und Hamburg. (Im Volksmund wurde dieser Zug „Erdbeer-Expreß" genannt.)

Inserat der Woche:
Älteres Mädchen zu Kind gesucht. Dasselbe muß kochen und nähen können.

21.5. Der MTV hat Gäste. Aus dem Saargebiet sind die Turner von Kaisen angereist. Ein freundschaftlicher Wettkampf wird bestimmt Spaß machen.

Inserat der Woche:
Auf der Horst-Wessel-Straße (Bleichstraße) wurde eine Hornbrille gefunden.

1.6. Zum 60jährigen Jubiläum der Freiwilligen Feuerwehr wird in der Turnhalle eine Feierstunde gehalten, ein großer Festzug und eine Schauübung stehen auf dem Festprogramm. – Der Erdbeermarkt wurde eröffnet. Infolge des günstigen Wetters sind die Früchte in diesem Jahr zeitiger reif. Jedoch wird die Ernte mittelmäßig ausfallen.

Inserat der Woche:
Erdbeerkörbe, neue und gebrauchte in allen Größen zu verkaufen.

15.6. Der Erdbeermarkt ist in vollem Betrieb. Die Ernte ist mittelmäßig. Der Preis beträgt pro Pfund 30–40 Pfennige. Ein Oberhöchstadter Züchter erhielt Marktverbot. (Er hatte kleine Erdbeeren obenauf mit Früchten 1. Sorte getarnt und für das ganze Körbchen den Preis für die 1. Sorte verlangt.)

Inserat der Woche:
Am Sonntag um 3 Uhr Abfahrt in die Paulskirche Frankfurt zur Weihe der „Kyffhäuser-Fahnen".

18.6. In unserem schönen Schwimmbad ist infolge des guten Wetters fortlaufend lebhafter Verkehr.

Inserat der Woche:
Kirschen an den Bäumen zu verkaufen.

29.6. Die Kerb findet dieses Jahr zum ersten Mal auf dem großen Platz hinter der Turnhalle statt. Durch den Abriß des Hauses Frankfurterstr. 2 ist jetzt genug Raum für den Kerbeplatz vorhanden. Trotzdem wird auch am Tanzhaus noch Betrieb sein. Das beliebte Kasperltheater wird ebenfalls wieder da sein. Aufgebaut wird auch wieder die Affenschau.

Inserat der Woche:
Erfahrenes Mädchen mit langjährigen Zeugnissen aus guten Häusern sucht Stellung.

13.7. Am Sandplacken brach vor drei Tagen ein Waldbrand aus, der mit Windeseile um sich griff. Rund 10 Morgen Fichtenschonung wurden ein Raub der Flammen. Sämtliche Wehren des Obertaunuskreises waren im Einsatz.

Inserat der Woche:
Für 3–4 Wochen nach den Ferien wird für einen Obertertianer zur Förderung der Hausaufgaben eine energische Hilfe gesucht.

16.7. Wählren der Römerberg-Festspiele in Frankfurt fährt der letzte Zug nach Kronberg ab Hauptbahnhof um 0.00 Uhr. Somit ist jedem Besucher die Möglichkeit gegeben, das Ende der Aufführungen in Ruhe abzuwarten.

Inserat der Woche:
Volksgenossen! Eßt nur deutsches Obst!

27.7. Im Taunus gingen vor einigen Tagen schwere Unwetter nieder. Große Schäden im Wald und auf den Feldern sind die Folge. – Der Kronberger Kunstmaler Nelson Kinsley und seine Frau Luise geb. Burger feiern morgen das Fest der Silbernen Hochzeit.

Inserat der Woche:
Schlafstelle, evtl. auch leer, zu vermieten.

10.8. Am 2. August ist der alte Reichspräsident Paul von Hindenburg auf seinem Gut Neudeck gestorben. Die Kirchenbehörden beider Konfessionen ordneten bis zum Begräbnis täglich ein einstündiges Trauergeläut an. Es ist für 14 Tage Volkstrauer angeordnet, alle öffentlichen Veranstaltungen fallen aus.

24.8. Die Römerberg-Festspiele in Frankfurt bringen die beiden Schiller-Dramen „Wallenstein“ und die „Jungfrau von Orleans“ (Titelrolle Ellen Daub). In Schönberg wurde der neu ernannte Gemeindeschulze Hermann Neumann in sein Amt eingeführt.

Inserat der Woche:
Wer gibt SA-Mann Militärmantel oder Ähnliches für den Dienst?

27.8. Der MTV veranstaltete ein großes Schwimmfest, bei dem in den Wettkämpfen der Schüler und Schülerinnen beachtliche Erfolge erzielt wurden. Zwei Jungen und fünf Mädchen schwammen die fast 50 Meter unter einer Minute.

Inserat der Woche:
Reichs-Luftschutzbund! Donnerstag 8 Uhr abends Antreten am Parkplatz, Bundesabzeichen sind anzulegen. Nur in wirklich dringenden Fällen kann Dispens erteilt werden. Der stellvertretende Ortsgruppenleiter.

7.9. Am Sonntag gingen im Taunus schwere Unwetter nieder. Weil, Ems und Erlenbach führten reißendes Hochwasser. – Am nächsten Sonntag findet das diesjährige Feldbergrennen statt. Start ist an der Hohen Mark, Ziel ist der Sandplacken. Es haben sich wieder namhafte Motorrad- und Autorennfahrer gemeldet.

Inserat der Woche:
Nutzen sie den Fortschritt der Zeit: In Ihren Vorratsschrank gehört die kochfertige Soße!

10.9. Der Gau Hessen-Nassau muß für vier Wochen „Saarkinder“ zum Erholungsaufenthalt aufnehmen. Gesucht werden vor allem katholische Pflegestellen, da die Kinder aus dem Saargebiet vorwiegend katholisch sind.

Inserat der Woche:
Junger Mann, der bei seinen Eltern wohnt, als Warenverteiler gesucht.

21.9. Gestern Abend brannte das Klubhaus des Tennis- und Eislaufvereins im Kaiser-Friedrich-Park ab. An dem Holzbau fanden die Flammen reichlich Nahrung. Man munkelt von Brandstiftung, doch ist die Brandursache bis jetzt noch völlig ungeklärt. – Ab heute ist unser Waldschwimmbad geschlossen. Das prachtvolle Herbstwetter lockte noch einmal viele Leute, welche das Schwimmen als Brauchsport betrachten, in unser geschütztes Waldbad.

Inserat der Woche:
Schlafstelle, eventuell auch leer, zu vermieten. Mauerstraße 3.

24.9. Der erste Eintopfsonntag in diesem Winterhalbjahr brachte in Kronberg etwa 600 Reichsmark ein. In allen Häusern wurde eine Sammlung durchgeführt. Auch in den Gasthäusern gibt es an solchem Sonntag nur Eintopf.

Inserat der Woche:
Älterer besserer Herr sucht Zimmer.

5.10. Wegen des allgemeinen Erntedankfestes, das am letzten Sonntag im ganzen Deutschen Reich gefeiert wurde, dürfen die Michelskerben erst am kommenden Sonntag abgehalten werden. (Im Taunus und im Untermain-Gebiet feiern 40 Dörfer ihre Kirchweih nach dem Michelstag.) – In einem Nachbarort wollte ein Gastwirt zur Kirchweih ein Schwein schlachten. Beim Betäuben des Tieres traf das Gerät aber nicht das Schwein, sondern den Kopf des Gastwirtes. Er muß nun mit verbundenem Kopf Kirchweih feiern und hat gewiß auf diese Art für die Unterhaltung seiner Gäste vorgesorgt!

Inserat der Woche:
Erdbeerpflanzen „Königin Luise“ abzugeben. Synagogenstraße 2.

19.10. Deutsch ist die Saar – deutsch immerdar! Für Kinder aus dem immer noch besetzten Saargebiet werden für vier Wochen Ferienplätze gesucht. Da die Saarkinder größtenteils katholisch sind, werden vor allem Pflegestellen in katholischen Familien benötigt. Es geht die dringende Bitte an die hiesige Bevölkerung, diese edle Sache nach Kräften zu unterstützen.

Inserat der Woche:
Die Cronberger Schützengesellschaft beteiligt sich am Wehrsportfest in Oberursel. Abfahrt am Sonntag, 1 Uhr, am Frankfurter Hof.

24.10. Die evangelische Gemeinde lädt zu einem Abschiedsabend für Pfarrer Aßmann ein, der nach 31 Jahren in seinem Amt in Kronberg in den Ruhestand geht.

Inserat der Woche:
Gebrauchter „Holländer“ gesucht. (Das war ein Kinderfahrzeug mit drei Rädern; Anm. der Red.)

2.11. Heute nacht fiel der erste Schnee! – Die evangelische Gemeinde feiert am Reformationstag den Abschied von Pfarrer Wilhelm Aßmann, der nach 31jähriger Amtszeit in den wohlverdienten Ruhestand tritt. Viele, viele waren gekommen, um von ihrem Pfarrer Abschied zu nehmen.

Inserat der Woche:
Gebrauchter Holländer gesucht.

15.11. Die im städtischen Schwimmbad während des Sommers gefundenen Gegenstände werden am Dienstag um 3 Uhr nachmittags im Rathaus versteigert.

Inserat der Woche:
Ich bitte, die von mir geliehene Drum-Säge wieder zurückzugeben.

16.11. Wintersport-Kundgebung! Nach den Worten des Führers: „Jeder Deutsche treibt Wintersport!“ Die Kronberger Sportvereine zeigten die Möglichkeiten des Wintersports auf. – Die NS-Gemeinschaft „Kraft durch Freude“ veranstaltete einen nassauischen Heimatabend mit dem Mundartdichter Theodor Wittgen aus Hofheim. Die Gesangsriege des MTV trug mit einigen Liedern zum Gelingen des Abends bei.

Inserat der Woche:
Kommt und erlebt die Deutsche Turnerschaft! Mann, Frau, Junge, Mädchen, Kinder, herbei! Singt mit uns das Lied vom Leibe!

30.11. Im Alter von 68 Jahren starb Gastwirt Philipp Peter Henrich. Der „Grüne-Wald-Wirt“ erfreute sich in Kronberg großer Beliebtheit. Er übernahm die Gastwirtschaft von seinem Vater. Schon in der dritten Generation wurde das renommierte Lokal von Philipp Peter Henrich und seiner Frau geführt. Die Feuerwehr verliert mit ihm ein tatkräftiges Mitglied. In vielen Vereinen war er Mitglied und das nicht nur passiv.

Inserat der Woche:
Das schönste Weihnachtsgeschenk ist ein Volksempfänger.

8.12. 1934 wird als schönstes Weihnachtsgeschenk der „Volksempfänger" angepriesen. Da er sehr preiswert ist, wurde der Radioapparat gern gekauft.

14.12. Der Gauleiter hat an alle Vereine in Hessen-Nassau einen Appell gerichtet, in diesem Jahr auf die Weihnachtsfeiern zu verzichten und stattdessen ihre ganze Kraft dem WHW zur Verfügung zu stellen. – Am Tag der Nationalen Solidarität (letzter Sonntag) sammelten führende Persönlichkeiten der NSDAP, hohe Beamte und Kronberger Bürger, in den Häusern für das WHW.

Inserat der Woche:
Volksgenosse, laß Dir raten! Kauf Dein Brot im Bäckerladen!

24.12. Die Reichspost hat den Cronbergern einen Weihnachtswunsch erfüllt. Am Parkplatz an der Frankfurter Straße (heute Berliner Platz; Anm.) wurde eine öffentliche Münzfernsprechzelle errichtet. – Ein sehr beliebtes Weihnachtsgeschenk ist der „Volksempfänger", den es auch auf Ratenzahlung gibt. – Auf der Schirn fand am 22. Dezember eine „Volksweihnachtsfeier" statt.

Inserat der Woche:
Zu verkaufen Kautsch (eingedeutscht Couch; Anm.) mit Bettschublade.

28.12. Die Zahl der Erwerbslosen in Kronberg ist stark zurückgegangen. Vor einem Jahr waren es noch 121, heute sind es 36.

Inserat der Woche:
Bitte die geliehene Drum-Säge wieder zurückgeben.

1935

6.1. Bei der letzten Personenbestandsaufnahme in Schönberg ergab die Zählung 680 Einwohner, 307 männliche und 373 weibliche, 333 Katholiken, 332 Evangelische und 15 Andersgläubige. Die Gemeinde zählt 120 Häuser mit 214 Haushaltungen.

Inserat der Woche:
Haushaltskontobuch verloren.

11.1. Fünf stimmberechtigte Volksgenossen aus dem Saargebiet reisten heute von hier ab, um in ihrer Heimat an der Abstimmung teilnehmen zu können. Der Spielmannszug des Jungvolks begleitete sie zum Bahnhof. (Am 13. 1. 1935 stimmten 90,5% der Saarländer für die Rückkehr des Saargebietes zu Deutschland.)

Inserat der Woche:
Zu verkaufen Kautsch mit Bettschublade.

21.1. Derzeit herrscht das schönste Winterwetter mit besten Sportmöglichkeiten. – In der städtischen Turnhalle wohnten viele Volksgenossen der Übertragung im Radio von der „Saar-Rückkehrfeier“ bei. Abschließend bildete sich ein großer Fackelzug durch Kronberg und Schönberg, an dem sich auch alle Gliederungen der NSDAP und die Kronberger Vereine beteiligten.

Inserat der Woche:
Winterhilfswerk Kronberg! Am Freitag Ausgabe der gesammelten Lebensmittel im Haus Emmel, Eichenstraße 4.

25.1. Aus Anlaß der Saarabstimmung fand in Kronberg ein großer Fackelzug statt, an dem alle Formationen der Partei und die Ortsvereine teilnahmen.

Inserat der Woche:
Spendet Gold für den Rückkauf der Saargruben.

4.2. Herr Professor Philipp Franck aus Berlin, der bekannte Maler und Schüler von Anton Burger, hat der Stadt Kronberg ein Gemälde (Taunuslandschaft, Reichenbachtal) geschenkt, das im Sitzungssaal einen würdigen Platz gefunden hat.

Inserat der Woche:
Ich bitte, die geliehene Drumsäge wieder zurückzubringen. Phil. L. Kunz.

9.2. Am kommenden Sonntag wird der neue evangelische Gemeindepfarrer Eduard Moser in sein Amt eingeführt. Die Gemeinde heißt ihren neuen Pfarrer herzlich willkommen. Eduard Moser ist gebürtiger Nassauer, er stammt aus einer alten Pfarrerfamilie. Bisher war er in der kleinen Westerwaldgemeinde Nenderoth als Pfarrer eingesetzt. Pfarrer Moser tritt die Nachfolge von Pfarrer Wilhelm Aßmann an, der 31 Jahre in Kronberg amtierte.

Inserat der Woche:
Der Krieger- und Militärverein lädt alle Kameraden zu seiner Generalversammlung ein. Um vollzähliges Erscheinen (im Kyffhäuser-Anzug) wird gebeten.

14.2. Die Stadt macht darauf aufmerksam, daß Hakenkreuz- und schwarz-weiß-rote Fahnen an Fastnacht nicht zur Dekoration verwendet werden dürfen.

Inserat der Woche:
Die Schützengesellschaft und der Dilettantenverein laden zu ihrem gemeinsamen „Rosenmontags-Maskenball“ im „Frankfurter Hof“ ein.

22.2. Im Alter von 72 Jahren ist vor einigen Tagen der frühere Landrat des Obertaunuskreises, Dr. Wilhelm Meister, verstorben. Die Kronberger ernannten ihn 1902 zum Ehrenbürger. Dr. Von Meister wurde später Regierungs-Präsident in Wiesbaden. Er war federführend bei den Vorbereitungen zur Errichtung des Kaiser-Friedrich-Denkmals und der Schaffung des Parks.

Inserat der Woche:
Das frühere Stationsgebäude am Bahnhof Kronberg ist auf Abbruch zu verkaufen.

4.3. Im Alter von 71 Jahren verstarb der ehemalige Landrat des Obertaunuskreises, Dr. W. von Meister. 1902 wurde er zum Ehrenbürger der Stadt Kronberg ernannt; er war im Ausschuß zur Errichtung des Kaiserin-Friedrich-Krankenhauses, Mitbegründer und Aufsichtsratsvorsitzender der Gemeinnützigen Baugenossenschaft Kronberg.

Inserat der Woche:
Was Du ersparst durch Eintopfkost – gib gegen Hunger, gegen Frost! Am Sonntag wieder Eintopf!

8.3. Die Adolf-Hitler-Realschule veranstaltete am Wochenende in der städtischen Turnhalle eine große Arbeitsausstellung, die einen Querschnitt durch alle Unterrichtsfächer zeigte. Schüler und Lehrer hatten sich eine große Mühe gemacht, die Besucher waren sehr beeindruckt. – Im Frankfurter Hof findet am nächsten Wochenende ein Puppenspiel über der Luftschutz statt.

Inserat der Woche:
Umzugshalber einen Wasserstein zu verkaufen.

22.3. Der Kur- und Verkehrsverein hat große Pläne! Es ist daran gedacht, den großen Parkplatz an der Frankfurter Straße, der z.Z. noch einen unfertigen Eindruck macht, besser zu gestalten. Im Mittelpunkt soll später ein Brunnen aufgestellt werden, um den herum sich das Marktleben abspielen wird. An der Ecke Katharinenstraße wird ein Auskunftshäuschen entstehen, in dem an die Kurgäste Kronthaler Wasser verabfolgt werden kann. Mit den Arbeiten, die von Erwerbslosen ausgeführt werden, wird in Kürze begonnen.

Inserat der Woche:
Haushaltskontobuch verloren.

25.3. Vor einigen Tagen verstarb der Altkronberger Philipp Brech. Der Schuhmachermeister übte sein Handwerk im „Termche in de Hinnergass“ aus (Burckhartsturm, An der Stadtmauer 4; Anmerkung). Das alte Haus, einst Wachturm der Stadtbefestigung, ist seit fast 100 Jahren im Familienbesitz.

Inserat der Woche:
Dein Opfer hilft die Zukunft bauen! Spende für's WHW!

6.4. Am Ostersamstag ist, den Gepflogenheiten der Frankfurter Banken entsprechend, das Geschäftszimmer und der Schalter der Vereinsbank Kronberg, Adolf-Hitler-Str. 4, für den Verkehr mit dem Publikum geschlossen. – Für die schulentlassenen Mädchen wird ein Hauswirtschaftsjahr eingeführt. Vor dem Eintritt in den Beruf müssen die jungen Mädchen ein solches „Pflichtjahr“ bei kinderreichen Familien oder in der Landwirtschaft ableisten. – Mitglieder der katholischen Pfarrgemeinde spielten am Palmsonntag auf der Bühne des Frankfurter Hofes die Passion. Vor vollem Haus spielten sie mit Hingabe und Andacht vom Leiden und Sterben des Herrn. Acht lebende Bilder waren in die Handlung eingewoben. Allen Mitwirkenden sei herzlich gedankt für diese weihevollen Stunden, die so recht geeignet waren, uns auf den Karfreitag vorzubereiten.

Inserat der Woche:
Hauslehrer für zwei Knaben gesucht.

8.4. Die Krötenwanderung beginnt. Vom Landschaftsschutzbund Volkstum und Heimat ergeht der Aufruf, Frösche und Kröten zu schonen, da diese Tiere sehr nützlich sind.

Inserat der Woche:
Haltet Euch diesen Samstag frei, um das lustige Puppenspiel vom Luftschutz anzusehen. Beginn 20.30 Uhr im „Frankfurter Hof".

19.4. Vom Gaufachamtsleiter für Tennis wurde Herr F. C. Becker zum Vereinsführer des Tennis- und Eislaufvereins Kronberg-Schönberg ernannt. – Das Reichsgericht hat entschieden, daß Beleidigung des Führers durch dic Ehefrau einen Scheidungsgrund bilden kann.

Inserat der Woche:
Die Kunst kommt zum Volk! Die NS-Kultusgemeinde Kronberg veranstaltet in der Adolf-Hitler-Realschule eine Kunstausstellung. Zur Eröffnung gibt es einen Vortragsabend über „Zeitgenössische Griffelkunst". Eintritt 20 Pfennig.

25.4. Vor einigen Tagen feierte Professor Philipp Franck seinen 75. Geburtstag. Er kam als Burger-Schüler nach Kronberg. In Berlin begann er 1892 seine Lehrtätigkeit an der königlichen Kunstschule; er lebt auch heute noch in Berlin. Als Landschafts-, Genre- und Porträtmaler hat er sich einen Namen gemacht.

Inserat der Woche:
Gebrauchter Herd und eine Fuhre Ziegenstrohmist zu verkaufen.

3.5. Deutsche Hausfrauen! Sorgt dafür, daß die Fremdwörter in Eurem Küchenzettel verschwinden. Für alle Gerichte gibt es gute deutsche Bezeichnungen. – Am „Tag der Deutschen Arbeit" war in allen Sälen Kronbergs Gelegenheit zum Tanz, von der auch ausgiebig Gebracht gemacht wurde. Ganze Betriebsgemeinschaften der Kronberger Firmen hatten sich zum Feiern zusammengefunden. – Vom 6.–12. Mai wird in ganz Deutschland eine Lärmbekämpfungswoche durchgeführt. Sie richtet sich vor allen Dingen gegen den Lärm in den Betrieben, gegen den Verkehrslärm und gegen den Hauslärm. – Die Betreuerin der evangelischen Kleinkinderschule, Schwester Elfriede Achenbach, feiert heute ihr 25-jähriges Diakonissen-Jubiläum.

Inserat der Woche:
Kämpfe mit uns als Mitglied der NS-Volkswohlfahrt für den Sozialismus der Tat!

6.5. Der 1. Mai war auch in Kronberg ein Feiertag. Häuser und Straßen waren beflaggt und mit Frühlingsgrün geschmückt. Abends war in allen Sälen Gelegenheit zum Tanzen. Trotz Schnee und kaltem Nordwind fand die große Kundgebung auf dem Parkplatz (heute Berliner Platz; Anmerkung) unter zahlreicher Beteiligung aller Parteiformationen und Betriebsgefolgschaften statt.

Inserat der Woche:
Amerikaner! Täglich frisch in der Bäckerei Hermann.

17.5. Die neue Gemeindeordnung ist eingeführt. Danach gibt es keine Fraktionen und Parteien mehr. Der Bürgermeister trägt die volle und ausschließliche Verantwortung allein. Ihm stehen Gemeinderäte zur Seite, die von ihm ernannt werden. – Am Schanzenfeld sind fünf Doppelhäuser für zehn Familien errichtet worden. Der Grund und Boden wurde von der Gemeinde in Erbpacht zur Verfügung gestellt. – Auf dem Buchholz wurde ein Zufuhrweg ausgebaut. (Im Volksmund wurde der Weg schnell zum „Nürburgring").

Inserat der Woche:
Gebrauchter Holländer mit Zahnradantrieb zu kaufen gesucht.

20.5. Herr Konrektor Becker erhielt anläßlich seiner 25jährigen Tätigkeit als Niederschlagsbeobachter vom Reichsamt für Wetterdienst in Berlin ein Dankschreiben. Am Sonntag wurde das neue errichtete Klubhaus des Tennis- und Eislaufvereins eingeweiht. (Das alte war 1934 durch Brand vernichtet worden; Anmerkung).

Inserat der Woche:
1a Kumist liefert die Gutsverwaltung Rettershof.

31.5. In den nächsten Tagen will die Stadt mit einer systematischen Verbesserung der Feldwege beginnen. Vorgestern wurde das Schwimmbad wieder geöffnet. Das geschieht wegen der ungünstigen Witterung in diesem Jahr später als sonst.

Inserat der Woche:
1 Fuhre Ziegenstrohmist zu verkaufen.

3.6. Das Wahrzeichen unserer Stadt, der Freiturm der Burg, hat handwerklichen Besuch. Der Wehrgang wird von Dachdeckern renoviert. Eine halsbrecherische Arbeit.

Inserat der Woche:
Wäldchestag mit Tanz im Gasthaus „Zur Post", es lädt ein Gottfr. Ad. Weidmann.

14.6. Der „Kronberger Hof" ist in die Hände von Gastwirt J. Menges übergegangen und wurde am Sonntag eröffnet. Gastwirt Menges ist den Kronbergern schon als „Adlerwirt" bestens bekannt. Bekannt ist er vor allem, weil er stets ein Herz für die Jugend hat, die ihm auch den liebevollen Beinamen „Baabe" zulegte. (Der „Kronberger Hof" wird heute noch von seinen Nachkommen, einer Enkelin mit ihrem Ehemann, bewirtschaftet.) – In diesem Jahr ist eine gute Erdbeerernte zu erwarten. Der Markt wird übermorgen eröffnet. – Laut Gesetz über Feiertage vom 27.2.34 ist der Fronleichnamstag kein gesetzlicher Feiertag mehr. Er ist nur noch eine rein kirchliche Angelegenheit. Die städtischen Büros bleiben geöffnet. Lediglich die katholischen Schüler haben frei.

Inserat der Woche:
Deutsche Volksgenossen essen Vollkornbrot aus deutschem Korn.

17.6. Die Postbriefkästen sind jetzt nicht mehr blau, sie prangen nun in leuchtendem Rot.

Inserat der Woche:
Das Haus Königsteiner Straße 5 wird nächste Woche zwangsversteigert. Das Amtsgericht.

28.6. Die diesjährige Kerb wird nur noch auf dem Parkplatz an der Turnhalle abgehalten und soll zu einer regelrechten „Erdbeerkerb" werden. Der Kur- und Verkehrsverein führt eine Verlosung der „süßen Kronbergerin" durch. Das Los wird zu 5 Pfennig verkauft. (Diese Verlosung war ein durchschlagender Erfolg). Die Lose wurden den Verkäuferinnen buchstäblich aus den Händen gerissen. Die Hauptinteressenten waren Frankfurter Kerbegäste. Der Hauptgewinn waren 15 Pfund der besten Sorte.

Inserat der Woche:
Am Kirchweihsonntag sind die Friseurgeschäfte von 8–12 Uhr geöffnet.

1.7. Gestern feierte Buchdrucker Adam Andrée, Herausgeber des „Cronberger Anzeigers", seinen 75. Geburtstag.

Inserat der Woche:
Angepackt! Hilf beim Aufbau des Staates! Werde Mitglied der NVS! (Nationalsozialistische Volkswohlfahrt; Anmerkung).

12.7. Trinkkuren mit Kronthaler Wasser sind möglich. Ab sofort wird in der Turnhalle täglich von 7.30–9 Uhr und von 17–18 Uhr quellfrisches Wasser ausgeschenkt. Sobald das Häuschen des Kur- und Verkehrsvereins an der Ecke Frankfurter-Hermann-Göring-Straße fertiggestellt ist, findet der Ausschank dort statt.

Inserat der Woche:
Volksreis, das vollwertige Nahrungsmittel, 2 Pfund nur 35 Pfennige.

15.7. In dem kleinen Raum in der Turnhalle wird täglich Kronthaler Wasser zu Trinkkuren angeboten.

Inserat der Woche:
Achtung, Schwerhörige! Hilfe bringt unsere Breslauer Hörkapsel.

26.7. Durch den Ausfall des Obstmarktes hat Kronberg hohe Einbußen. Die Kurgäste vermissen den Markt. Um Kronberg als Kurort zu fördern, war die Einstellung von zwei weiteren städtischen Arbeitern notwendig. Um zu erreichen, daß Kronberg zu einem wirklichen Kurort wird, müssen aber noch große Anstrengungen gemacht werden. Die gesamte Bevölkerung muß dabei mithelfen. Es muß auf die Sauberkeit der Straßen geachtet werden, die Anlagen sind zu schonen.

Inserat der Woche:
Deutsche Kuh zu verkaufen.

29.7. Das alte Stationsgebäude am Bahnhof wird abgerissen. 1874 wurde es erbaut, dann 1898 mit der Errichtung des neuen Bahnhofs wurde das Gebäude nur zu Wohnzwecken genutzt. Es war an Bahnbedienstete vermietet.

Inserat der Woche:
Einige Tausend Backsteine, Bauschienen und Brennholz vom Abbruch des alten Bahnhofs abzugeben.

9.8. Die Gemeinde Mammolshain meldet: Keine Arbeitslosen mehr! – Der große Zauberkünstler Bellachini kommt demnächst nach Kronberg. – Die bisher private Untersekunda der Adolf-Hitler-Realschule wird nun staatlich anerkannt. Bei erfolgreichem Abschluß durch eine Prüfung erhalten die Schüler das Zeugnis der Mittleren Reife.

Inserat der Woche:
Taschenuhr von SA-Mann verloren.

12.8. Die neue Einrichtung der Trinkkuren in der Turnhalle wird von Gästen und auch Einheimischen gerne genutzt. Täglich von 7.30–9 und von 17–18 Uhr wird frisches Wasser ausgeschenkt.

Inserat der Woche:
Gut empfohlene Waschfrau sucht Beschäftigung.

23.8. Die Mirabellenernte ist mäßig, jedoch von guter Qualität. Sprach man noch im vorigen Jahr von der „Gelben Gefahr", so könnte man heuer vom „Gelben Gold" reden. Es werden gute Preise gezahlt. – Der Hauptverein der Deutschen Gartenbauwirtschaft hat ein Verbot der Kelterung vor dem 14. September ausgesprochen. Vor der Herstellung von Süßmosten aller Art sollen die Marmeladenfabriken ihren Bedarf an Äpfeln und anderem Obst zur Herstellung billigen Brotaufstriches eindecken können.

Inserat der Woche:
Ganz großer Bauchanzug zu verkaufen.

6.9. Im Garten des Rathauses steht ein kleines Häuschen. (Es enthält zwei Räume.) Derzeit wird es hergerichtet, bei Fertigstellung wird es dem BDM als Heim zur Verfügung gestellt. Es soll den Namen „Wespennest" erhalten.

Inserat der Woche:
Gut empfohlene Waschfrau sucht Beschäftigung. Pro Tag 3,50 Mark.

20.9. In Kronberg sind an einigen Stellen Litfaßsäulen aufgestellt worden, die endlich Ordnung in das planlose Anschlagwesen bringen sollen. – Der Turn- und Spielverein in Schönberg veranstaltet anläßlich seines 15jährigen Bestehens im Kaiserhof ein Schau- und Werbeturnen. Ein gut ausgewähltes Programm soll den Besuchern einen Einblick in die Deutsche Turnerschaft geben.

Inserat der Woche:
Die Adolf-Hitler-Realschule und die Hermann-Göring-Schule veranstalten am Samstag im „Frankfurter Hof" eine Feierstunde zum „Tag des Deutschen Volkstums".

23.9. Am Kreisschwimmfest im Homburger Seedammbad nahm der MTV mit einigen Schülerinnen und Schülern teil, die beachtliche Leistungen erbrachten. Der MTV stellte allein drei erste Sieger.

Inserat der Woche:
Kinder aufs Land! Meldet eure Freiplatzspende.

4.10. Durch den Beauftragten der NSDAP wurden acht Kronberger zu Gemeinderäten ernannt. Sie werden in einer Feierstunde in der städtischen Turnhalle, an der alle Gliederungen der Partei teilnehmen, verpflichtet. – Der Erntedanktag wurde zum ersten Mal von dem Stützpunkt Schönberg in Verbindung mit der NS-Gemeinschaft „Kraft durch Freude" selbständig gefeiert.

Inserat der Woche:
Die Kronberger Lichtspiele bringen den Lustspielschlager von Format: „Der Kampf mit dem Drachen", in der Hauptrolle Adele Sandrock.

18.10. Vor einigen Jahren feierte in Schönberg der Gärtner Anton Rumpf seinen 85. Geburtstag. Er entstammte der Malerfamilie, die weit über Kronberg hinaus bekannt ist.

Inserat der Woche:
Raupenleimringe fix und fertig zum Anbringen.

1.11. In Schönberg verstarb vor einigen Tagen der ehemalige Bahnhofsvorsteher Wilhelm Dietz im Alter von 90 Jahren. Er war schon beim Bau der Kronberger Eisenbahn dabei. 30 Jahre bekleidete er das Amt des Bahnhofsvorstehers, am Feldzug 1870/71 nahm er aktiv teil. – Das Winterhilfswerk sammelt Kinderwäsche und -kleidung. Öffnet Eure Schubladen und Schränke und gebt reichlich!

Inserat der Woche:
Raupenleimringe fix und fertig!

15.11. Die Feuerwehren des Obertaunus-Kreises waren überraschend zu einer Großübung alarmiert worden. Annahme zu dieser Übung: Ein Fliegerangriff auf Frankfurt wurde erfolgreich abgeschlagen, die Flugzeuge warfen ihre Bomben in der Umgebung ab. Im Gelände Kronthal-Schafhof kam es durch Brandbomben zu mehreren Bränden. (Was da nur geübt wurde, sollte im Herbst 1942 zur Wirklichkeit werden, als der Schafhof, von Brandbomben getroffen, lichterloh brannte.)

Inserat der Woche:
Fellpferd zum Fahren und Schaukeln zu verkaufen.

29.11. Die NS-Kulturgemeinde veranstaltet in der Johanniskirche eine geistliche Abendmusik. – Das Jungvolk sammelte Brot. Die Pimpfe brachten in Kronberg 414 Laib Brot zusammen. – Im Versorgungshaus leben z. Zt. zwei Männer und zwölf Frauen, sie werden von Fräulein Paula Neubauer betreut, die jetzt ihr 40-jähriges Dienstjubiläum feiern konnte.

Inserat der Woche:
Schenkt Weihnachtsgutscheine des Deutschen Handwerks!

13.12. In der Turnhalle findet ab Donnerstag ein Trocken-Skikurs statt. Die Teilnahme ist kostenlos. – Ab 1. Januar werden die Postpaketsendungen von und zur Bahn nicht mehr mit dem Pferdefuhrwerk, sondern mit dem Auto befördert. – Auch dieses Jahr findet auf der Schirn eine Volksweihnachtsfeier statt.

Inserat der Woche:
Sackinstandsetzung kauft große, kleine und defekte Säcke zum Höchstpreis.

27.12. Das Wintersportfest mit Ball des Radfahrvereins „Viktoria“ am 2. Weihnachtsfeiertag hat von seiner alten Anziehungskraft nichts verloren. Der Saal des Frankfurter Hofes war voll besetzt. Ein Zeichen daß das „Radfahrerbällchen“, wie man die Veranstaltung in Kronberg nennt, sehr beliebt ist. – Die Adolf-Hitler-Realschule veranstaltete kurz vor den Feiertagen einen Hermann-Löns-Abend zum Gedenken an den deutschen Heidedichter.

Inserat der Woche:
Wer im Winterhilfswerk opfert, beweist sein Deutschtum!

1936

10.1. Durch Bekanntmachung wurden die Angehörigen von 16 Betriebsgruppen aufgerufen, ihre Arbeitsbücher zu beantragen. Es ist mit der Bestimmung zu rechnen, daß in Zukunft nur noch Inhaber eines Arbeitsbuches eingestellt werden dürfen. – Mit einer Damensitzung eröffnete die Carnevalsgesellschaft von 1886 ihr Jubiläumsjahr.

Inserat der Woche:
Am Dienstag findet die erste „Pfundsammlung" (Lebensmittel aller Art, d. Red.) des WHW statt. Die Frauen der Liste B sind aufgerufen.

24.1. Bei dem Maskenball der Karnevalsgesellschaft wird der neu gewählte Prinz, der zum 50jährigen Jubiläum die närrische Regentschaft übernehmen soll, vorgestellt. Das Geheimnis um die Person des Prinzen wurde nun gelüftet. Es ist ein echter Kronberger, Uhrmacher Wilhelm Lohmann. Er wird als Prinz den Namen „Wilhelm Tellus von Uhrenhausen" führen.

Inserat der Woche:
In den Kronberger Lichtspielen findet eine Sonderfilm-Veranstaltung statt. Vorgeführt wird „Die Saat geht auf".

7.2. Die Fernsprechhäuschen, die von der Bevölkerung dringend benötigt werden, sind ständiges Objekt für Menschen, die gern Unfug und Schaden anrichten. – Der Kappenklub läßt zum Jubiläum seines Brudervereins ein altes Fassenachtsinstrument wieder aufleben. Die Klepper! Die Kronberger Buben beteiligen sich in hellen Scharen an den Übungsstunden der Kleppergarde. Der Kommandant der Kleppergarde, der Kleppergeneral, ist ein stadtbekannter Humorist, Andreas Schrodt. Die Garde wird an dem großen Zug am Fassenachtssonntag teilnehmen. Die Mütter sind schon mit dem Nähen der Kostüme beschäftigt.

Inserat der Woche:
Zum Inventurausverkauf bieten wir den beliebten Feldberganzug mit zwei Hosen an.

21.2. Die tollen Tage haben Kronberg auf den Kopf gestellt. Ein schöner Erfolg war der große Fastnachtszug am Sonntag, an dem sich fast alle Kronberger Vereine beteiligten. Auf seinem Prunkwagen, gestaltet von Rudolf Schott, fuhr „Prinz Wilhelm Tellus von Uhrenhausen" alias Wilhelm Lohmann, durch die Straßen. Das 50jährige Jubiläum der Käwwern ist vortrefflich gelungen.

Inserat der Woche:
Schweinefutter gesucht! Für Kartoffelschalen, Gemüse und Küchenabfälle per Zentner 1,– RM.

7.3. Im Alter von 64 Jahren starb vor einigen Tagen der Tiefbauunternehmer Heinrich Küchler. Mit seinem Bruder Wilhelm war er Inhaber der bekannten Firma Wilhelm Küchler Söhne. Von 1919 bis 1933 war er Beigeordneter bei der Stadt. Lange Jahre hindurch, von 1907–1934, war er Wehrführer der Freiwilligen Feuerwehr. Wegen seiner großen Verdienste wurde er 1929 zum Oberbrandmeister und 1934 zum Ehrenbrandmeister ernannt. Viele Kronberger Vereine zählten ihn zu ihren Mitgliedern, so die Schützengesellschaft, der Radfahrverein Viktoria, der MTV, der Krieger- und Militärverein. Wilhelm Küchler gehörte zum Aufsichtsrat der Gemeinnützigen Baugenossenschaft und war jahrelang dessen Vorsitzender. Ein großes Trauergefolge gab dem Verstorbenen das letzte Geleit.

Inserat der Woche:
Bett und Räucherschrank zu verkaufen.

21.3. Bei der Entlassungsfeier der abgehenden Schüer der Adolf-Hitler-Realschule wurde der langjährige Lehrer Alois Diete in den Ruhestand verabschiedet. Herr Diete war lange Jahre als Deutsch-, Geschichts- und Erdkundelehrer an der Schule tätig. – Am 29. März finden Reichstagswahlen statt. (Es gibt auf dem Stimmzettel nur eine Partei, die NSDAP und nur einen Namen, vier weitere Namen stehen kleingedruckt: Hess, Frick, Göring und Goebbels).

Inserat der Woche:
Das gesamte Handwerk des Obertaunus-Kreises beweist dem Führer seinen Dank durch restlose Beteiligung an den Wahlkundgebungen. Es ist Pflicht jedes Handwerkers diese Veranstaltungen zu besuchen. Die Kreishandwerkerschaft

4.4. Zu den Reichstagswahlen am vergangenen Sonntag herrschte ein großer Andrang im Wahllokal. Die Vereine kamen teilweise geschlossen an die Wahlurne. 99% der Wahlberechtigten stimmten für den Führer. – Heute früh überflog das neue große Luftschiff LZ 129 „Hindenburg" unsere Stadt. – Am Dienstag nach Ostern kommen 150 KdF-Urlauber nach Kronberg.

Inserat der Woche:
Ich weise darauf hin, daß es verboten ist, Hühner frei herumlaufen zu lassen. Der Bürgermeister Schaub.

18.4. Die freigewordene Stelle des Lehrers Alois Diete an der Adolf-Hitler-Realschule wurde durch den Mittelschullehrer Ewald Michels aus Wittlich an der Mosel neu besetzt. – Der Kur- und Verkehrsverein bereitet ein großes Frühlingsfest vor, das im Winter'schen Garten gefeiert werden soll. Vorgesehen war es für den 9. und 10. Mai, wegen der schlechten Witterung findet es zwei Wochen später statt.

Inserat der Woche:
Jungvolk wirbt: Jahrgang 1926 geschlossen zum Jungvolk!

2.5. Was unserer Stadt nicht zur Zierde gereicht, ist das Auslegen von Betten nach der Straße. Es geht nicht an, daß die Betten oft bis Mittag in den Fenstern liegen. Abgesehen davon, daß es polizeilich verboten ist, Betten und Tücher nach der Straße hin auszulegen, auszuschütteln und auszuklopfen.

Inserat der Woche:
Verloren wurde ein Schirm-Futteral.

16.5. In aller Kürze wird auf dem Parkplatz mit dem Bau einer Markthalle für die Obstsammelstelle begonnen. (Dieser Bau wurde an die Stadthalle angeschlossen und wird heute als sogen. „Kleine Halle" für Veranstaltungen genutzt.)

Inserat der Woche:
Gebrauchter Holländer mit Zahnradantrieb zu kaufen gesucht.

30.5. Das Frühlingsfest des Kur- und Verkehrsvereins am Wochenende war ein großer Erfolg. An dem großen Blumenkorso hatten sich alle Vereine, die Schulen und viele Privatpersonen beteiligt. Am Samstag gab es einen großen Bunten Abend unter Mitwirkung einiger Vereine, am Sonntagnachmittag vor dem Kurhaus (Haus Winter) eine kleine Theateraufführung.

Inserat der Woche:
Seil von Kronberg nach Schönberg verloren.

13.6. Die Erdbeerernte hat begonnen, schon wurden an die 200 Zentner abgeliefert. Der Preis pro Pfund beträgt derzeit 40–50 Pfennig. – Die Stadt meldet: keine Erwerbslosen mehr in Kronberg.

Inserat der Woche:
Junge Erdbeerpflückerinnen werden noch gesucht.

27.6. Am kommenden Sonntag ist wieder Kerb. Große Vorbereitungen wurden getroffen, um die diesjährige Kerb zu einem richtigen Volksfest zu machen. Die Jugend wird am Samstag abend den Kerbebaum aufstellen, am Sonntag nachmittag wird die Fahne (die Stadtfahne Kronbergs) feierlich durch die Adolf-Hitler-Straße getragen. Ist sie gehißt, dann beginnt die Kerb. Der Kur- und Verkehrsverein veranstaltet eine große Erdbeerverlosung. Auf dem großen Parkplatz an der Turnhalle (heute Berliner Platz) stehen mehrere Karussells und viele Buden. In fast allen Sälen ist Gelegenheit zum Tanzen.

Inserat der Woche:
Himbeerkörbchen und Schalen vorrätig.

12.7. Zum ersten Mal seit einigen Jahren gab es wieder einen „Thäler Borjemaster"! Der Kur- und Verkehrsverein veranstaltete am Kerbemittwoch auf der Schirn den Empfang des Oberhauptes vom Tal, verbunden mit einer lustigen „Gemaarats-Sitzung" auf der Schirn. Thäler Borjemaster war Andreas Schrodt, in Kronberg bestens bekannt als Vollblutkarnevalist. Die Gemeindevertreter aus dem Tal rückten mit allerhand „Forderungen" heraus. So verlangten sie den Bau einer Spülanlage, um das Thäler Pflaster besser von den vielen „Kiehplatschern" reinigen zu können. (Im Tal gab es damals noch eine ganze Anzahl von Kuhgespannen). Die Tanzgruppe des Kappenklubs wirkte bei dem Programm mit. Im Anschluß an den Empfang begaben sich die „Ratsherren" aus dem Tal mit ihren Kollegen aus der Gesamtstadt auf den Kerbeplatz. Dem Kur- und Verkehrsverein sollte man dankbar sein, daß er den alten Thäler Brauch wieder zum Leben erweckte.

Inserat der Woche:
Gras im Schusterschen Park zu verkaufen. (Die Villa Schuster ist der heutige Waldhof in der Königsteiner Straße. Anm. d. Red.)

25.7. Lebhafte Klage führen die Polizeibeamten über das Reinigen der Straßen. Kronberg ist ein aufstrebender Kurort, deshalb müssen die Straßen einen gepflegten Eindruck machen. (Straßenkehren, das war – zumindest an den Samstagnachmittagen – Pflicht. Eine Pflicht, die von den Altstadtbewohnern selbstverständlich auch ausgeführt wurde. Ein Spaziergang durch Kronberg zu diesem Zeitpunkt bestätigte das immer wieder. Es wurde nicht nur gekehrt, auch Gras und unliebsames „Grünes" zwischen den Pflastersteinen wurde entfernt. In der Erntezeit verlegten die Kronberger das Kehren in die späten Abendstunden, bis auch der letzte Täler Bauer mit seinem Fuhrwerk durchgefahren war. Ganz gewitzte paßten deshalb genau auf, so war es durchaus keine Seltenheit, wenn man in Tal hörte: „De Dalmiller un de Hepp sin noch net vorbei, mer misse warde, bis die mit ihrm Grummet dehaam sin, sonst mache mer die ganz Erwet noch emal!")

Inserat der Woche:
Empfehle mich zum Monogramm- und Namen-Sticken, sowie Anfertigung von Knopflöchern.

8.8. „Unser" Fritz Schilgen war Schlußmann des olympischen Fackellaufes. Er entfachte das große olympische Feuer im Berliner Stadion. Sein Name ist für jeden, der sich für Sport interessiert, bekannt. Kronberg ist stolz darauf, daß Fritz Schilgen unter den Augen des Führers und der vielen Gäste die Flamme zum Ziel führte, die 3600 Sportkameraden durch sieben Länder nach Berlin trugen.

Inserat der Woche:
Stadttheater Kronberg! Das Hanauer Theater kommt auf Gastspiel.

22.8. Ein Blitzschlag zerstörte die schöne Libanon-Zeder im Kurgarten. (So wurde damals der Schulgarten genannt!) Vielleicht sehen die Kronberger erst jetzt, da nur noch der Stumpf steht, wie schön der 18 m hohe Baum war. Sein Stammdurchmesser beträgt fast 1 m. Er wurde 1893 mit anderen exotischen Bäumen auf Veranlassung der Kaiserin Friedrich angepflanzt. Der Blitz schlug die Krone ab und brach den Stamm bis fast zur halben Höhe auf. Es soll nun versucht werden, den Baum noch einige Jahre zu erhalten. Zu diesem Zweck wird ein Eisenring um den Riß gelegt. (Der Versuch hatte keinen Erfolg, der Baum wurde entfernt.)

Inserat der Woche:
SA-Sportabzeichen in Silber verloren. Wiederbringer erhält Belohnung.

5.9. Das Tor der Receptur, das unter Denkmalschutz steht, wird abgetragen und in gleicher Form einen Meter zurückgestellt. Auch die gesamte Mauer wird versetzt, es verschwindet somit das „scheppe Eck", (ein Überbleibsel des Hausbaues Schmidt). Die große Esche wird nicht gefällt, die Mauer erhält für sie ein „Luftloch". – Die Oberhöchstädter Kerb wurde nunmehr auf den letzten Sonntag im August verlegt und dieses Jahr auch gefeiert.

Inserat der Woche:
Eine Zinken-Harke in der Adolf-Hitlerstraße verloren.

19.9. Bei der letzten Ratsherrensitzung gab Bürgermeister Schaub bekannt, daß die Erweiterung und Bautätigkeit der Stadt in Zukunft nur unter kulturellen Gesichtspunkten geschehe. An der Turnhalle soll zur Förderung der Kunst ein Bühnenanbau geschaffen werden. – Neben dem Schwimmbad soll eine Sportanlage entstehen. Es handelt sich um das Gelände über dem Steinbruch. Allerdings steht noch nicht fest, ob es dafür genutzt werden darf. – Der Kur- und Verkehrsverein hat an alle Kronberger Bürger einen Brief zustellen lassen. Es ist ein Aufruf, für den Bühnenanbau an der Turnhalle „Bausteine" zu zeichnen. (Solche Bausteine wurden dann 1949 wieder ausgegeben, um den Anbau zu vervollständigen, denn der große Durchbruch an der Stirnseite der Halle mußte noch vollzogen werden, dazu benötigte die Stadt finanzielle Unterstützung. Anm.)

Inserat der Woche:
Das gesamte Handwerk des Obertaunuskreises nimmt mit sämtlicher Belegschaft am gemeinsamen Empfang der Führerrede teil. Die DAF (Deutsche Arbeitsfront)

3.10. Die Aktion des Kur- und Verkehrsvereins „Verkauf von Bausteinen für den Bühnenanbau an der städtischen Turnhalle" ist angelaufen, es sind schon Spenden eingegangen. (Die Fertigstellung des Bühnenanbaues wurde durch den Krieg unterbrochen. 1949 wurde, wieder mit Hilfe von Bausteinen, der Durchbruch vollzogen.) – Am 10. Oktober findet eine Personenstandsaufnahme statt.

Inserat der Woche:
Mädchen zum Milchaustragen gesucht.

17.10. Am nächsten Donnerstag findet die „Pfundsammlung" für das Werk „Mutter und Kind" statt. Die Ortsgruppe der NSDAP. (Bei den sogenannten Pfundsammlungen mußten Lebensmittel, abgepackt eben in „Pfunde" gespendet werden. Die Sammlung wurde meist von der NS-Frauenschaft oder auch vom BDM durchgeführt.)

31.10. Zwischen Rödelheim und Weißkirchen wurden von einem Personenzug 80 Schafe, die sich auf dem Bahndamm befanden, totgefahren. – Die am 10. Oktober durchgeführte Personenstandsaufnahme ergab folgende Zahlen: Kronberg hat 4082 Einwohner bei 1209 Haushaltungen. 2473 Einwohner sind evangelisch, 1405 katholisch, 20 jüdisch, 184 andersgläubig oder konfessionslos.

Inserat der Woche:
Verdunklungspapier zum Abdichten der Fenster für die große Luftschutzübung.

14.11. Der Kur- und Verkehrsverein meldet für 1936 insgesamt 27816 Übernachtungen, 1934 waren es noch ein wenig mehr als 8000. Wenn es einmal noch mehr Unterkunftsmöglichkeiten gibt, dürfte die Zahl erheblich steigen. – Brunftzeit! Im Kronberger Wald, unterhalb des Altkönïggipfels gibt es bekanntlich ein mehrere Hektar großes, eingezäuntes Wildgehege, das mit zahlreichen Hirschen besetzt ist. Der Förster, der das Wild betreut, wurde beim Betreten des Gatters von einem Hirsch angefallen. Ein mutiger Waldarbeiter konnte ihn befreien. Der Förster trug einige Rippenknickungen davon.

Inserat der Woche:
Gut erhaltener weißer Puppenwagen im Tausch gegen Äpfel abzugeben.

28.11. Auf dem Rathaus wird eine große Sirene angebracht, damit wird in Zukunft auch die Feuerwehr alarmiert. Die Feuerhörner haben ausgedient, d.h. bis auf weiteres werden sie noch Alarm schlagen. (Die alten Feuerhörner wurden während des Krieges wieder benutzt, die Sirene durfte nur zu Fliegeralarmen benutzt werden.) – Die DAF (Deutsche Arbeitsfront) setzt die Kennzeichnung deutscher Geschäfte fort.

Inserat der Woche:
Einige Frauen, die Erfahrung im Rupfen von Gänsen haben, gesucht.

11.12. Im Gasthaus „Zur Post" fand eine gut besuchte Versammlung statt, bei der die demnächst durchzuführende Verdunkelungsübung besprochen wurde. – Die Braut des Reichsführers SS Himmler hat angeordnet, daß die Heiratsgenehmigung an SS-Männer nur dann gegeben wird, wenn die Braut nachweisen kann, die Kurse des Reichsmütterdienstes besucht zu haben.

Inserat der Woche:
Jauchefaß für Kuhgespann zu verkaufen. (Die Jauche- oder besser Puddel-Fässer gehörten – wenn auch ob ihres Duftes sehr unbeliebt – zum Straßenbild. Puddel durfte in früheren Jahrzehnten, vor dem Ersten Weltkrieg, im Sommer nur in den frühen Morgenstunden gefahren werden, damit die in Kronberg weilenden fremden Gäste nicht behelligt wurden.)

30.12. Was so alles verloren wird! Auf dem städtischen Fundbüro wurden abgegeben: 2 Herrenmäntel, 1 Dackel, 1 Marder- und 1 Fuchspelz, 1 Wellensittich, 1 Kinder-Kletterweste, 1 Auto-Kofferraumdeckel und 1 Reichssportabzeichen.

Inserat der Woche:
Silberner Taschenkamm verloren, Wiederbringer erhält Belohnung.

1937

9.1. Morgen ist der 4. Eintopfsonntag dieses Winters! (Die Sammlung erfolgte mit Listen, die Sammler gingen mit Vorliebe um die Essenszeit von Haus zu Haus, so war es einfach, festzustellen, ob die Volksgenossen dem Aufruf zum Eintopfessen auch tatsächlich folgten. Das Geld, das für's Essen, gegenüber dem Sonntagsbraten, eingespart wurde, sollte dem Winterhilfswerk zugute kommen. Anm. d. Red.). – Das Jahr 1937 soll zum Jahr der „Heimbeschaffung" erklärt werden. Unsere Jugend, die HJ, BDM, Jungvolk und Jungmädel brauchen Raum, um ihre Heimabende usw. durchführen zu können. – Auch wir in Kronberg müssen ernsthaft darangehen, unserer Jugend eine Heimstätte zu beschaffen.

Inserat der Woche:
Um unserer Gefolgschaft Gelegenheit zu geben, die große Führerrede am 30. Januar zu hören, schließen wir an diesem Tag unsere Schalter schon um 12 Uhr. Vereinsbank Kronberg.

23.1. Stadtgärtner Tille, der seit 1921 im Dienst der Stadt Kronberg ist, geht in den Ruhestand. – In dem als Baugelände erschlossenen Viktoriapark entsteht nun eine neue Straße, die von der Viktoriastraße zum Feldbergweg führt und den Namen Guaitastraße erhalten soll. – Die Turmuhr der Johanniskirche, die schon rechts altersschwach war, wird durch ein neues Präzisionswerk ersetzt.

Inserat der Woche:
Wer leiht ehrlichem, strebsamem Arbeiter 80 Reichsmark?

6.2. Die Karnevalsgesellschaft und der Musikverein veranstalten in diesem Jahr zum ersten Mal einen gemeinsamen Maskenball in der städtischen Turnhalle. – Im Taunus liegt Schnee, die Wintersportmöglichkeiten sind gut.

Inserat der Woche:
Die Eisbahn ist in sehr gutem Zustand. Kostenloser Unterricht in Eisschießen und Eislauf. Geöffnet von 9–6 und abends von 8–10.30 Uhr. Der Platzmeister Emmerich.

20.2. Im Alter von 77 Jahren verstarb der Buchdrucker und Verleger des „Kronberger Anzeigers" Adam Andrée. Er wurde am 30. Juni 1860 in der Talmühle als Sohn des Oberförsters Wilhelm Andrée und seiner Ehefrau Maria geb. Geisel geboren. Sein Vater wurde nach Biebrich versetzt, dort verbrachte Adam Andrée seine Kinder- und Jugendzeit. Er erlernte das Buchdruckerhandwerk. 1888 kehrte er nach Kronberg zurück und baute seine, schon in Koblenz gegründete Druckerei aus. Er brachte den „Kronberger Anzeiger" heraus. 1906 zog er mit seiner Familie und seinem Betrieb in das neu erbaute Haus in der Tanzhausssstraße um. Adam Andrée war nicht nur sein eigener Journalist, sondern er engagierte sich auch im Privatleben in vielen Vereinen.

Inserat der Woche:
Die im Winterschen Garten stehende Hütte soll abgegeben werden. Angebote sind schriftlich im Rathaus einzureichen. Schaub, Bürgermeister

6.3. Mit der Gemeinde Schönberg ist wegen Unterhaltung des Westerbaches eine Vereinbarung auf zwei Jahre getroffen worden. Die Stadt Kronberg hat danach vorläufig keine Einwendungen gegen die Einleitung des Schönberger Abwässerkanals in den Westerbach.

Inserat der Woche:
Zu verkaufen ein Gas-Waschautomat.

20.3. Gauleiter Jakob Sprenger weihte die neue Gauschule der NSDAP, die ehemalige

Villa Mumm, ein. – In der Stadthalle wird am Sonntag in einer Feierstunde des 100. Geburtstages von Dr. Peter Dettweiler gedacht, der annähernd 20 Jahr hindurch die Lungenheilstätte in Falkenstein leitete.

Inserat der Woche:
Der Verbraucherhöchstpreis für Eier wurde auf 8 Pfg. je Stück festgesetzt.

3.4. Unter dem Leitwort „Entrümpelung von Landschaft und Dorf" veranstaltet die SA eine Haussammlung von Altmaterial. – Die Vereinsbank feiert nächste Woche ihr 75jähriges Jubiläum. Als „Vorschußverein", auch Kreditkasse genannt, schlossen sich 1862 tatkräftige Männer aus Handwerk und Gewerbe zusammen, um gemeinsam dagegen anzukämpfen, daß die kleinen Betriebe ihre Existenz verlieren.

Inserat der Woche:
Ein schwarzer Küchenherd und eine Zinkbadewanne zu verkaufen.

15.4. Der Wetterbericht meldet: Weiße Ostern! – Aus einer Ratsherrensitzung: Das Denkmal des Pomologen (man hatte wohl „vergessen", daß er Pfarrer war) Joh. Ludwig Christ, das z. Z. vor der kath. Kirche aufgestellt ist, soll einen geeigneteren Platz erhalten. Es wird empfohlen, das Denkmal im Schulgarten aufzustellen.

Inserat der Woche:
Die Feuerwehr wird aufgefordert, geschlossen zur Luftschutzübung anzutreten.

18.4. Der MTV veranstaltet anläßlich seines 75jährigen Bestehens ein Schauturnen. Vor allem wirkt dabei die Turnerinnen-Abteilung mit. Vor 25 Jahren wurde das Frauenturnen auch beim MTV eingeführt. 1912 hatte der MTV dazu aufgerufen. 24 junge Mädchen und Frauen waren ihm gefolgt. Es waren in erster Linie die Töchter von alten Turnern oder die Turner-Gattinnen. Das Schauturnen soll eine Werbung sein, um zu erreichen, daß sich noch mehr Mädchen und Frauen zur aktiven Mitgliedschaft im MTV entschließen.

Inserat der Woche:
Frühzeitig daran denken! Zur Ausschmückung der Häuser am 1. Mai wird wieder das erforderliche Tannen- und Birkengrün ausgegeben.

29.4. Da der Herbst 1936 eine überreiche Kohlernte brachte, erging ein Appell an alle Volksgenossen, mitzuhelfen, den Erntesegen nutzbringend zu verwerten. Jeder deutsche Haushalt, alle Gaststätten, alle Verbände und Organisationen müssen einmal in der Woche einen Kohltag einlegen.

Inserat der Woche:
Unternutzen eines Ackers zu verkaufen.

2.5. Der erste Lehrgang in der neuen Gauschulungsburg (heute Haus Waldfriede), der ehemaligen Villa Mumm, ist abgeschlossen. Die Kursteilnehmer waren alte Kämpfer der Partei, die nach Beendigung des Lehrganges jetzt eine Ordensburg besuchen.

Inserat der Woche:
1 Fuhre Ziegen-Strohmist zu verkaufen.

13.5. Aus dem Rathaus: Das Jagdhaus am Altkönig wurde durch einen Wohnungsanbau vergrößert. Dem Jagdpächter Gg. von Opel wurde weiterhin gestattet, ein zweites Wildgatter noch zu errichten. (Dort tummelten sich bis Kriegsende sogar einige Elche)

15.5. Gestern wurde das Schwimmbad wieder eröffnet. Die Becken sind gereinigt und mit frischem, klarem Wasser gefüllt, das sich inzwischen schon auf 18 Grad erwärmt hat. – Der Kur- und Verkehrsverein hat sein Auskunftshäuschen am Schulgarten ebenfalls wieder geöffnet. – Die Ernte der ersten Kasten-Erdbeeren hat begonnen, das Pfund wird mit 2–3 Mark gehandelt. (Ein Laib Brot kostete 50 Pfg.

z. Vergl.). Die Frankfurter großen Hotels sind die Hauptabnehmer der kostbaren Früchte.

Inserat der Woche:
Kronberger Lichtspiele: „Wenn wir alle Engel wären“ mit Heinz Rühmann. Jugendliche haben keinen Zutritt.

29.5. Die standesamtliche Eheschließung deutschblütiger Paare soll feierlicher gestaltet werden. Der Trausaal soll die Gestalt eines Weiheraumes erhalten. Der Standesbeamte muß im Gehrock oder in einer richterlichen Amtsrobe erscheinen.

Inserat der Woche:
Ein schöner Ausflug am Wäldchestag: ins Waldcafé am Bürgelstollen. Für Unterhaltung ist gesorgt.

10.6. Am vergangenen Wochenende fand das große Blütenfest des Kur- und Verkehrsvereins statt. Es begann am Samstag mit einem großen bunten Abend unter der Mitwirkung der Schulen, des Männergesangvereins 1860, des Musikvereins und des Männerturnvereins. Auch die Tanzgruppe „Marita“ des Kappenklubs wirkte mit. – Am Sonntagnachmittag fand ein großer Blumenkorso statt, an dem sich fast alle Schulklassen und eine große Anzahl Radfahrer, Motorradfahrer und Kraftwagenfahrer beteiligte. Es wurden Preise für den schönsten Blumenschmuck verteilt. Bei den Kraftfahrern erzielt Dr. W. vom Rath den 1. und Heinrich Nauheim den 2. Preis. Danach fand ein bunter Nachmittag im neuen Kurhausgarten statt. Am Abend schloß ein Festball mit einer Fakkelpolonaise die Feierlichkeiten ab. (Der neue Kurhausgarten war der Garten vom Haus Winter, das dann aber nicht zum Kurhaus wurde, sondern zum heutigen Altkönig-Gymnasium. Seit dem Neubau der Schule auf der Heide beherbergt das alte Gebäude die Kronberger Hauptschule).

Inserat der Woche:
Wegen Heirat des jetzigen für sofort ein Tagesmädchen zwischen 9 und 3 Uhr gesucht!

12.6. Polizei-Hauptwachtmeister Johann Weidmann feierte sein 25jähriges Jubiläum im Dienste der Stadt Kronberg. Auch sein Vater stand im Dienste der Stadt als Feldhüter und Stadtdiener. 39 Jahre hindurch versah er sein Amt. (Johann Weidmann war bei den Kronbergern geachtet und beliebt, aber auch Zielscheibe manchen Scherzes. Sein Uzname war „Nich-wahr“, weil er dieses Wort stets und ständig benutzte. Bei den alten Kronbergern ist er unvergessen.)

Inserat der Woche:
Zu verkaufen ein Gas-Waschautomat.

24.6. Die Haupterdbeerernte ist auf ihrem Höhepunkt. Leider sind, durch die anhaltende Trockenheit, die Erwartungen, die man in die Ernte setzte, nicht ganz eingetroffen. Trotzdem werden im Durchschnitt täglich etwa noch 150 Zentner angeliefert.

Inserat der Woche:
4–5 tüchtige Erdbeerpflückerinnen werden noch gesucht.

26.6. Die neue Straße im Distrikt Schäferfeld erhielt den Namen „Dettweiler Straße“, nach dem Leiter der Falkensteiner Lungenheilanstalt und Kronberger Bürger Dr. Dettweiler. – Auf dem Großen Feldberg findet morgen der Sporttag des BDM statt. Die Mädels vom Untergau 166 (Taunus) treffen sich zu Sport und Spiel.

Inserat der Woche:
An den beiden Kirchweih-Sonntagen dürfen die Geschäfte von 11 bis 18 Uhr offen gehalten werden. Die Friseure dürfen von 8 bis 12 Uhr das Publikum bedienen. Der Bürgermeister.

8.7. Die „Erdbeerkerb" ist in vollem Gang. Dieses Jahr kamen: 1 Skotter, 1 Russisches Rad, 2 Karussells, 1 Schiffschaukel, 5 Schießbuden, 2 Lukasse, 5 Verlosungsstände, 1 Waffelbude, 1 Kasperltheater, 2 Eisbuden, 2 Zuckerstände und der Erdbeerverlosungsstand des Kur- und Verkehrsvereins!

Inserat der Woche:
In diesem Jahr komme ich zum 50. Mal mit meinem „Salon-Etagen-Karussell" nach Kronberg. A. Kaiser, Frankfurt-Griesheim. (Dieses Karussell wurde im Krieg ein Opfer der Bomben)

10.7. Der Kerbemittwoch war auch dieses Jahr ein weiterer Höhepunkt des großen Volksfestes, wie es unsere Kerb nun mal ist. Auf der Schirn gab es wieder den Empfang des „Täler Borjemaasters" alias Andreas Schrodt, der mit seinem Gemeinderat in einer Kutsche vorfuhr. Er kam vom Tal durch den „Korridor" Pferdestraße. Der Reichssender Frankfurt hat die ganze Zeremonie übertragen.

Inserat der Woche:
Während der Sommermonate müssen die Straßen, Wege und Plätze, auch die Bürgersteige, in der ganzen Ausdehnung der Grundstükke täglich gereinigt werden und zwar noch vor 9 Uhr morgens. Der Bürgermeister als Ortspoliz. Beh. (Sie Bestimmungen der Straßenreinigungspflicht sind alt, wurden jedoch immer wieder neu veröffentlicht. Im allgemeinen wurden sie von der Bevölkerung auch eingehalten, Klagen gab es relativ wenig. Anm.)

22.7. Der „Verschönerungsverein" Schönberg (auch das war einmal) hat einen neuen Wegweiser geschaffen. Der kunstvolle Entwurf und die Ausmalung stammen von dem Kronberger Künstler Emil Rumpf, die meisterhafte Holzschnitzerei von Herrn Ewald Bettenbühl. Der Wegweiser wurde in der Nähe des Bahnhofs aufgestellt.

Inserat der Woche:
Ia Bohnenkaffee per Pfund RM 2,–.

24.7. Die Deutsche Lebensrettungs-Gesellschaft führt auch im Kronberger Schwimmbad Kurse im Wasserretten durch. Leiter dieser Lehrgänge sind Robert Maschke und Heinrich Krebs (beide Herren waren einmal Bademister im hiesigen Waldschwimmbad).

Inserat der Woche:
Reichskämpfe der SA im Olympia-Stadion! Fahrpreis nach Berlin 1 Pfennig je Kilometer. Eintrittskarten sind nur noch wenige Tage beim Hauptsturmführer zu haben.

5.8. Der Kur- und Verkehrsverein veranstaltet während der Sommermonate jeden Sonntagnachmittag von 5 bis 23 Uhr ein Konzert, verbunden mit Tanz im Freien im Garten des „Frankfurter Hofs", der Eintritt ist unentgeltlich.

Inserat der Woche:
Die Anschaffung eines Volksempfängers wird Ihnen erleichtert: Anzahlung RM 5,30, Monatsraten von je RM 3,50

7.8. Kronthal stellt ein neues Erfrischungsgetränk vor. Es heißt „Colonade" und wird aus Extrakten der Cola-Nuß hergestellt. Das neue Getränk ist nicht nur erfrischend, sondern auch anregend und hochwertig.

Inserat der Woche:
Silbernes SA-Sportabzeichen verloren. Wiederbringer erhält hohe Belohnung.

19.8. Am vergangenen Samstag ertönte gegen Abend die Feuersirene. Mit Windeseile verbreitete sich die Nachricht, das Wahrzeichen Kronbergs, der Freiturm unserer Burg, sei in Gefahr. Man glaubte auch, Rauchwolken zu erkennen. In Wirklichkeit hatte sich ein Schwarm fliegender Ameisen auf der luftigen Höhe niedergelassen und diese Täuschung hervorgerufen. Die Kronberger konnten wieder aufatmen. – Eine alte Kronbergerin seufzte beim Anblick der vermeintlichen Rauchwolken: „Da brennt jetzt de Freitorm ab, un ich bin mei Lebdag noch net aamal drobe gewese!"

Inserat der Woche:
Mehrere Leute zum Mirabellenpflücken gesucht.

2.9. Der Männerturnverein von 1862 feierte sein 75jähriges Jubiläum. Das letzte Wochenende stand ganz unter dem Zeichen des Sports. 500 Turner und Turnerinnen aus dem Turngau Feldberg nahmen an den Wettkämpfen teil. Am Sonntag zog ein großer Festzug durch die geschmückten Straßen. Alle Kronberger Vereine hatten sich daran beteiligt. Die Kronberger Bevölkerung hatte ihre Häuser festlich geschmückt. Am Abend fand ein großer Festball in der Turnhalle statt. Der Montag klang mit einem gemütlichen Abend für die große Turnerfamilie aus.

Inserat der Woche:
Lesen Sie Ihre Heimatzeitung! Ohne Zeitung lebt man auf dem Mond!

11.9. Herr Walther vom Rath feiert heute seinen 80. Geburtstag. Er ist der Schwiegersohn des Mitbegründers der Farbwerke Höchst, Meister, und heute noch stellvertretender Vorsitzender des Aufsichtsrates und war maßgeblich beteiligt an der Gründung der Frankfurter Johann-Wolfgang-von-Goethe-Universität. (Er war der Großvater unseres Mitbürgers Walter Leisler Kiep.) – Kirchweih in Schönberg! In diesem Jahr um Wochen vorverlegt, ist das für die Kronberger eine Gelegenheit, die sie stark interessiert. Die Vorverlegung wird bestimmt begrüßt, man holte sich auf der Schönberger Kerb meiste ein kalte Nase, die erst langsam angewärmt werden mußte. Dieses Jahr besteht diese Gefahr nicht, ein Grund mehr, die Kerb in unserer Nachbargemeinde zu besuchen.

Inserat der Woche:
Die NS-Gemeinschaft „Kraft durch Freude" plant in Schönberg einen Dorfgemeinschaftsabend.

16.9. Richtfest auf dem Gr. Feldberg! Seit Monaten ist der Gipfel unseres Feldberges eine Groß-Baustelle. Dort entsteht ein Fernsehsender mit Turm, der eine Höhe von 60 m erreichen wird.

Inserat der Woche:
Da ich mich leider nicht von jedem Bekannten verabschieden kann, tue ich es auf diesem Wege. Ein herzliches Dankeschön und Auf Wiedersehen. Schwester Elfriede Achenbach (Schwester Elfriede war lange Jahre die Leiterin des Ev. Kindergartens, oder wie er damals hieß, der „Kleinkinderschule" in der Steinstraße.)

25.9. Die Adolf-Hitler-Realschule feiert ihr 50jähriges Bestehen mit einem großen Unterhaltungsabend, gestaltet von den Schülern aller Klassen. Der festliche Abend findet im Saal des Schützenhofes statt. Mit einer Ausstellung wird die Schule darüberhinaus an die Öffentlichkeit gehen.

Inserat der Woche:
Die „NS-Gemeinschaft Kraft durch Freude" veranstaltet in Schönberg einen Dorfgemeinschaftsabend.

30.9. Im Rahmen des Vierjahresplanes werden von jetzt ab die in den Haushalten abfallenden Knochen durch die Schulen gesammelt. Die Hausfrauen werden gebeten, die Knochen den Schulkindern mitzugeben. Diese werden in den Schulen zweimal wöchentlich von dem beauftragten Knochenhändler abgeholt!

Inserat der Woche:
Heute Führerrede zur Eröffnung des WHW: Jeder Volksgenosse hört mit! Wer keinen Rundfunkapparat besitzt, geht zum Nachbarn!

18.10. Am 9. Oktober verstarb in Bad Homburg der Geistl. Rat Franz Schaller. Er war von 1915–1932 Pfarrer der Kronberger kathol. Kirchengemeinde. Er wurde unter großer Anteilnahme auf dem hiesigen Friedhof beigesetzt.

Inserat der Woche:
Die Kronberger Lichtspiele bringen: „Maria Valewska“ mit Maria Andergast. Jugendliche haben keinen Zutritt!

23.10. In den nächsten Tagen werden Mitglieder der NS-Frauenschaft in vielen Kronberger Haushaltungen vorsprechen, um für Mittagstische für hilfsbedürftige Kinder zu werben. An die Einwohnerschaft ergeht der Aufruf, diese Aktion voll zu unterstützen.

Inserat der Woche:
Schaffende sammeln – Schaffende geben bei der Straßensammlung für das Winterhilfswerk am kommenden Sonntag.

28.10. Am kommenden Dienstag und Mittwoch findet in Kronberg eine große Verdunkelungsübung statt! Es ergeht die Mahnung an die Bevölkerung, die Verdunkelungs-Vorschriften genauestens einzuhalten. Wer dieser Anordnung nicht Folge leistet, stellt sich außerhalb der Volksgemeinschaft.

Inserat der Woche:
Wer gibt Mundharmonika-Unterricht?

6.11. „Das deutsche Buch in der Hand des Deutschen Volkes“. Unter diese Worte hat Reichsminister Dr. Goebbels die „Woche des deutschen Buches“ gestellt. Die Kronberger Volksbücherei wird aus diesem Anlaß wieder eröffnet, nachdem sie aussortiert und aufgestockt wurde. Dazu bedurfte es einer wochenlangen Arbeit, bis alles, was dem deutschen Empfinden nicht entspricht, ausgemerzt war.

Inserat der Woche:
Kommt in die Jugendgruppen der NS-Frauenschaft! Deutsche Mädchen und Frauen zwischen 18 und 30 Jahren werden aufgenommen.

11.11. Am 5.11. verstarb, erst 53jährig, der bekannte und beliebte Kronberger Andreas Schrodt, nach einer kurzen schweren Krankheit. Andreas Schrodt, in Kronberg meist nur „de lange Andress“ genannt, war bekannt für sein schauspielerisches Talent. In vielen Theateraufführungen und Karnevalssitzungen, vor allem beim Kappenklub sorgte er für Unterhaltung. Unvergeßlich wird er auch als „Thäler Borjemaaster“ (1936 und 1937) bleiben. (Auf seinem Grabe, heute nicht mehr vorhanden, stand der Spruch: Wohl dem, der's Beste nie verlor, im Kampf des Lebens, den Humor! Andreas Schrodt war übrigens der Großvater des Stadtverordneten Adam Bettenbühl.)

Inserat der Woche:
Schumann-Theater, Frankfurt, bringt: „KAINGA“, der einzige weibliche Fakir der Welt! Programm nur für Frauen!

25.11. Die Feuerwehr hielt ihre große Herbstübung ab. Angenommenes Brandobjekt war Schloß Friedrichshof. Sämtliche Wehren der Umgebung waren bei dieser Übung mitbeteiligt. Anwesend war auch Prinz Wolfgang von Hessen. – (Fast dreißig Jahre später solle aus diesem angenommenen Brand Wirklichkeit werden. Durch Brandstiftung wurde im März 1967 der Dachstuhl des Schlosses völlig vernichtet. Mitbeteiligt bei der Brandbekämpfung: sämtliche Wehren der Umgebung und die Berufsfeuerwehr der Stadt Frankfurt.)

Inserat der Woche:
Wer leiht strebsamem Arbeiter 80,– RM?

4.12. Der Gauleiter weihte in Mammolshain die neue Gauschule der NS-Frauenschaft ein. Die Schule wurde in der Villa des Oberst Auer von Herrenkirchen eingerichtet.

Inserat der Woche:
Die Sammler des WHW stehen im Dienst für Dich, denn sie sind ein Bindeglied der Gemeinschaft. Nur durch diese Gemeinschaft lebst auch DU!

9.12. Vom Fuchstanz ab sind im Taunus gute Wintersportmöglichkeiten. Die Schneedecke im Hochtaunus beträgt 30 cm.

Inserat der Woche:
Zum Fest zu empfehlen: Schöne Dauerwellen, mit modernstem Dauerwell-Apparat und Trokkenmotor! Die Friseurgeschäfte sind am 1. Weihnachtsfeiertag von 9 bis 12 Uhr geöffnet.

18.12. Die NS-Gemeinschaft „Kraft durch Freude“ veranstaltete im Saal des „Kaiserhofes“ in Schönberg einen gut besuchten Dorfgemeinschaftsabend. Eine Jungmädelschaft aus Kronberg führte sogar einen Zirkus vor.

Inserat der Woche:
Die Friseurgeschäfte sind am 1. Feiertag von 9–12 Uhr geöffnet.

23.12. Nach einem Erlaß des Reichsministeriums sollen Fleischbeschau-Tierärzte künftig auf das Sammeln und Verwerten der Schweineborsten, auch bei Hausschlachtungen, hinweisen.

Inserat der Woche:
Eiserner Räucherschrank für Hausschlachtungen billigst abzugeben. Schönberg, Margarethenstraße

31.12. Die schönen Hoffnungen auf weiße Weihnachten wurde zunichte gemacht. Kurz vor den Feiertagen trat Tauwetter ein. Nun setzt wieder Schneefall und Kälte ein.

Inserat der Woche:
Ab 4.1. können wieder Einzahlungen bei allen Weihnachtskassen getätigt werden.

1938

6.1. Es herrscht strenge Kälte, auf dem Feldberg liegen 50 cm Schnee. Laut Wetterbericht wird die Kälte vorläufig anhalten.

Inserat der Woche:
Gummi-Wärmflasche verloren!

15.1. Im Monat Dezember mußte die Polizei in folgenden Fällen tätig werden: 18 Strafen wegen Übertretung des Gaststättengesetzes, 6 wegen Verstoßes gegen die Verkehrsordnung und 3 wegen Verstoßes gegen die baupolizeilichen Bestimmungen, es gab ferner 5 Diebstahls- und Betrugsfälle. Im Berichtsmonat gab es im Stadtbereich 3 Verkehrsunfälle.

Inserat der Woche:
Beweist Eure Treue zur Volksgemeinschaft durch das Eintopfessen am Sonntag.

20.1. Im Zuge der Erneuerungsarbeiten im Hauptbahnhof Frankfurt ist die Neugestaltung des Speisesaales 1. und 2. Klasse unserem Meister Jakob Hembus übertragen worden. Es entstehen außerdem 2 große Wandgemälde von Kronberg und Königstein, die unser Kronberger Künstler Fritz Wucherer malen wird. (Der Hauptbahnhof wurde im Januar und Februar 1944 durch Bombenangriffe zerstört. Dabei sank auch der Speisesaal in Schutt und Trümmer. Die Bilder wurden nicht wieder neu geschaffen.)

Inserat der Woche:
Derjenige, der meinen Seilflaschenzug geliehen hat, wird um sofortige Rückgabe gebeten, da ich diesen nötig brauche. W. Küchler, Talstraße

29.1. Im Alter von 69 Jahren starb der frühere Schönberger Bürgermeister Karl Port. (Er war von 1925–1934 im Amt, keine leichte Zeit. Trotzdem hielt er an seinem Bestreben, Schönberg den Charakter eines Villenortes zu erhalten, eisern fest. Er hatte 1934 die Altersgrenze erreicht und kandidierte deshalb nicht wieder für das Amt. Anm.)

Inserat der Woche:
Bei der Weihnachtskasse der Vereinskasse wieder Einzahlungen möglich.

17.2. In das Standesamtsregister von Kronberg wurden im Jahre 1937 eingetragen: 29 Eheschließungen, 29 Geburten und 59 Sterbefälle. (Die meisten Kronberger Kinder werden allerdings heute in auswärtigen Kliniken geboren, deshalb ist die Geburtenzahl so niedrig. Anm. d. Standesbeamten).

Inserat der Woche:
Am Sonntag, dem 20.2., erlebt jeder Volksgenosse die Reichstagssitzung am Rundfunk mit! Von 11.45 bis 17 Uhr herrscht deshalb völlige Sportruhe!

26.2. Zimmermann Christian Fuchs aus der Wilhelm-Gustloffstraße (heute Wilhelm-Bonn-Straße) konnte bei der Firma Kreiner in Königstein sein 25jähriges Arbeitsjubiläum feiern. Fuchs ist ein sehr aktiver Feuerwehrmann und immer bereit, sich für seine Vaterstadt einzusetzen.

Inserat der Woche:
Zerrissene Strümpfe können angesohlt werden.

3.3. Der Fernsehsendeturm auf dem Feldberg ist nunmehr fertiggestellt. Die Fernsehapparaturen werden allerdings erst eingebaut, wenn die Räume völlig trocken sind. Um sie zu schützen, sind besondere Heizvorrichtungen eingebaut worden, da auf der Taunushöhe mit starken Nebeln und Niederschlägen zu rechnen ist. Voraussichtlich gegen Ende des Jahres werden die Fernsehsendungen aufgenommen.

Man rechnet damit, daß die Reichweite des Senders etwa 100 km betragen wird.

Inserat der Woche:
1 Kaute Ziegenmist abzugeben.

11.3. Der Winter ist vorbei. Außergewöhnliche milde Temperaturen lassen schon das erste Grün erscheinen, schon blühen die ersten Veilchen, die Osterglocken läuten, obwohl Osern erst in drei Wochen ist.

Inserat der Woche:
Achtung! Nebenverdienst durch Kräutersammeln!

17.3. Kronbergs Einwohnerzahl nimmt ständig zu. Waren es im Jahr 1936 noch 4082 Personen, so sind es jetzt schon 4152 Personen!

Inserat der Woche:
Sehr gut erhaltener 37er Zuchthahn billig zu verkaufen.

25.3. Eine Linzer-Straße in Kronberg. Zur Erinnerung an die großen Geschehnisse der jüngsten Tage, an den Zusammenschluß Österreichs mit dem Reich, hat der Bürgermeister nach Anhörung der Stadträte den Beschluß gefaßt, die neu erbaute Straße im de Ridderschen Gelände in der Lindenstruth, in der Kronberger Gemarkung, „Linzer-Straße" zu nennen. Ein Telegramm mit dieser Mitteilung wurde an die Stadt Linz abgesandt. Die Stadt stellt für zwei bedürftige Parteigenossen von Österreich Freistellen für einen Erholungsurlaub zur Verfügung.

Inserat der Woche:
Wer wird in diesem Jahr ins Jungvolk und zu den Jungmädeln aufgenommen? Ganz klar! Jeder deutsche Junge und jedes deutsche Mädel, die das 4.Schuljahr besuchen!

31.3. In den nächsten Tagen kommen die ersten Kronberger Erdbeeren auf den Markt. Diese Früchte werden in Spezial-Treibhäusern herangezogen und gehen, in Blätter und Pappkästchen verpackt, nach Frankfurt auf den Großmarkt.

Inserat der Woche:
Zerrissene Strümpfe können „angesohlt" werden.

8.4. Morgen abend tritt das deutsche Volk zum Generalappell an. Die Kronberger Bevölkerung marschiert unter Einsatz aller Gliederungen der Partei, sämtlicher Vereine und Verbände von der Altkönigstraße in einem Fakkelzug zum Parkplatz, wo die Rede des Führers aus Wien übertragen wird. Die Spielsmannszüge der SA und HJ, der Fanfarenzug des Jungvolkes und der Musikverein Kronberg begleiten den Zug. Nach der Rede des Führers wird gemeinsam das Niederländische Dankgebet gesungen. (Wir treten zum Beten...).

Inserat der Woche:
Am Sonntag Dein „Ja" dem Führer! Denn mit Adolf Hitler steht und fällt Europa!

22.4. Die Abstimmung für den Führer und den Anschluß Österreichs wurde auch in Kronberg ein einmütiges Bekenntnis. Von 2952 abgegebenen Stimmen waren eine ungültig, 19 haben mit Nein votiert. Bis um 4 Uhr nachmittags fehlten nur noch 20 Volksgenossen an der Wahlurne. Sie wurden höflich aufgefordert, zum Wahllokal in der städtischen Turnhalle zu kommen. Kronberg hat mit 99,34% sein Bekenntnis zum Führer bekräftigt. In Schönberg waren es sogar glatt 100%.

Inserat der Woche:
Ob Ost, ob West – ob Nord, ob Süd – das gelte allen gleich, wo unseres Führers Fahne weht, da ist das deutsche Reich!

28.4. Der Herr von Schloß Friedrichshof, Landgraf Friedrich Karl von Hessen feiert am 1. Mai seinen 70. Geburtstag. Er erblickte 1868 auf Schloß Panker in Holstein das Licht der Welt. Am 25. 1. 1893 wurde er in Berlin mit

Margarethe, Prinzessin von Preußen, der jüngsten Tochter der Kaiserin Friedrich, getraut. Aus der Ehe gingen 6 Söhne (zweimal Zwillinge) hervor. Im Weltkrieg verlor er 2 Söhne (im 2. Weltkrieg verlor er 1 Sohn), er selbst wurde am 24. 12. 1914 zum General der Infantrie ernannt. Nach dem Tode der Kaiserin Friedrich im August 1901 erbten Prinz und Prinzessin Friedrich Karl von Hessen Friedrichshof. Auch die Burg Cronberg ging in ihren Besitz über. Sie setzten das begonnene Werk der Restauration fort. Im Mai 1912, mit der Konfirmation ihrer Söhne Philipp und Wolfgang, wurde die Burgkapelle geweiht. Die Burg wurde zur Besichtigung freigegeben. (Landgraf Friedrich Karl von Hessen starb 1940 und wurde auf Burg Kronberg, dem Erbbegräbnis der Familie von Hessen, bestattet.)

6.5. Der 1. Mai, der Tag der Deutschen Arbeit, wurde auch in Kronberg festlich begangen. Ein langer Festzug mit vielen Wagen bot einen farbenfrohen Anblick. Alle Gewerbetreibenden, Firmen, Handwerker und Betriebe mit ihren Gefolgschaften nahmen daran teil. Auf dem großen Parkplatz wurde nach der Begrüßung durch den Ortsgruppenleiter der Festakt im Lustgarten Berlin übertragen.

Inserat der Woche:
Kleinkinderschule Kronberg! Der Unterricht beginnt wieder. E. Moser, Pfarrer. (Kinderschule, so nannte man den heutigen evangelischen Kindergarten jahrzehntelang. Anm.)

12.5. Die ersten KdF-Urlauber in diesem Jahr treffen heute um 4 Uhr mit Autobussen ein. Sie kommen aus Köln und verstreuen sich auf den Taunus. 175 Urlauber werden in Kronberg und Schönberg untergebracht.

Inserat der Woche:
Pflichtjahrmädel sucht Beschäftigung im Haushalt.

20.5. In Kronberg war wieder einmal etwas los! Das Blütenfest des Kur- und Verkehrsvereins! Der Höhepunkt war zweifellos der große Blütenkorso am Sonntag nachmittag. Die Vereine und Verbände, alle Schulklassen und viele Privatpersonen beteiligten sich an dem großen festlichen Umzug. Für die schönsten blumengeschmückten Kraftfahrzeuge gab es sogar Preise. Ein großer Fackelzug bildete den Abschluß des gelungenen Festes. Der Wunsch, daß dieses Blütenfest im Mai in Kronberg zur Tradition werde, ist allgemein.

Inserat der Woche:
Ballbuben gesucht. Tennis- u. Eislaufverein.

26.5. Kronberg feierte wieder sein Blütenfest. Vom Wetter begünstigt war es wieder ein voller Erfolg. Am schönsten war natürlich wie im vergangenen Jahr der große Blumenkorso. Ganze Schulklassen hatten sich daran beteiligt, viele der Jugendlichen fuhren mit ihren geschmückten Rädern mit, auch viele Autobesitzer beteiligten sich.

3.6. Auch in diesem Jahr ergeht wieder an alle, die in den Wäldern wandern und spazierengehen der Aufruf: „Mensch, schütz den deutschen Wald!“ Wird der Wald vernichtet, so droht Versteppung und Versandung, gefährlich ist das Rauchen im Wald, auch sollten keine Abfälle und kein Kehrricht im Wald abgeladen werden.

Inserat der Woche:
Handkastenwagen zu verkaufen.

9.6. Seit Anfang der Woche werden die ersten Freiland-Erdbeeren geerntet. Der Preis beträgt pro Pfund 1,20 bis 1,60 RM.

Inserat der Woche:
Am kommenden Donnerstag beginnen wir im Schwimmbad mit unserer „Fröhlichen Gymnastikstunde“ mit heiteren Spielen für Männer und Frauen.

18.6. Die Erdbeerernte hat begonnen. Immer wieder wird bedauert, daß der Erdbeermarkt nicht mehr besteht. Als Ausgleich wurde am Schulgarten eine Verkaufsstelle eingerichtet, wo frische Erdbeeren direkt vom Erzeuger angeboten werden. Die Preise bewegen sich zwischen 0,60 und 1,60 RM. Durch die ungünstige Witterung verzögert sich die Haupternte noch einige Tage.

Inserat der Woche:
1a Kronberger Erdbeeren sind in der Erzeugerverkaufsstelle am Schulgarten täglich von 13–20 Uhr zu Tagespreisen erhältlich.

23.6. Ein bekannter Kronberger Bürger, Herr Dr. Karl Klingspor, feiert am 25. Juni seinen siebzigsten Geburtstag. Dr. Klingspor hat sich auf dem Gebiet des künstlerischen Buchdrucks sehr verdient gemacht. Die Stadt Offenbach wird ihn an seinem Geburtstag besonders ehren. (In Offenbach gibt es ein Klingspor-Museum). Der Jubilar wohnt schon seit Jahren in Kronberg in der Burgerstaße.

Inserat der Woche:
Möbliertes Zimmer zu vermieten, daselbst eine ganze, angespielte Geige zu verkaufen.

8.7. Am Sonntag ist Nachkerb. Auf dem großen Parkplatz ging es an allen „offenen Tagen" recht lebhaft zu. Allein fünf Karussells und Fahrgeschäfte laden ein. An Eis- und Schießbuden ist ebenfalls kein Mangel. In allen Sälen ist auch zur Nachkerb Gelegenheit zum Tanzen. Wer glaubt, aufs Glück bauen zu können, der kann beim Pferderennen auf Gewinn hoffen. Vergangenen Samstag hat die Jugend Kronbergs den großen Kerbebaum errichtet. Die Stadtfahne wurde am Sonntag gehißt.

Inserat der Woche:
Stall für Schweinehaltung zu mieten gesucht.

21.7. Infolge des mengenmäßig geringen Ausfalls der Weinernte 1937 haben sich die zuständigen Stellen, wie aus Berlin gemeldet wird, entschlossen, in diesem Jahr das „Fest der deutschen Traube und des Weines" nicht stattfinden zu lassen.

Inserat der Woche:
Wegen Flügelbeschaffung Piano abzugeben.

22.7. Morgen trifft hier in Kronberg eine Anzahl von Kindern aus Italien ein, deutsche Kinder, die einen vierwöchigen Erholungsaufenthalt haben sollen. Familien, die ein Kind aufnehmen wollen, werden gebeten, sich unverzüglich bei der NSV zu melden.

Inserat der Woche:
Kronberger Lichtspiele! Große Jugendvorstellung! „Olympia" 1. Teil, ein Dokument höchster Filmkunst.

4.8. Am Sonntag führten unsere heimischen Bauern eine großzügige Suchaktion nach dem gefürchteten Kartoffelkäfer durch. – Am Häuschen des Kur- und Verkehrsvereins ist eine plastische Darstellung des gefürchteten Schädlings, der wertvolle Bestände für unsere Volksernährung vernichten kann, ausgestellt. Die ersten Schultage nach den großen Ferien sind dafür vorgesehen, daß auch die Schüler unserer beiden Schulen eine Suchaktion starten können. (Es sei verraten, daß die Suchaktion der Schüler vollkommen negativ verlief. Es wurde kein einziger Kartoffelkäfer gefunden. Kein Wunder! Welcher Schüler sucht nach einem solchen Käfer, wenn Mirabellen, Zuckerbirnen, Frühzwetschgen und Sommeräpfel reif werden?)

Inserat der Woche:
Junge Frau oder Bursche zum Milchaustragen gesucht.

5.8. Die SA sammelt Alteisen! Zur restlosen Erfassung aller Haushalte werden die Straßen planmäßig vorgenommen. Die Volksgenossen in Kronberg und Schönberg werden gebeten, das Alteisen zum Abholen bereit zu halten.

Inserat der Woche:
Junge Frau oder Bursche zum Milchaustragen gesucht.

18.8. Am vergangenen Sonntag wanderten und fuhren wieder, wie alljährlich, die Turner und Sportler zum Gipfel des Feldbergs. Dort oben aber regnete es den ganzen Tag, dazu kamen Nebel und Sturm. Den Kampfgeist der deutschen Sportler aber konnte das nicht bezwingen. – Bis vor wenigen Tagen haben wir noch unter der Hitze gestöhnt, die westdeutschen Flüsse führten Niedrigwasser, und nun ist mit einem Schlage der Hochsommer vorbei, es herrschen schon herbstliche Temperaturen.

Inserat der Woche:
Bist Du schon Mitglied der NSV?

19.8. Der Hochsommer ist vorüber. Der langen Hitze und Trockenheit folgte ein bisher verregneter August. Es ist kühl und schon fast herbstlich geworden. Die Obsternte fällt mittelmäßig aus.

Inserat der Woche:
Tüchtiger Aufsteller Kaltmutterpressen gesucht.

1.9. Der Hochsommer ist vorüber! In den letzten 14 Tagen merkte man nichts vom Sommer. Kühl und schon recht herbstlich präsentierte sich der August! – Auf dem Erbhof „Rettershof" ist eine Kaffee- und Milchkuranstalt eingerichtet worden, welche den schönen Namen „Zum fröhlichen Landmann" erhalten hat. Das Kaffee wird am kommenden Sonntag in Betrieb genommen.

Inserat der Woche:
Wegen der zur Zeit in Oberursel, Weißkirchen und Falkenstein herrschenden Kinderlähmung bleiben in Kronberg die Schulen und Kindergärten bis auf Weiteres geschlossen. Der Bürgermeister: Schaub

2.9. In einigen Nachbargemeinden gibt es Fälle von Kinderlähmung. Auch in Kronberg wurden deshalb die Schulen und Kindergärten geschlossen. Das Ende dieser „Zwangsferien" wird durch die Presse bekanntgegeben.

Inserat der Woche:
Gut erhaltener Diwan für 10 RM zu verkaufen.

15.9. Der Hering ist ein wichtiges volkswirtschaftliches Gut! Jeder Salzhering, den wir verbrauchen, trägt dazu bei, die deutsche Salzheringsproduktion zu heben, den Ausbau der Loggerflotte zu fördern und damit Arbeitsplätze für viele Volksgenossen zu schaffen. Dieses wichtige Nahrungsmittel muß der deutschen Volksernährung dienstbar gemacht werden. Darum: Eßt mehr Heringe!

Inserat der Woche:
1 Fahnenstange, 8 m lang, zu verkaufen!

16.9. Im Viktoriapark, der für die Bebauung erschlossen wurde, herrscht rege Tätigkeit. Die neu ausgebaute Straße erhielt den Namen „Guatiastraße".

Inserat der Woche:
Wer erteilt Mundharmonika-Unterricht?

29.9. Für das Winterhalbjahr 1938/39 sind wieder 6 Einfopfsonntage festgesetzt worden. Für den 1. Eintopfsonntag am 9. Oktober wurde für das Gaststätten- und Beherbergungsgewerbe bestimmt, daß keine anderen Gerichte als Erbsensuppe mit Einlage, Weißkohl mit Rindfleisch, Fischgericht und Gemüsetopf abgegeben werden dürfen. – Die Schulen in Kronberg sind mit Rücksicht auf die in unserem Gebiet verbreitete spinale Kinderlähmung bis auf weiteres geschlossen.

Inserat der Woche:
Der Deutsche Klein-Empfänger nur 35 Mark.

30.9. Am Dienstag stattete das neue Luftschiff „Graf Zeppelin II“ der Gauhauptstadt Frankfurt einen Besuch ab und überflog das Rhein-Main-Gebiet. Überall auf den Straßen und Dächern standen die Menschen und winktem dem Wunderwerk deutscher Technik begeistert zu. – Mit Rücksicht auf die in unserem Kreis verbreitete spinale Kinderlähmung wird in diesem Jahr am Erntedankfest keine öffentliche Kundgebung veranstaltet. Dic Bevölkerung wird gebeten, trotzdem ihre Häuser mit Pflanzen, Tannengrün und Flaggen zu schmücken.

Inserat der Woche:
Das Opferbuch für das sudetendeutsche Hilfswerk der NSV liegt während der Kassenstunden auf. Um rege Beteiligung wird gebeten. Vereinsbank Kronberg (heute Volksbank).

13.10. die Klebgürtel an den Obstbäumen zur Bekämpfung des Frostspanners müssen bis spätestens zum 24. ds. Mts. angebracht sein. Wer bis dahin noch im Rückstand ist, muß mit einer Geldstrafe rechnen. Unser heimisches Obst ist ein wichtiger Bestandteil der Volksernährung und trägt dazu bei, das deutsche Volk vom Ausland unabhängig zu machen. Helft mit, den Vierjahresplan zu erfüllen!

Inserat der Woche:
Raupenleim und Raupenleimpapier zu empfehlen.

14.10. Nachdem ein weiterer Fall von spinaler Kinderlähmung in unserer Gegend nicht aufgetreten ist, beginnt am 24. der Schulunterricht wieder. Auch der evangelische Kindergarten, sowie die beiden Privatkindergärten öffnen wieder ihre Pforten.

Inserat der Woche:
Truthähne und -hühner, sowie 1927er Hühner zu verkaufen.

27.10. Der zweite Vierteljahresplan fordert, daß in der Bauwirtschaft auch mit Holz besonders sparsam umgegangen wird. Es ist Pflicht jedes Bauherrn, Architekten und Bauunternehmer bei allen Bauten Holz nur da vorzusehen, wo es technisch unbedingt notwendig ist und wirtschaftlich voll ausgenützt ist. Als Zäune sollten Hecken oder niedrige Mauern gewählt werden.

Inserat der Woche:
Die Person, die gestern morgen um 10.35 Uhr das Päckchen von der Ablage im Bahnhof Kronberg mitgenommen hat, wurde vom Schaffner beobachtet. Es wird um Rückgabe ersucht, andernfalls erfolgte Anzeige.

28.10. Immer wieder wird seitens der Stadt festgestellt, daß viele Obstbaumbesitzer ihrer Pflicht der Anbringung von Klebegürteln gegen den schädlichen Frostspanner nicht nachkommen. Es wird darauf hingewiesen, daß Nichtbefolgung der Vorschrift eine empfindliche Strafe nach sich zieht. – 11 150 kg Alteisen sind das Ergebnis der Sammlung, die von der SA durchgeführt wurde.

Inserat der Woche:
Ich eröffne heute meine neu renovierte Gaststätte, wozu ich Freunde und Gönner herzlich einlade. Fritz Haas, Gasthaus „Zum Weinberg“, Steinstraße.

10.11. Das Jungvolk sammelt Altmaterial! – Am Samstag sammeln die Kronberger Pimpfe wieder alles noch im Vierteljahresplan Verwertbare (Alteisen, Lumpen, Papier, Silberpapier, Tuben usw.). Macht den Pimpfen durch reichhaltige Spenden eine Freude und freut Euch selbst am Gelingen des Vierjahresplanes.

Inserat der Woche:
Wir alle essen übermorgen Eintopf!

11.11. Vor einigen Tagen fiel im Taunus der erste Schnee, das allgemeine Mittel für den ersten Schneefall im Taunus liegt um den 15. November, meist kommt es aber zur Weihnachtszeit dann wieder zu wärmeren Temperaturen. – Reichsarbeitsführer Konstantin Hierl besuchte die Truppführer- und Verwaltungsschule des RAD in Königstein. (Heute Gelände der Bischof-Neumann-Schule, Haus der Begegnung usw. Anm.)

Inserat der Woche:
20 verschiedene Webabzeichen, Trachten aus dem ganzen Großdeutschen Reich bei der Straßensammlung für das WHW.

24.11. Von zuständiger Stelle wird noch einmal ausdrücklich darauf hingewiesen, daß der Badenweiler Marsch nur in Anwesenheit des Führers gespielt werden darf.

Inserat der Woche:
Gebraucht billig zu verkaufen: ein Schlafzimmerbild (die Heilige Nacht).

25.11. Die Personenstandsaufnahme vom 10. Oktober ds. Js. brachte für Kronberg folgendes Ergebnis: in 1264 Haushaltungen leben 4119 Einwohner. 2482 sind evangelisch, 1401 katholisch, 236 andersgläubig oder konfessionslos. – Heute ist „St. Katharina“, für viele ein sogenannter Stichtag, sie kündet gewöhnlich den Winter an: „St. Kathrein läßt den Winter ein“ oder auch – da in der Adventszeit früher das Tanzen nicht erlaubt war – „St. Kathrein stellts Tanzen ein“. In diesem Jahr ist Katharina gnädig mit uns, das herbstliche Wetter läßt noch nicht auf einen Wintereinbruch schließen.

Inserat der Woche:
Wir alle essen morgen Eintopf!

8.12. Seit November trifft man in allen Städten und Ortschaften, so auch in Kronberg ein neues Verkehrsschild an: „Halt-Straßen“. Durch diese neuen Schilder, die zum Anhalten zwingen, sollen die Gefahrenmomente wesentlich verringert werden.

Inserat der Woche:
Schöne Kastanien noch zu verkaufen.

9.12. Der Chef der Deutschen Polizei hat verfügt, daß Leichenzüge künftig keine Hauptverkehrsstraßen mehr benutzen dürfen. In Kronberg werden seit wenigen Monaten die Beerdigungen vom Friedhof aus durchgeführt. Allerdings fehlt in Kronberg noch immer eine Leichenhalle. – Der Kur- und Verkehrsverein lädt seine Mitglieder zu einer Versammlung ein. Es wird ein Lichtbildervortrag über „die Aufgaben der Heimatpflege“ geboten.

Inserat der Woche:
Alles macht mit im Reichsberufswettkampf aller Schaffenden!

22.12. Plötzlicher Wintereinbruch! Auf dem Großen Feldberg wurden Temperaturen unter minus 20 Grad gemessen. Die Schneedecke ist noch ziemlich dünn. Unsere Jugend kann sich aber trotzdem draußen tummeln: Die Eisbahn im Park ist geöffnet.

Inserat der Woche:
Eiserne Räucherkammer billig abzugeben.

23.12. Der Winter hat seinen Einzug gehalten, wir dürfen uns auf eine weiße Weihnacht freuen, eine Freude, die wir seit mehreren Jahren nicht mehr hatten. Die Eisbahn im Park ist seit Tagen geöffnet. Seit dem Winter 1928/29 hatten wir nicht mehr so niedrige Temperaturen. Minus 20 Grad wurden letzte Nacht gemessen.

Inserat der Woche:
Generaleinsatz für das WHW! Hitlerjungen und Pimpfe, BDM-Mädel und Jungmädel, sie alle kämpfen gegen Hunger und Kälte.

1939

5.1. Im Schulgarten ist man damit beschäftigt, den vor einigen Jahren durch einen Blitzschlag beschädigten Mammutbaum zu entfernen. Keine leichte Sache! Es handelt sich um ein außergewöhnlich starkes Exemplar. Zwar war der Versuch, ihn am Leben zu erhalten, geglückt, doch ohne seine Spitze bot der mächtige Baum einen gar traurigen Anblick.

Inserat der Woche:
14jähriges Mädchen vom Lande sucht Stellung im Haushalt.

6.1. Kronberg hat nun die Berufsschule des westlichen Obertaunuskreises. 300 Jungen und Mädchen werden hier unterrichtet. Dazu wurden die Räume in der Hermann-Göring-Straße ausgebaut (Dort befindet sich heute der Kleine Sitzungssaal, das Wannenbad und das Ordnungsamt. Die älteren Kronberger sprechen heute noch von der „Berufsschule")

Inserat der Woche:
Die NS-Gemeinschaft „Kraft durch Freude" lädt zu einem Vortragsabend über das Thema „Japans Aufstieg zur Weltmacht" ein.

19.1. Die Reichsleitung des Reichsarbeitsdienstes teilt mit, daß die Ableistung des Arbeitsdienstes für die weibliche Jugend auf das Pflichtjahr angerechnet wird.

Inserat der Woche:
Wegen der Führerrede im Reichstag fällt am 30. Januar abends die Einzahlung in die Weihnachtskasse aus. Vereinsbank Kronbergs

20.1. Es ist kalt! In der Schule streikte die Heizung, in den oberen Stockwerken kam die Wärme nicht mehr an, sodaß die Schüler in ihren Mänteln und Jacken in den Klassen saßen. Jetzt aber wird Milderung gemeldet. Alles atmet auf.

Inserat der Woche:
Halbtagsmädchen oder -frau gesucht.

2.2. Am 30. Januar gab es, wie alljährlich zu diesem Festtag, für die Betreuten des WHW eine Sonderausgabe von Lebensmitteln und Kohlen. 120 Kohlengutscheine und 275 Gutscheine Lebensmittel, Schuhe und Bekleidung wurden in Kronberg verteilt.

Inserat der Woche:
Der Krieger- und Militärverein Kronberg hält am Samstag seinen „General-Kameradschaftsappell" ab.

3.2. Zum ersten Mal gibt es in Kronberg einen „Sportlermaskenball". MTV und EFC laden gemeinsam ein. (Das war ein „verordneter" Versuch! Nach dem Krieg wurde das nie mehr wiederholt. Anm.) Eine seit 1936 eingeführte Veranstaltung wird wieder sehr gut besucht sein. Die Käwwern laden wieder die Kronberger Kinder zu einem Kostümfest in die Stadthalle ein. (Nach dem Krieg nahm sich der Musikverein der Kinder an. Anm.) Die Kronberger Buben spielen wieder Trapper und Indianer, sie haben das Kriegsbeil ausgegraben und sich in Stämmen zusammengefunden. Die Täler und die Aijegässer werden nach Austragung ihrer Fehde dann gemeinsam gegen Schönberg oder Oberhöchstadt ziehen. Ein alter Brauch, der die Buben an Fassenacht voll beschäftigt. Die Mütter schließen die Speisekammer zu, denn in den „Höhlen" der Indianer wird selbstverständlich gekocht und gebruzzelt. Ein großer Spaß für die Jugend.

Inserat der Woche:
Dauerwelle zu Fassenacht, nur 6,50 RM.

17.2. In der letzten Ratsherrensitzung wurde über den Um- bzw. Anbau des städtischen Hauses Hermann-Göringstr. 12 (heute Katharinenstraße) beraten. Dort soll die Berufsschule untergebracht werden, deren Unterricht bis jetzt noch immer behelfsmäßig in der Hermann-Göring-Schule und in Räumen der Adolf-Hitler-Realschule abgehalten wird. 300 Schüler aus Kronberg, Königstein, Mammolshain, Falkenstein, Ober- und Niederhöchstadt, Schneidhain und Schönberg erhalten hier Unterricht. – Die Stadt Kronberg hat die wöchentliche Arbeitszeit ihrer Beamten und Angestellten auf 51 Stunden festgesetzt.

Inserat der Woche:
NS-Reichskriegerbund! (ehemaliger Krieger- und Militärverein) Am Samstag ist General-Kameradschafts-Appell! Pünktliches und vollzähliges Erscheinen ist selbstverständliche Pflicht.

2.3. Auch in diesem Sommer erwartet Kronberg mehrere Züge mit KdF-Urlaubern. Es ergeht an die Bevölkerung die dringende Bitte, Quartiere für unsere Gäste bereit zu stellen.

Inserat der Woche:
An alle Obstbaumbesitzer und Nutzungsberechtigten! Sie werden ersucht, die Klebgürtel von den Bäumen zu entfernen und zu verbrennen. Sollte das nicht bis spätestens 5 ds. Mts. geschehen sein, ist mit Strafen zu rechnen. gez. Schaub, Bürgermeister

3.3. Das vom Führer gestiftete „Treuedienst-Ehrenzeichen" in Silber überreichte der Kreisschulrat dem Schulleiter der Hermann-Göring-Schule (Volksschule) Fritz Berlepp, den Lehrern Wilhelm Blaut, Wilhelm Opel, Wilhelm Kurr und Philipp Mack, sowie den Lehrerinnen Margarete Freitag und Klara Effelberger. Studienrat Dr. Ernst Schmalz von der Adolf-Hitler-Realschule erhielt die gleiche Auszeichnung. – Der Taunusbund Zweigverein Frankfurt teilt mit, daß im Jahre 1938 24000 Wanderer den Aussichtsturm auf dem Gipfel des Großen Feldbergs bestiegen haben.

Inserat der Woche:
Die Polizei und Feuerlöschpolizei sammeln am Samstag und Sonntag für das WHW. (Feuerlöschpolizei wurden im 3. Reich die Feuerwehren genannt. Anm.)

16.3. Die Straßen sind die Visitenkarte unserer Stadt! Jeder vernünftige Volksgenosse wird deshalb immer für Sauberkeit vor seiner Haustür sorgen. In unseren Straßen liegen noch immer die Überreste vom Streuen; Asche, Sägemehl und Schlacke bieten keinen schönen Anblick. Es wird Zeit, daß hier endlich Abhilfe geschaffen wird. Die Polizeiverwaltung ruft alle Volksgenossen auf, schnellstens für die Reinigung der Straßen Sorge zu tragen.

Inserat der Woche:
Konfirmandenanzug, zweimal getragen, billig abzugeben.

17.3. Der Frühlingsanfang rückt näher – und auf dem Feldberg liegen 35 cm Schnee, Ski und Rodel gut! Bei -3 Grad schneit es weiter, so ist wieder mit einem prächtigen Wintersportsonntag zu rechnen. Im Taunus kam es durch einen schweren Schneesturm zu starken Schneeverwehungen.

Inserat der Woche:
Große Dinge können in einer Nation nur dann geschehen, wenn Menschen da sind, die die Nation über ihr eigenes Ich stellen.

30.3. Mit dem 1. April scheidet die Kronberger Hebamme, Frau Weigand, aus ihrem Dienst. Fast 40 Jahre lang versah sie ihr verantwortungsvolles Amt und half etwa 1900 kleinen Kronbergern auf die Welt.

Inserat der Woche:
Dauerwelle nur RM 6,50

31.3. Zirkus Holzmüller mit seinem Viermasten-Zelt in Kronberg! Auf dem großen Parkplatz tut sich was. Der Zirkus mit seinen über hundert Artisten gibt hier in Kronberg für zwei Tage ein Gastspiel, das Zelt ist geheizt, die Eintrittskarten gibt es zu „Volkspreisen". – Das Osterwetter war so schön, wie man es nicht anders wünschen konnte.

Inserat der Woche:
Von einem 3000 qm großen Garten ist der Unternutzen zu verpachten.

14.4. Durch die Aufklärungsarbeit des deutschen Frauenwerks und der NS-Frauenschaft ist der Fischverbrauch im Gau Hessen-Nassau um 80% gesteigert worden. (Nicht zu verwundern. Das wäre auch ohne diese Aufklärung der Fall gewesen. Fisch war wesentlich billiger als Fleisch. Ein Pfund Kabeljau kostete 32 bis 45 Pfennige!)

Inserat der Woche:
Ein schulentlassener Ballbube gesucht.

15.4. Die Gemeinde Oberhöchstadt baut ein HJ-Heim, es entsteht unmittelbar neben dem Sportplatz. Es ist erfreulich, daß der Appell, der Jugend Heime zu schaffen, so schnell verwirklicht wird.

Inserat der Woche:
Konfirmandenanzug, zweimal getragen, (große Statur), billig abzugeben.

27.4. Am Nationalen Feiertag des deutschen Volkes findet ein großer Festzug mit den Gruppen aus Handel, Handwerk und Landwirtschaft durch Kronberg statt. Anschließend findet auf dem großen Parkplatz eine Massenkundgebung statt, bei der die große Führerrede übertragen wird. Die gesamte Bevölkerung zeigt durch ihre geschlossene Teilnahme ihre Gefolgstreue zu unserm Führer Großdeutschlands.

Inserat der Woche:
Fischkörbe und Heringsfässer laufend abzugeben.

28.4. Am nächsten Samstag sammelt das Jungvolk Altpapier, Altmetall, Flaschen und Lumpen. Die Bevölkerung wird gebeten, das Altmaterial zur Abholung bereit zu stellen.

Inserat der Woche:
Dein Gewicht ist der Gradmesser Deiner Gesundheit. Wiege Dich regelmäßig auf der genauen Waage im Postamt.

11.5. Mit dem 1. Mai stellte der „Kronberger Anzeiger" sein Erscheinen ein. Die Druckrechte gehen auf den Herausgeber der Oberurseler Zeitung über. Ab 1. Mai erscheint in Oberursel und Kronberg der „Taunus-Anzeiger" (Mit Kriegsende stellte diese Zeitung ihr Erscheinen ein!)

Inserat der Woche:
Hausfrauen, denkt daran! kocht mit deutschen Kräutern!

12.5. Am kommenden Wochenende findet wieder das große Frühlingsfest des Kur- und Verkehrsvereins statt. Am Samstag spielt eine Militärkapelle in der Turnhalle, am Sonntag vormittag ist ein Platzkonzert im Schulgarten. Am Nachmittag zieht wieder ein großer Blumenkorso durch die Stadt. Vereine, Schulen und viele Privatpersonen beteiligen sich daran. Am Abend ist Gelegenheit zum Tanz. Auf dem großen Parkplatz an der Frankfurterstraße ist ein kleiner Rummelplatz aufgebaut worden.

Inserat der Woche:
„Die Straße ist kein Himmelbett!" Schlafe zu Hause! Auf der Straße paß auf!

25.5. Das Schwimmbad ist weiter ausgebaut und verbessert worden. Neue Platten wurden verlegt, die Kabinen neu gestrichen. Ein großes Projekt ist für die Zukunft geplant. Man will, um die Kosten für eine Wasserkonservierungsanlage zu sparen, einen großen Wasservorratsbehälter bauen, daß man durch große Rohranlagen das Schwimmbecken in einer einzigen Nacht entleeren, reinigen und neu füllen kann.

Inserat der Woche:
Wir suchen Lehrmädchen, die das Pflichtjahr beendet haben.

26.5. Das als Kurhaus vorgesehene Wintersche Anwesen in der Heinrich-Winter-Straße soll in Zukunft als Schule genutzt werden. Dort soll die Adolf-Hitler-Realschule einziehen (Vorläufer der heutigen Altkönig-Schule. Anm.) Die Stadt plant, im Garten eine Turnhalle zu errichten. Die heutige Turnhalle steht öfters wegen anderer Veranstaltungen nicht für den Sport zur Verfügung. – Wir brauchen in Kronberg unbedingt einen großen Saal mit Bühne, so ist der geplante Bühnenausbau an der Turnhalle nun mehr als fällig. – Im Laufe der vergangenen Woche sollten die ersten KdF-Urlauber dieses Sommers hier eintreffen. Der Zug, der aus Düsseldorf kommen sollte, wurde kaum belegt, sodaß er ausfallen mußte.

Inserat der Woche:
Ab 1. Juli übernehme ich den Privat-Kindergarten von Fräulein Kuhn. Rosemarie Hayner. (Der kleine Kindergarten von „Tante Hilde" war der einzige „Private" neben der evangelischen Klein-Kinderschule. Ein zweiter Kindergarten wurde in den ersten Kriegsjahren von der NSV im sogenannten „Braunen Haus", Wilhelm-Bonn-Straße eingerichtet. Den übernahm nach Kriegsende die katholische Kirchengemeinde. Anm.)

Inserat der Woche:
Grünfutter gegen Mist abzugeben.

8.6. Am Muttertag wurden in Kronberg 86 Frauen mit dem Ehrenkreuz der deutschen Mutter geehrt. Ausgegeben wurden 10 Kreuze in Gold (für 8 und mehr Kinder) 22 in Silber (6 und 7 Kinder) und 54 in Bronze (4 und 5 Kinder).

Inserat der Woche:
Gegen Erdbeerblütenstecher hilft mein wirksames Stäubemittel!

9.6. Die Kasten-Erdbeerernte ist zu Ende, jetzt kommen die Freilanderdbeeren. Fein säuberlich in kleine Kästchen verpackt, hatten die begehrten Früchte ihren Weg in alle Großstädte des Reiches genommen. Zur Freilanderdbeerernte laufen auch wieder die bekannten „Erdbeerexpresse" (Güterwagen als Kurswagen nach Hamburg und Berlin). So haben die Volksgenossen schon am nächsten Morgen die frischgeernteten Früchte aus Kronberg auf dem Tisch. – Übermorgen treffen die 200 angemeldeten KdF-Urlauber aus Westfalen hier ein. Sie werden 10 Tage Urlaub in Kronberg verbringen. – Die gefährliche Kurve am Weißen Berg, die schon Anlaß zu vielen Unfällen war, soll nun verbreitert werden.

Inserat der Woche:
Frau nimmt in Heimarbeit Wäsche zum Flikken an.

23.6. Bei einer großen Suchaktion wurde festgestellt, daß in der Kronberger Gemarkung keine Kartoffelkäfer vorkommen. Trotzdem sollen aber die Kartoffelfelder gespritzt werden. – Die Erdbeerernte ist in vollem Gange, aber relativ schlecht. Es war zu trocken.

Inserat der Woche:
Armer Junge verlor 10-Mark-Schein.

6.7. Am Kerbesonntag veranstaltete der Kur- und Verkehrsverein wieder seine große Erdbeerverlosung. Die Lose fanden reißenden Absatz. Am Mittwoch war großer Empfang des Thäler Bürgermeisters auf der Schirn. Das diesjährige Thäler Oberhaupt war wieder der beliebte Alt-Kronberger Heinrich Bettenbühl sen.

Inserat der Woche:
Achtung! Musterungspflichtige vom Jahrgang 1919/20! Wir treffen uns um 5.30 Uhr am Kronberger Bahnhof!

14.7. Am Sonntag wurden bei den Obstsammelstellen von Mammolshain und Neuenhain insgesamt 1000 Zentner Kirschen abgeliefert. – In Niederhöchstadt wurde der Kartoffelkäfer festgestellt. Jetzt heißt es für die Kronberger besonders aufpassen. Am Sonntag wird eine große Suchaktion gestartet. Auch die Schulen sollen sich künftig an der Suche beteiligen.

Inserat der Woche:
Drei große Scheunentore billig abzugeben.

20.7. Alle Männer und Frauen, die in den letzten Jahren vom Winterhilfswerk (WHW) betreut wurden werden aufgerufen, sich als Erntehelfer zu melden. Der Ortsbeauftragte vom WHW erwartet von jedem, dem durch die Volksgemeinschaft geholfen wurde, daß er sich mit seiner Arbeitskraft einsetzt, die Ernte einzubringen. – Das Wetter in der letzten Woche ist alles andere als sommerlich. Die Temperaturen liegen noch unter denen vom März. Für unser Schwimmbad ist das sehr schlecht.

Inserat der Woche:
Schöne Augen in einem schönen Gesicht durch unsere Lilienmilchseife.

28.7. Derzeit haben wir regelmäßig Besuch vom Luftschiff LZ 130, dem „Graf Zeppelin II“. Von seinem Luftschiffhafen Rhein-Main in Frankfurt aus startet es in den nächsten Tagen zur großen Ostpreußenfahrt. Bei gutem Wetter kann man von hier aus Start und Landung des großen Luftschiffes beobachten. – Derzeit ist von einem schönen Sommer nichts zu spüren, es ist kühl und regnerisch, die Temperaturen sind geringer als im März. – Im Schützenhof fand ein fröhlicher Begrüßungsabend für die 200 KdF-Urlauber aus dem Gau Düsseldorf statt. Es gab auch reichlich Gelegenheit zum Tanzen.

Inserat der Woche:
Zu verkaufen neue Lackpumps, Gr. 37, für 2,50 RM.

3.8. Achtung, Kronberger Mütter! Am Erntedanktag werden wieder Ehrenkreuze der deutschen Mütter ausgegeben. Alle Mütter, die 4 und mehr Kinder haben, werden gebeten, zwecks Antragstellung im Lesezimmer des Rathauses zu erscheinen. – In Kronberg herrscht lebhafter Kurbetrieb. Hotels und Gaststätten melden: Voll besetzt!

Inserat der Woche:
Ab Sonntag stehen ostfriesische Kühe zum Verkauf.

17.8. Die Römerbergfestspiele in Frankfurt bringen in diesem Jahr „Faust I“, „Die Nibelungen“ und „Hamlet“.

Inserat der Woche:
Ab Sonntag stehen Ostfriesische Kühe zum Verkauf.

18.8. Das neue Luftschiff „Graf Zeppelin“ LZ 130 ist auf großer Ostpreußenfahrt. Seit einigen Wochen können wir das stolze Luftschiff fast jeden Sonntag sehen, dann kommt es nach Frankfurt auf den Rhein-Main-Flughafen. Sein kleiner Bruder LZ 127, der alte „Graf Zeppelin“ hat auch dort in einer Halle seine Heimat gefunden. Kommt der Zeppelin nach Frankfurt, dann wird er immer stürmisch begrüßt, die Leute stehen auf den Dächern und den Straßen, um ihm zuzuwinken. Der neue Zeppelin hat ein wenig die Wunden um den „Hindenburg“ vernarben lassen. – Auf der Berliner Rundfunkausstellung wurde ein Fernsehapparat für 650,– RM angeboten.

Inserat der Woche:
Hausfrauen denkt daran! Kocht mit deutschen Kräutern!

31.8. Seit 26. August gibt es Lebensmittel nur noch auf Karten. Lebenswichtige Verbrauchsgüter sind bezugsscheinpflichtig.

Inserat der Woche:
Mitarbeit im Luftschutz ist nationale Pflicht.

1.9. Ab heute ist totale Verdunkelung angeordnet. Die Luftschutzwarte sind angewiesen, streng auf Einhaltung der Bestimmungen zu achten. Auch die Straßenbeleuchtung wird heruntergeschaltet. Es brennen nur noch die Richtlampen an den Kreuzungen. Ab sofort gibt es Lebensmittel nur noch auf Karten. Auch für Kleidung, Schuhwerk und so weiter gibt es jetzt Bezugsscheine, die im Rathaus ausgestellt werden.

Inserat der Woche:
Verdunkelungspapier in allen Breiten vorrätig.

14.9. Bei abendlichen Kontrollgängen wurde festgestellt, daß die Häuser oft sehr mangelhaft verdunkelt wurden, namentlich an den Rückfronten. Es soll mit empfindlichen Strafen dagegen angegangen werden.

Inserat der Woche:
Die Tanzstunde fällt bis auf weiteres aus!

15.9. Seit Kriegsbeginn brauchen die Autobesitzer zur Fahrerlaubnis einen roten Winkel. – In Kronberg wurden zwei öffentliche Luftschutzräume eingerichtet. – Die Stadtverwaltung macht darauf aufmerksam, daß alte Reifen von Autos, Kraft- und Fahrräder abgeliefert werden müssen. – Die BDM-Gruppe Kronberg wird in den Herbstferien zur Erntehilfe eingesetzt.

Inserat der Woche:
Ein Baum Äpfel auf dem Stand zu kaufen gesucht.

28.9. Der ausgeglichene Haushaltsplan für 1939 schließt mit 504 815 RM ab. Für die Errichtung einer Friedhofshalle stehen 20 000 RM zur Verfügung. (Die Friedhofshalle wurde erst einige Jahre nach dem Krieg gebaut und da war es nicht mehr mit 20 000 Mark getan!)

Inserat der Woche:
Mit sofortiger Wirkung ist die Polizeistunde auf 23 Uhr festgesetzt, um Strom und Kohlen zu sparen. Der Bürgermeister.

29.9. Auf dem Gelände der Villa de Ridder in Schönberg hat sich in den letzten Jahren eine ansprechende Siedlung entwickelt, die z.Zt. 40 Häuser zählt. Ein wunder Punkt waren die Straßen in diesem Gelände. Dem soll jetzt abgeholfen werden. Zwei Straßen wurden bereits ausgebaut, weitere sollen wenigstens verbessert werden.

Inserat der Woche:
Mädel! Was tust Du für die Volksgemeinschaft? Die Deutschen Mädel melden sich zum Ernteeinsatz der Partei beim BDM.

12.10. Frau Anna Weigand, als Hebamme bekannt, beliebt und geschätzt, ist im Alter von 67 Jahren verstorben. Fast 40 Jahre lang versah Frau Weigand hier ihren schweren Dienst, bei über 2 000 Geburten stand sie mit Rat und Tat bereit. Erst im Frühjahr dieses Jahres war sie in den Ruhestand gegangen. – Auf Anordnung des Reichsluftschutzbundes dürfen auf den Gräbern keine Lampen brennen.

Inserat der Woche:
Feldpostkartons liefere ich in jeder Menge.

13.10. Im Distrikt Schönborn wurde die Leiche eines neugeborenen Jungen gefunden. Seine Mutter, die aus Hanau stammt, hat ihn in einem Anfall geistiger Umnachtung mit Schlaftabletten vergiftet.

Inserat der Woche:
Ein Baum Äpfel auf dem Stand zu kaufen gesucht.

26.10. Das Observatorium auf dem Kleinen Feldberg wird 25 Jahre alt! Die Anfänge der meteorologischen Beobachtung gehen bis ins Jahr 1826 zurück, als der Physikal. Verein in Frankfurt damit begann auf dem Großen Feldberg eine Hütte zu diesem Zweck zu errichten. Diese Hütte wurde aber schon nach kurzer Zeit durch einen Sturm zerstört. Bis 1908 wurden die Beobachtungen schlecht und recht durchgeführt, dann übernahm Professor Linke die Leitung. Ihm gelang es, Mittel für die Gründung eines Erdbeben-Observatoriums zu beschaffen. 1914 konnte man die neuen Gebäude auf dem günstigeren Kleinen Feldberg beziehen.

Inserat der Woche:
Die Oberurseler Kerb fällt aus.

27.10. Mit Rücksicht auf den mehrfachen Ausfall des Unterrichts in den letzten Wochen gibt es an vielen Schulen in Hessen-Nassau – vor allem an den höheren Schulen – in diesem Jahr keine Herbstferien. – Auf Anordnung des Reichsluftschutzbundes dürfen auf den Gräbern keine Lampen angezündet werden.

Inserat der Woche:
Luftschutzdienst ist Ehrendienst!

9.11. In der letzten Woche fand eine Ratsherrensitzung statt. Alle Vorhaben und Pläne werden vorerst zugunsten der Reichsverteilung verschoben. (Stadtverordnete und Magistratsmitglieder gab es nicht mehr. Es gab nur die von der Partei bestimmten Ratsherren und den Bürgermeister).

Inserat der Woche:
Gefunden wurde ein Ober- und Untergebiß.

10.11. Die Stadtverwaltung will 1000 Maulbeerbäume für die Seidenraupenzucht anpflanzen. (Das Projekt scheiterte, weil es keine jungen Maulbeerbäume gab. Anm.) – Vor Beginn der Frostperiode macht der Bürgermeister darauf aufmerksam, daß die Wasserabnehmer verpflichtet sind, Frostschäden an Leitungen und Zählern zu verhüten.

Inserat der Woche:
Mütter, achtet auf die Gesundheit Eurer Kinder! Sie sind die Garanten des Nationalsozialistischen Reiches.

23.11. Im Alter von 80 Jahren starb in Schönberg Altbürgermeister Andreas Kopp. Sein Leben ist eng verknüpft mit der Entwicklung der Gemeinde. Am 1.12.1893 übernahm er in Schönberg das Amt des Bürgermeisters. Unsere Nachbargemeinde zählte damals kaum 200 Einwohner. Unter seiner Leitung wuchs Schönberg zu einem Villenvorort Frankfurts, der als reichste Gemeinde des ganzen Regierungsbezirkes galt. Im November 1919 legte Kopp sein Amt nieder. – Der Buß- und Bettag wird auf den kommenden Sonntag verlegt. Der dem deutschen Volk aufgezwungene Kampf erfordert den Einsatz aller Kräfte.

Inserat der Woche:
„Morgen ist Opfersonntag des WHW! Gebt mehr als früher! Denn das deutsche Volk ringt um seinen größten Sieg!"

7.12. Der Reichsminister des Innern, sowie der Chef des Oberkommandos der Wehrmacht haben eine Verfügung erlassen, nach der auch Ferntrauungen möglich sind.

Inserat der Woche:
Monatshilfe, die auch die Wäsche übernimmt, für täglich gesucht.

8.12. Die Ausgabe der Reichskleiderkarte wurde nunmehr abgeschlossen. Auf die Punkte der Karte darf nur für deren Inhaber eingekauft werden. Mäntel, Berufskleidung und Schuhe gibt es nicht auf die Karte, diese Waren sind bezugsscheinpflichtig.

Inserat der Woche:
Immer daran denken, daß verdunkelt werden muß!

21.12. Von zuständiger Stelle wird mitgeteilt, daß im ganzen Gau Hessen-Nassau genügend Weihnachtsbäume zur Verfügung gestellt werden. – Die Gaswerke in Höchst feiern ihr 75jähriges Bestehen. – Die Gaubräuteschule der SS beginnt im Januar wieder mit ihren Kursen.

Inserat der Woche:
Ehrliches, fleißiges 3/4-Tagmädchen gesucht.

22.12. Die erste „Kriegsweihnacht" steht vor der Tür, wir sind alle überzeugt, daß es die einzige bleiben wird. Schon im nächsten Jahr werden die Kerzen wieder im Frieden leuchten! – In den Familien stehen wieder Weihnachtsbäume, rechtzeitig wurde dafür gesorgt, daß daran kein Mangel herrscht.

Inserat der Woche:
Echte hochstämmige Speierlingsbäume zu verkaufen.

Der lokalen Nachrichten wegen - ‚Kronberger Zeitung'

1940

4.1. Stiller als sonst ging das alte Jahr zu Ende, ohne Feuerwerk zog das neue Jahr ein. Da recht gute Wintersportverhältnisse bestehen, war am Neujahrstag im Taunus reger Betrieb.

Inserat der Woche:
Luftschutzdienst ist Ehrendienst!

12.1. Die Schreinerei Carl Weidmann und Sohn (Bleichstraße) konnte ihr 50jähriges Jubiläum feiern. – Das neue Jahr ist mit Schnee eingezogen, im Taunus gibt es gute Wintersportmöglichkeiten.

Inserat der Woche:
Denk daran: Verdunkeln muß sein!

18.1. Die strenge Kälte hält immer noch an. Unsere Frauen und Mädchen haben entdeckt, daß die Sporthosen gut sind, um gegen Kälte zu schützen. Schön ist dieser Freimut allerdings nur bei solchen, die auch im Sommer nett und reizend in langen Hosen anzuschauen sind. Auch die Hose muß mit Anmut und Würde getragen werden.

Inserat der Woche:
Die Waffe der Heimat ist das Opfer

26.1. Am Wochenende herrschte im Taunus und auf der Rodelbahn im Kaiser-Friedrich-Park reger Betrieb. – Die Polizei weist darauf hin, daß von feindlichen Flutzeugen abgeworfene Flugblätter unbedingt abgeliefert werden müssen. Wer sie weitergibt, setzt sich strengster Bestrafung aus.

Inserat der Woche:
Gesunde Kinder sind die Garanten für das Nationalsozialistische Reich.

1.2. Ein gesundes Gebiß ist Voraussetzung für die Gesunderhaltung des Körpers. Angehörige des Jahrgangs 1921! Wollt Ihr einmal gesund und wehrfähig zur Musterung gehen, dann stellt Euch zur Zahnbehandlungsaktion der HJ. – Die Schulen sind wegen Kohleneinsparung vorerst noch geschlossen.

Inserat der Woche:
Die Kraft unseres Volkes liegt in unserer Gesundheit!

9.2. Im Alter von 82 Jahren verstarb Dr. Walther vom Rath. Er bewohnte lange Jahre die Familienvilla in Cronberg und zeigte reges Interesse an den Geschicken unserer Stadt. Er war immer hilfsbereit, wenn es galt, irgendwo Not zu lindern. 1938 wurde er zum Ehrenbürger ernannt. Seine letzte Ruhestätte findet er auf dem Hauptfriedhof in Frankfurt.

Inserat der Woche:
Zwei Ballen Stroh dringend gesucht.

15.2. Fräulein Effelberger, seit 1914 Lehrerin in Kronberg, wurde an die Viktoriaschule in Schönberg versetzt. – Alle Hausfrauen, die zum 1. April ein Pflichtjahrmädchen einstellen wollen, werden gebeten, schon jetzt ihre Meldungen bei der NS-Frauenschaft einzureichen.

Inserat der Woche:
Gut erhaltener Sil-Pelzmantel zu verkaufen! (Das ist kein Druckfehler, wenn man halt nur das Fremdwort „Seal“ eindeutscht)

28.2. Nach fast 40jähriger Tätigkeit ist die Kronberger Hebamme Frau Katharina Lehr in den wohlverdienten Ruhestand getreten. – Der Winter scheint endlos, Kälte und Schnee wollen nicht abnehmen. – Die Wirtschaftsgruppe Einzelhandel fordert zur Einsparung von Verpackungsmaterial auf.

Inserat der Woche:
Immer daran denken, daß verdunkelt werden muß.

9.3. Es ist Zeit, die Leimringe an den Obstbäumen zu entfernen. Die Ortspolizeibehörde hat als letzten Termin den 15. März festgesetzt. – Die Cronberger Schützengesellschaft veranstaltete das WHW-Opferschießen im Gasthaus zum „Grünen Wald“.

Inserat der Woche:
„Zu meinem 80. Geburtstag sind mir so viele Glückwünsche und Aufmerksamkeiten zuteil geworden. Ich gestatte mir, auf diesem Wege meiner Freude darüber Ausdruck zu geben. Mit dankbarem Herzen.“ Emil Rumpf, Historienmaler.

14.3. Die angekündigte Zusatz-Kleiderkarte für Jugendliche zwischen 15 und 18 Jahren muß beim Bezugsscheinamt schriftlich beantragt werden. – Die Hühnerbesitzer müssen sich auf dem Rathaus melden.

Inserat der Woche:
Suche Hühnerstall im Tausch gegen Motorrad.

23.3. Mit den Strahlen der wärmenden Sonne kommen die Kriechtiere und Lurche wieder zum Vorschein. Die Naturschutzverordnung vom 18. März 1936 stellt folgende Tiere unter Schutz: Sumpfschildkröten, Mauer-Eidechsen, Blindschleichen, Ringelnattern, Würfel-, Schling- und Äskulap-Nattern, Feuer- und Alpensalamander, Kröten und Unken, Laub- und Grasfrösche.

28.3. Im 79. Lebensjahr ist Chormeister Ludwig Sauer verstorben. Von Beruf Lehrer, den er in Schönberg jahrzehntelang ausübte, gehörte seine große Liebe der Musik. Er war lange Jahre hindurch der Leiter des Cronberger Männergesangvereins, Organist in der katholischen Kirche und komponierte Chormusik, in Kronberg setzte er sich damit ein Denkmal.

Inserat der Woche:
Schilder „Zum Luftschutzraum“ in allen Größen erhältlich.

6.4. Die Wirtschaftsgruppe Einzelhandel teilt mit, daß von Kaufleuten und Verbrauchern künftig Verpackungsmaterial eingespart werden muß. Die Kunden werden gebeten, nach Möglichkeit selbst das Material mitzubringen. – Wegen Platzmangel wird in unserem Blatt künftig nicht mehr auf Jubiläen und Familienfeste hingewiesen.

Inserat der Woche:
Was können wir backen mit 35 gr Fett und einem Ei? Dr. Oetker wird in regelmäßigen Anzeigen entsprechende Rezepte vorschlagen.

20.4. Alljährlich werden zu Führers Geburtstag die Zehnjährigen ins Jungvolk und bei den Jungmädeln aufgenommen. Auch heute gibt es wieder eine kleine Feier. – Seit einem Jahr ist die Stelle der Gemeindeschwester unbesetzt, jetzt wird sie wieder ausgefüllt. Die neue Schwester kommt aus Groß-Auheim, sie wohnt in der Katharinenstraße 12a, ist aber auch über das Rathaus zu bestellen. Eine Lükke wurde wieder geschlossen! (Diese Lücke war gar keine, denn Gemeindeschwestern gab es in Kronberg schon seit Jahrzehnten. Zwei Schwestern arbeiteten in der evangelischen Gemeinde, die Barmherzigen Schwestern in der Rumpfstraße standen ebenfalls für Kranken- und Altenpflege, für die Versorgung kleiner Wunden, immer zur Verfügung, sie wurden ohne Ansehen der Konfession auch gerne gerufen. Die „Neue“ war eine sogenannte „braune“ Schwester, die in Kronberg gar nicht so gerne gesehen wurde, man blieb den bisherigen liebgewordenen Schwestern treu. Anm.)

25.4. Auf Anordnung des Bezirkswirtschaftsamtes sind Warmwasser-Versorgungs-Anlagen, die mehr als einen Raum versorgen, sofort stillzulegen. Als beschlagnahmt gelten alle anfallenden Kaninchenfelle.

Inserat der Woche:
Für den Verkauf im Verkehrshäuschen in Kronberg wird für den Sommer über geeignete Kraft gesucht.

4.5. In der nächsten Lebensmittel-Zuteilungsperiode (6. Mai – 2. Juni) wird die Marmelade- und Käseration erhöht. Die Verbraucher können ihre Marken für Marmelade auch in Zukker beziehen (115 gr Zucker für 150 gr Marmelade). Kuchen wird Brotkartenpflichtig. – Die Königsteiner Straße wird ausgebaut. Nachdem im Vorjahr der obere Teil bis zum Falkensteiner Stock gepflastert wurde, erhält nun auch der untere Teil bis zur Innenstadt neue Pflasterung.

9.5. Aus dem Rathaus: Mit Rücksicht auf die zurückgehende Schülerzahl wurde bei der Hermann-Göring-Schule eine Lehrerstelle abgebaut. Die neuen Schulräume im ehemaligen Winterschen Haus wurden zu Beginn des neuen Schuljahres von der Adolf-Hitler-Realschule bezogen.

Inserat der Woche:
Fahnen 3 und 4 Meter lang zu verkaufen.

18.5. Im Reservelazarett Kronberg gastiert eine Tanzgruppe aus Mannheim (In Kronberg gab es im Zweiten Weltkrieg zwei Reservelazarette, die „Gauschulungsburg" – heute „Haus Waldfriede" – und das Kaiserin-Friedrich-Krankenhaus. Im letzteren waren zum Teil erholungsbedürftige Soldaten untergebracht; der Krankenhausbetrieb lief eingeschränkt weiter. Anm.)

Inserat der Woche:
Suche Ferienaufenthalt für 14jährigen Schüler, wo er gleichzeitig Nachhilfeunterricht in Griechisch erhalten kann.

23.5. Mit Rücksicht auf die kriegswichtigen Produktionsarbeiten wird der Fronleichnamstag auf den kommenden Sonntag (26.5.) verlegt. Diese Verordnung gilt im gesamten Großdeutschen Reich, in den angegliederten Ostgebieten und im Protektorat Böhmen und Mähren.

Inserat der Woche:
Hilfe, die zu Hause schlafen kann, gesucht.

5.6. Die „Deutsche Arbeitsfront" (DAF) hat die Rhein-Main-Bühne verpflichten können, in den nächsten Tagen in Kronberg aufzutreten. Gespielt wird die rheinische Komödie „Spalierobst". – Heute um 18 Uhr findet in der Burgkapelle die Beisetzung von Friedrich Carl Landgraf von Hessen statt. Der Schloßherr von Friedrichshof war im Alter von 72 Jahren verstorben. Die Trauerfeier findet heute vormittag in Kassel statt.

Inserat der Woche:
Wahrt die Verdunkelungsdisziplin!

6.6. Auf Schloß Wilhelmshöhe starb im Alter von 72 Jahren S. Kgl. Hoheit Landgraf Friedrich Carl von Hessen. Er erblickte auf Schloß Panker in Holstein das Licht der Welt. Im Januar 1893 heiratete er in Berlin die jüngste Tochter der Kaiserin Friedrich, Margarethe. Am Ersten Weltkrieg nahm er als General der Infanterie teil (er war Chef der 81.er in Frankfurt) und wurde durch einen Lungensteckschuß verwundet, zwei seiner Söhne kehrten aus dem Krieg nicht mehr zurück. Die Trauerfeierlichkeiten für den Landgrafen fanden am 1. Juni statt. Zunächst in der Martinskirche in Kassel, dann wurde der Sarg nach Kronberg übergeführt. Auf Burg Kronberg wurde er beigesetzt. Die Burgkapelle war anschließend für die Bevölkerung geöffnet. Viele Kronberger kamen, um Abschied von dem Landgrafen zu nehmen, der Hausherr von Schloß Friedrichshof und von der Burg Kronberg war. Unübersehbar war die Zahl der Kränze und Blumengrüße aus dem In- und Ausland.

Inserat der Woche:
Handspritzen für den Luftschutz vorrätig!

15.6. Bei der Bademeisterin werden noch Anmeldungen für die Rettungsschwimmerkurse angenommen. – Die Erdbeerernte ist in vollem Gange, bei der Sammelstelle werden täglich 50 bis 60 Zentner der beliebten Früchte angeliefert (Nicht gezählt sind die Erdbeeren, die in Kronberg direkt gehandelt wurden oder die vielen Körbchen, die nach Frankfurt wanderten und unter Arbeitskollegen abgegeben wurden; Anm.).

Inserat der Woche:
Wir kaufen jede Menge frische, kurzgepflückte Kamillen.

20.6. Nach Überwindung der Schwierigkeiten bei der Besetzung des Bademeisterproblems ist unser Schwimmbad nun endlich wieder eröffnet worden. Das Bad kann jedoch nur sonntags ganztägig geöffnet werden, werktags erst ab 13 Uhr.

Inserat der Woche:
Das Jungvolk sammelt am Samstag Teeblätter.

29.6. Das „Jungvolk" sammelt wieder Altpapier. Alle Haushaltungen werden gebeten, dazu beizusteuern, daß auch diese Sammlung wieder ein voller Erfolg wird. – Auch in diesem Sommer helfen alle Studenten und Studentinnen geschlossen den Bauern bei der Ernte. – Auf dem „Felde der Ehre", in Frankreich, fiel der erste Kronberger, Alfred Schrodt.

Inserat der Woche:
Lachende Jugend zu Dir ins Haus! Darum spendet Ferienplätze!

4.7. In diesem Jahr müssen die Kronberger auf ihre Kerb verzichten. Umso mehr werden wir uns 1941 nach dem Sieg und Kriegsende freuen, wenn wieder gefeiert werden kann.

Inserat der Woche:
Kräftiger Schüler zum Gießen gesucht.

13.7. Der Opfertag des Deutschen Roten Kreuzes brachte in Schönberg ein Rekordergebnis. Bei nur 811 Einwohnern kamen 798,74 RM zusammen. – Eine einfache Kühlvorrichtung! Hat man kein Eis und keinen Kühlschrank zur Verfügung, so empfiehlt es sich, einen guten irdenen Blumentopf längere Zeit ins Wasser zu legen und ihn dann über die zu kühlende Speise zu stülpen. Am besten stellt man ihn dann noch in den Windzug.

Inserat der Woche:
Schickt Illustrierte an die Front. Die Soldaten werden Euch dankbar sein!

18.7. Am Samstag findet eine öffentliche Kundgebung der NSDAP statt. Landrat Herrchen spricht über das Thema: „In den Staub mit den Feinden Großdeutschlands".

Inserat der Woche:
Denkt daran! Bei Fliegeralarm wichtige Dokumente und die Lebensmittelkarten mit in den Keller nehmen.

27.7. Die Nickelfünfziger werden ab 1. August aus dem Verkehr gezogen, sie werden nur bis zum 31. August eingelöst.

1.8. Der Haushaltsplan 1940 der Stadt Kronberg schließt mit einer Gesamtsumme von RM 587192,– ab. Die Steuersätze wurden nicht angehoben. – Damit der Viehbestand weiter angehoben werden kann, wurde von einer Erhöhung der Deckgebühren abgesehen. Der Ausbau des Winterschen Hauses ist fast abgeschlossen, die Schüler der Adolf-Hitler-Realschule können bald ihren Einzug halten. Die Einrichtungen der Feuerwehr werden weiter verbessert.

Inserat der Woche:
Flickfrau für sofort gesucht.

10.8. Ein Dorf im Hintertaunus hat das erste „Dorfsippenbuch" in Großdeutschland aufgelegt, geschmückt mit der Odalrune und eingeleitet mit den Worten von Hermann Loens über das „Ewige Bauerntum“. – Bei der Einrichtung von Beheizungen für Luftschutzkeller ist darauf zu achten, daß der Querschnitt der Leitung und die Absicherung des Zählers ausreichen. – Die Schulkinder betätigen sich fleißig im Sammeln von Heil- und Teekräutern, wie Holunder und Taubnesselblüten, Kamillen, Erdbeer-Himbeer- und Brombeerblätter und auch Brennesselblätter. – Mehr und mehr halten sich die Einwohner einige Kaninchen, um die Fleischrationen aufzubessern. Mehr und mehr werden aber auch immer wieder Diebstähle dieser nützlichen Tiere gemeldet. Hier sei noch einmal darauf hingewiesen, daß Diebstähle unter Ausnutzung der Verdunkelung sehr schwer geahndet werden. Unter Umständen kann die Todesstrafe verhängt werden.

Inserat der Woche:
Die Ehre der Soldatenfrauen wird geschützt!

15.8. Es wird darauf hingewiesen, daß für die Dauer des Krieges das Steigenlassen von Drachen aller Art bis auf weiteres verboten ist. – Die Mirabellenernte ist in vollem Gang, bei der Sammelstelle werden täglich bis zu 1000 Zentner dieser beliebten Früchte abgeliefert, sie dienen dazu, die Ernährung unseres Volkes sicherzustellen.

Inserat der Woche:
Im Haushalt anfallende Knochen dem nächsten Schulkind mitgeben!

24.8. Da viele Feuerwehrmänner eingezogen wurden, werden jetzt die Jugendlichen und die älteren Männer zum Löschdienst herangebildet.

Inserat der Woche:
Quartiere für unsere KdF-Urlauber werden gebraucht.

29.8. Im Alter von 75 Jahren starb der ehemalige Rektor der Adolf-Hitler-Realschule Heinrich Schilgen. Er übernahm 1903 die Leitung der damals noch „Höhere Schule“ genannten Lehranstalt, am 1.4.1930 ging er in den Ruhestand.

Inserat der Woche:
Eine ungebrauchte Sitzbadewanne preiswert abzugeben.

11.9. In der letzten Zeit werden viele Felddiebstähle im Schutze der Dunkelheit verübt. Es wird wiederholt darauf hingewiesen, daß solche Straftaten sehr schwer geahndet werden. Wiederholt werden auch Kaninchen aus ihren Ställen entwendet. Viele Mitbürger haben sich Ställe gebaut und wollen so ihre Fleischration – die aber noch immer hoch genug ist – aufbessern.

Inserat der Woche:
Lumpen sind wichtig für die Textil-Wirtschaft! Laßt sie deshalb nicht den Motten zum Fraß, sondern gebt sie an das nächste Schulkind weiter.

12.9. Die Roßkastanien werden reif. Jede Hausfrau kann sie sich nutzbar machen, die ergeben ein gutes Waschmittel. Bei den Sammelstellen werden sie gut bezahlt.

Inserat der Woche:
Fensterputzer sucht Abonnenten.

21.9. Das städtische Schwimmbad ist seit letztem Sonntag wieder geschlossen. Im allgemeinen war die Badesaison sehr kläglich, der Sommer zeigte sich nicht von seiner schönen Seite, er brachte meist kühles und regnerisches Wetter. – Die Mitglieder der verschiedenen Sportvereine Kronbergs trafen sich, um die Vorarbeiten für die Sammlung zum WHW abzuschließen, mehrere Veranstaltungen sollen die Zuschauer anlocken.

Inserat der Woche:
Nimm beim braunen Glücksmann Losbriefe des Kriegshilfswerkes!

26.9. Seit einem Jahr ist die HJ bei der Feuerwehr im Einsatz. Jeden Sonntag morgen ist um 7 Uhr Dienst.

Inserat der Woche:
Ich verleihe Krauthobel.

10.10. Die Stadt Kronberg hat von der Familie Neubronner einen Geländestreifen erworben, der es ermöglicht, den Gehweg in der Frankfurterstraße weiterzuführen. – Das Nachlesen von Kartoffeln nach der Ernte ist nur mit Genehmigung des Besitzers erlaubt. Wer ohne Bescheinigung erwischt wird, hat mit Bestrafung zu rechnen.

Inserat der Woche:
Deine Spende zum Kriegs-WHW ist dein Beitrag zum Sieg.

20.10. Der Jahrgang 1922 wird erfaßt. Die Dienstpflichtigen haben sich auf dem Rathaus zwecks Eintragung in die Wehrstammrolle zu melden.

Inserat der Woche:
„Erweise Dich des Opfers der Soldaten würdig!"

24.10. Mahnung an die Eltern! Kinder gehören bei Dunkelheit nicht auf die Straße. Eltern sollen darauf achten, daß ihre Kinder nach Einbruch der Dunkelheit nicht mehr draußen sind. An Jugendliche unter 16 Jahren dürfen keine alkoholischen Getränke (offen oder in geschlossenen Flaschen) verkauft werden. Jugendlichen unter 18 Jahren ist das Rauchen in der Öffentlichkeit verboten. Polizei und HJ-Streifen sind angehalten, streng auf diese Vorschriften zu achten und Zuwiderhandelnde zur Anzeige zu bringen.

Inserat der Woche:
Mann zum Umstürzen eines Gartens gesucht.

3.11. Die Spielgruppe 2 der Rhein-Main-Landesbühne wird in diesem Winterhalbjahr regelmäßig nach Kronberg kommen.

Inserat der Woche:
Volksgenossen! Meldet der Ortsgruppe, wenn Euer Altpapier nicht abgeholt worden ist!

7.11. Der Rentbach wird zugedeckt. Eine Unfallquelle am unteren Zwinger läßt die Stadt durch Verrohrung es Bachlaufes auf die Länge von etwa 20 m beseitigen. Dadurch soll die Überschwemmungsgefahr gemindert werden.

Inserat der Woche:
Kleines gebrauchtes Füllöfchen gesucht.

17.11. Schlossermeister Wilhelm Küchler aus dem Tal feiert übermorgen seinen 75. Geburtstag. Er ist vielen Kronbergern recht gut bekannt; viele haben ihr Handwerk bei ihm gelernt. Seine Freizeit gehört dem Singen, vor allem im evangelischen Kirchenchor und im Männergesangverein.

Inserat der Woche:
Vergeßt nicht zu verdunkeln!

21.11. Ein Mainzer Sondergericht verurteilte eine 35jährige Frau wegen Vergehens gegen die Verordnung zum Schutze der Wehrkraft. Die Frau hatte ein Verhältnis mit einem französischen Kriegsgefangenen.

Inserat der Woche:
Ab sofort ist abends kein HJ-Dienst mehr (ausgenommen Sonderdienst). Der Dienst wird nur noch sonntags abgehalten.

5.12. Die Einmündung der Bahnhof- in die Frankfurterstraße wird abgerundet und gepflastert. – Der Friedhof wird entlang der Güterbahnhofstraße erweitert.

Inserat der Woche:
Taschenlampen müssen abgeblendet sein. Die Polizeibeamten sind angehalten, nicht abgeblendete Taschenlampen zu beschlagnahmen.

15.12. Für die 18. Zuteilungsperiode gibt es eine Sonderzuteilung von 500 Gramm Zucker, 250 Gramm Hülsenfrüchten und 100 Gramm Butterschmalz.

Inserat der Woche:
Starken Handwagen gegen kleineren zu tauschen gesucht.

19.12. Forstmeister a.D. Valentin, er lebt jetzt in Frankfurt, feiert seinen 75. Geburtstag. Er ist den Kronbergern noch recht gut bekannt. Als Hauptwegewart des Taunusklubs erwarb er sich große Verdienste. (Ihm zu Ehren gibt es auch im Kronberger Wald einen Forstmeister-Valentinspfad).

Inserat der Woche:
Mit einer vorweihnachtlichen Überraschung warteten die Kronberger Gastwirte auf! Der Preis eines Schoppens „Äppelwei's" (0,3 l) wurde von 30 auf 25 Pfg. ermäßigt.

31.12. Zur zweiten Kriegsweihnacht gab es Schnee in Mengen. Trotz der sehr guten Wintersportmöglichkeiten war der Betrieb im Taunus nur mäßig. Auf dem Eisplatz im Park wurde ein Wettbewerb im Eisschießen ausgetragen. Es gelang einer Kronberger Mannschaft, die Frankfurter Konkurrenten mit 66:47 Punkten zu schlagen. – In Oberhöchstadt ist die Maul- und Klauenseuche, die in einigen Ställen ausgebrochen war, wieder erloschen. – Ein Omnibus der Linie Königstein–Eppstein kam von der Fahrbahn ab und rutschte in den Straßengraben; verletzt wurde glücklicherweise niemand. – Die Treppe zwischen dem Bahnhof und der Bahnhofstraße, die einmal vom Arbeitsdienst angelegt wurde, ist wegen Instandsetzungsarbeiten vorübergehend geschlossen. – Zwei Berufsjubiläen werden in Kronberg gefeiert: Prokurist A. Heckenmüller ist seit 40 Jahren bei den „Kronthaler Brunnen" beschäftigt, Elektromeister Fritz Hirsch, Inhaber der Kronberger Lichtspiele, arbeitete seit 40 Jahren bei der Firma Philipp B. Kunz in der Grabenstraße.

Inserat der Woche:
Gebrauchte Kinderüberschuhe gesucht.

1941

2.1. Von den vorhandenen Büchern in der Volksbücherei liegt nunmehr ein Verzeichnis vor. Die Kronberger Bevölkerung hat nun regelmäßig Gelegenheit, sich Bücher aus dem wertvollen und reichhaltigen Bestand auszuleihen. – Das Buch ist der Kraftquell der Nation! – Möge die Kronberger Bücherei recht viele Leser, Besucher und Freunde finden.

Inserat der Woche:
Schickt die Heimatzeitung den Soldaten, sie sind euch dankbar dafür!

12.1. Weiße Weihnacht und weißes Neujahr; auf der Eisbahn im Park wurden wieder Wettkämpfe im Eisschießen ausgetragen – wegen der Verdunkelungsvorschriften natürlich nur am Tage.

Inserat der Woche:
Zwei Ballen Stroh dringend gesucht.

16.1. In der nächsten Zuteilungsperiode gibt es wieder Tee und Bohnenkaffee, die Marmeladeration wird erhöht. – Bei günstigem Wetter wird an die Kronberger Haushaltungen Brennholz abgegeben.

Inserat der Woche:
In der kommenden Woche findet eine große Kundgebung der NSDAP statt. Das Thema des Abends ist: „Vorwärts bis zum Endsieg!“

26.1. Der Winter hat uns noch immer im Griff. Im Taunus herrschen zwar gute Wintersportmöglichkeiten, doch wird das kaum genutzt. – In der Turnhalle fand eine Großkundgebung der NSDAP statt, Thema war „Vorwärts bis zum Endsieg“.

Inserat der Woche:
HJ-Schaftstiefel zu verkaufen.

30.1. Der Schulbeginn wurde im ganzen Reich einheitlich auf den Herbst verlegt. Die Versetzung erfolgt erst zu Beginn der Sommerferien.

Inserat der Woche:
Persönlichkeit zum Korrekturlesen gesucht. Taunus-Anzeiger

9.2. Von zuständiger Stelle wird immer wieder nachdrücklich darauf hingewiesen, daß Personen über 18 Jahre über eine Kennkarte verfügen müssen.

Inserat der Woche:
In den „Kronberger Lichtspielen“ läuft als Wiederholung der Film „Jud Süß“.

13.2. Am Sonntag fanden in Kronberg die 8. Deutschen Eisschießmeisterschaften statt, eine der größten Eisschießveranstaltungen im Reich. 12 Mannschaften hatten gemeldet, den Sieg erkämpften sich die Kronberger Neubronner, Assmann, Leber und Wehrheim.

Inserat der Woche:
Die „Deutsche Bühne für Volkshygiene“ gastiert in Kronberg.

26.2. Das Pflichtjahr für unsere Mädels soll den überlasteten Bäuerinnen und Müttern die notwendige Hilfe bringen, deshalb dürfen die Mädel keine kaufmännischen Kurse, wie Kurzschrift oder Maschinenschreiben während des Pflichtjahres besuchen, andernfalls wird die Anerkennung des Pflichtjahres nicht erteilt.

Inserat der Woche:
Volksgemeinschaft, präg Dirs ein, heißt hilfsbereit und höflich sein.

27.2. Wo an Rainen, Wegen und Waldrändern Holunder steht, lasse man ihn stehen, denn „Holunder tut Wunder“. – Die Stadtverwaltung hat im Berufsschulgebäude an der Hermann-Göring-Straße (Katharinenstraße) eine Zentralheizung einrichten lassen, so daß auch im Winter der Unterricht durchgeführt werden kann.

Inserat der Woche:
Gebrauchter Schulranzen zu kaufen gesucht.

9.3. Auf Befehl des Führers und Obersten Befehlshabers der Wehrmacht dürfen auf die Dauer des Krieges Gebäude bei Neu-, Um- und Erweiterungsbauten nicht mehr hell verputzt werden. Die Außenflächen sind aus Luftschutzgründen dunkel zu halten und der Umgebung anzupassen.

Inserat der Woche:
Der Reichssiedlungshof in Oberursel stellt noch Pflichtjahrmädchen ein. Gesunde und wohlerzogene Mädel sollen sich möglichst schnell bewerben.

13.3. Postmeister Heinrich Christian ist im Alter von 65 Jahren gestorben. Er stand über vierzig Jahre im Dienste der Post. Am 1. April 1934 übernahm er die Leitung des Kronberger Postamtes.

Inserat der Woche:
Karierter Schirmüberzug verloren.

27.3. Jugendliche, die zwischen dem 2. 9. 1922 und dem 1. 9. 1927 geboren sind, erhalten auf Antrag eine Zweitkleiderkarte.

Inserat der Woche:
Ziege gegen Hasen zu tauschen.

6.4. Für Jugendliche gibt es Zusatzkleiderkarten. – In den beiden Reservelazaretten in Kronberg (Kaiserin-Friedrich-Krankenhaus und Villa Mumm, heute Haus Waldfriede Anm.) veranstaltete die NS-Frauenschaft Osterfeiern für die dortigen Soldaten, die bei uns in Kronberg Genesung finden.

Inserat der Woche:
Front und Heimat sparen mit dem Postsparbuch.

10.4. Eine 20jährige Frankfurterin wurde zu 18 Monaten Gefängnis verurteilt, weil sie sich würdelos benommen hat. Sie war im Büro eines großen Werkes tätig und tauschte mit einem in ihrer Nähe beschäftigten französischen Kriegsgefangenen freundliche Blicke. Sie schrieb ihm Briefe und gab ihm sogar belegte Brote. Die Angeklagte benahm sich würdelos und ließ sich durch die wohlmeinenden Warnungen des Betriebsleiters nicht belehren.

Inserat der Woche:
Lumpen sind wichtig für Textilwirtschaft. Laß sie nicht den Motten zum Fraß, gib sie an das nächste Schulkind weiter.

20.4. An verschiedenen Stellen der Stadt wird Sand für Luftschutzzwecke angefahren, der zum Löschen von Brandbomben bestimmt ist. In jedem Stockwerk muß ein Kasten mit Sand bereitstehen.

Inserat der Woche:
Die Heimat dankt der Front! Gib Deinem Blockleiter Deine Buchspende für unsere Soldaten.

24.4. Der Bedarf an Gartenland ist außerordentlich groß. Viele Familien möchten gern ein Gärtchen, und sei es noch so klein, um sich mit Obst und Gemüse selbst versorgen zu können. Das ist wichtig für die Volksversorgung. Laßt deshalb kein Land brach liegen!

Inserat der Woche:
Altstoffe sind Rohstoffe, Sammelt Altpapier! Die Schulkinder nehmen es entgegen.

4.5. Der Himmelfahrttag fällt aus und wird auf den folgenden Sonntag verlegt, desgleichen ist auch der Fronleichnamstag kein Feiertag mehr. Der Kriegseinsatz fordert alle Kräfte, für Feiertage ist keine Zeit. Die Fleischrationen werden in dieser Zuteilungsperiode pro Woche um 100 gr gekürzt.

Inserat der Woche:
Gesunde Kinder sind die Garanten des Nationalsozialistischen Reiches!

8.5. Um allen Einwohnern, die sich noch nicht ausreichende Sandmengen für Luftschutzzwecke beschaffen konnten, zu helfen, hat die Gemeinde Schönberg mehrere Lastwagen Sand anfahren lassen. An der Hindenburgstraße und im Schulhof lagert noch genügend. Jeder Einwohner kann sich unentgeltlich eindecken.

Inserat der Woche:
Kampf dem Verderb!

21.5. Auch zu Pfingsten darf die Deutsche Reichsbahn wegen ihrer kriegswichtigen Aufgaben nicht zu Ferienfahrten oder Vergnügungsreisen benutzt werden.

22.5. Das Friseurgeschäft Krill feiert sein 50jähriges Bestehen. Der Friseur-Altmeister Jakob Krill trat 1884 als Baderlehrling bei dem Heilgehilfen Andreas Weigand auf dem Römerberg ein. Im Lehrzeugnis von Weigand stand noch: Er ist auch mit den Verrichtungen der niedrigen Chirurgie vollständig vertraut. Im Mai 1891 eröffnete Jakob Krill im Hause Adlerstraße 4 sein Barbier- und Friseurgeschäft. Oktober 1893 wurde der Betrieb in die Hauptstraße 33 verlegt. (Dieses Haus wurde um 1908/10 abgerissen). Nach dem Erwerb des Anwesens Eichenstraße 2 befindet sich das Geschäft seitdem im eigenen Hause. Jakob Krill fand neben seiner beruflichen Tätigkeit noch Zeit zum Musizieren. Mit einigen Gleichgesinnten spielte er als „Kapelle Krill“ bei vielen Tanzbelustigungen auf.

Inserat der Woche:
Mutti! Spare Butter und Fett und nimm unseren Brotaufstrich aus Kunsthonigpulver!

1.6. Immer wieder lassen sich unverantwortliche Volksgenossen dazu verleiten, feindliche Sender abzuhören. Sie muß die ganze Härte des Gesetzes treffen, die Sondergerichte verhängen für dieses Verbrechen hohe Zuchthausstrafen.

Inserat der Woche:
Altstoffsammlungen stärken Großdeutschlands Wirtschaftskraft! Gib die Altstoffe Deines Haushalts der Schuljugend mit!

5.6. Die HJ und die Schulen werden auch in diesem Sommer maßgeblich in die Beschaffung von Heil- und Teekräutern eingeschaltet.

Inserat der Woche:
Altstoffsammlungen stärken Großdeutschlands Wirtschaftskraft.

17.6. In den kommenden Tagen finden wieder Aufnahmeuntersuchungen für die Waffen-SS statt, aufgerufen sind die Jahrgänge 1900–1924, Mindestgröße 1,68 m.

Inserat der Woche:
Gesunde Jugend = wehrhaftes Volk!

19.6. Die ausgegebenen Fragebogen zur Feststellung der Fahrräder sind noch nicht restlos der Wirtschaftsstelle zurückgegeben worden. Als letzte Frist zur Rückgabe wurde der 24. Juni festgesetzt, nach diesem Termin werden die Fragebogen kostenpflichtig eingezogen.

Inserat der Woche:
Unser Volk muß wieder ein Volk von Vollfamilien werden. Unser Volk darf niemals sterben!

29.6. Auf Anordnung des Herrn Staatssekretärs für Fremdenverkehr wurde eine neue Satzung erlassen. Hiernach führt der „Kur- und Verkehrsverein“ von jetzt an den Namen „Verkehrsverein Kronberg im Taunus“. – Die Zusatzseifenkarten für Juli, August und September werden ab 7. Juli in der Wirtschaftsstelle im Rathaus ausgegeben.

Inserat der Woche:
Spendet zur Reichs-Spinnstoffsammlung.

3.7. Die Kronberger Kerb wird in diesem Jahr den Zeitverhältnissen angepaßt. Nicht wie sonst auf dem Parkplatz, sondern im Tanzhaus werden einige Buden und ein Kinderkarussell aufgebaut, um vor allem die Kinder zu erfreuen.

Inserat der Woche:
Erweise Dich des Opfers der Soldaten würdig?

13.7. Ein schweres Unwetter richtete gestern große Zerstörung an. Dächer wurden abgedeckt, Bäume entwurzelt, vor allem die Obstbäume erlitten starke Schäden.

Inserat der Woche:
1 Waschtisch mit Marmorplatte und Waschservice zu verkaufen.

21.7. Aus gegebener Veranlassung weist der Reichsbeauftragte für Kleidung und verwandte Gebiete darauf hin, daß es unzulässig ist, auf die Reichskleiderkarte für Frauen Männeroberstoff abzugeben. Ferner sind lange Hosen für Frauen nicht als versorgungswichtig anerkannt, so daß ihre Herstellung nicht statthaft ist.

Inserat der Woche:
Papier und Pappe zu verbrennen ist sinnlos! Beides hat wenig Heizwert – aber größten Altstoffwert! Altpapier dem nächsten Schulkind mitgeben!

27.7. In den Feldern wird die Pflichtspritzung gegen den Kartoffelkäfer durchgeführt. – Der Mädeljahrgang 1923 ist zur Musterung für den Reichsarbeitsdienst aufgerufen. – Mehr Achtung vor dem Brot! Immer wieder muß man beobachten, daß man Getreidefelder nicht betreten soll. Die Eltern sollten ihre Kinder dazu erziehen. Bei den Bauern galt in allen Jahrhunderten die Zerstörung von Getreide als Todsünde. (Die Achtung vor bestellten Feldern hat in unserer Zeit noch mehr nachgelassen. Anm.)

Inserat der Woche:
Schwarze Johannisbeeren kauft jeden Posten Diätkurheim am Aufstieg.

31.7. Die Jugendherbergen, im Frieden errichtet, haben sich auch im Kriege bestens bewährt. Sie sind restlos in den Dienst des Krieges gestellt worden, vor allem zur erweiterten Kinderlandverschickung. Aber auch als Hilfslazarette, Mütterheime und Lager für Maiden und Männer des Reichsarbeitsdienstes.

Inserat der Woche:
Wegen der Kampfhandlungen im Osten sind ab sofort jegliche Tanzbelustigungen untersagt.

10.8. In Schönberg soll ein neues Spritzenhaus für die Feuerwehr gebaut werden. – Die Dienstzeit im weiblichen Reichsarbeitsdienst wird von 6 auf 12 Monate erhöht. Die Arbeitsmaiden werden zum Kriegseinsatz an der Heimatfront herangezogen.

Inserat der Woche:
Unsere Soldaten bewahren uns vor dem Bolschewismus. Darum gebt freudig Eure schönsten Bücher an die Büchersammlung für die Front.

14.8. Am Donnerstag wird durch den Reichsluftschutzbund auf dem Parkplatz an der Turnhalle die Bekämpfung feindlicher Brandbomben vorgeführt, wozu die Bevölkerung eingeladen ist.

Inserat der Woche:
Volle Kornkammern sind die Waffen der Heimat! Schützt die Ernte vor Brandgefahr!

24.8. Der Obertaunuskreis bewilligt für Obstbäume, die an Stelle der durch das Unwetter im Juli beschädigten Obstbäume gepflanzt werden, eine Entschädigung. Nähere Auskunft im Rathaus.

Inserat der Woche:
Tausche großen gegen kleinen Handwagen.

28.8. Durch Erlaß des Führers erfährt der Reichsarbeitsdienst der weiblichen Jugend eine erhebliche Erweiterung. Zunächst wird die Gesamtstärke erhöht und die Dienstpflicht von sechs auf zwölf Monaten verlängert. Die längere Dienstzeit soll vor allem in kriegswichtigen Betrieben oder bei der Wehrmacht abgeleistet werden.

Inserat der Woche:
Immer daran denken, daß der Dachboden entrümpelt bleibt!

7.9. Am kommenden Mittwoch wird die Kastanienernte auf den städtischen Grundstükken versteigert. – Wie bereits bekannt, soll die Sommerzeit, da sie sich so gut bewährt hat, in den Wintermonaten beibehalten werden. (Doch man kam schnell darauf, daß mit dieser Methode nichts eingespart wurde, denn nun wurde es morgens erst gegen 9.30 Uhr hell, an trüben Tagen noch später, da war der Berufsverkehr vorbei, die Läden brauchten den Strom, den sie abends einsparten, dann in den Morgenstunden. Im nächsten Herbst ging man wieder zur „guten, alten Winter bzw. Normalzeit“ über. Anm.)

Inserat der Woche:
Brandschaden ist Landschaden!

11.9. Der Ankauf von frischem Obst durch den Verbraucher unmittelbar bei dem Erzeuger ist durch eine Anordnung des Herren Reichsministers für Landwirtschaft und Forsten verboten worden.

Inserat der Woche:
Nehme aus geordnetem Haushalt Wäsche zum Ausbessern an.

21.9. Denkt daran, Papier und Pappe nicht zu verbrennen, sondern sie der Altstoffsammlung zuzuführen! Am nächsten Wochenende sammeln die Sportvereine für das Kriegs-Winterhilfswerk. Sie haben sich einige Überraschungen einfallen lassen.

Inserat der Woche:
Neuer 6-Röhren-Radioapparat billig zu verkaufen.

25.9. Die Sommerzeit hat sich so gut bewährt, daß sie auch im Winterhalbjahr beibehalten wird (schön wärs!) die Uhren werden nicht zurückgestellt.

Inserat der Woche:
Wir kaufen jede Menge frischer und getrockneter Hagebutten zu guten Preisen.

8.10. In der kommenden Woche werden die Reichsverbilligungsscheine für Fett und Margarine ausgegeben. – Die Firma Johann Kunz Söhne feierte ihr 50jähriges Geschäftsjubiläum.

Inserat der Woche:
Altpapier gehört nicht in den Ofen! Du hilfst den deutschen Wald zu erhalten, wenn Du es einem Schulkind mitgibst.

9.10. Mit Beginn des neuen Schuljahres hat der Reichserziehungsminister eine wichtige Neuerung im Schulunterricht eingeführt. Die Deutsche Normalschrift! Sie ist nunmehr alleinige Schreibschrift und löst die bisher übliche Sütterlin-Schrift ab. (Die Sütterlin-Schrift wurde 1915 in Preußen und dann auch in den anderen deutschen Ländern als bindend eingeführt. Ludwig Sütterlin (1865–1917) war Graphiker und Pädagoge. Er schuf die Schrift, die nach ihm benannt wurde. (Anmerk. d. Red.)

Inserat der Woche:
Landarbeit hilft siegen. Meldet euch zum Ernteeinsatz!

19.10. Neubestellungen auf Volksgasmasken werden am Freitag nachmittags im Parteiheim, Wilhelm-Gustloffstraße 26, angenommen.

Inserat der Woche:
Schwarze Schuhe Gr. 37, mit hohem Absatz gegen ebensolche mit flachem Absatz zu tauschen gesucht.

23.10. Auch der zweite Eintopfsonntag für das Kriegs-WHW dürfte wieder zu einem großen finanziellen Erfolg werden. Die Heimat will und wird zeigen, daß auch sie mit ihren Kräften zum Endsieg beiträgt.

Inserat der Woche:
Den Kämpfern für den Sieg gebührt das Opfer der Volksgemeinschaft.

6.11. Der Bußtag 1941 wird auf den vorhergehenden Sonntag verlegt. An diesem Tag dürfen zwischen 6 und 15.30 Uhr keine sportlichen Veranstaltungen, keine Unterhaltungsmusik und keine Umzüge abgehalten werden.

Inserat der Woche:
Brandschaden ist Landschaden.

16.11. Das Landesernährungsamt hat angeordnet, daß montags, mittwochs und samstags in den Gaststätten die Kartoffeln nur in Form von Pellkartoffeln verabreicht werden dürfen.

Inserat der Woche:
Neue Sachen sind jetzt rar, drum färb die alten selbst und spar!

20.11. In den Wintermonaten wird die Nachfrage nach Batterien für Taschenlampen ansteigen. Es ist trotzdem davon Abstand genommen worden, Bezugsscheine an die Bevölkerung auszugeben. Batterien gibt es gegen Vorweisung der Hülse und Ablieferung der alten Batterie.

30.11. Im Alter von 75 Jahren verstarb vor wenigen Tagen der altbekannte Kronberger Johann Christian Heinrich Kunz, Seniorchef der Firma Johann Kunz Söhne.

Inserat der Woche:
Schaukelpferd zu kaufen gesucht.

4.12. Vom 1. Dezember ab muß im Reichsgebiet bei Schließung einer Ehe eine Eheunbedenklichkeitsbescheinigung von jedem Verlobten beigebracht werden. Durch die Bescheinigung hat das Gesundheitsamt zu erklären, daß keine Bedenken gegen eine Ehe bestehen, daß in den Familien der Verlobten keine Erbkrankheiten vorkommen.

Inserat der Woche:
Dem besten Soldaten der Welt die beste Verpflegung! Drum spende reichlich bei der Sammlung „Flaschen für unsere Wehrmacht!" Die leeren Flaschen sollen, wohlgefüllt, an die Front, um den Soldaten zu helfen, den Winter zu besiegen.

14.12. Der Bürgermeister von Schönberg hat an sechs Stellen Sand für Luftschutzzwecke anfahren lassen. Zu Weihnachten werden keine Zusatzzüge von der Reichsbahn eingesetzt. Die Reisezüge sollen vor allem den Soldaten vorbehalten bleiben.

Inserat der Woche:
Ein Volksempfänger im Tausch gegen eine Ziehharmonika gesucht.

18.12. Der Führer hat uns aufgerufen, wieder einmal zu beweisen, daß die Front sich auf die Heimat verlassen kann. Gesammelt werden warme Wintersachen und Skier für unsere Soldaten, die in Rußland in Eis und Schnee für uns kämpfen. Jeder Spender erhält eine Quittung.

Inserat der Woche:
Wir haben zu Hause viele Möglichkeiten zur Entspannung, darum spenden wir unsere Grammophon-Apparate und Schallplatten unseren Soldaten.

30.12. Die Mitnahme von Skiern auf öffentlichen Verkehrsmitteln ist verboten, ausgenommen sind nur HJ-Mitglieder, die sich in vormilitärischer Ausbildung befinden.

Inserat der Woche:
Zeigt Euch dem Opfer unserer Soldaten würdig und spendet Eure Skier der Wehrmacht.

Die Zeitung ist das einzige Blatt, das man vor den Mund nehmen sollte.

1942

4.1. Es wird wiederholt dazu aufgerufen, die Skiausrüstungen der Wehrmacht zur Verfügung zu stellen. – Im ersten Vierteljahr 1942 kommt kein Speiseöl zur Verteilung, als Ersatz gibt es ausschließlich Margarine.

Inserat der Woche:
Sorge auch Du für die Soldaten im Osten! Deine Wollsachen schützen sie vorm Kältetod, und Du leistest Deinen Beitrag zum Endsieg!

15.1. In allen Gaststätten muß künftig montags und donnerstags während des ganzen Tages ein Feldküchen- oder Eintopfgericht einfachster Art auf der Speisekarte stehen. Dafür dürfen höchstens 50 gr. Fleisch und 10 gr. Fettmarken angenommen werden. – Die strenge Kälte hält unvermindert an.

Inserat der Woche:
Heraus mit dem letzten Ski! Deine Gabe ist ein wichtiger Beitrag zum Endsieg!

18.1. In der Nähe der „Rübezahleiche" verunglückten sechs junge Rodler schwer. Sie waren mit ihren zusammengebundenen Schlitten gegen eine Telegraphenstange gefahren. Zwei Personen wurden verletzt. – Die Kälte hält weiter an, wir haben einen außergewöhnlich strengen Winter.

Inserat der Woche:
Die Front braucht noch mehr Skier! Wer seine Skier noch nicht abgegeben hat, tut das jetzt, ohne Ausnahme und sofort!

29.1. Die Kälte hält unvermindert an. Der Winter zeigt sich außergewöhnlich streng mit viel Schnee! In der Nähe des Fuchstanz verunglückten mehrere junge Leute beim Rodeln. Drei Rodler mußten schwerverletzt ins Höchster Krankenhaus eingeliefert werden. Ein 16jähriger erlag seinen Verletzungen.

Inserat der Woche:
Verkauf auf Nummer 500–600 bei der Fisch-Ecke, Tanzhausstraße 17, Schüssel mitbringen.

1.2. Wegen Mangels an Heizmaterial schließen die Städtischen Bühnen in Frankfurt bis zum Frühjahr. – Der frühere Besitzer des „Schützenhofes", Herr Georg Lorenz, Wilhelm-Gustloff-Straße 8b (Wilhelm-Bonn-Straße), feierte seinen 90. Geburtstag. Er bewirtschaftete das Hotel und Gasthaus von 1885 bis 1912.

Inserat der Woche:
„Kautsch oder Büfett zu kaufen gesucht".

12.2. Der Krieg hat auch die Kleingärtner vor große Aufgaben gestellt. Sie können ihren Beitrag zum Siege des Vaterlandes leisten, indem sie durch intensive Bewirtschaftung auch der kleinsten Scholle mithelfen, Deutschlands Ernährungslage zu sichern.

Inserat der Woche:
Kautsch oder Büfett zu kaufen gesucht. (Man bemühte sich krampfhaft Fremdwörter „einzudeutschen")

15.2. Jugendliche zwischen 13 und 18 Jahren erhalten auf Antrag eine Zusatzkleiderkarte mit 20 Punkten und Berechtigungsscheine für je ein Paar Strümpfe oder Socken.

Inserat der Woche:
Dienstag ab 16 Uhr Ausgabe von Kronsardinen. Fisch-Ecke, Tanzhausstraße 17.

26.2. Ab 1. März werden die Kupfermünzen aus dem Verkehr gezogen. Bis zum 30. April werden sie bei den Banken noch in Zahlung genommen. Es verschwinden die 2-Pf.-Münzen. 1-Pf.–, 5-Pf.– und 10-Pfennigstücke aus Zink geprägt sind die gültigen Zahlungsmittel.

Inserat der Woche:
Putzfrau für den NSV-Kindergarten gesucht.

1.3. Der Feldberggipfel mit einer Fläche von rund 6 Hektar einschließlich des alten Feldbergturmes und des Brunhildisfelsens ist in das Eigentum der Stadt Frankfurt übergegangen.

Inserat der Woche:
Die bestellten Luftschutzpistolen sind eingetroffen und können abgeholt werden.

12.3. Der Reichsernährungsminister gibt bekannt, daß in der nächsten Zuteilungsperiode die Inhaber der rosa Nährmittelkarten (Normalverbraucher) als Sonderzuteilung 1 Dose Kondensmilch (170 gr) erhalten.

Inserat der Woche:
Schont die Weidenkätzchen! Die Bienen danken es! Die Obstbäume liefern reicheren Ertrag!

14.3. In der Lebensmittelversorgung gibt es Kürzungen. Normalverbraucher erhalten statt bisher 2250 Gramm Brot jetzt 2000 Gramm pro Woche; statt bisher 269 Gramm Fett gibt es jetzt 206 Gramm und statt 400 Gramm Fleisch nur noch 300 Gramm.

Inserat der Woche:
Glucke leihweise abzugeben.

26.3. Neue Lehrgänge in der Gau-Bräuteschule! Wenn unsere Soldaten von der Front nach Hause kommen, dann wird es ihnen eine besondere Freude sein, ihre junge Frau oder Braut mit neuen Kenntnissen und Fähigkeiten für die Haushaltsführung gerüstet anzutreffen. Was sie sich in einem Lehrgang der Gau-Bräuteschule angeeignet haben, wird für ein ganzes künftiges Leben ein kostbarer Besitz sein. Für den nächsten Kurs im April werden noch Anmeldungen angenommen.

Inserat der Woche:
Radio Volksempfänger gegen elektrischen Kocher zu tauschen gesucht.

28.3. Die Reichsstelle für Kohle weist darauf hin, daß bei Einsetzen frühlingshaften Wetters die Beheizung der Räume rechtzeitig eingestellt werden muß. Wer seinen Kohleverbrauch herunterdrückt, spart für den nächsten Winter und ist ein Helfer am Siege.

Inserat der Woche:
Verdunkeln kann man nie zuviel! Licht ist das beste Bombenziel!

9.4. Der Reichsminister für Volksaufklärung und Propaganda gibt bekannt: Im Hinblick auf die vordringlichen Aufgaben der Deutschen Reichsbahn muß der zivile Reiseverkehr auf das Mindestmaß eingeschränkt werden. Jede nicht notwendige oder ausreichend begründete Reise ist zu unterlassen. Reisende, die diesen Anordnungen zuwiderhandeln, haben Strafe, bei schweren Verstößen Überführung in ein Konzentrationslager zu erwarten.

Inserat der Woche:
Spare „eisern" jetzt im Krieg, kaufen kannst Du nach dem Sieg.

11.4. Die erste „Grüne Sosse" ist zu haben. Wegen des langen und strengen Winters können die Gärtner erst jetzt die unentbehrlichen Kräuter für das Frankfurter Nationalgericht, das wir Kronberger genau so gerne essen, anbieten.

Inserat der Woche:
Wirf Deine Zeitung, wenn Du sie gelesen hast, nicht weg, sondern schicke sie einem Soldaten an die Front. Er ist Dir bestimmt dankbar dafür.

22.4. Trotz des Krieges wird das Sparen für den KdF-Volkswagen ungehindert fortgesetzt. Zwar wird der angesparte Wagen erst nach dem Kriege zur Auslieferung gelangen. Um aber den Kontakt schon jetzt zu schaffen, hat das VW-Werk ein Handbuch herausgegeben, damit können sich die Sparer mit ihrem künftigen Wagen vertraut machen. Inzwischen bewähren sich die Geländewagen mit den VW-Motoren an allen Fronten.

Inserat der Woche:
Unterstützt die Deutsche Reichspost durch einwandfreie Anschriften!

25.4. Brandbomben auf Straßen und Plätzen sind erst dann zu bekämpfen, wenn die benachbarten Wohnhäuser nach eingefallenen Brandbomben gründlich abgesucht wurden. Die Bevölkerung wird wiederholt daran erinnert, daß die Bestände an Sand zur Brandbombenbekämpfung ständig aufgefüllt werden müssen.

Inserat der Woche:
Weißes, vorjähriges Huhn entlaufen.

7.5. Zwecks Anlegung der Pflicht-Stammrolle werden alle weiblichen Personen des Jahrgangs 1924 erfaßt (auch Verheiratete, Verwitwete, Geschiedene und sonstige Personen, die gegebenenfalls nach den geltenden Vorschriften nicht zum RAD herangezogen werden.)

Inserat der Woche:
Volksgenossen! Werdet nicht leichtsinnig, begebt Euch bei Fliegeralarm unverzüglich in den Luftschutzraum.

9.5. Im Alter von 64 Jahren verstarb der Wirt des Gasthauses „Zu den drei Rittern", Adolf Buhlmann. Er war in Kronberg bekannt und beliebt. Er saß lange Jahre im Aufsichtsrat der Volksbank, war Mitglied der Freiwilligen Feuerwehr und einer Reihe anderer Vereine. – Der Langewiesche Verlag in Königstein feiert sein 40jähriges Bestehen. In Düsseldorf gegründet, siedelte die Firma 1913 nach Königstein um.

Inserat der Woche:
Hausfrauen! Geht sparsam mit Papier um und sammelt das Altpapier!

21.5. Anläßlich des Muttertages veranstaltete die NSDAP Ortsgruppe Kronberg eine würdige Feierstunde. Drei Müttern wurde das Ehrenkreuz der Deutschen Mutter verliehen.

Inserat der Woche:
Mehrere Barackenwarte gesucht! Gemeinschaftslager Motorenfabrik Oberursel.

23.5. Der älteste gebürtige Kronberger, Balthasar Weidmann, starb vor einigen Tagen im Alter von 91 Jahren. Er betrieb früher gegenüber der Apotheke (Adolf-Hitler-Straße 25) ein Kurzwarengeschäft, das bei den Kronbergern sehr gesucht war, dann handelte er mit Obst.

Inserat der Woche:
Schützt den deutschen Wald! Unterlaßt das Rauchen!

4.6. Im Alter von 69 Jahren verstarb der Polizeihauptwachtmeister a.D. Heinrich Jung. Er war jahrzehntelang im Dienste der Stadtverwaltung und hat sich als gewissenhafter und gerechter Polizeibeamter allseitiger Achtung erfreut.

6.6. Die Stadtverwaltung teilt mit, daß jede Verunreinigung von Bachläufen, der Bachbette, der Ufer und Böschungen bestraft wird. Grundstücksanlieger werden besonders auf diese Bestimmungen hingewiesen.

Inserat der Woche:
Kartoffelkäferfunde müssen sofort der Polizei gemeldet werden.

18.6. Zwei Jungen fanden im hiesigen Steinbruch, wo sie Molche fangen wollten, eine Sprengkapsel mit Zündschnur, die sie mitnahmen. Zu Hause zeigte der eine seinem älteren Bruder den Fund. Er brachte im Garten die

Kapsel zur Entzündung, dabei riß ihm der Sprengkörper vier Fingerspitzen der linken und Glieder von zwei Fingern der rechten Hand ab.

Inserat der Woche:
Das Kronberger Waldschwimmbad ist ab Pfingsten geöffnet.

2.7. Nach den gemachten Erfahrungen genügt der in den Häusern bereitgestellte Sand nicht, um schnell und erfolgreich Brandbomben bekämpfen zu können. Überprüft und ergänzt darum Eure Sandvorräte!

Inserat der Woche:
Junge Hühner gegen einjährige Ziege zu tauschen gesucht.

4.7. Es wird darauf hingewiesen, daß die Bestimmungen über den Verkehr von Obst und Gemüse unbedingt einzuhalten sind. Auch innerhalb der Gemeinden darf Obst und Gemüse von den Erzeugern nicht frei verkauft werden. (Es wurde meist getauscht. Anm.)

Inserat der Woche:
Der Sieg wird Deutschlands Zukunft sichern. Bringe auch Du Dein Opfer!

16.7. Die bekannte Schreinerei Henrich in der Mauerstraße beging ihr 100jähriges Jubiläum. Der Gründer Johann Nikolaus Henrich eröffnete 1842 das Geschäft in der Tanzhausstraße Nr. 12, nachdem er sich nach Nassauischem Recht die Erlaubnis erwirkt hatte. Seine beiden Söhne Adam und Andreas führten die Schreinerei weiter, die jetzt in der 3. Generation von Meister Andreas Henrich, der in seinem 76. Lebensjahr steht, betreut wird.

18.7. Fett gehört zu den wichtigsten Nahrungsmitteln. Fett braucht der Soldat an der Front, der Schaffende in der Heimat zur Erhaltung seiner Kampfkraft. Deshalb muß der Ölfruchtanbau verdoppelt werden. – Die Reichsfrauenführerin Scholtz-Klink ruft alle Frauen auf, ihren Sommerurlaub in der Erntehilfe zu verbringen. Die Landfrauen sollen im Haushalt, im Garten, beim Einmachen unterstützt werden.

Inserat der Woche:
Stoff-Lumpen auf keinen Fall verbrennen, weil sie der Wirtschaft nutzen können.

30.7. Die zu beladenen Güterwagen werden dem Verlader vom Ladeschaffner zugewiesen. Eigenmächtiges Beladen von Wagen stört die planvolle Wagenverteilung und muß unterbleiben, denn „Räder müssen rollen für den Sieg!"

Inserat der Woche:
Kartoffelkäferfunde sind sofort der zuständigen Polizei-Behörde zu melden.

1.8. In den Abendstunden des letzten Freitag brach in der Scheune der Gärtnerei Kehler in Schönberg ein Brand aus. Die Ortsfeuerwehr konnte das Feuer nach einstündigem Einsatz in harter Arbeit auf seinen Herd beschränken. Vernichtet wurden der Dachstuhl und der Heuvorrat.

Inserat der Woche:
Helft Flaschen sparen! Leere Arzneiflaschen werden von der Apotheke angenommen.

13.8. Am Mittwoch wird die diesjährige Flachsernte durchgeführt. Die Schüler der Klassen 4, 5 und 6 der Adolf-Hitler-Oberschule sowie die Schüler des 7. und 8. Schuljahres der Hermann-Göringschule nehmen daran teil. Antreten 8 Uhr vor dem Schulgebäude.

Inserat der Woche:
Der Sieg wird Deutschlands Zukunft sichern! Bring auch Du Dein Opfer!

15.8. Die Mädel des Jahrganges 1924 werden zum RAD (Reichsarbeitsdienst. Anm.) eingezogen. Die jungen Männer des Jahrganges 1925 werden für die Wehrmacht gemustert.

Inserat der Woche:
Nutzen Sie das Backpulver besser aus mit zeitgemäßen Rezepten.

27.8. Der Reichsminister für Ernährung und Landwirtschaft veröffentlicht einen Erlaß, wonach selbstgesammelte Pilze und Wildfrüchte nicht ablieferungspflichtig sind.

Inserat der Woche:
Portemonnaie mit Geld und Fischkarten verloren.

30.8. Das erste Halbjahr 1942 verbuchte das Standesamt Oberhöchstadt (zu dem auch Schönberg gehörte) vier Geburten, fünf Eheschließungen und sechs Sterbefälle.

Inserat der Woche:
Kartoffelreibmaschine zu kaufen gesucht.

10.9. Der Reichsminister für Wissenschaft, Erziehung und Volksbildung hatte angeordnet, daß auch in den Sommerferien die Heilkräutersammlungen verstärkt fortgesetzt werden sollten. Auch die hiesige Hermann-Göringschule (Volksschule) hatte eine 14tägige Sammelaktion durchgeführt. Die fünf besten Sammlerinnen wurden besonders ausgezeichnet.

Inserat der Woche:
Stoff-Lumpen keinesfalls verbrennen, weil sie der Wirtschaft nutzen können.

12.9. Jetzt ist es wieder an der Zeit, daran zu erinnern, daß das Obst auf den Bäumen der Landstraßen keineswegs herrenlos, sondern verpachtet ist. Wer also widerrechtlich das Obst aberntet, macht sich strafbar.

Inserat der Woche:
Wer jetzt unnötig verreist, hilft dem Feinde!

24.9. Die NSV eröffnet in dem Parteiheim Wilhelm-Gustloffstraße (Wilh.-Bonn-Str.) einen zweiten Kindergarten. Der bisherige in der Steinstraße hat sich als nicht ausreichend erwiesen, wird jedoch weiter fortgeführt. (Den Kindergarten in der Wilhelm-Bonn-Straße übernahm 1945 die katholische Kirchengemeinde. Bei dem Kindergarten in der Steinstraße handelt es sich um die „Kleinkinderschule" der evangelischen Gemeinde, die 1979 ihr 100jähriges Bestehen feierte. Sämtliche konfessionellen Kindergärten wurden 1941 von der Partei übernommen. Auch in Kronberg mußte man schweren Herzens diesem Befehl folgen. Die Leiterin, Schwester Luise, arbeitete bis zum Kriegsende als Pfarrsekretärin und konnte 1945 wieder in ihr altes Amt zurückkehren.)

Inserat der Woche:
Habe einige halbe Tage in der Woche frei zum Obstpflücken.

26.9. Am 20. September war das Schwimmbad zum letzten Mal geöffnet. Die Tage werden kürzer und schon gab es die ersten Zusammenstöße von Fußgängern während der Verdunkelung. Es ist ratsam, sich nach der Polizeivorschrift, „rechts gehen", zu richten.

Inserat der Woche:
Industriewerk sucht Krankenkontrolleur.

8.10. Am Sonntag vormittag findet eine Feierstunde der NSDAP statt, in der die 18jährigen aus HJ und BDM in die Partei aufgenommen werden. – Es ist heute ein dringendes Erfordernis, daß die Kraftwagenfahrer die Reifen schonen. Wer das nicht tut und leichtfertig damit umgeht, macht sich strafbar.

Inserat der Woche:
Sichere Arbeit sichert den Sieg! Laß Dich nicht von Deiner Arbeit ablenken!

12.10. In unseren Taunuswäldern tragen in diesem Jahr die Edelkastanien reiche Frucht. Leider kann man immer wieder beobachten, daß Jugendliche mit Stücken die Früchte von den Bäumen schlagen. Das hat zur Folge, daß die wertvolle Ernte gemindert wird.

22.10. In den Kinos läuft der erste deutsche Farben-Großfilm an. „Frauen sind doch bessere Diplomaten" mit Marika Rökk und Willy Fritsch.

Inserat der Woche:
81% des Papiers besteht aus Holz. Sammelt Altpapier! Ihr schont den deutschen Wald!

24.10. Sammelt Bucheckern! Für die abgelieferte Menge gibt es eine Bescheinigung. Für 15 Kilogramm erhält man 1,5 Kilogramm Öl.

Inserat der Woche:
Hast Du schon Dein Altpapier zusammengetragen? Auch Dein Beitrag ist wichtig für die Kriegsindustrie.

5.11. Die Normalzeit ist wieder eingeführt. Die Erfahrungen der letzten beiden Jahre haben gezeigt, daß die „Sommerzeit" eben nur im Sommer Einsparungen einbringt. Während der Wintermonate werden in den Morgenstunden die Stromersparungen der Abende wieder ausgeglichen. – Die Stock- und Schirmgriff-Industrie darf für das Inland nur noch solche Stöcke herstellen, die für das Ausland bestimmt sind. Spazierstöcke werden nicht mehr produziert.

Inserat der Woche:
Den Hausfrauen ist die wichtige Aufgabe gestellt, alle Küchenabfälle zu sammeln und dem Ernährungs-Hilfswerk zum Nutzen der Volksernährung zu geben. Darum – deutsche Hausfrau – alle Küchenabfälle dem EHW.

10.11. Die Luftschutzeimer müssen stets sauber sein. Das Wasser in den Eimern und Kübeln muß öfter erneuert werden.

Inserat der Woche:
Knabenstiefel und -halbschuhe Gr. 38 gegen ebensolche Gr. 40–41 zu tauschen gesucht.

19.11. Der Kampf gegen Verdunkelungssünder wird verstärkt. Die Polizei kann in Zukunft anordnen, daß neben der Bestrafung der Betreffenden vorübergehend der Strom gesperrt wird. – Bei der 3. Reichsstraßensammlung des Kriegs-WHW ist wieder Gelegenheit geboten, alte außer Kurs gesetzte Kupfer- und Nickelmünzen auf bequeme Art loszuwerden.

Inserat der Woche:
Gute luftgetrocknete Bucheckern können jeden Mittwoch von 14–16 Uhr in der Hermann-Göringschule abgeliefert werden. Mindestmenge 11 Pfund. Berlepp, Rektor, als Sammelleiter.

21.11. Eine markante Persönlichkeit des Rhein-Mainischen Wirtschaftslebens, unser Mitbürger Kommerzienrat Adolf Häffner beging seinen 80. Geburtstag. Seine Familie erwarb 1883 ein Haus in der Königsteiner Straße. 1934 ließ er es abreißen und an seiner Stelle ein modernes Wohnhaus errichten.

Inserat der Woche:
Zur Führung meines Altersheims im Taunus wird eine sehr energische und resolute Krankenschwester gesucht.

3.12. Im Reiseverkehr dürfen keine Skier mitgeführt werden. Auch als Gepäck oder Expressgut, als Frachtgut usw. dürfen sie nicht befördert werden. Skier gehören zu unseren Soldaten in Rußland und Finnland!

Inserat der Woche:
Am Donnerstag habe ich meine Fettkarte verloren. (Firmenstempel Ludwig Anthes). Der ehrliche Finder wird gebeten, dieselbe dort abzugeben.

5.12. Die Stadt richtet für auswärtige Schüler der Adolf-Hitler-Realschule in der ehemaligen „Pension Wilhelm", Altkönigstraße, ein Wohnheim ein.

Inserat der Woche:
Licht aus! Denn Licht ist das sicherste Bombenziel!

17.12. Die Gattin des bekannten Landchaftsmalers Nelson Kinsley, Frau Luise geborene Burger konnte ihren 80. Geburtstag begehen. Als Tochter des Altmeisters der Kronberger Malerkolonie, Anton Burger, bewahrt sie einen großen Erinnerungsschatz aus jenen Tagen. Die Jubilarin erfreut sich ob ihres aufrichtigen Wesens großer Beliebtheit.

Inserat der Woche:
Kohle ist der Schlüssel zum Sieg.

19.12. In den ersten Tagen des Januar 1943 wird mit der Ausgabe der 4. Reichskleiderkarte begonnen. Sie gilt für Januar bis Juni. Frauen und Mädchen erhalten für diese Zeit auf die Karte 8 Paar Strümpfe, Männer 7 Paar.

Inserat der Woche:
Gute Zahnpflege ist erst recht im Kriege nötig.

31.12. In Gemeinschaft mit der Wehrmacht führte die Ortsgruppe der NSDAP eine wohlgelungene Weihnachtsfeier für die Soldaten des Reserve-Lazaretts in der Gauschulungsburg (heute Waldhof) durch. Im Mittelpunkt der Feier stand die Rede des Ortsgruppenleiters. Die kraftvollen Ausführungen, in denen er den natürlichen Wandel alles Werdens aus Nacht zum Licht aufzeigte, gipfelten in dem Dank an unsere Soldaten für ihren heldenhaften Einsatz an den Fronten.

Inserat der Woche:
Wir wollen diesen Winter vereint besiegen, heizt Zimmer, die übereinander liegen.

1943

2.1. Wegen der Vorbereitungen zur Ausgabe der 4. Reichskleiderkarte bleibt die Wirtschaftsstelle im Rathaus bis auf weiteres geschlossen, mit Ausnahme bei Trauerfällen.

4.1. Die guten alten Fenstermäntel kommen wieder zu Ehren. Sie werden überall wieder hervorgeholt, denn sie helfen, Heizmaterial zu sparen. Während der Wintermonate sind sie unentbehrlich. – Es muß Wasser gespart werden, deshalb schließt die Badezimmer, bis sich die städtischen Hochbehälter wieder gefüllt haben. Denkt immer daran: Gemeinnutz geht vor Eigennutz!

Inserat der Woche:
Wer stellt mir für die Dauer des Krieges seinen Fernsprechanschluß gegen Abfindung zur Verfügung?

14.1. Das Baugeschäft Wilhelm Borsch in der Heinrich-Winter-Straße feiert sein 40jähriges Jubiläum. Maurermeister Borsch stammt aus Mammolshain. Er wurde schnell in Kronberg bekannt und fand hier viel Arbeit vor. Er war für Qualität bekannt. In Kronberg gibt es hierüber ein geflügeltes Wort: „Was de Borsch mächt, des is gemacht!"

Inserat der Woche:
Beim Rundfunkhören sei ganz Hörer! Wenn nicht, dann sei kein Stromverzehrer! Schalte das Radio ab, wenn Du nicht zuhörst!

16.1. Die Ortsgruppe der NSDAP bittet erneut darum, alle Zeitungen und Zeitschriften den Lazaretten zur Verfügung zu stellen. (Kronberg hatte zwei Lazarette, das Kaiserin Friedrich-Krankenhaus und die Villa Mumm, die „Gauschulungsburg").

Inserat der Woche:
Rechtzeitig verdunkeln! Aber auch rechtzeitig entdunkeln, um Strom zu sparen!

28.1. Zum 10. Jahrestag der Machtübernahme findet eine öffentliche Morgenfeier im „Frankfurter Hof" statt. Hierzu sind alle Volksgenossen eingeladen. Im Treubekenntnis zu dem Manne, dem wir alles verdanken, wollen wir uns alle vereinen.

Inserat der Woche:
Wer tauscht neue bunte Bettbezüge gegen weiße?

30.1. Auch die Reichsbahn spart Kohle! Die Heizungen in den Zügen werden auf sehr niedrige Temperaturen eingestellt. Wer eine längere Fahrt unternehmen will, sollte sich warm anziehen. Räder müssen rollen für den Sieg!

Inserat der Woche:
Trächtige Ziege gegen Schlachtziege zu tauschen gesucht.

11.2. Die Wehrmachtsdienststellen geben bekannt, daß die Angehörigen der Stalingradkämpfer vorerst von Anfragen absehen sollten. Die Ermittlungen sind im Gange und nehmen längere Zeit in Anspruch, sodaß Auskünfte über das Schicksal einzelner Soldaten noch nicht gegeben werden können. Zum 15. Februar werden die Schüler der Jahrgänge 1926/27 der höheren Schulen zum Kriegseinsatz als Luftwaffenhelfer in ihre Ausbildungslager einrücken. Der Einsatz der Jungen erfolgt klassenweise in der Umgebung ihres Heimatortes.

Inserat der Woche:
Legehühner, auch einzeln, von Wehrmachtsstelle zu kaufen gesucht.

13.2. Jetzt hätte eigentlich Prinz Karneval das Sagen. Doch nach dem Endsieg wird die Fassenacht umso schöner.

Inserat der Woche:
Tausche komplette Küche oder nur Gasherd gegen neuwertige Kautsch.

25.2. Ab sofort ist der Verkauf von Gemüsesamen freigegeben. Zum Einkauf ist ein Kontrollausweis erforderlich, der Angaben über die Größe der gemüsebaulichen Nutzfläche enthält. – Bei der diesjährigen Gartenbestellung ist es von großem Nutzen, auch in verstärktem Maße Sonnenblumen auszusäen. Aus ihren Kernen wird ein hochwertiges Oel gewonnen.

Inserat der Woche:
Suche 2–3 gut erhaltene Berufskittel, biete Leinen-Bettwäsche.

1.3. Im Alter von 76 Jahren verstarb Frau Zibold. Sie hatte gemeinsam mit ihrem Mann 1902 das erste Cafe in Kronberg gegründet.

Inserat der Woche:
Schneiden Generator-Holz! Gebr. Kunz, fahrbares Sägewerk in Oberursel.

11.3. Alle Hühner- und Entenhalter werden an ihre Eierablieferungspflicht erinnert. Für die Stadt Kronberg wurde als Einsammler Herr Peter Gelsebach, Tanzhausstraße 17, bestellt. (Dort, wo heute ein Pelzgeschäft etabliert ist, befand sich eine Milchsammelstelle, der Peter Gelsebach jahrelang vorstand. Die Milchsammelstelle zog mehrere Mal um. U. a. befand sie sich in der damaligen Berufsschule in der Katharinenstraße, im Hause Schellenberg, Katharinenstraße und An der Stadtmauer im Hause Henrich.)

Inserat der Woche:
Gut erhaltenen Matrosenkragen für achtjährigen Jungen gesucht.

13.3. Gauleiter Sprenger wird bei einer großen Kundgebung in Oberursel sprechen. Sein Thema: „Totaler Krieg – kürzester Krieg".

Inserat der Woche:
Biete gutes Damenfahrrad oder Waschkessel (Kupfereinsatz), suche Klavier.

25.3. Hausgehilfinnen dürfen nur noch mit ausdrücklicher Genehmigung des Arbeitsamtes gehalten werden. Das gilt auch für die Neueinstellung. Die totale Kriegsführung verlangt den zweckmäßigsten Einsatz aller Arbeitskräfte auf allen Gebieten. Der kriegswichtige Einsatz ist stets vorrangig.

Inserat der Woche:
Mit sofortiger Wirkung wird die Polizeistunde auf 23 Uhr festgesetzt.

27.3. Bei Fliegeralarm sofort das Licht löschen, da durch den Luftdruck die Verdunkelungseinrichtungen weggerissen werden können.

Inserat der Woche:
Tausche Jauchefaß gegen Zuchtkaninchen.

8.4. Die Adolf-Hitler-Oberschule hat in der ehemaligen Pension Wilhelm in der Altkönigstraße ein zweites Schülerheim eingerichtet. Z. Zt. wohnen dort 18 Jungen und Mädchen. Das ältere Heim befindet sich in der Waldschule in Schönberg unter der Leitung von Dr. Michels und Frau. Dort wohnen 20 auswärtige Schüler, hauptsächlich aus bombengefährdeten Städten.

Inserat der Woche:
Von der Reichsbahn werden laufend Schaffnerinnen für den Personenzugdienst eingestellt.

10.4. Beschlagnahmte Batterien stillgelegter Kraftfahrzeuge und Motorboote sind auf der Polizeiwache abzugeben.

Inserat der Woche:
Weißes Huhn zugelaufen.

22.4. Die Wehrpflichtigen der Jahrgänge 1897–1900, die noch nicht erfaßt sind, haben sich umgehend im Rathaus zu melden. – Unter der Leitung von Hans Kunz hatte die HJ-Feuerwehr am Sonntag eine große Übung. Angenommen wurde ein Brand in der Adlerstraße. Das Wasser wurde dem nahegelegenen Schirnborn entnommen. Die Übung verlief ausgezeichnet. Die Jungen zeigten, was sie im Ernstfall leisten können.

Inserat der Woche:
„Totaler Krieg – kürzester Krieg". Gauleiter Sprenger spricht über dieses Thema in einer großen Kundgebung in Oberursel.

24.4. 24 Jungen und Mädchen des Jahrgangs 1925 wurden in die Partei aufgenommen. Im Saal des „Frankfurter Hofes" wurden die Jüngsten (Jahrgang 1933) in einer Feierstunde ins Jungvolk und in die Reihen der Jungmädel aufgenommen.

Inserat der Woche:
Tausche kleines Dreirad gegen Kindersportwagen.

6.5. Mit dem 1. Mai stellte der „Taunus-Anzeiger" sein Erscheinen ein. Seit 1939 beinhaltete die in Oberursel gedruckte Zeitung den alten „Kronberger Anzeiger". Die Notwendigkeiten des totalen Krieges erfordern äußerste Sparsamkeit auch im Druckereigewerbe. Die lokalen Belange werden vom „Frankfurter Volksblatt" übernommen.

Inserat der Woche:
Die Person, welche die Gießkanne aus meinem Garten in der Burgerstraße entwendet hat, ist beobachtet und erkannt worden. Ist die Gießkanne innerhalb 24 Stunden nicht an Ort und Stelle, erfolgt Anzeige.

8.5. Seit dem 1. Mai haben wir keine Lokalzeitung mehr. Der Oberurseler Verlag Berlebach, der 1939 den „Kronberger Anzeiger" übernommen hatte, stellt aus Kriegsgründen seinen Betrieb ein. Neuigkeiten erfahren die Leser nun nur noch über die Frankfurter Zeitungen.

Inserat der Woche:
Altpapier stärkt Deutschlands Kraft! Wer's sammelt, stärkt die Volkswirtschaft.

20.5. Im Rathaus werden wieder Anträge auf Ausstellung von Bezugsscheinen für Schuhe und Spinnstoffwaren angenommen.

Inserat der Woche:
Braune Halbschuhe mit Holzsohle Gr. 37 gegen ebensolche Gr. 39 zu tauschen gesucht.

22.5. Die Ärzte erhalten das Recht, Patienten, denen das Rauche nicht erlaubt ist, die Bezugsberechtigung für die Raucherkarte vom Wirtschaftsamt vorübergehend oder auch auf Dauer aufheben zu lassen.

Inserat der Woche:
1 1/2schläfrige Messingbettstelle zu verkaufen.

3.6. Der totale Krieg fordert den totalen Einsatz aller Volksgenossen. Die Pflicht jedes Deutschen ist, sich sofort bereitzustellen und an irgend einem Platz die Wehrkraft stärken zu helfen. Wie die Soldaten an der Front, so muß auch die Heimat mithelfen, den gigantischen Kampf zum Endsieg zu führen. Das deutsche Volk wird diese Bewährungsprobe bestehen.

Inserat der Woche:
Wo Kohle, Gas oder Strom vergeudet werden, sitzt Kohlenklau daneben und feixt. Baden Sie wöchentlich nur einmal, damit verpassen Sie dem Halunken eine Niederlage.

9.6. Vorgriffe auf nicht fällige Kleiderkartenpunkte sind unzulässig. In einzelnen Notfällen kann das Wirtschaftsamt Bezugsscheine ausstellen. Dann werden die nicht fälligen Punkte abgetrennt.

Inserat der Woche:
Anmeldungen für die Süßwarenverteilung werden von den Konditoreien angenommen.

23.6. In Frankfurt veranstaltet der Sängerkreis ein Kreiswertungssingen. Es beteiligen sich sieben Vereine und einundzwanzig Chorgemeinschaften.

Inserat der Woche:
Tausche zwei Paar gute Kinderschuhe gegen ein Paar Damenschuhe.

1.7. Anläßlich seines 75. Geburtstages wurde unser Kronberger Mitbürger Dr. ing. hc Karl Klingspor zum Ehrensenator der Universität in Gießen ernannt. Vor fünf Jahren erhielt Dr. Klingspor die Goethe-Medaille der Stadt Frankfurt am Main. Klingspor hat sich, wie in der Urkunde betont wird, als Vorkämpfer des deutschen Buchdrucks große Verdienste um Kunst und Wissenschaft erworben.

Inserat der Woche:
Nach Fliegerangriffen keine Privatgespräche führen, damit am Fernsprecher luftschutzwichtige Gespräche durchkommen.

5.7. Wo Kohle, Gas oder Strom vergeudet wird, sitzt der Feind dabei und feixt. Baden Sie wöchentlich nur einmal, damit tragen Sie zum Endsieg bei!

Inserat der Woche:
Kinderwagen zu leihen gesucht.

15.7. In steigendem Maße werden Frauen in der Wehrmacht eingesetzt, um Soldaten für den Fronteinsatz freizumachen. So stellt die Luftwaffe Frauen für den Bodendienst ein. Auch für den Feuerwehrdienst in der Heimat sollen Frauen herangezogen werden.

Inserat der Woche:
Tu deine Pflicht und sortiere Lumpen, alte Kleider, alte Gardinen usw. für die Spinnstoffsammlung aus.

29.7. In der Gauschule Oberursel läuft derzeit der Endausleselehrgang für die Adolf-Hitler-Schulen. 37 Jungen sind angetreten, aus denen nach einem nochmaligen Prüfungsverfahren der körperlichen und geistigen, sowie der charakterlichen Tüchtigkeit endgültig die Schüler ausgewählt werden, die auf die Schulen unseres Führers dürfen.

Inserat der Woche:
Fliegergeschädigte Mutter mit 13jähriger Tochter sucht 1 Zimmer.

31.7. Derzeit herrscht große Hitze. In Frankfurt und der näheren Umgebung mußten mehrere Personen in ein Krankenhaus gebracht werden.

Inserat der Woche:
Denkt schon jetzt an den Winter! Macht Eure Öfen dicht!

12.8. Brandbomben auf Straßen und Plätzen sind erst dann zu bekämpfen, wenn die benachbarten Wohnhäuser gründlich nach eingefallenen Brandbomben abgesucht sind. (Über Schäden, die von Bomben angerichtet wurden, las man nichts in der Zeitung. Auch über die Toten und Verletzten, die oft nach Tausenden zählten, wurde nicht eine Zeile berichtet. Lediglich im täglichen Wehrmachtsbericht tauchte der Satz „Es gab Verluste bei der Zivilbevölkerung" auf.)

Inserat der Woche:
Denkt daran! Wer sich durch Fahrlässigkeit am deutschen Erntegut versündigt, hilft dem Feind!

14.8. Die Jugend hat in ihrem Kriegseinsatz die Einbringung aller Werte der Heilkräuter übernommen. Gruppen liegen im Wettstreit um das beste Sammelergebnis.

Inserat der Woche:
Gute Tischmanieren strecken die Seifenkarte!

26.8. Die Stadt hat dem Wiederentdecker der Kronthaler Quellen, dem Arzt Dr. Küster, ein Denkmal gesetzt. Im Hartmuth-Park (alter

Friedhof) wurde der Stein, der von dem Kronberger Künstler Fritz Best aus Kunstmuschelkalk geschaffen ist, aufgestellt.

Inserat der Woche:
Gemeinsame Räume! Gemeinsames Wollen! Gute Ware als Gegenwert für Ihre Punkte! Kriegsbetriebsgemeinschaft Ott & Heinemann, Defaka

28.8. Durch eine Flakgranate kamen in der Frankfurterstraße fünf Menschen, darunter zwei Kinder, ums Leben.

Inserat der Woche:
Drei große weiße Hasen wurden gestohlen. Wiederbringer erhält Belohnung!

9.9. Der Luftkrieg gegen unsere deutsche Heimat fordert alle Kräfte zur gemeinsamen Überwindung der schweren Opfer. Im Geiste der Gemeinschaft werden wir durch unser gemeinsames Handeln uns den Weg zum Sieg öffnen.

Inserat der Woche:
Tausche 250er DKW (noch geplombt) gegen Bandsäge.

23.9. Der Feind hat auch in unserem Gau gefälschte Lebensmittelkarten abgeworfen, um damit unsere Ernährungswirtschaft zu stören. Die Benutzung dieser Karten wird strafrechtlich verfolgt. Die Bevölkerung wird dieser hinterhältigen Kampfart des Feindes mit disziplinierter Haltung begegnen.

Inserat der Woche:
Gute Tischmanieren strecken die Seifenkarte! Wer nicht das Tischtuch verkleckert, der braucht es nicht so oft zu waschen!

25.9. Vor der Benutzung der gefälschten Lebensmittelkarten,die vom Feind abgeworfen wurden, wird dringend gewarnt. Darauf stehen harte Strafen.

Inserat der Woche:
Biete Offiziersstiefel, suche kleinen Dauerbrenner.

7.10. Der Reichsverkehrsminister hat angeordnet, daß Vergnügungsfahrten mit Pferdefuhrwerken, die der gewerbsmäßigen Beförderung von Personen dienen, für die Dauer des Krieges zu unterbleiben haben.

Inserat der Woche:
Tausche fast neue Leder-Mädchenschuhe Gr. 36 gegen eine größere Puppe.

9.10. Der erste schwere Fliegerangriff auf Frankfurt! Es gab tote und große Zerstörungen. Dem Feind wird es jedoch nicht gelingen, das deutsche Volk zu verunsichern.

Inserat der Woche:
Denkt daran: Kohlenklau schreibt die Gasrechnung! Er profitiert von zu großen Flammen und unnötigem Verbrauch!

21.10. Trauerstrümpfe können gegen Punkte der Zusatzkleiderkarte für Trauerkleidung unter gleichzeitiger Abtrennung eines fälligen Bezugsnachweises der gewöhnlichen Kleiderkarte abgegeben werden. Die Abgabe schwarzer Strümpfe allein gegen Punkte der Zusatzkleiderkarte für Trauerkleidung ist nicht statthaft. – Der Jahrgang 1925 der weiblichen Jugend ist zur Musterung zum Reichsarbeitsdienst aufgerufen.

Inserat der Woche:
Wer stellt für Kriegsdauer einen Fernsprechanschluß gegen Abfindung zur Verfügung?

23.10. Nach Mitteilung des Landesernährungsamtes können bei sämtlichen Kleinbetrieben des Lebensmittelhandels die Sonderzuteilungen an Bohnenkaffee für Weihnachten angemeldet werden.

Inserat der Woche:
Tausche Puppenküche und andere Spielsachen für Mädchen gegen Spielsachen für Jungen.

4.11. Bei einem Notabwurf eines feindlichen Fliegers fielen Brandbomben auf die Innenstadt Kronbergs. Fünf Scheunen brannten ab. Es entstand ein Dachstuhlbrand, bei dem die Feuerwehr eingreifen mußte. Kleinere Brände wurden von den Hausbewohnern selbst gelöscht. Die Mehrzahl der Phosphorbomben fiel auf den Kastanienbestand im Buchholz. Als Glücksumstand ist es zu bezeichnen, daß der Wald sehr naß war, so daß keine größeren Brände entstehen konnten. Da die Häuser gerettet werden mußten, hätte kein Mensch dort im Walde eingreifen können. Die abgebrannten Scheunen waren fast alle mit Heu und Getreide gefüllt, das den Flammen reichlich Nahrung gab. Der größte Verlust ist der Schaden an der Burgkapelle, die fast völlig ausbrannte.

Inserat der Woche:
Wer jetzt schon heizt, fängt an zu stehlen, die Kohlen werden später fehlen.

18.11. Die guten alten Fenstermäntel kommen wieder zu Ehren. Um Heizmaterial zu sparen, tun sie wieder treu während der Wintermonate ihren unentbehrlichen Dienst.

Inserat der Woche:
Besitz-Nachweis-Formulare „Mein Hab und Gut“, neueste Auflage, zu haben in der Druckerei (Solche Formulare mußten ausgefüllt vorgelegt werden, wenn man durch Bomben Schaden erlitt. In den ersten Kriegsjahren gab es noch relativ großzügige Entschädigungen, später änderte sich das, denn bei den vielen Zerstörungen durch Großangriffe, kamen die Behörden mit der Bearbeitung nicht mehr nach.)

20.11. Die Dunkelheit bricht jetzt schon während der Hauptgeschäftszeit herein. Es wird darauf hingewiesen, daß jeder auf der rechten Straßenseite zu gehen hat. Es ist streng untersagt, den Fahrdamm als Gehweg zu benutzen.

Inserat der Woche:
Suche eine Puppenküche, biete ein Paar Mädchenschuhe Größe 38.

2.12. Die männlichen Angehörigen des Jahrgangs 1927 sind zur Eintragung in die Wehrstammrolle aufgerufen. – Bei einem Fliegerangriff auf das Rhein-Main-Gebiet wurde auch Frankfurt bombadiert. Das Goethehaus wurde schwer beschädigt.

Inserat der Woche:
Tausche 1 fetten Schlachthasen gegen Puppenwagen oder -küche, Kaufladen oder Mädchen-Schulranzen.

4.12. Zwischen dem 13.12.1943 und dem 9.1.1944 gibt es an Verbraucher über 25 Jahren eine Tabaksonderzuteilung: 30 Zigaretten oder 8 Zigarren oder 50 Gramm Tabak.

Inserat der Woche:
Suche einen Schlachthasen oder ein Huhn, biete vier Backbleche.

16.12. Zwingende Gründe machen Wassereinsparungen notwendig. Es wird ersucht, die Badezimmer zu schließen, bis sich die Hochbehälter wieder gefüllt haben. Denke jeder an das Wort: Gemeinnutz geht vor Eigennutz!

Inserat der Woche:
Suche junge Stallhasen. Biete 2 Bilderscheck-Alben Olympia 1932 und 1936, Deutsche Märchen.

18.12. Reisen in der Weihnachtszeit müssen auf das allernotwendigste beschränkt werden. Daher ist für jede Reise eine Genehmigung der Behörden notwendig.

Inserat der Woche:
Tausche einen fetten Schlachthasen gegen einen Puppenwagen oder -küche.

30.12. Der älteste Einwohner Kronbergs, Georg Lorenz, ist im Alter von 91 Jahren gestorben. Er baute 1884 den Schützenhof aus und führte ihn 25 Jahre lang. Lorenz war Mitbegründer der damaligen Höheren Schule.

Inserat der Woche:
Tausche gut erhaltene Kletterweste gegen Trainingshose.

1944

13.1. Reichsminister Dr. Goebbels hielt am Silvesterabend eine Rundfunkansprache. Er rief wieder zum Kampf für Führer, Volk und Vaterland auf: Das Jahr 1944 wird uns bereit finden!

Inserat der Woche:
Suche junge Leghühner, gebe Schlachthühner in Tausch.

27.1. Buntmetalle sind für die Kriegsführung außerordentlich wichtig. Deshalb wird erneut auf die Meldepflicht von Kesseln aus Kupfer aufmerksam gemacht. – Landwirt Philipp Leonh. Kunz und Frau Juliane feiern das Fest der Goldenen Hochzeit. (Beide Jubilare sind Kronberger. Kunz stammt aus der in der Tanzhausstraße ansässigen Familie, in Kronberg allgemein als „Gelee-Kunz" bezeichnet, seine Frau stammt aus dem „Grünen Wald".)

Inserat der Woche:
Tausche Klavier-Harmonika gegen gut erhaltenes Rundfunkgerät.

29.1. Schwerer Tagesangriff auf Frankfurt, bei dem auch zwei Kronberger ums Leben kamen. Es wird von amtlicher Seite darauf hingewiesen, daß das Fotografieren der Schäden strengstens verboten ist. Bei dem Angriff wurden vernichtet: Das Schauspielhaus, das Städel, das historische Museum und das Bühnenhaus der Oper. Beschädigt wurde der Dom.

Inserat der Woche:
Schulranzen zu kaufen oder gegen Laufställchen zu tauschen gesucht.

10.2. Am 29. Januar und am 8. Februar führte der Feind schwere Tagesangriffe auf Frankfurt durch, bei denen auch einige Kronberger ums Leben kamen. Die Gattin des Prinzen Wolfgang von Hessen, geb. Prinzessin Alexandra von Baden verlor in Frankfurt ihr Leben. Vernichtet wurden in Frankfurt das Schauspielhaus, das Städel, das Stadtgeschichtliche Museum, das Bühnenhaus der Oper, schwer beschädigt wurde auch der Dom. Nach offiziellen Meldungen kamen mehrere hundert Menschen um. – Von amtlicher Seite wird darauf hingewiesen, daß das Fotografieren der durch Terrorangriffe entstandenen Schäden strengstens verboten ist. Zuwiderhandelnde haben mit schärfsten Strafen zu rechnen.

Inserat der Woche:
Schulranzen zu kaufen oder gegen Laufställchen zu tauschen gesucht.

12.2. Erneut schwere Bombenangriffe auf Frankfurt, wieder gab es Hunderte von Toten. – Kronberg muß Ausgebombte aufnehmen. Die NS-Frauenschaft hat im „Schützenhof" eine Küche eingerichtet und bietet warme Mahlzeiten an.

Inserat der Woche:
Mitten unter uns steht der Feind! Erzähle nicht alles und glaube nicht alles! Du verrätst sonst dein Volk und verdienst schwere Strafe.

24.2. Heute feiert der Historienmaler Emil Rumpf in körperlicher und geistiger Frische seinen 84. Geburtstag. Der Künstler ist heute noch unermüdlich an seiner Staffelei tätig. Er gilt neben Fritz Wucherer und Philipp Franck als letzter Vertreter der Kronberger Malerkolonie.

Inserat der Woche:
Biete Herren-Badeanzug suche Mädchen-Badeanzug!

9.3. Die Linden werden seltener! In Deutschland gab es meist nur Lindenalleen oder einzelne Dorflinden, manchmal ganz herrliche Exemplare! Wo sie noch angetroffen werden, zeigen sie Lebensmüdigkeit und langsames Hinsterben. – Der Reichsernährungsminister gibt bekannt, daß Kindern und Jugendlichen bis zu 14 Jahren je 125 gr Süßwaren und 125 gr Trokkenpflaumen zugeteilt werden.

Inserat der Woche:
Wer leiht für einige Wochen Pute oder Gans zum Brüten gegen Stallhasen?

12.3. Am Heldengedenktag (nächsten Sonntag) findet in der Johanniskirche ein Konzert mit Werken von Bach und Buxtehude statt. An der Orgel: Dr. Wilhelm Mohr aus Falkenstein.

Inserat der Woche:
Biete Kaffeeservice, suche Damenschuhe Größe 39.

23.3. Heute nacht fand der bisher schwerste Bombenangriff auf Frankfurt statt. Gauleiter Sprenger erließ einen Aufruf an die Bevölkerung, in dem es zum Schluß heißt: „Im festen Abwehrwillen, dem Feind niemals zu seinem beabsichtigten Erfolg zu verhelfen, erhebt sich die Stadt wieder und versorgt im Geiste tätiger Volksgemeinschaft die ihr geschlagenen Wunden. Wir sind in der vergangenen Nacht zur Frontstadt geworden. Unsere Antwort: Frankfurt wird gehalten!

Inserat der Woche:
Gehe immer rechts auf dem Bürgersteig während der Dunkelheit, sonst bringst du dich und deine Mitmenschen leicht und unnötig in Gefahr.

28.3. Am 22. und 24. März flogen feindliche Bomberverbände die bisher schwersten Terrorangriffe auf Frankfurt. Ganze Stadtteile wurden in Schutt und Asche gelegt, es gab mehrere tausend Tote.

Inserat der Woche:
Wasserbütte dringend zu kaufen gesucht.

6.4. Aus Berlin wurde gemeldet, daß Professor Philipp Franck kurz vor Vollendung seines 84. Lebensjahres gestorben ist. Mit ihm ist ein Kunstmaler der alten Generation dahingegangen. Er war einst Mitglied der Kronberger Malerkolonie und war Schüler von Anton Burger. Er leitete erst in Düsseldorf, dann in Berlin die Kunstakademie.

Inserat der Woche:
Biete Reibmaschine und Brotschneidemaschine, suche Aluminiumkochtopf.

20.4. Im Einvernehmen mit dem Staatlichen Gesundheitsamt und dem Landrat des Obertaunuskreises ist Frau Welleda Jarzinski die Hebammenniederlassung für Kronberg, Schönberg und Oberhöchstadt übertragen worden.

Inserat der Woche:
Mitten unter uns steht der Feind! Erzähle nicht alles, was du weißt und glaube nicht alles, was du hörst! Du verrätst sonst dein Vaterland und verdienst schwerste Strafe.

23.4. Die städtischen Bühnen in Frankfurt lassen sich trotz der schweren Luftangriffe nicht unterkriegen. In Höchst wird wieder mit dem Theaterspiel begonnen. Aufgeführt wird der „Urfaust". Auch der Sendesaal des Reichssenders Frankfurt steht für das Theater zur Verfügung.

Inserat der Woche:
Geeignete Kraft zur Wartung einer Milchkuh gesucht.

4.5. Ein Frankfurter Postbeamter wurde zum Tode verurteilt, er hatte fast 1000 Feldpostpäckchen beraubt. Seine Tochter, die mit den geraubten Gegenständen (meist Zigaretten und Süßigkeiten) einen schwungvollen Handel trieb, erhielt ebenfalls die Todesstrafe.

Inserat der Woche:
Biete Reitstiefel suche Volksempfänger.

7.5. Am Muttertag werden vom Ortsgruppenleiter wieder einige Frauen aus Kronberg mit dem deutschen Mutterkreuz geehrt.

Inserat der Woche:
Biete Damenfilzhut – suche Heizplatte oder Bügeleisen.

21.5. Das Waldschwimmbad ist bis auf weiteres wegen schlechter Luftschutzmöglichkeiten geschlossen. Der Marstall des Schlosses reicht als Schutz nicht aus.

Inserat der Woche:
Wenns an der Zeit entdunkle fein, spar Strom und laß das Licht herein.

1.6. Die deutschen Hausfrauen werden dringend aufgerufen, Knochen zu sammeln. Gegen 5 Kilo gibt es ein Stück Kernseife.

Inserat der Woche:
Geeignete Kraft zur Wartung einer Milchkuh gesucht.

4.6. In Frankfurt starb der Kunstmaler und Städelschüler Hermann Dumler, der noch zu der Kronberger Malerkolonie gezählt wird.

Inserat der Woche:
Knochen gehören nicht in den Müll. Gebt sie einem Schulkind für die Altstoffsammlung mit!

15.6. Bei Fliegeralarm sollte man den Luftschutzraum vollständig bekleidet aufsuchen. Bei Totalschaden sind die Leute oft noch nicht einmal mit den allernotwendigsten Kleidungsstücken versehen.

Inserat der Woche:
Biete erstklassige Arbeitsstiefel, suche Legehühner.

18.6. Bei dem schönen Wetter vermissen wir unser Waldschwimmbad sehr. Doch was hilft's, der Krieg fordert auch dieses Opfer von uns.

Inserat der Woche:
Suche Kindersportwagen, biete Waschbecken, weißer Feuerton.

29.6. Die Feuerwehr in Oberhöchstadt wird nun von Johann Burk geleitet. Der bisherige Brandmeister Johann Herbert ist gefallen. Der neue Brandmeister hat eine Altersriege eingerichtet, die nun ausgebildet wird.

Inserat der Woche:
Elektrische Kochplatte gegen Heizkissen zu tauschen gesucht.

13.7. Die auf Grund der Bedarfsanmeldungen ausgestellten Holzscheine können bei der Stadtkasse eingelöst werden. – In der nächsten Dekade gibt es für Normalverbraucher pro Tag 25 gr Butter.

Inserat der Woche:
Wo finden zwei Kinder (6 u. 12 Jahre) in Kronbeg Aufnahme? Hausangestellte kann als Hilfe beigegeben werden.

16.7. An allen Landstraße werden in den Äkkern Deckungsgräben ausgeworfen. Sie dienen dem Schutz vor Tieffliegerangriffen, die in letzter Zeit vor allem Eisenbahnzügen gelten.

Inserat der Woche:
Stallhase zugelaufen.

27.7. In Kronberg heißt es zusammenrücken! Ausgebombte Volksgenossen, vor allem aus Frankfurt, müssen untergebracht werden. Mieter und Hausbesitzer, die über genügend Wohnraum verfügen, müssen damit rechnen, daß sie Räume abgeben müssen.

Inserat der Woche:
1 Zimmerofen und 50 Einmachflaschen gegen Kinderkleidung zu tauschen.

30.7. Wieder gab es im Raum Rhein-Main Tote durch Luftangriffe. Alle Versorgungsberechtigten im Obertaunuskreis erhalten vier Eier.

Wegen Versandschwierigkeiten ist mit Lieferungsverzögerungen zu rechnen.

Inserat der Woche:
Biete Kinderwagen – suche Kostüm, Größe 42 oder Linoleumläufer.

24.8. Das Waldschwimmbad bleibt auch weiterhin wegen fehlender Luftschutzeinrichtungen geschlossen. – Besucher haben schon bei Voralarm die Krankenhäuser zu räumen, da die vorhandenen Luftschutzräume vor allem für die Kranken bestimmt sind.

Inserat der Woche:
Biete gut erhaltene Wäsche gegen Briefkasten.

27.8. Umquartierte und evakuierte Volksgenossen aus Frankfurt und Offenbach dürfen nur mit amtlicher Genehmigung zurückkehren. – Der totale Krieg ist das Gebot der Stunde.

Inserat der Woche:
Biete Kuchenbleche – suche Thermometer für Rex-Apparat.

7.9. Im Schulgarten der Hermann-Göringschule wurden sämtliche Erbsen, die für den Kochunterricht bestimmt waren, gestohlen. In einem anderen Garten wurden die Pfirsiche fast total abgeerntet. Es wird wieder darauf hingewiesen, daß auch Felddiebstähle, vor allem unter Ausnutzung der Dunkelheit, sehr schwer bestraft werden.

Inserat der Woche:
Bei Dunkelheit stets rechts gehen, auch auf dem Bürgersteig, sonst bringt man sich und seine Mitmenschen leicht in Gefahr.

10.9. Briefsendungen an deutsche Kriegsgefangene und Zivilinternierte in Nordafrika können gegen einen Luftpostzuschlag von fünf Pfennig mit Luftpost über Madrid bis Tanger befördert werden. (Das funktionierte aber nicht lange; Anmerkung).

Inserat der Woche:
Knochen gehören nicht in den Müll! Gib sie einem Schulkind mit für die Schulaltstoffsammlung!

21.9. Feindliche Jagdbomber griffen im gesamten Rhein-Main-Gebiet eine Anzahl von Landgemeinden im Tiefflug an. Es wurde auf einzelne Personen auf Straßen und Feldern geschossen. Durch den Beschuß von fahrenden Zügen kamen mehrere Personen ums Leben. Den Angriffen fielen nach bisherigen Feststellungen 248 Personen zum Opfer. Die Bevölkerung wird eindringlich darauf hingewiesen, bei herannahenden Tieffliegern unbedingt Deckung zu suchen.

Inserat der Woche:
Wer hat meine Fettkarte für die 65. Zuteilungsperiode gefunden?

24.9. Die Lokalbahn zwischen Frankfurt und Offenbach wurde im Rahmen des totalen Krieges eingestellt, nachdem ihr Betrieb schon längere Zeit wesentlich eingeschränkt war.

Inserat der Woche:
Biete Nähmaschine – suche kleinen Hand- oder Kinderwagen.

5.10. Bei den Bombenangriffen am 12., 25. und 27. September auf Frankfurt wurden insgesamt 1000 Personen getötet. – Dem Angriff am 27. fiel das Goethehaus zum Opfer. In Niedernhausen wurde ein gerade in den Bahnhof eingelaufener Zug von Tieffliegern beschossen, dabei kamen 26 Personen ums Leben.

Inserat der Woche:
Ab November wird auf die Reichsseifenkarte 1 Dose Schuhcreme (25 g) abgegeben.

19.10. Wegen der Gefahr durch Tiefflieger ist auch in diesem Jahr das Drachensteigenlassen verboten. – Ansichtskarten sind für die Post eine unnötige Belastung. Meist beinhalten sie sowieso nur belanglose Mitteilungen. Man übergebe der Post heute nur Sachen, deren Beförderung dringend notwendig ist. – Ein Königsteiner Heimatforscher hat nachgewiesen, daß Reichsmarschall Göring mütterlicherseits von dem Rittergeschlecht der Reifenberger abstammt.

Inserat der Woche:
Biete vier Kuchenbleche suche Thermometer für Rex-Apparat.

2.11. Bei dem letzten Terrorangriff auf Frankfurt kamen ca. 300 Menschen ums Leben. – Auch in diesem Jahr fällt der Buß- und Bettag als Feiertag aus, er wird auf den folgenden Sonntag (19. November) verlegt.

Inserat der Woche:
Es wird dringend gebeten, beim Einkauf Papier oder Schüsseln mitzubringen, da wir sonst keine Ware abgeben können. Die Metzger von Kronberg.

15.11. Am letzten Sonntag flogen feindliche Flieger wieder einen Terrorangriff auf Frankfurt, dabei sind über 300 Personen getötet worden.

Inserat der Woche:
Biete Kinderfahrrad oder Grammophon – suche Reiseschreibmaschine.

16.11. In der 70. Zuteilungsperiode werden pro Kopf wieder 125 gr Sauermilchkäse abgegeben. – Im gesamten Rhein-Main-Gebiet führten die feindlichen Luftgangster wieder Tieffliegerangriffe auf die Zivilbevölkerung aus.

Inserat der Woche:
Biete Fußball mit Patent-Ventil – suche gut erhaltenen Fahrradmantel.

26.11. Im Monat Oktober gab es in unserem Gebiet 58mal Fliegeralarm. – Vor einigen Tagen fiel der erste Schnee. – Von der Westfront hört man den Geschützdonner.

Inserat der Woche:
Suche Puppenwagen, biete Mädchen-Kletterweste.

30.11. In der 70. Zuteilungsperiode werden wieder 125 gr Sauermilchkäse abgegeben. – Zu Weihnachten gibt es in beschränkter Anzahl für jeden Haushalt Kerzen.

Inserat der Woche:
Waschbecken, weiß, Feuerton – suche Kindersportwagen.

8.12. 1944 gibt es auf die Lebensmittelkarten einige „Sonderzuteilungen“, unter anderem pro Kopf ein Ei. – Fast täglich Fliegeralarm. Schwere Angriffe auf Mainz und Wiesbaden. Von der Westfront, die sich unaufhaltsam dem Rhein nähert, hört man den Geschützdonner.

14.12. Jetzt ist öfter der Geschützdonner von der Westfront zu hören. Wir horchen auf, aber wir fürchten uns nicht, denn felsenfest ist unser Vertrauen auf den deutschen Soldaten. (So war das in den Zeitungen zu lesen! In Wirklichkeit hofften die Menschen, die Front käme schneller näher, denn umso schneller hätte man dann alles überstanden. So vertrauensvoll man auf unsere Truppen auch blickte, man vertraute viel mehr darauf, daß sie die Sinnlosigkeit der Kämpfe einsahen und sich rechtzeitig ergaben. Denn nur so wäre das Ende des Krieges näher gerückt. Doch die Hoffnung wurde auf eine harte Probe gestellt. Noch einige Monate mußten vergehen, ehe der Krieg zu Ende ging.)

Inserat der Woche:
Gummistrümpfe, tadellos erhalten – suche Seidenstrümpfe.

24.12. Die Front rückt immer näher, ständig sind die Kanonen zu hören. Der Wehrmachtsbericht meldet täglich Fliegerangriffe. Auch am 24. Dezember gibt es Angriffe beiderseits des Rheins. Alle männlichen Volksgenossen zwischen 16 und 60 Jahren werden aufgefordert, sich bei ihrer Wohnortsgruppe des Volkssturms zu melden. Das diesjährige Weihnachtsfest wird als „Eiserne Kriegsweihnacht" bezeichnet. An den Weihnachtstagen gab es im Rhein-Main-Gebiet 94 Todesopfer unter der Zivilbevölkerung durch Bomben- und Tieffliegerangriffe. – Auf die Reichseierkarte kam pro Kopf ein Ei zur Ausgabe.

Inserat der Woche:
Deutsche Frauen und Mädchen! Macht Soldaten für die Front frei! Meldet Euch als Wehrmachtshelferinnen bei Euren Ortsgruppen.

Es war einmal . . .

1945

6.1. Der Feind flog wieder Luftangriffe auf deutsche Städte. Schwere Schlachten im Raum Malmedy. Im Rahmen des totalen Kriegs müssen neue Einheiten aufgestellt werden. Dafür werden Uniformen der Partei, Polizei und Wehrmacht benötigt. Alles, was ein Soldat braucht, wird gesammelt.

Inserat der Woche:
Biete Kindersportwagen – suche weißes Brautkleid.

11.1. Bis zum 28. Januar wird eine Sammlung von Kleidungsstücken und Ausrüstungsgegenständen für die Wehrmacht und den Volkssturm durchgeführt. Im Rahmen des totalen Krieges müssen immer neue Einheiten aufgestellt und ausgerüstet werden, damit sie an der Front kämpfen können. Es werden gesammelt: Uniformteile der Partei und ihrer Gliederungen, der Bahn und der Post, Schuhwerk, Zelte und Zubehör, Decken, Brotbeutel, Rucksäcke usw. eben alles, was ein Soldat braucht.

Inserat der Woche:
Bei den Bäckern müssen ab sofort beim Kuchenbacken Briketts mitgebracht werden. (Kleiner Kuchen 1, mittlere 2 und große 3 Briketts.

21.1. Immer wieder Luftangriffe auf Städte im Rhein-Main-Gebiet. Von den Verlusten unter der Bevölkerung erfährt man durch die Presse so gut wie nichts. Der Wehrmachtsbericht meldet „schwere, erfolgreiche" Abwehrkämpfe.

Inserat der Woche:
Wer befördert für Evakuierte einige Zentner Kartoffeln von Main nach Königstein?

25.1. Die männliche Jugend der Geburtsjahrgänge 1927–31 werden darauf hingewiesen, daß sie sich bei der Erfassungsstelle im Parteiheim zu melden haben. – Der Wehrmachtsbericht meldet wieder Tieffliegerangriffe auf fahrende Züge im Rhein-Main-Gebiet. Schwere erfolgreiche Abwehrkämpfe im Raum Malmedy und an der Sauer.

Inserat der Woche:
Jungmädel-Uniform für 12–14jährige – suche Kinderbettchen.

4.2. Um Strom zu sparen, sollte jeder versuchen, so lange wie möglich mit dem Tageslicht auszukommen. Sowie das Licht eingeschaltet ist, muß verdunkelt werden. – Ständige Fliegerangriffe bei Tag und Nacht. Die Männer des Jahrgangs 1884 sind volkssturmpflichtig.

Inserat der Woche:
Biete Rucksack – suche Puppe oder Damenschuhe.

9.2. Der Bombenangriff auf Königstein vor wenigen Tagen forderte 13 Todesopfer. – Für Gegenden, in denen mit dem Absetzen feindlicher Fallschirmjäger gerechnet werden muß, wird jetzt als neues Signal „Luftlandealarm" gegeben. Anstelle von Behelfsalarmmitteln können auch Kirchenglocken geläutet werden. (Die meisten Glocken waren längst der Rüstung zum Opfer gefallen. Die wenigen, die noch in ihren Türmen hingen, durften seit langem nicht mehr geläutet werden.)

Inserat der Woche:
Wer gibt eine Heuwiese leihweise im Tausch gegen gute Legehühner.

14.2. Zur Erinnerung an den 25. Jahrestag, an dem das Parteiprogramm veröffentlicht wurde, fand in München eine Feierstunde statt, bei der eine Ansprache des Führers verlesen wurde. Er ruft zum äußersten Fanatismus und verbissener Standhaftigkeit auf. Nach seinen Worten wird noch in diesem Jahr die geschichtliche Wende und der Sieg eintreten. – Schwere

Kämpfe im Westen, die Truppen der Amerikaner stehen bereits am Rhein.

Inserat der Woche:
Biete drei Stühle – suche Wollkleid. Größe 40/42.

22.2. Erneut unternahm die feindliche Luftwaffe wieder Bombenangriffe auf das gesamte Rhein-Main-Gebiet. Dabei kamen etwa 200 Personen ums Leben. – Für die Volksopfersammlung zur Ausrüstung unserer Volkssturmmänner wurde auch der Waffenrock des großen Feldherrn Paul von Hindenburg von den Angehörigen zur Verfügung gestellt.

4.3. Derzeit wird auch in Kronberg die reichseinheitliche Flaschen- und Korkensammlung durchgeführt, um den Bedarf für unsere Wehrmacht an Flaschen aller Art zu decken. (Diese Formulierung forderte zu Witzen heraus, die natürlich nur hinter vorgehaltener Hand erzählt wurden; Witze waren lebensgefährlich; Anmerkung).

Inserat der Woche:
Biete dreiteilige Wollmatratze – suche elektrischen Kocher oder Heizplatte.

8.3. In feindbedrohten Reichsgebieten werden Standgerichte gebildet. Bei den Terrorangriffen auf das Rhein-Main-Gebiet warf der Feind wieder gefälschte Lebensmittelkarten ab, um die deutsche Ernährungswirtschaft zu stören. Gefundene Karten sind sofort der Polizei zu melden. Jeder Versuch, sie zu benutzen, wird als Sabotage betrachtet und mit allerschärfsten Strafen belegt.

Inserat der Woche:
Kinder-Nachtgeschirr zu kaufen gesucht.

22.3. Die Front rückt immer näher. Nach schweren Kämpfen überschreiten die alliierten Streitkräfte bei Remagen den Rhein. Mainz ist besetzt. In den letzten Tagen kamen wieder viele Zivilisten durch Tiefflieger ums Leben, so auch im Altersheim Hohenwald in Oberhöchstadt. Bei einem Fliegerangriff wurde Frau Kunz aus der Schloßstraße tödlich verletzt. Der Schulbetrieb wird bis auf weiteres eingestellt. Wie man hört, soll Kronberg beim Näherrücken des Feindes evakuiert werden. Instruktionen werden noch erteilt.

Inserat der Woche:
Tausche dreiteilige Wollmatratze gegen elektrischen Kocher ein.

25.3. Durch Tiefflieger kamen im Altenheim Hohenwald 10 Menschen ums Leben. Die Amerikaner stehen vor Frankfurt. Der Zugbetrieb soll eingestellt werden.

Inserat der Woche:
Suche Herren-Unterwäsche, biete Damenpullover.

6.4. Seit dem 22. März gibt es keine Zeitungen mehr. (Die folgenden Berichte aus dem Jahr 1945 müssen aus anderen Quellen geschöpft werden, sind aber authentisch, d. Red.). Die US-Militärregierung hat Dr. Heinz Thüm als Bürgermeister von Kronberg eingesetzt. In Schönberg wurde Johannes Meixner zum Gemeindeoberhaupt ernannt. Waffen müssen im Rathaus abgeliefert werden. Die Amerikaner suchen sich die schönsten und ältesten Stücke als Souvenir aus. Viele aber verstecken lieber ihre alten wertvollen Waffen. Strom und Gas gibt es immer noch nicht. Auch die Postzustellung ist eingestellt. Da auch das Radio noch nicht wieder sendet, gibt es keine Nachrichten von den kämpfenden Truppen, auch nicht von der Ostfront. Bis in die letzten Tage war noch der Werwolf-Sender zu hören.
Ein Inserat der Woche gibt es wegen Mangel an Zeitungen ebenfalls nicht. Mitteilungen, Tauschangebote usw. werden an allen möglichen Stellen ausgehängt.

8.4. Von der amerikanischen Besatzung wurden einige Männer bestimmt, die den „Aufbau-Ausschuß" bilden. Der Postmeister hatte, bevor er sich absetzte, das Telefonnetz zerstört.

Inserat der Woche:
Biete Herrenanzug – suche Kinderkleidung. (Anzeigen wurden ausgehängt, da es keine Zeitung gab; Anmerkung)

19.4. Der von den Amerikanern eingesetzt Bürgermeister Dr. Heinz Thüm wird von Hubert Faßbender (der spätere Bürgermeister von Königstein) abgelöst. Überall werden politisch unbelastete Männer an die Spitze der Verwaltung eingesetzt. Viele aber auch fühlen sich nun stark, fühlen sich berufen, ohne die nötigen Qualitäten zu besitzen. Es herrscht Unsicherheit. Noch hat die Feuerwehr die Polizeigewalt. Abends, um 19 Uhr, ist strenge Sperrstunde. Das „streng" brauchte nicht extra betont zu werden, es wurde ohnehin widerspruchlos gehorcht. In der Schule liegt eine Kompanie Amerikaner, meist Schwarze. Es ist zu beobachten, daß sie unter strenger „Zucht" stehen. Vergehen werden mit Strafdienst auf dem Schulhof geahndet, manchmal auch mit Peitschenhieben. (Diese Tatsache nahm den Deutschen ein wenig die Angst). Im Schützenhof steht die Gulaschkanone der Amerikaner. Die Banken müssen ihre Schalter wieder offenhalten, obwohl die meisten nicht an ihr Geld können. Viersprachig abgefaßte Fragenbogen müssen ausgefüllt werden. Wer auch nur den kleinsten „braunen Fleck" auf seiner Weste hatte, konnte nicht über sein Konto verfügen. Täglich müssen die Kassenberichte nach Bad Homburg geliefert werden. Die Banken von Königstein, Kronberg und Oberursel richten einen Kurierdienst ein. Lebensmittel gibt es kaum, der Bürgermeister hat dafür zu sorgen. Vorläufig lebt die Bevölkerung noch von den Reserven der Lebensmittelhändler, Bäcker und von ihren eigenen, vor allem die Kartoffel gilt als Hauptnahrungsmittel. Brot gibt es ohnehin nur 1000 gr pro Kopf und Woche.

25.4. Am 19. dieses Monats wurde Schloß Friedrichshof von den Amerikanern beschlagnahmt. Heute müssen die Villa vom Rath und die Villa Gans geräumt werden.

Inserat der Woche:
1 Axt und 1 Handwagen zu kaufen gesucht, evtl. zu tauschen gegen 1 Staubsauger. (Inserate waren in der zeitungslosen Zeit nur an den Aushangplätzen zu finden, wurden aber eifrig gelesen; Anmerkung).

3.5. Die Militärregierung setzte am 30. April Adam Zubrod, früher leitender Angestellter der Konsumgenossenschaft und früheres Mitglied der SPD, zum Bürgermeister ein. Adam Zubrod war bis 1933 Mitglied der Stadtverordnetenversammlung und Magistratsschöffe. Polizeibeauftragter der Militärregierung ist Herr Milberg. – Ab 1. Mai gibt es beim Regierungsbezirk Wiesbaden wieder eine verantwortliche Regierung. Der Chef der Militärverwaltung, Oberstleutnant Cowart, ernannte den ehemaligen Reichsrundfunkkommissar Dr. Hans Bredow zum Regierungspräsidenten. Martin Nischalke, 1933 wegen seiner Zugehörigkeit zur SPD als Regierungs- und Schulrat entlassen, wurde zum Regierungsvizepräsidenten ernannt.

6.5. Die Häuser Dr. Schulte, Grosch, TerMeer und Dr. Sandrock mußten für die Amerikaner geräumt werden. In Schönberg beziehen die Amerikaner das Haus Eichwald. – Wochenration für „Normalverbraucher": Bei täglich 1500 Kalorien wurden zugeteilt 1500 Gramm Brot, 125 Gramm Quark, 175 Gramm Fleisch, 31 Gramm Käse, 62,5 Gramm Nährmittel und 75 Gramm Fett.

Inserat der Woche:
Biete Damenbluse, Gr. 42 – suche Kinder-Nachttöpfchen.

17.5. Die größte Sorge ist jetzt die Ernährung. Dafür ist in erster Linie der Bürgermeister verantwortlich. Fleisch gibt es überhaupt nicht. Das einzige Schlachtvieh ist hier und da einmal eine alte Kuh, die von den Kronberger Landwirten angetrieben wird. Dementsprechend sind die Rationen und die Qualität des Fleisches. Außerdem muß man um die wenigen Gramm noch stundenlang anstehen. Die ehemaligen Mitglieder der NS-Frauenschaft wurden zum Waschen für die Amerikaner herangezogen. Jede Frau erhielt einen Sack Wäsche. Schnell stellte es sich aber heraus, daß diese „Strafe" eher ein „Glücksfall" war. Die Amerikaner stellten zu ihrem relativ kleinen Wäschesack auch einen großen Riegel wunderbarer Kernseife von allerbester Friedensqualität zur Verfügung. Bei dem Seifenmangel, der bei uns herrscht, die kleinen Rationen „Lehmseife" sind kaum als richtige Seife zu bezeichnen, ist die Kernseife hochwillkommen. So kam es, daß die Frauen nicht mehr waschen „durften". Die Ami-Wäsche wird nun an andere Frauen vergeben.

20.5. Die Bewohner von 32 Häusern in Schönberg auf dem de-Ridderschen Gelände mußten innerhalb weniger Stunden ausziehen, weil die Amerikaner die Gebäude beschlagnahmten. Für die Gemeinde war es schwierig, die Leute unterzubringen.

Inserat der Woche:
Biete Radio-Röhren – suche Bekleidung für Herren.

31.5. In den Jagdhäusern am Bergschlagweg wurde Fritz von Opel von plündernden polnischen Arbeitern erstochen. – Die alten Straßennamen wurden wieder eingeführt, die Nazinamen sind wieder verschwunden. Das Schwimmbad wurde von den Amerikanern beschlagnahmt, es steht den Kronbergern nicht mehr zur Verfügung. – Wieder wurden auch einige Villen geräumt. Unter anderem auch die Villa Kratz, früher Albersheim, dort ist der CAC eingezogen. Deutsche werden als Hauspersonal eingestellt. (Diese Stellen sind fortan sehr gesucht, denn es gab als Lohn nicht nur Geld, sondern vor allem zu essen. Der Hunger war groß, jede Gelegenheit, zusätzlich Nahrung zu „organisieren" wurde ergriffen. Wer englisch sprechen konnte, war gut dran.)

3.6. Bis zum 1. Juni mußten in Kronberg bereits 21 Häuser für die Amerikaner geräumt werden.

Inserat der Woche:
Biete zwei gute Stühle – suche Unterwäsche und Schuhe für Damen.

14.6. Das Schwimmbad wurde von den Amerikanern beschlagnahmt. (Wir gehen nach Königstein.) Wer Kronberg verlassen will, muß stets den neu ausgegebenen „Identitätsschein" bei sich tragen. Diese Scheine wurden im Rathaus ausgegeben. das Büro befand sich im Sitzungssaal, die „Schlange" stand auf der Terrasse, mit drei bis vier Stunden Anstehen mußte man rechnen. Paßfotos für diese ersten Ausweise waren nicht zu beschaffen, deshalb wurden sie auch nicht gefordert. Jedoch wurden Fingerabdrücke gemacht. Auf der Rückseite des Scheines stand dann die „Sündenliste", d.h. man mußte angeben, welchen Gliederungen der Partei man angehört hatte. Eine erste Erfahrung mit der „Vergeßlichkeit" vieler Mitmenschen! – Wieder wurde eine ganze Reihe von Villen beschlagnahmt. Die Bewohner mußten anderweitig untergebracht werden. Fast die gesamte Jaminstraße ist „fest in amerikanischer Hand".

28.6. Die Amerikaner führen Haussuchungen durch. Sie fahnden nach versteckten Waffen. Dabei gab es unliebsame Vorkommnisse. Ganz nach Willkür ließen sie einiges mitgehen. Die meisten Soldaten jedoch verhalten sich sehr korrekt. – In wenigen Tagen wäre

Kronberger Kerb, aber wer denkt in dieser Zeit an so etwas? Man hat seine liebe Not mit der Beschaffung der wenigen Lebensmittel, die laut Karten jedem zustehen. Stundenlanges Schlangestehen ist an der Tagesordnung. Es ist ein ungewöhnlich schöner und heißer Sommer.

1.7. In den letzten Tagen wurden von der amerikanischen Besatzung Hausdurchsuchungen durchgeführt. Im Allgemeinen verliefen diese Durchsuchungen sehr sachlich; die Soldaten waren meist sehr höflich. – Es gibt kein Salz! Die Stadt wird sich bemühen, diesem Notstand abzuhelfen.

Inserat der Woche:
Biete Herrenhose, suche Futterrüben.

12.7. Bürgermeister Adam Zubrod erläßt einen Aufruf an die Bevölkerung um Spenden zur Linderung der großen Not. Täglich kehren Wehrmachtsangehörige zurück, Flüchtlinge kommen in unsere Stadt, denen geholfen werden muß, da es ihnen am allernötigsten mangelt. An Lebensmitteln werden in dieser Zuteilungsperiode ausgegeben: (Für Normalverbraucher) pro Tag 1500 Kalorien. In der Woche 62,5 gr Nährmittel, 62,5 gr Zucker, 31 gr Käse und 1500 gr Brot. 175 gr Fleisch stehen auch auf der Karte, doch ist nie gesichert, daß man diese kleine Ration auch erhält. Es gibt kaum Schlachtvieh. In diesem Monat erhalten die Normalverbraucher pro Kopf 125 gr Quark. Pro Woche 75 gr Butter oder Margarine. (Bei diesen Hungerrationen versteht man, daß jeder auf's „Organisieren" aus ist. Lebensmittelbeschaffung ist die Hauptbeschäftigung.

15.7. Bei der Stadt geht derzeit eine Flut von Bewerbungen ein. Vor allem sind es junge Frauen, die eine Stelle suchen. Es gab nur vereinzelt Neueinstellungen.

Inserat der Woche:
Biete Kinderlaufställchen – suche Puppenwagen.

26.7. Durch die große Trockenheit bedingt, ruft die Stadt Kronberg zu äußerst sparsamen Wasserverbrauch auf. Die Benutzung von Gartenschläuchen und Berieselern ist strengsten verboten. Die Haushaltungen dürfen Wasser nur für Trink- und Kochzwecken entnehmen. Das Nehmen von Bädern wird untersagt. – Männliche und weibliche Jugendliche zwischen 15 und 20 Jahren, die nicht im einem festen Arbeitsverhältnis stehen, müssen sich sofort zum Zwecke ihres Arbeitseinsatzes im Rathaus bei der Hilfsstelle des Arbeitsamtes melden. Wer dieser Meldung nicht nachkommt oder versucht, dieselbe zu umgehen, erhält keine Lebensmittelkarten – Der Bürgermeister macht zum wiederholten Male darauf aufmerksam, daß die von der Militärregierung vorgeschriebene Ausgehzeit von morgens 4.30 Uhr bis abends 23 Uhr pünktlich eingehalten werden muß. Jeder Verstoß hat die sofortige Inhaftnahme durch die Besatzungstruppen zur Folge.

29.7. Das sogenannte „Braune Haus" in der Wilhelm-Bonn-Straße wurde an Fliegergeschädigte vermietet. Im Erdgeschoß befindet sich eine Firma für Verbandsmittel.

Inserat der Woche:
Suche Soldatenmantel – biete Kleinmöbel.

9.8. Jeden Abend um 17.30 Uhr findet im Schulhof die Zeremonie der Flaggenniederholung statt. Die Einwohner Kronbergs werden darauf hingewiesen, daß während des Trompetensignals folgende Ehrenbezeugung beachtet werden muß: Alle Fußgänger machen Halt mit dem Gesicht zur Flagge. Personen auf Fahrrad oder Wagen machen Halt und steigen ab. Männliche Personen nehmen die Kopfbedeckung ab. Die Unterhaltung hat zu unterbleiben, bis die Flagge niedergeholt ist. (Erfolg: meist war die Straße um diese Zeit leer!) – Zum Schutz der Ernte sind die Felder in der Gemarkung Kronberg bis auf Weiteres in der Zeit von 22–4.30 Uhr gesperrt. Zuwiderhandlungen werden bestraft. Die Stadt hat siebzehn Kronberger Bürger zu Ehrenfeldhütern ernannt, die neben dem städtischen Feldhüter die Polizeigewalt ausüben können. (Dieses Verbot verringerte nicht die unliebsamen Felddiebstähle. Garten und Feldbesitzer machen oft selbst Nachtwache, um ihre Ernte zu schützen. Man war schließlich auf alles Eßbare angewiesen. Was man nicht selbst verbrauchen konnte, war noch bestens zum Tauschhandel geeignet.)

12.8. In Schönberg wird im unteren Schulsaal ein Kindergarten eingerichtet. – Mit dem Beginn des Schulunterrichtes ist demnächst zu rechnen.

Inserat der Woche:
Biete zwei gute Stühle – suche Unterwäsche.

23.8. Die Tabakkleinpflanzer, die im Erntejahr 1945 in der Gemarkung Kronberg für den eigenen Hausbedarf mehr als 25 (und höchstens 200) Tabakpflanzen anbauen, haben die Zahl der angebauten Pflanzen bei der Stadtkasse anzumelden. (Tabak selbst anzubauen, das war für leidenschaftliche Raucher mehr als ein Hobby. Die Pflänzchen wurden wie die Augäpfel gehütet. Jeder Tabakpflanzer hatte auch für die Weiterbearbeitung und die Fermentierung seiner kostbaren Blätter sein eigenes Rezept. Trotzdem nannte man im Volksmund dieses Kraut respektlos „Marke Scherbambel".) – Seit Wochen gibt es in Kronberg in den Läden kein Salz. Viele Kronberger benutzen Kronthaler Wasser zum Kochen, um das inzwischen kostbar gewordene Salz zu sparen. Bürgermeister Zubrod konnte erreichen, daß mit Hilfe von Herrn Richard Roth, Eichenstraße 26, eine größere Menge Salz von Phillipstal nach Kronberg transportiert werden kann. (Als das Salz eintraf, wurde es zunächst nur in der Eichenstraße ausgegeben. Es bildete sich eine „Riesenschlange". Mehrere Stunden stand man an, um wenigstens 1 Pfund Salz heimtragen zu können.)

26.8. Um den Frankfurtern die Verbindung über den Main zu erleichtern, sind jetzt fünf Fähren eingesetzt. – Die Salzbeschaffung ist noch immer erschwert; deshalb wird vor der Verwendung von Salzen und salzhaltigen Gemischen gewarnt. Es sind einige Todesfälle bekanntgeworden.

Inserat der Woche:
Biete Kinderschuhe, Gr. 32; suche Kinderkleidung.

6.9. Auf Anordnung der Militärregierung haben sich alle Personen (männl. von 14–65 Jahren) zwecks Registrierung der arbeitsfähigen Bevölkerung auf dem Rathaus zu melden. Sie erhalten dann eine Bestätigungskarte, ohne die für die 80. Versorgungsperiode die Lebensmittelkarten nicht ausgehändigt werden. (Durch diesen Druck war ein 100prozentiger „Erfolg" sicher. Es konnte sich niemand erlauben, auf die Lebensmittelkarten zu verzichen!)

20.9. Die Militärregierung hat politische Parteien zugelassen. Auch in Kronberg schritten viele Männer zur Gründung demokratischer Parteien. Alte Mitglieder der SPD fanden sich zur Neukonstitution ihrer Partei zusammen. Es entstand auch die CDU, die Christlich-Demokratische-Union, in der sich ehemalige Mitglieder des Zentrums und viele evangelische Bürger zusammenfanden. – Seit Ende August fährt auch wieder die Eisenbahn nach Frankfurt. Das ist für viele Bürger eine große Erleichterung. – Die Mirabellenernte war in diesem Jahr eine sehr gute. Durch Verkehrsschwierigkeiten konnten die Früchte schwer abgesetzt werden. So hatten die Kronberger das seltene Glück, günstig an die Mirabellen heranzukommen. Mangel an Zucker macht das Einkochen schwierig. Doch die Hausfrauen wissen sich zu helfen.

23.9. Ab 17. September sind Anträge auf Reisegenehmigungen nicht mehr an die amerikanische Regierung zu richten, sondern unmittelbar an den Bürgermeister. Für Reisen innerhalb der amerikanischen Zone sind keine Reisepässe mehr nötig, ausgenommen Reisen nach Bayern. Für die russische Zone werden grundsätzlich keine Reisepässe ausgestellt.

Inserat der Woche:
Wer kann mir ein Radio reparieren?

4.10. Einige Kronberger Bürger stellten an die Militärregierung einen Antrag, eine Kultur- und Sportgemeinschaft gründen zu dürfen. – Die Militärregierung ernannte Leonard Heisswolf zum 1. Beigeordneten, in den Magistrat wurden berufen: Adam Dingeldein (CDU), Heinrich Müller (CDU), Hans-Jürgen Schultz für die Liberalen und Heinrich Vetter für die SPD. – Für die Beheizung stehen in diesem Winter wenig Kohlen zur Verfügung, der Bedarf muß mit Holz gedeckt werden. Jeder Haushalt erhält die Genehmigung, einen Raummeter Holz selbst zu schlagen. Wer dazu nicht imstande ist, wird von der Stadt versorgt. Dazu werden Männer heranbezogen, die sich diesen Bestimmungen unterwerfen müssen, andernfalls erhalten sie keine Lebensmittelmarken. (Zu dieser Holzschlageaktion wurden alle männlichen Bürger „verdonnert“, die der NSDAP und ihren Gliederungen angehörten.)

18.10. Seit dem 14. Oktober gibt es ein neues Land: „Großhessen“. Durch Proklamation des Generals Eisenhower wurden in der amerikanischen Besatzungszone die Länder Bayern, Württemberg-Baden und Großhessen gebildet. Mit der Errichtung der Landesregierung ist Wiesbaden auch die „Landeshauptstadt“. Regierungspräsident Nischalke ist somit „Landesherr“.

1.11. Gemeindemitglieder, die sich weigern, die Anordnungen des Bürgermeisters, die im öffentlichen Interesse liegen (Heranziehung zu Gemeindearbeiten wie Holzschlagen usw.) zu befolgen, können die Lebensmittelkarten entzogen werden. – Die Notwendigkeit, der noch zu bildenden Kultur- und Sportgemeinschaft einen geeigneten Sportplatz zur Verfügung zu stellen, ist vom Magistrat bestätigt worden.

15.11. Bei der Einführung der Regierung des neuen Landes „Großhessen“ hielt der Chef der Militärregierung, Oberst Newman eine Rede, in der er noch einmal Rückblick auf die vergangenen sechs Monate hielt. Bisher seien die Bemühungen der drei Regierungspräsidenten nur Notbehelf gewesen, jetzt trete der neue Staat ins Leben. Newman appellierte an den neuen Ministerpräsidenten und die Minister. Sie übernähmen in schwerer Zeit ihr Amt, es sei der Anfang eines Weges, der aus der Tiefe in die Höhe führen möge.

29.11. Die Vatikanische Mission wird in Kronberg untergebracht. Diese, vor allem caritative Einrichtung wird die ehemalige Villa Grosch beziehen. (Die Repräsentanten waren Erzbischof Chiarlo, Erzbischof Muench und der Jesuitenpater Ivo Zeiger). – Die amerikanischen Besatzungstruppen haben auch in Kronberg wieder eine allgemeine Hausdurchsuchung durchgeführt. Die Bürger klagen, daß in vielen Fällen Eingriffe in das Eigentumsrecht der Bevölkerung vorkamen.

13.12. Von der amerikanischen Militär-Regierung wurde mitgeteilt, daß die Verletzung des Ausgehverbotes zunehme. Um die Bevölkerung vor Strafe zu schützen, wird ab sofort allabendlich um 22.20 Uhr ein Sirenensignal gegeben. Anschließend ist es Zeit für jeden, seine Behausung aufzusuchen. Ab 23 Uhr ist Sperrstunde. – Im Gasthaus „Zum Weinberg“ wurde die Freie Deutsche Gewerkschaft in Kronberg gegründet.

27.12. In der 84. Zuteilungsperiode vom 7.1.–3.2. erhalten die Normalverbraucher 12 000 gr Brot, 125 gr. Fett, 3,5 l Magermilch, 600 gr. Nährmittel (Grieß, Haferflocken, Nudeln) kein Fleisch oder Fleischwaren, 62,5 gr Käse, 100 gr Zucker und 100 gr Kaffee-Ersatz. – Das Groß-Hessische Staatsministerium hat im Einvernehmen mit der Militärregierung angeordnet, daß in allen Gemeinden des Obertaunuskreises unter 20 000 Einwohner am 27. Januar 1946 Kommunalwahlen stattzufinden haben. – In Oberhöchstadt ist für den Personenkreis mit dem Anfangsbuchstaben H–L eine weitere Holzzuteilung erfolgt. Die Personen, die noch im Besitz von Büchern der Oberhöchstädter Gemeindebücherei sind, werden ersucht, dieselben umgehend zurückzugeben. – In Kronberg wurden die Pferdehalter verpflichtet, wöchentlich eine bestimmte Brennholzmenge aus dem Wald abzufahren.

1946

10.1. In der 84. Zuteilungsperiode erhalten Normalverbraucher 12000 gr Brot, 3,5 l Magermilch, 62,5 gr Magerkäse, 125 gr Fett, 600 gr Nährmittel, kein Fleisch oder Fleischwaren, 100 gr Zucker und 100 gr Kaffee-Ersatz. – Die Ausgehzeit wurde für samstags auf 22.30 Uhr festgesetzt, an den anderen Tagen bleibt es bei 23 Uhr. – Der Verbrauch elektrischer Energie zur Beheizung von Räumen und Wasserspeichern oder zur Werbung (Schaufenster, Lichtreklame) ist verboten. Bei den Haushaltungen wird der Stromverbrauch beschränkt. Der durchschnittliche, erlaubte Tagessatz wird nach der Personenzahl des Haushaltes berechnet. (Bei höherem, unzulässigem Stromverbrauch gab es empfindliche Strafen. Die Stromzufuhr wurde für mehrere Wochen unterbrochen, so daß die Bevölkerung notgedrungen sparen mußte, um nicht plötzlich ganz im Dunkeln zu sitzen.)

Inserat der Woche:
Tausche Soldaten-Mantel, biete Kleinmöbel.

24.1. Am Sonntag finden zum ersten Mal seit über zwölf Jahren wieder freie Wahlen statt. Gewählt werden die Vertreter von drei Parteien für die Stadtverordneten. In Kronberg gibt es 3233 wahlberechtigte Einwohner. Demnächst werden auch Wahlen zur Kreisvertretung durchgeführt.

Inserat der Woche:
Suche gut erhaltene Kinderwagen, biete 3 flamm. Gasherd ohne Backröhre oder Stoff zu einem Kleid und ein Paar Damen-Lederhandschuhe.

7.2. In den ersten, seit Jahren wieder freigewählten Gemeinderat wurden berufen: Von der CDU: Adam Dingeldein, Richard Ochs, Heinrich Müller, Josef Westenberger jun., Georg Kuhl, Valentin Jochmann und Wilhelm Flesch, von der SPD: Leonhard Heißwolf, Heinrich Vetter, Heinrich Krug, Heinrich Boos. – In Kronberg wird die hauswirtschaftliche Berufsschule für Mädchen der Gemeinden Kronberg, Königstein, Schneidhain, Schönberg, Falkenstein, Mammolshain und Oberhöchstadt, die zum Berufsschulbesuch verpflichtet sind, wieder eröffnet.

Inserat der Woche:
Biete zwei gute Stühle, suche Unterwäsche oder Schuhe.

21.2. Ab sofort wird die Ausgehzeit für Kinder bis zu 15 Jahren auf 19 Uhr festgesetzt, Kinder haben nach dieser Uhrzeit nicht mehr allein die Straßen zu betreten. Bei Zuwiderhandlungen werden die Eltern oder Erziehungsberechtigten zur strengsten Rechenschaft gezogen.

Inserat der Woche:
Biete blauen Herrenrock, suche Futterrüben.

7.3. Im Staate Groß-Hessen finden am 28. April Kreistagswahlen statt. Die Wählerliste liegt im Rathaus zu den üblichen Dienststunden aus. – In der 87. Zuteilungsperiode kommen als Ersatz für die gekürzte Brotration Hülsenfrüchte zur Ausgabe. Normalverbraucher über 18 Jahre erhalten pro Woche 250 gr.

Inserat der Woche:
Wer hat Lust und Liebe, einige durch Fliegerschaden ramponierte elektrische Beleuchtungskörper wieder in Ordnung zu bringen?

21.3. Die Freiwillige Feuerwehr Oberhöchstadt wählte in ihrer ersten Generalversammlung nach dem Kriege Johann Burk zum Oberbrandmeister, sein Stellvertreter wurde Johann Eberhardt. – Pfarrer Richard Schwickert, seit dem 1. September 1945 Seelsorger der katholischen Kirchengemeinde Kronberg, wurde zum päpstlichen Geheimkämmerer mit dem Monsignore-Titel ernannt.

Inserat der Woche:
Badewanne mit Ofen zu kaufen oder gegen ein Bett oder Federbett zu tauschen gesucht.

4.4. In Kronberg regen sich Kräfte, die das Kaiser-Friedrich-Denkmal beseitigen wollen. Schon war der Sprengmeister bestellt. In letzter Minute wurde eine Unterschriftensammlung mit einem überwältigenden Erfolg gestartet. An der Spitze steht vor allem Wilhelm Jung. Es ist zu hoffen, daß auf diesem Wege das Denkmal erhalten wird.

Inserat der Woche:
Wer hat Lust und Liebe, einige durch Fliegerschaden ramponierte Beleuchtungskörper wieder in Ordnung zu bringen?

18.4. Die erste, wieder frei gewählte Stadtverordneten-Versammlung kam zu ihrer konstituierenden Sitzung zusammen. Durch Zuruf wurden folgende Herren als Beigeordnete bestimmt: 1. Adam Dingeldein, 2. Leonhard Heißwolf, 3. Richard Ochs und 4. Heinrich Müller. Der seitherige Bürgermeister Adam Zubrod wurde einstimmig wiedergewählt. – Auch in diesem Jahr wird sich in der warmen Jahreszeit eine Wasserknappheit einstellen. Die Einwohner Kronbergs werden deshalb darauf aufmerksam gemacht, daß mit dem Wasser sparsam umgegangen werden muß. Schon jetzt muß damit begonnen werden. Neue Anschlüsse für Gärten werden vorerst nicht genehmigt.

Inserat der Woche:
Wer würde Mitbenutzung der Waschküche, etwa alle vier Wochen, gegen gutes Entgelt usw. gestatten?

2.5. Die erste freie Kreistagswahl am letzten Sonntag brachte in Kronberg folgendes Ergebnis: 956 stimmten für die SPD, 126 für die KPD, 1105 für die CDU, 383 für die LPD. In Oberhöchstadt: 486 für die SPD, 101 für die KPD, 275 für die CDU, 39 für die LPD. In Schönberg: 142 für die SPD, 6 für die KPD, 252 für die CDU, 94 für die LPD. Im Kreis Obertaunus stimmten 11092 Wähler für die SPD, 2386 für die KPD, 12775 für die CDU und 5084 für die LPD.

Inserat der Woche:
Biete neuen großen Waschtopf, suche Einkochapparat.

16.5. Alle in Kronberg befindlichen berufstätigen Jugendlichen sind zum Besuch der Berufsschule in Oberursel verpflichtet. Die gesetzliche Berufsschulpflicht besteht nach wie vor und erfährt von der Militärregierung alle Unterstützung.

Inserat der Woche:
Holzgeneratoren-Anlage für 3t-Lastwagen abzugeben.

30.5. In der 89. Zuteilungsperiode erhalten Normalverbraucher etwa 1200 Kalorien pro Tag, das sind insgesamt (für 30 Tage) 4000 gr Brot, 500 gr Fett, 800 gr Fleisch, 3 1/2 l Magermilch, 1400 gr Hülsenfrüchte, 600 gr Nährmittel, 125 gr Zucker un d 320 gr Käse.

Inserat der Woche:
Damen-, Herren- und Kinderstrümpfe werden neu angesohlt. Lieferzeit ca. 5 Wochen. Adlerstr. 1.

13.6. In dieser Zuteilungsperiode kommen anstelle von Hülsenfrüchten Gemüsekonserven und Trockengemüse zur Ausgabe. – Das Benutzen des Schwimmbades ist strengstens verboten. Zutritt ist nur dem in Schloß Friedrichshof beschäftigten Dienstpersonal gestattet, soweit es hierzu eine besondere Erlaubnis besitzt. (Ganz Verwegene ließen sich trotzdem nicht abhalten, das Bad nachts aufzusuchen, um einige Runden zu schwimmen.)

Inserat der Woche:
Biete Gitarre, suche Damenkostüme (Gr. 42).

27.6. Sammelt Knochen! Für 5 kg gibt es eine Seifenmarke für ein Stück Kernseife – Schwester Herma vom Konvent „Arme Dienstmägde Jesu Christi" hat die Leitung des katholischen Kindergartens in der Wilhelm-Bonn-Straße übernommen. Sie hat 70 Kinder zu betreuen. (Schwester Herma leitete mehr als 20 Jahre den Kindergarten und war bei ihren Schützlingen sehr beliebt.)

Inserat der Woche:
Tausche neue Herrenschuhe, Gr. 42, Doppelsohle, Friedensqualität, gegen Radio.

12.7. Abhanden gekommene Lebensmittelkarten und Bezugsscheine werden nicht ersetzt. Deshalb ist größte Vorsicht, vor allem vor Taschendieben, geboten. Auch kommen immer wieder gefälschte Lebensmittelkarten in Umlauf. Die einschlägigen Geschäfte sollen auf das Wasserzeichen achten. (Lebensmittelkarten waren ein kostbarer Besitz, sie zu verlieren war unvorstellbar. Wem dieses Unglück widerfuhr, der mußte noch mehr hungern, als es schon der Fall war).

Inserat der Woche:
Biete Haarfilzhut – suche Heizplatte oder Bügeleisen.

25.7. Der neue Landrat des Obertaunuskreises, August Lüdge, wurde in sein Amt eingeführt. August Lüdge gehört der SPD an und ist der Vorsitzende der im Obertaunuskreis nach dem Gesetz der Militärregierung gebildeten Spruchkammer. – Die Steinbauten auf dem Gelände des ehemaligen Munitionslagers bei Oberhöchstadt sollen zur Aufnahme von Ostflüchtlingen ausgebaut werden. Da das Gelände genügend Raum bietet, sollen auch Wohnbaracken aufgestellt werden. (Das Gelände bekam später den Namen „Waldsiedlung" und ist heute eine beliebte Wohngegend.)

Inserat der Woche:
Wir fertigen aus ihren Stoffresten Hausschuhe für Sie.

8.8. Zur einheitlichen Regelung der Schuhreparaturen wird mit Beginn der 91. Zuteilungsperiode ein Reparaturschein ausgegeben. – Das sogenannte Stoppeln der abgeernteten Felder ist erst nach deren Freigabe erlaubt.

Inserat der Woche:
Übernehme Schreinerarbeiten, wenn Material vorhanden.

22.8. Viele Gemeinden gehen dazu über, die Namen von ertappten Felddieben öffentlich bekanntzugeben. – Die alten Stahlhelme werden gesammelt und werden in Kochtöpfe umgearbeitet.

Inserat der Woche:
Biete neue Email-Badewanne, suche neue Couch.

5.9. Kranke, Amputierte, Ärzte und Pflegepersonen erhalten eine Zusatz-Seifenkarte. (Atteste sind vorzulegen.) – Die Spruchkammer des Obertaunuskreises hat bisher 136 Fälle verhandelt, bei denen 70 Betroffene als „Mitläufer" und 36 als „entlastet" erklärt wurden. In 25 Fällen wurde Gruppe III ermittelt, in 5 Fällen Gruppe II, Hauptschuldige gab es nicht. Für die Städte Kronberg und Königstein finden die öffentlichen Verhandlungen b.a.W. im Amtsgericht Königstein statt.

Inserat der Woche:
Einige Rollen Dachpappe gegen Heu oder Stroh zu tauschen.

19.9. Wer nach dem 30.9.1946 nicht im Besitz einer Kennkarte ist, macht sich strafbar. Die Military-Police und die deutsche Polizei unternimmt ab 1. Oktober größere Kontrollen, um die Säumigen der Strafe zuzuführen. Wer bis zum Ablauf der Frist nicht im Besitz der neuen Kennkarte ist, erhält keine Lebensmittelkarten. Ausgabeschluß ist am 30. September um 24 Uhr, die Ämter haben so lange geöffnet.

Inserat der Woche:
Biete Stiefelhose – suche Junghühner. (Hier wurden die letzten Uniformstücke genutzt)

3.10. Im kommenden Winter sind die Lebensmittel mehr als knapp. Die Versorgung der Bevölkerung ist nicht gewährleistet. Lagervorräte sind nicht vorhanden, amerikanische Trockenkartoffeln sind nur Notbehelf. Kartoffeln sind das einzige Produkt, das in geringem Maße direkt gehandelt werden kann. „Beziehungen“ sind wichtig.

Inserat der Woche:
Wer tauscht Dezimal-Waage gegen drei Hühner?

17.10. Das Land Hessen erhält eine Verfassung mit 160 Artikeln. Sie beginnt mit den Worten: „Der Mensch ist frei. Er darf tun und lassen, was die Rechte anderer nicht verletzt oder die verfassungsmäßige Ordnung des Gemeinwesens nicht beeinträchtigt.“ Am 29. Oktober findet ein Volksentscheid über diese Verfassung statt.

Inserat der Woche:
Gesellschaftsspiele mit Würfel lieferbar bei Gestellung von Karton, Papier oder Pappe.

31.10. Die Amerikaner nehmen die Bestimmungen, wonach die Sperrgebiete unter keinen Umständen betreten werden dürfen, nach wie vor sehr ernst. In Frankfurt wurde ein 66jähriger Metzgermeister durch vier Schüsse getötet, er hatte das Sperrgebiet in der Mendelssohn-Straße betreten. – Die Abstimmung über die neue Hessische Verfassung erbrachte 78% Ja-Stimmen.

14.11. Die Kultur- und Sportgemeinschaft stellte bei der Stadt einen Antrag auf Überlassung eines geeigneten Geländes zur Errichtung eines Sportplatzes. Die SPD-Fraktion brachte bei der Stadtverordneten-Versammlung den Antrag ein, diesen Sportplatz im Kaiser-Friedrich-Park auszubauen. Dieser Antrag wurde abgelehnt.

Inserat der Woche:
Eine Fuhre Dickwurz gegen Heu zu tauschen.

28.11. In den nächsten Monaten sind wieder größere Flüchtlingstransporte, vor allem aus dem Sudetenland, zu erwarten, der Obertaunuskreis muß ca. 1500 Personen aufnehmen. Auch in Kronberg heißt es zusammenrücken. Es ist damit zu rechnen, daß weiterer Wohnraum beschlagnahmt werden muß.

11.12. Auch in diesem Jahr gibt es Weihnachtsbäume nur in sehr geringer Zahl. Die Forstverwaltung warnt davor, Tannenbäume im Wald zu stehlen. – Zu Weihnachten gibt es für Erwachsene und Jugendliche eine Fleisch-Sonderzuteilung von 200 Gramm. – (Weihnachtsbäume wurden trotz aller Warnungen im Wald selbst organisiert. Manche machten ein lukratives Geschäft daraus. Für Zigaretten bekam man schon ein schönes Exemplar. Bei Ermangelung von Geschenken war der Baum wenigstens ein Ausgleich. Kerzen gab es auch nur wenig, man mußte sparsam damit umgehen. Schmuck wurde selbst gebastelt, es war für viele damals schöner als heute die kunstvollsten Kugeln und Ketten.)

Inserat der Woche:
Biete Puppe suche Schaukelpferd.

30.12. Im Regierungsbezirk Wiesbaden wurden im Jahre 1946 fast 150.000 Flüchtlinge aufgenommen. – Im Kino und bei Tanzveranstaltungen ist seit langem Vorschrift, daß außer dem Eintrittsgeld mindestens ein Stück Brennholz abgegeben werden muß.

Inserat der Woche:
Biete zwei Stühle, suche Wärmflasche.

1947

9.1. Ein Teil des Feldberggipfels – bis jetzt war dieser für die Bevölkerung völlig gesperrt – ist von der Besatzungsbehörde freigegeben worden. – In der 98. Zuteilungsperiode sind die Rationssätze für Normalverbraucher auf 1545 Kalorien täglich angehoben worden.

Inserat der Woche:
Biete Radio-Röhre, suche Bekleidung für Herrn.

23.1. Der Tennis- und Eislaufverein hat eine Eishockeymannschaft aufgestellt. Bei einem Spiel gegen den SC 1880 Frankfurt verlor diese Mannschaft allerdings 1:26. Das Resultat ist jedoch Nebensache, die Hauptsache bleibt, daß die Kronberger ihrer „alten Liebe treu bleiben“.

Inserat der Woche:
Tausche Herrenschuhe gegen Brennholz.

6.2. Der Tennis- und Eislaufverein richtete die 10. Kronberger Eisschießmeisterschaft aus. Die Mannschaft Preis blieb in Kronberg „Eisfuchs“, Wilhelm Neubronner wurde hinter Bobby Griebel Zweiter. Neubronner gilt in Kronberg als der „Vater des Eisschießens“.

Inserat der Woche:
Kleiner Küchenherd gesucht – biete Polstersessel.

20.2. Zum ersten Mal nach Kriegsende gibt es in Kronberg wieder eine karnevalistische Sitzung. Der Kappenklub, der sich vor wenigen Wochen wieder neu konstituiert hat, lädt dazu ein. Auch Maskenbälle sind in beschränktem Umfang wieder erlaubt. Die Säle sind stets überfüllt. Die anhaltende Kälte macht es noch immer notwendig, daß beim Einlaß ein Scheit Holz als Beitrag zur Heizung abgegeben werden muß.

Inserat der Woche:
Biete dreiteilige Wollmatratze – suche elektrischen Kocher oder Heizplatte.

6.3. Trotz schwierigster wirtschaftlicher Verhältnisse haben sich in den beiden Jahren nach Kriegsende hier einige Firmen niedergelassen, so eine Schuhfabrik (J. Bock), ein graphisches Unternehmen (Eilhart) und eine Werkstätte der Gablonzer Glasindustrie (Mittlehner).

Inserat der Woche:
Sehr gut erhaltener Fotoapparat gegen Damen-Unterwäsche zu tauschen.

20.3. Immer noch winterliche Temperaturen! Vom Frühling ist noch nichts zu spüren. Das wirkt sich sehr ungünstig aus, es gibt kaum noch Heizmaterial, alles wartet sehnsüchtig auf die warme Jahreszeit. – In der 100. Zuteilungsperiode erhält jeder Normalverbraucher 1 Frischei, außerdem sollen im Laufe der letzten Dekade noch 50 gr Eipulver aufgerufen werden. (Eine Zuteilungsperiode verlief über 30 Tage oder drei Dekaden. Anm.)

Inserat der Woche:
Sehr gut erhaltener Fotoapparat – suche Damen-Unterwäsche.

3.4. Die Oberhöchstädter Schulkinder erhalten nun endlich auch die tägliche Schulspeisung aus amerikanischen Hilfsmitteln. – Der katholische Kirchenchor St. Cäcilia hält wieder regelmäßige Übungsstunden ab. Die musikalische Leitung hat Adolf Gräser aus Ffm.-Zeilsheim übernommen.

Inserat der Woche:
Patentrahmen, sehr gut erhalten, mit Füßen und Matratze, als Bett verwendbar, gegen Kohleherd oder Ofen mit Kochplatte zu tauschen.

15.4. Ostern warm, aber arm! Auch zum Osterfest gab es keine Sonderzuteilung an Eiern.

Inserat der Woche:
Tausche Meißner Porzellan-Vase gegen Eier.

18.4. Zu Ostern gab es pro Kopf ein Ei als Sonderzuteilung. Trotzdem war das sonst übliche Kuchenbacken sehr erschwert. An Schokoladen- oder Marzipanhasen war nicht zu denken. Unter der Hand mag wohl manche amerikanische Süßigkeit den Besitzer gewechselt haben. Doch unsere Kinder betrachten diese Nascherei immer noch als ganz, ganz seltene Köstlichkeiten. Auf der österlichen „Festtafel" stand nicht überall ein verlockender Braten, höchstens ein selbstgezogener Stallhase.

Inserat der Woche:
Wer gibt eine Heuwiese teilweise in Tausch gegen gute Legehühner?

2.5. In den USA wurden Capt. Nash, ein weibl. Offizier, und Oberst Durant wegen Juwelenraub in Schloß Friedrichshof zu je 15 Jahren Zwangsarbeit und unehrenhafter Ausstoßung aus der Army verurteilt.

Inserat der Woche:
Biete einige Zentner Dickwurz – suche Heu.

13.5. Die bereits eingeführte Sommerzeit wird um eine weitere Stunde erweitert. Um Energie zu sparen, werden die Uhren noch einmal eine Stunde vorgestellt. (Das hatte zur Folge, daß es zu Sommeranfang bis nach 23 Uhr noch hell war).

15.5. Die kleine Schönberger Schule hat durch Evakuierte und Flüchtlinge einen großen Schülerzustrom bekommen. Neben 76 Einheimischen besuchen 63 ortsfremde Kinder die Schule. In Oberhöchstadt ist die Schulsituation ähnlich.

Inserat der Woche:
Grauer Milchkannendeckel verloren.

29.5. Die Kronberger Kostbarkeit, die Erdbeere, reift heran und muß scharf bewacht werden. Felddiebstähle sind an der Tagesordnung. – Wegen der schon herrschenden sommerlichen Temperaturen vermißt man wieder schmerzlich das Schwimmbad – noch immer ist es für die Bevölkerung gesperrt.

Inserat der Woche:
Gut erhaltener Kinderwagen gegen Herrenschuhe zu tauschen.

10.7. Wegen der anhaltenden Hitze und Trokkenheit ist die Stadt Kronberg gezwungen, die Wasserleitung von morgens 8 bis abends 20 Uhr abzustellen. (Nach 20 Uhr floß trotzdem in den oberen Stadtteilen kein Tropfen Wasser aus der Leitung. Die meisten Bewohner pilgerten deshalb zum Brunnen am Spital oder noch weiter runter ins Tal, um sich das lebensnotwendige Wasser zu holen. Man war sparsam mit dem kostbaren Naß. Jeder Liter Wasser war kostbar und wurde zugleich für mehrere Zwecke verwendet.)

12.6. Die Pfingstfeiertage sind vorüber, ohne besonderen Festtagsbraten und -kuchen. Der Verkehr war groß, viele Frankfurter kamen in den frühlingsfrischen Taunus. Trotz Mangel an Getränken – es gab nur Dünnbier und Kronthaler Wasser, waren die Wirtschaften gut besucht. Die Kronberger Wirte schenkten ihren Apfelwein jedoch erst nach Abfahrt des letzten Zuges aus, und das auch nur an Stammgäste. Das „Stöffche" ist rar geworden.

Inserat der Woche:
Biete schwarze Pumps, Gr. 41, suche guten Rucksack.

24.6. Jetzt wäre die Zeit der Erdbeerernte. Durch die schlechten Zeiten werden aber mehr Kartoffeln angebaut als Erdbeeren. Die wenigen Früchte gehen nicht auf den Markt. Die Erdbeeranbauer haben ihre liebe Mühe, die Früchte vor Dieben zu schützen.

26.6. Die Kerb steht vor der Tür, doch dürfte sie recht traurig ausfallen. Zwar kann getanzt werden, es gibt Karussell und die alte Schiffschaukel. Doch Kerbekuchen und die obligatorischen Bratwürste sind vorläufig noch Wunschtraum.

Inserat der Woche:
Biete schwarze Pumps Gr. 41, suche guten Rucksack.

8.7. Die Freilichtspiele, die in diesem Sommer im Kaiser-Friedrich-Park durchgeführt werden, erfreuen sich großer Beliebtheit. Auf dem Spielplan stehen Opern- sowie Operetten- und Schauspielaufführungen. Zu Gast sind u.a. die Gießener sowie die Marburger Bühne.

10.7. Vor einigen Tagen wurden die neugeschaffenen „Kronberger Freilichtspiele" im Park eröffnet. Aufgeführt wurde der „Sommernachtstraum" von William Shakespeare durch die Lahnkammerspiele. Das Stadtparlament hatte den einstimmigen Beschluß gefaßt, bei Bedarf den Unternehmer, Anton Koch, mit einer Summe von 5000 Reichsmark zu unterstützen. Im Laufe des Sommers werden die Bühnen von Weilburg, Frankfurt, Darmstadt, Wiesbaden usw. gastieren.

Inserat der Woche:
Kostümjacke, schwarz Gr. 44, suche komplettes Damenfahrrad.

22.7. Infolge der langanhaltenden Hitze ist die Gemeindeverwaltung von Schönberg gezwungen, den Wasserverbrauch zu drosseln. Es wird darauf hingewiesen, daß das Sprengen der Gärten und jeder unnötige Wasserverbrauch untersagt ist.

24.7. Die Hanauer Musikbühne wird übermorgen die Operette „Der Vetter aus Dingsda" von Eduard Künneke auf der Freilichtbühne im Park aufführen. Das schöne Sommerwetter begünstigt das Vorhaben. Der Unternehmer der Freilichtbühne, Anton Koch, kann bestimmt mit hohen Zuschauerzahlen rechnen.

5.8. Am vergangenen Sonntag fand die Uraufführung des historischen Heimatstückes „Das neue Reis" von Wilhelm Jung auf der Schirn statt. Veranstalter ist der Kappenklub, der damit für seine Mitglieder eine Riesenarbeit auf sich genommen hat. Die Uraufführung war ein großer Erfolg. Das Stück handelt vom Leben und Wirken des bekannten Pfarrers und Pomologen Johann Ludwig Christ. Es sind noch 6 weitere Aufführungen geplant.

7.8. Auf der Schirn geht es jeden Abend hoch her. Der Kappenklub hat die schwierige Aufgabe übernommen, das Spiel um den Obstpfarrer Johann Ludwig Christ von Wilhelm Jung zu inszenieren. „Das neue Reis" wird derzeit jeden Abend unter freiem Himmel auf der Schirn aufgeführt. Das Publikum ist begeistert. Die Spieler, fast ausschließlich Mitglieder des Kappenklubs, sind ganz bei der Sache und gestalten ihre Rollen vorzüglich. Schwierig war nicht nur die Beschaffung der Kostüme, sondern auch die Erstellung einer Zuschauertribüne und des alten Schirnbrunnens. Die Stühle werden in jeder Nacht von einem Wächter behütet.

Inserat der Woche:
Biete Herrenschuhe, suche Obst und Gemüse.

19.8. Das Vereinsleben in Kronberg beginnt sich wieder kräftig zu regen. Allerdings gibt es seitens der Besatzungsmächte sehr strenge Vorschriften: so darf keines der Vorstandsmitglieder der NSDAP oder einer ihrer Organisationen angehört haben.

21.8. Das gute und beständige Sommerwetter begünstigt die Aufführungen der Kronberger Freilichtspiele im Park. Alle Aufführungen sind stets ausverkauft. Der Spielplan läuft noch bis zum 31. August.

Inserat der Woche:
Biete Herren-Unterwäsche suche Mirabellen.

2.9. Die Freilichtbühne im Kaiser-Friedrich-Park hat, dank des schönen Wetters, bisher insgesamt 50000 Besucher angelockt. Die Hitze hält weiterhin an. Die Kronberger dürfen sich ihr schönes Schwimmbad nur von außen ansehen. Wann wird es endlich für die Bevölkerung freigegeben? (Wir durften noch zwei Jahre warten, erst 1949 war es endlich soweit.)

Inserat der Woche:
Tausche Damenkleidung gegen Herrenschuhe!

11.9. Die Saison der Freilichtbühne im Kaiser-Friedrich-Park ist zu Ende. Der Veranstalter ist mit dem Ergebnis sehr zufrieden, das Wetter war meist gut, kaum einmal mußte eine Vorführung ausfallen. Man darf schon jetzt auf die kommende Saison gespannt sein.

Inserat der Woche:
Wer nimmt Ziege in Pflege, melkt sie täglich? Über die Entlohnung muß verhandelt werden.

16.9. Fünf Schülerinnen der hiesigen höheren Schule legen zur Zeit ihre Reifeprüfung ab. Es ist dies der erste Jahrgang in der 60jährigen Geschichte der Schule, der bis zum Abitur geführt wurde, bislang war die Schule „Zubringerin“ für Frankfurter Gymnasien.

25.9. Zum ersten mal Abitur in Kronberg. Am städtischen Realgymnasium bestanden heute fünf Mädchen die Reifeprüfung. Die „männlichen“ Klassenkameraden müssen noch zurückstehen. Sie waren in den letzten Kriegswochen noch eingezogen worden und besuchten nun speziell für Kriegsteilnehmer eingerichete Kurse zur Nachholung der Reifeprüfung.

Inserat der Woche:
Hohe Belohnung für den, der mir den Dieb meiner 32sprossigen Leiter angeben kann.

30.9. Die Feldhüter haben eine harte Arbeit! Die Obst- und Felddiebstähle nehmen ständig zu. Es wäre fast notwendig, auch nachts sämtliche Gärten und Felder zu überwachen. Bei allem Verständnis für die Notlage, in der wir alle uns gegenwärtig befinden, weist die Polizei darauf hin, daß sie gegen die Diebe unnachsichtig einschreiten muß.

9.10. Durch den Zuzug von Evakuierten, Bombengeschädigten und Flüchtlingen aus den deutschen Ostgebieten ist auch in Kronberg die Wohnungsnot noch sehr drückend. Etwa 270 Wohnungen werden hier benötigt, sind aber nicht zu beschaffen.

Inserat der Woche:
Tanzmusik zur Kerb in Oberhöchstadt, Schwalbach und Mammolshain.

18.10. Der Bühnenanbau an der Turnhalle ist noch immer nicht fertiggestellt. Er steht noch so, wie er vor dem Kriege geschaffen wurde. Es fehlt noch der Durchbruch in der großen Wand, damit die Bühne endlich genutzt werden kann. (Es sollten noch fast drei Jahre vergehen, ehe es endlich so weit war. Die Kronberger Vereine und die Bürgerschaft spendeten nach der Währungsreform „Bausteine“, um den Durchbruch zu finanzieren).

23.10. Seit einigen Wochen finden wieder regelmäßige Versammlungen der Kolpingfamilie in Kronberg statt. Große Unterstützung fand und findet man durch Bischof Aloisius J. Muench, den Leiter der „Missio vaticana“ in der ehemaligen Villa Grosch.

Inserat der Woche:
Biete Schuhe (Damen Gr. 38) suche Zuckerrüben oder Saft zum Sirupkochen.

28.10. Der Wohnraum in Kronberg ist, wie überall, äußerst knapp. Oft müssen vier bis sechs Personen sich mit einem Raum begnügen. Doch die Wohnungsnot kann vorläufig nicht gebannt werden. In Kronberg fehlen allein 270 Wohnungen, um die dringendste Wohnungsnot zu lindern.

6.11. Für die ausgefallenen 100 gr Fett in der letzten Zuteilungsperiode bekommen alle Normalverbraucher über 18 Jahre bei der nächsten Zuteilung 100 gr Erdnußbutter.

Inserat der Woche:
Wer näht mir aus vorhandenem Material einen Rucksack?

11.11. Vor dem Eintritt des Frostwetters sei daran erinnert, daß dem Schutz der Wasserleitungen gegen Einfrieren erhöhte Aufmerksamkeit geschenkt werden muß, um unnötige Rohrbrüche zu vermeiden. Wasser ist in Kronberg nach wie vor knapp!

20.11. Pfarrer Raven, Neuenhain, hält auch weiterhin für die evangelischen Einwohner Mammolshains in der Schule Gottesdienst ab. – Es wird darauf aufmerksam gemacht, daß immer noch Kontrollen auf den Zügen stattfinden, um Hamsterfahrten zu unterbinden. Wer mit mehr als nötigem Mundvorrat erwischt wird, muß mit Strafen rechnen.

Inserat der Woche:
Suche Kinderwagen – biete Herrenunterwäsche.

25.11. Zum 100. Todestag von Felix Mendelssohn-Bartholdy veranstaltete der evangelische Kirchenchor Kronberg unter Leitung von Musikdirektor Curt Siebert ein großes Konzert in der Turnhalle. Es wirkten außerdem ein Schulchor und der evangelische Kirchenchor aus Ffm.-Hausen mit.

4.12. Die Adventszeit ist da. Es gibt kaum Kerzen, doch besteht die Aussicht, daß es für Weihnachten eine Zuteilung gibt. Vor allem Haushaltungen mit Kindern sollen berücksichtigt werden. Auch Tannenbäume werden, wie im Vorjahr sehr knapp werden. Es wird jedoch davor gewarnt, im Wald Bäume zu stehlen, die Förster führen verstärkt Kontrollen durch.

Inserat der Woche:
Tausche Wintermantel gegen Kinderspielsachen.

9.12. Weihnachten rückt näher und es gibt wenig oder gar keine Weihnachtsbäume. Die meisten Einwohner sind zur „Selbsthilfe“ übergegangen. Am hellichten Tag werden in den Forsten kleine und größere Tannen und Fichten entwendet. Die Forstbehörde macht darauf aufmerksam, daß dieser Waldfrevel unnachsichtig bestraft wird. (Die meisten der Einwohner, die sich auf diesem Weg einen Tannenbaum „organisierten“ wurden natürlich nicht erwischt.)

23.12. Für die deutsche Bevölkerung ist seitens der Besatzungsmächte das Abbrennen von Feuerwerkskörpern verboten. Das Jahr 1948 dürfte also bei uns sehr ruhig beginnen. Auch die geistigen Getränke sind sehr rat. (Es gehört eine Portion Beziehungen, oder vielmehr Vitamin „B“, wie wir es damals nannten, dazu, Silvester feuchtfröhlich feiern zu können).

31.12. Auch in diesem Jahr wird es zum Jahresende kein Feuerwerk der deutschen Bevölkerung geben. Nur die Amerikaner werden es uns vormachen.

Inserat der Woche:
Wer befördert für Evakuierte einige Zentner Kartoffeln von Mainz nach Kronberg?

1948

6.1. In mehreren Haushaltungen wurde wieder wegen zu hohen Verbrauchs das Gas abgeklemmt. Die Gaswerke machen darauf aufmerksam, daß bei Übersteigen des Haushaltskontingents die Gasleitung unnachsichtlich für mindestens 4 Wochen gesperrt wird.

15.1. Wie streng die Bestimmungen bei der Gaszuteilung sind, haben jetzt wieder verschiedene Haushaltungen verspürt. Wegen Überschreitung der Haushaltskontingents wurden einige Gasleitungen für mindestens drei Wochen abgeklemmt.

Inserat der Woche:
Einige Maskenkostüme zu verleihen. (Das war ein gutes Geschäft. Wer im glücklichen Besitz von derartigen Kostümen – meist noch aus der Vorkriegszeit – war, konnte durch den Verleih etwas verdienen. Oft genug war der „Mietpreis" kein Bargeld, sondern andere begehrenswerte Dinge, vor allem Zigaretten.)

20.1. Die Freilichtbühne im Kaiser-Friedrich-Park fand im letzten Sommer starken Anklang. Deshalb geht man jetzt daran, sie auszubauen. Es soll eine feste Bühne entstehen, auch für Garderoberäume wird gesorgt werden. (Diese Bühne stand auf dem heutigen Klein-Golf-Platz).

29.1. Der älteste Kronberger, Christian Weidmann (den alten Einheimischen eher als „Säcklerbalzer" bekannt) konnte seinen 92. Geburtstag feiern. Er war in den früheren Jahren ein begeisterter und einsatzfreudiger Feuerwehrmann.

Inserat der Woche:
Ein Hahn gegen Legehühner zu tauschen.

12.2. Die Kappensitzung war ein voller Erfolg, die städtische Turnhalle war bis auf den letzten Stuhl besetzt. Auf den Tischen stand zwar Dünnbier, doch hatten die Zuschauer sich als „Selbstversorger" gezeigt. Die Kellner bekamen ihr „Stoppegeld" und waren zufrieden. Selbstgekelterter Äppelwei, selbstgebrannter Schnaps und andere „organisierte" alkoholische Getränke wurden heimlich untereinander ausgetauscht. Auch der Elferrat machte keine Ausnahme.

17.2. Auf dem großen Feldberg soll gebaut werden. Am Feldberghof ist eine große Terrasse geplant. Auch der durch Absturz eines Fliegers zerstörte kleine Feldbergturm soll wieder aufgebaut werden. Sobald die Witterung es zuläßt, wird mit den Arbeiten begonnen.

26.2. Der MTV soll wiedergegründet werden. Nachdem die Vorschriften der Besatzungsbehörden gelockert wurden, steht der Auferstehung des alten Turnvereins nichts mehr im Wege. (Bei der konstituierenden Sitzung wurde Wilhelm Borsch zum Vorsitzenden gewählt, sein Stellvertreter Philipp Antoni, 1. Schriftwart Hans Schmidtke, Oberturnwart August Post).

Inserat der Woche:
Suche Steintopf für Sauerkraut, über Tauschobjekt kann verhandelt werden.

3.3. Das Landesernährungsamt hat für die erste Dekade (10 Tage) der 111. Zuteilungsperiode folgende Rationen für Normalverbraucher aufgerufen: 3250 g Brot, 650 g Nährmittel, 70 g Fett (davon 50 g Butter, 20 g Margarine), 100 g Fleisch, 300 g Zucker (davon 250 g Kubazucker), in der 2. Dekade gibt es kein Fleisch, nur 50 g Fett und 62,5 g Sauermilchkäse.

11.3. In der katholischen Kirchengemeinde gibt es große Umstellungen. Die Filialgemeinde Schönberg, bisher zu Oberhöchstadt gehörig, soll alsbald der Gemeinde Kronberg angegliedert werden.

Inserat der Woche:
Ein guter Hahn gegen Legehenne zu tauschen.

17.3. Jeder Versorgungsberechtigte in Hessen soll zu Ostern 1 Ei erhalten. Die Ausgabe erfolgt in der zweiten Dekade im März. – In der Osterzeit (22.–31. März) werden Zulassungskarten für die D-Züge ausgegeben. Berechtigt sind Inhaber von Arbeiterrückfahrkarten und Personen, die nahestehende Familienangehörige besuchen wollen.

25.3. Wegen zunehmender Wasserengpässe verpflichtete Bürgermeister Jüngst in Oberhöchstadt 20 Männer aus der Gemeinde zu Schürfarbeiten in den Hinteren Neuwiesen. Die Arbeiten bleiben bisher erfolglos.

Inserat der Woche:
Suche Damenschuhe, tausche einen Stallhasen dagegen.

31.3. Am 22. März starb der bekannte Kronberger Künstler Fritz Wucherer. Er gilt als der letzte Vertreter der Kronberger Malerkolonie. Am 8. März konnte er noch seinen 75. Geburtstag feiern. Aus diesem Anlaß fand in Frankfurt eine große Ausstellung seiner Werke statt. Fritz Wucherer wurde auf dem Friedhof in Kronberg beigesetzt.

8.4. Die Uhren werden wieder eine Stunde vorgestellt, am 15. April ist es soweit. – Die 112. Zuteilungsperiode ist wieder sehr knapp. Es gibt auch dieses Mal kein Fleisch.

Inserat der Woche:
Biete Herren-Wintermantel – suche Kinderwagen.

22.4. In Hessen finden am kommenden Sonntag Kommunalwahlen statt. – Auf den Abschnitt L 504 der Lebensmittelkarten werden 4 Punkte Spinnstoffwaren aufgerufen. Es können 1 m Köper oder Hemdenstoff für den Reparaturbedarf darauf bezogen werden.

Inserat der Woche:
Am Sonntag wird die Sommerzeit wieder eingeführt! Vergessen Sie nicht, die Uhren eine Stunde vorzustellen!

28.4. Am 25. April fanden im Land Hessen Gemeinde- und Kreistagswahl statt. In Kronberg sah das Wahlergebnis folgendermaßen aus: Wahlberechtigt waren 4222 Personen, 3527 Stimmen wurden abgegeben. Davon erhielten SPD 1047, CDU 883, LDP (die spätere FDP) 1193, KPD 152 und die AP 96 Stimmen. Die Sitzverteilung im Rathaus ist wie folgt: SPD 6, CDU 5 und LDP 7 Sitze. Im Kreistag erhielten in Kronberg: SPD 981, CDU 890, LDP 1218, KPD 155 und AP 93 Stimmen.

12.5. Jeder Beschäftigte in Hessen erhält 10 Ami-Zigaretten, das Stück zu 30 Pfennig. Der Bezugsschein wird mit den nächsten Lebensmittelkarten ausgegeben.

20.5. Baupläne in Oberhöchstadt. Das Alten- und Pflegeheim Hohenwald ist zu eng, die Plätze reichen nicht aus, die Baracken, die als Notbehelf 1943 errichtet wurden, sollen verschwinden.

3.6. In Schönberg wurde Jakob Hübner zum Bürgermeister gewählt. Er tritt die Nachfolge von Heinrich Meixner an.

9.6. Ab 1. Juli erhalten auch Frauen im Alter von 18 bis 25 Jahren die Frauen-Raucherkarte. (Das war eine besonders schmerzliche Lücke in der Versorgung. Als 18- bis 25jährige Frau bekam man keine Sonderzuteilung für Jugendliche mehr, aber auch keine Raucherkarte. Und die wäre so nötig gewesen. Beileibe nicht zum Eigengebrauch, nein, zum Tauschen. Man konnte damals noch nicht einmal seinem Freund oder Bräutigam eine Freude mit Zigaretten machen. Als dann schließlich die Karte kam, war schon die Währungsreform da und mit ihr war auch die „Zigaretten-Währung“ zu Ende, die Raucherkarte nicht mehr interessant.)

18.6. Es ist soweit! Am Sonntag kommt die Währungsreform, um die es schon lange Gemunkel gab! Doch niemand wußte Bescheid. Ab 8 Uhr früh werden in verschiedenen Zahlstellen (Banken, Rathaus usw.) die neuen Geldscheine ausgegeben. Es wird nach Straßen vorgegangen. Mitzubringen sind die Ausweise aller Familienangehörigen. Pro Person müssen 600 Reichsmark eingezahlt werden, dafür gibt es zunächst ein „Kopfgeld“ von DM 40,–, die restlichen 20,– Deutsche Mark werden später ausbezahlt, der Termin wird noch bekanntgegeben. Die Bevölkerung ist aufgerufen, sich genau nach den vorgeschriebenen Richtlinien zu verhalten.

23.6. Die Währungsreform ist da! Am vergangenen Sonntag wurde auch in Kronberg in allen Banken und Sparkassen und in der Schule jedem Bürger für 600 Reichsmark ein Kopfgeld von 40 Deutschen Mark ausgehändigt. Die restlichen 20 Mark werden in den nächsten Wochen ausgezahlt. Über Nacht waren viele Schaufenster wieder angefüllt mit Artikeln, von denen man in den letzten Jahren nur träumen konnte. Der Direktor der Verwaltung für Ernährung in den drei westlichen Besatzungszonen Dr. Schlange-Schöningen gab bekannt, daß nach dem Obst und Gemüse nun auch die Eier aus der Bewirtschaftung herausgenommen werden. Unvorstellbar der Gedanke, daß man Eier wieder nach Lust und Liebe einkaufen kann! Das wird sich mit Sicherheit auf die bevorstehende Kronberger Kerb auswirken.

8.7. Zur Kerb gab es wieder strahlende Kinderaugen, stand doch endlich wieder eine Bude auf dem Platz, die Spielzeug anbot. Zwar waren es fast ausschließlich Blechspielzeuge und wenig haltbare „Musikinstrumente“, das tat dem Spaß keinen Abbruch. Zum ersten Mal seit Jahren gab es in den Gastwirtschaften wieder genügend Äppelwei zu trinken. Die Stimmung war bestens. Das Geld saß aber nicht so locker, wie man das von den Kerben vor dem Kriege gewohnt war, die neue DM ist halt noch sehr rar. – In verschiedenen Frankfurter Geschäften wurden Bananen verkauft, ein Bündel mit acht Stück kostete 4 DM. Trotz dieses hohen Preises stürzten sich die Käufer auf die lang entbehrten Früchte. (Zum Vergleich: ein qualifizierter Facharbeiter erhielt einen Bruttostundenlohn von DM 12,5. Anm.)

21.7. Es regnet, regnet, regnet! Was der letzte Sommer zuviel an Sonne brachte, bringt der heurige zu wenig. Auf dem Feldberg herrschen Wintertemperaturen. Die Freilichtspiele im Park fallen meistens ins Wasser.

4.8. Ein Kronberger hat den neuen Deutschen Pfennig entworfen! Der Bildhauer Adolf Jäger hat bei dem ausgeschriebenen Wettbewerb den Sieg davongetragen. Sein Entwurf wurde angenommen. Die Beschriftung der Münze war von der Bank deutscher Länder vorgeschrieben worden. Die Rückseite zieren junge Eichenpflänzchen, die die jungen deutschen Länder symbolisieren sollen. – Adolf Jäger, gebürtiger Frankfurter, arbeitete als Bildhauer in seiner Heimatstadt. In den letzten Kriegstagen wurde er dort ausgebombt und lebt seitdem mit seiner Frau in Kronberg.

5.8. Wie die „Bank deutscher Länder“ mitteilt, sollen die restlichen 20 Mark Kopfgeld demnächst zur Auszahlung kommen. Der genaue Zeitpunkt wird von der Militärregierung bestimmt.

18.8. Der Regierungspräsident in Wiesbaden hat den Beschluß der Apfelweinkelterei-Vereinigung mit eigenem Ausschank in Frankfurt und Umgebung vom 30. 6., wonach ein 0,3 l Glas Apfelwein 50 Pfennig inclus. Getränkesteuer, aber ohne Bedienung, festgesetzt wurde, für nichtig erklärt. Der Streit um den Apfelweinpreis geht weiter, denn er erscheint wirklich zu hoch. (Vergl. ein 1 kg Brot kostete 55 Pfg.)

1.9. Am 29. August konnte der bekannte Kronberger Heinrich Antoni seinen 65. Geburtstag feiern. H. Antoni ist Mitbegründer des Kappenklubs. Er lenkte mehr als 27 Jahre lang die Geschicke dieses rührigen Vereines. Aktiv tätig ist er noch bei der Sanitätskolonne des Roten Kreuzes in Kronberg. Sein großer Einsatz war ausgerechnet an seinem 60. Geburtstag, als in der Frankfurterstraße nach einem Fliegeralarm 5 Kronberger durch eine Flakgranate tödlich verletzt wurden.

2.9. Das diesjährige Feldbergfest fand wieder auf der Stierstädter Heide statt, denn noch immer ist es sehr schwierig, auf den Gipfel des Feldberges zu gelangen. Bei den Jahrgängen 1909 bis 15 war Georg Heene aus Kronberg Sieger. Es waren wenige Sportler aus Kronberg beteiligt, denn der MTV hat sich erst vor wenigen Monaten neu konstituiert, viele Turner sind gefallen oder noch nicht aus der Kriegsgefangenschaft zurückgekehrt.

15.9. Aufgrund einer Anordnung der Militärregierung in Westdeutschland ist die Benutzung von Kraftfahrzeugen an Sonn- und Feiertagen nach wie vor genehmigungspflichtig.

16.9. Die Schulen sind noch immer wegen der aufgetretenen Fälle von Kinderlähmung geschlossen. – Die Kartoffeln für den Winterbedarf können frei bezogen werden, sie sind nicht mehr der Bewirtschaftung und somit der Rationierung unterworfen.

29.9. Der erste „Süße" ist da. Großzügig wird er wieder von den Gastwirten angeboten. Infolge des nassen und kühlen Sommers bringt er es kaum auf 50° Oechsle. Kenner jedoch wissen daß die sauren Äpfel das beste Stöffchen ergeben.

30.9. In der nächsten Zuteilungsperiode gibt es mehr Butter. Die Speisekartoffeln für die Einkellerung sind bezugsscheinfrei. Die Fleischkarten behalten ihre Gültigkeit.

13.10. Wie das Ernährungsamt bekanntgibt, ist die Abgabe von Speisekartoffeln bezugscheinfrei. Die im September aufgerufenen Fleischabschnitte behalten ihre Gültigkeit. Außerdem gibt es im Oktober mehr Butter.

14.10. In Hessen treten vermehrt Fälle von Diphterie auf, bisher sind sieben Todesfälle gemeldet. Auch die Tuberkulose ist wieder im Vormarsch, bei 494 neuen Fällen führten 103 zum Tode. – Am Turm der Paulskirche in Frankfurt wird fleißig gearbeitet, sie sollen bis Weihnachten abgeschlossen sein. Dann werden auch zum ersten Mal wieder die Glocken erklingen.

27.10. Trotz des schlechten Wetters im Sommer, und trotz der Währungsreform hatte die Freilichtbühne im Park eine große Zuschauerzahl. Nicht weniger als insgesamt 26 000 Menschen sahen sich die Aufführungen auf der herrlichen Bühne an.

28.10. Nach einer Verfügung des Landrates ist die Wohnraumbewirtschaftung in den Gemeinden des Kreises wieder an die Gemeinderäte übergegangen, so wurde auch in Oberhöchstadt ein Wohnungsausschuß gewählt. Für das Dienstzimmer des Oberhöchstädter Bürgermeisters wurde durch Beschluß des Gemeinderates ein Kohlenfüller angeschafft.

10.11. Kronberg hat 6201 Einwohner! In Schönberg leben 1450 Bürger.

11.11. Die närrische Saison beginnt. Der Kappenklub hatte in den Saal des Gasthauses „Zur Post“ eingeladen. Junge Büttenredner verdienten ihre ersten Sporen. Auch die Carnevalsgesellschaft, die seit einem Jahr wieder aktiv ist, feierte den Einstieg in die fröhliche Zeit.

24.11. Am 15. November verstarb im Alter von 88 Jahren der Kunstmaler Emil Rumpf. Er war ein Sohn des Mitbegründers der Cronberger Malerkolonie Philipp Rumpf. Emil Rumpf war ein Genremaler und Illustrator. In Kronberg war er geachtet und sehr beliebt. Viele Vereine holten gern seinen Rat und seine Hilfe, wenn es darum ging, Theaterkulissen zu schaffen, Ehrenurkunden zu entwerfen und dergleichen. Er war auch in vielen Vereinen Mitglied, so in dem renommierten Dilettantenverein, den er mitbegründen half. Emil Rumpf, der unverheiratet blieb, ruht auf dem Friedhof an der Seite seiner Schwester.

25.11. In Kronberger Sängerkreisen tut sich was. Bisher waren die alten Gesangvereine unter dem Namen „Volkschor“ gemeinsam tätig. Nun planen die ehemaligen Mitglieder des Gesangverein I, des MGV 1860, wieder einen „eigenen“ Verein. Bisher waren – wie bekannt – von der Besatzungsmacht nur sehr beschränkt die Vereine wieder zugelassen worden, so halfen sich die Sänger mit dieser Gemeinsamkeit, um überhaupt wieder Singstunde abhalten zu können. Nun aber scheint vielen die Zeit gekommen, die alte Tradition wieder aufleben zu lassen.

8.12. Ab 1. Dezember müssen alle Postsendungen zusätzlich zur normalen Briefmarke oder Freistempel die 2-Pfennig-Notopfer-Berlin-Marke tragen. Gleichzeitig werden von allen Löhnen und Gehältern 2% der Lohnsteuer für Notopfer Berlin abgezogen.

9.12. Zu Weihnachten werden die Glocken der Paulskirche in Frankfurt wieder erklingen. – Auf der Straße nach Wiesbaden (heute Autobahn) stieß ein deutscher Lastwagen mit einem Fahrzeug der amerikanischen Besatzung zusammen. Die Insassen des deutschen Wagens, meist Kronberger, wurden zum Teil erheblich verletzt. Der Fahrer des amerikanischen Wagens stand unter Alkoholeinfluß.

22.12. Die Insassen der Frankfurter Krankenhäuser erhalten von der Militärregierung eine Zigarettenspende. Die Amerikaner haben dem Stadtgesundheitsamt 10 000 Zigaretten zur Verfügung gestellt. Es gibt Weihnachtsgänse! Allerdings kostet das Pfund immerhin 5,50 bis 6,50 DM. (Ein respektabler Preis, wenn man bedenkt, daß ein hochqualifizierter Facharbeiter einen Stundenlohn von 1,40 DM hatte!)

23.12. Endlich gibt es zum Fest genügend Weihnachtsbäume und Kerzen. Auch ein Festtagsbraten ist durchaus keine Utopie mehr. Auf den Markt kommen frische Gänse, allerdings sind sie noch sehr teuer.
Das Kuratorium „Unteilbares Deutschland“ hat zu einer Sammlung für Berlin unter dem Motto „Macht das Tor auf“ aufgerufen. Magistratsmitglieder und der Stadtjugendring beteiligen sich an der Straßensammlung und verkauften über 2000 Abzeichen. In Kronberg kamen fast 600 Mark zusammen.

eutschland

1949

5.1. Der Limburger Bischof Dr. Ferdinand Dirichs wurde am 28. Dezember bei einem Autounfall tödlich verletzt. Sein Fahrer und sein Begleiter, Kaplan Bokler, erlitten schwere Verletzungen.

6.1. Auf dem Großen Feldberg wurde mit dem Wiederaufbau des Feldberghofes begonnen.

19.1. Ein verdienter Kronberger Bürger ist gestorben! Meister Jakob Hembus, ein weit über die Grenzen unserer Heimatstadt bekannter Malermeister hat uns für immer verlassen. Er kam am 29. Januar 1872 im Gasthaus zum Löwen zur Welt. Schon im Alter von 23 Jahren machte er sich selbständig und arbeitete bei der Innengestaltung von Schloß Friedrichshof mit. Er war es auch, der in der Burgkapelle ein wertvolles Freskogemälde entdeckte und freilegte. Dieses Gemälde wurde ein Opfer der Brandbomben. Seine Firmen in Frankfurt und Kronberg werden von seiner Familie weitergeführt. Jakob Hemus hinterläßt in seiner Heimatstadt eine große Lücke.

20.1. Die Fastnacht hat begonnen, endlich kann wieder richtig gefeiert werden. Viele vereine laden zu Maskenbällen ein. In der städtischen Turnhalle und im Saal des Schützenhofes kann fleißig getanzt werden.

2.2. Die schlechte Vorratslage bei Mehl erfordert im Januar eine Erhöhung des Anteils von Beimischungsmehlen, wie Maismehl, Sojamehl und Kartoffelwalzmehl. Der Beimischanteil muß 20% betragen. (Die „Maisbrotzeit" war noch immer nicht überstanden!)

3.2. Fassenacht in Kronberg – ganz groß! Der Kappenklub mußte das Programm seiner großen Sitzung gleich dreimal anbieten, die Stadthalle war stets bis auf den letzten Platz besetzt. Obwohl das Geld sehr knapp ist, dem Vergnügen tat das keinen Abbruch. Oft genug versorgte man sich selbst mit dem selbstgekelterten Apfelwein. Die Kellner drücken mit Unterstützung durch ein sogenanntes „Stoppegeld" schon einmal ein Auge zu. In den Bars bei den Maskenbällen wird vorwiegend Bowle getrunken. Hin und wieder findet sich auch mal ein „Krösus", der seiner „Schönen" sogar ein Glas Sekt spendiert. – Schwere Stürme am Rosenmontag und Dienstag richteten überall große Schäden an. In Frankfurt gab es durch Einsturz einiger Trümmermauern einige Todesfälle, in der Schillerstraße wurde die Oberleitung der Straßenbahn herabgerissen, der Verkehr war für einige Stunden vollkommen lahmgelegt.

16.2. Endlich kann man wieder richtige Fastnacht feiern. Zwar ist das Kreppelbacken noch nicht so leicht möglich. Aber es gibt wieder geistige Getränke, die man auch ohne „Beziehungen" erstehen kann. In allen verfügbaren Sälen finden Maskenbälle statt. Überall herrscht Jubel, Trubel und Heiterkeit. Der Kappenklub veranstaltete drei gut besuchte karnevalistische „Sitzungen". Die „Käwwern" halten ihre Sitzung am Fastnachtssonntag ab. Bei jeder Veranstaltung erheben die Vereine ein „Aufgeld" von DM 0,50, die an die Stadt abgeführt werden. Diese Beträge sind zur Mitfinanzierung des dringend erforderlichen Bühnendurchbruches in der Stadthalle bestimmt. Seitens der Stadt wurde dieser Durchbruch für die kommenden Monate zugesagt, außerdem sollen Garderoberäume entstehen!

17.2. In Kronberg soll ein neuer Verein gegründet werden. Schachspieler haben ein lebhaftes Interesse daran, sich zusammenzuschließen.

2.3. Auch in diesem Jahr kann das traditionelle Feldbergfest nicht auf dem Berg selbst abgehalten werden. Voraussichtlich findet es im August wieder auf der Stierstädter Heide statt.

3.3. Kronberg wird in aller Kürze wieder eine eigene Lokalzeitung erhalten, der den Einwohnern früher liebgewordene „Kronberger Anzeiger", 1939 in Oberursel verlegt, soll wieder in Kronberg selbst verlegt und gedruckt werden.

16.3. Die anhaltende naßkalte Witterung wirkt sich günstig auf die Wasserversorgung in Kronberg aus. Vorläufig ist nicht mit einer Wassersperre zu rechnen. Die Bevölkerung wird aber jetzt schon gebeten, den Wasserverbrauch einzuschränken.

17.3. Es will nicht so recht Frühling werden, die Witterung ist naßkalt. Die Stadtväter sind von dem Wetter sehr erbaut, hilft der viele Regen doch Wasser sparen. Schon jetzt aber wird die Bevölkerung darauf hingewiesen, daß auch im kommenden Sommer sehr sparsam mit dem Wasser umgegangen werden muß.

30.3. Die Kronberger Stadtverwaltung steht in Verhandlung mit der Militärregierung wegen Freigabe des Schwimmbades. Die Kronberger hoffen zuversichtlich, daß sie in diesem Sommer ihr schönes Waldschwimmbad wieder benutzen können.

31.3. Das Osterwetter war einmalig schön! Es kamen viele Touristen mit der Bahn nach Kronberg. In den Straßen blieb es ruhig. Das Sonntagsfahrverbot für Autos machte sich bemerkbar. Unterwegs waren nur Wanderer und einige wenige Radfahrer. – In Kronberg regt sich das Vereinsleben wieder. Einige bekannte Kronberger Bürger wollen den alten Kur- und Verkehrsverein wieder aufleben lassen.

14.4. Um den Feuerschutz im Burgbereich sicherzustellen, wird ein, während des Krieges begonnener Löschteich auf dem Anwesen von Carl Neubronner fertiggestellt.

27.4. Mit Wirkung zum 10. Mai werden die Ladenschlußzeiten wie folgt festgelegt: In der Zeit von 19 bis 7 Uhr haben alle Ladengeschäfte (außer Apotheken) ihre Läden geschlossen zu halten.

28.4. Kronberg hat wieder zwei Gesangvereine. Nach dem Kriege waren die Sänger der Kronberger Gesangvereine zusammengekommen und gründeten gemeinsam den „Volkschor". Jetzt sind die Mitglieder des Männergesangvereins 1860 wieder „selbständig" geworden. Sie haben ihren alten Verein wieder neu ins Leben gerufen.

11.5. Zum 1. Mai erscheint der „Kronberger Anzeiger" wieder. Zwar noch im Kleinformat, aber seit Kriegsende hatte Kronberg keine eigene Lokalzeitung mehr.

12.5. Die Freilichtbühne im Stadtpark beginnt wieder mit ihrem Spielplan. Als Premiere ist eine Aufführung der Operette „Der Bettelstudent" vorgesehen.

25.5. Das Schwimmbad ist endlich wieder frei. Seit 1945 durften wir unser herrliches Waldschwimmbad nur von außen betrachten. Ab sofort ist es montags, mittwochs und freitags von 10.30 bis 21 Uhr für die Zivilbevölkerung freigegeben. An den übrigen Tagen wird es von den Besatzungssoldaten genutzt. Wir wollen froh und dankbar sein, daß wir endlich wieder so weit sind.

26.5. Die Kronberger Freilichtbühne im Stadtpark hat dieses Jahr kein Glück mit dem Wetter. Zweimal mußte die Premiere verschoben werden. Weder der „Bettelstudent" noch der „Vogelhändler" konnten gastieren.

9.6. Abschied von zwei bekannten Kronberger Persönlichkeiten. Am 7. Juni starb der Seelsorger der evangelischen Gemeinde, Pfarrer Eduard Moser, im Alter von 48 Jahren an einem tückischen Leiden. Auf dem Friedhof nahm eine große Trauergemeinde von ihm Abschied. – Im Alter von 78 Jahren verstarb Dr. Julius Becker. Der Chemiker hat in seinem Beruf viel geleistet. Seine Kieselsäurepräparate sind ein gutes Ausgleichsmittel für das kalkarme Taunuswasser. Dr. Becker wohnte seit 1932 im Minnholzweg. Kronberg war ihm zur zweiten Heimat geworden. Jahre hindurch war er Vogelschutzwart und führte die meteorologische Station, war tätiges Mitglied des Verkehrsvereins. Oft sah man ihn mit seinem Fotoapparat durch die Fluren streifen. Der temperamentvolle Herr war bei den Kronbergern bekannt und beliebt. Sein „Markenzeichen" war seine „Gesundheitskleidung" (kurze Hosen und Sandalen).

22.6. Ab Juni erhalten alle Personen über 70 Jahre täglich 1/4 l Vollmilch. Die Ausgabe der Zusatzkarten erfolgt auf dem Ernährungsamt im Rathaus. – Morgen findet zum dritten Male ein „Kronberger Forum" in der Stadthalle statt. Auf dem Programm steht u.a. die Information über Baumöglichkeiten in Kronberg.

23.6. Der Kur- und Verkehrsverein wurde wieder ins Leben gerufen. Allerdings verzichtet man nun auf den großspurigen Namen und nennt sich nur noch „Verkehrsverein Kronberg". Zum Vorsitzenden wurde Bürgermeister Adam Zubrod gewählt. Man könnte die Neugründung als „dritte Auferstehung" sehen, nach dem Ersten Weltkrieg übernahm der Taunusklub die Aufgaben des ehemaligen Verschönerungsvereins, 1933 wurde der Kur- und Verkehrsverein geschaffen, jetzt nennt sich die Sache Verkehrsverein. Schon in der ersten Versammlung wurden große Pläne geschmiedet.

14.7. Das Schwimmbad, das seither von den Besatzungssoldaten genutzt wurde, ist jetzt auch für die Kronberger freigegeben. Die Freude ist nicht ganz ungetrübt. Zum einen ist der Sommer sehr kühl und naß, zum andern erlaubt die Wasserknappheit nicht, das Becken öfter neu zu füllen.

20.7. Die Lage in der Trinkwasserversorgung spitzt sich zu. Größte Sparsamkeit im Wasserverbrauch ist erforderlich, wenn einschneidende Maßnahmen vermieden werden sollen. Zum Glück ist der Sommer nicht so trocken, so daß die Wasserentnahme für Gärten ziemlich gering ist. Die Freilichtbühne im Park würde sich besseres Wetter wünschen, oft müssen die Aufführungen verschoben werden, weil Petrus die Schleusen geöffnet hat.

28.7. Der seit 15 Jahren in Kronberg ansässige Künstler Hans Würzbach feiert am 31. Juli seinen 70. Geburtstag. Als Landschafts- und Blumenmaler hat er sich einen Namen gemacht. (Würzbach starb 1955 und wurde auf dem Friedhof in der Frankfurter Straße beigesetzt. Anm.) - Große Festtage stehen den Kronbergern ins Haus. Die Freiwillige Feuerwehr feiert am ersten August-Wochenende ihren 75. Geburtstag. – Ab 1. August erscheint der „Kronberger Anzeiger" wieder zweimal wöchentlich. (Der Anschluß an frühere Zeiten ist damit jedoch noch nicht erreicht, denn bis 1939 gab es das „Blättchen" dreimal in der Woche, dann ging es an Oberursel über und wurde von dort aus verlegt. Als „Taunus-Anzeiger" erschien es bis 1945 täglich, mit Kriegsende kam das Aus. Anm.) – Auf die Fettmarken kann nun Fett nach freier Wahl bezogen werden, auch die Fleischrationen sind im Juli erhöht worden. (Wer da meint, 1949 habe es schon „alles" gegeben, der irrt. Die Lebensmittel waren noch immer rationiert. Allerdings „schwarz" – bei erheblichen Überpreisen – konnte man vieles bekommen. Nur – die DM war noch sehr rar!

3.8. Im Juli gibt es mehr Fleisch! Auf den Einzelabschnitt jeweils 125 gr. Auf die Fettmarken kann man nun Fett nach freier Wahl beziehen. – Am kommenden Wochenende steht Kronberg im Zeichen der Feuerwehr. Die Freiwillige Feuerwehr feiert ihr 75jähriges Jubiläum. Akademische Feier, Feuerwerk, Festzug und große Übung in der Frankfurterstraße stehen auf dem Programm. Am Sonntag abend ist in der Stadthalle ein festlicher Ball. Die Kronberger Einwohner werden gebeten, ihre Häuser zu schmücken.

17.8. Am vergangenen Sonntag fanden in den westlichen Besatzungszonen Wahlen zum ersten deutschen Bundestag statt. In Kronberg gab es folgendes Wahlergebnis: SPD 934, CDU 797, FDP 1347, KPD 132, Unabhängige 278 Stimmen. Bei einer Wahlbeteiligung von 81,9%.

18.8. Obwohl die Kartoffelernte in diesem Jahr nicht sehr günstig ausfällt, (der Sommer war zu kühl und zu naß), wird nun zum ersten Mal seit Kriegsbeginn die Rationierung wegfallen. Der Erzeugerhöchstpreis wird auf 6 DM festgelegt. (Ein hochqualifizierter Facharbeiter bekam einen Stundenlohn von 1,40–50 DM brutto. Anm.) – Anläßlich des 400. Todestages von Ritter Hartmuth XII., der als „Reformator Kronbergs" gilt, findet in der Johanniskirche ein Gedächtnisgottesdienst statt. Pfarrer Eckert wird die Gedenkrede halten. (Pfarrer Eckert ist der Verfasser der Festschrift „600 Jahre Cronberg", die 1930 erschien.)

31.8. Die Gemeinnützige Baugenossenschaft kann nun endlich mit dem geplanten sozialen Wohnungsbau beginnen. In der Burnitzstraße entsteht zunächst ein Bau mit 12 2- und 3-Zimmerwohnungen, die im Frühjahr 1950 bezugsfertig sein sollen.

1.9. Die Stadt Kronberg lädt die Bürger zum vierten „Kronberger Forum" in die Turnhalle ein. – Im Stadtpark wurde ein kleiner Spielplatz eingerichtet. Zwei große Sandkästen sind nun das Ziel vieler Mütter mit Kleinkindern. – Es ist damit zu rechnen, daß die Leitungen wegen Wassermangels zeitweilig abgestellt werden müssen. In den höher gelegenen Stadtteilen kommt es immer öfter vor, daß der Wasserdruck nicht mehr ausreicht, so daß die Versorgung nicht mehr gewährleistet ist. Die Bevölkerung wird wiederholt zu sparsamem Wasserverbrauch aufgerufen.

14.9. Nach den Plänen von Regierungspräsident Nölle sollen der Große und der Kleine Feldberg, sowie der Altkönig mit der Umgebung im Umkreis von 11 km zum Landschaftschutzgebiet erklärt werden, wodurch auch Kronberg in dieses Gebiet zu liegen käme.

15.9. Die Nährmittel bleiben auch weiterhin markenpflichtig. Im September gibt es für Normalverbraucher 1625 gr. davon 750 gr. Teigwaren. (Diese Meldung widerlegt die heutige Meinung, schon am Tage nach der Währungsreform am 20. Juni 1948 habe es „alles" wieder in den Läden gegeben. Es war wohl möglich, mehr „ohne" zu bekommen, doch dann mußte man auch legal tief n die Tasche greifen. Ein Stück Torte zum Beispiel, das regulär mit den entsprechenden Lebensmittelmarken 80 Pfennig kostete, war „ohne" für fünf Mark zu haben. Ein hochqualifizierter Facharbeiter hatte einen Brutto-Stundenlohn von cirka 1.50–1.70 Mark. Anm.)

28.9. Die Stadtverwaltung hat einen langgehegten Wunsch der Kronberger Kinder wahrgemacht. Im Kaiser-Friedrich-Park, in der Nähe des Pfingstbornes, wurde ein kleiner Spielpatz mit 2 Sandkästen errichtet. – Wegen Wassermangel wird die Leitung von 14–7 Uhr abgestellt.

29.9. Die evangelische Frauenhilfe feiert ihr 25jähriges Jubiläum. 1924 fanden sich nach einem Aufruf viele evangelische Frauen aus Kronberg und Schönberg zusammen, um das Werk der Diakonie zu entwickeln. Schon im ersten Jahr hatte die Frauenhilfe über 400 Mitglieder, die mit Eifer an die selbstgestellten Aufgaben herangingen. Es konnte eine weitere Krankenschwesternstation eingerichtet werden. Hier war es vor allem Schwester Johanna Haas aus Schönberg, die unermüdlich war, wenn es um den Gedanken der Nächstenliebe ging. Im vergangenen Jahr mußte sich die Frauenhilfe entschließen, wegen der hohen Mitgliederzahl einer Teilung zuzustimmen. So machten sich die Schönberger Frauen selbständig. In einem Festgottesdienst, einer Feierstunde in der Kirche und anschließender Kaffee-Tafel in der „Post" wird der Tag festlich begangen.

12.10. Heute fand die feierliche Grundsteinlegung für den ersten Bau der Gemeinn. Baugenossenschaft nach dem Kriege statt. Der Wohnblock soll 12 Familien die seit Jahren drückende Wohnungsnot abnehmen.

13.10. Der Ortsausschuß beschäftigte sich in seiner letzten Sitzung mit der Frage einer besseren Sport- und Spielmöglichkeit für die heimische Jugend. Für die ältere Jugend sollen Vorträge, Konzerte und dergl. veranstaltet werden. – Unter die ersten Verfügungen, die der Bundesminister für Ernährung, Landwirtschaft und Forsten herausgegeben hat, fällt auch die sofortige Aufhebung der Rationierung von Marmelade, Kunsthonig, Zuckerwaren, Schokolade und Dauerbackwaren. Die Zuckerration bleibt auch im November in der bisherigen Höhe von 1500 Gramm bestehen.

26.10. In der Gastwirtschaft „Zum Taunus", wo im Jahre 1933 der Handwerker- und Gewerbeverein aufgelöst wurde, der seit 1864 bestand, wurde der Verein nun wieder ins Leben gerufen. Die erste Debatte nach der Vorstandswahl ging um den Vorschlag, die Friedrich-Ebert-Straße zur Einbahnstraße zu erklären. Die Versammlung schlug vor, den Durchgangsverkehr für Lkw ab 1,5 t zu sperren.

27.10. Bekommt Kronberg seine Stadthalle? Mit dem Bühnendurchbruch wurde begonnen. Damit allein ist aber das Problem nicht gelöst, eine moderne Bühnenbeleuchtung, Garderobenräume usw. müssen geschaffen werden. Auch eine bequeme Bestuhlung wäre sehr wünschenswert. (Auf die Garderobenräume warteten die Kronberger vergebens, sie wurden zwar immer versprochen, doch es folgte keine Verwirklichung. Anm.)

9.11. Im Distrikt Galgenfeld wurden von der Stadt einige Bauplätze für 1 DM pro qm abgegeben.

10.11. Der im Sommer wieder neu gegründete Verkehrsverein hielt seine erste Mitgliederversammlung ab. Der Verein hat sich viel vorgenommen, Ausschüsse für verschiedene Angelegenheiten wie Verschönerung des Stadtbildes, Fremdenverkehr, Kulturelles, Stadtgeschichte, wurden gebildet. Man diskutierte heftig über das Thema: „Soll die Friedrich-Ebert-Straße Einbahnstraße werden?" – Die Zuckerration für November beträgt 1500 Gramm, auf Teilabschnitte wird Reis abgegeben.

23.11. Der neue Mercedes-Lastkraftwagen der Stadt Kronberg ist eingetroffen. Er ist mit einer modernen Kippvorrichtung ausgestattet, die eine reibungslose Müllabfuhr gewährleistet.

24.11. In den letzten Wochen wird Klage darüber geführt, daß die Eierpreise sehr unterschiedlich sind, sie bewegen sich zwischen 45 und 58 Pfennig je Stück. Die Eier unterliegen den Bestimmungen für preisgebundene Waren, mehr als 50 Pfg. für ein Ei der Klasse S ist Preistreiberei und daher strafbar. (Eier gab es ohne Karten; sie waren jedoch sehr teuer. Zum Vergleich: Ein hochqualifizierter Facharbeiter brachte es in einer Woche höchstens auf 70 Mark Bruttolohn bei 45–48 Stunden Arbeit. Da waren 50 Pfennige viel Geld; Anm.)

7.12. Die Arbeiten am Bühnendurchbruch haben begonnen. Die Bevölkerung Kronbergs hofft, daß ihr Wunsch, aus der Stadthalle möge ein richtiger Theatersaal werden, auch in Erfüllung geht. Eine moderne Bühnenbeleuchtung, Vorhang und Garderobenräume (!) sind unerläßlich!

8.12. Ab 1. Januar ist Kohle nicht mehr rationiert oder kontingentiert, sie ist nunmehr frei erhältlich. – Die Firma Wilhelm Küchler Söhne feierte ihr 75jähriges Bestehen. Angefangen hat alles mit einer Schlosserei in der Tanzhausstraße. Der Bau der Wasserleitung in Kronberg im Jahr 1888 veranlaßte den Firmengründer, seine Kenntnisse im Leitungsbau zu vervollkommnen.

21.12. Die Arbeiten an der neuen Wasserversorgungsanlage im Rentbachtal gehen ihrer Vollendung entgegen. Es können täglich 120 cbm Wasser in das Versorgungsnetz gedrückt werden.

22.12. Nach dem Hauptgottesdienst am Sonntag trat der Kirchenvorstand der evangelischen Kirchengemeinde in Kronberg zusammen, um einen neuen Pfarrer zu wählen. – Schnee! In diesem Jahr haben wir wieder einmal eine weiße Weihnacht. Die starken Schneefälle in den letzten Tagen sorgten auch bei der Bundesbahn für erhebliche Störungen. Auf der Strecke Kronberg–Frankfurt gab es erhebliche Verspätungen. Viele kamen zu spät zur Arbeit. – Am nächsten Donnerstag werden die Lebensmittelkarten für Januar-Februar 1950 ausgegeben.

1950

4.1. Die beiden Kirchengemeinden Kronbergs melden für 1949: 118 Taufen, 71 Trauungen und 79 Beerdigungen.

12.1. Der Karneval nimmt schon jetzt seinen Anfang, obwohl erst am 22. Februar Aschermittwoch ist. Mindestens 20 Maskenbälle oder Kostümfeste stehen auf dem närrischen Fahrplan. Fast alle Vereine laden zu fastnachtlichen Veranstaltungen ein. – Nach elf Jahren ist sie nun „glücklich verstorben", möge sie nie wieder Auferstehung erleben: Die Lebensmittelkarte ist abgeschafft.

16.1. Der Bahnübergang am Schanzenfeld, der jahrelang ungesichert und eine regelrechte Todesfalle war, erhält eine neue Blinkanlage. – Nach elf Jahren werden nun endlich die Lebensmittelkarten abgeschafft. Die Lebensmittel-Karte ist tot, möge sie nie wieder auferstehen.

26.1. Mit Wirkung zum 1. Februar wird die Bezinbewirtschaftung aufgehoben. – Der Betrieb auf der Eisbahn des TEC im Stadtpark wurde von Radio Frankfurt übertragen. Das derzeitige frostige Wetter – ohne Schnee – gönnt den Kindern und Jugendlichen wenigstens das Schlittschuhlaufen.

1.2. Zum neuen Seelsorger der evangelischen Kirchengemeinde in Kronberg wurde Pfarrer Karl Grabowski gewählt. In einem Festgottesdienst wird er in sein Amt eingeführt.

9.2. Das Winterwetter läßt sehr zu wünschen übrig. Zwar gab es im Januar Kältegrade, die das Vergnügen des Schlittschuhlaufens ermöglichten, doch auf Schnee warten wir immer noch.

15.2. An den drei tollen Tagen ging es auch in Kronberg hoch her. In allen verfügbaren Sälen wurden Maskenbälle abgehalten, die alle sehr gut besucht waren. Der Kappenklub beteiligte sich zum ersten Mal mit einem Wagen am Oberurseler Fastnachtszug. Er zeigte die Kronberger „Gaaß" in Lebensgröße, die statt Milch Äppelwei spendete.

23.2. Derzeit wird das altbekannte Café Zibold renoviert und neugestaltet. Konditormeister Ernst Leimeister aus Königstein wird den Betrieb übernehmen.

9.3. Da sich nur zwei Länderregierungen für die Einführung der Sommerzeit ausgesprochen haben, wird in diesem Jahr die „alte Zeit" beibehalten. Besonders in der Landwirtschaft war man dagegen, die Uhr in den Sommermonaten um eine Stunde vorzustellen. – In die Räume des Ernährungs- und Wirtschaftsamtes im Rathaus, die nach Auflösung dieser Ämter freigeworden sind, wird nun in Zimmer 8 das Fürsorge- und in Zimmer 9 das Steueramt einziehen.

14.3. Nach einer in allen Gemeinden und Städten durchgeführten Registrierung aller noch vermißten, verschleppten und kriegsgefangenen deutschen Staatsangehörigen ergab sich in Kronberg, daß noch 68 Männer als vermißt gelten, 2 Männer befinden sich noch in russischer Kriegsgefangenschaft. In Schönberg zählte man noch 13 Vermißte.

28.3. Da die Bundesbahn nicht genügend Waggon-Material hat, wird auch im Sommerfahrplan an Sonntagen kein Zug nach Frankfurt und von Frankfurt nach Kronberg zusätzlich verkehren. An Sonntagvormittagen fährt zwischen 9 und 13 Uhr 20 kein Zug von Frankfurt nach Kronberg.

6.4. Am vergangenen Sonntag wurden 107 Kinder konfirmiert. Sie kamen aber nicht nur aus Kronberg, sondern auch aus Schönberg, Ober- und Niederhöchstadt. – Das neue Haus der Gemeinnützigen Baugenossenschaft zwischen Schreyer- und Burnitzstraße wird in Kürze von 12 Familien bezogen. Weitere vier Häuser sind im Bau, im Sommer kann schon Richtfest gefeiert werden.

20.4. Neue Pläne des Verkehrsvereins. In seiner letzten Sitzung beschloß der Vorstand, vermehrt Ruhebänke aufzustellen, auch werden die Verhandlungen mit den Städtischen Bühnen in Frankfurt fortgesetzt. Man will Gastaufführungen nach Kronberg holen. (Aus diesen Plänen wurde nichts, da die Säle in Kronberg nicht den Anforderungen entsprachen. Trotz des großen Bühnenanbaus fehlte es immer noch an geeigneten Garderobenräumen. Die Stadt hatte sie zwar versprochen, doch dieses Versprechen wurde nicht eingelöst. Anm.)

25.4. „Schwester Anna“, eine der beiden evangelischen Gemeindeschwestern, geht in den Ruhestand. Die beliebte und geschätzte Helferin und treue Pflegerin der Kranken kam am 1. Mai 1924 nach Kronberg. Ausgebildet wurde sie im Diakonissenhaus Zehlendorf. Sie widmete sich mit Hingabe ihrem Beruf. Sie war ständig unterwegs, eilenden Schrittes. Ihr Tempo und ihre Körperlänge brachten ihr die Bezeichnung „die lange Anna“ ein, was beileibe kein Spitzname war, denn ihre Beliebtheit erlaubte keinen Spott. Die Kinder der Gemeinde hatte sie besonders ins Herz geschlossen. (Ich erinnere mich an eine längere Krankheit, während der sie täglich zu uns kam. Es war kurz vor Weihnachten, ich verfertigte meine erste mühsame Stickarbeit: ein Nadelkissen für die Mutter. Schwester Anna half treu und zuverlässig stets um die leidigen „Ecken“.) Die Kinder wußten alle, daß Schwester Anna auch nicht so empfindlich war. Sie erlaubte das Aufstehen immer schon etwas früher als ihre Kollegin, deshalb verlangten die Kinder vornehmlich nach ihr. Sie kehrt in ihre Heimat nach Süddeutschland zurück. Gute Wünsche begleiten sie, man wird sie in Kronberg noch lange vermissen.

4.5. Anläßlich seines 90jährigen Bestehens hat der MGV 1860 zu einem großen Jubiläumskonzert eingeladen. Die Stadthalle war voll besetzt, Chor und Dirigent Lücker können mit dem Erfolg vollauf zufrieden sein.

9.5. Das Kino baut um! Während dieser Zeit müssen die Kronberger auf die Filmvorführungen verzichten, umso schöner werden dann die Kino-Abende sein, wenn der Saal des Schützenhofes zu einem richtigen gemütlichen Kino geworden ist.

18.5. Die Gemeinde Schönberg vergibt die Nutzung der Wege- und Straßenränder sowie der Wiese am Wasserwerk zur Gras- oder Heugewinnung. Die Vergabe findet öffentlich an Ort und Stelle an den Meistbietenden statt.

23.5. Kronberg hat eine Sauna! Das Ehepaar Lorenz hat in seinem Anwesen eine finnische Sauna gebaut, die auch von der Bevölkerung genutzt werden kann.

5.6. Der Handwerker- und Gewerbeverein plant zur Kronberger Kerb eine Gewerbeausstellung in der städtischen Turnhalle. Vorstandsmitglied Paul Hembus erläuterte in der letzten Versammlung die Einteilung der Stellplätze. (Die „Kleine Halle“ stand noch nicht zur Verfügung. Anm.)

6.6. Auf dem Hühnerkopf entstand ein neuer Ruheplatz durch die Tatkraft des Kappenklubs. Am vergangenen Sonntag konnte der Platz mit seinen zwei schmucken, stabilen Bänken eingeweiht werden. Sie wurden zünftig mit Kronberger Äppelwei getauft.

15.6. Tischtennis ist in Kronberg noch ein junger Sport und es wird wohl noch eine Weile dauern, bis er sich durchgesetzt hat. Der in unserer Stadt neue Tischtennisklub hatte zu einem Turnier eingeladen, bei dem es schnell deutlich wurde, daß es sich hier um einen ernstzunehmenden Sport und nicht um ein Gesellschaftsspiel handelt.

20.6. Über den 4 Neubauten der gemeinnützigen Baugenossenschaft ragt der Richtkranz. Nachdem am 1. Juni der erste Bau mit seinen 12 Wohnungen von den glücklichen Mietern bezogen werden konnte, konnte schon jetzt das Richtfest für weitere 4 Häuser mit insgesamt 42 Wohnungen gefeiert werden.

29.6. Die Blüten der Kronberger Keste zeigen es an: Die Kerb steht vor der Tür. Schon sind auf dem großen Platz hinter der Turnhalle die Aufbauarbeiten der Schausteller im Gange. Die Handwerker und Gewerbetreibenden in Kronberg werkeln in der Halle, dort wird am Samstag die große Schau eröffnet.

4.7. An Kerb wird der Handwerker- und Gewerbeverein in der Stadthalle eine große Gewerbeschau veranstalten. Auf dem großen Parkplatz wird die Kerb aufgebaut, die Schausteller warten auf Ihren Besuch. Schiffschaukel, Raketenbahn, Autobahn und Kinderkarussell sowie ein Riesenrad stehen bereit. In allen Sälen („Kronberger Hof", „Zur Post", „Zum Adler", „Zum Grüßen Wald" und in den „Drei Rittern") ist Gelegenheit zum Tanzen. Ein für den Nachkerbesonntag in Aussicht genommenes Feuerwerk findet nicht statt, da weder die Stadtverwaltung noch der Verkehrsverein die Kosten übernehmen wollen.

13.7. Immer noch macht das große Verkehrsproblem Kronbergs den Stadtvätern Kopfzerbrechen. Der Bürgermeister (Adam Zubrod) will beim Landrat wenigstens erreichen, daß Busse und LKWs über 3,5 Tonnen umgeleitet werden. (Er erreichte nichts. Erst 1956 unter Bürgermeister Dr. Jacobi wurde die Friedrich-Ebert-Straße zur Einbahnstraße in abwärtsführender Richtung erklärt. Der Schwerverkehr und Busse rollen jedoch in dieser Richtung nach wie vor durch die enge Straße. Inzwischen ist der Verkehr so stark geworden, daß auch die Einbahnstraßenlösung nicht mehr ausreicht. Anm.)

27.7. Morgen feiert Herr Heinrich Mayer, Rumpfstraße 2, seinen 80. Geburtstag. Seit 1912 ist er hier in Kronberg ansässig, er war Bankprokurist in Frankfurt. Vor 1933 gehörte er lange Jahre der Stadtverordneten-Versammlung an und war auch deren Vorsteher. Am Bau unseres schönen Waldschwimmbades war er, der sehr sportlich war und noch ist, maßgeblich beteiligt. Er war es auch, der es mit einem Kopfsprung vom Einmeterbrett einweihte. (Heinrich Mayer starb wenige Tage nach seinem 90. Geburtstag am 28. Juli 1970 Anm.)

1.8. Die Kreismotorspritze geht nunmehr in das Eigentum der Freiwilligen Feuerwehr von Kronberg über.

10.8. Eine Kronberger Künstlerin tritt in Südamerika auf! Unter dem Künstlernamen „Bronella" tritt die Kronberger Ilse Neubronner als Seiltänzerin auf, erste Erfolge konnte sie schon vor Jahren erringen. (Ilse Neubronner trat in deutschen Unternehmen wie Hagenbeck, Krone auf in vielen Städten des In- und Auslandes, sie beendete wenig später ihre Künstlerkarriere, als sie heiratete. Anm.)

15.8. Rettet den Hardtbergturm! Der 1899 vom Taunusclub erbaute Aussichtsturm auf dem Hardtberg ist seit einigen Jahren gesperrt, weil der Rost an den Stufen nagt. Die Bretter der Plattform sind, soweit sie überhaupt noch vorhanden und nicht illegal verheizt worden sind, lückenhaft und morsch. Der Taunusclub ist allein nicht in der Lage, den Turm wieder herrichten zu lassen, deshalb bittet er um Spenden dafür. Schon im Jahre 1884 hatte der Taunusclub an dem schönen Aussichtspunkt einen Turm errichtet, der 1899 durch einen neuen eisernen ersetzt wurde.

24.8. In Schönberg wird nach neuen Wasseradern gesucht. In der Gemeinde hat sich die Einwohnerzahl in den letzten Jahren fast verdoppelt. Seit mehreren Wochen gibt es in Schönberg ein Postamt, das auch Pakete und Telegramme annimmt; so kann der Weg nach Kronberg endlich unterbleiben. Am Ortsausgang hat Georg Flach, der im vorigen Jahr aus Oberhöchstadt zugezogen ist, eine Bäckerei und ein schönes Cafe eingerichtet.

29.8. Die Mirabellenernte ist in vollem Gange. Zwar ist es keine Rekordernte, doch werden täglich große Mengen bei der Genossenschaft abgeliefert. Der Absatz der Früchte ist stokkend, was vor allem auf die Zuckerknappheit zurückzuführen ist. Der Handel ist noch nicht in der Lage, der großen Nachfrage zu entsprechen. Es ist zu hoffen, daß mit der steigenden Zuckereinfuhr die Knappheit bald behoben wird.

11.9. Das Telefonieren nach Frankfurt soll leichter werden. Bisher muß noch immer das Fräulein vom Amt – das Schnellamt in Frankfurt – die Gespräche vermitteln. Von Frankfurt aus wird in Kürze der Selbstwählverkehr möglich sein. Wir Kronberger müssen noch ein wenig warten, bis wir unsere Gesprächspartner in Frankfurt ebenfalls direkt anwählen können.

12.9. Kronberg scheint mit seinem Schwanenpaar Pech zu haben. Schon zwei Tage, nachdem das erste Paar ausgesetzt worden war, starb das männliche Tier, es wurde Ersatz geschaffen, doch nun war die Schwänin verschwunden. Nach einem Suchaufruf im Hessischen Rundfunk wurde die Schwanendame in Wiesbaden-Amöneburg gefunden. Noch ehe es gelang, sie einzufangen, war sie schon wieder entflogen. Seit einigen Tagen ist auch Herr Schwan ausgerissen, er wurde kurze Zeit später in Kassel aufgegriffen. Ehe er wieder auf dem Weiher seine Kreise ziehen kann, sollen ihm die Flügel gestutzt werden.

21.9. Das Verkehrsproblem in der Friedrich-Ebert-Straße soll nun endlich gelöst werden! Eine Kommission, der auch der Verkehrsdezernent des Regierungspräsidenten angehörte, wollte sich vor Ort informieren. Eine Einbahnstraße, wie sie von den Herren vorgeschlagen wurde, lehnte die Stadt ab. Man befürchtet Schädigungen des Gewerbes und der Wirtschaft. Jetzt sollen – probeweise – vorerst wenigstens die Omnibusse umgeleitet werden. Auch tritt die Herabsetzung der Höchstgeschwindigkeit in der Friedrich-Ebert-Straße auf 25 km ab 8. Oktober in Kraft.

26.9. Die kürzlich durchgeführte Volkszählung ergab in Kronberg folgende Zahlen: die Gesamteinwohnerzahl beträgt 6234 Personen (2723 m. und 3511 w.) Das bedeutet einen Frauenüberschuß von 25%. Wie groß in Kronberg die Wohnungsnot noch ist, kann man daraus ersehen, daß den 2012 Haushaltungen nur 1563 Wohnungen zur Verfügung stehen.

20.10. Auch in Schönberg gibt es Frauenüberschuß. Der kürzlichen Volkszählung nach leben dort 1417 Einwohner, 788 weiblichen und 629 männlichen Geschlechts. Es gibt 181 Gebäude, 451 Haushaltungen, 288 Wohnungen und 77 Arbeitsstätten.

24.10. Beim Landrat des Obertaunuskreises wird die Naturschutzstelle unter Führung von Baurat Heuer eine Sitzung abhalten, in der das Thema „Schutz der Edelkastanien“ eingehend besprochen werden soll. Bekanntlich stehen Kronbergs Edelkastanien durch Polizei-Verordnung vom 22.9.1922 unter Schutz. In letzter Zeit werden jedoch immer wieder wertvolle

Bäume gefällt, dem sollte schleunigst Einhalt geboten werden.

3.11. Eine bekannte Kronberger Persönlichkeit wurde in der vergangenen Woche 75 Jahre alt. Karl Raspe, in Stenografenkreisen gut bekannt. Ganze Generationen von jungen Kronbergern wurden von ihm in die Geheimnisse der Kurzschrift eingeweiht.

7.11. Das Jugendherbergswerk Hessen beabsichtigt in der Gemarkung Kronberg eine große Jugendherberge zu errichten. Vorgesehen ist das Waldstück zwischen Schwimmbad und Sportplatz. Vertreter des Landesvorstandes weilten in Kronberg, um den Platz zu besichtigen.

21.11. Endlich ist es soweit! Die schon längst dringend notwendige Leichenhalle und Kapelle auf dem Friedhof wird gebaut. Links vom Eingang ist das Gelände bereits abgesteckt. (Die Särge der Verstorbenen müssen noch immer im kleinen Geräteschuppen abgestellt werden, die Trauerfeiern finden unter freiem Himmel statt. Ein unhaltbarer Zustand!)

1.12. Einen kleinen Beitrag zur Völkerverständigung bot Mrs. Mc Cloy, die Gattin des amerikanischen Hohen Kommissars am Mittwoch mit ihrem Besuch beim Kaffeekränzchen, das die Frauengruppe der Heimatvertriebenen mit den Wohlfahrtsverbänden veranstaltete.

5.12. Am letzten Samstag öffneten die „Universal-Lichtspiele" im Saale zu den „Drei Rittern" ihre Pforten. Das neue Kino gibt bis zur vollkommenen Fertigstellung der Inneneinrichtung mittwochs, samstags und sonntags Vorstellungen.

15.12. Die Stadt veranstaltet für die alten Bürger eine Weihnachtsfeier in der Turnhalle. Frauen und Mädchen der hiesigen Wohlfahrtsorganisationen sorgen für die Betreuung und Bewirtung.

19.12. Im Alter von 70 Jahren verstarb der bekannte Kronberger Arnold Weck. Er entstammt einer alten Kronberger Familie und war in seiner Heimatstadt sehr beliebt. „Hinterm Tanzhaus" hatte er seinen Wohnsitz, wo er und seine Familie sich auch immer wohlfühlten. Arnold Weck war bis zu seiner Pensionierung Direktor des Frankfurter Verkehrs- und Wirtschaftsamtes. Zu seinem 50jährigen Berufsjubiläum wurde ihm das Bundesverdienstkreuz 1. Klasse verliehen.

31.12. Seit Jahren hatten wir wieder einmal weiße Weihnachten! Ein richtiges Geschenk an die Wintersportler, die Bahn setzte sogar einen Sonderzug ein. – Das Postamt hat an Silvester und Neujahr seine Schalter wie an Sonntagen geöffnet. Am Sonntag, 31. Dezember, findet eine Brief- und Paketzustellung statt. – Im Alter von 75 Jahren starb Architekt Wilhelm Studer. Villen und Häuser in Kronberg tragen seine Handschrift; bekannt ist sein eigenes Haus in der Schreyerstraße. Wilhelm Studer war am Bau des Palais Schaumburg in Bonn beteiligt, das in unserer jungen Bundesrepublik hohe Bedeutung erhalten hat. Im Taunusklub war der Verstorbene reges Mitglied und lange Jahre im Vorstand. – Kronberg ist ein beliebter Heiratsort, denn unser Standesamt verzeichnete in diesem Jahr 65 Eheschließungen; viele Paare lassen sich gerne in der schönen Johanniskirche trauen. Die Kronberger Kinder kommen fast alle „auswärts" zur Welt, so ist die Liste der Geburten im hiesigen Standesamtsregister relativ niedrig. – Aus Venezuela schickte Ilse Neubronner Grüße in ihre Heimatstadt. Die Drahtseilkünstlerin, die unter dem Namen „Bronella" auftritt, gastiert derzeit in Caracas.

1951

12.1. Bei der großen Kappensitzung in der nächsten Woche wird das Geheimnis gelüftet. Zum 50jährigen Bestehen 1952 soll eine besondere Garde aufgestellt werden. Ganz auf die ritterschaftliche Vergangenheit Kronbergs abgestellt soll sie sein. So hatte ein Mitglied die gute Idee, die Garde als Ritter einzukleiden. Ein schwieriges Unterfangen. Wie stellt man eine Ritterrüstung her? Dieses Rätsel will das Kappenmitglied Walter Weißbach bei der Sitzung lösen. Man darf gespannt sein.

26.1. Im Jahre 1950 wurden in Kronberg 65 Paare getraut. – Auf dem Gelände der „Rothen Äcker" wird bald mit dem ersten Bauabschnitt begonnen, entlang der Frankfurter Straße sollen fünf Doppelhäuser mit je vier Wohnungen entstehen.

30.1. Durch die Kronberger Elternschaft wird schon seit Jahr und Tag die Klosett-Anlage in der hiesigen Volksschule beanstandet. Ihr Zustand war schon immer unhygienisch und ihre Benutzung seit 30 Jahren ein Greuel.

13.2. Der Kappenclub Kronberg stellte in seiner großen karnevalistischen Sitzung einen „Kronberger Ritter" vor. In einer täuschend echt wirkenden Rüstung mit Schild, Schwert und Helm erschien Kappenbruder Albert Feldmann auf der Bühne. Die Kappen beabsichtigen zu ihrem 50jährigen Jubiläum, das im kommenden Jahr gefeiert wird, eine ganze Rittergarde nach diesem Muster aufzustellen. Die erste Rüstung wurde von Walter Weisbach entworfen und in mühseliger Handarbeit von ihm und seiner Frau hergestellt. Die Frauen des Kappenklubs sind nun aufgerufen, mit ihren Häkelnadeln an dem großen Plan mitzuarbeiten.

26.2. 13% der Bevölkerung Kronbergs sind Heimatvertriebene, fast die Hälfte davon kommt aus dem Sudetenland. In Schönberg wohnen 253 Heimatvertriebene.

27.2. Am kommenden Wochenende geht es in Kronberg rund, die drei tollen Tage stehen bevor. In allen verfügbaren Sälen ist was los. Zwar wird es auf den Straßen nicht mehr so lebhaft zugehen, wie man das in den Vorkriegsjahren gewöhnt war. Der Kappenklub beteiligt sich mit einem Wagen am Fastnachtszug in Oberursel.

9.3. Eine alte Kronbergerin feierte ihren 75. Geburtstag. Frau Anna Andrée ist gebürtige Kronbergerin, sie entstammt einer alten einheimischen Familie, nämlich den Zubrods, oder besser den „Bellersheim", wie sie hier genannt werden. Sie war mit Adam Andrée dem Gründer des „Kronberger Anzeigers" verheiratet. Die Druckerei in der Tanzhausstraße hat sie mit aufgebaut. Ihren Lebensabend verbringt sie bei ihrer Tochter in Hamburg.

13.3. Aus dem Rathaus: Bei der letzten Stadtverordnetensitzung wurde der Verkauf einer Parzelle im Viktoriapark (heute Taunusstraße) für den Preis von DM 5,– pro qm einstimmig genehmigt.

27.3. Bei der letzte Sitzung der Gemeindevertreter in Schönberg wurde beschlossen, den Kindergarten in Gemeindeverwaltung zu übernehmen, wodurch eine Fortführung sichergestellt ist. Zweimal täglich wird jetzt die Post in Kronberg und Schönberg zugestellt. An Sonn- und Feiertagen wie bisher nur einmal.

6.4. Zum Schiedsmann für Kronberg und Schönberg wurde in der letzten Kreistagssitzung Herr Wilhelm Flesch gewählt.

10.4. Mit Beginn des neuen Schuljahres ging der langjährige Leiter der Kronberger Volksschule, Rektor Ludwig Runzheimer in den wohlverdienten Ruhestand. Er erfreute sich beiden Schülern und deren Eltern großer Wertschätzung. Sein Nachfolger wurde Walter Dielmann aus Oberursel.

20.4. Im Alter von 77 Jahren verstarb Dr. Wilhelm Heuer, auf seinen Wunsch wurde er in aller Stille beigesetzt. Der Verstorbene hatte sich in der evangelischen Kirchengemeinde eingesetzt. Lange Jahre hindurch war er Mitglied des Kirchenvorstandes, er engagierte sich in der Jugendarbeit, hielt Kindergottesdienste und sang im Kirchenchor mit.

24.4. Unter großer Anteilnahme der Bevölkerung wurde Sattelmeister Andreas Eckhardt zu Grabe getragen. Vor 45 Jahren war er von der hannoverschen Reitschule als Sattelmeister nach Schloß Friedrichshof gekommen. Er machte sich als Turnierreiter einen Namen.

4.5. Der Segelflug ist von der Besatzungsbehörde wieder freigegeben worden. Auch die Kronberger Luftsportgruppe will nun alles daran setzen, bald wieder starten zu können.

8.5. Neues Glockengeläute für die katholische Kirche in Kronberg! Lange Zeit hing im Glokkenturm der katholischen Kirche nur das kleinste Glöckchen und mußte mit seinem dünnen Stimmchen seine großen Schwestern vertreten. Am 13. April 1942 wurden die 4 größeren Glocken für die Rüstung beschlagnahmt. Vor einigen Monaten konnte dank der Opferwilligkeit der Gemeindemitglieder mit einem Zuschuß der Stadt der Glockengießerei Rinker in Sinn der Auftrag für ein neues Geläute gegeben werden. Sie sind auf die Töne f-g-b-c abgestimmt. (Die Glockenweihe findet am Dreifaltigkeitssonntag statt. (Das kleine Glöckchen wurde nicht ans elektrische Geläute angeschlossen, seit 1951 ist es stumm! Die evang. Gemeinde bekam 1956 ihre neuen Glocken. Sie mußte 3 Glocken abgeben, eine wurde im Hamburger Hafen wiedergefunden und kehrte 1947 nach Kronberg zurück.)

21.5. Radfahrer im Stadtpark werden unnachsichtig zur Anzeige gebracht. Das teilt uns die Polizei mit, da trotz aller Hinweise und Ermahnungen der Unsitte kein Einhalt geboten werden kann.

22.5. In Anwesenheit des Bundespräsidenten Professor Heuss fand die Weihe des wiederaufgebauten Goethehauses in Frankfurt statt. Das Geburtshaus des großen Dichters war am 22. März 1944 den Bomben zum Opfer gefallen. Bei den umfangreichen Arbeiten, es wurde wieder alles so hergestellt, wie es vorher war, beteiligten sich auch zwei bekannte Kronberger Firmen, Hembus und A.W. Krieger. Die Firma Hembus stellte u.a. die alten handgemalten Tapeten, getreu nach den alten Mustern wieder her. Die Kunstschlosserei Krieger sorgte für die originalgetreuen Fenstergitter.

1.6. Am Samstag gastiert die Hessische Volksbühne mit Zuckmayers „Der Gesang im Feuerofen“. Die Aufführung findet in der Turnhalle statt.

5.6. Die Erdbeerernte wurde durch die kühle Witterung verzögert. Doch trotzdem wird eine gute Ernte erwartet. Die ersten Frühbeetfrüchte kamen schon Anfang Mai auf den Markt und wurden mit 12 DM pro Pfund gehandelt. (Ein hochqualifizierter Facharbeiter hatte damals einen Stundenlohn von 1,50 DM).

17.6. Ganz passable Preise wurden für die ersten Freilanderdbeeren gezahlt: pro Pfund und je nach Güteklasse 0,90 bis 1,45 DM.

19.6. Aus dem Rathaus: Das Projekt „Bebauung Katharinenstraße entlang des Schulgartens“ ist noch nicht ganz spruchreif. Dort sollen Läden entstehen. – Es werden noch Verhandlungen mit der Amerikanischen Hochkommission wegen Freigabe des Schwimmbades für die Bevölkerung geführt. Die Amerikaner, die das Bad seit 1945 beschlagnahmt haben, nutzen es nicht.

29.6. Kronberg hat 6497 Einwohner. Damit ist ihre Zahl seit 1919 auf das Doppelte angestiegen. – Die Wohnungsnot in unserer Stadt ist kaum zu bannen. Hunderte von Wohnungssuchenden stehen auf der Warteliste im Rathaus.

3.7. Ab sofort ist unser Schwimmbad von der amerikanischen Hochkommission für die Bevölkerung freigegeben. Das Wasser hat 19 Grad, der Besuch war schon in den ersten Tagen infolge des schönen Wetters sehr groß.

13.7. In Kronbergs jüngster Siedlung an der unteren Frankfurter Straße wird Richtfest gefeiert. Dort baut die Nassauische Heimstätte fünf Häuser mit je zwei Wohnungen.

21.7. Die Vatikan-Mission, die nach dem Kriege einige Jahre in Kronberg (Villa Grosch) ihren Sitz hatte, zieht nach Bad Godesberg um.

27.7. Nachdem uns der Sommer bisher nur Regen und Kühle bescherte, ist es nun endlich schön geworden. Doch schon wird über die Hitze gestöhnt. Petrus kann es halt keinem recht machen! Dabei sollten wir uns wirklich freuen, haben wir doch endlich unser Schwimmbad wieder, dafür kommt die Hitze sehr gelegen. Schließlich mußten wir jahrelang auf das Schwimmen verzichten.

31.7. Die beiden Hintergassen erhalten einen neuen Namen. Die Große Hintergasse erhält den Namen „An der Stadtmauer", die „Kleine" „Am Wallgraben". Diese Bezeichnung ist nicht ganz glücklich, denn dort dürfte sich kaum ein Graben befunden haben, denn der Verlauf der Stadtmauer ist ein ganz anderer als der dieser Straße.

10.8. Der riesige Erdgasausbruch in Wölfersheim bildet noch immer das große Gespräch. Den Feuerschein konnte man auch von Kronberg aus sehen.

14.8. An der oberen Ecke der Viktoriastraße soll ein Waldrestaurant entstehen. Vorläufig hatte der Grundstücksbesitzer nur einen Bretterverschlag geschaffen und einen Ausschank errichtet. Die Polizei hat im Auftrag des Magistrats dem schnell ein Ende gemacht.

24.8. Die Mirabellenernte hat begonnen. Schon wurden bei der Obst- und Gemüseverwertung in der Markthalle mehr als 2000 Zentner angeliefert. Die Ernte ist gut, ob es aber eine Rekordernte wird, läßt sich jetzt noch nicht sagen.

28.8. Zur besseren Gestaltung des Schulgartens und des angrenzenden Geländes wird ein Wettbewerb in den Fachzeitschriften der Architekten ausgeschrieben. Einsendeschluß ist sechs Wochen nach Veröffentlichung.

7.9. Beim Kappenklub gab es keinen Sommerpause. Nachdem in der großen Karnevalssitzung die erste Ritterrüstung vorgestellt wurde, haben sich die Frauen des Vereins an die Arbeit gemacht. In Anbetracht der großen Geschichte Kronbergs wird der Prinz zum 50jährigen Vereinsjubiläum von einer Rittergarde begleitet. Schon sind einige Rüstungen fertig, jetzt wird genäht, es gibt noch viel Arbeit, bis die vorgesehenen 11 Rüstungen von ihren Trägern eingeweiht werden können. Für die Kronberger soll das eine große Überraschung werden.

11.9. Die Luftsportgruppe Kronberg baut seit Wochen an einigen Flugmodellen. Mit den Gruppen von Oberursel, Königstein, Neuenhain und Bad Soden wird am kommenden Sonntag im Stadtpark ein Wettkampf im Modell-Motor- und Segelfliegen ausgetragen.

21.9. Am Samstag feiert die gemeinnützige Baugenossenschaft ihr 50jähriges Jubiläum. Vorgesehen ist eine akademische Feier in der Turnhalle, am Sonntag eine große Kinderbelustigung für die Familien und deren Kinder, die in den Genossenschaftshäusern wohnen. Am Sonntag abend werden die Häuser illuminiert.

25.9. In Oberhöchstadt stand eine Scheune in Flammen. Die Kronberger Feuerwehr rückte mit der Kreismotorspritze an, konnte sich aber noch darauf beschränken, das Wohnhaus, das unmittelbar neben der Scheune steht, vor Schaden zu bewahren.

8.10. Ab nächster Woche wird auch an der Schönberger Schule die Ausgabe der Schulspeisung eingestellt. Diese segensreiche Einrichtung hat in den Jahren der Not vielen Schulkindern über den Hunger hinweggeholfen.

9.10. Die Angehörigen des Landgräflichen Hauses von Hessen versammelten sich in Kronberg, um die sterbliche Hülle der am 18. August 1944 bei einem Luftangriff auf das KZ Buchenwald ums Leben gekommenen Prinzessin Mafalda zu empfangen. Sie wurde feierlich auf Burg Kronberg beigesetzt. Prinzessin Mafalda war die Tochter von Vittorio Emanuele, des Königs von Italien und die Gattin von Landgraf Philipp von Hessen.

19.10. In diesen Tagen hat der Taunusklub einen langgehegten Wunsch vieler Wanderer erfüllt. Am Eingang des Stadtparks, am Schillerweiher, wurde jetzt wieder eine Wegweisertafel aufgestellt.

23.10. Die neue Friedhofskapelle wurde eingeweiht! Seit 1892 ist die Forderung nach einer würdigen Friedhofskapelle da, aber erst jetzt, fast 60 Jahre später, konnte dieser Wunsch wahrgemacht werden. Jahrelang standen die Särge bis zum Begräbnis im Geräteschuppen. Ein unwürdiger Anblick. Jetzt endlich wurde ein guter Rahmen für die Beerdigungsfeierlichkeiten geschaffen. Der Raum der Kapelle erscheint aber schon jetzt zu klein. Bei großen Trauerfeiern wird wohl ein erheblicher Teil der Trauergäste draußen bleiben müssen.

2.11. Der Kreistag geht zu seinen Wählern! Um auch den Bewohnern des westlichen Obertaunuskreis einmal zu ermöglichen, einer Sitzung zuzuhören, findet die nächste Tagung der Kreistagsabgeordneten morgen im Saal des „Kronberger Hofes“ statt.

6.11. Der in namhaften Architekten-Zeitungen ausgeschriebene Wettbewerb der Sadt Kronberg zur Gestaltung des Geländes Schulgarten – Parkplatz – Winter'scher Garten ist bis zum 10. Dezember verlängert worden.

16.11. Am vergangenen Samstag eröffnete der Kappenclub die närrische Saison in der städtischen Turnhalle. Eine – in kleinerem Format – abgehaltene Sitzung sorgte für Stimmung. Ein Höhepunkt war wieder der Auftritt des „Kronberger Ritters“, der in seiner handgearbeiteten Rüstung für die neue Rittergarde sammelte. Der Kappenclub feiert 1952 sein 50jähriges Jubiläum. Mit silbernen oder goldenen Nägeln, die zu einem kleinen Obolus zu erwerben sind, kann man den Schild des Ritters selbst verzieren.

30.11. In einigen Tagen endet die Frist zur Einreichung von Plänen für den Wettbewerb „Gestaltung des großen Parkplatzes (Berliner Platz)“. (Es wurden Preise verteilt, doch von den Plänen wurde nichts verwirklicht, sie verschwanden in der Schublade. Anm.) – Mit

Blitz und Donner hielt der Winter seinen Einzug. Der Altkönig hat eine weiße Kappe aufgesetzt und tief heruntergezogen.

4.12. In Kronberg wurde ein Gewinn-Spar-Verein gegründet. Die Mitglieder verpflichten sich, jede Woche DM 1,– zu sparen, dazu kommt noch der Vereinsbeitrag von DM –,20. Der Sparbetrag wird gutgeschrieben und verzinst. Die Mitgliedsbeiträge werden vierteljährlich verlost. Als jeweiliger Hauptgewinn sind DM 500,– vorgesehen.

14.12. Zukunftspläne für Kronbergs Stadtmitte! Der Architektenwettbewerb um die Gestaltung des Geländes Parkplatz/Schulgarten/Katharinenstraße brachte viele neue Ideen, wie Kronberg attraktiver gestaltet werden könnte. Man trägt sich auch mit dem Gedanken, das Haus Winter, wo derzeit noch das Gymnasium untergebracht ist, doch noch zu einem Kurhaus umzubauen. Ein Plan sieht die Errichtung eines Cafes an der Katharinenstraße vor. Die Pläne können im Sitzungssaal im Rathaus angesehen werden. (Von dem ganzen Wettbewerb wurde nichts in Realität umgesetzt. Lediglich der große Wohnkomplex mit Schade-Markt wurde wenige Jahre später errichtet. Alle Pläne verschwanden in der Schublade. Anm.)

18.12. Am vergangenen Samstag fiel die Entscheidung in dem ausgeschriebenen Wettbewerb um die Gestaltung des Schulgartens und des großen Parkplatzes. Ein 1. Preis wurde nicht vergeben. Die Vorschläge sind bunt und vielfältig. Sie erhalten u.a. Bau eines Cafés im Schulgarten, Verkaufskollonaden an der Katharinenstraße, Anlage eines Kurparks im ehemaligen Winter'schen Gelände, Arkadengänge rund um die Turnhalle!

30.12. Bei ihrer letzten Sitzung im alten Jahr stellte die Stadtverordneten-Versammlung fest, daß durch den Architektenwettbewerb um die Gestaltung der Stadtmitte Kronbergs vielfach eine falsche Auffassung der Zukunftspläne der Stadt entstanden ist. Mit der Durchführung des Wettbewerbs sei keinesfalls daran gedacht worden, nun plötzlich aus Kronberg eine Kurstadt zu machen. Dafür seien, wie Bürgermeister Zubrod ausdrücklich erklärte, die Voraussetzungen nicht gegeben.

1952

4.1. Der Kappenklub feiert sein 50jähriges Jubiläum und lädt zum Festkommers ein. Dabei soll die neugeschaffene Rittergarde vorgestellt werden.

15.1. Der Kappenklub feiert in diesem Jahr bekanntlich sein 50jähriges Jubiläum. Für den großen Fastnachtszug wird in Kronberg nach vielen Jahren wieder eine Kleppergarde aufgestellt. Der Kleppergeneral Albert (Feldmann) von und zu Stolberg ruft alle 10–14jährigen Buben auf sich zu melden. (Es werden etwa 100 Rekruten eingestellt.) Das Material für die Kostüme und die Kleppern werden vom Kappenclub gestellt. Daß das Kleppern auch klappt, sind einige Übungsstunden notwendig.

18.1. Der Kappenklub sucht Rekruten für seine Kleppergarde, die beim großen Fastnachtszug mitmachen soll. Alle Kronberger Buben zwischen 10 und 14 Jahren sind aufgerufen, sich zu melden. (Es kamen 100 und machten begeistert mit. Anm.)

29.1. Durch das seit Samstag herrschende Frostwetter konnte nun auch die Eisbahn auf dem Tennisplatz in Betrieb genommen werden. Der Tennis- und Eislaufverein hat sich an die Auflagen gehalten, die ihm 1928 bei der Errichtung der Tennisplätze im Park seitens der Stadt gemacht wurden. (Dabei sei einmal an den früheren Platzmeister Emmerich erinnert. Er ist bei den Kronbergern nicht vergessen. Wenn es Frost gab, war ihm keine Arbeit zuviel, um die Tennisplätze in gute Eisbahnen zu verwandeln. Selbst mitten in der Nacht und am frühen Morgen war er dort anzutreffen.)

1.2. Einer der ältesten Kronberger Vereine, der Krankenunterstützungsverein, wurde aufgelöst. Um 1858 gegründet, sollte er den wenig bemittelten Bürgern gegen geringen Beitrag die ärztliche Versorgung sichern.

12.2. Die Obst- und Gemüse-Verwertungsgenossenschaft Vordertaunus hat an die Bundesregierung eine Eingabe gerichtet, um den Absatz der Kronberger Treibhauserdbeeren gegenüber den Einfuhren ausländischer Früherdbeeren zu sichern.

15.2. Kronberg wird an den drei tollen Tagen Kopf stehen. Zum ersten Male – seit 1936 – gibt es wieder einen großen Fastnachtszug. Schon gibt es Auseinandersetzungen mit Oberursel, die den Kronbergern vorgeschlagen haben, den Zug nach dort zu verlegen. Die Kronberger denken garnicht daran. Sie feiern das 50jährige Jubiläum des Kappenklubs da, wo es hingehört: in Kronberg!

26.2. Bei dem großen Luftballonwettfliegen, das der Kappenclub im Rahmen seines 50jährigen Jubiläums veranstaltete, wurden 2500 bunte Ballons auf die Reise geschickt ... die ersten Karten sind eingetroffen. Ein Ballon überflog sogar die Alpen und wurde bei Udine in Oberitalien gefunden.

1.3. Seit 16 Jahren zum ersten Mal wieder ein Fastnachtszug in Kronberg! Zum 50jährigen Jubiläum des Kappenklubs stand Kronberg Kopf. Die Häuser waren närrisch geschmückt, alle Vereine beteiligten sich an dem großen Umzug durch Kronberg und Schönberg. Besonders schön war der große Prinzenwagen, begleitet von der prächtigen Rittergarde. Viel Freude hatten die hundertzwanzig Kronberger Buben, die bei der Kleppergarde mitmarschierten.

12.3. Auf Anordnung des Regierungspräsidenten fand in Kronberg eine Besichtigung der Straßen- und Verkehrsverhältnisse statt. Hauptproblem ist und bleibt die Friedrich-Ebertstraße. Sie wird vorläufig noch keine Einbahnstraße. Man hat die zulässige Höchstgeschwindigkeit auf 25 std/km festgelegt.

14.3. Das Kronberger Postamt soll großzügig umgebaut werden. Im Herbst wird auch in Kronberg der Selbstwählbetrieb im Ferntelefonverkehr eingeführt.

26.3. Herr Heinrich Krug trägt sich mit der Absicht, die seit 1948 verwaiste Freilichtbühne im Stadtpark wieder zu neuem Leben zu erwecken. Zur Finanzierung soll eine Tombola ausgerichtet werden, zu der schon recht ansehnliche Preise gestiftet wurden. (Es sei schon verraten, daß die erste Aufführung „Maria Stuart" dreimal wegen schlechten Wetters verschoben werden mußte!)

28.3. An unserer Oberschule haben elf Primaner (acht aus Kronberg und drei aus Frankfurt) das Abitur geschafft. Den jungen Menschen sei herzlich gratuliert. Aus Kronberg bestanden die Reifeprüfung: Egon Anton, Bernt Bonath, Gerhard Hirschmann, Günther Perrot, Wolfgang Schön, Peter Schulte, Hans Streun und Walter Würtz.

9.4. Im Zuge der Stromumstellung auf 220 Volt sind wieder einige Straßen an der Reihe. Die gesamte Stromzufuhr ist für einige Stunden unterbrochen.

11.4. Die Nassauische Landesbankfiliale in der Bleichstraße wurde überfallen. Der Leiter, Herr Ochs, reagierte jedoch so blitzschnell, daß der Räuber ohne Geld das Feld räumen mußte. – Ostern bescherte uns Petrus das herrlichste Frühlingswetter. Leider hatte es die Stadt versäumt, rechtzeitig dafür zu sorgen, daß in unserem Park die Ruhebänke wieder aufgestellt wurden.

22.4. Landgräfin Margarethe von Hessen feierte gestern ihren 80. Geburtstag! Sie wurde als jüngstes Kind und vierte Tochter des Kaisers Friedrich und seiner Gemahlin Viktoria Princess Royal von England geboren. Am 25. Januar 1893 wurde sie in Berlin mit dem Prinzen Friedrich Karl von Hessen, dem späteren Landgrafen getraut. Die Landgräfin mußte in ihrem Leben viel Leid erfahren. Von ihren 6 Söhnen, (zweimal Zwillinge) fielen zwei im Ersten Weltkrieg, im letzten Krieg verlor sie ihren Sohn Christoph. Ihr Gatte starb 1940. Im Frühjahr 1945 mußte sie Schloß Friedrichshof für die Amerikaner räumen. Landgräfin Margarethe von Hessen ist bei den Kronberger Bürgern sehr beliebt. Sie trat nicht nur das Erbe von Schloß Friedrichshof an, sie übernahm von ihrer Mutter nach deren Tod auch alle caritativen Verpflichtungen. (Sie starb im Januar 1954 und wurde an der Seite ihres Gatten auf Burg Kronberg beigesetzt.)

25.4. Es wird immer wider darüber geklagt, daß man in Kronberg auch an Sonn- und Feiertagen Wäsche draußen hängen sieht. In früherer Zeit war das verboten; ein schöner Anblick ist es auch heute nicht. – Die „sieben Brüder" sind wieder komplett. Die Baumgruppe im Kronberger Wald ist den Älteren recht gut bekannt. Der Zahn der Zeit hat einige Brüder herausgenagt. Jetzt wurde von vier Schülern am „Tag des Waldes" die Lücke aufgefüllt und vier neue Bäume gepflanzt. (Die Baumgruppe regte Helmut Bode zu einem Märchen an. Die 1. Kronberger Laienspielschar hat die Geschichte der sieben bösen Buben aus Kronberg auch auf der Bühne dargestellt; Anm.).

7.5. In der überfüllten Johanniskirche gab der berühmte Schwarzmeer-Kosakenchor ein Konzert mit russischen Kirchenliedern.

9.5. Bei den Kommunalwahlen am vergangenen Sonntag gab es folgende Ergebnisse. In Kronberg bekam die SPD 951, die CDU 728, die FDP 1375, und der BHE 462 Stimmen. In Schönberg fielen auf die SPD 257, auf die FDP 261 und auf die CDU 228 Stimmen. In Oberhöchstadt votierten für die SPD 884, für die CDU 391 Wähler, die FDP erhielt keine Stimme.

21.5. Kronberg steht am Sonntag im Zeichen der Nassauischen Kirchenchöre. Rund 1000 Sänger und Sängerinnen kommen hierher. Am Vormittag ist Festgottesdienst in der Johanniskirche, anschließend um 11 Uhr Platzsingen auf der Schirn.

23.5. Der Betreiber der Freilichtbühne im Park hofft auf gutes Wetter, denn am Wochenende soll dort die erste Aufführung stattfinden. (Mußte wegen schlechten Wetters verschoben werden. Anm.)

4.6. Unter großer Teilnahme der Bevölkerung wurde der im 54. Lebensjahr verstorbene Paul Hembus zu Grabe getragen. Er entstammte einer alten bekannten Kronberger Familie und war Mitinhaber der bekannten Firma. Als Regierungsbaumeister war er lange Jahre in Kassel tätig.

18.6. Am Sonntag ist wieder das traditionelle Feldbergrennen. Die Organisation liegt in den Händen des Motorsportklubs Oberreifenberg. Etwa 180000 Zuschauer werden erwartet. – Die Eröffnung der Freilichtbühne im Stadtpark mußte zum zweiten Mal wegen schlechten Wetters verschoben werden.

20.6. Die Freunde und Besucher der Freilichtbühne im Stadtpark werden auf eine harte Geduldsprobe gestellt. Petrus schickt einfach kein Sommerwetter. Die Eröffnung mußte nun schon zum zweiten Mal verschoben werden.

2.7. Am Niederhöchstädter Stock herrscht Hochbetrieb. Vor wenigen Wochen wurde mit den Bauarbeiten an der großen Markthalle der Obst- und Gemüseverwertungsgenossenschaft begonnen.

4.7. Im Erholungsheim „Am Aufstieg“ wollte ein junger Mann ein Wespennest verbrennen. Dabei ging ein Heuhaufen in Flammen auf. Da die Flammen sehr hoch schlugen, vermutete man einen Waldbrand und alarmierte sämtliche Wehren der Umgebung. Schwierig war zwar die Wasserbeschaffung, doch der Brand war schnell gelöscht. Wieder klagten die Feuerwehrleute über die Neugierigen, die die Anfahrt der Löschfahrzeuge und das Legen der Schläuche sehr erschwerten, weil sie überall im Wege standen.

16.7. Aus der letzten Stadtverordneten-Sitzung: Der Antrag der Gemeinnützigen Baugenossenschaft auf Gewährung eines Baudarlehens von 12000 DM für den Bau neuer Wohnungen, die allerdings in Schönberg errichtet werden sollen, wurde heftig diskutiert. Der Magistrat schlug vor, nur dann zuzustimmen, wenn in Kronberg gebaut werde. Die Stadtverordneten-Versammlung hingegen forderte, alle neuen Wohnungen in Schönberg Kronberger Bürgern zukommen zu lassen.

18.7. Monsignore Richard Schwickert, Seelsorger der katholischen Kirchengemeinde St. Peter und Paul, feiert heute seinen 60. Geburtstag. Den Titel Monsignore erhielt er im März 1946, als er zum päpstlichen Geheimkämmerer ernannt wurde. (Pfarrer Schwickert starb im August 1962; Anm.).

30.7. Noch herrscht keine akute Wassernot, doch empfiehlt die Stadt, sparsam mit dem kostbaren Naß umzugehen. Schönberg hat bereits Sparstunden eingeführt. Es ist (auch in Kronberg) verboten, zu spritzen und Autos zu waschen. Zuwiderhandlungen werden mit empfindlichen Geldstrafen geahndet.

13.8. Nach einer zweckmäßigen Umgestaltung hat Bäckermeister Gerhard Becker die in

Kronberg bekannte und beliebte Bäckerei und Konditorei Jahn übernommen.

15.8. Verkehrsenge Friedrich-Ebert-Straße! Die Kronberger fragen sich, wie lange es noch dauert, bis Abhilfe geschaffen wird. Das kann nach Meinung der Sachverständigen vorerst nur eine Einbahnregelung bringen. (Diese ließ allerdings nochmals vier Jahre auf sich warten. Anm.)

27.8. Die Bänke an der Bushaltestelle am Schulgarten sind für die Fahrgäste der Busse bestimmt. Die Kronberger Bevölkerung wird gebeten, darauf Rücksicht zu nehmen.

30.8. In seiner schlichten Feierstunde wurde des 90jährigen Bestehens der hiesigen Volksbank gedacht. Es hatte 1862 als „Vorschußverein" begonnen, die Gründer und Geldgeber waren Georg Jamin (damals noch nicht Bürgermeister), Wilhelm Neubronner, Friedrich Löwe, Christoph und Peter Gottschalk, Georg Becker, Heinrich Kunz, Carl Stein und Georg Eichenauer.

10.9. Endlich wurde der Bau einer Omnibus-Wartehalle am Schulgarten genehmigt. Es liegen schon recht ansprechende Baupläne vor. (Die Wartehalle wurde von Omnibusmitfahrern kaum benutzt, stattdessen machten sich die „Penner" breit. Ständig gab die Halle Anlaß zu Ärgernissen, da sie stets stark verschmutzt war. Seit einigen Jahren ist die Wartehalle ausgebaut, dort befindet sich jetzt ein Reisebüro.)

12.9. Bekommt Kronberg eine Jugendherberge? Die Kreisstelle für Natur- und Landschaftspflege unternahm mit Landrat Dr. Eberlein eine Informationsfahrt durch den Taunus. Dabei besichtigten die Herren das Gelände am Wohnhaus des Ehepaares Emmel. Die Besitzer wollen dort eine Stiftung für eine Jugendherberge machen.

24.9. Das Kronberger Erwachsenenbildungswerk hatte zu einem interessanten Vortrag eingeladen. Unser Mitbürger Helmut Bode schilderte aus seinem reichen Wissen heraus den Werdegang eines Buches.

26.9. Der Saal des „Frankfurter Hofes" wird wieder frei! Die seit dem vorletzten Kriegsjahr dort untergebrachten Büros und Lager der ehemaligen IG-Farben Höchst werden wieder nach Frankfurt verlegt!

8.10. Der Haushaltsplan der Gemeinde Schönberg 1952/53 schließt mit DM 123501,– ausgeglichen ab. Ein außerordentlicher Haushaltsplan brauchte nicht aufgestellt zu werden.

12.10. Die Edelkastanien sind reif, die Ernte ist in vollem Gange. Die Polizei macht darauf aufmerksam, daß nicht überall gelesen werden darf, denn die Grundstücke sind meist in Privatbesitz. Die Kastanien sind durchaus nicht herrenlos. Felddiebstahl ist strafbar!

22.10. Die Heimatvertriebenen, die Kriegsbeschädigten und Ausgebombten gestalteten in Kronberg einen großen bunten Abend. H.J. Kulenkampff, der seinen Wohnsitz in Kronberg hat, übernahm die Ansage. Zu Beginn des Abends bedankte er sich bei dem Veranstaltern, daß er diese Ausgabe übernehmen durfte.

24.10. Erneut bereiten die Verkehrsprobleme in Kronberg großes Kopfzerbrechen. Leider hat auch die Besichtigung – vor allem in der Friedrich-Ebert-Straße – durch Herren von Regierung, Länderrat und Stadtverwaltung keine Lösung des Problems gebracht.

5.11. Seit 1943 war der Frankfurter Hof kein Hotel mehr. Als die Bomben auf Frankfurt fielen, wurden die Büroräume der IG-Farben nach Kronberg verlegt. Alle Räume einschl. Saal wurden benötigt. Als das „Pharma-Büro" ihn verließ, wurde der Frankfurter Hof wieder vollständig renoviert. Ein Geschenk für Kronberg bedeutet es, daß der schöne große Saal wieder zur Verfügung steht. (Leider war die Freude recht kurz, schon Ende 1955 wurde der Saal umgebaut und anderweitig genutzt.)

10.11. Im wieder erstandenen Saal des „Frankfurter Hofes" findet als erste Veranstaltung der traditionelle „Turnerball" des MTV statt. Zum Tanz spielt die beliebt Kapelle Heist auf.

19.11. Unser kleines katholisches Schwesternhaus rüstet zu einem großen Festtag. Schwester Maria Emerita feiert ihr diamentenes Ordensjubiläum. Den Kronbergern ist sie gut bekannt, sie war hier unermüdlich in der Krankenpflege tätig. Sie kam 1944 von Niederrad nach Kronberg. Dort wirkte sie im Altersheim bis zu dessen Zerstörung durch Bomben.

21.11. Wieder einmal stehen die berühmten Bilder im Adlersälchen zur Diskussion. Sollen sie dem nun endgültigen Verfall preisgegeben werden? (Anm.: Wenige Jahre später wurden sie durch Julius Hembus gerettet).

3.12. Aus der Gemeindevertreter-Sitzung in Schönberg: Da nunmehr der Müll wöchentlich abgefahren wird, wurde eine Erhöhung der Fuhrgebühren an Herrn Bender stattgegeben. Die Einführung einer Getränkesteuer wurde noch nicht beschlossen.

5.12. Die Chiemseer Bauernbühne ist Gast in Kronberg mit dem bayrischen Schwank „Der Hunderter in der Westentasche".

17.12. Mit Beginn des neuen Jahres wird der Saal des „Kronberger Hofes" zu Fremdenzimmern umgebaut und fällt somit für Veranstaltungen aus. Für die Vereine wird es immer schwieriger, ihre Tätigkeiten auszuüben. Die verbliebenen Säle in Kronberg reichen nicht aus, zumal die Stadthalle in keiner Weise den Erfordernissen entspricht, obwohl die Stadt sei 3 Jahren ständig verspricht, das abzuändern.

19.12. Die starken Schneefälle haben Verspätungen bei Bussen und Bahnen zur Folge. In der Frankfurter- und Hainstraße wurde ein amerikanischer Schneepflug eingesetzt, um die Zufahrt zum Offiziersclub im Schloß möglich zu machen.

31.12. Zwei herrenlose Schweine erregten in der oberen Friedrich-Ebert-Straße berechtigtes Aufsehen. Vier Zentner Schweinefleisch liefen dort herum, bis sie ein Bäckermeister in Verwahrung nahm. Es stellte sich heraus, daß die Borstentiere einem benachbarten Gastwirt gehörten, der den Verlust noch gar nicht bemerkt hatte.

1953

2.1. In einer nichtöffentlichen Sitzung beschloß die Stadtverordnetenversammlung, am Parkplatz eine Wartehalle mit Kiosk zu errichten. (Diese Halle wurde im Herbst 1989 abgerissen. Anm.)

4.1. Auf dem Feldberg liegt Schnee! Ski und Rodel möglich! Der Wetterbericht kündigt uns strenge Kälte an. – Heue, an Sylvester, sind die Läden wie immer bis 19 Uhr geöffnet. – Im Januar findet die Bürgermeisterwahl statt. Bürgermeister Zubrod, der seit 1945 im Amt ist, wird sich sicher zur Wiederwahl stellen.

14.1. Herrlicher Sonnenschein und gute Schneeverhältnisse lockten am vergangenen Sonntag Tausende in den Taunus. Dabei ereigneten sich insgesamt etwa 50 Unfälle, von denen 20 in das Königsteiner Krankenhaus eingeliefert wurden.

28.1. Im Alter von 84 Jahren verstarb der bekannte Kronberger Ludwig Weigand. Jahrzehntelang oblag ihm die Pflege des Kaiser-Friedrich-Parks. Das brachte ihm den Spitznamen „Wisse-Louis" ein. Ganze Generationen in Kronberg können ein Lied von seiner Aufmerksamkeit singen, seine Schnelligkeit war sprichwörtlich.

30.1. In der neu eingerichteten Gießerei der Firma Johann Kunz Söhne am Oberhöchstädter Bahnübergang erfolgt morgen der erste Guß.

11.2. Im Alter von 87 Jahren starb der Kronberger Jakob Weidmann, vielen nur als „Goldjakob" bekannt. Sein Wohnsitz ist das Haus Frankfurterstr. 15, das einst auf dem Gelände von Schloß Friedrichshof stand. Die „Villa Flora" wurde abgerissen und in der Frankfurterstraße wieder aufgebaut. – Das außerordentlich gute Winterwetter hält an. Im Hochtaunus liegt fast 1 Meter Schnee. Ski und Rodel gut!

13.2. Zwei alte Kronberger wurden zu Grabe getragen. Im Alter von 68 Jahren verstarb Georg Hertenstein, Gastwirt der „Kronenburg", und mit 87 Jahren der Landwirt Jakob Weidmann, von vielen der „Gold-Jakob" genannt.

25.2. Bei dem Besuch eines Patienten wurde Dr. Alfred Kramer plötzlich vom Tod ereilt. Ein Herzschlag setzte dem Leben des 72jährigen ein Ende. Dr. Kramer kam Anfang der zwanziger Jahre nach Kronberg. Die ersten Praxisräume befinden sich im Hause Tanzhausstr. 17, nach kurzer Zeit verlegte er sie nach Hainstr. 8. In den dreißiger Jahren wurde sein Haus in der Frankfurterstr. 12 gebaut, wo sich seine Praxis bis heute befindet. Dr. Kramer war jahrzehntelang Schularzt in Kronberg. Kein Weg war ihm zu viel und zu weit, wenn es galt, Menschen zu helfen. Ihn wird man in Kronberg in guter Erinnerung behalten.

1.3. Landrat Dr. Eberlein feiert seinen 65. Geburtstag. Er war von 1924 bis 1933 Bürgermeister in Bad Homburg. Die Amerikaner holten ihn 1945 wieder aus seinem Zwangsruhestand zurück, seit 1948 war er Landrat des Obertaunuskreises.

11.3. Im gesegneten Alter von 93 Jahren starb in Falkenstein Marie Schepeler. Vielen Kronbergern ist sie bekannt, denn die Verstorbene linderte bei ihren Mitmenschen oft bittere Not, ohne viel Aufhebens davon zu machen.

13.3. In der hiesigen Grundschule werden nach Ostern 100 ABC-Schützen aufgenommen.

25.3. Aus der letzten Stadtverordneten-Sitzung: Das Schnuerle'sche Gelände (Ecke Bahnhof-Frankfurterstraße, heute steht dort der Taunushof!) wird weiterhin als Grünfläche erhalten und darf nicht bebaut werden. Der Gemeinn. Baugenossenschaft wurde ein Zuschuß von 12000 DM bewilligt. Z.Zt. verfügt sie zwar in Kronberg über kein baureifes Gelände, wohl aber in Schönberg. Die Gemeinde Schönberg konnte keine Mittel für das Bauvorhaben in der Friedrichstraße bereitstellen. Die Stadt Kronberg springt gerne ein.

27.3. Verkehrszählung in Kronberg: In der Frankfurter, Friedrich-Ebert- und Königsteiner Straße wurden am Sonntag (!) 226 Omnibusse, 28 schwere Lastwagen und 4694 Autos gezählt; Motorräder wurden nicht berücksichtigt. Am meisten betroffen durch den Verkehr ist immer wieder die Friedrich-Ebert-Straße.

10.4. An den Osterfeiertagen, am Sonntag und Montag, sind die Postschalter von 9 bis 10 Uhr geöffnet. Zustellung nur am Sonntag.

22.4. Ein großer Teil des Erholungsheims „Am Aufstieg" wurde vom Männerwerk der Evangelischen Kirche in Hessen-Nassau hergerichtet. Dort finden in achttägigem Turnus Lehrgänge und Freizeiten statt, die jeweils eine stattliche Anzahl von Männern aus allen Kreisen und Berufen zusammenführen.

24.4. Die Grund- und Hauptschule von Kronberg mußte Abschied von einer alten Lehrerin nehmen. Clara Effelberger, die 39 Jahre im Schuldienst stand, ging in den wohlverdienten Ruhestand. 1914 kam sie an die Katholische Schule in unserer Stadt, erlebte die Umwandlung der konfessionellen Schule in die Simultanschule und mußte im Krieg zeitweise in den Nachbarorten unterrichten. Sie war beliebt, aber auch sehr energisch und oft streng.

8.5. Die Gemeinnützige Baugenossenschaft baut weiter. In Schönberg entsteht ein Sechs-Familien-Haus, in Kronberg neben dem alten Friedhof entsteht ein Haus mit drei Wohnungen, das von den künftigen Bewohnern mitfinanziert wird.

20.5. In den frühen Morgenstunden des 15. Mai verstarb im Alter von 88 Jahren Pfarrer i.R. Wilhelm Assmann. Ein großes Trauergefolge geleitete ihn zu seiner letzten Ruhestätte auf dem Kronberger Friedhof. Die Amtsbrüder aus allen Gemeinden des Dekanates folgten im Talar seinem Sarg. Aus Ober- und Niederhöchstadt, aus Schönberg und Falkenstein waren viele Gemeindemitglieder gekommen, um ihrem alten Pfarrer die letzte Ehre zu erweisen.

22.5. An Christi Himmelfahrt wird das Schwimmbad eröffnet, vorausgesetzt, daß sich bis dahin das Wetter erheblich gebessert hat.

3.6. Arktische Kaltluftmassen strömen über Mitteleuropa ein. Es ist empfindlich kühl. In vielen Betrieben und Behörden wird wieder geheizt. Gewitter mit verheerenden Hagelschlägen werden aus allen deutschen Gebieten gemeldet.

15.6. Anläßlich der Kronberger Kerb veranstaltet der Handwerker- und Gewerbeverein Kronberg eine große Leistungsschau in der Stadthalle. Rund 30 Firmen aus Kronberg und Schönberg werden sich daran beteiligen.

23.6. Die Freilichtbühne im Stadtpark wird am Sonntag mit Molieres „Der eingebildete Kranke" eröffnet. (Die Vorstellung mußte wegen ungünstiger Witterung ausfallen.)

1.7. Die Freilichtbühne im Stadtpark sollte am letzten Sonntag mit Molières „Der eingebildete Kranke" eröffnet werden. Wegen schlechten Wetters mußte die Vorstellung ausfallen. Am kommenden Sonntag, 3. Juli gastiert die Hessische Volksbühne mit Grillparzers „Des Meeres und der Liebe Wellen". (Auch diese Vorstellung mußte wegen eines Gewitters ausfallen!)

5.7. Das 140. Todesjahr unseres Obstpfarrers Johann Ludwig Christ soll mit einer Festwoche begangen werden.

15.7. Die Kronberger Kerb war von schönem Wetter begünstigt. Gut besucht waren vor allem die Gartenwirtschaften. In den Kronberger Sälen war Gelegenheit zum Tanzen, wovon auch reger Gebrauch gemacht wurde.

17.7. Wegen des schlechten Wetters konnte bis jetzt auf der Freilichtbühne im Park noch keine Aufführung stattfinden.

29.7. Am Samstag konnte bei gutem Wetter, nach zweimaligem Aufschub, die diesjährige Saison der Freilichtbühne im Park eröffnet werden. Das Ensemble der Hessischen Volksbühne brachte die Tragödie „Des Meeres und der Liebe Wellen" von Grillparzer. Die Aufführung fand beim Publikum begeisterte Aufnahme.

12.8. Ein großer Publikumserfolg war die Wiederaufführung des historischen Stückes „Das neue Reis" von Wilhelm Jung. Laienspieler hatten sich zur Wiederholung der Aufführungen von 1947 bereit erklärt. Die Hauptrolle und Spielleitung lag wieder in den Händen des Frankfurter Schauspielers Walter Griesmann. Der alte Schirnbrunnen, der für dieses Spiel aufgebaut war, gefiel den Kronbergern so gut, daß der Wunsch nach einem „Nachfolger" laut wurde.

14.8. In aller Kürze wird mit dem Bau eines Wohnblocks im Winterschen Gelände begonnen.

26.8. Im Zuge der Behelfsheimbeseitigung wird mit diesen Maßnahmen auch in Kronberg begonnen. In der Westerbachstraße wird eines abgebrochen. – Die Behelfsheime wurden im letzten Kriegsjahr für Bombengeschädigte und Flüchtlinge errichtet. Zu Beginn ein heiß begehrter Wohnraum, sind diese winzigen Wohnhütten jetzt überholt. Viele Bewohner haben in den letzten Jahren allerdings keine Mühen gescheut, die Hütten zu vergrößern und zu verschönern.

28.8. Bei der Post gibts Verbesserungen! Die Landkraftpost fährt künftig auch an Sonntagen Oberhöchstadt und Mammolshain an, so daß auch dort eingegangene Eilsendungen ausgetragen werden könnten.

9.9. Kronberger Handwerker bauen die Volksschule um! Vier Bauunternehmen bilden eine Arbeitsgemeinschaft. Die Kronberger Firmen waren der Meinung, eine Großbaufirma sei nicht nötig. Die Vergabe der Arbeiten sollte die einheimischen Gewerbebetriebe berücksichtigen. Die Stadt kam diesem Wunsch entgegen.

23.9. Das Café Zimmermann feiert sein 40jähriges Jubiläum! Das Café im Hause Frankfurter Straße 3 wurde von Carl Zibold 1902 gegründet, er zog 1907 in die Bleichstraße um. Konditor Vialon übernahm das alte Café, nach ihm führte es Meister Bartel. Am 1. Oktober 1913 übernahm Adam Zimmermann das Geschäft. Noch heute steht der beliebte Konditor jeden Tag in der Backstube.

9.10. Für den Kindergarten in Schönberg wird eine geräumige Baracke im Garten des Bürgermeisteramtes in der Wiesenau errichtet. Das Material war der Gemeinde zum Geschenk gemacht worden.

21.10. Der Landesverband der Arbeiter-Wohlfahrt hat sich entschlossen, das Schulungs- und Erholungsheim „Haus Waldfriede“ als Kuranstalt auszubauen. Die Villa wurde von der Familie Mumm einige Jahre vor dem Ersten Weltkrieg erbaut, diente in der Nazizeit als „Gauführerschule“, im Zweiten Weltkrieg diente das Haus als Reservelazarett, wo sich vor allem Soldaten aufhielten, die Lungenschäden hatten.

4.11. Der beliebte und geschätzte Hauptlehrer Ernst Schneider aus Schönberg feiert sein 40jähriges Dienstjubiläum. Er leitet seit 1927 die Viktoriaschule in Schönberg und ist darüber hinaus ein interessierter Historiker, was unserer Nachbargemeinde zugute kommt.

6.11. Kronberg bekommt eine neue Tankstelle. Auf dem Grundstück Frankfurterstraße 15 errichtet die Firma Nauheim eine solche, notwendige Einrichtung. Die Autofahrer werden bestimmt darüber erfreut sein.

18.11. In Schönberg können Bestattungen in Zukunft nur noch von der Leichenhalle auf dem Friedhof aus erfolgen. – Aus Anlaß des 140. Todestages unseres großen Pomologen Pfarrer Joh. Ludw. Christ findet an seinem Denkmal in der Katharinenstraße eine Gedenkfeier statt.

20.11. Die Gemeindevertretung Schönberg hat beschlossen, der gemeinnützigen Baugenossenschaft einen Betrag zum Bau eines 6-Familienhauses in der Altkönigstraße zur Verfügung zu stellen.

2.12. Die Kronberger Schützengesellschaft feierte vereinsintern ihre 555jähriges Jubiläum. Das 575jährige Bestehen soll (1973) in großem Rahmen begangen werden. – Im unteren Winter'schen Garten, unterhalb der Schule, arbeiten große Bagger. Dort entstehen drei Mehrfamilienhäuser, Bauherr ist die Gewobag.

4.12. Die Oberprima unseres Realgymnasiums hat sich eine reizvolle Aufgabe gestellt: Sie hat Szenen aus dem „Urfaust“ einstudiert. Die Aufführung findet im Saal des Frankfurter Hofs statt.

16.12. Der geschäftsführende Vorsitzende der Gemeinnützigen Baugenossenschaft, Karl Melzer, hat eine interessante Zusammenstellung der Bautätigkeit in Kronberg seit 1949 vorgelegt: Private Bauherren erstellten 120 Häuser. Die Nassauische Heimstätte errichtete 5 Doppelhäuser mit 20 Wohnungen, die Baugenossenschaft 15 Häuser mit 80 Wohnungen. Die Wohnungsnot in Kronberg wurde dadurch etwas gemildert, aber ist noch lange nicht aufgehoben.

18.12. Morgen ist „Goldener Sonntag“. Der letzte verkaufsoffene Sonntag vor Weihnachten. Schon von jeher brachte dieser Tag den Geschäften in Kronberg sehr gute Umsätze.

30.12. Stadtverordnetenvorsteher Dr. Wittmer teilte bei der letzten Stadtverordnetensitzung mit, daß im kommenden Jahr die Bürgermeisterwahl fällig ist. Er empfahl, die Vorbereitungen dazu dem Ältesten-Ausschuß zu übertragen, sein Vorschlag wurde einstimmig angenommen. Bürgermeister Adam Zubrod wird sich wohl zur Wiederwahl stellen. – Silvester ist wie immer um 19 Uhr Ladenschluß.

1954

13.1. Kronberg hat 6801 Einwohner. Gegenüber dem Vorjahr ist die Bevölkerungszahl nur um 59 Einwohner angewachsen. – Die Johanniskirche erhält eine neue Heizung. Die alte wird durch eine neue elektrische Heizungsanlage ganz moderner Art ersetzt.

15.1. Es wird zur kommenden Fastnacht noch einmal auf das Jugendschutzgesetz hingewiesen. Jugendliche unter 16 Jahren dürfen keine öffentlichen Tanzveranstaltungen besuchen, Jugendliche zwischen 16 und 18 Jahren nur in Begleitung Erwachsener bis 24 Uhr. Es werden strenge Kontrollen durchgeführt.

27.1. Kronberg trauert um die Landgräfin Margarethe von Hessen. Die große Liebe und Verehrung, die die Verstorbene in Kronberg genoß, offenbarte sich, als ein großer Menschenstrom am Sarg in Schloß Friedrichshof vorbeizog. Danach wurde die sterbliche Hülle der Landgräfin zur Johanniskirche überführt. Dort fand der Trauergottesdienst statt. Die Landgräfin von Hessen geborene Prinzessin von Preußen, eine Tochter der Kaiserin Friedrich, mußte in ihrem Leben schwere Schicksalsschläge hinnehmen. Sie schenkte sechs Söhnen das Leben, zwei fielen im Ersten Weltkrieg, einer im Zweiten Weltkrieg. Zwei Schwiegertöchter wurden ebenfalls Opfer des Krieges. Ihr Mann, Landgrad Friedrich Carl von Hessen ging ihr 1940 im Tode voraus. Landgräfin Margarethe von Hessen wird den Kronbergern sehr fehlen.

29.1. Auf Schloß Friedrichshof ist Trauer eingekehrt. Landgräfin Margarethe von Hessen, die in Kronberg sehr beliebt war, ist gestorben. Viele ließen es sich nicht nehmen, an ihrem Sarg Abschied zu nehmen. In der Johanniskirche war der Trauergottesdienst. Die sterbliche Hülle der Landgräfin wurde in der Familiengruft in der Burgkapelle beigesetzt.

10.2. Die Hessischen Meisterschaften im Eisschießen wurden in Kronberg ausgetragen. In der A-Klasse siegte die Moarschaft Neuronner von Kronberg, die Moarschaft vom Kegelklub „Aale Flaschen“ wurde Vizemeister.

12.2. Es ist eisig kalt! Das Wetteramt stellt noch keine Erwärmung in Aussicht. – In allen Sälen Kronbergs finden Maskenbälle statt, die alle sehr gut besucht sind. (An den drei tollen Tagen mußte die Polizei nicht eingreifen. In Kronberg blieb man friedlich; Anm.).

24.2. Die Fastnacht war in Kronberg rundum eine sehr stimmungsvolle Sache. Es gab keine Anlässe für die Polizei einzuschreiten. Allerdings wurden von seiten des Kreisjugendamtes strenge Kontrollen bei den Maskenbällen durchgeführt. Nach den Bestimmungen des Jugendschutzgesetzes dürfen Jugendliche unter 16 Jahren keine öffentlichen Tanzveranstaltungen besuchen, Ausnahmen sind nur in Begleitung eines Erziehungsberechtigten erlaubt und dann nur bis 22 Uhr. Es wird auch noch einmal ausdrücklich darauf hingewiesen, daß Kinder und Jugendliche, die bei karnevalistischen Sitzungen auf der Bühne mitwirken, ebenfalls um 22 Uhr die Veranstaltung verlassen müssen.

26.2. Durch die anhaltende Kälte begünstigt, konnten die hessischen Meisterschaften im Eisschießen auf dem Eisplatz des Tennis- und Eislaufvereines in unserem Stadtpark reibungslos durchgeführt werden. Bei den Herren siegte in der A-Klasse die Kronberger Moarschaft Neubronner.

9.3. Landrat Dr. Eberlein wurde mit 23 gegen 9 Stimmen auf weitere sechs Jahre wiedergewählt.

12.3. In der Waldschule von Dr. Michels in Schönberg fand wieder eine der beliebten Dichterlesungen statt. Zu Gast war diesmal der Dichter und Schriftsteller Karl Heinrich Waggerl.

23.3. Stadtinspektor Karl Melzer feiert sein 40jähriges Dienstjubiläum. Er ist auch der dienstälteste Beamte im Rathaus. Während seiner Tätigkeit erlebte er fünf Bürgermeister. Derzeit untersteht ihm das städtische Wohnungsamt.

28.3. Die Kronberger Fernsprechteilnehmer können seit einigen Tagen Frankfurt, Offenbach, Bad Vilbel und Neu-Isenburg direkt anwählen. Damit entfällt die Vermittlung durch das Schnellamt.

6.4. Am hiesigen Realgymnasium haben 18 Schüler und Schülerinnen das Abitur bestanden. – Der Frühling stellt sich in diesem Jahr nur sehr zögernd ein, noch ist es ziemlich kalt, die Baumblüte wird relativ spät einsetzen.

9.4. Am Sonntag gehen in der Johanniskirche 58 Kinder zur Konfirmation. – Das Gebäude der Volksschule wird von der Firma Hembus verputzt (dabei entstand das Sgraffito „Lebensalter“ an der Giebelwand).

20.4. Das Schloßhotel wurde eröffnet! Nachdem die Zimmer den modernen Anforderungen angepaßt wurden, konnte jetzt der Hotelbetrieb aufgenommen werden. Bei der Eröffnung führte Landgrad Philipp von Hessen die Gäste durch das Haus. 30 Zimmer mit 50 Betten stehen zur Verfügung. – Das unfreundliche Wetter gestaltete die Osterfeiertage sehr ruhig. – Nach kurzer Krankheit verschied im Alter von 65 Jahren der Bürgermeister von Schönberg, Jacob Hübner. 1948 übernahm er das Amt und leitete seitdem die Geschicke der Gemeinde Schönberg. Er war ehrenamtlicher Bürgermeister.

23.4. Das Schloßhotel Kronberg wurde eröffnet. Die Prinzen von Hessen hatten zu einer kleinen Feier eingeladen. Die Umwandlung des Schlosses zum Hotel sei, so Prinz Wolfgang, ein Gebot der Stunde gewesen. Bis jetzt stehen 30 Zimmer mit 50 Betten zur Verfügung. Sie waren über Ostern ausgebucht.

4.5. Das Wetter ist kühl und unbeständig. Sollte es wärmer werden, wird das Schwimmbad am 16. Mai eröffnet. Vorläufig ist es aber noch kalt. Der Feldberg hat noch eine weiße Kappe. Die Wetterfrösche warnen weiterhin vor Nachtfrösten.

7.5. Das Wetter ist kühl und unbeständig. Sollte es wärmer werden, wird das Schwimmbad am 16. Mai eröffnet. – Im Kronthal wurde Jubiläum gefeiert. Der Gärtner Jean Heinrich ist dort seit 25 Jahren tätig. In den ersten Jahren war er vor allem für die Pflege des Quellenparks zuständig.

18.5. Im Rahmen der Beseitigung von Notunterkünften wird die örtliche Baugenossenschaft weitere 30 Wohnungen zwischen Frankfurter Straße und Minnholzweg errichten.

21.5. Unsere Nachbarstadt Bad Soden erhält ihr Kurhaus zurück, das seit 1945 von den Amerikanern beschlagnahmt war. Es ist in gutem Zustand, so daß die Eröffnung bald geschehen kann.

1.6. Die diesjährige Erdbeerernte verspricht keine große Ausbeute. Das kalte Wetter bis tief in den Mai und die anhaltende Trockenheit wirken sich sehr negativ aus. – Schönberg hat Wassersorgen. Im Gemeinderat wurde eine Kommission gebildet, die sich eingehend mit diesen Dingen beschäftigen wird. Es wird in Erwägung gezogen, unter Umständen die Wasserentnahmestellen in Gärten und Parks zu plombieren.

4.6. Dem Obertaunuskreis wurden im letzten Jahr 722 Ostzonenflüchtlinge zugewiesen. In Homburg und Oberursel wurden 156 Wohnungen erstellt, fast alle Familien fanden ein Unterkommen.

15.6. Der städtische Sportplatz am Rothen Hang soll am kommenden Sonntag eingeweiht werden. Ein umfangreiches sportliches Programm wird geboten. Der Musikverein übernimmt die musikalische Umrahmung der Einweihungsfeier. Der EFC Kronberg ist Generalpächter des neuen Platzes.

29.6. Trotz kühlen und regnerischen Wetters: Die Kerb steht vor der Tür. Zwei alte Kronberger, die seit Jahrzehnten auf dem Kerbeplatz ihre Buden aufschlagen, sind auch dieses Jahr wieder da. Karl Kornbrust und Adam Henrich haben ihren alten Platz wieder eingenommen. Beide haben eine Zuckerbude und verkaufen Eis. Die große Überschlagschaukel steht auch wieder vor der Turnhalle und wird wie immer viel Publikum anziehen. In den Sälen des Frankfurter Hofes und der Post wird getanzt.

13.7. Die Gemeindevertreter von Schönberg wählten ihren neuen Bürgermeister. Reinhard Fricke wird der Nachfolger des verstorbenen Gemeindeoberhauptes Hübner.

16.7. Heute wird die neu renovierte Volksschule feierlich eingeweiht. Dazu hat sich hoher Besuch angesagt. Der hessische Kultusminister Henning und der Regierungspräsident werden der Feier in der Turnhalle beiwohnen.

30.7. In die neuen GEWOBAG-Häuser (Gemeinnützige Wohnungsbaugenossenschaft; Anm. d. Red.) im Winterschen Garten sind jetzt 30 Familien eingezogen. – In Oberhöchstadt wurde Gottfried Menz zum Nachfolger von Bürgermeister Jüngst eingesetzt.

24.8. Vor zwei Wochen starb im Alter von 82 Jahren der Gastwirt Johann Menges. Er kam 1929 mit seiner Familie nach Kronberg und übernahm das Gasthaus „Zum Adler“, später erwarb er den „Kronberger Hof“. Er war ein stets freundlicher Wirt und sehr aufgeschlossen für die Jugend, die ihn „Baabe“ nannte. drei Söhne verlor er im Zweiten Weltkrieg. Sein Gasthof wurde von seiner Tochter und ihrem Mann übernommen. (Sie bauten das Haus zu einem renommierten Hotel aus, heute steht die dritte Generation, Familie Schauer, in Küche und am Büfett – d. Red.) – Ernste Sorgen machen sich die Landwirte um die Getreideernte, die zum großen Teil noch in Puppen auf den Feldern steht, sie kommt nicht zum Trocknen. Der nasse und kalte Sommer bringt viele Nachteile. Im August gab es bisher nur drei Tage ohne Regen.

27.8. Die Landwirte machen sich ernste Sorgen um die Getreideernte, die zum größten Teil noch auf den Feldern steht. Im August gab es bisher nur drei Tage ohne Regen. Durch den vielen Regen hat sich die Wasserversorgung von Kronberg erheblich verbessert, so daß der Wassernotstand aufgehoben werden konnte.

7.9. Die Wassersperrung ist aufgehoben. Durch den regnerischen Sommer war der Wasserbedarf nicht so hoch, so konnte Trinkwasser in ausreichender Menge sichergestellt werden. – Immer wieder debattiert: Kronbergs Verkehrsproblem Nr. 1, die Friedrich-Ebert-Straße. Sie soll Einbahnstraße werden, das aber scheitert vorläufig noch an den Anwohnern der Hain- und Jaminstraße, die Belästigungen befürchten.

10.9. Wegen des schönen Wetters wurde das Schwimmbad – wenigstens zum Sonnenbaden – wieder geöffnet. Das Becken ist bereits geleert.

21.9. Im Alter von 85 Jahren starb vor einigen Tagen Josef Jäger aus der Doppesstraße. Er hatte in Frankfurt eine Kaffeevertretung. Bei den Kronberger Vereinen hinterläßt er große Lücken. Er war Mitbegründer des Radfahrvereins „Viktoria", der Sanitätskolonne des Roten Kreuzes (Die Josef-Jäger-Hütte am Fuchstanz trägt seinen Namen). Er war auch Ehrenmitglied der Schützengesellschaft und maßgebend am Wiederaufleben des Schießsportes nach dem zweiten Weltkrieg beteiligt. Mehr als 50 Jahre war er Mitglied des Taunusklubs. Eine große Trauergemeinde gab ihm das letzte Geleit.

24.9. Auf dem Gelände „Rothe Äcker" weht auf zwei Häusern der Richtkranz. Die Nassauische Heimstätte baut dort für Ostzonenflüchtlinge und Umsiedler 18 Wohnungen.

5.10. Die Gemeinnützige Baugenossenschaft beginnt mit dem Bau von 36 Wohnungen am Minnholzweg neben dem Friedhof. Vorgesehen sind die fünf Wohnblocks vor allem für die Behelfsheimbewohner am Rothen Hang.

19.10. Durch die kühle und nasse Witterung in diesem Sommer und Frühherbst konnten sich die Edelkastanien nicht entwickeln, die Ernte wird deshalb kaum nennenswert sein. – Schönbergs Gemeindevertreter beschlossen, den Bebauungsplan für die Höhen-, Park- und Zeilstraße und Bergweg anzunehmen. Die Weiterführung des Kindergartens wird entschieden, wenn der Etat vorliegt.

24.10. Durch den kühlen und nassen Sommer und Frühherbst fiel die diesjährige Kastanienernte sehr schlecht aus.

2.11. In Schönberg wurde ein Reiterverein gegründet. Reitsportfreunde aus Kronberg und Oberhöchstadt fanden sich dazu. Schon wurden die ersten Reitstunden festgelegt. – Metzgermeister Kurt Moka übernahm die fast ein Jahrhundert alte Metzgerei Gauff in der Pferdstraße. Die beiden Inhaber Josef und Johann Gauff haben nun aus Altersgründen aufgegeben.

16.11. Bei der Saison-Eröffnung des Kappenklubs trat zum ersten Mal ein Damenelferrat in Funktion. Unter dem Szepter von Ministerpräsidentin Hanna Feldmann rollte ein buntes närrisches Programm ab. Anni Müller fungierte als Protokollerin, die viel über das lokale Geschehen „närrisch" zu berichten hatte. Die neugeschaffene Tanzgruppe trat ebenfalls zum ersten Mal an die Öffentlichkeit. Acht junge Mädchen legten einen feurigen ungarischen Tanz auf die Bretter. Die Einstudierung lag in den Händen von Pia Bartsch. Die Damen tranken aus Kaffeetassen, deren Inhalt aber verschwiegen wurde. Die „Milch zum Kaffee" war frisch. Die „Kronberger Gaaß" stand leibhaftig auf der Bühne und ließ sich willig melken. Ein Novum war auch der „Applausometer", der die Phonzahl des Beifalls messen konnte.

26.11. Auf dem Neubau der Volksbank in der Hainstraße steht der Richtkranz.

30.11. Bei den Landtagswahlen am letzten Sonntag kam es hier zu folgenden Ergebnissen. In Kronberg erhielten die SPD 1329, die CDU 1062, die FDP 1246 und der BHE 275 Stimmen. In Schönberg: SPD 1039, FDP 286, CDU 277, BHE 60, in Oberhöchstadt: SPD 1794, FDP 797, CDU 423, BHE 125 Stimmen.

8.12. 1954 können wir uns wieder wie in der „guten alten Zeit" auf das Fest vorbereiten. Zum Backen ist wieder alles zu haben!

14.12. Im Alter von 90 Jahren verstarb Spenglermeister Georg Maschke. Es war ein echter, rechter Handwerksmeister. In der Friedrich-Ebert-Straße betrieb er in seinem Haus ein Haushaltswarengeschäft. Stets führte er die Neuerscheinungen auf dem Markt. Er war Mitbegründer der Gemeinnützigen Baugenossenschaft und lange Jahre Mitglied im evangelischen Kirchenvorstand. – In Kronberg wurden wieder Weihnachtsbäume aufgestellt. Man fragt sich, warum die Stadt nicht an geeigneten Stellen (wie Schulgarten, Rathausgarten usw.) Bäume setzt, denen dann, als sozusagen „lebenden" Weihnachtsbäumen Lichter aufgesteckt werden können.

24.12. Die aufgestellten Weihnachtsbäume in der Stadt sind sehr schön, doch fragt man sich, warum nicht an geeigneten Plätzen Tannenbäume gepflanzt werden. Da brauchte man nur den „lebenden Weihnachtsbäumen" zur gegebenen Zeit die Lichter aufzustecken.

28.12. Die Bebauung der Hartmuthstraße auf dem Gelände Sauer-Ochs wurde jetzt genehmigt. Es entstehen dort 36 Wohnungen, 2–3 Läden und eine Anzahl Garagen. Bauherr wird die Gemeinnützige Baugenossenschaft.

Der starken Lokalseiten wegen - ‚Kronberger Zeitung'

1955

6.1. Die Grippe greift um sich, es wird erwogen, die Schule zu schließen.

11.1. Unbekannte haben in den Tagen um den Jahreswechsel in einen Postbriefkasten Feuerwerkskörper geworfen. Dadurch wurde ein Teil der eingeworfenen Postsachen verbrannt oder beschädigt.

21.1. Kalt! Schnee! Die Grippe greift um sich. – Der Regierungspräsident hat die Pläne zum Bau einer Sesselbahn auf den Feldberg nicht genehmigt. Gegen diese Pläne waren Wandervereine, Naturschutzbehörden und die Forstämter Sturm gelaufen.

25.1. Die Stadtverordneten-Versammlung hat beschlossen, der neu entstandenen Verbindungsstraße zwischen Minnholzweg und Frankfurter Straße den Namen des letzten Künstlers der Kronberger Malerkolonie „Fritz Wucherer" zu geben. – Die Stadtverordnete Frau Richter ist aus dem BHE ausgetreten und übt ihr Mandat im Stadtparlament nunmehr als Parteilose aus.

4.2. Wegen starken Auftretens der Grippe werden die Schulen in Kronberg, Schönberg und Oberhöchstadt für einige Tage geschlossen.

9.2. Die Carnevalsgesellschaft und der Musikverein mußten ihre gemeinsame karnevalistische Veranstaltung „Mer schaffe Hand in Hand" um eine Woche verschieben. Fast die Hälfte der Mitwirkenden wurde von der Grippe befallen. Die Grippe grassiert in Kronberg so stark, daß auch die Schulen geschlossen werden mußten. Der Unterricht soll am 17. Februar wieder aufgenommen werden.

14.2. Immer noch beherrscht die Grippe des Schul- und Vereinsleben. Auch die Fassenacht leidet darunter. – Im Taunus sind beste Wintersportmöglichkeiten durch den reichlichen Schneefall in den letzten Tagen.

22.2. Die Kälte hält an! Im Taunus ist bestes Wintersportwetter. Am Wochenende wird mit großem Betrieb, besonders auf der Bobbahn am Großen Feldberg, gerechnet. Die Bundesbahn wird wieder zwei Sonderzüge einsetzen. Ein Sonderzug wird von Offenbach aus abfahren.

4.3. Die Waldschule in Schönberg hatte einen berühmten Gast. Die Schriftstellerin Agnes Miegel las auf Einladung des Hausvaters Dr. Wilhelm Michels (er war Lehrer an der Altkönigschule; Anmerkung) aus ihren Werken.

8.3. Der Nachtrags-Haushaltsplan der Stadt Kronberg mit 348 000 DM wurde von der Stadtverordneten-Versammlung angenommen. Die Summe von 41 000 DM, die im ordentlichen Etat als Straßenbau-Rücklage vorgesehen war, mußte zweckentfremdet zum Ausgleich des Etats verwendet werden.

22.3. Am 2. April kann Frau Hinterbauer mit ihrem Geschäft das 60jährige Jubiläum feiern. An diesem Tage, im Jahre 1895, gründete ihr Vater, der Buchbinder Christian Lohmann, ein Papierwaren- und Buchgeschäft. Sein Bruder Heinrich – beide stammen aus Grünstadt in der Pfalz – hatte schon fünf Jahre früher hier sein Uhrmachergeschäft eröffnet. Das neue Buchgeschäft von Christian Lohmann entwickelte sich schnell, es wurden auch Textilien verkauft. Das Geschäft befand sich lange Jahre hindurch an der Schirn, (heute ist dort wieder eine Buchhandlung!). In den dreißiger Jahren zog Frau Tilly Hinterbauer mit dem Geschäft um in die Friedrich-Ebert-Straße 8, dort befindet sich das Geschäft noch heute.

25.3. Wegen der vielen Frostaufbrüche ist die Landstraße zwischen Kronberg und Oberursel für einige Tage gesperrt. Auch die Frankfurter Straße zwischen Bahnhof- und Krankenhausstraße ist für vier Tage dicht.

6.4. Die Kilb'sche Scheune in der Tanzhausstraße, neben der Zehntscheune, wurde von der Stadt käuflich erworben. Dort soll der städtische Lastwagen untergestellt werden. Die Anwohner fragen sich, warum man nicht die Gelegenheit wahrnimmt und das Gebäude abreißt, damit die Tanzhausstraße etwas erweitert werden kann. Das Andrée'sche Haus mußte bei seiner Errichtung 1,50 m hinter der Straßenfront bleiben, damit später die Scheune abgerissen und die Straße an dieser Stelle verbreitert werden könnte.

8.4. Der Neubau der Volksbank in der Hainstraße ist fertiggestellt. Der Bankbetrieb wurde aufgenommen.

19.4. Die Busverbindung Kronberg–Bad Soden–Hofheim–Wiesbaden wurde in Betrieb genommen. – Der Löschwasserteich in der Heinrich-Winterstraße wurde einem kleinen Jungen fast zum Verhängnis. Beim Spielen am Rande des sehr schlecht gesicherten Beckens rutschte er aus und fiel in die stinkende Brühe. Nur der Umsichtigkeit der 12jährigen Schülerin Ursula Borsch, die gerade vorüberkam, ist es zu verdanken, daß der Junge nicht ertrank. Dieser Vorfall, der fast ein Menschenleben kostete, sollte Veranlassung sein, daß dieser Teich verschwindet. Das Wasser stinkt, die Anwohner klagen über das laute Froschkonzert und die Schnakenplage.

25.4. In Kronberg fehlt eine öffentliche Toilette. Ein Bürger schlug vor, eine solche an das vorhandene Toilettengebäude an der Schule anzubauen.

3.5. Im Monat April kam es im Bereich unserer Stadt zu neun Verkehrsunfällen, dabei wurden sechs Personen verletzt. In den Vormonaten waren es durchschnittlich drei bis vier Unfälle. – Im Stadtpark soll in der Nähe des Pfingstbornes ein Kinderspielplatz angelegt werden. (Mit einem Sandkasten fing es dann vorerst ganz bescheiden an.)

6.5. Aus gesundheitlichen Gründen gibt die Familie Henrich die Bewirtschaftung des Restaurationsbetriebes im „Schützenhof“ auf. Der Betrieb wurde an das junge Ehepaar Böhme aus Köln verpachtet.

17.5. Bei einer Wassertemperatur von 10 Grad wurde heute unser Waldschwimmbad eröffnet. Immerhin kamen fünf Badegäste, alles Kinder, die sich auch wirklich in die kühlen Fluten wagten.

31.5. Die Stadtbücherei verfügt jetzt wieder über 2100 Bände. Damit ist wieder ein beachtlicher Grundstein gelegt. Der Bücherei erging es in den letzten 25 Jahren nicht gut, 1933 ging ein Büchersturm über sie hinweg, bei der manches gute Buch auf dem Schulhof in Flammen aufging. Nach 1945 wurde wieder eine „Säuberung“ durchgeführt. Die Stadt will noch in diesem Jahr Mittel bereitstellen, damit die frühere Zahl von 5000 Bänden wieder erreicht wird.

3.6. Im Alter von 75 Jahren starb der Künstler Hans Würzbach. Den Maler der alten Schule hatte es nach dem Krieg nach Kronberg gezogen. Er war unermüdlich im Festhalten der malerischen Schönheiten Kronbergs.

14.6. Pfarrer Erich Warmers, der einige Zeit in der evangelischen Gemeinde Kronberg seelsorgerisch tätig war und besonders Schönberg und Oberhöchstadt betreute, wurde in Frankfurt in der Katharinenkirche von Kirchenpräsident Dr. Niemöller in sein neues Amt eingeführt. Pfarrer Warmers wird der erste Arbeiterpfarrer in Hessen. Auf dem Gelände des Evangelischen Männerwerks „Am Aufstieg“ (heute steht dort das Ausbildungszentrum der Deutschen Bank) wurde ein Arbeiterwohnheim errichtet, in dem Pfarrer Warmers seine Tätigkeit aufnehmen wird.

17.6. Unser Waldschwimmbad hatte an diesem Wochenende zum ersten Mal eine nennenswerte Besucherzahl. Das Wetter war bisher nicht gerade günstig für einen Schwimmbadbesuch.

28.6. In der letzten Sadtverordnetensitzung wurde einstimmig beschlossen, die Gemeindesteuern und -abgaben zu erhöhen. Die Grundsteuer erhöht sich um 25%, die Gewerbesteuer wird von 220 auf 260 v.H. angehoben. Kanalbenutzungsgebühren und Müllabfuhr erhöhen sich um 50%. Das Wassergeld wird von 35 auf 40 Pfennig je cbm angehoben.

1.7. Der Tierpark des Herrn von Opel hat exotischen Zuzug bekommen. Zwei afrikanische Elefanten und ein Nilpferd sind neben vielen anderen Tieren eingetroffen.

12.7. Beim Gauturnfest wurde Bert Kunz vom MTV Kronberg Sieger im Deutschen Zwölfkampf. Die jungen Turner Helmut Hirsch, Ernst Becker und die Turnerin Margot Wehrheim konnten gute Plätze erreichen.

15.7. Hoher und sehr malerischer Besuch im Schloßhotel. Der Maharadscha von Pazila weilte mit seinem zahlreichen Gefolge für einen Tag in Kronberg.

26.7. Bei dem schweren Gewitter, das hier tobte, ist ein Todesopfer zu beklagen. Ein junger Gärtner aus Gelnhausen, der seit zwei Jahren in der hiesigen Gärtnerei Buchsbaum beschäftigt war, wurde auf einem Obstgrundstück zwischen Kronberg und Niederhöchstadt vom Blitz erschlagen. – In dem neuen Tierpark des Herrn Georg von Opel ist der erste exotische Transport eingetroffen. Vier zweijährige afrikanische Elefanten kommen noch nach. Die Steinbockfamilie ist auf 13 Köpfe angewachsen. Kronenkraniche, Flamingos, Hirschantilopen, Enten, Schwarzschwäne und zwei Strauße können von den Besuchern bewundert werden.

29.7. In Kronberg mehren sich die Klage darüber, daß es zuviel Lärm gibt. Nicht nur der immer mehr zunehmende Straßenverkehr gibt dazu Anlaß, sondern auch die oft mutwillig erzeugten nächtlichen Ruhestörungen.

9.8. Den beiden Schwänen auf den Weihern im Stadtpark geht es gut. Es ist still um sie geworden. Jeder wartete darauf, daß sich endlich Nachwuchs einstellte. Doch leider hat sich auch in diesem Jahr nichts getan. Kronberg hat mit seinen Schwänen einfach kein Glück! (Und das ist bis heute so geblieben.)

12.8. Vor drei Tagen fuhr im Kronberger Bahnhof ein luxuriöser Sonderzug ein. Mit ihm kamen Bundesverkehrsminister Seebohm, der hessische Minister für Arbeit, Wirtschaft und Verkehr, namhafte Fachleute für Verkehrsfragen und eine Delegation französischer Verkehrsexperten nach Kronberg. Im Schloßhotel fand eine Sitzung statt, die mit einem Essen abschloß. Nach wenigen Stunden verließen die Herren mit dem Sonderzug wieder unsere Stadt.

23.8. Ein kleiner Elefant des Opelschen Tiergeheges ist an Darmverschlingung verendet. Das konnte leicht durch falsche Fütterung geschehen. Es wird immer wieder beobachtet, daß die Besucher alles mögliche, angefangen von Streichholz- und Zigarettenschachteln bis hin zu Bierflaschen und Dosen, über den Zaun werfen.

6.9. Im Monat August sind im Bereich der Stadt Kronberg acht Verkehrsunfälle vorgekommen, von denen einer tödlich verlief. – Die Stadt Kronberg hat ihren Müllplatz an der Landstraße Oberhöchstadt-Steinbach gepachtet. Es handelt sich um eine ehemalige Sandgrube. Diese Grube wird bald gefüllt sein, so mußte sich die Stadt auch gleich die Nachbargrube sichern.

20.9. Die Stadtwaage wird erneuert! Oberhalb des Schulhofes gähnt z. Zt. ein großes Loch in der Straße. Die Stadtwaage wird erneuert. Die Eisenteile der alten Waage sind nur noch Rost. Das Eichamt hat es abgelehnt, die Waage noch einmal zu prüfen.

23.9. In der Hartmuthstraße errichtet die Gemeinnützige Baugenossenschaft vier Häuser mit insgesamt 34 Wohnungen.

4.10. Vor einigen Tagen verstarb im Alter von 56 Jahren der allseits bekannte und beliebte Schlossermeister Andreas Wilhelm Krieger. Er hatte sich nicht nur in Kronberg einen Namen gemacht. Sein Beruf als Kunst- und Bauschlosser machte ihn über die Grenzen unserer Heimatstadt bekannt. Jahrelang gehörte er der Stadtverordneten-Versammlung an, mehr als dreißig Jahre stand er in den Reihen der Feuerwehr, er amtierte bei der Kronberger Volksbank als Aufsichtsratsmitglied. Der MTV verliert in ihm eines seiner treuesten Mitglieder. Eine große Trauergemeinde geleitete ihn auf seinem letzten Weg. – Im Alter von 72 Jahren verstarb Adam Dingeldein, den Kronbergern nicht nur durch sein Geschäft in der Friedrich-Ebert-Straße bekannt. Er gehörte zu den Männern der „Ersten Stunde“. Im Oktober 1945 wurde er für die CDU zum Magistrat berufen, 1946 bei den ersten Kommunalwahlen im Amt bestätigt, er gehörte dem Aufsichtsrat der Kronberger Volksbank an und war Mitglied der Schützengesellschaft und vieler andere Vereine.

18.10. Am kommenden Sonntag wird wieder einmal in Schönberg Kerb gefeiert. Das Café Flach lädt zu gemütlichen Stunden ein. – Sein 80. Lebensjahr vollendet Karl Raspe. Vielen Kronbergern hat er das Stenografieren beigebracht, das im kaufmännischen Beruf von großer Wichtigkeit ist.

1.11. Bürgermeister Adam Zubrod hat aus gesundheitlichen Gründen seine Versetzung in den Ruhestand beantragt. – Die evangelische Kirchengemeinde beging am Wochenende das 600-jährige Bestehen ihrer Johanniskirche. Die Johanniskapelle, 1355 geweiht, gilt als Ursprung der Kirche, sie ist noch heute als Chorraum vorhanden. – In der nächsten Stadtverordneten-Sitzung soll darüber entschieden werden, ob das Gelände Ecke Frankfurter Straße/Bahnhofstraße als Grünfläche erhalten bleiben soll oder als Baugelände freigegeben wird. Der Kinobesitzer Hirsch will dort ein modernes Lichtspieltheater errichten. Der Blick zum Altkönig soll erhalten bleiben. (Diese Baupläne wurden nicht genehmigt, einige Jahre später entstand der große Bau „Taunushof“!)

15.11. In der Katharinenstraße, oberhalb des Schulhofes gähnte ein großes Loch. Die Stadtwaage wurde erneuert. Die Eisenteile der alten Waage waren nur noch Rost. Das Eichamt hatte es abgelehnt, die Waage noch einmal zu prüfen, so mußte die Stadt alles erneuern lassen. – Kronberg hat mit seinen Schwänen auf den Weihern wirklich kein Glück. Nachdem es nun gelungen war, zwei weiße Vögel auf den Weihern heimisch zu machen, stellte es sich heraus, daß die Aussichten auf Nachwuchs im Frühjahr gleich Null sind, es sind nämlich zwei Männchen. Einer wurde nun ausgetauscht. In Wiesbaden tummelten sich bisher auf einem

Weiher zwei „Frauen". Der Parkwächter fuhr mit einem Kahn auf den Schillerweiher und fing einen Schwan ein. In Wiesbaden war die Sache nicht so einfach. Achtzehn Männer mußten aufgeboten werden, um eine Schwanendame einzufangen. Jetzt heißt es für die Kronberger bis zum Frühjahr warten! (Doch Nachwuchs gab es wieder nicht. Die „Schwanengeschichte" in Kronberg ist ein einziges Drama!)

29.11. Der 17jährige Kronberger Gotthilf Hofmann wurde auf dem Wege zu seiner Lehrstelle in Niederhöchstadt von einem Auto erfaßt und tödlich verletzt.

13.12. An den verkaufsoffenen Sonntagen (silb. u. gold.) ist die Friedrich-Ebert-Straße für den gesamten Verkehr gesperrt. In der Zeit von 14–18 Uhr gilt die Umleitung. Am Heiligen Abend müssen die Läden ab 17 Uhr geschlossen sein. – Immer weiter schreitet die Technik! Ab 24. Dezember 11 Uhr ist das Schnellamt in Frankfurt aufgehoben. In seinem Bereich können die Teilnehmer ab Frühjahr direkt angewählt werden. Bis dahin werden überörtliche Telefongespräche vom Fernamt vermittelt.

27.12. Im Alter von 86 Jahren ist der bekannte Kronberger Lehrer Philipp Bermbach verstorben. Konrektor Bermbach wirkte von 1910–1932 an der hiesigen Volksschule. Er begann sein Amt an der katholischen Volksschule, nach dem Ersten Weltkrieg wurde auch in Kronberg die Simultanschule eingeführt. Philipp Bermbach war ein rühriges Mitglied der katholischen Pfarrgemeinde. Oft half er als Organist aus. Sein Hobby war die Bienenzucht, in seinem Garten in der Schreyerstraße konnte man ihn oft mit seinen Bienen beschäftigt antreffen.

1956

10.1. Die Karnevalszeit ist in diesem Jahr sehr kurz, schon am 15. Februar ist Aschermittwoch. Dennoch werden die Kronberger Narren voll auf ihre Kosten kommen. Mindestens sechzehn Maskenbälle bieten Gelegenheit zum Tanzen und Frohsinn. – Adam Trautmann, im Talweg, wird 85 Jahre alt. Den Kronbergern, vor allem der evangelischen Gemeindemitgliedern, ist er gut bekannt. Seit Jahren bekleidet er das Amt eines Kirchenvorstehers.

24.1. Gut besucht war die Jahreshauptversammlung der Freiwilligen Feuerwehr Kronberg. Im Vorstand gab es einige Veränderungen. An der Spitze bleibt Hans Kunz als bewährter Ortsbrandmeister. Sein bisheriger Stellvertreter, Heinrich Müller, kandidierte nicht mehr, er wollte den jungen Heinz Feger nachrücken lassen. Der seitherige Gerätewart Jakob Jung überließ ebenfalls sein Amt einem jüngeren Kameraden. Anton Dietz wurde in dieses Amt gewählt. – Im Alter von 71 Jahren verstarb der in Kronberg allseits bekannte und beliebte Installateurmeister Jakob Wißmann. Er war nicht nur in seinem Beruf sehr tüchtig, viele Kronberger Vereine zählten ihn zu ihren aktivsten Mitgliedern.

7.2. Zum neuen Bürgermeister von Kronberg wurde Dr. Günther Jacobi einstimmig gewählt. Er wurde im Juli 1923 in Konstanza am Schwarzen Meer geboren. Er besuchte Schulen in Rumänien und ging 1941 als Offiziersanwärter zur Deutschen Kriegsmarine. Nach dem Kriege studierte er Staatswissenschaften, seit 1954 ist er Büroleiter beim Deutschen Städtetag. Dr. Jacobi gehört keiner Partei an, er wird sein Amt am 1. April antreten.

21.2. In der letzten Stadtverordneten-Sitzung wurde der aus gesundheitlichen Gründen aus dem Dienst scheidende Bürgermeister Adam Zubrod verabschiedet. Es war ein festlicher Abend, herzliche Worte des Dankes fanden die Vertreter aller Fraktionen für Adam Zubrod. Über 11 Jahre lang leitete er die Geschikke unserer Stadt.

7.3. Während der elfjährigen Amtszeit des in den Ruhestand getretenen Bürgermeisters Adam Zubrod wurden in Kronberg 168 Sozialwohnungen mit städtischer Förderung errichtet.

21.3. In der von der Stadt angekauften ehemaligen Kilb'schen Scheune (neben der Zehntscheune) wird gegenwärtig ein Garageraum errichtet, in dem der städtische Lastwagen untergestellt werden soll. Auch der Arbeitsraum des städtischen Schreiners soll in das Gebäude verlegt werden. – Das neue Stadtoberhaupt, Dr. Günter Jacobi wurde bei der Stadtverordneten-Versammlung am Freitag in sein Amt eingeführt, das er nach dem Osterfest antreten wird.

4.4. Zwei Tage nach seiner Versetzung in den Ruhestand verstarb im Alter von 61 Jahren Bürgermeister Adam Zubrod. Er hatte sein Amt kurz nach Ende des Zweiten Weltkrieges angetreten, in einer schweren Zeit. Seine ausgeglichene Amtsführung brachte ihm die Achtung der Bürgerschaft ein. Adam Zubrod gehörte bis vor wenigen Jahren der SPD an, er wird in die Geschichte unserer Heimatstadt eingehen. Kronberg hat ihm viel zu verdanken.

18.4. Das Haus Eichenstraße 7, ehemals im Besitz der Familie Berg, heute der Stadt Kronberg gehörig, wurde als baufällig erklärt und soll demnächst abgerissen werden. An seiner Stelle soll ein kleiner Parkplatz geschaffen werden.

2.5. Schon jetzt ruft der Musikverein dazu auf, an den Tagen seines 50jährigen Jubiläums die Straßen festlich zu schmücken. Zum ersten Mal wird auf dem großen Platz an der Stadthalle ein Festzelt aufgebaut.

16.5. Mit zwei großen Bussen fuhren viele Mitglieder der evangelischen Kirchengemeinde nach Sinn, wo bei der bekannten Glockengießerei der Gebr. Rincker der Guß der beiden bestellten Glocken vor sich ging. Um 13.30 Uhr wurde die Glockenmasse angestochen. Die große Glocke wird ein Gewicht von 1750 kg haben und auf den Ton „des" abgestimmt sein. Der Guß möge gelungen sein, dann werden hoffentlich im Juli die Glocken im Turm der Johanniskirche ihren Platz gefunden haben. Für die Fahrtteilnehmer war es ein großes Erlebnis, als nach dem Gebet von Pfarrer Grabowski der Betriebsführer der Fa. Rincker dem Gießmeister und seinen Mitarbeitern mit den traditionellen Worten: „Im Namen Gottes, macht auf!" das Zeichen gab. Der Wunsch aller Zuschauer und wohl aller Menschen, die in Zukunft die neuen Glocken hören werden, ist, daß sie ihre Stimmen immer in friedlichen Zeiten erheben mögen, daß sie nie wieder vom Turm geholt werden müssen.

30.5. Es ist kaum 25 Jahre her, daß es in Kronberg in einigen Gaststätten noch Billards gab. Meist wurden sie auch fleißig genutzt, man traf sich regelmäßig zum Billardspiel. Seit Jahren sind sie alle leider verschwunden.

13.6. Übermorgen werden die neugegossenen Glocken für die Johanniskirche feierlich am Bahnhof eingeholt. In einem kleinen Festzug werden sie zur Kirche gebracht. – Das Wetter läßt nichts vom bevorstehenden Sommerbeginn ahnen. Die Schneegrenze in den Bergen liegt bei 1550 m, es ist kalt und regnerisch. Die Wetterpropheten machen uns noch keine Hoffnung auf Besserung.

27.6. In einem Festgottesdienst werden am kommenden Sonntag die neuen Glocken der Johanniskirche geweiht. Die katholische Gemeinde hat sich entschlossen, um 11.15 Uhr mit ihren Glocken in das Festgeläute einzustimmen. Freude herrscht bei den Kronbergern darüber, daß nun nach vielen Jahren das Geläute beider Kirchen wieder vollständig ist. Festgeläute ist zu allen Zeiten schön und wird auch in Zukunft wieder zu den Feiertagen, zu frohen und traurigen Anlässen gehören.

12.7. Die Nachkerb war ganz toll: Bei schönsten Sommerwetter herrschte auf dem Kerbeplatz an der Turnhalle ein Riesenbetrieb. Im Garten der „Post" spielte der Musikverein zum Tanz auf. Es gab sogar ein „Gondelkonzert". In den Gondeln des Riesenrads nahmen die Musiker Platz und spielten fröhliche Weisen. Das hatte der Besitzer des Riesenrades doch noch nicht erlebt.

25.7. Der Eingang zum Rathaus erhielt einen neuen Schmuck und Blickfang. Der junge Schlossermeister Paul Krieger übereignete der Stadt sein Meisterstück: einen kunstgeschmiedeten Torbogen mit dem Hinweis „Rathaus". Der Torbogen ist fertig montiert und bildet einen schönen Anblick.

8.8. Der Distrikt „Rothe Äcker" wird in Erbpacht als Baugelände ausgewiesen. Schon haben sich 34 Interessenten gemeldet. Es sollen vor allem Kronberger Bewerber berücksichtigt werden. – In der Nähe des Pfingstbornes wurde ein Kinderspielplatz eingerichtet. Vorläufig besteht er nur aus einer großen Sandkiste, noch fehlen Spielgeräte. Eine Rutschbahn, ein Hängekarussell usw. werden aber bereits installiert.

22.8. Die Verkehrsumleitung ist gelaufen und zeigte sich besser als von manchen befürchtet. Die Friedrich-Ebert-Straße wird wohl doch bald zur Einbahnstraße werden. Wer nach Königstein will, muß dann über die Hainstraße und Viktoriastraße fahren. Schon gibt es Einwände von den Anwohnern. Doch die seitherige Verkehrsführung – Friedrich-Ebert-Straße in beiden Richtungen – ist einfach nicht mehr tragbar und wohl auch nicht mehr zu verantworten.

5.9. Der Volkschor feierte Jubiläum. 80 Jahre für den ehemaligen „Cronberger Männergesangverein" von 1876, 50 Jahre für den ehemaligen „Liederkranz" und 10 Jahre „Volkschor", der aus diesen Vereinen hervorging. Mit Festkommers, Wertungs- und Freundschaftssingen war das große Fest ein weiterer Höhepunkt des Jahres.

19.9. Anton Burger ist zurückgekehrt! Er hat seinen Platz auf dem Podest seines Denkmals am Schillerweiher wieder eingenommen. Als vor wenigen Jahren das sogen. „Buntmetall" sehr hoch im Kurs stand, hatte man ihn sichergestellt. Er verbrachte die letzten Jahre im Rathaus. Inzwischen lohnt sich der Diebstahl von Altmetall nicht mehr, so wird der alte Burger wohl endlich seine Ruhe haben. (Wenn ihn nicht doch eines Tages Liebhaber von „Altertümern" entführen, um auf irgendeinem Flohmarkt noch Käufer zu finden.)

3.10. Im Alter von über 90 Jahren verstarb in Bad Homburg Forstmeister Richard Valentin. Er kam 1920 nach Kronberg und leitete bis zu seiner Pensionierung die Oberförsterei. Viele Jahre war er Vorsitzender des Taunus-Klubs und Verschönerungsvereins. (Oberhalb des Bürgerstollens wurde ihm zu Ehren ein Weg „Valentins-Pfad" genannt.) – Der MTV trauert um Hermann Schrodt, der im Alter von 68 Jahren verstarb. Seit frühester Kindheit gehörte seine ganze Liebe dem Turnen, von 1925–45 war er Vorsitzender des MTV. – 72jährig verstarb ein weiterer bekannter Kronberger, Karl Kornbrust. Er war für groß und klein ein Begriff. Zur Kronberger Kerb gehörte er wie das Kaiser-Karussel. Mit seiner Zucker- und Eisbude war er auf allen Kerben der Umgebung Stammgast. „Eis von Kornbrust" war eine Delikatesse und wurde gern gekauft.

17.10. Durch die ungünstige Witterung war die diesjährige Badesaison eine der schlechtesten seit Bestehen unseres Schwimmbades. Insgesamt kamen nur etwa 25000 Gäste, die Saison war ein schlechtes Geschäft für die Stadt.

31.10. In dem neugewählten Stadtparlament wird die SPD jetzt mit 7, statt wie bisher, mit 5 Sitzen vertreten sein, die CDU verfügt über 5 Mandate, sie hat einen Sitz hinzugewonnen, die FDP, bisher stärkste Fraktion im Rathaus, verlor 2 Sitze und hat jetzt 5 Mandate, der BHE verlor 1 Sitz und hat nur noch 1 Vertreter. In Schönberg verfügt die SPD über je 3 Sitze, wie bisher, die CDU gewann 1 Sitz hinzu und hat nun ebenfalls 3 Mandate, erstmals wird ein Vertreter der DP im Gemeindeparlament sein. – In Oberhöchstadt gibt es auch in den nächsten vier Jahren nur zwei Fraktionen, die SPD verfügt über die absolute Mehrheit.

14.11. Die neugebaute Schalterhalle im Postamt wurde gestern eingeweiht. Die ersten Kunden wurden vom Oberpostmeister Müller begrüßt. Der Neubau war notwendig geworden, da der alte Schalterraum zu klein geworden war und den Anforderungen eines geregelten Postbetriebes nicht mehr entsprach.

28.11. Die neugewählte Stadtverordnetenversammlung trat zu ihrer ersten Sitzung zusammen. Unter dem Vorsitz des ältesten Stadtverordneten Hans Jürgen Schultz wurde die Wahl des Stadtverordnetenvorstehers vollzogen. Auf Vorschlag der SPD entschieden sich die Fraktionen einstimmig für Hans Joachim Hill (SPD), Stellvertreter sind die Herren Wittmer (CDU, er war einige Jahre Chef des Stadtparlaments) und Kausch. In den Magistrat berufen wurden Heinrich Krug und Heinrich Lempp von der SPD, Hans Jahn (CDU), Hans Jürgen Schultz (FDP), die beiden letztgenannten Herren sind seit Jahren im Magistrat tätig. Im Kronberger Stadtparlament ist keine Frau vertreten.

11.12. In dem neugewählten Kreistag sind vier Kronberger vertreten. Es sind dies: Heinrich Krug (SPD), Ewald Kiebler (CDU), H.J. Schultz (FDP) und Josef Brauner (GB/BHE). Diese vier Herren waren auch seither im Kreistag vertreten.

30.12. Weiße Weihnacht! Fast auf Bestellung fiel an den Feiertagen Schnee. Auf den Taunushöhen war lebhafter Wintersportbetrieb. – In der Stadthalle veranstalteten der Verkehrsverein und die Schützengesellschaft einen Silvesterball. Bürgermeister Dr. Jacobi wird eine Neujahrsansprache halten.

1957

9.1. Der Burgturm wird wieder, wie schon einige Zeit vor dem Kriege, angestrahlt und grüßt auch in der Dunkelheit von weitem.

23.1. In Schönberg wurde der bisherige Bürgermeister Reinhold Fricke auf weitere vier Jahre wiedergewählt. In Schönberg ist die Bürgermeisterstelle ehrenamtlich. – Ab 1. Februar versieht Pfarrvikar Gerhard Bars die Stelle des zweiten Seelsorgers in der evangelischen Kirchengemeinde. Sein Amtsbereich erstreckt sich auf Schönberg und Oberhöchstadt.

6.2. Vor kurzem haben die Prinzen von Hessen die Villa Grosch in der Gartenstraße erworben, nach entsprechendem Umbau soll sie als Wohnung für das Personal des Schloßhotels genutzt werden. Die Villa wurde vor 80 Jahren von dem Frankfurter Bankier Merton erbaut und ging später in die Hände der Familie Grosch über. (Heute seht das Haus nicht mehr, es mußte einem modernen Wohnbau weichen. Dem Bankier Merton hatte man in der Schönberger Gemarkung, wo heute der Rosenhof steht, einen Holztempel errichtet. Dieser Tempel verschwand nach dem letzten Krieg. Anm.)

20.2. Plötzlich und unerwartet, mitten in den Vorbereitungen zur Freitagsausgabe des „Kronberger Anzeigers" starb durch einen Herzschlag der 49jährige Verleger Willi Andrée. Er war der älteste Sohn des Firmengründers Adam Andrée. Am gleichen Abend gedachte man seiner in der Stadtverordnetensitzung. An seinem Platz am Pressetisch stand ein Strauß weißer Nelken.

6.3. Die Kronberger Polizei ist nun endgültig voll motorisiert. Ausser dem schon früher angeschafften Motorrad steht den Beamten jetzt auch ein VW zur Verfügung.

20.3. Die Stadt macht darauf aufmerksam, daß die Naturschutzverordnung vom 18.3.36 nach wie vor in Kraft ist. Danach ist in der Zeit vom 15.4.–20.9. verboten, Hecken, Gebüsche oder lebende Zäune abzubrennen oder zu roden. Auch die Bodendecke von Wiesen und Feldrainen darf in dieser Zeit nicht abgebrannt werden, Schilf- und Rohrbestände dürfen nicht beseitigt werden.

3.4. In dem seit längerer Zeit gegen den Besitzer des Kronberger Tiergartens laufenden Prozeß konnte ein Vergleich erzielt werden. Herr von Opel erklärte sich bereit, die Gehege, die sich direkt an der B455 befinden, hinter sein Haus ins Tal zu verlegen. Die Parkplätze zu beiden Seiten der Straße werden wieder eingeebnet und an anderer Stelle neu ausgebaut.

18.4. An den Osterfeiertagen gab es wegen des schönen Frühlingswetters außerordentlich starken Verkehr, trotzdem kam es zum Glück zu keinem Unfall. – An der Altkönigstraße wurde jetzt die stadteigene Ampelanlage in Betrieb genommen. Bisher gab es dort zur Erprobung eine gemietete Anlage, die sich sehr gut bewährt hat. – Das Wehrerfassungsamt des Obertaunuskreises teilte mit, daß unter den Gemusterten des Jahrgangs 1937 kein einziger Wehrdienstverweigerer ist. Allerdings waren von 176 jungen Männern nur 6 Tauglichkeitsstufe 1.

29.4. Die Signal-Anlage für die Altkönigstraße (jetzt Merianstraße) wurde deshalb beschafft, weil die Stadt kaum in der Lage sein wird, in der allernächsten Zeit die Kosten für die Kurvenbrechung aufzubringen und weil für die jetzt geliehene Anlage erhebliche Mietzahlungen erforderlich sind.

2.5. Die Wartehalle am Berliner Platz erhält einen Anbau. Immer wieder werden Stimmen laut, die auf das Fehlen einer Bedürfnisanstalt aufmerksam machen. So soll jetzt also eine Toilettenanlage erstehen.

13.5. Der Verkehrsverein hat beschlossen, wie schon vor dem Kriege, in diesem Jahr einen Wettbewerb für den schönsten Blumenschmuck zu veranstalten. – Zum Postamt: Auf dem Gelände, auf dem unser heutiges Postamt steht, befand sich bis 1897 eine kleine Gaststätte „Krawallschachtel" genannt. Das kleine Haus stand mitten in einem Garten, dicht vor der Stadtmauer, die auch heute noch dort erhalten ist. In dieser Krawallschachtel, heute würde man Kneipe oder Spelunke dazu sagen, fand sich nicht immer das beste Publikum zusammen. Es ging manches Mal hoch her. So manche Wilddieberei, mancher derbe Männerspaß wurde dort ausgeheckt. Man hatte für das Postamt ursprünglich den Platz an der Ekke Heinrich-Winter- und Katharinenstraße vorgesehen. Daß es nicht dazu kam, lag in erster Linie an dem Eingreifen der Kaiserin Friedrich. Die Kaiserin kam bei ihren täglichen Ausritten öfter durch die Katharinenstraße und fand Gefallen an den vielen herrlichen Kastanienbäumen, die dort standen. Sie fand, daß es schade sei, wenn diese schönen alten Bäume fallen müßten und erreichte auch, daß die Post einen anderen Standort erhielt. Diese Edelkastanien, die schon der Kaiserin so gut gefielen, standen noch bis 1959/60. Sie wurden gefällt, um endlich doch noch einem Neubau Platz zu machen: dem evangelischen Kindergarten und Gemeindesaal. Das Gelände gehörte zum evangelischen Pfarrhaus. Die Mauer, die diesen kleinen „Wald" mitten in der Stadt umgab, wurde bei den Bauarbeiten ein Stück abgetragen. In meiner Kinderzeit war dieser „Wald" unser beliebtester Spielplatz. Einer der Kastanienbäume war ein wahrer Riese seiner Art. Sein Stamm war so dick, daß wir mit 4–5 Kindern Mühe hatten, ihn zu umfassen. Da es bei Versteckspielen sehr schwierig war, die einzelnen Bäume zu benennen, gaben wir ihnen der Einfachheit halber Namen, und die klangen auch ganz zeitgemäß. Da gab es einen Brüning, einen Hindenburg, einen Stresemann. Doch auch die „Monarchie" war vertreten. Es gab einen Kaiser Wilhelm und einen Bismarck. Der Riese, der genau in der Mitte stand und den Anschlag beim Versteck bildete, bekam den würdigen Namen „Kaiser Karl".

15.5. Schon lange vor Beginn der letzten Gemeinderats-Sitzung in Schönberg war das Café Flach von Zuhörern besetzt. Bürgermeister Fricke bat darum zu Beginn der Sitzung die Gemeindevertreter um sachliche Abwicklung der Tagesordnung. Punkt 1 war die Wahl von zwei Beigeordneten. Gemeindevertreter Thiedig hatte den Antrag gestellt, die Wahl abzusetzen, da sie nicht gesetzmäßig sei. Der Antrag wurde abgelehnt. Gewählt wurden die Herren Schneider (CDU) und Hildmann (SPD). – Nach gründlicher Überholung der Anlagen wurde heute das städtische Schwimmbad geöffnet, das Wasser hat eine Temperatur von 17 Grad. Als Bademeister wurde Otto Lutz aus Neu-Isenburg eingestellt.

29.5. Zehn Buben von einer Volksschulklasse haben sich zu einer Jugendfeuerwehr zusammengefunden. Die Anschaffung der Uniformen und der Versicherungsschutz wurden von der Stadt übernommen. Die Buben haben schon mit den Übungen begonnen und sind allesamt mit großer Begeisterung bei der Sache. Diese Jugendfeuerwehr ist etwas Neues und findet bereits Nachahmung.

10.6. Bei der Eröffnung des Kronberger Waldschwimmbades betrug die Wassertemperatur 17 Grad. Trotzdem wagten sich 138 Badegäste in die kühlen Fluten.

12.6. Bei schönstem Wetter wurde während der Pfingsttage das Taunus-Bäder-Tennisturnier in Kronberg ausgetragen. Es lagen so viele Meldungen vor, daß 148 Spiele durchgeführt werden mußten. Die Kronberger Tennisspieler und -spielerinnen hatten jedoch kein Glück, keiner erreichte die letzten Runden.

24.6. In Kronberg ist wieder einmal akute Wassernot! Das Spritzen von Rasenflächen und Gartenanlagen sowie das Autowaschen ist bei Strafe untersagt. – Der Bundeskanzler Dr. Adenauer weilte zu einem kurzen Besuch bei einer befreundeten Familie in Kronberg. Die Polizei gab ihm das Ehrengeleit.

26.6. Im Alter von 72 Jahren starb der Stadtälteste Hans Jürgen Schultz. Er zog für seine Partei (FDP) 1948 in das Stadtparlament ein, war Stadtrat und Kreistagsabgeordneter. – Der Verkehrsverein bittet um Meldung von Zimmern, die an Feriengäste vermietet werden können. Die Nachfrage ist recht gut. Es werden noch immer Ferienplätze für Berliner Kinder gesucht.

8.7. Das Schwimmbad, das wegen Wassererneuerung einige Tage geschlossen war, ist wieder eröffnet.

10.7. Die immer wieder angeregte Beleuchtung des Burgturms, des Wahrzeichens unserer Stadt, wird nun endlich möglich. Durch Spenden konnten die notwendigen Anlagen beschafft werden. Demnächst also wird der Freiturm samstags und sonntags und zu besonderen Anlässen im Scheinwerferlicht erstrahlen. – Das Schwimmbad, das wegen Wassererneuerung einige Tage geschlossen werden mußte, ist wieder geöffnet. – Das kühle Wetter und der viele Regen konnte die Kronberger nicht abhalten, trotzdem fröhlich ihre Kerb zu feiern.

24.7. Zum Nachfolger des verstorbenen Stadtrates Hans Jürgen Schultz wird der bisherige Stadtverordnete Hans Kunz (FDP) in den Magistrat eingeführt und verpflichtet. In der Fraktion der FDP rückt nun Malermeister Heinrich Bettenbühl nach.

5.8. Am 2.8. starb im Alter von 75 Jahren Herr Dr. Karl Schmoll. Er kam in Jahre 1912 als Lehrer an die hiesige höhere Schule (heute das Altkönig-Gymnasium), 1930 bis zu seiner Pensionierung 1936 war er Schulleiter. Seine große Liebe galt dem Männergesangverein von 1860, den er auch einige Jahre als Dirigent leitete.

7.8. Nach schwerer Krankheit starb im Alter von 82 Jahren der Kronberger Kaufmann Jakob Anthes. Er war der letzte Namensträger einer alteingesessenen Kronberger Familie und der Inhaber der bekannten „Kolonialwarenhandlung Ludwig Anthes“ in der Pferdstraße 3. Er war verdienstvolles Mitglied des Kirchenvorstandes der evangelischen Gemeinde, war lange Jahre hindurch im Aufsichtsrat der hiesigen Volksbank und darüberhinaus Mitglied vieler alter Vereine. – Bei strahlendem Sonnenschein fand das 101. Feldbergfest statt. Im Gegensatz zum Vorjahr, bei dem es sogar schneite, meinte es der Wettergott ausnahmsweise einmal gut mit den Sportlern.

19.8. In Schönberg wurde eine Wasserkommission eingesetzt, die zusammen mit einem Fachmann des Oberurseler Wasserwerks die Möglichkeiten für die Erschließung neuer Wasservorkommen prüfen soll.

21.8. Nachdem Kronberg durch die Mainkraftwerke mit neuer Straßenbeleuchtung versehen ist, soll jetzt auch in Schönberg damit begonnen werden, die Straßen moderner zu beleuchten.

2.9. In der Stadthalle fand eine Jungbürgerfeier statt. Alle Jungbürger, die in diesem Jahr das 21. Lebensjahr vollenden, erhielten aus der Hand von Bürgermeister Jacobi den Jungbürgerbrief. Am Abend lud der Stadtjugendring zu einem großen Festball ein.

11.9. Auf dem Giebel des neuen städtischen Wannenbades in der Katharinenstraße stand der Richtkranz. Der „Neu-Anbau" soll im 1. Stock die städtische Bücherei beherbergen. Das Bad kann wahrscheinlich noch in diesem Jahr in Betrieb genommen werden. (Die Betreuerin des neuen Bades war Frau Walter, vielen von der Schwimmbadkasse her wohl bekannt.)

16.9. Die Ergebnisse der gestrigen Bundestagswahl sehen in Kronberg wie folgt aus: SPD 1262, CDU 1994, FDP 552, GB/BHE 191 und DP 58 Stimmen.

25.9. Nach der guten letztjährigen Apfelernte ist dieses Jahr mit einem geringeren Ertrag zu rechnen. – Die Bundestagswahlen am letzten Sonntag ergaben eine Wahlbeteiligung in Kronberg von über 90%. Fast 10% der Wähler hatten von der Briefwahl Gebrauch gemacht.

30.9. Mehr Autos als Geburten in Hessen! Im Juni dieses Jahres erblickten in Hessen 6063 Kinder das Licht der Welt und 6148 neue Kraftfahrzeuge die hessischen Zulassungsstellen.

9.10. Die Rohbauarbeiten an der Bleichstraße sind beendet, bei trockenem Wetter wird die Teerdecke aufgetragen. Dann kann die Straße nach wochenlanger Sperre wieder befahren werden. – Ab 1. Oktober gilt auch für die städtischen Bediensteten die 40-Stundenwoche.

18.10. Am vergangenen Wochenende fand die Preisverteilung für den schönsten Blumenschmuck statt. Der Wettbewerb ist vom Verkehrsverein durchgeführt worden. Den 1. Pries für Balkon- und Fensterschmuck erhielt David Gernhard für den hervorragenden Schmuck der Davidsburg.

23.10. Der Verbindungsweg zwischen Hain- und Höhenstraße, entlang dem Sportplatz des MTV, ist jetzt fertiggestellt worden. Der Weg ist nur für den Fußgängerverkehr bestimmt und darf nicht befahren werden. – Die Verlängerung der Guaitastraße erhält den Namen „Fuchstanzweg".

28.10. Schönberger Kerb! Aber nichts regt sich! Es gibt dieses Jahr weder ein Karussell, noch irgendeine Bude. Auch Tanzen ist nicht möglich. In früheren Jahren war die Schimmericher Kerb" für die Kronberger immer ein Anziehungspunkt, ehe der Winter einkehrte.

6.11. Dr. Paul Wittmer, der lange Jahre hindurch das Amt des Stadtverordneten-Vorstehers in Kronberg versah, erhielt das Bundesverdienstkreuz. Vor seiner Pensionierung war er Syndikus der Telefonbau und Normalzeit GmbH und hat sich um den Wiederaufbau nach dem Kriege sehr verdient gemacht. Dr. Wittmer gehört der CDU an und ist einer ihrer engagiertesten Vertreter, im Parlament sitzt er seit dem Neuanfang nach dem Kriege.

11.11. Die Freiwillige Feuerwehr stellte am vergangenen Sonntag ihr neues Feuerlöschfahrzeug vor, das ihr von Bürgermeister Dr. Jacobi übergeben wurde. Auf dem Parkplatz fand der feierliche Akt statt. In Anwesenheit von Mitgliedern des Magistrats und der Stadtverordnetenversammlung übergab der Bürgermeister, selbst in Feuerwehruniform, den Schlüssel an Ortsbrandmeister Hans Kunz. Der Feuerwehr Kronberg gehören zur Zeit 80 aktive Mitglieder an. Der ganze Stolz der Feuerwehr ist die neugegründete Jugendgruppe.

20.11. Das Kaiserin-Friedrich-Krankenhaus baut ein Schwesternwohnheim. Neben Bädern, Duschen und einem Gemeinschaftsraum wird es 22 Schwestern und Angestellten Wohnraum bieten. Die Bauleitung liegt in den

Händen des Kronberger Architekten Walter-Schwagenscheidt.

4.12. Im Alter von 78 Jahren starb der Altmeister der deutschen Dressurreiterei, Otto Lörke. Er war Sattelmeister des letzten deutschen Kaisers und Leiter des kaiserlichen Marstalls. 1928 und 1936 bildete er die Olympia-Equipe der deutschen Dressurreiter aus, im Herbst 1953 übernahm er die Leitung des Gestüts „Asta" im Marstallgebäude von Schloß Friedrichshof. Dort fand auch die Trauerfeier statt. Ein großes Trauergefolge geleitete dann den Sarg von dort aus zum Friedhof.

18.12. Vertreter der Landkreise, Städte und Gemeinden des engeren Untermaingebietes traten auf Einladung des Frankfurter Oberbürgermeisters Bockelmann zusammen und beschlossen die Bildung einer losen Arbeitsgemeinschaft zur Vorbereitung einer auf gemeinsame Bedürfnisse abgestellten Orts- und Raumplanung.

23.12. Weihnachten ohne Schnee! Es besteht jedoch, dank der kalten Witterung, die Möglichkeit zum Schlittschuhlaufen. Die Eisbahn auf dem Tennisplatz ist geöffnet.

1958

6.1. Das neue städtische Wannen- und Brausebad hat einen sehr guten Zuspruch. In der ersten Woche wurden 120 Bäder gegeben. Die öffentliche Bedürfnisanstalt am Schulgarten soll in den nächsten Tagen fertiggestellt werden.

15.1. Im letzten Jahr kam es im Kronberger Stadtbereich zu 86 Verkehrsunfällen mit insgesamt 39 Verletzten, aber glücklicherweise nicht mit tödlichem Ausgang.

29.1. Seit Jahresbeginn sind die neuen Ladenschlußgesetze in Kraft. So schließen samstags die Läden nicht erst um 16 Uhr, sondern bereits um 14 Uhr. An jedem 1. Samstag im Monat sind die Geschäfte bis 18 Uhr geöffnet. (Das hat sich in Kronberg geändert, einen sogenannten „langen Samstag" gibt es hier nicht mehr.)

12.2. Was vor Jahren noch unglaublich schien, ist jetzt möglich geworden. Der Traum vom frischen Obst und Gemüse, Wild und Geflügel wird durch die Tiefkühltechnik wahr. Die Lebensmittelgeschäfte von Heinrich Gumpert in Schönberg und Phöbe Müller in Kronberg haben für ihre Kunden in den neuen Tiefkühltruhen appetitlich solche Köstlichkeiten zur Schau gestellt.

17.2. Ein stolzer sportlicher Erfolg für Kronberg: Die Damen-Mannschaft „Ahle Flasche" vom Tennis- und Eislaufverein konnten in Braunlage beim Eisschießwettbewerb die Deutsche Meisterschaft erringen. Herzlichen Glückwunsch!

26.2. Ausgerechnet einem Polizeibeamten wollte ein Hausierer, der keinen Wandergewerbeschein besitzt, Eßbestecke verkaufen. Der Beamte verlangte dem Hausierer die Papiere ab. Der wollte, als er im Flur der Wohnung die Polizeimütze hängen sah, das Weite suchen. Das gelang ihm jedoch nicht.

3.3. Am hiesigen Gymnasium wurden 13 Schüler und Schülerinnen zum Abitur zugelassen, alle 13 bestanden die Reifeprüfung.

11.3. Aus dem Polizeibericht: Im Distrikt „Schniegel" wurden auf einem Grundstück zwei junge Kirschbäume ausgegraben und gestohlen. – Die erneut über Europa hereingebrochene Kältewelle gibt Anlaß, an die Fütterung der Vögel zu erinnern.

17.3. Im Mittelpunkt der Tagesordnung der letzten Stadtverordnetenversammlung stand der Haushaltsplan für 1958. Er wurde einstimmig verabschiedet. Die Stadt hat für den Erweiterungsbau des Altkönig-Gymnasiums bereits eine Rücklage von 54000 DM gebildet. Der Plan für den Bau liegt schon vor.

25.3. Unser Bürgermeister Dr. Jacobi will Kronberg an den Osterfeiertagen schön und wohlgefällig wissen. Daher hat er eine kleine schlichte Bitte an die Bürger zu richten, daß sie die Straßen sauber halten.

31.3. Der Verkehrsverein meldet: In diesem Sommer sind einige Platzkonzerte im Schulgarten geplant. Auch wird wieder, wie in den Vorjahren, ein Blumenschmuckwettbewerb durchgeführt.

8.4. Pfarrer Bars verabschiedet sich am Sonntag im Gottesdienst von der evangelischen Kirchengemeinde in Kronberg, er wurde nach Frankfurt-Ginnheim versetzt. In der kurzen Zeit seiner Tätigkeit in Kronberg konnte Pfarrer Bars sehr wertvolle Jugendarbeit verrichten.

22.4. Die „Naussauische Heimstätte" plant den Bau von vier 4-Familienhäusern auf ihrem Gelände „Rothe Äcker". Von diesen 16 neuen Wohnungen sollen 8 an Kronberger Familien vergeben werden. Die Stadt soll dem Bauherrn ein Darlehen von 20000 DM gewähren.

28.4. Ein großer Erfolg war die erste Veranstaltung des Volksbildungswerks Kronberg. Die Stadthalle war bis auf den letzten Platz gefüllt. Herr Bürgermeister Dr. Jacobi sprach einleitende Worte und gab seiner Freude Ausdruck, als ersten Vortragenden Herrn Dr. h.c. Georg von Opel begrüßen zu können.

6.5. Auch in diesem Jahr wird wieder für das von der Gattin des Bundespräsidenten, Frau Elly Heuss-Knapp 1950 ins Leben gerufene Müttergenesungswerk zum Muttertag eine Sammlung durchgeführt. In Kronberg haben die Mitglieder der Evangelischen Frauenhilfe, des Katholischen Frauen- und Müttervereins und der Arbeiterwohlfahrt die Sammlung von Haus zu Haus übernommen. Die Kronberger werden herzlich gebeten, für das segensreiche Werk reichlich zu spenden.

12.5. Der EFC Kronberg konnte mit seiner 1. Mannschaft die Eintracht Oberursel 16:1 schlagen. – Am 15. Mai wird das Waldschwimmbad eröffnet. Die Wassertemperatur liegt bei ca. 14 Grad.

20.5. Ein schweres Unwetter ging am Vorabend des Himmelfahrtstages über Kronberg nieder. Wolkenbrüche verwüsteten den Römerberg und viele Gärten und Wege im Rentbachtal. Einige Kronberger Vereine verzichteten spontan auf den traditionellen Vatertagsausflug und halfen den Geschädigten bei dem Aufräumungsarbeiten. – Der Verkehrsverein hatte sich vor einiger Zeit an die Kronberger Bürger gewendet mit der Bitte, den Plan, mehr Ruhebänke aufzustellen, zu unterstützen. Dieser Bitte wurde überraschend schnell entsprochen, sodaß jetzt wieder mindestens acht Bänke angeschafft werden können.

3.6. Im Alter von 87 Jahren verstarb der in Kronberg bekannte und beliebte Konditormeister Karl Zibold. Er eröffnete 1902 das erste Cafe in Kronberg, zunächst in der Frankfurterstraße 3, dann 1907 im Hause Weidmann, Bleichstraße 3a. Karl Zibold war bekannt für seine ausgezeichneten Erzeugnisse. Von Haus aus war er ein echter Schwabe, in seiner Wahlheimat Kronberg nahm er regen Anteil am Vereinsleben.

9.6. Die schweren Unwetterschäden am Römerberg und im Tal, die ein Wolkenbruch am 14. Mai verursachte, sind zum größten Teil behoben. Es war eines der schwersten Unwetter seit Jahrzehnten, das am Vorabend des Himmelfahrtstages über Kronberg niederging. Den Römerberg hatte eine wahre Sturmflut heimgesucht, das Wasser wühlte ihn bis zu einer Tiefe von 1,50 m auf. Die Feuerwehr und viele freiwillige Helfer waren die ganze Nacht über am Werk. Einige Kronberger Vereine sagten spontan ihren „Vatertagsausflug" ab, und ihre Mitglieder halfen stattdessen bei den umfangreichen Aufräumungsarbeiten.

18.6. Bei der letzten Stadtverordneten-Versammlung wurde der Antrag der evangelischen Kirchengemeinde auf einen Zuschuß für den Bau eines Kindergartens auf dem Gelände am Pfarrhaus einstimmig genehmigt. Der evangelische Kindergarten kann im nächsten Jahr auf sein 80jähriges Bestehen zurückblicken.

23.6. Frischer Wind im „Grünen Wald"! Am 1. Juli übernimmt der Sohn des Wirtsehepaares Fritz und Greta Henrich den Betrieb. Philipp Henrich und seine Frau bewirtschaften den „Grünen Wald" nun in der 5. Generation der Familie Henrich. Mit der Geschichte des „Grünen Waldes" ist ein großer Teil der Geschichte Kronbergs verbunden. Im Saal wurde öfter Schule abgehalten, das Bürgermeisteramt war kurzfristig dort untergebracht, und nicht zuletzt ist er Klublokal von mehreren alten Kronberger Vereinen. Die Heimatzeitung wünscht dem neuen Gastwirtsehepaar alles Gute!

8.7. Zum ersten Mal wurde – vor drei Wochen – in der Johanniskirche die „Goldene Konfirmation" gefeiert. Pfarrer Grabowski hatte dazu eingeladen und führte neunzehn Jubilare des Konfirmandenganges 1908 zum Altar.

21.7. In der vergangenen Woche wurde der Kaufvertrag zwischen der Stadt Kronberg und der Firma Braun AG unterzeichnet. Mit dieser Firma wird hier in Kronberg, mitten im Grünen, ein Betrieb angesiedelt, der mehrere Tausend Menschen beschäftigen soll. Der Mitinhaber Arthur Braun überreichte dem Bürgermeister einen Scheck über eine größere Summe als Beitrag für die Beseitigung der Unwetterschäden vom 14. Mai.

4.8. Nach vierzigjähriger Tätigkeit bei der Stadt trat der Rohrmeister Johann Ochs in den Ruhestand. Er begann 1918 im städtischen Fuhrpark, der damals noch mit „natürlichen" Pferdekräften angetrieben wurde, und avancierte 1935 zum städtischen Rohrmeister. Bei den meisten Kronbergern ist er bestens bekannt als „de Wasserochs", was beileibe kein Schimpfwort ist, sondern nur auf gute Kronberger Art seine Berufsbezeichnung ausdrükken soll. Die Heimatzeitung wünscht ihm für seine „Pensionsärszeit" alles Gute! (Er genießt sie noch bis auf den heutigen Tag, so daß dieser Wunsch noch weiter gilt!) (1978)

5.8. Die Stadtverwaltung hat zum 1. August ein Tiefbauamt erhalten, das sich vornehmlich mit Straßenbauarbeiten, der Kanalisation und mit der Wasserversorgung beschäftigen wird.

18.8. Das städtische Schwimmbad bleibt wegen Reinigungsarbeiten mehrere Tage geschlossen. – Es sollte doch endlich erwogen werden, eine moderne Umwälzanlage einzubauen, um dem Mißstand der öfteren Schließung abzuhelfen. (Es war auch bald soweit, die geforderte Anlage und später die Beheizung wurde eingebaut)

19.8. Der obere Teil der Eichenstraße war wegen Erneuerung der Strassendecke eine Woche lang gesperrt. – Das Gelände der bisherigen Freilichtbühne im Stadtpark ist in einen Turnplatz umgewandelt worden und steht demnächst den beiden Schulen zur Verfügung. (Heute befindet sich dort ein Minigolf-Platz.)

1.9. Im Zuge der Verschönerungsarbeiten am Kronberger Stadtbild, wird im Schulgarten ein neuer Springbrunnen gebaut. Er wird in den nächsten Tagen schon in Betrieb genommen.

2.9. An der Katharinenstraße wird gebaut. Dort entsteht der neue evangelische Kindergarten. Die alte „Kinderschule" in der Steinstraße ist längst zu klein geworden. Dem Neubau mußten leider die schönen alten Edelkastanien, die auf dem Grundstück der Kirchengemeinde standen, weichen. Die Gemeinde hofft, daß der neue Kindergarten schon im nächsten Jahr eingeweiht werden kann, dann feiert die Kinderschule ihren 70. Geburtstag.

15.9. Das griechische Königspaar Paul und Friederika haben für 2 Tage Aufenthalt im Schloßhotel genommen. Die verwandschaftlichen Beziehungen zum Hause Hessen sind der Anlaß dieses Besuches. Die hohen Gäste befinden sich auf der Rückreise von Brüssel, wo sie die Weltausstellung besuchten. Die Kronberger Polizei wurde zur Bewachung des Schloßhotels von Kollegen aus Frankfurt unterstützt.

29.9. Der Neubau des evangelischen Kindergartens an der Katharinenstraße geht zügig voran. Die ev. Kirchengemeinde besitzt seit 1889 in Kronberg einen Kindergarten, den alten Kronbergern als „die Kinderschule" noch gut bekannt. Zunächst befand sich der Kindergarten in dem Gebäude Doppesstraße 2, dem Gemeindehaus, später zog der Kindergarten in das Haus Steinstraße 5 um, wo er sich auch heute noch befindet. – Die Kirchengemeinde erwarb schon in den zwanziger Jahren das Gelände an der Katharinenstraße, das zum Winterschen Garten gehörte. Doch erst jetzt konnte der geplante Neubau verwirklicht werden. Pfarrer Grabowski hofft, daß der Einzug in das neue Haus schon im Herbst 1959 erfolgen kann.

30.9. Der neue Springbrunnen im Schulgarten ist nun schon fast drei Wochen im Betrieb. Er hat bei der Bevölkerung große Zustimmung gefunden. Besonders schön ist er in den Abendstunden anzusehen, wenn die vier Wasserscheinwerfer die Fontäne von unten her beleuchten und die große Blutbuche ein märchenhaftes Gewand zu tragen scheint.

13.10. Die Schullehrküche in der Katharinenstraße wird modernisiert, um den Anforderungen an Technik, Sauberkeit und Hygiene in unseren Schulen Rechnung zu tragen.

14.10. Die diesjährige Badesaison schloß für die Stadt mit einem Überschuß ab. DM 8867,25 bleiben im Stadtsäckel nach Abzug aller Kosten. – Im nächsten Jahr sollen im Gelände am Schafhof Wasserbohrungen durchgeführt werden.

27.10. Am kommenden Sonntag feiert der Chor der evangelischen Kirchengemeinde seinen 75. Geburtstag. Im Anfang wurden nur Herren zum Singen zugelassen, erst in der Mitte der Neunziger Jahre konnten auch weibliche Sänger ihre Stimme erschallen lassen. Allerdings nahm man nur junge Mädchen nach ihrer Konfirmation auf, heirateten sie, mußten sie ausscheiden. Zum 50jährigen Jubiläum, im Juli 1933, kamen 19 Kirchenchöre aus ganz Nassau nach Kronberg. Eindrucksvoll war der gemeinsame Gesang auf der Schirn. Aus Anlaß der 75-Jahrfeier findet eine festliche Abendmusik in der Johanniskirche statt, unter der Leitung von Kantor Helmut Melzer, der dem Kirchenchor seit zwei Jahren vorsteht.

28.10. Hauptpunkt der letzten Gemeindevertretersitzung in Schönberg war die Beratung über den Stollenvortrieb zur besseren Wasserversorgung der Gemeinde. Einstimmig wurde beschlossen, die Arbeiten zur Erschließung weiterer Wasservorkommen sofort zu vergeben.

10.11. Unser Kronberger Mitbürger Arnold Weck erhielt das Bundesverdienstkreuz Erster Klasse für seine Verdienste um die Stadt Frankfurt, in deren Verwaltungsdienst er über 50 Jahre stand. – In den letzten Jahren war er Leiter des Verkehrs- und Wirtschaftsamtes der Stadt Frankfurt.

11.11. Der Chor der evangelischen Kirchengemeinde feierte sein 75jähriges Jubiläum. Als Singverein – nur für Männer – wurde er einst gegründet. Doch schon bald durften auch junge Mädchen mitsingen. Sobald sie heirateten, mußten sie den Chor verlassen. 32 Männer waren einst die Gründer, heute hat der Chor 52 Mitglieder, davon mehr als die Hälfte Frauen. Die Leitung hat Helmut Melzer.

24.11. Am 23. November gingen die Wähler Hessens zur Urne, um für den neuen Landtag ihre Stimme abzugeben. In Kronberg kam es zu folgendem Ergebnis: SPD 1573, CDU 1627, FDP 563, BHE 253 Stimmen.

25.11. Der Leiter der Kronberger Filiale der Firma Schade & Füllgrabe erlitt bei einem

Raubüberfall erhebliche Verletzungen. Da er noch um Hilfe rufen konnte, wurde der Täter nervös und ergriff die Flucht. Er entkam ohne Beute, stellte sich aber nach zwei Tagen der Polizei.

8.12. Die Kronberger Volksbank hat in Niederhöchstadt eine Zweigstelle errichtet.

9.12. Das Haus Grabenstraße 7, das jahrelang als „Bauruine“ dem Verfall preisgegeben war, ist nun, nachdem es in den Besitz der Gemeinnützigen Baugenossenschaft übergegangen ist, wieder neu hergerichtet worden. – Neu umgestaltet wurde der Innenraum des Kronberger Bahnhofes. – In den Ruhestand getreten ist Schwester Rosa Degenkolbe. Sie war Oberschwester im Kaiserin-Friedrich-Krankenhaus und seit 34 Jahren in Kronberg tätig.

22.12. Aus dem Rathaus: Der unbedingt notwendige Erweiterungsbau des Gymnasiums wurde genehmigt. Geplant sind 8 Klassen und 2 Fachräume. Wie Bürgermeister Dr. Jacobi berichtet, wird der Bau etwa 750 000 DM erfordern, es ist aber mit einem größeren Zuschuß aus Landesmitteln zu rechnen.

1959

5.1. Neue Straßenbeleuchtung in Schönberg! Unsere Nachbargemeinde erhält, mit einem Kostenaufwand von 8000 DM, eine moderne Straßenbeleuchtung. Die bisherigen 86 Brennstellen wurden durch 140 neue ersetzt. Bedauerlich ist allerdings, daß bereits 7 neue Lampen mutwillig zerstört wurden.

6.1. Von den bauausführenden Architekten soll bei der nächsten Stadtverordnetenversammlung ein Modell des Erweiterungsbaus der Altkönig-Schule in der Heinrich-Winter-Straße vorgestellt werden.

19.1. Stadtoberinspektor Karl Müller feiert am 25. Januar sein 25jähriges Jubiläum bei der Stadt Kronberg. 1934 begann er als Verwaltungslehrling im Rathaus und hat seinen Beruf von der Pike auf gelernt. 1947 übernahm er das Standesamt. Viele Paare wurden von ihm getraut. Zum Stadtoberinspektor werde er 1956 ernannt. Auch die Heimatzeitung gratuliert dem sympathischen und beliebten städtischen Beamten zu seinem Dienstjubiläum. – (Karl Müller starb schon ein Jahr später an einem schweren und tückischen Leiden. Er ist im Rathaus und in Kronberg noch heute unvergessen).

20.1. Mit Wirkung vom 1. Januar sind 95% der Anteile der Kronthaler Brunnen-GmbH von der Stadt Frankfurt an die Hessische Getränkeindustrie GmbH, einer Tochtergesellschaft der Henninger Bräu, abgetreten worden. – Rund 50 Personen waren zur Gründung eines Tierschutzvereines in Kronberg zusammengekommen.

2.2. Großbaustelle am Hünerberg! Mit einem Kostenaufwand von 200 000 DM erweitert die Gemeinde Schönberg ihren Wasserversorgungsstollen. Seine Länge betrug bisher 234 m und wird nun um weitere 200 m vergrößert. In Anwesenheit von Vertretern des Kreises und er Gemeinde wurde der erste Spatenstich gemacht. Anschließend fand man sich im „Bürgelstollen" zu einem Umtrunk zusammen.

3.2. Tanz in allen Sälen. Am Samstag großer Turnermaskenball, der MGV 1860 lädt am Sonntag in die „Post" ein. Die Schützen veranstalten ein Kostümfest, am Sonntagnachmittag vergnügen sich wieder die Kinder in der Stadthalle. Die Sitzungen der Käwwern und der Kappen waren gut besucht.

16.2. Kronberg feiert Fastnacht! Zwar ist die Fastnacht fast ganz von der Straße verschwunden. Die Kronberger gehen am Sonntag ins „Ausland", um sich dort die Fastnachtszüge anzusehen. Auch die Rittergarde sucht „das Weite". Sie beteiligt sich am Zug in Oberursel. In Kronberg ist es ruhig und still. Aber das trägt! In allen Sälen ist große Narretei. Auch die Kinder kommen nicht zu kurz, der Musikverein veranstaltet am Sonntag in der Stadthalle einen Kindermaskenball. Die großen Fehden der Kronberger Indianerstämme sind nur noch kleinere „Scharmützel".

17.2. In der neuen Siedlung auf dem Gelände „Rote Äcker", das nach dem Erbpachtvertrag zwischen dem St. Katharinen- und Weißfrauenstift und der GAGFAH für den Wohnungsbau erschlossen wurde, sind die ersten Eigenheime bezogen worden.

2.3. Der große Parkplatz an der Frankfurter Straße (er erhielt erst viel später den Namen „Berliner Platz") wird an einer Seite bebaut. Dort entsteht ein Wohnhaus mit 22 Wohnungen. Im Erdgeschoß wird ein Supermarkt eingerichtet.

3.3. Die Wartehalle am Berliner Platz ist wieder einmal Ziel einiger Rowdies geworden. Die Glasscheiben in den Flügeltüren wurden zertrümmert. – Am Wochenende kam es wegen des herrschenden Nebels und der Straßenglätte am Sodener Stock und in der Kurve am Weißen Berg zu folgenschweren Verkehrsunfällen.

16.3. Das neue Schwestern-Wohnheim des Kaiserin-Friedrich-Krankenhauses wurde seiner Bestimmung übergeben. Das Haus wurde nach den Entwürfen des Architekten Walter Schwagenscheidt gebaut mit einem Kostenaufwand von DM 220000,–

30.3. Hauptlehrer Ernst Schneider von Schönberg geht in den Ruhestand! Im Rahmen einer Feierstunde im „Kronberger Hof" wurde er verabschiedet. Ernst Schneider kam 1927 an die damals noch einklassige Viktoria-Schule in Schönberg. Unter seiner Leitung entwickelte diese kleine Schule sich bis zur 4-klassigen Grundschule im Jahre 1959. Die Heimatzeitung wünscht Herrn Schneider noch viele geruhsame „Pensionsjahre". (So geruhsam waren diese Jahre aber nicht. Er war von 1959–1961 ehrenamtlicher Bürgermeister von Schönberg. Der letzte übrigens, denn sein Nachfolger Philipp Ritter wurde hauptamtlicher Bürgermeister. Die Hauptarbeit von Ernst Schneider aber war in seinen letzten Jahren die Niederschrift einer Schönberger Chronik, die im Jahre 1974 im Kramer-Verlag herauskam. Wenige Jahre danach starb Ernst Schneider. In der Erinnerung seiner alten Schüler, der Schönberger und vieler Kronberger aber wird er noch recht lebendig bleiben.)

31.3. Zu einer kleinen Feierstunde hatten sich im „Kronberger Hof" ehemalige Schüler, Freunde und Bekannte von Hauptlehrer Ernst Schneider eingefunden, um ihn zu verabschieden. Ernst Schneider kam 1921 als Lehrer zunächst nach Kronberg, 1927 dann nach Schönberg, wo er bis zu seiner Pensionierung blieb. Als er nach Schönberg kam, gab es dort nur eine kleine, zunächst einklassige, dann zweiklassige Schule. Die Kriegsjahre und die Zeit danach brachten der Schule eine wachsende Schülerzahl. Er war für die Schönberger mehr als nur ein Lehrer, et hat sich viel Liebe und Verehrung erworben.

14.4. Der Haushaltsplan 1959 für die Gemeinde Schönberg schließt mit einer Gesamthöhe von 173605 DM ab. Bedingt durch die nicht gerade gute Finanzlage Schönbergs kann in absehbarer Zeit nicht mit dem Bau der geplanten Turnhalle begonnen werden.

15.4. In Kronberg begann für 72 kleine ABC-Schützen der Ernst des Lebens. 38 Buben und 34 Mädchen zogen mit ihren großen Schultüten in ihre Klassen ein. In Schönberg wurden 13 Schulneulingen aufgenommen.

27.4. Bei der letzten Sadtverordneten-Sitzung gratulierte Bürgermeister Dr. Jacobi dem Stadtrat Hans Kunz zu seinem 25jährigen Jubiläum als Ortsbrandmeister u. lobte den guten Ausbildungsstand der Kronberger Feuerwehr. – Das Hilfswerk Berlin ruft auch die Kronberger Bürger auf, Ferienplätze für Berliner Kinder zur Verfügung zu stellen.

28.4. Der Verkehrsverein ruft auch in diesem Jahr wieder zu einem Blumenschmuckwettbewerb auf. Prämiiert werden Fenster- und Balkonschmuck, sowie der schönste Vorgarten. Eine Kommission wird im Sommer regelmäßig durch Kronberg wandern, um den Blumenschmuck zu begutachten. Im Herbst soll dann die Preisverteilung sein.

11.5. Bei der letzten Stadtverordneten-Sitzung wurde der Vorschlag des Magistrats, am Schafhof eine Wassergewinnungsanlage zu bauen, einstimmig angenommen. – Heute wurde mit dem Erweiterungsbau des Altkönig-Gymnasiums begonnen.

12.5. In der letzten Stadtverordnetenversammlung ging es hauptsächlich um das Schwimmbad. Die Eintrittspreise sollen erhöht werden. Es wurde vorgeschlagen, das Schwimmbecken mit einer Umwälzanlage auszurüsten, damit die Sauberkeit des Wassers besser garantiert ist, um die öftere totale Leerung des Beckens zu vermeiden. – Die Platznot auf dem Friedhof war Veranlassung, die Satzung zu ändern. Kaufgräber können nur noch an Personen abgegeben werden, die das 40. Lebensjahr erreicht haben. Außerdem werden nur noch Personen bestattet, die am Tage ihres Todes ihren Wohnsitz in Kronberg hatten.

25.5. Die brütende Schwänin am Schillerweiher, die auf 3 Eiern saß, hat das Nest verlassen. Wahrscheinlich wurde sie bei ihrem Brutgeschäft gestört. Für dieses Jahr ist der Traum der Kronberger, auf dem Schillerweiher endlich wieder Schwäne zu haben, ausgeträumt. Der Verkehrsverein Kronberg führt auch in diesem Jahr einen Blumenschmuckwettbewerb durch. Garten- und Balkonbesitzer sind zur Teilnahme aufgerufen.

26.5. Beim Kameradschaftsabend der Freiwilligen Feuerwehr wurden eine ganze Reihe von verdienten Wehrmännern ausgezeichnet. Seit 50 Jahren aktiv sind Friedrich Hirtes und Heinrich Weidmann. 40 Jahre Mitglied ist Fritz Weinig, Hanz Kunz wurde für 25 Jahre Dienst als Wehrführer, Heinrich Müller als Oberbrandmeister ausgezeichnet.

9.6. Der Neubau des evangelischen Kindergartens an der Katharinenstraße geht seiner Vollendung entgegen. Anfang Juli soll die Eröffnung stattfinden. Der Kindergarten, der bei den alten Kronbergern noch heute „die Kinnerschul" genannt wird, begeht in diesem Jahr seinen 70. Geburtstag. – Für das Gebiet „Waldhof" wurde eine Bausatzung verabschiedet.

22.6. In Schönberg verstarb heute im Alter von 57 Jahren Bürgermeister Reinhard Fricke. Er kam 1913 nach Schönberg und machte sich 1929 als Schneidermeister dort selbständig. 1954 übernahm er die Amtsgeschäfte des verstorbenen Bürgermeisters Hübner, 1956 wurde Herr Fricke dann zum Bürgermeister gewählt. In Reinhard Fricke verliert unsere Nachbargemeinde Schönberg einen Mann, dessen ganze Arbeit dem Wohle seiner Mitbürger galt.

6.7. In Kronberg wurde der Wassernotstand ausgerufen. Die Bevölkerung wird darauf aufmerksam gemacht, daß mißbräuchliche Wasserentnahme strafbar ist. Das Schwimmbad ist wegen starker Wasserverschmutzung geschlossen. Wie lange die Schließung dauert, ist von der Wasserversorgungsanlage abhängig.

14.7. Der erste Bauabschnitt an der neuen Oberhöchstädter Schule geht seiner Vollendung entgegen. Jetzt kann endlich der Schichtunterricht entfallen. Noch aber sind die Nachteile der Trennung der Klassen nicht beseitigt. Nach wie vor werden die Klassen 1–4 in der alten Schule neben dem Rathaus unterrichtet, während die Klassen 5–8 in die neue Schule am Stuhlberg einziehen können. Das bedeutet vor allem für die Lehrer eine große Belastung.

20.7. Nach zehntägiger Schließung wegen Reinigung wurde das Schwimmbad heute wieder geöffnet. Das Becken wurde mit Vorstollenwasser (kein Trinkwasser) gefüllt. Dieses Wasser fällt nur in geringen Mengen an, die Füllung dauerte deshalb einige Tage. Ein Grund mehr, die geplante Umwälzanlage endlich einzurichten.

28.7. Der Opel-Zoo hat Zuwachs bekommen. Aus dem Frankfurter Zoo kommt der junge „Nilpferdmann Georg". – Wegen Maschinenschadens mußte die Tiefbohrung nach Wasser am Schafhof für eine Woche unterbrochen werden. – In Schönberg wurde Ernst Schneider mit 4:7 Stimmen zum Bürgermeister gewählt. Er tritt die Nachfolge des im Juni verstorbenen Bürgermeisters Reinhard Fricke an.

3.8. In Schönberg wurde Ernst Schneider zum Bürgermeister gewählt. Mit sieben Stimmen (bei 4 ungültigen). Er tritt damit die Nachfolge des am 22. Juni verstorbenen Bürgermeisters Reinhard Fricke an.

18.8. Drei aus dem Opel-Zoo ausgebüchste Watussirinder blockierten am Sonntag den gesamten Verkehr auf der Straße nach Königstein. Die Polizisten betätigten sich als Toreros und hatten den Erfolg, daß die Tiere – deren Gehörn immerhin bis zu 2 m breit ist – ohne Schwierigkeiten wieder in ihr Gehege zurückkehrten.

31.8. Herr Rektor Walter Dielmann, Leiter der Kronberger Grund- und Hauptschule, feiert am 1. September sein 40jähriges Dienstjubiläum. Der gebürtige Herborner verbrachte seine ersten „Lehrerjahre" im Untertaunuskreis. 1951 wurde er zum Nachfolger von Rektor Runzheimer nach Kronberg berufen. Hier schaffte er sich schnell Sympathien. Seine Energie, sein Organisationstalent und sein großes Verständnis für die Probleme seiner Schüler machten ihn zu einem beliebten Lehrer. Die Elternschaft und seine Schüler gratulieren ihm herzlich zu seinem Ehrentag. (Herr Dielmann verbringt mit seiner Gattin seinen Lebensabend im Altkönigstift in Oberhöchstadt.)

1.9. Immer noch muß in Kronberg Wasser gespart werden. Der heiße Sommer hat den Verbrauch in die Höhe schnellen lassen. Die Bohrungen am Schafhof sollen eingestellt werden, da sie bisher nicht fündig wurden. – Der Weg zur Schirn vom Rathaus aus und umgekehrt wird immer kürzer. Hinter den städtischen Gebäuden an der Katharinenstraße 12 wird ein Durchgang geschaffen. Der Handwerker- und Gewerbeverein war mit der Bitte um diese Wegverkürzung an die Stadt herangetreten.

14.9. Die Anschaffung eines Rot-Kreuz-Wagens in Kronberg hat sich schon nach kurzer Zeit gelohnt. In 70 Tagen wurde er 82 mal eingesetzt.

15.9. Das Schloßhotel „Friedrichshof" hatte promimenten Besuch. König Saud von Saudi-Arabien, der z. Zt. in Bad Nauheim zur Kur weilt, hatte sich zum Tee angesagt. Vierzehn chromblitzende Straßenkreuzer fuhren am Hauptportal des Hotels vor. Beamte der Kripo sorgten für Sicherung. Der König hatte eine, bis auf die Zähne bewaffnete Leibwache dabei. Bürgermeister Dr. Jacobi bot dem König den Gruß der Stadt Kronberg. Nach dem Tee und einem Spaziergang durch den Schloßpark kehrte der Gast mit seinem Gefolge wieder nach Nauheim zurück.

28.9. Die Bohrung nach Wasser am Schafhof wurde eingestellt, da sie nicht fündig wurde. Bei einer Tiefe von 50 m ist man auf eine wasserundurchlässige Schicht gestoßen.

29.9. Die Verkehrsverhältnisse am Opel-Zoo erfordern Umbauten. So wird zunächst die Straße zwischen Kronberg und Königstein verbreitert, sie erhält Radfahrwege. Am Zoo sollen Parkplätze entstehen. Die Landschaftsschutzbehörde hat die Genehmigung für die Baumaßnahmen erteilt.

13.10. Dr. August Wiederspahn, Direktor des Frankfurter Messeamtes und der Frankfurter Ausstellungs- und Messegesellschaft, konnte sein 40jähriges Dienstjubiläum am 1. Oktober feiern. Am gleichen Tag ging er in den wohlverdienten Ruhestand. Dr. Wiederspahn wurde 1892 in Kronberg geboren und ist mit seiner Heimatstadt eng verbunden. Von 1929–33 war er ehrenamtlicher Erster Beigeordneter bei der Stadt. Wie er versicherte, freut er sich, im

Ruhestand nun mehr Zeit für sein Hobby, die Geschichte seiner Vaterstadt zu haben.

9.11. Bei der Sitzung des Schönberger Gemeinderates wurde über die Bauvorhaben „Schultoilette“ und „Turnhalle“ beraten.

10.11. Im Alter von 85 Jahre starb Hermann Jamin, eine in Kronberg bekannte und geachtete Persönlichkeit. Er war gebürtiger Kronberger, Sohn des Bürgermeisters Jamin. Sein Beruf als Bankkaufmann führte ihn lange ins Ausland. Nach dem Ersten Weltkrieg trat Hermann Jamin bei der Firma Neubronner ein. 22 Jahre gehörte der Verstorbene dem Stadtparlament Kronbergs an.

23.11. In einer temperamentvollen Sitzung, zu der sich auch viele Zuschauer eingefunden hatten, beschlossen die Stadtverordneten die Rücklage von DM 45000 (die aus Überschüssen des Schwimmbades stammen) für den Bau einer Umwälzanlage zu verwenden.

8.12. Im Gelände der Kleinen Lindenstruth wird mit dem Bau von Sozialwohnungen begonnen. Es sollen dort ausschließlich Kronberger Familien einziehen, vor allem die Bewohner der alten Behelfsheime am Forsthaus.

22.12. Weihnachten mit Regen und Sturm, das prophezeit uns das Wetteramt. Am Heiligen Abend spielt der Musikverein auf der Schirn wieder Weihnachtslieder. – Die Postschalter sind am Heiligen Abend von 8–14 Uhr geöffnet, am 25. 26. und 27. Dezember von 9.30–10.30 Uhr. Zustelldienst ist am 25. und 26. Dezember, nicht aber am Sonntag, 27. Dezember.

1960

4.1. Im Jahre 1959 kam es im Bereich der Stadt Kronberg zu 103 Verkehrsunfällen, 2 Personen wurden dabei getötet, 33 zum Teil schwer verletzt.

18.1. Das Kronberger Schwimmbad soll eine Wasseraufbereitungsanlage bzw. Umwälzanlage erhalten. Der erste Bauabschnitt soll zur Badesaison fertiggestellt sein.

26.1. Hochbetrieb im Taunus! Beste Schneeverhältnisse! Auch auf der Teutonia im Park tummelten sich viele kleine Rodler und Skiläufer. – Im Alter von 89 Jahren verstarb unser Kronberger Mitbürger Adam Trautmann. Sein Engagement galt der evangelischen Kirchengemeinde, in deren Vorstand er lange Jahre hindurch mitarbeitete. Er ließ sich auch in der Nazizeit nicht beirren.

1.2. Der Sportplatz des MTV in den Schülerwiesen wächst. Den ganzen letzten Sommer über haben Mitglieder des Turnvereins in freiwilligem und unentgeltlichem Einsatz Schwerstarbeit geleistet. Die Laufbahn und die beiden Sprunggruben sollen noch in diesem Jahr fertiggestellt werden.

9.2. Abschied nehmen hieß es in Kronberg von Dachdeckermeister Wilhelm Weidmann. Er war in seiner Heimatstadt geachtet und angesehen. Seine freie Zeit gehörte den Vereinen, vor allem war es das Singen, dem er sich widmete. So war er lange Jahre hindurch aktives Mitglied des MGV 1860 und des evangelischen Kirchenchores.

15.2. Im Alter von 61 Jahren starb plötzlich und unerwartet der in Kronberg bekannte und beliebte Heinrich Lempp. Er war lange Jahre hindurch Stadtverordneter und Mitglied des Magistrates.

23.2. Umfangreiche Umbauten und Renovierungen gibt es derzeit im alten Gasthaus „Zum Adler". Es soll im April wieder neueröffnet werden.

28.2. Im Alter von 83 Jahren starb heute der Ehrenturnwart des MTV August Post. Die Turnerfamilie verliert in ihm ein rühriges, unermüdliches Mitglied. Ganze Generationen Kronberger Buben und Mädchen machten unter seiner Leitung ihre ersten Turnübungen. Mehr als 45 Jahre lang war August Post 1. Turnwart des MTV. Er kam 1903 bei der Fusion mit der Turngesellschaft zum Verein. Die Turnerriege erreichte unter ihm vor dem ersten Weltkrieg gute Leistungen und konnte viele Siege verbuchen. August Post hinterläßt im Verein eine große Lücke. Noch bei dem deutschen Turnfest in Hamburg 1953 beteiligte er sich aktiv. Seine alten Freunde im MTV werden ihn wohl nie vergessen.

9.3. Mit dem 1. April wird auch in Schönberg die staubfreie Müllabfuhr eingeführt, dazu werden leihweise die entsprechenden Gefäße zur Verfügung gestellt. Der kleine Eimer kostet DM –,90 und der große Eimer DM 1,20 monatlich. – An der Altkönigschule haben 20 Schüler das Abitur abgelegt.

14.3. Der Obertaunuskreis hat einen neuen Landrat. Als Nachfolger des in den Ruhestand tretenden Landrats Dr. Eberlein wurde der bisherige Regierungsdirektor des Kreises Werner Herr gewählt. Landrat Herr ist 42 Jahre alt und gehört der SPD an.

23.3. Der Obst- und Gartenbauverein hatte wieder einen Obstbaumschnittkurs durchgeführt, der regen Zuspruch fand.

28.3. Seit mehreren Tagen kann man im Stadtpark beobachten, wie Spaziergänger nach Ruhebänken suchen, um die Frühlingssonne zu genießen. Ob es sich noch nicht bis zum Rathaus herumgesprochen hat, daß auch der März schöne Tage hat und viele Spaziergänger schon vor Ostern im Park anzutreffen sind?

6.4. Die Stadtverwaltung weist darauf hin, daß auch in diesem Sommer mit Engpässen zu rechnen ist. Die Bevölkerung wird schon jetzt gebeten, sich damit vertraut zu machen, daß mit dem kostbaren Naß sehr sparsam umgegangen werden muß. – Der MGV 1860 bereitet sich auf sein 100jähriges Jubiläum im Juni vor. Auf dem Berliner Platz soll ein großes Festzelt errichtet werden.

20.4. Seit einigen Tagen ist ein kleiner Teil des Kaiser-Friedrich-Parkes abgesperrt. Eine Schwänin hat sich ans Brüten gemacht. Die Spaziergänger werden gebeten, die Tiere nicht zu stören und die Hunde an der Leine zu führen. Es wäre doch schön, wenn in wenigen Wochen auf unseren beiden Weihern eine richtige Schwanenfamilie zu Hause sein könnte. (Dieser Wunschtraum ging nicht in Erfüllung, mit ihren Schwänen und deren Nachwuchs hatte die Stadt auch weiterhin kein Glück. Anm.)

25.4. Gestern starb im Alter von 71 Jahren der Stadtälteste und frühere Stadtverordnete Heinrich Vetter. Er gehörte schon vor 1933 der Stadtverordnetenversammlung als Vertreter der SPD an, am 31. Mai 1933 mußte er und alle seine Kollegen das Amt niederlegen. Nach dem Krieg war er sofort bereit, sich wieder in den Dienst seiner Stadt zu stellen, er gehörte zu den Männern der ersten Stunde. 1956 verzichtete er aus Gesundheitsgründen auf eine Wiederwahl.

4.5. Ein altes, schönes Haus mußte einem großen Wohnblock weichen. Die Villa Ketteler an der Ecke der Schreyer- und der Nelson-Kinsley-Straße wurde abgerissen. – Während der letzten Schönberger Gemeinderatssitzung kam es wegen der Ausbaupläne für die Höhenstraße zu unerquicklichen Szenen. Mehrere Zuschauer verließen unter lautstarkem Protest den Sitzungsraum. – Trotz schnellstem Eingreifen der Feuerwehr brannte das Haus Hainstraße 9a fast vollständig aus. Der Brand war in der Küche entstanden, wo das Hausmädchen Fett auslassen wollte, als sie für kurze Zeit die Küche verließ, brach der Brand aus.

9.5. Kronberg hat einen neuen Ehrenbürger: Dr. Louis Leisler Kiep; 1884 in Glasgow als Sohn des aus Hamburg stammenden deutschen Wahlkonsuls Johann Kiep geboren. Nach kurzer Amtszeit als Attaché beim Auswärtigen Amt, wurde er Vorstandsmitglied der HAPAG und verbrachte viele Jahre in der Türkei. Sein Leben ist eng verknüpft mit den Farbwerken Höchst durch seine Heirat mit Eugenie vom Rath. Um die Stadt Kronberg hat sich Dr. Kiep durch die „Kiep-vom-Rath-Stiftung“ sehr verdient gemacht.

23.5. An die Stelle des verstorbenen Stadtrates Heinrich Lempp rückt nun der Stadtverordnete Dr. Adolf Würz nach.

5.6. Kronberg steht ein lebhaftes Wochenende bevor. Schon steht auf dem Berliner Platz das große Festzelt, Hauptschauplatz der großen Jubiläumsfeierlichkeiten rund um den 100. Geburtstag des Männergesangvereins. Festkommers, Wertungssingen, Freundschaftssingen, ein großer „Bunter Abend“, Frühschoppen und Kinderfest! Ein großes Programm!

6.6. Den Kronbergern stehen „3 tolle Tage“ bevor. Der Männergesangverein 1860 feiert seinen 100. Geburtstag und ganz Kronberg feiert mit. Auf dem Parkplatz wird ein großes Festzelt errichtet. Vorgesehen sind: Akademische Feier, Freundschafts- und Wertungssingen, zu dem sich zahlreiche Vereine gemeldet haben, und ein großer Bunter Abend. Am Montag klingt das Fest nach einem Frühschoppen im Zelt mit einem Kinderfest aus.

15.6. Die Stadtverordnetenversammlung hat in ihrer letzten Sitzung ihre Zustimmung zur Errichtung von zwei Parkplätzen an der B 455 in Höhe des Opelzoos gegeben. Damit wird einem mehr als dringenden Erfordernis Rechnung getragen.

20.6. Thema Nr. 1 in Kronberg ist immer noch die Wassernot! Mit der Ergiebigkeit des Brunnens am Schafhof ist man im Rathaus zwar zufrieden, doch ist auch das noch immer nicht genug, um Kronberg völlig ausreichend mit Wasser zu versorgen. Größte Sparsamkeit ist weiterhin erforderlich.

29.6. Die Firma Braun macht mit ihrem Bauvorhaben in Kronberg Ernst. Noch in diesem Jahr soll am Schanzenfeld mit den Arbeiten begonnen werden. – An der Kerb kann man mit Kegeln und Schießen beachtliche Preise gewinnen. Auch zum Tanzen gibt es Gelegenheit. In der Turnhalle veranstalten die Schützen einen Ball, in der „Post" wird ebenfalls zum Tanz aufgespielt.

4.7. Das kommende, sowie das folgende Wochenende stehen unter dem Zeichen der Kerb. Auf dem Parkplatz stehen die Attraktionen der Schausteller bereit und warten auf Zuspruch. In der Stadthalle findet der traditionelle Schützenball statt, in der „Post" kann an allen Kerbetagen getanzt werden. Dort wird auch „preisgekegelt", im Garten des „Frankfurter Hofes" wird „preisgeschossen".

13.7. An die Bürger Kronbergs ist die Bitte der Stadtverwaltung gerichtet: Kronbergs Straßen sollen sauberer werden! Deshalb wird immer wieder darauf hingewiesen, daß für die Hauseigentümer und Anwohner (auch Besitzer von noch nicht bebauten Grundstücken im Ortsbereich) nach wie vor die Pflicht zur Sauberhaltung ihres Straßenabschnittes besteht. Die Polizeibehörde ist angewiesen, darauf zu achten und Verstöße mit entsprechenden Strafverfügungen zu ahnden.

27.7. Schon seit längerer Zeit ist das schöne schmiedeeiserne Tor am Treppenaufgang zur Johanniskirche geschlossen, das mußte aus Sicherheitsgründen geschehen, weil die Treppe direkt auf die Friedrich-Ebert-Straße führt, ohne Bürgersteig. Der Aufgang zur Kirche ist jetzt nur noch von der Doppesstraße her möglich. (Später wurde dann die Treppe umgebaut, sie führt wieder von der Friedrich-Ebert-Straße zum Kircheneingang, ohne das schöne Tor. Anm.)

1.8. Der erste Bauabschnitt des Neubaus der „Altkönigschule" geht seiner Vollendung entgegen. – Auf Grund einer Änderung der Hessischen Gemeindeordnung wird Schönberg in Zukunft einen hauptamtlichen Bürgermeister haben. Bisher wurde diese Stelle immer ehrenamtlich versehen. Bürgermeister Ernst Schneider ist also zum „Hauptamtlichen" aufgerückt.

10.8. Auf dem Großen Feldberg ist es ein wenig dunkler geworden. Das Leuchtfeuer, das schon vor dem Kriege und dann wieder seit 15 Jahren allnächtlich über dem Taunus kreiste, ist erloschen. Die Flugsicherung bedarf seiner nicht mehr. Den Taunusbewohnern wird es im Anfang noch fehlen, es war zur lieben Gewohnheit geworden. War man fern von der Heimat und kam zurück, freute man sich immer wieder, wenn das Feldbergblinklich einem die ersten Heimatgrüße sandte.

15.8. Auf dem Emmelschen Grundstück wurde mit dem Bau eines Pfadfinderheimes begonnen. Der Besitzer des Geländes hatte es den Pfadfindern geschenkt, nachdem sein ursprünglicher Plan, das Gelände dem Jugendherbergswerk zur Verfügung zu stellen, scheiterte. Wegen finanziellen und baupolizeilichen Schwierigkeiten mußte vom Bau einer Jugendherberge abgesehen werden.

24.8. Im Alter von 66 Jahren verstarb Schmiedemeister Heinrich Müller, der seit 1920 in Kronberg sein Handwerk betrieb, er übernahm die Schmiede seines Schwiegervaters Heinrich Antoni. Der Verstorbene war in Kronberg bekannt und beliebt, vor allem bei der Feuerwehr. Er rückte bis zum Oberbrandmeister auf, war Ortsgerichtsschöffe und nach 1945 einige Jahre im Magistrat. In der Schmiedeinnung des Obertaunuskreises war er lange Jahre hindurch Obermeister.

29.8. Der Ausbau des Kronberger Schwimmbades (Umwälzanlage) der in diesem Jahr schon beendet sein sollte, zieht sich nun doch bis zur kommenden Badesaison hin. Die neue Anlage wird die bisherige Methode der mehrmaligen Leerung und Reinigung des Schwimmbeckens überflüssig machen.

11.9. Die hintere Parkstraße in Schönberg befindet sich in einem unbegehbaren Zustand, deshalb hat nun der Gemeinderat beschlossen, Abhilfe zu schaffen.

12.9. Wie Bürgermeister Dr. Jakobi mitteilt, soll künftig auch in Kronberg eine Sperrmüll-Abfuhr ermöglicht werden.

21.9. Goldene Hochzeit im Hause Kiep. Dr. Louis Leisler Kiep, Präsident des Hessischen Roten Kreuzes, Inhaber vieler Ämter und Ehrentitel, und seine Gattin Eugenie, geborene vom Rath begingen ihr 50jähriges Ehejubiläum. Am Abend brachten der MGV 1860 und der Musikverein Kronberg dem goldenen Hochzeitspaar ein gemeinsames Ständchen. – Die „Grünkommission", Baum- und Pflanzenfreunde in Kronberg, unter der Leitung von Dr. Kurt Schulte treffen sich zu einem informativen Rundgang durch Kronberg. In erster Linie geht es um die Platanen am Schulgarten.

26.9. In der Frankfurterstraße wird Richtfest gefeiert. Unterhalb des Kaiserin-Friedrich-Krankenhauses entstehen 18 Wohnungen für die Bewohner der Villa Guaita, die im kommenden Frühjahr abgerissen werden soll.

10.10. Bei den Kommunalwahlen am vergangenen Sonntag kam es in Kronberg zu folgendem Ergebnis:
SPD 1452 Stimmen, im Kreis 1451
CDU 1413 Stimmen, im Kreis 1400
FDP 876 Stimmen, im Kreis 804
GB-BHE 252 Stimmen, im Kreis 250
Die Wahlbeteiligung betrug 81,6%. Im Stadtparlament ergaben sich 7 Sitze für die SPD, 6 Sitze CDU, 4 Sitze FDP und 1 Sitz BHE.

20.10. Nach Kronberg kommen immer mehr Ausländer. Derzeit leben hier 33 italienische Gastarbeiter, insgesamt sind es 150Ausländer, die meisten arbeiten im Gaststättengewerbe oder in größeren Betrieben. Der zunehmende Arbeitskräftemangel ist die Ursache, daß immer mehr Ausländer angeworben werden.

24.10. Seit dem 1. Oktober steht das Kronberger Postamt unter der Verwaltung des Königsteiner Amtes. Dadurch gibt es jedoch im Publikumsverkehr keine Änderungen.

3.11. Die Karnevalsgesellschaft, besser als „Käwwern" bekannt, feiert im nächsten Jahr ihren 75. Geburtstag. Zum Auftakt gibt es am 11.11. einen Festkommers mit Gratulationscour, anschließend eine närrische Sitzung.

7.11. Das Hotel- und Gaststättengewerbe in Kronberg verzeichnete in der Zeit von Januar bis Oktober 1960 fast 76 000 Übernachtungen.

21.11. Bei der ersten Sitzung des neugewählten Stadtparlaments sah sich die SPD (mit 7 Sitzen stärkste Fraktion) einer Koalition von CDU, FDP und BHE mit 11 Sitzen gegenüber. Damit ging der SPD das Amt des Stadtverordnetenvorstehers verloren, das bisher von Joachim Hill wahrgenommen wurde. Mit 10 Ja-Stimmen, gegenüber von 7 Nein-Stimmen und 1 Enthaltung wurde Dr. Paul Wittmer (CDU) zum neuen Stadtverordneten-Vorsteher gewählt.

1.12. Am ersten Weihnachtsfeiertag sind die Schalter der Post wie sonntags geöffnet. Die Briefpost wird ebenfalls wie an Sonntagen ausgetragen.

5.12. Die Gemeinde Schönberg hat die Stelle des Bürgermeisters, die nunmehr hauptamtlich zu besetzen ist, öffentlich ausgeschrieben.

15.12. Die Kronberger Gaaß hat Seltenheitswert. Bei der kürzlich durchgeführten Viehzählung kam es heraus: Es gibt nur noch 7 Ziegen, 249 Schweine, 56 Schafe, 4 Gänse, 1432 Hühner, 72 Hähne und 93 Bienenvölker.

31.12. Die letzte diesjährige Stadtverordnetenversammlung dauerte bis weit nach Mitternacht. Noch einmal gab es lange Debatten über die Rechtmäßigkeit der Koalition zwischen CDU, FDP und BHE, die von den Vertretern der SPD angezweifelt wird. Die neuen Magistratsmitglieder Hans Jahn (CDU), Hans Kilisch (CDU), Dr. Karl Heinz Werner (FDP) und Dr. Hans Apelt (SPD) wurden durch Bürgermeister Dr. Jacobi auf die Verfassung verpflichtet. In der nächsten Sitzung des Schönberger Wahlausschusses werden die bis jetzt eingegangenen Bewerbungen um das Amt des Bürgermeisters geöffnet und dem Ausschuß vorgelegt.

1961

2.1. Im vergangenen Jahr kam es im Kronberger Stadtgebiet zu 146 Verkehrsunfällen mit 35 Verletzten. Glücklicherweise gab es keinen tödlichen Unfall. Die Zahl der Unfälle hat gegenüber 1959 um 50% zugenommen.

12.1. In diesem Sommer soll es wieder einmal Freilichtspiele auf der Schirn geben. Das Heimatstück „Das neue Reis“, ein Spiel um den Obstpfarrer Christ von Wilhelm Jung, wird wieder aufgeführt. Nach den großen Erfolgen 1947 (damals war der Kappenklub der Veranstalter) und 1953 wird es jetzt wieder eine Neuauflage geben.

16.1. Der „Kino-Hersch“ wurde 80 Jahre alt. Fritz Hirsch, so lautet sein richtiger Name, entstammt einer alten Kronberger Schlosserfamilie, auch er erlernte zunächst diesen Beruf, bis er 1901 bei der Firma Philipp B. Kunz die Entwicklung der Elektrotechnik miterlebte. Er war an der Elektrifizierung unserer Stadt beteiligt und führte bereits 1910 hier in Kronberg Spielfilme vor. Das Kino ließ ihn nicht mehr los. Die „Kronberger Lichtspiele“ sind sein Werk und brachten auch seinen Beinamen ein. Fritz Hirsch erfreut sich bei den Kronbergern großer Beliebtheit, viele Vereine zählen ihn zu ihren Mitgliedern.

26.1. Kronberg hat wieder einmal einen Karnevalsprinzen. Die Käwwern feiern in diesem Jahr ihr 75jähriges Jubiläum. Aus diesem Anlaß wurde Franz Merten zum „Prinz Franz I.“ gekürt. In einem Festwagen wird er an dem großen Fastnachtszug teilnehmen. Die Kronberger haben aus Rücksicht auf den Oberurseler Zug ihren Umzug auf den Fastnachtssamstag verlegt.

30.1. Die Kronberger Feuerwehr erhält in diesem Jahr eine mechanische Motorleiter. Dies teilte Bürgermeister Dr. Jacobi den erfreuten Feuerwehrmännern bei der vor kurzem abgehaltenen Jahreshauptversammlung mit.

9.2. Bei den hessischen Meisterschaften im Eisstockschießen konnten die Moarschaften des Tennis- und Eissportvereins Kronberg drei Meistertitel erringen.

13.2. Der neugewählte erste hauptamtliche Bürgermeister der Gemeinde Schönberg, Philipp Ritter, wurde in sein Amt eingeführt. Der seitherige ehrenamtliche Bürgermeister Ernst Schneider übergab die Ernennungsurkunde an seinen jungen Nachfolger. Philipp Ritter ist 37 Jahre alt.

27.2. Kronberg stand Kopf! Am Fastnachtsamstag fand anläßlich des 75jährigen Jubiläums der Carnevalsgesellschaft ein großer Fastnachtszug durch die Kronberger Straßen statt. Sämtliche Kronberger Vereine hatten sich daran beteiligt. Die Welt- und Bundespolitik, vor allem aber Kronberger Vorkommnisse wurden auf die närrische Schippe genommen. Prinz Franz I. schwang sein närrisches Zepter, und die Kronberger feierten kräftig mit.

9.3. Der bekannte Kronberger Architekt Walter Schwagenscheidt erhielt den Kunstpreis der Stadt Wuppertal.

13.3. In einer mehrstündigen Sitzung befaßte sich der Schönberger Gemeinderat eingehend mit Schulproblemen. Zur Diskussion stand vor allem, ob die Schönberger Schulkinder ab der 5. Klasse die Hauptschule in Kronberg besuchen sollen.

27.3. Aus dem Rathaus: Bei der letzten Stadtverordneten-Sitzung wurde beschlossen, den großen Parkplatz an der Stadthalle „Berliner

Platz“ zu benennen. Die im Baugebiet Lindenstruth neu zu schaffende Straße soll „Freiherr-vom-Stein-Straße“ benannt werden. Keine glückliche Lösung, da es in Kronberg bereits eine „Steinstraße“ gibt.

6.4. In der Freiherr-vom-Stein-Straße wurde kürzlich wieder Richtfest gefeiert. Die „Gagfah“ läßt dort weitere 27 Wohnungen bauen.

10.4. Bei strahlendem Frühlingswetter wurde in Oberhöchstadt der Grundstein zu einem evangelischen Gemeindehaus gelegt. Es soll zusammen mit dem Pfarrhaus den ersten Bauabschnitt zu einem Gemeindezentrum darstellen. Die evangelischen Einwohner Oberhöchstadts gehörten bis 1958 zur Kirchengemeinde Kronberg. Durch Zuzug wuchs ihre Zahl so an, daß es notwendig wurde, eine selbständige Kirchengemeinde Oberhöchstadt zu bilden.

20.4. „Der Giraffenmann Karlchen“ im Opelzoo erhielt eine neue Gefährtin, nachdem seine bisherige eingegangen ist. – Die Wohnungsnot in Kronberg beschäftigte unsere Stadtverordneten in ihrer letzten Sitzung. Immerhin sind in unserer Stadt 400 (!) Wohnungssuchende gemeldet.

24.4. Nach Fertigstellung der neuen Räume unseres Gymnasiums überreichte Bürgermeister Dr. Jacobi in einer schlichten Feierstunde den goldenen Schlüssel an den Schulleiter Oberstudiendirektor Dr. Schleypen.

4.5. Im Alter von 77 Jahren verstarb Obergärtner Wilhelm Linde, der lange Jahre bei der Familie Kiep vom Rath arbeitete. Seine Freizeit gehörte dem Chorgesang. Lange Zeit, auch im Kriege, hielt er dem evangelischen Kirchenchor die Treue, er gehörte auch dessen Vorstand an. Durch sein ruhiges ausgleichendes Wesen war er in Kronberg sehr beliebt.

8.5. Bei der letzten Gemeinderatssitzung in Schönberg teilte Bürgermeister Ritter mit, daß das Projekt „Dorfgemeinschaftshaus“ weiterhin zur Sprache steht, wenn auch die dafür vorhanden gewesenen Mittel für andere Aufgaben bereitgestellt worden sind.

21.5. Zum 26. Mal veranstaltet der TEV Kronberg das „Taunusbäder-Tennis-Turnier“ auf seinem Platz im Stadtpark. 40 Herren und 25 Damen sind gemeldet.

22.5. Nach dem erfolgten Umbau des Waldschwimmbades, stellten die Stadtverordneten fest, daß es zu den „schönsten im ganzen Taunus“ zählte. Der Parkraum sei allerdings viel zu klein. (Wegen der Baukosten, die doppelt so hoch waren als veranschlagt, kam es in den vorhergehenden Sitzungen mehrmals zu hitzigen Debatten!)

1.6. Im Saal des Gasthauses „Zum Grünen Wald“ findet am Sonntag das „Taunus-Schachturnier 1961“ statt. Ausrichter ist der Kronberger Schachklub.

5.6. Am vergangenen Sonntag konnte der MTV seinen neuen Turnplatz seiner Bestimmung übergeben. Vorführungen der einzelnen Abteilungen sorgten für den sportlichen Rahmen der Feier. Der Platz wurde in fast 11 Jahren in mühevollem Einsatz der Mitglieder des MTV ausgebaut. Dabei wurden 11000 freiwillige und unbezahlte Arbeitsstunden geleistet.

17.6. Zur Wiedereröffnung des umgebauten Schwimmbades soll auch das neue Restaurant fertig werden. Die neue Umwälzanlage, die die bisherige Schließung bei Reinigung des Wassers überflüssig machen wird, ist nach den modernsten Erkenntnissen und Möglichkeiten errichtet worden.

19.6. Der Erweiterungsbau für die Volksbank in der Hainstraße ist im Rohbau soweit fertiggestellt, daß Richtfest gefeiert werden kann. Der Bauplan sah für die Erweiterung die gleiche Höhe wie der bereits bezogene Neubau vor. Für diese Pläne wurde keine Genehmigung erteilt.

29.6. Die Tribüne auf der Schirn, wo die Laienspielschar das historische Stück von Wilhelm Jung „Das neue Reis" aufgeführt hatte, bekam unverhofften Besuch. Der Regierende Bürgermeister von Berlin, Willy Brandt, machte auf seiner Informationsreise durch Westdeutschland in Kronberg Station auf der Schirn. Der Gast wurde von Bürgermeister Dr. Jacobi begrüßt; viele Kronberger hatten auf der Tribüne Platz genommen.

3.7. In den letzten Junitagen wurde auf der Schirn das historische Freilichtspiel „Das neue Reis" von Wilhelm Jung von der Kronberger Laienspielschar aufgeführt. Das Stück handelt von Leben und Wirken des evangelischen Oberpfarrers Johann Ludwig Christ, der von 1786–1813 in Cronberg wirkte. Bekannt wurde er vor allem durch seine Tätigkeit als Pomologe. Die Spieler identifizierten sich allesamt so gut mit ihren Rollen, daß das Publikum stets langanhaltenden Applaus spendete. Alle Vorstellungen waren ausverkauft. Man darf dem Verfasser und den Spielern dankbar für diese großartige Sache sein. Die Uraufführung des Stückes fand im Sommer 1947 auch auf der Schirn statt. Damals war der Kappenklub der Veranstalter. Weitere Aufführungen gab es im Sommer 1953.

13.7. Der Ortsverein Kronberg des DRK hat eine Jugendgruppe gegründet. Eine Reihe von Jungen und Mädchen sind die ersten „Jugend-Rot-Kreuzler" unserer Stadt.

21.7. Das diesjährige Feldbergfest, das 105. in seiner Geschichte, wird wahrscheinlich nicht auf dem höchsten Taunusgipfel stattfinden. Das Plateau ist durch die Manöver, die dort stattgefunden haben, stark beschädigt. Das Turnfest wird voraussichtlich auf der Stierstädter Heide abgehalten. Die Entscheidung steht noch aus.

27.7. An den Folgen eines Unfalles starb am 19. Juli im Alter von 78 Jahren „Spitalmeister" Gottfried Weidmann. Er war in Kronberg bekannt und beliebt, jahrelang fuhr er den städtischen Leichenwagen, er begleitete viele seiner Mitbürger zur letzten Ruhestätte. Auch in der Evangelischen Kirchengemeinde war er sehr engagiert.

31.7. Am Sodener Stock kam es in den frühen Morgenstunden zu einem folgenschweren Verkehrsunfall. Bei einem Zusammenstoß zweier Pkw auf regennasser Straße fanden zwei junge Oberhöchstädter, Klaus Urban und Hans Frey, den Tod.

10.8. Unser Mitbürger Georg von Opel ist durch sein Tiergehege, den „Opel-Zoo", international bekannt geworden. Er wurde mit dem großen Verdienstorden am Bande ausgezeichnet. – Wir haben wieder Gäste aus Holland! Seit über zehn Jahren zelten in jedem Sommer evangelische Jugendgruppen aus Holland auf einem Privatgrundstück im Buchholz.

14.8. Auf dem Kronberger Industriegelände tut sich was. Die bekannte Frankfurter Firma Radio-Braun ist im Begriff, einen modernen Industriebau zu errichten. Der erste Bauabschnitt soll noch in diesem Jahr fertiggestellt werden.

24.8. Berlin ist jetzt zu einem Symbol geworden, jetzt in den schweren Tagen des Mauerbaues erst recht! Der große Parkplatz an der Frankfurter Straße erhält zum Zeichen der Verbundenheit mit den leidgeprüften Menschen in der ehemaligen deutschen Hauptstadt den Namen „Berliner Platz".

28.8. Bei der Fundsachenversteigerung auf dem Rathaus hätte man auch eine vollständige obere Zahnprothese ersteigern können. Es fand sich kein Interessent! Was macht wohl inzwischen der Verlierer ohne sein Kauwerkzeug? Ein Zahnarzt ist doch recht teuer. Warum hat er sich nicht gemeldet!

7.9. Petrus hat uns noch einmal eine Hitzewelle beschert. Am Wochenende wurden im Schwimmbad mehr als 9000 Besucher gezählt.

11.9. Der Bau des Evangelischen Gemeindezentrums in Oberhöchstadt geht zügig voran. Die evangelische Gemeinde in unserem Nachbarort nahm in den letzten Jahren stark zu. Früher gehörten die Oberhöchstädter zur Kronberger Kirchengemeinde und wurden auch vom Kronberger Pfarrer seelsorgerisch betreut.

21.9. Schönbergs Straßen erhalten erstmals Bürgersteige. Begonnen wird mit der „de-Ridder-Straße" und „Am Eichbühel", gleichzeitig werden die Fahrbahnen dieser Straßen neugestaltet. Weiteren Ausbau hat der Gemeinderat für die nächsten Jahre beschlossen.

25.9. Auf der letzten Schönberger Gemeindevertreter-Sitzung, die außerordentlich ruhig verlief, wurde der geplanter Schulneubau endgültig beschlossen. Der Bau einer Mehrzweckhalle würde zwar von allen Anwesenden begrüßt werden, bis zur Verwirklichung ist es aber noch ein weiter Weg. Eine Besichtigungsfahrt war, wie Bürgermeister Ritter berichtete, unternommen worden, es wurde aber kein geeignetes Beispiel gefunden.

8.10. Der Bau des evangelischen Gemeindehauses in Oberhöchstadt geht zügig voran. Man hofft, im Frühjahr 1962 den ersten Gottesdienst im Kirchenraum abhalten zu können.

9.10. Die beiden Kronberger Architekten Walter Schwagenscheidt und Tassilo Sittmann erhielten für ihren Wettbewerbsentwurf „Das europäische Wohnhaus" den Ehrenpreis des belgischen Königs.

19.10. Bundespräsident Lübke wird anläßlich der Verleihung des Friedenspreises des deutschen Buchhandels an Sir Sarvepalli Radhabkrishnan Gast im Schloßhotel sein.

23.10. Im kommenden Jahr kann der Männer-Turnverein, der größte Verein Kronbergs, sein 100jähriges Bestehen feiern. Für die dafür vorgesehenen Sportveranstaltungen konnten die Mitglieder in jahrelanger mühevoller Arbeit den geeigneten Platz schaffen. Am letzten Sonntag wurde der Sportplatz in den Schülerwiesen seiner Bestimmung übergeben.

2.11. Die evangelische Kirchengemeinde Kronberg, zu der auch Oberhöchstadt und Schönberg gehören, wird nunmehr geteilt. Bezirk I bleibt Kronberg unter der Seelsorge von Pfarrer Karl Grabowski. Pfarrer Adam Sieben übernimmt den Bezirk II, Schönberg und Oberhöchstadt. Im Frühjahr 1952 soll das im Bau befindliche Gemeindezentrum in Oberhöchstadt fertiggestellt sein.

16.11. Mit 13:4 Stimmen wurde Bürgermeister Dr. Jacobi auf 12 Jahre wiedergewählt.

30.11. Die Stadt ruft die Straßenanlieger zur Ordnung und macht auf die Reinigungspflicht aufmerksam. Überhängende Äste von Sträuchern und Bäumen müssen bis auf eine Höhe von 4 m entfernt werden.

4.12. Der Aufruf, Sperrmüll zum Abholen bereit zu halten, hat ein ungeahntes Echo gefunden. Das Abfuhrunternehmen konnte die Abfallberge kaum bewältigen. Erstaunlich war aber, daß viele zum Sperrmüll gestellte Gegenstände wieder Liebhaber fanden. Man bediente sich zwanglos! (Das tut man nun schon zwanzig Jahre lang. Doch wird man im Allgemeinen nicht mehr so fündig, wie noch vor zehn Jahren. Die Nostalgiewelle und die überall abgehaltenen Flohmärkte tragen dazu bei, daß man mit dem Wegwerfen alter Sachen nicht mehr so großzügig ist. Die Preise für den alten Kram – oft ist es wirklich nur Plunder – sind gestiegen.)

14.12. Unter der Leitung von Kirchenmusikdirektor Adolf Gräser hatten der Volkschor Kronberg und der Falkensteiner Männergesangsverein ein Gemeinschaftskonzert veranstaltet. Anlaß war der 100. Geburtstag des unvergessenen Komponisten Ludwig Sauer, der sich als Musiker, Organist und Komponist einen Namen in seiner Heimatstadt gemacht hatte.

18.12. Prälat Schwickert, seit sechzehn Jahren Seelsorger der katholischen Kirchengemeinde in Kronberg geht in den wohlverdienten Ruhestand. Er verabschiedet sich von seiner Gemeinde, um sich in seiner Heimat Wirges im Westerwald auszuruhen von den Mühen und Lasten seiner mehr als vierzigjährigen priesterlichen Tätigkeit. Wer sein Nachfolger wird, ist noch nicht festgelegt.

1962

4.1. Der Schönberger Haushaltsplan für 1962 überschreitet die Summe der vergangenen Jahre. Bürgermeister Philipp Ritter erklärte in seiner Etatrede, daß die finanzielle Grundlage für das von allen Seiten gewünschte Dorfgemeinschaftshaus geschaffen sei.

15.1. Vergangene Woche starb nach langer Krankheit Stadtoberinspektor Karl Müller im Alter von 42 Jahren. Der beliebte Beamte stand fast 30 Jahre im Dienst der Stadt. Eine Fülle wichtiger Aufgaben wurden ihm übertragen. 1947 übernahm er das Standesamt, daneben war er der Leiter des Verkehrsamtes, Urkundsbeamter und Stellvertreter des Ortsgerichtsvorstehers. Fast 15 Jahre lang führte er das Protokoll der Stadtverordnetensitzungen und zählte zu den engsten Mitarbeitern des Bürgermeisters. Er wurde in der Bevölkerung sehr geschätzt.

18.1. Für die alten, wertvollen Platanen in der Hain- und Jaminstraße wurde für 300 Mark der Platanendoktor bestellt, er soll für ihre Pflege und Erhaltung sorgen.

29.1. Die Gemeinde Schönberg hat ein modernes Streugerät angeschafft. Bürgermeister Ritter war dabei, als das Fahrzeug zum Einsatz startete.

1.2. Als Nachfolger des in den Ruhestand versetzten Pfarrers Monsignore Schwickert hat die Römische Kurie auf Vorschlag des Bischöflichen Ordinariats Limburg den Pfarrer Paul-Albert Simon aus Hasselbach nach Kronberg berufen.

12.2. Kronberg zählte am 31. Dezember 1961 7262 Einwohner, Schönberg 1625 Einwohner.

15.2. Der Taunus erstickt im Schnee! Schnee und Eis legen den Verkehr lahm, der Streudienst hat Großeinsatz.

26.2. Die langjährige Volksschullehrerin Margarete Freytag verstarb über achtzigjährig. Sie kam vor dem 1. Weltkrieg nach Kronberg, wo sie jahrzehntelang wirkte. Im Alter von 68 Jahren verstarb der langjährige Schulhausmeister August Keinath.

1.3. Ab heute werden die neuen Postleitzahlen obligatorisch. Sie müssen dem Wohnort von Absender und Adressat vorangesetzt werden. Kronberg erhält die Postleitzahl 6242.

12.3. Über dem Sheddach des Neubaues der Braun AG am Schanzenfeld weht der Richtkranz. Hier siedelt sich ein großer Industriebetrieb an. Es wird angestrebt, hier in Kronberg bis zu 2000 Mitarbeiter zu beschäftigen.

14.3. Für die Markthalle hinter der Stadthalle läuft in diesem Jahr die Pacht ab. Es sollen schon Pläne vorliegen, wonach an einen Umbau gedacht ist, um die Markthalle kulturell nutzen zu können.

28.3. Am kommenden Wochenende veranstalten das Falkensteiner Mandolinen-Orchester und die Burgsänger des Kappenklubs in der Stadthalle ein gemeinsames Konzert. Dirigent Karl Zeltwanger und Chorleiter Wilhelm Lantelme haben das vielversprechende Programm zusammengestellt.

9.4. Am vergangenen Wochenende mußte die Feuerwehr viermal wegen Flächenbränden ausrücken. Bei einem Brand im Buchholz wurde es gefährlich, denn das Feuer drohte auf den Kastanienwald überzugreifen. Immer wieder wird darauf hingewiesen, daß das Abbrennen von dürrem Gras und Gesträuch äußerst gefährlich und daher nicht erlaubt ist.

11.4. Am Karfreitag zog ein Gewitter auf, die Feiertage waren von schönstem Frühlingswetter begleitet. – Schönberg ist nun einen Schritt weiter mit der Planung des Dorfgemeinschaftshauses oder vielmehr seiner Mehrzweckhalle. Noch ist man sich aber nicht einig über den Standort. Im Gespräch ist das Gelände vor der Meierei, weswegen noch Verhandlungen mit der kurhessischen Hausstiftung im Gange sind.

23.4. Der im November gefaßte Beschluß der Schönberger Gemeindevertretung, eine Mehrzweckhalle zu errichten, ist ins nächste Stadium getreten. Die Vereine und Organisationen haben ihre Wünsche geäußert. Die Sänger wünschen außer einem Saal auch eine Restauration und eine Kegelbahn.

25.4. Der MTV lädt zur Feier seines 100jährigen Bestehens ein. In dem großen Festkommers in der Turnhalle werden die Frauen dem Vorstand die neurestaurierte Vereinsfahne überreichen.

7.5. Für die Markthalle hinter der Stadthalle, bzw. für das Gelände läuft in diesem Jahr die Pacht ab. Die Obst- und Gemüseverwertungsgenossenschaft hat am Schanzenfeld eine große neue Markthalle errichtet. Es sollen schon Pläne vorliegen, wonach an einen Umbau der kleinen Markthalle gedacht ist.

9.5. Heute wollten die Turnerinnen des MTV im Rahmen der Jubiläumsfeiern zum 100jährigen Bestehen des Vereins vor der Kulisse des Brunnens im Schulgarten Tänze und Gymnastikvorführungen bieten. Wegen des schlechten Wetters muß die Veranstaltung leider verschoben werden.

21.5. Das neue evangelische Gemeindezentrum in Oberhöchstadt wird am Sonntag, 3. Juni, eingeweiht. Der Seelsorger der Oberhöchstädter Gemeinde, Pfarrer Adam Sieben, zieht bereits in wenigen Tagen um.

23.5. Einer der prominentesten Einwohner Kronbergs feierte am 18. Mai seinen 50. Geburtstag. Dr. Georg von Opel war früher ein begeisterter und auch sehr erfolgreicher Ruderer. Neunmal war er Deutscher Meister, 1953 zog er sich vom aktiven Sport zurück. Hier in Kronberg und weit darüber hinaus machte er sich persönlich einen Namen mit der Gründung seines Tier-Freigeheges, „Opel-Zoo“ genannt.

4.6. Ein Jahr nach einem goldenen Geschäftsjubiläum konnte der bekannte Schönberger Handwerksmeister Fritz Köhl ein zweites Mal feiern. Seit nunmehr 50 Jahren ist er als Rohrmeister im Dienste der Gemeinde Schönberg.

6.6. In einem festlichen Gottesdienst wurde der neue Seelsorger der katholischen Gemeinde, Pfarrer Paul Albert Simon in sein Amt eingeführt. Vor der Gemeinde legte er das Glaubensbekenntnis ab. Danach empfing er den Schlüssel der Kirche und das Evangelienbuch zum Zeichen seiner nunmehrigen Jurisdiktionsgewalt.

18.6. Das neue evangelische Gemeindezentrum in Oberhöchstadt wurde feierlich eingeweiht. Nach Niederhöchstadt hat sich nun auch die zweite „Tochtergemeinde“ von Kronberg selbständig gemacht. Vor 50 Jahren gab es in Oberhöchstadt nur etwa ein Dutzend evangelische Familien. Heute sind das bei 3000 Einwohnern etwa 1100 Bürger.

20.6. Die Bauarbeiten an der Erweiterung der katholischen Kirche in Oberhöchstadt gehen zügig voran. Der erste Gottesdienst wird in wenigen Wochen stattfinden.

2.7. Wann endet das Mandat eines Abgeordneten? Diese Frage erhebt sich in Kronberg. Stadtverordneter Hans-Joachim Hill (SPD) ist ins Saarland verzogen. Bis jetzt hat er aber sein Mandat nicht niedergelegt. Er erhob Einspruch gegen die Bestimmung, er könne sein Mandat nicht weiter ausüben. Es bleibt abzuwarten, wie die Sache ausgeht.

4.7. Beim Wingertsbergfest in Dietzenbach, an dem eine Abordnung des MTV teilnahm, konnte Ilse Neutz wieder den 1. Platz belegen. Wolfgang Rottländer verfehlte nur knapp den Sieg, er wurde 2. (Ilse Neutz wiederholte ihren Sieg auf dem Feldberg zum 2. Mal)

16.7. Im Alter von 78 Jahren starb Kronbergs Ehrenbürger Dr. Louis Leisler Kiep. Nach einem arbeitsreichen und abenteuerlichen Leben schloß er für immer die Augen. Dr. Kiep wurde als Sohn deutscher Eltern in Glasgow geboren und verbrachte dort seine Jugend. Mit 17 Jahren wurde er Kadett bei der deutschen Marine und brauchte es bis zum Korvettenkapitän. Er blieb auch nach dem Ersten Weltkrieg der Schiffahrt treu und war maßgeblich am Wiederaufbau der deutschen Handelsmarine beteiligt. 1923 wurde er Vorstand der HAPAG, zehn Jahre später Schiffsberater der türkischen Regierung und lebte mit seiner Familie mehrere Jahre in Istanbul. Durch seine Heirat mit Eugenie vom Rath wurde Kronberg zu seiner Heimat. Dr. Kiep war Präsident des Deutschen Roten Kreuzes, durch seine Initiative entstand das hessische Jugendrotkreuz. Nach der Trauerfeier in der Johanniskirche wurde der Sarg mit seiner sterblichen Hülle in einem langen Zug zum Friedhof gebracht. Dr. Kiep hatte selbst für seinen letzten Weg alles vorbestimmt, er hatte sich auch den Bibeltext für die Trauerfeier ausgewählt.

18.7. Der Gesangverein Schönberg darf hoffen, daß sein Wunsch nach einer Kegelbahn im geplanten Dorfgemeinschaftshaus Wirklichkeit wird. – Das Müttergenesungsheim „Haus Waldfriede“ wird modernisiert. Die Heizungsanlage soll vollkommen erneuert und auf Öl umgestellt werden. Aus der ehemaligen Wäschekammer wird ein Massageraum. Einige Zimmer erhalten ein neues Inventar.

30.7. Der hessische Landesschulelternbeirat tritt für die Einführung des 9. Schuljahres ein, weil damit die Volksschule endlich das für sie entsprechende Gewicht bekomme.

13.8. Anläßlich ihres 100jährigen Jubiläums zahlte die Volksbank an ihre Genossen 6% Dividende und 4% Bonus aus.

15.8. Am 26. August wird anläßlich des 100jährigen Jubiläums des MTV und des 50jährigen Jubiläums der Schülerriege ein Kinderturnfest abgehalten.

27.8. Bei dem diesjährigen Feldbergfest konnte die Kronbergerin Ilse Neutz zum zweiten Male Feldbergsiegerin werden. Zum ersten Mal in der Geschichte des ältesten Bergfestes ist damit eine Turnerin zur „Ehrensiegerin“ geworden.

30.8. Die Feierlichkeiten zum 100jährigen Jubiläum des MTV reißen nicht ab. Nach dem großen Kinderturnfest haben nun die Frauen das Wort. Seit 50 Jahren ist das Frauenturnen beim MTV aktuell. Aus diesem Anlaß findet in der Stadthalle der „Tag der Turnerinnen“ statt.

10.9. Bürgermeister Philipp Ritter hat nun sein Haus in der Wiesenau in Schönberg bezogen, bis dato wohnte er noch in Wiesbaden. Jetzt ist der Bürgermeister von Schönberg auch zum Bürger seiner Gemeinde geworden. – Wenige Wochen nach Vollendung seines 70. Lebensjahres starb in Wirges im Westerwald der langjährige Seelsorger der katholischen Gemeinde in Kronberg, Monsignore Prälat Richard Schwickert. Er war von 1945–62 in Kronberg und erst seit wenigen Monaten im Ruhestand. Eine große Trauergemeinde, darunter viele Kronberger, gab ihm das letzte Geleit.

12.9. Der Nachwuchs des MTV war beim Gaukinderturnfest sehr erfolgreich. Die meisten Siege holten sich die kleinen Kronberger.

24.9. In der Stadthalle wurde anläßlich des 50jährigen Bestehens der Frauenriege des MTV der „Tag der Turnerinnen" gefeiert. Vertreter der Stadt, der Schulen und des Turngaues waren anwesend. Die erste Leiterin der Turnerinnen-Abteilung, Sofie Abbée, wurde besonders geehrt. Dann gab es ein herrliches Schauturnen. Unter vielen anderen Darbietungen brachte die Gymnastik-Gruppe I unter der Leitung von Pia Sondergeld einen Querschnitt „50 Jahre Frauen-Gymnastik" jeweils in der zeitgemäßen Sportkleidung.

26.9. Auf ihr 50jähriges Bestehen blickt die Firma Grosch zurück. Grosch-Tee ist bestens bekannt. Aus Mangel an Ausbreitungsmöglichkeiten ist die Firma in Oberhöchstadt angesiedelt worden.

8.10. Mitglieder der evangelischen Kirchengemeinde Oberhöchstadt fahren am Dienstag nach Sinn im Westerwald. Dort werden sie bei der Firma Gebr. Rinker dem Guß der 2. Glokke für das Gemeindehaus beiwohnen.

12.10. In Oberhöchstadt ging es sehr festlich zu. Die erweiterte St. Vitus-Kirche wurde vom Bischof der Diözese Limburg, Herrn Dr. Wilhelm Kempf, neu geweiht. Die Oberhöchstädter hatten zu dem schönen Fest ihre Straßen und Häuser geschmückt.

22.10. Zum siebten Mal hatte die Stadt die 21jährigen zur Jungbürgerfeier eingeladen. Gast bei dieser Feierstunde war Bundesvertriebenenminister Wolfgang Mischnik.

24.10. Am 27. Oktober findet die offizielle 100-Jahrfeier der hiesigen Volksbank statt. Eingeladen sind vor allem die „Genossen" der Bank und die Angestellten.

5.11. Alle Versuche, den aus dem Opel-Freigehege entsprungenen Achtzehnender wieder einzufangen, waren bisher erfolglos. Der Hirsch wurde mehrfach ausgemacht, bis seine Jäger eintrafen, war er immer wieder verschwunden. – In Schönberg wurde ein Postamt eingerichtet. Neben der Kirche entstand ein Neubau mit Läden und Wohnung. Im Erdgeschoß ist die Post eingezogen.

10.11. Die Eheleute Karl Heinrich und Kathi geborene Brech feiern das Fest der Goldenen Hochzeit. Karl Heinrich war von 1934–46 Vorsitzender des Kappenklubs und hat sich in dieser Zeit sehr um seinen Verein verdient gemacht.

19.11. 20 cm Schnee und 6° Kälte! Der Winter hat vier Wochen vor seinem „offiziellen" Beginn Einzug gehalten. Glatteis und Schnee machten den Autofahrern zu schaffen. Der Streudienst in Kronberg funktionierte hervorragend. Schon in den Morgenstunden des Buß- und Bettages waren die Männer unterwegs. Bei den Privatleuten klappte das nicht so gut. Viele Grundstücksinhaber kamen schlecht oder gar nicht ihrer Schneeräum- und Streupflicht nach. – Bei den Landtagswahlen am vergangenen Sonntag errang die SPD in Kronberg zum ersten Mal die absolute Mehrheit, nämlich 50,9%, für die CDU stimmten 28,8%, für die FDP 11,4%, für GDP/BHE 6,3% der Wähler.

3.12. Bei der letzten Gemeindevertretersitzung in Schönberg kam es zu schweren Kontroversen zwischen dem Vorsitzenden Klein und Bürgermeister Ritter. Die Sitzung, die eigentlich gar keine war, wurde auf Antrag der CDU geschlossen.

5.12. Der Winter hat uns schon jetzt fest im Griff. Nach reichlich Schnee und Kälte gab es nun reichlich Regen und Glatteis. Es kam zu mehreren Unfällen.

17.12. Wieder starke Schneefälle und strenge Kälte! Weiße Weihnachten stehen uns bevor. – In Schönberg ersteht ein Schulneubau! Direkt neben der jetzigen Volksschule ist der Bungalowbau im Werden. Mit den Ausschachtungsarbeiten wurde bereits begonnen.

19.12. Der Ausbau der kleinen Markhalle an der städtischen Turnhalle für Vereinszwecke wird sich noch weiter verzögern.

31.12. Am Heiligen Abend ertönten gegen 21 Uhr die Sirenen. Die Feuerwehr wurde wegen eines Barackenbrandes alarmiert. Die Männer der Wehr mußten von ihren Familien, die beim Tannenbaum saßen, forteilen. Ein überheizter Ofen im Erholungsheim „Am Aufstieg“ war die Brandursache. Drei Jugendliche erlitten Rauchvergiftungen. Die klirrende Kälte erschwerte den Feuerwehrmännern die Löscharbeiten.

1963

2.1. Die starke Kälte hält weiterhin an. Im Taunus herrschen die denkbar besten Wintersportverhältnisse.

4.1. In Kronberg wohnen 270 Ausländer. An der Spitze stehen 75 Spanier und 46 Italiener. – Die Weihnachtsfeiertage brachten der Streukolonne unserer Stadt eine Menge Arbeit ein. Es gab Glatteis. Wer sich darüber beschwerte, daß nicht gestreut wurde, der sollte bedenken, daß die Männer sich gewiß bemühen, aber nicht überall zugleich sein können.

14.1. Dr. Hans Ernst scheidet nach mehr als 30 Jahren aus dem Amt des Chefarztes im Kaiserin-Friedrich-Krankenhaus aus. Sein Nachfolger wird Dr. R. Finck. – Die Kronberger Damen Schiff, Hemming, Boden und Brillke errangen im Eisschießen den Hessenpokal. Der TEC Kronberg darf stolz auf diesen Erfolg sein, zumal die Mannschaft der Männer den Sieg um weniges verfehlte.

16.1. Schnee und Kälte sind immer noch Thema eins. In einigen Frankfurter Schulen, ebenso in Königstein, gibt es Kälteferien. Die Kronberger Kinder dürfen sich nicht über einige zusätzliche schulfreie Tage freuen. Die Stadt hat genug Vorrat an Heizmaterial. Letzte Meldung: Minus 15 Grad und auf dem Feldberg 80 cm Schnee!

28.1. In der Werkstatt der Schreinerei Gentili in Niederhöchstadt entstand in den frühen Morgenstunden ein Brand, zu dessen Bekämpfung die Kronberger Feuerwehr alarmiert wurde. Ein Passant bemerkte das Feuer und rief in Kronberg an. Die klirrende Kälte machte den Wehrmännern die Arbeit sehr schwer. Als die Niederhöchstadter und Eschborner Wehren eintrafen, hatten die Kronberger den Brand unter Kontrolle. In ihrem Vereinslokal mußten sich die Feuerwehrmänner buchstäblich „auftauen", teilweise waren ihre Anzüge am Körper hart angefroren. (–15° Außentemperatur, 50 cm Schnee, auf dem Feldberg liegt eine Schneedecke von nahezu 1 m. Ideale Wintersportverhältnisse!)

30.1. Der neu gestaltete Bahnhofseingang wird morgen offiziell übergeben. An Werktagen passieren etwa 5000 Menschen den Kronberger Bahnhof.

11.2. Der jetzige Winter gehört zu den kältesten und längsten Wintern der letzten Jahrzehnte. Nur 1928/29, 1939/40 und 1941/42 sind vergleichbar. – Am Mittwoch trafen etwa 350 Schulkinder aus Frankfurt-Hausen mit dem Zug in Kronberg ein. Sie tummelten sich mehrere Stunden im Stadtpark im Schnee.

13.2. Abschied nehmen hieß es vom Gastwirt des „Grünen Waldes", Fritz Henrich. Er war bei den Kronbergern beliebt, viele Vereine betrachteten sein Gasthaus als Clublokal.

25.2. Noch immer herrschen sibirische Temperaturen, noch immer liegt eine hohe Schneedecke. – Für die Errichtung einer Realschule in Kronberg ist ein Gelände am Schafhof im Gespräch.

1.3. Anläßlich der Fertigstellung des „Fritz-Emmel-Hauses" hatten die Pfadfinder ihre Eltern und Freunde zu einer kleinen Feier eingeladen.

11.3. In diesem Jahr werden nur 6 Kinder aus der Volksschule entlassen. Durch die Einführung des 9. Schuljahres müssen fast alle ein Jahr länger die Schulbank drücken.

13.3. Der Hauptlehrer i.R. und ehemalige Bürgermeister von Schönberg, Ernst Schneider, feierte seinen 70. Geburtstag (Vor allem nach seiner Pensionierung widmete er sich der Heimatforschung. Er schrieb die „Kleine Chronik Schönbergs".).

25.3. Der Rektor der hiesigen Volksschule, Walter Dielmann, geht in den wohlverdienten Ruhestand. Er übernahm Ostern 1951 die Leitung der Kronberger Schule. Mit viel Energie und Verständnis für seine Schüler schaffte er am inneren und äußeren Aufbau der Schule. Herzliche Worte des Dankes fanden die Vertreter der Stadt, seine Kollegen und der Elternbeirat bei der Feierstunde. Er selbst meinte bei seiner Abschiedsrede: „Lehrer sein ist eine Berufung, wenn dieser Beruf aber zum Job wird, so wird es abwärts gehen!"

27.3. Nach der neuesten Zählung in Hessen sind im Obertaunuskreis die meisten Autos zugelassen. Schon gibt es den Trend zum „Zweitwagen". In den Innenstädten wird der Verkehr zur unerträglichen Belastung.

8.4. Die Wasserbohrung am Schafhof soll alle Sorgen beheben. Wenn alles gut geht, wird das erste Wasser im Juli fließen. Hoffentlich ist damit gewährleistet, daß Kronberg auch diesen Sommer ohne drastische Einsparungsmaßnahmen übersteht. Schon jetzt sei an die Vernunft aller Einwohner appelliert, kein Wasser sinnlos zu vergeuden.

10.4. Im Schönberger Gemeinderat gab es wieder heftige Debatten. Es ging um den Bebauungsplan „Auf der Heide". Das Gelände umfaßt 80000 Quadratmeter. Man rechnet mit einer Zunahme von etwa 800 Einwohnern. (Es kam zum Bau der drei sehr umstrittenen Hochhäuser und einer Zunahme von mehr als 1000 Autos; Anm.).

22.4. Die Zahl der Blutspenden in Kronberg nimmt ständig zu. Eine erfreuliche Tendenz! Beim letzten Termin waren 104 Spender gekommen, nicht nur aus Kronberg, sondern aus der ganzen Umgebung.

24.4. Die Post wird nun nach den neu eingeführten Postleitzahlen verteilt. Schon sind 90 Prozent aller Postsendungen mit diesen Zahlen versehen.

6.5. Kronberg hat z.Z. 7526 Einwohner, in zwanzig Jahren sollen es etwa 10000 sein, das soll aber dann auch der Endstand bleiben. (Diese Zahl ist heute, 1983, zum Glück noch nicht erreicht!!!) Von den derzeitigen Einwohnern sind 4500 evangelisch, 2500 katholisch. 1150 sind älter als 65 Jahre. 260 suchen noch eine Wohnung. 2600 Einwohner sind in Industrie und Handel beschäftigt, 300 in der Land- und Forstwirtschaft, 1500 im Geld-, Versicherungs- oder Verkehrswesen. Es gibt in Kronberg 1500 Rentner und Berufslose und 1200 Selbständige.

8.5. Auf der Tagesordnung der nächsten Stadtverordnetensitzung steht unter anderem die Anschaffung verschiedener Turngeräte und eines Bühnenvorhangs für die Turnhalle.

20.5. Drei Lehrlingen, die im Stadtpark große Verwüstungen anrichteten, Lampen zerschlugen und ein Brückengeländer beschädigten, wurden vom Gericht je 20 Stunden Arbeit für die Allgemeinheit auferlegt. Zwei haben ihren „Dienst" bereits angetreten. Am Wochenende mußten sie auf verschiedenen Plätzen der Stadt für Sauberkeit sorgen.

22.5. In Schönberg wird gefeiert. Anlaß: Grundsteinlegung und Richtfest für die neue Schule.

3.6. Die Stadtverordneten-Versammlung richtet an die Einwohner Kronbergs folgenden

Appell: Infolge der anhaltenden Trockenheit entnimmt ein großer Teil der Bürgerschaft wieder Wasser für nicht lebensnotwendige Zwekke. Es kann dadurch eine Not für die Allgemeinheit entstehen. Aus diesem Grund wird dazu aufgefordert, mit dem Wasser äußerst sparsam umzugehen.

9.6. Am nächsten Wochenende findet die 120. Hauptversammlung des Gustav-Adolf-Vereins statt. Diesmal lädt die evangelische Landeskirche von Hessen und Nassau nach Kronberg ein.

15.6. Georg von Opel gründete eine Stiftung für Spaziergänger. Zweck ist es, die Menschen unserer technisierten Welt mit ihrem hektischen Tempo zu einem gesünderen Leben zu führen. Die Stiftung soll für das Spazierengehen werben. Als besonderer Anreiz ist ein Abzeichen vorgesehen, der „Wanderschuh", den man in Gold, Silber und Bronze erringen kann. Mindestens 300 Stunden spazierengehen im Jahr sind dazu erforderlich.

23.6. Anläßlich des in Frankfurt stattfindenden 6. Welt-Erdöl-Kongresses weilte Bundespräsident Dr. Heinrich Lübke mit Gattin als Gast im Schloßhotel.

1.7. Am Samstag ereignete sich an der B 455 (Schwimmbadkuppe) wieder einmal ein schwerer Verkehrsunfall. Schon seit langem ist der Ausbau der Straße zugesagt worden. Seit 1960, also in drei Jahren, gab es schon sechs tödliche Unfälle. Wann endlich geschieht etwas zur Entschärfung dieser „Todesstrecke"? (Kein Mensch konnte ahnen, daß fast zwanzig Jahre ins Land gehen mußten, bis diese gefährliche Strecke ausgebaut wurde.)

15.7. Noch hält die Hitze weiter an und der Wassernotstand ist nicht beseitigt. Das Verbot des unnötigen Wasserverbrauchs (Rasensprengen, Autowaschen, private Schwimmbecken) ist nach wie vor in Kraft. Zuwiderhandelnde haben mit hohen Geldstrafen zu rechnen. Eigentlich sollte es selbstverständlich sein, daß zum Wohle der Allgemeinheit auf sinnloses Wasservergeuden verzichtet wird. Doch gibt es immer noch liebe Zeitgenossen, die bei Nacht- und Nebelaktionen heimlich Wasser für nicht lebenswichtigen Verbrauch abzapfen.

17.7. In Kronberg wurde der Wassernotstand ausgerufen. Er wurde unumgänglich durch die anhaltende Hitze.

29.7. Die katholische Kirche in Kronberg ist eingerüstet. Das Dach muß neu gedeckt werden. Der unmittelbare Anlaß dazu war vor einigen Monaten der Absturz des Wetterhahnes, der auf das Dach gefallen war. Zum Glück wurde dabei niemand verletzt.

31.7. Pünktlich zu ihrem 200. Geburtstag in drei Jahren soll die schöne kleine Albanuskirche in Schönberg in neuem Glanz erstrahlen. Man erwägt die Gründung eines Kirchenbauvereins.

12.8. Aller guten Dinge sind drei! Ilse Neutz wurde zum dritten Mal Feldbergsiegerin (zum zweiten Mal wurde sie zur Ehrensiegerin erklärt). Das war bisher noch keinem Kronberger Sportler gelungen. Der MTV darf mit Ilse stolz auf diesen Erfolg sein.

14.8. Kronberg gehört zu den letzten 70 Gemeinden in Hessen, die immer noch Getränkesteuer erheben. Im Jahre 1962 gingen 68 000 Mark ein.

26.8. Die Freude an dem so lang erwarteten Schwanennachwuchs auf dem Schillerweiher währte nicht lange. Eines der beiden Schwanenjungen ist einem großen Schäferhund zum Opfer gefallen. Die Stadtverwaltung erinnert deshalb erneut daran, daß im Stadtpark die Hunde an der Leine zu führen sind. Leider aber kümmert sich kaum ein Hundebesitzer um diese Vorschrift. Kleine Kinder kann man nicht von der Hand lassen. Nicht nur, weil sie sonst leicht verängstigt werden, sondern weil sie auch ständig Gefahr laufen, in „Hundehaufen“ zu landen.

28.8. Die diesjährige Obsternte dürfte alle Erwartungen übertreffen. Mirabellen, Pflaumen, Zwetschgen und Äpfel sind sowohl in Qualität wie in Quantität außerordentlich gut.

9.9. In Kronberg gibt es ab nächster Woche zwei Einbahnstraßen mehr. Die Pferd- und Eichenstraße werden in ihrer ganzen Länge nur noch in einer Richtung befahrbar sein. (Für die Pferdstraße wurde diese Regelung bald wieder aufgehoben.) Die nächsten Straßen in Kronberg, die zukünftig Einbahnstraßen werden, sind die Hartmuth- und die Heinrich-Winter-Straße. Überlegungen sind schon im Gange.

11.9. Der älteste Schönberger Gärtner, Heinrich Büsing, feierte seinen 90. Geburtstag. Er ist Ehrenmitglied der „Wellingtonia“ und Träger des Bundesverdienstkreuzes. Er kam als Gärtner 1903 in die Villa Rödinger. Damals gab es in Schönberg 30 Herrschaftsgärtner.

23.9. Zwischen Niederhöchstadt und Eschborn geschah ein schweres Eisenbahnunglück. Der Kronberger Zug in Richtung Frankfurt entgleiste, die ersten Wagen rammten einen Lkw, dessen Fahrer lebensgefährliche Verletzungen davontrug. – Im Hofgut Hohenwald brach ein Schadensfeuer aus. Die Löscharbeiten, an denen die Feuerwehren von Oberhöchstadt, Kronberg, Oberursel, Bad Homburg und Königstein beteiligt waren, wurden durch Wassermangel stark erschwert. Das Vieh konnte gerettet werden, doch verbrannten mehrere landwirtschaftliche Maschinen.

25.9. Pferdstraße und Eichenstraße wurden zu Einbahnstraßen erklärt.

7.10. In der Heilstätte Falkenstein brach im Dachstuhl des Hauptgebäudes ein Brand aus, der in wenigen Minuten zu einem großen Schadensfeuer auswuchs. Sämtliche Wehren der Umgebung, sowie die Frankfurter Berufsfeuerwehr waren alarmiert worden. Die Löscharbeiten zogen sich die ganze Nacht hin. Ärgerlich für die Männer der Feuerwehren waren wieder die vielen Neugierigen, die aus allen Richtungen herbeiströmten und schon das Anfahren der Löschgeräte schwer behinderten. Bei dem Einsturz einer Mauer konnten sich einige Feuerwehrleute in letzter Sekunde durch Wegspringen retten. Die PKWs der vielen Zugucker verstopften sämtliche Zufahrtsstraßen.

21.10. Auf dem Friedhof wurde der Friseurmeister Alfred Weigand zur letzten Ruhe gebettet. Der Tote hatte unbemerkt in einem Haus in der Eichenstraße mehrere Wochen in seinem Mansardenzimmer gelegen, bis er durch Zufall entdeckt wurde.

23.10. Unsere Kronberger Volksschule hat seit der Pensionierung von Rektor Dielmann noch immer keinen Schulleiter.

4.11. Der Magistrat arbeitete eine neue Polizeiverordnung aus, nach der scharf gegen die Besitzer, die ihre Hunde frei im Stadtpark laufen lassen, vorgegangen werden soll.

6.11. In Oberhöchstadt wurde die Orgel im neuen Gemeindehaus eingeweiht. Im Festgottesdienst wird das Instrument mit sechs Registern zum ersten Mal erklingen.

18.11. Der neue Friedhof soll am Schießstand in der Lindenstruth angelegt werden. Eine rege Debatte gab es wegen der Trassenführung der Umgehungsstraße für Kronberg, Schönberg und Oberhöchstadt, die gleichzeitig auch über Eschborn und Niederhöchstadt führt. Diese Umgehung wird von der Stadt

Kronberg schon seit langem zur Entlastung der Innenstadt gefordert!

20.11. Die Wirtin „Zur Post“, Frau Marie Weidmann, geborene Weidmann, feierte ihren 80. Geburtstag. Seit 57 Jahren steht sie in dem bekannten Gastbetrieb „ihren Mann“. Frau Weidmann stammt aus dem „Höfchen im Tanzhaus“. 5 Kinder, 17 Enkel und 2 Urenkel feiern mit.

2.12. Wegen der Ermordung des US-Präsidenten John F. Kennedy wurde der für den 23. November vorgesehene Heimatabend des Verkehrsvereins auf den 1. Dezember verlegt. Anlaß zu diesem Abend war der 150. Todestag des Obstpfarrers Johann Ludwig Christ. In Kostüm und Maske des Philosophen von Gerning sprach Rudi Gröpler einen Prolog, dann hob sich der Vorhang. Die Kronberger Laienspielschar brachte Szenen aus dem Christspiel „Das neue Reis“ von Wilhelm Jung, das 1947, 53 und 61 mit großem Erfolg auf der Schirn aufgeführt wurde. Die Turnerinnen des MTV brachten Gymnastikvorführungen, MGV von 1860 und der Musikverein sorgte für musikalische Unterhaltung.

4.12. Jetzt ist es amtlich: Der Obertaunuskreis ist – gemessen an seiner Fläche – der am dichtesten besiedelte Landkreis der Bundesrepublik.

16.12. Der 2. Bauabschnitt der Altkönigschule in der Heinrich-Winterstraße ist abgeschlossen. Auch ein Kleinsportplatz neben der Schule wurde angelegt. Die Schule wird derzeit von 325 Schülern besucht.

18.12. Die Firma Braun AG beabsichtigt, ihr Fertigungswerk in Kronberg im nächsten Jahr erheblich zu vergrößern.

30.12. Die Weihnachtsfeiertage brachten Kälte und Schnee und der städtischen Streukolonne eine Menge Arbeit. Wenn wir über die Glätte schimpfen, sollten wir auch einmal daran denken, daß die Männer nicht überall zur gleichen Zeit sein können. – Im Opelzoo hatte sich ein Elefant selbständig gemacht. Durch den hohen Schnee gelangte er mühelos über den Zaun des Geheges und machte sich auf die Wanderschaft. Er erschreckte in der Nacht einen Bewohner von Mammolshain, der seinen Augen nicht trauen wollte, als neben seinem Auto ein Elefant auftauchte. Die Beamten unserer Polizei und das Pflegepersonal des Zoos hatten stundenlang damit zu tun, den Ausreißer wieder in seine Behausung zurückzulotsen.

1964

13.1. Der Tennis- und Eislaufverein gründete eine Schülermannschaft im Eishockey. Die Jungen sind begeistert bei der Sache. Ihre großen Kollegen gehören zu den besten Mannschaften in Hessen.

15.1. Ein Teil der Klassenräume der Kronberger Volksschule muß wegen Einsturzgefahr der Decken geschlossen werden. Die Decken wurden erst 1953 beim großen Umbau eingezogen!

29.1. Im Gasthaus „Zu den drei Rittern", wurde der „Stammtisch für Heimatfreunde" aus der Taufe gehoben. Initiatoren sind Wilhelm Jung und Ernst Schneider. Die Heimatfreunde wollen sich vor allem um die Altstadt kümmern.

12.2. Am Orscheler Fassenachtszug beteiligten sich wieder die Rittergarde und der Fanfarenzug des Kappenklubs. Mitgeführt wurde ein prächtiger Festwagen, auf dem die Burgfrau thronte.

26.2. Die Kronberger Grund- und Hauptschule hat einen neuen Rektor: In einer Feierstunde im evangelischen Gemeindesaal wurde Heinrich Büttner in sein Amt eingeführt.

9.3. Ist die Verstaatlichung unserer Stadtpolizei für Kronberg von Vorteil? Bürgermeister Dr. Jacobi ist der Meinung, für die Stadt Kronberg ergäbe sich daraus keine Kostenersparnis, da zivile Vollzugsorgane eingesetzt werden müßten, die die jetzt noch von der Stadtpolizei wahrgenommenen Aufgaben übernehmen müßten.

12.3. Zwei Todesnachrichten erschütterten in den letzten Tagen die Kronberger. Im Alter von 67 Jahren verstarb der bekannte und beliebte Bürger Hans Kunz, Oberbrandmeister bei der Feuerwehr und lange Jahre Mitglied des Stadtparlamentes. Tödlich verlief der Unfall, den die Gattin von Georg von Opel in St. Moritz hatte. Beide Verstorbenen wurden auf dem hiesigen Friedhof beigesetzt.

23.3. Die Firma Mitlehner & Co feierte ihr 85jähriges Geschäftsjubiläum. Josef Mitlehner übernahm den Betrieb 1979 von seinem Vater. 1945 mußte die Familie, die im Sudetenland ansässig war, die Heimat verlassen. Die ursprüngliche Perlenfabrikation wurde aufgegeben, man stellte sich auf feingeschliffene Kristallwaren um. Die Firma erfreut sich auch in der neuen Heimat eines ausgezeichneten Rufes.

6.4. Durch den Tod von Ortsbrandmeister Hans Kurz mußte die Freiwillige Feuerwehr einen neuen Leiter der Wehr wählen. Der Nachfolger wird nun Heinz Feger, der seit 15 Jahren der Wehr angehört, Josef Schleiffer wurde zum stellvertretenden Ortsbrandmeister gewählt.

9.4. Derzeit wird das Schwimmbad wieder auf Hochglanz gebracht. Das Becken erhielt einen neuen hellblauen Anstrich; in den Toiletten wurden Duschräume eingebaut. Am 9. Mai soll das beliebte Schwimmbad wieder geöffnet werden.

20.4. Die Gemeindevertretungs-Sitzungen in Schönberg sind nie langweilig! Das bestätigen die Zuhörer immer wieder. Zwei Gemeindevertreter gerieten sich gewaltig in die Haare wegen der Niederschriften von den letzten Sitzungen. Befürwortet wurde mit zwei Enthaltungen die Zusammenlegung der Schulbezirke Kronberg und Schönberg. – Am Ostersonntag kam es an dem unbeschränkten Bahnübergang am Schanzenfeld zu einem folgenschweren

Unfall, bei dem drei junge Menschen ums Leben kamen. Die Fahrerin eines Pkw hatte das rote Warnlicht, das einen herannahenden Zug signalisiert, nicht beachtet. Es kam zum Zusammenstoß mit dem Zug. Drei Insassen des Pkw waren sofort tot.

23.4. In Bad Homburg wurden 97 Lehrlinge durch die Kreishandwerkerschaft freigesprochen. Mit Auszeichnung bestanden zwei junge Kronberger: Günter Knecht (Dachdecker, Lehrmeister Heinz Feger) und Walter Wegefahrt (Maler, Lehrmeister Karl Henrich). Auch die beiden Lehrmeister sind Kronberger und haben hier ihre Handwerksbetriebe.

4.5. In einer kleinen Feierstunde wurde Frau Maria Nettesheim als Konrektorin eingeführt. Sie ist seit über einem Jahrzehnt an der hiesigen Hauptschule als Lehrerin tätig. Seit der Pensionierung von Rektor Dielmann bis zum Eintritt von Rektor Büttner hatte sie die Schulleitung unter sich.

18.5. Von der letzten Stadtverordneten-Sitzung. Die Schwimmbadpreise bleiben stabil. Die FDP-Fraktion beantragte, mit den Kronberger Vereinen einen Ausspracheabend zu veranstalten, damit die Vereine ihren Raumbedarf darlegen können. Im Wesentlichen geht es dabei um die Verwendung der bislang von der Obst- und Gemüseverwertungsgenossenschaft genutzten Halle am Berliner Platz.

1.6. Übermorgen findet in Kronberg die Hochzeit des Prinzen Moritz von Hessen mit Prinzessin Tatjana zu Sayn-Wittgenstein-Berleburg statt. Die standesamtliche Trauung vollzieht Bürgermeister Jacobi. Das Paar wird in der Johanniskirche von Pfarrer Grabowski getraut. Mehr als 300 Gäste werden erwartet.

4.6. Die Prinzenhochzeit in Kronberg war ein Magnet. Sowohl standesamtlich wie kirchlich wurde Prinz Moritz von Hessen mit Prinzessin Tatjana von Sayn-Wittgenstein hier in unserer Stadt getraut. Viele Gäste und auch Zaungäste hatten sich eingestellt.

15.6. Die Bleich- und Bahnhofstraße sollen zu Einbahnstraßen erklärt werden. Die Bleichstraße aufwärts, die Bahnhofstraße abwärts. Die Zustimmungen der übergeordneten Behörden liegen vor. – Der Förderkreis des Kronberger Gymnasiums will sich an dem Bau einer neuen Schulturnhalle finanziell beteiligen. Die jetzige Turnhalle oder sogenannte Stadthalle träge den Bedürfnissen des Schulsports nicht mehr Rechnung.

18.6. Kronberg bekommt ein neues Tanklöschfahrzeug. Es hat ein Fassungsvermögen von 2,5 Kubikzentimetern und eine Spritzdauer von 20 Minuten.

29.6. Betrunkene wüteten im Schulgarten. Wie Vandalen hausten mehrere Kronberger und Schönberger Jugendliche, hielten am Springbrunnen großes Gelage, dabei wurde der Brunnen demoliert, Blumen herausgerissen, Bänke beschädigt und Papierkörbe entleert.

13.7. Wassernotstand in Kronberg! Durch die anhaltende Hitze wird in Kronberg das Wasser knapp. Die Stadt ruft zum Sparen auf. Die Wasserversorgung kann nur gesichert werden, wenn vernünftig mit dem kostbaren Naß umgegangen wird. Rasensprengen und Autowaschen sollte man unterlassen.

27.7. Der Kappenklub bereitet sich auf die närrische Saison vor. Am 11.11. soll sie mit einer Theateraufführung eröffnet werden. Beim Kappenklub ist früher viel Theater gespielt worden, man knüpft an eine alte Tradition an. Mitglieder des Klubs studieren den Schwank „Tante Jutta aus Kalkutta“ d. Fam. Hannemann ein.

10.8. In Schönberg entsteht eine große Wohnanlage, die Postsiedlung. Ein achtstöckiges Hochhaus und fünfunddreißig Reihenhäuser. Dort werden Bedienstete der Post, hauptsächlich aus Frankfurt, einziehen.

24.8. Für dieses Jahr wird die schlechteste Getreideernte seit Jahren erwartet. Durch die wochenlang anhaltende Trockenheit steht auf dem Halm mehr Stroh als Körner. Die Kartoffeln wachsen nicht aus, in diesem Herbst werden sie teuer. – Endlich ist es soweit. Die Genossenschaft räumt die Markthalle am Berliner Platz. Nach einem Rechtsstreit mit der Stadt Kronberg kam es zum Vergleich. Die Jugend und die Vereine Kronbergs hoffen nun auf mehr Raum für ihre Aktivitäten.

7.9. Die Johanniskirche wird restauriert. Der erste Abschnitt, der Einbau einer Umluftheizung, ist abgeschlossen. Nunmehr geht es an die Erhaltung und Restaurierung der Ausmalung im Kirchenraum. Mit diesen Arbeiten geht ein langgehegter Wunsch von Pfarrer Grabowski und vielen Kronbergern in Erfüllung. – Unser Kronberger Mitbürger Benno Reifenberg wurde in der Paulskirche mit dem „Goethepreis der Stadt Frankfurt“ ausgezeichnet.

10.9. In Schönberg wurde die neue Volksschule eingeweiht und feierlich ihrer Bestimmung übergeben.

21.9. Befremden löste bei den Schönberger Gemeindevertretern Kronbergs Absicht aus, eine Müllverbrennungsanlage zu bauen. Das stehe im krassen Gegensatz zu der allgemein gepflegten Redensart von den gemeinschaftlichen Aufgaben, die nur zusammen gelöst werden können. Kronberg wurde dann den anderen Gemeinden den Preis für die Müllverbrennung aufdiktieren. Trete dies ein, so meinte Otto Köth (SPD), plädiere er dafür, daß Schönberg seinen Müll nach Frankfurt fahre.

24.9. Der Ausbau der ehemaligen Markthalle am Berliner Platz kann beginnen. Noch aber ist man bei der Stadt sich nicht einig, wie die Gestaltung aussehen soll. Die Vereine wurden angehört. (Dann aber kaum ein Vorschlag umgesetzt. Anm.)

5.10. Endlich ist es soweit! Nach jahrelangen Bemühungen beginnen nun die Bauarbeiten für die Sporthalle des MTV auf dem vereinseigenen Platz an den Schülerwiesen. Stadt und Kreis geben einen Zuschuß.

19.10. Zu einem Informationsgespräch über den Stand des Projektes der Müllverbrennungsanlage in Kronberg trafen sich die Vertreter der Orte Mammolshain, Schönberg, Falkenstein und Kronberg. Diese Orte wollen voraussichtlich einen Müllzweckverband gründen. – Die Stadtverordneten von Kronberg hatten vor einiger Zeit in Wien eine derartige Anlage besichtigt.

24.10. Beschwerlich ist der Weg zur Johanniskirche geworden. Durch die Renovierungsarbeiten ist der Treppenaufgang versperrt. Überraschend wurde neben dem Altar eine Sakramentsnische entdeckt. Die schwierigste Arbeit, die Restaurierung der Deckenmalereien, steht unter der Leitung von Julius Hembus noch bevor.

2.11. In ihrer letzten Sitzung faßten die Kronberger Stadtverordneten einen wichtigen Beschluß. Kronberg will eine Müllverbrennungsanlage bauen. Die Schönberger Gemeindevertreter haben ihren Beitritt zum Kronberger Müllverband vorerst verschoben. Die Schwalbacher Gemeinde legte Protest gegen das Kronberger Vorhaben ein.

15.11. Schwester Herma, die langjährige Leiterin des katholischen Kindergartens feiert ihr silbernes Ordensjubiläum. Seit 1946 sorgt sie in der Wilhelm-Bonn-Straße im ehemaligen

Braunen Haus für das Wohl ihrer Schutzbefohlenen.

16.11. Bei den Kommunalwahlen konnte die SPD in Kronberg zwei Mandate hinzugewinnen. Sie bleibt weiterhin die stärkste Fraktion im städtischen Parlament. Auch die CDU konnte zulegen, sie gewann einen Sitz, die FDP verlor ein Mandat. Die GDP (Gesamtdeutsche Partei und BHE) konnte die 5% nicht überspringen, sie wird künftig im Stadtparlament nicht mehr vertreten sein. – Auch in Schönberg konnte die GDP kein Mandat mehr erringen. Dort ist die CDU stärkste Fraktion. Sie erhielt 5 Sitze, die SPD 3, die FDP 2, die Wählergemeinschaft 3 Sitze. Im Kreistag heißt die stärkste Fraktion auch weiterhin SPD.

26.11. Immer noch warten mehr als 60 Mitglieder der Gemeinnützigen Baugenossenschaft auf eine Wohnung. Eine Reihe von Wohnungen wird von Mietern blockiert, die so viel verdienen, daß sie keinen Anspruch auf öffentlich geförderten Wohnraum mehr haben.

30.11. Dr. Hans Apelt (SPD) wurde mit den Stimmen von SPD und FDP zum Stadtverordneten-Vorsteher gewählt. Sein Stellvertreter wurde Hans-Jürgen Schultz sen. (FDP). Die CDU fühlte sich bei der Vergabe dieser beiden Ämter übergangen und enthielt sich der Stimme.

24.12. In den Schülerwiesen wurde Richtfest gefeiert. Der MTV baut dort ein Vereinshaus. Der erste Vorsitzende, Bernhard Geisel, bezeichnete das Richtfest als eine denkwürdige Stunde in der Geschichte des MTV. – An den beiden verkaufsoffenen Sonntagen vor Weihnachten zeigte es sich wieder, wie groß der Mangel an Parkgelegenheiten ist. Der Berliner Platz war vollkommen zugestellt, in der Innenstadt keine Lücke mehr frei. Die Bürger fragen sich: Wann wird sich unsere Stadtverordnetenversammlung endlich einmal wirklich ernstlich mit dem Problem befassen?

28.12. In Kronberg soll ein Vereinsring gegründet werden, die Initiatoren sind vor allem Bernhard Geisel, Vorsitzender des MTV, Fritz Stietzel, Vorsitzender des Kappenklubs und der Vorstand des Gärtnervereins Wellingtonia, Saage. Der Grundgedanke ist vor allem bessere Terminabsprache. (Nach einem relativ guten Start scheiterte das Ganze doch wieder und kam zum Erliegen. Inzwischen ist das Verkehrsamt zur Anlaufstelle für die Vereine geworden. Eine Liste der Veranstaltungen, die vom Verkehrsamtsleiter geführt wird, soll die oft sehr ärgerlichen Terminüberschneidungen vermeiden. Wenn die Vereine ihre Veranstaltungen rechtzeitig melden, klappt dieser „Vereinsring-Ersatz" recht gut.)

1965

11.1. Mit den Glockenschlag 12 in der Nacht zum 5.1. hat die Kronberger Stadtpolizei aufgehört zu existieren. Die kommunale Polizei wurde verstaatlicht und untersteht jetzt dem Innenminister in Wiesbaden. Sofort spürbar für die Bürger ist, daß es keinen Feldhüter mehr gibt.

21.1. Die CDU-Fraktion der Schönberger Gemeindevertretung veranstaltet im evangelischen Gemeindesaal in Kronberg einen Filmabend mit dem Thema „Abwasser, Müllbeseitigung und Kompostverwertung". Diese Probleme erhitzen seit einiger Zeit die Gemüter in Kronberg.

25.1. Die Feuerwehren hielten Rückschau! Bei der Generalversammlung in Kronberg teilte Bürgermeister Dr. Jacobi mit, daß die Kronberger Wehr demnächst einen Kommandowagen mit Funk erhält.

4.2. Der Streit, ob Müllkompostierung oder -verbrennung geht weiter. Dieses Thema und die Abwasserentsorgung sind zum Alptraum der Stadt geworden. Die vorgesehene Gründung eines Abwasserverbandes ist aber bisher immer noch nicht zustande gekommen.

9.2. Ein Nachkomme der Frankfurter-Kronberger Bankiersfamilie Bonn, Professor Dr. Moritz J. Bonn, ist im Januar verstorben. Professor Bonn galt als einer der besten Wirtschaftswissenschaftler seiner Zeit. Seine Urne wird am 13. Februar im Rathaus (i. d. Mauer) Kronberg beigesetzt. Das Kronberger Rathaus war früher der Wohnsitz der Familie Bonn und ging 1922 in den Besitz der Stadt Kronberg über.

14.2. „Haushalt des Vertrauens und des Leistungswillens" nennt Bürgermeister Philipp Ritter den Schönberger Etatentwurf für 1965. – Die Kronberger hingegen bezeichnen ihren Haushalt als den „umfangreichsten" seit Jahren.

22.2. Die Stadt Kronberg gibt in diesem Jahr DM 2000,– für Veränderungen in der Trauerhalle des Friedhofes aus. Es soll neben elektrischen Heizkörpern auch eine Lautsprecheranlage eingebaut werden. – Die Kreisversammlung der CDU hat unseren Kronberger Mitbürger Walther L. Kiep zum Kandidaten für die Bundestagswahl im Wahlkreis 135 bestimmt. Stadtrat Rudolf Möller wurde zum Kreisvorsitzenden der CDU gewählt.

4.3. Die Schönberger Gemeindevertretung befaßte sich in ihrer letzten Sitzung mit dem Problem des gesellschaftlichen Lebens. In Schönberg gibt es kein Hotel, kaum eine Gaststätte. Das Vereinsleben spielt sich zum Teil in Kronberg ab. Eine Stadtbuslinie einzurichten, wie der Kronberger Bürgermeister vorschlug, hält jedoch Bürgermeister Philipp Ritter für nicht notwendig.

8.3. Der Verkehrsverein zog Bilanz. Geschäftsführer Karl Melzer bedauerte bei der Jahreshauptversammlung, daß alle öffentlichen Aufrufe und Werbungen um neue Mitglieder bei den Kronbergern kaum Erfolg gezeigt hätten. Auch sei es sehr nachteilig, daß man in Kronberg keine Tagungen und Kongresse abhalten könne, da es 1. zu wenig Fremdenbetten gebe und 2. kein geeigneter Tagungs- und Versammlungsraum zur Verfügung stehe.

22.3. Bluttat in Oberhöchstadt! In einem Haus in der Borngasse wurde ein grausiger Fund gemacht. Unter einem Sofa lag die unbekleidete Leiche eines jungen Mädchens. Die

Polizei konnte schon wenig später den Mörder dingfest machen. Der aus Gemünden stammende Adolf Groß hatte sich in Oberhöchstadt ein Zimmer gemietet. Er legte ein umfassendes Geständnis ab. – Nur vier Tage nach dem Sexualmord in Oberhöchstadt gab es im Vordertaunus wieder eine Bluttat. In der Nacht zum 16. März, kurz nach 24 Uhr, wurde auf der Neutorallee in Oberursel der 23jährige Walter Rünzi aus Kronberg bei einer Schlägerei mit Gastarbeitern durch mehrere Messerstiche so schwer verletzt, daß er wenig später starb. Über den Hergang der Schlägerei gibt es bis jetzt noch einige Unklarheiten, die Tatwaffe konnte nicht gefunden werden. Bei Rünzi wurden insgesamt 19 Messerstiche in Brust und Rücken festgestellt. Gegen drei Italiener wurde Haftbefehl erlassen. Die Anteilnahme der Kronberger Bevölkerung gilt der jungen Frau von Walter Rünzi und dem kleinen Kind.

25.3. Kurz vor Eintritt in den Ruhestand verstarb vor einigen Tagen ganz plötzlich Peter Sattler, der 20 Jahre in der Stadtverwaltung tätig war.

6.4. Nach vielem Hin und Her, nach heftigen Diskussionen, polemischer Anschuldigung und Behauptungen und nach großem Zeitaufwand gelang es den Delegierten aus Kronberg, Schönberg, Falkenstein und Mammolshain endlich, einen Abwasserverband zu gründen. Der Verband ist jedoch noch nicht arbeitsfähig. Aus formalistischen Gründen sah sich Landrat Herr außerstande, die Wahl des Verbandsvorsitzenden vorzunehmen. Formal bestehe der Widerspruch der Gemeinde Schönberg noch immer, obwohl Bürgermeister Philipp Ritter bei der Sitzung diesen Widerspruch zurückgenommen hatte.

8.4. Der neugegründete Abwasserverband hat Bürgermeister Dr. Jacobi von Kronberg auf vier Jahre zum Vorsitzenden gewählt.

19.4. Die Zweigstelle Kronberg der Braun AG hatte wieder einen großen Tag. Vor dem Werk Schanzenfeld wurde der erste Spatenstich für den nächsten Bauabschnitt vollzogen. Es entsteht zunächst eine Verlängerung der Halle, zum anderen ein 2–3 geschossiger Bau für die Verwaltung und Entwicklung. Z. Zt. arbeiten im Werk Kronberg 210 Angestellte und Lohnempfänger, bis zur Fertigstellung des Neubaues werden ca. 40–50 Arbeitskräfte mehr benötigt. Das Hauptproblem aber sei – so führte Dr. Gros aus, der große Mangel an Arbeitskräften.

25.4. Der CDU-Ortsverband Kronberg-Schönberg wählte einen neuen Vorstand. Dr. Otto Heuse wurde Vorsitzender. Rudolf Möller, bisher Ortsvorsitzender, hatte sein Amt wegen Arbeitsüberlastung niedergelegt; er war vor kurzem zum Kreisvorsitzenden gewählt worden.

3.5. Wird auch in Kronberg bald ein Alten-Wohnheim entstehen? Die Stadtverordnetenfraktion der SPD hat in dieser Richtung die Initiative ergriffen und informiert sich jetzt über derartige Wohnheime, die nicht als Altersheime zu verstehen sind. –Endlich tagen die Schönberger Gemeinderäte in einem würdigen Raum. Der Klassenraum in der alten Schule, bislang Ärgernis für Gemeinderat und Zuschauer, ist neu gestaltet worden. – Um die Nützlichkeit von Gaststätten in Schönberg entspann sich in der letzten Gemeindevertretersitzung eine ausgedehnte Diskussion, ausgelöst durch den Antrag der FDP auf den Bau eines Feuerwehrhauses. Die FDP-Fraktion ist der Meinung, daß die Einplanung einer Gastwirtschaft dringlich sei. Die Vereine Schönbergs seien Kostgänger Kronbergs, da sie gezwungen seien, sämtliche Veranstaltungen und Zusammenkünfte in Kronberger Gaststätten abzuhalten.

6.5. Martin Dornauf aus Kronberg und Jakob Salomon aus Schönberg erhielten aus der Hand des Landrates Herr das Bundesverdienstkreuz am Bande.

17.5. Die ehemalige Markthalle am Berliner Platz verwandelt sich in ein Gebäude, das zu den Schmuckstücken der Stadt zählen wird. Ein Gang durch die „Kleine Halle" lohnt sich. Der Raum ist ausgestattet mit einer Filmleinwand (!!!) für Vorträge. Die renovierte Halle steht auch für festliche Anlässe der Bürgerschaft zur Verfügung. Schon ist eine Hochzeit angemeldet. (Prompt handelten sich diese Gäste Ärger mit der Stadt ein, da die Damen Stöckelabsätze trugen. Das bekam dem hochvornehmen Parkett nicht! Wenige Jahre später sah die „Kleine Halle" nicht mehr so schön aus).

20.5. Der Neuanstrich des Schwimmbadbekkens mußte wegen schlechter Witterung immer wieder verschoben werden. Knapp konnte die Eröffnung jetzt durchgeführt werden.

31.5. Die CDU-Fraktion hat den Magistrat beauftragt zu prüfen, welche technischen und architektonischen Möglichkeiten zur Wiederherstellung des früheren Schirnbrunnens gegeben sind. Die FDP kam allerdings schon im vergangenen Jahr auf diese Idee. – Für das Schwimmbad hat die Stadt Kronberg ein neues Rettungsgerät angeschafft. Es handelt sich um eine Elektrolunge zur ersten Hilfe bei Unfällen, wie Ertrinken, Kopfverletzungen, Vergiftungen u.ä.

3.6. Auch dieses Jahr findet an Pfingsten das beliebte „Taunus-Bäder-Tennis-Turnier" in Kronberg statt. Das Wetter verspricht den schönsten Sonnenschein. Es gibt so viele Meldungen, daß 150 Spiele durchgeführt werden müssen.

14.6. Hans Würzbach, ein Maler der alten Schule, der nach dem Kriege nach Kronberg verschlagen wurde, starb im Alter von 75 Jahren, er fand auf dem hiesigen Friedhof seine letzte Ruhestätte. In vielen Bildern hielt er die Schönheiten unserer Heimat fest.

17.6. Mit dem Bau der Turnhalle am Kronthalerweg kann begonnen werden. Grünes Licht gab es von der Stadtverordnetenversammlung, deren Sitzung in der neu hergerichteten Kleinen Halle abgehalten wurde.

28.6. Die Restaurierung der Johanniskirche macht gute Fortschritte. Derzeit wird auch außen gearbeitet. Die Treppe zur Friedrich-Ebert-straße wird umgebaut. Sie mündete bisher direkt auf die Straße ein, die an dieser Stelle keinen Bürgersteig hat. Der Treppenaufgang wird nun anders und ungefährlicher verlaufen. (Der Bürgersteig auf dieser Straßenseite – von der Streitkirche bis zur Oberen Höllgasse wurde erst 1975 bei der umfangreichen Straßenrenovierung angelegt.)

1.7. Die gefährliche Stelle an der B 455 unterhalb des Schwimmbades – die Spitzkehre am Schloßpark – hat wieder ein Todesopfer gefordert. Es wird höchste Zeit, daß diese Gefahrenquelle entschärft wird.

12.7. Infolge des erneuten Kälteeinbruchs war das Schwimmbad in den letzten Tagen ziemlich leer. Die Wassertemperatur betrug nur 17 Grad. Auch die Kerb war von dem schlechten Wetter beeinträchtigt. Am Nachkerbesonntag bangte ganz Kronberg darum, ob das große Feuerwerk auch wirklich abgebrannt werden könne. Seit wenigen Jahren wird es im Stadtpark veranstaltet, da es sich erwiesen hat, daß es im Schulgarten zu gefährlich ist. Petrus hatte aber ein Einsehen und ließ die Regentonne zu. – Bürgermeister Ritter steht wieder einmal im Mittelpunkt heftiger Auseinandersetzungen der Schönberger Gemeindevertreter. Ihm werden immer mehr „Alleingänge" vorgeworfen.

15.7. Unsere Stadt wird immer internationaler. Nach den letzten amtlichen Feststellungen leben in Kronberg derzeit 390 Ausländer aus insgesamt 36 Nationen. Sie arbeiten in den verschiedensten Berufen.

26.7. Bei einem schweren Verkehrsunfall an der Abzweigung Bad Soden kamen vier Personen ums Leben. Ein VW-Fahrer hatte die Vorfahrt nicht beachtet und prallte mit seinem Fahrzeug auf einen anderen Pkw. Die Insassen des VW, das Ehepaar Mitlehner aus Kronberg und zwei Bekannte waren auf der Stelle tot.

29.7. Bürgermeister Philipp Ritter hat große Pläne für seine Gemeinde Schönberg. Vorrangig ist die Verbesserung der Straßen, außerdem schwebt ihm der Bau eines großen Hotels auf der Heide vor.

9.8. Im Rathaus macht man sich Gedanken um die Wiedererstehung des Schirnbrunnens. Der Magistrat hat sich nach Beauftragung durch die Stadtverordnetenversammlung nun an die Arbeit gemacht. Ein Modell wurde bei Fritz Best in Auftrag gegeben. Schon ist der Kronberger Künstler in der Lage, gleich drei Modelle vorzustellen. – Der Sitzungssaal im Rathaus wurde renoviert. Für die Stadtverordneten wurde eine andere Sitzordnung geschaffen.

12.8. Das Kronthal stand im Mittelpunkt einer Debatte der Stadtverordneten. Der Zustand des Quellenparks gibt Anlaß zu vielen Klagen, es gibt jedoch Kompetenzschwierigkeiten, da die Stadt Kronberg nicht Besitzerin des betreffenden Geländes ist.

23.8. Nach den Entwürfen des Direktors vom Frankfurter Zoo, Professor Grzimek, soll im Waldgelände des Hochtaunus ein großer Tierpark völlig neuen Stiles entstehen. Eine langsamfahrende Kleinbahn soll die Besucher durch den weitläufigen Park fahren. Davon werden vor allem die Jagdpächter entzückt sein. Die ersten Widersprüche wurden auch schon laut. Noch aber ist es Zukunftsmusik! (Und blieb es zum Glück auch!)

26.8. Bürgermeister Dr. Jacobi gab bei der letzten Stadtverordnetensitzung einen ausführlichen Rechenschaftsbericht ab. Im Schwimmbad gibt es wegen des kühlen Sommers ein Defizit. Wegen des kühlen Wetters sei auch die Vergnügungssteuer abgesunken.

6.9. Unter dem schlechten Sommerwetter hat auch die Schwimmbadkasse Einbußen zu registrieren. Bis jetzt weist die Kasse nur 35 000 DM Einnahmen auf. – Für den Bau der geplanten Schulturnhalle (am Kronthalerweg) ist eine Investition von 650 000 DM notwendig, für das neue Feuerwehrhaus müssen ca. 700 000 DM aufgebracht werden. So teilte Bürgermeister Dr. Jacobi in der letzten Stadtverordneten-Sitzung mit. Das Feuerwehrhaus soll an die Stadthalle angebaut werden und neben Lehrsälen auch eine Wohnung enthalten.

20.9. Seit einigen Tagen hat Kronberg einen neuen prominenten Einwohner. Er ist 85 cm groß, wiegt aber bereits 180 Pfund. Der Neubürger ist ein Mädchen: Ein afrikanisches Elefantenbaby, das nach zwanzig Monaten Tragzeit im Opelzoo zur Welt kam. Es wurde auf den Namen „Afrika" getauft. Das Elefantenkind und seine Mutter Opeline sind wohlauf.

23.9. Wegen des schlechten Sommerwetters hatte die Schwimmbadkasse große Einbußen.

4.10. Bei der gestrigen Bundestagswahl konnten einige Kronberger zum ersten Mal mit Maschinen ihre Stimme abgeben. Im Wahllokal „Stadthalle" waren drei dieser neuen „Stimmzettel" aufgestellt. Das Ergebnis der Bundestagswahl konnte sofort festgestellt werden. In Kronberg wurden für die SPD 1445, für die CDU 1432 und für die FDP 599 Stimmen abgegeben, die übrigen Gruppen lagen weit unter der 5%-Klausel. In Oberhöchstadt votierte man wie folgt: SPD 861, CDU 736, FDP 53 Stimmen, in Schönberg 325 SPD, 396 für die CDU und 194 für die FDP. Strahlender Wahlsieger war der Kronberger Walter Leisler Kiep, der im Wahlkreis Obertaunus das Direktmandat mit 3000 Stimmen Vorsprung erringen konnte.

18.10. Bei der Braun AG, dem größten Industriebetrieb in Kronberg, wurde der Grundstein zum zweiten Bauabschnitt gelegt. Der Neubau ist als Mehrzweckbau für Fertigung, Entwicklung, Labor und Verwaltung geplant. Nach der Fertigstellung werden dort 6–700 Arbeitskräfte Beschäftigung finden.

1.11. Die Entscheidung im Architekten-Wettbewerb zum Bau eines evangelischen Gemeindezentrums in Schönberg ist gefallen. Die Modelle und Pläne werden in einer Ausstellung in der Schönberger Volksschule gezeigt. – Zum Gedenken an den Altmeister der Kronberger Malerkolonie, Anton Burger, wird in der Kleinen Halle eine Ausstellung gezeigt. Etwa hundert seiner Werke stehen zur Verfügung. Leihgaben aus Galerien und Privatbesitz wurden zusammengetragen. Am Zustandekommen dieser Ausstellung war vor allem Heimatforscher Wilhelm Jung beteiligt, ebenso Julius Hembus. Die Ausstellung dürfte die Kronberger sehr interessieren. Noch nie, seit Burgers Tod, konnte man solch eine große Sammlung seiner Werke sehen.

15.11. Die Bundesbahn hat auf der Strecke Kronberg-Frankfurt neue Triebwagen eingesetzt. Sie sollen den Nahverkehr attraktiver gestalten. Die ganze Attraktion am ersten Tag war eine Pleite. Die Wagen zeigten sich als viel zu klein, in den Stunden des Berufsverkehrs reichen sie bei weitem nicht aus. – In der vorderen Hainstraße, entlang des Frankfurter Hofes wurden Parkuhren aufgestellt. – Die Burger-Ausstellung in der Kleinen Halle ist ein großer Erfolg. Schon in den beiden ersten Tagen kamen mehr als 500 Besucher.

29.11. Tod des 32 Jahre alten Oberturnwarts des MTV Bert Kunz.

13.12. Große Pläne bei der Bundesbahn! Nach den Prognosen der Direktion Frankfurt sollen die Nahverkehrszüge bereits 1973 über den Hauptbahnhof hinaus bis zur Hauptwache fahren. – Bundespräsident Lübke kam zu einem kurzen Besuch nach Kronberg. Er traf mit einem Sonderzug am Bahnhof ein, wo er von Bürgermeister Dr. Jacobi begrüßt wurde. Anlaß des als „privat“ deklarierten Aufenthaltes war ein Besuch bei dem Bankpräsidenten Hermann Joseph Abs. – Es wird tatsächlich wahr! Nach fleißigen letzten Arbeitswochen ist die umfangreiche Renovierung und Restaurierung der Johanniskirche so weit fortgeschritten, daß die evangelische Kirchengemeinde am Heiligen Abend wieder in ihr Gotteshaus einziehen kann.

27.12. Die Mitglieder des Abwasserverbandes Kronberg einigten sich in ihrer letzten Sitzung, der Landesregierung in Wiesbaden als Standort für die noch zu bauende Kläranlage das Gelände am Schafhof vorzuschlagen. – In Schönberg geht es hart auf hart. Bei der letzten diesjährigen Gemeinderatssitzung wurde wieder einmal mit harten Bandagen gekämpft. Ausgangspunkt der Streitigkeiten war die Verabschiedung des Nachtragshaushaltes für 1965.

1966

10.1. Die Freiwillige Feuerwehr Kronberg hatte ein ruhiges Jahr. Es gab zum Glück keine größeren Brände. Dafür aber hatten die Wehrmänner ihren ersten „Öl-Alarm“. In einem Keller war Heizöl ausgelaufen und mußte in einen Tankwagen gepumpt werden. Derzeit stehen 86 Aktive in den Reihen der Freiwilligen Feuerwehr, die nunmehr vierte Jugendgruppe hat 11 Mitglieder. – Auch für die Schönberger Feuerwehr verlief das Jahr 1965 ruhig.

24.1. Die Volksbücherein in Schönberg besteht seit fast 50 Jahren und verfügt über rund 400 Bücher. Doch sie wird kaum genützt. Die Unterbringung ist nur provisorisch, die Verwaltung hofft zuversichtlich, daß es in dem geplanten Dorfzentrum ein Gemeinschaftshaus geben wird, in dem auch die Bücherei einen Raum finden wird. – Seinen 80.Geburtstag konnte gestern der Städtebauer Walter Schwagenscheidt feiern. Der im In- und Ausland bekannte Architekt erkor sich 1933 Kronberg als Wahlheimat. Ein langer und dornenvoller Berufsweg liegt hinter ihm. Einen Namen erwarb er sich, als er von 1930–33 mit Professor Ernst May in der Sowjet-Union im Ural und in Sibirien neue Städte plante und baute. 1959 gestaltete er mit seinem Partner die Nordweststadt in Frankfurt. Im Mittelpunkt seiner Arbeit steht für ihn stets der Mensch, nicht die Architektur. Er erhielt hohe Auszeichnungen, so das Bundesverdienstkreuz und die Ehrenplakette der Stadt Frankfurt.

7.2. Kronberg hat eine Karnevalsprinzessin. Anläßlich des 80jährigen Jubiläums der Carnevalsgesellschaft wurde die Tochter des Sitzungspräsidenten Rolf Haesters als Gudrun I. auf den närrischen Thron erhoben.

21.2. In der letzten Gemeinderats-Sitzung in Schönberg überraschte Vorsitzender Rolf Audouard die Zuhörer, als er sein Amt zur Verfügung stellte. Karl-Heinz Schneider übernahm den Vorsitz. Doch bei den Schönbergern wurde im Laufe des Abends nicht immer nach dem Grundsatz der freien Meinungsäußerung verfahren. Mehrmals mußte Schneider zur Ordnung rufen, damit ein Sprecher seinen Gedankengang zu Ende führen konnte. Sogar ein Zuhörer versuchte, durch Zwischenrufe in die Debatte einzugreifen.

7.3. Bedingt durch akuten Platzmangel wurde auf dem Schönberger Friedhof wieder eine Fläche geräumt. Eine Erweiterung ist unumgänglich. Die Gesamtkosten einschließlich einer Trauerhalle werden auf 300 000 DM angegeben. Bis jetzt verfügt Schönberg über keinen würdigen Raum, um die Särge aufzustellen und um Trauerfeiern abzuhalten.

21.3. Für den kürzlich ausgeschiedenen Rolf Audouard wurde jetzt Karlheinz Schneider (CDU) zum Vorsitzenden der Gemeindevertretung Schönberg gewählt. Voll Freude verkündete Bürgermeister Philipp Ritter, daß die Mehrzweckhalle 1967 hinter der Schule gebaut wird. – Die Eishockeymannschaften des Tennis- und Eislaufvereins hatten in diesem Winter wenig Trainingsmöglichkeiten, weil der Platz nicht rechtzeitig vorbereitet war. Einige Spieler gingen daher zu anderen Vereinen, einige hingen die Schlittschuhe ganz an den Nagel.

4.4. Oberstudiendirektor Georg Schleypen wurde in den wohlverdienten Ruhestand versetzt. Seit 1954 hatte er die Leitung der Altkönigschule in Händen, sein Nachfolger im Amt wird Günther Bechtold. – Bürgermeister Dr. Jacobi konnte sein zehnjähriges Dienstjubiläum als Stadtoberhaupt von Kronberg begehen. Viele Gratulanten waren zu einer kleinen Feierstunde in sein Amtszimmer gekommen.

18.4. Im Vordergrund der letzten Stadtverordneten-Sitzung standen Fragen um die Finanzierung für den Bau des Gruppensammlers durch den Abwasserverband. Nach eingehenden Besprechungen und Untersuchungen erscheint es jetzt endgültig, daß am Schafhof eine Kläranlage erstellt wird.

2.5. Der drittbeste Rothirsch der Welt, „Hercules" aus dem Opel-Freigehege, der am 15. November 1965 von einem Jagdpächter trotz Schußverbotes zur Strecke gebracht wurde, steht wieder im Blickpunkt der Öffentlichkeit. Der Fall wurde vor Gericht verhandelt. Der Meistersschütze wurde zu einer Geldbuße verurteilt und erhielt drei Jahre Jagdverbot. Hercules war seiner Gewohnheit entsprechend in der Brunftzeit aus dem Gehege ausgebüchst. Das war bekannt, die Jagdpächter waren informiert. Das stattliche Geweih war wohl doch zu verlockend. Dem Hercules wurde seine Freiheitsliebe zum Verhängnis, dem Schützen blieb auch die Trophäe nicht.

16.5. Die St. Albanus-Kirche in Schönberg ist 200 Jahre alt geworden. Nach eingehender Restauration erstrahlt sie zu ihrem „Geburtstag" in neuem Glanz. Nach dem Festgottesdienst wird eine feierliche Konzelebration durch die Pfarrer Simon (Kronberg), Kupp (Eschborn), Müller (Ob. Höchstadt) und Kaplan Jörg (Kronberg) gehalten. Die Festpredigt hält Pfarrer Müller.

30.5. Wieder schließt eine alte renommierte Gaststätte in Kronbergs Altstadt ihre Pforten. Am 1.6. werden die „Drei Ritter" geschlossen. Der Besitzer Georg Engel will jetzt mit seiner Frau in den wohlverdienten Ruhestand gehen. Das Ehepaar begann seine gastronomische Laufbahn 1927 als Pächter des „Löwen" in der Eichenstraße, den sie später kauften. Lange Jahre hindurch bewirtschafteten die Engels das Gasthaus „Zum Adler", bis sie 1959 in die „Drei Ritter" übersiedelten. Die Gäste bedauern die Schließung des alten Lokals, haben aber auch Verständnis für das Wirtsehepaar.

13.6. Ganz Oberhöchstadt feierte mit seiner Feuerwehr, die auf ihr 75jähriges Bestehen zurückblicken kann. Alle Veranstaltungen waren bestens besucht.

27.6. An der Frankfurter Straße haben die Vorbereitungen für eines der größten Bauvorhaben im Zentrum der Stadt begonnen. Auf dem Gelände an der Ecke Bahnhofstraße baut die Kurhessische Hausstiftung ein Hotel, das mit einem Restaurant und einem Saal für 450 Personen ausgestattet sein wird. Hier können in Zukunft kulturelle und repräsentative Veranstaltungen abgehalten werden. (Eine Freude über den Saal, auf den man in Kronberg schon lange wartete, war nur von kurzer Dauer. Schon nach kaum vier Jahren stand der Saal den Vereinen und Veranstaltern nicht mehr zur Verfügung.)

12.7. Kommt das geplante Alten-Wohnheim in den Stadtpark? Waren sich die Stadtverordneten noch über die Finanzierung einig, so gab es über den Standort des geplanten Baues lange Debatten. Die SPD sah die Lage am Stadtpark für günstig an, doch die CDU wollte von einer Bebauung des Parkes nichts wissen, auch die FDP hegte Bedenken hinsichtlich des Standortes. (Später wurde das Alten-Wohnheim, das „Ernst-Winterberg-Haus" dann in der unteren Frankfurter Straße gebaut).

25.7. Nach langjährigen Bemühungen ist Kronberg nun Luftkurort geworden. Der hessische Fachausschuß für Bäder, Heilquellen, Kur- und Erholungsorte erteilte nunmehr der Stadt Kronberg dieses Prädikat. Es war ein langer Weg, bis dieses Ziel erreicht werden konnte. Die Stadt, der Verkehrsverein und die Kronberger Gastronomie müssen in Zukunft noch enger zusammenarbeiten, um diesem „Werturteil“ gerecht zu werden und zu bleiben.

8.8. Die Landeskirche Hessen-Nassau baut in Schönberg ein Religionspädagogisches Zentrum. An den Bau wird sich das evangelische Gemeindezentrum anschließen. Vorgesehen ist eine Kirche mit Gemeinderäumen, eine Küsterwohnung, im 3. Bauabschnitt soll dann das Pfarrhaus entstehen.

22.8. In Gegenwart des hessischen Gesundheitsministers wurde heute die Taunusklinik in Falkenstein ihrer Bestimmung übergeben. Dort werden MS-Kranke, Spastiker und schwerstbehinderte Kinder betreut. Beide Abteilungen wurden in der ehemaligen Tbc-Klinik des Landeswohlfahrt-Verbandes eingerichtet.

5.9. Das Grabmal des Kronberger Ritters Kaspar II. vom Flügelstamm auf dem Alten Friedhof wird derzeit gründlich überholt. Einzelne Teile der Figur – der linke Arm lag in der letzten Zeit im Rathaus – wurden wieder eingesetzt. Auch das Kreuz wird wieder standsicher gemacht. Das Grabmal wird mit einem Schutzfilm überzogen, um die Witterungseinflüsse abzuwehren.

19.9. Am Erntedankfest wird die neue Orgel der Johanniskirche geweiht. Mit dem Einbau der Orgel sind die Renovierungsarbeiten in der Kirche abgeschlossen. Am Abend des Erntedankfestes findet ein Konzert statt, in dem die Orgel in ihrer ganzen Pracht erklingen wird.

3.10. Um das weitere Schicksal der Kinderheilstätte Mammolshöhe ging es in der letzten Kreistagssitzung. Es sind Überlegungen im Gange, diese Heilstätte, die der klinischen Behandlung tuberkulosekranker Kinder und Jugendlicher dient, für die Unterbringung psychisch Kranker heranzuziehen. Die geplante Umwandlung vom Landeswohlfahrtverband stieß bei allen drei Fraktionen auf Widerspruch. Auch aus der Bevölkerung kamen schon Einwände. (Mammolshöhe entstand aus der 1890 erbauten „Villa May“ und wurde 1926 für ihre Zwecke umgestaltet. Im Juli 1927 wurde sie eingeweiht. Es gab 80 Betten, schon 1928 konnten insgesamt 269 Kinder behandelt werden, die Bettenkapazität konnte durch einen weiteren Bau auf 120 erhöht werden.)

17.10. Mit 11 Ja-Stimmen, 2 Nein-Stimmen und 2 Enthaltungen wählte die Schönberger Gemeindevertretung den bisherigen Bürgermeister Philipp Ritter auf weitere sieben Jahre. Er war als einziger Kandidat genannt worden. Nach der Wahl bedankte sich Bürgermeister Ritter für die gute Zusammenarbeit in den letzten sechs Jahren – wenn es auch manchmal hart zuging –. In ihrer letzten Sitzung bewilligte die Stadtverordnetenversammlung den Betrag von 3500 DM zur Beschaffung von zwei Atemschutzgeräten für die Freiwillige Feuerwehr.

31.10. Ein erstaunlich starkes Echo fand das Volksbegehren zur Einführung der Briefwahl in Hessen. Vorläufig ist diese Wahlart für die hessischen Bürger noch nicht möglich.

14.11. Nach einer langen und ausgedehnten Diskussion verabschiedete die Stadtverordnetenversammlung in ihrer letzten Sitzung eine Satzung zum Erhalten des Stadtkerncharakters in Kronberg. Die Satzung stellt gewisse Anforderungen an die Baugestaltung bis hin zur Verwendung der Baumaterialien. (Sie verhinderte in der Folgezeit nicht, daß bei Dächern und Verputzarten Materialien verwandt wurden, die der Satzung nicht entsprachen.)

28.11. Kronberg ist Luftkurort! Der Namenszug des hessischen Ministers für Arbeit, Volkswohlfahrt und Gesundheitswesen hat es jetzt endgültig bestätigt. In seinem Dienstzimmer nahm Bürgermeiser Dr. Jacobi die Urkunde aus der Hand des Landrates Herr entgegen. – Wegen der Einführung des Schuljahresbeginns nach den Sommerferien kam es zu zwei sog. „Kurzschuljahren". Das zweite Jahr dieses grandiosen Einfalles beginnt nun am 2. Dezember. Die ABC-Schützen gehen zur Abwechslung einmal in der Adventszeit zum ersten Mal in die Schule.

11.12. Im evangelischen Gemeindesaal fand eine Adventsfeier statt, die zum erstenmal katholische und evangelische Frauen gemeinsam gestalteten. Was noch vor fünf Jahren undenkbar war, ist jetzt ganz selbstverständlich geworden. Um den Kontakt zu erleichtern, erfolgte die Platzordnung nach Los, sodaß man nicht nach Konfession und Freundschaft zusammensaß. – Das Freigehege für Tierforschung, kürzer „Opel-Zoo" genannt, soll im Frühjahr um 42 Hektar erweitert werden. Das Gesamtgelände wird dann rund 70 Hektar umfassen.

30.12. Das neue „Goldene Buch" der Stadt Kronberg wurde im Rahmen einer feierlichen Handlung seinem Zwecke übergeben. Die Parlamentsvertreter trugen sich bei der letzten Stadtverordneten-Sitzung in alphabetischer Reihenfolge in das Buch ein. – Im Alter von 65 Jahren starb Kreisbrandinspektor Adam Fischer. Der geborene Königsteiner kam 1921 nach Kronberg, seine Frau entstammt einer alteingesessenen hiesigen Familie. Adam Fischers gesamte Freizeit gehörte der Freiwilligen Feuerwehr, über 45 Jahre lang war er „im Einsatz". Nicht zuletzt seiner Initiative als Kreisbrandinspektor verdanken es die Wehren des Hochtaunuskreises, daß sie eine gute Ausrüstung besitzen, was ihre Leistungskraft bedeutend verstärkt hat. Bei den Kronbergern wird der „Addes", wie er hier allgemein genannt wurde, in guter Erinnerung bleiben.

1967

9.1. Pfarrer Müller, Seelsorger der katholischen Kirchengemeinde in Oberhöchstadt, hofft, in wenigen Wochen sein Amt wieder versehen zu können. Er hatte sich bei einem Urlaub im Westerwald erkältet und eine doppelseitige Lungenentzündung bekommen. Im Krankenhaus in Limburg sieht er seiner Genesung entgegen.
23.1. Oberstudienrat Günter Bechtold, der seit neun Monaten die Altkönigschule kommissarisch verwaltet, wurde im Auftrag des Regierungspräsidenten endgültig mit der Leitung unseres Gymnasiums betraut und zum Oberstudiendirektor befördert. Im Rahmen einer kleinen Feierstunde überreichte ihm Oberschulrat Dr. Müller die Ernennungsurkunde.

6.2. In seiner Etatrede bezeichnete Bürgermeister Philipp Ritter den Schönberger Haushalt 1967 als ein Zeichen des Vertrauens. Wichtige Positionen des Etats sind die geplante Mehrzweckhalle und das Feuerwehrgerätehaus. Die Haushaltsrede des Bürgermeisters löste eine große Redeschlacht im Gemeindeparlament aus. Es kam nicht zur Annahme, die Sitzung mußte vertagt werden.

20.2. Ein Novum bei der Kappensitzung! Zur Überraschung der Gäste trat zum ersten Mal ein Männerballett, genannt die „Daalbachnixe“ auf. Die männlichen „Ballerinen“ ernteten große Heiterkeit und stürmischen Applaus. Wie zu erfahren war, soll der Auftritt dieser Nixen zum festen Programm der Kappensitzungen werden.

6.3. Das neue Hotel an der Frankfurterstraße steht im Rohbau fast fertig da, vorgesehen ist ein Saal mit Bühne, den auch die Kronberger Vereine nutzen können. Zwar wurde früher an dieser Stelle kein Bau genehmigt, da der Blick zum Altkönig erhalten bleiben sollte. Hoffentlich erfüllt der neue Hotelbau alles, was sich die Stadt von ihm erhofft. (Dem war nicht ganz so. Zunächst stellte sich heraus, daß die Bühne „vergessen“ wurde, sie mußte nachträglich eingebaut werden und hatte dementsprechend auch einige Mängel. Der Saal stand den Kronberger Vereinen nur wenige Jahre zur Verfügung, dann wurde er für andere Zwecke umgebaut, er war für Veranstaltungen verloren. Anm.)

20.3. Die Pläne um eine Erweiterung des Kaiserin-Friedrich-Krankenhauses müssen noch in der Schublade bleiben. Man denkt jedoch an eine Nutzung als Alten- und Pflegeheim.

3.4. In diesem Jahr besteht der Obertaunuskreis 100 Jahre. Aus diesem Anlaß finden im Laufe des Sommers eine ganze Reihe von Veranstaltungen statt. Behörden, Feuerwehren, DRK, Sportvereine und viele andere beteiligen sich an den Darbietungen. Vom Landratsamt und dem Kreistag wird eine Festschrift herausgegeben.

18.4. Kronbergs „Brieflieschen“ wird 100 Jahre alt. Elise Huttenlehner ist die Tochter des Postbediensteten Balthasar Huttenlehner und half ihrem Vater lange Jahre hindurch bei seinem Zustelldienst, daher ihr Name. Ihren Lebensabend verbringt sie mit ihrer Nichte „Auf dem Schloßberg“. Ihr großer Geburtstag wird auf dem Doppes und dem Schloßberg wohl zu einem Familienfest, denn keiner wird es sich nehmen lassen, „Tante Lieschen“ persönlich zu gratulieren. Die Jubilarin ist noch sehr rüstig, wenn auch die Beine nicht mehr so richtig mitmachen wollen. Sie nimmt am lokalen Geschehen genauso lebhaften Anteil, wie sie sich auch für die große Politik interessiert. Ihr Erinnerungsvermögen ist ungetrübt, sie weiß viel zu erzählen, kannte und kennt sie doch fast alle Kronberger. (Das „Brieflieschen“ Elisabeth Huttenlehner starb 1969 im Alter von 102 Jahren. Dr. August Wiederspahn hat ihr Leben und ihre Persönlichkeit in seinem Buch „Jugendjahre im alten Kronberg“ festgehalten).

15.5. Im Alter von 81 Jahren verstarb der Stifter des „Fritz-Emmel-Hauses“ Friedrich Emmel. Er hatte im Andenken an seinen einzigen Sohn, der 1941 in Rußland fiel, einen großen Teil seines Vermögens dem Bund Deutscher Pfadfinder vermacht.

29.5. Der neugegründete Hauptschulverband hatte Versammlung. Neben den Vertretern der Schulen von Kronberg, Oberhöchstadt und Schönberg nahmen auch der Reg. Amtmann Krämer, Schulrat Viemann und Abgeordnete des Landkreises teil. Der Verband ist Träger einer Hauptschule für Kronberg, Oberhöchstadt und Schönberg mit eingeschlossenem Realschulzweig. Als Standort ist ein Gebiet zwischen Kronberg und Oberhöchstadt vorgesehen.

12.6. Bei einem schweren Verkehrsunfall am Sodener Stock kam der 51jährige Bäckermeister Rudolf Hieronymi ums Leben. Er stammte aus Weißkirchen und hatte nach seiner Eheschließung mit Amely Kilb die alte Bäckerei auf der Schirn übernommen. Die Bäckerei Kilb besteht seit 1786, ihr letzter Inhaber erfreute sich in Kronberg großer Beliebtheit.

26.6. Die Stadtverordneten faßten in ihrer letzten Sitzung einen gemeinsamen Beschluß, eine neue Lösung für den Standort des geplanten Altenwohnheims anstelle der umstrittenen Lage am Rande des Stadtparks zu erkunden. Es soll nun versucht werden, mit dem Krankenhausverein überein zu kommen, um in dessen Gelände an der Frankfurter Straße den Bau zu errichten. (Zu dieser Einigung kam es wenig später, das heutige Ernst-Winterberg-Haus wurde unterhalb des Kaiserin-Friedrich-Hauses gebaut. Es erhielt den Namen des Bürgermeisters Ernst Winterberg, 1968 bis 1971, der sich besonders für das Altenwohnheim einsetzte.)

10.7. Das Schönberger Gemeindeparlament ist beschlußunfähig. Die Fraktionen der SPD, SWG und FDP wollen ab sofort unter Beibehalt ihrer Mandate den Gemeindevertreter-Sitzungen nicht mehr beiwohnen. Dadurch ist die dauernde Beschlußunfähigkeit eingetreten. Die Fraktionen schreiben, sie sähen keine erfolgversprechende Arbeit mehr durch das Verhalten der CDU. (Gem. Hess. Gemeindeordnung blieb das Parlament dennoch beschlußfähig, da ein FDP-Vertreter bei den Sitzungen trotzdem anwesend war.)

24.7. Ikonenausstellung im alten Hellhof. Der Turm des alten Hauses unterhalb der Burg wurde neu hergerichtet, der Hauswand entlang eine Galerie angebaut.

7.8. Mit der Ehrenplakette der Stadt Frankfurt wurde der in Kronberg lebende Journalist und früherer Mitherausgeber der FAZ, Benno Reifenberg, ausgezeichnet. Der profilierte Publizist konnte vor kurzem seinen 75. Geburtstag feiern. – Im nächsten Jahr soll es wieder eine „Thäler Kerb“ geben. Ein neuer Verein will sich der Sache annehmen. Im „Weinberg“, bei Anni Haas, hat sich der „Thäler Kerbeverein“ konstituiert, der sich der Wiederbelebung der alten Thäler Tradition verschrieben hat.

21.8. Zwei bekannte und geachtete Kronberger Bürger wurden durch den Tod abberufen. Im Alter von 60 Jahren erlag Johann Reul einem schweren Leiden. Durch sein vom Vater übernommenes Speditionsgeschäft war er eine im ganzen Umkreis bekannte und beliebte Persönlichkeit. Eine ganze Reihe von den alten Kronberger Vereinen zählte ihn zu ihren Mitgliedern. Einem Herzinfarkt erlag Philipp

Jochmann im Alter von 60 Jahren. Im Kronberger Vereinsleben war er stark engagiert, vor allem im katholischen Kirchenchor und in der Kolpingsfamilie.

11.9. Das Werk ist vollendet! Prinz Wolfgang von Hessen übergab den neu in Kronberg entstandenen „Taunus-Hof" vor einem Kreis geladener Gäste dem Pächter Ulrich Wiener. Als Bauherrin wirkte die Kurhessische Hausstiftung. Am Bau waren vor allem Kronberger Handwerker beteiligt. – Die Kronberger Malerkolonie ist lebendig geblieben. Auf dem Tanzhausplatz, vor den beiden alten Häusern spielten Fechenheimer Laienspieler das Stück von Wilhelm Jung. Eine große Tribüne war eigens für die Zuschauer aufgebaut worden. An allen Spielabenden war die Tribüne voll besetzt.

25.9. Der neugebildete Verpflegungszug des Roten Kreuzes in Kronberg hat seine erste Prüfung bestanden. Bei der großen Schauübung auf dem Parkplatz, bei der die Bereitschaft ihre Einsatzstärke demonstrierte, gab die Küche 187 Portionen Pichelsteiner Gemüseeintopf an die DRK-Helfer und Besucher aus. Einhellig war man der Meinung, daß es gut geschmeckt habe. – Eine ausgesprochen gute Schwimmsaison ist zu Ende, die Besucherzahl liegt bei mehr als 100 000.

9.10. Der Magistrat der Stadt Kronberg hat beschlossen, Bürgermeister Dr. Günther Jacobi auf Grund eines amtsärztlichen Gutachtens mit dem 31. 1. 1968 in den Ruhestand zu versetzen. – In einer Feierstunde wurde das Kaiserin-Friedrich-Krankenhaus vom DRK übernommen. Zugleich schlug die Abschiedsstunde für den Krankenhausverein, der bisher Träger des Hauses war. Der Name der Gründerin bleibt bestehen, lediglich „Krankenhaus" wird nur in „Haus" verwandelt. Das Haus bleibt eine Belegstation mit 20 Betten, 40 Personen können in der Alten- und Pflegestation aufgenommen werden.

23.10. Die langersehnte Stunde war gekommen. Der MTV konnte in festlichem Rahmen sein neues Turnerheim einweihen. Die Planung liegt schon mehrere Jahre zurück, es gab Schwierigkeiten wegen des Baugeländes, das unter Landschaftsschutz steht. Prachtstück des Hauses ist der 200 qm große Gymnastiksaal, der sich auch für Veranstaltungen eignet. Eine Kegelbahn ist noch im Entstehen.

6.11. Die SPD stellte ihren Kandidaten für das neu zu besetzende Amt des Bürgermeisters in Kronberg vor. Es ist der 45jährige Geschäftsführer der Frankfurter Saalbau AG, Ernst Winterberg. Der Entscheidung waren lange Gespräche vorausgegangen. Winterberg ist gebürtiger Hamburger und studierte nach dem Kriege, nach einer Verwundung an der Ostfront, Betriebswirtschaft und Arbeitsrecht.

20.11. Die Bürgerversammlung, im Vorfeld zur Bürgermeisterwahl einberufen, war gut besucht. Die Sympathien der etwa 300 anwesenden Bürger standen eindeutig auf Seiten des Kandidaten der CDU, Rudolf Möller. Dessen Chancen stehen zwar nicht schlecht, doch durch das Ausscheiden des Stadtverordneten Fritsch aus der Fraktion der FDP – unter Mitnahme des Mandates, ist es möglich, daß Ernst Winterberg mit knapper Mehrheit gewählt wird. – Zwei Tage nach der Bürgerversammlung fand die Bürgermeisterwahl statt. Ernst Winterberg wurde mit 10:9 Stimmen gewählt. Zum zweiten Mal nach dem Kriege wird das Amt von einem Ortsfremden getragen. Die Wahl stand im Zeichen der kurz vorher überraschend eingetretenen Kräfteverschiebung im Parlament. Ernst Winterberg tritt sein Amt am 1. Februar 1968 an.

4.12. Als hoffnungsvoller Auftakt für die Vertiefung des kulturellen Lebens in Kronberg darf die Ausstellung alter Meister der Malerkolonie in der neuen Galerie des alten Hellhofes angesehen werden. Diese Ausstellung ist in erster Linie der Initiative des Stadtarchivars Wilhelm Jung zu verdanken. Die Leihgaben stammen zum Teil aus Frankfurter Museen und von vielen Kronberger Bürgern, die ihren Besitz für die Ausstellung zur Verfügung stellten. – Am vergangenen Montag, zwischen 12.30 und 14.30 Uhr wurden die beiden Stifterfiguren aus dem Marienaltar in der Johanniskirche gestohlen. Sie wurden gewaltsam von den Eisenhaken gerissen, mit denen sie an der Altarwand befestigt waren.

18.12. Der plötzliche Einbruch des Winters wurde von den Eisläufern begrüßt, die sich wieder auf der Eisbahn des Tennisplatzes im Stadtpark tummeln dürfen. – Der große Erfolg der Ausstellungen im Hellhof wiederholt sich jetzt wieder mit den Werken von Fritz Wucherer. Es besteht sogar die Möglichkeit, Werke des letzten Vertreters der Kronberger Malerkolonie, der 1948 in Kronberg starb, käuflich zu erwerben.

31.12. Das Gästehaus der evangelischen Kirche in Hessen und Nassau auf dem Gelände der Villa Spieß in Schönberg geht seiner Vollendung entgegen. Auch der Wiederaufbau des Dachstuhls von Schloß Friedrichshof ist fertig. Nach dem großen Brand im März wurden jetzt im Dachgeschoß noch mehrere Gästezimmer eingerichtet.

1968

15.1. Im Jahr 1967 gab es in Kronberg zwei Verkehrsunfälle mit tödlich Verletzten, insgesamt waren es 143 Unfälle, in Schönberg 13. 55 Menschen wurden dabei mehr oder weniger schwer verletzt. Hauptunfallstelle war die Schwimmbadkuppe und der Straßenabschnitt am Weißen Berg.

29.1. Der „Vater der Nordwest-Stadt", Architekt Walter Schwagenscheidt ist im Alter von fast 82 Jahren gestorben. Schwagenscheidt begann seine Berufslaufbahn schon mit 14 Jahren in einem Architekturbüro in Elberfeld. Sein Studium absolvierte er an der TH in Düsseldorf. Er mußte sich alles mühsam erringen, denn er hatte keinerlei finanzielle Unterstützung. Sein Lebenswerk wurde die Gestaltung der Nordweststadt. Er war Träger des Großen Verdienstkreuzes der Bundesrepublik, Inhaber der Ehrenplakette der Stadt Frankfurt und Ehrenmitglied des Bundes Deutscher Architekten. Auch in Kronberg zeugen viele Häuser von seiner „Handschrift". (Die Stadt Kronberg nannte ihm zu Ehren später die Krankenhausstraße in „Walter-Schwagenscheidt-Straße" um.)

12.2. Bürgermeister Ernst Winterberg übernahm sein Amt. In Gegenwart des Landrates fand vor dem Stadtparlament die Vereidigung statt. Winterberg kündigte in einer kurzen Programmrede die Aktivierung kultureller Veranstaltungen und die Gründung eines Kulturvereines an. Zwei Tage zuvor war Bürgermeiter Dr. Günther Jacobi nach fast zwölfjähriger Amtszeit verabschiedet worden. Er hat sich um die Ansiedlung von „Sauberer Industrie", vor allem der Firma Braun AG, verdient gemacht. Sein großes Engagement galt der Feuerwehr und dem Ausbau ihres Geräteparks. Auch die Jugend hat ihm viel zu verdanken. Erwähnt sei nur die Schaffung des städtischen Jugendzentrums, der Bau des Fritz-Emmel-Hauses, (er unterstützte dabei die Pfadfinder) und die völlige Neugestaltung des Waldschwimmbades.

26.2. Noch in diesem Jahr soll Schönbergs Kindergarten in neue Räume einziehen, nachdem er lange Jahre in einer Baracke untergebracht war. Der erste Spatenstich für den Neubau, der für 100 Kinder vorgesehen ist, fand im Oktober 1967 statt.

11.3. Im Zusammenhang mit der Förderung kulturellen Lebens in Kronberg liegt ein besonders starkes Gewicht auf den geplanten Kunstausstellungen. Zumindest das Raumproblem dafür ist gelöst. Der Hellhof unterhalb der Burg gilt als die geeigneteste und idealste räumliche Voraussetzung.

25.3. Auf Anregung von Bürgermeister Winterberg wurde der Kronberger Kulturkreis gegründet, um das kulturelle Leben durch Konzerte und Kunstausstellungen zu fördern. Zum Vorsitzenden wurde Wilhelm Lohmann gewählt, der auch Vorsitzender des Verkehrsvereins ist. Der Kulturkreis betont ausdrücklich, daß die Bedenken des Verkehrsvereins wegen einer gewissen Konkurrenz unbegründet seien. (Wilhelm Lohmann legte aus gesundheitlichen Gründen den Vorsitz in beiden Vereinen wenige Wochen später nieder.)

8.4. Grünes Licht für die Bebauung des „Rothen Hang". Für das Gelände ist eine lockere Bebauung unter maximaler Ausnutzung vorgesehen, das Landschaftsgefüge soll nicht gestört werden.

22.4. Die 1. Kronberger Laienspielschar will wieder an den Erfolg der Freilichtspiele anknüpfen. Die Proben für das neue Volksstück von Wilhelm Jung „Blinde Hessen" haben bereits begonnen. Die Aufführungen finden im Juni auf dem Tanzhausplatz statt.

6.5. Ein großer Festtag bei der katholischen Kirchengemeinde Kronbergs. In der Wilhelm-Bonn-Straße, auf dem Gelände des früheren Fuhrunternehmers Zubrod, wurde der Grundstein zum Neubau des Kindergartens und eines Jugendheimes gelegt. Im Mitteltrakt des Baues ist ein großer Versammlungsraum, abteilbar, und eine Hausmeisterwohnung vorgesehen.

20.5. Der Entwurf des neuen Schulverwaltungsgesetzes ruft vielfach Widerspruch auf den Plan. Nach diesem Gesetz soll die Schulträgerschaft an die Kreisverwaltungen übergehen. Das würde auch in Kronberg einschneidende Folgen haben, da nicht nur die Verwaltung, sondern auch die Gebäude vom Kreis übernommen werden sollen.

3.6. Im Hellhof wird derzeit eine Ausstellung von Werken der Kronberger Künstler Fritz Best, Jub Borsch, Edwin Grazioli, Willi Post, Heinz Schüler und Franz Weber gezeigt. Die Ausstellung wird von dem neugegründeten Kronberger Kulturkreis ausgerichtet. Diese neue Institution wurde durch Anregung von Bürgermeister Winterberg ins Leben gerufen und hat bereits über siebzig Mitglieder.

18.6. Auf dem Tanzhausplatz ging es ungewöhnlich zu. Die Mitglieder der 1. Kronberger Laienspielschar führten das Volksstück „Blinde Hessen" von dem Heimatdichter und -forscher Wilhelm Jung auf. Das Spiel ging – ganz modern – um den Bau eines Dorfgemeinschaftshauses. Eine große Tribüne für die Zuschauer war aufgebaut worden. Leider mußte eine Aufführung wegen Dauerregens ausfallen. Die anderen drei Aufführungen waren alle ausverkauft.

8.7. Im Tal gings hoch her. Der neu gegründete „Thäler Kerbeverein" hat die alte Tradition der separaten Kerb im Tal wieder zum Leben erweckt. Bei Äppelwei, Grillwurst, Musik und bunter Lichterkette feierten die Täler und die Oberhöchstädter gemeinsam „Thäler Kerb". Es gab auch wieder einen „Dääler Borjemaaster", der als Novum eine „Miß Bembel" zur Seite hatte. Klaus Link und Emma Girold fungierten blendend in ihrem Amt. Bürgermeister Ernst Winterberg hatte für zwei Tage die „Macht" in ihre Hände gelegt. Bis in die frühen Morgenstunden saß man zusammen. Ein alter Brauch ist wieder aufgelebt. Mögen noch recht viele Borjemaaster und Miß Bembels den beiden „Pionieren" nachfolgen.

22.7. Der Fanfarenzug des Kappenklubs hatte zu einem Freundschaftstreffen eingeladen, viele Fanfaren- und Spielmannszüge aus der Umgebung waren der Einladung gefolgt. In der Stadthalle gaben sie alle eine kleine Vorstellung. Bei der Wertung ging der Fanfarenzug Flörsheim als Sieger hervor. (Der Fanfarenzug des Kappenklubs machte sich 1970 selbständig unter dem Namen „Fanfarenzug Kronberg". Anm.)

5.8. Nachdem die Umbau- und Erweiterungsarbeiten am Kaiserin-Friedrich-Haus abgeschlossen sind, wird Staatsminister Heinrich Hemsath am Freitag das Alten- und Pflegeheim besuchen. Die Gesamtkosten der notwendigen Sanierung betrugen 828000 Mark, die Stadt Kronberg hat sich mit 80000 Mark beteiligt. – Das Wasser im Kronberger Waldschwimmbad soll ab der nächsten Badesaison erwärmt werden. Die Badegäste klagen immer wieder darüber, daß das Wasser zu kalt sei. Im Frühjahr wird mit dem Einbau einer Wassererwärmungsanlage begonnen.

19.8. Die Kronberger Laienspielschar, die vor wenigen Wochen mit ihrem Freilichtspiel „Blinde Hessen" von Wilhelm Jung in der

Tanzhausstraße einen großen Erfolg hatte, nennt sich jetzt 1. Kronberger Laienspielschar. Zur Vorsitzenden wurde Hanna Feldmann gewählt, Wilhelm Lanthelme verwaltet die Kasse und steht dem Verein als Spielleiter zur Verfügung. Julius Hembus wurde zum Ehrenvorsitzenden ernannt. Er hatte den Verein schon seit seiner Gründung 1961 tatkräftig und sachkundig unterstützt. Geplant ist für die Weihnachtszeit eine Märchenaufführung für die Kronberger Kinder.

2.9. Übermorgen beginnt die Schule wieder. In der Altkönigschule wurden über 100 Sextaner angemeldet. Es wird im neuen Schuljahr zwei Klassen mehr geben. Die Schulleitung rechnet damit, daß im nächsten Jahr die Schülerzahl auf über 600 ansteigen wird. – Im Hellhof wird eine Ausstellung von französischen Künstlern vorbereitet.

16.9. Die Spannungen im Schönberger Gemeindeparlament sind auch während der Sommerpause nicht zur Ruhe gekommen. In der letzten Sitzung gab es wieder heftige Auseinandersetzungen wegen der Neuwahl eines Vorsitzenden, nachdem der bisherige Amtsinhaber Karlheinz Schneider ausgeschieden war.

30.9. Die Zahl der Gastwirtschaften mit eigener Kelterei nimmt ständig ab. Zwar erhält man fast überall noch den begehrten „Süßen“, doch stammt der meist aus einer Großkelterei. Kenner des heimischen Apfelweins jedoch wissen, wo sie ihr Stöffche noch aus einheimischer Ernte und auch hier gekeltert trinken können. Nach wie vor haben aber auch viele Kronberger ihr eigenes Fäßchen mit dem beliebten Haustrunk im Keller stehen.

14.10. Zum letzten Mal vor den Kommunalwahlen am 20. Oktober hatte Stadtverordnetenvorsteher Dr. Hans Apelt zu einer Sitzung eingeladen. Trotz großer Unstimmigkeiten wegen des Landratbesuches und anschließender Ortsbesichtigung auf dem Schulgelände klang diese letzte Stadtverordnetensitzung noch harmonisch aus. Während der letzten Legislaturperiode tagten die Stadtverordneten insgesamt 40mal, der Haupt- und Finanzausschuß hielt 55 Sitzungen ab.

28.10. Bei den Kommunalwahlen am letzten Sonntag kam es zu folgenden Ergebnissen: In Kronberg SPD 38%, CDU 41,7%, FDP 11,8% (Sonstige zus. 8,4%, davon übersprang keine Partei oder Wählervereinigung die 5%-Hürde.) – In Schönberg: SPD 30%, CDU 36,9%, Freie Bürgervereinigung 32,5%. In Oberhöchstadt bleibt weiterhin die SPD stärkste Fraktion.

11.11. Mit je acht Sitzen sind CDU und SPD in der neuen Legislaturperiode im Stadtparlament vertreten. Die FDP verfügt über zwei und die freie Bürgervereinigung über einen Sitz. Die „Kleinen“ bestimmen somit über das Kräfteverhältnis.

25.11. Rudolf Möller wurde zum neuen Stadtverordneten-Vorsteher gewählt. Erster und zweiter Stellvertreter sind Reinhold Endreß (SPD) und Wilhelm Küchler (CDU). Zum neuen Magistrat gehören Josef Schleiffer (FDP), Wolfgang Schön (SPD), Manfred Lempp (SPD) und Adam Bettenbühl (CDU). – In der Galerie Hellhof wird derzeit eine Ausstellung von Werken Erich Heckels gezeigt. Es ist dies die bisher 7. Ausstellung des Kronberger Kulturkreises.

9.12. Die Bauarbeiten für die Schönberger Mehrzweckhalle sind in vollem Gange. Der Gemeinderat wurde beauftragt, eine Rentabilitätsberechnung aufzustellen. – Seit dem 1. Dezember gibt es am Opelzoo an der B 455 eine Bushaltestelle. – Auf einem 30000 qm großen Gelände in Oberhöchstadt begannen die Bauarbeiten zu einem 30 Mill. Projekt, das rund 600 alten Menschen eine neue Heimat bieten soll. Es wird den Namen „Altkönig-

Stift" tragen und wird von der Gemeinschaft deutscher Altenhilfe errichtet.

23.12. Die 1. Kronberger Laienspielschar führte mit großem Erfolg das Märchenspiel „Die roten Schuhe, oder der fliegende Robert" von Wilhelm Jung auf. Die zwei Vorstellungen waren ausverkauft, nach den Feiertagen gibt es eine Wiederholung. – Verbunden mit den Aufführungen um die Entstehungsgeschichte des Struwwelpeter von Dr. Heinrich Hoffmann, zeigt die 1. Kronberger Laienspielschar in der Kleinen Halle eine interessante Ausstellung um das beliebte Bilderbuch und seinen Schöpfer. Vom Stadtarchiv Frankfurt wurden interessante Exponate und frühe Drucke zur Verfügung gestellt.

1969

20.1. Im MGV kam es zur „Wachablösung". Nach zwanzigjähriger Amtszeit als Vorsitzender übergab Wilhelm Kunz nunmehr sein Amt an Johann Müller, der von seinen Sangesbrüdern einstimmig gewählt wurde. Wilhelm Kunz wurde in seinem Verein stets nur freundschaftlich „de Präses" genannt. In seiner Familie war und ist es Ehrensache, dem MGV anzugehören.

3.2. Im großen Saal des Taunushofes nahm das Publikum des Kappenklubs an einer närrischen Fahrt mit der Eisenbahn teil. Die Maskenbälle werden mehr und mehr durch „Kostümfest" ersetzt. Wegen starker Schneefälle ist die Durchführung der Fassenachtszüge sehr erschwert. Die Rittergarde des Kappenklubs fährt trotzdem nach Oberursel. Heißer Äppelwei wird dafür sorgen, daß die Stimmung erhalten bleibt.

17.2. Das Haus am Schanzenfeld 15 wurde durch eine Gasexplosion zerstört. Wie durch ein Wunder blieben die Hausbewohner unverletzt. – Richard Prinz von Hessen starb nach schwerem Leiden im Alter von 67 Jahren. Er wurde am 14. 5. 1901 als Sohn des Prinzen Friedrich Carl von Hessen (später Landgraf von Hessen) und dessen Gemahlin Margarethe, geborene Prinzessin von Preußen (jüngste Tochter der Kaiserin Friedrich) geboren. Sein Zwillingsbruder Christoph fiel im Zweiten Weltkrieg. – In diesem Jahr feiert der Handwerker- und Gewerbeverein sein 100jähriges Bestehen. Schon jetzt werden die Weichen für die Jubiläumsfeier gestellt. In der Stadthalle soll eine große Gewerbeschau stattfinden.

3.3. Städtebauer sollen die Zukunft Kronbergs entwerfen! Nach wie vor dürfte der Berliner Platz die Mittelpunktfunktion behalten. Hier soll nach Meinung von Bürgermeister Winterberg ein Kulturzentrum entstehen, gleichzeitig aber muß das Parkplatzproblem gelöst werden. Die Konsequenz lautet: Tiefgarage!!! Bürgermeister Winterberg rechnet mit einem Zeitraum von acht bis zehn Jahren, bis die Pläne verwirklicht sind. (Er ahnte nicht, daß es fast 25 Jahre dauern soll, bis der Berliner Platz seine vorgesehene Funktion erhält!!!)

17.3. Die Stadtverordneten-Versammlung hat den notwendigen Beschluß zum Bau eines großzügig geplanten Altenzentrums unterhalb des Kaiserin-Friedrich-Hauses gefaßt. Es sollen insgesamt 50 Wohnungen erstehen, dazu kommen eine Hausmeisterwohnung, ein Büro für die Altenbetreuerin und Gemeinschaftsräume. – In diesem Jahr feiert der Handwerker- und Gewerbeverein sein 100jähriges Bestehen. Aus diesem Anlaß soll wieder eine große Gewerbeschau in der Stadthalle durchgeführt werden. Der Termin wurde auf das erste Juliwochenende – die Kronberger Kerb – festgesetzt.

31.3. In Oberhöchstadt wird gebaut! Es entsteht nicht nur eine großzügige Wohnanlage für Senioren, das einmal „Altkönigstift" heißen soll, sondern, unweit davon, neben dem Sportplatz soll eine Mehrzweckhalle gebaut werden.

14.4. Der KV 02 Oberhöchstadt hat eine „Theatergruppe". Joseph Schmidt und Vereinsvorsitzender Egon Bach gründeten diese Gruppe, um die „karnevalslose" Zeit zu überbrükken. Im Herbst soll die erste Aufführung sein.

28.4. Vor einigen Tagen wurde der in Kronberg bekannte und geachtete Mitbürger Dr. Kurt Schulte zu Grabe getragen. Er engagierte sich für seine Heimatstadt, vor allem im DRK. Er gehörte auch der neu ins Leben gerufenen

Grünkommission an, die sich um den wertvollen Baumbestand Kronbergs kümmern soll. – Im Alter von 67 Jahren verstarb gestern der Vorsitzende des Kappenklubs Fritz Stietzel. Der gebürtige Frankfurter kam mit 15 Jahren zur „Eisenbahn“ und blieb ihr sein ganzes Leben lang treu. In den zwanziger Jahren kam er durch seine Heirat nach Schönberg. Sein Hobby, der Karneval, führte ihn schnell in die Reihen des Kappenklubs. Lange Jahre hindurch fungierte er als Ministerpräsident bei den Sitzungen. Seit 1961 stand er an der Spitze des Kappenklubs, den Vorsitz legte er vor wenigen Tagen, von seiner schweren Krankheit gezeichnet, nieder. Gern hätte er es erlebt, daß sich in Kronberg ein Vereinsring bildet, für den er uneigennützige, aber leider vergebliche Vorarbeit geleistet hatte.

12.5. Auf dem Schulhof der Volksschule wird gebaut. Das „nicht mehr vertretbare“ Toilettenhäuschen ist verschwunden. An seiner Stelle werden zwei nach modernsten Grundsätzen ausgestattete Flachbauten errichten. Die Schulkinder können bis zur Fertigstellung der neuen Anlage die Toilette in der Stadthalle benutzen. – Ein Versuch wurde zu einem großen Erfolg. Die Mitglieder der 1. Kronberger Laienspielschar, die sich der Pflege der heimischen Mundart und Geschichte verschrieben haben, hatten zu einem Mundartabend in den Hellhof geladen. Sie rezitierten Gedichte vieler bekannter Mundartdichter von Stoltze bis Happ und begeisterten ihr Publikum. Schon ist der nächste Abend in Vorbereitung.

26.5. Die Auseinandersetzungen über die „Kronberger Schulfrage“ haben ein überraschendes Ende gefunden. Bei der Beratung des Haushaltsplanes in der letzten Stadtverordneten-Sitzung fiel eine einstimmige Entscheidung, für einen Erweiterungsbau mit neun Klassen auf dem Gelände der Altkönig-Schule 790 000 DM einzusetzen. Gleichzeitig soll sofort die Planung für ein neues Schulzentrum „Auf der Heide“ in Angriff genommen werden.

9.6. Ein Freudenfest konnte die evangelische Gemeinde in Schönberg feiern: die Einweihung des neu erbauten Kindergartens und der Schwesternstation. Damit ist der erste Bauabschnitt des Gemeindezentrums beendet. Der nächste Schritt ist ein Jugendhaus, den Abschluß bildet der Bau eines Gotteshauses. Schwestern Thea Rohleder, die seit 22 Jahren als Gemeindeschwester in Schönberg und Kronberg tätig ist, freut sich ganz besonders über die Pflegestation, mit dem schönen Warteraum und dem gut eingerichteten Behandlungszimmer.

23.6. Unser Mitbürger Julius Hembus wurde wegen seiner Verdienste um Kunst und Kultur mit dem Bundesverdienstkreuz ausgezeichnet. Er gilt als hervorragender Kunstkenner und ist vor allem als Restaurator von Kirchen und historischen Bauten bekannt. (Julius Hembus, geb. am 23.7.1903, erhielt noch mehr Auszeichnungen: 1978, zum 75. Geburtstag, wurde er zum Ehrenbürger seiner Heimatstadt Kronberg ernannt, 1980 erhielt er die Ehrenplakette der Stadt Frankfurt, sowie die Goldene Dürermedaille des Deutschen Malerhandwerks. mit dem Ausbau des Hellhofs hat er sich selbst ein bleibendes Denkmal gesetzt. Julius Hembus starb 1983 und wurde auf dem Friedhof Frankfurter Straße beigesetzt. Anm.)

14.7. In Oberhöchstadt wird eine großzügige Mehrzweckhalle gebaut. Als Bauplatz dient das Gelände neben dem Sportplatz an der Altkönigstraße. (Die Halle mußte schon nach wenigen Jahren – 1980/81 – wegen erheblicher Planungs- und Baumängel mit hohen Kosten saniert werden. Der Erweiterungsbau und die Sanierungsarbeiten erforderten einen Aufwand von annähernd 2 Mill. Mark. Anm.)

28.7. An einer Felsengruppe unterhalb des Viktoriatempels wurde eine Gedenktafel für den erzgebirglerischen Volkssänger Anton Günther enthüllt. Ein Stück alte Heimat wurde in den Taunus verpflanzt. (Die Gedenkstätte ist gut gepflegt, vor allem ist das dem unermüdlichen Walter Kreisl zu verdanken. Anm.) – Schönbergs erstes Hochhaus wächst und wächst, jedoch nicht ganz in den Himmel, das 16. Stockwerk wurde nicht genehmigt. Doch sind schon die 15 vorgesehenen Stockwerke zu viel. Der Bau schmückt nicht gerade die Landschaft und hat für heftige, leider vergebliche Widersprüche gesorgt. – Rund 12000 Besucher hat die große Schau des Handwerker- und Gewerbevereins zu verzeichnen.

18.8. Durch die neue Beheizungsanlage ist die Beliebtheit unseres schönen Waldschwimmbades noch größer geworden. Bisher konnten 65 000 Besucher gezählt werden. – In einem feierlichen Rahmen wurde das neu erbaute Klubhaus des EFC eingeweiht. Die Fußballfreunde hatten fest zugegriffen, um ihren so lange gehegten Wunsch verwirklichen zu können. Auf den Bau kann der Verein stolz sein.

1.9. Die Badesaison geht ihrem Ende zu. Durch die neue Beheizungsanlage ist die Anziehungskraft unseres schönes Waldschwimmbades viel größer geworden. So kann die Stadt zufrieden auf die Besucherzahl der diesjährigen Saison blicken.

15.9. Bundespräsident Dr. Gustav Heinemann stattete Kronberg eine Stippvisite ab. Im Müttergenesungsheim „Haus Waldfriede“ war er auf einem sehr kurzen Besuch. Im Park hatte sich „Jung-Kronberg“ in großer Schar eingefunden, sie begrüßte den Bundespräsidenten sehr herzlich, der sich mit ihnen dann unterhielt.

29.9. Farbenprächtige Kostüme und viel Marschmusik bestimmen am Sonntag das Kronberger Stadtbild. In der Stadthalle fand ein großes Spielmanns- und Fanfarenzug-Treffen statt. 400 Spielleute und Gardisten hatten sich eingefunden. Die Trommler und Bläser waren so eifrig, daß der Staub von Jahrzehnten aus dem ehrwürdigen Gebälk gewirbelt wurde. – Das Jahr 1969 ist ein sehr schlechtes Obstjahr. In der Halle der Obst- und Gemüse-Verwertungsgenossenschaft herrscht gähnende Leere. Das kalte und nasse Frühjahr hatte alle Hoffnungen auf eine gute Obsternte vernichtet. Da konnte auch der schöne Sommer nichts mehr wettmachen. Die Bürgerschaft hofft, daß sich die schlechte Ernte nicht auf den Preis des beliebten „Stöffches“, den Apfelwein, auswirkt.

13.10. Bundestagswahlen! In Kronberg votieren die Bürger für die SPD 1775 Erst- und 1718 Zweitstimmen, CDU 1904 Erst- und 1678 Zweitstimmen, FDP 188 Erst- und 395 Zweitstimmen, NPD 95 Erst- und 128 Zweitstimmen. In Schönberg wurde wie folgt abgestimmt. SPD 670 Erst- und 633 Zweitstimmen, CDU 665 Erst- und 579 Zweitstimmen, FDP 90 Erst- und 194 Zweitstimmen, NPD 32 Erst- und 49 Zweitstimmen. Die Wahlbeteiligung lag in Kronberg bei 87,5 Prozent, in Schönberg sogar bei 90 Prozent.

10.11. In der Höhe der Einfahrt zum Schloßhotel geriet ein Kleinbus ins Schleudern, geriet auf die Gegenfahrbahn und prallte gegen einen Baum. Alle fünf Insassen wurden zum Teil schwer verletzt. Die Feuerwehr mußte Fahrer und Beifahrer aus dem total demolierten Fahrzeug befreien.

8.12. Die Oberhöchstädter freuen sich auf ihre neue Mehrzweckhalle, die endlich dafür sorgen wird, daß der Mangel an Sälen und einer Turnhalle behoben wird. Der Saal wird eine großzügige Bühne erhalten. Im Bereich Gelber

Weg/Ziegelhütte wird ein neues Siedlungsgebiet erschlossen.

22.12. Ein bekannter und beliebter Mitbürger hat für immer die Augen geschlossen. Vor einigen Tagen wurde Heinrich Gumpert zur letzten Ruhe geleitet. Er betrieb nach dem Krieg einige Jahre hindurch in Schönberg im Hause „Kaiserhof“ ein Lebensmittelgeschäft. Privat engagierte er sich im Kappenklub. Kein Auftritt der Kronberger Rittergarde ohne den „gewichtigen und fürchterlichen Götz“, er war ein Markenzeichen. – Die Postschalter sind am Heiligen Abend von 8.30–12 Uhr geöffnet. Postzustellung gibt es an den Feiertagen nicht. Weiße Weihnacht! Seit Jahren wieder einmal dürfen wir uns auf ein „richtiges“ Weihnachtsfest freuen. In den letzten Tagen kam es zu starken Schneefällen.

1970

12.1. Der Karneval wirft bereits seine Schatten voraus. Die Zahl der Maskenbälle hat erheblich abgenommen. Zum einen stehen nicht mehr so viele Säle in Kronberg zur Verfügung – Frankfurter Hof und Schützenhof sind schon seit Jahren nicht mehr zum Tanzen zu nutzen, zum anderen hatten viele Vereine über Publikumsschwund zu klagen.

26.1. Die Kronberger trauern ihrem geliebten „Blättchen" nach. Durch drei Generationen hindurch – mit kurzzeitigen Unterbrechungen – wurde der „Kronberger Anzeiger" von der Familie Andrée verlegt, jetzt hat ihn der Besitzer der Druckerei an die Frankfurter Neue Presse verkauft.

23.2. Das alte Kriegerdenkmal an der Jaminstraße wird niedergelegt. Die Kronberger sind allerdings nicht sehr erfreut darüber. An den alten Kaiser-Eichen soll ein Kinderspielplatz entstehen, ob er aber unbedingt notwendig ist, wird von vielen bestritten.

9.3. Wohin mit dem Friedhof? Der Friedhof an der Frankfurter Straße wird in wenigen Jahren voll belegt sein. Die Stadtväter suchen nun fieberhaft nach einem neuen Platz. Die Frage wirft große Probleme auf. Jetzt steht das Thalerfeld zur Debatte. Doch Talstraße und Talweg scheinen wenig geeignet, den erhöhten Verkehr aufzunehmen. Schon wurde vorgeschlagen, von der Katharinenstraße ausgehend, eine Straße durch den Rathausgarten und schräg durch das Rentbachtal zu führen. Dieser Vorschlag trifft jedoch auf großen Widerstand. (Thalstraße und Talweg wurden für den Friedhofsverkehr frequentiert und werden es heute noch. Auch die Bautätigkeit im Tal ist bei weitem noch nicht abgeschlossen. Anm.)

23.3. Die Vorbereitungen für die neue S-Bahn beginnen. Zunächst stehen die Elektrifizierung und der Ausbau der Gleiskörper auf dem Plan. In mehreren Etappen wird die Strecke Kronberg–Frankfurt auf den neuesten Stand der Technik gebracht.

6.4. Die neue „Kronberger Zeitung" erhält in Albrecht Hundt jetzt einen erfahrenen Redakteur. Seit 1966 ist er in Kronberg tätig, er war beim „Kronberger Anzeiger" tätig, der jetzt in der „Taunus-Zeitung" aufging. – Soll das sogenannte „Bürgermeisterhaus" abgerissen werden? Noch ist nichts entschieden. (Das Haus hat seinen Namen daher, daß Bürgermeister Dr. Jacobi von 1956 bis 1968 dort wohnte, im Anfang war das große Haus an der Altkönigstraße (heute Merianstraße) ein Hotel, „Deutscher Kaiser", so wurde es noch lange in Kronberg genannt. Als dort eine Pension eingerichtet wurde, kam auch die Bezeichnung „Pension Wilhelm" auf. Das Haus wurde tatsächlich abgerissen, es machte Platz für einen Wohnblock. Anm.)

4.5. Probleme mit dem Krankenhaus! Das DRK hat beschlossen, die Innere Station des Kaiserin-Friedrich-Krankenhauses aufzugeben und nun das ganze Haus in ein Alten- und Pflegeheim umzuwandeln. – Kommt ein Brunnen auf die Schirn? Wenn es nach dem Vorschlag von Architekt Tassilo Sittmann geht, wird dort bald wieder ein Brunnen plätschern, auch könnte ein Baum gepflanzt werden, doch bisher sind die Anlieger der Schirn nicht mit diesen Plänen einverstanden. (Gegen ihren Willen wurde 1973, anläßlich des 575jährigen Schützenjubiläums, dann wirklich ein Brunnen auf der Schirn errichtet. Auch mehrere Bäume wurden gepflanzt – das geschah 1980. So hat die Schirn wirklich ein ganz besonderes und viel schöneres Gesicht bekommen. Anm.)

18.5. Der neue Friedhof soll nun nach langem Suchen und großen Debatten doch im Thalerfeld angelegt werden. Diesen Beschluß faßte der Magistrat in seiner letzten Sitzung. Bisher hat die Stadt allein für Gutachten und Probebohrungen 14 000 Mark ausgegeben. – Der Verkehrsverein plant wieder einen großen Blumenschmuckwettbewerb. Preise werden an die Kronberger Bürger verteilt, die den schönsten Balkon- und Vorgartenschmuck aufweisen können.

5.6. Auch in diesem Jahr soll die Thäler Kerb wieder zünftig gefeiert werden. Die Vorbereitungen dazu sind schon angelaufen. Wieder wird ein „Borjemaaster" mit seiner Miß Bembel das Regiment im Tal führen. Der noch junge Thäler Kerbeverein legt sich für das „alte neue" Volksfest im Tal kräftig ins Zeug. Hoffentlich spielt auch dieses Jahr Petrus wieder mit und schickt das schönste Wetter dazu.

29.6. Im Garten hinter der Burg wird derzeit das Volksstück „Hans Winkelsee – der Neuner in der Wetterfahne" von der 1. Kronberger Laienspielschar aufgeführt. Das Stück stammt aus der Feder von Wilhelm Jung. Die Vorführungen waren ein Riesenerfolg für die Spielschar; mit Begeisterung waren alle dabei. Die große Tribüne war an allen Abenden voll besetzt.

13.7. Die 1. Kronberger Laienspielschar hatte mit ihren Aufführungen des von Wilhelm Jung verfaßten Volksstückes „Hans Winkelsee" einen großen Erfolg. Die kurhessische Hausstiftung hatten den Burggarten (Eingang Burgweg) zur Verfügung gestellt. Eine große Zuschauertribüne mußte aufgebaut werden, für die Mitglieder der Spielschar war das Schwerstarbeit, doch alle waren mit Begeisterung dabei. Die Vorführung am Montag mußte wegen Regen ausfallen. Am Freitag und Samstag wurde noch einmal gespielt. Da das Wetter zwar trokken, aber sehr kühl war, wurden Heizstrahler aufgestellt und in den Pausen heißer Tee mit Rum ausgeschenkt.

27.7. In Oberhöchstadt wurde feierlich der Grundstein zur neuen Mehrzweckhalle am Sportplatz in der Altkönigstraße gelegt. – Ein stolzer Erfolg für den MTV! Der junge Kronberger Turner Rainer Borsch wurde beim 114. Feldbergfest Sieger. Zum erstenmal wieder nach 54 Jahren gelang es einem Kronberger auf diesem alten Turnfest den ersten Preis zu erringen. Bei der männlichen Jugend B setzte sich Kurt Sollitzer an die Spitze. – Richard Kunz, in Kronberg als „Wasserkunz" bekannt, feiert seinen 90. Geburtstag, in erfreulicher körperliche rund geistiger Frische. Er war lange Jahre bei der Stadt als Rohrmeister beschäftigt – daher sein Beiname – und war für das Funktionieren unserer Wasserleitungen verantwortlich. Noch heute wird er bei Wasserproblemen um Rat gefragt. Er hat das Rohrnetz in der Stadt tatsächlich „in seinem Kopf". In seiner Heimatstadt ist er sehr beliebt.

10.8. Weitgehend repariert und modernisiert wurde in diesen Tagen der Schönberger Wasserstollen im Gebiet der Hünerbergwiesen von der Gemeinde vorgestellt. 550 m ist er lang, tief in den Berg wurde er getrieben. Das Wasser wird vom Hochbehälter ohne Aufbereitung – in seinem natürlichen Zustand, der hervorragend ist – direkt dem Verbraucher zugeleitet. Täglich werden bis zu 700 cbm Wasser benötigt.

24.8. Nun ist es endgültig entschieden: Der neue Friedhof wird im Thalerfeld angelegt. Lange Verhandlungen gingen voraus, lange Verhandlungen auch wegen der Grundstücksübernahmen. Einige Besitzer erklärten sich mit einem von der Stadt vorgeschlagenen Grundstückstausch einverstanden. Nun soll ein Ideenwettbewerb ausgeschrieben werden für die Gestaltung der Trauerhalle und des Friedhofes.

21.9. Mit dem Fahrplanwechsel am 27. September beginnt auf der Strecke Kronberg–Frankfurt das elektrische Zeitalter. Die Züge fahren mit Strom, die Dieselloks, die einmal die Dampflokomotiven ablösten, haben nun auch ausgedient. Ein Sonderzug soll den neuen Abschnitt eröffnen. – Im Schafhof ziehen bald edle Dressurpferde ein. Die Olympiareiterin Lieselott Linsenhoff hat den Schafhof in Erbpacht übernommen, nach großzügigem Um- und Neubau wird das Gestüt „Asta", das sich noch im Marstall des Schlosses befindet, im Schafhof einziehen.

20.10. Die Anlegung des neuen Friedhofes im Thalerfeld regt zu immer mehr Planungen an. Angeregt wird von Bürgermeister Ernst Winterberg eine Verbindungsstraße von der Oberstadt durch den Rathausgarten. Sie soll den Charakter einer Wohnstraße erhalten.

3.11. Kronberg ist hochpolitischer Schauplatz! Im Schloßhotel treffen sich der sowjetische Außenminister Andrej Gromyko und sein bundesdeutscher Kollege Walter Scheel. – Die Oberhöchstädter Mehrzweckhalle „Haus Altkönig" wurde in einer Feierstunde ihrer Bestimmung übergeben.

17.11. Die frühere Oberhöchstädter Gemeindeschwester Anny Schödert erhielt die Verdienstmedaille des Verdienstordens der Bundesrepublik Deutschland. Sie konnte Anfang des Jahres auf ihre 50jährige Berufstätigkeit zurückblicken.

1.12. Auf dem Doppes wird noch immer fleißig gearbeitet. Die „aald Schul", wie das evangelische Gemeindehaus genannt wird, soll umgebaut werden und vor allem der Jugend zur Verfügung stehen.
15.12. Die 1. Kronberger Laienspielschar erfreute die Kinder wieder mit einer großen und gelungenen Märchenaufführung in der Stadthalle. „Das tapfere Schneiderlein" eroberte im Nu die Kinderherzen. Seine Abenteuer mit den Riesen und dem Einhorn hielten große und kleine Zuschauer in Bann.

31.12. Im Altkönigstift wurde zum ersten Mal Weihnachten gefeiert. Noch kurz vor dem Fest waren etwa 200 ältere Menschen in das neue Haus eingezogen. Im nächsten Jahr werden es noch mehr sein. – Auf dem Doppes wird Goldene Hochzeit gefeiert. Karl und Maria Berg, beide weit über 80 Jahre alt, sind 50 Jahre verheiratet. Er ist ein alter Kronberger, sie stammt aus Oberhöchstadt, wo sie noch heute viele Verwandte hat. – Kronberg trauert um Alfons Bonn! Im hohen Alter von 90 Jahren starb er einen Tag vor Weihnachten. Mit ihm verliert die Stadt eine Persönlichkeit, die sich in ihr Geschichtsbuch eingeschrieben hat. Tagaus, tagein stand er fast bis zuletzt in der von seinem Vater gegründeten Drogerie, die er als Seniorchef mit seinem Neffen Karl und dessen Ehefrau weiterführte. Er trug viel zu dem guten Ruf der Drogerie bei. Seine Freizeit gehörte der katholischen Kirchengemeinde, in deren Vorstand er lange Jahre war. auch im Vorstand des Cäcilienvereins und des Schwesternhauses war der Verstorbene tätig. Er gehörte zu den Mitbegründern der Kolpingfamilie in Kronberg. Er wirkte auch in den Reihen des Deutschen Roten Kreuzes mit, der früheren Freiwilligen Sanitätskolonne, und war maßgebend an der Erstehung der Josef-Jäger-Hütte auf dem Fuchstanz beteiligt. Das Theaterspiel hatte es ihm ebenfalls angetan, wenn im Gesellenverein gespielt wurde, dann war es mit Sicherheit Alfons Bonn, der die Leitung übernahm. Sein ruhiges, ausgeglichenes Wegen brachte ihm bei seinen Mitbürgern viel Sympathien ein. In Kronberg wird man ihn nicht vergessen.

1971

12.1. Die „Käwwern“ haben sich zu ihrem 85jährigen Bestehen einen Prinz Karneval auserkoren. Bernd Laupert wird als Bernd I. bei der Sitzung in der Stadthalle am nächsten Wochenende vorgestellt.

26.1. Die CDU lädt zu ihrem 50. Frühschoppen ein. Diese – gewöhnlich einmal im Monat stattfindende – Veranstaltung ist zu einer festen Einrichtung geworden. Dabei werden interessante und aktuelle politische Themen behandelt.

9.2. Die tolle Kappensitzung am Wochenende war wohl der Höhepunkt der diesjährigen Fassenacht in Kronberg. Am Fastnachtsdienstag geht es dann wieder in Oberhöchstadt rund, wenn sich der große Zug in Bewegung setzt. – Die 1. Kronberger Laienspielschar erfreute viele ältere Mitbürger in beiden Kirchengemeinden mit einem bunten Mundartprogramm, mit Gedichten und Liedvorträgen, das viel Beifall fand.

9.3. Die Oberhöchstädter SPD beschloß bei ihrer Mitgliederversammlung einstimmig, bei zwei Enthaltungen, eine Fusion mit Oberursel anzustreben. Ihrer Meinung nach habe Oberursel mehr zu bieten als Kronberg. Als Bedenken wurde eingebracht, daß Oberhöchstadt bei einer Fusion mit Oberursel nur 15% der Bürgerschaft ausmachen würde.

6.4. Die Architekten W. und H. Hendel aus Wiesbaden haben den von der Stadt ausgeschriebenen Ideenwettbewerb für die Gestaltung des neuen Friedhofes im Thalerfeld gewonnen. Im Sommer soll mit dem Bau der Trauerhalle begonnen werden.

20.4. Ein seltenes Jubiläum feierte Altmeister Philipp Antoni. Er ist seit 70 Jahren in seinem Beruf als Raumausstatter und Sattler tätig. Der 84jährige steht noch täglich mehr als acht Stunden in der Werkstatt.

4.5. Kronberg trauert um seinen Bürgermeister. Im Alter von erst 48 Jahren starb Ernst Winterberg nach einer schweren Krankheit. Er war nur drei Jahre Rathauschef. An ihn wird man sich in Kronberg noch lange erinnern, denn ihm ist es zu verdanken, daß in der Frankfurter Straße ein großes Altenwohnheim gebaut wurde. (Das Haus erhielt später seinen Namen.)

21.5. Zur endgültigen Einweihung des Altkönigstiftes soll morgen eine Feierstunde stattfinden. Der hessische Ministerpräsident Osswald hat sein Kommen zugesagt. – Im Alter von 80 Jahren verstarb Heinrich Heist, der in seiner Heimatstadt bekannt und beliebt war. Seine große Liebe galt der Musik. Er spielte ganzen Generationen zum Tanz auf und erteilte früher auch selbst Tanzunterricht.

1.6. Kronberg muß immer noch sehr sparsam mit dem Wasser umgehen. Die vertraglich von der Stadt Königstein vereinbarte Wasserlieferung konnte bisher noch nicht in vollem Umfang aufgenommen werden.

17.6. Beim Gaukinderturnfest konnte der MTV Kronberg wieder viele Siege seines Nachwuchses verbuchen: 5 erste Plätze bei den Mannschaftswettbewerben und 2 in den Einzelwettkämpfen, außerdem eine ganze Reihe von 2. und 3. Plätzen. Ein stolzer Erfolg!

29.6. Auf dem Hessentag in Eschwege waren zwei Kronberger Vereine vertreten. Die Rittergarde des Kappenklubs nahm an dem großen Festzug teil. Die 1. Kronberger Laienspielschar führte das Stück „Hans Winkelsee“ von Wilhelm Jung mit großem Erfolg auf. Am kommenden Wochenende gastieren die Spieler mit diesem Stück auf Burg Königstein.

13.7. Der Hessische Minister für Wirtschaft und Technik, Heinz Herbert Karry, hat entschieden, daß am Sodener Stock eine Ampelanlage installiert wird. Es wird auch höchste Zeit: An dieser Kreuzung kommt es immer wieder zu schweren Unfällen.

27.7. Von vielen Kronberger Bürgern wird der ausgerufene Wassernotstand einfach nicht ernst genommen. Sie lassen es an der unbedingt nötigen Rücksicht fehlen und lassen nach wie vor stundenlang den Rasensprenger laufen, vergeuden Wasser beim Autowaschen, auch die privaten Schwimmbecken sind stets gut gefüllt. – Wenn der Wasserhochbehälter am Buchholz und der Behälter am Forsthaus fertiggestellt sind, dann ist die Versorgung der Bevölkerung mit dem kostbaren Naß gewährleistet. Doch bis dahin heißt es unbedingt sparen.

24.8. Auf der Heimfahrt von einer Wanderung auf den Altkönig brach unser Mitbürger Georg von Opel am Steuer seines Wagens mit einem Herzinfarkt zusammen. Das Auto rollte noch weiter und blieb quer auf der Fahrbahn stehen. Der Notarztwagen brachte Georg von Opel ins Krankenhaus nach Bad Soden, wo er nach kurzer Zeit verstarb. Wie verlautet, soll der Verstorbene im engsten Familienkreis und in aller Stille beigesetzt werden.

7.9. In einer kleinen Feierstunde in der Stadthalle wurde das neue Werk von Dr. August Wiederspahn „Die Kronberger Malerkolonie" vorgestellt. Das Buch schließt in Kronberg eine literarische und historische Lücke. Alles Wissenswerte über die Künstler, die den Ruf unserer Stadt mit ihren Bildern noch verbesserten, hat der Autor zusammengetragen. (Inzwischen ist die 3. und sehr erweiterte Auflage erschienen, die Arbeit an diesem Werk hat unser verstorbener Ehrenbürger Helmut Bode übernommen. Anm.)

8.10. Zum ersten Mal gibt es in Oberhöchstadt mehr evangelische als katholische Einwohner. Bei der letzten Zahlung kam es heraus. In Oberhöchstadt leben 2410 evangelische und 2290 katholische Christen. Der Unterschied wird vor allem durch den Bezug des Altkönigstiftes hervorgerufen, das zu einem „Dorf im Dorf" geworden ist, und durch die starke Bautätigkeit. „Unterschied" ist es allerdings keiner, denn die beiden Konfessionen wachsen immer mehr zusammen.

19.10. Eine Gruppe junger Holländerinnen bereist derzeit als Vertreterinnen von Reiseunternehmen die Bundesrepublik und machte auch in Kronberg Station. Der Bürgermeister empfing die jungen Damen im Rathaus. Die Gruppe ist auf der Suche nach empfehlenswerten Urlaubszielen.

2.11. Die Gemeindevertretungen von Oberhöchstadt und Schönberg haben sich zu einem „freiwilligen Zusammenschluß" mit der Stadt Kronberg entschlossen. Ehe es zur gewünschten Fusion kommt, müssen noch viele gesetzliche Hürden genommen werden.

16.11. Am 5. November gab es im Hause Hessen Grund zum Feiern. Die „Zwillingsprinzen" Philipp und Wolfgang feierten ihren 75. Geburtstag. Chef des Hauses ist Philipp, der den Titel „Landgraf" führt. Sein um nur wenige Stunden jüngerer Bruder Wolfgang kümmert sich vor allem um die Verwaltung im Rahmen der „Kurhessischen Hausstiftung".

und bot den Hausfrauen seine Ware direkt vor ihrer Tür an. Der „Schaa", wie er allgemein genannt wurde, wird so schnell nicht vergessen werden.

1972

4.1. An die gefürchtete Kreuzung Viktoriastraße und B 455 soll jetzt endgültig eine Ampelanlage angebracht werden, vor allem, um die Fußgänger zu sichern. An dieser Kreuzung kam es wiederholt zu Unfällen mit tödlichem Ausgang.

18.1. Im Kronberger Wald, an der Stelle, wo vor einem Jahr ein Flugzeug zerschellte, das vor allem Amtsinhaber der Stadt Wattenscheid an Bord hatte, wurde nun ein Gedenkstein errichtet. Sechs Namen stehen auf dem Stein, die Namen derer, die bei dem Absturz getötet wurden. In Anwesenheit des Oberbürgermeisters von Wattenscheid und des Kronberger Bürgermeisters wurde der Gedenkstein enthüllt.

1.2. Der hessische Finanzminister Arndt hat die Landkreise bereist. Bei der Abschlußsitzung betonte Bürgermeister Rudolf Möller, daß auch die Körperschaften der Stadt Kronberg gemeinsam mit der Stadt Frankfurt sich bemühten, die Probleme unseres Großraumes zu lösen.

15.2. Zum zweiten Mal innerhalb kurzer Zeit wurde die freiwillige Feuerwehr Schönberg mutwillig alamiert. Dieses Mal hatten Kinder am Feuermelder in der Zeilstraße den Feuermelder eingeschlagen und Alarm ausgelöst. Die Übeltäter konnten schnell ausfindig gemacht werden, die Eltern müssen nun mit Kosten rechnen.

1.3. Der Kappenklub feierte sein 70jähriges Bestehen mit einer besonders ausgestatteten närrischen Sitzung. Das nunmehr fünf Jahre alte Männerballett „Die Daalbachnixen" waren selbstverständlich wieder mit von der Partie. Erstmals stand auch Bürgermeister Rudolf Möller in der Bütt.

14.3. Am 1. April entsteht das größere Kronberg. Dann ist die Fusion mit den Gemeinden Oberhöchstadt und Schönberg rechtskräftig. Lange Verhandlungen und Bürgerbefragungen gingen voraus. Es gibt keine zentrale Verwaltungsstelle; die drei Rathäuser beherbergen die verschiedenen Ämter.

28.3. Kronberg hat zum ersten Mal eine (ehrenamtliche; Anm. d. Red.) Stadträtin. Nachdem Wolfgang Schön aus dem Magistrat ausgeschieden ist, hat Frau Christa Jaenich sein Amt übernommen. In ihr Mandat in der Stadtverordnetenversammlung rückt Siegfried Litterscheid nach.

11.4. Ostern war verregnet, das Wetter lockte nicht zu einem Spaziergang. – Das neue Stadtparlament wird 37 Mandatsträger haben. In dieser Legislaturperiode setzt sich die Stadtverordnetenversammlung wie folgt zusammen: 16 Sitze für die SPD, 14 für die CDU, 2 für die FDP, die Freie Bürgergemeinschaft Kronberg erhält 1 Sitz, die Freie Bürgergemeinschaft Oberhöchstadt 2 Sitze und der Schönberger Bürgerblock 2 Sitze.

25.4. Die Partnerschaft mit der südfranzösischen Badestadt Le Lavandou, die von der früheren Gemeinde Schönberg in die Wege geleitet worden war, soll jetzt nach der Fusion auf die Gesamtstadt Kronberg ausgedehnt werden (am 1. April 1972 fusionierten Kronberg, Oberhöchstadt und Schönberg zur neuen Stadt Kronberg; Anm.).

9.5. Kronberg hat jetzt ein eigenes Paßamt, mit der neuen Paßschreibmaschine können die wichtigen Papiere nun gleich in Kronberg ausgestellt werden, ohne den Umweg über das Landratsamt.

23.5. Im Rathaus tagte zum ersten Mal das neue „Gesamt-Stadtparlament". Die Tagesordnung begann mit der Wahl eines Sprechers der Stadtverordneten. In dieses Amt wurde Wilhelm Küchler (CDU) gewählt. Der Start des neuen Parlaments war mit Schwierigkeiten verbunden, die Fusion ist noch in der Phase des Aufbaues.

6.6. Auf der Wiese neben dem Altkönigstift stürzte ein Hubschrauber des Bundesgrenzschutzes ab. Die drei Insassen überlebten mit schweren Verletzungen den Absturz. Der Hubschrauber befand sich auf einem Flug nach München. Unfallursache ist wahrscheinlich ein technischer Defekt.

20.6. Diskussionen, zum Teil sehr hart, gab es bei der Bürgerversammlung in der Schönberger Mehrzweckhalle. Es ging wieder einmal um die Trassenführung der L 3005. Am Ende blieb immer noch das Fragezeichen über dem Problem stehen. Wann endlich geschieht etwas, um der Verkehrsmisere in Kronberg Herr zu werden? Ganz und zufriedenstellend wird dieses Problem nicht zu lösen sein.

4.7. Zum 2. Mal zog der Flohmarkt die Kerbebesucher an. Ein Knüller war der „Kronberger Abend", den die 1. Kronberger Laienspielschar mit dem Taunuschor, dem Musikverein und dem MGV 1860 in der Stadthalle veranstaltete. Man würde sich wünschen, daß unsere Kerb öfter einen solch schönen Beginn hätte.

18.7. An seinem 75. Geburtstag wurde der Stadtälteste Anton Henrich zum Ehrenbürger ernannt. Er hat diesen Titel verdient, denn er engagierte sich auf vielen Gebieten für seine Heimatstadt. 1945 war er ein Mann der „ersten Stunde". Er gehörte lange Jahre dem Magistrat an. 27 Jahre hindurch war Anton Henrich bei der Obst- und Gemüseverwertungsgenossenschaft tätig.

15.8. Die Straßen mit gleichen Namen in den verschiedenen Stadtteilen wurden umbenannt. Keine einfache Sache! Hier hatten Tradition und Lokalpatriotismus ein wichtiges Wort mitzureden. – Wenigstens fünf Jahre müssen die Kronberger noch warten, bis die L 3005 ausgebaut werden kann, um den innerstädtischen Verkehr zu entlasten.

30.8. Im „Grünen Wald" hatte sich ein Kreis von geschichtsinteressierten Kronbergern getroffen. Sie wollen einen Verein gründen, der sich der Aufarbeitung und Erhaltung der Dokumente und „Zeugen" der Kronberger Vergangenheit widmen will. Hauptaugenmerk des neuen Vereins soll die Schaffung eines Museums sein.

12.9. Großer Bahnhof für Liselott Linsenhoff! Zu ihrem Olympiasieg (Gold in der Einzelwertung, Silber mit der Mannschaft) schickte die Stadt Kronberg der Dressurreiterin, die ihre zweite Heimat hier gefunden hat, ein Glückwunschtelegramm. Sobald sie aus München zurück ist, soll sie durch einen offiziellen Empfang im Rathaus geehrt werden.

26.9. Am Sonntag rollen die ersten Stadtbusse. Die Linie soll die drei Stadtteile verbinden. Am ersten Tag darf man zum Nulltarif fahren, vom Forsthaus bis zum Altkönigstift. (Die Sonntagsfreude war nur kurz, das Wochenende wurde wieder aus dem Fahrplan herausgenommen. Der letzte Bus fuhr samstags um 15 Uhr, dann war Schluß. Seit der Verkehrsumlegung fuhr der Bus auch den Berliner Platz nicht mehr an. Das soll geändert werden.)

12.10. Der neue katholische Kindergarten im Stadtteil Oberhöchstadt geht seiner Vollendung entgegen. Die Kirchengemeinde hofft, ihn noch vor Weihnachten einweihen zu können.

24.10. In Kronberg müssen nach der Fusion Straßennamen geändert werden. Den Namen Altkönigstraße gibt es beispielsweise in allen drei Stadtteilen. Beibehalten wird er in Oberhöchstadt; in Kronberg wird die Straße in Merianstraße, in Schönberg in Klosterstraße umgetauft.

10.11. Kronberg nahm Abschied von Dr. August Wiederspahn, der wenige Tage vor der Vollendung seines 80. Lebensjahrs verstarb.

5.12. Rudolf Möller wurde mit 22:14 Stimmen auf sechs Jahre zum Bürgermeister gewählt. Im „kleinen" Kronberg war er seit 1. Oktober in diesem Amt.

19.12. Der 2. Weihnachtsmarkt war ein großer Erfolg. Es beteiligten sich schon mehr als doppelt soviel Kronberger als im Vorjahr daran. Auch die Partnerstadt Le Lavandou bot in einem Stand Spezialitäten an.

Die Zeitung ist das einzige Blatt, das man vor den Mund nehmen sollte.

1973

2.1. Mit ihrer Verlegung in die Verwaltungsstelle Oberhöchstadt ab 1. Januar stellt die Stadtkasse auf bargeldlosen Zahlungsverkehr um. Barzahlungen sind nicht mehr möglich.

4.1. Tragisch endete das Jahr für eine Kronberger Familie. Ein zehnjähriger Junge war aus dem Fenster im ersten Stock eines Hauses in der Schillerstraße gestürzt. Auf dem Wege ins Krankenhaus erlag er seinen schweren Verletzungen. – In der letzten Stadtverordnetensitzung in diesem Jahr wurde Ewald Kiebler, Heinrich Kempf, Julius Koch und Rudolf Rieger die Ehrenbezeichnung „Stadtältester" verliehen.

16.1. In Schönberg wird ein Verein für die Partnerschaft mit Le Lavandou gegründet. – Nach nur fünfjährigem Bestehen wird das Hotel „Taunushof" wieder geschlossen und soll anderen Bestimmungen zugeführt werden. Somit verliert Kronberg wieder einen schönen Saal.

30.1. Was wird aus der Receptur? Bisher war dort das Staatliche Forstamt untergebracht. Die Stadt könnte das Gebäude übernehmen. Dort könnte das Verkehrsamt untergebracht werden; es gäbe Möglichkeiten zu Ausstellungen und zur Einrichtung eines Museums.

13.2. Dieses Jahr haben die Karnevalisten eine großartige Saison. Erst am 7. März ist Aschermittwoch. Die drei Karnevalsvereine von „Groß-Kronberg" laden zu ihren traditionellen Sitzungen ein.

1.3. In der Ortsmitte von Schönberg verschwand das Haus Zensen. Mit ihm geht ein Stück Dorfgeschichte zu Ende. In dem Haus befand sich eine Gaststätte.

13.3. Zum 100. Geburtstag Fritz Wucherers hat der Kulturkreis eine Ausstellung zusammengetragen. Im Hellhof ist ein Querschnitt des künstlerischen Werks von Fritz Wucherer zu sehen. Er gilt als der letzte Vertreter der Kronberger Malerkolonie.

27.3. Gibt es wieder Ferienspiele in Kronberg? Der Stadtjugendring will dem Initiator, dem „Verein Sozialpädagogische Praxis" seine Hilfe anbieten.

10.4. Die Feuerwehr wurde in den letzten Tagen mehrmals zur Bekämpfung von Flächenbränden gerufen. Die Grundstücksbesitzer hatten leichtfertig Abfälle verbrannt und die Kontrolle über ihr „Feuerchen" verloren.

24.4. An der Katharinenstraße vermißt man das Waage-Häuschen; es mußte dem Zug der Zeit weichen. Schade darum, man hätte mit Sicherheit eine Verwendung für das kleine Bauwerk, das dem Stil der Schule angepaßt war, gefunden.

8.5. Ordnung muß sein! Auch im ruhenden Verkehr! Deshalb hat die Stadt Kronberg einen zweiten Mann in das Ordnungsamt berufen.

22.5. Die Baugebiete Schönbergs, vor allem rund um die Hochhäuser, bringen neue Verkehrsprobleme mit sich. Stadtrat Ritter sieht nur im Neubau der L 3005, seit Jahren geplant, eine Lösung dieser Probleme.

9.6. Auf dem Flug von München nach Bonn stürzt ein Hubschrauber des Bundesgrenzschutzes bei Oberhöchstadt ab. Die drei Insassen werden schwer verletzt.

23.6. Bis weit nach Mitternacht dauerte die Bürgerversammlung in der Taunushalle, zu der die Stadt eingeladen hatte. Es ging um die Trassenführung der L 3005 neu. Gegner und Befürworter lieferten sich wahre Redeschlachten. Noch ist nicht abzusehen, wann und ob diese Straße gebaut wird.

17.7. Große Ereignisse werfen ihre Schatten voraus. Zum Schützenjubiläum Anfang September (575 Jahre Cronberger Schützengesellschaft von 1398; Anm.) soll der neue Brunnen auf der Schirn eingeweiht werden. Die Arbeiten hierzu haben bereits begonnen.

31.7. Das neue Altenwohnheim in der Frankfurter Straße wurde offiziell seiner Bestimmung übergeben. Seit April ist es bereits bewohnt. (Wenig später erhielt das Haus dann auch einen eigenen Namen: In Erinnerung an den verstorbenen Bürgermeister wurde es „Ernst-Winterberg-Haus" genannt. Anm.)

14.8. Das Schützenjubiläum (575 Jahre Cronberger Schützengesellschaft von 1398; Anm. d. Red.) wirft seine Schatten voraus. Die 1. Kronberger Laienspielschar führt in der Stadthalle „Hans Winkelsee" von Wilhelm Jung auf. Das Frankfurter Volkstheater gastiert in Oberhöchstadt mit „Die Preußen kommen".

28.8. In der Altkönigschule wurden 197 neue Sextaner aufgenommen. Es mußten 6 Klassen mit je 32–35 Schülern gebildet werden.

11.9. Im Sitzungssaal im Rathaus ist derzeit eine interessante Ausstellung zu sehen. Anläßlich des 575jährigen Bestehens der Schützengesellschaft hat der Verein für Geschichte und Heimatkunde unter Helmut Bode vieles aus der Chronik zusammengetragen.

25.9. Demnächst wird die Bleichstraße nur noch in Aufwärtsrichtung befahrbar sein. Am Bahnhof sollen Parkplätze geschaffen werden.

9.10. Kerb in Oberhöchstadt! Ein kleiner Rummelplatz lädt große und kleine Leute ein.

23.10. Nur wenige Jahre hatten die Kronberger ihre Freude an dem schönen Saal im „Taunushof". Nun ist der Traum zu Ende. Der Anbau mit dem Saal im ersten Stock findet eine andere Verwendung.

6.11. Hubert Käfer wurde im Dom zu Limburg zum Diakon geweiht. Er wird im katholischen Pfarramt in Kronberg seinen Dienst aufnehmen, den er zunächst noch nebenberuflich ausübt.

20.11. Die Arbeitsgemeinschaft der Schmiedeberger und der Revierförsterei Kronberg haben einen Forstlehrpfad angelegt, der nach einer kleinen Feierstunde freigegeben wurde. Er führt vom Forsthaus über den Hochbehälter „Hauswaldshütte" zum Viktoriatempel und Bürgelkopf.

4.12. Die Bleichstraße ist jetzt Einbahnstraße und kann nur noch aufwärts befahren werden. Die Bahnhofstraße bleibt Einbahnstraße – abwärts. An der Einmündung Frankfurterstraße soll eine Ampel den Verkehr regeln.

18.12. Im Stadtpark geht's lustig zu. Der frühe Schnee sorgte fürs erste Rodelvergnügen in diesem Winter.

1974

15.1. Schwester Thea Rohleder, die vor allem in Schönberg als Gemeindeschwester diente, geht in den wohlverdienten Ruhestand.

29.1. Der neue Mann im Verkehrsamt heißt Horst Neugebauer. Seit zwei Jahren ist er Vorstandsmitglied im Verkehrsverein, jetzt dessen Geschäftsführer.

12.2. Kronberg hat junge Gäste. Aus der Parnterstadt Le Lavandou kam das „Bataillon des Majorettes“ und weilt eine Woche hier zu Besuch. Die jungen Mädchen wurden alle in Privathäusern aufgenommen; sie müssen ein umfangreiches Programm bewältigen.

26.2. Die Tage des alten Hauses Adam an der Ecke Bleichstraße sind gezählt. Es soll einer Arrondierung der Einmündung in die Frankfurterstraße weichen.

12.3. Es werden noch junge Mädchen als Hostessen für die Partnerstadt Le Lavandou gesucht. Voraussetzung ist eine gute Kenntnis der französischen Sprache. Die Tätigkeit der Hostessen beschränkt sich auf die Sommermonate, die jungen Damen versehen ihre Tätigkeit hauptsächlich im Kronberger Pavillon.

28.3. Die städtische Turnhalle, gern „Stadthalle“ genannt, steht wieder einmal im Mittelpunkt vieler Debatten: Die Säle in Kronberg werden immer rarer, die Vereine sind mit ihren größeren Veranstaltungen fast ausschließlich auf die Halle angewiesen und fragen sich – das schon seit vielen Jahren –, wann sich die Stadt endlich dazu entschließt, bessere Stadthallenverhältnisse zu schaffen. (Das sollte noch 15 Jahre dauern; Anm. d. Verf.)

9.4. Die „Kleine Halle“, die dem Altköniggymnasium als Kantine von der Stadt überlassen wurde, ist in einem katastrophalen Zustand, so daß der Magistrat beschließen wird, die Halle als Kantine nicht mehr zur Verfügung zu stellen, falls keine Besserung eintritt.

23.4. Am 1. Mai wird das Schwimmbad wieder geöffnet. Wegen der schwierigen Haushaltslage bei der Stadt Kronberg werden die Eintrittspreise erhöht. Das Tragen einer Badekappe wird zur Pflicht gemacht.

7.5. Übermorgen vollendet unser heimischer Künstler, Maler und Bildhauer Fritz Best sein 80. Lebensjahr. Ihm zu Ehren lädt die Stadt zu einem Empfang ins Rathaus ein.

21.4. In einer kleinen Feierstunde wurden der neue Friedhof und die Trauerhalle im Thalerfeld eingeweiht.

4.6. Die monumentale Blumenschale aus dem Guaitapark hat einen neuen Standort gefunden. Sie wurde im Stadtpark aufgestellt.

13.7. Kronberg stand am Beginn der Fußballweltmeisterschaft. Im ehemaligen Rathschen Park fand die große Eröffnungsparty statt. Über 800 Gäste waren geladen. Sie kamen zum großen Teil mit Omnibussen hier an. Der krönende Abschluß war ein großes Feuerwerk.

16.7. Das 100jährige Feuerwehrjubiläum im September wirft seine Schatten voraus. Vier Kronberger Vereine, Männergesangverein 1860, Musikverein, Volkschor und 1. Kronberger Laienspielschar gestalten in der Stadthalle einen „Kronberger Abend“ zugunsten der Feuerwehr. Die Laienspielschar führt ein Theaterstück auf, das dem Publikum vor Augen führt, wieviel Freizeit die Wehrmänner opfern müssen, wenn sie bei einem Brand alarmiert werden. Und dann oft noch wegen Fehlalarms oder leichtsinnigen Verhaltens. (Der Abend war ein voller Erfolg.)

30.7. Der Schillerweiher hat eine neue Fontäne bekommen. Mit der Finanzierung gab es Schwierigkeiten. Erster Stadtrat Philipp Ritter teilte mit, daß die Installation aus alten Beständen des Bauhofes gefertigt wurde.

27.8. Noch in diesem Monat soll die Entscheidung über die L 3005 fallen. – Unter dem Thema „Rettet die Kronberger Innenstadt" läuft derzeit eine Unterschriftenaktion, von Wilhelm Henrich gestartet. Es geht darum, das außerordentlich hohe Verkehrsaufkommen – vor allem in der Friedrich-Ebert-Straße – zu bremsen. Das Thema kommt den Kronbergern auch nach 20 Jahren noch irgendwie bekannt vor.

10.9. Der Kreisausschuß hat einstimmig den Abriß der alten Villa Grosch genehmigt.

24.9. In Kronberg geht's rund! Der Ausbau der Friedrich-Ebert-Straße, der voraussichtlich ein volles Jahr dauern wird, schafft erhebliche Verkehrsprobleme. Viel Geduld müssen die Anwohner der Straße aufbringen. Der Umbau geschieht abschnittsweise. Begonnen wurde an der Kreuzung Hainstraße bis zur Einmündung der Adlerstraße.

24.10. Der neue Wasserbehälter am Hünerberg ist fertig und wird in den nächsten Tagen in Betrieb genommen. – Am 1. November besteht die Eisenbahnverbindung Kronberg-Frankfurt 100 Jahre. Am nächsten Wochenende gibt es deshalb einen „Großen Bahnhof".

26.11. Im Hellhof wurde die „Fritz-Best-Ausstellung eröffnet. Der Künstler vollendete in diesem Jahr sein 80. Lebensjahr.

8.12. 1974 wird der Weihnachtsmarkt immer größer. Trotz des Ausbaus der Friedrich-Ebert-Straße gab es Betrieb. Die Gewerbetreibenden und Ladenbesitzer aber haben unter der Belastung sehr zu leiden.

24.12. Trotz der kühlen Witterung geht der Ausbau der Friedrich-Ebert-Straße zügig vorwärts. Demnächst wird der zweite Abschnitt in Angriff genommen. Gerechnet wird mit einer Bauzeit von einem Jahr. (Tatsächlich hat das Ganze mehr als 14 Monate gedauert; Anm.). – Rechtzeitig zu Weihnachen kamen zwei neue Bücher auf den Gabentisch, die unsere Heimatgeschichte zum Inhalt haben: Von Ernst Schneider erschien die „Kleine Chronik Schönbergs", von Wilhelm Jung die Erzählung „Die Höhle im Altkönig".

1975

6.1. In der letzten Stadtverordnetensitzung 1974 wurden die Herren Dr. Apelt, Karl Völlger, Lothar Thiedig, Jean Löhr und Hans Jahn für ihren langjährigen Einsatz für das Wohl der Gemeinde geehrt.

21.1. Eine närrische Sitzung ohne Elferrat gibt es in diesem Jahr beim Kappen-Klub. Aufgebaut wird eine Gartenwirtschaft, in der Günther Reinhardt und Erich Wittstock als Wirte fungieren.

4.2. Pfarrer Karl Grabowski ist seit nunmehr 25 Jahren Seelsorger der evangelischen Kirchengemeinde Kronberg. Als er sein Amt 1950 antrat, gehörten noch Ober- und Niederhöchstadt, Schönberg und Falkenstein zu seinem Bereich. Falkenstein war zwar selbständige Gemeinde, hatte aber keinen eigenen Pfarrer und wurde von Kronberg aus betreut. In die Amtszeit Pfarrer Grabowskis fällt der Bau des Gemeindesaales und des Kindergartens (1958/59). Im Gemeindesaal findet aus Anlaß des Jubiläums ein Empfang statt.

14.2. Höhepunkt und Abschluß der Fassenacht ist wieder der närrische Zug durch Oberhöchstadt, der immer mehr Vereine auch aus dem Stadtteil Kronberg anzieht: Von Jahr zu Jahr wird dieser Umzug schöner und länger. Ganz Kronberg macht sich auf die Beine, um diesen Zug zu sehen und fröhlich mitzulachen und -zuschunkeln.

4.3. Zum 100. Mal lud der CDU-Ortsverband zu seinem schon zur Tradition gewordenen Frühschoppen ein. Stets gibt es ein besonderes, oft politisches Thema, meist lokalbezogen. Leiter der Veranstaltung ist Dr. Otto Heuse.

25.3. Der Stadtjugendring wird in diesem Sommer die Ferienspiele übernehmen und betreuen. Die Stadt wird das Vorhaben unterstützen durch Übernahme der Versicherung und Bereitstellung städtischer Fahrzeuge.

25.4. Seit einem halben Jahr ist die Friedrich-Ebert-Straße gesperrt. Die umfangreichen Ausbauarbeiten gehen zügig voran; derzeit wird am Abschnitt zwischen Eichen- und Tanzhausstraße gearbeitet. Die Sperrung und die unumgänglichen Umleitungen sind für die Anwohner sehr belastend. Es werden aber auch Stimmen laut, die die Straße in Zukunft nur als Fußgängerzone wünschen.

6.5. Der kleine Kronberg-Führer, den der Verein für Geschichte und Heimatkunde im vergangenen Jahr herausgebracht hat, zeigte sich schnell als „Renner".

20.5. Frau Maria Weber, „Seele" der Kunstausstellungen des Kulturkreises und Gattin des Kunstmalers Franz Weber, wurde 80 Jahre alt. Im Dienstzimmer des Bürgermeisters gab die Stadt aus diesem Anlaß einen Empfang für sie, zu dem sich viele Gratulanten einfanden.

3.6. Auf dem Gelände des ehemaligen „Bürgermeisterhauses", bei den Kronbergern auch als „Deutscher Kaiser" oder Pension bekannt, an der Ecke Merian-Königsteiner-Straße, soll ein Neubau mit 22 Wohnungen entstehen, vorwiegend für Bedienstete der Stadt.

17.6. Zwischen Kompromißbereitschaft und Beharren auf dem jetzigen Zustand bewegten sich die Stimmen im Ortsbeirat. Es ging um den Weg durch den Opelzoo, der gesperrt werden soll. Die Kronberger sollen – mit Ausweis – freien Durchgang haben. Das alte „Wegerecht" setzte sich durch. Man kann auch weiter ohne Eintrittsgeld und Ausweis den Weg durch den Zoo benutzen.

1.7. Die Thäler Kerb steht wieder vor der Tür. Das diesjährige Pärchen stammt aus dem Tal, soviel kann vorerst nur verraten werden. Am Mittwoch lädt die Stadt wieder zum Seniorennachmittag bei „Weck, Worscht un Wei" in die „Staagass" ein.

15.7. Wieder einmal statteten unbekannte Täter der Burg einen Besuch ab. Sie entwendeten drei wertvolle Ölgemälde.

29.7. Wie lange soll der Ausbau der Friedrich-Ebert-Straße noch dauern? Das fragen sich vor allem die Geschäftsleute. Vorgesehen war der Zeitraum eines Jahres, doch nun ist ein Ende zu diesem Zeitpunkt nicht abzusehen.

26.8. Der EFC eröffnete sein neues Clubhaus mit einem „Kronberger Abend", dessen buntes Programm von mehreren Vereinen gestaltet wurde. Am Sonntag sorgten wolkenbruchartige Regenfälle für Aufregungen, weil der Platz zunächst nicht bespielbar war. Das große Festzelt stand fast unter Wasser. Das machte jedoch auf die fröhliche Stimmung keinen Eindruck.

23.9. Der Verein für Geschichte und Heimatkunde hat einen neuen Vorsitzenden. Einstimmig wurde der Heimatforscher Helmut Bode in dieses Amt gewählt. Er löst damit den Mitbegründer des Vereins, Wolfgang Obst ab, der nicht mehr kandidierte.

KRONBERGER ZEITUNG

Heimatzeitung und amtliches Mitteilungsblatt für Kronberg mit den Stadtteilen Schönberg und Oberhöchstadt.
Herausgeber: Klaus Wagner; Lokalredaktion: Alexander Schneider, Kronberg; Anzeigen und Vertrieb: Gisela Draksler, Kronberg 6242 Kronberg im Taunus, Schirnstr. 14, Tel 06173/53 57. Erscheint dienstags und freitags Monatl. Bezugspr. einschl. Trägergebühr 6.20 DM Anzeigenpreise: 0,45 DM für die 46-mm-Anzeigenspalte. Verlag: Taunus Verlag GmbH

1979

KRONBERGER ZEITUNG

Heimatzeitung und amtliches Mitteilungsblatt für Kronberg mit den Stadtteilen Schönberg und Oberhöchstadt
Herausgeber: Klaus Wagner
Vertriebsleitung: Hans Wagner

Lokalredaktion: Alexander Schneider, Kronberg
Anzeigen: Sabine Pöschl, Kronberg
6242 Kronberg im Taunus, Friedrich-Ebert-Straße 26
Postfach 1230 · Telefon 06173/79025
Erscheint dienstags und freitags.
(Freitags mit rtv-Beilage und vierteljährlich FIT „Freizeit im Taunus".
Der IVW und der Main-Taunus-Presse angeschlossen
Bezugspreis monatlich durch Träger 8,45 DM zuzüglich 1.55 DM Trägerlohn.
In dem Bezugspreis sind 7% Mehrwertsteuer enthalten.
Verlag: Taunus-Verlag GmbH, 6390 Usingen, Postfach 1160

1989

Register

Kronberg

Oberhöchstadt

Schönberg